HANDBUCH
DER ALTERTUMSWISSENSCHAFT

BEGRÜNDET VON IWAN VON MÜLLER
ERWEITERT VON WALTER OTTO
FORTGEFÜHRT VON HERMANN BENGTSON

ZWEITE ABTEILUNG. ERSTER TEIL
DRITTER BAND

GRIECHISCHE GRAMMATIK

AUF DER GRUNDLAGE VON
KARL BRUGMANNS GRIECHISCHER GRAMMATIK

VON

EDUARD SCHWYZER †
WEILAND ORD. PROFESSOR AN DER UNIVERSITÄT BERLIN

DRITTER BAND
REGISTER

VON

DEMETRIUS J. GEORGACAS
PROFESSOR IN THE UNIVERSITY OF UTAH (U.S.A.)

VERLAG C.H.BECK MÜNCHEN

ISBN 3 406 01343 0

Dritter, unveränderter Nachdruck 2001
der 1960 erschienenen zweiten, verbesserten Auflage. 1980

Satz der Druckerei C. H. Beck, Nördlingen
Druck und Bindung: Druckhaus „Thomas Müntzer" GmbH, Bad Langensalza
Printed in Germany

www.beck.de

VORWORT

Die leitenden Prinzipien bei der Abfassung der Register sind gewesen: *Brauchbarkeit* für den Benutzer und *analytische Präsentation* des Materials. Wort- und Sachregister ergänzen sich gegenseitig und sind deshalb parallel zu benutzen.

Allgemeines

1. Dem Benutzer wird der beigegebene achtteilige Seitenteiler gute Dienste leisten. Er möge auch die Abkürzungen auf den Seiten XV–XXIII beachten.
2. Die Seitenzahlen des 1. Bandes sind ohne Bandbezeichnung angeführt, die des 2. mit II.
3. Hypothetisches ist mit einem Sternchen versehen; nur beim Indogermanischen auf den Seiten 275–281 ist das Sternchen weggelassen.
4. Zur Illustrierung seien hier einige Beispiele analysiert:
   353^{6}. 541^{1}. 746, 1. 769^{4}. II 258^{4}. 350,0 = Band I, Seite 353, Seitenteil 6 von oben; Seite 541, Seitenteil 1; Seite 746, Fußnote 1; Seite 769, Seitenteil 4; Band II, Seite 258, Seitenteil 4; Seite 350, Fortsetzung der letzten Fußnote der vorhergehenden Seite.

Zu den Wortregistern:

Die Wortregister enthalten Laute, Ausgänge, Suffixe, Wörter und Wortformen, auch Termini.

1. Im Lemma der Hauptform eines Wortes ist gewöhnlich auf zugehörige Formen verwiesen.
2. Bei Wörtern aus der Syntax ist auch die Rektion von Nomina, Verba, Präpositionen usw. angegeben.
3. Falsche Formen sind eingeklammert; so z. B. (συμπρηισκεν delph.) 710, 2.
4. Kürze und Länge von Vokalen ist wie im Text der Grammatik bezeichnet (˘, ¯, ⏓).
5. Bei Homonymen ist gewöhnlich die Bedeutung angegeben.
6. Die Nachträge auf den Seiten XI–XIV sind ebenfalls zu berücksichtigen.

Zum Sachregister:

1. Termini und andere Ausdrücke (z. B. *Änderung*, *echt*, *einsilbig* usw.) sind auch im Wortregister (französische Termini im italischen, deutsche im germanischen, lateinische im italischen, griechische im griechischen usw.) aufgeführt.
2. Stämme, Suffixe, Ausgänge usw. sind im Wortregister zu suchen.
3. Alt- und mittelgriechische Autorennamen sind aufgenommen.
4. Auf die systematischen und detaillierten Inhaltsangaben im Band I auf den Seiten IX–XXIII und im Band II auf den Seiten IX–XVIII sei ausdrücklich hingewiesen.

Professor D. Dr. Albert Debrunner (Bern) und Dr. Hans-Rudolf Schwyzer (Zürich) haben die erste Korrektur mitgelesen. Debrunner hat die drei Korrekturen ineinandergearbeitet und allein die Umbruchkorrektur besorgt. Beiden Herren gebührt mein herzlichster Dank.

Der Beck'sche Verlag hat die großzügige Entscheidung getroffen, den Registerband ohne Kürzung herauszubringen, und so dem Benutzer den besten Dienst geleistet. Die schwierige Satzarbeit wurde von der Druckerei in ausgezeichneter Weise bewältigt.

D. J. G.

INHALT

BERICHTIGUNGEN ZU DEN BÄNDEN I UND II IX

NACHTRÄGE UND BERICHTIGUNGEN ZUM WORTREGISTER XI

ABKÜRZUNGEN XV

I. WÖRTER, SUFFIXE, LAUTE: GRIECHISCH (vgl. auch S. XI–XIV) 1

II. WÖRTER, SUFFIXE, LAUTE: ANDERE SPRACHEN (vgl. auch S. XIV) . 273

A. Indogermanisch 275

B. Indogermanische Sprachen 282

1. Albanisch 282

2. Arisch (Indo-iranisch) 282
a) Indisch *283* / b) Iranisch *295*

3. Armenisch 297

4. Baltisch 299

5. Germanisch 301

6. Hethitisch 311

7. Illyrisch, Venetisch, Messapisch 312

8. Italisch (auch Romanisch) 313

9. Keltisch 327

10. Makedonisch 329

11. Slawisch 329

12. Thrakisch-Phrygisch 332

13. Tocharisch 333

C. Nichtindogermanische Sprachen 334

1. Etruskisch 334

2. Kleinasiatisches 334

3. Lydisch 334

4. Lykisch 335

5. Vorgriechisch 335

6. Georgisch 335

7. Elamitisch 335

8. Mitanni 335

9. Sumerisch 335

10. Bantu 335

11. Bari-Neger 335

12. Hamitisch 335
13. Semitisch 336
14. Ural-Altaisch 338
a) Finno-Ugrisch / b) Samojedisch / c) Türkisch
15. Ostasiatisches 338
16. Mehrere Sprachen 338

III. SACHREGISTER 339

BERICHTIGUNGEN ZU DEN BÄNDEN I UND II

(8, 5 = Seite 8, Zeile 5 von oben; 8, 5 v. u. = Seite 8, Zeile 5 von unten ohne Mitzählung der Fußnoten; 8, F. 5 = Seite 8, Fußnote 5)

ZU BAND I

Siehe auch I 819–842

26, 2 v. u. γενικὴ γλωσσική
49, 18 v. u. *kilo-* (statt *chilo-*)
56, 3 v. u. *dāvánē*
57, 17 *atamn*
58, 20 *Dyáuṣ*
58, 11 v. u. tochar. B *soyä*
67, 14 ahd. *būr*
153, 12 hebr. *'ašdōd* LXX Ασηδωθ)
161, 24 ὕσσωπος
161, 21/20 v. u. 'Ιερουσαλήμ
190, 3 an. *hrǫnn*
193, 10 Bechtel, D. 1, 217
205, 14 v. u. Mit -σσ- für -σθ-
212, 6 *Prhonimus*
222, 8 v. u. *vomo*
224, 18 εὐλή
236, 12 v. u. δείλαιος
243, 11 v. u. πύελος
257, 3 v. u. Solmsen, Unt. 238f. (statt: IF 6, Anz. 154)
260, 19 v. u. Χαιρεσ(τ)ράτη, böot. Σ(τ)ροτυλλίς
260, 11 v. u. lett. *pìe*
263, 20 ὀπισθόδομος
268, 19 v. u. *stipula*
270, 10 v. u. vgl. kopt.
286, 11 v. u. *anser* (für **hanser*)
291, 10 *taihswō*
292, 4 v. u. *vīsaiti*
293, 16 v. u. toch. *ćkāčar*
297, 23 heth. *dalugasti*
300, F. 2 lit. *gẽras*
302, 16 lit. *kvi̯ẽsti*
307, 12 ai. *dagdha-*
309, 8 aksl. *zǫbъ*
311, 14 lesb. μέμορθαι
313, F. 2 ai. *vrīhi-*
314, 5 ἐθρίς
317, 14 ποκγραψαμένοις
323, 8 νρ, νλ, νμ, ρν, μν
325, 12 v. u. ai. *pyúkṣṇa-*
330, 16 kypr. κορζια
331, 4 v. u. venezian. *dzovine*
347, 11/9 v. u. ahd. *sōrēn*, 'austrocknen', wozu Ortsnamen wie 'Sörenberg': aw. *huška-* ai. *çúṣka-*. Deutlich
352, 12 v. u. 'Ενυμακρατίδας
357, 17/16 v. u. ai. *dádāmi*
358, 2 v. u. γουνός
363, 15 ai. *-stŕ̥ta-*
371, F. 1 29, 50 ff.
375, 7/6 v. u. Tonerhöhung in der Endsilbe
376, F. 1 Von der Mühll, 46. Jahrbuch des Vereins schweiz. Gymnasiallehrer
411, 12 v. u. lat. *ē-rūgō* (statt: *rūgeo*)
426, 8 ai. *parút*
428, F. 4 dagegen bei μεσσηγυδορποχέστης
431, F. 1 Wortbildungslehre S. 206
436, 28 πολιόν
437, 11 πάμπρωτος
440, 6 v. u. γηροβοσκός
441, 13 v. u. ἐξεχέβρογχοι
446, 16 χαμαιεῦναι
453, 8 v. u. θεοείκελος
454, 9 v. u. *zolotaja*
458, 4 *Ašdōd*
473, 3 ἐξουλῆς (s. griech. Wortregister)
475, 5 ai. *pī́varī*
477, 1 v. u. ai. *Manāvī́*
479, 14 Rev. ét. gr.
482, 11 zu ἔτας
484, 11 (σκυρθ- ist zu streichen; s. griech. Wortregister σκυρθάλιος)
490, F. 3 apers. *-tanaiy*
498, 22 πίσυγγος
498, F. 2 Χατζιδάκις, A. α.[2] 2, 416ff.
499, F. 5 hom. εἰνάνυχες
500, 6 v. u. θωρηκτής
503, 26 Βοιωτοί o. S. 91
505, 9 ai. *bhūti-*
508, F. 4 ἐσοχάδες (GEL s. v. ἐξοχάδες)
509, 22 'Ασκληπιός
518, 22 *sū́rya-*
530, F. 2 Gl. 10, 237. 12, 219 f.
535, 12 ai. *vŕ̥ṣantama-*
548, 1 ai. *pátir dán*

552, F. 3 (*çunás* und κύνας ist zu streichen, weil ai. *çúnas*)
557, 13 aksl. *vlъku*
560, 2 u. 14 μητίετα
560, 2 εὐρύοπα
566, 1/2 Labialen und Velaren
575, 8 v. u. ΛαμπτρΕ
577, 3 εὐρύοπα
577, 15 *gǫ́ṣu* (statt: *gáuṣu*)
578, 29 τὸ πετσί (statt: ἡ πετσή)
584, 24 Fem. *pūrvī́*
585, 15 v. u. πολύς (o. S. 584, η ϑ)
587, F. o 143 σπείρης, 187 μακρή
590, 4 v. u. herakl. *h*οκτώ
594, 3 μυριονταδικός
607, F. 3 (Zeile 2) ἑωυτῆι
615, 2 v. u. τινές 'einige'
616, 12 zu τεῖον
621, F. 10 (Zeile 14) Pedersen 198, 1
622, 19 κηνούει
624, 25 καλῶς τον
626, 2 v. u. κεκράξεται
632, 15 κῆ(γ)χος
646, 1 v. u. *bálbalīti*
648, 15 *apīpatat*
648, 7 v. u. ai. *dádāti dádhāti*
656, 3 ἐξεκλησίαζον
669, 5 Pap. 25p
669, 17 -νθειν
674, 5 *éti*
675, 7 v. u. lit. *daraũ*
679, 24 κατεκείαθεν
694, 9 v. u. ai. *hruṇāti* 'führt irre'
702, F. 6 Vergleich mit air. *regaid*
706, 9 νυκτεγερτέω und νυκτηγρετέω
710, F. 3 δέδαε(ν)
722, 4 v. u. ai. *jivāmi*
734, 1 v. u. σήκασθεν
735, 8 γρομφάζω neben γρόμφαινα
735, 4 v. u. ἀολλής
736, 7 v. u. κναδάλλω
748, 13 v. u. τετάρπετο (-ώμεσθα
754, 18 καταζήνασκε
756, 2 v. u. S. 743, 2
757, F. 1 Synt. 1, 137 f.
758, 4 v. u. spät ἐμπεπήχεσαν
769, F. 5 ἀμφεληλεῦθεν
775, F. 12 S. 770, Fußn. 1
788, 8 v. u. Augmenttempus
792, 18 ἐπισυνίστατοι
794, 12/11 v. u. *dádhāmi* bzw. *dádāmi*
797, 9 *-sē-* im sigmatischen Aorist
798, F. 10 heth. *ed* 'iss'
799, 11 v. u. (die Ziffer [6] ist eine Zeile nach unten zu φέρτε zu versetzen)
803, 17 v. u. Gl. 10, 112 ff.
807, 14 ἐπιτεθεωρήκην
820, 5 v. u. Δημητράκος
831, 14 neugr. 'Αρχάνα
840, 19 v. u. 595, 5 (statt: 594, 5)

ZU BAND II

Siehe auch II 713 f.

8, 13 *pitā́*
37, 9 1, 562
57, 15 v. u. Kasusendung
66, F. 2 Soeteman, Neophilologus
89, 15 v. u. Nomen
117, 14 v. u. im engeren Sinne
156, F. 3 (zweitletzte Zeile) (ὢ μοῖρα,) οἴαμετὸν
183, 13 Bildungsweise
183, 1 v. u. λειμακέστεροι; mindestens
199, 3 S. 194, β
201, 7 v. u. (της, τους m. f.)
221, 14 v. u. S. 335, 5
250, 15 *ja napisál*
252, 15 f. teils fientiv (statt: teils infektiv)
293, 1 v. u. Ξ 125 (statt: E 125)
314, F. 1 (Zeile 9 v. o.) s. o. S. 303
326, 25 S. 332, b
358, 25 apers. *-tanaiy*
374, 7–9 (die Worte „λέγω . . . a. c. i.“ sind das erste Mal zu streichen)
378, F. 1 Brugmann[4] 595
411, 23 πό-θεν πό-θι
413, 4 v. u. δωρεάν
456, 10 S. 421 ff.
456, 11 8 (Ablehnung von anknüpfendem ἐν S. 424, Fußn. 3)
494, 20 v. u. π. τῶι βασιλεῖ
500, 15 v. u. lit. *pér-juosti*
518, 19 v. u. S. 422, 1
524, 24 S. 523, Fußn. 4. 6;
530, 10 κατέσκαπτον
600, F. 6 1, 409, Zus. 1
621, 13 προυχώρει
637, 13 v. u. S. 654 ff. πρίν
642, 11 S. 216c
674, 1 v. u. ist, als
683, F. 2 (Zeile 6) lit. *jéi*
689, 4 S. 674
689, 23 Heikel
689, 24 Πανταζῆς
703, 9 S. 580, 4
714, 7 v. u. 645, 14
714, 5 v. u. Zl. 11 v. u.
714, 2 v. u. 698, α

NACHTRÄGE UND BERICHTIGUNGEN ZUM WORTREGISTER

a, b, c = 1., 2., 3. Kolumne; z. B. 7 b 10 = Seite 7, 2. Kolumne, Zeile 10; v. u. = von unten; nach 29 c 2 = nach 29 c 2 ist mit neuer Zeile einzusetzen)

3 a 1: α aus idg. ᾰ 72[8]. 190[7]

3 a 19: α für αυ 198[7] f.

3 a 2 v. u.: -α nom. acc. pl. n. II 37[2]. 58[1]

3 a 1 v. u.: -α adv. ngr. II 12[7]

3 b 16ff.: ᾱ in Namen 190[3.4]; ᾱ bewahrt 187[1]; – – hinter ρ, ι, ε, υ 187[6]f. 189[2]; ᾱ el. 185[4]; ᾱ aus ᾱυ 203[3]; Unterschied zw. ᾱ u. η 187[1.2]; Schwanken zw. ᾱ u. η 190[8]; ᾱ ion. att. < urgr. η 190[4.5]; hell. ᾱ < urgr. η 185[3]. 190[6]; ᾱ att. < ᾱι 201[3]; ᾱ > η 62[7]. 67[2]. 186[3.4]. 187[2]. 190[4.5]. 191[3–8]; Ursprung u. Wirkung des Wandels 187[3.4]; sekundäres ᾱ > η 190[6]; ᾱ > äol. αι 191[1]; ᾱ in ᾱσ < -ανσ- 187[6] f.; -ᾱ für āi 202 [4.5]

3 b 26 v. u.: α el. aus η 185[1]

3 b 20 v. u.: -ᾱ- Wznomina flektiert als -αντ- 561, 6

3 b 16 v. u.: -ᾱ-Stämme II 35[6]; – – m. II 559[8], 1

7 a 4 v. u.: αε geschr. für αι 194[6]

7 b 10: αει zerdehnt aus αι 195[5]

8 c 27ff.: αι zweisilb., geschr. αϊ, αει 196[6.7]

αι zus.-gefallen mit ε 195[2.6]; αι = ε byz. 196[1]

αι; Ausspr. 176[7]; geschr. αε 194[6]; hyperäol. αι 191[1.2]; äol. αι < ᾱ, 191[1]; lesb. αι < urgr. η 185[5]; αι > thess. EI 194[4]

8 c 21ff. v. u.: ᾱι 200[5.8]–203[2]; Ausspr. 176[8]; ᾱι j.-lesb. 200[6]; ᾱι > att. ᾱ 201[3]; ᾱι > ηι 200[6]

8 c 7 v. u.: -αι 2. sg. imper. aor. med. II 9[2]

8 c 5 v. u.: -αι infin. II 9[2]

nach 9 a 22: -αια- < -εια- 195[4]

nach 9 c 1: αιει zerdehnt aus αι 195[5]

nach 9 c 12: -αιεύς > -εύς 195[7]

nach 11 c 28 v. u.: -άκης suff. mgr. 186, 4

nach 13 c 17 v. u.: Ἁλικαρνασσός 60[6]

18 c 23 v. u.: ἄν partic. c. potent. II 57[6]

nach 20 c 29 v. u.: ἀναφορά II 25, 2

23 a 21: -ανσ- > -ᾱν- 187[6]

nach 24 b 18 v. u.: ἀντιστοιχία (term.) 45[2]

nach 24 c 19: ἀντίφρασις; κατ' -ιν (term.) 45[1]

nach 25 b 3: ἀνωμαλία (term.) 7[1.2]

nach 25 b 21: -ᾱξ suff. 190[5]

25 c 2: αο diphth. ion. 197[6]

25 c 9: -ᾱο gen. sg. > -αυ 182[4]

27 c 16 v. u.: ἀπό verdeutl. den Ablat. II 94[3]

nach 32 c 15: -άρις suff. ngr. 543[4]

34 c 14 v. u.: -ᾶς (gen. -ᾶ)m. 190[5]

35 b 13 v. u.: Ἄσπενδος 60[6]

37 a 18ff.: αυ 197[1]–199; Ausspr. 176[7]; αυ wechselt mit ευ kret. 198[6]; αυ < ευ 198[4.7]; αυ < αλ vor Kons. 198[1]; αυ > α 198[7]f.; αυ > ου 199, 1

nach 37 a 24: -αυ gen. sg. < -ᾱο 182[4]

37 a 25f.: ᾱυ diphth. 203[2.6]; ᾱυ < ᾱο 182[4]; ᾱυ > ηυ 200[6]; -ᾱυ > kypr. -ᾱ 203[3]. 561, 2

40 a 16: β Ausspr. 176[8]

nach 41 b 14 v. u.: βαρύφωνοι 6, 1

43 a 23: Βερ(ε)νίκη 69[3]

47 a 11: γ Ausspr. 176[8]; γ = ŋ vor Velar 308[7]

49 b 1 v. u.: γένος ἐπίκοινον II 28[3]. 32[1]

51 b 34: γλῶσσαι 'Wörterbücher' II 33[8]

nach 52 b 32: γραμματικός (term.) 7[2]

53 a 28 v. u.: δ Ausspr. 176[8]

53 c 28 v. u.: (Tί) ist zu streichen

55 b 27 v. u.: -δε (Richtungs- u. Zielbeziehung) II 68[1]

57 c 17: δένω; νὰ –, δένῃς conj. 793[3]. II 13[1]

65 c 25: δὸς ἐργασίαν NT 40[1]

68 a 20 v. u.: E Zeichen für ĕ (= ε), η u. ẹ̄ (= ει) 146[1]. 147[8]; – für *ē* aus Ersatzdehnung 146[7]; – für ει 147[7]; E kor. = ει [d. h. *ei* u. ẹ̄] 192[1]; E att. arg. kor. = EI 192[3]

68 a 19 ff. v. u.: ε, geschr. E 147[8]; ε = ει 192[4]; ε aus idg. *e* 72[8]; ε offene Ausspr. im El. 181[1.2]; ε nach α hin el. 198[6]; ε verwechselt mit αι 195[2]; ε mit αι zus.-gefallen 195[6]; ε < ευ 198[7–8] f.; ε < υ 183[7]; ε zu η gedehnt 239[4]

69 a 11: -ε voc. sg. II 59, 2

nach 69 a 11: ẹ̄ agr. 146[1]. 191[2.3]; ẹ̄ aus Ersatzdehnung 146[7]; ẹ̄ geschr. ει 193[6]. 195[1]; ẹ̄ geschr. ει vor α, ο 193[8]; s. ει unecht

nach 69 a 28: ẹ̄α spätgr. < εια 15[3]

69 a 29: εᾱ att. < εη 188[3.5]; < -εεα 188[5]

nach 72 c 16: εεα > εᾱ 188[5]

nach 73 b 19: εη > att. εᾱ 188[3.5]

74 a 5 ff.: ει echter Diphth. 146[8] f.; – aus ηι gekürzt 201, 2. 202[6]; ει zweisilb., geschr. εϊ, εει 196[6.7]; ει echter Diphth. 191[7]. 192[2–8]. 193[1]; geschr. E kor. 192[1.3];

EI (= ει) altatt. 148[1]; EI thess. für αι 194[4]; ει Ausspr. 176[7]. 194[3]; ει für ηι 148[1]. 201[3.4]; Ablaut ει : οι(: ι), ει : ι 346[8] f.; ει beibehalten 201[6]; ει unechter diphth. 147[3.7]. 191[7]. 192[1.2.3.5.7–8]. 193[1.6]. 195[1]; geschr. E 147[7]; geschr. E kor. 192[1.3]; EI (= ẹ̄) att. 201[4.5]; ει (= ẹ̄) vor α, ο 193[8]; ει = ẹ̆ 193[2]; ει thess. böot. = ion. η 185[6.7]; η = geschriebenes ει 185[7]; ει verwechselt auf Pap. mit η 186[5]; ει und ι verwechselt 193[5–6]; ει > ῑ 15[1.3]. 193[4.5.7]. 201[5]; ει = ι 193[6.7]. 195[7]
nach 74 a 23: *ēi* > *ei* 201[7]
74 a 32: -ει loc. sg. II 57[1]
nach 74 b 29: εια > spätgr. *ēa* 15[3]; εια > εα 194, 1; -εια-> -αια- 195[4]
nach 74 b 31 v.u.: -εια suff. 194[3]
nach 77 a 11 v.u.: ειο > spätgr. *ēo* 15[3]; ειο > εο 194, 1
77 a 4 v.u.: -ειον suff. 194[3]
86 a 25/24 v. u.: Es ist „Ἐμπετδίουν thess. 231[5]" zu lesen und dieses nach dem Lemma ἔμπεσε einzuschieben
86 c 23 v.u.: ἐν c. acc. 90[4]
90 a 13 v. u. Ἐνυμακρατίδας [so]
90 b 21: ἐξ verdeutl. den Ablat. II 94[3]. 95[1]
92 b 10 ff.: εο diphth. ion. 197[6]; geschr. εο = ευ 182[8]
nach 92 b 20: *ēo* spätgr. < ειο 15[3]
95 c 34: ἐπίκοινον γένος II 28[3]. 32[1]
98 a 17: ερ für ιρ ngr. 186, 3
104 c 10 ff.: ευ Ausspr. 176[7]; Ablaut ευ : ου : υ 347[2–4]; ευ geschr. εο 182[8]; ευ zweisilb. 182, 1. 197[7]; ευ diphth. 197[1]–199; Ausspr. 176[7]; ευ altatt. 148[1]; Ablaut ευ : ου : υ 347[2–4]; ευ geschr. εο 182[8]; ευ u. αυ wechseln 198[6]; ευ < ελ + Kons. 198[1]; ευ > ε 198[7] f.; ευ > αυ 198[4–7]; ευ > kret. ου 198[1]
106 c 26: -εύς nom. sg. m. 61[7]; -εύς < -αιεύς 195[7]
109 c 9: -έω verba II 71[5]
110 a 9 ff.: Ϝ; Zeichen 147[7]; = *w* 197[2]; urgr. 72[3]; hom. 8[7]; Ϝ Gleitlaut 207[7]; Ϝ > *υ* 224[6]; Schwund von Ϝ 335[2]; intervokal. - von Ϝ 188[6]. 191[5]; dissimilator. - des Ϝ 225[6]
112 a 1: ζ; Zeichen für ζ 145[1]; ζ Ausspr. 176[8]; ζ- < j- 57[2]
113 unten: h agr. 14, 1. 145[5]. 147[7]; Zeichen für *h* 145[5]; H für *h* 145[7]; ⊢ Zeichen für *h* 147[7]; *h*- an Stelle von Ϝ- 226[4]; *h*- aus *j*- im Anl. 62[7]; *h* schwindet 535[2]; anlautendes *h*- im Ngr. u. in den roman. Sprachen verschwunden 14[3]
114 a 25 v.u.: H Zeichen vieldeutig 145, 3; für *h* 145[7]; für *ᾱ* 145[7]. 146[1]; für ē 146[1.6]; für offenes ē 146[3]
114 a 24 ff. v.u.: η urgr. 185[6–8]. 186[2.4–5] 189[5]; erhalten 121[3]; Ausspr. 176[7]. 186[3.4]; als offenes *e* 186[5]; überoffenes η im El. 185[1]; hyperion. η 190[6]; geschlossenes η 185[6–8]; jüngeres η (V[a]) 186[4]; η verwechselt auf Pap. mit ει, ῐ 186[5]; Unterschied zw. η u. ᾱ 187[1.2]; Schwanken zw. ᾱ u. η 190[8]; η < urgr. ᾱ 62[7]. 185[2.4.8]. 186[3.4]. 187[2.4.8]. 189[5]. 190[4.5]. 191[1]; Ursprung u. Wirkung des Wandels 187[3.4]; η < sekundäres ᾱ 190[6]; urgr. η > ᾱ 185[3], hell. ᾱ 190[6]; η > lesb. αι 185[5]; η > el. α 185[1]; η > ι 201[6]; η aus ε gedehnt 239[4]; η mit αι zus.gefallen 195[6]; η geschr. ει 185[7]; ion. η = thess. böot. ει 185[6.7]; -η für -ηι 202[4.5]
114 b 22 v.u.: -η (-ω) instr. sg. II 57[1]
nach 114 c 13 v.u.: -ῆ suff. m. maked. 70[4]
116 a 5 ff. v.u.: ηι 200[8]–203[2]; Ausspr. 176[8]; ηι geschr. EI altatt. 148[1]; ηι < ᾱι 200[6]; ηι gekürzt zu ει 201, 2. 202[6]; ηι > η 201[6]. 202[4.5]; -ηι angeblich = geschlossenes e 186, 2
116 b 17 v.u.: ηιοι > ηυ 196[3]
nach 116 b 10 v.u. -ηΐς suff. f. II 37[4]
nach 118 c 24: ηοι > ηυ 196[3]
nach 119 a 2: -ήρ 70[4]
120 b 25: ἥττων 421[3]
120 b 28: ηυ diphth. 203[2.6]; – (geschr. EY) altatt. 148[1]; ηυ < ᾱυ 200[6]
120 a unten: θ; Ausspr. 176[8]; θ- 14[8]; Suffixe mit -θ- 510[4] f.
122 b 7 v.u.: -θεν suff. adv. II 90[6], 1
126 a Mitte: *i*; Vokalzeichen für *i* 142[6]; *i* < η 201[6]; *i* lesb. für *ü* Koine 184[3]; *i* < ü (= υ, οι) 184[1]. 195[7]. 196[1]; *i* unsilb. 171[3]; Ablaut ι : ει : οι 346[8] f.; ι u. ει verwechselt 193[5.6]; ι verwechselt mit η auf Pap. 186[5]; ι, geschr. ει 195[7]; ι = unechtes ει 193[7]; Verlust des ι in εια ειο 194, 1; ι für υ 183[7]; ι adscriptum, subscriptum 203[1]; ι aus vokalisiertem ν 284[6]. 287[1.4.7]. 289[7] f.; – weggelassen 201[7]. 202[3], 2; – verstummt in Langdiphth. 201[1.2], 1. 202[2.3]
126 b 25 ff. v.u.: ῑ; geschr. ει (EI) 15[1]. 184[5.6]. 193[6]; ῑ arg. böot. att. < ει 193[4.5]; ῑ spätgr. < ει 15[3]. 193[7]. 201[5]; ῑ < ιῑ < ιει 193[2]. 194[1.2]; ῑ verwechselt mit η in Pap. 185[6]
nach 126 b 18 v.u. -ῑ suff. adj. f. 466[1]. II 36[2]
126 b 16 v.u.: -ι Ausg. dat. (loc.) sg. II 57[7]; -ῑ Ausg. dat. sg. 193, 1
126 c 27 v.u.: ια für *i-a* 196[8]; ιᾱ att. < ιη 188[3.5]; ιᾱ < ιεα 188[5]
126 c 25 v.u.: -ια suff. 194[3]
nach 128 a 20 v.u.: ιεα > att. ιᾱ 188[5]
nach 128 a 19 v.u.: ιει > ιῑ > ῑ 193[2]. 194[1–2]
nach 128 c 15 v.u.: ιη ion. 189[1.2]; – > att. ιᾱ 188[3.5]

130 c 29 v.u.: -ιον suff. 194[3]
130 c 12 v.u.: -ιος Verbaladj. 466[2]
131 a 5: ιου im Böot. 183[4]
nach 131 a 17: ιπ aus *up*- dissimiliert 184[2]
133 a Mitte: [j; **j*-, **-j*- idg. 57[2]; *-j*- geschwunden arm. 57[2];] Übergangsl. *j* durch I geschrieben 202[5,6]
147 a 11 v.u.: κλυτός 502[3]
147 c 13 v.u. κοινὴ διάλεκτος 129[4]
nach 147 c 8 v.u.: κοινὸν γένος II 28[3]. 31[6]
148 b 2 v.u.: Koppa 149[4]
153 a 24: λ nach Konsonant 237[6]
nach 156 b 13: λέξεις 'Wörterbücher' 33, 1
159 a 24: -m > gr. -ν 14[4]
163 a 7: -μειν infin.-Ausg. 96[1]
164 c 22: -μένος ptc. med. II 13[4]
nach 167 c 31 v.u.: Μητρόβεις 472[3]
167 c 10 v.u.: -μι verba äol. ark. 88[5]
171 a 2. 9: ν; ŋ velar 179, 5; ŋ (geschr. γ) 308[4]; ν zu ι vokalisiert 280[7] f. 284[6]. 287[1.4.7]
171 a 15: -ν < idg. -m 14[4]
171 a 18 v.u.: νά c. conj. II 13[3]
172 a 12: *-nd-* ON vorgriech. 123[6]. 823[4]
173 c 32: -νθ- suff. in ON 61[6]
174 a 30: νικῶ μάχην II 84[5]
174 b 19: -νυμι verba II 71[5]
nach 175 a 25: *-nt-* suff. in Namen vorgriech. 65[5]
175 b 22: -νῦμι verba II 71[5]
176 a 1: ξ 144[3] f.
vor 177 a 1: O Zeichen 146[7]. 147[7.8] f. 191, 1. 192, 1
177 a 1 ff.: ο < idg. *o* 72[8]; Zeichen für *o* u. ǫ 146[2]; O Zeichen für ō aus Ersatzdehnung 146[7]; O Zeichen für ου 147[7]; altatt. O = ο, ω u. sekundärem ου 147[8] f.; υ geschrieben für ο 191, 1; mngr. Wandel von ο zu ου [*u*] 185[2]; ο gedehnt zu ω 239[4]; ο > υ 182[4]; O für OY in jüngerer Zeit 191, 1; unechter *ō*-Laut 191[2.3]
177 a 25: -o-Stämme fem. im Gr. II 32[1] f.; -o-St. beseitigt II 38[1-2]
177 a 10 v.u.: ὁ art. II 23[2]. 57[6]
178 a 29 v.u.: οε geschr. für οι 194[6]; οε > ου 195[4]
178 b 12–13 lies: -οθεν adv. 628[3] ὄθεσαν· ἐπεστράφησαν H. 721[5]
178 b 29 ff.: οι zweisilb., geschr. οϊ, οει 196[6.7]; οι diphth. 148[1]; Ausspr. 176[7]; Ablaut οι : ι 347[1]; οι geschr. οε 194[6]; οι gekürzt aus ωι 202[7]; οι verwechselt mit υ 195[2]; οι mit υ zus.gefallen 195[6]; οι = *ü* 195[5.7]; οι = υ byz. 196[1]
178 b 19 v.u.: -οι loc. sg. II 57[1]
178 b 16 v.u.: -οι nom. pl. II 40[5]
180 a 19: -οιο gen. sg. II 57[2]
180 b 9: -οις dat. pl. 2. decl. II 57, 2
183 a 10: -ον sg. neut. II 37[3]
185 a 16 v.u.: ορ äol. ark.-kypr. 88[5]
186 b 27 v.u.: ὀρσότης 529, 1 (nicht 528, 1)
187 a 25: -ος gen. sg. II 9[4]
187 a 31: -ος nom. acc. sg. n. II 32[4]
187 b 17 v.u.: ὅστις; s. ὥτινε
188 b 14 ff.: ου echter diphth. [*ou*] 147[1.2]. 191[7]. 192[2.4.7]. 194[3]; Ablaut ου : ευ : υ 347[2]; ου kret. < ευ 194[4]. 198[1]; ου monophthongiert 197[1]; ου aus Kontraktion u. Ersatzdehnung 192, 1; O für OY in jüngerer Zeit 191, 1; ου unecht 147[2.7.8]. 148[1]. 191[7]. 192[1.2.4]; ου < οε, οιε 195[4]; mngr. ου [= *u*] < ω bzw. ο 185[2]; ου in τούτηι für αυ 199, 1
nach 188 b 32: -ου gen. sg. auf Pap. für -ω(ι) 185[2]
188 b 26 v.u.: οὐ negat. II 310[4]
189 c 19 v.u.: οὖς; s. ὦτα, ὤτοιν
189 c 12 v.u.: -οῦς -οῦν contracta 558[1]
191 c 22: -όω verba II 71[5]
191 b 19 v.u.: πάθος 512[3], (term.) 43[5]
193 b 19: παρά verdeutl. den Ablat. II 95[1]
nach 193 b 8 v.u.: παραγωγή (term.) 43[5]
nach 194 b 22: παρασχηματισμός II 30[6-7]
Seitenziffer 195, nicht 951
208 a 23 v.u. (und nach 208 b 23): Πολίτης [st. Πολιανίτης] ngr. II 24, 2
213 b 20: πρός verdeutl. den Ablat. II 95[1]
nach 216 a 4: πρωτότυπον 43[5]
216 a 10: πτ- aus idg. *pt-* 57[2]
218 a 6: ρ nach Konsonant 237[6]
218 c 16 v.u.: ρη ion. 189[1.2]; < fremdes *rā* 187, 1
220 a 24: *s*; Zeichen für – 143[5]
220 a 6 v.u.: -σ- intervokal. erhalten 20[4]
nach 220 b 22 v.u.: -σ- in suff. 61[6]
220 c 19 v.u.: -σα- aor. II 71[5]
nach 221 b 4: Σαμόσατα 190[3]
nach 221 b 18 v.u.: Σάρδεις 60,2
223 b 29 f.: σι < τι 7[8]. 62[8]. 75[5]. 81[3]. 88[4]. 89[6]. 106[6]. 270[2]. 366[4]. 370[7]. 831[4]
227 a 18: *-ss-* suff. in ON vorgr. 823[4]
229 a 21: στοιχηδόν (term.) 148[2]
nach 231 c 20 v.u.: σύνθεσις 'Syntax' II 5, 3
234 b 19 v.u.: -τα nom. sg. 560[1-3], 1
241 b 9: -τηρ- suff. 82[1.2]. 530[4]. 531[2]. 569[3]. II 31[1]
241 b 24 v.u.: τι urgr. > gr. σι 7[8]. 62[8]. 75[5]. 81[3]. 88[4]. 89[6]. 106[6]. 270[2]. 271[5.7]. 366[4]. 370[7]. 831[4]
244 a 16 v.u.: τό art. für alle genera ngr. (kappad.) II 38[6]
244 a 8 v.u.: το/ᾱ- suff. 57[4]
245 a 8 v. u.: -τός suff. Verbaladj. fem. II 38[4]

249 c 3: -τωρ suff. 530[3] f. 531[2]. II 31[1]
249 a 22 v.u.: *ü* 184[3]; *ü* > *i* 184[1]. 195[7]. 196[1]
249 a 18 ff.: υ 181[4] ff.; Ablaut ευ : ου : υ 347[2–4]; Ausspr. 176[7]. 181[4] f.; Ausspr. als *u* 182[5]; υ = *ui* 183[1]; υ doppelte Ausspr. 183[5]; Alter der att. Ausspr. von υ [= ü] 183[2]; υ verwechselt mit οι 195[2]; υ Transkription in fremden Sprachen 183[6]; υ für lyk. *u* 183[6]; Aspiration des Anlauts υ- 183[3]; υ für u < ϙ 182[3]; υ geschr. für o 191, 1; υ [*ü*] Lautersatz 183[7]; υ < υι 199[4–6]
nach 250 a 8 v.u.: υει att. < υοι 196[2]
250 b 12: υι diphth. Ausspr. 176[8]; Entstehung 199[4.5]; υι > υ 199[4–6]
nach 251 b 3: υοι > att. υει 196[2]
255 a 19 v.u.: -ύς suff. adj. fem. 474[1]. II 34[5]
256 a 1: φ Ausspr. 176[8]
259 b 12 v.u.: -φι casus-suff. 106[7]. II 55[1.7]
263 a 1: χ 144[3] f.; Ausspr. 176[8]; χ ngr. 14, 1
266 c 13: χρόνος (term.) 373[3]
267 a 23: ψ 144[3] f.
268 a Mitte: ω; Ω Zeichen für *ō* 146[6–7]; ω 192[7]; ω aus o gedehnt 239[4]; Ω Zeichen für offenes *ō* 146[4]; att. ω < ωι 201[3]. 202[7]; ω > thess. ū 184[7]; ω [= o] > mngr. ου [= u] 185[2]; -ω für -ωι 202[4.5]
268 a 14 v.u.: -ω ablat. sg. II 57[1.3]. 90[4]
268 a 13 v.u.: -ω instr. sg. II 57[1]
268 a 12 v.u.: -ω adv. pron. II 91[2]
268 a 3 v.u.: -ώ nom. sg. II 52[1]
269 a 10 ff.: ωι 200[8]–203[2]; Ausspr. 176[8]; ωι altatt. (geschr. OI) 148[1]; ωι > att. ω 201[3]. 202[4.5.7]; ωι j.-lesb. 200[6]
nach 269 a 14: -ωι 200[5]; -ωι angeblich = geschlossenem o 186, 2; -ωι > -ω 202[4.5]
nach 269 b 14 v.u.: -ων (gen. -ονος) 486[8] f. II 31[1]
269 b 13 v.u.: -ών (gen. -όνος) 479[4]. 582[6]
270 b 2: -ως adv. II 90[4]. 91[1.2]
nach 271 b 16: ωυ diphth. 203[2.6]
275 a 11: -ā nom. acc. pl. neut. 39[5], 5
275 b 24 v.u.: -bhis instr. pl. II 44, 4
275 b 22 v.u.: -bh(j)os abl.-dat. II 90[2]
276 b 17 v.u.: -es gen. sg. II 56[2]
276 b 16 v.u.: -es nom. pl. II 40, 2
nach 277 b 23: -ī gen. unkasuelle Adj.-Form II 89[5]
278 b 10: ḷ 171[4]
278 b 17: -m acc. sg. II 70[8]
278 b 27 v.u.: -men- suff. 65[5]
278 b 16 v.u.: -mi verba 20[2]
278 c 5: m̥ 171[4]
278 c 15 v.u.: nj 366[8] f.
279 a 6: n̥ 171[4]
279 a 17 v.u.: -ōd (-ōt) ablat. sg. II 90[1.3.4]
279 a 7 v.u.: -oi nom. pl. II 40[4]
279 b 4: -ōis instr. pl. II 138[5]
279 b 17: -om acc. sg. II 71[1]
279 b 18: -om nom. acc. neut. II 39, 5
279 b 23: -ōm gen. pl. II 56[2]. 57[2]. 90[3]
279 b 18 v.u.: -os gen.(-abl.) sg. II 9[4]. 56[2]. 57[1.2]
279 c 4 v.u.: pt- 57[8]
280 a 10: rj 366[8] f.
280 a 18: r̥ 171[4]
280 a 21 v.u.: -s nom. sg. II 19, 2. 40[5]. 56[2]. 58[7]
280 a 19 v.u.: -s Pluralzeichen II 40[4], 4
280 b 16 v.u.: -sjo gen. sg. II 89[5]
nach 280 b 2 v.u.: -sm(en) suff. 65[5]
280 c 27: -so gen. sg. II 89[5]
281 a 3 v.u.: ti 7[8]. 62[8]. 67[3]. 270[2]. 366[4]. 370[7]
281 c 20 v.u.: wj 366[8]
287 c 29 v.u.: dhr̥ṣṇú- II 607, 2 (statt I 607, 2)
nach 288 b 15 v.u.: -i nom. acc. sg. et pl. neut. II 39, 3
nach 293 a 4: tatpuruṣa (term.) 429, 1
vor 293 b 25: -u nom. acc. sg. et pl. neut. II 39, 3
298 c 16 (13) v.u.: -v (vkʿ) instr. sg. 57[3]
nach 301 a 12 v.u.: ä schweizd. (Züricher Dial.) 22[5]
nach 302 b 29: Armbrust dt. 38, 1
nach 303 c 9 v.u.: fahren: durch das Haar – dt. 40[8]
nach 308 a 3: Quint dt. 375[6]
308 b 15 lies ndd. statt nhd.
nach 309 b 30 v.u.: Trema (term.) dt. 149[2]
nach 309 c 13: u unsilb. 171[3]
nach 310 a 6 v.u.: Walserdt. 97, 1
311 a 18: Ahhijavā 89, 1
vor 312 a 22 v.u.: a für au illyr. 70[4]
nach 313 c 26: agma (ausspr. aŋma) 214[7–8]
nach 315 a 16 v.u.: calque (linguistique) frz. 39[5–6]
316 a 11: coniunctivus adhortativus II 315[2]. 318[4–8]; – deliberativus II 318[4]; – obliquus II 319[1–3]. 334[5]
vor 316 b 8: -d 14[8]
nach 317 a 4: Doris mitior, severior 147, 1
vor 317 c 6 v.u.: f- 14[8]
nach 318 a 19: figura etymologica (term.) 4[8]
318 b 14 v.u.: genetivus pretii II 94[6]
319 a 25 v.u.: -ī gen. sg. lat. II 9[2]. 56[2]
nach 319 b 7 v.u.: interpretamenta 34[1]
nach 320 a 4 v.u.: licentia poetica 103[5]
nach 320 b 5: linguistique frz. 11[7]
nach 324 b 16: scriptio continua, plena 148[2]
vor 329 a 16: a aus ai vor Kons. 70[4]
331 a 3: -mь instr. pl. 57[3]
vor 332 a 19 v.u.: a für au 70[4]
vor 334 c 12: ti > si 7[8]
nach 335 a 7: h aus s 62[8]
nach 335 c 5: ti > si 7[8]

ABKÜRZUNGEN

(außer den in Band I p. XXV erklärten)

Abkürz.	Abkürzung
abl., ablat., Ablat.	ablativus, Ablativ
ablativ.	ablativisch
Abl.	Ablaut
ablaut.	ablautend
Ablautr.	Ablautreihe
Ableit.	Ableitung
abret.	altbretonisch
abs.	absolutus
Abtön.	Abtönung
acc.	accusativus
ach.	achäisch
acorn.	altcornisch
act.	activum
adj., Adj.	adjectivum, Adjektiv
adjektiv.	adjektivisch
adv.	adverbium, adverbial, adverbiell
Ael.	Aelianus
Aeschin.	Aeschines
Aesch.	Aeschylus
affekt.	affektisch
afghan.	afghanisch
afries.	altfriesisch
afrz.	altfranzösisch
ägä.	ägäisch
agall.	altgallisch
Agathokl.	Agathokles
ägin.	äginetisch
agrig.	agrigentinisch
Ägypt.	Ägypten
ägypt.	ägyptisch
ägypt.-griech.	ägyptisch-griechisch
ai.-ved.	altindisch-vedisch
aisl.	altisländisch
akarn.	akarnanisch
akkad.	akkadisch
Akk.	Akkusativ
akkusativ.	akkusativisch
akor.	altkorinthisch
akragant.	akragantinisch
akret.	altkretisch
akt., Akt.	aktiv, Aktiv
akypr.	altkyprisch
alem.	alemannisch
alett.	altlettisch
alexandr.	alexandrinisch
alit.	altlitauisch
Alk.	Alkaios
Alkm., alkman.	Alkman, alkmanisch
allgem.	allgemein

Alphab.	Alphabet
alphabet.	alphabetisch
altäol.	altäolisch
altatt.	altattisch
altdial.	altdialektisch
altertüml.	altertümlich
altidg.	altindogermanisch
altion.	altionisch
altiran.	altiranisch
altkor.	altkorinthisch
altlak.	altlakonisch
altmediterr.	altmediterranisch
altnordfränk.	altnordfränkisch
altphryg.	altphrygisch
alt- u. ngr.	alt- und neugriechisch
amhd.	alt- u. mittelhochdeutsch
amorg.	amorgisch
anacol.	anacoluth
Anakr., anakr.	Anakreon, anakreontisch
analog.	analogisch
analyt.	analytisch
anaphor.	anaphoricum, anaphorisch
Andan.	Andania
Andok.	Andokides
anl., Anl.	anlautend, Anlaut
annamit.	annamitisch
Anth. P.	Anthologia Palatina
Antim.	Antimachos
Antiphan.	Antiphanes
Antiph.	Antiphon
äol.	äolisch
aor., Aor.	aoristus, Aorist
Aor.-St.	Aoriststamm
Ap. Dysk.	Apollonios Dyskolos
aphryg.	altphrygisch
apoln.	altpolnisch
appenzell.	appenzellisch
apreuß.	altpreußisch
Ap. Rh.	Apollonios Rhodios
ar.	arisch
arab.	arabisch
aram.	aramäisch
Arat.	Aratos
archaist.	archaistisch
Archil.	Archilochos
Archimed.	Archimedes
Archyt.	Archytas
Aret.	Aretaios

argol.	argolisch
Aristarch.	Aristarchos
Aristid.	Aristides
Aristoph.	Aristophanes
Aristot.	Aristoteles
Arkes.	Arkesilaos
ark.-kypr.	arkadisch-kyprisch
Arr.	Arrianos
arsakid.	arsakidisch
aruss.	altrussisch
aschwed.	altschwedisch
aschweizd.	alt-schweizerdeutsch
aserb.	altserbisch
asigmat.	asigmatisch
aspir.	aspirata
Astyp.	Astypalaia
Ath.	Athenaios
athem. od. athemat.	athematisch
Athen.	Athenaios
äthiop.	äthiopisch
ätol.	ätolisch
att.	attisch
attiz.	attizistisch
attribut.	attributiv
aufeinanderf.	aufeinanderfolgende
augm.	augmentum
a.- u. mkymr.	alt- u. mittelkymrisch
Ausg.	Ausgang
ausgespr.	ausgesprochen
ausl., Ausl.	auslautend, Auslaut
außeridg.	außerindogermanich
außerpräs.	außerpräsentisch
ausspr., Ausspr.	aussprechen, Aussprache
AV	Atharvaveda
b.	bei
Babr.	Babrios
babyl.	babylonisch
bair.	bairisch
Bakchyl.	Bakchylides
Balb.	Balbilla
balt.	baltisch
balt.-slaw.	baltisch-slawisch
barb.	barbarisch
Bed.	Bedeutung
Bed.-gruppe	Bedeutungsgruppe
berb.	berberisch
berndt.	berndeutsch
bewegl.	beweglich
Bild.	Bildung
bosn.	bosnisch
brachyl.	brachylogisch
bret.	bretonisch
britann.	britannisch
Buchst.	Buchstabe
bulg.	bulgarisch
bulg.-gr.	bulgarisch-griechisch
Bundesspr.	Bundessprache
byz.	byzantinisch
byz.-ngr.	byzantinisch - neugriechisch
bzw.	beziehungsweise
c.	cum
cas. obl.	casus obliquus
casus-suff.	Kasus-Suffix
caus.	causativum
čech.	čechisch
chald.	chaldäisch
chalkid.	chalkidisch
chi., Chios, chiot.	chiisch, Chios, chiotisch
chines.	chinesisch
Choirob.	Choiroboskos
christl.	christlich
chronolog.	chronologisch
Chrysost.	Chrysostomos
collect.	collectivum
compar.	comparatio, comparativus
compos.	compositum
conj.	conjunctivus
contr.	contractus
copulat.	copulativum
corn.	cornisch
d.	der, die, das etc.
d.	dieses
dän.	dänisch
dat.	dativus
dativ.	dativisch
decl.	declinatio
Dehn.	Dehnung
deikt.	deiktisch
Dekl.	Deklination
Dekl.-form	Deklinationsform
Dekl.-klasse	Deklinationsklasse
Dekl.-weise	Deklinationsweise
del.	delisch
delph.	delphisch
Dem.	Demosthenes
demin.	deminutiv
Demokr.	Demokritos
demonst.	demonstrativ, demonstrativum
demot.	demotisch
denom.	denominativ, denominativum
Dent.	Dental
desid.	desiderativ, desiderativum
dial., Dial.	dialektisch, Dialekt
dimin.	diminutivum

Dio C.	Dio Cassius
Diod.	Diodor
Diog. L.	Diogenes Laertios
Dion. Hal.	Dionysius Halikarnasseus
Diosk.	Dioskorides
Diph.	Diphilus Comicus
diphth.	diphthongus, diphthongisch
dissimilator.	dissimilatorisch
Dodon.	Dodona
dor.	dorisch
dor.-nwestgr.	dorisch-nordwestgriechisch
dryop.	dryopisch
dt.	deutsch
du.	dualis
eigentl.	eigentlich
einsilb.	einsilbig
einzeldial.	einzeldialektisch
einzelsprachl.	einzelsprachlich
eleus.	eleusinisch
elid.	elidiert
ellipt.	elliptisch
Emp.	Empiricus
Emped.	Empedokles
emphat.	emphatisch
EN	Eigenname
encl.	encliticum
End.	Endung
engl.	englisch
enklit.	enklitisch
ep.	episch
ephes.	ephesisch
Epich.	Epicharmos
epid.	epidaurisch
Epikur.	Epikuros
epir. od. epirot.	epirotisch
Eratosth.	Eratosthenes
eretr.	eretrisch
Erschein.	Erscheinung
Erythr., erythr.	Erythrai, erythräisch
etazist.	etazistisch
etc.	et cetera
ethn.	ethnicum
Et. m.	Etymologicum magnum
etr.	etruskisch
etr.-lat.	etruskisch-lateinisch
Etymol., etymol.	Etymologie, etymologisch
eub.	euböisch
Eupol.	Eupolis
Eur. u. Eurip.	Euripides
europ.	europäisch
Europ.	Europos
Euseb.	Eusebios
Eustath.	Eustathios
exclam.	exclamativum
f.	femininum
f.	folgende
f.	für
falisk.	faliskisch
fem.	femininum
ff.	folgende Seiten
Finals.	Finalsatz
finn.	finnisch
finn.-lapp.	finnisch-lappisch
finno-ugr.	finno-ugrisch
flexiv.	flexivisch
Formenbild.	Formenbildung
Formenl.	Formenlehre
Frages.	Fragesatz
Fremdw.	Fremdwort
frühbyz.	frühbyzantinisch
fut., Fut.	futurum, Futur
Gal.	Galenos
gall.	gallisch
gall.-lat.	gallisch-lateinisch
gall.-spätlat.	gallisch-spätlateinisch
gāth.	gāthisch
Gebr.	Gebrauch
gedankl.	gedanklich
gemeingr.	gemeingriechisch
gemeinngr.	gemeinneugriechisch
Gemeinspr.	Gemeinsprache
gen., Gen.	genetivus, Genitiv
Gen.-Abl.	Genitiv-Ablativ
genitiv.	genitivisch
georg.	georgisch
gerundiv.	gerundivum
Gesch.	Geschichte
geschichtl.	geschichtlich
geschr.	geschrieben
gespr.	gesprochen
Gleitl.	Gleitlaut
gloss.	glossaria
gort.	gortynisch
got.	gotisch
got.-kelt.	gotisch-keltisch
got.-urnord.	gotisch-urnordisch
gr.	griechisch
gr.-ital.	griechisch-italisch
gr.-lat.	griechisch-lateinisch
gramm.	grammatici
Gramm.	Grammatik
grammat.	grammatisch
graph.	graphisch
Griechenl.	Griechenland
grönländ.	grönländisch

Grundbed.	Grundbedeutung
Grundst.	Grundstufe
h.	hymnus
Halbv.	Halbvokal
Halik.	Halikarnassos
h. Ap.	hymnus in Apollinem
Haupts.	Hauptsatz
h. Cer.	hymnus in Cererem
hebr.	hebräisch
Hekat.	Hekataios
hell.	hellenistisch
hell.-poet.	hellenistisch-poetisch
her. od. herakl.	herakleotisch
heteroklit.	heteroklitisch
h. Hom.	hymnus Homericus, hymni Homerici
Hiatuskons.	Hiatuskonsonant
Hilfsvok.	Hilfsvokal
Hintergl.	Hinterglied
Hippokr.	Hippokrates
Hippon.	Hipponax
histor.	historisch
holländ.	holländisch
hymn.	hymnus
hyperatt.	hyperattisch
hyperdor.	hyperdorisch
Hyperid.	Hyperides
hyperpoet.	hyperpoetisch
hypok.	hypokoristisch
Iambl.	Iamblichos
Ibyk.	Ibykos
Il.	Ilias
illyr.	illyrisch
illyr.-lat.	illyrisch-lateinisch
imper.	imperativus
imperativ.	imperativisch
impers.	impersonale
indecl.	indeclinabile
indefin. od. indef.	indefinitum
ind.	indisch
indic.	indicativus
Indik.	Indikativ
indir.	indirekt
indoir.	indoiranisch
indones.	indonesisch
inf.	infixum
infin., Infin.	infinitivus, Infinitiv
Infin.-Ausg.	Infinitivausgang
inkohat.	inkohativ
inl.	inlautend
Inschr.	Inschrift
inschr.	inschriftlich
inseldor.	inseldorisch
inselserb.	inselserbisch
instr.	instrumentalis
intens.	intensiv, intensivum
interj.	interjectio
Interj.	Interjektion
interkons.	interkonsonantisch
Interrog.	Interrogativ
Interrog.-Pron.	Interrogativpronomen
intervokal., intervok.	intervokalisch
intr.	intransitiv, intransitivum
ion.	ionisch
ion.-att.	ionisch-attisch
ion.-hell.	ionisch-hellenistisch
ipf.	imperfectum
Ipf.	Imperfekt
ir.	irisch
iran.	iranisch
Is.	Isaios
isl.	isländisch
Isokr.	Isokrates
italien.	italienisch
italisch od. ital.	italisch
Itan.	Itanos
itazist.	itazistisch
iter.	iterativum
Iterativpräs.	Iterativpräsens
Iterativprät.	Iterativpräteritum
japan.	japanisch
j.-att.	jungattisch
j.-awest.	jungawestisch
j.-böot.	jungböotisch
jidd.	jiddisch
j.-ion.	jungionisch
j.-kret.	jungkretisch
j.-lak.	junglakonisch
j.-lesb.	junglesbisch
Jos.	Josephus
j.-phryg.	jungphrygisch
Kaiserz.	Kaiserzeit
kalabr.	kalabresisch
Kalch.	Kalchedon
Kallim.	Kallimachos
kalymn., Kalymn.	kalymnisch, Kalymna
kampan.	kampanisch
kappad.	kappadokisch
kar.	karisch
kar.-gr.	karisch-griechisch
Karp.	Karpathos
kaschub.	kaschubisch
Kasusbild.	Kasusbildung
kaukas.	kaukasisch
kaus.	kausativ
keisch	(Insel Keos)
kelt.	keltisch

kelt.-lat.	keltisch-lateinisch
Kentumspr.	Kentumsprache
kephall.	kephallenisch
kilik.	kilikisch
kilik.-gr.	kilikisch-griechisch
Kinderspr.	Kindersprache
klass.	klassisch
klass.-ai.	klassisch-altindisch
klass.-arab.	klassisch-arabisch
kleinas.	kleinasiatisch
kleinas.-äol.	kleinasiatisch-äolisch
kleinas.-gr.	kleinasiatisch-griechisch
kleinas. Koine	kleinasiatische Koine
kleinruss.	kleinrussisch
knid.	knidisch
knos.	knosisch
koisch	(Kos)
kollekt.	kollektiv
Kollektivbild.	Kollektivbildung
kom., Kom.	komisch, Komiker
Komp.	Kompositum
Kompos.	Komposition
Kompos.-Fuge	Kompositionsfuge
Kompos.-Glied	Kompositionsglied
Kompos.-Suff.	Kompositionssuffix
Kompos.-Vok.	Kompositionsvokal
Kondizionals.	Kondizionalsatz
Konj.	Konjunktiv
Konjunkt.	Konjunktion
Konjunktivbild.	Konjunktivbildung
Kons.	Konsonant
kons.	konsonantisch
Kons.-Gruppe	Konsonantengruppe
kontrah.	kontrahiert
koord.	koordiniert
kopt.	koptisch
kor.	korinthisch
korean.	koreanisch
Kor.	Korinna
Kosef.	Koseform
Kosen.	Kosename
Kratin.	Kratinos
kret.	kretisch
kurzvokal.	kurzvokalisch
kym.	kymäisch
kymr.	kymrisch
kypr.	kyprisch
kyren.	kyrenäisch
Kyz.	Kyzikos

lab.	labial
labiovel.	labiovelar
Lallw.	Lallwort
Ländern.	Ländername
Langdiphth.	Langdiphthong
langob.	langobardisch
langvokal.	langvokalisch
lanuvin.	lanuvinisch
lapp.	lappisch
Lar.	Larisa
lat.-kelt.	lateinisch-keltisch
lautl.	lautlich
Lautl.	Lautlehre
lesb.	lesbisch
lett.	lettisch
leukad.	leukadisch
lexikal.	lexikalisch
lind., Lind.	lindisch, Lindos
lit. od. liter.	literarisch
Liqu.	Liquida
liv.	livisch
loc.	locativus
lokr.	lokrisch
lothr.-lux.	lothringisch-luxemburgisch
Luk. od. Lukian.	Lukianos
luzern.	luzernisch
lyd.	lydisch
lyk.	lykisch
Lykophr.	Lykophron
Lys.	Lysias

m. od. mask.	masculinum
magyar.	magyarisch
maked.	makedonisch
maniat.	maniatisch
maniot.	maniotisch
männl.	männlich
mantin.	mantineisch
mäon.	mäonisch
mask.	maskulinisch
m.-bret.	mittelbretonisch
md.	mitteldeutsch
mechan.	mechanisch
med.	medium, medial
mediopass.	mediopassiv
Megalop.	Megalopolis
megar.	megarisch
Menandr.	Menandros
messap.	messapisch
mess.	messenisch
metr.	metrisch
miles.	milesisch
Mimn.	Mimnermos
m.-ind.	mittelindisch
m.-iran.	mitteliranisch
mittelgr.	mittelgriechisch
mittel- u. ngr., mngr.	mittel- und neugriechisch
mkret.	mittelkretisch
m.-kymr.	mittelkymrisch
m.-lat.	mittellateinisch
mnd.	mittelniederdeutsch

Monatsn.	Monatsname
Mosch.	Moschos
m.- u. n.-bret.	mittel- und neubretonisch
Mus.	Musaios
n.	neutrum, neutrisch
n.	nomen
nachhom.	nachhomerisch
nachklass.	nachklassisch
nachved.	nachvedisch
Namenbild.	Namenbildung
Nas.	Nasal
Nasalvok.	Nasalvokal
nationalgr.	nationalgriechisch
Nausikr.	Nausikrates
nax.	naxisch
n.-bret.	neubretonisch
nd.	norddorisch
ndd.	niederdeutsch
ndor.	norddorisch
Nebens.	Nebensatz
negat.	negatio
Neubild.	Neubildung
neuind.	neuindisch
neuion.	neuionisch
neuir.	neuirisch
neuiran.	neuiranisch
neumexikan.	neumexikanisch
neupers.	neupersisch
neut.	neutrum
neuthess.	neuthessalisch
neutr.	neutrum, neutrisch
nfrz.	neufranzösisch
nichtatt.	nichtattisch
Nikandr. u. Nik.	Nikandros
nilnub.	nilnubisch
nisyr.	nisyrisch
n.-kymr.	neukymrisch
nom.	nominativus
nom. ag.	nomen agentis
Nominalausg.	Nominalausgang
Nominaldekl.	Nominaldeklination
Nominalkomp.	Nominalkompositum
Nominals.	Nominalsatz
n. pr.	nomen proprium
Nonn.	Nonnos
nord.	nordisch
nordar.	nordarisch
nordd.	norddeutsch
nordgr.	nordgriechisch
nordion.	nordionisch
Normalgr.	Normalgriechisch
norw.	norwegisch
npers.	neupersisch
num.	numerale
nwgr.	nordwestgriechisch

oberd.	oberdeutsch
Obj.	Objekt
obl.	obliquus
od.	oder
Od.	Odyssee
ON	Ortsname
onomatop.	onomatopoetisch
Opp.	Oppianos
opt., Opt.	optativus, Optativ
opt. obl.	optativus obliquus
ordinal.	ordinale
Orop.	Oropos
orph.	orphisch
or. Sib.	oracula Sibyllina
osk.	oskisch
osk.-umbr.	oskisch-umbrisch
osman.	osmanisch
osman.-türk.	osmanisch-türkisch
österreich.	österreichisch
ostgr.	ostgriechisch
ostion.	ostionisch
ostkret.	ostkretisch
östl.	östlich
ostlit.	ostlitauisch
ostlokr.	ostlokrisch
ostsyr.	ostsyrisch
ostthess.	ostthessalisch
öt.	ötäisch
Otr.	Otranto
palat.	palatal
pannon.	pannonisch
päon.	päonisch
pap., Pap.	papyri, Papyrus
parenthet. od. parenth.	parenthetisch
Parm. od. Parmen.	Parmenides
parth.	parthisch
partic.	particula
partit.	partitivus, partitiv
pass.	passivum, passiv
Passivbild.	Passivbildung
Patronym.	Patronymikon
Paus.	Pausanias
periphrast.	periphrastisch
pers.	persisch
Pers.	Person
pers.	persona, personale
pers.-lat.	persisch-lateinisch
Personalend.	Personalendung
Personalpron.	Personalpronomen
Personalsuff.	Personalsuffix
Personengebr.	Personengebrauch
persönl.	persönlich
pf.	perfectum
Pf.	Perfekt
Pf.-fut.	Perfektfuturum

Pherekr.	Pherekrates
Pherekyd.	Pherekydes
Philod.	Philodemos
Philol.	Philolaos
phok.	phokisch
phönik.	phönikisch
Phot.	Photios
phryg.	phrygisch
phthiot.	phthiotisch
Pind.	Pindaros
pisid.	pisidisch
Plat.	Platon
Plotin.	Plotinos
pl., Pl.	pluralis, Plural
plural.	pluralisch
plusq., Plusq.	plusquamperfectum, Plusquamperfekt
Plut.	Plutarchos
PN	Personenname
poet.	poetisch
Poll.	Pollux
poln.	polnisch
Polyb.	Polybios
pont.	pontisch
Porphyr.	Porphyrios
Porphyrog.	Porphyrogennetos
portug.	portugiesisch
poss.	possessiv, possessivus
Possessivpron.	Possessivpronomen
postpos.	postpositio
potent., Potent.	potentialis, Potential
pr.	proprium
praedic.	praedicativum
praef.	praefixum
praep.	praepositio
praes.	praesens
praes.-bildend	präsensbildend
praes.-St.	Präsensstamm
praet.	praeteritum
praev.	praeverbium
Präf.	Präfix
präidg.	präindogermanisch
pränest.	pränestinisch
Präp.	Präposition
Präs.	Präsens
Präsensausg.	Präsensausgang
Präsensbild.	Präsensbildung
Prät.	präteritum
Pratin.	Pratinas
Präv.	Präverb
preuß.	preußisch
prien.	prienisch
privat.	privativum
procl.	procliticum
proklit.	proklitisch
pron.	pronomen
pronomin.	pronominal
pros.	prosaisch
prosthet.	prosthetisch
prothet.	prothetisch
Psell.	Psellos
psycholog.	psychologisch
ptc.	participium
ptc.-Ausg.	Partizipausgang
Ptz.	Partizip
pun.	punisch
pun.-alat.	punisch-altlateinisch
pun.-lat.	punisch-lateinisch
Pythag., pythag.	Pythagoras, pythagoreisch
qualitat.	qualitativ
quantitat.	quantitativ
Qu. Sm.	Quintus Smyrnaeus
rätor.	rätoromanisch
recit.	recitativum
Reduktionsvok.	Reduktionsvokal
redupl., Reduplik.	reduplicatio, Reduplikation
redupliz.	redupliziert
reduz.	reduziert
refl.	reflexivum, reflexiv
Reflexivpron.	Reflexivpronomen
regell.	regellos
Rektionskomp.	Rektionskompositum
relat.	relativ, relativum
Relativpron.	Relativpronomen
rhegin.	rheginisch
rhein.	rheinisch
rhetor.	rhetorisch
rhod.	rhodisch
rhythm.	rhythmisch
Rückbild.	Rückbildung
rumän.	rumänisch
russ.	russisch
russ.-ksl.	russisch-kirchenslawisch
s.	siehe
sabin.	sabinisch
sak.	sakisch
sam.	samisch
samojed.	samojedisch
Sapph.	Sappho
sard.	sardisch
Satəmspr.	Satəmsprache
satəmsprachl.	satəmsprachlich
Satzadv.	Satzadverb
sc.	scilicet
Schlußkons.	Schlußkonsonant
Schriftd.	Schriftdeutsch
Schriftspr.	Schriftsprache
schriftsprachl.	schriftsprachlich

Schwachst.	Schwachstufe
Schwachstufenvok.	Schwachstufenvokal
Schwachvok.	Schwachvokal
schwed.	schwedisch
schweizd.	schweizerdeutsch
Sekundärsuff.	Sekundärsuffix
selbständ.	selbständig
selin.	selinuntisch
semit.	semitisch
Semon.	Semonides
serb.	serbisch
serbokr.	serbokroatisch
sg.	singularis, singularisch
Sg.	Singular
sigmat.	sigmatisch
sikyon.	sikyonisch
Silbenanl.	Silbenanlaut
silb.	silbisch
Simon.	Simonides
singh.	singhalesisch
siz.	sizilisch
skr.	Sanskrit, sanskritisch
slaw.	slawisch
smyrn.	smyrnäisch
Sol.	Solon
Sonderbed.	Sonderbedeutung
Soph.	Sophokles
soziolog.	soziologisch
span.	spanisch
spart.	spartanisch
spät	spätgriechisch
spätaltgr.	spätaltgriechisch
spätatt.	spätattisch
spätep.	spätepisch
spätgr.	spätgriechisch
späthebr.	späthebräisch
spätion.	spätionisch
spätlak.	spätlakonisch
spätlat.	spätlateinisch
spät-ngr. od. spät- u. ngr.	spät- und neugriechisch
spez.	speziell
spir.	spiritus
Spr.	Sprache
Sprachf.	Sprachforschung
Sprachgesch.	Sprachgeschichte
sprachl.	sprachlich
sprachvergl.	sprachvergleichend
Sprachw.	Sprachwissenschaft
sprachwissenschaftl.	sprachwissenschaftlich
Sproßvok.	Sproßvokal
st.	statt
St.	Stamm
Stammbild.	Stammbildung
Starkst.	Starkstufe
Stesich.	Stesichoros
stilist.	stilistisch
stimmh.	stimmhaft
stimml.	stimmlos
Stoffadj.	Stoffadjektiv
Strab.	Strabo
Stützvok.	Stützvokal
Stymph.	Stymphalos
Subj.	Subjekt
subst., Subst.	substantivum, Substantiv
substantiv.	substantivisch
südarab.	südarabisch
süddor.	süddorisch
südgr.	südgriechisch
südital.	süditalisch
südserb.	südserbisch
südthess.	südthessalisch
suff., Suff.	suffixum, Suffix
Suid.	Suidas = das Lexikon „Suda“
superl., Superl.	superlativum, Superlativ
supin.	supinum
syllab.	syllabisch
syntakt.	syntaktisch
synthet.	synthetisch
syr.	syrisch
syrak.	syrakusanisch
tar.	tarentinisch
tauromen.	tauromenisch
teg.	tegeatisch
term.	terminus
thas.	thasisch
themat.	thematisch
Themist.	Themistios
Theo.	Theo Smyrnaeus
Theogn.	Theognis
Theokr.	Theokritos
Theophr.	Theophrastos
ther.	theräisch
thesp.	thespiäisch
thess.	thessalisch
Thom. Mag.	Thomas Magistros
thrak.	thrakisch
thrak.-illyr.	thrakisch-illyrisch
Thuk.	Thukydides
trag.	tragici
trans., Trans.	transitivum, Transitiv
troz.	trozenisch
türk.	türkisch
u.	und
Übergangsl.	Übergangslaut

uigur.	uigurisch
Umbild.	Umbildung
umbr.	umbrisch
Umgangsspr.	Umgangssprache
umgek.	umgekehrt
unbest.	unbestimmt
unetym.	unetymologisch
ungeschr.	ungeschrieben
ungr. od. ungriech.	ungriechisch
unkontrah.	unkontrahiert
unpers.	unpersönlich
unredupl.	unredupliziert
unregelm.	unregelmäßig
unsilb.	unsilbisch
unterit. od. unterital.	unteritalisch
urchristl.	urchristlich
urgerm.	urgermanisch
urgr.	urgriechisch
urnord.	urnordisch
urspr.	ursprünglich
v.-att.	vulgärattisch
ved.	vedisch
venet.	venetisch
venez.	venezianisch
verb.	verbum, verbalis, verbal
Verbalabstr.	Verbalabstraktum
Verbaladj.	Verbaladjektiv
Verbalausg.	Verbalausgang
Verbalbild.	Verbalbildung
Verbalend.	Verbalendung
Verbalinf.	Verbalinfix
Verbalkomp.	Verbalkompositum
Verbalkompos.	Verbalkomposition
Verbals.	Verbalsatz
Verbalst.	Verbalstufe
Verbalsubst.	Verbalsubstantiv
Verbalsuff.	Verbalsuffix
Verbalwz.	Verbalwurzel
verdeutl.	verdeutlichend, verdeutlicht
vergl.	vergleichend
Verschlußl.	Verschlußlaut
vgl.	vergleiche
v.-lat.	vulgärlateinisch
voc.	vocativus
Vok.	Vokal
vokal.	vokalisch
Vokat.	Vokativ
Völkern.	Völkername
Volksspr.	Volkssprache

volkssprachl.	volkssprachlich
volkstüml.	volkstümlich
vorausgeh.	vorausgehend
Vordergl.	Vorderglied
vordor.	vordorisch
vorgr.	vorgriechisch
vorgrammat.	vorgrammatisch
Vorgriech.	Vorgriechisch
voridg.	vorindogermanisch
vorurgr.	vorurgriechisch
vulgärsprachl.	vulgärsprachlich
Wbuch	Wörterbuch
weibl.	weiblich
weißruss.	weißrussisch
Weltspr.	Weltsprache
westeurop.	westeuropäisch
westgr.	westgriechisch
westion.	westionisch
westlokr.	westlokrisch
westsyr.	westsyrisch
wgr.	westgriechisch
w.-ion.	westionisch
wissenschaftl.	wissenschaftlich
w.-kret.	westkretisch
w.-lokr.	westlokrisch
Wortausg.	Wortausgang
Wortbed.	Wortbedeutung
Wortbild.	Wortbildung
Wortf.	Wortfuge
Wortreg.	Wortregister
w.-osset.	westossetisch
wthess.	westthessalisch
Wurzelaor.	Wurzelaorist
Wurzelw.	Wurzelwort
Wz.	Wurzel
Wz.-ausl.	Wurzelauslaut
Wz.-bild.	Wurzelbildung
Wz.-determinativ	Wurzeldeterminativ
Wz.-erweiterung	Wurzelerweiterung
Wz.-nom. od. Wurzeln.	Wurzelnomen
Wz.-präs.	Wurzelpräsens
Wz.-silbe	Wurzelsilbe
Wz.-wort	Wurzelwort
Xenophan.	Xenophanes
Yagh.	Yaghnōbī
žemait.	žemaitisch
zw.	zwischen
zweisilb.	zweisilbig

I

WÖRTER, SUFFIXE, LAUTE: GRIECHISCH

A

α aus idg. ᾰ 338^{6}. 339^{7}f. 340f. 686^{7}, 9; sekundär 338^{8}; aus Schwachvok. 341$^{5.6}$; für Nasalvok. 342, 3; für idg. m̥ 342^{8}. 343^{4}. 708^{2}; für idg. m̥ n̥ 56^{4}. 440^{1}. 761^{5}; für idg. n̥ 342^{7}. 343^{4}. 699^{5}. 703$^{2-3}$. 740^{4}; -α- für idg. -n̥-767^{3}; α für n̥s 307^{7}; α Schwachst. zu η (:ω) 340$^{3.4}$; als Übergangsl. 278$^{4.6.7}$; wechselt mit ο 340^{2}; assimiliert Vokale 255$^{6.7}$; assimiliert ε 256^{3}; assimiliert α 256^{3}; α ndor. für ε 81^{2}; α el. für ε 81^{2}. 92^{7}; α bei ρ für ε nwgr. 92^{3}; Schwanken zw. *a*- und *e*-Laut 62^{7}; α für αι 266^{2}; α att. aus ᾱι 233^{5}; α graph. für αι = ε 835^{1}; α durch Umfärbung des ε 212^{6}; α aus ε 338,1; α unterit. tw. aus i(η) 95^{2}; α durch ο ersetzt 440^{2}; -α elidiert 403^{2}; α- prothet. 411^{6}f.
ἀ- praef. 455^{6}
α copulat. 433^{2}, 2
α intens. 433^{2}
ἀ- privat. 56^{7}. 343^{1}. 417, 1. 431$^{3.4}$, 2 f. 635^{4}. 644^{6}. II 591^{1}. 599$^{2.3.5}$. S. auch ἀν-
ἁ- (aus*sm̥-) 367^{4}.433,3. 440^{1}. 588^{1}, 7
α Kompos.-Vok. 438^{2}
α kontrahierb. in Kompos.-Fuge 397^{7}
α in Wz. 680^{3}, 2
ᾰ- St. 588^{2}–562^{4}; masc. auf -ᾰ 560$^{3.4}$
-ᾰ nom. voc. 1. decl. 561^{5}; nom. sg. böot. nwgr. 560$^{3-5}$
-α nom. sg. m. 560^{1}, 1. 2
-ᾰ nom. voc. sg. m. 560^{5}. 561^{6}
-ᾰ nom. sg. f. 553^{5}. 559$^{6.7}$
-ᾰ voc. sg. lesb. 558^{5}, 5
-α nom. sg. 1. decl. tsak. 586, 0
-ά f. 562^{4}
-α gen. sg. m. hell. 561^{2}
-α acc. sg. 547^{7}. 549^{2}. 551$^{5-6}$. 553^{3}. 560, 2. 562^{7}. 563^{2}
-α acc. sg. f. ngr. 585^{7}
-α nom. sg. f. (gen. -ας) ngr. 585^{7}
-ᾰ voc. sg. m. 560^{5}
-α Kosef. 561^{5}
-α nom. acc. pl. n. 562^{7}. 581^{3}, 4
-α adv. 622^{5}. 632^{7}; ngr. 621^{4}
α in Verbalwz. 685$^{1-2}$
-α zweisilb. Verbalst. 695^{4}
-α Personalend. 657^{5}. 659^{2}
-α 1. sg. aor. act. 739^{8}. 744^{1}–746. 753^{6}f. 778^{3}. 814$^{4.5}$. 815^{7}; ngr. 753^{7}. 763$^{6.7}$
-α- in Aor.-St. 739^{5}. 749$^{3.4.6}$,2
-α 1. sg. pf. 662^{3}. 767^{3}
-α ipf. ngr. 753^{7}
-ᾰ 3. pl. (aus-n̥t) 664^{2}
-ᾳ adv. spät 550^{4}
ἄ interj. II 600^{3}
ᾱ (= ἄν) δέν ngr. II 593^{4}
ἅ pron. II 611^{8}; ἃ δὴ κακοῦργος II 404^{7}
ᾱ 345^{2}f.; urgr. 72^{2}. 434^{4}; dial. 81^{1}; Formen mit –, 105^{8}; bewahrt 370^{8}; purum att. 86^{1}; – Formen in Trag. 111$^{1.4}$; kontrah. aus αα 248$^{6.7.8}$; – kontrah. ion. att. aus ᾰε (ᾱ̨, ᾰη) 250$^{4.5}$; ᾱ lak. aus ᾰο 94^{1}; – aus ᾰε 682^{1}; – äol. dor. aus ᾰε ᾱ̨ 250^{5}; – aus αι 266^{5}; – lesb. aus ᾱι 233^{4}; – aus αιϝ 228^{8}. 265^{8}; -ᾱ kypr. aus -ᾱυ 561, 2; ᾱ nwgr. dor. böot. aus οα 250^{1}; ᾱ lesb. aus οᾱ 250^{2}; ᾱ aus ᾱο 250^{3}. 682^{1}; ᾱ aus ᾱω 250^{3}
ᾱ > ion. att. η 62^{7}. 75^{5}. 85^{6}. 86^{1}. 121^{2}. 233^{2}
ᾱ ion. att. für αιϝ 228^{8}. 265^{8}
ᾱ el. für urgr. η 92^{7}
ᾱ in ᾱσ < -ανσ 287^{5}
ᾱ in -ᾱν- (< -ανσ-) zu η 287^{5}
ᾱ metr. Dehn. 266^{4}
ᾱ : ᾰ Abl. 770^{2}; Abtön. 552^{5}; ᾱ : ω Abl. 770^{1}
-ᾱ- Wznom. 451^{4}. 561, 6
ᾱ Kompos.-Vok. 438^{2}
-ᾱ-Stämme 459^{5}f. 553^{4}; f. 473^{1} ff.; m. 559^{8}, 1. 560^{1} f. 562. 839^{8}
-ᾱ-Suff. 457^{2} ff.; Sekundärsuff. 460^{6}f.
-ᾱ nom. sg. 558^{4}
-ᾱ contr. f. (gen. -ᾶς) 562^{3}
-ᾱ gen. sg. contr. lesb. dor. el. 561^{1}
-ᾱ gen. sg. (aus -ᾱυ) kypr. 561, 2
-ᾱ dat. sg. 558^{7}
-ᾱ instr. sg. 549^{4}. 550^{3}. II 138$^{4.7}$
-ᾱ du. voc. nom. acc. 554^{4}. 557$^{4.5}$
ᾱ in Verbalwz. 685^{3}
ᾱ in aor. 675,3
-ᾱ- in conj. 792^{3}
ᾱ̔ demonstr. f. 304^{2}. 610^{5}. II 35$^{3.4}$
ᾱ̔́ relat. f. 303^{5}. II 35^{3}
ᾰ interj. 190^{5}. 547^{3}. II 600^{3}, 2. 6. 601$^{1.4.5.6}$; ᾰ c. voc. II 60, 7; ᾰ ᾰ II 600, 4; ᾰ ᾰ ᾰ II 600, 4
ᾰ instr. sg. dor. 550^{3}
αα > ᾱ 248$^{6.7.8}$
*ἀα interj. 716^{4}
ἄα 514^{2}
ἀᾶ interj. II 600^{3}
ἆ ἅ 14, 1. 190^{5}. 262^{1}. 303^{3}
ἆἆ 14, 1. 190^{5}
ἀάατος 447, 2
ἀᾱγής 432^{1}. 452^{2}
ἀάζειν Aristot. 716^{4}
(ἄαθι) 613^{5}. 628^{5}. 632^{3}
αᾱι > ᾱι 249^{3}
*ἀαίη 514, 3
ἀάκατος kypr. 587, 2
ἀάνθα dor. 348^{5}. 520^{3}
*ἀάρδω 685, 3
ἄασα hom. 655^{1}. 752^{4}; -σεν ὕπνος πρὸς τοῖσι II 513^{8}
ἀασάμην 760^{6}. 762^{4}. II 241^{3}
ἀάσθη-761^{4}; -σθην 760^{6}.762^{4}
-άᾱσι Ausg. pf. 665^{5}
-αασκ- verba 711^{3}. 712^{1}
ἀάσχετος 104^{4}. 432^{1}. 681, 5
ἀᾶται 3. sg. 682^{6}
ἄαται äol. 675^{4}. 682^{6}
ἀάτη 501^{4}, 8
ἄατος 102^{7}. 502^{5}
Ἀβαιόδωρος böot. 635^{3}
Ἀβαῖσι loc. II 155^{1}
ἀβακέω 724^{3}; ἀβάκησαν 754^{7}
ἄβαλε (ἀβάλε) Alkm. 747,8. 799,4
ἀβαλής lak. 513, 6
ἀβάντασιν H. 567^{2}
Ἄβαντες 526^{4}
Ἄβαρις 637^{6}
ἄβατος 449^{5}. II 32^{3}; ἄβατα ἦν II 606^{3}
Αβγαρ 323^{6}
Ἄβδηρα 482^{6}
ἄβεις 302^{4}
ἀβέλτερος 535^{7}; -ώτατος 535^{8}
Ἀβεσαλών 487^{7}
Αβια 162^{6}
ἄβιος 433^{3}
ἄβις 462, 4
ἀβλητήρ 531^{4}; -ῆρες 433^{3}
ἀβλοπές kret. 257^{2}. 342^{3}. 760^{2}, 3
ἀβλοπία kret. 257^{2}
-αβο- suff. 495^{5}
ἀβοαί 433^{3}

ἀβοᾶτί Pind. 499[3]. 623[3.4]
ἀβολαία 433[3]
ἀβολέω 433[3]
ἀβόος 225[1]
ἀβούτης 432[2]
ἄβραχε ·ἤχησε H. 654[6]
ἀβρίξ 620[6]
ἄβρομος hom. 433[4]
ἀβρός 481[5]
ἀβροτάζω hom. 106[2]. 344[3]. 706[4]; -άξομεν äol. 277[6]. 706[4]
'Αβρότονον f. II 37[5.6]
ἄβροτος 277[5]
"Αβῦδος 508[7]
ἀβυρτάκη 61[8]
ἄβυσσος f. 321[5]. II 32[4]
ᾱβώρ lak. 349[4]. 834[4]
ἄγ: ἂγ γύαλα II 441[2]
ἄγ': ἄγ' εἶα II 558[1]
ἄγᾱ 425[3]
*ἄγα pf. 766[3]
ἀγα- compos. 433 [5.6] f. 623[1]. 632[6]. II 185, 2
ἀγ άασθαι 681[2]
ἀγάασθε 681[2]
ἄγαγ' imper. Ilias 749[2]
ἄγαγε II 341[2]
ἀγαγε/ο- 749, 1
ἀγαγεῖν 647[5]. 748[4]. II 258[4]. 261[1]. 377[8]. 382[7]
ἀγαγέσθαι 749[2]
ἀγαγῆσαι hell. 749[2]. 755, 4
ἀγάγηται 749[2]
'Αγαγλύτω kret. 257[1]
ἀγαγοίην Sapph. 796[3]
ἀγάγοις 749[2]
ἄγαγον 749[2]
ἀγᾱ́γοχα dor. 260[8]. 766[3]
ἀγαγύρτην 423[3]
ἀγάγωμι 661[5]. 749[2]
ἀγάγων (= -ωσι) 666[3]
ἀγαγών 749[2]
ἀγάζειν Aesch. 734[5]
ἀγάζομαι Pind. 734[6]
'Αγάθαρκος ion. 262[3]
'Αγαθεστράτη 438[3]
'Αγάθη II 175[3]
'Αγαθήτυχος 637[6], 4
'Αγαθοδαίμων 453, 5
Αγαθοκλεου 156[3]
ἀγαθόν II 174[6]; -ὰ ποιῶ τινα II 227[3]
'Αγαθόπους 638[2], 5
ἀγαθός 511, 2. 816[5]. II 180[5]; ὁ – 175[1]; ὁ — ἀνήρ II 602[4]; ἀγαθὸς περὶ τὸν δε̄μον II 504[7]; –πρός τι(να) II 512[1–2]; – τέχνας II 85[8]; -οί II 40[5]; -οἱ ἐξ ἀγαθῶν II 463[6]
'Αγάθων (= ὁ 'A.) II 25[2]
ἀγαθῶς 621[2]
ἀγαίομαι 676[4]. 681,5; ἠγαίεσθε 681, 5
ἀγακλεής: -ὲς ὦ M. II 61[5]
ἀγακτιμένη 433[5]
ἀγάλακτοι 433[2]
ἀγάλλεσθαι c. instr. II 168[2]
ἀγαλλιάεσθαι 732[4]
ἀγάλλω 725[2]
ἀγαλματοφώρᾱν acc. el. 451[5]. 563[3]
*ἀγαλός 725[2]
ἀγαλῶ fut. att. 785[2]
ἄγαμαι 433[5], 7. 8. 680[4]. 681[1]; ἀγάμεθα 681[2]; ἄγασθε 681[1]; ἠγάμην 681[2]; ἠγάσσατο hom. 761[1]; ἠγάσατο 752[4]; ἠγάσθην att. 758[1]; ἄγαμαι c. gen. 106[3]; – τινος c. gen. II 134[1]; – τινός τι II 106[6]
'Αγαμεμνόνεος 466,3. II 177[2]; -μνονέην 106[7], 3
'Αγαμέμνων 208[5. 7. 8]. 433[5]. 522[5]. II 66[6]; -μέμνονος 'Ατρείδᾱο II 618[2]
'Αγαμέσμων att. 208[4. 8]
'Αγαμήδη 460[4]
ἄγᾱν 190[2]. 343[7]. 621[1]. II 413[7]. 416[3]. 428[1]
ἀγανακτεῖν c. instr. II 168[2]; – διά τι II 168[3]; – περί τινος II 168[3]; τὸ μὴ οὐχὶ – II 372[2]
ἀγανακτέω 726[6]
'Αγάνη II 175[3]
ἀγάννιφος 103[7]. 310[7]. 414[2]. 450[6]
ἀγανός 490[1]
ἀγαπά 2. 3. sg. ngr. (maniat.) 661, 1
ἀγαπαζέμεν II 377[7]; ἀγαπάζω 734[4]; -πάζεσθαι II 233[1]
ἀγαπᾶν II 168[3]; – c. instr. II 168[2]; – ἀγάπην II 79[6]; τὸ – II 370[4]
ἀγαπατά II 606[2]
ἀγάπεσα ngr. 87[4]
ἀγάπη 39[7]. 460[1]
ἀγαπήνωρ 433[5]
ἀγαπήσεις τὸν πλ. II 317, 3
ἀγαπητός: ὁ – μου II 119[5]
ἀγαπῶ c. infin. II 396[3]
ἄγαρρις w.-ion. 285[3]. 342[5]. 344[2]. 450[5]. 505[3]
*ἄγαρσις 342[5]
ἀγασθη- 761[4]
'Αγασίγρατις arg. 257[1]
'ΑγασιλέϜō 223[3]
ἀγασσάμεθ' ἐξερέοντες II 392[3]
'Αγάσσας thess. 274[3]. 322[4]
ἀγάσσομαι hom. 784, 6
ἀγάστωρ 433[2]
ἀγάω 681, 5
'Αγβάτᾱνα 215, 2. 221, 1
ἀγγείλειε: ὅς – II 333[6]
ἀγγεῖον 470[4]
ἀγγελεύς 477[1]
ἀγγελέω fut. hom. 785[2]
ἀγγελη- pass. 760[2]
ἀγγελθέντος II 401[2]
ἀγγελθη- 760[2]
ἀγγελία c. gen. II 132[3]
ἀγγελίης 470, 2
'Αγγέλιτος 504[2]
ἀγγελίω fut. dor. 785[2]; -ίοντι her. 242[2]
ἀγγέλλω 725[2]. 746[5]. 771[4]. II 395[7]; ἀγγελλόντων imper. II 342[7]; ἤγγελον spät 746[7]; ἠγγέλθην, -λην 747[1]; ἤγγελκε 775[1]; ἤγγελμαι 771[3]; ἀγγέλλω περί τινος II 503[1]; -τινὰ ὡς τεθνηκότα II 397[3]; – ὑπέρ τινος II 522[2]; ὅς ἀγγείλειε II 333[6]; ἐπὶ τοῖς ἠγγελμένοις II 390[4]
ἀγγέλλων II 296[7]
αγ'γελοι 231[2]
ἀγγέλοι 384[3]
ἄγγελος 435[8]. 483[5]. II 31[5]; – πρὸς τῇ κεφαλῇ II 513[3]
ἀγγελῶ fut. att. 785[2]
'Αγγνούσιος att. 214[8]
ἀγέ voc. sg. 798[4]. II 14,1
*ἄγε 3. sg. 661[3]
ἄγε 2. sg. imper. 798[4]. 800[1]. II 14, 1. 228[3]. 245[6. 7]. 304[3]. 309[6]. 314[4. 5]. 339[3]. 340[5]. 341[2]; – plur. II 40[1]. 609[6]; – partic. II 554[5]. 555[4.6]. 581[1]. 583[4.6.7]. 601[6]; – ζεύξατε II 610[1]; ἀλλ' ἄγε II 583[7]; ἄλλ' ἄγετε II 583[8]f.; ἄγε δή II 245[7]. 315[2]. 563[4]. 583[7]; ἀλλ' – – II 563[4]; ἄγ' εἶα II 558[1]; ἄγε τοίνυν II 583[7]
ᾱγέα κύκλον 203, 3
ἄγεθλα 533[4]
ἄγει imper. 804[3]
ἄγει (= ἄγρει) imper. dor. 804, 2
ἄγειν 293[1]. II 170[3]. 261[1]. 361[7]; – στρατόν 38[1]. II 71[7]; – τινὰ εἴς τινα II 459[3]; – τινὰ πρὸ δόμων II 506[6]; – τινὰ ὡς τὸν ὁμοῖον II 533; – ἐπὶ γάμῳ II 467[6]; intr. – ἐς II 459[5]; – ἐφ' ἑνός II 470[4]. S. auch ἄγω
ἀγείοχα böot. 260[8]
ἄγειρα (τι) ἀνά τινας II 441[2]
ἀγείρεσθαι 703[3]; ἤγρετο 648, 3. 742[2]. 746[5]
ἀγείρω 292[4]. 433, 5. 715[4]. 746[5]. II 230[6]. 246[5]. 311[5]; –λαὸν κατ' 'Αχαιΐδα II 476[5]
ἀγελάοι kret. 236[7]
'Αγέλαος 635[5]
ἀγέλαστος 503[4]
ἀγέλη 379[6]
ἀγεληδά 625[6]
ἀγεληδόν 626[5]
ἀγέμεν 806[4]. II 363[3]

*ἀγεμών 522, 7
ἄγεν II 383[3]
ἀγεννής: – τὴν ψυχήν II 85[7]
ᾱγέομαι 304[2]. 720[3], 11
ἀγεόμενος 681, 5
ἀγερ- 746[8]
ἀγέραστος 503[3]. 514[1]
ἀγέρεσθαι 715. 7. 746[5]
ἀγερέσθαι 715, 7. 746[5]
*ἀγερjω 715[4]
ἀγερμός 492[4]
ἀγέροντο hom.715, 7. 746[4–5]; – ὑπὸ ἄλσος II 530[5]
'Αγερράνιος 274[4]
ἀγέρρω äol. 715[4]
ἄγερσις ion. 505[3]
ἄγες dor. 659[6]
ἄγες imper. H. 800[1]
ἄγεσθαι γυναῖκα II 231[4]
ἄγεσκον Hdt. 711[3]
ἀγέτᾱς 500[1]
ἄγετε II 245[7]; – c. conj. II 315[2]; – partic. 583[8]f.
ἄγευστος 738, 4. 773[3]; – κακῶν II 103[5]
ᾱγή [so] 460[3]
ἀγη- hom. att. 759[2]
ἀγηγέρατο hom. 766[4]
ἀγήγοχα 647[5]
ἀγήγοχα spät 289[7]
'Αγηhίλας lak. 93[5]. 261[2]
ἄγημα 69[4]
'Αγῆναξ rhod. 250[6]
ἀγήνωρ 433[5]. 441[4]. 530[6]
ἀγήοχα 260[8]. 289[7]. 647[5]
ἀγήραος hom. 514[1]
ᾱγής 513[5]
ἀγήσαιτο 681, 5
ἀγητός 502[6]
ἄγι sg. imper. lesb. 804[2]; ἄγιτε 804[2]
Ἁγία Τριάδα ngr. 597[2]
ἁγιάζω 289[5]
ἀγῑνέω 749[2]; ἀγῑνεον ion. hom. 655[6]. 696[2]; ἀγῑνήσω 783[2]; ἀγῑνήσουσ(ι) 696[2]; ἀγῑνέμεναι hom. 696[2]. 806[4]; ἀγινέειν τινὰ ὑπὸ δαΐδων II 529[8]
ἅγιος 381[2]. 466[2]. 502[2]. II 173[4]. 242[1]
Ἆγις 636[5]
ἄγιτε imper. lesb. 804[2]
'Αγίττας äol. 500, 9
ἁγιωσύνη 529[4], 2
ἀγκάζοντο Ilias 655[1]. 734[5]
ἄγκαθεν Aesch. 631, 5
ἀγκάλη 483[6]
ἀγκαλιάζονται ngr. II 235[3]
ἀγκαλίζεσθαι II 233[4]
*ἄγκας acc. pl. 631, 5
ἀγκάς hom.549[1]. 568[7]. 631[4], 5
ἀγκάς· ἀγκάλας H. 631, 5
(*ἀγκάσε) 631, 5
*ἀγκάσι loc. pl. 631, 5
*ἀγκή 631, 5
*ἀγκίδ- 532[3]
ἄγκιστρον 532[3]
ἀγκλίνας ποτὶ γαίῃ II 513[4]
ἀγκλόν 483[3]
ἄγκοινα 272[8]; ἀγκοίνῃσι hom. 475, 6
ἄγκος 292[3]. 340[2]. 512[1]
ἀγκυλομήτης 451[7]. 452, 1
ἀγκύλος 379[2]. 485[1]
ἀγκυλοχείλης 103[3]
ἄγκυρα 165[4]. II 470[4]; ἀγκύραιν II 49[6]
Ἄγκυρα 161[7]
ἀγκών 309[2]. 488[1]. 631, 5
ἀγλαΐζω 735[6]; -ϊεῖσθαι hom. 785[5]; ἀγλαΐζεσθαι II 170[3]
ἀγλαός 363[7]. II 182[7]; -ὰ δῶρα II 614[1]
'Αγλω- dor. 250[2]
ἄγλωσσος 78, 5
ἄγμα 141,1
ἀγμός 214[8]. 215[1]. 492[5]
ἁγνεύω 732[5]
ἁγνίζω 289[7]
ἀγνοέω 472, 8; ἠγνοουσαν 666[2]; ἀγνοῶ τι ἐπί τινος II 470[8]
*ἄγνοϜος 472, 8
ἄγνοιαι II 43[7]
ἀγνοιέω: ἠγνοίησεν II 599[4]
ἁγνός 303[6.7]. 502[2]. II 243[1]; – τοὐπὶ τὴν κόρην II 473[2]
ἄγνυμαι 357[1]; ἄγνυται 759[2]. II 227[7]
ἄγνυμι 314[2]. 696[4]. II 227[6]. 260[2]; ἄγνυμεν 357[1]; ἔαξα 654[1], 2; ἄγνυμι νῆας ποτὶ σπιλάδεσσιν II 512[6]
ἀγνύς 510[7]. 525[4]
ἀγνώς 540[4]; – κακῶν II 108[1]; ἀγνῶτες 425[1]
ἀγνώσασκε Od. 711[5]. 733[7]
ἀγνώσσω spät 733[7]
ἄγνωστος 503[1]. 738[4]
ἄγνωτος 432[2]
ἀγξηραίνω II 440[7]
ἄγομαι: ἠγαγόμην 749[2]; ἦγμαι j.-att. 766[2]; ἦχθε 2. pl. pf. 670[3]; ἄγομαι λαὸν ὑπὸ τεῖχος II 531[3]; – μῦθον διὰ στόμα II 453[1]; – πρὸς οἶκόν τινος II 510[1]; – ὑπ' ἐπίγνωσιν II 531[2]; ἀγόμενος ἄχθη II 388[6]; ἄγοιντο νήσου τῆσδε II 91[7]
ἆγον dor. 654[7]
ἄγοντε II 49, 4; – f. II 35, 1
ἀγορά 582[3]. II 476[7]
ἀγοράζω 735[1]; – τί τινος II 127[6]; – τῶν ὑ. Μ. νομῶν II 92[3]
ἀγοράομαι 725[5]
ἀγορασία 469[2]
ἀγόρασις att. 271[5]
ἀγόρασσις böot. 271[4]. 505, 7
ἀγορατρός delph. 532[1]
ἀγορεύειν 732[5]; – ἔπεα πτ. πρός τινα II 510[7]; ἀγορευέμεν II 381[7]; ἀγορευέμεναι hom. 806[4]; ἀγορεύω μετά τισι II 483[3]; ἀγόρευε ipf. 652[1]; ἀγορεύοις ἄν II 329[6]
ἀγορήν δε hom. 624[6]
ἀγορητής 500[2.4]
ἄγορος m. 582[3]
ἄγος 292[5]. 512[1]
ἄγος 35, 1. 512[3]
ἀγός 459[3]; ἀγέ voc. 798[4]. II 14, 1
ἀγοστός 503[6]
'Αγούστου 198[8]
ἄγραδε 619[1]. 624[6.7]
ἀγράθεν· συνάγειν H. 703[5]
ἀγράνδις dor. 625[2]
ἀγράω 727, 1
ἀγρεθη- lesb. 761[5]
ἄγρει imper. 804, 2. II 584[1]; ἄγρειτε II 579, 2; ἄγρειθ' 804, 2
ἀγρεῖν II 273[4]; s. ἀγρέω
ἄγρεμι lesb. 232[1]
ἀγρέσθαι 703[3]. 760[6]
'Αγρέστας thess. II 183[5]
ἀγρεύομαί τι c. dat. II 146[7]
ἀγρευτής 500[3]
ἀγρέω (αἱρέω) 209[8]. 727[1], 1
ἀγριαίνω 733[2]
ἀγριάω 732[3]
ἀγριμέλισσα 837[1]
ἄγριος 381[6]; f. II 32, 5; – ἔλαιος II 30[4]; ἀγριωτέραν τῆς Σκύλλης II 99[4]
*ἀγρίος 381[6]
'Αγρίππας: – ὁ βασιλεύς II 618[5]
*ἀγρο- 727, 1
ἄγροικος 383[1]
ἀγροῖσι loc. II 154[8]
ἀγρόμενος 746[5]
ἀγρόν δε (hom.), ἀγρόνδε 624[6.7]
ἀγρός 339[7]. 481[4]; ἀγροῖσι II 154[8]
ἀγρότερος hom. 534[1]. II 183[5]
ἀγρυμένη 698[2]
ἀγρυπνεῖν τι πρό τινος II 506[7]; *ἐγρύπνει ipf. 656[6]
ἀγρώσσων Od. 733[6–7]
ἀγρώστης 452[1]
'Αγυαῖος ion. 200[3]
ἄγυια ion. 184[1]. 383[4]. 473, 7. 474[4]. 541[3], 5. 767[1]. II 408[3]
ἀγυιά 541[3]
ἀγύμναστος c. gen. II 108[1]
ἀγύναικος nom. sg. 583[2]

ἀγύναιξ 449[7]. 583[2]
ἀγύναιος hell. 583[3]
ἄγυνος Aristoph. 583[1]
ἄγυρις 351[7]. 462[4]
ἀγυρτάζω 706[4]. II 366[7]
ἀγύρτης 351[7]
ἄγχαρμος 69[5]
ἀγχε- 441, 3. II 548[1]
ἀγχέμαχος 441[4], 3. 631[5]. II 548[2]
ἀγχήρης II 548[2]
ἄγχι 400[5]. 515[5]. 538[2.3]. 622[2], 5. 630[5]. 632[6]. 633[1]. II 547[6.7]. 548[2.3]; ἄγχι Ἕκτορος II 97[6]; ἄγχι c. dat. II 142[4]. 534[2]
ἀγχι- 632[6]
ἀγχίαλος II 548[6]
ἀγχιβαθής II 548[1]
ἀγχίγαμος II 548[7]
ἀγχιγείτων II 548[2]
ἀγχίγυος II 548[7]
ἀγχίδομος II 548[6]
ἀγχιθάλασσος II 548[7]
ἀγχίθεος II 548[6]
ἀγχίθυρος II 548[6]
ἀγχίκρημνος II 548[6]
ἀγχίμολον hom. 626, 7. II 410[5]
ἀγχίμολος II 548[1]
ἄγχιμος II 548[1]
ἀγχίνοος II 548[1]
ἀγχίξαι II 548[1]
ἀγχίπλοος II 548[7]
ἀγχίπολις II 548[7]
Ἀγχίσης II 615[3]
ἄγχιστα II 547[6.7]
ἀγχιστΕδαν lokr. 627, 1
(*ἀγχιστέω) 627, 1
ἀγχιστῆες 476[7]
ἀγχιστί(ν)δαν lokr. 627, 1
ἀγχιστῖνος 491[2]
ἄγχιστον II 547[6.7]
ἀγχίστροφος II 548[2]
ἀγχίτοκος II 548[6]
*αγχjον 319[6]
ἀγχόθεν 630[5]. II 547[6.7]
ἀγχόθι 628[4]. II 547[6]. 548[2]
ἀγχόνη 490[3]
ἀγχōρέοντα ἐν Λοϙρούς II 459[2]
*ἄγχος gen. sg. (zu ἄγχι) 633[1]
ἀγχόσε 629[2]
ἀγχοτάτω II 547[6.7]. 548[4]
ἀγχότερος 534[4]
ἀγχοῦ 621[5]. 630[5], 5. II 547[6.7]. 548[2.4]; – c. dat. II 142[5]; – τῆς Τίρυνθος II 97[6]
ἄγχουσα 526[1]
ἄγχω 297[5]. 309[4]. 338[8]. 339[7]. 684[5]. 685[1]; – τινὰ ὑπὸ δειρήν II 530[6]
ἄγω 49[2]. 338[6]. 340[1]. 685[1]. 723[4]. 749[2], 1. II 72, 1. 113[1]. 164[5]. 258[4]. 311[4]. 353[6]; ἄξω fut. 787[2]. II 265[4]. 292[5]; ἄξετε 749[2]. 788[2], 3; – (imper.) II 291, 1; οὐκ ἄξετε II 292[6]; ἄξειν II 258[4]; ἀξέμεν 788[2]. 806[4]; ἀξέμεναι 788[2]. 806[4]; ἄξων II 295[8]; ἄξεσθε 788[2], 5; – (imper.) II 291, 1; ἆξα dor. 749, 1; ἦξα 654[1]. 749[2], 1. 755[4]; ἤγαγον 749[2], 1. 755[4]; ἄξοντο Ilias 788[3]; ἄχθη 655[6]; ἄγω δῶρα c. dat. II 146[5]; – ὁρτήν c. dat. II 151[3]; – τι c. acc. II 111[8]; – τι ὑπὸ ζυγόν II 530[5]; – τινά c. dat. II 148[4]; – τινὰ πρός τινα II 510[6]; – τινά τινος II 130[1]; – τινὰ ὑπ' ἀνδροκτασίης II 527, 3; intr. 459[2]; – ἐς ἡμετέρου II 120[5]; – εὐθὺς ἐπὶ Σάρδεις II 470[1]; – μετά τινα II 485[7]; ἄγω conj. 661[5]; ἄγει 3. sg. 661[1.3]; ἄγεις 2. sg. 661[1.2.3]. 804[3]. S. auch ἄγειν
ἀγωγή 340[1]. II 122[3]
ἄγωγις 76, 1
ἀγωγίς arg. 666, 10
ἀγωγός 423[3]
ἀγώμενος 681, 5
ἀγών 488[1]. 552[5]; – περὶ ὅπλων II 502[5]; δραμέεσθαι ἀγῶνας II 76[4]
ἄγων II 387[4]. 388[4]; – ξεῖνον II 388[3]; ὁ – II 408[7]
ἀγωνίδαται Hdt. 655[6]. 672[4]. 773[2]. II 240[6]
ἀγωνιεῦμαι Hdt. 785[4]
ἀγωνίζεσθαι II 161[2]. 164[2]. 233[4]
ἀγωνίζομαι 735[6]; – φόνον II 76[3]
ἀγωνίζω II 240[5]
ἀγωνίη: ἔχω δι' -ης II 452[7]
ἀγωνίξασθαι arg. 737[7]
ἀγωνιοῦμαι 785[4]
ἀγωνίσασθαι II 363[4]
ἀγωνιστέον II 623[6]
ἀγώνοις dat. pl. nwgr. 92[3]. 564[8]. 582[3]; – οἷς ἀ π. τίθητι II 641[1]
ἄγωνος nom. sg. m. lesb. 458[2]. 582[3.6]
ἀγῶσι dat. pl. 569[2]
ἄδ': – ἔϝαδε kret. 839[6]. S. ἅδε
ἀδαής 513[3.6]; – τῆς θυσίης II 107[8]
ἀδαιτηι adv. kret. 623[3]
ἀδάκρυτος II 599[4]
ἀδάμᾱς ptc. 682[1]
ἀδάμαστος 503[1]
ἀδάματος 343[7]. 360[3]
ἀδᾱνές 286[6]
ἀδάνω 699, 3. 701[1], 3. 748[1]; ἀδάνοντα H. 699, 3. 700[2]
ἀδάξω 721[3]
-άδᾱς suff. 510[1.3]
ἄδδαυον 331[6]
ἅδε adv. delph. 748, 1. 839[6]
-αδε adv. 624[7]
ἀδε/ο- 748[1]
ἀδέα acc. sg. 474, 2. 573[3]
ἀδεαλτώhαιε el. 181[1]. 217[4]. 307[7]. 797[1]. 828[3]
ἀδεεί kret. 227[6]
ᾱδεής hom. 227[6]; ἀδεής att. 252[1]; ᾱ̆δεές 227[6]
ἄδεια att. 469[5]
ἀδείη ion. 469[5]
Ἀδειμάντω II 45[2]
ἄδειρεν· ἔδειρεν H. 654[6]
ἀδελεφοῦ 831[6]
ἀδελιφήρ lak. 278[3]
ἄδελφε voc. sg. 555[1]. II 60[1]; – ngr. 555[1]
ἀδελφεή 252[2]
ἀδελφεός 261[3]. 295[5]. 300[4]. 433[2]. 468, 2
ἀδελφή 62[5]. 568[5]. 731, 1. II 31[3]
ἀδελφιδέος 510[2]
ἀδελφίδιον 471[2]
ἀδελφίζειν 731, 1
ἀδελφίξαι Hippokr. 738, 2
ἀδελφός 62[5]. 261[3]. 295[5]. 433[2], 4. 468, 2. 568[5]. 823[5]. II 31[3]. 161[4.5]; ἀδελφώ II 47[3]; – δύο II 609[4]; ἀδελφοῖν II 49, 4
ἀδερφός 213[1.2]; ὁ – μου ngr. II 200[5]
ἀδευφιαί kret. 212[5]
ἀδέψητος 721[2]
ἄδηκε ion. 649, 4; ἄδηκε ion. 767[1]. 774[6]; ἀδηκώς 774[4]
ἄδηλον: – ὄν II 402[1]; –, μή II 676[4]
ἀδήν 486[7]. 520[5]
ἄδην 304[2]. 508[7]. 626[3], 6. 755[3]
ἀδήρῑτος 727[4]
ᾅδης 164[7]
ᾱδής ion. 250[5]
-άδης suff. 509[3–6]
-adi ngr. (kalabr.) 509, 1
*ἀδιαεχής 250[5]
ἀδιής 513[6]
ἀδικέη delph. 241[4]
ἀδικέντα ark. 729[3]
ἀδικέω: ἀδικῶ II 274[4]. 276[3]. 307[4.6]; – πολέμου ἄρχων II 393[3]; ἀδικεῖν II 73[7]. 400[4]; – περὶ τυραννίδος II 503[2]; τὸ ἀδικεῖν II 370[4.8];

ἀδικοῦμαί τι ὑπό τινος II 80[6]; ἀδικεῖσθαι II 240[3]. 376[4]; τὸ – II 370[4]; ἀδικούμενος II 391[3]; ἠδικηκώς II 391[3]
ἀδίκη 497[4]
ἄδικη f. ngr. 460[4]. 586[3]
ἀδικήεις 659, 3. 729, 3
ἀδικήκηι kret. 774[5]
ἀδίκημα: τὸ – ἐστι περί τινα II 504[2]
ἀδικήμενος 729[3]
ἀδίκημι 718[2]
ἀδικητέον: – εἶναι II 410[2]
ἀδικήω 718[2]
ἀδικίη II 468[1]
ἀδικῖμεν infin. böot. 806[5]
ἀδικοίη kret. 796, 2; -οίημεν Eur. 796, 3
ᾱδῖοα 378[6]
-άδιον suff. 471[2]
-άδιος suff. adj. 467[1.2]
-αδίς adv. 626[6]. 631[3]
*-άδjω verba 734[3]
ἀδμής 425,2; ἀδμητ- 451[6]
Ἄδμητος 636[4]
Ἄδμων 636[4]
ἀδνόν kret. 215[7]
ἀδνός 302[8]
αδνουμιον 208[6]
ἀδολέσχης 440[5]
ᾱ̆δομαι dor. 699[6]
-αδόν adv. 626[5.6], 5
ᾱ̆δονίς 830[3]
ἀδοξέω II 437[4]
ἄδος 508[7]
ἀδούσιος 525[5]
Ἀδραβυτηνός 259[3]
ἀδρανής LXX 694[4]
Ἀδρηστίνη hom. 465[5]. II 177[3]
*Ἀδρόμια 433[3]
Αδρόμιος 433[3]
ἀδρός 303[6]
ἀδροτής 528[7]
ἄδρυα kypr. 433[2]
ἀδρυάς 433[3]
ἄδυ: – φωνείσας II 77[3]
ἀδυνασίᾱ att. 270[6]
ἀδύνατά ἐστι II 606[3]
ἀδύς dor. 226[5]
*-άδω verba 734[3]
ᾅδω: ᾄσω spät 782[2]
ᾱ̆δών 830[3]
αδωναι 154[5]
ἀδωνιάζω hell. 735[3]
ἄδωρα 431[5]. II 623[5]
ἀδώτης 432[2]
ἄε > ion. att. ᾱ, dor. nwgr. böot. η 250[4.5]
αε böot. < αι 233[3]
ᾰε̣ > dor. nwgr. böot. η 250[4.5]
ᾰε > äol. dor. ᾱ 250[5]. 682[1]
ἀέ 550[2]
-αε dat. sg. böot. 558[7]
ᾱε (aus Kontraktion) 266[3]
ἄεδνον 433[3]
(*-αεεν infin.) 807[4]
ἀεθλεύειν 732[5]
ἀέθλια 105[6]
ἄεθλος 533[3]
Αἔθων kor. 194[6]
αει > att. ᾱι 250[8]
ἀεί 236[7]; ἀεί (ᾰ) hom. 266[2]; ᾱ̆εί att. 266[2]. 619, 4; ἀεί II 269[8]. 336[2]. 415[6.7]. 427[7]
ἀει- 632[6]
ἀείδεν 384[2]
ἀείδην II 360[5]
ἀείδω 257[8]. 347[8]. 684[6], 11. 703[1]. 754[8]. II 270[4]; – παρά τινι II 494[3]; – τινί μετὰ δαῖτας II 486, 2; – ᾠδὰν ἀμφὶ Ἴλιον II 439[3]; ἀείδειν ὑπ' αὐλητῆρος II 530[1]; – ἀμφί τινος II 438[7]; – τινά ὑπὸ πτερύγων II 428[1]; ἄειδέ τινα κεραΐζέμεν II 297[3]; s. ἤειδε
ἀεικής II 182[7]; ἀεικέα II 599[4]
ἀεικίζω 735[6]; ἀεικιῶ hom. 785[5]; ἀεικισθήμεναι hom. 806[4]
ἀείρας II 388[4]
ἀείρω 715[4], 8; – ἀνὰ χ. c. dat. II 145[6]; – ἐπί τι II 472[2]; – νόσφιν II 540[3]; ἀείρεσθαι 703[3]; s. ἤειρα
ἀείς ptc. ion. att. 525[3]. 566[2]; ἀέντες 279[4]; ἀέντων hom. 680, 4
ἀεισ- 754[8]
ἀεῖσαι II 161[3]
ἄεισι 3. pl. 664[5]. 680[5]
ἀείσομαι 781[7]
ἀείχλωρος 453[4]
ἀείω 685[6]
*ἄεκα 734[5]
ἀεκαζόμενος 734[5]
ἀέκασσα dor. 525[4]
(*ἀέκᾰτι) 550, 8
ἀέκητι 550, 8. II 552[2.6], 3
ἀέκων 432[1]. 449[5]. 525[6]. II 174[2]. 385[8]; ἀέκοντος ἐμεῖο II 405[4]. 599[4]
*ἀε̄λής 283[8]
ἄελλα 483[5]
ἀελλής hom. (äol.) 283[8]
Ἀελλώ 478[5]
ἄελον kret. 483[4]
ἀελπής hom. 701[7]
ἀελπτέω hom. 726[4]
ἄελπτος 431[5]. 701[7]
ἄε(ν) ipf. 680[5]
*-αεν infin. 807[3.4]
ἀέντ- ptc. 680[5]
*ἄεντι 3. pl. 680[5]
ἀέξειν 706[6]
ἀεξήσω hell.-poet. 706[7]
ἀέξω 314[2]. 700[4]. 706[6]; – τι c. dat. II 147[6]
ἀέρ- f. m. 424[3], 7
ἀέρας nom. sg. pap. 563[3]
ἀεργίη II 623
*ᾱέρι 'früh' 424[3]. 622[2]
Ἀέροπες 426, 4
ἀέρρω äol. 715[4]; ἀέρρατε imper. 715[5]
ἄερσα kret. 285[1]; ἄερσαν 412[2]
ἀέρσω gramm. 782[2]
ἀερῶ fut. 785[1]
-ᾶες nom. pl. el. 576, 2
ἄεσα hom. 314[2]. 755[1]; ἄεσαν 413[5.6]. 708[4]
ἀέσκω hom. gramm. 708[4]. 755[1]
Αἐσχρώνδᾱς böot. 194[6]
ἀετέα 433[2]
Ἀέτης 433[2]
ἄετμα 523[7]
ᾱ̆ετός 265[8]. 266[2.3]
aftós ngr. 197[2]
-αw gen. sg. pamph. 561[1], 2
*αϝανέω 694[4]
*ἀϝάρδω 685, 3. 830[3]
ἀϝάταται lak. 223[6]
ἄϝεθλα ark. 223[7]
*ἀϝείδω 684[6]
*ἄϝεκα 550, 8
*ἀϝέκων 343[1]. 432[1]. 525[6]. II 174[2]
*ἀϝέξω 706[6]
*ᾱ̆ϝερμένος 766, 1
*ἀϝερτάω 705[5]
ἀϝέσαι 690[3]
*ἀϝεύδω 257[8]
ἄϝϝ zu ᾱ(ϝ) 266[2]
ἀϝϝερύω 106[5]
ἀϝηδών 224[5]
ἀϝηντ- ptc. 525[3]
*ἄϝηντι 3. pl. 664[5]
ἄϝησι 694[4]
*αϝιδᾱ- 266[4]
*αϝj > αιϝ 272[8]
*αϝjετος 273[1]. 356[1]. 501[2]
*-αϝjω verba 686[4]
ἀϝλανέōς el. 223[7]. 342[3]. 513[5]
ἀϝλάξ 620[5]
Ἀϝλῶνι kret. 197[2]
-ᾱϝο gen. sg. m. 560, 8
ἄϝος 344[6]. 381[2]. 409[8]. 410[2]. 528[3]. 615[3]
*αϝρακτος 402, 8
*ἀϝρατος 310[1]
ἄϝρηκτος 224[3]
ἀϝρήτευε arg. 198[5]. 654[6]
ἀϝτός kret. 197[2]
ἀϝυτάρ att. 197[6]. 223[3]. II 559[7]

αϝυτõ nax. 197^{6}
*ἄϝω 686^{1}
ἀ̓ϝώς 349^{4}
ἄζα 476^{1}
ἀζαθός kypr. 88^{6}; -θᾶι 209^{7}
ἀζαλέος hom. 484^{2}
ἀζάνεται 700^{2}
᾿Αζάρατος 636^{1}
᾿Αζάρετος 502^{4}
᾿Αζάρητος 331^{4}
-αζε adv. 625^{1}, 2
ἄζειν att. 716^{4}
᾿Αζειοί 218^{3}
᾿Αζέσιος 331^{4}. 500, 2
ἄζετος 502^{4}. 838^{6}
ἀζετόω dor. 727^{2}. 838^{6}
᾿Αζζειοί 218^{3}
᾿Αζησία 331^{4}
ἀζηχής hom. (äol.) 106^{3}. 250^{5}
ἀζμένως 217^{7}
ἄζομαι 303^{6}. 714^{6}. II 229^{2}
-άζομαι verba 734$^{3-6}$ f.
ἄζοντα II 234^{5}
᾿Αζόσιος 331^{4}. 500, 2
ἄζυμα II 43^{7}; ἀζύμων 162^{5}
ἄζω 331^{6}. 703^{1}
-άζω verba 703^{1}. 717^{1}. 722^{4}. 723^{2}. 731^{5}. 734$^{2.3-6}$, 2–9. 735$^{1-4}$. 736$^{3.4}$. 784^{4}. 785$^{3.4}$. 815^{3}. 816^{1}.; – st. -άννυμι 697^{6}; – ngr. 736^{6}
᾿Αζωριασταί 66^{2}
῎Αζωρος 331^{4}
῎Αζωτος 153^{2}. 330^{2}. 458^{1}
*ἄhυπνος 219^{4}
αη > dor. nwgr. böot. η 250$^{4.5}$
(ἀή, s. αἰή)
ἄη ipf. 680^{5}
ἀη- 680^{5}
ἀηδιζόμην (*ἠηδιζόμην) att. 655, 2
ἄηδοι 480^{3}
ἀηδονίς 465^{2}
ἀηδώ 478^{5}
ἀηδών 159^{7}. 347^{8}. 487^{1}. 529, 4
ἀήθεσσαν Ilias 724, 6
ἀήθεσσον ipf. Ilias 724, 6; – αὐτῶν II 107^{8}
ἀήθης: – μάχης II 107^{8}
αηι > att. ᾶι 250^{8}
ἄημα 680^{5}
ἀήμεναι infin. hom. 680^{5}. 806^{4}. II 362$^{6.7}$
ἀήμενος 680^{5}
ἄημι 279^{4}. 314^{2}. 412^{5}. 680^{3}. 729^{4}. 730^{2}
ἀῆναι infin. 680^{5}. 808^{4}. II 226^{6}
ἀήρ m. f. hom. att. 163^{6}. 187^{5}, 2. 243^{3}. 569^{2}. II 37^{1}, 3. 4. 51^{6}
ἄηρα dor. 715^{5}; ἀήραντας 250^{5}
-αής 680^{5}
ἄησι 680^{5}. 781^{6}. II 244, 2; s. ἄημι
ἄησις 680^{5}
ἀήσυρος 482^{4}. 680^{5}
ἄηται 680^{5}; ἄητο hom. 680^{5}; ἄητον hom. 680^{5}
ἀήτας hom. 680, 4
ἀήτη 501^{4}, 9. 680^{5}
ἄητος 502, 6
ἀήτω imper. 680^{5}
῎Αθαββος delph. 317^{2}
᾿Αθαμᾶνες 78^{4}. 79^{3}. 343^{4}
᾿Αθάμαντι II 66^{6}
᾿Αθάνα 111^{1}
᾿Αθανάδωρυς pamph. 438^{4}
᾿Αθαναέα kor. 194^{6}
*Ἀθᾱνανςδε 330^{2}. 336^{8}
ἀθανασία 469^{2}
᾿Αθανασία 158^{3}
ἀθανατίζω 270^{6}
ἀθάνατος II 32^{3}; ἀ̓θάνατος I 432^{1}; ἀθανάτη hom. II 38^{3}, 3
᾿Αθᾱνεῖον böot. 195^{1}
᾿Αθανικέτα 636, 3
᾿Αθανίκκει. 636, 3
*ἀθαρϝᾶ 480^{7}
ἀθάρη att. 480^{7}
ἀθεεί ion. att. 549^{6}. 623^{2}. II 155^{5}. 414^{1}
ἀθελβάζω 684^{4}
ἀθέλγω 684^{4}
ἀθέλδεται 684^{4}
ἀθεμίστιος 451^{4}
ἀθέμιστος 357, 2. 503^{4}
-ᾱθεν adv. 628^{3}
ἀθερές H. 708^{6}
ἀθερίζω 480, 4
ἄθεστος 432^{2}
ἀθετέω 726^{5}
᾿Αθηνᾶ att. 236^{7}. 248^{7}. 562^{3}; ᾿Αθηνᾶι 249^{3}
᾿Αθηνάᾱ 236^{7}. 248^{7}
᾿Αθηναγόρας 413^{8}
᾿Αθηναείς 196^{7}
᾿Αθήναζε 330^{2}. 336^{8}. 407^{1}. 625^{1}. II 68^{1}
᾿Αθῆναι 60, 2. 549^{7}. 638^{5}. II 52^{1}; ᾿Αθήναις dat. pl. 618^{6}
᾿Αθηναίᾱ 248^{7}
᾿ΑθηναιΕς ion. 243^{4}
᾿Αθηναίη 469^{6}; – ἀκέων ἦν 585^{4}
᾿Αθηναῖος II 614^{5}; ὁ – II 41^{7}; -οι II 614^{6}
᾿Αθήνη 62^{2}
᾿Αθήνηθεν II 411^{8}
᾿Αθήνησι 559^{4}. 618^{6}. II 154^{3}. 155$^{1-2}$; -ησιν II 56^{7}. 411^{8}
ἀθήρ 480^{7}. 569^{2}
ἀθήρα 480^{7}
ἀθθυμοῦμαι c. gen. ngr. II 136^{7}
ἀθλεύων πρὸ ἄνακτος II 506^{6}
ἀ̓θλέω 726^{3}; ἀ̓θλῶ 655^{2}; ἤθλουν 655^{2}
ἆθλον ion. att. 250^{5}
ἀθλοφόρος II 704^{5}
ἀθρέω 727^{1}, 1
áθripus ngr. (lesb.) 586, 0; *áθripi* voc. 586, 0; *aθróp* gen. sg. 586, 0; *aθróp* nom. acc. pl. 586, 0
*ἀθρο- 727, 1
ἀθρόᾱ 189$^{3.4}$
ἀθροίζω II 230^{6}; -ειν II 434^{1}; -εσθαι II 365^{4}
ἀθρόος 261^{3}
ἀθρόος 257^{4}. 433^{3}; – παρά τι II 494^{7}
ἀθρώποι nom. pl. ngr. 383^{4}
ἀθυμεῖν c. instr. II 168^{2}; -ῶ πρὸς τὴν ἔξοδον II 512^{1}; –, μή II 675^{5}; –, εἰ II 677
᾿Αθυρ, ἀθύρ 155, 2. 585^{2}
ἀθυρεύω 732^{6}
ἀθύρω 714^{4}
-άθω verba 703$^{4-5}$, 1. 2
ἀθῷος c. gen. II 131^{3}
αι aus idg. *ai* 347$^{5.6}$; – festgehalten 266^{3}; – im Wechsel mit ι 347^{6}; – Schwachst. zu Langdiphth. 347$^{7.8}$; – aus *ασj 273^{2}; – kret. aus αρ 348^{2}; – vor Vok. wechselnd mit α att. 233^{6}; αι (= ε) geschr. α 835^{1}; αι = ε in Ägypt. 233^{7}; αι > böot. αε 233^{3}; – zu ᾱ 266^{5}; zu ᾰ 266^{2}; αι > hell. ε 233^{6}; αι > η (ει = ẹ) böot. 91^{2}. 233^{5}; αι durch οι ersetzt ark. 348^{2}; -αι elidiert 403^{4}; -αι (= ē) thess. (Lar.) 809^{4}, 2; -αι durch -ει ersetzt thess. 348^{2}
ᾱι aus αᾱι 249^{3}; – att. für αει, αηι 250^{8}; – ion. att. für αιι 265^{8}; ᾱι > lesb. ᾱ 233^{4}; ᾱι > att. α 233^{5}; ᾱι + ᾰϊ 266^{1}
-αι suff. 549^{4}
-αι voc. sg. 558^{6}
-αι dat. sg. 548^{4}. II 138^{5}
-AI dat. sg. 558^{7}
-ᾰι dat. sg. 558^{7} f.
-αι nom. pl. 551^{5}. 554^{3}, 1. 558^{4}. 559^{1}
-αι Personalend. 657^{5}
-αι 2. sg. imper. aor. med. 750^{4}. 808$^{5-6}$
-αι infin. 548^{4}. 750^{4}. 805^{5}, 2. 808^{7}. II 358^{5}. 362^{4}
-αι- opt. 797^{1}
-ᾱι dat. loc. sg. 348^{8}. 549^{3}. 558^{4}. II 138$^{4.7}$. 154^{2}. 647^{3}
-ᾶι Personalend. 658^{2}

αἰ 82[4]. 86[5]. 106[7]. II 305[5]. 554[3]. 557, 1. 570[7]. 683[2.4.5]; – c. opt. II 320[5]; αἴ κα 82[4]. II 685[1]; αἴ κε II 312[4]. 569, 4. 682[3]. 683[2.4.5]; αἴ κε πίθηται II 631[4]; αἴ κεν ep. II 685[1]; αἴ κ' II 683, 1; αἴ κ' ἀ. συλῶι II 327[6]; αἰ δέ κε II 569, 4; αἴ τίς κα dor. II 568[6]. 692[4]
αἰ nom. pl. demonstr. 610[5]. 611[4]
αἴ interj. II 600[3]; αἴ αἴ II 600[3]
αἶ interj. II 600[3]; αἶ αἶ II 600[3]
ἄι adv. her. 550[4]. II 647[3]; ἄι μέν- ἄι δέ 610[6]
ἄϊ aus αιι 266[2]
ᾱϊ aus ᾱι + ἄϊ 266[1]
ἄι 'immer' äol. 236[7]. 619[5], 4
ἀϊ 'immer' ark. 619, 4
αἶα 273[1]. 473[5]
-αιᾶ für -αιέᾱ 246[1]
αἶαγμα Eur. 716[4]
αἰάζω 716[4]
αἶ αἴ (ἄι) interj. II 600[3]
αἰαῖ interj. 716[4]. II 600[3], 4. 601[4]. 620[2]; – c. gen. II 134[6]
Αἰαίη 514, 3
Αἰακίδης 509, 1
αἰακτός Aesch. 716[4]
(*-αιαν 3. pl. opt.) 797[4]
αἰανής 513[4]
αἰάξας 716[4]
αἰάξω fut. 716[4]
Αἴας: Αἴας Ὀιλῆος II 119, 4; Αἶαν voc. 565[6]; – Ἰδομενεῦ τε II 63[4]; Αἴᾱν acc. 526[2]; Αἴαντε II 45[2]. 50[6]. 51[1.2]; – δύω II 49[1], 1; *– Τεῦκρός τε II 51[2]; Αἴαντες II 51[1]
Αἶας 337[3]
αἰαστής 716[4]
αἰβετός 225[1]. 265[8]. 273[1]
αἰβοῖ interj. 716[4]; – βοῖ II 600[4]
αἰγ- 424[4]
Αἰγαέεσσι dat. pl. 576[2]; -αέων gen. pl. 576[2]
Αἰγαῖον πέλαγος 837[5]
αἴ γ' ἄρ II 560[3]
αἴ (αἰ) γάρ II 557[2]. 560[2]. 683[4]; – – c. opt. II 321[5]. 322[12]
αἴγειρος 471[5]. II 30[5]
αἶγες dor. 384[1]; -εσσι, -εσι hom. 564[4]
Αἰγιαλός II 33, 2
αἰγίβοτος 446[2]
αἰγίδιον 471[2]
*αἰγιδjω 735[4]
αἰγίζω 735[5]
Αἰγίθοιο böot. 216[7]
αἴγιθος 510[6]
αἰγικορεῖς att. 448[1]. 476[7]
αἰγίλιψ 446[2]
αἴγιλος 485[1]
Αἰγίμιος 495, 1
αἰγίοχος 385[5]. 448, 1
αἰγιπόδης hom. 448[1]. 562[1]
αἰγίπους att. 448[1]
Αἰγλᾱ́τᾱς ther. 276[3]
αἴγλη 483[3]
αἰγοπόδης 450, 2
Αἰγοσποταμῖτης 452[3]
*αἰγπόλος 398[8]
αἰγυπιός 466[3]
Αἰγυπτία 161[5]
Αἰγυπτιαστί 735[3]
Αἰγυπτίη 244[7]; -ίη 179, 3; -τjη hom. 313[1]
Αἰγύπτιος 160, 1; -ιοι II 66[6]
Αἴγυπτόν δε hom. 624[6]
Αἴγυπτος 165[4]. 503[5]
αἰγῶνυξ 398[2]
Ἀιδ- 424[5]
Ἀίδας: εἰν (εἰς) Ἀίδᾱο II 461[1]
αἶδε 610[5]. 611[3]
αἰδεῖο imper. hom. 724[2]. 799, 8
αἰδέομαι hom. 721[5]. 724[2]. II 229[2]; -εῖσθαι II 374[6]; ᾐδέσατο 760[7]; αἴδεσσαι Ilias 758[1]; αἴδεσθεν 760[7]; αἰδέσθητι 760, 6; αἰδεσθείς 758[1]
ἀιδής (ἀϊδής) 266[4]. 513[3]
Ἄιδης 266[4]. 635, 4; ἐν Ἄιδου II 707[6]
ἀΐδιος 266[1]. 458, 1. 467[2]
ἀιδνής 513[4]
ἀιδνός 266[4]
αἰδοῖ voc. sg. 514, 2
αἰδοῖος 273[2]. 512[2]; -οιέστερος 535[4]
αἴδομαι 721[5]. 724[2]. II 229[2]; αἴδεο hom. 703[1]; αἰδόμενος hom. 703[1]
ajδóni ngr. 179, 2
ἀίδοντος böot. 193[4]
Ἄιδος gen. sg. 266[4]. 385[6.7]
Ἄιδός δε hom. 624[6]. II 120[2.3]. 707[6]
αἰδοῦμαι II 396[2]
ἀίδρεϊ 464[3]
ἀιδρείη 462, 1. 469[4]
ἄιδρις: – χώρου II 107[8]. 121[2]
αἰδώ 478[5]. 514, 2
ἄιδω att. 192[5]. 200[5]
Ἀϊδωνεύς 266[4]
αἰδώς 355[6]. 356[6]. 514[2]. 821[4]. II 623[5]; – (sc. ἐστι) II 66[1]; –, Ἀργεῖοι II 357[2-3]. 620[5]
αἴδως gen. lesb. 249[2]
ἄιε 755[3]
αἰέ 'immer' lak. 550, 2. 619, 4
-αιέᾱ > – αιᾶ 246[1]
αἰεί 266[3]. 348[3]. 514[4]. 547[4]. 619[4], 4. 622[2], 2. II 158[6]. 336[5]. 413[8]
αιειθει 193[6]. 195[5]
αἰέν 486[1]. 547[4]. 619, 4. 622[2]. II 16[1]. 18[3]. 154[3]. 413[8]; – ἐόντες II 408[6]
-αιεν 3. pl. opt. 797[3]
αἰές lak. 514[4]. 547[4]. 619, 4. 622[2]. II 18[3]
αἰετός 266[3]. 356[1]. 501[2.3]
-αιέως > -αιῶς 246[1]
αιϝ 266[2]; – aus *αϝj 272[8]; – > ᾱ 228[8]. 265[8]
Αἶϝας 153[8]. 223[6]
αἰϝεί kypr. 223[6]. 381[8]
αἰϝέν II 56[3]
αἰϝές 381[8]. II 56[3]
αἰϝίδιος 300[8]
*αιϝις 631[3]
Αἴϝολος 79[4]
αἰζηός 276[2]. 472[5]
-ᾱ́ιζω 265[8]
αἰή tar. 550[2]. 619, 4 (nicht ἀή). 622[4]. II 163[7]. 413[8]
-αίη (-ᾱ erweitert) 469[6]
-αιη-: -αι- opt. 794[2]
αἶθε 628[1]. II 305[5]. 557[2.3]. 561, 2. 566[4]; αἶθ' ὄφελες II 346[1.3]
Αἰθελέων gort. 181, 1. 256[1]
αἰθέριος 461[4]
αἰθήρ 71[2]. 159[4.7]. 447[7]. 480[7], 5. 568[8]. 569[2]. II 51[6]
Αἴθῑκες 79[2]
Αἰθίοπες 447[7]
αἶθος 347[6]. 380[8]. 512[1], 1
αἰθός 459[4]
αἴθουσα 69[4]. 526[1]. II 175[6]. 408[3.5]
αἶθοψ 426[4]. 449[4]
αἴθρᾱ 447[7]. 481[3]
αἴθυια 541[3]
αἰθύσσω 725[4]; αἰθυσσομένων II 408[6]
αἴθω 297[4]. 347[6]. 685[3]. II 72, 1
αἴθων 487[5]
αι > ion. att. ᾱι 265[8]; – > ἄϊ 266[2]
αἰι 'immer' ion. 548[5]. 605, 4. 619, 4
αἰι adv. äol. (lesb.) 405[3]. 619[5], 4
αἰιν äol. (lesb.) 405[3]. 548[5] (nicht αἰ-). 605, 4. 619[5], 4
*ἀίjες 659[6]
αἰκ II 683, 1
αἰκᾱ II 568[4]
ἀικής, αἰκής 513[3]
αἰκίζω II 240[5]; αἰκίζεσθαι II 240[4]; -ζομαι τὰ ἔσχατα II 77[5]; αἰκισθέντες τὰ σώματα II 81[5]

-āϊκός suff. 498[1]
αἰκχούνα 216[6]
αἶλα kypr. II 578, 1
αἰλεθῆι kret. 257[4]. 727, 1
αἶλος kypr. 72[4]. 88[6]. 614[2]
αἰλότρια el. 272[8]
αἴλων kypr. 272[8]
αἷμα 523[2]; – τοὐμὸν πατρός II 180[6]; αἵματα II 43[2]
*αἱμάζω 736[3]
*αἱμαίνω 736[3]
αἱμακουρίαι 440[1]
αἱμάλωψ 426, 4
αἱμάροια 440[1]
αἱμάσσω 725[5]. 736[3]. 738[3]; αἱμάξω Soph. 738[3]
αἱματίζω Aesch. 736[3]
αἱμάτιον 471[1]
αἱμι- lesb. 274[2]
-αιμι verba lesb. 729[2], 1
-αιμι 1. sg. opt. 813[5]
Ἀϊμνώ böot. 636[5]
αἱμοβαφής 440[2]
αἱμός 492[3]
αἱμωδός 566, 4
αἵμων „blutig" 522[4]
αἵμων „kundig" 522[4]
Αἵμων 636[4]
ἄιν 'immer' äol. 548[5]. 619, 4
ἀϊν thess. 619[5], 6
-αιν gen.-dat. du. 554[4]. 557[4.5]
-αινα suff. 456[1.6]. 475[34].. 488[5], 2
αἴναμαι kret. 693, 4
αἰναρέτη voc. sg. hom. 560[6]
αἰναρέτης 398[4]
αἰνεθη- 761[5]
Αἰνείας II 615[3]
αἰνεῖν II 282[3]; c. dat. II 144[5]; – τινα πρὸ δίκας II 507[1]; αἰνέω 682[5]. 694, 1; αἰνεῖσθαι II 170[3]; αἰνέσω 753[3]; ᾔνεσα, -κα, ᾐνέθην, ᾔνημαι 753[3]
Αἰνελένη 398[4]
*αἴνεμεν 1. pl. 753[3]
αἰνεπίκουρος 398[4]
Αἰνηhίας lak. 217[3]
αἴνημι 108[5]. 694, 1. 729[2]. 753[3]
αἰνήσω hom. Pind. 753[3]
αἰνητός dor. 753[3]
αἰνίζομαι hom. 694, 1. 736[1]
Αἰνιῆνες 196[2]
αἰνίσσομαι 733[5]
αἰνίττομαι 694, 1
Αἰνναῖος 263[8]
αἰνόθεν: – αἰνός 628[2]
(*αινομαι) 693, 5
αἰνόμορος hom. 311[3]
αἰνοπαθής 513[3.6]
Αἰνόπαρις 453, 5
αἰνοπάτηρ 453, 5; αἰνόπατερ 437, 2
αἶνος 489[2]; αἶνός τις ἀνθρώπων ὅδε II 623[3]
αἰνός 489[3]; αἰνόθεν – 628[2]; αἰνὰ τεκοῦσα II 77[4]
-αιντο 3. pl. 671[4]
αἴνυμαι hom. 696[5], 9; αἰνυμένους τυρῶν II 102[6]; αἴνυτο 651, 6. II 81[5]
αἰνῦτο 795[5]
αἴνω ion. att. 314[2]. 680, 4. 694[3]. 714[5]; ᾖνα 694[4]
-αίνω verba 348[2]. 673[6]. 694[2.6]. 713[2]. 714[3.5]. 722[4]. 723[2]. 725[1]. 732[7] – 733[1–2]. 754[3]. 785[2]. 815[3].; – für -άνω 699[4]; – ngr. 736[6]
αἰνῶς: – – II 700[2]
αἴξ (αἶξ) 37[7]. 57[5]. 347[5]. 377[8]. 417, 1. II 31[3]. 32, 1; – ἀπὸ δραχμᾶν κ' II 447[1]; s. αἶγες
ἀΐξασκε Ilias 711[5]
ἀΐξω fut. 782[5]
-αῖοι suff. ngr. 510, 2
Αἰολείεσσι thess. 840[1]
Αἰολῆς 79[1f.]
Αἰολίη νῆσος II 177[2]
αἰόλλω 323[1]. 725[2]
αἰόλος 484[6]
Αἰόλοο gen. hom. 555[3]
Αἰόλου gen. 555[3]
ἄιον 651[6]
αἰονάω ion. 725[6]
-αιος suff. 425[3]. 466, 7. 467[4–6], 5. 6. 7. 468[4], 4. 831[7]
-αῖος adj. II 179[4]
αἰπά 622[6]
ἅιπερ 'wie' II 647[3]
αἰπήεις 527[6]
αἰπόλος 298[7]. 398[8]. 439[5]. 459[2]; αἰπόλοι ἄνδρες II 614[6]
αἰπός 459[4]
αἰπύς 463[1]
-αιρ acc. pl. el. 559[2]
αἶρα 474[4]
*αἶρα 727, 1
Αἰραί 196[2]
*αιραιρηκώς 766[5]
*αιραίρηται 766[5]
αἱρεθές ther. 566[3]
αἱρεθη- 761[5]
αἱρεθήσονται Hdt. 763, 3
αἴρειν: – ἀγκύρας II 71[7]; αἴρω 714[4]. 715[4], 8; – τινὰ ὑψηλόν II 83[7]; αἴρεσθαι κέαρ πρὸς γυναικός II 515[2]; – τὸ πένθος ὑπὲρ τὴν ἀξίαν II 519[7]; – ὑπὸ κύματος II 528[5]; s. ἦρα, ἠρμένος
αἱρεῖν II 277[2]; – τινα c. gen. II 131[2]; – τι κατ' ἄκρας II 480[7]; – προτὶ οἷ II 513[5]; – ὑπ' ἀνθερεῶνος δεξιτερῇ II 527[6]; – Τροίην ὑπὸ χερσί τινος II 526[4]; – ὀδὰξ οὖδας ὑπὸ χερσί τινος II 526[4]; αἱρέω 209[8]. 727[1]. 746[4]. II 82[8]. 164[5]; αἱρῶ δίκας II 80[4]; αἱρήσω fut. 746, 5. 783[2]. 785, 1; αἱρήσειν II 375[3.7]; s. ᾕρησα, ᾕρηκα
αἱρεῖσθαι (αἱροῦμαι) II 231[4]; med. II 240[5]; – c. dat. II 170[5]; – τινα πρό τινος II 507[3]; – ἐπί τινι II 467[4]; – ἀξίνην ὑπ' ἀσπίδος II 527[3]; αἱρεῖσθαί τι ἀντί τινος II 443[4]; αἱρεῖσθαι δικαιοσύνην πρὸ ἀδικίας II 507[3]; – ὅρκον Τρωσίν II 155[5.6]; – ἄλλους πρός τινι II 514[1]; pass. II 240[5]; s. εἱρέθη, ἡρέθη
αἱρείσθω koisch 801[6]
αἱρεόμενον ἐλέσθαι II 388[6]
αἵρεσις 159[7]. 162[5]
αἱρετέον ἐστίν II 150[2]. 409[7]
αἱρετιάω 732[2]
αἱρετίζω 706[5]
αἱρετικίζω 736[1]
αἱρετός 379[4]; αἱρετώτερον μᾶλλον II 185[3]
αἱρήσεσθαι Hdt. 763, 3; αἱρήσομαι 783[2]. II 292[4]
Ἄιρος 431[5]
*αἴρω 727, 1
-αίρω verba 714[3.4]. 725[2]
-αις dat. pl. 554[3]. 559[5]
-αις acc. pl. lesb. 559[2]
-αις (= -es) für -αιος 472, 4
-αις nom. sg. ptc. lesb. 566[3]
αισ aus ανσ 62[8]
-ᾶις Personalend. 658[2]
αἶσα 88[4]. 280[2]. 321[4]. 347[5]. 474[4]. 696, 9. II 623[5]; κατ' αἶσαν II 478[8]
ἀισεῦμαι Theokr. 786[6]
ἀισῆι Theokr. 786[6]
αἰσθάνεσθαι II 631[2]; αἰσθάνομαι 645, 0. 700[3]. 701, 4. 704[1]. II 229[2]. 274[4]. 347[6]. 395[6]; – c. acc. II 107[1.2.4.5]; – c. gen. II 106[3.4]. 107[3]; – τινὸς προσιόντος II 394[1]; – τινός τι II 106[5]; – ὑπό τινος II 227[3]; – διά τινος II 451[7]
ἄισθε (θυμόν) hom. 703[5]
αἰσθε/ο- 748[3]
αἰσθέσθαι 713, 6
αἴσθησις περὶ τῶν γιγνομένων II 503[4]
αἰσθήσομαι 782[7]
αἴσθομαι 631[3]. 700[3]
αἴσθομαι fut. hyperatt. 780[5]
ἀΐσθων hom. 703[5]
-αισι dat. pl. 127[8]. 554[3]. 559[4.5]; – dat. pl. syrak. 559[5]
αἴσιμνος 524, 6
αἴσιμος 494[5]
Αἰσίοδος lesb. 274[2]

αἴσιος 270[7]
ἀΐσῖτος att. 619, 4
Αἰσκλαπιός 276[3]; -πιῶι arg. 276[2]
Αισκραος eub. 276[2]
-ᾱΐσκω praes. 240[2]
ἄισος 829[5]
ἀίσσειν II 232[7]; ἀΐσσω hom. 647[4]; – διά τι II 453[2]; – μετά τινα II 483[5]; ἀίσσεσθαι II 232[7]
αἰστάνομαι ngr. 205[6]. II 235[4]
αιστεα böot. 276[2]
ἄιστος 56[3]. 306[7]
ἀιστόω 727[2]
αἴσυλος 482, 6. 506, 3
αἰσυμνάω Eur. 731[5]; – c. gen. II 110[2]
αἰσυμνητήρ (nicht αἰσιμν.) 531[3]
αἰσυμνήτης 272[3]. 275[7]. 506, 3
Αἰσχίνη voc. II 61[3]
αἴσχιον τῶν ἄλλων II 99[3]
αἴσχιστον ἔργον II 617[4]
αἰσχίων 538[4]
αἶσχος 260[6]. 512[5]. 513[1]
αἰσχρός 481[6], 16. 538[4]. 539[1]. II 181[5.6]; αἰσχρόν II 623[5]; – ἦν II 308[4]; –γάρ II 622[1]; – ἧττον οὐδεμιᾶς II 98, 3; αἰσχρότερος 535[7]
Αἶσχρος 634[6]. II 175[3]
Αἰσχύλος 520[5]
αἰσχύνεσθαι (-ομαι) II 353[5]. 396[2]. 711[7]; – c. instr. II 168[2]; – ἐπί τινι II 469[3]; αἰσχυνοῦμαι fut. 785[2]
αἰσχύνη τοῦ ἀνδρός II 121[6]; ἔχω τι δι' αἰσχύνης II 452[6]
*αἰσχυντέω 484[4]
αἰσχυντηλός 484[4]
αἰσχῡ́νω 733[3]
(αιταρ) II 559, 3
ἀΐτᾱς dor. 500[2]
αἰτέο j.-ion. 252[7]
-αίτερος suff. 534[2.4]
αἰτέω 244[7]. 299[7]. 705[6]. II 82[1]; αἰτῶ II 235, 2; αἴτεε 655[5–6]; αἰτοῦμαι II 235, 2. 343[7]; αἰτήσομαι II 292[4]; αἰτηθέντες χρήματα II 82[2]; s. ᾔτουν, ᾐτήσατο, εἰτήσατο
αἰτία 421, 3. II 479[2]; ἔχω τινὰ δι' αἰτίας II 452[6]
αἴτιαι subst. 383[3]
αἰτιάομαι 732[2]; αἰτιᾶσθαι II 381[1]; – τινα c. gen. II 131[2]
αἰτιατική (term.) II 54[1.4], 3
αἰτίζω 705[6]. 706[4]
αἰτιῆται 190[6]
αἴτιος 270[7]; – c. gen. II 131[3]; – σύ (sc. τοῦ λέγειν) II 623[6]
αἰτοίησαν 796, 3
ἄιττω att. 266[1]. 647[4]
Αἰτωλία: ἐν -αν ätol. II 455[5]
Αἰτώλιος 105[6]
Αἰτωλὸς γενεήν II 86[3]
αἰφνηδίς 631[4]
αἴφνης 274[1]. 625[3]
αἰφνίδιος 467[2]. 625[3]
αἰχμαλωτίζω 706[5]; αἰχμαλωτίσθη 652[4]
αἰχμαλωτίς 465[2]
αἰχμάλωτος 502[5]; -ώτους II 611[6]
αἰχμάσσουσι fut. Ilias 734[4]. 785[4]
αἰχμή 494[2]. II 42[2]
αἰχμητά hom. 560[1]
αἰχμητής: – τὴν ἔμεναι χεῖρας II 85[4]; αἰχμητᾱ́ du. hom. 557[4]
-αίω verba 676[4–5]. 686[2.4]. 714[3]
(*-αίω fut.) 787[4]
ἀίω 686[2]; – c. gen. II 107[2]; – c. gen. od. acc. II 106[1]; – c. acc. II 107[4]; ἀίων ἀράων II 95[3]
αἰών 266[3]. 347[8]. 514[4]. 521[3]. (m. f.) II 37, 8; αἰῶ acc. sg. 514[4]; αἰῶνες II 44[4]
αἰώρᾱ 266[3]. 423[4]. 647[5]
-αιῶς für -αιέως 246[1]
*ᾰ̓jερι 313[3]. 595[2]. 622[2]
*ἀjεριστο- 313[3]
*-άjω verba 712[6]. 734, 2
-ακ- suff. 497[1–4]
ἀκᾶ adv. Pind. 621, 2
ἀκᾷ 632[1]
Ἀκαδημαϊκός 830[6]
Ἀκαδήμεια 830[6]
Ἀκάδημος att. 226[4]. 256[3]
ἄκαινα 475[4], 6
ἀκάκητα hom. 500[4]. 560[1]
ἄκακος 449[6]
ἀκαλαρρείτης 430[4]. 452[3]
ἀκαμαντομάχᾱς 451[4]
ἀκαμαντοχάρμᾱν 526[2]
ἀκάμᾱς 526[3]
ἀκαμάτισσα f. ngr. 586[4]
ἄκανθος 510[6]
Ἀκαρνᾶνες 78[4]. 79[3]
ἄκαρος 433, 5
ἄκασκα Kratin. 621, 2. 632[1], 1
ἀκασκᾷ Pind. 621, 2. 632[1]
ἀκασκαῖος 632[1]
ἄκαστος 503[5]
*ἀκατόν 592[5]
ἄκατος II 34, 2
ἀκάχημαι hom. 766[5]. 770[5]; ἀκαχήμενος 766[5]
ἀκάχησα 755[3]; -ησε 749[2]
ἀκαχήσεις h. Hom. 783[4]
ἀκαχίζω 289[6]. 736[1]. 749[3]. 766[5]; ἤκαχον, -ε 749[2]. 755[3]
ἀκαχμένος hom. 327[7.8]. 766[5]
ἀκαχοίμην 749[2]
ἀκάχομαι Qu. Sm. 749[3]; ἀκάχοντο 749[2]
ἀκειόμενος 724[2]
ἀκειρεκόμας 442[1]
*ἀκέλευθος 841[6]
ΑκενανολαϜος gen. 824[3]
ἀκέομαι 303[6]; -ονται 724[2]
ἀκέοντε 585[4]
ἀκέουσα 585[4]
ἀκερσεκόμης 442[1]
ἄκερως 379[7]. 835[4]
Ἀκεσίνης 42, 5. II 33[2]
ἄκεσις Hdt. 724[2]
Ἀκεσσαμενός 637[4]
ἀκέσσομαι 782[3]
Ἀκέστῑμος 263[4]
ἀκεστός 724[2]
ἀκεστρίδ- ion. 465[2]
ἀκεύω 728[3]
ἀκέων ptc. hom. 585[4]. 727[1]. II 178[6]. 387[2]; – δαίνυσθε Od. 585[4]
ἀκή 460[2]
*ἀκῇ instr. urgr. 727[1]
ἀκήδεις hom. 724[3]
ἀκήδεσεν aor. 724[3]
ἀκηδέστως hom. 624[2]
ἀκηδέω c. gen. II 109[3]
ἀκήκοα att. 348[5]. 766[3]. 771[4]. II 287[4]
ἀκηκόη att. 652, 4
ἀκήκουα ion. (Hdt.) 775[2]
ἀκήκουκα ion. (Herodas) 766[3]
ἀκήν 621[1]. 632[1]. II 414[8]
ἀκήρατος 502[6], 7
ἀκήριος II 623[5]
ἀκήρυκτος 738[7]
ἀκής 513[5]
ἀκηχέαται 672[5]
ἀκηχέδαται 672[5]. 766[5]. 773, 1
ἀκηχεδών 530[1]
ἀκηχεμένη 766[5]
-άκι adv. dor. hell. 598[2], 2
ἀκιδνός 489[4]; ἀκιδνοτέρη εἶδος II 85[6]
-άκιν adv. lak. 598[2]
ἀκινάγματα 299[5]. 733, 4
ἀκῑνάκης 461[2]. 562[1]
ἀκινητίνδα 627[2]
ἀκῑότατος (lies ἀκιώτατος) 450[6]
-άκις adv. 597[6]–598[2]. 620[1]
ἀκίχητος 688[7]
ἀκῑ́ωτατος Hes. 450[6]. 571[1]
ἀκκιοῦμαι 127[8]
ἀκκόρ spätlak. 216[6]. 218[5]. 317[2]
ἀκκουμβίζω 736[6]
ἀκκώ 339[8]. 478[5]
ἀκλάδες 507[4]
ἄκλαυτος II 242[1]
ἀκλεής 252[1]
*ἄκλουθος 841[6]
ἀκλουθῶ c. gen. ngr. II 137[2]
ἀκμάζω 735[1]

ἀκμαῖος: -οι φύσιν II 42[4]
*ἄκμασι 440[2]
ἀκμήν 127[8]. 621, 1. 2. II 70[1]. 413[7]. 564[3], 2
ἀκμηνός hom. 490[3]
ἀκμόθετον 440[2]
ἄκμων 339[7]. 355[6]. 356[5]. 381[1]. 522[3.5] II 33[6]; ἄκμοσι dat. pl. 440[2]
-ακο- suff. 343[5]
ak'ó tsak. 205[1]. 317[2]
*ἀκόϝομεν 239[6]
ἀκοή 348[5.6]
ἀκοίμητος 163[6]
ἄκοιτις 355[6]. 385[6]. 452[1], 6
ἀκολασταίνω 733[2]; ἀκολαστανῶ 785[2]
ἀκόλαστος: – περὶ ταῦτα II 504[7]
ἄκολος 484[6]
ἀκολουθεῖν II 160[3]. 272[4]
ἀκόλουθος 347[3]. 355[8]. 433[2]. 841[6]. II 160[3]
ἀκολούθως II 160[3]
ἀκόμα ngr. 127[8]. 278[7]. 621, 1. II 564[3]
ἀκόμη ngr. II 564[3]
ἀκομισία 469[3]
ἀκομιστίη hom. 469[3]
ἀκόνη 490[3]
ἀκονῖτεί ion. att. 549[6]. 623[3]
ἀκοντίζω (-ειν) 735[6]. II 104[8]; – c. acc. II 105[6]; – τινός II 104[6]; – αἰχμαῖς II 166[2]
ἀκοπίαστος 838[6]
ἀκοπίᾱτος 838[6]
ἀκόρετος 502[4]
ἀκόρητος: -ητοι αὐτῆς II 103[2]
ἄκορνα 491[6]
ἄκος 512[1]
ἀκοστᾱ́ kypr. thess. 503[3], 4
ἀκουάζεσθαι II 232[7]; -άζομαι 735[1]
ἀκούειν (ἀκούω) 58[5]. 348[4.6]. 426[2]. 724[4]. 775[2–3]. 781[7]; ἀκούω II 274[4.5.6]. 379, 2. 624[5]. 631[2]; ἀκούομεν 239[6]; ἄκουσα aor. 278[3]; ἤκουσα 781[7]; ἀκοῦσαι II 364[5.7]; ἀκούσατε II 341[6]; μὴ ἀκουσάτω II 343[4]; ἔστιν ἀκούσας 813[1]; ἀκούσομαι 781[7], 5; τοῦ ἀκούειν II 361[5]; ἀκούειν ὀξύ II 77[4]; – c. abl. gen. II 94[7]. 106[6]. 107[2.3]. (= περί τινος) II 105[8]; ἀκούσεται τῆς ἀρχῆς II 95[4]; ἀκούσονταί ἔθεν II 95[2]; ἀκούω τευ (abl.) 'Οδυσσῆος (partit.) II 106[7]; ἤκουσε Τισσαφέρνους τὸν κ. στόλον II 95[1]; ἀκούσεσθε ἐμοῦ τὴν ἀλ. II 95[1]; ἀκούω τινός τι περί II 106[7]; ἀκούεις μύθων II 95[3]; ἀκούω c. gen. neutr. II 107[5]; – c. gen. c. ptc. II 395[6.7]; – τινός λέγοντος II 394, 1; – ἀπό τινος II 446[4]; – c. dat. II 145[4]; – c. acc. II 107[1.3.4]; – τινά c. ptc. II 394[5]; – τι II 107[5]; – τι πρός τινος II 514[6]; – αἴσχεα πρός τινος II 514[6]; – τι πρός τινος ὑπέρ τινος II 522[1]; – διά τινος II 451[8]; – διὰ τέλους II 450[5]; – 'dicor' II 378[3.4]; – κακῶς πρός τινος II 227[1]; – περί τινος II 503[1.2]; ἀκούω, 2. sg. ἀκούς, ngr. 737[1]; ἀκούεσθαι II 232[7]; εἰς τὸ ἀκοῦσαι II 370[6]; s. ἤκουσμαι
ἀκουέμεν II 366[7]
ἀκουή hom. 348[5]; ἀκουὴν μετὰ πατρός II 106[7]
ἄκουκα dor. 766[3]. 775[3]
'Ακουμενός 637[4]
ἀκουόντεσσι Od. 564[4]
*ἄκουσ 348[4]
ἀκούσαις nom. sg. 287[7]
ἀκούσαντεν j.-kret. 551, 8
ἀκούσας: – ἤκουσα II 388[7]; – nom. abs. II 403[5]; ἔστιν ἀκούσας 813[1]
ἀκουσθη- 761[3]
ἀκούσιος II 180[3], 3
*ἀκούσjω 724[4]
ἀκουσόντων Hyperid. 782[1]
ἀκούω: ἄκουσα ngr. 656[8]; – νὰ λένε ngr. II 384[4]; ἀκουσες; ngr. II 282[5]. S. ἀκούειν
ἀκμητ-451[6]
ἄκρᾱ 417[3], 4
'Ακράγᾱς (m. f.) II 33, 2. 37[2]
ἀκραιφνής 514[1]
ἀκρατής 513[2]
ἀκρᾱτίζω 706[5]
ἄκρᾱτος (ὁ) [οἶνος] II 175[5]; ἀκρᾱτέστερος 535[4]
ἀκρᾱ́χολος 398[8]. 439[5], 7
ἀκρεμών 522[3]
'Ακρηφείν 487[3]
ἀκρῑβής 193[7]. 513[5]
ἀκριβός ngr. 513[4], 9. 586[3], 2
ἀκριβόω 732[1]
ἀκρίνας 465[6], 5
ἄκρις 495[2]
ἀκριταγών 458[4]
ἀκρόᾱμα 38[1]. 189[3]
ἀκροάομαι (ἀκροᾶσθαι) 348[4]. 426[2]. II 229[2]. 232[7]; ἀκροᾶσαι 669[1]; ἀκροασάμενος II 390[8]; ἀκροῶμαι c. acc. II 107[4]; – τι II 107[5]; ἀκροώμενοι τοῦ ᾄδοντος II 94[7]
ἀκροβυστία 39[7]
ἄκροθεν 628[2]
ἀκροκελαινιόων hom. 732[3]
ἀκρόπολις 427[3]. 428[6]. 447[1]. 449[5]. 453[4.5], 5. II 33[1]; ἀκροπόληι 572[3]
ἄκρος 340[1.2]. 481[5]. 837[5]; ἄκροις τοῖς δακτύλοις II 26[6]; ἄκρας νυκτός II 113[3]
ἄκρος n. 512[5]
ἀκροσαπής 513[3]
ἀκρουνοί 69[4]
*ἀκρουσ- 348[5]
ἀκρωτήριον 470[5]; – ὁρῶν πρὸς Μέγαρα II 510[5]
ἀκτή: ἀκταί II 43[4]
ἀκτίς II 43[5]; – 'Αελίου II 62[2]; ἀκτῖνες II 43[5]
'Ακτορίωνε II 48[2]. 51, 1
῎Ακτωρ 531, 4
'Ακύλας (Ακυλας) 158[6]. 162[5]
ἄκῡρος 481[5]
ἀκῡρόω 727, 2
ἀκωκή 339[5]. 423[3]
ἄκων ion. att. 250[5]. 343[1]. 432[1]. 525[6]. 526[1]. II 174[2]. 180[3.7], 3. 385[8]. 405[3.4]. 408[3]; ἄκοντος τοῦ Γυλίππου II 405[4]; ἔστι τινὶ ἄκοντι II 152[3]
αλ aus idg. l̥ 57[2]
αλ delph. aus ελ 275[3]
ἀλ- 424[4]. 518, 3. 569[3–4]
'Αλαβανδιακὸς σολοικισμός II 595[7–8]f.
'Αλαβάρχης 258[7]
ἀλάβαστ(ρ)ος 532[5], 7
Αλαδδειρ kyren. 331[7]
ἄλαδε (ἄλα δε) Od. 624[6]
'Αλαδήυς 196[3]
ἀλαζών 487[1], 2
ἀλᾱ́θεια 272[6]
*ἀλᾱ́θεσjα 272[6]. 348[3]
ἀ̄λακάτη 434[4]
ἀλαλά interj. 339[8]. II 600[4]. 620[2]
ἀλαλαγή 496[4]. 716[4]
ἀλαλαγμός 716[4]
ἀλάλαγξ 423[3]
ἀλαλάζω 716[4]; ἀλαλάξομαι 716[4]. 781[7–8]; ἠλάλαξα Eur. 716[4]
ἀλαλαί interj. 716[4]
ἀλαλή 716[4]
ἀλάλημαι 766[5]; -ται II 263[4]; -σο imper. hom. 799[6]; ἀλάλησθε κατὰ πρῆξιν II 479[4]; ἀλαλήμενος 682[6]
ἄλαλκε 647[6]. 706[7]. 749[3]; ἀλάλκῃσιν 749[3]; – κ. ἠ. κρατός II 93[2]; ἀλάλκοις 749[3]; ἀλαλκεῖν, -έμεν, -έμεναι 749[3]; ἀλαλκών ptc. 749[3]; ἀλαλκήσω Ap. Rh. 783[4]
ἀλαλύκτημαι 766[5]
ἀλαμπές 432[3]
ἀλαός 450[6]
ἀλαοσκοπιήν 103[1]

ἀλαόω 727[2]
(ἀ)λαπαδνός 489[4]
ἀλαπάζειν: – πόλεις κατὰ Τροίην II 476[5]; – πόλεις σὺν νηυσί II 489[7]; ἀλαπάξω hom. 737[7]
ἄλας n. 518, 3. 582[6]
ἀλᾶσθαι: – περὶ νῆσον II 503[7]; – ὑπεὶρ ἅλα II 519[3]; ἀλώμενος νηΐ II 162[2]; ἀλᾶτο 682[6]
ἄλασθαι infin. att. 190[7]. 740[5], 6. 753[5]
ἀλαστέω 726[4]
ἄλαστος 306[7]f. 502[6]
ἀλάστωρ 531[4], 9
ἀλατίζω 736[3]
*ἀλγαλέος 258[6]. 484[2]
ἀλγεινός 489[5]
ἀλγεσίδωρος 444[2]
ἀλγεσίθῡμος 444[1]
ἀλγέω (ἀλγεῖν) 724[2]. II 229[2]. 368[3]; ἤλγουν μὲν ἤλγουν II 700[2]; – τοὺς πόδας II 85[3]; – c. gen. II 112[2]. 133[5]; – c. instr. II 168[1]; – διά τι II 168[3]; – ἐπὶ γῆς II 470[5]; – ἐπί τινι II 134[2]; – κλύων II 392[6]; – trans. II 134[3]
ἀλγινόεις 527, 12
ἀλγίων 539[1]
ἄλγος 512[1]. II 88[3]; ἄλγεα II 43[5]
ἀλγύνω 733[3]
ἀλδ- 702[6]
ἄλδανε 702[6]; ἤλδανε 700[2]
ἄλδη 508[7]
ἀλδήσκοντος 700[2]. 702[6]
ἀλδισκάνω 702[6]
ἄλδομαι 700[2]
*αλδσος 285[6]
ἀλέᾱ 460[2]
ἄλεαρ 481[2]. 519[5]
ἀλέασθαι 745[5.6]. II 366[3], 2; ἀλέασθε imper. 745[5]; ἀλέαιτο opt. 745[5]; ἀλέηται conj. 745[5]
ἀλεγεινός 512[1]
ἀλεγίζω 706[5]. 736[2]; – c. gen. II 109[1]
ἀλεγῡ́νω 733[3]. 736[2]
ἀλέγω 433, 5. 644[4]. 684[6]. II 108[7]. 455, 3; – c. acc. II 109[4]
ἀλεείνω 521[4]. 724[5]. 745[5]
ἀλεεύς 469[5]. 476, 5; ἀλεεῖς NT 243[3]. 575, 5
Ἀλεhσοῖ amorg. 211[5]
ἀλέθω ngr. 705[4]
ἄλει 682[4]
ἀλεία 469[5]
ἀλέ(ί)ατα 519[5]
ἄλειμμα 280[1]
ἀλεῖς fut. ion. att. 784[5]
Ἀλείσιον 103[3]
ἄλεισον 516[5]
ἀλείτω 411[8]
ἄλειφα 520[1]. 622[6]
ἄλειφαρ 520[1]
ἀλειφθη- 759[5]
ἀλειφόβιος 430[2]. 441[1]
ἀλείφω 411[8]. 684[6]. 702[4]. 754[7]. 759[5]. II 230[4]; -ομαι λίπα μετὰ τοῦ γυμνάζεσθαι II 485[4]
ἀλειψ- 754[7]
ἀλεκτορίς 531, 2
ἄλεκτρα: – γηράσκουσαν II 77[4]
ἄλεκτρον 434[4]
ἀλεκτρύαινα 475[4]. II 28, 1
ἀλεκτρυών m. f. II 28, 1
Ἀλεκτρώνα 244[8]
ἀλέκτωρ 635[2]. II 28,1
Ἀλέκτωρ 335[6]. 531[3], 4
ἀλέματος lesb. 263[3]
Ἀλέξανδρος 79[4]. 154[2]. 451[2]; – ὁ μέγας II 175[3]; – βασιλεύς II 602[4]
Ἀλέξεινος rhod. 263[4]
Ἀλεξῖνος 635[6]
ἀλέξω (ἀλέξειν) 329[6]. 706[7]. II 72, 1; – c. dat. II 144[7]; ἀλέξασθαι 749[3]; τοῦ – II 360[7]; ἀλεξέμεναι 749[3]; ἀλεξήσω fut. 706[7]. II 292[5]; ἀλέξομαι fut. 706[7]
-αλέο/ᾱ- suff. 484[1.2]
ἀλέοντο ipf. Ilias 683[4]. 745[5]
-αλέος suff. 241[3]. 456[6]. 484[1]
ἀλεποῦ ngr. 565, 2
ἀλέσεις fut. 784[6]
ἀλέσθαι 747[1]
ἄλεσσι hom. 564[4]
ἄλεται conj. Ilias 740[5]. 751[3]. 790[4]
ἀλέτης 499[6]
ἀλετρεύειν 732[5]
ἀλετρίβανος 263[7]. 438[3]
ἀλετρίς hom. 465[2]. 530, 2
ἄλευ imper. Aesch. 797, 5
ἄλευαι imper. 745[5]
ἀλευάμενος 745[5]; – χ. ἡμέτερον II 243[4]
Ἀλεύας thess. 224[5]
ἀλεύασθαι infin. 348[6]. 745[5]; s. ἠλεύατο
ἀλεύεται 683[4]. 745[5]. 780[4]
ἀλευόμενος Ilias 780[4]
ἄλευρο ngr. 520, 2
ἄλευρον 481[2]. 519[5]; ἄλευρα 519[5]
ἀλευρόττησις 320[3]. 504[5]
ἀλέω (ἤλουν) 682[4]
ἀλεώμεθα δι' ὁμίλου II 450[7]
ΑΛΕΩΝ 86[8]
ἀλεωρή II 357[5]
ἀλϜο- kypr. 223[7]; ἀλϜō 479, 7; ἄλϜον 472[6]
ἄλη 682[6]
ἀλη- hom. 759[4]
ἀλήθεια 273[8]. 348[3]; τῇ -είᾳ II 167[3]
ἄληθες 380[2]. 514, 1
ἀληθῆ λέγεις II 631[6]
ἀλήθην 682[6]
ἀληθής 513[5]
Ἀληθιών 682[4]
ἀλήθω 682[4]. 703[1]
ἀληθῶς: – ὡς II 626[6]; – ὄντως II 704[3]
ἄληκτος hom. 414[5]
ἀλήλεμαι 682[4]; ἀληλεμένος 770[4]
ἀλήλεσμαι 682[4]
ἀλήλιμμαι 766[3]
ἀλήλιφα 766[3]
ἀλήμεναι infin. hom. 808[4]. II 375[1]
ἀλήμων 522[4]
ἀλῆναι infin. Ilias 808[4]
Ἄλης (gen. -λεντος) 566[1]
ἀλής ion. 106[3]. 283[8]. 153[3]; – γενομένη II 403[7]
ἄληται Ilias 740[5]
ἀλητεύω 732[7]
Ἀλθαία 702[6]
Ἀλθαιμένης 448[5]
ἀλθαίνομαι 703[5]
ἀλθεῖν Hippokr. 703[5]
ἀλθέσσω 733[5]
ἄλθετο (χείρ) hom. 703[5]
ἀλθήσκω Gal. 702[6]. 703[5]. 709[3]
ἀλθίσκω Hippokr. 703[5]. 709[3]
ἀλι- 461, 5. 518, 3
Ἁλίαρτος 258[7]
ἄλιας adv. Hippon. 631[4]
ἀλίασσις (gen. -άσσιος) 505, 7. 737[7]
ἀλίαστος 693[2]
ἀλίβαντες 526[5]
ἀλιβδύω 644[7]. 686, 4
ἀλίγκιος II 161[4]
ἁλιεύς hom. 476[6]
ἄλιζα maked. 69, 3. 473, 5. 824[4]
ἀλίζω 736[3]
ΑλικαρναΤεων 318[3]
Ἀλιλάτ 395[3]. 409[5]. 585[2]
ἀλιμέδων 526[1]
-άλιμος suff. 494[5], 5
ἀλιμῡρήεις 528[1]. 593[6]
*ἀλιμυρής 528[1]
ἀλῖναι H. 694[5]
ἀλινδόν· δρόμον H. 627[3]
ἀλίνδω 314[2]. 684[5]. 685[1]. 754[8]
ἀλινεῖν (-ίνειν?) 694[5]
ἀλιννόν kret. 694[5]
ἄλινσις arg. (epid.) 287[3]. 505, 8. 694[3]
ἀλῖνω 411[8]. 695[7]. 773[6]
ἄλιξ 346[5]

ἄλιος äol. 250[5]
ἅλιος dor. 250[5]. 461[4], 5; – 'Tag' II 438[6]
ἁλιόω 727[2]
ἄλιππα äol. 301[6]
ἅλις 620[3.4]. II 415[1.2]
ἁλῑσ- 754[8]
ἁλῐ́σκομαι (ἁλίσκεσθαι) 227[1]. 359[6]. 709[3]. 738[6]. 743[3]. II 164[4]. 227[5]. 273[4.5]. 277[2]; ἁλίσκεται 757[4]; ἁλίσκεσθαι τὴν γραφήν II 80[6]; – c. gen. II 131[2]; – ὑπὸ χερσίν II 526[3]; ἁλισκομένης τῆς ἁ. 'Ελλάδος II 400[1]; ἁλίσκομαι c. gen. II 131[5]; – c. ptc. II 396[5]; s. ἡλισκόμην
ἁλίσκω spät 709[3]
ἀλιταίνω 747[4]; – ομαι 733[2]
ἀλιτε/ο- 747[4]
ἀλιτήμενός εἰμι c. dat. II 151[7]
ἀλιτήριος 467[4]
ἀλιτραίνω Hes. 733[2]; – εσθαι 842[3]
ἀλιτρός εἰμι c. dat. II 151[7]
ἀλίφατα lak. 278[3]. 518[1]
ἁλιῶς, -ῶν, -ᾶ(ς) 252[4]
*aljos urgr. 72[4]
ἀλκαθεῖν 749[3]
'Αλκάθοος 438[5]
ἀλκάθω 703[4]
*αλκαλκε 647[6]
'Αλκαμένης 438[5]
ἄλκαρ 518[6]
'Αλκᾶς 461[6]. 636[5]
ἀλκή 425[3]. 459[7]. 584[6]. II 357[1]
"Αλκηστις 464, 6. 504, 3. 837[5]
ἀλκί dat. sg. 424[4]. 584[6]
'Αλκιβιάδης 636[1]
'Αλκιμέδων 636[4]
'Αλκιμένη gen. sg. kret. 579[6]
ἄλκιμος: – τὰ πολέμια II 85[8]; ἄλκιμα δοῦρε II 602[5]
"Αλκιμος 636[4]
'Αλκίππη 460[4]
*ἀλκμᾱ 494[2]
ἀλκμαῖος, – μᾱρές 494[2]
'Αλκμᾱ́ν 384[5]
'Αλκμᾱ́ων 494[2]
'Αλκμέων 196[2]
'Αλκμεωνίδαι II 45[4]
'Αλκμήνη 494[2]; 'Αλκμήνας acc. pl. II 45[4]
ἀλκτήρ 531[3]
ἀλκυόνεσσι 564, 1
ἀλλ': s. ἀλλά
ἀλλά 614[2], 3. 621[3]. II 554[5.6]. 555[4]. 556[1.4]. 565[3]. 569[4]. 578[1–8]. 628[6]. 632[7]. 633[6]. 688[4]. 691[3]; ἀλλὰ γάρ II 560[5.7]. 578[7]; ἀλλά γε II 561[4]. 578[3]; ἀλλὰ γοῦν II 585[5], 2; ἀλλὰ δή II 563[2]; ἀλλὰ μέν II 570[2], 1; ἀλλὰ μὲν δή II 563[2]; ἀλλὰ μέντοι II 582[1]; ἀλλά τε II 576[3], 4; ἀλλά τοι II 580[6]; ἀλλ' II 578, 1; ἀλλ' ἄγε II 583[7]; ἀλλ' ἄγε δή II 563[4]; ἀλλ' ἄγετε II 583[8]f.; ἀλλ' ἄνα II 424[2]; ἀλλ' ἄρα II 559[1]; ἀλλ' ἆρα II 564, 5; ἀλλ' εἰ II 557[2]; ἀλλ' εἶα II 558[1]; ἀλλ' ἔμπας II 582[5]; ἀλλ' ἤ II 578[6], 3; ἀλλ' οὐδ' ὥς II 597[5]; ἀλλ' οὖν II 585[1]; ἀλλ' ὦν II 584, 4
ἄλλᾱ lesb. 550[3]
ἀλλαγη- pass. ion. att. 760[2]
ἀλλάδδω kret. 734[2]
ἀλλᾱθεάδας delph. 311[1]
ἄλλαι adv. kret. kerk. 550[4]. 622[1]
ἀλλᾶι dor. 384[4]. 618, 4
*ἀλλακjω 332[8]
ἀλλᾱλ- 260[3]. 446, 8
*ἄλλᾱλλα 260[3]
ἀλλαμήν II 578[3]
ἀλλᾶν gen. pl. f. dor. 609, 5
ἀλλάξ 614[3]. 620[5]
ἀλλᾶς 190[2]. 528[2]
ἀλλάσσω 332[8]. 614[3]. 725[5]; – τί τινος II 127[2.3]; ἀλλάσσομαι (-σσεσθαι) II 231[4]; – τί τινος II 127[3]; s. ἤλλαχα, ἠλλαξάτην
ἄλλά ττα 115, 1
ἀλλάττειν πόλιν ἐκ πόλεως II 464[3]
ἀλλαχῇ(ι) 614[2]. 630[4]
ἀλλαχθη- Hdt. 760[2]
ἀλλαχόθι 630[5]
ἀλλαχόσε 630[5]
ἀλλαχοῦ 725[5]. 760[2]
ἀλ(λ)Ε megar. 550[2]. II 163[4]
ἀλλέγω II 440[5]
ἀλλεῖ 549[6]. 614[2]
ἀλλέος ngr. 114[3]
ἄλλες acc. pl. f. 586[5]
ἀλλέως ngr. 114[3]
ἄλλη adv. 614[2]
ἄλληι adv. 614[2]. 622[1]
ἄλληκτος 310[5]. 414[2]; -ον πολεμίζειν II 77[1]
ἄλληλα 260[3]
ἀλληλίζω hell. 614[2]
ἀλληλο- 614[2]; ἀλλήλοιν 446[5], 8. II 49, 4; ἀλλήλω f. 557[5]; ἀλλήλων 446[5], 8. 614[2]. II 198[5]
ἄλλην adv. 614[2]; – καὶ – adv. II 69[6]
ἀλλήναλλος 614[2]
αλλΗΟν gen. pl. 186[1]. 245[8]
-αλλίς 484[1]
ἀλλοδαπός 604, 1. 610[1]. 614[2]
(*ἄλλοδις) 631, 4
ἄλλοθεν 614[2]. 628[2]; – ἄλλος II 700[6]
ἄλλοθι 614[2]. 628[4]; – γαίης II 114[5]
ἀλλοϊδέα 513, 5
ἀλλοῖος 609, 5. 614[3]
ἄλλοκα dor. 629[2]
ἄλλομαι 304[2]. 323[1]. 714[5]. 740[5]. II 229[1]; ἄληται Ilias 740[5]; ἄλλομαι ὑψηλά II 77[4]; s. ἡλλόμην, ἡλόμην
ἀλλοπολίᾱ 451[5]
ἀλλοπρόσαλλος 430[4], 3. II 517[4]
ἄλλος 72[4]. 323[1]. 339[8]. 461[4]. 595[5]. 614[2.4]. II 98[4]. 179[2]. 182[3]. 693[2]; ἄλλες acc. pl. f. 586[5]; ἄλλο n. 409[1]. 600[2]. 609[5]. II 34[2]. 173[4]. 427[2]; οἱ ἄλλοι II 26[6]; ἄλλος ἄλλον II 336[2]; – ἀντ' ἐμοῦ II 443[3]; – ὑπὲρ τούτους II 520[3]; ἄλλος ἄλλο II 700[6]; ἄλλο τι II 629[3]; – – ἤ II 629[3]; ἄλλα τῶν δικαίων II 98[7]
ἄλλος ἄλλοιιν 446, 8
ἄλλοσε 271[7]. 614[2]. 629[2.3], 3
*ἀλλός ποτε 391[5]
ἄλλοτα lesb. 629[2]
ἄλλοτε 271[8]. 614[2]. 629[2]. II 649, 0; ἄλλοτε μὲν – ὀτὲ δέ II 649, 0
ἀλλοῦ Koine, ngr. 630[5]
ἀλλουνοῦ gen. sg. ngr. 614[5]
ἄλλυ arkad. 88[6]. 182[4]
*ἄλλυ 631, 4
ἄλλυδις hom. äol. 182[4], 1. 385[5]. 614[2]. 625[2]. 631[4], 4
ἄλλυι adv. äol. 614[2]. 622[3]. II 157[6]
ἀλλῦς 199[8]
ἀλλύω II 440[6]
-άλλω verba 714[5]. 736[6]
ἀλλῶν gen. pl. m. n. dor. 556[3]. 609[5], 5. II 35[4]
ἄλλως 614[2]. 624[1]. II 414[7]
-άλμενος 740[5]
ἄλμη 494[2]
ἁλμυρός 482[4]
"Αλμωνες 66[4]
'Αλμῶπες 426, 4
ἄλξ 424[4]
ἁλο- 440[4]
-αλο/ᾱ- suff. 483[6.7]f.
ἀλόγατα ngr. 515, 3
ἀλογέω c. gen. II 109[3]
ἄλογο(ν) ngr. II 36, 3; ἀλόγατα pl. 515, 3
ἁλόθεν 628[3]
ἀλοιάω 725[6]
ἁλοίην opt. hom. att. 743[3]. 795[2]; ἁλοῖμεν 1. pl. 795[3]; ἁλοίην ἄν II 329[2]

ἀλοιμμός 492[4]
ἀλοιμός att. 280[2]. 492[4]
ἀλοίτης 461[2]
Ἁλόννησος 280[2]. 446[1]
ἁλόντ- ptc. 743[3]
Ἀλόπας acc. pl. II 45[4]
ἀλοργός ion. 253[2]. 310[4]. 449[4]
ἅλος 285[5]
ἁλοσύδνη 488[5]
Ἁλοσύδνη 520[5]; -ης gen. sg. 475[5]
ἀλοτρίβανος 263[7]
ἄλουα 479, 7
ἁλοῦμαι fut. att. Koine 714[5]. 785[1]
ἄλοχος f. 355[6]. 433[2]. II 32[3]; – δέσποινα II 614[7]; – Διομήδεος II 177[4]; ἀλόχου σᾶς σφαγείς II 6[5]
*ἀλπαλέος 484[2]
ἄλπαρ 484, 2. 518[6]
Ἄλπεις II 33, 2
ἄλπ(ν)ιστος 482[2]. 539[2]
ἅλς 304[2]. 339[8]. 408[8]. 517[5]. 569[5]. II 37[1], 5. 42, 3; οἱ ἅλες II 43[2]; ἅλεσσι dat. pl. hom. 564[4]
ἄλσις 285[6]
ἅλσις 285[6]
αλσο Ilias 740[5]
ἄλσος n. 285[6]. 513[1]
Ἄλτις 285[6]
ἆλτο hom. 196[2]. 653, 3; – λαθών II 301[2]. 388[4]. 392[5]; – ἐπὶ οὐδόν II 472[2]; – ἐξ ὀχέων II 463[3]
ἄλτο hom. 653, 3
αλτο hom. 740[5]. 751[2], 1. 790[4]
ἀλυίω äol. 686[4], 5
ἀλυκός 462, 7. 498[2], 6. 518, 3
ἀλυκτεῖ kret. 268[6]
ἀλυκτοπέδαι 453, 5
ἀλύξω fut. 708[4], 5; ἀλύξεις θράσους II 91[6]; ἀλύξει (κε) II 351[7]; ἀλύξετον μόρου II 91[6]; ἀλύξομαι 783[1]
ἅλυς 463[5]
Ἅλυς (phryg.) 68[7]. 304[2]. 498[2]
αλυσΕ du. att. 573[5]
αλυσει du. att. 573[5]
ἀλυσθαίνω 703[5]
ἄλυσις 743, 6
ἀλυσκάζω 700[2]. 735[1]; – πολέμοιο νόσφιν II 540[3]
ἀλυσκάνω 735[1]; ἀλύσκανε 700[2]
ἀλύσκω 700[2]. 783[1]; -ων hom. 708[4]
ἀλυσμός 493[3]
ἀλύσσω 700[2]. 708, 5. 717[1]. 735[1]
ἀλυστάζω H. 706[4]
ἀλύω 700[2]. 735[1]
ἄλφα 140[2]. 141[1], 3. 409[6]
ἀλφάβητον 141, 3. 453, 2
ἀλφάβητος 141, 3
ἀλφάδιον 471[2]
ἀλφάνω att. poet. 700[3]. 747[1]; ἦλφον 700[3]. 747[1]; ἄλφηι conj. altatt. 747[1]; ἄλφοι opt. 747[1]. II 323[2]
Ἀλφειός 468[4]. 837[5]
ἀλφεσι- 443[5]. 444, 1
ἀλφεσίβοια 348[3]. 577[5]; -αι 444, 1
ἀλφή 297[7]. 382[1]
ἄλφι 518[1]
ἀλφινία 518[1]
ἀλφιτο- 520, 3
ἄλφιτον 458[3]
Ἀλφιῶιος el. 518[1]
ἀλφός 495[6]
ἁλῶ conj. att. 743[3]; ἁλῶμεν 249[3]
ἁλωή 461[1]. 479[5], 7
ἁλώην 795, 3
ἁλωθῆναι LXX 709[3]. 763, 3; -θήσεται LXX 763, 3
ἁλώιην 795[1,3]
ἁλώμεναι infin. hom. 806[4]
ἁλῶναι infin. hom. ion. att. 359[6]. 709[3]. 743[3]. 808[4]. II 377[6]; s. ἥλων
ἀλώπᾱ lesb. 565, 2
ἀλωπεκέη 468[1]
ἀλωπεκῆ 565, 2
Ἀλωπεκῆθε 628[3]
ἀλωπεκιδεύς 510[2]
ἀλωπεκίς 565, 2
Ἀλωπεκόννησος 280[2]
ἀλωπεύω 565, 2
ἀλώπηξ 260[8]. 496[4], 4; – f. 565[6], 2. II 31[6]; – ἡ ἄρρην II 31[4], 4
Ἀλώπηξ m. II 37[4]
Ἀλωποκοννήσιοι v.-att. 255[6]
ἀλωπός 565, 2
ἅλως f. 461[1]. 479[5]. 480[2]. 558[1]; ἅλωι acc. pl. 585[3]
ἅλωσις 709[4]
ἁλώσομαι 709[3]. 738[6]. 743[3]. 782[6]; – φονεύς II 395[4]; ἁλώσεται 763, 3
ἀλωφός 495[6]
ἁλώω conj. hom. 743, 3. 782, 4
αμ aus idg. m̥ 56[4]. 342[7]
ἄμ- 'wir' dor. 600[5]. 601[2]
ἅμα 221[3]. 343[1]. 358[5]. 588[1]. 622[5]. 623[1]. II 160[1,3]. 161[6,7]. 298[6]. 435[3]. 583[4]; – c. gen. II 535[1]; – c. dat. II 534[5]f.; ἅμ' ἠοῖ II 435[2]; – – φαινομένηφιν II 391[1]; ἅμα c. ptc. II 535[2]; ἅμα ἄν II 535[2]; ἅμα κα II 535[2]; ἅμα – δέ II 534[6]; ἅμα μὲν – ἅμα δέ II 534[6]; ἅμα τε – καὶ II 534[6]. 535[1]; ἅμα τε – καὶ ἅμα II 534[6]; ἅμα τε – τε II 534[6]; ἅμα σύν II 534, 2; – – c. dat. II 491[2].
ἁμᾶ dor. 384[4]. II 534[5,6], 3
ἁμα- 632[6]
ἁμάδις 631[4]
ἁμάδρυα II 534[5]
ἁμαδρυάδες II 534[5]
ἀμᾱ́ειν 682[6]
Ἀμαζών 433[2]. 487[1]. 588, 3
ἀμαθαίνω 733[2]
ἀμαθής: – (ὤν) τὴν ἀμαθίαν II 86[1]; ἀμαθέστερον τῶν νόμων II 99[6]
ἄμαθος 261[3]. 511[1]
ἀμαθύνω 733[3]
ἀμάκις kret. 299[2]. 597[6]
ἀμαλάπτω 705[1]
ἀμαλδύνω 411[8]. 733[3]
Ἀμαλθίη 469[6]
ἄμαλλα 343[1]. 484[1]
ἀμαλός 363[7]
ἁμαμηλίς II 534[5]
ἀμάνδαλος 258[8]
ἅμαξα 329[6]. 475[6], 8; ἅμαξαι σίτου II 129[3]
ἁμαξᾶς 128[4]
ἁμαξιτός f. 457[7]. II 34, 3; – ἁ πὰρ τὸν δρυμόν II 495[3]
ἀμάομαι 722, 3
ἆμαρ 346[5]. II 39, 3
ἀμάρα lokr. 518[5]
ἁμαρεῖν H. 704, 9
ἁμαρτ- 704, 7
ἁμαρτάνειν n. II 371[3]
ἁμαρτάνω 700[3]. 706[4]. 782[6]; ἡμάρτανε 700[2]. 704[3]; ἥμαρτον 700[2]. 755[4]. II 262[3]; ngr. 'Verzeihung!' 764[2]
ἁμαρτήσομαι 755[4]; 782; ἁμαρτήσεσθαι 700[2]; ἁμαρτάνω ἁμαρτίαν II 75[5]; – ἔπη II 76[3]; ἁμαρτήσει ὁ ἀδ. καὶ ἀφήσω II 634, 1; ἁμαρτάνω τι περί τινα II 504[8]; – τινός II 104[6]; – τῆς ὁδοῦ II 323[3]; ἡμάρτηκε γνώμης II 93[1]; ἁμαρτὼν ὄρνιθος II 93[1]; ἁμαρτάνειν γνώμη II 167[2]; – πρός τινος II 516[7]; ἥμαρτον παραδούς II 301[3]
ἁμαρτε/ο- 748[3]
ἁμαρτή 385[3]. 550[2]. 622[4]
ἁμαρτηθη- 762[1]
ἁμάρτημα: -ήματα (τὰ) II 606[7]
ἁμαρτοεπής 442[3]
ἁμάρτοιν 1. sg. 660[1]
*ἁμάρτω 706[4]
ἁμαρτωλός 484[4]; – παρὰ πάντας II 183, 6; ὁ – II 175[1]
Ἀμάρυνθος 60[7]
Ἄμαστρις 153[5]

ἀμάσυκον II 534[5]
ἅματα ark. dor. 88[4]. 518[5]
ἀμάται (τέχναι) dat. II 38, 4
ἀμάτις tarent. 299[2]. 597[6]
ἀματροχιά 452[5]
ἀμαυρίσκω Demokr. 710[1]
ἀμαυρόω 710[1]
ἀμαχεί 618, 4. 623[2]
ἀμάχετος 502[4]
ἀμαχητί hom. 623[3]
ἄμαχος 618, 4
ἀμάω (ἤμων) 682[6]
ἄμβη 460[6]
ἀμβλακίσκω 289[7]
ἀμβλήδην 626[3]. II 440[5]
ἀμβλισκάνω spät 709[4]
ἀμβλίσκω Plat. 709[4]
ἀμβλόω spät 709[4]
ἀμβλύς 363[7]
ἀμβλύσκω spät 709, 5
ἀμβλύτατα α. αὑτοῦ II 100[6]
ἀμβλυωγμός 733[7]
*ἀμβλυωπ- 733[6]
ἀμβλυωπής Theophr. 733[6]
ἀμβλυώσσω 733[6]
ἄμβλωσις 709[4]
ἀμβλώσκω spät 709[4]
ἀμβλώσω 709[4]
ἀμβλώω spät 709[4]
*ἀμβνίον 338[1]
ἀμβολάδην 626[5]. II 440[4]
ἀμβολαδίς 631[4]
ἀμβολιεργός 444[4], 10
Ἀμβρακία 210[5]
ἀμβροσία 469[2]
Ἄμβροσσος delph. phok. 182[3]. 275[3]
ἄμβροτε aor. Sapph. 700[2]
ἀμβρότην inf. äol. (lesb.) 277[6]. 700[2]. 807[2]
ἄμβροτος 237[8]. 277[3.5]. 323[7]. 344[2]
ἄμβων 487[6]
αμε ʽwirʼ ark. 602[7]
ἀμέ böot. 602[7]
ἁ̄με dor. ätol. phok. 602[2]
ἁ̄μέ dor. 81[6]. 602[7]
-αμε 1. pl. aor. ngr, 763[6]
ἀμεϝύσασθαι aor. kret. 197[5]. 782[1]
ἀμεῖ 549[6]. 617[4]
ἀμείβομαι II 80[1]. 127[2]; ἠμείβετο 652[1]; ἀμείψεται 669[2]. 790[4]; – τινα II 72[4]; ἀμείβω 347[1]. 411[8]. 684[6]; – τί τινος II 127[1.2]; – τεύχεα πρός τινα II 510[8]f.; – ἐξ II 127[3]
ἄμεινον adv. 621[3]
*ἄμεινος 539[4]
ἀμεινότερος 535[8]. 539[4]
ἀμείνων 538[3]. 539[4]. 816[5]; ἄμεινον 539[3]; ἀμείνων παντοίας ἀρετάς II 85[7]; ἀμείνονι σεῦ II 98[6]; ἀμείνονες ἑωυτῶν II 100[7]; ἄμεινον II 183[4]. 184, 4; – ἐστι ποιεόμενον II 393[5]; -όν ἐστι καθαιρεθέν II 393[5]; -όν ἐστί τινι πολεμοῦντι II 393[8]
ἀμ(ε)ῖξαι 411[8]
ἄμειπτο aor. 679, 1
ἀμείρω 702[6]. 715[5]
Ἀμείσσας 329[4]
ἀμείψεται 669[2]. 790[4]
ἀμέλγω 412[1]. 684[4]. 754[7]
ἀμέλει 619[1]. II 584[3]
ἀμελέω (-εῖν) 724[3]; – c. acc. II 109[4]; – τι II 109[5]; – c. gen. II 109[3], 1
ἀμελής: – μᾶλλον αὐτὸς ἑαυτοῦ II 100[7]
Ἀμέλιος 635, 6
ἀμελίου (δίκη) II 52[1]
ἀμελξ- 754[7]
ἀμέν j.-kret. 96[4]. 551, 8. 605[2]
-αμεν 1. pl. pf. 750, 2. 767[3], 7. 769[3]. 772[1]
-αμεν 1. pl. aor. 744[2]
ἄμεναι infin. hom. 675[4]. 755[3]. 792, 8. 806[3]
ἀμενηνός 490[4], 5
ἀμενηνόω 727[2]
ἀμέρα dor. 305[6]. 518[5]
*ἀμεργjω 335[8]
ἀμέργω 411[8]. 684[3]. 754[7]
ἀμέρδω 335[8]. 684[3]. 702[6]. II 82[5.8]; ἤμερσα hom. 322[1]
*ἀμέρzδω 335[8]
ἀμερθῆι hom. 761[5]; -ῆς αἰῶνος II 93[5]; ἀμερθῆναι 307[4]
Ἀμερίας 69, 1
Ἀμέριος 635, 6
ἀμερνός 489[2]
ἀμερξ- 754[7]
ἀμέρσαι 337[8]
ἀμερφές 514[1]
ἁ̄μές dor. böot. 81[6]. 602[1]. 605[2]
ἁ̄μέτερος dor. 608[4]
ἀμεύσομαι Pind. kret. 782[1]
ἁ̄μέων dor. 602[3]. 605[2]
ἀμῆ 617[4]
ἀμήν 124[1]
-άμην 1. sg. aor. med. 744[2]
ἀμῆς 385[4]
ἄμητος 682[6]
ἀμηχανέω 731[5]
ἀμηχανής 513[4]
ἀμηχανόων Opp. 731[5]
*-αμι athem. verba 730[5]. 734[3]
-ᾱμι verba 728[6]. 729[6.7]. 730[5]. 739[1]
ἀμιγής 513[3]
*ἀμῑϝᾱ 309[6]
ἀμιθρεῖν 268[4]
ἅμιλλα 343[1]
ἁμιλλῶμαι: ἡμιλλήθην 653[2]. 760[4]; ἁμιλληθέντα pass. 760[4]
ἁ̄μῖν dat. pl. dor. 602[4]. 604[2]
ἀμῖν böot. (Aristoph.) 602[4]. 604[2]
ἅμιν dor. 602[4]. 604[2]
αμιραφι kypr. 551[4]
ἀμισθί ion. 623[2], 2
Ἀμισώδαρος 482[3]
ἀμιχθαλόεσσα 411[8]. 528[1], 1
*ἀμίχθαλος 528, 1
ἁ̄μίων dor. kret. böot. 602[3]. 605[2]
ἀμμ- ʽwirʼ äol. 600[5]. 604, 3
ἀμμά 423[1]
ἄμμε hom. äol. (thess.) ark. 81[6]. 106[4]. 281[8]. 600[1.2]. 602[2.7], 1. 605[2]
ἀμμείξας 398[8]. II 440[4]
ἀμμέουν thess. 90[7]. 602[2]. 605[2]
ἄμμες hom. äol. (lesb.) 81[6]. 90[4]. 602[1]. 605[2]
ἄμμεσι dat. lesb. (Alk.) 602[4]. 604[3]
ἀμμέτερος lesb. 608[4]. II 200[7]
ἀμμέων lesb. 602[2]. 605[2]
ἄμμι hom. lesb. 405[7]. 406[2]. 602[4]. 604[2], 3. 605[3]. 610[1]
ἄμμιγα Soph. 622[5], 7. II 440[4]
ἄμμιν hom. lesb. 405[7]. 406[2]. 602[4]. 604[2]. 605[3]. 610[1]
ἀμμίς 339[8]
ἀμμισθωθη conj. herakl. 792[6]
ἀμμόνιον 470[3]
ἄμμορος 281[7]. 310[6]. 414[2]; – λοετρῶν II 103[6]
ἄμμος 328[8]. II 200[7]. 202, 1. (f.) 32, 4. (m.) 38[2]; – m. ngr. II 32, 4
ἄμμος adj. lesb. 608[3.4]
ἀμνάς 508[3]
ἀμνάσειεν 338[1]
Ἄμνᾱτος 503[1]
ἀμνησικακέω 726[5]
ἀμνηστέω 726[5]
ἀμνηστία 174[6]
ἀμνίον 338[1]
ἀμνίς 465[2]
ἀμνοκῶν 449[5]
ἀμνός 295[4]. 332[4]. 489[1]. II 32[2] (f.); -οὶ τοὺς τρόπους II 85[5]
ἀμο- 617[3]
*ἀμό- 343[1]
-αμο- suff. 491[8]
ἀμογητί hom. 270[5]. 623[3]
(*ἄμοδις) 631, 4
ἀμόθεν 257[4]. 343[1]. 588[1]. 617[4]. 628[2]
ἀμόθι 617[4]
ἀμοῖ 617[4]
ἀμοιβάδιος 467[2]
ἀμοιβάς 508[3]
ἀμοιβηδίς 631[4]

ἀμοιβός 347[1]; -οί hom. 459[2]
αμοιϝαν kor. 224, 6. 273[1]
ἀμολγός 459[3]
ἀμόργη 363[1]
ἀμορφέστατος 535[4]
ᾱμος hom. 608[4]
ἄμος dor. II 650[5]
ἀμός II 203[5], 1
ᾱ̔μός dor. böot. 281[8]. 588[1]. 608[3]. II 200[4]. 202[3.4.7], 2. 213[2]
-αμος suff. 493[6]f.
ἄμοτον 503[2]
ἀμοῦ 617[4]
ἀμπάζονται H. 716, 6
ἄμπαις lak. 263[3]
ἀμπάξαι lak. (H.) 716, 6
ἀμπέλι ngr. II 32, 4
ἄμπελος 483[5]. II 30[5]. 41[5]. 43[3]; -οι II 43[3]
Ἄμπελος m. II 37[5]
ἀμπέλος dor. 384[2]
ἀμπελωργικά her. 249[6]
ἀμπεπαλών hom. 647[6]. 748[6]. 755[3]
ἀμπερές s. διὰ δ' ἀμπερές, διαμπερές
ἀμπεχόνη 261[6]. II 437, 1
ἀμπέχω 261[6]. 747, 3. II 429[6]. 437[6], 1; ἤμπεσχον 747, 3; ἠμπειχόμην 656[4]
Ἀμπιθάλης 261[8]
ἀμπίθυρον tar. II 437, 1
ἀμπίσχειν 747, 3
ἀμπισχεῖν 747, 3
ἀμπισχνοῦνται 696, 5. 747, 3
ἀμπίσχω 261[6]. 262[3]. 747, 3. II 83[2]. 429[6]. 437, 1
ἀμπίσχων 747, 3
ἀμπισχών 747, 3
ἀμπλακήσομαι 709[3]
ἀμπλακίσκω dor. 709[3]. 748[1]; ἤμπλακον 709[3]. 748[1]
ἀμπλακών Pind. Soph. 748[1]
ἄμπνυε imper. Ilias 696, 2. 747[3]. 797, 5
ἀμπνῦθη 761, 5
ἀμπνύνθη Ilias 761, 5
ἄμπνυτο 747, 6
ἀμπολάω: ἠμπόλων 725[6]; ἠμπόληκα 766[1]
ἄμποτες ngr. II 349[8]
Ἀμπρακία 210[5]
ἀμπταίην Eur. 742[5]
ἀμπτάμενος lak. 742[5]
ἄμπυξ 292[8]. 497[5]
ἄμπωτις 271[2]. 346[1]. 505[2]
*ἄμροτος 323[7]
*αμυ 613, 4
ἀμυγδάλη 484[1]
ἄμυδις hom. äol. 182[4], 1. 221[3]. 385[5]. 625[2]. 631[4], 4
Ἀμυθάων 521[5]
Ἀμύκλαι 483[3]; αις loc. II 155[1]
Ἀμυκλᾶιδες 265[8]
Ἄμυμνοι 524[4]
ἀμύμων 524[4]. II 182[8]
ἀμυνάθω: -ετε 703[4]; -ου imper. med. Aesch. 703[4]
ἀμυντέα 810[6]; -έ' ἐστί II 606[3]
ἀμῡ́νω (-ειν) 694[6]. II 363[2]. 382[5]; ἀμῡνέμεν II 364[3]; ἀμυνῶ, ἤμυνα 694[6]; ἀμῦναι II 363[2]. 375[2]; -εσθαι II 363[2]; – c. dat. II 144[8]. 145[1]. 146[2]. 149[4]. 170[5]; ἄμυνε Τρ. νεῶν II 93[2]; ἀμύνεσθαι τοιαῦτα II 77[6]; – c. gen. II 130[6]; -όμενοι σφῶν αὐτῶν II 93[3]; ἀμύνεσθαι περί τινος II 502[6]; – περὶ π. II 366[7]; τοῦ ἀμύνεσθαι II 361[7]
Αμυντου 156[2]
ἀμύξ 620[6]
Ἀμυρταῖος 634, 1
ἀμῦς adv. H. 622[3]
ἀμυσγελᾶν 833[5]
ἀμυσγυλᾶν 830[4]
ἀμύσσω 715[1]
ἀμυστί Hippokr. 623[3], 10
ἄμυστις f. 623, 10
ἀμφαγαπάζω 736, 3. II 437[7]
ἀμφαγαπάω II 437[7]
ἀμφαδά 626[3]
ἀμφάδην 626[3], 2
ἀμφαδίην adv. hom. 621[2]. 626[3]
ἀμφάδιος 467[1]
ἀμφαδόν 626[3]
ἀμφαλλάξ 632[8]. II 437[5]
ἀμφαλλάσσω II 437[7]
Ἀμφαναί thess. 263[4]
Ἀμφάναξ 398[4]
ἄμφανσις kret. 505, 8
ἀμφάνω adv. kret. 632[8]
ἀμφαραβέω II 437[6]
ἀμφασίη hom. 270[6]. 432[1], 1
ἄμφαυξις II 437[7]
ἀμφαϋτέω II 437[6]
ἀμφαφόων hom. 719[3]
Ἀμφείδευς rhod. 263[4]
ἀμφεληλευθεν (nicht -ελελ-) infin. kret. 769, 5. 807[1]
ἀμφελόνη 436[8]
ἀμφεπονήθη Archil. 758[1]
ἀμφεποτᾶτο Ilias 718[6]
ἀμφήκης II 437[4]
ἄμφην äol. 296[3]. 302[1]
ἀμφηρεφής II 182[8]. 437[6]
ἀμφήριστος II 437[7]
ἀμφί 214[1]. 387[8]. 405[2]. 551[1.4]. 622[2]. II 68[3]. 82[3]. 268[1.3]. 417[7]. 422[1.7]. 423[3], 2. 425[4.5], 2. 432[5]. 433[7]. 436[8], 1–439. 499[6]. 500[1]; ἀμφ' II 422[1]. 436[8]; ἀμφὶ τοῖο· περὶ σοῦ H. 609, 1; – τοὺς δισχιλίους II 439[4]; – δείλην II 439[4]; – ἠλίου δυσμὰς ἦν II 622[1]; οἱ ἀμφί τινα II 416[6.7]. 417[1]; οἱ ἀμφ' αὐτόν II 51[5]; ἀμφί c. dat. II 167[7.8]; ἀμφὶ ... ἐκάλυψεν II 430[7]; ἀμφὶ περί 633[2]. II 428[6]
ἀμφιάζω dor. hell. 244[1]. 785[6]. II 429[6]. 437[6]
ἀμφίαλος II 419[6]. 423[6]. 437[4]
ἀμφιάνακτες 430, 3
Ἀμφιάρᾱος 106[1]
ἀμφιάσω fut. spät 785[6]
ἀμφιαχυῖα hom. 767[1]. II 437[6]
ἀμφιβαίνω II 81[3]. 437[5]; ἀμφιβέβηκα II 264, 2; -κας II 73, 1. 419[4]; -βεβήκει II 437[6]; ἀμφιβαίνω c. loc. II 156, 4
ἀμφιβάλλω II 437[6]; -ομαι τρίχα λευκὴν ἐκ μελαίνης II 463[7]
ἀμφίβασις II 357[4]
ἀμφιβέβηκα II 264, 2; -κας II 73[1]. 419[4]; ἀμφιβεβήκει II 437[6]
ἀμφίβιος II 437[4]
ἀμφίβληστρον att. 532[3]. 706[5]
ἀμφιβολεύς 477[1]
ἀμφιβράγχια II 439[5]
ἀμφίβραχυς II 437[4]
ἀμφιβρότη 437[1]
ἀμφίβροτος II 439[5]
ἀμφίβροχος II 437[5.7]
ἀμφιβώμιοι (σφαγαί) II 439[5]
ἀμφιγηθέω II 437[7]
ἀμφιγνοέω 726[4]. II 437[4]; ἠμφεγνόησα 656[4]
ἀμφιγυήεις 528[1]
ἀμφίγυος II 437[4]
ἀμφιδαίω II 437[6]
ἀμφιδάκρυτος II 437[7]
Ἀμφιδάμας II 437[5]
ἀμφίδασυς II 437[5]
ἀμφιδέαι II 49[4]
ἀμφιδεδίνηται πέρι II 430[3]
ἀμφιδείδιον II 490[3]
ἀμφιδέξιος II 437[4]
ἀμφιδήμᾱ kret. 494[2]
ἀμφίδορος II 437[5.7]
ἀμφιδρυφής 513[3]. II 437[6]
ἀμφίδυμος Od. 589[3]
ἀμφιέζω II 437[6]
ἀμφιέλισσα 473[6]. II 34[5]. 437[4]
ἀμφιέννυμι 697[4]. 785[6]. II 83[2]. 429[6]. 437[6]; ἠμφίεσα att. 656[3]; ἐμπεφιεσμένος, -ιασμένος 650[4]
ἀμφιέπω II 437[6]
ἀμφίεσμα 523[2]
αμφιετει adv. amorg. 623, 13
*ἀμφιϝαχυῖα 767[1]
ἀμφίζανε hom. 248[6]. II 437[6]

ἀμφιζβήτησιν 217[7]
ἀμφίζευκτος II 437[6]
ἀμφιθάλασσος 435[3]. 450[1]. II 437[4]
ἀμφιθαλής 513, 4. II 437[6]
ἀμφιθέατρος II 437[5]
ἀμφίθετος II 426[3]. 437[6]
ἀμφιθέω II 437[6]
ἀμφιθηγής II 437[6]
ἀμφίθρεπτος II 437[7]
ἀμφίθυρος II 437[4]
ἀμφιίζομαι II 437[6]
ἀμφικαθέζομαι II 437[6]
ἀμφικαθίζομαι II 437[6]
ἀμφικαλύπτω II 353[6]. 437[6]; -καλύψαι II 381[3]; -καλύψας II 429[1]; – κατὰ ῥάκος II 475[6]
ἀμφικάρηνος II 437[4]
ἀμφίκαρπος II 437[4]
ἀμφίκαρτος II 437[7]
ἀμφίκαυ(σ)τος II 437[7]
ἀμφικίονας (ναούς) II 437[5]
ἀμφικλινής II 437[6]
Ἄμφικλος II 437[5]
ἀμφίκομος II 437[5]
ἀμφίκροτος II 437[6]
ἀμφικτίονες 486[8], 4. II 437[7]
ἀμφικτύονες [so] 597, 5. II 52[1]
ἀμφικύπελλον 61[8]
ἀμφικύπελλος II 437[4]
ἀμφίκυρτος II 437[6]
ἀμφίλαλος II 437[6]
ἀμφιλαφής 772[4]. II 437[7]
ἀμφιλέγω II 437[6]; -λέγοντοι 669, 3
ἀμφιλειπής II 437[6]
ἀμφιλλέγω kret. 312[1]. II 439[7]
ἀμφιλύκη 347[3]. 437[1]
ἀμφίμακρος II 437[4]
ἀμφιμάντωρ 531, 4
ἀμφιμάχομαι II 437[7]
Ἀμφιμέδων II 437[5]
ἀμφιμέλαιναι hom. 435[5]
ἀμφιμέμαρπτε Ap. Rh. 773[3]
ἀμφιμέμαρφε Qu. Sm. 772[3]
ἀμφιμήτωρ 530[4]
ἀμφιμιγής II 437[7]
ἀμφιμυκάομαι II 437[6]
ἀμφιμωλεῖν II 437[7]
ἀμφινέμομαι II 437[6]
ἀμφιξέω II 437[6]
ἀμφίον 461[4]
*ἀμφίπαις 263[3]
ἀμφιπένομαι II 437[6]
ἀμφιπερί 633[2]. II 428[5.6], 5. 430[2.3]
ἀμφιπερικτίονες II 430[2]
ἀμφιπέριξ Hippokr. 632[8]
ἀμφιπεριστέφεται II 430[2]
ἀμφιπεριστρέφεται II 428, 6
ἀμφιπεριστρωφᾶ II 430[2]
ἀμφιπεριφθινύθει II 430[2]
ἀμφίπληκτος II 437[6]
ἀμφιπλήξ II 437[6]
ἀμφιπλίξ 620[6]
ἀμφίπολος m. f. 460[6]. II 32[3]. 436, 1
ἀμφιπονέομαι II 437[6]; ἀμφεπονήθη Archil. 758[1]
ἀμφιποτάομαι II 437[6]; ἀμφεποτᾶτο Ilias 718[6]
ἀμφίπυλος II 437[4]
ἀμφίπυρος II 437[4]
ἀμφιρόν 481[4]
ἀμφιρρεπής II 437[6]
ἀμφιρύτη 72[1]. II 457[8]; – νῆσος 72[1]
ἀμφίρυτος II 242[1]. 437[6]
ἀμφίς (hom.) 405[2]. 551[4]. 631[3]. II 439[5–7]; – τινος II 439[7]; – ἔχω τι II 439[6]
ἀμφίσβαινα 475, 6. II 439[6]
ἀμφισβητέω (-εῖν) II 161[2]. 439[6]; ἠμφεσβήτουν 656[4]; ἀμφισβήτει II 344[4]; ἀμφισβητοίησαν Aristot. 796, 3; ἀμφισβητῶ c. gen. II 131[5]; – τινί (περί) τινος II 131[3]
ἀμφίσγονοι II 439[7]
ἀμφίσκωμοι II 439[7]
Ἄμφισσα 472[1]
ἀμφίσταμαι II 437[6]
ἀμφίστομος II 437[4]
ἀμφιστρεφής II 437[6]
ἀμφιστρόγγυλος II 437[5]
ἀμφίστροφος II 437[6]
*ἀμφίσχω 262[3]
ἀμφίσωπος II 439[7]
ἀμφιτάπης II 437[4]
ἀμφιτίθημι II 437[7]
ἀμφιτιμῆται ion. 242[8]. 791, 9
ἀμφίτομος II 437[6]
ἀμφιτρής 543, 1. II 437[6]; -ητ- 451[6]
ἀμφιτρομέω c. gen. II 109[2]
ἀμφίφαλος II 437[4]
ἀμφιφορεύς hom. 263[3]
*ἀμφίφορος 477[2]
ἀμφιφύα II 437[7]
ἀμφιφῶν 675, 8. II 437[6]
ἀμφιχάσκω II 437[7]
ἀμφιχέω II 437[7]; -χέεσθαι II 277[2]
ἀμφίχρυσος II 437[4]
-αμφιῶ fut. j.-att. 785[6]
ἀμφοῖν m. f. 557[5]. 589[4]. II 47, 2. 49, 3
ἀμφορεαφόρος 452[3]
ἀμφορείδιον 471, 4
ἀμφορεύς att. 263[3]. 477[2]. II 436[8]. 437[4]
ἀμφορίσκος 542[1]
ἀμφοτεράκις 597, 8
ἀμφοτερεῖ 549[6]
ἀμφοτέρηι adv. att. 550[4]
ἀμφοτερίζομαι 735[6]
ἀμφοτερο- compos. 589[4]
ἀμφοτερόπλουν Dem. 589[4]
ἀμφότερος 595[5]. 614[4]. II 47, 8; -οι II 47, 8. 50[1], 1; -αι II 609[2]; -αισι dat. pl. lesb. 559[5]; ἀμφοτέρω 48, 3. 182[3]. 589[4].; ἀμφοτέροιν f. II 35, 1; ἀμφότερον n. hom. 589[4]. II 87. 617[7]; ἀμφότερα II 617[7]
ἀμφοτέρωθε Orph. 628[3]
ἀμφοτέρωθεν hom. 589[4]. 628[5]. II 437[3]
ἀμφοτέρωθι att. 628[5]. II 437[3]
ἀμφοτέρωσε 589[4]. 629[2]. II 437[3]
ἀμφουδίς 631[4]
ἄμφω 339[8]. 557[1]. 589[4]. 601[4]. 614[4]. II 47[4], 8. 48[5]; – neut. II 50[3]; τὰ – II 49, 4; – c. pl. II 49[3], 3; ἀμφοῖν 557[5]. 589[4]. II 47, 2. 49, 3
*ἀμφωδίς 631[4]
ἀμφώδων II 437[4]
ἀμφῶες 520[3]
*ἀμφωϝαδις 631[4]
ἄμφωτος II 437[4]
ἀμῷεν 682[6]
ἀμωλεί kret. 623[2]
ἄμωμος II 623[5]
ἁμῶν dor. 602[3]
ἀμῶς 617[4]
αν aus idg. n̥ 56[4]. 342[7]
ἀν, ἄν praep. 82[4]. 259[8]. II 439[7]; ἂν ῥόον II 441[1]
ἄν partic. 82[4]. 85[8]. 88[5]. 128[6]. 641[5]. II 7[3]. 12[3]. 15[1.7]. 23[2]. 302[6]. 304[3.4]. 305[5.6], 1. 2. 3. 306[1.3], 1. 309[1.2.6]. 336[1]. 387[6]. 555[3.4.7]. 556, 2. 558[1.2], 2. 3. 684[8]. 703[1]; – c. fut. II 352[2.3.4]; – c. potent. II 324[8]f. 326[2.3.7]. 329[5–8]; – c. ptc. II 407[3–5]; ἅμα ἄν II 535[2]; ἐπεὶ ἄν II 306[3], 2
ἄν (ἆν) 128[1]. 402[8]. II 306[3], 3. 685[1], 1; – spätgr. II 685[1]; – ngr. II 304[4]. 306, 2. 351[3]. 685[1]
ἀν- privat. 343[1]. 431[4]. II 439[7]. 599[2.3.5]. S. auch ἀ- privat.
-άν suff. in Völkern. 487[4]
-αν acc. sg. 3. decl. 563[2.3]
-ᾶν acc. sg. f. 554[4]. 559[6]
-αν f. -α acc. sg. 586[4]
-an acc. sg. ngr. 585[7]
-αν 3. pl. Personalend. 665[2]; – dial. 665[6], 5; – pf. hell. Koine 666[3], 7. 767[4], 8. 779[2]; – aor. 744[3]; – aor. ngr. 763[6]
-ᾱν acc. sg. 554[4]. 558[4]
-ᾱν gen. pl. lesb. 559[2]
-ᾶν gen. pl. lesb. dor. 81[6]. 559[2]

-ᾱν 1. sg. praet. 669, 8
-ᾱν inf. ion. att. lesb. 727[2]. 807[4]. (aus -αεεν)
ἀν' praep. II 439[7]
ἀνά praep. 275[7]. 387[8]. 622[5]. II 68[3]. 268[3]. 418[1]. 419[4]. 422[2]. 426[1]. 430[4]. 432[5]. 433[1] 439[7], 2. 3–441; – κράτος II 441[1]; – λόγον II 441[3.6]; – νηὸς ἔβην II 430[7]. 441[4]; – πᾶν ἔτος II 441[3]; – πρεσβύτατα II 441[4]; – στρατόν II 433[1]; ἀν' II 439[7]; ἀνα-compos. II 440[4–7]
ἀνα- (= ἀ- priv.) 432, 2
ἄνα 'auf!' 388[1]. II 341[7]. 421[5]. 424[1.2]. 444[2]. 620[3]; ἀλλ' ἄνα II 424[2]; ἄνα ἄντα 632[7]
ἄνα voc. sg. 74[1]. 409[2]. 565[6]
ἄνᾱ f. Alkm. 460[2]
-ᾱνα aor. 754[4]; -ανα aor. ngr. 764[1]
ἀναβαζμούς att. 217[6]
ἀναβαίνω (-ειν) 811[8]. II 440[4]; – ἐπί II 431[3]; – ἐπί τι II 472[2.3]; ἀνάβηθι . . . καὶ ἀπόδοτε II 610[8]; ἀνεβήσετο 788[3]; ἀνεβεβήκει II 288[7]
ἀναβάλλω II 440[5]; -λλεσθαι II 231[6]
ἀνάβασις: τὴν -ιν ποιεῖσθαι 811[8]
*ἀναβασσαράω, -έω 726, 2
ἀνὰ...βασσαρήσω Anakr. 726, 2
ἀναβεβαμένη pass. 770[2]
ἀναβέβροχεν Ilias 759[2]
ἀναβέβρυχεν 759[2]
'Αναβησίνεως 245[6]
ἀναβιβάζω II 440[7]; -βιβάσομαι 781[8]; ἀναβιβάζουσι ἀναβιβάζοντες II 388, 4
ἀναβιόω hell. 709[1]; -βιώσομαι 709[1]; ἀνεβίων 709[1]; ἀνεβίωσεν 127[7]
ἀναβιώσκομαι 709[1]. 756[1]
ἀναβλαστάνω II 440[7]
ἀναβλέπω II 440[4]; – c. dat. II 139[7]. 140[1]
ἀνάβλησις II 426[3]; – κακῶν II 121[4]; – λύσιος II 356[7], 4
ἀναβρόξειε Od. 759[2]
ἀναβροχὲν (ὕδωρ) Od. 759[2]
ἀναβρύχω II 440[4]; ἀναβέβρυχεν 759[2]
ἀναβρώσκων H. 708[6]
ἀνάγαιον 632[6]
ἀναγέγραπται 812[3]; ἀναγεγραμμένοι εἰσί Aeschin. 812[3]; ἀναγεγράφονται Archimed. 768[1]
ἀναγής 512[1]
ἀναγιγνώσκω 756[1]. II 440[6]; ἀναγίνωσκε II 341[6]; ἀναγνώσεται (sc. ὁ γραμματεύς) II 621[2]; ἀνέγνων 756[1], 1; ἀνάγνωθι II 341[5]; ἀναγνῶναι II 283[3]; ἀνέγνωσα ion. (Hdt.) 755, 9. 756[1]
ἀναγκάζομαι: ἀνηγκάζετο 656[2]
ἀναγκάζω 734, 8. II 83[3]
ἀναγκαίη 469[6]
ἀναγκαῖος II 178[1]; ἀναγκαῖον II 620[6]. 622[1]; – ἦν II 308[4]
ἀνάγκη 734, 8. II 620[6]. 622[1]; – φυλάττεσθαι II 623[5]
ἀνάγκηι adv. 622[1]
ἀναγνώθω ngr. (dial.) 705[4]
ἀναγνωρίζω ngr. II 279[6]
ἀναγνώστης 162[1]
ἀναγράπψαι 238[4.7]
ἀναγραφήμειν infin. rhod. 807[6]
ἀναγραφησεῖ fut. pass. dor. 92[1]. 763[5]
ἀναγράφω (-ειν) II 281[4]. 434[1]; -φόντōν II 342[4]; -γράψαι att. 808[6]; -γραψάντων II 342[4]; ἀναγράφειν τι ἀπό II 434[6]
'Αναγυράσιος 527, 4
ἀνάγω II 440[5]; – χορὸν ὑπὸ φορμίγγων II 530[1]; ἀνήχθην att. 760[5]
ἀναδεδειχοίας 765, 2
ἀναδενδράς 508, 3
ἀναδέρκομαι II 440[4]
ἀναδέχομαι II 440[5]
ἀνὰ δύο 598[6] f.
ἀναδύομαι II 440[6]; ἀνάδυ II 340, 1; ἀνέδυ ἁλός II 92[2]; ἀνεδύσετο 788[2]
ἀνάεδνος 412[2]. 432, 2
ἀναείρω II 440[6]
ἀνάελπτος 432, 2
ἀνα-ϝαλ- 314[2]
ἀνάζω tar. 734[2]. 737[7]
ἀναθ-: ἀνέθαλον LXX 748[2]
ἀναθαρσέω II 350[8]
ἀνάθεμα 165[2]; II 176[7]
ἀναθέντω imper. Achaia 802[2]
ἀναθέσαντες 742[1]
ἀνάθεσις II 490[4]
ἀναθηλήσει Ilias 720[3]. II 440[6]
ἀνάθημα 360[7]. II 426[3]
ἀναθῆναι infin. ark. 808[3]
ἀναθήσω: ἀναθήσουσιν II 245[5]. 620[8]
ἀναθρώσκω II 440[4]
ἀναιδείην II 599[4]
ἀναιδής 514[1]
ἀναιερεῖ 194[7]
ἀναίμακτος Aesch. 738[3]
*ἄναιμι 623[3]
*ἄναιμνος 450[6]
ἄναιμος 450[6]. 494[4]
ἀναίμων 449[3]
ἀναιμωτί hom. 623[3]
ἀναίνομαι 693, 5; ἠναίνετο hom. 656[3]. 693, 5; – c. ptc. II 396[5]; ἀναίνετο μηδὲν ἑλέσθαι II 598[3]
ἀναιρερημένος Thasos 766[5]
ἀναίρεσις c. dat. II 153[6]
ἀναιρέω (-ῶ) II 259[4]. 440[5]; ἀναιρηκότα Hdt. 766[5]
ἄναιροι kret. 256[3.4]
ἀναιροῦμαι: ἀνελέσθαι II 362[1]
ἀναίσθητον (τὸ) II 175[2]
ἀναισιμοῦσθαι II 152[5]
ἀνᾱΐσσω II 440[4]
ἀναισχυντέω: ἠναισχύντουν 655[7]
ἀνακαίω II 440[5]
ἀνακάλυπτε II 228[3]
ἀνάκανδα lak. 632[2]
ἀνάκαρ Hippokr. 632[2]
ἀνακάς H. 632[2]
ἀνάκεικε ark. 775[3]
ἀνάκειται 775[3]
ἀνακέκαυκε 775[3]
ἀνακεράννυμι II 440[6]
ἀνακηκίω hom. 727[4]. II 440[4]
ἀνακκάδδεν 745[1]
ἀνακλίνω II 440[6]
Ἄνακοι att. 582[6]; τοῖν 'Ανάκοιν II 47[3]; 'Ανακοῖν gen. du. gramm. 582[6]
ἀνακοινέο 252[8]
ἀνακοινόω: ἀνακοινῶσαι II 368[2]
ἀνακόλουθον II 704[6]
ἀνακόπτω II 440[6]
ἀνακουφίσαι κ. βυθῶν II 92[2]
ἀνακράζω II 440[5]
ἀνακραμάσαι 752, 5
ἀνὰ κράτος II 441[3]
ἀνακραύγασμα 128[2]
ἀνακρίνειν II 268[3]
*ἄνακτ voc. sg. 565[6]
ἀνάκτεσι hom. 564[4]
ἀνακτῆσαι spätgr. 205, 2
ἀνάκτοιν II 49[3]
ἀνακτόριος II 177[1]
ἀνάκτορον 460[7]
ἀνακυμβαλιάζω II 440[5]
ἀναλαβεῖν II 296[7]
ἀνᾱλίσκω att. 314[2]. 709[4]. II 429[6]; -ειν τι πρὸς ἃ μὴ δεῖ II 512[5]; ἀνήλισκον 127[7]
ἄναλκις 425[1]. 450[4]. 454[3]. 464[3.4]
ἀνὰ λόγον II 441[3.6]
ἀνάλογος 430, 5. 436[6]. II 441[6]
ἀνᾱλόω 709[4]; ἀνᾱ́λωσα 709[4]; ἀνᾱλώσω 709[4]
ἄναλτος 285[6]. 339[7]. 503[2]. 702[6]
ἀναλφάβητος 141, 3
ἀνᾱλωθη- 761[4]
ἀνᾱ́λωσα, ἀνᾱλώσω 709[4]; ἀνηλώσας, ἀνηλώσωσιν 656[5]

ἀναμαιμάει 676[2]. II 440[7]
ἀνάμεινον II 422[6]
ἀναμεμ(ε)ίχαται 771[7]
ἀνάμεσα 'ς ngr. II 483, 2
ἀνὰ μέσον 619[3]. 625[3]. II 440[2]. 483, 2
ἀνάμεστος II 440[3]
ἀναμεταξύ 619[3]
ἀναμετρήσαιμι II 440[6]
*-ἀνᾱμι verba 700[6]
ἀναμίγνυμι II 440[6]
ἀναμιμνήσκω II 82[4]. 440[6]; ἀναμιμνησκομένους II 403[2]; ἀναμιμνήσκω τινά c. gen. II 108[4]; – τι II 108[5]; – τινά τινος II 82[5]; ἀναμιμνήσκεσθαί τινος II 82[5]
ἀναμίξ 620[6]
ἀναμνημίσκω 269[5]
ἀναμορμῦρεσκε 711[2]
ἀναμορμύρω II 440[5]
ἄνανδες kypr. 632[2]
ἀνανεόω: ἀνενεώθην 3. sg. 764[6]
ἀνανεύω II 440[5]
ἀνὰ νηὸς ἔβην II 430[7]. 441[4]
ἄναντα 625[3]. 632[7]. II 440[4]. 441[7]
ἄναντες adv. II 441[7]
ἀνάντης II 440[4]. 441[7]
ἀναντής 632[8]
ἄναξ 30[3]. II 385, 1. 618[5]; *ἄνακτ voc. 565[6]; ἄνα voc. 74[1]. 409[2]. 565[6]; ἀνάκτοιν II 49[3]; ἀνάκτεσι hom. 564[4]; ἄναξ c. dat. II 153[6]; – c. loc. II 169[2]; – ἀνδρῶν II 615[2]. 618[6]. 692[5]; – – 'Αγαμέμνων II 615[3.6]; – ἐνέρων 'Αιδωνεύς II 615[3]; – πάντων II 615[2]; – Πουλυδάμας II 615[4]
ἀνάξας πεσήματος II 92[2]
ἀναξιβρέντᾱς 838[5]
'Αναξίμανδρος 481, 12
*ἀναο(ε)ιγ- 653, 10
ἀναοίγεσκον 653, 10
ἀναπάγω II 429[5]
ἀναπάλλω II 440[5]
ἀναπαρείς 759[6]
ἀναπαύω II 440[7]
ἀναπείθομαι II 283[6]
ἀναπεμπάζομαι att. 734[3], 4
ἀναπετῶ fut. 784[6]
ἀναπηδάω II 440[4]
ἀνάπηρος II 440[3]
ἀναπίμπλημι II 440[3.5]
ἀναπίπτομαι II 235[1]
ἀναπλέω (-εῖν) II 300[3]. 440[4]; – ἄνω II 536[3]
ἀνάπνευσις 505[4]
ἀνάπνευστος 263[7]. 432[1]
ἀναπνέω (-εῖν) 747[3]. II 380[1]. 440[1]
ἀνάποινον II 599[4]
"Αναπος 66[4]
ἀναπτήσεται Aeschin. Plat. 742[5]; ἀνεπτόμεθ' Aristoph. 742[5]
ἀνάπτοιτο Plat. 742[5]
ἀνάπτω II 440[7]
ἀναπυνθάνομαι II 440[6]
ἀνάπυστος II 440[6]
ἀναραιρηκότα el. 766[5]
αναρε du. el. 568[3]
ἀναρεψαμένη 684[4]
'Αναριάκαι 432[3]
ἀναρίθμητος 587, 1
ἀναριχᾶσθαι II 440[7]
ἀναρπάζω II 440[5]
ἀναρριπτέειν ἀγῶνας II 76[4]; ἀνερρίπτουν 705, 1
ἀναρρῑπτω II 440[5]
ἀναρριχάομαι (-ᾶσθαι) 719[3]. II 440[7]
ἀνασαοίζεσθαι 250[8]. 736[5]
ἀνασεύομαι II 440[4]
ἀνασῑ 194[2]
ἀνάσιμος II 440[3]
'Ανασίφορον 255[7]
ἀνασοθέντων (ἀναδοθ-) 208[3]
ἀνασπάω (-ᾶν) II 440[5]; – λόγους ἀμφί τινι II 438[6]
ἄνασσα II 385, 1
ἀνασσείασκε 711[5]
ἀνάσσω 319[3]. 725[4]. 737[7]. II 109[6]. 110[1.3]; ἤνασσε, ἐάνασσε 654[1]; – c. gen. et dat. II 110[4]; – c. dat. (loc.) II 168[8]. 169[2]; – ἶφι II 166[3]; – ἔν τισι II 457[8]; – μετά τισι II 483[3]
ἀνασταδόν 626[3]
ἀνάσταμα 523[6]
ἀνάστατος: – γίγνομαι ὑπό τινος II 529[3]
ἀναστενάχω II 440[5]
ἀνάστημα 839[1]
ἀναστήσειεν II 638[3]
ἀναστρέφω II 440[5]; – ἐπί τι II 472[4]; ἀνεστρέφησαν j.-lak. 759[4]
ἀναστροφή II 420[2]
ἀνασυντάσσω II 429[5]
ἀνασχήσομαι II 265[8]
ἀνασώσασθαι II 93[8]
ἀνατεθέκαντι phok. 665[4]. 775[3]
ἀνατεθήκατι (nicht ἀντα-) rhod. 664[1]
ἀνατεί 623[3]
ἀνατέλλω II 440[5]; ἀνατελῶ Koine 785[1]; ἀνατέλλω ἐξ ἠθέων II 463[2]
ἀνατίθεμαι: ἀνατεθῆναι σκῦλα πρὸς ἱεροῖς II 513[1]; ἀνεθέτēν (-την) 612[1]. 613[1]. 708[5]
ἀνατίθημι (-τιθέναι) II 440[7]; ἀντίθεντι 3. pl. böot. 666[4], 9; ἀναθήσουσιν fut. II 245[5]. 620[8]; ἀνέθην 741[5]; ἀνέθε̄ böot. 722[5]. 741[5]; ἀνέθΕκεν 185[8]; ἀνέθηκε 768[5]. II 707[8]; ἀνέσηκε lak. 93[5]. 205[3]; ἀνεθήκατε 127[7]; ἀνέθηκαν tar. 741[7]; ἀνεθείκαιν thess. 664[4]; ἀνέθησαν amorg. 742[1]; ἀνέθεσαν II 612[2]. 708[5]; ἀνέθεαν böot. 665[6]. 741[4]; ἀνέθειαν böot. 242[4]; ἀναθέσαντες 742[1]; ἀναθέντω imper. Achaia 802[2]; ἀνθέντω τι ὑπὸ τὸν ναόν II 531[4]; ἀναθῆναι, ἀνθῆναι infin. ark. 803[3]; ἀνατεθέκαντι phok. 665[4]. 775[3]; ἀνατιθέναι τι ὑπέρ τινος II 521[5]
ἀνατλῆναι II 440[5]
ἀνατολή 295[6]; κατὰ τὴν -ήν II 478[6]; ἀνατολαί II 43[5]. 52[1]
ἀνατρέπω II 440[5]; – τι c. instr. II 165[5]
ἀνάτριχος II 440[4]
"Αναυρος 444, 6
ἀναυτά tar. 625[3]
ἀναφαίνω II 440[5]; ἀναφῆναι II 296[3]
ἀναφανδά 626[3]
ἀναφανδόν 626[3]
ἀναφέρω II 440[5]
'Ανάφη 95[7]
ἀναφῆναι II 296[3]
ἀναφλασμός 493[4]
ἀναφλύω II 440[4]
ἀναφράζομαι II 440[6]
ἀναχάζομαι II 440[6]
ἀναχέω II 440[7]
ἀναχωρέω (-εῖν) II 440[6]; ἀνχο̄ρέει II 313[7]; -είτω II 342[7]; -ῆσαι II 381[2]; ἀναχωρεῖν ἐπὶ πόδα II 472[4]
ἀναψῡχή 460, 3
-ανάω verba 694[1]. 699[4]. 700[5-6]. 720[5]
'Ανβλεᾶτος 210[4]
ἀνγραψάνθω imper. böot. 802[2]
*ἄνγρεμι thess. 231[8]
ἄνδα· αὕτη kypr. 613[5]. 626, 8
ἀνδαιθμός 493[1]
ἀνδάνω 699[6]. 701[1]. 748[1]. 755[3]; ἐάνδανον (ἐήνδανον) 654[3]; – c. dat. II 143[8]. 155[4]; s. ἥσατο
ἀνδαποδῷ hell. 795[1]
ánde tsak. 213[6]
ἀνδεξάμενοι ποὶ τõ 'A. II 516, 1
'Ανδερέαν 831[6]
ἄνδηρα 482[6]
ἀνδίκτης 747[5]
ἄνδιχα 598[2], 4

ἀνδιχάζω 598[2]
ἀνδρ- 568[4]; s. ἀνήρ
ἀνδραγαθέω 726[5]
ἀνδραγαθία 439[3]. 446[5]
ἀνδρακάς 599[1]. 630[4]. II 474, 7
ἀνδράποδα 440, 1; ἀνδραπόδεσσι dat. 440, 1. 582[6]; ἀνδραπόδοις dat. 582[6]
ἀνδραποδίζω: ἠνδραπόδισαν 655[6]; ἠνδραποδισάμην 655[3]; ἀνδραποδιεῖται pass. Hdt. 756[6]; – εῦνται 785[4]
ἀνδραποδισμένους 655[6]
ἀνδράποδον II 36, 3; s. ἀνδράποδα.
ἄνδραρι acc. pl. 585, 4
ἀνδράριον 471[2]
ἄνδραρις acc. pl. 585, 4
ἄνδρας nom. sg. spätagr. ngr. 586[4]; – kappad. 585, 4
ἀνδραφόνος altatt. 102[1]. 440[1], 1
ἀνδρέα ngr. 194, 1
Ἀνδρέας 438[3]
Ἀνδρείμουν thess. 194[4]
ἀνδρεῖος: ἀνδρειότερον ποιήσειεν αὐτοῦ II 100[7]
ἀνδρεϊφόντης 452, 7
ἀνδρεφονικόν m. acc. 438[2]
ἀνδρεφόνος dor. 438[2]
ἀνδριᾱς 526[3.4], 6. II 36[5]
ἀνδριᾶς j.-att. 383[3]. 566, 3
ἀ(ν)δριιῶνα pamph. 242[4]
ἀνδρίον 568[7]
ἀνδριστέον II 409[6]
ἀνδριστί Aristoph. 623[3]
ἀνδρόγυνα agr. 453[1]
ἀνδρόγυνον ngr. 453[1]. II 12[6]
ἀνδρόγυνος 454[2]
Ἀνδροκλείδη acc. v.-att. 561[3]
ἀνδροκτασίη hom. 270[6]
Ἀνδρομάχη 634[6]; s. auch Ἀνρομάχη
Ἀνδρομέδη 460[4]
ἀνδρόμεος 379[6]. 449[3], 8; -εα κρέα 56[7]
-ανδρος Wortausg., compos., Namen 451[2]. 526[5]. 533[5]. 568[4]. 637[7]
ἀνδρόσαιμον 446[1]
ἀνδρόσακες 514[2]
ἀνδροτής 214[7]. 385[3]
Ἀνδρότιμος 635[5]
ἀνδρόφθορος II 178[1]
ἀνδρών 488[2.5]; -ῶναν acc. rhod. 563[3]
-ανε 3. pl. aor. 763[6]
ανεαν pamph. 665, 5
ἀνέβα imper. ngr. 804[5]; τὸ – καὶ κατέβα II 27[5]
ἀνεβαίνω ngr. 656[6]; ἀνέβη, ἀνέβηκε 764[5]
ἀνεβεβήκει II 288[7]
ἀνεβήσετο 788[3]
ἀνεβίων 709[1]
ἀνεβίωσεν 127[7]
ἀνεβοκατεβαίνει ngr. 645[1]
ἀνέβραχε II 440[5]
ἀνέγνων 756[1], 1
ἀνέγνωσα 755, 9. 756[1]
ἀνέδην 626[3]
ἀνέδυ ἁλός II 92[2]
ἀνεδύσετο 788[3]
ἀνεέργω II 440[6]
ἀνέθαλον LXX 748[2]
ἀνέθε böot. 722[5]. 741[5]; ἀνέθεαν böot. 665[6]. 741[4]; ἀνέθειαν böot. 242[4]
ἀνεθείκαιν thess. 664[4]
ἀνέθΕκεν 185[8]
ἀνέθεσαν II 612[2]. 708[5]
ἀνεθέτε̄ν (-την) II 612[1]. 613[1]. 708[5]
ἀνέθηκαν tar. 741[7]
ἀνεθήκατε 127[7]
ἀνέθηκε 768[5]. II 707[8]
*ἀνέθην 741[5]; ἀνέθησαν amorg. 742[1]
ἀνείδεος 514[2]
ἀνειμένως Thuk. 624[2]
ἄνειμι II 422, 1
ἀνεῖνται att. 770[1]
-ανειρα suff. 474[5]
ἀνειργουμένων pap. 721[4]
ἀνείρετον 502[3]
ἀνείρομαι II 440[6]
ἀνειρωτάω II 440[6]
ἀνεῖται (ὁ νόμος) II 287[7]
ἀνέκαθεν 628[3]. 632[8]
ἄνεκας (ἀνεκάς) 383[4]
ἀνέκραγον Od. 748[2]
ἀνεκτά II 599[4]
ἀνεκτῶς hom. 624[2]
ἀνελέν kyren. 807[1]
ἀνελέσθαι II 362[1]
ἀνέλκω II 440[5]
ἀνέλλην 432[3]
ἄνελον imper. syrak. 803[4]
ἀνελΟσθō 3. pl. lak. 802[2], 2
ἀνέλπιστος 432[1]
Ἀνεμοίτας böot. 752, 9
ἄνεμος 226, 1. 309[1]. 339[7]. 340[2.6]. 362[1]. 493[6]. II 33[2]. 173[5]
ἀνεμοσκεπής 514[1]
ἀνεμώλιος 37[6]. 259[2]. 484[5]; ἀνεμώλια βάζειν II 366[5]
ἀνεμώνη 491[4]
ἀνεμώνιος 259[2]
ἀνένεικα hom. 744[4]; -νείκατο Ilias 744[5]
ἀνενεώθην 3. sg. 764[6]
ἀνενίνκαι[so] knid. 275[5]. 745[1]
ἀνέξεσθαι II 376[5]; ἀνέξομαι II 265[8]. 293[1]; – ἀεργόν II 395[2]
ἀνεξίτηλος 705[5]
ἀνεπάην 716, 6
ἀνεπίθετος 378[6]
ἀνεπιρρώννυμι II 429[5]
ἀνεπτόμεθ' Aristoph. 742[5]
ἀνέρ-; s. ἀνήρ
ἀνερασθῆναι c. gen. II 105[5]
*-ανερȷα f. 474[5]
ἀνερρίπτουν 705, 1
ἀνερύω II 440[5]
ἀνέρχομαι II 440; –ἐν c. dat. II 461[3]
-ᾶνες 78[3.4], 1
ἀνέσαιμι 782, 4
ἀνέσει Od. 782, 4
ἀνέσηκε lak. 93[5]. 205[3]
ἄνεσις 505[5]
ἀνεστάκουσα 540[5]
ἀνεστεασι 687, 5
ἀνέστη II 428[3]
ἀνεστρέφησαν j.-lak. 759[4]
ἄνεται 642[4]. 696, 10
ἀνέτω Soph. 696, 10
ἄνευ 432[3]. 620[1]. II 360[7]. 421[2]. 427[5]. 533[3]. 535[4]–536
ἄνευθε hom. 627[5]. II 535[5.6.7]
ἄνευθεν hom. 627[5]. II 535[5.6.7]
ἄνευν arg. (epid.) 405[3.5]. 620[1]. II 535[4], 2
ἀνευρίσκεσθαι ἐπὶ κακῷ II 468[1]
ἄνευς el. 405[3]. 620[1]. 535[4], 2. 536[2]
ἀνέχομαι II 396[2]; ἠνειχόμην 656[4]; ἀνασχήσομαι II 265[8]; ἀνέξομαι II 265[8]. 293[1]; ἀνέξεσθαι II 376[5]; ἀνέχομαί τινα c. praedic. II 395[2]; – c. gen. II 134[8]; – c. inf. II 396[4]; – ὁρῶν II 393[1]; ἀνέξομαι ἀεργόν II 395[2]; ἀνέχομαί τινος c. ptc. II 394[1]
ἀνέχω II 440[5]; ἄνεχ' ἵππους II 440[6]; ἀνέχω χεῖρας c. dat. II 145[6]; – – τινι II 162[6]
*ἀνεψιά 433[3]
ἀνεψιαδοῦς att. 510[2]
ἀνεψιός ion. att. 270[6]. 381[6]. 433[3]. 466[5]
ἄνεω 550[2], 5
-ανέω fut. 724[5]
ἀνέωιγα 653, 10. 772[3]; -γε 653, 10. II 227[8]
ἀνεωιγνύμην 653, 10
ἀνέωιξα 653, 10
ἀνεώιξεται 783[4]. II 289[2]
ἀνέωιχα j.-att. 772[2]. II 227[8]
ἀνέωνται Hdt. 770[1]
ἀνϝείπηι kret. 791, 5
*ἄνϝεται 642[5]
*ἀνϝρητεύω 732, 6
*ἄνϝω 699, 1
ἀνhελόμενος her. 219[2]
ἀνhεῶσθαι her. 770[1]

ἄνηβος 454[3]
ἀνήγατος ngr. (maked.) 431, 7
ἀνηγκάζετο 656[2]
ἄνηθον 510[6]
ἀνήκεστος 431, 5. 724[2]
ἀνηκέστως II 415[4]
ἀνήκοισαν kyren. 288[2]
ἀνηκότων kyren. 768[2]
ἀνηκουστέω (-εῖν) 726[4]; – c. dat. II 145[2]; – τῶν λόγων II 95[4]; ἀνηκούστησε πατρός II 95[3]
ἀνηλεής 431, 5
ἀνήλισκον 127[7]
ἀνήλωμα 656[5]; – c. dat. II 153[7]
ἀνηλώσας 656[5]
ἀνηλώσωσιν 656[5]
ἀνήνεμος 431, 5
ἀνηνεχυῖαν 541, 1
ἀνηνίκαμες dor. 744[5]
ἀνήνοθε(ν) 766[4]. 777[3]
ἀνήνυστος 696, 10
ἀνήνωρ 431[5]
ἀνήρ 57[3]. 72[4]. 277[2]. 355[5]. 412[1]. 480[7]. 568[3.4]. II 31[3]. 614[1.5]; ἄνερ voc. sg. 568[4]; ἄνερ Ilias 568[3], 2; ἀνέρα, ἄνδρα 568[3]; ἄνδραν hell. 563[3]; ἀνέρος 568[3], 2; ἀνδρός 277[2]. 568[3]; ἀνδρὸ Σίμου att. 230[5]; ἀνέρι, ἀνδρί 568[3]; ἀνέρε, ἄνδρε du. 568[3]; τοῖν ἀνδροῖν II 48, 4; ἀνέρες 104[1]. 568[3]; ἄνδρες 568[3]; – voc. II 61[1.2.4.5]; ἀνέρας, ἄνδρας 568[3]; ἀνδρῶν 568[3]; *ἄνδρασί 583, 1; ἀνδράσι 342[2]. 568[3]; ἄνδρεσ(σ)ι 564[3.4.5.6]. 568[3]; ἀνδροῖς 564[8]; ἀνὴρ (ὁ) ἀγαθός II 602[4]; – ἄρχων II 614[5]; – βασιλεύς II 176[2]; – Βιήνωρ II 614[8]; ὁ – (ὁ) αὐτός II 211[4]; – ἔλεν ἄνδρα II 233[7]; – ὅδε II 25, 8; – ὅδε (= ἐγώ) II 210[4]; – κατ' ἄνδρα II 477[3]; – μεθ' ὅπλων II 485[2]; – μενέχαρμος II 623[6]; – προφήτης II 614[7]; – Φανοτεύς II 614[8]; ἀρχός – βουληφόρος II 614[6]; δύ' ἀνέρε II 48[5]; ἄνδρα κατά 630[4]; ἄνδρες Ἀθηναῖοι II 613[8]; – δικασταί II 614[5]; – νομῆες II 614[6]. 618[2]
ἀ̄νήρ 402[5]; ἄνδρες 402[5]
ἀνηρείψαντο 103[1]
-ανης suff. 426[4]
ἄνηστις 431, 5
ἀνήφθω II 342[8]
ἀνήχθην att. 760[5]
ἀνθ' (= ἀντί) II 441[6]; – ἡμέρας II 442[4]; – οὗ att. II 443[3]; – ὧν 'dafür daß' II 640[7]; – ὧν II 661[4.5]
Ἀνθᾱδών böot. 530[2]
ἀνθέλιξ II 442[3]
Ἀνθεμίδης 509[5]
ἀνθέντω τι ὑπὸ τὸν ναόν II 531[4]
ἀνθέριξ 497[4]
Ἀνθεστηριών 488[2.5]; *– μην 488[5]
ἀνθέω (-εῖν) 724[2]; – τὰ κράτιστα II 77[4]; – c. dat. II 110[7]
-ανθη aor. 761[6]
ἀνθῆναι infin. ark. 808[3]
ἀνθηρός 282[1]. 482[5]
Ἀνθίλοχος att. 204[4]. 257[2]
ἀνθιστάνειν 698[3]
ἀνθίστασθαι c. dat. II 141[4.6]
ἄνθος 297[4]. 339[8]. 512[1]
ἀνθρηδών 529[7]
ἄνθρωπος 328[2]. 408[4]. 426, 4. 635, 4. 836[7]. II 22, 3. 23[7]. 31[5]. 471[2]; ἄνθρωπε voc. II 61[2.3]; ἀνθρώποι 384[3]; ὁ ἄνθρωπος II 42[1]; ἄνθρωπος ἱερός II 65[8]; – ὁδίτης II 614[7]; – ὑφάντης II 614[7]; *ἀνθρωπός τις 391[5]; ἄνθρωπος τῆς μπιστοσύνης ngr. II 122[4]; οἱ ὑπὸ τὸν ἥλιον -οι II 530[6]; ἀνθρώπους ὑπογραμματέας II 614[7]
ἄνθρωπος att. 402[5]
ἀνθρωπώ f. dor. 478[5]
ἀνθύπατος II 443[7]
ἀνθυπο- II 442[4]
ἀνῑᾱ 309[6]; s. ἀνίη
ἄ̄νια dor. 361, 1
ἀνιάζω 734[4]; – c. instr. II 168[1]
ἀνιᾶσθαι: – c. instr. II 167[8]; τὸ – II 370[3]
ἀνιγρόν 299[7]
ἀνιδρωτί hom. 623[3]
ἀνίει ἐπιών II 393[2]
ἀνιέναι II 92[4]
ἀνίεμαι: ἀνεῖται (ὁ νόμος) II 287[7]; ἀνεῖνται att. 770[1]; ἀνέωνται Hdt. 770[1]
ἀνίεσκε Hes. 711[2]
ἀνῖη 472[6]
ἀνίη ipf. 688[1]
ἀνίημι II 283[7]; ἀνίει ἐπιών II 393[2]; ἀνιεῖς 2. sg. 687[3]; ἀνιείης 687[2]; ἀνίη ipf. 688[1]
ἀνῑηρέστερον 535[4]
ἀ̄νίησκε 711[2]
ἄ̄νικα dor. 629[5]. II 652[2.3]
ἀνίκητος 501[5]. II 174[1]. 242[2]
ἄνις praep. megar. 620[1]. 622[2]. II 535[5], 3. 536[1]
ἄνισος 432[1]. 829[5]
ἀνίσταμαι (ἀνίστασθαι) II 162[6]. 297[4]. 440[4]; ἀνισταίμᾱν 662[1]. II 330[5]; ἀνίστω, καὶ . . . ἰδώμεθα II 610[1]; ἀνίσταμαι c. dat. II 150[6]; – c. loc. II 169[3]; – ἐπὶ δόρπον II 472[8]; – ὑπὸ ζόφου II 527[4]
ἀνίστημι (ἀνιστάναι) II 350[7]. 440[4]; ἀνιστεασι 687, 5; ἀνεστεασι 687, 5; ἀνέστη II 428[3]; ἀναστήσειεν II 638[3]; ἀνίστημί τινα χειρός II 130[1]; – τινος II 131[8]; – ὑπό τινος II 226[8]
ἀνιχνεύω (-ειν) 732[5]. II 440[6]
*-ανjω 348[2]
ἀνκλημένας kret. 743[1]
Ἀνναῖος 468[5]
ἀννανεώσεις 238[3]
Ἄννας nom. sg. f. 562[1]
ἀννέθηκε 238[2]
ἀννέφελος 103[7]
ἀννήλους ngr. 259[1]
Ἀννίβᾱς 585[3]; -α gen. sg. 561[2]
Ἀννίκερις 153[1]
ἀννίοιτο kret. 323[2]
ἀννίς 339[8]
ἄννις 423[1]
-ἄννῡμι verba 697[4]
-ᾱνο- suff. 490[3.4]
ἀνο̄γον 3. pl. kypr. 777[3]
ἀνο̄δ(α) ark. 625, 1
ἀνόδων 431, 5
*ἀνόειγε 653, 10
ἀνοητότατος μάλιστα II 185[3]
ἀνόθηρον 431, 5
ἀνοίᾱ 469[5]
ἀνοίγετε für sing. II 554, 3
ἀνοιγη- pass. 760[2]
ἀνοίγνῡμι 653, 10. II 429[6]; ἀνοίγνυται II 227[8]; ἀνεωιγνύμην 653, 10
ἀνοιγοκλεῖ ngr. 645[1]
ἀνοίγω 250[7]. 653, 10. II 227[7]. 429[6]. 432[2]. 440[6]; ἀνῷγεν 653, 10; ἀνοίγεται II 227[8]; ἀνοίξω fut. 782[5]; ἀνῷξα dor. 653, 10; ἀνέωιξα 653, 10; ἀνέῳγα 653, 10. 772[3]; –γε 653, 10. II 227[8]; ἀνέῳχα j.-att. 772[3]. II 227[8]; ἀνεῴξεται 783[4]. II 289[2]; ἄτε οὐκ ἀνοιχθεῖσαν II 391[8]
ἀνοιμωκτεί Soph. 623[3]
ἀνοῖσαι ion. (Hdt.) 721[6]. 752, 9
(ἄνοιτο hom.) 696, 10
ἀνόκαιον 632[2]
ἀνοκωχή 423[3], 3
ἄ̆νομαι 228[3]; ἀνόμενον ἔτος 696, 10

ἀνονδόκως 632[2]
ἀνόπαια adv. 621[3]
ἀνόπι adv. 619[6], 8
ἀνόπιν adv. H. 619[5], 8. 625[3]. II 540, 3
ἄνοπλος 432[1]
ἀνοράξαι kret. 733, 4; -ξαντι kret. 733, 4
ἀνόρνυμι II 440[6]
ἀνορούω (-ειν) II 164[6]. 440[6]; – c. loc. II 169[3]; ἀνόρουσ' ὑπὸ χάρματος II 528[5]
-ᾱνός (< lat. -ānus) 395[4]
ἀνοσίјα kypr. 312[6]
ἀνόστεος (Bed.) 38[1]
'Ανουβίὼν 313[5]
ἀνουτητί hom. 623[3]
ἄνπανσιν II 647[4]
'Ανρομάχη 277[4]; s. 'Ανδρομάχη
ανσ > αισ 62[8]; -ανσ- > -ᾱν- > -ην- 282[7]
-ανς acc. pl. 3. decl. 397[1]
-ανς acc. pl. ᾱ-decl. 554[4]. 558[4]. 559[2]. 563[2.4]
*ἄνσθμα 337[4]. 523[7]
-ανσις suff. 505[5], 8
ἀνστάς hom. 337[1]
ἀνσχεθεῖν ὑπὸ κύματος ὁρμῆς II 528[3]
*ἀντ- 621[1]
ἀντ' II 441[6]; – εὖ πάσχω II 422[4]; – εὖ ποιεῖν II 422[3.4]
-αντ-Stämme 567[1]
-αντ-Namen 567[1]
-αντ- ptc. 750[4]
ἄντα 621[1]. 625[3]. 632[7.8]. II 68[6]. 441[7], 1. 548[7]. 549[1.3.4.5]; – μευ II 97[2]; ἐς ἄντα 619[1]. II 441[7]
ἀνταγοράζω II 442[7]
ἀνταγορεύω II 442[7]
ἀνταγωνίζομαι II 442[7]
ἀνταδικέω II 442[6]; ἠντεδίκει 656[4]
ἀντᾴδω II 442[6]; ἀντᾴσομαι II 442[6]
ἀνταείρω II 442[7]
-ανται 3. pl. pf. 672[3]
ἀνταιδέομαι II 442[6]
ἀνταῖος 467[6]. II 549[2]; ἀνταίαν (sc. πληγήν) 77[1]
ἀντακάς · σήμερον H. 630, 4. 632[3]
ἀντακές · σημεῖον H. 630, 4
ἀντακούω II 442[6]
ἀντακρωτήριον II 442[3]
'Ανταλκίδας II 471[2]
ἀνταλλάσσω II 442[8]; – τι c. instr. II 166[1]; -άσσομαί τί τινος II 127[3]
ἀνταλλές H. 630, 4
ἀντάμα ngr. 623[1]
ἀνταμείβομαι II 442[6]
ἀντᾶν c. dat. II 141[4.5]
ἀντανα- compos. II 442[4]
ἀντανάγεσθαι II 279[4]
"Αντανδρος II 443[5]
ἀντανεμία II 442[4]
ἄνταξ H. 620[6]
ἀντάξιος II 442, 2. 443[6]; – c. gen. II 126[3]
ἀνταποδιδῶσσα 238[2]
ἀνταποδώσομεν II 422[6]
ἀντάποινα II 443[6]
'Αντάραδος II 443[5]
ἀνταρκέω II 442[7]
ἀνταρκτικός II 443[5]
ἀντάσαις, s. ἀντάω
ἀντᾴσομαι II 442[6]
(ἀντατεθήκατι s. ἀνατεθήκατι)
ἀντάω 726[1]. II 549[2]; ἤντεον hom. 242[8]; ἀντάω c. gen. II 97[4]; – τοῦ ἀνέρος II 97[3]; ἀντάσαις ἀλώσιος II 97[3]; ἀντάω c. dat. II 141[4.5]; – τινά τινι II 97[8]
ἀντεγγράφω II 442[8]
ἀντεγκαλέω II 442[6]
"Αντεια 475[2]
ἀντεικάσομαι 781[8]
ἀντεῖπον II 442[7]
ἀντεκπλέω II 442[7]
ἀντελάζυτ(ο) 698[2]
ἀντεμβιβάζω II 442[8]
ἀντεμπίμπλημι II 442[6]
ἀντενεπίμπρασαν τὰ ἱρά II 442[8]
ἀντεράω II 442[6]
ἀντερείδω II 442[7]
ἀντέρως II 442[6]. 443[7]
'Αντέρως II 442[4]
ἄντεσθαι 722[7]
'Αντεσφόρος 261[7]
ἀντετάφη II 442[7]
ἀντετόρησεν Ilias 747[1]
ἀντετοῦς lak. II 443[4]
ἀντέχω II 442[7]; ἀντίσχεσθε II 442[5]
ἀντήλιος 220[7]. II 443[5]
ἄντην II 68[6]. 441[7]
'Αντήνωρ II 443[6]
ἄντηστιν 450[4]
ἀντηχέω II 442[6]
ἀντί 270[4]. 339[8]. 387[8]. 622[2]. II 99[8]. 268[1]. 417[7], 2. 421[6]. 422[3]. 432[5]. 441[6], 1.2.3–443; ἀντ' II 441[6]; ἀντ' εὖ πάσχω II 422[4]; – – ποιεῖν II 422[3.4]; ἀνθ' II 441[6]; – ἡμέρας II 442[4]; – οὗ att. II 443[3]; – ὧν 'dafür daß' II 640[7]; ἀνθ' ὧν II 661[4.5]
ἀντι- compos. II 97[4]. 429[3.4]
-αντι 3. pl. Personalend. 665[3]
ἀντία adv. 621[2]. II 549[3]; – c. dat. II 534[3]
ἀντιάαν 807[4]
ἀντιάζω (-ειν) 734[5]. 735[5]; – σε II 97[8]; – μάχαν II 97[7]; ἀντιάζω τινά τινι II 97[8]; – c. dat. II 141[4.5]; – πρὸς κάλαμον II 512[3]; ἀντιάζων τὸν στρατόν II 97[8]
ἀντιάνειρα 474[1]. II 443[6]
ἀντιάω (ἀντιᾶν) 727[3]. 732[2]; ἀντιάσω II 291[6]; -ιάω c. gen. II 87[2]; ἀντιάσας τάφου II 97[4]; – c. dat. II 141[4.5]; ἀντιάσαις ὀργαῖς II 97[7]
ἀντιβαίνω II 442[7]
ἀντιβάλλω II 442[5]
ἀντιβασιλεύς II 443[7]
'Αντίβασις m. PN 637[6]. II 37[4]
ἀντιβίην adv. hom. 621[2.3]. II 442[3]
ἀντίβιον adv. hom. 621[2]; – μάχεσθαι II 442[3]
ἀντίβιος 451[3]; -ίοις ἐπέεσσι II 442[3]
ἀντιβλέπω II 442[5]
ἀντιβοάω II 442[6]
ἀντίβοιος II 443[6]
ἀντιβολέω (-ῶ) II 442[5]; – c. gen. II 97[5]; – c. dat. II 141[5]; – πρὸς παίδων II 516[7]
ἀντιβολήρ lak. 576, 1
*ἀντίβολος II 97[5]
Αντιγονος 156[2]. II 443[6]
ἀντίγραφον (pl. -α) II 43[3]
ἀντιγράφω: -γεγραφεν inf. pap. 807[5]
ἀντιδίδωμι II 442[8]; ἀντιδούς ἔσομαι II 266[4]
ἀντίδικος II 441, 5. 442[7]
'Αντίδιος 301[1]. 832[6]
ἀντίδοξος II 442[4]
ἀντίδουλος II 443[6]
ἀντιδούς: – ἔσομαι II 266[4]
ἀντίδωρα 159[6]
ἀντιδωρεά II 442[8]
ἀντιδωρέομαι II 442[8]
ἀντίδωρον II 442[8]; -α 159[6]
ἀντίζυγος II 442[2]
ἀντιθάπτομαι: ἀντετάφη II 442[5]
ἀντίθεντι 3. pl. böot. 666[4], 9
ἀντίθεος 436[6]. II 443[6]
ἀντίθροος II 442[3]
ἀντίθυρον II 442[5]
ἀντικάθημαι II 442[5]
ἀντικαθίζομαι II 442[5]
ἀντίκειμαι II 442[5]
ἀντίκεντρον II 443[6]
'Αντίκιρρα II 443[6]
ἀντίκλεις f. II 442[4]
ἀντίκραγος II 443[6]
ἀντικράζω II 442[6]

ἀντίκριος II 442[4]
ἀντικρύ II 548[7]. 549[1]
ἄντικρυς 620[3], 4. 632[5]. II 416[4]. 548[7]. 549[2.6]
ἀντικρύς ngr. 631[5]
Ἀντίκυρα II 443[6]
ἀντικύρω II 442[5]
αντιλαβεν infin. pap. 807[5]
ἀντιλάζυμαι: ἀντελάζυτ(ο) 698[2]
Ἀντίλαξις 637[6]
ἀντιλέγω (-ειν) c. dat. II 144[5]; – μή II 598[4]; – ὡς οὐ II 598[5]; – τι c. dat. II 147[1]; ἀντιλέγων (= -ωσι) 666[3]; ἀντεῖπον II 442[7]
ἀντιλίβανος II 443[6]
ἀντιλλαβέσθαι thess. 654, 5
ἀντιλογία c. dat. II 144[5]
Ἀντίλοχος II 443[6]
ἀντίλυρος καναχά II 442[3]
ἀντιμάχεσθαί τινι II 431[3]
Ἀντιμαχηστύς 597, 6
Αντιμαχου 156[3]
ἀντιμέτωπος II 442[3]
ἀντίμηνα II 443, 5
ἀντίμισθος II 443[6]
ἀντιμυκάομαι II 442[6]
ἀντίνοος II 442[4]
ἀντίνωτος II 442[3]
ἀντίξους 426[4]
ἀντίον II 534[3]. 548[7]. 549[1.3.4]; – c. gen. II 141, 1. 435[3]; – Μενελάου II 97[2]; – ἐλθέμεναι c. dat. II 148[4]
ἀντιόομαι att. 727[3]
ἀντίος 270[4]. 451[3]. 461[4], 3. II 179[4]. 442[1]; – c. gen. II 141, 1; – ἐμεῖο II 97[2]; ἀντίοι γυναικός II 97[2]; ἀντίος c. dat. II 141[5]
Ἀντιόχεια 161[5]. 162[6]. 163[2]
Ἀντίοχος 154[2]. 156[2]. 161[5]
ἀντιόων: – ταύρων II 97[3]; ἀντιόωσαν λέχος II 87[2]. 97[7]
ἀντίπαις II 443[7]
ἀντίπαλος ὑμεναίων II 97[4]
ἀντιπαραθέω II 442[5]
ἀντιπαράκειμαι II 442[6]
ἀντιπαρακελεύομαι II 677[3]
ἀντιπαραπλέω II 442[5]
ἀντιπαραστρατοπεδεύομαι II 442[6]
ἀντιπαρατάσσεσθαι ὑπὸ τῷ τείχει II 526[8]
ἀντιπαρεξάγω II 429[7]
Ἀντιπᾶς 128[5]
ἀντιπάσχω: ἀντιπεπονθέμεν syrak. 806[3]
ἀντιπαταγέω II 442[6]
Ἀντίπατρος 634[3]. II 443[7]
ἀντιπεπονθέμεν syrak. 806[3]
ἀντιπέρα II 548[7]. 549[6]. II 442[3]
ἀντιπέραι' ἐνέμοντο II 442[3]
ἀντιπέραν 621[1]. 632[8]. II 548[7]
ἀντιπέρας 621[1]. II 442[3]. 548[7]. 549[2.5]
ἀντιπέρηθεν II 549[2.6]
ἀντιπέρην ion. II 442[3]
ἀντίπηξ 425[1]
ἀντιπιφάσκω H. 710[2]
ἀντίπλευρος II 442[2]
ἀντιπλήξ: -ῆγες ἀκταί II 442[7]
ἀντιπλήσσω II 442[7]
ἀντίπλοια II 442[7]
ἀντίπνοια II 442[7]
ἀντιποιέω (-ῶ) II 81[2]. 442[6], 3; -οῦμαι II 161[2]; -εῖσαι 669[1]; -οῦμαι c. gen. II 131[5]; -εῖτη c. gen. böot. II 131[2]; -οῦμαί τινί τινος II 131[3]
ἀντίποινα II 443[6]
ἀντίπολις II 442[4]
Ἀντίπολις II 442[4]
ἀντιπολιτεία II 442[7]
ἀντίπορθμος II 442[2]
ἀντιπορνοβοσκός II 442[4]
ἀντίπορος II 442[2]
ἀντίπους II 442[3]
ἀντιπριᾶηται conj. delph. 792[6]
ἀντίπροικα II 443, 5
ἀντιπρόσωπος II 442[3]
ἀντίπρῳρος II 442[3]
ἀντίπυλος II 442[2]
ἀντίπυργος II 442[3]. 443[6]
ἀντίρησις 311[3]
ἀντίρριον II 443[6]
ἀντίρροδος II 443[6]
ἀντίρροπος II 161[4.5]
ἀντίς ngr. 631[5]
ἀντίσποδον II 443[6]
Ἄντισσα 472[1]
Ἀντίστασις m. PN II 37[4]
*ἀντιστείχω II 442[6]
ἀντίστερνον II 442[3]
ἀντιστοιχέω II 442[6]
ἀντίστοιχος II 442[6]
ἀντίστομος II 442[3]
ἀντιστράτηγος II 442[3]
ἀντιστρατοπεδεύομαι II 442[5]
ἀντίστροφος τῆς γυμναστικῆς II 97[4]
ἀντισύγκλητος II 442[4]
ἀντίσφην II 442[4]
ἀντίσχεσθε II 442[5]
ἄντιτα ἔργα hom. II 442[6]
ἀντιταμίας II 443[7]
ἀντίταυρος II 443[6]
ἀντίτεχνος II 442[7]
ἀντιτίθημι II 442[5]
ἀντίτιμος II 443[6]
ἀντιτίνω II 442[6]
ἀντίτιτος II 442[6]
ἀντίτομος II 442[7]
ἀντίτονος II 442[7]
ἀντιτορέω II 442[5]; ἀντετόρησεν Ilias 747[1]
ἄντιτος II 441, 3
ἀντιΰπαρχος 159[7]
Ἀντίφαρις 736, 5
ἀντιφάρμακον II 442[4]
Ἀντίφᾱς 526[3]
ἀντίφελλος II 443[6]
ἀντιφέρεσθαι II 364[1]. 442[4]; – μάχῃ II 170[2]
ἀντιφερίζω (-ειν) 736, 5. II 161[4]. 442[4]
ἀντίφερνος II 443[6]
ἀντιφθέγγομαι II 442[6]
ἀντίφονος II 443[6]
Ἀντίφονος II 443[6]
Ἄντιφος II 443[6]
ἀντιφωνέω II 442[6]
ἀντίφωνος II 442[6]
ἀντίχειρ II 443[5]
ἀντίχορδος II 442[3]
ἀντίχριστος II 442[4], 3
ἀντιψάλλω II 442[6]
ἄντλον 324[3]
ἄντλος 533[4]
ἀντοδύρομαι II 442[6]
ἄντοροι her. 218, 2
ἄντροθε 628[3]
ἀντροκύ att. 632[8]
ἄντρον 532[2]
ἄντρωπος kret. 204[4]
ἄντυπος II 441, 3
ἀντῳδός II 442[6]
ἄντωμοι II 442[3]
Ἀντωνεινος 158[7]
ἀντωνυμία (term.) 599[7]. II 14[4.5]. 443[6]
ἀντωπός II 442[3]
ἀντωρύομαι II 442[6]
ἀνυδρία 432[3]
ἄνυδρος 381[5]. 431[5]. 432[2]
ἀνύεσθαι II 232[5]
ἀνυμέναια II 77[4]
ᾱ̓νυμες Theokr. 696[5]
Ἀνύντας hell. 257[4]
ᾱ̓νυον dor. 653[2]
*ἀνύοντι 3. pl. 699[2]
ἀνυποδησίαι χειμώνων II 115[1]
ἀνυπόδητος II 182[5]
ἀνύσας 'endlich einmal' II 390[8]
ἀνυσθη- spät 761[6]
ἄνυσις 505[2]. 696, 10. II 357[1.3.5]; – αὐτῶν II 121[5]
ἀνῦτο hom. 696, 10
ἀνύτω 705[4]
ἀνύτω att. 696, 10. 704[3], 5
ἀνύω 696, 10. 699[1]. 752[4]. II 283[7]; ᾱ̓νυον dor. 653[2]; ἤνυον 696, 10; ἤνυσα 696, 10. 699[2]; ἤνυσεν 653[2]; ἤνεσα 696, 10; ἀνύσας 'endlich

einmal' II 390[8]; ἀνύεσθαι II 232[5]; ἀνυσθη- spät 761[6]; ἤνυτο 642[4]. 696[5]; ἀνῦτο hom. 696, 10; ἄνυε πράττων II 392[4]; ἀνύω τι ἔκ τινος II 463[8]; – χάριν τινί II 468[4]
ἀνύω att. 304[2]. 696, 10. II 72, 1; *ἄνυοντι 3. pl. 699[2]; ἤνυκα Plat. 696, 10; ἠνυσάμην 653[2]
ἀνφοτάροις lokr. 274[7]
ἀνχōρέēι II 313[7]
ἄνω 550[2]. II 415[6]. 440[3]. 533[3]. 536[3]–537; – κάτω στρέφειν II 613[1]; οἱ ἄνω II 416[1]; τὰ ἄνω II 416[1]
ἀνω- compos. 632[6]
ἄνω verb. 698[2]; ἦνον 696, 10
-άνω verba 690[6]. 691[3]. 694[6]. 699[4]. 700[4.6] f. 725[1]. 785[3]. 816[6]; ngr. 691[5]
-ἄνῶ fut. 785[2.3]
ἄνωγα pf. 678[5]. 766[2]. 770[1]. 772[2]. 783[6]. 816[4]. II 289, 1 440[7]; ἄνωγε 767, 10. 777[3.4]; ἄνωγεν hom. 767, 10; ἄνωγμεν h. Ap. 770[1]; ἀνώγετον 2. du. hom. 767, 10; ἀνώγηι conj. hom. 790, 7; ἀνώγομεν conj. 790[4], 7; ἄνωγε imper. Eur. 799[1], 3 *ἄνωγ-e imper. 799, 3; ἀνώγετε 799[2.5]; ἀνωγέτω Od. 767, 10. 799[2]; ἀνώγεα hom. 777[4]. II 767, 10; ἀνώγει 767, 10. 777[4], 9; ἠνώγεα 777[4], 9; ἠνώγει 656[3]. 777[4], 9; ἠνώγεον 768, 0. 778, 4; ἠνώγη 777, 9
ἀνώγαιον 632[6]
ἀνώγειον II 537[2]
ἀνωγέμεν infin. 767, 10. 806[3]. 808[2]
ἀνώγεον (τὸ) II 537[2]
ἀνώγω 88[4]. 106[7]. 767[6], 10. 777, 3. 783[6]. II 286[7]; ἄνωγον 767,10. 777[3.4], 9. II 289, 1; ἤνωγον 777[3.4], 9; ἀνώγουσ(α) Hdt. 767, 10; ἀνώξω 783[6]; ἀνώξομεν 790, 7; ἄνωχθε 663[2]. 671[1]; ἄνωχθι imper. 799[2], 3. 880[5], 8; ἄνωχθε 799[2.5]. 800, 8; ἀνώχθω 799[2]. 800, 8. II 342[7]
ἄνωθα her. 628[6], 3
ἄνωθε 628[3], 3
ἄνωθεν 628[3],3. II 440[3]. 536[3.7]. 537[1]
ἀνωθέω II 440[5]; ἀνωθεοίη 796[5]; ἀνῶσαι 752, 9
ἀνῶιγεν 653, 10
ἀνῶιξα dor. 653, 10
ἀνωιστί hom. 623[3]
ἄνωκται H. 770[1]
*ἀνώκτω imper. 800, 8
ἀνωμαλής 513[4]
ἀνώμαλος 398[2]
ἀνωνυμεί 623[2]
ἀνώνυμος 431, 5. 524[4]
ἀνώξω Od. 783[5]; ἀνώξομεν 790, 7
ἀνῶσαι 752, 9
ἀνωτάτω II 440[3]. 539[6.7]
ἀνώτερος 534[3]. 535[2]
ἀνωτέρω 624, 3. II 440[3]. 536[6]. 537[1]; – τῶν μαστῶν II 98[6]
ἄνωχθε 663[2]. 671[1]
ἄνωχθε imper. Od. 799[2.5]. 800, 8
ἄνωχθι imper. Ilias 799[2], 3. 800[5], 8
ἀνώχθω imper. Ilias 799[2]. 800, 8. II 342[7]
ἆξα dor. 749, 1
ἄξειν II 258[4]
Ἄξεινος Πόντος 193[3]
ἀξέμεν infin. hom. 788[2]. 806[4]
ἀξέμεναι hom. 788[2]. 806[4]
ἄξεσθε, ἄξετε; s. ἄγω
-αξέω fut. dor. 785[4]
ἀξῆς 786, 7
ἀξία; ἀξίας 'im Werte von' II 122[5]
Ἀξίερος 62[4]
ἀξίνη 465, 4. 491[3]. 515[6]. II 48, 4
ἀξίοισι praes. lesb. 729[2]
ἀξιόλογος: -γώτατον τῶν προγεγενημένων II 100[3]
ἀξιόμαχος II 161[4]
ἄξιος 466[4]. II 623[6]; – c. gen. II 125[6]. 126[7.8]. 127[1]; – λόγου II 126[4]; – ἀκοῦσαι II 378[4]; – θαυμάσαι (Thuk.) 806[1]. II 228[4]. 241[6]. 364[5]; ἄξιον II 623[5]; ἄξιόν ἐστιν II 602[4]; – – c. dat. II 144[2]; ἄξιον ἦν II 308[6]
ἀξίοσι ark. 729[3]
ἀξιοχρείονα acc. sg. 558[1]
ἀξιόχρεως 451[1]
ἀξιόω (-ῶ, -οῦν) 727[3]. II 308[8]. 704[2]; ἠξίουν II 354[2.3]; ἠξίωκα II 287[8]; ἀξιόω c. gen. II 126[8]; ἀξιοῦσθαι τοῦ ἴσου II 125[6]; – παρά τινι II 494[5]; μὴ ἀξιωθήτω II 343[4]
ἀξιώμενα 729[3]; – ὑπό τινι II 526[7]
ἀξίως c. gen. II 126[7]
ἀξίωσις: τὴν ἀφ' ἡμῶν -ιν II 446[4]
ἀξονήλατος 440[4]
ἄξοντο Ilias 788[3]
ἄξυλος 433[4]
ἄξω etc.; s. ἄγω
-άξω fut. dor. 785[4]
αο 240[5]; – als αυ 247[8]; – wechselt mit εο 242[8]. 243[1]
-αο gen. sg. m. thess. böot. 560[6], 8
ᾱο (: ηο) dial. 81[2]
ᾱο kontrah. zu ᾱ 94[1]. 250[3]
-ᾱο gen. sg. m. hom. äol. 241[7]. 555[3]. 560[6], 8
ἄοδμος 398[5]. 431[5]
ἄοζος 431[5]
ἀοῖ II 158, 3
ἀοιδᾶν gen. pl. Eur. 559[3]
ἀοιδάων gen. pl. m. Xenophan. 559[3]
ἀοιδέστατον 535[4]
ἀοιδιάω 732[2]
ἀοιδός 347[8]. 459[2]. II 31[5]
ἀοιδοτέρα 536[1]
ἄοκνος 241[6]. 396[7]. 398[5]
ἀολλής [so] hom. äol. 106[2]. 283[8]. 735[6]
ἀολλίζω 735[6]
-άομαι II 232[4]
-ᾱ́ον- Ausg. hom. 521[5]
Ἄονες 486[8]
ἄορ 424[4], 11. II 65[6]
ἀόρβιτος 431[5]
ἀόριστος (term.) 805, 1. II 249[1.3.4], 1. 4
ἄορον kypr. 412[5]
ἀορτή 70[5]
ἀορτήρ hom. 531[5]
*ἄορτο 769, 12
ᾆος 512[3]
ἇος adv. 528, 3; s. ἦος, ἕως
ἄος 314[5]
-αος suff. adj. 472[6]. 473[1]
-αος gen. sg. ᾱ-decl. m. thess. 561, 3
ἀοσσῆσαι c. dat. II 160,1
ἀοσσητήρ 298[5]. 318[3]. 433[3]
αὀτοί ion. 197[6]
-άουν gen. pl. thess. 559[2]
ἄουτος 431[5]
ἀπ 82[4]. 265[5]. 404[1]
ἀπ' II 444[1]; s. ἀπό
ἀπαγγέλλεσκε hom. 711[2]
ἀπαγγέλλω: -ων II 296[8]; ἀπαγγεῖλαι II 364[2]; ἀπαγγέλλειν τι πρός τινα II 510[6]; – τι διὰ λόγου II 452[1]; -ομαι c. ptc. II 396[4]
ἀπάγελος kret. II 444[4]
ἀπαγορεύω II 445[3]
ἀπάγχω II 445[4]; -άγχεσθαι II 233[3]; – ἔκ τινος II 434[5]
ἀπάγω II 445[1]; ἀπάξοντι her. 786[5]; ἀπάξειν II 295[6]
ἀπαγωγή 398[4]
ἀπᾴδω II 445[2]
Ἀπαθηναῖοι 435[6]
ἀπαθής 449[4]; – πρὸς ἀστῶν II 514[8]

ἀπαί II 444[2]
ἀπαίδευτος c. gen. II 108[1]
ἀπαιρεθέω II 82[6]
ἄπαις 429[2], 2
ἀπαίσιος II 448[4]
ἀπαιτῶ (-τεῖν) II 82[1]. 278[2]
ἀπάλαλκε imper. 749[3]
ἀπάλαμνος 524[4]
ἀπαλγέω: -ῆσαι II 445[3]
ἀπαληθεύω II 445[4]; -εῦσαι II 381[3]
ἀπαλθήσεσθαι 709[3]
ἀπαλθήσεσθον fut. 703[5]. II 351[5]
ἀπάλθομαι II 445[4]
ἀπαλλαγή: – ἀπὸ τοῦ σώματος II 95[8]; – τοῦ βίου II 95[8]
ἀπαλλακτέον τινός II 409[7]
ἀπαλλάσσω: ἀπήλλαξε 655[6]; ἀπαλλάγηθι att. 759[5]; ἀπαλλάχθητον 759[5]; ἀπηλλαγμένος 655[6]; – nom. abs. II 403[7]; – ἔσομαι II 290[2]; ἀπαλλαγμένος 655[6]
ἀπαλοιάω II 445[4]
ἁπαλὸς πρὸς τῷ νέῳ II 514[1]
ἀπαμείβετο 652[1]
ἀπαμύνασθαι II 364[4]
ἅπᾰν hom. 566, 3; ἅπᾱν att. 566, 3
ἀπαναίναμαι hyperpoet. 693, 5
ἀπαναίνομαι 693, 5; ἀπηνήναντο 693, 5
ἀπάνευθε(ν) 632[8]. II 419[4]. 535[5.6.7]. 536[1]
ἀπανθέω II 445[3]
ἀπανθίσαι II 379[7]
ἀπάνθρωπος II 444, 8
ἀπαντήσομαι 781[8]
ἀπαντικρύ 632[8]; – τῆς Αττικῆς II 97[4]
ἀπαντίον Hdt. 632[8]
ἀπαντῶ: -ῶμεν ἡδονάς II 97[8]; ἀπαντήσομαι 781[8]
ἀπανύω II 445[4]
ἀπάνω ngr: – c. gen. II 137[3]; – στὰ βουνά II 615, 5
ἀπάνωθεν LXX 632[8]
ἅπαξ 159[8]. 343[1]. 358[5]. 400[8]. 588[1]. 597[6]. 620[2.5.6.7]; – λεγόμενα, – εἰρημένα 36[2]; – τοῦ ἐνιαυτοῦ II 114[7]; s. εἰς ἅπαξ
ἁπαξάπας 620[7]
ἁπαξαπλῶς 620[7]
ἀπάξειν II 295[6]
απαξοντι her. 786[5]
ἀπαξός 598[3]
ἀπαππαπαῖ II 600, 3
ἀπαρέμφατος f. (term.) 805, 1. II 302[6]
ἀπαρέσκω II 431[5]. 445[2]; – c. dat. II 144[1]; ἀπαρέσκομαι II 445[4]
ἀπαρθένευτος 432, 2
ἀπαρκτίας II 448[4]
ἀπαρνηθῆναι II 364[3]
ἀπαρτάω 705[5]
ἀπαρτί Hdt. 632[8]f.
ἀπαρτίζω 735[5]
ἀπαρχάς II 466[2]
ἀπαρχή II 694[1]
ἅπας 433[3]; ἅπᾱ̆ν 566, 3
ἀπασπροῦ ngr. 20[7]
ἄπαστος 306[7]
ἀπατάω II 445[6]; -ῶ (τινα) κλέμμα II 80[3]; ἠπατημένη φωτός II 93[5]
ἀπάτερθε(ν) Ilias 633[1]. II 537[3.4.5]
ἀπατεών ion. att. 521[5]
ἀπατηλός 484[4]
ἀπατιμάω II 445[5]
ἀπάτορ- 449[3]
ἄπᾱτος kret. II 444[4]; -ον ἔμēν ἄγοντι kret. II 393[8]
'Απατούρια ion. att. 344[5]. 433[3]. 479, 9. II 43[7]
'Απατούριος 637[5]
'Απάτουρον 479, 9
ἀπάτωρ 449[3]. 542, 3
ἀπαυδάω II 445[1.3]
ἀπαυράω τι c. dat. II 146[6]; ἀπηύρων 740, 5. II 82[5.7.8]. 166[3];
ἀπηύρας 740, 5; ἀπηύρα 653[3]. 684, 7. 740, 5
ἀπαυρίσκομαι Hippokr. 709, 3
ἄπαυστος c. abl. II 96[3]
ἀπαυτίκα hell. 427[7]
ἀπαυτός μου mngr. 614, 1
ἀπάφησα Qu. Sm. 749; -σε spät. 710[3]
ἀπαφίσκω hom. 710[3]. 749[3]. ἤπαφε 749[3]
ἀπάφοιτο aor. 710[3]. 749[3]
ἀπαφός 423[2]
ἀπέβη etc.; s. ἀποβαίνω
ἀπέβλισε aor. 723[5]
ἀπεγνωκώς: -ότες εἰσί μή II 598[4]
ἀπεγράψανθο böot. 672[4]
ἀπεδήμησα 656[1]
*ἀπέδοαν ark. 665[6]
ἄπεδος 433[3]
ἀπέδρᾱν 781[7]
ἀπέδῡσε 755[6]
(ἀπεδώκανσι ark.) 765, 5
ἀπέθανε II 252[4]. 260[7]. 268[6]. 269[3]
ἀπέθνησκε II 257, 2
ἀπειθέω 724[3]
ἀπειθῆναι infin. ark. 729[3]. 808[4]
ἀπειθής c. dat. II 145[2]
ἀπεικότως II 414[5]
ἀπειλευθερουσθειν infin. thess. 809[3]
ἀπειλέω II 445[6]; ἀπειλήτᾱν äol. 667[1]; ἀπειλήτην hom. 667[1]. 729[2]; ἀπειλήσω II 292[2]; ἀπειλῶ ἀπειλάς II 75[5]; – ἑλκέμεν II 296[6]; ἀπειλοῦμαι pass. II 240[7]
ἀπειλθείοντες böot. 771[4]
'Απείλων kypr. 272[8]
ἄπειμι 'absum' II 444[6]
ἄπειμι 'abeo' II 445[1]; – γῆς ὑπὸ ζόφον II 530[5]; ἄπεισι II 420[3]; – γῆς II 91[8]
ἄπειπε 390[8]
ἀπεῖπον II 445[1]; ἀπειπεῖν II 445[4]; – μή II 598[4]
ἀπειράκις 598[1]
ἀπειργάσθω II 343[1]
ἀπείργω: ἀπεῖργεν μή II 598[4]
ἀπειρέσιος 106, 3
ἀπείρηκα II 445[3]; – συσκευαζόμενος II 393[4]
'Απειρικός 497, 7
ἄπειρον (τὸ) II 175[1]
ἄπειρος 450[6]. II 180[7]; – τινος II 105[3]
ἄ̆πειρος 434[4]
ἄπεισι 3. sg. II 420[3]; γῆς II 91[8]
ἀπέκ II 429[7]
ἀπεκαίνυτο 698[1]
ἀπεκατεστάσαμες 656[4]
ἀπέκγονος II 444[3]
ἀπεκεῖ II 428[1]
ἀπεκεῖθεν spät 633[1]
ἀπέκιξαν böot. 688, 5
ᾰ̓πεκλελάθεσθε II 429[1]
ἀπέκναισα att. 676[3]
ἀπεκρίθη Koine 761[1]
ἀπεκρῑνάμην att. 761[1]
ἀπέκταγκα 127[7]. 775[4]
ἀπέκταμεν Od. 740[4]
ἀπεκτάνη Gal. 760[1]; -κτάνθη 760[1]
ἀπέκτατο hom. poet. 740[3.4.5]. 747[6]. 757[1]. 760[6]. II 237[7]
ἀπέκτεινα II 269[3]
ἀπέκτονα 769[4]; ἀπεκτόνατε (τιμωρίαν) II 80[4]
ἀπέλαμπε II 621[2]
ἀπελᾰ́Ονται conj. lokr. 241[4]. 792[6]
ἀπέλαυσα 781[7]
ἀπελαύνω (-ειν): – σὺν τῷ στρατῷ II 489[2]; -ομαι II 350[7]
ἀπελεγμός 492[5]
ἀπελευθερεσθές thess. 566[4]; -σθένσα 90[6]. 275[1]
ἀπελεύθερος 421[5]
ἀπελευθερούσθειν thess. 729[3]
ἀπελευθερωμένος 656[7]
ἀπελήλυθα 769[3]. II 288[2]; -θε 769[3]; -ληλύθαμεν att. 769[3]
ἀπελθεῖν ὑπὸ τὰ δένδρα II 530[5]

ἀπελίπαμεν 753[7]
ἀπέλλα 343[7]. 433, 5
Ἀπελλαῖος 195[6]
Ἀπελλαwρυwις pamph. 414[1]
ἀπέλλω lesb. 283[8]. 693[4]
Ἀπέλλων 637, 5; Ἀπέλλω acc. lak. 569[7]
*ἀπελο- 'Kraft' 447[2]
ἀπελογησάμην 656[1]
ἀπέλου 682, 7
ἀπελπίζομαι ngr. II 235[4]
ἀπελύθην 3. pl. kret. 664[6]
ἀπέμεσσεν 682[4]
ἀπεμφερής II 444[5]
ἀπέναντι Koine 633[1]. II 548[7]. 549[2.6]
ἀπεναντίον Hdt. 633[1]. II 548[7]
ἀπεναρίζω II 445[5]
ἀπένεικας hom. 744[4]
ἀπενέστερος 535[4]
ἀπεντεῦθεν Polyb. 633[1]. II 428[1]
ἀπέξ II 429[7]
*ἀπεράσω 686[1]
ἀπεράω 686[1]
ἀπεργάζομαι τοῦ ἀργυρίου II 128[2]
ἀπερείσιος 106, 3. II 182[7]
ἀπερυθριάω II 445[3]
ἀπερύκω c. dat. II 146[3]
ἀπέρχομαι (-εσθαι): – ἥσσῃ II 162[7]; – καθ' ἕνα 477[5]; – c. dat. II 143[1]
ἀπερωεύς 477[1]
ἀπεσθίω II 445[3]
ἀπέσκλη att. 743[2], 3; s. ἀποσκλαίη
ἀπεσσεῖται 786[1]
*ἀπέσσοϝε 769, 4
ἀπεσσούᾱ lak. 743[4]
ἀπέσσουε pf. lak. 743, 10. 769, 4
ἀπεσσυα 743, 10
ἀπεσσύθη 743[4]
ἀπέσσυτο 743[4]
ἀπέσταλκαν 666[3]
ἀπεστάλκαντι phok. 665[4]
ἀπέσταλκες LXX 767[4]
ἀπεστέρηκε τῶν πατρῴων II 93[7]
ἀπέστη II 299[8]
ἀπέστιχον 747[4]
ἀπεύχομαί τι c. dat. II 147[4]
ἀπέφατο H. 740[4], 4. 757[1]
ἄπεφθος 706[7]
ἀπεχθαίρω 700[2]. II 445[4]
ἀπεχθάνομαι 700[3]; -νεαι 700[2]; -νεῖται spät 785[3]; ἀπεχθε/ο- 748[3]; ἀπήχθετο 700[2]; ἀπεχθέσθαι 746[5]; ἀπεχθήσομαι 782[7]
ἀπέχομαι: ἀφέξομαι II 291[3.4]. 292[3]; ἀπεχόμενος τῶν ἀδίκων II 93[6]; ἀπεχομινος ark. 275[4]; – ἀπὺ τοῖ ἱεροῖ II 447[7]
ἀπέχω II 268, 2. 279[7]; – παρά τινος II 497[8]; ἀπέχι πάντα περὶ παντός II 502[3]; ἀπέχω τι c. dat. II 146[4]; ἀπέχει τῶν ἀργυρείων II 93[6]; ἀπόσχῃ Ἰλίου II 93[7]
ἀπέψᾱ 675[4]
ἀπήγησιν 221[1]
*ἀπηϝερτ 740, 5
*ἀπῆϝρα hom. 740[5]. 798, 9
*ἀπήϝρα 653[3]. 740, 5
ἀπήϝρᾱν 740, 5
*ἀπήϝρασε 740, 5
ἀπήλαυον 654[5]
ἀπηλιώτης 439[3]. 543[7]
ἀπηλλαγμένος 655[6]; – nom. abs. II 403[7]; – ἔσομαι II 290[2]
ἀπήλλαξε 655[6]
ἀπήμων II 599[4]
ἀπήνη 490[4]. 838[3]
ἀπηνήναντο 693, 5
ἀπηνής 513[4]. II 444[3]. 505, 6
ἀπήστελκε 650[1]
ἀπηῦρον (nicht -ηῦ-) 740, 5
ἀπηύρων hom. 740, 5. II 82[5.7.8]. 166[3]; ἀπηυρας 2. sg. hom. 740, 5; ἀπηύρα 3. sg. hom. 653[3]. 684, 7. 740, 5
Ἀπία, Απηγα 209[5]
ἀπιατες lokr. 525, 5. 674[4]
Ἀ̄πιδανός 530[3]
ἀπίε̄ thess. 791, 8
ἀπιέναι II 368[4]. 398[4]; – ὑπέρ τινος II 521[6]; s. ἄπειμι
ἀπίησι 687[5]
ἀπιθέω 514[1]. 724[3]; ἀπίθησε II 599[4]; – ἀγγελιάων II 95[4]
ἀπικνέομαι II 114[1]; – c. dat. II 162[4]; ἀπίκεο ἐς τοσοῦτο τύχης II 459[7]; ἀπίκατο Hdt. 772[6]; ἀπίξεαι II 244[7]; ἀπικέσθαι II 378[1]; ἀπικομένων Ἀθηναίων II 399[7]; – τῶν Περσέων II 398[7]
ἀπίλλειν 37[6]
ἀπίμεν inf. delph. 806[4]
ἀπινύσσω 725[3]
ἀπίξεαι II 244[7]
ἄπιον II 30[4]
ἄπιος 461[4]. II 30[4]
Ἆπις 155, 2
Ἀπισάων 521[5]
ἀπιστεαται, -ατο 687, 5
ἀπιστέω (-εῖν) 726[4]; – μὴ εἶναι II 598[4]; -εῖσθαι ὑπό τινος II 240[8]
ἄπιστος φίλων II 95[4]
ἀπίστως II 415[4]
ἄπιχθυς II 444[5]
ἀπλακών Eur. 748[1]
ἄπλᾱτος dor. 743[1]
ἄπλετος 502[3]
ἁπλῆ (-αῖ) 251[2]
ἀπληγίς 598, 9
ἄπληστος c. gen. II 110[8]
ἁπλοΐδας hom. 598, 9
Ἁπλοκύων 637[6]
ἁπλόος 343[1]. 598[4.5]
ἁπλός ngr. 586, 1. 598[4]. 840[7]
ἁπλοῦς 427[3]. 588[1]
ἁπλῶς 624[2]; – εἰπεῖν II 663[8]
ἄπνευστος 696, 2; intr. II 242[2]
ἄπο 291[2]. 339[8]. 381[2]. 387[7]. II 423[3.4]. 425[3]. 426[2]. 427[5]. 428[6]. 430[3]. 444[1.3.4]. 446[2.3]; (= ἄπεστι) II 423, 3. 444[3]; ἄπο αἱρέο imper. 799, 9; ἄπο δος 391[1]
ἀπό 551[1]. II 268[2.3]. 269[2]. 411[4]. 418[1]. 420[1]. 421[2]. 425[3.5.6], 4. 5. 426[1.2]. 428[6]. 430[3]. 432[5]. 433[7.8]. 434[6]. 444[1]–448. 508[5]; ἀπ' II 444[1]; ἀπο (ἀπ') c. gen. II 237[6]. 434[7]; ἀπ' αἰῶνος II 446[2]; ἀπ' ἀμφοτέρων II 437[3]; ἀπ' ἀντιπάλου II 447[2]; ἀπ' ἀρχᾶς II 447[5]; ἀπὸ τοῦ αὐτομάτου II 447[2]; ἀπ' αὐτόφι II 427[7]; ἀπὸ βοῆς ἕνεκα II 428[7]; – γλώσσης II 447[2]; – δειρῆς II 434[5]; ἀπ' ἐμοῦ 600[6]; – οἴκου εἶναι II 446[8]; ἔστιν ἀπὸ Λέσβου II 94[3]. 706[5]; ἀπ' οὗ II 447[5]. 653[4]; ἀπὸ παλαιοῦ 619[3]; τὸ ἀπὸ τοῦδε II 447, 2; – προσώπου II 42[5]; – πρώτης II 70[3]; – σκοποῦ II 446[1]; – σπουδῆς II 447[2]; οἱ – τινος II 416[7]; τὰ – τινος II 417[2]; ἀπό c. dat. ark.-kypr. II 435[7]; ἀπὸ νόσφι(ν) II 540, 1; ἀπό c. acc. II 436[2]. 448[3]; ἀπὸ λοιγὸν ἀμῦναι II 426[4]; ἀπό c. acc. ngr. II 136[4]. 446[5.6]; ἀπό c. nom. ngr. II 419, 1; – πλούσιος ἔγινε ζ. II 446, 6; ἀπό beim pass. ngr. II 523[4]; ἀπό verdeutl. den partit. II 116[7]; ἀπὸ δύο ngr. 599[1]; ἀπό c. adv.: ἀπ' ἄρτι NT 633[1]; ἀπὸ πρωΐθεν LXX 628[3]; – τηλόθεν (τηλόθι, τηλοῦ) 633[1]; – Τροίηθεν II 446[2]; – ποῦ ngr. 628[4]; ἀπὸ π. τὰ χρ. ἄγων II 426[5]; ἀπὸ πατρὶ . . . δόμεναι II 426[4]
ἀπο- II 429[4]. 431[5]. 432[2]. 444[1]ff. 599[5]
ἀποαιρεῖσθαι δῶρα κατὰ στρατόν II 476[5]
ἀποαιρέο imper. hom. 252[7]. 799[6]
ἀπόβᾱ 676, 1. 688[2]

ἀποβαίνω (-ειν) II 283[4]. 307[7]; ἀπεβήσετο 788[3]; ἀπέβη impers. II 621[8]; ἀπόβᾱ 676, 1. 688[2]; ἀποβαίνω ἐπὶ χθόνα II 472[3]; ἀποβήσομαι ἵππων II 91[8]; ἀπέβη τὸ πρᾶγμα II 621[8]
ἀποβάλλω 656[1]
ἀποβασιλεύς 435[5]. II 444[5]
ἀπόβασις τῆς γῆς II 121[5]
ἀποβηματίζω II 448[6]
ἀποβιόω II 445[3]
ἀπόβλεπτος μετά τισι II 483[4]
ἀποβλέπω πρός τινα II 510[4]; – πρὸς τοὺς λόγους II 510[5]; ἀποβλέψας nom. abs. II 403[7]
ἀποβλῆι conj. Kos 743[1]
ἀπόβρεγμα 206, 1
ἀποβρίζω II 445[4]
ἀποβώμιος II 448[4]
ἀπόγειος II 448[4]
ἀπόγεμε kypr. 679[1]. 684[3]
ἀπογιγνώσκειν II 92[4]
ἀπογκέω 726[5]
ἀπόγλουτος II 444[4]
ἀπογράφω ἐμαυτόν c. ptc. II 394[7]; ἀπεγράψανθο böot. 672[4]
ἀπογυιόω II 445[6]
ἀπόδᾱμος II 448[5]
ἀποδάτταθθαι kret. 320[5]
ἀποδεδήμηκα 766[1]
ἀποδεδόανθι 3. pl. 770[2]
ἀποδεδόσθαι (τοῦ) II 361[5]
ἀποδέδρακα II 264[5]
ἀποδείγνυσθαι eretr. 210, 1
ἀποδείκνυμι II 445[4]; ἀποδειξεω delph. 786[4]; ἀποδείκνυμί τινα γέλωτα II 83[7]; – πρὸ τούτō II 507[1]; -δείκνυσθαι ἀπό τινος II 446[5]
ἀπόδειξις: -δείξιας acc. pl. 573[4]
ἀποδειπνέω II 445[3]
ἀποδειροτομήσω 644[7]
ἀποδεκατεύσει conj. kyren. 661[6]
ἀπόδεξις 697[1], 3
ἀποδέχομαι: -δέξασθαι II 364[5]; -δεχθέντα ἔργα II 408[6]
ἀποδέω 594[4]. II 92[7]
ἀποδημέω 656[1]. 766[1]. II 448[5]; ἀπεδήμησα 656[1]; ἀποδεδήμηκα (*ἠποδήμηκα) 766[1]; ἀποδημεῖν κατ' ἐμπορίαν II 479[4]
ἀπόδημος 376[3.7]. 378[8]
ἀποδίδομαι (-οσθαι) II 231[6]; ἀποδόσθαι II 127[4.5]. 226[5]. 233[3]; ἀποδίδομαί τι c. gen. II 126[2.3]; – ἄμεινον II 125, 2; – ὑπὸ κήρυκα II 531[8]; (τοῦ) ἀποδεδόσθαι II 361[5]
ἀποδιδοῦμεν in thess. 687[3].f. 806[5]
ἀποδιδρᾱσκίνδα 627[2]
ἀποδιδρᾱ́σκω 742[6]. 781[7]; ἀπέδρᾱν 781[7]; ἀποδρᾶναι 702[4]; -δρᾱ́ς 742[6]; -δρᾱ́σομαι 781[7]; ἀποδέδρακα II 264[5]
ἀποδίδωμι (-διδόναι) II 353[6]; *ἀπέδοαν ark. 665[6]; (ἀπεδώκανσι ark.) 765, 5; ἀποδεδόανθι 3. pl. 770[2]; ἀποδιδῶσι 3. pl. 688[3]; ἀποδώσειν II 375[7]; ἀπόδος 391[1]. 799[2]. II 420[3]; ἀποδόντω imper. 802[2]; ἀποδõναι II 383[1]; ἀποδοῦναι 808, 3. II 296[5]. 382[1.6]; ἀποδιδόναι ἐπὶ τὴν τράπεζαν, – ἐπὶ διηκόσια II 472[6]
αποδινωντι her. 696, 3
ἀποδίς 598[2]
ἀποδοκεῖ II 445[2]
ἀποδοκιμάζω II 445[2]
ἀποδοκιμῶ fut. Hdt. 785[3]
ἀποδόμεναι c. acc. dat. II 146[5]
ἀποδόμēν ἔς τι II 459[1]
ἀπόδοσίς τινος c. dat. II 146[7]
ἀποδόσσαι el. 205[4]. 809[5]
ἀπόδου 390[8]
ἀποδοῦσθαι delph. 688, 4
ἀποδοχμόω II 445[6]
ἀποδρέπεν infin. Hes. 807[1]
ἀποδρῆναι ὑπὸ τὴν νύκτα II 532[2]
ἀπόδρομος kret. 436[7]. II 444[4]
ἀποδρυφθῆναι πρὸς πέτρῃσι II 512[6]
ἀποδυτήριον 456[4], 4
ἀποδύω (-ειν) II 284, 2; ἀπέδῡσε 755[6]; ἀπόδῡθι 800[4]
ἀποδωει conj. böot. 793[6]
ἀποδωσευντ(α)ι rhod. 786[5]
Ἀποδωτοί 66[3]
ἀποείκω II 445[5]; ἀπόεικε κελεύθου II 91[8]–92[1]
ἀπόειπε 390[8]; ἀποϝειπάθθō II 344[2]
ἀπόερσε hom. 285[2]. 684, 7. 740[5]
*ἀπόϝερσε hom. 740[5]
*ἀποϝρᾱ́ς 653[3]
*ἀποϝροντ- (: -ϝρατ-) ptc. 740, 5
ἀποζώννυμι II 432[2]
ἀπόησε el. 654[6]
ἀποθαίνω ngr. 764[4]
ἀποθάνει (= -ηι) her. 791, 1
ἀποθανεῖν, -νέομαι; s. ἀποθνήσκω
ἀποθανετέον Aristot. 810[7]
ἀποθαρρέω II 449[5]
ἀποθαυμάζω II 445[4]
ἄποθεν 628[3]
ἀπόθεος II 444[4]
ἀποθεόω II 445[6]
ἀπόθερμος II 444[5]
ἀπόθεστος Od. 755[1]
ἀπόθετος 434[7]
*ἀπόθη imper. 800[3]
ἀποθήκη 741, 8. 800[3]
ἀποθνήσκω (-ειν) II 228[2]. 260[8]. 262, 3. 268[6.7]. 278[8]. 279[1]. 429[6]. 445[5]; τὸ -ειν II 369, 5; τοῦ – II 361[6]; -ει II 252[5]. 257, 2. ἀπέθνησκε II 257, 2; ὁ -ων II 275[1]; ἀποθανέομαι 784[2.4]; -οῦμαι II 226[7]. 257[5], 2. 268[7]; ἀπέθανε II 252[4]. 260[7]. 268[6]. 269[3]; ἀποθάνηι 661[6]; -ει conj. her. 791, 1; ἀποθανεῖν II 257[5], 2. 262[1]. 281[7]. 368[2]; ἀποτέθνασαν Od. 770[3]. 777[1]; ἀποτεθνηώς II 269[1]; ἀποθνήσκειν θανάτῳ II 166[4]; – ὑπέρ τινος II 522[1]; – ὑπὲρ τῆς πόλεως 521[3]; – πρὸ Σπάρτης II 506[8]; – ὑπό τινος II 227[1]. 529[3]; – c. dat. II 148[5.6]; ἀπέθανον ἄνδρες πρὸς ο' II 512[4]; ἀποθανόντος ἑκάστου II 398[7]
ἀποθρεκτά 502[6]
ἀπόθριξ 435[3]. II 444[4]
ἀπόθρονος II 448[5]
ἀποθύμιος II 446[1]. 448[4]
ἀποθύσκειν H. 708[3]
ἀποθύσσει H. 782[3], 1
ἀποικίζω: ἀπῴκισε 654, 3
ἄποικος 430[3]. 450[6]. II 448[5]
ἄποινα 431, 6. II 22[5]. 175[1]; – εὐ. ἔργων II 617[5]; – υἷος II 130[7]
ἀποινάω 726[1]
ἄποιος 616, 5
ἀποίσειν Ilias 752, 9
ἀποίχομαι (-εσθαι) II 268[4]; – ὑπὸ νύκτα II 532[2]
ἀποκάειν II 363[5]
ἀποκαθέστησεν 220[4]
ἀποκαθεύδω II 445[1]
ἀποκάθημαι II 445[1]
ἀποκαθίστημι: ἀποκαθέστησεν 220[4]; ἀπεκατεστάσαμες 656[4]; ἀποκαθιστάοντες delph. 688, 4
ἀποκαίνυμαι: ἀπεκαίνυτο 698[1]
ἀποκάμνω II 396[2]
ἀπόκειμαι II 444[6]
ἀποκεκόφονται II 289[4]
ἀποκεκρίσθαι (τὸ) II 369, 6
ἀποκέκρουμαι 773[3]
ἀπόκεντρος II 448[5]

ἀποκηδεύω II 445^{3}
ἀποκηδέω II 445^{2}
ἀπόκηρος II 444^{4}
ἀποκηρύσσω II 445^{4}
ἀποκινήσασκε Ilias 711^{5}
ἀπόκλᾱρος II 444^{4}
ἀποκλᾶς ptc. 676^{1}. 742^{6}
ἀποκλῆσαι: τὸ μὴ – II 371^{7}
ἀπόκλησις c. gen. II 135^{7}
ἀπόκλῐμα 156^{4}
ἀπόκλωμα 676^{1}
ἀποκναίω, ἀπέκναισα att. 676^{3}
ἀποκολλῶ II 432^{2}
ἀποκόπτω: -κόψω II 293^{4}; -κεκόψονται II 289^{4}; ἀποκόπτω τι ἐπί τινι II 466^{7}
ἀπόκρεως 515^{4}
ἀποκριά ngr. 515^{4}
ἀποκρίνομαι II 348^{8}. 525^{1}; ἀπεκρῑνάμην att. 761^{1}; ἀπεκρίθη Koine 761^{1}; ἀποκρίθη ngr. 764^{4}; ἀποκριθῆμεν infin. arg. 806^{4}; τὸ ἀποκρίνασθαι II 371^{5}; τὸ ἀποκεκρίσθαι II 369, 6; ἀποκρίνεσθαι pass. II 240^{4}; ἀποκριθεὶς εἶπεν II 301^{3}; ἀποκρίνεσθαι ψήφισμα II 76^{4}; – πρός τινα II 510^{7}; – ὑπέρ τινος II 521^{7}
ἀποκρούω: ἀποκέκρουμαι 773^{3}
ἀποκρύπτασκε 711^{4}
ἀποκρύπτεσκε 711^{4}
ἀποκρύπτω II 83^{1}. 445^{5}; – τί τινι ἀσμένῳ II 152^{3}
ἀποκτείννυμι 697^{2}
ἀποκτείνῡμι 697^{2}
ἀποκτείνω II 259^{3}. 445^{5}; ἀπέκτεινα II 269^{3}; ἀποκτεῖναι II 375^{6}; ἀπέκταμεν Od. 740^{4}; ἀπέκτονα 769^{4}; ἀπέκταγκα 127^{7}. 775^{4}; ἀπέκτατο hom. poet. $740^{3.4.5}$. 747^{6}. 757^{1}. 760^{6}. II 237^{7}; ἀπεκτάνθη 760^{1}; ἀπεκτάνη Galen. 760^{1}; ἀποκτείνειν ἐν προφάσει II 458^{5}; τὸ μὴ ἀποκτεῖναι II 371^{8}; ὡς ἀποκτενῶν II 391^{6}; ἀποκτείνειν ἑαυτόν II 236, 2; – τινὰ μετά τινος II 484^{6}; ἀπεκτόνατε τιμωρίαν II 80^{4}
ἀποκτίννυμι 697^{2}
ἀποκωλύσειν II 295^{7}
ἀπολαγχάνω II 445^{2}
ἀπολάμπω: ἀπέλαμπε II 621^{2}; ἀπολάμψοιτο II 337^{2}
Ἀπόλαξις eretr. 505^{3}. II 444, 5
ἀπολαύω 686^{4}. 781^{7}. II 246^{6}. 429^{6}; ἀπήλαυον 654^{5}; ἀπολαύσομαι 781^{7}; ἀπέλαυσα 781^{7}; ἀπολαύω c. gen. II 109^{3}; – τινός II 103^{3}; – τι ἀπὸ II 103^{4}; – τι τοῦ βίου II 103^{4}
ἀπολείπω 594^{4}; ἀπελίπαμεν 753^{7}; ἀπολιπών II 389^{4}; ἀπολέλοιπα II 264^{5}; ἀπολείπομαι II 347^{5}; – τινός τινος II 101^{2}
ἀπολέσκετ(ο) Od. $711^{5.7}$
ἀπολέσθω II 342^{8}
ἀπολέω 784^{5}
ἀπολήγω II 445^{5}
ἀπόληξις II 444, 5
ἀπόλῑ dat. 464^{3}
ἀπολιθόω II 445^{6}
Ἀπολλᾶς 128^{5}. 637^{1}
Απολλοδοτου 156^{2}
Ἀπολλόδωρος 440, 4; ὦ -ε II 60, 5
Ἄπολλον voc. 569^{1}. II 62^{4}
Ἀπολλοφάνης 440, 4; -ου 156^{2}
ἀπόλλυμαι (-υσθαι) II 276^{4}. 280^{3}. $348^{5.8}$. 377^{7}. 383^{4}. 399^{1}; pass. II 240^{7}; ἀπολλύοιτο II 345^{4}; ἀπολούμενος II 296^{1}; ἀπωλόμεσθα 670^{2}; ἀπόλοιτο II 345^{3}; ἀπολέσθω II 342^{8}; ἀπόλωλα II 287^{7}; ἀπολώλῃ her. 778^{1}. II 288^{5}; ἀπολωλεν infin. koisch 807^{1}; ἀπωλώλη plusq. att. 250^{6}; ἀπώλετο ἄν II 254^{6}. 328^{6}. 347^{8}; ἀπόλοιτο ἄν II 347^{8}; ἀπόλοιτό κεν II 254^{7}; ἀπόλλυσθαι ὄλεθρον II 75^{4}; – μόρον II 75^{8}; – c. dat. II 170^{6}; – ὀλέθρῳ II 166^{3}; – ῥίγει II 167^{7}; – ὑπὸ λιμοῦ II 528^{7}; – πρὸς ἀμπλακημάτων II 515^{4}; ὡς ἀπολουμένης II 402^{4}
ἀπόλλυμι II 353^{3}. 429^{6}; -λλύει 127^{7}; -λλύᾱσι Thuk. 698^{4}; -λλῦσι Hdt. 698^{5}; ἀπολέω 784^{5}; ἀπολώλεκα 775^{2}; ἀπόλλυμί τί τινος II 128^{1}; – τι ὑπό τινος II 529^{4}
Ἀπόλλων 62^{2f}. 635^{2}, 1. II 701^{6}; Ἄπολλον voc. 569^{1}. II 62^{4}; Ἀπόλλω acc. 127^{8}. 569^{7}; Ἀπόλλωνι ἄνακτι II 615^{2}
Ἀπολλωνιασταί 735^{3}
Ἀπολλωνίδης 413^{8}. 509^{5}
Ἀπολλώνιος $637^{1.5}$. II 177^{2}; – ὁ καὶ Ἰ. II 567, 5
Ἀπολλω(νο)φάνης 263^{1}
ἀπολνῶ ngr. 737^{1}
ἀπολογέομαι: ἀπελογησάμην 656^{1}
ἀπολογίττομαι 331^{6}. 414^{3}
ἀπόλογος II 285^{8}
ἀπόλοχρον lokr. II 444^{5}
ἀπολούω II 445^{1}
ἀπολῡμαίνομαι 724^{5-6}
ἀπόλυτα (term.) ngr. 587^{4}
ἀπολύω: – τῆς αἰτίας II 93^{7}; -ομαι II 351^{6}; – c. gen. II 127^{6}; ἀπελύθην 3. pl. kret. 664^{6}
ἀπολῶ ngr. 737^{1}
ἀπολωβᾶσθαι pass. II 240^{4}
ἀπολωτιεῖ II 82^{6}
ἀπομάζιος II 448^{4}
ἀπομαίνομαι II 445^{3}
ἀπομανθάνω II 445^{2}
ἀπόμαχος II 448^{5}
ἀπομείρομαι Hes. 715^{5}
ἀπόμελι II 488^{6}
ἀπομηνίω II 445^{4}
ἀπομιμνήσκομαί τι II 108^{4}
ἀπόμισθος II 448^{5}
ἀπομισθοῦν τι ἐπὶ ἔτη II 472^{2}
ἀπόμνυμι (-νύναι) II 282^{3}; -νύω Pind. 698^{6}; ἀπώμνυον hom. 698^{5}; ἀπομνύναι τινὰ πάρ τινα II 495^{6}
ἀπόμορφος II 448^{5}
ἀπόμουσος II 444^{4}
ἀπομούσως II 415^{4}
ἀπόμυιος II 444^{4}
αποναϝε lak. 652, 1
ἀπονέμεσθαι II 231^{6}
ἀπονέομαι II 445^{5}; ἀ̄πονέεσθαι 104^{1}
ἀπονίπτεσθαι 704^{4}
ἀπονοστέω II 445^{5}; -νοστήσειν II 375^{8}
ἀπονόσφι(ν) hom. 633^{1}. II $540^{2.3}$, 1
ἀπονοσφίζομαι II 540, 1
ἀπονοσῶ II 445^{3}
ἀπόξενος II 444^{4}, 6. 448, 2
ἀποξηραμμένη 773^{6}
ἀποξυλόω II 445^{6}
ἄποξυς 424^{5}. 686^{3}
ἀπόπαλαι 619^{3}
ἀπόπαξ 620^{5}
ἀποπάρδαξ 842^{4}
ἀποπαρδε/ο- 747^{6}
ἀποπατήσεται 782^{1}
ἀποπαύω II 445^{5}
ἀπόπειραν ποιεῖσθαι II 78^{4}
ἀποπέμπειν II 278^{6}; – ἐπὶ γῆς αἴτησιν II 473^{1}
ἀποπεράσσει conj. äol. 790^{4}
ἀποπέρδομαι 782^{7}; -περδήσομαι 782^{7}; -παρδε/ο- 747^{6}
ἀποπετήσει fut. att. 742^{5}
ἀποπέφευγα II 264^{5}
ἀποπίνω II 445^{3}
ἀπόπισθεν spät 633^{1}
ἀποπλέειν ἐς II 459^{2}; -πλεῖν κατὰ πόλεις II 477^{4}
ἀποπλῡ́νεσκε hom. 711^{2}

*ἀπόποινα 431, 6
ἀπόπολις II 444[4]
ἀποπρᾱτίζομαι 706[4]
ἀποπρίω imper. 743[5]
ἀποπρό 'fern weg' II 428[6]. 429[7]. 505[4]
ἀποπρο- II 505[5]
ἀποπροέηκε II 429[2]
ἀποπροελών II 429[2]. 430[1]
ἀπόπροθεν II 543, 3
ἀπόπροθι 628[4–5]. 633[1]. II 543, 3
ἀποπροΐημι: -ΐει II 429[2]; -έηκε II 429[2]
ἀποπρολιπών II 429[3]
ἀπόπροσθε II 543[5], 3
ἀπόπροσθεν 633[1]. II 543[5], 3
ἀποπροφέρων II 428[6]
ἀποπρωΐ gloss. 633[1]
ἄποπτος II 444[3]
ἀποπυρίας II 448[4]
ἀποπυρίζω II 284[1], 1
ἀποπῡτίζω 706[4]
ἄπορα II 606[2]
ἀπορέρηκται 649[4]
ἀπορέω II 93[1]; -ρεῖν τῷ πράγματι II 167[7]
ἀπόρνυμαι II 445[5]
ἀποροαί 35, 1
ἄπορος II 323[3]; – ἐπὶ φρόνιμα II 473[2]; ἀπορώτερος λῆψις 536, 2
ἀπόρουσε δείσας II 301[1]
ἀπορραίω II 82[5.8]
ἀπόρρητος 227[5]; ἀπόρρητον πόλει II 617[5]
ἀπορροή 460[5]
ἀπόρροια 128[2]
ἀπορροφῶ τοῦ οἴνου II 103[3]
ἀπόρρυμα 164[2]
-απός 295[4]. 604[1], 1
ἀποσαρκίζω 736[4]
ἀποσάττω II 432[2]
ἀποσεύομαι II 445[1]
ἀποσήπομαι: ἀποσεσηπότες τοὺς δακτύλους II 85[1–2]
ἀπόσιτος 435[3]. II 444[4.5], 7
ἀποσκήψατε II 343[3]
ἀποσκλαίη opt. 743, 3; s. ἀπέσκλη
ἀπόσκοπος II 446[1]. 448[5]
ἄποσος Plot. 616, 5
ἀποσπάω II 82[6]
ἀποσταδά 626[3]
ἀποσταδόν 626[3]. 632[5]
ἀποσταλᾶμεν infin. el. 806[4]
ἀποστάνομαι 698[3]
αποστασειται rhod. 786[4]
ἀπόστασις: -σιν ἀφίσταμαι II 75[4]; -σις c. abl. II 95[7]
ἀποστατέον II 308[6]
ἀποστατέω 705[6]; -στατήσει 705[6]
ἀποστάτης 705[6]
ἀποστείλων (= -ωσι) 666[3]
ἀποστείχω: ἀπέστιχον 747[4]
ἀποστέλλω: -λλοίσας ther. 288[3]; -στείλων 3. pl. aor. conj. 666[3]; ἀπέσταλκες LXX 767[4]; ἀπέσταλκαν 666[3]; ἀπεστάλκαντι phok. 665[4]; ἀποστέλλειν ὀργῇ II 162[6]; – τινὰ ἀπαγγέλλοντα II 296[8]; ἀποστέλλεσθαι ἀπό τινος II 446[5]
ἀποστερέω (-ῶ) 709[3]. II 82[5.7.8]. 445[5]; ἀποστερήσονται II 82[6]; ἀπεστέρηκε τῶν πατρῴων II 93[7]; ἀποστεροῦμαί τινος διά τινα II 453[7]
ἀποστηθίζω II 448[6]
ἀποστῆναι II 365[6]
ἀποστιβής II 448[6]
ἀπόστολος 162[4]
ἀποστοματίζω II 448[6]
ἀποστράτηγος II 444[5]
ἀποστράψαι 274[7]
ἀπόστροφος 402[8]
ἀποστρυθε̄σται lak. 205, 4
ἀποσυλᾶται II 82[6]
ἀποσυμβαίνω II 445[2]
ἀποσυμβουλεύω II 445[2]
ἀποσυνάγω II 445[2]
ἀποσυνάγωγος II 448[5]
ἀπόσχῃ Ἰλίου II 93[7]
ἀποσχίζω II 445[1]
ἀποταυροῦσθαι II 445[6]
ἀπόταφος II 444[4]
ἀποτέθνασαν 770[3]. 777[1]
ἀποτεθνηώς II 269[1]
ἀποτειννυέτω hell. 697[2]
ἀποτεινύτω kret. 697[2]
ἀποτειστέον 773[4]
ἀποτείσω II 292[2]; -τείσει conj. äol. 790[4]; -τείσεται (κε) II 351[7]
ἀποτέλειοι II 448[4]
ἀποτελῶ II 431[5]
ἀποτέμνειν II 363[5]; -τέμνομαι τὴν κεφαλήν II 85[1]
ἀποτέρω 534[3]
ἀποτετεικεν infin. phok. 807[1]; ἀποτετεῖκεν ὑπὲρ τὰν πόλιν II 520[3]
ἀποτετραμμένοι ἐγένοντο II 407[7]
ἀποτευγμένως 652[3]
ἀποτῆλε Anth. P. 633[1]
ἀποτίειν II 268[2]
ἀποτίθημι II 445[1]; -τίθεμαι II 231[6]; -τίθεσθαι τὰ ἱ. αὐτῶν II 236[3]
ἀποτιλῶ fut. 785[2]
ἀποτῑμάω 731[4]
ἀποτιννύτω att. 697[2]; s. auch ἀποτειν(ν)-
ἀποτίνω II 282[6]; -τίνοι κα II 330[6]; -τίνοιαν 663, 9; -τινόντω imper. Achaia 802[2]; -τινέμεν II 381[7]. 382[6]; -τείσω II 292[2]; -τείσει conj. äol. 790[4]; -τείσεται (κε) II 351[7]; ἀποτίνειν ὀβολὸν ὑπὲρ προβάτου II 521[7]
ἀπότισις 43[2]. 378[6]. 421[3]. 435[1]. 505[2]
ἀπότιτθος II 448[5]
ἀποτμήγουσι 702[4]
ἀπότμηται 767[1]
ἀποτολμάω II 445[5]
ἀποτρέπειν: -τρέψειν II 296[5]; ἀποτετραμμένοι ἐγένοντο II 407[7]
ἀπότροφος II 444[3]
ἀποτυγχάνω II 431[5]. 445[2]; – τοῦ σκοποῦ II 104[4]
ἀποτύψωνται II 445[3]
ἀπ' οὗ II 447[5]. 653[4]
ἀποῦ ngr. 87[4]
ἄπουν n. Plat. 565, 3
ἀπουράμενοι Hes. 740[5], 5
ἀπούρᾱς 224[4]. 385[5]. 653[3]. 740, 5
ἀπουρίζω 736[1]; -ρίσσουσιν Ilias 740, 5. 785[5]
ἄπουρος II 448[5]
ἀπόφαγα ngr. II 268, 2. 395[7]
ἀποφαίνω II 445[4]
ἀποφάναι 812[1]
ἀπόφασιν δοῦναι 811[8]
ἀποφέρω 390[8]; -φέρεσθαι II 377[1]
ἀποφεύγω II 426[6]; -γει II 420[3]; -φύγοι II 388[6]; -πέφευγα II 264[5]; ἀποφεύγειν τι παρ' ὀλίγον II 496[6]
ἀπόφημι II 445[4]
ἀποφθάρηθι att. 759[5]
ἀποφθίνω II 445[5]; -φθίσθω imper. 740[3]. II 344[1]; -νειν c. dat. II 148[5]
ἀποφο̄νιόντο̄ν pl. imper. gort. 802[4]
ἀποφορά II 357[2]. 620[5]
ἀποφράς 507[4]
ἀποφύλιος II 448[4]
ἀποφώλιος II 448, 1
ἀποχάζομαι II 445[5]
ἀποχειρόβιος 446[5]
ἀποχειροβίοτος 446[5]. II 448[5]
ἀπόχειρος 430[3.4]. II 448[5]
ἀποχρεῖ 'es genügt' 675[5]
ἀπόχρεμμα 323[4]
*ἀπόχρεμπμα 323[4]
ἀποχωρῶ (-εῖν) II 73, 1; -χωρῆσαι II 378[1]; -χωρῶ c. dat. II 162[4]; – ὑπό τινος II 529[3]
ἀποψέ Ap. Dysk. 633[1]

ἀπόψε ngr. 631[6]
ἀποψηφιεῖσθαι II 376[5]
ἄππα 422[7]
ἀππε[ῖσαι] thess. 265[5]; ἀππεισάτου 316[7]
Ἀππελῆς 268[3]
ἄπρακτος II 704[2]
ἄπραχτος τῆς ἀγάπης ngr. II 136[4]
ἀπρεπές c. dat. II 144[3]
ἀπριάτην adv. hom. 621[2], 4. 743[5]. II 38[4], 5. 599[4]
ἀπρικτόπληκτος 437[6]
ἀπρίξ 620[6]. II 704[3]
ἀπροβούλευτος II 181[5]
ἀπροσώπως II 244[3]
ἀπροτίμαστος II 105[7]
ἀπτερέως 513[4]
ἀπτήν 487[3.4]
ἅπτομαι (-εσθαι) II 230[3]. 283[4]; ἅψομαι II 291[6]; ἅψατο 655[6]; – γενείου χειρί II 130[1]; ἅψασθαι γούνων II 365[3]; – σίτου II 130[2]; – τῶν πρὸς τὸν πόλεμον II 512[2]; – τι ἀπό τινος II 434[5]
ἅπτω 704[6]. 705, 5. II 230[3]
ἀπύ ark. kypr. pamph. lesb. thess. 89[1]. 90[7]. 182[4]. II 444[1]. 447[7]; – c. dat. (loc.) 82[5]. 88[3]
ἀπυδεδώκανσι ark. 765, 5
ἀπυδόας ptc. ark. 665[6]. 741[4]. 745[6]. 746[1]
ἀπυδοσμός 493[3]
ἀπυδῶναι ark. 732, 3
ἀπύειν τινὰ πρὸ δόμων II 506[3]
ἀπυλιμπάνω 699[6]
ἀπυλιῶναι ark. 732, 3
ἀπύρε(κ)τος 428, 1
ἄπυρον II 490[3]
ἀπύρωτος Ilias 731[7]
ἀπυϲεδομίν[ος] 301[3]
ἄπυστος 306[7]. 307[2]. 325[3]. 347[4]. 810[7]. II 241[8]
ἀπυτειέτω ark. 301[3]
ἀπφά 316[2]. 422[7]; ἄπφα 339[8]
ἀπφῦς 316[2]. 423[1]. 464[1]
ἄπωθεν 628[3]. II 444[3]
ἀπωθέω (-εῖν): ἀπωσέμεν II 365[6]; ἀπωθέω τι c. dat. II 146[4]; -εῖσθαι II 231[6]; – πὰρ νηῶν πρὸς τ. II 497[4]; – τινα ἔθεν II 236[1]; – τινα κατὰ μόνας II 478[1]; – τὴν ναυμαχίαν II 79[8]
ἀπώικισε 654, 3
ἀπώλετο usw.; s. ἀπόλλυμαι
ἀπωλώλη; s. ἀπόλλυμαι
ἀπώμνυον, -υε 698[5]
ἀπωσέμεν II 365[6]
ἀπωτάτω II 444[3]
ἀπωτέρω II 444[3]
αρ (aus r̥) 57[2]. 342[3.4.5.6]. 747[5]
αρ > kret. αι 348[2]
ἄρ 622[7]. II 556, 2. 558[3.4], 4. 559[5.6]; ἐπεὶ ἄρ δή II 660[6]
ἄρ' II 558[3.4]
ἆρ': ἆρ' οὐ II 564, 5. 629[4]; ἆρ' οὖν II 564, 5
-αρ suff. 518[4], 6. 519[1]; (gen. *-νος) 582[6]
ἄρα 622[7]. II 424[7]. 553[4.5]. 555[3]. 556[1.4]. 558[3.4], 4. 11. 559[1–4]. 564, 5. 570[2]. 633[6]; ἀλλ' – II 559[1]; – γε II 559[1]. 561[4]; – δή τοι II 559[3]; – τοι II 559[2]; ἐπεὶ ἄρα II 660[6]
ἆρα 402[3]. II 555[6]. 558, 5. 564[6], 5. 578[3]. 628[6], 3; ἀλλ' – II 564, 5; ἆρά γε II 561, 4. 564, 5; – δή II 564, 5; – μή II 564, 5. 629[4.5]; ἆρ' οὐ II 564, 5. 629, 4; ἆρ' οὖν II 564, 5
ἀρᾱ́ 188, 2; ἀρῶμαι ἀράν II 75[4]
ἀρα- II 185, 2
ἀραβάσσειν 315[5]
Ἄραβες 425[2]
ἀραβέω 726[2], 5
ἄραβος 726, 5
ἄραδος 508[7]
Ἄραδος 153[2]
*ἀραϝᾱ́ 188, 2
ἀράζειν 315[5]
ἀράζω 736[2]
Ἀραhῖνος 94[5]
Ἀραίας gen. sg. m. ON megar. 560[4]
ἀραιός 468[4]. 539, 3
ἀραιρηκώς Hdt. 766[5]
ἀραίρηται Hdt. 766[5]
ἀράμεναι infin. 681[4]
ἄραμος 493[6]
ᾰ̓ραντας att. 753[5]
Ἀράντισιν maked. 837[4]
ἀράομαι 188[2]. 725[6], 8; ἀρᾱο imper. lesb. 729[2]; ἀρᾶσθαι c. dat. II 147[3]; ἀρήσασθαι II 374[7]; ἀρῶμαι ἀράν II 75[4]
Ἄραρ 569[4]
ἄρᾱρα 646[5]. 766[2]; ἀραρεῖν 646[5]; ἀράρῃ conj. hom. 749[2]; ἄραρον hom. 749[2]; ἀραρυῖα 766[2]; s. auch ἄρηρα
ἀραρίζω 736[2]
ἄραριν 423[2]
ἀραρινοί 423[2]
ἄραρις 423[2]
ἀραρίσκω 646[5]. 749[2]. II 558[4]; ἀράρισκε hom. 710[3], 6. II 227[6]; s. ἦρσα
ἄραρον hom. 749[2]; ἤραρον 749[3]. 710[3]. II 227[6]
ἀραρυῖα 766[2]
ἀραρών ptc. hom. 749[2]
ᾱ̓ρας ion. att. 250[5]; s. ἄραντας
*ἀράσι dat. pl. 357[3]. 486[2]. 568[6]
ἀρᾰ́σοντι fut. her. 362. 683[3]. 784[7], 7
ἀράσσω 310[3]. 715[2]
ἄρατρον kret. (gort.) 362[2]. 532[2]. 683[3]
Ἀράτυος lokr. 362[2]. 506[6]. 683[3]
ἀράχνης m. Hes. 561[4]
ἀραχοντος eleus. 278[6]
ἀράω 683[3]
ἀρβάκις 598[1]
ἀρβόν 496[1]
ἀρβύλη 61[8]. 306[3]
ἀργαδεῖς 476, 4
ἀργαλέος 258[6]. 484[2]
ἀργᾶς (gen. -ᾶντος) dor. 250[5]. 528[1]
ἌργΕ (= -Ε̄ = -ει) loc. argiv. 192[1]. II 155[1]
Ἀργεῖος (-εῖοι) 73[7]. 77[5]. II 45[3]
ἄργειτε imper. Antim. 268[8]. 804, 2
Ἀργεϊφόντης 452, 7
Ἄργεννον 86[5]
ἀργεννός äol. 106[4]. 281[8]
ἀργέντινος 490[6]
Ἄργεσσα 499, 3
ἀργεύομαι 732[6]
ἀργηστής 500, 1
ἀργη/ετ- hom. 499[2], 3. 565[6]; ἀργής 499[2], 3; ἀργῆτι 270[5]
ἀργι- 293[1]. 339[7]. 447[6]
ἀργιβρέντᾱς 838[5]
ἀργικέραυνος 447[3.6]
ἄργιλος 68[5]. 483[4]
ἀργινόεις 527[5], 12
ἀργιόδους 447[6]
ἀργιόεις hom. 527[5], 12
ἀργίπους 447[6]
Ἄργισσα 499, 3
ἄργμα 523[3]
ἀργμένον 769, 10
Ἀργόλᾱς 484[5]
Ἀργοναῦται 439[5]
*ἄργος n. 512[5]
Ἄργος m. Od. 635[2], 2
Ἄργος n. II 33, 2; ἐν -ει 615[7]
ἀργός 260[2]. 432[1]. 447[6]. 481[5]. II 182[8]
ἀργουρίω böot. 182[1]
*ἀργρός 447[6]
ἀργυράφιον 289[6]
ἀργύριν 472[2]
ἀργύριον 163[6]
ἀργύρΟν gen. sg. kypr. 88[6]. 555, 6
ἀργυρόπεζα 330[2]. 341[5]. 449, 3. 473[6]. 837[2]

ἄργυρος 293[1]. 339[7]. 482[5], 12. 491[5]. II 34, 4
ἀργυροῦς 553[6]
ἀργύρροι 274[3]
ἀργύρ(ρ)ος äol. 472[2]
ἀργύρυ pamph. 182[8]
ἄργυφος 495[5], 11
Ἀργώ 635[2], 3
ἀργῶ (ἥργησα) 655[2]
ἄρδεσκε II 278[4]
ἀρδεύω 732[6–7], 7
ἀρδηθμός 493[2]
ἄρδην 626[3], 6. II 416, 1. 428[1]; εἰς ἄρδην 626, 6
Ἀρδηττός 61[3]
ἄρδις 462[5], 6
ἀρδμός 492[4], 5
ἄρδω 685[2], 3. 830[3]; ἦρσα (nicht ἧρσα) Hdt. 685[2]
ἀρεάν 195[3]
Ἀρεδείκης 444[4]
ἀρέζω ngr. 736[7]
Ἀρέθουσα, -θούσηι 526[1]. 703[3]
*ἀρέθω 703[3]
ἀρειάω Hippokr. 732[2]
ἀρειή 469, 3
Ἀρειθύσανος 446[3]
Ἀρειμάνιος 446[3]
Ἀρειοπαγίτης 446[5]
ἀρειότερος 539[5]
ἀρείων 434, 1. 538[3], 11. II 184[2.3]
Ἀρείων 637[4]
*ἀρένα acc. sg. 568[6]
ἀρέπυια 411[7]. 704[5]; Ἀρεπυίᾱ II 49, 2; Ἀρέπυια 278[7]. 734[4]
ἀρέπω 684[4]
Ἄρες Ἄρες 421, 1. II 700[1]
Ἄρες voc. sg. 421, 1. 576[4]. II 700[1]
ἀρέσαι 708[4]
ἀρέσθαι 747[1]. II 296[6]. 365[5]
ἄρεσκος 541[6]
ἀρέσκω 682[5]. 708[4]. 712[1]; -ει τινά, – τινί II 73[5]; ἀρέσκοντ' ἔστι II 408[1]; ἀρέσκοντές ἐσμεν II 408[1]; ἀρέσκειν c. dat. II 143[8]; ἀρέσκομαι II 73[5]; – c. dat. II 143[8]. 146[8]. 168[1]; ἀρέσαι 708[4]; ἀρέσω praes. ngr. 736[7]; ἀρέσσομαι hom. 708[4]; ἀρέσομαι att. 784[6]
ἀρέσμιος 493, 10
ἀρεστός 708[4]; – c. dat. II 143[8]
ἀρεστῶς c. dat. 143[8]
ἀρετὰ περὶ τὰν τέχναν II 504[7]
ἀρεταλόγος 452[3]
ἀρετάω (-ᾶν): – ὑπό τινι II 525[6] – ὑπό τινος II 528[2]
ἀρετή 501[2], 2. 528, 5. 708[4]; -αί II 43[6]
Ἀρέτη 420[5]
Ἀρετοι mess. 478, 8
Ἀρευπαγιτῶν 194, 1. 197, 2
Ἄρευς nom. sg. böot. lesb. 576[4]
*ἀρέω 727, 1
Ἄρεως; s. Ἄρης
ἀρϜᾱ́ 188, 2. 472[6]
*ἀρϜάομαι 188[2]
ἀρή hom. ion. 188, 2. 228[3]. 462[1]
ἀρήγω (-ειν) 685[4]. II 375[8]; τοῦ ἀρήγειν II 360[7]; ἀρήξω II 292[7]; ἀρήγω c. dat. II 144[7]; – μάχῃ II 170[2]
ἀρηγών 411[7]. 485[4]. 487[1]; -ὼν θεά II 385[1]
ἀρηικτάμενος hom. 102[2]
Ἀρηίφατος 446[3]
ἀρήμεναι infin. hom. 806[5]
ἀρημένος 770[4]; -ον ὑπὸ γήρᾳ II 526[5]
ἀρήν 357[3]. 486[2.7]. 568[6]. 840[2]; ἀρνός gen. sg. 568[6], 5; *ἀρένα acc. sg. 568[6]; ἄρνα 568[6]; ἄρνε du. II 48[5]; * ἀρῃσι dat. pl. 357[3]; ἀρνάσι spät 357[3]. 568[6]; ἄρνεσσι hom. 568[6]
ἄρηρα II 227[6]; ἀρήρει 777, 11; ἀρήρῃ ion. hom. 766[2]; ἀρηρώς hom. 540, 1; ἀρηρός 540[2]; s. auch ἄρᾱρα
ἀρηραμένος Opp., Qu. Sm. 767, 5
ἀρήρεκα spät 708[4]
ἀρηρέμενον Ap. Rh. 766[2]
ἀρηρομένη hom. 766[4]
ἀρηρομένος hom. 683[3]
Ἄρης hom. att. 462[1]. 576[4]; Ἄρες voc. 576[4]; Ἄρες – 421, 1. II 700[1]; Ἄρηος gen. hom. 576[4]; Ἄρεως gen. att. 576[4]; – πάγος II 177[7]; Ἄρευς nom. sg. böot. lesb. 576[4]; Ἄρην, Ἄρη acc. 576[4]
ἀρής nom. sg. pap. 568[6]. 569[6]
ἀρήσασθαι II 374[7]
ἀρητεύω arg. 732[6], 6
Ἀρήτη II 66[3]
ἄρθεν intr. Ilias 760[6]
ἀρθμέω 726[3]
ἀρθμός 493[1]
ἄρθρον 533[2]. II 14[4.5]
ἀρι- 434[2], 1. 632[6]
Ἀριάγνη 208[6]
Ἀριάδνη 208[6]. 215[7]. 434[2]. 489[4]
Ἀριαῖος 468[5]
Ἀριάννη att. 215[1]
Ἀριαπείθης 206[2]
ἀριγνῶτες 451[6]
ἀρίγνωτος μετ' ἀνθρώποις II 483[4]
ἀριδείκετος 434[2]. 502[3]; – ἀνδρῶν II 116[6]
ἀρίζηλος 483[5]
ἀριθμέω (-εῖν) 587[4]. 726[3]. 730[7]. II 122[7]. 123[4]; -έοντο 655[6]; -ήσεται 263[7]
ἀριθμητικά (term.) 587, 1
ἀριθμός 493[1]. 587[4]. 710, 6. II 86[2]; -ῷ II 167[4]; -οῦ δηλωτικά (term.) 587, 1
ἀριθμός att. 257[3]
ἀριθμοστός 596[2]
Ἀρίμοις 495[1]
Ἀριο- 438, 1
-άριος suff. 455, 2
Ἀρίσβας 526[4]
ἀρισστος 338[2]
ἄριστα adv. superl. 621[3]
Ἀρισταγόρας 636, 1
Ἀρίσταιχνος koisch 215[8]
ἀριστᾶν 'frühstücken' 736[5]. 774, 1; ἠρίστηκα, -στᾶμεν Kom. 774, 1; ἠρίστηται II 239[6]
Ἀρίσταρχος 162[5]
Ἀρίσταρχος (τὸ) II 25[3]
Ἀριστέας att. 562[3]
ἀριστείᾱ 539[6]
ἀριστεῖα n. pl. 596[5]
Ἀριστείδαρ gen. sg. m. lak. 560[4]
Ἀριστείδης 201[6]
ἀριστεῖον 539[6]
ἀριστερά (ἡ) II 175[5]
ἀριστερᾶς adv. 621[4]
ἀριστεραχόθεν böot., Koine 630[5]
ἀριστερός 379[4]. 533[6]. 537[4]; -ᾶς χειρός II 112[5]; ἡ -ά II 175[5]
ἀριστερόφιν Ilias 550[7]
ἀριστεύειν 732[4]. II 374[7]; – μετά τινα II 486[5]
ἀριστεύεσκε hom. 711[2]
ἀριστῆες 539[6]; -ήεσσι hom. 564[5]
Ἀριστήιδης 201[4]. 636[1]
ἀριστήϊον ion. 241[6]
ἀριστῆν Hippokr. 730[3]
Ἀριστῆς rhod. 250[7]. 562[3]
ἀριστίζειν 736[5]
ἀριστίνδας lak. 627[2]
ἀριστίνδην 627[2]
Ἀριστογίτονος 193[4]
Ἀριστόθοενος 194[6]
Ἀριστοκλέα nom. sg. m. dryop. 560[4]
Ἀριστοκράτεις böot. 580[5]
ἄριστον 313[3]. 357[4]. 359[1]. 426[2]. 622[2]. 775, 7
ἀριστοπόσεια 473, 1
ἄριστος 434, 1. 538[3], 11. 816[5]; – ἐπ' ἰθύν II 473[2]; – ἐνὶ Θρήκεσσι II 155[6]; –

'Αχαιῶν II 100[4];-οι ψυχήν II 42[4]; -ος εἶδος II 85[7]; – τῶν αἰτίων II 606[5]; ἐνείκη ἄριστα ἑωυτῆς II 100[6]; – πεποίηταί σοι πρός τινος II 514[6]; ἀρνειὸς . . .μήλων ὄχ' ἄριστος II 606[4]
"Αριστος 637[4]
'Αριστοτέληρ 254[1]
'Αριστοφάνᾱς acc. pl. Plat. 580, 1. II 45[5]
'Αρίφρων 285[3]
ἄριχα 498[4]
'Αρίων 521, 3
*-αρjω 324[5]. 342[3]
'Αρκαδία 469[1]
'Αρκαδίη 461[2]
'Αρκάθθι kret. (gort.) 320[6]. 566[1]
'Αρκάς 507, 7; -άδες 79[2]
'Αρκασίδης 301[3]
'Αρκεθέωρος 261[7]
'Αρκεσίλαος 516[7]
'Αρκεσίλεως 245[6]
ἄρκεσις πρός τινος II 514[5]
ἄρκευθος 510[7]
'Αρκεφῶν ätol. 261[7]
ἀρκέω (-ῶ, -εῖν) 721[5]. II 352[2]; ἀρκέσω 782[3]; ἤρκεσα 655[3]; ἀρκῶ μένων II 393[2]; ἀρκοῦν ἐστιν II 408[1]; ἀρκεῖν c. dat. II 146[2-3]; ἀρκεῖσθαι II 168[1]; ἀρκεσθη- 761[3]
ἄρκος 326[2]
ἀρκούδα f. ngr. 326[2]. II 32, 4
ἄρκτος 49[5]. 326[2.4]. 342[3]. 381[1]. II 31[5]
ἀρκτύλος 485[2]. II 36[5]
"Αρκτων νῆσος 280[3]
ἄρκυς 436[5]; -ῦς nom. pl. Xenoph. 564[1]
ἅρμα att. 306[1]. 523[7]; – τινὸς μέτα II 486[2]; ἅρματα II 43[4]; ἁρμάτεσσι lesb. 564[3]; ἐν ἅρματα Pind. II 455[5]
ἁρμαλιᾶ 469[6], 6. 483[7]
'Αρμαπίας 364[8]
ἅρματα pl. ngr. 515, 3
'Αρμάτεσσι kerk. 564[4]
ἁρματροχιή 440[1]
'Αρμενιακός 155[3]
'Αρμένιον 68, 1
ἄρμενος 335[8]. 524[7]. 751[2]. 760[6]
ᾱ̔ρμένος dor. 766, 1
ἁρμογή Koine 734[2]
ἁρμόδιος 467, 4. 734, 2
ἁρμόζω (-ειν) ion. att. Pind. 734[2], 2. 775[2]; – c. dat. II 148[4]; -όσω fut. 734[2]; ἥρμοκα 734[2]. 775[2]
ἁρμοῖ 467, 4. 549[6]. 734, 2
(*ἁρμοιjω) 734, 2
ἅρμοξα dor. 734[2]
'Αρμοξίδαμος ach. 734[2]
ἁρμός 306[1]
ἁρμόσδω Theokr. 734[2]
ἁρμόσσον Hippokr. 734[2]
ἁρμοσταί att. 82[2]
ἁρμοστήρ lak. 734[2]; -ῆρες 82[2]
ἁρμόστωρ Aesch. 734[2]
ἁρμόσυνοι 529[5]
ἁρμόττω (-ειν) att. 127[8]. 734[2], 1. 737[6]; – c. dat. II 144[3]
ἅρμωλον 484[4]
ἄρνα acc. sg. 568[6]
ἀρνακίς 263[3]
ἀρνάσι dat. pl. 357[3]. 568[6]
ἄρνε II 48[5]
ἀρνειός 229[5]. 335[8]; – .. μήλων ὄχ' ἄριστος II 606[4]
ἀρνέομαι (-οῦμαι, -εῖσθαι) 57[5]. 696, 5; ἀρνήσατο hom. 761[1]; ἀρνοῦμαι c. ptc. II 396[6]; – ἀμφὶ βόεσσι II 438[5]; – ὅτι οὐ II 598[5]; ἀρνοίμην ἄν II 329[3]
ἄρνεσσι dat. pl. hom. 568[6]
ἀρνεώς 477[5]
"Αρνη böot. thess..60, 2. 489[3]
ἀρνί ngr. 471[1]
'Αρνιάδᾱς kerk. 335[8]
ἀρνίον 471[1]. 568[7]
(ἄρνοις pap.) 565[2]
ἄρνον acc. sg. 568[6]
*ἀρνόνακος 263[3]
ἀρνός gen. sg. 568[6], 5
*ἀρn̥σι 357[3]
ἄρνυμαι 746, 5. 785[2]. II 260[2]; -ύμενος hom. 696[3]. 747[2]; ἀρνύσθην hom. 696[3]; ἄρνυσο Sapph. 696[3]; ἀρνῦσο II 321[3], 1; ἀροῦμαι 785[1-2]. II 293[1]; ἀρόμην aor. 696[3]; ἠράμεθα II 243[3]; ἀροίμην II 322[4]; ἄροιτο II 236[1]; ἀρέσθαι 747[1]. II 296[6]. 365[3];–τι c. dat. II 151[2] – τι παρά τινος II 497[7]; – τιμὴν πρός τινος II 514[5]
*ἄρνῡμι 363[2]
ἄρξαι, ἄρξω; s. ἄρχω
ἄρξασθαι, ἄρξομαι; s. ἄρχομαι
-ᾱρο- suff. urgr. 482[5.6]
*ἄροϝαρ 520[1]
ἀρόμεναι infin. (υ–υυ) Hes. 683[3]. 806[5]
ἀρόμην; s. ἄρνυμαι
ἄρος 512[3]
ἀροσ-; s. ἀρόω
ἀρόσιμος 683[3]
ἄροσις hom. 683[3]
ἀροσμός 683[3]
ἀροτήρ 683[3]
ἄροτος 683[3]
ἀροτριάω 732[4]
ἄροτρον 291[2]. 532[2]. 683[3]
αρουαλις 158[4]
ἀροῦμαι poet. 785[1-2]. II 293[1]
ἄρουρα 475[1]. 520[1]. 683[3]
a·ro·u·ra·i kypr. 194[3]
ἀρόω (-ῶ, -οῦν) 309[1]. 362[2]. 683[3]. 815[3]; ἀρόωσιν 683[3]; ἀρόσσω fut. 717[1]. 784[7]; ἀρόσω spät 784[7]; ἤροσα 752[4]. 784[7]; ἀρόσηις 683[3]; ἀροσθη- 761[4]; ἠρόθην Soph. 761[5]
ἁρπαγή 734[4]
ἁρπαγίστατος 127[7]
"Αρπαγος 152[6]
ἁρπάζω 734[3]; -άσαι ion. att. 737[6]; ἥρπασα 734[4]. 737[6]; ἥρπαξε 734[3]; ἁρπαζομένων II 408[6]; -άσομαι att. 734[4]; ἁρπασθη- att. 760[2]; ἁρπασθεισέων II 408[6]; ἁρπαχθη- Hdt. 760[2]; ἁρπαγη- pass. Koine 760[2]; ἁρπάζειν αἶγα ὑπὸ κυνῶν II 527[3]
αρπακτῆρες 734[4]
ἁρπαλέος 484[2], 2
'Αρπάλυκος 399[1]
ἁρπάμενος hell. poet. 681[4]. 734[4]
ἅρπαξ 498[2]; -γίστατος 127[7]
ἁρπάσαι, ἁρπασθη-; s. ἁρπάζω
ἅρπασμα 127[8]
ἁρπάσομαι; s. ἁρπάζω
ἁρπᾶται fut. Koine 785[3]
ἁρπαχθη- 760[2]
ἀρπεδών 529[7]
ἅρπεζα 473, 5
'Αρποκράτης 155, 2
ἅρπυια 541[3]
"Αρπυιαι 734[3]
"Αρπυς 463[5]
ἀρ(ρ)αβάσσειν 315[5]
ἀρραβών 153[3]. 316[1]. 488[1]; -ῶνες ngr. II 43, 5
ἀρ(ρ)άζειν 315[5]
ἄρρατος 310[1]. 450[6]
ἀρρέγονος 831[2]
ἄρρεκτος 502, 8
ἄρρεν (γένος) II 28[3]
ἄρρενος nom. spät 582[6]
ἀρρέντερος 535[2]; -ον ark. 284[7]
ἀρρενωπός 447[1]
ἀρρήδην H. 626[3]
ἄρρηκτος 227[5]. 310[1]. 322[7]. 502, 8
ἄρρην 284[7]. 322. 486[7]; – ngr. 285[4]; -εν (γένος) II 28[3]; ἄρρενος nom. spät 582[6]; ἀρρέντερος 535[2]; -ον ark. 284[7]
ἄρρητος 227[5]; ἄρρητ' ἀρρήτων II 116[6]. 700[5]
ἀρρηφόρος 439, 2
'Αρ(ρ)ίφρων att. 285[3]
ἀρριχάομαι II 440[7]
ἄρριχος 498[4]
ἄρροος 414[2]

ἀρρωδέω (-εῖν) ion. 255[7]. II 440[7–8]
ἀρρωδίη ἐστί τινι II 433[4]
ἀρρωστέω: ἠρρωστήσαμεν II 243[7]
ἀρρώστιες [so] ngr. II 43, 5
ἄρρωστος τῆς πύρεξις ngr. II 136[4]
ἄρσα hom. 760[6]; ἄρσασα c. gen. II 112[2]
ἀρσενικός ngr. 285[4]
ἄρσετε Ap. Rh. 782[2]
ἄρσην hom. 284[7]. 342[3]; -εν 580[6]
ἄρσης j.-lak. 284[7]. 569[6]
ἄρσια delph. 579[3]
ἄρσιος 270[5]
ἄρσις 285[3]. 505, 4
*ἀρσνηϝός 335[8]
ἄρσος 513[1]
Ἄρταμις 82[4]. 256[4]; -άμῑ arg. 464[4]
Ἀρταμίτης ngr. 121[4]
Ἀρταμίτιος 270[6]
ἄρταμος 426[3]
Αρταυαζδου 154[8]
Ἀρταφρένης 42, 5
ᾱρτάω 705[5]; -τήσω 705[5]; ἄρτηται 655[6]
ἀρτέβη 181, 1. 364[8]
ἀρτεμής 513[5]
Αρτεμιδωρου 156[2]
Ἀρτεμίρια eretr. 218[5]
Ἄρτεμις 62[2]. 833[4]
Ἀρτεμισιών 488[4]
Ἀρτεμίσκος 542[3]
ἀρτέμων 522[3]
ἀρτέομαι 706[1]
ἄρτι 270[4]. 271[7]. 622[2]. II 158[6]. 269[8]. 281[8]. 558[4]
ἀρτιάκις Plat. 840[7]
ἀρτιέπεια hom. 543[3]
ἀρτιεπής hom. 442[7], 6. 735[5]
ἀρτίζω 735[5]
ἀρτιμαθὴς κακῶν II 108[1]
ἀρτιμελής att. 735[5]
ἄρτιος 270[4]. 451[3]. 461[4]
ἀρτίσκος 542[2]
ἀρτίφρων 735[5]
ἀρτίχειρ att. 735[5]
ἀρτοκόπος 298[8]
ἀρτόκρεας 453, 2
ἀρτοπόπος 298[8]
ἀρτόπωλις 464[5]
*ἄρτος n. 512[5]
Ἀρτύλας 441[6]
ἄρτῡνος 488[6], 5. 489[2]. 491[4]. 733[4]
ἀρτῡ́νω hom. 727[6]; -νέω hom. 785[2]; ἀρτυνθη- 761[6]
ἀρτύς 506[5]
ἀρτύω 706[1]. 727[5]; ἀρτύσει her. 791, 1; ἀρτῡθη- att. 761[6]
ἀρύβαλλος 61[8]. 645, 1
Ἀρύμβας 231[7]
ἄρυσος 516[7]
ἀρύσσω 717[1]
ἄρυστις 504[4]
ἀρυτήμενοι lesb. 704[3]
ἀρύτω 704[3]
ἀρύω 644, 4. 686[3]; -ύουσαι H. 732, 6
ἀρχᾱϊκός 266[1]
ἀρχαῖος II 693[2]. 704[2]; s. auch τἀρχαῖον
ἀρχαιότροπα τὰ ἐ. πρὸς αὐτούς II 99, 1
Ἀρχάνα [nicht Ἀχράνα] 831[3]
ἄρχε (= -ει) 192[1.3]
ἀρχε- 444[3]
Ἀρχεάνασσαν 195[3]
Ἀρχέβιος 636[4]
Ἀρχέλαοι 36[5]
Ἀρχένεως att. 451, 1
ἀρχέπολις 425[6]
Ἀρχερατικῆς hell. 245[2]
ἀρχέτᾱς 500[1]
ἀρχεύω(-ειν) hom. 732[5]; – c. dat. II 169[2]
-αρχέω verba 731[6]
ἀρχή: ἀρχὴν ἄρχειν II 75[2]; οὐ τὴν – II 70[3]; ἀρχὴ ἐς γῆν καὶ ϑ. II 460[4]; ἀπ' ἀρχᾶς II 447[5]; μιᾶς ἀρχῆς ngr. II 136[5]; ἀρχήν adv. 621[1]
ἀρχηγέτευ gen. 248[3]
ἀρχῆϑεν 628[2]
*ἀρχήλια 413[7]
-άρχης 451[5]
ἀρχι- 444[3]
Ἀρχίας 636[4]
ἀρχιέρεως nom. 458[2]. 477[5]. 557, 2
ἀρχιίατρον 202[6]
ἀρχιιερέα 202[6]
ἀρχιπρουρός II 505, 2
ἀρχιτεκτονέω 731[6]
Ἀρχιφάει dat. II 468[8]
ἄρχμενος 678[6]. 685, 4. 814[2]
ἄρχομαι (-εσϑαι) II 396[3]; ἄρξεται conj. kyren. 790[4]; ἄρξονται fut. pass. 756[6]; ἠρξάμην II 261[3]; ἄρξομαι σέο II 94[4]; ἀρξάμενοι τοῦ χώρου II 94[4]; ἄρξομαι ἀπό, ἐκ II 94[4]; ἄρχεσϑαι ὑπό τινι II 526[1]; – ὑπό τινος II 529[7]; ἄρχομαι λέγων II 393[3]; ἀρχόμενος, ἀρξάμενος 'anfangs' II 390[8]
ἀρχοντιάω 731[2]. 732[3]
ἀρχοντικώτερος II 184, 2
ἀρχός 459[3]; – ἀνὴρ βουληφόρος II 614[6]
ἀρχοωνία 438, 1
Ἀρχύλος 636[4]
Ἀρχύτα äol. 560[1]
ἄρχω (-ειν) 685[2], 4. II 277[4]. 281[4]. 361[4]; τὸ ἄρχειν II 370[4]; ἄρχων voc. ptc. 565, 4; ἄρξαι II 261[3]. 365[3]; ἄρξω II 265[4]; ἄρξειν II 295[7]; ἄρχω c. gen. II 109[6]. 110[1.3]; – πολέμου II 232[5]; – τινός c. dat. II 151[2]. 169[3]; – c. dat. II 169[1.2]; – πρό τινων II 506[5]; – χαλεπαίνων II 393[2]
ἄρχων (ὁ) II 42[1]; ἄρχον voc. 565, 4; ἄρχοντε f. II 35, 1; -ες adj. II 408[1]
ᾱ̓ρῶ fut. ion. att. 250[5]. 715[4]. 785[1]
ἀρωγή: ἐπ' ἀρωγῇ II 467[6]; ἀρωγὰν πολέμων II 617[3]
ἀρωγοναύτης 454[1]
ἀρωγός 459[2]
ἄρωμα 523[5]
ἀρῶμαι; s. ἀράομαι
ἀρώματον hell. 521[2]
ἀρώμεναι (= -όμμ-) inf. 362[2]. 806[5], 10
ἀρωραῖος 362[2]
ἀρώσιμος 683[3]
ἀρώσω fut. 784[7]
ἄς (< ἄφες) ngr. 793[3]. II 349[8]; – c. conj. 804[5]; – βγάλω, – ἰδοῦμε 314[6]; – εἶναι II 319[4]; – μή II 596[2]
ἆς äol. 528[3]
ἆς (= ἕως) dor. (her. böot.) 245[5]. 250[3]. 305[6]. 528[3]. 629[6]. II 650[5]
ἅς τινας, s. ὅστις
-άς suff. collect. f. 508[3]. 596[5–6], 7 f. 599[2]
-άς suff. adj. 507[5], 5 f.
-άς Verbaladj. 810[4]
-ας suff. n. 511[4]. 514[1–5], 6 f. 516[2]
-ας acc. pl. 3. decl. 579[1]. 580[1]
-ας (gen. -ατος) 582[5]
-ας acc. pl. 549[3]. 551[5–6]. 533[3]; 562[7]
-ᾰς acc. pl. dor. 559[2]
-ας (gen. -α) m. ngr. 585[6]. II 38[3]
-ᾶς (gen.-ᾶ, pl. -ᾶδες) m. ngr. 128[4]
-ᾱς suff. m. 461[2]
-ᾱς nom. sg. m. 85[7]. 560[5.6] f. 561[4], 6. 562[1]
-ᾱς acc. pl. ion.-att. 559[2]
-ᾱς gen. sg. m. böot. nwgr. 558[4]. 560[3–5]
-ᾱς gen. sg. f. 549[2]
-ᾶς Koseform 128[5]
-ᾶς suff. hypok. 526[3]
-ᾶς unkontrah. m. 461[5.6.7], 6
-ᾶς m. att. 562[2]
-ᾶς (gen.-ᾶ) m. 561[2]. 562[4]
-ᾶς gen. sg. f. 382[4]. 549[2]. 554, 1

-ᾶς (gen.-ᾶδος) 586[6]
-ᾶς m. (gen. -ᾶτος) 565, 1
-ᾶς acc. pl. pron. ion. att. 606[2]
-ας 2. sg. aor. 744[2]
-ας 2. sg. pf. 662[4]. 767[3]
-ας adv. 631[4]
ἄσᾱ 516[5]
-ασα aor. 816[8]
-ᾱσα aor. 754[3.4]. 817[1]
-asa aor. ngr. 764[4]
ἆσαι 755[3]; –῎Α. αἵματος II 103[2]
῎Ασαμβος w.-kret. 205[5]
ἀσάμενοι lesb. (liter.) 729[2]
ἀσάμινθος f. 61[6]. 458[1]. II 34, 2
ἄσαμο f. unterital. 95[2]. 458, 1
ἄσᾱμος 322[3]
ἀσαυτ- 259[7]; ἀσαυτῦ böot. 199[3]
ἄσβεσθε· διέφθειρε kret. 654[6]
ἄσβεστος 503[1]. II 599[4]
῎Ασβηλος 483[3]
ἀσβόλη II 32, 4
ἄσβολος 440[4]
᾿Ασγελαίων (τῶν) 276[3]
᾿Ασγελᾱ́τᾱς 276[3]
᾿Ασγελάτης (᾿Απόλλων) 95[7]
ἀσεβέω (-εῖν) 724[3]. II 73[7]; – περὶ ξένους II 504[8]
Ασεδωδ s. Ασηδωθ
ᾆσειν fut. Ilias 755[3]. 782[4]; – κύνας δημῷ II 103[2]
ἄσεκτος 329[2]
ἀσελγέω 724[3]
ἀσελγής 513[5]
ᾆσεσθε Ilias 782[4]
Ασ(η)δωθ [so] 153[2]
ἀσήμαντος 773[5]
ἀσήμι(ο)ν 154[7]
-ᾶσθαι infin. Ausg. 809[3]
ἀσθενέω 724[3]; ἀσθενήσαντος αὐτοῦ II 400[2]
ἀσθενής: τὸ -ὲς τῆς γνώμης II 180[6]; ἀσθενέστερον ἑαυτοῦ II 100[7]
ἄσθμα 337[4]. 523[7]
ἀσθμαίνω 724[5]
-ασι 3. pl. aor. ngr. 666, 8. 763[6], 6. 779[3]
-ασι 3. pl. pf. 270[4]. 767[3]
-ᾱσι dat.- loc. pl. 558[4]. 559[4]. II 154[3]
-ᾶσι 3. pl. Personalend. 665[3],5
᾿Ασιάδης 509[4]
ἄσιγμος ᾠδή 5, 3
ἄσιλλα 308[1]
ἀσινέας Od. 580[1]
᾿Ασίνη 66[4]. 491[2]
ἀσινῆν acc. sg. 579[4]; -ῆς acc. pl. Od. 580[1]
asíni tsak. 309[6]
-άσιον suff. 471[3], 5. 526, 6
-ᾱ́σιος suff. adj. att. 308[6]. 466[6], 11
ἄσις 307[5]. 462[5]. 506[2]
-ᾱσις suff. 739[2]
*ασj > αι 273[2]
-ᾱ̆σκ- verba 711[3]. 712[1]
᾿Ασκαλαπιόδουρος thess. 267[7]. 278[6]
ἀσκάλαφος 495[5]
᾿Ασκαλπιός (nicht -πίος) kret. (gort.) 267[4.7]. 278[5]
ἀσκαρίζω 412[7]
᾿Ασκᾶς 337[7]
ἀσκεθής 340[6.7]. 341[3]. 513[6]
ἀσκελέως hom. 624[2]
ἀσκέρα 61[8]
ἀσκερίσκα pl. 542[1]
ἀσκέω: ἤσκηται hom. 766[2]; ἠσκημένα n. pl. II 611[7]
ἀσκηθής 88[4]. 280[4]. 340[6]. 565,2
᾿Ασκηπιάδης 337[7]
ἀσκητέον II 410[2]
᾿Ασκληπιάδης 509[4]
᾿Ασκληπιός [so] 509[4]
ἀσκός 307[4]. 541[6]. 839[4]
*ἄσκω 'atmen' 632, 1
-ασμα suff. 524[1], 2
ᾆσμα ᾀσμάτων II 700[5]
-ασμαι pf. att. 773[6]
᾿Ασμάχ 836[2]
*ἄσμε 281[8]. 605[5]
ἄσμενος 343[7]. 524[7]. 678[6]. 749, 3. 751[7]. II 408[3]; ἔστιν ἐμοὶ ἀσμένῳ II 152[3]
῎Ασμητος att. 208[4]
*ἄσμορις 310[6]
*ἄσμορος 281[7]
-άσομαι fut. att. 785[4]
ἀσπάζομαι (-εσθαι) 433, 5. II 80[1]. 233[4]. 277[2]; – ἐκ τῆς ψυχῆς II 463[4]; ἀσπασάμενοι ὕστατα II 77[5]
ἀσπαίρω 343[7]. 412[7]. 714[4]. II 455, 3
ἀσπακάζομαι 417, 1. 644[2]
ἀσπάλαθος 510[6]
ἀσπάλαξ 412[7]
ἀσπαλιεύς 476, 5
ἀσπάραγος 362[4]
ἀσπαρίζω 736[2]
ἀσπάσιος 466[5]
ἀσπαστότερον πρὸ ἐλευθερίης II 100[1]. 507[3]
῎Ασπενδος 303[2]
ἀσπερμεί, -ί, -οί adv. 623[3]
ἄσπερμος 338[3]
ἄσπετος 300[3]. 502[3]
ἀσπιδιώτης hom. 500[5], 7
ἀσπιδοφέρμων 522[5]
ἀσπίδιον 329[2]
ἄσπιλος 69[5]
ἀσπίς 507[3]. II 42[3], 2. 65[6]; ἡ – II 42[2]
᾿Ασπληδών 530[2]
ἀσπονδε adv. 623, 2
ἀσπονδεί 623[2]
ἀσπονδί (ασπονδι) äol. dor. 450[5]. 623[2]
ἀσπορέω: ἠσπορηκυῖα 655[2]
ἀσπουδεί 623[2]
ἄσπρις 495[2]
ἄσπρον 152[5]
ἄσπρος 152[5]
ἄσσα 319[4]. 413[5]
ἅσσα n. pl. hom. ion. 319[3]. 581[3], 3. 616[5]
*ἄσσα 'οὖσα' 678[1]
-ασσα suff. 473[7]. 474[1]
ἀσσέως· ἐπὶ σοῦ H. 605, 6
*ασσι dat. pl. her. 525[4]. 567[2]
-ασσι dat. pl. her. 564[7]. 567[2]
ἄσσιστα dor. 538[2]. II 547[6]. 548[5]
ἆσσον ion. 287[7]. 319[6]. 538[3], 4. II 547[6.7]. 548[3.4]; – τύμβου II 97[6]; εἰς ἆσσον II 428[1]
ἀσσοτέρω 539[5]. II 547[6.7]
᾿Ασσύριος 466[4], 6
-άσσω verba 716[7]. 733[4–5]
-άσσω fut. hom. 779[8]. 784[3.4.6]
ᾄσσω II 72[7]; – κατ᾿ ἴχνος II 478[4]; – ὑπὸ λύπης II 528[6]
᾿Ασταγόρας thess. 636, 1
ἀστακός 255[7]. 497[1]
ἀστακτεί, -τί Soph. 623[3]
ἀστᾶς epid. 336[8]
ἀσταφίς 836[4]
ἄσταχυς 463[5]
ἄστεα hom. ion. 573[4]. 581[2]
(ἄστει du.) 573[5]
ἀστεΐζομαι 736[4]
ἀστεῖος 466[2]
ἀστεμφής 333[4]. 692[6]
ἄστεος gen. 572, 3
ἀστέρ- 424[3]
ἀστερίσκος 542[2]
ἀστεροπή 360[1]
ἀστέρου pap. 278[8]. 579, 7
ἄστεως gen. sg. 127[8]. 572[3]. 573[1]
ἀστϝός 227, 2
ἄστη 251[8]. 273[4.5]
ἀστήρ 57[3]. 412[7]. 424[3]. 530[5], 3. 569[1], 1. 581[5]; s. ἄστρα, ἀστράσι, ἀστέρου
-αστής suff. 456[6]
ἀστικός 498[2]
῎Αστιν 226[3]
ἄστιος 466[2]
ἄστρα 581[5]
ἀστραγάλη ion. 458[1]
ἀστράγαλος 518[2]; -οι 627[3]
*ἀστράκτω 705, 3
ἀστραλός 483[6]
᾿Αστράμψυχος 42, 5
ἀστραπή 360[1]. 426[2]
ἀστράπτω 325[7]. 705[1], 3; -ων nom. abs. II 403[5]; -ει II 271, 3; -ει Ζεύς II 621[4]
ἀστράσι dat. pl. 569[1], 1

*ἀστράσσω 705, 3
ἄστρις 518[2]
ἄστριχος 498[4]
ἄστρον 458[3]. 581[5]. II 37[3]; -α 581[5]
ἀστρωσίαι II 115[1]
ἄστυ 227[2]. 381[1]. 463[4]. II 24[2]; ἄστεος 572, 3; -εως 127[8]. 573[1]; (ἄστει du.) 573[5]; -εα 573[4]. 581[2]; -η 251[8]. 573[4.5]. 581, 2
ἀστυνόμος 439[4]
Ἀστυόχεια 105[5]
Ἀστυπάλαια 95[7]
ἀσυλε, -λεί, -λι adv. 623[2.4], 2
ἀσυνέτημι lesb. 680, 3
*ασυτος 613[7]
ἄσυχα voc. adj. 558, 4
ἀσφαλίζω 128[2]; -ζεσθαι ἑαυτούς II 236[3]
ἄσφε, -ι lesb. 601[7]
ἀσφοδελός 420[5]
ἀσφόδελος 420[4]. 483[5]
ἀσχαλάω (-άαν) 725[2]. II 376[8]; -άᾳ μένων II 392[6]; -άω c. gen. II 133[5]; -ᾶν c. instr. II 168[2]
ἀσχαλεῖ att. Koine 785[1]
ἀσχάλλω 725[2]
ἄσχετος 432[2]. 502[3]
ἀσχήμων II 181[5]
ἄσχιστος 432[2]
ἀσχολέω 726[5]
*-ᾱ́σω verba 739[1]
-άσω fut. 784[3.4.6]. 785[4]. 815[7]
ᾄσω spät 782[2]
Ἀσωπός 426, 4
ἀτ (= ἀπ) thess. 265[5]. 316[7]. 407[6]
*ἀτ (= lat. *at*) II 559[5]
-α[τ] 3. pl.Personalend.657[6]. 665[2]. 744[3]
ἄτα, ἆται; s. ἄτη
ἄτα tar. 348[5]
-αται 3. pl. Personalend. med. 657[5]. 671[2.3.5], 2. 672[1]; – pf. 771[7]. 812[3]
ἀτάκτως ἐρριμμένα II 611[7]
ἀταλὰ φρονέοντες II 611[5]
ἀτάλαντος 433[3]. 526, 1. II 160[3]
ἀταλάφρων 452[3]
ἀτάλλω 725[2]
ἀταλός 483[7], 9; -ὰ φρονέοντες II 611[5]
ἀτάλυμνος 524[6]
ἀτάρ II 556[1]. 558, 5. 559[4.5.6]. 569[4]. 633[6]; ἀτὰρ . . γε II 559[5]; ἀτάρ γε II 561[4]; – δή II 559[5]; – ὅμως II 559[5]; – οὖν II 559[5]; – τε II 576[3]
(*ἀτάρ att.) II 559[4]
ἀταρπιτός 502[5]. II 34, 3
ἀτάσθαλος 452, 4. 483[7]
ἅτε 629, 5. II 386, 3. 576[3]. 646[8]; – c. ptc. II 391[8]; – παῖς ὤν II 405[3]; – c. gen. abs. II 399[2]; – ὑμνητάς II 404[7]; – φιλοχρημάτους II 405[1]
ἅτε instr. dor. 550[3]
-ατε 2. pl. aor. 744[2]. 763[6]
ἀτε͂θαι ὑπὸ τοῖ μεμφομένοι II 526[6]; ἀτε͂θ(θ)αί τι ὑπέρ τινος gort. II 521[6]
ἄτειν acc.sg.m. kilik.-gr. 123[7]
ἀτειρής 284[3]. 286[3]
ἀτελέη ion. 236[7]
ἀτελει adv. kret. 623, 13
ἀτέλεια ἐν τὸν ἅ. χρόνον II 460[7]
ἀτέλεστος 578, 3; – c. gen. II 108[1]
Ἀτέλη voc. ark. 579[6]
ἀτελής II 249[2.4]; – kypr. 563[2]; -ήν kypr. 563[2]. 579[5]
ἀτέμβω 684[4]; -ομαι 333[4]; -ονται νεότητος II 93[5]
ἀτενής 433[4]. 514[1]
ἀτενίζω 514[1]
ἀτέοντα, -ες 705[6]
ἄτερ 385[5]. 614[3]. 631[1]. II 533[3]. 537[3–6], 1. 2. 3. 559[4]
*ἀτέρ 385[6]
ἀτέραμνος 286[3]. 360[3]. 524[4]
*ἀτερϜής 286[3]
ἄτερθα äol. II 537[3]
ἄτερθε(ν) 631[1]. II 537[3.4]
ἀτεροῖον H. 609, 5
ἄτερος (I) dor. 588[2]. 614[3]
ἄτερος (II) byz. 614[4]
ἄτερπος 450, 4
ἀτέρυι adv. 622[3]
-άτεσσι dat. pl. nachhom. 564[5]
ἀτεχνῶς II 414[1]
ἄτη 248[7]. 501[4], 8; ἄτα du. II 49[5]; ἄτας ὕπερ II 521[4]; ἆται ματρῷαι λέκτρων II 180[6]
ἀτῆς art. = τῆς 614[5]
-άτης suff. ngr. 543[4]
-ᾱ́της suff. 500[4], 5
Ἀτθίς 60, 2. 316[3]
Ἀτθόνειτος thess. 90[7]. 316[8]
ατι (ἄτι) = ἅσσα gort. 581[3], 3. 616[6]
-ατι 3. pl. Personalend. 343[5]. 657[5]; – 3. pl. pf. 664[1]. 767[3]
ἀτίει 432[2], 3. 644, 3. 686, 2. II 599[4]
ἀτίετος 502[4]
ἀτῑμάζω 730[7]. 734[6]; – τι ἔπη II 79[7]; -εσθαι πρός τινος II 514[7]
ἀτῑμάω 727[3]. 730[7]. 731[4]. 734[6]; ἠτίμασεν II 599[3]; -ᾶσαι 727[3]; -ήσει κε II 351[6]
ἀτιμία II 617[3]
ἄτιμος 454[3]. II 599[4]; -οι τὰ σώματα II 85[6]; -ος ἀτιμίαν II 85[8]; -ος c. gen. II 126[6]; – c. dat. 151[8]; -ον εἶναι ἔκ τινος II 463[5]
ἀτῑμῶσαι att. 727[3]
Ἀτιντᾶνες epir. 66[3]. 204[5]
ἀτιτάλλω 648[4]
ἀτιτάλτας kret. 500[1]. 648[4]
*ἀτjα 343[4]
Ἀτλᾱγενέων 526[2]
Ἄτλᾱς 412[7]. 433, 2. 526, 1
ἀτμήν 522[3]
ἀ̆τμός att. 493[2]
-ατο 3. pl. Personalend. 657[5]. 671[2.3.5], 2. 672[1]; plusq. med. 771[7]. 812[3]
-ᾶτοι suff. ngr. 510, 2
ἄτοπον (τὸ) II 175[2]
-ᾶτορας suff. ngr. 531, 6
ἀτός 199[1]. 614[5]. II 236, 2
ἄτος 102[7]. 502[5], 6; – πολέμοιο II 103[2]
-ατος Ausg. von Ordinal. 503[6.7]
-ατος suff.superl.534[2].II 183[3]
-ᾶτος suff. ngr. 503[5]
ἄτρακτος 299[7]
ἀτραπός II 34, 3
ἈτρεϜίδης 104[2]
Ἀτρέϊ dat. hom. 576[2]
Ἀτρείδᾱ du. hom. 557[4]. 561[3]. II 49[1], 1; – μενέτην καὶ δῖος Ὀ. II 611[1]
Ἀτρεῖδαι 421[4]. 509, 1. II 45[4]; – τε II 60, 4
Ἀτρείδη voc. II 60[5]
Ἀτρεΐδης 241[2]
Ἀτρεΐων 536, 1
ἀτρεκής hom. 299[7]. 514[1]
ἀτρέμα 405[2]. 516[2]. 620[2]
ἀτρέμας 405[2]. 516[2]. 620[2]. 623[2]
ἀτρεμ(ε)ί att. 623[2]
ἄτρεστος 328[5]. 685[5]
Ἀτρεύς: -έϊ dat. hom. 576[2]
Ἄτρευς lesb. 383[5]
ἀτριάκαστος H. 503[4]. 597[1]
ἄτριχος 38[1]
Ἀτρόμητος 635[6]
ἀτρύγετος 502[4]. 838[6]
ἄττα 'Väterchen' 230[3]. 315[5]. 339[8]. 422[7]. 560[5]
ἄττα neut. pl. pron. 128[2]. 319[4]. 413[5]; – τοιάδε, – ποιεῖν Plat. 616[5]
ἄττα neut. pl. pron. att. 319[3]. 616[5]
ἀτταγᾶς 461[6]
ἀτταγήν 487[3]
ἀτταλαττατά II 601[1]

ἀττάμιον el. 331[6]
ἀτταπαττατά II 600[4]
ἄττᾱσι imper. spätlak. H. 93[5]. 205[1]. 216[5]. 317[1]. 336[8]. 800[4]
ἀτταταί II 600[4]
ἀττέλαβος (-τελαβός) 383[4]
Ἀττική 316[8]; ἡ – II 24[2]
Ἀττικιστί 623[3]
Ἀττικός 60, 2; -οί 79[1]
ἀτύζομαι (-εσθαι) hom. 714[6], 9; – ὑπὸ καπνοῦ II 528[4]; – περὶ καπνῷ II 501[5]; ἀτυχθείς 714[6]
ἀτυχέω 724[3]; -χήσουσι τοῦ δήμου II 93[1]
ἀτυχής 513[3]
αυ aus idg. au 347[5.6]; – aus ευ 126[3]. 348[2]; aus αο 247[8]; – wechselt mit υ 347[6.7]; – Schwachst. zu Langdiphth. 347[7.8]; αυ > αο 248[1]; αυ > av 233[7]; αυ > ω 828[8]
ᾱυ aus ᾱο 248[2]; ᾱυ > ᾱ 233[8]; -ᾱυ > kypr. -ᾱ 561, 2
αὖ 347[5]. 613[7]. II 555[2]. 556, 2. 559[7–8]f. 569[4]. 578[3]. 633[6]; αὖ γε II 561, 2; – πως 388[7]; – τε 629, 8; αὖθις –; – πάλιν αὖθις II 560[1]
αὐ- 82[5]. II 448[6]
αὐ- demonstr. pron. 611[3.4]
-αυ gen. sg. ark. 88[3]. 560[6]f.; -ᾱυ > kypr. -ᾱ 561, 2
αὖ αὖ Aristoph. 313, 1
αὔα äol. 349[4]
αὐαίνω 842[3]; ηὐάνθην 635[2]
Αὐάμερος ther. 198[5]
αὐαργέτας ther. 198[5]
αὔασις 153[1]
αυάταν 224[5]
αὐγά 159[5.8]
αὐγάζομαι 734[5]
αὐγάρια 159[8]
Αὐγείας II 615[3]
αὐγεῖν 731[7]
αὐγή 296[4]; -αί II 43[5]
αὐδάζομαι 734[5]
αὐδάω 725[6]; ηὔδᾱ 655[6]. 729[3]; -δήσας II 408[7]; -δᾶσθαι II 233[1]
αὐδήσασχ' Ilias 711[5]
αὔδω 478[5]
αὖε 'rief' 686[1]
αὐειρόμεναι Alkm. 236[6]. 715[4]
αὔελλα 224[5]
αὐερύω 106[5]; αὐέρυσαν hom. 222[6]. 224[4]
αὔηρ 224[5]
αὐθάδης 513[3]; – φρενῶν II 132[8]
αὐθαμεραν ark. 621[3]
αὖθε thess. 638[1]
αὐθέκαστος 398[4]. II 211[6]
αὐθέντης 154[6]. 159[6]. 260[6]. 263[8]. 304[2]. 500[1]
αὐθημερά adv. 621[3]
αὐθημερ(ε)ί 623[2]
αὐθημερόν 618[5], 4. 621[3]. 623[2]
αὐθήμερος 618, 4
αὖθι 405[3]. 598[2]. 620[1]. 628[1.4]. 629[3]
αὖθι· αὐτόθι 613[5]
αὖθιν rhegin. 405[3]. 598[2]. 620[1]. 629[3]
αὖθις 405[3]. 598[2]. 620[1]. 629[3]. II 427[7]. 559[7]. 633[6]; – αὖ II 560[1]
αὐίαχοι 224[5]
αὐίδετος 502[4]
αὐιδέτω 224[5]
avjí ngr. 197[2]
αὐκά kret. 81[5]. 96[4]. 212[5]. 348[2]
Αὐκλίεια ark. 198[5]
αὐλαϝυδός 223[6]
αὖλαξ 224[4]. 412[2]. 424[4], 9
αὐλεία 258[2]
αὔλειος f. 457[7]
αὐλῆν infin. ach. 807[4]; s. αὐλῶ
Αὐλήριος 268[5]
αὔληρον 224[4]. 412[2]; -α 314[4]
αὐλήτης 500[4]
ΑΥΛΗΤΡΙΣΠΕΣΟΥΣΑ 148, 1
αὐλίζομαι 735[6]; – c. dat. II 162[1]
Αὖλιν acc. 464[4]
αὖλις 385[6]. 464[3]
αὐλός 267[3]
αὐλῶ ἔξοδον II 76[3]; s. αὐλῆν
αὐλών 488[3]
*αυξιος, voc. -ι 804, 1
αὐξίτω imper. 804, 1. 842[6]
αὐξομειόομαι hell. 645[2]
αὐξύνω spät 700[4]
αὔξω 347[5]. 363[7]. 700[4]. 706[7]; ηὖξον 655[6]; αὔξω τινὰ μέγαν II 83[8]
αὖοι πῦρ 686[3–4]
αὐονή 490[3]
αὖος 347[7]. 348[4]; αὖος 220[1]. 304[3]
ἄυπνος 219[4]. 241[6]. 431[5]
*ἄυπνος 219[5]
*αυρα 632[2]
αὔρᾱ 444, 6. 461[1]. 481[3]
αὔρηκτος 224[3]
αὖρι· ταχέως 621[2], 6. 622[2]
αὐριβάτης Soph. 622[2]
αὔριο: τὸ – ngr. II 27[5]
αὔριον 282[4.7]. 349[4]. 381[6]. 621[2]. II 70[1]; ἐς – II 427[1.6]. 460[6]
αὖς dor. 613[6]
-αυς nom. sg. 565, 1
αὐσαῖς dat. pl. 516[5]
*αυσανθα 520[3]
*αυσατα 348[5]
αὐσαυτο- dor. 607[4], 5. 613[6]; -όν 199[3]; -οῦ II 193[6]. 197[3]; αὐσαυτῶ dor. 445[7]
αὔσιος hom. 614[1]
αὐσόν 516[8]
*αυσρ- 282[4]. 349[4]
αὐσταλέος 220[1]. 304[3]
αὐστηρός 220[1]. 347[7]. 482, 14
αὔσω 782[3]
αὐσωτόν delph. 199[3]
αυτ (für iran. *aft*) 233[7]
αὖτᾱ f. 611[3]
αὖται 610[5]. 611[4]
αὐταμαρόν lokr. 621[3]
αυταμεριν gort. 631[2]
αὐτανίδας H. 632[2]
αὐτάρ 629[3]. II 556[1.4]. 558, 5. 559[5–7]. 569[4]. 633[6]; – τοι II 580[6]
Αὐταριᾶται 66[5]
αὐταυτ- 267[3]. 607, 5; αὐταυτό- 613; αὐταυτοῦ II 197[3]; αὐταυτᾶς 446[5], 7
αὖτε 388[7]. 613[7]. 629[3]. II 559[7]. 633[6]
αὐτέ 'du da' ngr. 612[5]
ἀΰτει ipf. hom. 706[1]; ἀΰτησα Nonn. 706[1]
αὐτεῖνος ngr. 614[5]
αὐτεῖς böot. 195[1]
αὐτή usw.; s. αὐτός
αὕτη 279[6]. 611[3]; αὗται 610[5]. 611[4]; αὕτη ἀρίστη διδασκαλία; – δίκη ἐστί II 606[6]
ἀΰτή 706[1]
αὐτηγῖ 611[7]. II 561, 3
αὐτηί 202[7]. 400[3]. 611[6]
αὐτῆμαρ 591, 2. 621[1]. II 70[3]
αὐτημερόν ion. 621[3]
αὐτί ngr. 520[4]
αὖτι Gramm. 620[1]. 629, 9
αὐτίκα 629[5]. II 414[5.6]. 415[7]. 427[7]; τὸ – II 70[3]
αὖτιν kret. (gort.) 405[3]. 620[1]. 629[3]. 631[2]
Αὔτιππος 68[3]
αὖτις ion. att. 620[1]. 629[3]. II 559[7]
αὐτίτης οἶνος 613[6]
ἀϋτμή hom. 493[2]. 522[2]
ἀϋτμήν 522[2]
αὐτό II 35[2]. 211[8]; – τοῦτο att. II 211[8]; – ἑαυτό Plat. 607[4]
αὐτο- 427, 4; – compos. 427, 4. 613[6]
αὐτό- refl. 607[1]. 613[6]
(*αὐτο) 611[4]
αὐτοβοεί 623[2], 8. 632[5]

αὐτοδίδακτος 710[2]
αὐτοετεί 623[2]
αὐτόετες 513, 3. 514, 1. 621[2.3]
αὐτόθεν 628[2]
αὐτόθι 628[4]
αὐτοκασιγνήτω II 49[2]
αὐτόκερας 516[3]
αὐτοκρασία 160, 5
αὐτοκράτωρ 263[6]. 831[2]
αὐτολεξεί 623[2]
αὐτόματος 343[2]. 503[2]; -ται hom. II 38[4], 4
αὐτομολῶ (-εῖν) 394[4]; – κατά τινα II 477[2]; – παρά τινος II 497[6]
αὐτόν neut. sg. 610, 0
αИτον pamph. 197[3]
αὐτόν II 196[4]; – (= ἐμαυτόν) II 197[5]
αὐτόνα, -νε acc. ngr. 614[5]
(αὐτονί) 613[6]
αὐτόνομος II 196[4]
αὐτόνος ngr. 614[5]
αὐτονυχεί 623[3]
αὐτονυχηδίς 623[3]
αὐτονυχί 499, 5. 620[1]. 623[2]
αὐτονυχιδίς 631[4]
αὐτονυχίς 620[1]. 623[3]. 631[3]
αὐτός 607[1]. 613[5.7]. 614[1], 1 a. II 25[5]. 187[4.5]. 190, 2. 191[4], 1. 196[4–7]. 208[6]. 211[2–8], 1. 212[1]. 244[4]. 614[4]; – ‘dieser’ NT etc. 614[5]; αὐτέ ‘du da’ ngr. 612[5]; αὐτό II 35[2]. 211[8]; αὐτοῦ ‘eius’ 613[5–6]. II 192[6]. 193[2.3.4]. 205[1–3]. 209[2]; – demonstr. 602[6]; – anaphor. II 191[7]. 207[2]; – refl. II 206[7.8]; – ἔθεν epid. 605[1–2]; αὐτῶ gen. refl. dor. 607[5]; αὐτῶι τ’ ἐμοί Hdt. 607, 1; αὐτόν 613[5.6]; – μιν II 195[2]; αὐτον encl. 613[5]. 840[8]; αὐτήν 613[5]; αὐτόν neut. 610, 0; αὐτώ f. II 35, 1; αὐτῶν II 192[6]; αὐτοί ἐσμεν att. II 211[8]; αὐτοῖς II 164[3]f.; – ἀνδράσι(ν) II 160[1]. 164[4.5]; – ἵπποις II 164[7]. 165[1], 1. 211[5]; ὁ αὐτός 613[5]. II 161[6], 3. 211[5]; – – mgr. 613, 8; αὐτὸς ἕκαστος II 211[6]; – ἔφᾳ dor. II 211[7]; αὐτὸς αυτ- II 197[2]. 198[2]; αὐτὸς αὐτοῦ 607[4], 5; αὐτοὶ ὑπ’ αὐτῶν II 196[7]; αὐτὸ τοῦτο att. II 211[8]; αὐτὸς πρὸ Ϝι’ αὐτῶ kret. 607[4]; – – Ϝιαυτῶ II 507[1]; αὐτὸς αὐτ- II 197[7]; – αὐτοῦ II 700[6]; – καθ’ αὐτοῦ Aesch. 607[4]; – ὑφ’ αὐτοῦ II 193[6]; αὐταὶ ἐν ἑωυτῇσι ion. 607[4]; αὐτὸ ἑαυτό Plat. 607[4]
ᾱὑτός att. II 211[4]
αὐτοσαυτ- II 196[8]; αὐτοσαυτό- 613[6]; αὐτοσαυτοῦ II 197[3]; αὐτοσαυτῶ dor. 445[7]
αὐτός δα 614[5]
αὐτόσε ion. att. 629[2]
*αυτοσhαυτ- II 196[8]
αὐτοσχεδά 626[3]
αὐτοσχεδίῃ 626[3]
αὐτοσχέδιος 467[1]
αὐτοσχεδόν 626[3]
αὐτότατος 536[1]. II 184[4]
αὐτότερος II 197[4]
αὐτοῦ adv. ion. att. 621[5], 10
ᾱὑτοῦ att. II 193[5]. 195[4]; ᾱὑτῶν II 195[5]
αυτουτα dor. 267[2]. 607[4], 5
αὐτοφαρίζω 449, 4
αὐτόφι Ilias 551, 6
αὐτόφιν Ilias 550[7]
αὐτόχειρ 542, 3
αὐτοχειρί 623, 8
αὐτοχειρίᾱι 623, 8
αὐτόχθων 46, 1
αὐτοψεί 623[2], 8
*αὐτῦ 621, 10
αυτωντα dor. 203, 4. 267[2]
αὕτως 314, 2. 614[1]. II 211[5]. 212[2]. 414[1]
αὐτωσ- dor. 203, 4
αὐχάττειν II 448[6]
αὐχήν 296[3]. 355[6]. 486[7]. 838[1]
αὐχμός 493, 4
αὐχοῦμαι 655[3]
αὔω 347[5]. 348[4]. 706[1]. II 226[5]; αὔοι πῦρ 686[3–4]; αὔσω 782[3]
αὔω (= ἰαύω) Nikandr. 686[4]
αὔω · ξηραίνω Hdn 723[2]
-αύω verba 686[1.3–4]
αυωρος spätgr. 560, 8
αὔως lesb. 224[5]. 349[4]. 514[2]
ἀφ’ II 444[1]; – ἑαυτοῦ II 447[3]; – ἧς II 447[5]; – ὅτου II 653[3]; – οὗ II 447[5]. 640[7]. 653[3]; – οὗπερ II 653[3]
ἄφαιμος II 446[3]; -οι 436[6]
ἀφαιρείμενος nwgr. 642, 2
ἀφαιρετέω Ion 705[6]
ἀφαιρήσεσθαι II 295[6]
ἀφαιροῦμαι II 82[5.7]; – ngr. II 83[4]; -ῖσθαι arg. 94[5]. 193[4]; -είμενος nwgr. 642, 2; -ήσεσθαι II 295[6]; ἀφαιροῦμαί τι c. dat. II 146[6]
ἀφαιρῶ II 82[7]
ἄφακος II 30[5]
ἀφάλλομαι πήδημα II 76[1]
ἀφαμαρτάνω II 104[8]. 431[5]; ἀφάμαρτε 704[3]
ἀφαμαρτοεπής 442[2]
ἀφαμιώτας kret. 500[5]
ἀφανδάνω II 431[5]; -ει II 445[2]
ἀφᾱνεῖ 694[4]
ἀφανῆται kret. 724[3]
ἀφανίζω II 164[5]; -ομαι II 353[3]; – κατὰ τῆς θαλάσσης II 480[4]
ἄφαντος 773[5]
ἄφαρ 519[2]. 620[4]. 624, 5. 630[6]
ἀφάρτερος 534[3]
ἀφάσσω 682[6]. 717[1]. 733[4]; ἄφασ(σ)ον imper. 682[6]
ἀφέῃ, ἀφέῃι; s. ἀφίημι
ἀφέθη 656[7]
ἀφέθην infin. lesb. 807[7]
ἀφειδήσαντε f. II 35, 1
ἀφειδοῖεν τοῦ βίου II 92[6]
ἀφεῖς 2. sg. LXX 688[3]
ἀφεκάς Nikandr. 630[3]
ἀφεκτέον ἂν εἴη II 409[6]
ἀφέλαι kret. 754[1]
ἀφελής 513[5]
ἄφεμα 523[6]
ἀφεμένω f. II 35, 1
ἄφενος 278[7]. 343[7]. 512[7]
ἀφέντης ngr. 260[6]
ἀφέξομαι II 291[3.4]. 292[3]
ἄφες imper. 390[8]; – ngr. 764[2]; – c. conj. II 316[1.2]; – ἐκβάλω, – ἴδωμεν NT II 314[6]
Ἄφεσις 637[6]
ἀφεσταίη 770[3]
ἀφέσταλκα Koine 649, 1
ἀφεστήρ 36[5]. 531[4]
ἀφέσω fut. 742, 1
ἀφέταιρος kret. II 444[5]
ἀφέτην 741[3]
ἀφεύω 219[5]. 656[3]
ἀφέωκα 345[8]. 770, 1. 775[1], 12
ἀφέωνται 770[1]
ἀφή 460[2]; περὶ λύχνων ἀφάς II 504[5]
ἀφηλικέστερος 535[4]
ἀφήνω ngr. II 279[6]; -ῆκα, ἄφηκα 764[1]; ἄφησα 742[1]. 755[5]
ἀφήσω; s. ἀφίημι
ἄφθα 327[1]
ἄφθιτον κλέϜος 42[4]. 56, 4
ἀφιγμένος, s. ἀφικνέομαι
Ἀφιγναῖος att. 208[6]
ἀφίεσθαι II 92[4]. 231[6]; ἀφέθην infin. lesb. 807[7]; ἀφοῦ imper. 390[8]. 799[3]; ἀφέωνται 770[1]
ἀφίημι: ἀφίει II 419[4]; -ίομεν 688[3]; -εῖς 2. sg. LXX 688[3]; ἠφίει 656[4]; ἀφήσω fut. 742, 1. II 293[1]; ἄφησα spätgr. 755[5]; ἀφέτην 741[3]; ἀφέῃ 741[5]; ἀφέῃι conj. hom. 741[5]. 792[5]; ἄφες

imper. 390[8]; – ngr. 764[2]; ἀφέωκα 345[8]. 770, 1. 775[1], 12; ἄφες c. conj. II 316[1.2]; – ἐκβάλω, – ἴδωμεν II 314[6]
ἀφικάνω II 259[7]
ἀφικνέομαι: ἀφικνοῦμαι II 114[1.3]; ἀφικνΕμένων 643, 2; ἀφίκευσο 669[1], 2; ἀφίκατο 772[6]; ἀφίκου imper. 799[3]; ἀφικέσθαι II 296[3]; ἀφιγμένοι εἰσί 812[3]; οἷον ἀφιγμένος II 391[8]; ἀφῖκτο εἰς II 239[8]; ἀφικνεῖσθαι εἰς ἀγῶνα II 161[2]; ἀφικέσθαι εἰς φόβον II 255[4]. 261[3]; -ικνεῖσθαι ἐπὶ Θρᾴκης II 434[8]; ἀφίκετο ἐπὶ τέρμα II 472[5]; -ικνεῖσθαι παρά τι II 495[1]; -ικνεῖται ὡς Περδίκκαν II 533[7]; -ικνεῖσθαι ἑαυτῷ διὰ λόγων II 452[4]
ἄφικτον 299[7]
ἀφικτρός 481, 16
ἀφίλεσαν (= ἀφεῖλον) 666[2]
ἀφίνω ngr. 644[4]. 688[5]; s. ἀφήνω
-αφιον 471[3], 6. 7. 551[4]
ἀφιπποδρομᾷ 836[8]
ἀφιππολαμπάδι 836[8]
ἀφίσταμαι II 445[1]; ἀπέστη II 299[8]; ἀποστῆναι II 365[6]; ἀφίστατο κινδύνων II 92[6]; ἀφίστασθαι τῶν Ἀθηνῶν II 93[6]; ἀφέστηκα II 287[7]; ἀφεσταίη 770[3]; ἀφεστηκότα ἦν II 407[7]
ἀφιστάνειν 698[3]
*ἀφίχατο 772[6]
ἄφλαστον 503[3]
ἀφλοισμός 493[3]
ἀφνειός c. gen. II 111[1]
ἄφνος 343[6]
ἀφνός· ἐξαίφνης H. 624, 5
ἀφνύει, -ύνει H. 728[1]
ἄφνω 405[2]. 520[2.5], 6. 624, 5
ἄφνως 405[2]. 624, 5
-αφο- suff. 343[5]. 456[2], 2. 495[5.6]
ἀφόβωι φρενί 624[3]
ἀφόβως II 415[5]
ἀφόνιτρον 260[4]
Ἀφορδίσιιυς pamph. 267[4]
Ἀφορδίτα 267[4]
ἀφορεί 623[2]
ἀφοῦ imper. 390[8]. 799[3]
ἀφοῦ coni. ngr. 615[3]
ἀφόων hom. 719[3]
ἀφόωντα 682[6]
ἀφραδέω 724[3]
ἀφραδίη 468[6]
ἀφράδμων 522[4]
ἀφραίνω 725[1]
ἀφρέω 726[3]
Ἀφροδῑταρίδιον 471[3], 9
Ἀφροδίτη 62[5]. 156[5]; ‘A- att. 257[3]
ἀφρονέω hom. 731[6]; -ῶ 655[2]; ἠφρόνουν 655[2]
ἀφρόνιτρον 260[4]
ἄφροντις c. gen. II 109[3]
ἀφροντιστέω c. gen. II 109[3]
ἀφρός 412[7]
ἀφῤός 212[2]
ἀφροσύνη II 41, 5
Ἀφρώ 478[5]
ἄφρων 355[5]
ἀφῦδιον 199[6]
ἄφυζα 474[4]
ἄφυζε hom. 703[1]
ἀφυὴς τὸ σῶμα II 85[7]
ἀφύξειν II 295[5]
ἀφυξῶ Theokr. 786[6]
ἀφυσγετός 501[3]
ἀφύσσω 644[4], 4. 717[1]. 725, 6; – τι c. dat. II 151[2]; -εσθαι II 238[6]; ἠφύσσετο πίθων II 94[5]
ἀφυστερήσιεν II 338[3]
ἀφύω 644, 4. 686[3]
ἀφῶ praes. spät 688[3]. 737[1]
ἄφωνος II 701[4]
ἀφωντεύς 477, 2
Ἀχαία 80[2]
Αχαϊα 162[6]
Ἀχαιαί 460, 4
(*ἈχαιϜᾱ) 79[5]
*ἈχαιϜικός 265[8]
ἈχαιϜοί 77[5]. 79[4.6]
(*ἈχαιϜῶς nom. pl.) 79[6]. 556[2]. 824[6]
Ἀχαιία 469[1]
Ἀχαιιάς 508[4]
Ἀχαιΐη ion. 266[3]
Ἀχᾱϊκός att. 265[8]. 266[1]
Ἀχαιμένης 448[6]
ἀχαΐνη 491[1]
Ἀχαιός ion. 266[3]; – ἀνήρ II 45[3]; Ἀχαιοί 77[6]. 79[3]. 80[1.2]. II 45[3]. 52[1]
ἀχανής 433[4]
ἄχαντος ion. 269[1]
ἄχαρι 542, 4
ἀχαρίστερος 535[2.6]
ἀχάριστος 735[5]
ἀχαρίστως: ἔχειν τινὶ ἀχαρίστως πρός τινα II 514[7]
*Ἀχαρνάζε, -ᾶζε 625[1]
Ἀχαρναί 491[6]
Ἀχάρναι 831[3]
Ἀχαρνῆζε att. Hdn. 559[2]. 625[1]
Ἀχαρνῆθεν 625[1]
ἄχαρνος 491[6]
ἀχαρνώς 558[1]
*ἀχαχίζω 736[1]
ἄχερδος 508[7]. II 30[5]
Ἀχέρων 67[2]
*ἄχευμι 696[4]
ἀχεύω 696[4]. 841[8]
ἀχέω II 72[7]; – c. gen. II 133[4]; ἀχέων ptc. 724[2]
ᾱχήν 487[4], 6
ἀχήσομαι 782[6]
ἄχητι· λυπήθητι H. 800[5]
ἄχθη (von ἄγω) 655[6]
ἄχθομαι 703[5]. 704[3]. 723[4]. II 229[2]; ἀχθέσομαι Koine 784[6]. II 265[8]; ἀχθεσθη- 761[3]; ἀχθεσθήσομαι II 265[8]; ἄχθομαι ἐλεγχόμενος II 392[6]; – τινα c. ptc. II 395[1]; – ἕλκος II 87[3]; – c. dat. II 87[3]. 134[2.3]; – c. instr. II 168[2]; – τινος ὄντος β. II 394[1]; – περί τινος II 168[3]; – ἐπί (περί) τινος II 134[2]
ἄχθος 511[1]; – γυναικῶν II 122[2]
ἄχι ‘wo’ dor. 550[3]. 624[4]. II 163[3]. 647[3]
Ἀχιλλεύς 477[4], 1; -εους kor. 197[5]; ὦ Ἀχιλεῦ II 60, 4. 61, 1
Ἀχιλλήιος δόμος II 177[2]
ἀχλῡ́νομαι Qu. Sm. 728[1]
ἀχλῦς 495[4]
ἀχλύω (ἤχλῡσε) poet. 727[5]
*ἄχνᾱμι 716[6]
ἀχνάσδημι lesb. (Alk.) 693, 4. 696[4]. 716[6]
ἄχνη 327[6]
ἀχνηκότας ätol. 206[3], 1. 696[2]
ἄχνυμαι 693, 4. 696[4]. II 229[2]; – c. gen. II 133[4]; – περί τινι II 501[5]; ἀχνυνθέντι Anth. P. 761[6]
ἀχνύς 495[4]
-αχο- suff. 343[5]; 498[5]
ἄχολος 344[3]
ἄχομαι 685[1]
ἄχος 512[1]; – μοι περί τινος II 502[7]
-αχος suff. 498[5]
Ἀχράνα s. Ἀρχάνα
ἀχρεῖον ἰδών II 77[3]
ἄχρειος 383[1]
ἀχρήϊος 468[3]
ἄχρηστος II 704[2]
ἄχρι 405[1]. 450[5]. 840[8]. II 313[3]. 487, 7. 533[4]. 549[7], 2f. 637[6]. 658[4.5.7]; – εἰς II 428[7]. 550[3]; – ἐς II 550[3]; – hῶ II 653[6]; – κα II 658[6]; – οὗ II 550[3.4]. 640[7]. 653[5.6.7]. 657[6]
ἄχρις 405[1]. 620[4]. II 487, 7. 549[7], 2f. 637[6]. 658[4.5.7]; – ἐπί II 550[3]
ἄχροι adv. kerk. 549[7]. 622[3]
ἀχυρμιαί 469, 8
ἄχυρον 482[5]

ἄχυρος (ἀχυρός) 383[4]
ἄχωρ 519[4]
ἄψ 329[4]. 620[5]. II 461[5]. 481, 6. 508[5]
ἀψ- 632[6]
ἄψατο 655[6]; ἅψασθαι γούνων II 365[3]
ἄψερον Alk. 630, 6
(*ἀψευδείων) 662[2]
ἀψευδήων conj. ark. 88[3]. 660[3]. 661[5], 3. 662[1–2]. 729[4]; – ἄν II 318[3]
ἀψεφές 329[3]
ἀψίνθιον 61[5]. 510[6]
ἄψομαι II 291[6]
ἀψόροος 632[7]
ἄψορρος 438, 1
ἄψος 513[1]
-αw gen. sg. f. 561[1]
αω wechselt mit εω 242[8]. 243[1]; αω > εω 243[2]
ᾱω > ᾱ 250[3]
ἄω 686[1]
-άω verba 673[6]. 682[6]f. 712, 1. 713[1]. 718[1.3.4], 4. 722[3]. 723[2]. 725[5.6], 2f. 729[6]. 730[4–5]. 731[1–5]. 734[5]. 737[1]. 739[1]. 754[4]. 814[7]. 816[1]; – verba wechseln mit -έω 728[5]; – und -έω gemischt 729[1]
-άω fut. hom. 779[8]. 784[2–4.6], 2
-ᾱ́ω verba 717[2–3]. 728[6]. 730[3.4], 3. 814[7]
-ᾱ́ων gen. pl. 81[6]. 240[7]. 241[7]. 554[3]. 558[4]. 559[2.3]
-ᾱ́ων gen. pl. pron. f. 609[3]
ἀωρεί 623[2]
ἀωρίαν att. 70[3]
ἀωρόνυκτον 623, 4
ἄωρτο Ilias 769, 12
αως böot. II 650, 3
ἀώς: τὰ ποτ' ἀῶ τοῦ Ἀχελώιου II 96[7]
ἀωτέω 705[6]; -ῶ ὕπνον II 76[1]
ἄωτον 501[4]

B

β aus idg. *b* 290[8]f.; – aus g^w 293[8] ff. 295[2]. 685[4]; – als Übergangsl. 277[1]; β und δ wechseln 293[8]; β vor ε 295[7]; β äol. vor palatalen Vok. 300[1]; – spirantisch 233[6]; – für ϝ 205[5]. 834[4]; – für lat. *v* 208[1]. 233[8]; β und π wechseln 207[5]. 293[8]; β:ν > spätgr. μ:ν 257[4]; βγδ maked. für mediae aspir. 297[1]; βγδ stimmh. Verschlußl. im Ngr. 210[2]
βᾶ 'hah' II 600[4]
βᾶ (für βασιλεῦ) Aesch. 423, 2
βᾱ- Verbalst. 673[3]. 742[2]. 743[3]. 776, 2
-βα imper. [βαίνω] 676, 1. 742, 3
-βα Ausg. pf. act. 771[6]
βαβάζω 291[4]. 647[4]. 716[5]
βαβαί interj. 716[5]. II 600[4]
βαβαῖ 291[4]
βαβαιάξ 620[7]
βάβαλος kyren. 95[6]. 423, 7
βαβίζω 716[5]
βαβράζω 647[4]
βαβύζω 716[5]
Βαβυλῶνας acc. pl. II 45, 2
βαβύρτας 500[6]
Βαγουέ 162[5]
βάδην 626[3]
βαδίζειν II 360[5]; βάδον βαδίζειν 626[6]
βαδιοῦμαι 785[4]
βαδίσαι (τὸ) II 366[1]
βαδιστέον II 240[1]
βάδομαι 225[1]
βάδον βαδίζειν 626[6]
Βᾱδρόμιος dor. 250[2]
*βᾱ́εναι 808[4]
*βάετε imper. 676[1]
*-βαετις 270[8]
-βαζος 153[5]
βάζω 291[4]. 708[2]. 715[3]. 754[7]. II 260[3]; – τινά II 81[1]; ἀνεμώλια – II 366[5]
bázo (μπάζω) ngr. II 456, 3
βαθέα 194, 1. 474, 2
βαθεῖαν [so] II 81, 2
βαθη- 758[2]. 761[5]; s. ἐβάθη
βαθίων 538[4]
βαθμός 493[1]
βᾱθόεντι ptc. lesb. 250[2]. 729[2]
βᾱθοέω lesb. 252[7]
βάθρακας ngr. 269[1]
βάθρακος ion. 121[3]. 269[1]
βαθυδῖνης II 38[3]
βαθύλειμος 338[3]. 450[6]. 522[1]
βάθυλλος 485[3]
βαθῦνω 733[3]
βαθυορυγή 453[4]
βαθύς 463[1]. 538[3.4]; – πλοῦτος II 26[4], 5; βαθυτάτη ἑωυτῆς II 100[6]
βάϊ interj. ngr. II 601[4]
Βαία 66[4]
Βαιάκη 66[4]. 67[3]
βαίητε 2. pl. opt. 794, 3
βαΐλεῖ Νάβι lak. II 618[5]
βαΐλέος lak. 217[4]; – Νάβιος II 618[5]
βάϊν n. 582[7]
βαίνιμεν infin. böot. 806, 9
βαίνομαι II 225[8]
βαῖνον II 278[7], 3
βαίνω (-ειν) 272[8]. 295[5]. 309[5]. 343[2]. 707[3]. 714[5]. 756[1]. 815[3]. 816[1]. II 72, 1. 225[7]. 228[2]. 277[3]; – c. abl. II 91[5]; – c. dat. II 149[2]. 162[6]; – c. instr. II 167[7]; βαίνει ἄπο II 430[4]; – διὰ πόντον II 453[2]; βαίνω ἐπί τι(να) II 472[2.7]; – κατ' ἀντιθύρων II 479[6]; – κατὰ δαῖτα II 479[4]; – κατὰ νῆας σὺν τοῖς ὅπλοις II 489[6]; – νόμον II 78[2]; – παρὰ θῖνα II 495[2]; – περί τινι II 501[2]; – ὑπὲρ οὐδοῦ II 520[6]; – ἀμφί τινι II 438[2]; ἀνὰ νηὸς ἔβην II 430[7]. 441[4]; βαίνω ἐπὶ νηυσί II 466[7]; – ἐπὶ πύργον, ἐπὶ πύργων II 470[2]; – μετ' ἴχνια θεοῖο II 486[2]; – παρὰ κρουνούς II 495[4]; – πρός τι ἀμφί τινος II 438[7]; s. βήσω, βήσομαι, ἔβᾱν, ἔβην, βέβᾱκα, βέβαμεν, βέβηκα, (ἐ)βεβήκει, ἔβᾱσα, βεβηκώς, βεβᾱώς, βεβώς, βῆ(-θι), βήμεναι, βῆναι
βάιον n. 154[6]. 209[6]. 582[7]
βαιός II 491[5]
βάϊς f. 582[7]
Βαισατρεῦ 192[4]
(βαῖτε 2. pl. opt.) 794, 3
βαίτη 291[5]
βαίτῦλος 291[5]. 485[2]
βακ- 776, 1
Βακεύϝα böot. 197[4]
Βάκις 708[2]
βακόν· πεσόν H. 748[2]
*βακσκω 708[2]
βάκτρον 291[3]. 532[3]
βακχάω 726, 2
Βακχέβακχον 450, 1
Βακχέχορος 450, 1
βάκχος 316[3]
βαλανεύς 476[6]
βαλανηφόρος 438[6]
βάλανος 57[2]. 295[5]. 343[7]. 489, 10. II 30[5]
βαλβίς 465[4]
βάλε imper. 799[2]. II 251, 1; – κατ' ἀσπίδα II 476[7]
βάλε 747, 8. 799, 4; – c. opt. II 320[5]. 321[5]; βάλε δή, βάλε 747, 8
βαλε/ο- 746[4]. 747[6]
βαλεῖν 357[2]. II 277[1.3]; – βέλος II 261[5]; – τινα II 261[5]

βαλέω 784[4]
βαλικιώτας kret. 225[1]. 495[3]
βαλιός 68, 3. 291[5]. 472[5]
Βαλίος 635[2]
βάλλ' ipf. II 64[8]
βάλλ': – ὄνυχας 264[5]; – οὕτως II 341[6]
βάλλαι kypr. 268[4]. 483, 3
βαλ(λ)άντιον 231[5]
βάλλε (βάλλ') 651[6]. II 251, 1. 341[2]; s. βάλλ'
(βαλλέω Hdt.) 720, 13
*βάλλημι 693, 9
βαλλήν 487[3]
βαλλήσω 693, 9. 783[2]
βαλλητύς 291[5]. 506[6], 11
βαλλίζω 291[5]
βάλλις 462[6]
βάλλομαι (-εσθαι) II 277[4]; – οὐλήν II 79[4]; – προτὶ γαίῃ II 513[4]; – χερσὶν ὑπὸ Τρώων II 526[4]; s. ἐβάλην, -ονθο, ἔβλην, ἔβλητο, βλῆτο, βλήμεναι, -νος, βλῆσθαι, βέβλημαι
βάλλονσι dat. pl. kret. 322[1]. 566[2]
βάλλ' ὄνυχας 264[5]
βάλλω (-ειν) 125[1]. 295[2]. 693[3], 9. 714[5]. 743[1], 2. 747[6]. II 81, 2. 164[5]. 260[3]. 434[1]. 691, 5; – τι c. loc. II 156[1]; – c. instr. II 166[1]; – ἀμφ' ὀχέεσσι II 438[3]; – διά τινος II 450[4]; – κατὰ πέτρης II 480[5]; – στέρνον δουρὶ ὑπὲρ μαζοῖο II 520[6]; – τινὰ παρὰ μαζόν II 495[5]; – τινὰ ποτὶ πέτρας II 510[1]; – τινὰ ποτὶ πέτρῃ II 513[4]; – τι ποτὶ γαίῃ II 513[4]; – τινά τι II 81[3]; – τινὰ ὑπὸ γναθμοῖο II 527[6]; – τινὰ μετ' ἔριδας II 484[3-4]; – τοῦ σκοποῦ II 104[4]; – φᾶρος ἀμφί τινα II 439[1]; – φιλότητα μετά τισι II 483[3]; – δάκρυ κατ' ὄσσων II 480[5]; – δάκρυ πρὸς ἀνδρὸς εὐγενοῦς II 515[2]; ἔβαλε φάμενος II 301[2]; s. auch βάλλε, βάλε, βαλεῖν, βαλέω, βάλλομαι
βαλμός 492[4]
βάλοισθα 662[4]
(*βάλομαι) 722[2]
βαλόντε II 50[2]
βᾶλός 268[4]
-βαλος = phön. *ba'al* 458[3]
βάλσαμον 494[1]
Βάλτη II 86[2]
βαλών 360[4]; -όντε II 50[2]
βάμβα syrak. 829[7]
βαμβαίνω 291[4]. 647[2]
βαμβραδών 530[1]. 835[1]
-βᾶμι 676, 1
*βαμjω 272[8]. 343[2]
βᾶν att. 566, 3
βανᾶ f. böot. 56[5]. 296[2]. 343[3]. 582[7], 3
βάναυσος 259[3]. 516[7]
βανῆκες nom. pl. böot. 296[2]. 582[7]
*βανjω 343[2]
βάννεια lak. 225[3]. 323[2]
βαννί tsak. 225[3]
βάνω ngr. 764[4]
βαξ- 754[7]
βάξις 708[2]; – c. gen. II 132[3]
βαπτίζω 706[5]
βαπτισθῆναι Lukas 806, 1
βάπτω (-ειν) 704[6], 13. 705, 5. 759[6]; ἔβαψε 652, 8; βάπτειν ἔγχος πρὸς στρατῷ II 513[3]; – ἑαυτόν II 284[3]
βαράγχια 278[6]
βάραγχος 278[6]. 831[7]
βάραθρον 295[2]. 343[7]. 362[5]
βάρβαρος 78[7], 5. 291[3]. 339[8]. 423[2]. II 32[4]
βαρβαρόφωνος 5[2]
βάρβιτος 62[1]. 257[4]
βαρδῆν 277[6]
βαρεῖα 376[5]. 474[1]; – προσωιδία 373[7]
βαρέως φέρειν II 168[3]
βᾶρίβᾱς 424[6]
βᾶρις 464[3]
βαρίσκω ngr. 712[2]
βαρίστω ngr. 705[3]
βάριχοι 225[1]. 498[4]
Βάρμιχος böot. 495[3]
βαρνάμενος kerk. att. 277[6]. 693[1]
βάρος 512[3]
βαρύθει hom. 703[5]
Βαρυθένης kret. 216[6]
βαρύνεσθαι c. instr. II 168[2]
βαρυνθη- 761[6]
βαρυντικοὶ Αἰολεῖς 383[5-6]
βαρύνω (*barino*) 184[1]
βαρῦνω 733[3]
βαρύς 295[5]. 342[4]. 380[7]. 463[1]; s. βαρεῖα
βαρύτερος 538, 12
βαρύτης 373[7]. 375[4]
βαρύτονα 375[7]
βαρυτόνησις 383[5]
Βας nom. sg. f. 562[2]
βάσανο n. ngr. II 32, 4. 38[2]; βάσανα n. pl. 582, 1
βάσανος 490[2]. 582, 1. 838[2]
βασεῦμαι Theokr. 786[6]
Βάσης ngr. 637[1]
βασιλᾶες el. 575[3]
βασιλέας ngr. 576[3]
βασιλε̄ϝος kypr. 223[6]. 575[2]
βασίλεια f. 473[6]. 474[5]
βασιλεία II 471[2]; βασιλεύομαι -αν II 80[5]
βασίλειον 470[4]
βασίλειος II 177[1]
βασιλέοιν gen. du. Aesch. 575[5]
βασιλέος dor. nwgr. 244[3]. 246[2]
βασιλες (= -ηίς) 201, 2
βασιλεύειν: – ἶσον II 77[3]; μετὰ τὸ – II 370[5]
βασιλευέμεν II 366[5]
βασιλεύομαι βασιλείαν II 80[5]
βασιλεύς 30[3]. 62[1]. 193[1]. 477[4], 1. 2. 485[1]. 575[6]. II 24[1], 1. 618[5]; – ngr. 576[3]; -έᾰ acc. dor. nwgr. 244[3]. 246[2]; -λεια acc. att. 193[2]; οἱ βασιλεῖς II 51[3]; βασιλεὺς Ἀλέξανδρος II 613[7]. 618[5]; – βασιλέων II 700[3-4-5], 2; βασιλέως βασιλέων μεγ. Ἀρσ. II 613[7]; βασιλέως στοά II 177[7]; ὁ βασιλεὺς Ἡρῴδης II 618[5]; βασιλεὺς Πτολεμαῖος II 618[5]; βασιλέος ἐλθόντος ἐς Ἐλ. Ψαματίχου II 618[5]; s. βασιλᾶες, -λε̄ϝος, -λέοιν, -λέος, -λευων, -λεω(ι)ν, βασιλῆ, -ληα, -λήεσσι, -λῆος, -λῆς
βασιλεῦσαι II 261[6]; s. ἐβασίλευσε
βασιλεύτατος II 176[5]
βασιλεύτερος 536[1]. II 18[4]. 176[5]. 184[4]
βασιλεύω (-ειν) 732[4-7]. II 251, 1; – c. gen. II 110[2]; ἐπὶ Κύρου βασιλεύοντος II 391[2]; s. βασιλεύειν, -λεῦσαι, ἐβασίλευσε
βασιλευων gen. pl. 156[3]
βασιλεω(ι)ν gen. du. Aesch. 575[5]
βασίλη 485[1]
βασιλῆ acc. j.-dor. 121[3]. 250[7]
βασίληα lesb. 241[8]. 576[2]
βασιλῆα πολ. Μυκήνης II 618[6]
βασιλήεσσι lesb. 564[3]
βασιλήϊος ion. 241[6]
βασιλῆος 241[7]
βασιλῆς acc. pl. Soph. Hdn. 575, 2
βασιλικός 477[3]
βασιλίνδα 627[2-3]
βασιλίς 477[3]. II 31[2]
βασιλίσκος 542[2]
βασίλισσα 317[7]. 475[5]
βασιλjάς usw. ngr. 576[3]
βασιλjώς gen. sg. ngr. 576[3]
Βάσιλλος 315[6]
βάσιμα ἦν II 606[3]
βάσις 157[6]. 343[2]. 504[5]
βασκαίνω 700[5]. 725[3]
βάσκανος 291[5]. 490[2]
βασκα(νο)σύνᾱ 263[1]
βάσκε imper. 'geh' 707[3], 2. 708[2]. 799[1]; βασκέτω 801[4]

βάσκειν H. 708[2]
βάσκω 328[3]. 357[3]. 776[2]. 816[1]. II 225[7]; -ωσι 664[3]
βᾰ́σομεν conj. Pind. 790[4]
Βάσσα 474, 6
βᾶσσα 474[3]
βάσσων 538[3], 7
βαστά 838[7]
βασταγη- pass. 760[2]
βαστάζω 706[4]; – μάχας πρὸ χειρῶν II 506[5]
βασταχθῆναι II 240[2]
βαστοῦσα ngr. 652[4]
Βάσυλλος 206[4]
βάταλος 484[1]
βᾶτε imper. 676[1], 1. 742, 3
-βατέω 731[6]
βάτην hom. 742, 3
βάτθρα ther. 237[5]
βάτις 271[5]
βάτον II 30[4]
*βάτος n. 512[4]
βάτος 503[5]. II 30[4]
βατός 343[2]
*βατταλολογῶ 263[2]
βατταρίζειν 315[5]
βαττολογεῖν 263[2]
βάττος 291[4]. 477, 2
Βάττος kyren. 637[6]
βαύ 224, 5. 291[5]. 313, 1. II 599, 2; βαῦ 716[5]
βαῦ 224[6], 5
βαυβώ 478[4]
βαΰζω 716[5]
βαυκός 496[4]
Βαῦλις 66[4]
βαῦς Hdn 585, 2
βαΰσδω dor. 716[5]
Βαῦστα 70[4]
βαφεύς 476[6]
βαφη-, βαφθη- 759[6]
βάφκουμαι ngr. (pont.) 712[3]
βάφω ngr. 705[3]
βάψαι: εἰς – II 366[1]
*βάω 676[1]
ββ 317[2]
βγάλλω ngr. 237[7]. 323[7]
*βδαλjω 342[4]
βδάλλω 342[4]. 714[5]
βδαλοί 326[8]
βδάλσις 285[6]
βδαροί 326[8]
βδεῖν 326[7]
*βδελjα 474[2]
βδέλλα 325[4]. 474[2]
βδέλλιον 325[2]
βδελυ- 495[4]
βδελύκτροπος 263[4]
βδέλυξ 497[5]
βδέλυρος hell. 383[3]
βδελυρός att. 326[7]. 383[3]. 482[4]
βδελυχρός 498[5]
βδέννυμαι 685[6]. 697[4]
βδέννῡμι 697[4]
βδέσα 685[6]
βδέσμα 685[6]
Βδεῦ voc. sg. 576, 5
βδελύσσομαι 725[4]
βδέω 335[7]. 336[4]. 685[5-6]. II 229[1]; s. auch βδεῖν, βδέσα, ἔβδευσα
βδόλος 326[7]. 364[2]. 459[1]
βδύλλω 736[6]
*βεβᾱ pf. 775[6]
βεβάᾱσι 665[5]. 770[2]
βέβαιος 383[2]. 540[3]
*βεβαῖος 383[2]
βεβαιοῦσθαι σφᾶς αὐτούς II 236[2]
βεβαίως II 414[3]
βέβᾱκα 742[4]. 770[2]. 774, 1. 775[6]. 776[2]; -κε 776[1]. II 264[4]; s. βέβαμεν, βεβάᾱσι
βέβᾱλος 483[4]
βέβαμεν 649[2]. 774, 1
βεβάμεν infin. hom. 806[3]. 808[2]
βεβάναι infin. 774[6]. 808[5]
βεβαρημένος 724[2]
βεβαρηώς 724[2]. 771[4]
βέβασαν 3. pl. 665[7]. 770[2]. 774[2]. 777[1.5]
βεβᾶσι att. poet. 248[7]. 774[6]
βεβαυῖα 770, 3
*βεβαυσιος 540[3]
βεβαῶτ- 770[2]
βεβαῶτα περὶ τρόπιος II 502[4]
βέβηκα II 225[7]. 228[2]. 264[4], 2; -κας 774[2]; -κε 774[2]. II 252[5]. 263[5]
βεβήκει 774[2]. 777[5]. II 288[4]
-βεβήκηι 774[2]
βεβηκυῖα att. 541[2]
βεβηκώς 814[4]
βέβηλος 434[5]
βεβίηκα II 264[6]; -κε 774[4]
βεβίωκα 675[4]; βεβιωκυῖα μετ' ἀληθείας II 485[4]
βεβιωμένα (τὰ) II 240[6]
βεβίωται II 226[4]
βεβλαβότος arg. 772[7]
βεβλαμμένος νόου II 93[5]
βεβλάστηκα 649[4]. 738[5]. 816[6]
βέβλαφα 772[1.4]
βεβλάφθαι 809[3]
βέβλειν, βεβλέσθαι H. 768[1]
βέβλεφα 772[1]
βέβληαι II 81[5]
βεβλήαται hom. 672[1]
βεβλήατο 3. pl. hom. 672[1]. 777[2]
βεβλήκει plusq. Ilias 774[3], 3. 777[5], 11. II 288[8]. 289[1]
βεβλήκειν hom. 405[8]
βεβλήκοι hom. att. 774[3]. 796[1]
βέβλημαι 649[3]. 770[4.5]. 774[3]; βέβληται 761[7]
βεβλῆσθαι 809[3]
βέβλοφε hell. 640[7]
βέβλοχα 772[1]
βεβλωκώς 277[5]. 649[4]
*βέβολα 771[5]
βεβολήατο Ilias 719[4]
βεβοληµένος hom. 719[4]. 771[4]. II 81[5]
βεβόσκηκα 708[2]
βεβούλευνται 671[6]
βεβουλεῦσθαι II 264[4]
βεβούλημαι 770[5]
βεβραμένων 277[5]
βέβρῑθα 703[2]. 770[6]; -θε ὑπὸ λαίλαπι II 526[2]
βεβρίθει 777, 11
βέβρῡχε 683[2], 2. 771[3]. II 263[2]. 287[3]
βεβρύχει Od. 777, 11
*βέβρωθα 2. sg. 662[5]
βεβρώθοις 2. sg. opt. 662[5], 8. 703[2]. 767[4]
βέβρωκα 708[6]. II 258[2]; βεβρώκοι Hdt. 795[6]; -κώς hom. 774[4], 5
βέβρωμαι Aesch. 708[6]; -ται 295[6]. 360[5]. 770[4]. II 226[2]; – conj. ion. 793[1]; βεβρῶσθαι 809[3]
βεβρώσεται Od. 783[4]
βεβρῶτες Soph. 774, 5
βέβυσμαι 773[4]; -σται 649, 3; -σμένος c. acc. II 111[2]
βεβώς ptc. 774[6]; -ῶσα 540[6]
Βεελζεβουλ 162[4]
βέηι Ilias 780[4]
Βεῖδυς delph. 225[1]
βείκατι H. 225[1]. 591[3]
βειλόμενος böot. 284[1]. 300[2]. 693[4], 10
βείομαι Ilias 780[4]
βείρακες 225[1]
Βειτυλῆ lak. 224[2]
*βejεσομαι 788, 1
βεκάς H. 225[1]. 630[3]
βελασῆται lak. 786[7]
(βελασσεται lak. H.) 786[7]
*βελεαρ 300[6]
*βελεμα n. 520[5]. 523, 5
βέλεμνον 360[4]; 459[1]; -α 520[5]. 523, 5. 524[2]
βέλεσσιν dat. pl. hom. 580[1]
βέλλειτει thess. 90[8]. 300[2]. 669[3]
Βελλεροφόντης 62[2]. 452, 7
βέλλομαι 82[5]
βελλόμενος thess. 284[1]. 693[4]
βέλος 295[7]. 360[4]. 459[1]. 512[2] II 65[5]; βέλεσσιν dat. pl. hom. 580[1]
βέλτερος 535[7], 1
βελτιόεσθαι 732[1]
βέλτιον adv. 539, 4
βέλτιον γίγνεσθαι II 280[3.4]
βελτίων 270[7]. 291[3]. 538[3]; – ἑαυτοῦ II 100[7]; βελτίω

ἑαυτῶν II 100[8]; βελτίων οὐδενός II 98, 3; βελτίονες μηδενός II 98, 3; βελτίων τὴν γνώμην II 85[8]
βελτιώτερος 539[5]
βελφῖν- lesb. 300[2]
Βελφοί lesb. thess. böot. 89[6]. 300[2]
βέμβιξ 291[4]
βέμβλωκεν 277[5]. 649[5]
βεμβράς 507, 7
βεμόλητο· ἐφρόντισε H. 768[1]
Βενδῖν acc. 465[4]
βενεοι el. 181, 2
Βενζῖς 331[4]
βένθος 512, 4
béno ngr. 277[5]. 323[7]. II 456,3
βέντιστος dor. 213[4]
βέομαι 780[4]. 788, 1. II 265[7]
βέρδηι kret. 224[7]. 716[1]
βέρεθρον 263[1]. 533[2]
Βερενικεία II 177[4]
Βερ(ε)νίκη 259[6]. 267[7]
βέ(ρ)θρον 260[5]
βερνώμεθα lak. 693, 13
Βέροια 162[6]
Βέσβικος 183[7]
Βέσσα ngr. (chiotisch) 186,3
βεττόν 216[6]
βεῦδος 512[3]
βέφυρα böot. 298[8]
βέωμεν conj. Hdt. 792[6]
*-βϝᾱ 301[6]
*βzδεῖν 326[7]
(*βzδεσω) 685[6]
*βzδέω 335[7]
βῆ 377[8]. 385[2]. 651[6]. II 480[4]; – μετά τινα II 483[5.6.8]; – ἀίξασα II 301[2]; – ἰέναι (ἴμεν) II 359[8]. 362[6]; – δ' ἴμεν II 632[8]
βῆ Naturlaut 291[4]. II 599, 2
βηβη 176[6]
Βηθανία 162[4]
βῆθι 800[4]
Βηθφαγη 165[2]
βῆι conj. 792[6]
βήλημα mess. 283[8]
βήλυρρος 156[5]
βήμεναι hom. 806[4]
βῆναι hom. ion. att. 808[4]. II 234[1]; s. ἔβην
βήξ m. 424[2], 3. 716[2]
βήομεν conj. hom. 792[5]
βηράνθεμον 225[1]
βήρυλλος 156[5]
Βήσαζε 625[1]
βῆσαι II 234[1]; s. ἔβησα
-βῆσαι intr. pap. 755, 9
βήσασθαι II 225[8]
(βήσατο Ilias) 755, 8
βήσετο Ilias 755, 8. 788[3]. II 225[8]
βήσομαι fut. 714[5]. 763, 5. 782[4]. 788, 1. II 225[8]
βῆσσα 321[5]
βήσσω (-ειν) 119[2]. 716[2]. II 71[8]
βήσω 788, 1. II 225[8]
βῆτα 140[2]. [*bāta*] 141, 6. 409[6]
βητάρμων 442, 6
βήτην hom. 742, 3
βῆτον conj. hom. 792[6]
βήττειν 119[2]
βήω conj. hom. 792[5]
βι aus idg. *gʷi* 300[6.7]; βι äol. 301[2]
βία 300[7]. 302[6]. 425[2]. 459[6]. 469[3]. 558, 2. II 15[8]; βίᾳ c. gen. II 688[4]; πρὸς βίαν II 511[8]
βιάζομαι (-εσθαι) 734[4]. II 240[3]. 276[5]; – ὑπό τινος II 529[7]
βιάζω II 240[5]; βιάζετε Od. 734[4]
βίαιος 426[1]. 467, 6
βιαιότερον II 414[2]
*βιᾱμαι 734[4]
Βίᾱν, Βίαντα acc. sg. 582[5]
βιάομαι 734[4]
Βίας 526[2]. 566[4]. 582[5]
βιάσομαι att. 734[4]
βιᾶται fut. pass. att. 785[3]
βιβάζω 300[6]. 734[3]
βιβᾶι 689[8]
*βιβᾱμι 676[1]
βίβαντι lak. 689[8]
βιβάς 649[3]. 689[8]. 703, 8. II 225[7]; μακρά – 703, 8
βιβάσθων (μακρά) 703[5], 8
βιβάσκω 707, 1. 2. 4. 710[2]. 756[1]. 842[1.2]
*βίβᾱτι 676, 1. 689[8]
*βίβᾱτον 689[8]
βιβλίον 256[2]. 471[3]
βίβλος 471[3]
βιβρώσκω 295[2]. 300[6]. 361[2]. 649[3]. 708[6]. 710[2]. 743[2]. II 226[2]; s. ἔβρων, ἔβρωσα, βέβρωκα
βιβῶ fut. att. 785[3]
βιβῶν 676, 1. 689[8]
βιδυοι lak. mess. 224[6]. 540[3]
βίετος kret. 501, 4
βίη c. gen. II 122[1]; –Ἡρακληείη II 122[1]. 177[2]; ἔστι – φρεσίν II 155[4]
βιηθείς pass. Hdt. 760[4]
βιήσατο hom. 760[4]. II 82[6]
βιήσεαι conj. 668[2]. 790[4]; -σεται 734[4]
βίηφι 550[6]. 551[1]. II 172[6.7], 2
βῖκας 334[3]
βῖκος 61[8]; – ῥητίνης II 129[3]
βί(μ)βλινος 231[7]
*βῑνάω 694[2]
βινεσκόμην Aristoph. 711[4]
βῑνέω 300[7]. 694[2], 2. 696[3]; βῑνήσω fut. 783[2]
βινητιάω 732[3]
βίομαι fut. hom. 300[6]; βιόμεσθα h. Ap. 780[4], 8
(*βίον infin.) 803, 2
βίος (= βία) 7[4]
βίος m. 300[6]. 425[3]. II 41[5]. 75[7]. 803, 2; – ὁ καθ' ἡμέραν II 477[6]; βίον ζῆν II 700[7]
βιός m. [so] äol. 6, 3. 300[6]. 819[4]. II 32, 4
βιός n. ngr. 512[4]
βιοτεύω παρά τινα II 496[1]
βιοτή II 34, 4
βιότης 528, 1
βίοτος 300[7]. 501[3], 4; – τᾶς ἡσυχίας II 122[3]. 129[5]
βιοῦμαι II 226[4]; ἐβιώσαο Od. 755[6]; s. βιώσομαι
βιόω 675[4]; s. βεβίωκα, βιῶσαι, ἐβίωσα, βιώσω
Βῖππος 636[2]
βιπτάζω dor. 268[6]
Βίτουλα ngr. 224[2]
βιώιην 795[3]
βιῶναι 9[4]. 300[7]. 675, 6. 808[4]. II 366[5]; s. ἐβίων, βεβίωκα
βίωρ lak. 217[4]. 225[1]. 410[4]
βιῶσαι II 281[4]; s. ἐβίωσα
βιώσιμα n. pl. II 606[3]
βιώσομαι 675[4]. 743[3]. 781[7]. 782, 5; βιωσόμενος II 295[8]
βιώσω 782, 5
βιώτω II 344[1]
βλ- 277[5]
βλαβ- 772[1]
βλάβεν 759[5]
βλαβερός 482[1]
βλάβεται hom. 684[2]. 685[2]. 704[4]. 723[4]. II 237[2]
βλαβέων gen. pl. 579, 4
βλάβη 257[2]. 460[1]. 582[3]. II 614[2]
βλαβη- pass. hom. 760[2]
βλαβήσομαι Plat. 763[3]
βλάβομαι c. dat. II 148[4]; s. βλάβεται
βλάβος n. 342[3]. 460[1]. 512[3]. 582[3]; βλαβέων gen. pl. 579,4
βλαβύσσω 733[5]
βλάβω ngr. (thess.) 704, 10
βλαδαρός 277[4]. 342[2]
βλαδύς 463[2]
βλαισός 516[6]
βλακικῶς 624[2]
βλᾶξ 277[4]. 360[3]
βλαπ- 257[2]. 772[1]
βλάπτομαι (-εσθαι) c. instr. II 167[2]; s. βλάβομαι, βλάψομαι, ἐβλάβην, ἔβλαβεν, ἐβλάφθην, ἔβλαμμαι, βεβλαμμένος, βεβλάφθαι

βλάπτω 277[4.5]. 704[5]. 772[4]; – τινά II 72[3]; -ει ἑαυτόν II 230[1]; -ω τινὰ μετ' ἀνοκωχῆς II 484[6]; -ειν παρὰ τὴν ἑαυτοῦ ἀμέλειαν II 497[3]; -ουσι κελεύθου II 93[4]; s. βλάψω, ἔβλαψα, βέβλαφα, βεβλαβώς
βλάπω kret. 704[4]
βλάσαμον 831[3]
βλαστάζειν H. 706[4]
βλαστάνεσκε Soph. 711[3]
βλαστάνω 277[4]. 700[3]. 704[3], 8. 816[6]; – φύσιν II 76[2]; s. ἐβλάστησα, ἔβλαστον, -ηκα, βεβλάστηκα, βλαστήσω
βλαστάω LXX 700[3]
βλαστε/ο- 748[3]
βλάστεσκε 711[3]
βλαστέω Theophr. 700[3]
βλάστη Soph. 700[3]
βλαστήσω fut. 816[6]
βλαστός Hdt. 700[3]
βλάσφημος 260[6]. 440[7]
βλαύτη 61[8]
βλαφθέντ- hom. 759[5]
βλαφθη- att. 759[5]; βλαφθῆναι II 363[8]; ἐβλάφθησαν Ilias 759[5]
Βλάχοι 135[5]
βλάψομαι Thuk. 763[3]
βλεαίρω H. 724[6]
βλέθρα böot. 207[5]
βλείης: αἴκα – Epich. 743, 2
βλεῖο Ilias 743[1]. 795, 2
βλείς Epich. 743, 2
βλεμεαίνω 440[4]; -ων 733[1]; -ειν περὶ σθένεϊ II 501[6]
*βλεμεσαίνω 733[1]
βλέννα 322[7]
βλέννος 322[7]. 833[3]
βλέπειν: τοῦ – II 372[5]; τὸ μὴ – II 371[7]
βλέποντας ngr. 805[4]
βλέπος 512[2]
βλέπου ngr. (dial.) 355[3]
Βλέπυρος ion. 263[4]
βλέπω att. 299[1]. 684[4]. 737[4]. 815[2]. II 77[2]; -ει 640[7]; -ειν κάρδαμα II 76[6]; -ειν πρὸς μεσημβρίαν II 510[5]; – φιλοφρόνως πρός τινα II 510[5]; βλέπω κ' ἔρχεται ngr. II 13[6]; – φόβον II 76[6]; s. ἔβλεψα, βέβλεφα, βλεψ-, ἔχω ἰδωμένη
βλέφαρον 299[1]; βλεφάροιιν II 48[1], 2
βλεψεισθαι epid. 786[4]
βλέψομαι 781[7]
βλέψον II 341[4]
βλη- 747[6]
βλήδην 626[3]
βλήεται conj. hom. 792[5]
βληθη- 761[7]
*βλήθω 706[5]
βλῆ(ι)ο Ilias 795, 2
βλῆμα 346[4]. 360[4]. 523[4], 5
βλήμεναι hom. 743[1]
βλήμενος 743[1]. 757[5–6]
βλῆρ äol. 300[6]. 360[4]. 519[5]
βλῆσθαι 743[1]. 809[3]
βληστρίζω ion. 706[5]
βλητίζω 706[4]
βλῆτο Ilias 757[1]. II 237[7]; s. ἔβλητο
βλητός 761[7]
βλῆτρον 532[3]
βληχάομαι 291[4]
βληχάς 508[1]
βληχή 460[3]
βληχρός 277[4]. 498[5]
βλήχων att. 299[1]. 479[4]
Βλίαρος ON 638[4]
βλῑμάζω 492[2]
βλιστηρίς (χείρ) Anth. P. 723, 8
Βλιστίχη 280[7]. 723, 8
*βλιστός 'mellītus' 723, 8
βλίττω 277[3]. 320[7]. 518[1]. 723[5], 8.
βλογιά ngr. 43[3]
βλοπ- 760, 3
βλοσυρός 272[4]. 482[4]
βλοσυρῶπῑς 463[6], 5
βλύζω 714[6]. 717[1]
βλύσσω spätgr. 717[1]
βλυστάνω 700[3]
βλύω 686[3]
βλωθρός 277[4]. 361[2]. 704, 8
βλωμός 492[2]
βλώξω fut. 708[6]. 783[1]
βλώσκω 277[3]. 360[5]. 361[2]. 743[2]. 747[1]. 783[1]; s. βεβλωκώς, βέμβλωκεν, μέμβλωκα
-βλώσκω 774[3]
*-βμ- 327[3]
*-βν- 327[3]
βο- compos. 577[4–5]
-βο- suff. 495[4.5]. 496[1]
βόα acc. sg. 577[3]
βοᾶαι hom. 683[2]
Βοάγριος lokr. 439[4]
βοᾱθέω dor. 252[7]
βοαθησιω, -σιοντι gort. 786[4]
βοᾱθοέω ätol. 252[7]
βοᾱθοια ätol. 252[7]. 469[5]
*βοᾱθοΐᾱ 469[5]
βόαρχος adj. att. 577[5]
βόας acc. pl. 577[3.4], 10
βοάσομαι 781[8]
βοάω (βοᾶν) 683[2]. 719, 9. 761[4]. 807[4]; βοᾷ II 80[2]; βοᾷ βοᾷ II 700[2]; βοάω c. dat. II 147[3]; – κραυγῇ II 166[5]; – παρ' ὄχθαις II 493[5]; s. ἔβωσα
βόδι (nicht βώ-) n. ngr. 577[5]
Βοδμίλκας 208[5]
βόε du. 565[4]. 577[3]. II 47[3]. 48[5]
βοεικός 498[1]
βόειος 577[5]
βόες nom. pl. 577[2.3]
βοεύς 577[5]
*βοϝᾱθοϝος 450[1]
*-βοϝjα 348[4]
*-βοϝjος 467[5]. 577[5]
βοή: βοὴν ἀγαθός II 85[7]. 86, 2
βοηγενής poet. 577[5]
βοήθεια 469[5]; – c. dat. II 144[8]
βοηθέω 726[4]; -θῶ 252[7]; -θῶν II 391[3]
βοηθῆσαι: τὸ μὴ – II 371[1]
βοηθήσας: -σάντων ὑμῶν II 400[2]; οἱ βοηθήσαντες II 616[6]
βοηθητέον εἶναι II 409[6]
βοηθός 252[7]. 450[1]
βοηλασίη 398[2]. 439[5]
βοθήσας 254[3]
Βῶθις ark. 192[3]
βόθρος 262[3.4]. 481[3]
βόθυνος 262[3.4]. 491[4]
βοΐ dat. sg. 192, 1. 562[4]. 577[2]
βοῖ interj. 600[4]; αἰβοῖ – II 600[4]
βοΐδιον 577[5]
Βοΐδιον (ἡ) II 37[6]
Βοιδίων II 37[6]
βοιηθῶ 195[4]
βοικίαρ el. 207[8]. 225[1]
βοϊκός 577[5]
βοιός ion. 195, 3
*βοιος 300[7]
-βοιος 467[5]
Βοΐσκος 542[2]
*Βοιωτ 503[4]
Βοιωτία: ἡ – II 24[2]
Βοιωτίδιον II 602[8]
Βοιώτιος 466[4]
Βοιωτοί 66[3]. 79[1]. 90, 1. 91, 1. 503[4]
Βοκόπια rhod. 577[5]
βόλβιτος 260[8]
βολβός 291[4]. 423[2]. II 30[5]
βΟλΕμενος pamph. 728[7]
βόλεστε v.-att. 205, 4
βολέω 719[4]. 721[5]
βολίμι ngr. 257[5]
βόλιμος 257[5]
βολίς 465[1]
βόλιτος 260[8]
βόλλα lesb. 284[1]
(*βολνομαι) 284[1]
Βολόεντι kret. 226[1]
βόλομαι 82[5]. 721[5]. 722[2]
βόλος 458[7]
*βολσομαι 284[1]

βόλυβδος att. 257[5]
βόλυνθος 510[6]
βολῶν (= ὀβολῶν) 75[4]
βομβεῖν κατὰ ῥόον II 478[5]
βόμβος 291[4]. 423[2]
(*βομέω) 720, 12
βονα kypr. 275[6]
βοο- compos. 577[4]
βοόκλεψ 439[5]
βοός gen. sg. 192, 1. 577[3]
*βοόσπορος 577, 8
βορά 360[5]
βόρβορος 423[2]. II 39[4]
βορβορυγή 496[5]
βορέας 163[7]. 295[4]. 461[3], 2. 462, 1; πρὸς -αν τῆς πόλεως II 96[6]
Βορεάς f. 635[1]
Βορειάς f. 508[4]
*βόρειος 461[3]
βορῆς ion. 249[1]
Βορθαγόρας arg. 225, 1
Βόρθιος kret. 224[7]; Βορθίω 226[1]
βορίαις lesb. 461, 2
βορίας gort. böot. 461, 2
worise ngr. (Chios) 226, 1
βόρμαξ 257[5]
βορός 459[4]
βορρᾶς att. 274[4]. 562[3]
βορσόν el. (= ϝορθόν) 205[4]. 226[2]. 829[1]
βοσίν dat. pl. 577[4]
βόσις 708[2]
βοσκέονθ' Od. 710[5]
βοσκή 541[5]. 708[2]
βόσκημα 708[2]
βοσκήσω fut. 708, 3. 783[2]; -σεις 708[2]
βοσκός 459[4]. 541[5]
βόσκω 541[6]. 707[4]. 708[2]; – ngr. 712[2]; s. βοσκήσω, ἐβόσκησα, βεβόσκηκα
Βοσπορᾱνός hell. 189[8]
Βόσπορος 577, 8
βόστρυχος 302[4]. 498[4]
βόσω fut. gramm. 783[2]
βοτάνη 289[2]. 490[2]
βοτανιοῦμεν 785, 3
βοτείων Kallim. 706[1]
βοτήρ 355[5]. 708[2]
βότικα ngr. 278[4]
*βοτις 289[2]
βοτρεύς 478[1]
βοτρυδόν hom. 626[4]
βοτρυμός 492[3]
βότρυς m. 463[5]. 495[4]
βότρυχος 217[2]
βο̄τύπο̄ι 577, 7
βοῦ gen. sg. Aesch. Soph. 192[3]. 577[3]
βοῦ voc. Choirob. 577[3]
βου- compos. 434[3]. 577[4]
βουαγετόν lak. 577[5]
βουβῆτις her. 250[5]. 270[8]. 505, 2
βούβοτος 708[2]
βούβρωστις hom. 504[6]
βοῦδι n. ngr. 577[5]
βούδιον spätgr. 577[5]
βούεσσι böot. 564[3]. 577[4]
Βουζύγης 577[4]. 635[6]; -αι 562[1]
βουηθός 254[4]
βουθήλεια 439[4]
βουθός 254[4]
Βουκάτια delph. 270[6]. 592, 6
Βουκάτιος delph. 270[6]. 577[4]
Βουκάττει 636, 6
βουκκίζω 736[6]
βοῦκλεψ 425[1]
βουκολέεσκες hom. 711[2]
βουκολέω hom. 726[4]; -ῶ II 73[2]
βουκολιαξῆι Theokr. 786[6]
βουκόλος 298[7]. 426[5]
βούλαι 119[3]. 669[2]
βουλαία 258[2]
βουλαμένων 754[2]
βουλαυόντων delph. 198[5]
βουλαχεύς 263[3]
βούλει 119[3]. 127[7]. 668[2]. II 318[5.6]
βουλεία 258[2]
βούλεσαι ngr. 668, 3
βούλευ imper. Theogn. 797, 5
βουλεύειν 732[5]. II 371[6]
βουλευθῆναι II 240[5]
βουλεύομαι (-εσθαι): – περί τινος II 503[1]; – ὑπέρ τινος II 522[3]; – κατά τινος II 480[2]; – πρὸς τὴν ξυμφοράν II 511[8]; – πρὸς τὸ παρεόν II 511[7]; -ονται κατὰ σφᾶς αὐτούς II 477[6]; s. βεβουλευ-, βουλευθῆναι, βουλεύσασθαι, -σοιτο, -σόμεσθα
βουλεῦσαι II 362[2]
βουλεύσασθαι II 363[8]
βουλευσέμεν hom. 806[4]
βουλεύσοιτο II 337[2]
βουλευσόμεσθα 670[2]
βουλευτήριος 467[4]
βουλευτής 154[6]
βουλεύω II 300[3]; – ἐς μίαν (sc. βουλήν) II 708[4]; – τι πρὸς λύχνον II 510[4]; – τινὶ περὶ φόνου II 502[7]; βουλὴν -εύειν II 75[4]; s. βουλεύειν, -λεῦσαι, -σέμεν, -λαυόντων
βουλέωνται conj. 792, 9
βουλή 284[1]. II 41[3]; -λῆ (= -λῆι) 655[4]; βουλή c. gen. II 129[3]; βουλὴν βουλεύειν II 75[4]
βούλη II 318[5]
βουληθείης: ὁπόταν – II 338[3]
βουληθη- Hdt. att. 762[1]
βουλήσομαι 783 , – c. infin. II 294[4.5]; – ποιῆσαι II 294[5]
βουληφόρος: ἀρχὸς ἀνὴρ – II 614[6]
βουλοίατο 750[3]
βουλοίμην κε II 330[2]
*βουλολαχεύς 263[4]
βούλομαι 284[1]. 295[2]. II 227[5]. 229[2]. 259[3]. 308[8]. 330[1], 1; βουλόμεσθα 670[2]; βουλόμενος II 391[3]; βούλομαι c. infin. 810[1]. II 291[2]. 293[5.7]. 365[5]; – εἰς τὸ βαλανεῖον II 293, 1. 708, 1; – τι ἀντί τινος II 443[3]; ὡς βουλόμενος II 391[7]; s. βόλομαι, βούλη, βούλει, βούλαι, βούλευ, ἐβουλόμην, εἰβουλόμην, ἠβουλόμην, ἠβούλω, βουλέωνται, βουλοίμην, -λοίατο, βουλαμένων, βουλήσομαι, βουληθη-, βουληθείης, βεβούλημαι
βουλόμαχος 442[3]
βουλυτόν δε hom. 624[6]
βοῦν acc. sg. 577[3], 6. 7
βουνόμος 439[5]
βουνός 347[3]. 489[1]
βουδα 217[4]
βούπρηστις 504[4]
Βοῦρα 66[4]
βουρβουρίζω ψεῖρα mgr. II 111, 3
*βοῦς (ou) 577, 7
βοῦς 192, 1. 279[6]. 295[5]. 377[8]. 564[2]. 575[2]. 577[2.3], 5. 7. 585[3]. 731, 1. II 31[3.5]; βοῦ voc. Choirob. 577[3]; βοός gen. 192, 1. 577[3]; βοῦ gen. 192[3]. 577[3]; βοΐ 192, 1. 562[4]. 577[2]; βοῦν acc. 577[3], 6. 7; βόα 577[3]; βόε du. 565[4]. 577[3]. II 47[3]. 48[5]; βόες nom. pl. 577[2.3]; βοῦς 564[2]. 577[4]; βοῶν gen. pl. 577[2.4]; βουῶν böot. 577[4]; βόεσσι dat. 564[5]. 577[4]; βουσί 577[2]; βοσίν 577[4]; βούεσσι böot. 564[3]. 577[4]; βόας acc. 577[3.4], 10; βοῦς 564[2]. 577[3], 10; s. βῶς
βουσόος 450[1]
βουστάνη 489[2]
βουστροφηδόν 141[2]. 626[5]
Βουτάστρατος 637[7]f.
βούτης 577[5]
Βουτρωτός 66[3]
βουφονέω 726[4]
Βουφονιών 577[4]
βουῶν gen. pl. böot. 577[4]
βοών 577[5]
βοῶν gen. pl. 577[2.4]
βοώπῑς 571[1]
βοῶπις 426, 4. 439[5]. 577[4]
βοώτης hom. 500[5]
βρ- 277[5]

βρά·ἀδελφοί H. 65, 2. 568, 3
βραγχιάω 732[3]
βραδινός lesb. 225[2]
βραδίων 538[4]
βράδος 128[2]
βραδύνω: μὴ βράδυνε II 343[5]
βραδύς 342[2]. 538[4]
βραδύτερα 624[2]
βραδυτής 382[4]. 528[6]; -τῆτες II 43[7]
βράζω ngr. 715[4]
βραθυ 278[8]
βραΐδδει el. 331[6]
βράιδον lesb. 225[2]
vráka tsak. 779, 1
βράκεα lesb. 225[2]
βρακεῖν·συνιέναι H. 302[7]. 342[5]. 747[6]. 755[3]
βράκετον 502[4]
Βραμαγαρα 156, 2
Βράμις böot. 225[2]
Βρανίδας böot. 225[2]
βράξαι 302[7]. 755[3]
βράπτω H. 704[6]
Βρασίδας καὶ τὸ πλ. ἐτράπετο II 611[2]
βράσσων 538[3], 6
βραστός ngr. II 410[7]
βρατάνει (= Ϝ-) H. 700[4], 3
βρατάνη 225[1]. 489[6]
βραττίμης 61[8]
βραυκανάομαι 700[6]
βραῦκος (-εῦ-) kret. 198[6]
Βραυκῶνι loc. II 155[1]
βραχη- 760[1]
βραχίων 538[4]; -ίονες II 44, 2
βραχμᾶνες 156, 2. 487[4]
βραχύς 277[4.5]. 342[2]. 463[1]. 538[3.4], 6
βράψαι 277[4]
βρέ 'he!' ngr. 547[4]. 585[1]. II 16[4]
βρεγμός 206, 1
Βρεισάδας 510[1]
βρεκεκεκέξ II 620[2]
βρέμω (-ειν) 684[4]. 719[4], 11. II 232[6]; – ὑπὸ σκότῳ II 527[2]; βρέμεσθαι II 232[6]
βρένθος 510[6]
βρενταί 500[3]
βρές το ngr. II 250, 1
βρέσκω ngr. 709, 2
*βρέσσων 538, 6
βρέτας 514[5]
βρέφος 295[4]
βρέχει II 621[5]
βρεχη- 760[1]
βρεχμός 492[4]
βρέχω 684[4]; -χει II 621[5]; ἔβρεξεν (κύριος) II 621[4]
βρήτωρ lesb. 225[2]
βρῖ 837[1]
βρῑ- 755[1]
βριάει 683[1]
βρῑαρός 482[2], 5. 703[2]
Βρίγες 65[1]. 67[3.7]
βρίζω 'schlafe' 648, 1. 716[4]
βρῑθ- 755[1]
βρῖθος 511[1], 4
βρῑθύς 462[6]
βρίθω 350[5]. 363[4]. 703[2]; – c. gen. II 110[7]; s. βέβρῑθα
Βριληττός 61[1]
βρῑμάομαι 725, 9
βρῖμη 725, 9
βρῑμός 494[3]
βριμοῦσθαι c. dat. II 144[5]
Βρῑμώ 494[4]
βρινδεῖν 703[1]
βρῑσ- 755[1]; s. ἔβρῑσα
βρῑσάρματος 451, 1
βρίσδα lesb. 352[3]
Βρισεες (= -ηίς) 201, 2
βρίσκω ngr. 709, 2. 712[2]; s. βρέσκω
βρίστω ngr. 705[3]. 709, 2
βρόγχος 510[7]
βρόδον lesb. 225, 2. 344, 2
βρομέω 719[4], 11. 726, 5. II 222, 3
Βρόμιος 719, 11
βρόμος 458[6]. 459[3]. 719, 11
βροντᾷ (Ζεύς) II 621[4]
βροντή 256[5]. 277[7]. 324[3]. 362[8]
Βρόντης 561[4]
βρόταχος 831[3]
βροτήσιος 466[5]
βρότος 501[4]
βροτός 277[3]. 344[2], 1. 385[4]. 502, 1. II 174[5]; – αὐδήεσσα II 32[4]
βροῦκα kypr. 198[6]
βροῦκος kypr. 88[8]. 198[6]
βρούχετος kypr. 182[2]
βροῦχος ion. 198[6]
βροχέως lesb. 344[1]
βρόχθος 510[7]. 759[3], 2
βρόχος 207[4]. 459[1]
βροχύς 89[6]
Βρόχυς II 175[3]
Βρύαξις 318[4]
βρυγμός 206, 1. 492[5]
βρυκεδανός 530[2]
βρύκω 702[5]
βρύλλω 736[6]
βρύξ 351[7]
βρύον 458[6]
βρύσας 686[3]
βρυτανεύω phok. 207[5]
βρυτανήιον kret. 207[5]
βρύτηρ äol. 222, 4
βρῦτος 68[6]
βρῡχανάομαι 700[6]
βρῡχάομαι 291[4]. 683[2]. 771[3]. II 263[2]; s. ἐβρυχήσατο, βέβρυχε
βρυχή 683[2]
βρύχω 295[4]
βρύω 686[3]; – c. gen. II 110[7]; βρύσας 686[3]
βρῶ conj. ngr. 709, 2
βρώζω 708[7]. 716[7]. II 226[2]
βρωθη- Hdt. 762[1]
*βρωθρά pl. 362[5]
-βρώς 425, 2. 514[4]
βρῶσις 343[7]
βρώσομαι hell. 708[6]
βρωτός 360[5]. 361[1]
βρωτύς 506, 7. 8; -τύν acc. sg. 571[2]
*βση- 743, 1
βῦ 291[4]
βύας 224, 5. 291[4]. 313, 1. 461[2]. 716[5]
βύβλος 141[3], 4. II 34, 4
Βύβλος 153[2]
βυβός 423[2]. 496[1]
βῦζα f. Nikandr. 474[4]. 716[5]
Βυζάντιον 66[5]
βυζάνω ngr. 259[3]. 701[4]
Βύζας 66[5]. 526[4]
Βυζ(ζ)άντιοι 218[3]
βύζην adv. 281[8]. 330[2]. 626[3]
Βύζηρες 569[4]
βυζόν·πυκνόν H. 472, 3. 626, 3
βύζω 716[5.7]; s. ἔβυξε
βυθός 296[3]
βυκάνη 490[3]
βύκτης 291[4]. 500[1]
Βύλιππος 300[2]. 636[1]
βυλλά 322[5]. 483[4]
βῡνέω 281[8]. 692[2.3]; *βῡνεσω 281[8]
*βυνσοντι 3. pl. 692[3]
βύπτειν H. 704[5]
βύρμαξ 257[5]
βύρσα 285[6]
Βύσβικος 183[7]
*βυσδην 330[2]. 347[3]
*βυσδω 716[7]
Βύσιος (μήν) 307[7]
*βυσλα 322[5]
Βυσναῖοι 833[1]
*βυσνέω 281[8]
βύσσος 152[8]
βυσσός 296[3]. 321[5]
βύσσω 782[3]
βυστός 503[1]
βύστρα 281[8]
*βύσω 692[3]
βύσω, βῦσω 782[3]
βυτθόν 216[7]
βύττος 291[4]
βύω 347[3]. 686[4]. 692[3]; s. βέβυσμαι
βῶ: βῶσιν conj. hom. 792[6]
βώδι s. βόδι
Βώδων thess. 300[2]
βωθέω ion. 252[7]; -θῆσαι 249[7]

βωλευσᾶνται conj. ark. 792[3],4
βῶλος II 32, 4
βώμᾱξ 497[4]
βωμολόχος 429[6]
βωμονίκης 429[6]
βωμός 492[2]
Βωμός: Ζεύς – 492, 2
βῶν acc. sg. dor. 200[7]. 346[3]. 577[2], 7
βῶν gen. pl. Hes. 577[4]
βῶξ 377[7]
βώρθακος 831[3]
Βωρθέα lak. 224[6]
Βωρθεία lak. 226[2]
Βωρσέα spätlak. 205[3]
βῶς dor. 346[3]. 424[2]. 577[3]; βῶν acc. 200[7]. 346[3]. 577[3], 7
βώσεσθε Ap. Rh. 782, 5
βωσθη- Hdt. 671[4]
βῶσιν conj. hom. 792[6]
*βώσομαι [βόσκω] 708, 3
βώσομαι ion. 781[8]
βωστρέω hom. 706[5]; -εῖν II 381[3]
*βώσω (βόσκω) 783[2]
βωτάζειν H. 706[4]
βωτιάνειρα 106[6]. 271[3]. 289[6]. 424[5]. 442[7], 6. 448[2]. II 34[6]
-βώτωρ 708[2]

Γ

γ aus idg. g 291[6]f. 292[2]. 293[6]; – aus ĝ 291[6]f. 292[5]; – aus labiovel. 298[6]; – vor μ, ν 214[8]. 215[1.3–5]; – spirantisch 209[3.4]. 233[5]; – ngr. 209[1]; – (= j) 312[7]; – eingeschoben 209[4.5]; – intervokal. geschwunden 209[2]; – restituiert 215[3]; – parasitisch 125[4.5]; – zu κ 829[3]
-γ- suff. 496[4.5]
γ in Präsensbild. 702[4]
γ' (= γε) II 561[1]
γα dor. el. böot. 627, 4. II 561[1], 1
γᾶ 425[3]. 562[3]; γαῖ nom. pl., γῶν gen., γᾶς acc. 562[3]; γαῖν δυοῖν Aesch. 557[5]
γᾱ- 111[1]. 438[6]
-γα 1. sg. pf. 771[6]
γαβαθόν 209[3]
γαγγαλιάω 647[2]
γαγγαλίζω 213[7]. 259[1]. 647[2]
Γάγγης II 33[2]
γάγγραινα 259[1]
γαδεῖν 223[2]
(*γᾶϜα) 245[7]
*γᾱϜαθέω 703[4]
*γᾱϜεθέω 703[4]
γάζα 154[7]
γαθέω (-έειν, -εῖν): γᾱ́θησα Pind. 703[4]; γαθέω περὶ πλέγματι II 501[5]; – περὶ ψυχάν II 503[7]; s. γέγᾱθι
γαῖα 273[1]. 473[6], 4. II 33[3]; γαιάων hom. II 51[6]
γαιάϜοχος 223[5]
ΓαιάϜοχος lak. 315[1]; ἐν -όχō II 120[3]
γαιάων hom. II 51[6]
γαιήοχος 385[5]. II 701[6]
γαϊκόν (κρίμα) 838[4]
γαίνεται H. 697, 1
-γαιος 451[1]
γαιών herakl. 247[8]. 488[3]
γαίων κύδεϊ 714[3]. II 166[3]
γᾱκίνᾱς dor. 438[6]
γακού 333[6]
γακτός 501[4]
γακυπώνης 693, 8
γάλα 278[4]. 409[2]. 518[3]. 520, 2. II 41[5]; γάλατος 211[4]; γάλαξι II 43[3]
γαλαθηνός 423[5]. 452[2]. 489[3]
*γαλακτ 520[6]
γαλακτ- 424[4]. 515[4]
Γαλαξαύρη 444, 5
γαλάξια 518[3]
*γαλασνός 514[3]
γαλατᾶς 518, 4
Γαλάτεια 518, 4
γαλατμόν 449[4]
*γαλγαλίζω 259[1]
γαλέη 299[8]
γαλεώτης 500[5]
γαλῆ 462, 1; -ῆν 394[3]
γαλήνη 360[3]; γαλήνης gen. II 113[2]
γαληνός 342[4]. 489[6]. 514[3]; γαλήν' ὁρῶ 394[3]
γάλι 223[1]. 462[5]
γάλλοι 223[2]
Γάλλος 161[6]. 231[2]
γαλοιός 278[7]
γαλόως hom. 68[5]. 480[3]
γάλως att. 480[3]
γαμβρή 460[4]
γαμβρόζουμ ngr. (nordgr.) 606[5]
γάμελα delph. 483[2]
γαμετή 720, 12
γᾱμέτρᾱς dor. (herakl.) 250[3]. 451[5]
γαμέω (-έειν) 720, 12. II 272[5]; γαμήσω fut. spätgr. 720, 12; ἔγημα 720, 12. 755[5]; γῆμαι II 362[8]. 363[3]; ἐγάμησα aor. 720, 12. 755[5]; ἐγαμήθην 720, 12; γεγάμηκα 709[3]. 720, 12. 774[5]; γεγάμημαι 720, 12; γαμεῖ γάμον II 79[5]; γαμεῖν γάμῳ II 166[4]; – γάμους c. dat. II 151[8]; – τινα λέχος II 79[7]; ἔγημε θυγατρῶν 'Α. II 102[6]; γῆμαί τινα ἐπὶ ταλάντοις II 468[2]
Γαμίλιος 483[2]
γαμίσκομαι hell. 709[3]
γάμμα 140[2], 4
γαμματίζω 736[3]
γᾱμόρος 111[2]
γάμος 459[4]; -μοι II 43[5]; – ngr. II 43, 5; s. γαμέω
γαμφηλαί 484[3]
γαμψός 516[6]
γαμψῶνυξ 450[6]
γάνα f. dor. 296[2]. 582, 3
γανάω 693, 4
γάνος n. 512[5]
γανόω 732[1]
γανόωντες hom. 694[1]
Γανύκτωρ 531, 8
γάνυμαι 693, 4. 697[1]. 703[4]. II 229[2]; -ται 694[1]; γανύσσεται fut. 697[1]. 737[5]
γανύσκομαι spätgr. 708[5]
γαοργεῖμεν infin. thess. 729[3]. 806[5]
γάρ 388[4]. II 424[7]. 553[4.5]. 555[3.6]. 556[4]. 558, 5. 560[1–7], 2. 5. 561[4.5]. 570[2]. 629[6]. 631[6]. 633[6]. 706[2.5.6]; γὰρ ἄρα att. II 560[3]; γὰρ δή II 563[2]; γὰρ οὖν II 585[1.6]; γάρ ῥα hom. II 560[3]; γάρ τε II 576[3]; γάρ τοι II 580[6]; ἀλλὰ γάρ II 560[5.7]. 578[7]
γαργαίρω 423[2]. 646[5]. 647[2]. 717[2]. 725[2]
γαργαλίζω 647[2]
γάργαλος 647[2]
*γαρ-γαρ 646[5]. 717[2]
γάργαρα 292[4]. 423[2]. 646[5]. II 39[4]
γαργαρεών 423[2]
γαργαρίζω 423[2]. 647[2]
*γαργαρjω 646[5]. 647[2]. 717[2]
γάργαρος 423[2]
γαργάρται H. 423[2]
Γαργηττός 61[1]
γαρριώμεθα 299[8]
γάρσανα kret. 284[8]. 516[5]
ΓαρυϜόνε̄ς, -νης 223[3]. 314[8]

γᾶρυς 463[5]
γᾶς ἔντερον unterital. 95[2]. 210[6]. 427[2]
γάσος 516[8]
γάσσα 516[5]
γαστήρ 530, 2. 568[4]. 839[2]; γαστῆρσι Hippokr. 568[4]; γαστράσι Dio C. 568[4]
γάστρᾱ 461[1]
γάστρη hom. 532[5]
γαστρίον 568[7]
γάστρις 462, 3
γαστρίστερος 535[6]
γατάλαι 223[2]
γατρός (= ἰατρός) 209[6]
γαυγίζω ngr. 223, 2. 313, 1
Γαῦδος 207[5]
γαυνάκης 38, 5
γαυριάω 732[3]; – c. instr. II 168[2]
γαυροῦσθαι c. instr. II 168[2]
γαυσός 516[6]
γβάλλω ngr. 323[7]
γγ für *ng* 231[6]; – kret. < *zg* 216[6]
*-γγjω verba 714[6]
γδουπέω 718, 3
γδοῦπος 325[2]
γδύνω ngr. 701[4]
γε 627, 4. II 14, 1. 424[7]. 553[5]. 554[3]. 555[2.3.6.7]. 556[1.4], 2. 561[1–5], 1–6. 570[2]. 571[6]. 631[6]. 703[1]; γε ἄρα II 559[1]; γε δή II 562[6]. 563[2]; γε μέν II 569[3], 2. 570[2]; γέ τοι att. II 580[6]; γ' ἂν οὖν att. II 585[5]; γ' οὖν II 585[1], 3; ἀλλά γε II 561[4]. 578[3]; εὖ γε II 628[4]
γέαι nom. pl. ion. 473, 4. 562[3]. II 51[6]
γέαρ 223[2]
gebome = γεύομαι 198[4]
γεγάᾱσι 3. pl. 767, 7. 769[2]
γεγάᾱτε 2. pl. 767, 7
*γέγᾱθε 800[5]
γέγᾱθι kret. 800[5]
γεγᾱκα pf.dor.hom.364[1].740[4]
γεγᾱ́κειν infin. Pind. 774, 1; – Φοίβου II 94[1]
γέγαμεν 356[7]. 357[1]. 358[6]. 767[3]. 774, 1.; s. γεγάᾱσι, -άατε, γέγονα
γεγάμηκα Hdt. att. 709[3]. 720, 12. 774[5]; γεγάμημαι att. 720, 12; s. γαμέω
γεγαὼς ὑπὸ Τμώλῳ II 526[7]
γεγαῶτ- 767, 7
(*γεγενα) 765, 1
γεγένᾱμαι hyperdor. 770,8
γεγενημένος: -ης τῆς μάχης II 398[7]; ὡς αἴτιον γεγενημένον II 402[7]; τὰ γεγενημένα περί τινος II 503[3]
γεγενῆσθαι II 376[2]
γεγένηται 643[7]. 738[5]; -νηνται 770, 8
γεγέννηκα 774[5]
γέγευμαι 333[7]. 773[3]; s. ἐγέγευντο
γέγηθα 720[4]. 770[6]. II 264[3]; -θε 703[4]. II 263[2]
γεγήθει 777, 11. II 288[3]
γέγλανται H. 770, 9
*γέγνα(ν) 3. pl. 777[1]
*γέγνε/οντ 777[1]
*γέγνηνται 770, 8
γέγονα 339[2.3]. 358[6]. 367[5]. 662[4]. 737[3]. 767[3]. 812[5]. II 258[3]; -νε 390[2]. 767, 7. 769[2]; *γεγόνε 390[2]; γεγόναμεν att. 419[5]. 767[3]. 769[3]; -νασμεν 773[5]; γέγοναν 666[3]; γεγόνατι ätol. 664[1]; γεγόνασι ἐκ τ. τῶν γυναικῶν II 94[3]; s. γέγαμεν, -γατε, -γάασι, γίγνομαι
γεγόνει inseldor. hom. 767[6], 7. II 286[7]; γεγόνουσαν 765,2
γεγονεῖα att. dor. 273[2]. 474[5–6], 4
γεγόνειν infin. rhod. 807[1]
γεγονέναι 808[2]. II 378[2.3]; – ἐς δέον II 460[5]; – ὑπό τινι II 526[6]
γεγονώς 812[5]; -ότοις dat. pl. 564[8]; -νὼς ἔτη.. II 70[2]; – ὑπὲρ τὰ στρατεύσιμα ἔτη II 520[2]; τὰ περί τινα γεγονότα II 504[7]
γεγράβανται arg. 672[3]. 772[7]
γέγραμμαι 772[4]; -πται 811[6]; -φθε 670[3]; γεγράφαται 772[4]. 773[8]. 811[6]; γεγράφθωσαν imper. Archimed. 802[5]; γεγράφθαι 335[6]; γεγραμμένος 814[6]; -ον II 402[1]; γεγραμμένην εἶχες 812[8]; γεγραμμένον ἐστί 811[6]; -νος (ἦι) 812[2]; -νοι εἰσί 779[4]. 811[6]; II 17[1]. 223[5]. 244[4]; γέγραπται δι' αἰνιγμάτων II 452[2]; s. ἔγραμμαι, -πται, γεγράβανται
γέγραφα 771[1]. 779[3]. II 264[5]
γεγράφηκα hell. 775[1], 1
γέγραφφα 207[2]. 316[3]; -φφώς 772[6]
γεγράψεται 783[4]; -ψαται 3. pl. her. 773[7–8]. 774[1]. 783[6]
*γεγρετο 648, 3. 748[5]
γεγριφώς H. 720[4]. 772[1]
γεγύμνακα 775[2]
γέγωνα 768[2]. 816[4]; -νε(ν) 102[1]. 770[5]. 777[3.5]. II 264[3]; -νε imper. Aesch. 799[1]; γέγωνε βοήσας II 388[2]; s. ἐγεγώνεον
γεγωναμένοις dat. pl. lak. 770, 8
γεγωνεῖν Ilias 768, 1; τὸ μὴ οὐ – II 372[2]
γεγωνείτω Xenoph. 768, 1
γεγωνέμεν infin. hom. 768, 1. 806[3]
γεγωνέοντες ion. 768[1]
γεγώνευν Od. 768, 1
γεγωνῆσαι Aesch. 768, 1
γεγωνήσω Eur. 768, 1
γεγωνητέον Pind. 810[6]. II 240[1]
γεγωνίσκω Aesch. Thuk. 710[3]
γεγωνός m. att. 768, 1
γεγωνός n. spät 768, 1
γεγωνώς 768, 1
γεγώς: γεγῶσα 540[6]; γεγώς εἰμι, – ἦν 812[5]; – ἀπὸ πατρός II 94[1]
γέεννα 124[1]
γεινάμενοι (οἱ) II 45[1]. 408[8]; s. ἐγεινάμην
γείνατο trans. 715, 13; s. ἐγεινάμην
γείνομαι 715[6], 13. 756, 1. 842[3]
γεισήπους 438[6]
γεῖσον 62[1]. 516[8]
γεῖσος n. 512[4]
γείταινα 485[5]. 486[4]
γειτνέω 486[4]
γείτονας, -τόνου, -τόνοι ngr. 579, 7
γειτονεύω 486[4]
γειτονέω 731[6]
γειτονία 486[4]
γειτονιάω 486[4]
γειτοσύνη 486[4]
γείτων 485[5]. 486[4], 3. 487[1]; γείτω acc. 536, 3. 558[1]; γείτονες νότῳ II 155[2]; s. γείταινα
γέκαθα kret. 223[2]
Γέλα f. II 33, 2
γέλα (= εἵλη) 461[1]
*γελᾱ- 682, 3
γέλαιμι lesb. 274[2]. 729[2], 1; γέλαις 2. sg. 729[2.5]; γέλαι 3. sg. 659[6]. 729[2]
γελαῖσα äol. 90[2]; γελαίσ[ας ἰμέροεν II 77[3]
*γέλαμα 524, 3
*γέλᾱμι 682[1.2], 3
γέλαν 223[2]
γελᾱνής 513[4]
γελαρής 519[4]
γελαρος 68[5]
Γέλας m. II 33, 2
γελασθη- 761[3]
γελασῖνος 491[3]
γέλασμα 524[2], 3
γελάσομαι att. 784[6]
γέλασος 516[7]
γελαστός ngr. II 410[7]

γελάω (-ῶ, -ᾶν) 273[8]. II 282[2]; γελώντων imper. II 344[2]; ἐγέλασα 752[4]; γελάσαι 360[3]; γελάω c. acc. II 109[4]; – c. dat. II 145[3]; – c. instr. II 167[6–7]. 168[1]; γελᾶν ἀχρεῖον II 77[1]; – ἡδύ II 75[1]; γελάσασα ἔφη II 388[2]; γελάσαι ἐκ τῶν ἑ. δακρύων II 464[4]; γελᾶν ξὺν τῷ θεῷ II 489[3]; – ἐπί τινι II 467[5]
*γελάω 682[2], 3
γέλγις 465[4]. 510[7]; γέλγιθες 260[4]
*γελγλιθες 260[4]
γελειέμαι pass. ngr. II 241[4]
Γελέων 243[1]; Γελέοντες 243[1]. 526[1]. 682, 3
γέλλαι 223[2]
Γελλώ 478[6], 7
γελοιάω 732[2]
γελοίιος 467, 5
γέλοιο ngr. 514[4]
γελοῖος 467[5], 5. 514[2]; γελοιότερον II 184[5]
γέλοιος 383[1]
γέλος äol. 514[3], 4
γελῶ c. gen. ngr. II 136[7]
*γέλωρ 519[4]
γέλως 57[5]. 514[3]. 647[5]
*γελώσjω 724[4]
γελώω 724[4]
γεμᾶτος c. acc. ngr. II 111[3]
γεμίζω 717[5]. 736[2]; – ngr. II 83[5]
γέμμα ion. 140[2]; γέμματα 223[2]
γέμος 512[2]
γέμω 684[3]; – c. gen. II 110[7]; – c. acc. II 111[3]
γεν epirot. (= γε) 405[5]
γενάμενος ngr. 754[1]. 811[4]
γενεᾶ 187[6]; γενεὰ καὶ γενεά II 700[3]; γενεαὶ ἀνθρώπων II 129[2]
γενεή 187[6]
γενέθλη hom. 533[3]; – ἐξ αἵματος II 463[5]
γενειάδες II 43[5]
γενειάσκω 708[5]
γενειάω 731[5]
γένειον 470[5]
*γενέομαι 782, 11
γενεσέοιν gen.-dat. du. Plat. 573[5]
*γένεσθαι II 260, 2
γενέσθαι 746[3.4]. 809[4]. II 258[3]. 260, 2. 296[6]. 361[3.4]. 362[2.8] 364[2]. 367[4–7]. 368[3–5]. 375[3.8]. 376[3]. 378[2]; τοῦ γενέσθαι II 360[7]. 361[5]. 372[4]; – ἐσθλῶν II 94[1]; – ἔπη διὰ ψευδῶν II 452[2]; s. ἐγενόμην
γενέσθω 801[6]. II 342[8]
γενέσια II 43[7]
γενέσιος 466[4]
γένεσις: -ιν τοῦ ἀφροῦ II 96[1]; -ιν ἐκ τοῦ ἔρωτος II 96[1]
γενέσκετο Od. 711[5]
γενέτειρα hom. 381[7]
γενέτης m. 477[3]. 500[1]. 561[4.5]
γενέτωρ 340[6]. 360[4]. 531, 10
γενή 460[1]
-γένη gen. dat. voc. 579[6]
γενηθήσεται 762[1], 1
γένημα 231[5]. 523[4]
-γένην acc. sg. 579[6]
γενήσομαι 782[7]. II 258[3]; γενήσεται 643[7]. 738[5]; γενησέται Archimed. 786[6]
γένηται II 310[7]. 312[3]; γένητοι 669[3]
γενική (πτῶσις) II 54[1.3], 2
γέννα 315[6]. 421, 3. 475[6], 9; – πέμπτη ἀπ' αὐτοῦ II 447[5]
γεννάδᾱς 190[5]. 315[6]. 475, 9
γενναῖος 274[5]. II 701[5]; – εἰμι c. dat. II 152[2]
*γενναμι 694[1]
Γεννάοι thess. 236[7]
γέννατο äol. 756[1]
γεννάω 265[4]. 694[1], 1; ἐγέννησεν II 285[6]; ἐγεννήθην 762[1]; γεγέννηκα 774[5]
γέννημα 231[5]
γεννήσαντες (οἱ) II 45[1]
γεννητής, γεννῆται 500[4]
*γενόατο 348[7]
γενοίμην II 346[4]; γένοιτο II 321[3]. 322[1.8]. 713[7]; – ngr. 797[5]; γένοιτυ kypr. 182[4]; γένοιντο 671[6]; γενοίατο 348[7]; γενοίμην ἄν II 328[3]; γένοιτο ἄν II 327[2.8]. 329[2]; ἵνα γένοιτο II 323[3]. 333[5]; ὅπως – II 323[4]
γένοισαν 666[2]
γένομαι fut. hyperatt. 780[5]; – ngr. 640, 3. 690[2]
γενόμενος 746, 4. II 389[4]; -ον II 402[2]; γενόμενοι ἦσαν Thuk. 812[6]; γενομένης ναυμαχίας II 398[7]; γενόμενον αὐτίκα II 390[7]; τὰ γενόμενα ἐξ ἀνθρώπων II 463[7]
γένος 31[4]. 292[8]. 304[4]. 309[2]. 339[2]. 355[6]. 356[3]. 358[6]. 360[4]. 362[7]. 380[8]. 419[7]. 511[7]. 553[7]. 578[7]. II 29[3]. 86[3]; γένο Σ- 230[5]; *γενεσος, -hος 20[4]; γένεος 14[6]. 20[4]. 219[6]. 240[2]. 249[7]. 554[1]; γένευς, -ους 249[7]; γένει dat. 348[2]; τὼ γένει du. II 48, 4; γένεα 14[6]. 581[1]; γένη 250[6]. 581[1]; γενέων gen. pl. 378[6]; γένεσι dat. pl. ion. att. 321[4]; γένος ἀνθρώπων II 608[7]
γενοῦ imper. 746[3]. 764[3]. 798, 4. 799, 2
γένου imper. ngr. 764[3]
γέντα 501[4]
γέντο 'faßte' hom. 102[1]. 324[2]. 678[6]. 679[1]. 684[3]. 720, 12. 740[6]. 746[4]
γένυς 293[6]. 381[1]. 463[5]. II 29[3]. 33[5]; γένυος gen. sg. 585[5]; γενύων gen. pl. 244[8]; γένυσσι dat. hom. 549[1]. 571[3]; γένυσι 571[3], 3; *γένῦσι hom. 571[3]
γένωμαι; s. γένηται, γένητοι
Γεοποθρος 197, 2
γέρα n. pl. hom. 209, 1. 516[2]. 579, 4. 581[4], 5
*γερα- 682, 5
γέρᾳ dat. 515[2]
γέραα 583[6]
γεραιός 360[2]. 468[4]
γέραιρα 475[1]
γεραίρω 725[2]
Γεραιστός 66[3]. 503[5]
γεραίτερος 534[5], 8
γέρανος 292[4]. 486[4]
γεραρός 516[2]
γέρας 514[5], 7
*γερασι loc. 534, 8
γεράσμιος 493, 10. 515[1]
Γεραστός 66[3]. 276[2]
Γερβανικός 259[3]
γέργερα 292[4]. 423[2]
γεργέριμος 423[2]
γεργέρινος 423[2]
γέργερος 423[2]
γεργυρα s. γοργυρα
γέρεα 243[2]
γέρην 486[4.7]
Γερόνθραι 533[3]
γέροντας ngr. II 410[8]
γεροντία 270[7]
γεροντίας 270[7]
γεροντιάω 732[3]
γεροντοδιδάσκαλος 439[6]
γέρος ngr. 458[3]
γερός ngr. 586[3]
γερουσία 270[7]
γερουσίας 270[7]. 470[2]
γερράδια 467[1]
γέρρον att. 284[8]. 516[5]
γέρυς 463[2]
γέρων 56[6]. 525[6]. 566[4]. 810, 3. II 176[3]. 185[1]. 408[3]; γέρον voc. sg. 408[7]. 565[6]. II 59[6]. 60, 3; γέρων γέρων εἶ II 700[1]; γέρων ἀνήρ II 614[6]; γέρον φίλε II 614; γέρων ἱππηλάτα II 615[5]
γερωχία 218, 1
γέσμα 524[2]
γέτορ 223[2]
γευθμός 493[1]
γεύμεθα 679, 6. 685[6]

γευνῶν H. 267[3]
γεύομαι 198[4]. 293[1]. 347[4]. 348[4]. 685[6]. 738, 4. 755[1]. II 234[2]; – τινός (τι) II 103[4.5]; γεύσομαι 782[3.5]. II 291[5]; γέγευμαι 333[7]. 773[3]; s. ἐγέγευντο
γευσ- 755[1]
*γευσθμός 493[1]
*γεύσομαι praes. 738, 4
γευστός 685[6]
γεύω 685[6]. II 234[2]; γεύσω II 80[3]; γεύω τινά τι(νος) II 103[5.6]
γέφῡρα ion.-att. 298[8]; γέφῡραι 559[6]
γεφύρωσεν Ilias 731[7]
γεω- 438[6]
γεωδαισία 676[3]
γεωμέτρης 189[5]. 451[5]; -τρα voc. sg. 560[6]
γεωμετρῆσαι τὸν ἀέρα II 73[3]
γεωργός 447, 4; κατὰ γεωργόν II 42[4]
*γϜ 332[2]
γῆ 30[3]. 245[7]. 562[3]. II 33[4]. 51[6]. 470[5]; γῆ loc. II 154[8]; s. γᾶ
γη- 111[1]. 438[6]
γηγενής 46, 1
*γήγορα 648[2]
γῆθεν 628[2]
γηθέω (-εῖν) 720[4]. II 263[2]. 395[1]; ἐγήθεεν hom. poet. 703[4]; γηθήσει 703[4]; γήθησε 703[4]; γηθήσαι κεν Πρίαμος Πριάμοιό τε παῖδες II 329[4]. 610[7]; s. γᾱθέω, γέγᾱθι, γέγηθα, γεγήθει
γήθομαι spät 703[4]
γῆθος 128[2]. 511[2]
γηθόσυνος 703[4]; – κῆρ II 85[6]
γήθω spät 703[4]
*-γηιος 451[1]
γήλοφος 438[6]. 453[4]
γῆμαι II 362[8]. 363[3]; – τινα ἐπὶ ταλάντοις II 468[2]; s. γαμέω
*γην- 694, 1
*γηννᾱμι 694[1]
*γηο̄ργός 447, 4
γηρα- 682, 5
γηραλέος 516[2]
γηράντ- ptc. 682[3], 5
γήρᾱς ptc. 682[1]
γῆρας 356[5]. 360[2]. 514[5], 7. II 65[1]
γηράσκω 707[2]. 708[5]. 781[6]. II 72, 1; γηράω Xenoph. 708[5]; γηρᾱ́σομαι 708[5]. 781[6]; γηράσκει ὄγχνη ἐπ' ὄ. II 156[4]; s. ἐγήραν, ἐγήρασα
γηρείς ion. 743, 12
γηροβοσκός [so] 440[5]. 541[6]
γηροτροφεῖν II 73[5]
γία 223[2]
γιά praep. ngr. c. acc. II 171[1]
γιὰ νά, γιανά ngr. II 384[4]. 678[3]
γίγαρτον 423[6]
γίγᾱς 423[6]. 526[5]. 566[4]
Γίγας 62[2]
γιγγίς 275[5]. 423[6]
γίγγλυμος 423[6]
γίγγρᾱς 423[6]
γίγνομαι (γίγνεσθαι) 31[4]. 266[5]. 309[2]. 357[3]. 358[6]. 648[2]. 690[1.2]. 713, 13. 746[4]. 812[2]. II 72, 1. 122[6.3]. 123[3.6]. 124[6]. 227[5]. 229[1]. 272[3.6]. 273[4]. 276[4.5]. 281[4]. 347[5]. 348[7]. 353[3]. 367[2]. 399[2]; γίγνεται 640[5]. 643[7]. II 366[2.3]. 515[3]. 608[4]. 623[1]; τοῦ γίγνεσθαι II 371[4]; τῷ γίγνεσθαι II 360[4]. 371[4]; εἰς τὸ γίγνεσθαι II 371[4]; γιγνόμενος 356[7]; γιγνόμενα II 241[7]; τὰ – II 426[4]; γενηθήσεται 762[1], 1; γίγνεσθαι ἀγορὴν παρὰ θύρησι II 493[4]; – ναυμαχίην ὑπὲρ M. II 520[7]; – φίλον παρὰ κρητῆρι II 493[5]; – ἀριπρεπέα c. loc. II 155[5]; γίγνομαι προστάτης τινὸς ὑπό τινος II 227[3]; γίγνεται πάχναι etc. II 612[4]; γίγνεσθαι c. abl. II 94[1]; γίγνονται Δαρείου II 94[1]; γίγνεσθαί τι ἀπό τινος II 446[4]; – ἔκ τινος II 463[5]; – ἐξ ὀφθαλμῶν II 463[2]; – διὰ χρόνων II 451[3]; – διά τινος II 452[8]; – διὰ στόμα II 453[2]; γίγνεταί τινι ἡδομένῳ 152[3]. II 618[7]; γίγνεσθαι παρὰ νύκτα II 496[6]; – πρὸς τῆι θύραι II 513[5]; – πρὸς τῷ σκοπεῖν II 513[6]; – τινι πρὸς τῇ καρδίᾳ II 148[6]; – ὑπό τινι II 434[4]. 525[6]; – ὑπό τινα II 434[4]. 530[8]; – ὑπὸ τύχη II 526[1]; – ἀμφὶ κρίσιος II 438[8]; – ἀντί τινος II 443[2]; – ἐπί τινι II 467[5]; – ἐπὶ τὴν ἕω II 473[3]; – κατὰ τοῦτο τοῦ λόγου II 476[1]; s. γίνομαι, ἐγίγνετο, ἐγενόμην, γενοίμην, γενοῦ, γενόμενος, γέγονα, γέγαμεν, γεγένᾱμαι, -νημαι, γεγονώς
γιγνώσκω 292[6]. 643[7]. 707[3], 3. 709[1]. 710[2]. 781[7]. 816[7]. II 72, 1. 396[1]; γνώσω 781[7]; γνώσομαι 781[7]; γνωσθη- 761[3]; γνώω conj. 743[2]. 792[5]; γνῶ conj. 249[3]. 651[6]. 792[6]. 793[1]; γνώεις conj. hom. 792[5]; γνοῖς conj. hell. 793[1]; γνῶι, γνῶις conj. 792[6]; γνώηι conj. 792[5]; γνώομεν conj. 792[5]; γνῶμεν 792[6]; γνώωσι, γνώουσι hom. 792[5]; γνῶντι conj. delph., γνῶσιν hom. 792[6]; *γνόην 348[7]; γνοίην opt. 348[7]. 743[2]; γνώιην 795[3]; *γνοιής 390[2]; γνοίης 390[2.5]. 795[2]; *γνωιμεν 1. pl. opt. 795[2]; γνοῖμεν 795[2]; γνῶθι 800[4]; γνώτω 801[4]; γνώμεναι infin. 743[2]. 806[4]. II 363[1]. 631[3]; γνῶναι infin. 808[2.4]. II 360[3]. 364[2]; μέχρι τοῦ γνῶναι II 371[2]; γνοῦναι 808[2]; γνοντ- ptc. 743[2]; γνόντες 279[4]; γνοίης ἄν II 244[7]. 329[2]; γιγνώσκω τὸ πὰρ ποδός II 498[4]; γνῶθι σαυτόν II 339, 3; τὸ – – II 25[4]; γιγνώσκω παρὰ τοσοῦτο II 496[8]; – c. gen. II 106[2.3]; – τι c. dat. II 149[4]; – ἀσπίδι II 167[3]; – c. ptc. II 396[7]; s. auch ἔγνον, ἔγνων, ἔγνωκα, ἔγνωσα, ἐγνώσθης, ἔγνωσμαι
(γιγνώισκω) 710[1]
γιζί f. Diosk. 585[3]
ΓιλικαϜι, -Ϝος kypr. 573, 1
γιλλός 323[3]
Γίλλος II 175[3]
γιμβάναι H. (γ = Ϝ) 223[2]. 692[5]
(*γινϜομαι) 698, 2
γινιούμενον böot. 698[1]
γιννόμενον gort. 215[1.4.6]
γῑνομαι (γίνεσθαι) 127[7]. 215[4.6]. 283[4]. 648[2]. 697, 5. 698[1], 2. 715, 13. 814[7]. II 272[5.6]. 362[8]. 383[4]. 689[7]; – ngr. 650[4]. II 235[4]; ἐγενήθην j.-att., Koine 762[1]; -θη 738[5]; γίνεσθαι πρός τινος II 515[3]. 516[2]; γίνομαι ζ. ἀπὸ πλούσιος ngr. II 446, 6; γίνεσθαι εἴς τι II 460[1–2]; γίνεται Ζωπύρου II 94[1]; γίνεσθαι c. gen. II 125[1]; – πολλοῦ ἀργυρίου II 125[1]; – τινι ὑπὲρ κεφαλῆς II 520[6]; – μετὰ φρεσί II 484[3]; γινόμενα ταῦτα II 402[3]
γινύειτει thess. 90[7]. 669[3]. 698[1]
γίνυμαι thess. böot. 698[1], 2; γινυμέναν thess. 698[1]; – ἐν τάνε II 460[5]
γίνυτη böot. 698[1]
γῑνώσκω 127[7]. 215[4.6]. 707[3], 3. 709[1]. 710[2]. II 277[2]. 366[5]
γῖξαι 223[2]
γίο·αὐτοῦ H. 223[2]. 603[3]. 605[1]

γιόμα ngr. 163[6]
Γιούχτας ngr. 182[2]
γίς 223[2]
γίσγον 223[2]
γισχύς 463[7]
*γj 319[2]. 330[4]. 367[1]; γj > σδ 272[4]
*-γjω verba 734[1]. 737[5]
γκρεμίζω ngr. 695, 1
*γλᾱ- (: γελα-) 682, 3
γλάγος hom. 257[2]. 515[5]. 518[3]
γλαινοί 347[7]. 676[4]
γλακκόν 315[7]. 518, 4
γλάκος 257[2]
*γλακτ- 515[4]
γλάμυξος 831[2]
Γλαῦκος ion. 197[6]
γλάσσα 86[6]. 340[4]. 474[4]; γλασσᾶς gen. 359[4]. 474[4]
γλαυκιόων hom. 732[3]
Γλαύκιππος 218, 2. 306[1]
Γλαυκλέης 263[7]
*Γλαυκοκλ- 263[7]
Γλαῦκος 380[3]. 634[6]
γλαυκός 459[4]
γλαύκωμα 157[8]
γλαῦξ(γλαύξ) 377[8].378[4].384[1]; γλαῦκ' Ἀθήναζε II 156, 2
γλαφυρός 482[4]. 685[3]
γλάφω 685[2]. 770, 9
γλᾱ́χων dor. böot. 299[1]
Γλεόντων φυλῆι 682, 3
γλέπω dor. 109[7]. 299[1]
γλευκισμός 198[7]
γλεῦκος 347[4]
γλεῦξις 505[4]
γλέφαρον dor. 109[8]. 299[1]
γλήγορα ngr. 258[7]
γλήν 584, 6
γλήνη 584, 6
γλῆνος 360[3]. 512[7]. 676[4]
γλήχων ion. 299[1]
γλί 837[1]
γλία 702[5]
γλίσχρος 328[4]
γλίσχρων 487[5]
*γλιχ(ε)σρο- 328[4]
γλίχομαι 685[3]. 702[5]; ἐγλιξάμην 685[3]; γλίχομαι c. infin. II 361[3.5]; γλιχόμεθα τοῦ αὐτοῦ II 130[3]
γλιχός 685[3]
γλοιός 702[5]
γλουκού 182[2]
γλουρος 68[5]
Γλοῦς kar. 562[3]
γλουτός 501[4], 10. 577, 11; -ώ II 47, 4
γλυκάδα, γλυκάδι ngr. 509[1]
γλυκάδιον 467[3]
γλυκαίνω 289[6]. 733[2.3]
Γλυκέριον 471[1]. II 37[5.6]
γλυκερός 483[1]
γλυκερώτερος 534, 11; -ον ἧς γαίης II 98[6]
γλυκέως gen. spät (hyperatt.) 572, 8
γλυκῆα neut. pl. Herod. 581, 2
γλύκιστος 536[4]
γλυκίων 534, 11. 536[4]. 538[4]. II 184[2]
*γλυκjων 536[5]
γλύκκα 317[1]
γλυκκός 317[1]. 472[5]
γλυκός ngr. 586[3]
γλυκυμή 494, 3
*γλυκυμος 494, 3
*γλυκῠ́νω 733[4]
γλυκύπῑκρον 453[2]
γλυκύς 327[2]. 347[4]. 463[1]. 538[4]; -ύν acc. sg. 573[3]; γλυκύτερος 535[7]; ὁ – II 185[4]
γλυκύτης hell. 382[8]
γλύκων 487[5]
γλύξις 505[4]
γλύσσων 536[5]. 538[3]
γλυτώνω ngr. II 268, 2
γλύφω 357[2]. 640[6]. 643[3]. 673[3]. 685[2.3]. 751[5]; γλύφων 673[3]; γλύψω fut. 782[9]; ἔγλυφε 640[6]; -ψα 751[4]
γλώντας att. 214[6]. 231[7]
γλῶσσα 319[3.4]. 359[4]. 474[3.4]; γλῶσσα τοῦ λαοῦ (term.) 133[3]; ἔχω διὰ γλώσσης II 362[2]. 452[7]
γλωσσᾷ 384[6]. 474[4]
γλωσσογράφοι 33[6]
γλῶττα 319[3.4]
γλῶχες 424[3]
γλωχῖν 340[4]. 465[5]
γμ 327[4]; γμ aus κμ 769,6; – aus χμ 206, 1; – macht Position 237[6]; – zu μμ assimiliert 215[2]
γν macht Position 237[6]; γν- festgehalten 215[4]; – aus δν 208[6]; – aus κν 210, 1. 769, 6
γναθμός 492[4]
γνάμπτω 684[5]. 705[1]
γναφαλλόγος 265[4]
γνάφαλλον 484[1]
γναφεῖον 414[6]
γνέφαλλον 414[7]
γνέφω II 268, 2
γνέψιμο ngr. 414[6]
γνήσιος 346[4]. 381[6]
γνησίως II 415[8]
-γνητος 361[5]. 782, 11
Γνίφων 334[4]. 414[6]
*γνόην 348[7]
γνοίην opt. 348[7]. 743[2]; γνοίης 390[2.5]. 795[2]; – ἄν II 244[7]. 329[2]; *γνοιής 390[2]; γνοῖμεν pl. 795[2]; s. γιγνώσκω
γνοῖς conj. hell. 793[1]
γνοντ- ptc. 743[2]; γνόντες 279[4]
γνοῦναι infin. 808[2]
γνόφαλλον 414[7]
γνόφος hell. 208[6]. 417, 1
γνύξ 620[6]
γνυπετεῖν 357[5]. 358[6]
γνύπετος 438[1]. 450, 4
γνω- 742[2]. 743[3], 4
γνῶ conj. 249[3]. 651[6]. 792[6]. 793[1]; γνῷς 792[6]; γνώεις 792[5]; γνώηι 792[5]; γνῶι 792[6]; γνώομεν 792[5]; γνῶμεν 792[6]; γνώωσι, γνώουσι 792[5]; γνῶντι, γνῶσιν 792[6]; γνώιην 1. sg. opt. 795[3]; *γνωιμεν 1. pl. 795[2]
γνῶθι 800[4]; γνώτω 801[4]; γνῶθι σαυτόν II 339, 3; τὸ – – II 25[4]
γνῶμα 523[5]
γνῶμαν el. 181[1]
γνώμεναι infin. 743[2]. 806[4]. II 363[1]. 631[3]; s. γιγνώσκω
γνώμη ἔς τι II 460[3]; κατὰ γνώμην τὴν ἐμήν II 479[1]; γνώμην ποιεῖσθαι II 277[5]; ἔχειν γνώμην περί τινα II 504[8]; – – ὑπέρ τινος II 522[2]
-γνωμονέω verba 731[6]
γνώμων 522[4]
γνῶναι infin. 808[2]. 808[4]. II 360[3]. 364[2]; μέχρι τοῦ – II 371[2]
γνωρίζουνται ngr. II 235[3]
γνώριμος 494[5], 6. 495[1]
*γνῶρον 494, 6
γνωσθη- 761[3]
γνωσιδίκα ark. 443, 7
γνωσιμαχέω 443[4], 7
γνῶσις 292[6]. 505[5]
γνώσκω epir. 707[3], 3. 709[1]
γνώσομαι 781[7]
γνωσούμενον (τὸ) 786[7]
γνωστός 333[1]. 641, 1. 773[4]
γνώσω 781[7]
γνωτός 360[4]. 361[5]
γνώω conj. 743[2]. 792[5]
γοάασκεν hom. 711[3]
γοάω 683[2]. 719, 9. 721[6]. 747[1]. 781[6]; γοάοιμεν hom. 683[2]; γοωμένην II 80[2]; γοήσομαι 781[7]. 782[6]
γόγγρος 423[3]
γογγύζω 647[3]. 736[6]
γογγύλλω 647[3]. 725[2]
γογγύλος 423[3]. 485[2]
γόγγυσος 516[7]
γοδᾶν 223[2]
γοεδνός 489[4]. 683[2]
γοερός 683[2]
γοήμεναι infin. 683[2]. 806[5]; – c. dat. II 149[4]
γόης 499[2]

γοῖδα 223[2]; s. Ϝοῖδα
γοίδημι äol. 223[2]. 680[6]
γοινάρυτις 270[8]
γοιναῦτις 504[4]
γοιρος = γῦρος 157[5]
*γομέω 717[5]
Γόμορρα 154[5]. 162, 3
γόμος 458[6]
γομόω 717[5]
γόμφιος 381[8]
γομφίος 381[8]. 466[3]
Γομφιτοῦν thess. 250[4]
γόμφος 293[1]. 309[2]. 381[1]. 459[1]
γόνα n. sg. ngr. 520, 2
γόνα n. pl. ngr. 515, 3. 520, 2
γοναιεῖς 575, 5
γονάρ 508[3]
Γονατᾶς 461[6]
γόνατο n. ngr. 520, 2
γονεύς 477[2]; γονῆς nom. pl. att. II 45[1]; -εῖς acc. pl. 127[7]; -εῖσι dat. pl. spätgr. 564[2]; -έϋς dat. pl. böot. 564[8]
*γονϜα n. pl. 581[2]
*γονϜατα 520[6]
*γονϜοςgen.sg.363[7].463[4].572[2]
γονή 459[6]. 460[1.4]. II 34, 4; γονῇ γενναῖος II 700[6]
γόννα äol. 228[5]
Γόννος ON 638[4]
Γονόεσσα 528[2]
γόνος 359[2]. 362[8]. 458[6]. 553[7]. II 34, 4; γόνοιο gen. sg. 554[1]; γόνος κύκνου II 614[2]
Γοντρυνίοι 258[8]
γόνυ 293[1]. 355[7]. 358[6]. 359[2]. 381[1]. 463[4], 2. 518[2]. II 39[4]. 42[3]. 44[4]; γουνός gen. sg. 358[6]. 572[2]; γούνατος 520[6]; γόνατα 520[6]; γούνατα 114[2]; s. γοῦνα
γόον ipf. 252[7]. 683[2]. 721[6]. 747[1]. 781[7]
γόος 459[1]. 683[2]; γόοις δεσπόταν II 74[1]
Γοργείη 479[5], 5. II 177[5]
γοργιάζω 753[3]
Γοργόνα ngr. 479[4]
Γοργόνη 479[4]
γοργύρα 255[8]
γόργῡρα 423[3]
Γοργώ 479[4], 4
Γοργών 479[4]
Γορδίειον ON 638[4]
[Γο]ρογοῦς att. 278[5]
Γορτύναθεν kret. 628[3]
γόρτυξ 223[2]
Γόρτυς kret. 207[5]
γοῦν II 560[2.3].561[4.5].585[1.3–5], 2. 3. 631[6]; ἀλλὰ – II 585[5], 2
γοῦνα ion. 228[3]. 581[2]; s. γουνάζομαι
γουνάζομαι 734[5]; -άσομαι 785[4]; -άζομαί τινα γούνων II 130[2]; – σε πρός τινος II 516[6]
γούνατα 114[2]
γούνατος gen. sg. 520[6]
γουνόομαι (-οῦμαι) 734[5]. II 270[4]
γουνός m. 472[5]
γουνός gen. sg. (γόνυ) 358[6] [nicht γοῦ-]. 572[2]
γρᾶ· φάγε H. 800[4]
Γραδανορέεσσι lesb. 564[3]
*γράε imper. 800[4]
Γρᾶες 80[6]. 583, 3
γράθμα arg. 523[7]
γράθματα 317[4]
γραῖα 474[2]. 574[6]
γραΐδιον att. 574[5]
γραιϜ- 574[5]
γραίης gen. sg. Od. 574[6]
γραῖκες 496, 5. 583, 3
Γράϊκες 80[7]; Γραῖκες 583, 3
Γρᾶϊκή 80[6]. 583, 3
γραικίτης 838[5]
Γραῖκος 80[7]
Γραικός 583, 3; -κοί 80[7]. 497, 7
γραίνω 714[5]
γράμμα 256[5]
γραμματεῖος (= -ῆϜος) böot. 241[8]
γραμματεύς c. dat. II 153[6]
γραμματική 498[2]
γραμμένος ngr. 779[4]. 814[6]; ἔχω γραμμένο ngr. 130[3]
γρανματεύοντος 232[1]
γρᾶο barb. 574[5]
*γρασ-e imper. 800[4]
γράσθι 'iss' kypr. 678[4]. 800[4]
*γρᾱ́σκω 708[5]
γράσμα 260[8]
*γρᾱ́σομαι 708[5]
γράσος 321[4]. 516[7]
γράσσμα arg. 321[8]. 524[1]
γράστα 80[7]
*γραστήρ 530, 2
γράστις 504[5]
*γράσω 686[1]
γραῦς 377[8]. 480, 8. 574[6], 4. 575[2]. II 31[2]; γρᾶυ voc. att. 574[5]; γρᾱός gen. sg. 574[5]; γρᾱΐ, γρηΐ dat. sg. 574[5]; γρᾶες nom. pl. 574[5]; γρᾱῶν gen. pl. 574[5]; γραῦς acc. pl. 574[6], 4; γραῦς γυνή II 614[7]
γραφεῖον II 53, 1
γραφεύς 476[6]
-γραφέω verba 726[5]
γραφη- pass. 759[6]
-γράφηκα pf. 775, 1
γράφηντι mess. 792[3]
γραφης nom. sg. ark. 575[6]
γραφθετι ngr. (pont.) 764[4]
γραφθη- pass. 759[6]
γράφομαι (-εσθαι): γραφήσεται 756[5]; γραφῶ, -φῇς, -φῃ conj. 792[6]; γράψαι imper. 804[1]; γραφῆναι 808[4]. II 240[5]; γράφομαι γραφήν II 75[5]. 79[6]; – c. instr. II 167[7]; – γραφὰς τραύματος II 131[6]; – νόμους II 231[3]; γράφομαί τινα c. gen. II 131[2]; – – πρὸς τοὺς θεσμοθέτας II 510[7]; – τινος II 124[3]; s. γραφ(θ)η-, γέγραμμαι, ἐγραμμαι, ἔγρατται, ἤγρατται, ἐγέγραψο, γεγράψεται
γράφος n. 512[3]
γράφουντερ εῖνι tsak. II 270, 3
*γραφσμα 321[8]. 524[1]
γράφτω ngr. 705[3]
γράφω (-ειν) 333[1]. 357[2]. 685[2]. 751[5]. 759[6]. 817[2]. II 122[7]. 123[3]. 281[8]. 350[8]. 434[1]; γράφομες ngr. (pont.) 662, 9; γράψω fut. 782[5]. 815[7]; γραψοῦμες Archim. 786[6]; θὰ γράφω -ψω ngr. 130[3]. 789[4]; γράψαμε ngr. 652[4]; γράφε II 250, 5; γράψον II 250, 5; γράψε Koine, ngr. 803[6]; τοῦ (= ὥστε) γράψαι II 372[5]; γράφω μετὰ μέλανος II 485[6]; – τι διά τινος II 452[1]; – νόμους II 221[3]; – νόμον περί τινος II 503[4]; s. γέγραφα
γραψάμενοι (οἱ) II 409[1]
γράψει: ἔχω – ngr. 130[3]
γράψιμο mngr. 494[6]. 809[7]. II 13[3]. 384[1]
γράω 339[8]. 686[1]. 714[5]. II 72, 1
Γρεκύ bulg.-gr. 80[8]
γρηγορῶ (-εῖν) hell. 768[2], 1. II 286[7]
*γρητ- 648, 3
γρηῦς hom. ion. 360[2]. 480[4]. 574[5]
γρικιστί 80[8]
Γρικούς 80[8]
γρῖνος 223[2]
γριπεύς 477, 2. 772[1]
γριφάομαι 683[1]
γρομφάζω 735[2]
γρόμφαινα [so] 735[2]
γρόμφις f. 462, 3
γρόνθος 324[3]. 510[6]
γρόππατα äol. 317[3.5]
*γρόπφατα 317[5]
γροφέες arg. 241[5]
γρόφω 685[2]
γρῦ interj. 716[5]
γρύζω 716[5], 5; -ξω 716[5]; -ξομαι 781[8]; ἔγρυξα 716[5]
γρυκτός 716[5]; -όν ἐστι II 150[1]

γρυμπάνειν H. 699[7]
γρύπτω 705[1]
γρυσμός Agathokl. 716[5]
γρώνη 489[1]
γρῶνος 489[1]
*γσ 332[8]
Γύαρος 482[3]
Γυγάδας 509[7]
Γύγεα acc. Hdt. 561[3]
γυγλυμος 423[6]
γύης m. 461[2]. II 33, 2
γυιός 421[5], 3
γυιόω 727[1]; γυιώσω fut. hom. 782[5]; -σειν II 375[4]; γυιόω ἵππους ὑφ' ἅρμασιν II 525[4]
Γύλιππος 636[1]
γυλλός 483[3]
γυμνάζεσθαι: τοῦ – II 361[6]; γυμνάζεσθαι ἀπὸ σκελῶν II 447[1]
γυμνάζω (-ειν) 775[2]. II 234[3]; γεγύμνακα 775[2]; γυμνάζω τὸ σῶμα σὺν πόνοις II 490[7]; – ἐμαυτόν II 235[7]
γυμνασία 271[5]. 469[2]
γυμνασιαρχέω 726[5]
γυμνασιάρχης 726[5]
γυμνάσιον 470, 4; γυνν- 256[7]
γυμνηλός 484[4]
*γυμνήστερος II 184, 3
γυμνήτης 499[2]
γυμνῆτι 270[5]
γυμνόομαι: ἐγυμνώθη Ilias 760[3]; γυμνοῦσθαι c. dat. II 148[4]; γυμνώθη ῥακέων Od. 760[5]. II 93[5]
γυμνός 43[3]. 259[2]. 380[8]. 489[2]. 830[7]; – c. abl. II 96[3]
γυμνόω: -οῦσι τὰ ὀ. τῶν κρεῶν II 93[5]
(*γυναϝικ-) 583[3]
γυναι- 583[2]; s. γυνή
γυναικ- compos. 583[1]
γυναῖκα f. gloss., ngr. 563[3.6]. 582[8]. 586[2]. II 38[3]
γυναικάνδρεσσι Epich. 453, 2. 564[5]
γυναικεῖος 583[1]
γυναικόπαιδα ngr. II 12[6]
γυναιμανής hom. 439[5]. 583[1]
γύναιον att. 315[6]. 583[1.3]
γύναιος Od. 583[1]; -α δῶρα II 177[1]
γύνανδρος m. 453[1]. 583[1]
γυνή 296[2]. 459[6]. 558, 2. 582[7–8]f. 585[3]. II 31[3]. 614[5]; – mgr. 582[8]; *γυναικ voc. sg. 583[1]; γύναι 74[1]. 409[2]. 558[6]. 565[6]. 582[7]. 583[1.2]. II 59, 2; γυναικός gen. 582[7]. 583[1.2], 1; γυναῖκα acc. 582[7]; γυναῖκες nom. pl. 347[5]. 582[7]; γυναίκες 384[1]; γυναιξί dat. pl. 583, 1; γυναίκαις 565[2]; γυναίκοις gloss. 565[2]; γυναῖκες acc. pl. j.-lesb., Koine 563[6]; γύναικο barb. Aristoph. 583[3]; γυνὴ ἀλετρίς II 614[6]; – δέσποινα II 614[6–7]; – παρθένος II 614[7]; – ταμίη II 614[6]; – χερνῆτις II 614[7]
γυννάσιον 256[7]
γύννις m. 315[6]. 462, 3. 464[6]. 582[8]
Γυνόππᾱστος böot. 296[2]. 301[7]
γῡπ- 424[4]
γῦπε II 49[1]
γύργαθος 511[1]
γυρεύω c. gen. ngr. II 136[5]
γῡρός 481[4], 10
γῦρος 157[5]. 481[4], 10
γύρου adv. ngr. 622[1]
γύρω adv. ngr. 622[1]; γύρω 'ς II 437[3]
'γώ 604[1]
γώ ngr. 606[4]
γῶν II 585[5]; s. γοῦν
γῶν gen. pl. von γῆ 562[3]
γωνία 358[6]. 518[3]
γωρυτός 827[5]

Δ

δ aus idg. *d* 290[8]f.; – aus idg. gʷ 293[8]f. 295[2.5]; – vor ο, α 295[6]; – mit τ vertauscht 207[5]; – spirant. 238[3]; – als Übergangslaut 277[1]; Wegfall von -δ 279[8]. 409[1.2]; δ + σ > σσ 366[8]
-δ- suff. 507[2], 2ff.
-δ- in Präsensbild. 702[6], 9f.
δ' s. δέ
δᾶ 302[8]
δα- hom. (= διά) II 448[6]
-δα adv. Ausgang 625, 1. 626[2.6], 7. 8f. 627, 4
-δᾱ- suff. von Patronym. 509[2]f.
δαβελός lak. 94[1]. 483[4]
δαβῆ H. 714[3]. II 227[7]
Δαβιδ 208[1]
δαγκάνω 364[1]. 699[5]
Δάγκλη 331[7]
δαδ- 841[1]
δαδύσσεσθε 647[4]. 841[1]
δαεγώ H. 769, 1
Δάειρα att. 474, 3
δάεν Pind. 748[6]
δᾶερ voc. Ilias 568[2]
δαέρ[α] acc. sg. 568[2]
davelé tsak. 94[1]
*δαϝεσνός 489[5]
*δαϝjω 273[1]. 714[3]
*δαϝός 472[5]
δαη- hom. 758, 2. 759[3]
δαήμεναι infin. hom. 757[7]. 806[4]; – πολέμοιο II 107[7]
δαήμων ἔν τινι II 458[3]
δαῆναι 710[2]. 780, 6. 808, 2. 842[2]. II 234[2]; s. auch δαήμεναι, ἐδάην, δαήσομαι
δᾱήρ hom. 266[2]. 347[5]. 568[2.3]; δᾶερ voc. 568[2]; δαέρι dat. 568[3]; δαέρα acc. 568[2]; δᾱέρων 266[3]. 568[2]
δαήσομαι 748[6]. 759[3]. 763, 5. 782[6]; δαήσεαι Od. 763, 2; – c. gen. II 106[4]
δάηται aor. 748[1]. II 227[7]
δαί II 563[2], 3. 570[7]
δαΐ dat. f. ep. 424[4]. 575[2]. 578[5]. 584[6]. II 52[1]
δαΐδ- att. 465[1]
δαιδάλεος 468[2]. 484[3]. 837[8]
δαιδάλλω 647[4.5], 4. 6. 725[2]
δαίδαλος 423[4]
δαιδήσσουσι 647, 5
δαιδύσσεσθαι 647[4]
δαίεται 748[1]; – ἦτορ τινὶ (Tὶ) ἀμφί τινι II 438[5]
*δαιϝερ hom. 568[2]
δαιϝήρ 266[2]. 347[5]. II 31[3]
*δαιϝρί 568[2]
δαΐζω 472[5], 7. 736[2], 4. 771[3]; δαΐξαι χιτῶνα περὶ στήθεσσι II 501[2]
*δαιιδ- 465[1]
δαῖμον voc. 569[1]
δαιμονάω 731[5]
δαιμόνη 524[5]
δαιμόνιε ξείνων II 116[6]
δαίμων 522[3], 9. 569[1.2]. II 40[6]; δαῖμον voc. 569[1]; δαίμοσι dat. pl. 569[2]
*δαινυϝῖτο opt. 795[5]
δαίνυμαι (-σθαι) 706[1]. II 277[1]. 363[1]; -νυαι Od. 792, 5; -νυνται 671[5]. 698[5]; -νυτο -νῦτο hom. 795[4–5], 4; -νυντο 671[5]. 698[5]; -νύατο hom. 671[4]. 795[5]; δαίνυσθαι μεθ' ὑμῖν II 609[6]
δαίνυμι (-νύναι) hom. 696[5], 9. 706[1]; δαίνῡ imper. 800[4]; δαινύναι γάμον (τάφον) II 76[3]

δαίομαι 676[3]. 702[4]; s. δαίεται, δεδαίαται
Δαῖρα 474, 3
δαιρα acc. sg. 568[2]
δαιρι (δαιρί) dat. sg. 266[3]. 568[2]
δαίρω 684, 1. 715, 9
δαίς 499[3]; – c. gen. II 129[2]
δᾴς 266[1]. 377[7]. 379[8]
δαίσασθαι II 362[1]
δαίσω fut. 676[3]. 783[2]
δαίτηθεν 552[1]. 628[3]
δαιτικλυτός 446[2]
δαιτρεύειν 732[5]
δαιτρόν 531[5]. 532[5], 2
δαιτρός 531[5]. 532, 2. 676[3]
δαιτυμών 522[3]; -μόνεσσι 564, 1
δαΐφρων 447[6]; – voc. 567, 2
δαίω 273[1]. 359[7]. 714[3]. II 227[7]; δαίσω 676[3]. 783[2]
δάκε Ilias 747[6]. II 81, 2
δακέειν 747[6]. II 361[8]
δακέθῡμος 442[1]
δακεῖν 770[3]
δακη- pass. spät 760[1]
δακκύλιος böot. 266[6]. 317[2]
δακνάζου Aesch. 693[3]
δάκνω (-ειν) 693[3]. 747[6]. 781[6]. II 226[3]. 701[5]; ἔδηξα spät 755[4]; s. auch ἔδακον; δάκε 747[6]. II 81, 1.; δακέειν 747[6]. II 361[8]; δακεῖν 770[3]; δακη- pass. 760[1]; s. auch δέδακε, δέδηχα, δέδηγμαι
δάκρυ 197[3]. 292[8]. 309[2]. 339[8]. 495[4]; δάκρυα 581[2]
δακρύειν II 261[2]. 704[2]; τὸ μὴ – II 372[1]
δακρύζω ngr. 736[7]
δακρυόεις 527[4]
δακρυόεν γελάσασα II 77[3]
δάκρυον 458[3]. II 41[5]
δακρυόφιν 550[6]. II 172[6]
δακρυπλώων 675[4]
δακρῦσαι II 261[2]
δακρυσίστακτος 446[2]
δακρύω: ἐδάκρῡσα 754[3]; δακρῦσαι II 261[2]; s. δεδάκρῦσαι
δακτύλιος περὶ τῇ χειρί II 500[7]
δακτυλίσκος 542[1]
δάκτυλος 266[6]
δαλάγχαν maked. 319[7]. 475, 1
*δαλδαλjω 647[5]
δᾱλέομαι H. 720[3]
Δαλικκώ böot. 636[5]
δ' ἀλλά II 578[6]
Δαλφικόν delph. 212[6]. 275[3]
Δαλφοί nwgr. 92[3]; -οῖς delph. 275[3]
δαμάζω nachhom. 734[3]. 761[4]; s. δαμάσαι, -σσαι, -σω, -άω
δαμάλης 484[5]
δάμᾱρ 409[7]. 451, 3. 519[2]. 566, 1
δάμαρς Hdn. 566, 1
*δάμαρτ 566, 1
δάμαρτ- hom. 425[2]. 451[6]
*δαμαρτς 409[7]
δαμάσαι 360[3]. 362[6]; s. ἐδάμασα
δαμάσασθαι II 364[6]
δαμάσθη 759[4]
δαμασθη- 761[4.6]
Δαμάσιππος 516[7]
Δαμασπία 153[5]
δαμάσσαι äol. hom. 752[5]
δαμάσσεται II 352[1]
δαμάσω LXX 784[3.6]
Δᾰ́μᾰτερ 190[5]
*Δᾱμᾱτερ 386[5]
Δαμάτερσι(ν) rhod. 567[6], 8. II 51[1.3]
Δᾱμᾱ́τηρ 422[6]
Δαμάτρᾱς gen. 568[1]
Δαματρειᾱ 194[2]
Δαματρία ngr. 121[4]
Δαματριιυς pamph. 182[4]. 312[6]
δαμάω fut. 784[3.6]
Δαμέας 438[3]
Δαμένης delph. 263[5]
δαμευέσθō ἐνς 'Αθ. II 459, 2
δαμευOσθOν (= -όσθων) imper. lokr. 802[6]
δάμη Ilias 757[6]
δαμη- hom. poet. 759[4]. 761[6]
Δαμήδης 263[4]
δαμήετε conj. hom. 792[5]
δαμήμεναι infin. Ilias 757[6]. 806[4]. II 364[6]
Δαμήν 355[6]
δαμῆναι Ilias 757[6]. II 149[5], 6. 296[3]. 363[7]. 364[6]. 377[6]; – ὑπὸ δουρί II 526[4]; – ὑπὸ χερσί τινος II 526[3]; – ὑπ' αὐτοῦ δορί II 526, 3; – ὑπό τινος τόξοισιν II 529, 2; – νηυσὶ μετά τινων II 484[2]; – μετὰ κύμασιν II 484[3]; s. auch ἐδάμη
δαμήω conj. hom., -ήῃς, -ήετε 792[5]
Δαμία 422, 2
δαμιεργός 252[8]. 253[8]
δαμιιοργοί arg. 312[7]
δαμιοεργός 252[8]
δαμιοργός 253[1]
δαμιουργός phok. 120, 2. 249[6]
δαμιωέμεν böot. (spät) 729[4]
δαμιώοντες böot. (spät) 729[4]
δᾱμιωργός 253[1]
Δαμμάτερι thess. 567[6]
Δαμμάτρειος thess. 238[2]
δαμνᾱ- 693, 1. 841[8]
δαμνᾶι hom. 694[1]
δάμναμαι (-σθαι) 357[1]. II 150, 2; -σαι hom. 668[5]; -ται 669[2]. 693[1]. 759[4]; δάμνασθαι ὑπό τινι II 526[5]; s. δεδαμναμέναν
δάμνᾱμι 643, 1. 659[6]. 691[1]. 695[4]; δάμνᾱ 3. sg. 659[6]. 694[1]; δάμναμεν 357[1]. 643[1]. 691, 4; δάμναντι 3. pl. 664[6]; δάμνᾱ imper. lesb. 798[5]; δαμνάμεν infin. 691, 4, δαμνάτω 801[3]; s. auch ἐδαμν-, δάμνημι
δαμνᾱ́ς 389[8]. 525[4]. 691, 4
δάμνασκε 711[2]
δάμνει 693[1]
*δαμνεντ- ptc. 525[4]
*δαμνε/οντι 664[6]
δάμνημι 642[6]. 693, 1. 695[1]. II 260[2]; -ησι 693[1]; δάμνημι ὑπὸ χερσί τινος II 526, 2; s. auch δάμνᾱμι
δάμνηται conj. 693[1]
δάμνονται spät 693[4]
δαμόhιος lak. 270[6]
Δαμοθέρρης kor. 284[8]
Δαμόθοινυς böot. 183[7]
Δαμοκέρτης äol. 267[5]
Δᾱμόκερτος lesb. 275[2]
Δαμοκρέτω lesb. 274[6]. 275[1]
δᾶμος 492[2]. 676[3]; s. δῆμος
Δᾶμος ngr. 121[4]
Δαμοσθένειος äol. 89[8]
δαμοσιοίᾱ opt. el. 729[4]. 795[2]
δαμόσιος dor. 270[6]
δαμοσιῶμεν infin. 729[4]
δαμοτέλην lesb. 579[5.6]
δάμυ loc. böot. 195[1]
Δάμων 355[6]
Δάμωνους argol. 182[4]
Δάν Aristoph. kret. 577[2]
δᾶν dor. 618[5]
-δᾱν adv. dor. böot. 626[2.6]f.
*δανᾱ- 693, 1
ΔαναϜοί 79[6]
Δανάη 188, 1
Δαναοί 77[5]. II 45[3]
δάνας 488[6]
δανείζεσθαι II 231[4]
δανείζω (-ειν) 735, 6. II 231[4]; -νείσω fut. att. 785[6]; -νειῶ Koine 785[6]; δανείζειν ἐπὶ δραχμῇ II 468[2]
*δανειίζω 735, 6
δάνειον 470[4]
*δάνη f. 488[6]
δανιῶ fut. Koine 785[6]
δάνος 340[8]. 488[6]. 512[7], 7
δᾱνός 489[5]
-δανός suff. 530[1.2]
-δάνω verba 842[1]
δάξ Opp. 620[6]
δάξομαι ion. 781[6]

δάος 512[3]
δαπανάω Hdt. att. 700[5]
δαπάνη 489[6]. 700[5]
δάπανος adj. 700[6]
δαπάνυλλα kerk. 485[4]
δάπεδον 358[5]. 426[3]
-δαπός 426[4]. 604[1], 1
δάπτω 702[4]. 704[6]
δ' ἄρα II 559[1.2], 2
δαράτα delph. 362[4]
δάρατος thess. 69[4]. 362[4]
δάρδα 423[3]
δαρδαίνω 842[1]
δαρδάπτω 260[4]. 647[3]. 705[1]
Δαρεεικός 196[7]
Δαρεῖος 153[5]. 193[3]. 445[2]. II 471[2]
δάρείρ lak. = δάρις 506[2]
δαρη- pass. 759[6]
δαρῆναι 759[6]
Δαρηος 194[1]
Δάρης 499[3]
δαρθάνω 648, 1. 700[3]. 704[1]. 747[5]; ἔδραθον hom. 700[3]
δαρθη- 759[6]
Δαρικός 196, 2
δάρις 462[5]. 506[2]
δάρματα 274[7]
δᾱρόν 111[2]. 482[5]
δᾱρός 57[5]
δάρσις 505[3]
δαρτός 342[5]
δαρχμά el. 215[8]
δαρχνά gort. 216[2]; -άν 215[8]
δασάμενος μοίρας II 79[3]
δάσασθαι II 363[7]
δασάσκετο Ilias 711[5]
δασέα (term.) 207[2]
δασέαν ion. 474, 2
*δαση- 758, 2
*δασῆναι 842[2]
δάσκιος 330[3]
δασμολογεῖν τούς νησιώτας II 73[4]
δασμός 321[8]. 492[2]. 493[3.4]
δάσος 512[5]
δασπλῆτις 451[6], 4. 566, 5
δασσ- 755[1]
δασσάμενοι ἐφ' ἡμέας II 472[1]
δάσσασθαι hom. 321[5]
δασυντικοί (Attiker) 87[4]. 220[3]
δασύς 307[5.6]. 308[7]. 342, 3. 370[3.4]. 463[1]
-δαται 3. sg. Ausg. 672[4]
δατέν· ζητεῖν H. 706[1]
δατέομαι 676[3]. 702[4]. 703[2]. 705[6]. 718[4]
δατῆθθαι gort. 242[2]
δατήριος 467[4]
Δᾶτις: Δάτιδος μέλος II 234[7]
δατισμός II 234[7]
*δατκυλος 266[6]
-δατο 3. sg. Ausg. 672[4]
*δατρός 419[5]
*δατσπλῆτις 451, 4. 566, 5
*δατυς 307[6]
Δατύς delph. 307[6]
δαύακες 224[5]
Δαυ(ε)ιδ 154[5]
δαυλός 307[5]. 485[2]
Δαυνιοτειχῖται att. 199[4]
*δαῦς nom. 578[5]
δαῦτε 402[2]. 629[3]; s. δηὖτε
δαῦτος 614[5]
δαύχνα 296[3]
δαύω 686[1]
δάφνη 61[7]. 489[3]
δαφοινεός 468[2]
δαφοινός 330[3]. II 449, 7; – ἐπὶ νῶτα II 472[1]
Δαχιναβαδης 204[6]
δαψιλής 513[4], 7. 700[6]
δαῶμεν conj. hom. 792[6]
δδ 317[2]; – böot. dor. für ζ 81[4]. 91[3]. 331[6]; – aus γj δj 272[4]. 367[1]
-δδω Präsensausg. 735[1]
δέ 'aber' 624[5]. II 14, 1. 68[6]. 424[7]. 553[4.5]. 555[2.3.4]. 556[1.3]. 562[1–5]. 569[4], 4. 628[6]. 629[6]. 632[7.8], 2. 633[1.2.6]. 634[3]. 688[4]. 706[2]; δ' II 562[1]; δ' ἀλλά II 578[6]; δ' ἄρα II 559[1.2], 2; δ' οὖν II 585[1]. 586[2]; δέ γε II 561[4]. 562[3]. 563[2]; δὲ καί II 567[4]; δέ τε II 575, 3. 576[3], 4; ἅμα – δέ II 534[6]; ἅμα μὲν – ἅμα δέ II 534[6]
δέ partic. 624[5], 9. 625[1.2]. II 171[5.7]
*δέᾱ altatt. 515, 3
δέαλος 363[4]. 681, 6
δεάμην H. 681[2]
δέαρ (gen. δέατος) Soph. 519[1]
δεά[σε]τοι ark. 681, 6
δέατα 515, 3
δέαται 680[4]. 681[1.2]; δέατ(αι) 681[1]
δέατο 88[4]. 363[4]
δέατοι conj. ark. 681[2]. 792[3]
*δε-αυρο 632[2]
(*δέβαμεν) 649[2]
*δέβυται 649, 3
δέγμενος 678[6], 7. 769, 6; s. ἐδέγμην
δέδαε (nicht δέδαα) 710, 3; δέδαε(ν) Od. 748[6]; δεδαεῖν 748[7]
*δέδᾱϝα 770[2]
δεδάηκα 748[6]. 759[3]; -κας, -κε 774[3]
δεδαηκότες Od. 774[4]; – ἐσόμεσθα II 407[6]
δεδαημένος h. Hom. 768[3]
δεδαίαται c. gen. II 112[2]
δεδαίατο 770[4]
δεδαϊγμένος 771[3]
δεδαισμένος 773[4]
δέδακε 748[7]
δεδάκρῡσαι 771[4]
δεδαμναμένᾱν gort. 693[2]
δεδαμοσιευκώς ὑπὲρ τὰ κ' ἔτη II 520[2]
δέδαρμαι 769[5]
δέδασται 698[1]. II 239[3]. 287[4]
δεδαυμένος 770[2]
δεδαώς pf. Od. 748[6]. 759[3]. 768[3]. 774[4]
δέδεγμαι 771[2]; -γμένος 769, 6
δεδέημαι 770[5]
δεδεημένη εἴη II 335[6]
δέδειγμαι att. 769, 6
δεδείκελος H. 710[3]
δεδείπνηκα hom. 765[6]; -πνήκειν Od. 774[4]; -κει 777[5]; -κώς 812[5]
δέδειχα 772[1]
δέδεκα 775[3]
δέδεμαι 770[3]; -ται 676[2]. 783[5]. II 264[1]
δεδεμένος II 240[3]; – τι II 81[5]
*δεδενϝώς 541, 3
δέδεντο ἐξ ἐπιδιφριάδος II 95[6]
δέδεξο imper. hom. 799[6]
δεδέξομαι Ilias 783[4]
δεδέσθω 688[3]
δέδεχθε imper. h. Ap. 799[5]
*δέδϝιθι 800[5]
*δέδϝιμεν 347[1]. 649[1]. 777, 5
*δεδϝίσκομαι 710, 5
*δέδϝοια pf. 347[1]. 769[2.3]. 774[3]. 782[1]. 783[7]. II 316[7]; -ε 777, 5; s. δέδϝιμεν, δέδϝιθι
δέδηα 714[3]. 770[2]; -ε 578[5]. 748[1]. II 227[7]
δέδηγμαι 755[4]. 770[3]
δεδήει hom. 777, 11
δεδήσεται att. 783[5]. II 289[6]
δέδηχα Babr. 772[1]
δεδηχώς 770[3]
δέδια att. 769[3]. 774[6]; δέδιμεν 649[1]. 769[3], 8; δεδίᾱσι(ν) 227[6]. 665[4]. 769[2]; δέδια περί τινος II 502[7]; s. δεδιέναι, δείδια, δεῖσαι
δεδίδαχα 737[4]. 771[4–5]
'δεδίει Plat. 795, 6
(δεδιείη Plat.) 795, 6
δεδιέναι att. 808[2]
δεδιήιτημαι 766[1]
δεδίξομαι 710, 5
δεδιός (τό) II 409[2]
δεδισκόμενος 648, 2. 710[3]; s. δειδισκ-, ἐδεδίσκετο
δεδίττομαι att. 710[3], 5. 717[2]; s. δεδίξομαι
*δεδίωκα 702[5]
δεδίωχα 702[5]. 772[1]
δέδμᾱται 360[3]. 761[6]

δέδμητο II 238[4]; – ὑπ' αὐτῷ II 525[7]; s. ἐδέδμητο
*δέδοα pf. 313[3]. 769[2]; s. εδεδοεε
δεδόανθι böot. 665[5]
δεδόᾱσι att. 241[4]
δέδογμαι 718[3]; δεδογμένα II 408[2]; -ον αὐτοῖς II 402[1]; δέδοκται 771[3]. II 239[7]; – τλήμονες φυγαί II 608[4]; s. δεδόχθαι
(δεδοϝας lak.) 769, 4
δέδοικα 702[5]. 769, 8. 774[6]; δέδοιγμεν, δεδοίκαμεν 767, 6; δέδοικα μή II 323[6]. 354[5]. 675[5.6.7]; – εἰ II 677[1]; – ὅπως μή II 676[3], 1; – (τι) περί τινι II 501[4]; s. ἐδεδοίκη, δεδοίκω
δεδοικήσω syrak. 783[6]
δεδοίκω siz. 648[1]. 767[5]. 783[6]
δεδόκχθαι 238[4]
δέδομαι 770[2]; δέδοσαι 668[4]; δέδοται 642[1]. 669[3]. 768[5]. 816[5–6]. II 238[6]; δεδόμεθα 642[3]; s. ἐδέδοσο, δεδόσθαι
*δέδομεν böot. 665[5]
δεδομένον (= -κμ-) 215[2]
δεδομημένους 719, 5
δέδορκα 353[6]. 541[1]. 746, 1. 769[4]. II 258[4]; -ρκε 390[5]. 647[7], 1. II 264[2]
δεδόσθαι 809[4]
δεδοσθειν infin. thess. 809[3]
δεδούλωνται, ἐδεδούλωντο 671[4]
δεδουπότος hom. 718[3]. 771[3]
δέδοχε; s. ἐδεδόχεσαν
δεδόχθαι II 383[3]
δεδόχται 211[3]
δέδραγμαι 771[1]
δεδραγμένος 769, 6; – κόνιος II 129[7]
δέδρᾱκα 774[5], 7. 775[2]; s. ἐδρήκατε
δεδρακέναι II 375[5]
δεδρᾱκώς 812[5]
δέδρᾱμαι 770[5]
δέδρομα II 258[4]; -με 747[6]
δέδρομαι 769[4]
δεδρόμᾱκα II 258[4]
*δεδυῖα 770, 3
δέδυκα 775[4]. II 227[7]. 287[5]; -κε 774[3]. 775[4]
δεδυνησμένος 773[4]
δεδυστύχηκα att. 765[7]
*δέδω 775[5]
δέδωκα 770[2]. 774[5], 6. 775[5]. 816[5]; -κε 768[5]. 775[5]; δεδώκαμεν 775[6]; δέδωκαν spätgr. 779[2]. II 621[1]
δέδωκεν infin. kalymn. nisyr. 807[1], 1
δέδωχε arg. 772[5]
δεδωωσα böot. 540[6]. 770[2]
δεηθη- 762[1]
δέηι conj. 685[7]
δεῆσαν II 402[3]
δεήσοι 780, 1
δεήσομαι II 292[4]; δεήσεται δορυφόρων II 92[7]; δεησόμενος ὑμῶν II 388[3]
δεῆσον: ὡς – II 401[7]. 402[2]
δεθεὶς δεσμόν II 80[5]
δεθεῖ (δεθῆ) infin. aor. ngr. 809[6]. II 242[4]; ἔχω δεθεῖ 779[4]. 809[6]. II 384[1]
δεθη- Hdt. 761[4]
δεθήσεται 783[5]
δεῖ impers. 685[7]. 752, 3. II 72[4]. 73[6]. 304[3]. 348[7]. 378[7]. 410[1]. 620[6]. 621[8]; – μέ τινος II 92[7]; ἐὰν δεῖ 791, 6; s. ἔδει, δέηι, δέω, δεῆσαν, -σον
δεῖγμα 769, 6
δείδεκτο 103[2]
δειδέχαται 239[6]. 354[3]. 697[3]. 772[4]
δείδια 769[3]; -ιε 777[3], 5. II 288[2]; δείδιμεν 227[6]. 347[1]. 769[2]. II 243[3]; δείδιτε 769[2]; δείδιθι 769[2]. 800[5]. II 340[7]; s. δέδια
δειδίμεν infin. 769[2]. 806[3]
δειδίξομαι 710[3]
δειδιότ- hom. 769[3]
δειδίσκετο Od. 710[3]
δειδισκόμενος 697[3]
δειδίσσομαι (-εσθαι) 710[3], 5. 775, 4. 782[1]. II 377[5]
δείδοικα 774[3], 4. II 287[3]; – μή II 323[5]
δειδυῖαν 839[3]
δείδω hom. 313[3]. 347[1]. 769[2]. 774, 4. II 263[5]; – μή τι πάθησιν II 10[5]. 316[7]; – μὴ οὐ II 675[5]; – μὴ εἶπεν II 354[4]; s. δεῖσαι
δείελος 105[4]. 348[6]. 483[5]
δεικανόωντο 697[3]
δείκελον ion. 483[2]
δεικές 513[5]
δείκηλον 484[3]
δεικνύειν 698[6]
δείκνυμαι: δεικνύμενος 697[3]; s. δέδειγμαι
δείκνυμι 41[2]. 657[3]. 696[4]. 697[1]. 751[4]. 754[7]. II 272[1]. 395[7]; δείκνῡ 3. sg. 659[7]. 698[6]; δεικνύᾱσι 698[5]. II 245[5]; δείκνυμι c. ptc. II 396[7]; s. δεικνύς, ἐδειξ-, δέδειχα, δεικνύω, δειξ-
δεικνυοίμην att. 795[5]
δεικνύοντ- ptc. 698[5]
δεικνύς 566[2]. 698[5]; -νῦσι dat. pl. 566[2]; -νῦσα f. 287[5]
δεικνύω 698[6]; -ύει Hes. 698[6]; -ύοιμι att. 795[5]; δείκνυε imper. 698[6]
(*δεικσεσjαν 3. pl. opt.) 797[4]
δεικσιων 786[4]
*δεικστε 799[5]
*δεικστον imper. 799[5]
δεικτέον II 410[2]
δείλαιος [nicht -ός] 236[6]; – c. gen. II 134[5]
δείλατα 228[5]. 519[5]
δείλε̄τ' lokr. II 313[7]
δείλετο Od. 723[3]
δείλη 348[6]. 483[5]
δειλιάω 732[2]
δείλομαι lokr. 295[2]; δείλετ' II 313[7]
δειλός 483[4], 5
δεῖμα 522[6]
δειμαίνω 724[6]; -νεις δὲ τί II 628, 1; -νω περί τινι II 501[4]
Δείμας 526, 5
δειμενε thess. 486, 1
Δεῖμος 492[3]. II 37[5]
δεῖν infin. 249[8]. 594[4]; πρὸς φάραγγι II 513[5]
δεῖν (ὁ) syrak. 612[4]
δεῖνα 612[3.4]; gen. 612[3]
Δεινάκων 417, 1
δεῖνας (ὁ) ngr. 612[4]
δεῖνας acc. pl. 612[4]
δείνατι dat. sg. gramm. 612[4]
δείνατος gen. sg. gramm. 612[4]
δεῖνες nom. pl. 612[4]
δεῖνι dat. sg. 612[4]
ΔεινοδίκΗΟ nax. 245[8]. 635[4]
Δεινομένης 635[4]; -μένεος 248[1]
δεῖνος gen. sg. 612[3.4]
δεινός 38[2]. 301[4]. II 182[3.7]; – μάχην II 85[8]
δεινότατον II 617[6]
δεινότατος σαυτοῦ II 100[6]
δείνων gen. pl. 612[4]
δεινῶς II 414[8]
δειξ- 754[7]
δεῖξαι infin. 808[5.6]
δειξαι- 641[7]
δειξαίμην 796[6]; δείξαιντο 671[6]; δειξαίατο 3. pl. 796[6]
δείξαιμι 796[6]; -αιμεν 796[6]. 797[3]; -ειαν 797[4]
δείξει conj. 790[4]
*δεῖξι imper. 803[3]
*δείξῑμεν 1. pl. opt. 797[3]
δείξοι att. 796[1]
δεῖξον imper. 803[4]; δείξατε, δείξατον 799[5]; δειξάτων 802[7]
δείξω fut. 787[4]
δείξω conj. 661[5]. 787[1]; -ωμεν 642[2]

δειομένη H. 780[6]
δεῖος hom. 243[4]
Δειπάτυρος epir. H. 576, 8. II 615[2]
δειπνειᾶς opt. ark. 795, 1
δειπνεν infin. koisch 807[3]
δειπνέω 726[3]. 736[5]; s. δεδείπνηκα
δειπνήσαντες II 390[5]
δειπνηστύς 506[6]
δειπνίζω (-ειν) 736[5]. II 278[6]
δεῖπνον 274[1]; ἐπὶ -ου II 471[3]
δειράς ion. att. 285[8]. 507[6.7], 6. 508[6]
δειρή ion. 223[7]. 228[2]
δειροτομέω 726[4]. II 73[2]; -μήσω 644[7]
*δειροτόμος 644[7]
δείρω 684[4]. 715[5]
δείς 426, 1. 588, 4
δεῖσα 517[1]
δεῖσαι II 400[3]. 675[6.7]; – φόβῳ II 166[4]; – περί τινι II 501[4]
δείσας: -αντες II 387, 1; δείσασα πρός τινι II 513[5]
δεῖσθαι: πρὸς τὸ – II 370[5]
δείσομαι hom. 783[7]; -σεται 782[1]
δείσω: μὴ δείσῃς II 344[5]
δείχνυντε(ς) Alk. 696, 8
δείχνω ngr. 699[3]
δείχτω ngr. 705[3]
*δέjω 676[2]
δέκα 14[8]. 73[1]. 343[4]. 591[3]. II 693[2]; ἑπτὰ καὶ – 594[2]; s. δέκο
δεκαδάρχης 596, 7
δεκάδαρχος 596, 7
δεκαδεύς 596, 7
δεκαδικός 596, 7
δεκαδιστής 596, 7
δέκα δύο her. 594[5]
δεκαδύο ngr. 445[7]
δέκα εἷς her. delph. 594[5]
δέκα ἕν pap. 594[5]
δεκάζω 735[2]
δεκάκις 597[6]; – τε καὶ εἴκοσι 591, 6
δεκακισχείλιοι 593[4]
δέκα μία pap. 594[5]
δεκᾶν att. 735[2]
δεκαναΐτᾱ 578[3]
δεκανός 71[3]. 490[2]. 591[2]
δεκάπαλαι 589, 5. 592, 4
δεκάπρωτος 427[4]. 596, 6; ὁ – II 42, 3
δεκάς 496[5]. 498, 13. 596, 7; – μνηστήρων II 129[3]
δεκατέτορες acc. pl. f. delph. 563[5]. 594[4]
δεκατεύω 596[4]
δεκάτη f. subst. 596[4]. II 175[5]
δέκατος 503[7]. 596[3]; – πρῶτος 596[3]
δεκατός kyren. 595, 4
δέκα τρεῖς, δεκατρεῖς 594[4]; ngr. 445[8]
δεκάφυιος Kallim. 598[5]
δέκαχα att. 598[3]
*δεκα *χειλα 593[4]
δεκάχ(ε)ιλοι Ilias 593[4]
*δεκάχειλον 593[4]
δεκαχῇ 598[3]
Δεκέλεια 475[2]
Δεκελεικός 498[1]
*ΔεκεληϜικός 498[1]
δέκετθαι kret. 216[6]
*δέκμενος 678, 7
δεκνύμενος hom. 697[3], 7
δέκνῡμι ion. 697[1], 3
δέκο ark. 88[6]. 344[3]. 591[3]
δέκομαι 333[1]. 684[5]
δέκοτος ark. lesb. 344[3] (nicht -τός). 591[3], 5
*δέκστο 260[5]. 830[8]
δέκτο 260[5]. 335[6]. 336[4]
δέκων gen. lesb. Chios 86[5]. 590[4]
*δελδίλjω 647[3]
δελεάζω 519[5]. 735[2]
δέλεαρ 360[4]. 519[5]
δέλετρον 519[5]. 532[4], 5
δέλευρα 519[5]
δελήτιον 519[5]
δέλλις 510[7], 6; -ιθες 295[7]
δέλλω ark. 295[2]. 693, 9
δέλος 519[5]
δέλτα 140[2]. 141[1]
δέλτος II 34, 4
δελφακίνη II 36[5]
δέλφαξ 497[1]
Δελφικός II 182[5]
δελφῑ́ς 465[5]. 569[6]
Δελφοί 549[7]. II 43, 3; -οῖς loc. II 155[2]; s. Δερφοί
δελφύᾱ 463[6]
δελφύς 463[6]. 516[3]
*δέλφων 497[1]
(*δεμ-) 752, 6
δέμα 523[6]
δέμας 360[3]. 514[5]. 606[7]. II 52[1]. 78[2]. 85[6]. 86[5]. 551[6]; – c. gen. II 122[2]
δεμβλεῖς 277[4]
δεμελεῖς arg. 513, 11
δεμένο: ἔχω – ngr. 779[4]
δέμνια 470[3]. 523, 3
*δεμνυῖα 541, 3
*δεμς 547[8]. 548[1]. 568[7]
δέμω 277[5]. 358[5]. 684[3]. 723[4]
δέν n. 'etwas' 426, 1. 588, 4. II 593[4]
δέν 'nicht' ngr. 408[3]. II 591[1]. 593[4]. 629[5]
δενδίλλω 647[3]
*δενδρεϜον 583[4]
δένδρεον 472[5]. 583[3–4]; δενδρέῳι 583[4]; δένδρεα 583[4]; δενδρέων 583[4]; δένδρεσι 583[3.4]
δενδρήεις 527[3.4], 4. 5. 583[4]
δένδρον n. att. 583[3.4]. II 30[5]
δένδρος n. ion. dor. 583[4]
δένδρος m. spät 583[4]
δενδρύφιον 471, 7
δενδρύω 259[1]. 647[3]. 686[3]
δεννάζω 735[2]
δέννος 295[5]. 322[8]
δένομαι ngr.: -εσαι 669[2]; δένου 659[1]; ἐδέθηκα 659[1]; s. ἔχω δεθεῖ
δένοντας ptc. ngr. II 13[4]
δένω ngr. 659[1]. 701[4]. 753[2]; δένε 659[1]; νὰ δένω, νὰ δένετε 793[3]; s. ἔδενα, ἔδεσα, ἔχω δεμένο (δέσει)
δέξαι imper. 803[7]. II 235[1]
δέξαι (= δέξασθαι) II 235[1]
δεξαμενή 380[4]. 420[6]. 525[1]
Δεξαμένη 525[1]
δέξασθαι II 282[3]. 283[4]. 296[4.7]. 381[3]
δεξί (τὸ) II 175[5]
δεξιά adv. ngr. 621[4]
δεξιά (ἡ) II 175[4]; -ὰν διδόναι II 24[2]; ἐν (ἐπὶ) δεξιᾷ II 112, 4
δεξιά (τὰ): ἔχων τὰ -ὰ τοῦ κ. πρὸς τῷ ποτ. II 513[1]; ἐν δεξιά, ἐπὶ δεξιά, πρὸς δεξιά II 112, 4; ἐκ δεξιῶν II 43[5–6]
δεξιᾶς adv. 621[4]
δεξιολάβος 429[6]
δεξιός 291[2]. 472[5], 6; -ᾶς χειρός II 112[5]
δεξιοῦσθαι II 175[5]
δεξιόφιν 550[6.7]
δεξίς ngr. 586[3]
δεξιτερός 58[4]. 533[6], 7; ἡ -ή II 175[4]
Δεξιφάνης 448[7]
δέξο imper. hom. 799[6]
δεξουνται ther. 786[5]
δεξύς ngr. 586[3]
*δέξω 718, 2
Δεξώ m. att. 478[6]. II 37[4]
δέομαι II 343[7]. 704[2]; δεήσομαι II 292[4]; δεδέημαι 770[5]; δέομαι c. abl. II 92[6]; – mit zwei Gen. II 92[7.8]; – c. infin. II 367[4]. 368[2]; δεήσεται δορυφόρων II 92[7]; δεησόμενος ὑμῶν II 388[3]; s. δεῖσθαι
δέομαι: δεθήσεται 783[5]; δέδεμαι 770[3]; -ται 676[2]. 783[5]. II 264[1]; -ντο II 95[6]; δεδέσθω 688[3]; δεδεμένος II 81[5]. 240[3]; δεδήσεται 783[5]
δέομεν att. 240[2]
δέον II 623[5]; acc. abs. II 401[7]; – ἐστί att. hell. 813[3]; τὸ δέον 676[2]

Δεονῦος 464[1]
δέος 251[4]. 313[2]. 512[2]; δέους gen. sg. 249[7]. 252[3]. 579[4]; δέος c. acc. II 74[1]
δέπᾱ hom., ion. 248[7]
δέπας 61[8]. 514[5]; δεπάεσσι 564[5]
δέπαστρον 532[5]
δέρας 514[5]
*δερδρύω 647[3]
δέρεθρον 301[3]; -α 88[6]
δέρες nom. pl. = δαέρες 568[2]
Δέρεσ̌ε tsak. 295[2]
δερϝά ark. 223[7]
δέρϝᾱ 472[6]
δέρϝη 188[3]
δέρη att. 295[5]
δερίαι 299[8]
δεριάω 732[4]
Δέρκετος 502[3]
Δερκετῡ gen. 464[1]
Δερκετώ 268[7]. 479[3]
δέρκομαι 73[4]. 292[7]. 353[6]. 684[3]. 746, 1. 747[5]. II 72, 1. 227[5]. 232, 3. 398[4]; -εται II 258[5]; δέρκομαι πῦρ II 76[6]; – ἀσφαλὲς διά τι II 454[1]; – ἐπὶ χθονί II 466[6]; s. δρακεῖν, ἔδρακον, ἐδέρχθην
δέρμα 578[5]
δερμύλλω 736[6]
δέρνω ngr. 701[4]
δέρξατο 755[4]
δέρομαι: δέδαρμαι 769[5]
δέρρις att. 115, 1. 285[3]. 322[8]. 505[3], 4
δέρσω 782[2]
δέρτρον 260[5]. 532[4]
Δερφοί 213[2]
δέρω 684[1.2], 1. 715[5], 9. 759[6]. 841[6–7]; δερῶ att. 785[1]
*δές (> δός) 800[3]
-δες (-đes) plur. Ausg. ngr. 585[7]. 586[2.5]
δέσε ngr. 659[1]. 764[2]; δέστε ngr. 764[2]
δέσει infin. aor. ngr. 809[6]. II 17[1]. 242[3]; ἔχω – 779[4]; θὰ ἔχω δέσει II 298[5]
δέσετε: νὰ – ngr. 793[3]
δέσις 505[5]
δέσμη II 42[3]
δεσμός 493[3]. 523, 3
δέσου ngr. 659[1]
*δεσποδjω 734[2]
δεσπόζω ion. att. 734[2]; – c. gen. II 110[3]; – c. acc. II 110[5]
δέσποινα 274[1]. 473, 1. 559[7]
δεσποινίς 133[7]
δεσπόνησιν 'dat.' ion. 559[4]
Δεσπόνησιν 529[4]. II 51[4]
δεσποσύνη 529[4]
δέσποτα att. 560[6]. II 59, 2
δεσπότειρα 474, 3
δεσποτεύω 732[7]
*δέσποτνjα 274[1]. 473, 1
δεσπότης 291[1]. 446[4]. 451[5]. 547[8]. 548[1]. 561[6], 5; δεσπότεα acc. Hdt. 561[3]
δέστε ngr. 764[2]
δέσω: νὰ – ngr. 659[1]. 793[4]
δετός 340[7]. 676[2]
δέτρον 260[5]
Δεῦ voc. sg. 576, 5
(*δευ adv.) 595[5]
δεύαται 302[7]
δευήσεαι ἐσθῆτος II 92[7]
δεύκει 685[1]
Δεύνυσος ion. 283[3]
δεύομαι 348[6]. 432, 6. 595[4.5]. 745, 4
δευος 156[4]
δεῦρε att. 632[1.2]
δευρεί 632[1]
δευρί Aristoph. 632[1]
*δε-υρο 397[7]. 632[2]
δεῦρο 397[7]. 612[1]. 630, 6. 632[1.2]. II 16[2]. 314[4.5]. 315[2]. 339[3]. 427[7]. 620[3]; δεῦρ' ἄγε II 583[7]; δεῦρο ἴτε Aesch. 632[1]; δεῦρο τοῦ λόγου II 114[6]
δευρυ äol. (Hdn) 632[1]
δεύρω Ilias (Hdn) 632[1]
Δεύς böot. lak. 91[3]. 331[6]. 414[3]. 576[5]; Δεῦ voc. sg. 576, 5
δεύτατος hom. 595[4]
δεῦτε 632[1]. 804[3]; – ngr. 632[2]. II 16[2]. 314[4]. 315[2]. 339[3]. 411[6]. 579, 2
δευτέρα (ἡ) II 175[5]
δευτεραῖος 596[4]
δευτερεῖα n. pl. 596[5]
δευτερεύω 596[4]
δεύτερον 598[2]. II 706[4]; – τοῦ ἔτους 596[5]; τὸ – 597, 8
δεύτερος 595[4]. 614[4]; – αὐτός 595[1]; δεύτεροι ἐμεῖο II 98[6]; δεύτερον οὐδενός II 98[6]; δευτέρῳ ἔτει τούτων II 98[6]
δεύω äol. hom. 685[6.7]. 752[3]; δεύει impers. 685[7]; δεύσω 685[6]; s. ἔδευσα, ἐδεύησα
δέφυρα kret. 298[8]
δέφω 298[8]. 684[5]. 706[7]. 721[2]; δέψω 298[8]. 706[7]; δέψει 721[2]
δέχαται 3. pl. hom. 671[3]. 678[6],7. 683[6]. 767[1]. 772[4]
δέχε imper. altatt. 797, 5
δέχθαι hom. 809[3]. II 374[6]
*δέχθε 671[3]
*δέχθο 336[4]
*δέχθω 772[4]
δέχνυμαι 697[3]
δέχομαι (-εσθαι) 333[1]. 684[6]. II 307[6]. 381[6]; τοῦ δέχεσθαι II 361[6]; δέχομαι παρά τινος II 497[7.8]; – τί τινος II 127[7]; – ἀντί, πρό II 127[8]; – τι c. dat. II 169[4.6.7]; – τινα ὡς πολέμιον II 405[1]; – – ἀμφ' ἀρετᾷ II 438[6]; – κακὸν ἐκ κακοῦ II 464[2]; s. ἐδεξάμην, δέξαι, δέξασθαι, δέδεγμαι, δέδεξο, δέδεχθε, δεδέξομαι, δεδεγμένος
δεψεῖ Hdt. 721[2]
δεψήσας Od. 721[2]
δέψω 298[8]. 706[7]; δέψει 721[2]
δέω 'binde' 251[4]. 676[2]. 685[7]. 688[6]; δέω ἐξ II 434[5]
δέω 'ermangele' att. dor. 685[7]. 752[3]; – c. abl. II 92[6]; – πολλοῦ c. infin. II 92[7]; s. δεῖ, δέηι, δῆι, ἐδέησα, δεῆσαν, -ῆσον, -ήσοι, δεύω
δϝ 314[5]. 332[2]; δϝ- 301[4.5]
*δϝᾱ́ f. 'Weile' 618[5]
*δϝᾱν 618[5]
*δϝεεος gen. sg. 252[3]
*δϝejελός 483, 5
*δϝejεσ- (nicht -οσ-) 489[5]
*δϝέjος 251[4]
Δϝεινίας 347[1]; -ία gen. kor. 223[7]. 301[4]
*δϝεινός 710[3]
ΔϝΕνίας 192[1]
δϝίς· δύναμις H. 301[5]. 495, 5. 693, 5
*δϝῐσ- 489[5]
*δϝίω 681, 2
δή 612[1]. II 185[2]. 553[4]. 555[1.2.3.6], 2. 562[5–6], 1. 7 f. 570[2]. 571[6]. 578[3]. 629[6]. 633[6]. 703[1]; δὴ ἄρα II 559[1]; δὴ αὖτε II 563[5] (s. δαὖτε); δὴ γάρ II 563[2]; δή γε II 563[1.2]; δὴ μάλιστα II 563[5]; δὴ οὖν II 585[2]; δή που II 580[1]; δή τις II 213, 1. 563[4.5]; δὴ τοίνυν II 582[1]; δὴ ὦν II 563[2]; ἀλλὰ δή II 563[2]; ἀλλὰ μὲν δή II 563[2]; ἀλλ' ἄγε δή II 563[4]; ἐν δὲ δή II 422[2.3]; ἐπεὶ δή II 658[7]; ἐπεὶ ἂρ δή II 660[6]
δῆγμα 364[1]. 769, 6
δηγμός 492[5]
δήδεκτο hom. 648[2]. 686, 7
*δηδεσκ- 710[3]
*δηδεσκόμενος 697, 3
δηδέχαται hom. 239[6]. 354[3]. 647[1]. 648[2]. 697[3], 3; δηδέχατο 648[2]. 686, 7
δηδίσκετο Od. 648[2], 2. 710[3]
δηδισκόμενος 648[2], 2. 697, 3
δηθά 629[1]
δῆθε II 563, 4
δῆθεν 629[1]. II 553[5]. 563[2], 4
Δῆθος 331[6]

δηθύνω 733[3]
δῆι dor. 685[7]; s. δεῖ
δηιάασκον Ap. Rh. 711[4]
Δηϊθράσης 448[7]
Δηιόκης 153[5]
δήϊος 578[5]; δηίοιο 244[3]; δήϊον πῦρ 466[2]
δηιοτής 385[3]. 528[6]
δηιτώμην 245[1]
δηκανόωντο hom. 700[5]
δηλαδή II 563[2]
δηλήσεταί κε II 351[6]
δηλήσηται conj. 791[2]
Δήλια (τὰ) II 614[1]. 618[6]
δήλομαι dor. 82[5]. 284[1]. 295[2]; δηλόμενος 693[4], 10
δηλομήρ el. 525[2]. 569[6]
δηλονότι II 554[7]. 590[1]. 706[3]; s. δῆλος
δῆλος 363[4]. 483[5]. 681, 6; δῆλον II 622[1]. 623[5]. 631[3]; – τινι II 166[2]; δῆλός εἰμι δρασείων II 393[5]; δῆλός ἐστιν ὡς δρασείων II 397[2]; δῆλός εἰμι ἐπιβουλεύων II 393[5]; δῆλον ποιῶ c. ptc. II 396[7]; δῆλα γέγονε II 606[3]; δῆλά ἐστιν ἀγαθὰ ὄντα II 611[7]; δῆλον ὅτι II 554[7]. 590[1.2]. 696[8]; δῆλον (sc. ὄν) II 405[1]; δῆλον ὄν II 401[7]
Δήλῳ loc. II 155[1]
δηλῶ (-όω) II 395[7]; δηλοῖ II 621[8]; δηλώσας II 296[8]; δηλῶ τι(να) c. praedic. II 395[2]; δηλῶ c. ptc. II 396[7]. 397[1]; – τινί τινος II 106[8]; ἐδήλου ὡς ἐκπεμφθείη II 297[7]; δηλωθέντος ὅτι II 401[1]
δήλωμα c. instr. II 166[6–7]
Δημαγένης att. 439[2]
δημαγωγεῖν II 73[3]
Δημάδης att. 579, 6
δημηγορεῖν πρὸς ἡδονήν (χάριν) II 512[5]
Δημήτηρ, -τερος, -τρος 567[6]; Δήμητερ 386[5]
Δήμητρα, -αν spät 568[1]
Δημητριάς 508[4]
Δημήτριος 154[2]
δημιοργός ion. 253[1]
δημιουργός att. 253[1]; – τινος c. instr. II 166[6]
*δημοβορός 379[4]
δημοβόρος 379[4]; – βασιλεύς II 65[8]
δημόθεν hom. 245[1]. 628[2]. II 171[8]
δημοκόπος 298[8]
Δημοκόων 721[6]
δημοκρατίη 469[6]
δημοκρατούμενος: -μένην II 408[2]; -ούμεναι II 408[7]
δημον ἐόντα 245[1]. 559[7–8]
δῆμος 186[1]. 376[3]. 378[8]. 553[6]. II 608[8]; δήμου 553[6]; ὁ δῆμος ὁ τῶν Ἀθηναίων II 26[6]; – – ὁ Ἀθηναίων II 692[5]
δημός 492[2]; -οῦ 553[6]
Δημοσθένης: -η att. 250[6]; Δημοσθένης Δημοσθένους II 177[4]. 692[5]; – – Παιανιεύς II 618[4–5]; Δημοσθένης ὁ Δημοσθένους II 21[4]
δημοσίᾳ II 163[5]
δημόσιος 57[4]. 466[4]
δημότερος II 183[5]
δημοτικόν (term.) 634[7]
δημώδης γλῶσσα 133[3]
δήν hom. poet. 618[5], 3. 619[5]. 621[1]. 693, 5. II 70[1]. 413[7]. 415[3]
δην- 632[6]
-δην adv. 626[2]f.
Δῆνα acc. sg. kret. 577[1]
δήναιος 618, 3
δηνάριον 156[4]
δήνεα ion. 286[2.7]. 307[7]. 512[1]
δήξομαι Eur. 693[3]. 781[6]
δηοῦν c. dat. II 170[5]
δήπου II 563[2]
δήπουθε II 563, 4
δήπουθεν II 563, 4. 580[1]
δηράς kret. 285[8]
δηριάασθον hom. 727[4]. II 607[2]
δηριᾶσθαι II 233[4]
δηρῑθ- 761, 5
δηρινθήτην Ilias 727[5]. 761, 5
δηρίομαι (-εσθαι) 727[4]. 761,5. II 233[4]
δηριόντων 727, 7
δῆρις 462[4]; δῆριν θήτην 727[5]
δηρῑσομαι 782[5]
δηρίττειν H. 727[4]
δηρῑώντων Pind. 727, 7. II 234[5]
δηρόν adv. 621[2]. II 70[1]. 77[1]
δηρὸν χρόνον hom. 621[2]. II 70[1]
-δης 302[8]
δῆσαι infin. aor. 809[6]; – κελεύθου II 93[2]; – ἐπὶ θανάτῳ II 467[7]
δήσασθαι πέδιλα II 231[2]
δησάσκετο Ilias 711[5]
δῆσαν ἐνὶ δεσμῷ II 458[4]
δῆσας Hes. 566[3]
δῆσεν 685[7]. 752, 3; s. ἔδησα, -σεν
δῆσον, δήσατε 764[2]
δήσω 782[5]
δῆτα II 556, 2. 563[2], 5
δητός 838[6]
δηὖτε 402[2]. 629[3]. II 563[2.5]; s. δαὖτε
δηχθη- 760[1]
δήω fut. 780[4], 6. 816[4]. II 265[5]. 273[3]. 292[6]
Δηώ 478[5]. 636[6]
Δηωΐνη 478, 1
δι (= δi) 206[6]. 233[8]
δι- compos. 447[7]. 589[2],3. II 449, 1
Δῐ dat. sg. 248[5]. 576[6]
Δι- compos. 577[2]
διά praep. 104[1]. 387[8]. 551[1]. 622[5]. II 69[3]. 268[3]. 425[5]. 427[2.3.5]. 432[5]. 433[4.7]. 448[6]–454; – c. gen. II 178[2]. 237[6]; – c. acc. II 167[8]; διὰ βίας II 452[2]; διὰ βίου II 451[2]; διὰ βραχέων II 452[2]; δι' ἐλάσσονος II 451[2]; δι' ἔτους II 451[1]; διὰ κενῆς att. II 175[6]; διὰ μέσου II 705, 1; διὰ νυκτός II 451[1.2], 1; δι' ὀλίγου II 451[1]; διὰ παντός II 450[7]; διὰ πλείστου II 451[2]; διὰ πολλοῦ II 451[2]; διὰ σιγῆς II 452[2]; διὰ ταχέων 625[5]; διὰ τέλους II 450[5]; διὰ τοσούτου II 451[2]; διὰ χρόνου II 451[3]; δι' ἅ II 661, 3; διὰ τί II 454[3]; διὰ τοῦτο II 454[3]; διὰ ταῦτα II 672[6]; οὐδὲν δι' ἄλλο II 427[2]; διὰ τὸ ἵνα mgr. II 384, 1; ἐπιγίγνεσθαι διὰ νυκτός II 451[1]
δια- 272[5]. II 429[4]
δία acc. sg. kret. 576, 7
δῖα 229[6]. 576, 7; – voc. 559[7]; δῖα γυναικῶν II 101[6]. 116[5]; δῖα θεάων 559[7]
Δία acc. sg. att. 576[6]
*Δῖα II 119[6]
-δια adv. 626[2]
διάβα ngr. 676, 1
διαβαίνειν (τοῦ) II 361[5]
διαβαίνω II 308[1]. 347[4]. 450[3]; s. διαβέβηκα
διαβάλανα 589, 3
διαβάλλεσθαι II 161[2]; – ἔς τινα II 459[2]
διαβάλλω (-ειν) II 80[4]; – τινὰ πρός τινα II 510[7]
διαβᾶτε ngr. 676, 1
διαβατήρια θύειν II 76[5]
διαβέβηκα ἐν II 434[3]; διαβεβηκότος Περικλέους II 400[2]
διαβειπάμενος kret. 207[8]. 224[7]
διαβέτης lak. 224[6]
διαβητίζομαι 706[5]
διάβολος 158[4]. 165[3]
διαβύνεται Hdt. 692[3]
διαγελάω: διεγέλα arg. 682[2]
διαγίγνομαι (-εσθαι) II 255[4]. 268[3]; – c. ptc. II 392[2]. 450[3]
διαγιγνώσκω II 450[2]; – περί τινος II 502[8]
διάγκυλος 589, 3

διαγλαύσσω Ap. Rh. 725^{4}
διαγνόντω imper. 802^{4}; -γνόντωσαν 802^{7}
διαγνώμη τῆς ἐκκλησίας II 122^{2}
διαγνώτω imper. 802^{4}
διάγυιος 589, 3
διάγω 189^{4}; διῆγε 189^{4}; διάγω μετά τινος II 484^{1}; – τὸ γῆρας διὰ πένθους II 452^{8}
διαγωνίζομαι (-εσθαι) II 450^{2}; – ἔν τινι II 458^{3}
διαγώνιος II 454^{5}
διὰ δ' ἀμπερές II 426^{5}. 449, 5
διαδέξειε lesb. 797^{1}
διαδέξιος II 449^{5}
διαδέρκομαι II 450^{3}
διαδέχεσθαί τι c. dat. II 169^{7}
διαδηλέομαι II 450^{1}
διάδηλος II 449^{5}
διάδημα 154^{7}
διαδίδουσι Hippokr. 687^{5}
διαδιδράσκω II 449^{7}
διαδικάζομαι (-εσθαι) II 233^{5}. 283^{6}
διαδόντō imper. lokr. 802^{2}
διαδοχή c. dat. II 169^{7}
διάδοχος c. dat. II 169^{7}
διάδρᾱ imper. H. 798^{4}
διᾴδω II 450^{2}
διαέριος II 454^{5}
διαϝειπάμενος kret. 745^{3}
διαζεύγνυμί τί (ἀπό) τινος II 431^{4}. 432^{2}
διάζομαι 706^{1}
διαζώνη 836^{5}
διάη ipf. 680^{5}
διάησι 680^{5}
διάθεσις (ῥήματος) II 222, 4
διαθέω II 450^{2}
διαθεῶμαι c. gen. II 106^{4}
διαθήκη 159^{4}
διαθρύπτω II 443^{6}
διάθυρα II 454^{5}
διαί II 448, 4. 451^{4}
δίαιθρος II 449^{4}
δίαιμος II 449^{4}
διαίνω II 283^{2}
διαιρέω II 449^{7}; s. διελεῖν, διελών, διέλωμεν
δίαιτα 300^{8}. 301^{1}. 421, 3. 475^{6}
διαιτάω 705^{5}, 7
διαιώνιος II 454^{5}
διακάρδιος II 454^{5}
διάκειμαι κακῶς ἀπό τινος II 446^{5}; – πως ὑπὸ τῆς νόσου II 528^{4}
διακείρω II 450^{1}
διάκεισθον II 607^{2}
διακεκρίδαται 672^{4}; διακέκριντο 672^{4}
διάκενος II 449^{5}
διακέρσαι II 365^{6}
διακινδυνεύειν μετὰ τοῦ νόμου II 484^{6}; – ὑπέρ τινος II 522^{1}
διακλάω II 449^{6}
διακναίεσθαι II 164^{5}
διακνόντων her. 414^{7}
διάκοιλος II 449^{5}
διακονέοντες lesb. 729^{5}
διᾱκονέω 726^{5}; -ῶ II 277^{5}
διακονία c. dat. II 144^{8}
διᾱ́κονος 158^{4}. 165^{3}. 434^{4}. 460^{6}. 719^{5}. II 450, 2
διακορεύω II 450^{1}
διακορέω II 450^{1}
διακόρισται 767^{1}
διάκορος II 449^{4}
διακόσια (ὁ) ngr. 595, 1
διακοσία ἵππος Thuk. 593^{2}
διακοσιάκις 598^{1}
διακοσιάπρωτος 596, 6
διακοσιαστοῦ pap. 596, 4
διᾱκόσιοι att. 593^{1}
διακοσιοντάκις H. Suid. 594^{1}. 598^{1}
διακοσιοντάχους Strab. 593^{7}
διᾱκοσιοστός 596^{2}
διακοσμέω (-ῶ) II 80^{1}. 450^{1}
διὰ κοσμηθέντες II 449, 4
διάκοσμος II 449^{6}
Διακρῆς att. 837^{7}
διακριβόω II 450^{2}
διακριδόν 626^{3}. 632^{5}. 694^{5}. II 450^{1}
διακρίνω II 348^{4}. 450^{1}; -νέει hom. 694^{5}; -κριθήσεσθαι Hdt. 763, 3; -κρινθῆτε 694^{5}; -κρινθεῖτε opt. Ilias 795^{2}; s. διακεκρίδαται, διέκριθεν
διάκριοι II 454^{5}
διάκτορος 424, 6
διακωλύω: – τινὰ παραβαίνοντα II 394^{3}; διακωλύσει opt. ark. 660^{3}. 797$^{1.3}$; – kret. 797, 2
διάκων 487^{2}
διαλαγχάνεν II 115^{4}
διαλανθάνω II 450^{3}
διαλγής II 449^{4}
διαλέγομαι (-εσθαι) II 160^{4}. 233^{5}. 353^{6}. 450^{2}; διελεγέσθην II 609^{2}; διαλεχθῆναι Hdt. att. 760, 1; διαλέγομαί τινι ὑπὲρ πράγματος II 522^{3}; – ὑπ' αὐλόν II 531^{7}; – ἐπ' ἑωυτῶν II 470^{6}; διαλεγομένων ἡμῶν II 398^{7}
διαλείπω II 449^{7}
διάλεκτος f. 457^{7}
διαλέλεται kym. 316^{3}
διαλεξεισθαι Kos 786^{4}
διάλευκος II 449^{5}
διαλεχθῆναι 760, 1
διάλιθος II 449^{4}
διαλλάττειν II 160^{4}
διάλληλος II 454^{5}
διαλογή 460^{5}
διάλογος 31^{3}. 460^{5}
δίαλος 363^{4}
διαλύσιαν opt. gort. 797$^{3.4}$
διαλυσίεσσι lesb. 564^{3}
διαλύω II 449^{7}
διαμάω II 449^{6}
διαμείβομαί τί τινος II 127^{2}
διαμείβω τί τινος II 127^{2}
διαμελετῶμαι II 353^{7}
διαμένειν c. dat. II 143^{4}
διαμερίζεσθαι τὰ ἰ. ἑαυτοῖς II 236^{3}
διάμεστος II 449^{5}
διαμετρέω II 449$^{5.6}$
διάμετρος f. 152$^{2.3}$. 430^{6}. II 449^{4}
διάμησε 682^{6}
δίαμμος II 449^{4}
διαμνημονεύω c. gen. II 108^{4}
διάμοιος 273^{1}
διάμορφα II 449, 6
διαμπάξ 620^{5}. II 449^{3}
διαμπερές 513^{3}. 620^{5}. II 449^{3}; s. διὰ δ' ἀμπερές
διαμυδαλέος II 449^{5}
διαμφάδην II 449^{3}
διαμφίς II 449^{3}
διαμφισβητέω II 449^{3}
διάνδιχα 598^{2}, 4. 633^{3}. II 449^{3}
διᾱνεκής hell. 189^{8}. 190^{6}
διανεμηθέντων imper. Plat. 802^{6}
διανέμω II 79^{3}
διάνοια 469, 5
δίαντα II 449^{3}
διανταῖος II 449^{3}
διανύω II 450^{3}; διήνυσε διδοῦσα II 392^{3}
διάξηρος II 449^{5}
διάξυλον II 449^{6}
διαπάλη II 449^{6}
διαπαρθενεύω II 450^{1}
διὰ πασῶν (ἡ) 427^{1}
διάπειρα II 449^{6}
διαπειρῶμαί τινος II 105^{3}
διαπέμπω II 449^{7}; – τινά παρὰ τὰ χρηστήρια II 498^{8}f.
διὰ πέντε 375^{6}
διαπεπολεμήσεται II 289^{5}
διαπεπολεμησόμενον Thuk. 783^{5}. II 402^{4}
διαπερᾶν διά τινος II 451^{4}
διαπέρθω II 450^{1}; -πέρσαι II 380^{8}
διαπεφύσηται II 287^{7}
διαπίμελος II 449^{4}
διαπίνω II 450^{2}
διάπλεως II 449^{5}
διάπλους 460^{5}
διαπόντιος II 454^{5}
διαπορθέω II 450^{1}; διαπορθήσας Ilias 720^{1}. 755^{3}

διαπόρφυρος II 449^{4}
διαπράσσομαι τὰ ἀμφὶ τὸ ἄριστον II 439^{3}; διαπράξασθαι II 296^{4}
διαπράσσω II 450^{3}
διαπρέπω II 450^{1}
διαπρήσσω II 450^{3}; – c. gen., acc. II 111^{7}
διαπρό 'ganz durch' II 429^{7}, 2. 449^{3}. 450^{5}. 505^{4}
διάπροθι II 449^{3}
διαπρύσιος 466^{4}, 8. II 449^{6}. 505^{3}
διαπτοιέω II 449^{6}
διαπτύσσω II 449^{7}
διαπυκτεύειν II 161^{2}
διαπύλιον II 454^{5}
διάπυρος II 449^{4}
διαπυρπαλάμησε(ν) 430^{4}, 4. 726^{1}
διαρπάζω II 449^{6}; -άσαι II 363^{6}
διαρραίω II 449^{6}
διαρρήδην II 450^{2}
διαρρῖπτασκε 711^{3}
διαρρίπτω II 450^{3}
διαρταβία 589, 3
Δίας nom. sg. ngr. 133^{7}. 577^{2}
Δίας acc. pl. 577^{1}
διάσημος II 449^{5}
διασκεδαννύηται 792^{4}
διασκεδάννῦται conj. Plat. 792^{4}
διασκιδνᾶσι 3. pl. 695^{3}
διασκίδνημι II 449^{7}
διασκοπέω c. gen. II 106^{5}
διασκοπιάομαι II 450^{2}
διασκορπίζω II 449^{7}
διασπασθήτω II 343^{1}
διάσπιλος II 449^{4}
διασσᾶν 320^{3}
διασσεύομαι II 450^{3}
διάστεμα 523^{6}
διαστέομαι 706^{1}
διάστημα II 449^{6}; διαστήματα 396^{2}
διαστήσαιντο 706^{1}
διαστήτην 651^{6}. II 419^{3}
διαστολή 396^{2}
διαστύλιον 589, 3
διάστυλος II 454^{5}
διασύρω τινός τι II 106^{4}
διασφάγ- 424^{6}
διασχίζω II 449^{7}; s. διεσχίσθη, διεσχισμένος
διασῴζω II 450^{3}; διεσεσώκει II 288^{5}
διασωπάσομαι 245^{1}
διατάσσομαι: διετετάχαται Thuk. 812^{3}
διὰ τάφρον ὀρύξας II 450^{2}
διατελείω: διετέλειε äol. 724, 3
διατελέω (-εῖν) II 255^{4}. 268^{4}. 450^{3}; διατετέληκεν pap. 775, 5; διατελῶ c. ptc. II 16^{2}. $392^{2.4}$, 6; – μαχόμενος II 392^{4}; s. διατελόντι
διατελόντι arg. 253^{2}
διατετρανέεις Hdt. 785^{2}
διατηρεῖν II 375^{7}
διατίθημι II 449^{7}; – τινά πως II 223, 0
διατινθαλέος II 449^{5}
διατμήγω II 449^{7}; s. διέτμαγον
διατοξεύομαι II 450^{2}
διατρέχω II 450^{3}
διατρίβω (-ειν) II 83^{2}; – c. gen. II 112^{2}; – ἡμέρας περὶ Π. II 503^{7-8}; – περὶ τὴν θήραν II 504^{3}
διάτριχα II 449^{3}
διατρύγιος II 449^{4}, 6
διατρυφὲν ξίφος Ilias 759^{2}; -ὲν ἀμφί τινι II 438^{2}
διαττᾶν att. 320^{3}. 413^{5}
διαττάω 676^{2}
δίαττος 320^{3}. 421, 3. 460^{6}
διαυχένιος II 454^{5}
διαφαίνομαι II 450^{3}
διαφάσσειν 302^{1}
διαφαύσκω 347^{7}
διαφέρομαι (-εσθαι) II 161^{2}. 233^{5}; – c. gen. II 131^{5}; – τινι II 161^{3}; – ἀμφί τινος II 438^{8}; – τινί (περί) τινος II 131^{3}
διαφερόντως II 415^{1}
διαφέρυσα kilik. 183^{6}
διαφέρω (-ειν) II 93^{7}. 450^{1}; – c. dat. II 170^{6}; – τῶν ἡλικιωτῶν II 93^{7}; – τὴν φύσιν II 85^{4}; -ων ἐπὶ πρᾶξιν II 473^{2}; ἐλάθομεν ἡμῶν αὐτῶν διαφέροντες II 392^{5}
διαφεύγειν παρ' ὀλίγον II 496^{7}; τοῦ διαφεύγειν II 372^{4}
διαφθαρῆναι II 296^{7}
διαφθείρομαι (-εσθαι) II 284 $^{1.4}$; – c. dat. II 148^{5}; s. διεφθαρμένος, διέφθορα
διαφθείρω (-ειν) II 276^{5}. 284^{1}. 450^{1}; – τινὰ πρὸ μοίρας τῆς ἐμῆς II 506^{8}
διαφθερέεται Hdt. 756^{6}
διαφθέρσει Ilias 782^{2}
διαφιλοτιμέομαι II 450^{2}
διαφορὰ περί τινος II 502^{5}; -ὰν ἔχειν II 161^{2}
διαφορέω II 450^{3}
διάφορος II 161^{2}; – c. abl. II 96^{3}
διαφράζω II 450^{2}
διαφυγετεῖν H. 706^{2}
διαφυγὼν ἔσομαι II 255^{5}. 266^{4}
διαφύσσω II 449^{6}
διαφωνέω II 450^{1}
διαχειρίζειν II 454^{6}
διὰ χειρὸς ἔχειν II 450, 3
διαχλευάζων II 389^{8}
διάχλωρος II 449^{5}
διαχρῆσθαι II 167^{5}
διάχρυσος II 449^{4}
διάχυλος II 449^{4}
διαχωρέω: διεχώρει κάτω αὐτοῖς II 621^{3}
διαψηφίζεσθαι περί τινος II 502^{8}
διβάλανα 589, 3
ΔιδαίϜων kor. 273^{1}
διδακτός 737^{4}; – c. gen. II 119^{3}
διδάκτωρ 531^{3}
διδάξασθαι (τὸ) II 370^{3}
διδάσκαλος 483^{7}. 710^{2}. 737^{4}. II 31^{5}
διδασκέμεναι II 363^{3}
διδασκῆσαι Hes. Pind. 710^{2}. 752^{3}
διδάσκομαι (-εσθαι) 748^{6}. II 82^{4}. 232^{5}; – τι παρά τινος II 497^{8}f. 498^{1}; διδασκόμενος πολέμοιο II 107^{7}; διδάσκομαι ἐσθλῶν ἀπ' ἐσθλά II 446^{3}; – προτί τινος II 514^{6}
διδάσκω 707^{4}, 1. 710^{2}. 748^{6}. 771^{5}. 783^{1}. 814^{7}. 842^{2}. II 82^{3}. 234^{2}; διδάξω 643^{7}. 708, 5. 710^{2}. 737^{4}. 783^{1}. 816^{7}; s. ἐδίδαξα, δεδίδαχα, διδασκῆσαι; διδάσκω c. gen. II 126^{1}; – τινά τι c. dat. II 151^{4}; – διθύραμβον, – δρᾶμα II 82^{3}; – περί τινος II 503^{2}; – τινὰ περί τινος II 82^{4}; – τινὰ μετά τινος II 484^{5}; μὴ διδασκέτω II 343^{4}
*δίδαται 3. pl. 671^{7}
*δίδατι 664^{6}. 686^{6}
διδαχή 423^{5}. 737^{4}
διδαχθέντες ἦσαν 813^{3}
διδέᾱσι 3. pl. 688^{6}
δίδει äol. 688^{6}
διδεῖναι infin. H. 808^{3}
διδεντ- ptc. delph. 688^{6}
διδέντων imper. 688^{6}
διδέουσα delph. 688^{6}
διδέτωσαν Milet 688^{3}
δίδημι 340^{3}. $688^{5.6}$. 814^{1}; δίδη ipf. 688^{6}
δίδην infin. H. 688^{6}
δίδι 'gibt' 688^{5}
*διδjāμαι 689^{6}
*διδμεν 686^{6}
διδόαμεν 665^{4}
διδόᾱσι 665^{4}
δίδοι 3. sg. äol. $687^{4.5.7}$
δίδοι 2. sg. imper. $804^{3.4}$, 3
διδοῖ 3. sg. $687^{4.5}$. $688^{1.3}$. II 313^{7}; ἓ θυγατρὶ – gort. II 621^{1}
διδοῖεν 687^{2}

διδοίην 794[5.6]
διδοῖμεν 794[6]
διδοις 687, 3
διδοῖς 687[3.5]. 688[3]
διδοῖσθα 687[3]
*δίδοισι 3. pl. äol. 687[4]
*δίδοιτε 2. pl. opt. 804[4]
διδοῖτε 687[2]. 804[4], 4
δίδομαι II 284[3]; -σαι 668[4]; -ται 642[1]; διδόμεθα 642[3]; δίδοσθε 670[4]; διδόαται 672[2]; δίδονται 671[7]; δίδοσθαί τί τινι II 498[2]; – ἀπό τινος II 446[5]; – τι χερσίν II 156[1]; s. auch ἐδιδόμην, ἐδόμην, ἐδόθην, δέδομαι
διδόμεν infin. 806[3]. 808, 4. II 383[6]
δίδομεν 686[6]. 794[5]
διδόμειν infin. rhod. 807[6]
διδόναι 82[1]. 808[4]. 811[8]. II 259[5]. 278[6]. 279[4]. 283[3]; – ἀπό II 447[4]; – παρ' ἑωυτοῦ II 497[8]; – χάριν ποτί τινος II 514[5]; τὸ δίκην διδόναι II 366[6]
*διδοντι 3. pl. 687[4]
διδόσθω 3. pl. kerk. 801[6]
διδότω 794[5]. 801[3]
δίδου ipf. 687[3]
δίδου imper. 687[1]. 799[3]
διδοῦμεν 688[3]
διδοῦν infin. 687[6]. 808[1]
διδοῦναι 687[3]. 808, 4
διδοῦντι ptc. 688[3]
δίδους 688[3]
διδούς ptc. 525[3]. 566[2]; διδόντες II 391[3]; διδοῦσι dat. pl. 566[2]; διδόντος τοῦ νόμου II 398[6]
διδοῦσι 3. pl. ion. 665[1]. 687[4.5]; – ἀποδόμενοι II 388[7]
δίδραγμον 206, 1
διδρᾱσκω 710[2]; s. ἔδραν
δίδραχμον 451[1]
διδυμᾱτόκος dor. 438[6]
διδυμᾱων 521[5]. 589[3]; διδυμᾱονε παῖδε II 49[2]
Διδύμοιυν (τοῖς –) du. ark. 557[2]
δίδυμος 156[5]. 258[3]. 589[3]; διδύμω Eur. 589[3]; διδύμᾱι χερί Pind. 589[3]
Δίδυμος 162, 2
Διδυμοτειχῖται 439[2]
Διδύμω (τὼ –) ark. II 47[4]
διδύσκω 756[1]
*δίδω 3. sg. äol. 687[4], 3
δίδω imper. ion. att. 798[5]. 799[3]
δίδω conj. praes. 688[4]
δίδω (= δίδωμι) ngr. 688[5]. 783, 2
διδῶ conj. 688[4]. 792[6]; διδῷς conj. 792[6]; διδώῃ conj. hell. 793[1]
δίδωθι imper. 687[1]. 800[5]
διδώιην, -ώιησαν hell. 795[1]
διδωις 688[3]
διδῷς opt. 795[1]
δίδωμι 354[8]. 359[4]. 646[7]. 686[6], 8. 687[2]. 737[3]. 794[5]. 816[5]. II 72, 1. 226[5]. 272[1.5]. 284[7]. 307[8]; δίδως 20[3]. 659[5]. δίδωτι 91[3]. 92[1]. 270[4]. 648[5]; 722[6]. II 270[4]; δίδωσι 270[4]. 687[5]; δίδοντι 3. pl. 665[1]; δίδωμι c. dat. II 170[5]; – τινι c. infin. II 139[7]. 146[5]; – ἐργασίαν 40[1]; – τινι χάριν ἀντί τινος II 443[2]; – ὑπ' ἀνάνκας II 528[3]; – καὶ λαμβάνω ὅρκους c. infin. II 296[5]; δίδωμι δίκην ὑπό τινος II 227[2]; s. auch διδόναι usw., δίδω, ἐδίδουν (-ων), ἔδιδον, ἔδωκα, ἔδομεν, δέδωκα usw.
διδων infin. kyren. 807[4]; δίδων lesb. 807[7]
διδῶναι infin. 687[3]. 808, 4
διδώσειν Od. 873[1], 2
δίδωσθαι äol. 687[2]
διδώσω II 265[4]. 266[3]; διδώσομεν Od. 783[2], 2
δίε 'er floh' 681, 2. 742[3]. 755[3]; – περί τινι II 501[4]
διέ thess. 69[5]. 244[2]. 330[3]. 622[5]. II 448[7]
διεγγυάομαι II 127[6]
διεγέλα arg. 682[2]
διέδην 626[3]
Διεί (= Διί) 548[2]. 576[6], 9
Διει- compos. 577[2]
διείδομαι II 450[2]
διείλεγμαι 650[1]
διεῖπον II 450[2]
διείρομαι II 450[2]
Διειτρέφης 87[1]. 548[3]
διέκ II 429[7]. 450[5]
διεκί (= διότι ,dass') thess. 299[2]. 616[5]. II 644[2.3]
διέκριθεν Ilias 694[4]. 761[6]
διελεγέσθην II 609[2]
διελέγην 3. pl. kret. 664[6]
διελέγχειν II 365[4]
διελεῖν μέρη II 79[2]
διελθεῖν περί τινος II 503[2]
διελκυστίνδα 627[2]
διέλωμεν δύο μέρη II 79[3]
διελὼν τοῦ π. τείχους II 102[7]
δίεμαι 680[4]. 681, 2. 3. 702[5]; δίενται 681[1], 2; – πεδίοιο II 112[4]
διεμοιρᾶτο hom. 726[1]
δίενος 424[3]
ΔιΕνυσος ion. 283[3]
διέξ II 430[1]. 449[3]
διεξ- II 430[2]
διεξαγνηκέναι lak. 696[2]
διεξελαύνειν κατὰ τὸ προάστιον II 476[7]
διεξελθὼν διά τινος II 450[4–5]
διεξερέομαι II 450[2]; -ερέεσθε II 429[2]. 430[1]
διεξηχέναι (διεξήιειν) 674, 10
διεξιέναι διεξόδους II 75[8]
διεξίμεναι II 429[2]. 430[1]. 450[3]
διεπράθετο Od. 747[5]
διέπτη Emped. 742[5]
διέπω II 450[1]
διεργάζομαι II 450[3]
διέργω II 449[6]
διερός 301[1]. 482[1]
διέρραγκα 775[4]
διέρχομαι II 450[3]; s. διελθεῖν
διερωτᾶν II 350[7]. 630[8]
Διεσ- 547[7]. 576, 6
Δίες nom. pl. 577[1]
δίες 'Tage' kret. 576, 7
διεσεσώκει II 288[5]
δίεσθαι hom. 681[1], 2. II 365[3]; – σταθμοῖο II 91[7]
Διεσκουριάδεω thas. 547[7]
Διεσκουρίδου prien. 547[7]
διεσσείλθειχε böot. 775[1]
Διέσται 66[2]
διέστηκεν ἀ. πλούτου II 93[6]
διεσχίσθη Ilias 714[6]. 760[4]
διεσχισμένος ἔσομαι II 290[2]
διέσχον ἀλλήλων II 93[6]
διετέλειε äol. 724, 3
διετετάχατο Thuk. 812[3]
διέτης 383[1]. 514, 1
διετίτρη, -τρων 689[5]
διέτμαγον 702[4]. 748[2]. 759[4]; -εν 702[4]. 759[4]; – λᾶος ὑπὸ ῥιπῆς II 528[3]
διεττημένης γῆς 320[3]
διευλαβεῖσθαι τιθέμενοι II 389[1]
διεφθαρμένος II 468[7]; – τὴν ἀκοήν II 81[5]; -οι τοὺς ὀφθαλμούς II 85[1]; διεφθαρμένος ἔσομαι II 289[8]
διέφθορα 769[4]. II 222, 4. 223[2]. 287[6]; -ας 759[4]. II 228[1]
διέχειν II 279[7]. 694[7]
διέχω II 450[2]; διέσχον ἀλλήλων II 93[6]
διεχώρει κάτω αὐτοῖς II 621[3]
ΔιϜειθέμιϜος kypr. 572[5]. 573, 1
ΔιϜείθεμις kypr. 88[7]. 223[6]. 548
ΔιϜείφιλος kypr. 548[2]
*διϜές 547[7]
*διϜί: ἐν – 567, 7

ΔιϜί arg. pamph. 223[6]. 358[4]. 576[6]
ΔιϜίδωρους pamph. 182[4]
*διϜιος 576, 7
*διϜjα f. 229[6]. 474[2]. 576, 7
*διϜjος 266[2]. 273[6]. 472[1]. 576, 7
ΔιϜονουσίου pamph. 182[2]
ΔιϜός gen. sg. 552[4]. 576[6]
δίζα 417, 1
δίζε 735[5]
δίζεσθαι, -ζόμεσθα, δίζονται 689[7]
δίζημαι ion. poet. 330[3]. 689[6]. 729[4]; δίζηαι 688[2]. 689[7]. II 257[7]; δίζηνται 671[4]; ἐδιζήμην, ἐδιζησάμην 689[7]; δίζησθαι, διζήμενος 689[7]; διζημένη II 388[2]; διζήσομαι 689[7]; διζησόμεθ(α) II 258, 1
δίζως 558[1]. 598[5]
διῆγε 189[4]
διηγήσασθαι II 364[4]
διηγοῦμαι 189[4]; -γοῦντο ὅτι πλέοιεν II 297[6]
διηέριος II 454[5]
διήιτησεν 656[2]
διηκόσιοι ion. 593[1]
-δίην adv. 626[2]
διηνεκής 513[3]. II 450[3]; s. διᾱνεκής
διήνεμος II 449[4]
διήνυσε διδοῦσα II 392[3]
διήρεσα Od. II 450[2] (διερέσσω)
διήρης 598[5]
δίηται II 310[6]; – λαοφόρον καθ' ὁδόν II 478[4]
δίθροος 598[5]
διθύραμβον, pl. -α 582[7]
διθύραμβος 62[1]. 301[1]. 591, 7
Διί dat. sg. 576[5.6]. 577[1]; Διὶ φίλος II 182[8]
Διι- compos. 577[2]
διια pamph. 89[1]. 312[6]. II 453[3]
δίιδρος II 449[5]
διικνέομαι II 450[3]; διίξομαι II 291[3]
διιπετής 452, 6
διίσταμαι: διαστήτην 651[6]. II 419[3]; διαστήσαιντο 706[1]
διιστέον Eur. 810[6]. II 410[1]
διίστημι II 449[6]; διιστάναι ἡμῶν II 93[7]; διέστηκεν ἀ. πλούτου II 93[6]
διισχυρείω Hippokr. 789[1]
διισχυριοῦμαι 789[1]
διίφιλος 102[6]
Διὶ φίλος II 182[6]
Διίφιλος 386[5]
δίκᾱ 292[7]
Δίκα PN 636[5]
Δίκᾰ voc. sg. lesb. 558[5]
δικάδδω kret. 331[6]; – c. gen. II 131[1]
δικάδω; s. δικάδδω
δικάζομαι (-εσθαι) II 161[2.3]; – δίκην, κατηγορίας II 231[8]; – ποί τινα II 510[8]; – (pass.) c. gen. II 131[4]
δικάζω (-ειν) II 231[8]; – δίκας, γραφάς II 231[8]; – τινά c. gen. II 131[2]; τοῦ – II 369, 4; s. auch ἐδίκαζε, -ξα, -σα, -σσα, δικάσω
Δικαίας gen. sg. m. akarn. 560[4]
δίκαιον: δίκαιόν ἐστιν II 308[3]; δίκαιον ἦν II 307[4]; δίκαιόν ἐστι πρός τινος II 516[3]; δίκαιον εἶναι παρά τινι c. infin. II 494[4]
δίκαιος 348[7]. II 623[6]; δίκαιαι nom. pl. 559[1]; δικαίων gen. pl. f. 382[8]. 559[3]. 585[5]; δίκαιος ὑπέρ τινα LXX II 520[3]
δικαιόω: -ώσω II 292[2]
δικαίτατα lesb. 534, 7
δικακσιε 3. sg. opt. kret. 842[6]
δίκαν adv. c. gen. II 551[6.7]
δικᾶν fut. 785[3]
δικᾱνικός 497[6], 10
δίκαος 400[1]
δίκᾱς 836[5]
(δικασαμεν infin. ark.) 806, 10
δικάσασθαι II 296[4]
δικασόμενοι 785[3]
δικασπόλος 239[5]. 337[3]. 452, 4
δικασσέω kalymn., koisch 738[1]. 786[4]
δικαστά voc. sg. 560[6]
δικαστήρεσσι pamph. 564[4]
δικαστηρίοιν II 50[4]
δικαστής: ὁ – II 42[2]; δικαστά 560[6]
δικάσω fut. hom. 785[4]
δικάως lesb. 236[7]
δίκελλα 475, 2. 588, 3
δικε/ο- 747[5]
δίκη 459[7]. 587, 2; – δικαία II 700[5]; δίκην αὐτὴν καλοῦσιν II 606[7]; δίκη ἀμφί τινος II 438[8]; δίδωμι δίκην ὑπό τινος II 227[2]; τὸ δίκην διδόναι II 366[6]; δίκας γίγνεσθαι παρά τινι II 494[4]
δίκη II 162[7]
δίκην adv. 621[1]. II 78[2]. 430[4]. 551[6.7]
δίκησι 'dat.' altatt. 559[4]
δικίδιον 471[2]
Δικκώ 315[6]
δικλίδ- 425[1]
δικλίς 507[3]
*Δικλιτ 268[7]
(*δίκνῡτι) 697, 3
δικός μου ngr. II 205[6]
*δικόσιοι 593[1]
δίκραιρος 583, 5
δικρόᾱ 189[3]
*δικσκος 541[6]
*δικσος 840[6]
δίκταμνον 494[1]. 524[6]
δίκταμον 494[1]
δίκτυον 460[7]
δικῶ fut. 814[8]
δίμνεως att. 451[1]
δίμοιρον 599[2]
δίνε ngr. II 257[6]
δῑνέμεν Hes. 696[2]
δινεύεσκ' hom. 711[2]
δινεύω 696[1]
δῑνέω hom. att. 696[1], 3. 726, 6
δῑνη 696, 3
δινήσας hom. 696[2]
δίννημι äol. 696, 3
δίννηντες lesb. 729[2]
διννο- 515[6]
Διννομένη(ι) lesb. (Alk.) 579, 5
δίννω äol. 696, 3
δῖνος 696, 3
δίνω ngr. 688[5]. 701[4]; δίνε II 257[6]
δίξοος 598[5]
διξός ion. 319[3]. 322[2]. 598[3]
δι' ὅ II 454[3]
διό att. II 661[8]
Διο- compos. 445[6]. 577[2]
Διογένειν böot. 579[5]
διογενές II 63, 4
διογενέτωρ 531[4]
Διοhικέτα lak. 409[6]
Διόθεν 577[2]. 628[3]. II 171[8]. 172[1]
διοικεν infin. ther. 807[3]
διοικέω: ἐδιοίκουν 656[2]; διῴκησε 656[1]
διοιστεύω II 450[3]
διοιχνέω II 450[3]
διοίχομαι II 422[6]
Διοκλητιανός 155[3]
Διοκρένēς 275[1]
διόλλυμι II 450[1]
διόλου 625[3]
δίομαι hom. 681, 2. 686[1.3]
δίομβρος II 449[4]
Διομήδη καλλιπάρηος II 615[5]
Διομήδης 154[1]. 439[5]; -ου 156[3]
δίον aor. 681, 2
Δῖον ὄμμα II 177[2]
Διονιούσιος böot. 183[4]
διοννύς H. Eustath. 555[2]
Διοννύς 637[1]
Δίονους pamph. 182[4]
*δίονται 681, 2

διονῦς 'Weibischer' 555[2]
Διονῦς 637[1]; -νῦ voc. 555[2]. 637[1]
Διονυσαλέξανδρος 453, 4
Διονύσια (τὰ) κατ' ἀγρούς II 476[5]
Διονύσιος 637[1]
Διονυσιφάνης 448[7]
Διόνυσος 283[3]
διόπερ II 661[8]. 662, 0
διοπή 437[1]
διοπτεύω II 450[2]
διοπτήρ II 450[2]
διορύττειν τι ὑπὸ μάστιξι II 527[2]
-διος suff. adj. 467[1ff.], 1
Διός gen. sg. 576[5.6], 6. 577[1]; Διὸς τέκος II 603[2]; – Ἄρτεμις II 119[6]; – βάλανος II 692[5]; – ἔνδον 625[5]; Διὸς δ' ἐτελείετο βουλή II 706[5]; Διός γε διδόντος II 399[1]
Διοσ- compos. 577[2]
δῖος 266[2]. 273[6]. 472[1], 1. 576, 7. II 182[7]
Διοσβάλανος 446[1]
Διόσδοτος 386[5]. 427[2]. 445[6]. 453[5]. II 6[5]. 119[4]
ΔιοσΕρῖται ion. 275[2]
Διόσθεος 183[8]
Διοσῑρίτης 427[4]
διοσκέω 541, 7
Διοσκορεῖον 427[4]
Διόσκοροι 385[5]. II 692[5]
Διοσκόρω II 47[3]
Διόσκουροι 427[2]. 445[6]
*διόσκω 541, 7. 708[3]
Διοσξεινιασταί (*-άζω) 452[3]
Διοτηρος 190[6]
διότι II 645[3]. 646[5]. 661[5.6.7]
Δίου αἰπὺ πτολίεθρον II 121[7]
διούο böot. 400[3]. 589[6]
δίπας nom. sg. kypr. 578[4]
διπήχη Xenoph. 573[4]
δίπλα ngr. II 582[8]
διπλάδιον 467[3]
διπλάδιος 598, 10
διπλάζω 598[4]
δίπλακι 424[5]
δίπλαξ hom. 598, 8
διπλάσιος 466[5]. 598[5]. II 98[4]
διπλασίων 536, 3. II 98, 2
διπλεῖ adv. kret. 237[5]. 549[5]. 622[2]. II 155[5]
διπλειαν (ταν) kret. 598[4]
διπλειοῖ lokr. 598[4]
*διπλή 598, 10
διπλῆ (ἡ) II 175[6]; διπλῆν (πληγήν) II 77, 2. 88[2]
διπληγίς 598, 9
διπλῆι adv. dor. 550[5]. 622[1]
διπλήσιος ion. 598[5], 10; – ἑωυτοῦ II 98[7]
διπλός hom. 598[4]
διπλοῦς II 98[4]
Δῑπολίεια 248[6]. 430[3], 2. 576[6]
δίπους 381[5]
*diptjāsjō 724[4]
δίπτυχα acc. sg. 598[5]
δίπτυχος 598[5]
διρε̄σιος gort. II 449, 1
Δίρκη 239[1]
Δίρφυς 61, 1. 239[1]. 352[8]. II 33, 2
Δίρφωσσος 61[1]
δίς 301[5]. 350[1]. 587, 1. 597[6]. II 449[1]; – τόσος II 98[4]; – τόσως ἀδελφῆς II 99[1]; – τῆς ἡμέρας II 114[7]
*δίς, *δισ- (*dis-) = διά II 448[7]. 449, 1
-δις adv. 625[2]; -δίς 631[3]
Δίς nom. 576[6]f.
*δισα (> διά) II 449[1]
δισθανής 513[3]
*δισθε (< *διδθε) 670[4]
Δισί dat. pl. 577[1]
δισκευθήσεται ἅλμα II 80[6]
δισκέω 726[3]. II 161[3]
δίσκος 260[5]. 541[6]. 747[5]
δίσκουρα 446, 2
δισμύριοι 594[6]
δίσομαι fut. 783, 2
δισσάκις Arat 598[1]
δισσαχοῦ 598[3]. 630[5]
δισσός 472[1]. 598[3.4]. 840[6]
*δι(σ)σχιδjω II 449, 1
δίσταγμα Philod. 738[3]
διστάζω 735[2], 1
*διστε 686[6]
*διστος 735, 1
δισχιλίαν τριακοσίαν ἵππον Xenoph. 593[2]
δισχίλιοι 593[5]. 594[6]. 598[2]
δισχίλοις Ilias 593, 2
δίσω fut. 783, 2. II 265[4]
Δῑσωτήρια att. 430[3], 2. 446[3]. 452[4]. 576[6]
διτταχοῦ 598[3]
Διύδοτος böot. 182[3]
διφάσιος ion. 466[5]. 598[5]
δίφατον· διφάσιον H. 598[5]
διφθέρα 326[6]. 351[4]. 536[3]
δίφθογγοι (term.) 169[5]
Δῐφιλος 386[5]. 427[2]. 576[6]
δίφρος 301[5]. 357[4]. 358[5]. 447[7]. 449[4]
διφυής 598[5]
δίφυιος 598[5]
δίχα 598[2], 5. 619[2]. 624[6]. 630[4.5]. II 415[1.2]. 537[6]f.
δίχαδε Plat. 624[6]. 625, 2
διχάζω 598[2]
διχαιόμενος 676[5]
διχάς 'Hälfte' Arat 597[2]
διχάω 598[2]. 726[2]
διχή spät 598[2]
διχῆι adv. 598[3]. 619[2]. 622[1]. 630[4]
διχθά 598[3], 7. 629[1]
διχθάδιος 467[1.3]. 597[2]. 598[3]
διχθάς f. Mus. 597[2]
*διχθjος 322[2]. 329[6]. 598[3.4]
*διχjος 598[3]
διχο- compos. 630[5]
διχόβουλος II 537[8]
διχογνωμέω II 537[8]
διχόθεν 619[2]. 630[4]. II 537[8]
διχόμηνις II 537[8]
διχόμηνος 598[3]
διχορρόπως II 537[8]
*διχός 630[5]
διχοστασία II 537[8]
διχοῦ adv. 598[3]. 619[2]. 621[5]. 630[4]
διχόφρων II 537[8]
διχρονία 587, 2
διχῶς 619[2]. 630[4]. II 537[8]
δίχως ngr. II 538[2]
δῖψαι H. 754[7]
δίψαισι 3. pl. 664[5]
διψακός 381[8]
δίψακος 381[8]. 497[1]
διψάρα 326[6]
διψάω 724[4]
δίψη 476[4]
διψήω c. gen. II 105[4.5]
δίψος 512[4]
*διψτέρα 351[4]
*δίω 681, 2
διωγμός 492[5]
διώδυνος II 449[4]
διώικησε 656[1]
διωκάθω 703[4]
διώκομαί τι c. instr. II 165[5]; – θανάτου II 131[6]; διώξομαι 781[7]
διωκτέον II 410[2]
διώκω (-ειν) 681, 2. 3. 702[5], 5. 767[6]. II 362[7]; διώκετον 3. du. 667[2]; δίωκε II 341[4]; διώξω 781[7]. II 292[6]; διώκω τινά c. gen. II 131[2.4]; – – πρὸς πόλιν II 510[1]; – περὶ ἄστυ II 504[1]; – πρὸς ἠῶ II 515[8]; – περὶ θ. II 131[7]; – τινὰ γραφήν II 80[4]; s. δεδίωχα
διωλύγιος II 449[6]
δίωμαι II 314[6]
Διῶν gen. pl. 577[1]
Διώνη 58[4]. 479[4], 3. 491[4], 3. 577[2]
Διώνυσος 281[8]. 283[3]
δίωξις II 357[4]
διώξομαι 781[7]
διώξω 781[7]. II 292[6]
διωρισμένον II 402[2]
διώρισται τῆς τ. α. τέχνης II 93[8]
διώττας kret. 316[8]

διώχτω ngr. 705[3]
*δj 330[2.3.4]. 367[1]; δj > σδ 272[4]
*δjα 330[3]. 351[3]; *δjα- 330[3.4]
*δjᾱτός 689[6]
ðjo gen. *ðjunón* ngr. (lesb.) 589, 0
*-δjω verba 734[1]. 737[5]
*δλ 323[3]. 327[2]
δμ 208[4], 2. 332[4]; δμ > μν 208[5.7]; δμ > νμ > μν 208[7]
δμᾱθη- hom. poet. 761[6]
δμᾱτός 343[7]. 346[4]. 761[6]
δμηθῆναι ὑπό τινι II 526[5]
δμηθήτω 759[4]
Δμήτωρ 531, 4
δμωιαί 473, 1; δμῳαὶ γυναῖκες II 614[6]
δμώς hom. 480[3]
δν 208[5.6]; δν > μν 208[8]
δνοπαλίζω 645, 1; -ίξω II 291[8]; -ίξεις 785[5]
δνόφος 208[5]. 417, 1
δνόψ 327[5]
*δη̥συλος > δαυλός 307[5]
δό ngr. (maniot.) 800[3]
-δο/ᾱ- suff. 508[6], 5f.
δοᾱ́ν Alkm. 618[5]
δοάσσατο 363[4]. 681, 6. 755, 2
δόγμα c. gen. II 132[1]
δOεναι kypr. 808, 3
Δοεσστός epir. 182[3]
*δ(ο)Ϝά 618[5]
*δοϜεν infin. 808[7]
δοϜέναι kypr. 25[2]. 56[7]. 88[7]. 223[6]. 315[1]. 808[2.7], 3.6.8. 809, 1
(*δοϜναι) 809[2]
δοθείην 795[2]
δοθεῖμεν infin. thess. 806[5]
δοθη- 761[4]
δοθῇ: νὰ – ngr. II 240[2]
δοθῆμεν infin. thess. 806[4–5]
(*δοθι imper.) 800, 3
δοθιήν 487[3]
δοιαί· οὐκ ἀποφορά II 620[5]
δοῖδυξ 647[5]
δοιέτης 589, 3
δοιῆι 348[4]. 385[3]; ἐν – 589[2]
δοίην 794[4.5]. II 321[3]. 322[5.7]; δοῖ opt. 795[1]; δοῖμεν 794[4]; δοίητε 2. pl. opt. 794, 3; (δοῖτε) 794, 3; δοίησαν 794, 3; δοίης ἄν II 329[4]
δοιός 380[8]. 589[2]; -οί 589[2]; -οῖς 565[1]. 589[2]; -οῖσι 589[2]; -ούς 589[2.3]; -ώ 589[2]. II 49[1]
δοῖς conj. hell. 793[1]
δοιώ 589[2]. II 49[1]
δοκάζω 735[2]
δοκέει (-έει) lokr. 241[4]. 729[4]
δοκεῖ 738[7]. 771[3]; – μοι II 706[3]; – τινι II 401[4]
δοκεῖν: ἐμοὶ – II 378[5]. 379[1.2]; – παρά τινι βεβουλεῦσθαι II 494[4]
δοκεύω 735[2]
δοκέω (-ῶ) 192[3]. 718[3]. 719[4]; – μοι, ἐμοὶ – II 193[8]; s. ἔδοξα, -ξε
δοκήσω fut. 739[1]
δοκικῶ 644[3]
δοκιμάζω 735[2]. II 396[1]; – τι πρὸ τοῦ χρῆσθαι II 507[5]
δοκιμασία 469[3]
δοκίμοιμι 274[2]. 687, 3
δοκίμοισι dat. pl. 556, 4
δοκίμωμι äol. 659[6]. 729[2]. 814[2]
δοκοίησαν Aeschin. 796, 3
δοκός 459[3]. II 34, 2
δοκοῦν acc. abs. II 401[7]. 402[2]
Δολιχίστη 539[1]
δολιχός 278[2.3]. 297[4]. 360[7]. 413[1]. 420[4]. 539[1]
Δόλοπες 66[3]. 426[4]; -λόπεσσι 564[4]
δόλος 459[1], 2
δολοῦν πρὸς γυναικός II 515[2]
δολοφρονέω 731[6]
Δολφοί 205[6]
δολφός 295[6]
*δολχός 278[3]
δõμα ark. II 313[6]
δόμειν infin. rhod. 807[6]
δόμεν infin. 408[6]. 806[3], 4. 808[7]. II 154[3]. 296[3]. 363[2]. 374[7]
δόμεναι 56[7]. 82[1]. 806[3], 4. 808[6], 8. II 382[2]
δομέοντι ptc. H. 719, 5
*δομέω 719, 5
δομή hell. poet. 719, 5
δόμημα 719, 5
δόμην infin. mkret. 807[5]
δόμησις 719, 5
δόμορτις lesb. 271[2]. 451, 3. 464, 6. 504, 3. II 30[7]
δόμος 338[6]. 358[5]. 381[1]. 458[3]. II 32, 4; δόμοι II 43[4]; δόμος 'Οδυσῆος II 177[4]
*δον II 120[2]
-δόν adv. 626[2]f. II 242[2]
ΔΟΝΑΙ, δõναι altatt. 82[1]. 808[3]. 809[2]
δονακῆα 477[2]
δονέω 720, 6
-δονος 450, 4
*δόνς σκον 711[6]
δόξα 516[5]. 821[4]. II 486[6]; – τῷ θεῷ II 170[7]; – ἅρμασιν II 166[6]; – πρὸς ἀνθρώπων II 514[8]
δόξαν n. ptc.: δόξαν αὐτοῖς II 402[2]; – ταῦτα II 402[3]. 608[1]; δόξαντα ταῦτα II 402[3]. II 608[1]
Δοξαπατρῆς mgr. 634[3–4]. II 170[7]
δόξις 505[6]
δόξω fut. 718[3], 2
δόρατα 520[6]
*δορϜα n. pl. 581[2]
*δόρϜατα 520[6]
*δορϜος gen. sg. 363[7]. 463[4]
δορήιος poet. 468[2]
Δορθαννας 66[4]
δορί 288[3]
Δορίσκος 541, 6
δορκ- 424[3]
δορκάζω 735[2]
δορκάς 508[2]
Δορκάς II 37[4]
δορός 459[3], 4
δορπέω 726[3]
δόρπον 459[2]
δόρυ 381[1]. 463[4], 2. 518[2]. II 42[2], 2. 65[6]
δορύκαι 831[2]
δορυσσόος 450, 4
δορυφορέω II 73[3]
-δος Ausg. 509[1]
δός imper. aor. 687[1]. 800[1.2]. II 14[2]; – ngr. 764[2]; δότω 801[3]
δός μου ngr. II 257[6]
δόση conj. 742[1]
Δοσι- 443[4]
δόσις 357[6]. 504, 2. – c. dat. II 146[7]
δόσκε 711[7]. 741[3]. 813[4]; δόσκον 711[4.6]. II 278[4]
δόσμουτε ngr. 418[8], 3
*δοσναι 809[2]
δότειρα II 31[1]
-δοτέω 731[6]
δοτήρ 355[6]. 380[7]. 381[3]. 530[6]; – τινος c. dat. II 146[7]; δοτῆρες ἐάων 57, 0. 823[2]
δοτική II 54[1]. 139[2]
δοτός 340[7]. 357[4.6]. 359[4]
*δοτρός 419[5]
δότω 801[3]; – ἔνδον ἐόντων II 103[1]
δότωσαν 802[5]
δοῦ 741[4]
δούδω 'ich gebe' ngr. (kret.) 809, 1
δουῖν Korinna 589[1]
δουλεία τῶν κρεισσόνων II 121[6]
δουλεύγω ngr. (dial.) 125[5]. 209[5]
δουλεύεσθαι ὑπό τινι II 526[1]
δούλευμα 523[4]
δουλευτέον 811[1]. II 410[2]
δούλη 460[3]
δούλιος II 178[1]
δουλίς 127[7]. 465[2]
δουλιχόδειρος hom. 438[4]
δοῦλος 62[5]. 483[4]. II 176[5]
δουλότερος ion. 536[2]. II 176[5]
δουλόομαι (-οῦμαι): δεδούλωνται, ἐδεδούλωντο 671[4];

δουλοῦμαι c. dat. II 147[1]; – πρός τινος II 514[7]
δουλόω (-ῶ) 791[6]; δουλοῖς δουλοῦν 828[6]: conj. δουλῶμεν, -ῶτε, -ῶσι 791[5]; δούλου imper. 799[1]
δουλώη delph. 729[4]
δουλώσειν II 362[2]
δούμην infin. m.-, j.-kret. 688, 4. 807, 4. 809, 1
δουμος kleinas.-gr. 123[7]
δοῦν (τὸ) (= δέον) 251[5]. 676[2]
δοῦναι 808[2.3], 3. 809[2]. II 259[5]. 362[2]
δοὐνἄν (= δοῦναι ἄν) 402[5]
δουπέω 718[3.5], 3. 719[4]. 726, 5. 771[3]; δούπησα 747[1]; -σε 718[3]; δεδουπότος 718[3]. 771[3]
δοῦρα 581[2]
δοῦρας 514[5]
δοῦρε hom. 565[4]. II 48[5]. 50[2]
δούρειος 468[2]
δουρηνεκής II 255[2]
δουρίκτητος 446[2]
δούριος 468[2]
δουρός ion. 228[2]
δούς ptc. 525[3]. 566[2]; δοῦσι dat. pl. 566[2]
δόχμια adv. 632[7]. II 69[6]
δοχμός 302[7]. 340[6]. 494[3]
δοχμόω 727[2]
δρᾱ- 743[3]
δράγδην 626[3]
δραγμεύειν 732[5]
δραγμός 492[5]
δραθε/ο- hom. 747[5]
δρᾶθι imper. 798[5]
δραίην 795[1]; δραῖμεν 795[2]
δραίνω 675, 7. 714[5]; -νεις 694[4]
*δραιός adj. 494[3]
Δρᾱ́ιππος 424[5]. 445[1]
δραῖσι 3. pl. äol. 675[4], 7
δραιώμη 494[3]
*δραjω 675, 7
δρακ- 424[4]
δρακε/ο- 747[5]
δρακεῖν 341[6]. 357[6]; s. ἔδρακον, δρακών
δρακείς Pind. 759[3]; -κέντες εὐφρόναν 757[7]
δρακονθόμῑλος 439[6]
δρακοντόμαλλος 439[6]
δράκος 512[3]
*δρακσνᾱ 216[2]
δράκων 526[1]
δρακών 757[8]. 759[3]
δραμε/ο- 747[6]
δραμεῖν 769[4]. II 72, 1. 258[4]; δρόμον δραμεῖν II 75[6]; – ἀγῶνας II 76[3]; s. ἔδραμον
δραμέομαι 785[1]; -έονται ἀγῶνας II 76[4]
δραμέτην II 609[3]
δράμις 69[4]. 495[3]
δράμομαι fut. hyperatt. 780[5]
δραμοῦμαι 785[1]
δραμῶ fut. spät 785[1]
δρᾶν 781[7]. II 366[5]; – τι εἰς κέρδος II 460[2]; – μετά τινος II 484[6]; τὸ δρᾶν II 365[7], 3. 371[5.6]
δρᾶνος H. 694[4]
δραξών 517[2]
δράομαι; s. δέδραμαι
δρᾱπέτᾱς 500[1]
δραπετεύειν II 360[6]
δρᾱπέτης 289[3]. 702[4]
δράπων 487[1]
δραπών Pind. 747[6]
δράσαντα ptc. pap. 755[4]
δρασείων att. 789[1]
δρᾳσθη- 761[3]
δρᾶσμός 493[3]
δρᾶσον imper. 803[6], 3. II 344[3.5]
δράσσομαι 715[1]; s. δέδραγμαι
δραστέον II 409[7]
δράστις 506[3]
δρᾱ́σω 781[7]. II 291[3.4]
δρατός 342[5]. 357[4]. 502[5]
δρᾱ́τω 801[4]
δραχμή (nicht δρά-) 327[7]. 494[3]; -έων gen. pl. ion. 251[5]; δραχμὴ ἀργυρίου II 129[3]; δραχμαὶ hυπὲρ hεκατόν II 519[7]
δραχνάς lyk. 215[8]
δραχουμή ngr. 278[8]
δράω (δρῶ) 675[4], 7. II 307[6]; – τι c. dat. II 151[8]; s. δραίην, δρᾶν, δρᾶσον usw. ἔδρᾱσα, ἔδρησα, ἐδρήκατε, δράομαι
*δρέμω 718[6]
δρεπάνη 489[6]
δρεπανηφόρος 438[6]
δρέπεσθαι περὶ χάρματι II 501[6]
δρέπτω 704[4]
δρέπω 684[4]. 704[4]. 747[6]
*δρῆναι (> δαρῆναι) 759[6]
δρῑμύς 463[2]. 495[4]
δριμύσσω spät 733[5]
δρίος 352[4]. 512[6]
δρίς 495, 5
δρίφος syrak. 268[8]
*δροϝιτᾱ (?) 504, 1
δροϝόν 463, 6
δροίτη 504[2], 1
Δροκύλος arg. 267[5]
δρομάασκε Hes. 718[6]
δρομαδάριος 508, 1
δρομάς 507[6], 5. 508[1]. II 242[1]
δρομάω 718[6]; s. δεδρόμᾱκα
δρομεανς acc. pl. 563[4]
δρομέσι dat. pl. Kallim. 575,4
δρομιάφιον kret. 471, 6
δρομίσσω gramm. 733[5]
δρόμος 458[7]. II 258[4]; – ngr. II 32, 4; δρόμον δραμεῖν II 75[6]; – θεῖν II 700[7]; δρόμος περὶ τοῦ παντός II 502[5]
δροπός 459[2.4]
δρόπωσι conj. äol. 747[6]
δρόσο ngr. II 38[2]
δρόσος 308[4]. 417, 1. 517[1]. II 32, 4. 34, 1
δρόσος n. ngr. II 32, 4
δροτής 57[3]. 344[3]. 385[3]; δροτῆτα 277[3]
Δρύᾱς 526, 5. 566[4]
Δρυΐδαι 509, 3
δρύϊνος 241[6]
δρυϊνών altatt. 488[1]
δρυμός 494[4]. 581[5]; δρυμά n. pl. 581[5]
δρυοκολάπτης 439[5]
δρύοψ 426, 4
Δρύοψ 397[6]. 439[4]
δρυπεπής, -πετής 295[7]. 298[5]
δρῦς 291[2]. 350[6]. 378[1]. 463[6]. II 30[4.5]. 37[1], 2; δρυός 244[7]; δρύα acc. sg. 571[2]; δρῦς acc. pl. 571[2]
δρύτη 504[2]
δρυτόμος hom. 439[4]
*δρυτός 503[2]
Δρύτων 503[2]. 637[2], 2
δρύφακτος 260[3]. 335[3]
δρύφρακτος 260[3]
δρύψελον 517[1]
*δρυών 488[2]
δρῶ; s. δράω
δρώιην Soph. 796[2]; δρώιημεν Eur. 796, 3
δρωκτάζεις H. 706[4]
δρωμᾷ H. 718[6]. 719[1]
δρῶν ἦν II 407[8]
δρώπτω 705[2]
δρώψ 57[3]. 277[3]. 568[4]
δσ > σσ 366[8]
δυ' 588[6]
δῦ 651[6]; – εἴς τι II 458[8]f.
δυάζω spät 589, 3
δύαι δύαι Aesch. II 700[1]
δυάκι Hdn. 598[1]
δυάκις Aristoph. 598[1]
δύανδρες 589, 3
δύας f. thess. 589[2]
δυάς 597[2]
δύβρις 495[2]
δυγοι delph. 331[6]
δύε lak. 589[2]. II 47, 1
δυειδής 589, 3
δυεῖν 196[2]. 588, 9. 589[1]
δύεσθαι τεύχεα περὶ χροΐ II 500[7]
δύεσιν äol. 589[2]. II 47, 1

δύεσσι 589[2]
*δυϜανᾱ́ f. 700, 4
δυϜάνοι kypr. 700[4], 4. II 322[6]. 335[7]; – ἀπὺ τᾶι ζᾶι II 447[7]
δυϜάνω 700, 4
δύϜε akor. eretr. 87[3]. 92[5]. 589[2]. II 47, 1
δύϜο 87[3]. 223[4]. 588[6]
δύη 359[7]. II 81[5]; s. δύαι
δῦη 3. sg. opt. 199[6]. 795[5]
-δυη- 759, 1
(δυήμερον) pap. 589, 3
δῦθι 800[4], 6
δυϊκός 588,3; – ἀριθμός II 40,1
Δυμᾶνες 79[1]
Δυμάνς arg. 569[6]
Δυμβραῖος 206[5]
δύμεναι infin. hom. 806[4]
*δύμις 495, 5
*δυνᾶαι urgr. 793, 1
δυνΑΕται conj. thess. 792[6]
δῦναι infin. 808[4]. II 382[6]
δύνᾱι 668[3]
δύναιτο 794[6]. 795[4]
δύναμαι (-σθαι) 693[2], 5. II 229[3]. 304[3]. 347[5]. 348[5]. 352[2]; -σαι 668[3.5]; δυνάμεσθα 670, 3; δύναμαι c. infin. II 365[5]; οὐ – σιγᾶν ὑπὸ τῆς ἡδονῆς II 528[6]; s. ἠδυνάμην, ἐδυνάθη, ἐδυνήθην, δεδυνησμένος
δύνᾱμαι conj. 792[3], 7. 793[2]
Δυνάμει dat. sg. 672, 2
δυνάμενος II 391[5]; -μένη ἦν II 407[8]
δύναμις 495[3], 5
δυναμοστόν 596[2]
δυνασείται Archimed. 786[6]
δυνασθη- 761[4]
δύνᾱσις 495, 5
*δυνάσομαι 762[2]
δυνατόν 264[8]
δυνατός II 623[6]; -ώτεροι αὐτῶν II 100[7]; – ὑπέρ τινα II 520[2]
δυνδεκάτη H. 596[3]
Δυνδυμενη (= Δινδ-) 256[2]
δυνέαται 672[2]
δυνεώμεθα conj. Hdt. 792[6], 9
δύνηαι conj. Ilias 792[6]. 793, 1
δυνηθήσομαι Dio C. 762[2]
δύνηι 668[3]. 792[7]
δυνήσομαι 737[4]. 762[2]. 783[2]; – πείσειν II 295[7]
*δυνῖτο 795[4]
δύνομαι hell. ngr. 693[4], 5. 14
δύνω 696[2]. 698[2]. 728[1]. 756[1]. II 230[5]; – χιτῶνι περὶ χροΐ II 500[7]; – ἐν τεύχεσσιν II 434[2]
δύνωμαι 792[7]. 793[2]
δύο 57[5]. 400[3]. 588[6], 9. 589[2], 1. II 48[4.5]. 49[1.2.4–6], 4. 182[3]; – ngr. 589[2]. II 46[5]; – gen. 588, 9; – c. pl. II 46, 5. 49[6], 4; – c. pl. et du. II 49[2]; δύ' ἀνέρε II 609[4]; δύο ἀνέρες II 609[2]; δύο δοῦρε hom. II 48[5]; – νεανίσκω II 609[5]; – παῖδε II 48[5]; – βολές, φορές ngr. 598[2]; – χιλιάδες 593[5]; – μερῶν, μοιράων 599[2]; – σὺν πέντε II 488, 2; – τῶν πέντε 599[2] κ' οἱ δυό μας ngr. II 50[1]; δύο δύο hell., ngr. 599[1]. II 700[3]; ἀνὰ δύο 598[6] f.; δύο καὶ δέκα 594[2]
δύο 'zweimal' 598[2]
δυόδεκο ark. 594[1]
δυοειδής 589, 3
*δύοι n. 'zwei' 589[1]
*δυοιϜιν 557[4]
δυοῖιν du. 557[2.3.4]. 589[2]
δυοῖν gen. dat. du. 557[5]. 589[1], 2. II 49[3.6], 4. 50[4]; δυοῖν θάτερον II 46, 5. 617[7]; δυοῖν ἡμερῶν II 181[6]
δυοίοις du. el. 557[3]. 589[1]
*δυοιους 557[4]
δυοῖς gort. dor. 565[1]. 589[1]
δυοῖσι Hdt. 589[1]
δύο καὶ δέκα, δυοκαίδεκα 594[2]
δυοκαιδέκατος Hippokr. 596[3]
δυοκαιδέκων Alk. 594[2]
δυοκαιπεντακοστός Archimed. 592, 3
δύομαι II 227[7]; – ὑπὸ κῦμα II 530[4]
δυόμισυ pamph. 599[3]
δυοποιός Aristot. 589, 3
δυοστός 596[2]
δύπτω (ἔδυψα) hell. poet. 704[5]
δύρομαι 714[4], 7
Δυρράχιον 311[8]
δυσ- 417, 1. 432[4.5.6]. 455[6]. 632[6]. 644[6]. II 185, 2. 599[3.4–5]
δὺς κατὰ τῆς γῆς II 480[4]
δύσαγνος 432[5]
δυσᾱής 187[5]. 513, 6
δυσαήων 424[6]
δυσανδρία 432[5]
δυσᾱ́νωρ 432[6]
δυσαποκατάστασις 432[6]
δυσαρεστέω; s. δυσηρέστουν
δυσαριστοτόκεια 428, 4
δυσβράκανος 704[6]
δυσγενής 432[5]
δύσγω H. 704[5]. 708[3]
δυσδαίμων πρὸ γυναικῶν II 507[1]
Δυσελένα (so) 398[4]. 432[5]
δύσεο indic. 756[2]; imper. 788[2]. 804[4]
δύσερως 382[8]. 392[6]. 429[2]
δύσετο 756[2]. 788[2.3]; – δ' ἠέλιος 788[4]; – κατὰ κῦμα II 478[6]
δυσήνεμος 447[2]
δυσηρέστουν 656[2]
δυσθενέω 432[5]
δύσθεος 432[5]
δυσθνήισκων 432[6]
δυσί(ν) dat. 588, 9. 589[2]. II 47, 2
*δύσις (= δύνᾱσις) 495, 5
δύσις 505[5]
δύσκεν Ilias 711[5]
δυσκλέᾱ hom. 243[7]
δύσκολος 292[3]
Δύσμαιναι lak. 475[4]
δυσμεναίνω 733[1]
δυσμενέων 724[3]
δυσμενής 356[5]. 380[7]. 381[3]. 513[2]. II 174[5]; -έα acc. 381[1]; -έσιν dat. pl. 580[1]
δυσμή 493[1]; -αί II 43[5]. 52[1]
δύσμητερ 432[4]. 437, 2
δυσοίζω Aesch. 716[5]
δῦσομαι 782[4]
δυσόμενος Od. Hes. 788[4–5]
Δύσπαρις 432[6]
δυσπέμφελος 423[3]. 483[5]
δύσσομαι 788[4]
*δυσσροια 311[7]
δύστᾱνος 398[7]
δύστηνος 338[2]. 489[1]. II 614[3]
δυστοκεύς 432[6]
Δύστος 66[3]
δυστυχέω (-εῖν) 724[3]. II 376[1]; – c. dat. II 151[8]; – ἔς τι II 460[3]; s. ἐδυστύχουν, δεδυστύχηκα
δυστυχής 432[5]; δυστυχεστάτη ἐμοῦ II 100[2]
δυσφιλής 513[4]
δυσφορεῖν κακοῖς II 168[1]
δυσφρόνη 490[3]
δύσφωνα γράμματα 5, 3
δυσχεραίνω 733[1]
δύσχιμος 297[5]. 358[4]
δύσχιστος 338[2]
δυσώνυμος 397[8]. 398[2]
δυσωπέω: ἐδυσώπουν 656[2]
δυσωρέω 726[4]
δύτᾱ 838[5]
δύω 'zwei' 314[7]. 350[2]. 557[1]. 589[1.2], 0,1. II 48[2.4.5]; – υἱέες II 609[2]
δύω verb. 686[3]. 696[2]. 728[1]. 756[1]. II 83[2]. 227[7]. 230[5]; s. δέδυκα, δύομαι
δυώδεκα 445[7]. 449[4]. 594[1]; – θεοί 592, 4
δυωδεκάβοιος Ilias 592, 4. 594, 2
δυωδεκάδρομος Pind. 594, 2
δυωδεκαϜέτης gort. 592, 4. 594, 2
δυωδεκαϜετια kret. 242[2]
*δυωδεκαῖος 594, 2
δυωδεκᾱΐς delph. 594, 2

δυωδεκάμηνος 592, 4
δυωδεκαμήχανος 592, 4
δυωδεκάπαλαι 592, 4
δυωδεκάπλοας dor. 458[4]
δυωδεκάπυλος Hdt. 594, 2
δυωδεκατεύς (Monat) 594, 2. 596[4]
δυωδέκατος 594, 2. 596[3]
δυώδεκο ark. 591[3]
δυωδέκων 86[7]
δυῶν ion. dor. 589[1.2]
δώ 'hier' ngr. 622[4]
δῶ 358[5]. 377[7]. 385[2]. 424[1]. 569[5]. 584[7], 6. 834[6]; pl. χρύσεα δῶ Hes. 569, 5
δω- (: δο-) 741[1]
δῶ conj. hell. 793[1]; δõ (= δῶι) hell. 795[1]; δῶσι hom. 792[6]. 793[2]
δῶ (δέω) c. gen. II 95[5]
δώδεκα 301[5]. 381[1]. 445[7]. 452[6]. 589[1]. 594[1]
δωδεκᾱῒς 266[1]
Δωδεκάνησος 135, 1
δωδεκάπαλαι 589, 5
δωδεκάς Plat. 597[2]
δωδέκατος 594, 2. 596[3]
δωδεκήις att. 594, 2
Δωδώνη 66[3]
Δωδῶνι loc. II 155[1]
δώη conj. delph., δώησι hom., δώηισι 792[6.5]
δώιην hell. 795[1]
δῶις, δῶισι conj. hom. 792[6]
δῶκε II 277[1.3]; δῶκαν 3. pl. 741[3]
δώκοι opt. akypr. 742[1]. 764, 1. II 335[7]
δώκω kypr. 702[5]
δώκω conj. ngr. (dial.) 742[2]. 764[2], 1
*δωμ 524, 5
δῶμα 524[3], 5. 584[7], 6. 834[6]. II 313[6]; δώματα II 43[4]
Δωμάτηρ 364[8]
*δωμάω 719, 5
*δωμέω 719, 5
δωμήσαντες 719, 5
δώμησις H. 719, 5
δωμητύς H. 719, 5
δωμός 331[6]
-δών suff. 529[6], 3 f.
δῶναι infin. ark. hell. 688[4]. 808[2.3]
*δωντ- ptc. 525[3]
δώνω ngr. 688[5]. 701[4]
δώομεν conj. hom. 792[5]
*δῶρα τε 389[1]
*δωρά τε 391[5]
δωρεά att. 236[7]
δωρεακός 497[7]
δωρεᾱ́ν adv. 621[1]. II 87[1]. 413[8]. 617[8]
δωρειὰς τῇ πόλει II 146[8]
δωρέομαι (-έεσθαι) 726[3]. II 73[5]. 234[4]. 272[2]; δωρεῖσθαί τι παρά τινος II 498[2]
δωρέσθαι infin. kyren. 253[7]. 807[3]
δωρέω II 234[4]. 240[5]
δωρήματα c. dat. II 146[7]; – νερτέρων II 121[6]
δωριάζω 735[4]
Δωριέεσσι Theokr. 564[5]
Δωριεῖς 636[6]
Δωριῆς 79[1.2]
*δωριίζω 735[4]
Δωρίμαχοι 79[2]
Δωρίς 824[5]. II 31[2]
δωρίσδω Theokr. 735[4]
δῶρον 291[2]. 345[4]. 377[4]. 481[3]; δῶρα II 43[4]. 623[5]; – c. dat. II 146[7]
Δωροφέα 205, 3
δωρύττομαι Theokr. 733[5]
*δως 'inj.' 800[2]
δώς f. 'Gabe' 449[3]. 722[5]
Δώς 422, 2
δωσέμεν II 375[4]
δωσέμεναι II 295[6]
δωσέω 787, 11
Δωσι- 443[4]
δωσίδικος 271[3]
(*δῶσκε) 711[7]
δώσομαι 782[4]
δώσω 308[7]. 660[4]. 737[3]. 782[4]. 787[3], 7. 816[6]. II 291[3.7]. 292[1]. 638[1.2]; – ngr. 764[2]; – κε II 351[5]
δώσων 525[3]. II 296[1]
*δωτ- 752[5]
δωτῆρες ἐάων 823[2]. II 121[4], 3
δώτης 500[2]
δωτι- 442[7]
δωτῑ́νη 465, 5. 506[2]. 521[3]
δωτίνην adv. 621[1]
*δωτῖνος gen. 465, 5
Δώτιον 289[2]; – πεδίον 364[8]
δῶττις 270[8]
δώτωρ 355[6]. 356[5]. 381[1.3]. 449[3]. 456[4]. 530[6]. 569[1]; δῶτορ voc. 569[1]
δώω conj. 240[2]. II 351, 4; δώωσιν hom. 792[5]
δώω (= ζῶ) 331[6]. 675[3]
δωῶ fut. H. 781[1]

E

E 86[8]. 94[6]. 102[7]
ε 340 f. 686[7], 9. – aus idg. *e* 338[6]; – aus Schwachvok. 341[5]; – in d. Wz. 680[3], 2. 684[2]; – vor Liquid. 684[2–3]; – vor Verschlußl. 684[5–6]; *ě*-Ablautreihe 358[1]; ε : η Abl. 770[2]; ε : ο Abl. 578[7]. 642[8]; Schwanken zw. *a*- und *e*-Laut 62[7]; ε wechselt mit η und Null 339[1]; ε offen im El. 274[8]; – erhalten vor Vok. im SW-Böot. 91[4]; – att. für η 103[3]. 248[3]; – att. für αι 233[8]; – hell. aus αι 233[6.7]; E kor. für ει 94[6]; ε arg. für echtes ει 94[5]; E für unechtes ει 102[7]; ε für εε 253[6]; – für εο 253[3]; *e* ngr. dial. für agr. η 87[3]; ε > α ndor. 81[2]; ε > ᾰ 338, 1; ε > el. α 92[7]; ε bei ρ > nwgr. α 92[3]; ε vor ο, ω, α > ει (= ẹ) 242[5]; ε > ι 242[3]; ε > η 228[2]. 248[8]; ε vor Vok. > ι 242[1] ff. 350[8]; ε vor ungleichem Vokal unsilbisch 244[6.7]; ε in -μεν- > ι ark. 275[4]; ε assimiliert Vokale 255[6]; – färbt α um 212[6]; – assimiliert α 256[1]; – assimiliert bei α 256[3]; – verloren in vok. Dreiergruppe 252[7]; – als Hilfsvok. 278[6.7]; – als Gleitl. 212[7]; ε kontrahierbar in Kompositionsfuge 397[7]; ε + ε(ι) kontrah. 242[2]; *e* + *i* kontrah. im Ngr. 830[4]; ε als themat. Vok. 642[3]. 841[1.6]; ε/ο Stämme 457[3.4.5], 3; ε- als prothet. Vok. 411[6] f.; ε Reduplikationsvok. 423[4]. 765[3]; – Kompos.-Vok. st. ο 438[2]; -ε wird elidiert 403[2]
E Abkürz. für 100 220[6]
E imper. (von εἶμι) delph. 798, 8
E 'wo' kret. II 647[3]
ἐ (= ἐκ) att. 336[5]; – Φιαλίας mess. 408[1]
ἔ (ψιλόν) 140[5], 6
ἔ interj. II 600[3]; ἒ ἔ II 600, 4
ἔ interj. ngr. 38[2]. 457[5]. II 61[6], 5
ἑ interj. II 601, 2
ἑ acc. pron. anaph. encl. 607[5]. II 190[3.4], 1. 4. 191[3]. 194[4.5]; refl. 607[5]; ἑ αὐτόν II 191[6]

ἕ acc. pron. anaph. 226[4]. 603[2]. 607[1.6], 1. 613[5]. II 199[2.3]; refl. 600[6]. 601[8]. II 194[6]. 195[1]; – αὐτόν 607[1]; – αὐτήν II 195[3]
ἒ ἕ interj. II 600, 4
ἐ- 'is' II 208[6]
ἐ- syllab. augm. 651[2]
ἐ- st. Reduplikation 649[5]
ἐ- partic. II 563[5]
-ε voc. sg. 554[6]. 555[1.2]
-E nom. sg. böot. 636[4]
-ε du. (nom. acc. voc.) 549[3]. 562[7]. 565[2–5]
-ε Personalend. 657[5]; *-ε 3. sg. praes. 791[3]; -ε 3. sg. praet. indic. ngr. 764[2]; -ε 3. sg. aor. 744[3]. 749[4]. 750[4]. 763[6]; -ε 3. sg. pf. 662[3]. 767[3]. 776, 1. 777[4], 11; -ε 3. sg. plusq. 777[3]; -ε 2. sg. imper. ngr. 659[1]. 764[2]; -ε 2. sg. imper. aor. 803[6], ngr. 804[4–5]
ε: ο konjunktivbild. II 309[3]
εα 240[5.6]; – aus εϝα 228[7]; – dor. aus ηᾰ 244[3]; εα > η 250[5.6]; εα > dor. η 562[2]. 579, 4
εᾱ ion. att. aus ηᾰ 245[5]; -εᾱ (= ε̨ᾱ bzw. jᾱ) 245[8]; εᾱ > η 247[1]
ἔα interj. 798[5], 12. II 600[4]; ἔα ἔα II 600, 4
ἔα (von ἐάω) 682[2.3]. II 315 [7.8]; (= ἐᾷ) 660, 1
ἔα 'ich war' (< ἦα) 659[4]. 677[3]. 746[1]. 778[6]; 3. sg.: – ἀμφὶς ἐκείνων II 439[7]
ἔα el. (= εἴη) 92[7]. 236[8]. 677[4]; – κε (= εἴη ἄν) II 330[6]
-εα acc. sg. m. f. 575[4]. 579[1]
-εα nom. acc. pl. n. 579[2]
-εᾱ Ausg. f. 472[6]
-έᾱ adj. f. att. 562[3]
-έα acc. sg. ion. att. 551[5]. 575[3]
-εᾶ acc. sg. att. (< -εέα) 579[3]
-εα 1. sg. plusq. 776[5]. 777[5]. 778[2.3.6]
(ἐάγαγον delph.) 654[6]
ἔᾱγε Hes. 759[2]. II 227[7]
ἐᾱ́γην 314[2]. 653[4]. 759[2]; ἐᾱ́γην 654[1]; ἐάγη ἀμφίς II 439[6]
ἔαδε ion. 228[7]. 649, 4. 654[3]. 755[3]
*ἐάδηκε 649, 4
ἔαδον 701[1]
ἑᾱδότα 748, 1. 770, 5
ἐᾶι (= jᾶι) 682[2]
ἐάκουσα aor. ngr. dial. 654[6]
ἐάλην aor. pass. 716, 1
ἑάλωκα 709[4]. 775[1]; s. auch ἥλωκα
ἑάλων 245[6]. 653[4]. 709[3]. 743[3]; -ω pass. 757[4]; ἑᾱ́λω 654[2]
εαμε (= ἐὰμ μή) att. 230[3]
ἐάν 82[4]. II 306[3], 3. 312[4]. 319[3]. 631[3]. 687[6]; ἐᾱ́ν II 685[1], 1; ἐάν τις 82[4]. II 568[6]. 692[4]; ἐὰν ἄρα II 559[1]; ἐάνπερ II 688[7]
*-εαν 3. pl. plusq. 778[2]
ἐᾶν II 353[4]. 381[8]; τὸ – II 371[6]
ἐάνασσε 654[1]
ἐάνδανον 654[3]
ἑᾱνός hom. 680, 1
ἐάνπερ II 688[7]
-έανς acc. pl. kret. 575[4]
ἐάντε – ἐάντε II 633[6]
ἔαντο · ἦσαν H. 678[3]
ἔαξα 654[1]; -ε 654[1], 2
ἑαοτῶν ion. 203[4]
ἔαρ 219[6]. 241[3]. 251[4]. 342[3]. 424[4]. 518[4]; ἦρος gen. 251[4]; ἔαρος 'im Frühling' II 398[3]; ἔαρ γινόμενον II 404[3]
ἔαρ 'Blut' 731, 1
ἐαρημένος ark. 766[5]
ἐαρίδρεπτος 446[2]
ἐαρίζω 518[4]
ἐάρτερος 518[4]. II 183[5]
-εας acc. pl. 575[4]. 579[2]
-έας acc. pl. 575[4]. 579[6]
-έᾱς acc. pl. 563[5]
-εας 2. sg. plusq. 776[5]. 778 [1.2.3.6]
ἔᾱς 'warst' Hdt. 677[3]
ἐᾶς (= ἐᾶν) vor Σ II 383[2]
ἔασα (ἐάω) 752[5]; -ε 652[4]
ἐᾶσα ark. lokr. (οὖσα) 678[2]
εασει her. (-άσει, -ασεῖ) 786[5]
ἐᾶσθαι II 240[3]
ἔασι 'sunt' hom. ion. 665[3]. 677[2]; -σιν ἐπὶ χθόνα II 471[7]
ἐᾱ́σομεν Hdt. 682[2]
ἔᾱσον Hdt. 682[2]. 752[5]. II 315[7]
ἔασσα dial. (= οὖσα) 343[4]. 381[6]. 473[7]. 525[4]
*ἔασ(σ)α aor. 752[5]
ἐάσσω 784, 6
ἐασφόρος 440, 8
ἔαται hom. 671[3]. 679[5]; -το 679[5], 4.; s. ἧμαι
ἔᾱτε 'eratis' Hdt. 677[3]
ἐατέον II 409[8]; -τέος ὁ πλοῦτος II 409[8]
*ἐατjᾶι 320[5]
ἑατοῦ 203[3]
ἑαυτ- 607[3]. 614[2]. II 198[1]. 199, 1. 2; ἑᾱυτ- 607[3]
ἑαυτό acc. n. att. 607[4]
ἑαυτό: τὸν – μου ngr. 606[7]. II 193[7]. 202[1]
ἑαυτõ Erythr. 607, 3
ἑαυτοῖ ion. (Orop.) 607, 3
ἑαυτόν att. II 196[4]; (= σεαυτόν) II 197[5.6]
ἑαυτότης 529[1]
ἑᾱυτοῦ att. II 193[2]. 195[4]; ἑαυτοῦ 607[2–3]. II 196[2]. 206[5.6]; τὰ – 607, 3; ἔχειν τι δι' ἑαυτοῦ II 451[5]
ἑαυτούς II 196[2]
ἑαύτω lesb. 607, 4
ἑᾱυτῶι att. 203[3]; ἑαυτῶι 402[5]
ἑᾱυτῶν att. 607[2]. II 195[5]; ἑαυτῶν 607[2]. II 193[6]. 195[7].
ἐάφθη 653, 5. 761[2]
ἐάω (ἐᾶν) 682[3]. II 353[4]. 381[8]; ἐάσσω 784, 6; εασει 786[5]; ἐάσομεν 682[2]; ἔασα 752[5]; -σε 652[4]; εἴᾱσα 653[1]. 752[5]; εἴασε 752[5]; ἔασον 682[2]. 752[5]. II 315[7]; ἐᾶσθαι II 240[3]; ἐάω c. infin. II 365[5]
ἐᾱ́ων hom. 476[3–4]; δοτῆρες – 57, 0; s. δωτῆρες
ἐβάθη 302[8]
ἔβαλα aor. 753[7]
ἔβαλε φάμενος II 301[2]
ἐβάλην 760, 4
ἐβάλονθο böot. 672[4]
ἔβαν 673[4]. 742[4]; – 3. pl. 664[5], 5. 742, 3
*ἔβᾱντ 664[5]
ἔβᾱσα trans. 742[4]
ἐβασίλευσε II 249, 6. 252, 2
ἔβαψε 652, 8
ἑβδέμᾱ akor. delph. 92[5]. 595[5]
ἑβδεμαῖον epid. 595[5]
ἑβδεμάται arg. 595[6]
ἑβδεμήκοντα delph. her. 278[3]. 595[6]; s. hεβδ-
ἕβδεμος dor. 278[2.3]. 494[5]. 596, 3
ἔβδευσα 685[6]
*ἕβδμος 595[6]
ἑβδομάζω LXX 734, 4
ἑβδομαῖος II 179[3]; -αῖα Chios 596[4]
ἑβδομάκις Kallim. 597[6]
ἑβδομάς 593, 4. 597[2.4]
ἑβδόματος hom. 503[7]. 596[1]
ἑβδομήκοντα att. 592[2], 4. 595[5]. 597[2]
ἑβδομηκοντάκις LXX 598[1]
ἑβδομηκοντούτης 249[6]
ἑβδομηκοστόδυος Plut. 596[3–4]
ἑβδομηκοστοτρίτος 439[3]
ἕβδομος 278[3]. 333[3]. 381[5]. 595[5]; ἑβδόμαις πύλαις Aesch. 592, 4
ἐβεβήκει 774[2]. 777[5], 11
ἔβενος 152[8]. 155[8]. 488, 7. II 34, 4
ἔβην 742[4]. 755[6], 9. 814[3]. II 225[7]; ἔβη 3. sg. 764[1]. II 252[5]; ἐβήτην 742, 3; ἔβησαν 665[7]. 742, 3; ἔβησα

752, 1. 755[6]; ἐβήσετο Hes. 788[3]; s. auch ἔβᾱν, βαίνω
*ἐβίβᾱν ipf. 673[4]
ἐβίων att. 675[3]. 743[3], 7. 755[4]. 756[1]. 780[4]. 781[7]
ἐβίωσα 755[4]
ἐβιώσαο Od. 755[6]
ἔβλαβεν Ilias 759[5]
ἐβλαβέστατος 198[3]
ἐβλάβην 763[3]
ἔβλαμμαι 649[6]
ἐβλάστηκα Eur. 700[3]
ἐβλάστησα 700[3]. 738[5]
ἔβλαστον 700[3]. 816[6]; ὧν δ' ἔβλαστεν II 94[2]
ἐβλάφθησαν Ilias 759[5]
ἔβλεψα 737[4]; -ψε 640[7]. 641[8]
ἐβλήθης 762[3]
*ἐβλήμᾱν 762[3]
ἔβλην 743, 2. 759, 5. 761[7]. 762[3]; ἔβλης 743, 2. 762[3]; ἔβλη 693[3]. 762[3]; *ἔβλημεν 746, 7
ἔβλητο 743[1]. 757[1]. 762[3]
ἔβλισα 653[1]
ἔβλω H. 708[6]. 743[2]
ἐβōλᾱ́σετυ pamph. 788[5]
ἐβόσκησα 708[2]
(ἐβουλέατο Hdt.) 672, 2
ἐβουλέσθην II 607[2]
ἐβουλόμην II 330, 3. 354[2.3], 1; – ἄν II 347[7]
ἔβραχε hom. 747[2]. 748[2]
ἔβρεξεν (κύριος) II 621[4]
ἔβρῑσα aor. 703[2]
ἐβρύσθη H. 761[4]
ἐβρυχήσατο 683[2]
ἔβρων 755[4]. II 72, 1; ἔβρω 708[6]. 743[2]
ἔβρωξα 708, 5. 755[4]
ἔβρωσα 708[6]. 755[4]
ἔβυξε Dio C. 716[5]
ἔβωσα hom. 683[2]
ἐγ praep. 335[7]. II 461[4], 2
ἔγ = ἔξ 335[6]
**ēg-* 748[5]
ἐγαμήθην 720, 12
ἐγάμησα 720, 12. 755[5]
ἔγαν· ἐγένετο H. 740, 8
ἐγβάλλω (-ειν) 237[7]. 323[7]. 335[7]. 398[7]
ἐγγ = ἐξ delph. 231, 1
ἔγγαιος II 460[8]
ἔγγαλον II 457, 1
ἐγγαρεύειν 835[1]
*ἐγγᾱρός 482[5]
ἐγγαροῦντες el. 482[5]
ἐγγαστρίμαντις 446[3]
ἐγγαστριμάχαιραν 449[4]
ἐγγαστρίμῡθος 446[3]
ἐγγεγάασι II 457[4]
ἐγγεγράψεται II 289[2]
ἐγγελάω II 457[5]
ἔγγηιος 837[1]
ἐγγίγνομαι; s. ἐγγεγάασι
ἐγγίζω (-ειν) 736[1]. II 547[1]; – c. dat. II 97[6]. 142, 1; – τῆς Αἰτωλίας II 97[6]; – c. gen. ngr. II 136[7]
ἔγγιον 539[2]. II 547[6.7]
ἔγγιστα 539[2]. II 428[1]. 547[6.7]; s. auch ἐγγύτατα
ἐγγιστότατα 539[5]
ἔγγλυκυς II 457[3]
ἐγγλύσσω II 457[3]; -ει Hdt. 725[4]
ἔγγονος 317[3]
ἐγγράφω (ἐν, εἰς) II 457[4]; εγγραψουνται ther. 786[5]; ἐγγεγράψεται II 289[2]
ἐγγυ- 632[6]
Ἐγγύα 244[8]
ἐγγυαλίζω 726[1]. 736[1]; -ίξω fut. hom. 785[5]; -ίξῃ II 312[4]; ἐγγυαλίζω τι c. dat. II 146[5]
ἐγγυάω (-ᾶν) 620, 3. 726[1]. II 231[4]; ἠγγύησα, ἐνεγύησα 656[1]; ἐγγυᾶσθαι II 231[5]; ἐγγύην – II 75[2]
ἐγγύδιον 539[3]
ἐγγύη 620, 3; -ην ἐγγυᾶσθαι II 75[2]
ἐγγύθεν 619[2]. 628[3]; – c. dat. II 142[4]
ἐγγύθι 628[4]. II 535[6]; – c. dat. II 142[4]
ἔγγυος adj. 620, 3; ὁ – 620, 3
ἐγγύς 619[3]. 620[3], 3. 840[8]. II 415[1.2]. 547[6.7]. 548[5]; – c. dat. II 142[4]. 534[2]; s. auch ἔγγιον, ἔγγιστα, ἐγγύτατα
ἐγγύτατα II 415[2]. 416[3]. 548[5.6]; s. auch ἔγγιστα
ἐγγυτάτω II 548[4.5]
ἐγγύτερος 534, 5
ἐγγυτέρω 534, 5. II 547[6]. 548[4.6]; – τοῦ θείου II 97[6]
ἐγγύτης II 548[1]
ἐγδάκτυλος att. 591[5]
εγδανεισουντος kerk. 786[5]
ἐγδοτέρσι 567, 8
*ἐγεγεύατο 773[3]
ἐγέγευντο 671[6]. 773[3]
ἐγέγραψο 668[1]
*ἐγεγύατο 773[3]
ἐγεγώνεον 778, 4; -νευν Od. 768, 1; ἐγέγωνε 777[5], 9; ἐγεγώνει 777[5], 9
ἐγεινάμην 756[1]; ἐγείνατο 679[1]. 746[4]. 756, 2; s. γείνατο, γεινάμενοι
ἐγείρω 648, 9. 715[4]. II 227[7]; ἐγερῶ 785[1]; ἤγειρα 746[5]; ἔγειρε II 228[3], 1; – ἆρον II 633[4]; ἐγείρομαι II 227[7]; ἤγερθεν 760[6]; ἐγερθῆναι II 239[2]; s. auch ἐγρήγορα, ἐγήγερμαι
ἐγέλασα 752[4]
(ἐγενέατο Hdt.) 672, 2
ἐγενήθην 762[1]; -θη 738[5]
ἐγεννήθην 762[1]
ἐγέννησεν II 285[6]
ἐγενόμην 746[3]. 756[1]; ἐγένετο 640[5]. 690[2]. II 621[8]; ἐγένονθο thess. 672[4]; ἐγένετο ἀπὸ τούτου II 94[3]
ἔγεντο 678[6–7]. 679[1]; – ἱκέτας παρ' Ἀθαναίας II 497[6]
ἐγέρρην äol. 715[4]
ἐγερσι- 648, 3
ἐγερσιμάχᾱς 449[6.7]
ἔγερσις 648, 3. II 356[6]
ἐγερτί Soph. 623[3]
ἐγερῶ att. 785[1]
ἐγϝηληθίωντι conj. her. 283[8]. 792[6]
*egz 335[7]
ἐγήγερμαι 648, 3
*ἐγήγορα pf. 648, 3. 800, 8
ἐγήθεεν 703[4]
ἔγημα 720, 12. 755[5]; -ε θυγατρῶν Ἀ. II 102[6]
ἐγήμασε 268[6]
ἐγήνατο Ibyk. 756[1]
*ἔγην(σ)το 679[1]
ἐγήρᾱν 708[5]. 756[2]. 781[6]. 798, 9; ἐγήρᾱ 682[4]. 743[4], 12
ἐγήρασα 756[2]
ἐγίγνετο 690[2]
ἐγιώνη ngr. (kypr.) 606[4]
ἔγ̑κα ngr. (pont.) 745[2]. 764[2]
ἐγκαθεύδειν ὑπέρ τινος II 521[7]
ἐγκαίνια 159[6]. 164[8]. II 43[7]
ἐγκαλέω II 457[5]
ἐγκαλήσις Koine 753[2]
ἐγκαλύπτομαι II 231[1]
ἐγκάρδιος 451[3]
ἔγκαρπος II 457[1]
ἐγκάς (ἔγκας) Hippokr. 518[7]. 631[4]
ἔγκατα 352[8]. 518[6]. II 52[2]
ἐγκαταλείπων II 429[3]
ἐγκατατίθημι II 457[4]
ἐγκατέπηξα II 429[1]
ἐγκάτθετο II 428[1]. 429[3]; – ἑῷ θυμῷ II 236[2]
ἔγκειμαι c. loc. II 156[5]
ἐγκεκληματογραφηκέναι 656[2]
ἐγκεκλημένος c. gen. II 112[3]
Ἐγκέλαδος 436[3]
ἐγκίκρᾱ imper. dor. 689[1]. 798[5]
ἐγκίρνᾶσιν 3. pl. 695[1]; -νᾱ́τω 695[1]
ἔγκιρρος II 457[2]
ἔγκληρος II 457[1]
ἔγκλητος 317[3]
ἐγκλιδόν 694[4]
ἔγκλισις 376[5]. 416, 1. II 302[6]. 303[1]
ἔγκοιλος II 457[3]

ἐγκονέω II 457[5]; – νέουσαι 719[4], 11
ἔγκοτος adj. II 457[1]; – m. subst. II 457[3]
ἐγκότραφος für ἐγκρότ- 268[8]
ἐγκρᾶσι- 443[5]
ἐγκρατής II 457[1]
ἐγκρεμίζω ngr. 695, 1
ἔγκτασις dor. 185[4]. 271[4]. 505[3]
ἔγκυαρ 519[6]
ἐγκύμων 543[2]
ἔγκυος II 457[1]
ἐγκυρέω τινός II 104[4]
ἐγκύρω(-ειν) c. dat. II 141[4.6]; ἐνέκυρσε hom. 753[4]
ἔγκυτα lak. 352[8]. 518[7]
ἐγκυτί 357[7]. 620[1]. 625[4]
ἐγκυτίς 619[2]. 620[1]. 631[3]
ἐγκωμιάσομαι 782[1]
ἐγκώμιον c. dat. II 153[6]; – κατά τινος II 479[6]
ἐγλείπειν hell. 335[7]
ἐγλιξάμην 685[3]
ἔγλυφε 640[6]; -ψα 751[4]
εγμαλοτον (= αἰχμαλώτων) 132, 1
ἔγμεν· ἔχειν H. 678[4], 5. 806[3]. 809[1]
ἔγνοια ngr. 215[3]
ἔγνον 3. pl. 279[4]. 664[5]
ἔγνωκα 649[6]. 774[5]. II 287[6]; ἐγνωκὼς ἔσομαι II 290[2]; ἐγνωκότεν j.-kret. 551, 8
ἔγνων 743[2], 4. 781[7]. 816[7]; ἔγνω II 285[3]; -σαν 3. pl. 665[7]. 743[2]; ἔγνων 3. pl. byz. 664, 5; *ἔγνωντ 664[5]; ἔγνως ἄν II 328[6]; ἔγνω ἄν II 347[6]
ἔγνωσα trans. 781[7]
ἐγνώσθης 762[4]; -θη 641, 1. 738[4]; ἔγνωσθεν 3. pl. 664[5]; *ἐγνωσθηντ 664[5]
ἔγνωσμαι 773[4]; -σται 641, 1. 738[4]; ἐγνωσμένοι εἰσί 812[3]
*ἐγὸν φέρω 604, 2
(ἐγοργοπίασκεν H.) 711[3]
ἐγοργωπίασκεν H. 711[3]
ἔγραμμαι 649[6]
*ἔγρᾱν 708[5]
ἔγρασφεν 87[6]. 266[7]
ἔγραπται kret. 316[8]. 650[1]; – c. gen. II 131[1]
ἔγραφα ngr. 656[8]. 739, 2; θὰ ἔγραφα II 350[1]
ἐγράφη 756[7]; -φτη ngr. Otr. 764[6]
ἔγραψα 652[4]. 656[8]. 750[5]. 751[5]. 771[1]; – ngr. 739, 2; -ψες 753[8]; ἐγράψη kret. 326[6]; ἐγράψατο 751[5]
ἐγρε- 442[1]; ἐγρέσθαι 748[5]; ἔγρεο 748[5]; ἔγρετο 103[3]. 648[2], 3. 746, 8. 748[5]; – ἐξ ὕπνου II 463[4]; – παρὰ Ἥρης II 497[5]; ἔγροιτο 748[5]; ἐγρόμενος 748[5]
ἐγρεσι- 648, 3
ἔγρη 743[2]; ἔγρης· ἠγέρθης 648, 3
ἐγρήγορα 648[2], 3. 766[4]. 800, 8. II 227[7]; ἐγρήγορθι imper. 800, 8; ἐγρήγορθε .663[2]. 767[4]. 799[5]. 800, 8; ἐγρηγόρει 768, 1
ἐγρηγορθαι 800, 8; ἐγρηγόρθᾱσι 665[4]. 800, 8
ἐγρηγορόων 540, 4. 768, 1
ἐγρηγορτί 623[3]
ἔγρηνται· ἤρηνται 649[6]. 656[6]
ἐγρήσσω 648, 3. 709[4]. 717[1]; -σ(σ)οντ- hom. 648, 3
ἐγρίπησαν 720[4]
ἐγρυᾶι conj. kyren. 743[4], 11. 792[3]
ἔγρυξα 716[5]
*ἐγρύπνει ipf. statt ἠγρ- 656[6]
ἐγρυπνεῖ 656[6]
ἐγυμνώθη Ilias 760[3]
ἔγχαλκος II 456, 6. 457[2]
ἐγχάσκω II 457[5]
(*ἐγχεϝjω) 685[7–8]
*ἐγχέϝω 685[7–8]
ἐγχειβρόμος 452[4]
ἐγχείη 469, 3; -είηι 685[8]
ἐγχεικέραυνος 452[4]
ἐγχειρέω 726[1]
ἐγχειρίδιον 471, 4
ἐγχειρίδιος 467[2]
ἐγχειρίζω II 456[1]. 460[8]; – ἐμαυτόν τινι διὰ πίστεως II 452[5]
ἐγχειρίθετος 446[3]
ἔγχελυς 463[5]. 495[4]; -έλυας 571[1]; -έλυσι 571, 3
ἔγχεον imper. 803[4]
ἐγχεσίμωρος 355[5.6]. 449[3]
ἐγχέω II 457[4]; ἔγχεον imper. 803[4]; ἐγχέω c. gen. II 128[1]
ἔγχος 512[2], 2. II 65[5]
ἐγχρίω 686[4]
ἔγχυλος II 457[1]
ἔγχῡμος II 457[1]
ἐγώ 7[4]. 293[6]. 600[1.3.5.7], 4. 602[1]. 604[1], 2. II 187[3.8]. 188[1.2], 1. 189[1.2]. 561, 2. 628[4]; – ngr. 606[4]; – εἰμι (= ἐγώ) 600[7]; ἡ ἐγώ II 25[3]; ἐγὼ πέλας (sc. εἰμί) II 404[8]; – μὲν οὐδέν II 631[6]; – καὶ σὺ πολλὰ εἴπομεν II 612[6]; – καὶ ἡ γραφὴ λέγει II 612[5]; – καὶ ὁ σὸς πατὴρ ἑταίρω ἦμεν II 612[6]; ἐγώ τοι II 581[3]; s. auch ’γώ, ἐμέο (ἐμοῦ), ἐμοί, ἐμέ
ἔγωγα lak. 606[2]
*ἐγῶγε 383[2]
ἔγωγε 80[5]. 383[2]. 606[2]. II 188[1]. 555[2]. 561[3]; ἔγωγέ σοι II 631[6]; s. ἐμοῦγε, ἔμοιγε, ἐμέγε
ἐγῷμαι 402[4]
ἐγωισμός ngr. 493, 9. 604, 2
ἐγωιστής ngr. 604, 2
ἐγών 600[5]. 602[1]. 604[1], 2. II 188, 1; ἐγών γα dor. 606[3]
ἐγώνη 600[2]. 604, 2. 606[3]. II 187[7]. 564, 4
*ἐγώ (οὐ)χί II 592, 2
ἐδ- 754[8]. 768[6]
ἔδαεν Ap. Rh. 748[3]
ἐδάην 748[6]. 758, 7; – φυήν 757[7]
ἔδακον 693[3]. 755[4]. 781[6]
ἐδάκρῡσα 754[3]
Ἐδαλιε͂ϝι, -ε͂ϝες kypr. 575[2]
Ἐδάλιον 181, 2. 364[7]
ἐδάμασα 752[4], 6; -σσα 693[1]
ἐδάμη 693[1]. 757[6]; -μητε 643[2]
ἐδάμνᾱ hom. 694[1]
*ἔδαμναν 665[2]; ἐδάμνασαν 665[7]
ἔδαμνον H. 693[1]
ἐδάμο lokr. (= ἐκ δ-) 408[1]
(*ἐδάρᾱν) 758[4]
ἐδάρην att. 758[4]
ἐδατεῖτο 698[1]
ἔδαφος 495[6]. 513[1]
ἔδδεισεδδὲ 406[4]
ἔδδεισεν hom. 227[6]. 317[2]
ἐδδίεται kret. 317[2]
ἐδδίηται kret. 331[7]. 408[1]
ἐδέατρος (-τρός) 69[5]. 532, 1. 824[3]
ἐδέγμην 751[3]
ἐδεδίσκετο 710[3]
ἐδέδμητο II 288[4]
(εδεδοεε lak.) 769, 4
ἐδεδοίκη altatt. 778[1]
ἐδέδοσο 668[5]
ἐδεδούλωντο 671[4]
ἐδεδόχεσαν Dio C. 772[1]
ἐδέησα 685[7]. 752[3]
ἐδέθηκα ngr. 659[1]
ἔδεθλον 261[3]. 533[3]
ἔδει II 308[3.6]; – c. infin. II 353[7.8]; ἔδει ἄν II 309[1.2]
*ἔδει, *εδεικστ 3.sg. aor. 750[7]
ἐδείδιμεν 769[2]. 776[7]; ἐδείδισαν 769[2]. 777[1]
*ἔδεικμεν 750[7]. 751[1]
ἐδείκνυον ,-υε 698[6]; ἐδείκνυσαν 665[7]; ἐδεικνύοσαν 666[1]
*ἔδεικσαν 751[1]
*ἔδεικσμεν 665[7]
*ἔδεικστ 3. sg. aor. 750[7]
*ἔδεικτε 2. pl. aor. 750[7] 751[1]
*ἔδειξ 2. sg. aor. 750[7]
*ἔδειξα 3. pl. 665[2]

ἔδειξα 750[7]. 751[4]. 787[1]; -ξε 641[6]. II 285[5]; ἐδείξαμεν 642[4]; ἔδειξαν 3. pl. 665[2]. 750[7]
ἐδειξάμην 669[6]; att. ἐδείξω dor. ἐδείξᾱ 668[3]; ἐδείξατο 751[5]; *ἔδειχμεν 750[7]; *ἔδειχθε 750[7]; ἐδείξαντο 665[2]. 672[3]; *εδειξατο 3. pl. 665[2]
ἔδεισα 782[1]; -σε 755[3]
ἔδελε ark. 693, 9
ἔδενα ngr. 659[1]; θὰ – 789[5]; ἐδένουσου 669[2]
ἐδεξάμην δέ του II 94[5]; ἐδέξατο παιδὸς κύπελλον II 94[5]
ἐδέρχθην Soph. 758[1]
ἔδεσα ngr. 659[1]. 753[2]; ἐδέσασι ngr. (dial.) 666, 8
ἐδεσθῆναι 775, 7; -σθήσεται 780[3]
ἔδεσκε hom. 711[2]
ἐδεστέος 775, 7
ἐδεστής 500[2]
ἐδεστός 503[2]
ἐδεύησα 685[7]. 752[3]
ἔδευσα 685[6]
*ἔδϝαρ 301[5]
ἐδήδαται 766, 5
ἐδήδεσται 775, 7
ἐδήδεται 766, 5. 775, 7
ἐδήδοκα 775[3]; ἐδηδοκοίη 795[6], 8
(*ἐδηδοκjην) 795, 8
ἐδήδοται 766, 3. 5. 775[3]. II 237[4]
ἐδηδώς 541[1]. 766[2.4]. II 263, 1
ἔδηεν Et. m. 780[4]
ἐδήλου ὡς ἐκπεμφθείη II 297[7]
ἔδηξα spätgr. 755[4]
ἔδησα 752[2]; -σεν ἐμεῖο II 92[6]
ἐδητύς 506[5], 6
*ἐδθλον 839[3]
ἐδίδαξα 737[4]. 752[1]; -αν II 285[3]
*ἐδίδατο 3. pl. 672[1]
ἐδιδόμην 669[6]; ἐδίδοσο 668[5]. 669[5]; ἐδίδετο 688[3]; ἐδίδοντο 671[7]
ἔδιδον 687, 2; – 3. pl. 665[1]
ἐδίδουν 688[1]; -δους 687[3]. 688[1], 3; -δοὺ 20[3]. 687[3]. 688[1]. II 248[b]; ἐδίδουν 3. pl. (687, 2) 688[1.3]
ἐδίδων 687, 2. 688[2]; ἐδίδως 687[4]. 688, 3
ἐδιζήμην, ἐδιζησάμην 689[7]
ἐδίκαζε aor. 320[6]
ἐδίκαξα dor. 81[8]. 92[1]; -ξε kret. 738[1]
ἐδίκασα 321[6]; -σε 320[6]; -κάσαμεν ark. 662, 9. 737[7]. 806, 10; ἐδικάσθησαν 665[7]
ἐδίκασσα 321[6]
ἐδικός μου ngr. II 205[6]
ἐδῖνεν = ἰδεῖν infin. 808[3]
ἐδιοίκουν 656[2]
*ἔδμᾱν 761[7]
ἔδμεναι infin. hom. 678[4]. 780[5]. 806[3]
ἔδνον 227[1]. 489[1]
ἐδνόομαι 727[1]
ἔδοαν 745[6]
ἐδόθην 762[4]; -θης 762, 3
Ἔδοκος 199[3]
ἔδομαι fut. att. 678[4]. 780[2.5]. 791[3]. II 226[2]. 258[3]. 265[2.7]. 290[8]. 309[7]; – πύματον μετά τισι II 483[4]
ἔδομεν aor. 814[3]
ἐδόμην 669[6]. 741[4]; ἔδου 741[4]; ἔδοτο 67, 1. 669[4]. 741[4]. 816[5]
ἔδοξα 718[3]; -ξε 738[7]. 739[1]
ἕδος 74[8]. 304[1]. 380[8]. 515[5]. II 52[1]
ἔδοσα spät- u. ngr. 666[2]. 742[1]. 755[5] s. auch ἔδωσα
ἔδοσαν 3. pl. 665[7]
ἐδούκαεν thess. 664[4]
ἔδουκε 90[7]
ἐδοῦμαι hell. 780[5]. 784[5]; ἐδούμεθα mkret. 807, 4
ἕδρᾱ 481[4]. II 356, 2; ἕδραν ἔχειν πρὸς δόμοις τινός II 512[7]; ἕδρας θοάζειν II 76[7]
ἔδραθον hom. 700[3]
ἔδρακον 746, 1. II 258[4]; -ε 641[8]. 755[4]
ἔδραμον 755[3]. 781[6]
ἔδρᾱν 742[6]. 755[4]; ἔδραν 3. pl. 664[5]
ἔδρανον 491[2]
ἔδρᾱσα att. 675[4]
ἐδρήκατε 774, 7; s. ἐτρήκατε
ἔδρησα aor. ion. 675[4]
ἑδριάομαι 732[2]
*ἔδυα 659[4]
ἔδῡν 659[4]; ἔδῡ 743[2]. 755[6]
ἐδύνᾱ äol. 521[4]
*ἐδυνάθη 762[2]
*ἐδυνασάμην 762[2]
ἐδυνάσθην II 612[1]; -σθη 762[1–2]
ἐδυνέατο 672[2]
ἐδυνήθην att. 762[2]
ἐδυνησα- 762[2]; -σάμην 762[2]
ἐδύνω 668[3.5]
ἐδυστύχουν 656[2]
ἔδω (-ειν) 20[3]. 678[4]. 684[5]. II 72, 1. 226[1]. 258[2]. 259[3]; ἔδοι 794, 2; ἔδουσι μῆλα οἶνόν τε II 710[2]
ἐδώ 'hier' ngr. 622[4]
ἐδωδή 423[3]
ἔδωκα 741[3.6], 8. 744[4]. 775[5]. 814[5]. 816[5]; – ngr. 764[1]; -κε hom. 768[4]; ἔδωκεν II 248[5]; ἐδώκαμεν 775[6]; ἔδωκαν 741[3]; – ngr. 779[2]; ἐδώκαιν delph. 664[4]
ἑδώλιον 483[2]
*ἔδων (-ως, -ω) 741[4]
-εδών suff. 529[7], 3. 530[1]
ἔδωσα spät- u. ngr. 755[5]. 814[6]; -σεν 742[1]; s. auch ἔδοσα
εε > η 248[8]. 653[2]. 730[2]; εε > ει (ẹ̄) 248[8]
ἑέ acc. 603[2]. 607[1]; – refl. 600[6]. 601[8]. II 195[1]; – αὐτόν 607[1]. 608, 0. II 195[3]
-εε 3. sg. plusq. 776[5]. 777, 11. 778[1.2.3]
ἔεδνον 227[1]. 338[3]; ἔεδνα 412[2]
(*-εεεν infin.) 807[4]. 809[2]
εέϝος 260[8]
εει > ion. att. ει 249[3.4]
*ἕει conj. 'sit' 677, 10
ἐείκοσι 104[2]. 412[2]. 591[4]; -ιν 405[7]
ἐεικόσορος 398[4]; –νηῦς II 180[7]
ἐεικώς 767, 2; s. εἴκω
ἔειξε 654[1]
ἔειπα 745[3]
ἔειπον 1. sg. hom. 654[1]. 745[2.3]; – 3. pl. 745[2]; ἔειπέ οἱ φθίσθαι II 296[3]
ἕεις (= εἷς) 104[5]. 241[2]. 287[4]. 588, 1
ἐεισάμην 781[6]; ἐείσατο 654[1], 1. 754[8]; ἐεισάμενος 654, 1
ἐέλδομαι 412[1]. 701[6], 5; -έσθω II 342[8]
ἐέλδωρ 519[3]. 701[6]
ἐέλμεθα hom. 759[4]. 767[1]; ἐελμένος 771[2]
ἐέλπομαι 701, 4; -ετο 654, 4
ἐέλσαι 285[2]. 412[1]
*ἕεμαι 775[3]; *ἑέμην 741[4]
*ἕεμεν aor. 686[7]. 741[5]
ἔεν 'erat' 677[3], 6. 7. 8
*-εεν Ausg. infin. 807[2.3.4.7]. 809[2]
-έεν Ausg. infin. 642, 2
ἑέο gen. sg. 574[7]; ἑέ' αὐτοῦ 609[1]
ΕΕΟ (= εηο) 605[4]
ἐέργαθε, -θον 703[4]
ἐέργνυ hom. 697[2]. 771[2]
ἐέργω 228[6]. 412[1]. 684[3]. 767[1]; -ει 697[3]. 771[7]; – ἀμφίς II 439[6]; -η μυῖαν παιδός II 93[2]; ἐεργόμενοι πολέμοιο II 93[4]
ἔερδον 654[1]; ἔερσα 475[6]. 476[2]
ἐερμένος 771[2]
ἐέρση hom. 285[1]. 412[2]
ἔερτο hom. Hdt. 715[5]
-εες nom. pl. 571[6.7]. 579[2], 4; ion. (Hdt.) 575[4]; – (< -εjες, -εϝες) 552[4]

-έες nom. pl. 575[4], 2
ἐέσσατο 653, 2
ἑέσσατο hom. 654[1]
ἕεστο 767, 4
ἐεχμένη H. 771[2]
εϝ (Schreibung) 87[3]
*εϝαδε kret. 654[3]
ἐϝανάσσαντο 653[4]
ἐϝάσσαντο arg. 737[7]
*ἑϝε gen. 604[3]
*εϝέϝικτο 289[6]
*εϝεθ- 654[3]
(*εϝειδεα) 778[6]
ἐϝείκοσι 104[2]
*ἐϝεκ- 622, 1
ἔϝεξε kypr. 653[4]. 684[6]. 717[6]. 751[5]
εϝεργάσατο arg. 653[4]
*ἐϝέργω 228[6]. 702[4]; ἔϝερξα kypr. 653[4]. 716[1]
-εϝες nom. pl. 571[6.7]
*-εϝέσομαι fut. 786[2]
*ἔϝεστο 767, 4
*ἔϝευπον 745[2]
*ἔϝϝαδε 106[5]. 224, 4. 654[3]
Εϝϝηθιδαι thess. 224, 3
Εϝθετος kor. 197[2]
*ἔϝιδον 746, 2; ἔϝιδε II 258[2]
*ἐϝῑκοσι 412[2]. 591[3]
ἐϝίσ(σ)η 104[2]
*-εϝjω verba 477[6]. 478[1]. 728[2]
εϝο 223[4]; –> εο, εω 228[7]
*εϝοίκεον 655[3]
ἐϝράγη 224[3]
*ἐϝρέθη 654[4]
ἐϝρητάσατυ kypr. 669[3]
-εϝων gen. pl. 571[7]
ἕζεαι hom. 716, 3
ἕζεινεν 693[2]
*ἕζεινον 693[2]
ἕζελον ark. 746, 4; -ε 693, 9. 746, 7
ἔζεσα 685[5]
ἔζεσκε Hes. 711[4]
ἔζεσμαι 773[4]
ἔζεσσε 752[5]
*ἕζετο 652, 5
ἕζομαι (-εσθαι) 716[1]. II 234[2]; ἑζόμην 652, 5. 716, 3. 748[4]. 756[2]; ἕζετο 652, 5. 748, 4. II 258[3]; – c. gen. II 112[2]; ἕζετο λιασθείς II 301[4]; ἑζομένω ἄμφω II 617[1]; ἕζοντο τοίχους II 76, 1; ἕζομαι ἐπὶ θρόνον II 472[3]; – ἐς θρόνους παρά τινα II 494[8]; – ἀμφὶ κλάδοις II 438[3–4]; ἑζόμενον ζυγόν II 76, 1
ἔζευγμαι 412[7]. 649[5]; -γμένος II 182[4]
ἔζευξα 751[4.5]
ἐζεύχθη ς 762[3]
ἔζηκα 675[4]
ἔζην 675, 5; -ης, -η 675[3]; *ἔζητε, ἐζῆτε 675[3]
ἔζησα 675[4]. 755[4]
ἐζύγης 762[3]
*ἐζύγμᾱν, *ἐζύγμεθα, *ἔζυξο, *ἐζύχθης 762[3]; *ἔζυκτο 763[3]
ἔζωκα süddor. 675[4]. 774[5]
ἔζωμαι 697, 8. 770[6]. 773[3]; -σμαι 333[8]. 649[5]. 773[3]; ἔζωται, ἔζωσται 773[3]; ἔζωσθε 670[3.4]
ἔζωσα 755[4]
*εhεμεν 219[4]
*εhεπόμην 219[4]
*εhερπον 653[1]
*εhεχον 219[4]
*ἕhικ- 744, 8
ἐή interj. II 600[3]
ἔη 'sit' äol. 677[4]
ἔῃ 'sit' II 312[6]
ἔηγα ion. 770[3]
εηι > ηι 249[3]
ἔηι, ἔησι 'sit' 677[3]
ἔηις 'sis' 791[2]
ἔηκα 653[2]. 741[3.5]. 744[4]; -ε 303[7]
ἔην 'eram' 677[3], 7
ἐήνδανον hom. 654[3]
ἑῆος gen. sg. 574[6.7]; s. ἐύς
ἑῆο(ς) (= σοῦ, ἑαυτοῦ) II 198[3]. 206[1]
ἑῆς gen. sg. 610[3]; vgl. ἧς 'suae'
ἕης 'cuius' 104[3]. 610[2–3]. 615[1]
ἔῃς 'sis' 791[2]
-έης nom. pl. att. 575[4], 2
ἔησθα 2. sg. 677[3]
ἐήσθην 654[3]
*ἔθαρε 362[7]
ἐθαύμασα 738[7]
ἔθεαν ark. böot. 664[4]. 745[7]
ἐθέθην 204[4]. 257[2]. 649[2]
ἔθειαν böot. 665[6]
ἐθεῖν H. 724[2]
ἔθειρα 474[4]
ἐθείρῃ hom. 715[6], 12
ἔθεκα ngr. 753[2]. 764[1]
ἐθελακρῖβής 442[5]
ἐθέλεχθρος 442[5]
ἐθελήσω 683, 3; -ήσοι II 337[3]; ἐθελήσω c. infin. II 294[4]; – ἐπιχειρήσειν II 295[7]
ἐθελο- 442[3]
ἐθελοντηδόν 623[3]. 626[5]
ἐθελοντήν adv. 621[1], 3
ἐθελοντήρ 481[1], 1. 531[3]
ἐθελοντής II 175[3]
ἐθελοντί Thuk. 621, 3. 623[3]
ἐθέλχθης Od. 760[3]
ἐθέλω 300[4]. 434[5]. 648, 3. 684[3], 3. 817[1]. II 225[7]. 226[5]. 330[1], 1. 491[5]. 593[5]; -μι 661[5]; -λησθα 662[4]; -λοις II 330[4]; ἐθέλησα 752[3]. II 226[5]; s. auch θέλω, ἤθελον, ἠθέλησα, ἠθέληκα, τεθέληκα, ἐθελήσω; ἐθέλω c. infin. II 266[5]. 291[2]. 293[6.7]. 365[5]; ἐθέλοιμι κεν II 330[2]; ἐθέλων: καὶ οὐκ – II 389[4]
ἔθεμεν 741[2.6]
ἐθέμην: ἔθεο 762[3]; ἔθεσο 669[1]; *ἔθεσο 762[3]; ἔθου 668[3]. 669[5]. 741[4]; ἔθετο 741[2]; ἔθεσθε 670[3]
ἔθεν 3. pl. dor. 81[7]. 665[6]. 741[4]
ἑθεν gen. pron. anaph. encl. 607[5]. II 190[3], 4
ἕθεν gen. epid. hom. 603[3]. 605[1]. 628[2]. II 171[6]. 172[1.2.3], 1
*ἔθενε ipf. 746, 3
*ἔθεντ 3. sg. 'schlug' 746, 3
ἔθεσα spät- u. ngr. 666[2]. 742[1]. 753[2]. 755[5]. 764[2]. 814[6]
ἔθεσαν 665[7]
*ἔθεσσα aor. (ποθέω) 753[3]
ἔθευσα 685[6]
ἔθη 741[5]
ἔθηκα 741[2.5.6]. 744[4]. 775[5]. II 262[3]; ἔθηκε 56[5]. 297[3]. 651[6]; ἔθηκαν 3. pl. 741[2]; ἔθηκε ἄλγεα II 261[6]
ἔθηλα Ael. 748[2]
*ἔθην 741[1]. 763[1]; -ης, -η 741[1]
ἐθῆναι 257[4]
ἔθησα spät- u. ngr. 755[5]
(*εθι imper.) 800, 3
ἔθιαν 665[6]
ἔθιγον 699[6]. 755[4]. 781[6]; -ες 800, 2
ἐθίζω 736[2]. II 82[3]; εἴθιζον 654[3]
ἐθινῶν 278[8]
ἔθιξα spätgr. 755[4]
ἔθλασα 676[1]
*ἔθλον 533[3]. 839[3]
ἐθμή, -οί 492[3]
ἔθνος 162[7]. 512[7], 6; τὰ ἔθνεα II 607[6]
ἔθνος m. II 38[2], 2
ἔθορον 708[6]; -ρε 360[4]
ἔθος 226[6]. 261[3]. 511[2]
*ἔθος 226[6]
ἔθρεξα 747[6]
ἔθρεψα 756[1]
*ἔθρην 782[6]
ἐθρίς 314[1] [so, nicht ἔ-] 495[2]. 838[4]
ἐθρύβην, ἐθρύφθην 759[3]
ἔθρωξα 708[6]
ἐθύνεον Hes. 696[3]
'Εθύωνος 199[2]

ἔθω 703[4]; -ει H. 720, 9; -ων 703, 4. 720, 9. 723[3], 3
-έθω verba 703[3–4], 1.2
ἐθώκατι dor. H. 664[1]. 775[1]
ει aus idg. ei 346[8]f.; – diphth. 90[2]. 287[8]; – (: ι) Ablaut 350[2.3]; – vor Kons. 684[6]f.; – unecht 86[8]. 90[2]. 642, 2; – geschr. Dehnung von ε 104[1]; – att. 228[4.6]; – aus εϊ, εῖ 247[8]; – j.-att. aus att. ηι 241[6]. 655[4]. 668[2]; – [Ausspr. i] 91[2]. 233[7]; – [= ẹ̄] böot. thess. aus η 90[7]. 91[2]. 233[4]; -ει [-ẹ̄] st. -ηι 668[2]; – ion. att. aus εει 249[2.4]; – [= ẹ] aus ε vor ο ω α 242[5]; – [= ẹ̄] böot. aus αι 233[5]; – ει thess. für -αι 348[2]; ει aus *εσj 273[2]; – > arg. böot. (att. vereinzelt) ῑ 233[3]; – > att. arg. kor. ẹ̄ 232[2.3]
εἰ- Reduplik.-Silbe 249[6]
-ει (-E alt) hypok. böot. 580[5]
-ει (= -η) nom. sg. in Namen böot. 558, 3. 636[4], 3
-ει dat. sg. 548[2.3]. 549[3]. 558[7]. 572[4], 2. 573[1]. 579[3]. 839[5]
-ει loc. sg. 549[4]. II 138[4]
-εϊ dat. sg. 572, 2. 579[2]
-ει Verbalend. 657, 4. 658[2]
-ει 3. sg. 660[4]; – indic. et conj. 791, 6; – praes. 841[3]; – conj. 791[3.5]
-ει 2. sg. imper. act. 803[2]. 804[2–3]
-ει 3. sg. plusq. 768[1]. 776[5]. 777[4.5], 11. 778[1.2], 2
-ει Ausg. adv. 549[5]. 550[4]. 618[4]. 622[2]
-εί adv. 622[4]. 623[2.3.5], 3. 13
-εῖ dat. sg. j.-att. ion. wgr. 575[3]
-εῖ Personalend. 658[2]
*εἰ 'da' loc. sg. n. II (557, 1) 564[1]. (683, 2)
εἰ partic. 82[4]. 88[4]. 128[6]. 549[6]. 613[4]. II 2, 3. 305[5]. 336[1]. 557[2.3], 1. 628[7]. 630[5.7]. 631[3]. 635, 3. 637[6]. 676[8]. 682[1.2.3]. 683[4.5], 2. 684[8]. 687[8]. 711[3]; – 'wenn, ob' c. conj. II 313[5–6.7]; – c. opt. II 320[5]. 321[1.2.4]. 322[4.5]. 327[4.6], 1. 335[3]; – c. potent. II 324[2.5]; – ἐκβάλοι II 630[8]; θαυμάζω εἰ II 646[5]; ἀλλ' εἰ II 557[2]; εἰ ἄρα II 559[1]; εἴ γε II 561, 3; εἴ γ' ἄρ II 560[3]; εἰ γάρ II 304[3]. 330[4]. 345[4.8]. 354[1]. 557[2.3]. 560[3]; – c. opt. II 320[6]. 321[5]; εἰ δέ κα c. opt. II 327[6.7]; εἰ δ' ἄν II 306, 2; εἰ δὲ μή II 710[2]; εἰ – εἴτε II 688[2]; εἰ καί II 567[4]. 688[5.6]; – – οὐ δώσει II 593[3]; εἴ κε II 306, 2. 312[4]. 682[3]. 684[7]; εἴ κεν ep. II 685[1]; εἴ κ' II 683, 1; εἰ μή II 595[4]; – – ἄρα II 689[2]; – – διά τι(να) II 454[2]; εἰ οὐ II 593[3]. 595[4]; εἴ περ II 572[1–5]. 688[7]; s. εἴ περ; εἴ τι(ς) ἄν nachklass. II 214, 1. 692, 2
εἰ- (: ἰ-) 'gehen' 674[1]; s. εἶμι, ἰέναι
*εἰ 'bist' 659[5]. 660[4]
εἶ Buchstabenname (E) 140[5]. 377[8]
εἶ 'wirst gehen' 659[3], 5
εἶ 'geh!' 639[5]. 643[5]. 798, 8. 804[2]; s. auch εἰ δέ, εἰ δ' ἄγε
εἶ 'du bist' 102[1]. 240[2]. 659, 5. 677[1]
εἶ conj. (= ᾖι) lokr. 677, 10
εἶ 'wo; wie' dor. nwgr. 549[5]. 628[5]. II 647[1.2]. 714[6]
-εία f. Ausg. 469[4–5]
-εια f. Ausg. in Namen 475[1.2]
-εια neut. pl. 581, 2
-εια 1. sg. opt. 796[7]. 797[1]
-εῖα suff. f. 474[6], 2
εἶα partic. 'wohlan' 547[3]. 716[5]. II 558[1], 1. 600[4]; ἄγ' –, ἀλλ' –, ὦ – II 558[1]; – δή, – ὦ II 558[1]
*εἶα 752[5]
εἶα interj. II 600[4]
εἰάζω 716[5]
Ειακκοβου 196[8]
εἰαμενή 525[1]
-ειαν 3. pl. opt. 796[6.7]
εἶαρ 408[8]. 518[5]
εἰ ἄρα II 559[1]
εἰαρινός hom. 490[5], 7
εἰαροπῶτις 518[5]
-ειας 2. sg. opt. 796[6.7]. 797[1]
-είας Ausg. m. 461[3]
-είας Ausg. m. hom. (< -έας) 562[3]
εἴᾱσα j.-att. 653[1]. 752[5]; -σε 752[5]
εἴασκον hom. 711[3]
εἴαται 3. pl. hom. 671[3]. 679[5]; -το 3. pl. plusq. 671[3]. 679[5]
εἷατ(ο) [ἕννυμι] Ilias 767, 4; s. εἷμαι
εἰβουλόμην 654[5]
εἴβω 309[2]. 684[6]
εἴ γ' ἄρ II 560[3]
εἰ γάρ II 304[3]. 330[4]. 345[4.8]. 354[1]. 557[2.3]. 560[3]; – c. opt. II 320[6]. 321[5]
εἴ γε II 561, 3
εἶδα spät-, byz., ngr. 753[7]. 764[1]. 779, 2; s. auch εἶδον
εἰ δ' ἄγε imper. hom. 798, 8. 804[2]. II 314[5]. 557[4.5], 2. 558, 1. 583[7]; εἰ δ' ἄγετε II 557[5]
εἰδάλιμος 494[5]
*εἴδαλος 494[5]
εἰ δ' ἄν II 306, 2
εἶδαρ 227[6]. 301[5]. 519[6]
Ειδασσαλα 152[6]
εἰ δέ imper. (von εἶμι) hom. 798, 8. 804[2]. II 557[4], 2
εἰδείην 778[5]. 790, 6. 795[5], 6. II 330[3]; -ης 795[5]; -η 794, 2. 795[5]; εἰδεῖμεν 246[7]. 778[6]. 795[5]; -εῖτε 795[5]; -εῖεν, -είησαν 795[5]; εἰδέησαν 795, 5; εἰδείην ἄν II 329[1]. 330[5]; s. οἶδα, εὖ οἶδα
εἰ δέ κα c. opt. II 327[6.7]
εἰ δὲ μή II 710[2]; εἰδεμή(ς) ngr. II 687, 1
εἰδέναι 540[6]. 757[7]. 758, 7. 808[2.7], 6. 8. II 362[2]. 375[6]. 631[2]; – τι παρὰ τῆς βασάνου II 497[5]; τὸ μὴ – II 369, 6; s. auch οἶδα (εὖ οἶδα), ᾔδειν, εἰδείην, εἰδήσω (*ειδεσθαι) 809[5]
Εἰδεσίλεως 444[1], 3. 635[5]
εἴδετε conj. 790[4]
εἰδεχθὴς ἀπὸ τοῦ προσώπου II 447[3]
εἰδέω 778[5]. 790, 6. 795[6], 6. II 311[5]
εἴδη τοῦ ὀνόματος (term.) 587, 1; – παραγώγων II 183, 4
εἴδη 3. sg. ipf. (οἶδα) 778[5], 5
*εἴδημι 680[6]
-ειδής suff. 418[6]. 426[4]
εἴδησα 783[1]; εἰδῆσαι infin. 755[4]. 778[5]; εἴδησον imper. 755[4]
εἰδήσω fut. 778[4]. 783[1], 1; -σειν II 375[5]; s. εἴσομαι, οἶδα
εἰδήσωσιν conj. Kos 755[4]
εἰδίω 226, 3. 713, 6
εἰδοί f. spätgr. 554[6]
εἴδομαι (-εσθαι) 654, 1. 684[6]. 692, 1. 809[5]. II 161[4.5]; -εται 747[3]. 754[8]
εἴδομεν conj. 769[3]. 790[4]
Εἰδομένη 525, 2
ἔιδον 659[4]
εἶδον 228[7]. 654[1]. 747[3]. 781[5]. 816[3.4]; – πρὸ πόλιος II 506[3]; εἶδες ἄν II 244[7]

εἰδός; s. εἰδώς
εἶδος 226, 3. 512[1]. II 250, 8; s. εἴδη
εἰδότης 529[2]
εἰδυῖα; s. εἰδώς
εἰδύλλιον 471[3]
εἰδώ 478[4]
Εἰδώ 478[6]
εἴδω conj. 540[6]. 765[4]. 769[1]. 790, 6; εἴδομεν 769[3]. 790[4]; -ετε 790[4]
*εἴδω 713, 6
εἰδῶ conj. nachhom. 769[2]. 790, 6
εἴδωλον 483[2]
εἰδώς 304[4]. 356[6]. 360[1]. 380[8]. 540[2.4.6], 6. 765[4]. 769[1.2]. 779[3]. 814[4]. II 389[2.3]; εἰδός 304[4]. 540[1]; εἰδυῖα 540[6]. 769[2]; εἰδὼς μήδεα θεῶν ἄπο II 446[3]; εἰδότας, ὅτι II 403[2]; ὡς τοὺς θεοὺς εἰδότας II 402[7]. 403[1]
εἰδώσης mgr. 540, 5
-ειε 3. sg. opt. 796[6.7]. 797[1]
εἶεν 3. pl. 663[5]. 664[4]. 794, 3; s. εἴην
εἶεν interj. II 557[5]. 558, 1
εἰέν interj. 219[4]. 303[4]. 547[3]
ειερακαρίου 196[8]
-ειες äol. (lesb.) 241[8]. 243[5]
-έιες nom. pl. (= -έες) att. 575[4], 2
-εῖες nom. pl. 575[3]
-ειη-: -ει- opt. 794[2]
εἴη opt. (εἶμι) 674[3], 5
εἴηι conj. (εἰμί) 677, 10. II 323, 1
εἴηι opt. (= εἴη) (εἰμί) 793, 3 (εἴημι) 674[4]
εἴην 186[2]. 273[2.8]. 346[3]. 641[6]. 659[4]. 677[4]. 794[3], 2. II 321[7]. 322[2.5.6]. 323[2.3.5.6]. 638[4]; εἴης 677[4]. II 322[2], 2. 638[3]; εἴησθα 662[4]. 677[4]; εἴη 677[4]. II 321[3]. 328[1]. 713[7]; εἴΕι gort. 674[3]; ΕΙΕ gort. 674[2]; εἴητον 667[2]. 794, 3; εἴημεν 419[6]. 794, 2; εἴησαν 665[7]. 677[4]. 794[3]; εἶεν 663[5]. 664[4]. 794, 3; εἴην ἄν II 328[7.8]. 329[7]; εἴη ἄν II 330[1]; εἴης κε II 329[4]; εἰε̄ κα II 330[6]
-είην opt. 758[4]
ειϝ aus *εϝj 272[8]
εἶθαρ 350[4]. 519[2]. 621[1]. 630[6]. II 70[1]
εἴθε 628[1]. 747, 8. II 304[3]. 305[5]. 345[3–8]. 346[1.3.4]. 349[4.5]. 561, 2. 566[4]; – c. opt. II 320[2.5]. 321[1.5]; – c. conj. II 316[5]; – c. ipf. 354[1]; – ἐγενόμην II 346[4]; εἴθ' ἀπώλετο II 345[5.7]; εἴθ' ὤφελ(λ)ον II 346[1.2.3]
εἴθην 653[2]; s. ἵεμαι
εἰθίδαται Hippokr. 773[2]
εἴθιζον 654[3]
*εἰθύς 348[3]. 350[4]
-ειι dat. sg. lesb. 575[3]
εἰκ ark. 404[6]. II 313[6]. 568[4]. 683[2], 1
εἶκα, -ας (pf.) 745, 2. (765, 3). 767, 1
εἶκα att. 775[3]
εἰκάζω (-ειν) 735[2], 2. II 161[4.5]; εἴκαζον 654[2]; εἰκάσαι II 378[6]. 379[2]; εἰκάζω c. instr. II 167[3]; εἰκάζων nom. abs. II 403[6]; εἰκάζω ἀπό τινος II 447[2]
εἰ καί II 567[4]. 688[5.6]; – – οὐ δώσει II 593[3]
εἰκάς 227[1]. 597[1]
εἰκάσαι; s. εἰκάζω
ἐϊκάσδω lesb. 241[2]. 289[6]. 735[3]
*εἴκᾱσι 665[3]. 773[7]
*εἰκαστός 344[5]
εἴ κε II 306, 2. 312[4]. 682[3]. 684[7]; εἴ κεν II 685[1]; εἴ κ' II 683, 1
εἴκελος II 161[4]
εἰκέναι 541[1]. 735[3]. 769[2]. 808[2]
εἰκῆι adv. 622[1], 1. II 413[8]
εικθυιν 200[3]
*ἔικμεν 769[3]
εἴκοιστος lesb. 90[4]. 274[7]. 276[1.4]. 596[2]
εἰκόναν acc. sg. f. 563[3]
*εἴκονστος 276[4]
εἰκός 540[2]. 580[6]. II 623[5]; εἰκότα pl. 581[1]; εἰκός c. dat. II 144[2]; – ἦν II 308[4]; – ἔχειν II 296[7]; s. auch εἰκότερον, εἰκώς
-εικός suff. adj. 498[1]
εἰκοσα- compos. 591[5]
εἰκοσάκις 598[1], 1
εἰκοσάπρωτος 596, 6
εἰκοσάς spätgr. 597[1]
εἴκοσι 82[3]. 270[4]. 292[7]. 344[4.5]. 381[7]. 412[1]. 426[2]. 591[3]. II 176[1]; – ngr. 591, 6; εἴκοσιν 405[7]. 591[4], 6; ειϝοσιν ephes. 591, 6; εἴκοσι μυριάδας καὶ πρὸς χ. 594[3]
ἐΐκοσι 412[2]. 591[4]
εικοσιένα ngr. 594, 3
εἰκοσιετής 591[5]
*εἰκοσίκις 598, 1
εἰκοστός 344[4.5]. 379[6]. 381[4]. 596[2.3]; s. auch εἴκοιστος
εἰκότερον 534, 2. 536[1]. 540[4]
εἰκοτολογέω 439[6]
εἰκοτολογία 541[3]
εἰκότως 534, 2. 541[3]. 624[2]. 779[3]. II 414[5]; – c. dat. II 144[2]
ἔικτο 346[8]; ἔικτον 357[1]. 767[2]. 769[1]; ἐίκτην 767[2]. 776[2]
εἰκυῖα; s. εἰκώς
εἴκω 'weiche' 654[2]. 684[6]. 767, 2; εἶκον ipf. 654[2]; εἶκε 745, 2; εἴξω 782[5]. 783[6]; εἴκω c. dat. II 140[4.6–8]. 144[2]. 146[1–2]. 149[2]; – τῆς ὁδοῦ II 91[5]; – πολέμου II 91[6]; – ὑπ' ἀρότρῳ II 526[4]
εἴκω dor. 292[3]
εἰκώ f. 478[5]; – acc. 479, 4
εἰκών 161[1]. 346[8]. 487[1]; s. auch εἰκόναν
εἰκώς 540[6]. 541[1]. 767[1]. 769[1.2]. II 174[1–2]; εἰκυῖα δέμας II 85; s. auch εἰκός
εἶλα 1. sg. aor. 753[7]
-ειλα aor. 753[5]
εἰλαπινάζω 734[5]
εἶλαρ 314[5]. 519[6]
εἴλᾱφα dor. 781[4]; s. auch εἴληφα
εἰλεός 183[8]
εἰλέω 283[8]. 693, 11. 720[5]; εἰληθη- 762[1]
εἴλη 412[1]
εἴληθι H. 689, 2
εἰλήλουθα 347[2]. 358[4]. 704[1]. 737[3]. 747[5]. 771[1]. II 287[3]; -θας 767[3]; -λούθει 777, 11; εἰλήλουθμεν 767[2]. 769[3]; -λουθώς 769[3]; s. ἐλήλυθα
εἴληφα 261[3]. 310[5]. 649[2.7]. 772[4]. 781[4]. II 288[1]; -ες NT 767[4]; s. λαμβάνω
εἴληφα 257[3]
εἴληχα 650[1]. 699[5]
εἴλιγξ 498[3]
εἰλικρινής 448[1]
εἰλίπους hom. 444[3], 8
εἰλίσσω 412[1]
εἰλιτενής 448[1]
εἴλιττον 654[1]
εἰλίχατο 771[7]
εἴλκεον hom. 721[1]
εἷλκον 653, 4
εἵλκυκα 775[4]
εἵλκυσα 721[1], 2. 755[5], 6. II 258[5], 6
εἴλλω 716, 1
εἴλομαι hom. 283[8]. 693[4], 11
εἷλον 653[1]. 746[4]. 754[5]; -εν II 285[4]; εἷλε κεν II 347[3]; ἑλεῖν
εἴλυμα 523[2]
εἴλυμαι 649[7]; -ῡται 770[4]
εἰλυόμην ἄν II 350[6]
εἰλυσπᾶσθαι 645[1]

εἰλύσω fut. hom. 693, 11
εἰλῡφάζω 645[1]. 734, 5; -ει 645[1]
εἰλυφόων 645[1]
εἴλχθην spätgr. 721[2]
εἴλω 769[4]
εἴλως 499[3]
εἷμα 281[7]. 339[2]. 380[8]. 523[2]
εἶμαι ngr. 678[3]. 813[8]; εἶσαι 678[3]; εἶναι 3. sg. 678[3.4]. II 423[6]; εἴμεθα 678[3]; εἶσθε 678[3]; ἤμουνα 1. sg. ipf. 678[3]; εἶμαι δεμένος ngr. 779[4]. 812[4]
εἷμαι 649[5]. 767, 4. 773[4]. 775[3]; s. ἕννυμι und ἵεμαι
εἱμαρμένη f. 524[7]. II 175[5]. 408[3]
εἱμαρμένος ion. 277[5]
εἱμάρσην II 31, 4
εἵμαρται 281[7]. 282[8]. 310[6]. 649[2]; -το 769[4]. 777, 2
εἱματανωπερίβαλλος 450[6]
εἵμεθα; s. εἷμαι
εἶμειν rhod. agrig. 678[1]
-ειμεν 1. pl. plusq. 776[5]. 778[1], 2
εἶμεν 'esse' böot. dor. nwgr. ach. 281[7]. 806[3]. 808[5]; – ἐν ὑδρίαν II 459[1]
εἶμεν 1. pl. indic. 'sumus' Heraklit 677, 1
εἶμεν 1. pl. opt. (εἰμί) 346[3]. 677[4]
*εἶμεν 1. pl. opt. (εἶμι) 674, 5
εἰμέν 'sumus' 677[1]
εἷμεν 1. pl. aor. (ἵημι) 219[4]. 653[2]. 741[4]; – opt. 741[4]; s. ἵημι
-είμενος 642, 2. 728, 4
εἰμένος Od. 767, 4
εἰμές 'sumus' dor. 677[1]; s. εἰμί
εἰ μή II 595[4]; – ἄρα II 689[2]; εἰ μὴ διά τι(να) II 454[2]
εἵμην, εἷσο, εἷτο indic. opt. 741[4]
*ἕῑμην opt. 741[4]
εἰμί 192[3] (EIMI). 281[7]. 322[6]. 389[6]. 676[6]–678. 677[1]. 737[3]. 781[6]. 812[2]. II 16[2] (copulativ). 65[3.4]. 72, 1. 223[2]. 270[6]. 271[5]. 694[7]; – c. gen. II 112[3]. 133[1]; – πόντῳ (loc.) II 154[8]; – ἐν ἀξιώματι ὑπό τινος II 227[3]; – (πάρος, πρότερον) II 274[1.2]; s. auch εἶναι, εἶν, εἶμεν, *ἐσμι, ἐσι, ἐσσί, ἔστι, ἐστί, ἐσμέν, ἔστε, ἐστέ, εἰσί, ἔω, ἴσθι, ἔστω, ὄντων, εἶμαι, ἦα (ἦν, ἦεν), ἦι, εἶσθα, ἔσομαι
εἶμι 95[6]. 347[1]. 643[1.3.4]. 659[3]. 674[1.5]. 737[2]. 780[2.3]. 781[6]. II 162[6]. 225[7]. 226[1]. 259[1]. 265[2.5.6]. 273[2]. 292[6]; εἶ 659[3], 5. 674[1]; εἶσι, dor. εἶτι 674[1]; εἶσι 3. pl. 674, 2; εἶ imper. 639[5]. 643[5]. 798, 8. 804[2] (s. auch εἰ δ'ἄγε); εἶμι πρὸς Ὄλυμπον II 509[7]; – μετά τινα(ς) II 485[6.7]. 483[5]; – μετὰ μῶλον Ἄρηος II 484[4]; – ἀμφοτέρας χειρός II 112[6]; – διὰ βασάνου ὑπό τινος II 227[3]; – γὰρ.. II 706[5]; – φράσων Hdt. 813[1]; s. auch ἰέναι, ἤια, ἦια, ἤιμεν, ἤιτε, ἤιτην, ἤισαν, *εἶμεν, εἶσθα, εἴω
εἰν praep. 274[2]. II 120[2]. 455, 1; s. auch εἰνί
εἶν = εἶναι 'esse' ion. 87[2]. 678[1]. 808[1], 1
ἑῖν dat. sg. böot. kor. 603[4]. 604[2], 5
(εἶν Kallim.) 588, 1
-ειν acc. sg. m. 636, 3
-ειν Ausg. infin. 643, 2. 805[5], 2. 806[1]. 807[1–2]
-ειν 1. sg. plusq. j.-att., pap. 776[5]. 778[1.2], 2
-εῖν verba 727[2]; ion. att. 807[2.3.4]; aus *-εεν 807[3]; aus *-έε̣ν (-εεεν) 807[4]
εἰνα- ion. 591[1], 2
εἰνάετες hom. 591[1], 1. II 70[1]
εἶναι 678[1]. 806, 5. 808[5]. II 122[6.8]. 123[1–3.6–8]. 124[1.2.5.7.8]. 258[3]. 272[6.7]. 277[3.6]. 279[7.8]. 280[1]. 361[4]. 366[2]. 367[2.4–8]. 374[1.8]. 375[4.6]. 376[1.3]. 377[3]. 378[2.3]. 381[6]. 382[3.6.8]. 383[2]. 400[3.8]. 623[2]. 624[3–4]; – abundierend II 379[5]; – c. dat. II 143[2–3.4–5]. 143[6–7], 1. 149[2]; – τινα ἀγαθόν II 708[3]; – μέγιστον Κυκλώπεσσι II 155[6]; – τοῦ πονηροῦ κόμματος II 123[2]; – ξύμφορον II 377[3]; – τινι ἀχθομένῳ II 152[4]; – τινι ἡδομένῳ II 152[4]; – ἀμφίς II 439[6]; – τινα ἀμφίς II 439[7]; – ἀνὰ πρώτους II 441[1]; – ἀντὶ λουτροῦ II 443[3]; – ἀπὸ δρυός II 446[3]; – ἀπ' οἴκου II 445[8]; – ἀπὸ δείπνου II 447[5]; – ἀπὸ θυμοῦ II 446[1]; – τινι ἀπὸ θυμοῦ II 446[1]; – ἀπονόσφιν τινός II 540[3]; – εἰς Ταρσόν II 461[2]; – ἔκ τινος II 434[5]; – ἐκ Τάφου II 463[5]; – ἔν τινι II 458[2]; – ἐν ἐλπίδι ἀναλαβεῖν II 296[7]; – ἐν αὐτῷ II 457[7]; – δι' ἡσυχίης II 452[7]; – διὰ φόβου II 452[8]; – τί τινι δι' ὄχλου II 452[7]; – διά τινα II 453[6]; – ἐπί τινος II 471[2]; – ἐπί τινι II 467[4.5]; – ἐπὶ τοῖς ὄρεσι II 466[7]; – ἐπὶ ταῖς πηγαῖς II 467[1]; – δίκαιον ἐπί τινι II 468[4]; – ἐπί τινα II 472[1]; – κατά τι II 479[3]; – κατὰ πᾶσαν τὴν γῆν II 476[6]; – μετά τινος II 484[7]; – μετά τινων II 484[1]; – ξύμμαχον μετά τινος II 485[1]; – παρά τινος II 498[3–4]; – παρά τινι II 494[2.3]; – σοφὸν παρά τινι II 494[4]; – παρά τινα II 495[6]; – τι παρά τι II 497[1]; – παρὰ τὴν ὁδόν II 495[6]; – παρ' ὀλίγον II 496[8]; – γελοῖον παρά τινα II 496[1]; – περί II 502[1]; – περὶ πάντων II 501[8]f.; – νόον περὶ βροτῶν II 502[3]; – μάντιν περὶ θανατῶν II 502[2]; – κρατερὸν περὶ ἄλλων II 502[1]; – φέρτατον περὶ Ἀχαιῶν II 502[2]; – τινι περὶ πότου II 502[8]; – τινι περὶ πολλοῦ II 503[5]; – ἀγῶνα περί τινι II 501[3]; – περί τινα 504[4]; – σύν τινι II 489[5]; – πρό τινος II 507[3]; – τι πρός τινος II 516[3.4]; – πρὸς τῶν οὐδαμῶν II 515[3]; – πρὸς ἰατροῦ σοφοῦ θρηνεῖν II 515[2]; – τι πρὸς τῆς δόξης II 515[3–4]; πρός τινος εἶναι φίλον II 515[2]; – τί τινι πρὸς εὐσεβείας II 515[3]; – πρὸς τοῦ τρόπου τινὸς ἀποδιδόναι II 515[4]; – τι πρὸς τρόπου 'zweckmäßig' II 515, 1; – τι πρὸς λόγου II 515[4]; – πρὸς Βορέαο II 515[6]; – πρὸς θαλάσσης II 515[6]; – ἐξ Ἁ. τὰ πρὸς πατρός II 514[3]; – πρός τινι II 513[3]; – πρὸς τῷ τείχει II 513[1]; – πρὸς τῷ ὄρει II 513[2]; – πρὸς τοῖς ὤμοις II 513[3]; – πρός τινι ἔργῳ II 513[6]; – πρὸς τῷ ἀποδημεῖν II 513[7]; – πρὸς τῷ λόγῳ II 513[6]; – πρὸς ἀσχολίαι II 513[7]; – πρὸς τῷ δεινῷ λέγειν II 513[6]; – τινα πρὸς πολλοῖς (neut.) II 513[7]; – πρός τινα II 511[2]; – πρὸς ἔω II 512[4]; – πρὸς τὴν θάλασσαν ἐπὶ τῆς γῆς II 510[4]; – πρὸς γυναῖκας II 512[4]; – πρὸς ἡμέραν II 512[8]; – δίκην πρός τινα II 511[2]; – ὑπὲρ τῆς κώμης II 520[8]; –

ὑπὲρ ἥμισυ αὐτῶν II 519[7]; – ὑπὲρ ἄνθρωπον II 520[1]; – ὑπὲρ μ' ἔτη ἀφ' ἥβης II 520[2]; – βάθιστον ὑπὸ χθονός II 527[6]; – ὑπ' ἀγκῶνος II 527[7]; – ὑπό τινι II 434[4]. 525[6.7]; – ὑπ' Ἰλίῳ II 526[7]; – ὑπό τινα II 434[4]. 530[8]. 531[1]; – δασμοφόρον ὑπό τινα II 530[8]; – ὑπὸ τὸν Ὑμηττόν II 531[5]; – ὑπ' ἠῶ II 530[6]; – ὑπὸ ἐξουσίαν II 531[2]; – ὑπὸ τὸν ὅρκον II 531[2]; – ὑπὸ ἀροσμόν II 531[2]. Siehe auch εἶμεν, εἰμί
εἶναι (τὸ) II 369, 1. 371[1.3]; τοῦ – II 361[6]. 369, 5. 371[3]; τῷ – II 360[1.3–4]; τὸ μὴ – II 372[1]; τὸ μὴ οὐ – II 372[2]; τὸ εὖ – II 12[4]; τὸ νῦν – II 378[7]
εἶναι 3. sg. praes. 'est' mngr. 678[3.4]. II 423[6]
εἶναι infin. aor. 808[3]; s. ἵημι
-εῖναι infin. pap. 807, 2
εἶναιν infin. 808[3]
εἰνάκις ep. 591[1]. 597[6]
εἰνακόσιοι ion. 591[1]
εἰναλίδῖνος 446[3]
εἰνάλιος 104[1]
εἶναν acc. sg. m. 588, 5
εἰνάνυχες hom. 499, 5 [nicht -ές]. 591[1], 1. II 70[1]
εἰνάπηχυς Lykophr. 591[1]
εἰνάς f. Hes. 591[1]. 597[2]
εἰνάτερος gen. 568[2]; εἴνατερ voc. Hdn. 568[2]; εἰνατέρες hom. 303[6] [nicht -άτερες]. 568[2]; -τέρων 568[2]; s. ἐνάτηρ
εἴνατος 228[3]. 591[1]
εἵνεκα II 552[3.4]
εἵνεκεν II 552[3.4]
εἰνήκοντα Od. 591, 2
*εἰν' ἦμαρ 591, 2
εἰνί praep. 274[2]. 388[1]. II 455, 1; s. ειν
εἴνιξαν böot. 744[5]
εἰνοσίφυλλος 442[6]
εἴνυμι ion. 284[1]. 312[2]. 322[6]
εἰξ- 754[7]
εἴξᾱσι att. 665[3]. 773[7]
εἴξασκε Od. 711[5]
εἴξω att. (zu ἔοικα) 782, 6
εἴξω (zu εἴκω) 782[5]. 783[6]
εἷο gen. sg. pron. hom. 603[3]. 605[1.4], 5. II 198[3] (= ἐμαυτοῦ)
εἴοισαν 3. pl. thess. 677[4]
εἴομεν conj. [εἶμι] 674[3]; s. εἴω
-εῖον suff. 470[4]
-ε(ι)ος suff. adj. 467[4–5], 5. 468[1–4], 1
-εῖος suff. adj. att. 468[2]
-εῖος gen. sg. böot. thess. lesb. 575[2]
εἷος hom. 241[7]. II 312[8]; s. ἧος
εἰ οὐ II 593[3]. 595[4]
εἶπα 739[8], 2. 744[4]. 745[2.3.4], 2. 814[5]; – ngr. 745[3]; εἶπας 745[2]; εἶπαν 3. pl. 745[2]; – ngr. II 245[5]; εἴπασιν 666, 8; εἴπασαν 666[1]; εἰπάτω, εἴπατε imper. 745[2]
εἶπαι infin. 745[3]. 808[6]
εἴπαις ptc. Pind. 745[3]
εἴπασαν; s. εἶπα
εἴπασιν; s. εἶπα
εἴπατε, εἰπάτω; s. εἶπα
εἰπέ imper. aor. att. 382[7]. 390[1]. 745[2]. 799[2]. II 304[5]. 341[3.4]; – ngr. 764[2]. 804[5]; εἰπέτω 801[4]; εἰπέ μοι II 304. 584[3]; s. εἶπον imper., εἶπα
εἰπεῖν 257[8]. 258[1]. 744, 4. 745[2.3]. 748[4]. II 10[2]. 258[3]. 363[2]. 364[2]. 377[1]. 378[1]. 381[2.4]. 602[4]. 631[2.3]. 700[8]; – μοι II 379, 1; – πρός τινα II 510[6]; – εἰς ἀγαθόν II 460[2]; – πρὸς ὃν θυμόν II 510[6]; – τι παρὰ μοῖραν II 497[2]
εἰπέμεν 745[2]. 806[4]. II 362[6]. 382[2]
εἰπέμεναι 745[2]. 806[4]. II 381[2]. 382[2]; – μοι, Τρῶες II 620[6]
εἴ περ II 572[5]. 688[7]; εἴπερ II 567, 2. 572[1]. 688[5.6]; εἴπερ ἄν II 306, 2; εἴπερ τε II 574, 1; εἴ πέρ τε II 576[3]
εἴπεσκε 711[5], 4; -εν II 278[4]
εἰπέτην 667[3]
(*εἶπέτ κε) 711, 4
εἰπέτω; s. εἰπέ
εἴπησι(ν) II 310[6]. 311[6]
εἴπια ngr. 656[8]
εἴποιμι 745[2]. II 304[5]
εἰπόμην att. 219[4]. 653[1]
εἶπον 654[1]. 744[4]. 745[1]. II 282[3]; εἶπε 745[2]. II 276[6], 2 (s. auch ἧιπε); εἴπομεν 745[2]; εἴπετον II 612[2]; εἰπέτην 667[3]; εἶπον 3. pl. 745[2]; εἶπον δι' αἰδοῦς II 452[2]; εἶπον ἄν II 348[7]; εἶπεν ἄν II 350[8]; εἶπε πῶς.. ngr. II 384[4]; s. ἔειπον, εἶπα
εἶπον imper. 745[3]. 803[4]
εἴπω conj. 745[2]. 791[3]; εἴπωμι 745[2]; εἴπῃς, εἴπεις 791[3]; εἴπηι, εἴπει 791[3]; εἴπησι(ν) II 310[6]. 311[6]
εἰπών ptc. 745[2]. II 10[2]. 389[2]; – nom. abs. II 403[5]; εἰπόντος Δημοτίωνος II 399[7]; – αὐτοῦ II 400[2]; s. εἴπαις ptc.
εἶρ 424[5]
εἶρα aor. 715[5]; εἶραι 753[5]
εἰρᾱ́να 189[7]
Εἰράνη 190[4]
Εἰραφιώτας 495[6]
Εἰραφιώτης 285[8]. 471, 6
εἰργαζόμην 654[1]
εἴργασμαι 654[1]. 656[7]; -σται 769, 10. 812[7]; εἰργασμένα 760[4]; – ἐστίν II 244[4]
εἰργμός 492[4]
εἴργω (-ειν) 412[1]. II 83[3]; – c. dat. II 146[3]; -εσθαι λιμένων II 93[4]; – ὥστε μή II 598[4]
εἰρέβαδε H. 624[7]
εἰρέθη [zu ῥηθῆναι] 654[4]
εἰρέθη [= ἡιρέθη] 655[4]
εἰρεθύρη ion. 286[1]. 442[2]
εἴρεκα pf. 775, 5; s. auch εἴρηκα
εἴρεον ipf. Hippokr. 721[1]; s. ἤρεον
εἴρερον 482[1]
εἴρεσθαι II 381[2]
εἰρεσίη 469[2]
εἴρηκα 649[7]. 715[5]. II 258[3]; εἴρεκα 775, 5; εἴρημαι 257[8]; -ται II 239[7]. 258[3]; εἰρῆται ion. 250[6]. 672[2]; εἰρημένον II 402[1]; -ος εἴη II 323[6]; εἰρήσθω II 343[1]; εἰρημένος ἔστω II 342[8]. 407[7]
εἰρήν lak. 285[8]
εἴρηνα 476[2]
Εἴρηνα voc. sg. lesb. 558[5]
Εἰρήνα 190[4]
εἰρήνη 189[7]. 490[4]; – ἀφροδισίων II 96[2]
Εἰρήνη 638[2]
εἰρήσεται 783[5]. II 289[4]; -σόμενος 783[5]
εἴρηχα 772[5]
εἴριον 470[4]
εἰρμός 492[4], 6
εἴρομαι II 274[1]
εἶρος ion. 228[2]. 512[7]
εἶρουι thess. 90[7]; s. ἥρως
εἶρπον 653[1]
εἵρπυσα 755, 6
εἰρύαται 671[5]. 681, 1; -το 671[5]. 681, 1. 812[4]; εἰρύαται θέμιστας πρὸς Διός II 515[1]
εἴρυμαι 649[7]; –υται 770[4]; -ῦτο 681, 1; -υντο 681, 1; εἰρυμέναι ἔσαν 812[4]; εἴρυσθαι 681, 1
εἰρύμεναι 681[4]
εἰρύομαι 412[1]; s. εἰρύσαισθε
εἴρυσα 654[1]. 752[4]. II 258[5]; -σε 721[2]
εἰρύσαισθε ἄν II 327[8]; – ὑπὲρ θεόν II 519[6]

εἰρύσσασθαι II 366[4]
εἴρυσσε φᾶρος κακ κεφαλῆς II 479[7–8]
εἴρω(-ειν) 304[4]. 715[5]. II 366[6]
εἴρων 487, 9
εἰρωτάω hom. 705[5]
εἰς (ἐς) praep. 82[5]. 620[1]. II 68[2]. 268[2]. 427[2.3.4.7]. 428[1.7]. 431[4]. 432[5]. 454[6]. 455[1.6]; – lesb. II 455, 9; – ngr. II 68[3]. 171[2]; – c.gen. II 120[1.4.5]; – c. acc. II 58[5]. 434[1]; – τι c. adj. II 108[2]; – c. acc. = dat. II 139[1]; εἴς με 600[6]; (εἰ)ς τούς φίλους ngr. II 140[4]; – ἐμαυτοῦ II 120[4]; – τοῦ τὸν τόπον II 643[1]; – νέωτα 424[1]; – ὄλεθρον II 707[7]; – ὦπα 619[1]. II 441[7]; – – ἰδέσθαι II 456[2]; εἰς ἅπαξ 427[7]. 460[1]. 472[7]; – ἄρδην 626, 6; – ἄσσον II 428[1]; – νῦν II 419[4]; – ὄβδην 626, 6; – ὄκε 630[1]; – ὅ κε(ν) II 640[7], 2. 641[2.7]. II 653[1.2]; – ὅσον II 653[1]; – ὅτε II 427[7]. 460[6]; – ὅ τε II 653, 2; – ὅτε κεν II 653[2]; εἰς τοὐπίσω II 540[6]
εἰσ- compos. II 429[5]
εἰσ- (: εἰδ-) 754[8]
εἰς 'bist' hom. ion. 659[5], 5. 677[1]; (– hell.) 841[2]
-εῖς suff. 465[3]
εἴς ptc. 'seiend' gramm. 678[2]
-εις (gen. -ιος) 580[5]. 636, 3
(-εις gen. sg.) 572[2], 4
-εις nom. pl. 571[5.7]; – dor. 575[4]; – aus -εες att. 553[4]
-εις dat. pl. böot. 556[4]
-εις acc. pl. 563, 2. 571[5.7]. 572, 6. 575[4]
-εις 2. sg. Personalend. 657, 4. 658[2]. 660[4]. 661[2]
-εις 2. sg. plusq. 776[5]. 778[1.2], 2
-εις 2. sg. conj. 791[3.5]
-εῖς nom. pl. att. 563[5]. 564[1]. 575[4], 2. 579[3]. 580[1]; – acc. pl. 563[5]. 564[1]
-εῖς 2. sg. Personalend. 658[2]
εἶς 'wirst gehen' 659[5]. 674[2]
εἶς lesb. 287[8]
εἷς 287[4]. 343[1]. 358[5]. 377[8]. 408[6.7]. 569[5]. 588[1]. II 185[2]; – ngr. (pont.) 588[2], 5; (= τις) 588[5]. II 27[2]; (= πρῶτος) LXX 595[4]; – c. partit. II 116[2.3]. 118[2]; εἷς τις II 215[7]; εἷς καὶ εἰκοστός att. 596[3]; εἷς μοῦνος hom. 588[4]; εἷς μόνος ἀπὸ.. παίδων II 447[4]; εἷς οἷος hom. 588[4]; s. εἷναν, hEΣ
εἷσα 653[1]. 666[2]. 756[2]. 782, 4; εἷσαν 741[4]; εἷσεν ἄγων II 299, 1; εἷσέ μ' ἐπὶ βουσί II 467[3]; εἷσέν μιν ποτὶ ἑρκίον II 510[2]; εἷσάν τινα ἐπὶ σκέπας II 472[5]
εἰσαγείωκχεν 772[7]
εἰσάγω (-ειν) II 457[5]; – τινά c. gen. II 131[2]; s. ἐσαγαγεῖν
εἰσαεί 619[3]; s. ἐσαεί
εἶσαι ngr. 678[3]; – τοῦ ὕπνου II 137[1]
εἰσακούσατε II 609[7]; s. ἐσακούω
-εισαν 3. plusq. 776[5]. 778[1.2],2
εἰσαναβαίνω (-ειν) II 300[8]. 428[1]. 457[4]; εἰσενέβην II 429[6]; -οι hom. II 428[2]; -ειν Ἴλιον ὑπ' Ἀχαιῶν II 529[1]
εἰσανάγουσι II 429[1]
εἰσανιδών II 429[1]
εἰς ἅπαξ II 427[7]. 460[1]. 472[7]; εἰσάπαξ 598[2]. II 460[1]
εἰς ἄρδην 626, 6
εἰς ἄσσον II 428[1]
εἵσατο aor. 747[3]. 757, 1; – φωνὴν υἷέϊ II 85[4]
εἰσαῦθις Aristoph. 619[3]
εἰσαφιέναι τινὰ πρὸ ἡμέρας II 507[5]
εἰσαφίκανε(ν) II 429[1]; -ες II 429[3]
εἰσαφικέσθαι δόμον Ἄιδος ὑπὲρ μοῖραν II 519[6]
εἰσβαίνω II 457[4]; – c. loc. II 157[1]
εἰσβάλλω II 457[5]
εἰσδέχομαι c. gen. II 112[3]
εἰσδύω II 457[4]
εἶσε ark. 301[3]
εἴσειμι II 457[5]
εἰσελάω II 457[5]
εἰσελθεῖν ἐν c. dat. II 461[3]; – ὑπὸ τὴν στέγην II 530[6]; τοῦ – II 372[5]
εἰσενέβην II 429[6]
εἰσενεγκοῦμεν spätgr. 784[5]
εἰσενέθηκε II 429[6]
εἰσέπτατο πέτρην ὑπ' ἴρηκος II 529[2]
εἰσέρχομαι (-εσθαι) II 73[1]; – c. dat. II 142[7]; – c. loc. II 157[1.2]; s. εἰσελθεῖν
εἰσέτι 619, 3
εἰσεφρούμην, εἰσέφρουν 689[5]
ἐίση 104[2]
εἶσθα 'gehst' hom. 662[4]. 674[2]
εἶσθε ngr. 678[3]
εἰσθρῴσκω II 457[4]
*εισι 2. sg. 'wirst gehen' (εἶμι) 659[3]. 674[1]
εἶσι 'sie gehen' 674, 2
εἰσί 222[2]. 270[4]. 663[4]. 676[6]. 677[1]; -σίν II 623[2]; – αὐτῶν II 102[3]
-εῖσι dat. pl. von -εύς spät 575[5]
εἰσιαίτω 674, 8
εἰσιέναι II 363[7]; – ὑπαὶ πτερύγων II 528[1]; – εἴς τινας II 459[3]; – τοὺς τυράννους II 76[4]
εἰσιέτω 674[4]
εἰσίημι II 457[4]
εἰσίθμη 492, 12. II 457[5]
εἰσίοντο 3. pl. ipf. 674[5]
εἰσίουσιν 674[5]
εἰσκομίζομαι c. loc. II 157[1]
ἐίσκω 260[5]. 289[6]. 357[3]. 648[1]. 708[2]. 710[3]. 735[3]; -ειν II 161[4]; ἤισκε 653, 8; s. ἔοικα, ἤικτο
εἰσμέτρηκεν 652[3]
εἰς νέωτα 424[1]; s. ἐς νέωτα
εἰς νῦν II 419[4]
-εῖσο indic., opt. 741[4]; s. εἵμην
εἰς ὄβδην 626, 6
εἴσοδος II 457[5]
εἰσοίσω II 291[4]
εἰς ὅ κε II 640[7], 2. 641[2.7]. 653[1.2]; εἰς ὄκε 630[1]; εἰσόκε 629[6]. II 653[1]
εἴσομαι 346[8]. 781[6]. 783[1.7]. II 226[1]; -εται 756[6]; εἰσόμενος 788, 1; εἴσομαι μή II 354[6]; s. εἰδήσω, οἶδα
(εἶσον) 653, 2
εἰσόπιν 625[3]. II 540[5]. 541[2]
εἰσοπίσω II 427[6]. 540[5.6]
εἰσορῶ (-ᾶν) II 364[8]; – τινα c. partit. II 394[5]; -όων II 392[7]; s. ἐσορᾶν
εἰς ὅσον II 653[1]
εἰς ὅ τε (ὅτε) II 427[7]. 460[6] 653, 2; εἰς ὅτε κεν II 653[2]
εἰσπέτομαι: εἰσέπτατο πέτρην ὑπ' ἴρηκος II 529[2]
εἰσπιφράναι 688[5]. 689[5.6]
εἰσπνήλᾶς lak. 484[6]
εἴσπνηλος lak. 483[5]
εἰσπραξάντων II 342[4]
εἴσπραξις ἔσται παρά τινος II 498[2–3]
εἰσσαγωγή att. 238[2]
ἐίσση 104[2]
εἰσσπάω 289[8]
εἴστε εἰς delph. 629[5]. II 533[5]
εἰστεκότα 841[2]
εἰστήκειν 653[1]
εἰστήλῃ 276[4.5]; -λην 276[5]
εἰστίθημι II 457[5]
εἰστίων 654[1]; εἰστία ὑ. τῶν λόγων II 103[3]
εἰς τοὐπίσω II 540[6]
εἰσφορά II 616[2]

εἴσφρες (= εἰσπρόες) 402[7]
εἰσφρέσθαι 689[5]
εἰσφρέω: εἰσέφρουν, -εφρούμην 689[5]
εἰσφρῆναι H. 689[5]
εἰσχέω II 457[4]
εἴσχηκα 650[1]
εἴσχυον hell. 655[1]
εἴσω 550[2], 7. II 455[4]. 456[3]. 546[7.8]. 547 [1–4], 1. 2
εἰς ὦπα 619[1]. II 441[7]; – ἰδέσθαι II 456[2]
εἰσωποί 426, 4. 434, 5
εἶτα 613[4]. 629[3]. II 300[4.5]. 411[5]. 564[1]. 569[4]. 628[6]. 633[6]
*εἶται 'erit' 788, 0
εἶται 767, 4
Εἰταῖος 195[7]
εἴτε: εἴτ' οὖν II 585[1]; εἴτε – εἴτε II 573[5]. 630[7]. 631[3]. 633[6]. 688[2]; εἴτε – εἴτε ἄρα II 559[2]; εἴτε ἄρα – εἴτε II 559[2]; εἰ – εἴτε II 688[2]
*εἶτε II 564[1]
εἶτε 741[4] (ἵημι)
-ειτε 2. pl. plusq. 776[5]. 778[1]
-εῖτε 2. pl. opt. aor. pass. 794, 3
εἶτεν 629[3], 6. II 564[1]
εἴτην 3. du. att. 677[4]. 794, 3 (εἴην)
εἰτήσατο 655[4]
εἶτι kyren. 659[3]
εἴ τι(ς) ἄν II 214, 1. 569[1]. 692, 2
-εῖτο indic., opt. 741[4]
-εῖτο opt. 688[2]
εἴφαγα ngr. 656[8]
εἶχα δέσει ngr. II 298[5]
εἴχεται· οἴχεται H. 721[6]
εἶχον 219[4]. 653[1]; -ε 766, 3; εἰχέτην 667[2]; εἶχόν με ἀνελεῖν mgr. II 350[3]; εἶχε δὲν εἶχε ngr. II 583, 2
εἴω indic. 674[4]
εἴω conj. (εἰμι) 674[3]. 790[4]; (ε)ἴομεν 674[3]. 790[4]
-είω verba 724[1–2]. 728[2–3]. 789[1–2]; – el. für -εύω 92[4]
(*-είω fut.) 787[4]
εἴωθα 261[3]. 282[1]. 649[2]. 703, 4. II 264[4]; – c. infin. II 365[5]; εὐέθωκεν H. (lesb.) 654[3]. 775[1]; εἰώθες Hyperid. 767[4]; s. ἐώθεα
*εἴωθα 261[3]
εἴως 103[3]. 528, 3. II 313[1]. 650[6], 4. 651[1.2]
ἐκ praep. 407[3]. 409[5]. 551[1]. II 268[2.3]. 422[2]. 425[3], 5. 6. 427[5]. 428[5]. 430[5]. 433[6.7]. 461[4], 1–464; ἔκ II 461[4]; ἐξ II 434[6.7]; – c. gen. II 434[6.7]; – c. gen. einer Person II 120[4]; – διδασκάλων II 464[8]; ἐκ τῶν γειτόνων II 464[7.8]; – δεξιᾶς II 112, 4; – τοῦ ἀρίστου 'gleich nach dem Frühstück' II 464[4]; – τοῦ προφανοῦς II 463[5]; – μήνιος II 464[1]; – παντὸς τρόπου II 464[1]; – τοῦ 335[6]. II 464[3]; – τούτου II 464[3]; – τοῦδε I 619[3]; – τῶνδε II 464[4]; – νέου II 464[3]; – τῶν γειτόνων II 464[7.8]; – γενετῆς II 464[3]; ἐκ.. βῆ II 430[5]; τὰ ἔκ τινος II 417[2]; ἐκ- II 429[5]; s. auch ἐγ, ἐξ, ἐς, ἐσσ, ἐχ
ἔκ (= ἔξ) 335[6]; – ποδῶν 590[5]
ἐκα- 632[6]
Ἑκάβη 439, 8. 496[1]
*ἐκᾰβολ- 440, 0
εκαδι dat. sg. 597, 4
ἑκάεργος 439, 8
ἐκάην aor. 714[3]
ἐκάθᾱρα att. 753[5]
ἐκαθέζετο 652, 5. 656[3]
ἔκαθεν 628[3]. 630[3]. II 538[3]
ἐκάθευδον 656[3]
ἐκάθητο 656[3]; ἐκάθηντο 680[1]
(ἐκάθθηκε äol.) 656[4]
ἐκάθιζον 656[3]
ἐκάθικα ngr. 764[2]
ἐκάθου ipf. 680[2]
ἐκαίνυτο 698[1]
ἐκάλεσα 752[4]
εκαλια· πόρρωθεν H. 630, 4
ἔκᾱλος 484[3]
ἔκαμα ngr. 693, 6
ἔκαμνον 663[5]
Ἐκάροι (ἐν –) 181, 2
ἑκάς 630[3]. II 415[1]. 474, 7. 538[3–4], 1. 2; (*ἑκάς τις) 630, 4; – χρόνου II 114[6]
ἑκᾱ́ς Kallim. 630[3]
ἔκασσα f. kyren. 473[7]
*ἕκασστος 630, 4
ἑκαστάκι megar. 598[2]
ἑκαστάκις kerk. 598[2]
ἑκαστάτω 630[3]. II 538[3.4]; – τῆς Λ. II 114[5]
ἑκασταχῆι 630[4]
ἑκασταχόθι 630[5]
ἑκασταχοῖ 630[5]
ἑκασταχόσε 630[5]
ἑκασταχοῦ II 43[6–7]
ἑκαστέρω 534[3]. 630[3]. II 538[3]; s. ἑκάς, ἑκαστάτω
ἑκάστοθι Od. 628[4]
ἕκαστος 226[4]. 587, 1. 614[4]. 630[3], 4. II 693[2]; -οι II 182[3]; -ος ἑλὼν δέπας II 616[7]; – ὅιν δώσουσι II 616, 3; ἕκαστα διασκοπιᾶσθαι 630, 4; s. hέκαστος, Fέκαστος
ἑκάστοτε 629[2]. II 336[2]
ἑκατ- 525, 5. 678[4]
ἐκατάλαβα 656[8]
ἐκατέβη 656[4]
ἑκατεράκις 598[2]
ἑκάτερθε(ν) 627[5]
ἑκάτερος 595[5]. 614[4]. 630[3], 4; ἑκατέροιν II 48, 4; -τέρων II 102[3]
ἑκατέρω II 48, 4
ἑκατέρωθεν Hdt. att. 628[1]
ἑκατέρωθι Pind. Hdt. 628[1]. II 437[3]
ἑκατέρωσε Xenoph. 628[1]
Ἑκάτῃ 439, 8
ἑκατηβόλον 102[5]
ἑκατηβόλος 439, 8. 593, 3
ἕκᾱτι 111[2]. 528, 5. 550, 8. 622[2]. II 558[6–7]
ἑκατόγγυιος 593[7]
ἑκατογκάρηνος Aesch. 593[7]
ἑκατόγχειρ Pind. 593[7]
ἑκατόζυγος 336[8]. 593[7]
ἑκατόμβη 301[6]. 357[4]. 426[5]. 450[6]. 577[5]. 593[7]; – ταύρων II 129[2]
Ἑκατόμνως 638[1], 3
ἑκατόμπεδος 341[5]. 449, 3. 593[7]
ἑκατόμπυλος Θήβη 593[1]
ἑκατόν 49[3]. 55[7]. 56[4]. 343[4]. 380[8]. 592[4.5], 7. II 176[2]; – ἕνας '101' ngr. 594, 3; s. ἔκοτον, ἐκοτόν
Ἑκατονβούοις arg. 577[4]
ἑκατὸν *βοῶν II 176[2]
*ἑκατόnzdυγος 593[7]
ἑκατόνζυγος 337[1]. 593[7]
Ἑκατόννησοι 386[5]. 593[1]
ἑκατονστάτηρον gort. 337[1]. 593[7]
ἑκατοντα- 437[6]
ἑκατονταετηρίς 593[7]
ἑκατονταέτης 593[7]
ἑκατοντακάρηνος 593[7]
ἑκατοντάκις spätgr. 594[1]. 598[1]
ἑκατοντάλαντος att. 593[7]
ἑκατονταπλασίων 536, 3. 593[7]
ἑκατοντάρχης Hdt. 593[7]
ἑκατόνταρχος Xen. 593[7]
ἑκατοντάς Hdt. 594[1]. 597[2]; -άδες ἓξ καὶ δεκάς 596, 7
ἑκατοντάφυλλος 593[7]
ἑκατοντόπυλος 593[7]
ἑκατοντόργυιος Pind. 593[7]
ἕκατος 439, 8
ἑκατοστεύω 596[4]
ἑκατοστή f. (sc. μερίς) II 175[6]
ἑκατοστήριος 596[4]
ἑκατοστιαῖος 596[4]
ἑκατόστομος Eur. 593[7], 3
ἑκατοστός 596[2]
ἑκατοστύ (-στή) f. ngr. 597[4]
ἑκατόστῡλος 593[7], 3

ἑκατοστύς Xenoph. 597[4]
ἑκατόφυλλον gloss. 593, 3
ἑκατώρυγος 593, 4
ἑκατῶρυξ 263[7]
ἐκαύθην 714[3]
ἔκαυσα 714[3]. 745[4]. 781[7]
ἐκβάζω II 462[5]
ἐκβαίνω II 462[4]
ἐκβάλλω (-ειν) II 223[2]. 224[5]. 462[5]; – τι ἔν τινι II 458[5]; -ομαι ἀμφὶ ψάμαθον II 439[1]; s. ἐκβεβληκότες εἶχον, ἐγβάλλω
ἔκβασις II 357[1.3]. 462[1]
Ἐκβάτανα 215, 2. 221, 1
ἐκβεβληκότες εἶχον 812[7]
ἐκβλήσκεσθαι mgr. 709[1]
ἐκβλώσκω II 462[5]
ἐκγδοθῇ 238[4]
ἐκγεγάαντο Anth. P. 767, 7
ἐκγεγάασθε 767, 7
ἐκγεγάμεν infin. 767, 7. 806[3]
ἐκγεγάονται fut. 767, 7. 783[6]
ἐκγεγάτην hom. 767, 7. 769[2]. 776[7]
ἐκγεγαυῖα 541[2]. 767, 7
ἐκγελάω (-ᾶν) 317[2]. II 462[5]
ἔκγελως II 462[2]
ἐκγίγνομαι II 462[5]; ἐκγενέσθαι II 382[8]; ἐξεγένοντο Διός II 94[1]
ἔκγονος 317[2]. II 462[1]; s. ἔσγονος
ἐκγράφω 317[3]
ἐκδαβῆι lak. H. 758[2]
ἐκδανειζέσθω kerk. 801[6]
ἐκδεδωρίδαται Hdt. 672[4], 6. 773[2]
ἔκδεια II 462[2]
ἐκδεκόμενος τὴν ἀρχήν II 617[1]
ἐκδέχομαι II 462[5]
ἔκδηλος II 462[1]
ἐκδηλόω II 462[1]
ἔκδημος II 464[6]
ἐκδιαβάντες II 429[1]. 462[7]
ἐκδιδάσκω II 82[3]; -ομαι II 83[7]; ἐκδιδαχθείς c. gen. II 119[3]
ἐκδίδωμι (ἐκδιδόναι) II 272[1]. 462[4]; ἐξεδώκατε 127[7]; ἐξέδετο LXX 688[3]; ἐκδιδοῖ ἡ λίμνη ἐς Σ. ὑπὸ γῆν II 530[7]
ἐκδίκει τὴν ἐκδίκησιν II 341,2
ἔκδικος 159[6]. II 464[7]
ἔκδιψος II 462[3]
ἔκδοσις 335[8]
ἐκδοτήρ: ἐγδοτέρσι 567, 8
ἐκδύνω II 230[5]. 462[5]; -νομαι II 230[5]
ἐκδύω II 83[2]. 230[5]; ἐκδῦμεν opt. 795[5]; ἐκδύομαι II 230[5]. 462[5]; ἔναρα ἐκδῦσαι 736[1]
ἐκε- demonstr. 613[1.2], 2
ἐκέατο 679[2]
*ἐκεενος 613[1]
ἐκεῖ 200[1]. 613[2], 4. 622[2]. II 157[6.7], 4. 413[5]. 563[5]; τὰ ἐκεῖ II 416[1]
ἔκειεν kypr. H. 752, 4
ἐκεῖθεν 613[2]. 628[2]
ἐκεῖθι 613[2]
ἐκείνινος 491[1]. 613[2]
ἐκεινονί II 209[3]
ἐκεῖνος 613[1.4]; (= ὁ δεῖνα) 612[5]. 613[1]. II 179[2]. 208[6]. 209[2.3.7]. 210[1.4.7]. 413[5]; – ngr. 614[4]; -νοῦ 614[5]; s. κεῖνος
ἔκειντο 679[2], 4
ἐκείνως 624[1]
ἐκειός (*ekjós*) ngr. 614[5]
ἔκειρα 751[4]
ἐκεῖσε 629[2]
ἐκεκεύθει Od. 777, 11
ἐκεκήδει H. 770[3]
ἐκέκλετο 673[4]. 748[5]
ἐκέκραγον LXX 784[1]; -ξα LXX 784[2]
ἐκεκρᾱτηρίχημες Soph. 772, 3
ἐκέκριντο 671[6]
ἐκέρασα 752[4]
ἐκέρδηνα 754[4]
ἔκερσα 751[4]
Ἐκεσθένης arg. 261[7]
ἐκεύθανον hom. 699[7], 5
ἔκευς,-ευτ 745[5]
Ἐκέφυλος delph. lak. 261[7]
ἐκεχειρία 261[6]. 441[5]
ἐκεχήνη altatt. 778[1]
ἐκέχυντο II 288[6]
ἐκζέω c. gen., dat., acc. II 111[6]
ἐκη- 632[6]
ἔκηα aor. ep. hom. 245[6]. 349[2]. 714[3]. 744[4]. 745[4.5]. 781[6]; -ας, -ε 745[5]
ἐκηβόλος 439, 8
*ἔκηϝα aor. ep. hom. 349[2]. 714[3]
ἐκήρυξα 738[7]. 754[3]; -ε II 621[1]; ἐκηρύχθην 738[7]
ἔκητι 550, 8. 623[4]. II 552[2.6]
*ἔκηυς, *ἔκηυτ 745[5]
ἔκθαμβος II 462[3]
ἔκθανον II 268[7]
ἐκθεῖμεν opt. 794[6]
*ἔκθειμεν opt. 794[6]
ἐκθεῖος 437[1]
ἔκθερμος II 462[3]
ἔκθλιψις 402[8]
ἐκθνήσκω II 462[6]; ἔκθανον II 268[7]
ἔκθορε imper. att. 799[2]
ἐκθός arg. 630[2]. II 538[4]
ἐκθρός 210[8]
ἐκθρώσκω II 462[5]; ἔκθορε imper. 799[2]
ἐκίατο 681[2]. 703[4]
ἔκιξα dor. 688, 5
ἔκιον 703[4]
ἐκίρνᾱ Od. 695[2]
ἐκίχεις 688, 5
ἐκίχης 688, 5
ἔκιχον 749[1]; -ες 688, 5; -εν 688[7]
ekjós ngr. 614[5]
ekjú tsak. 94[1]
ἐκκ delph. 231, 1. 238[4]
ἐκκαθαίρω II 462[6]
ἐκκαθεύδω: ἐξεκάθευδον II 462[3]
ἑκκαίδεκα ion. att. 590[5]. 594[2]
ἑκκαιδεκάς spätgr. 597[2]
ἑκκαιδέκατος 596[3]
ἐκκακή· ὧδε H. 613, 2. 632[3]
ἐκκαλέω (-εῖν) II 462[5]; – ἐξ II 700[8]
ἐκκαλύπτω II 462[5]; s. ἐκκεκαλυμμένος
-εκκας in Namen 636[5]
ἐκκατέπαλτο II 429, 1
ἐκκατιδών Περγάμου II 428,1
ἐκκεκαλυμμένος II 182[4]
ἐκκεκομμένος τὸν ὀ. II 85[2]
ἐκκεκρουμένος 773[3]
ἐκκλησία 162[4]. 163[3]. 270[6]. 315[2]
ἐκκλησιάζω: ἠκκλησίαζον, ἐξεκκλησίαζον 656[1]
ἐκκοιτέω II 461[7]
ἐκκοιτία II 461[7]
*ἔκκοιτος II 461[7]
ἐκκόπτομαι τὸν ὀφθαλμόν II 84[7]; ἐκκεκομμένος τὸν ὀ. II 85[2]
ἐκκπρᾶξαι 238[4.7]
ἐκκραγγανομένων 699[7]
ἐκκρούω: ἐκκεκρουμένος 773[3]
Ἕκκτωρ 238[4]
ἐκκυβιστᾶν ὑπὲρ ξιφῶν II 521[2]
ἐκκυκλέω 726[5]; -κλήθητι 760,6
ἐκκυλίνδομαι ἐπὶ στόμα II 472[3]
ἐκκυνέω II 461[7]
ἔκκυνος II 461[7]
ἔκλαγξα hom. 699[7]; -αν 692[7]. 748[2]. 754[5]; ἔκλαγον aor. 692[7]
ἔκλαε 781[7]; -εν 747[2]
ἔκλαμπρος II 462[3]
ἐκλανθάνω II 108[4]; -ομαι II 462[6]
ἐκλαπῆναι Aristoph. 759[6]
ἔκλασα 676[1]. 752[4]; ἐκλάσθη 761[4]
ἔκλαυσα 714[4]. 754[3]
ἐκλάχοι II 323[3]
ἐκλέγομαί τι πρὸς τρόπου II 515[4]
ἔκλεεν 747, 5

ἐκλείπειν τὸν βίον πρὸ τῆς εἰμ. II 507[6]; ἐγλείπειν 335[7]
*ἔκλειτ 761, 6
ἐκλεκτὸς κυρίου II 119[4]
ἐκλέλαθον Ilias 748[7]; – κιθαριστὺν αὐτόν II 108[5]
ἐκλεπυροῦν II 462[6]
ἐκλέπω 759[6]
ἔκλευκος II 462[3]
ἐκλέφετο 704[5]
ἐκλέψασαν 3. pl. aor. 666[1]
ἐκλήγω δακρυρροοῦσα II 393[2]
ἐκληθάνει II 462[5]
ἐκλήϊσα hom. 727[4]
(ἐκλήισσα) 727[4]
ἐκλησία 231[1]
ἔκλησις II 357[5]. 462[1]
*ἐκλίη 761, 6
ἔκλιμος II 462[3]
ἔκλῑνα 752[1]. 761[6]; -ε 739[7]; -αν 694[4]; -ίθη 694[4]; -ίνην 714[1]; -ίνθη 694[4]
ἐκλιπεῖν II 365[4]
ἐκλογιζούσθω imper. kerk. 802[2]
ἔκλογος 460[5]
ἐκλύομαι ἐκ τοῦ σώματος II 433[6]
ἔκλυον 642[4]. 664[1]. 674[5]. 740[3]. 781[6]
ἐκλυτόω II 268, 2
ἔκλων 676[1]
ἐκμαγη- 759[6]
ἔκμηνος 335[8]
ἐκμυζάω II 462[5]; -μυζήσας 721[3]
ἐκνᾱσ- 675[2]
ἐκνεύω II 268, 2
ἐκοᾶμες· ἠκούσαμεν dor. H. 721, 10
ἐκοῖσα kyren. 95[6]. 288[3]
'Εκολίνη für Εὐκ- 199[2]
ἔκομεν· ἠσθόμεθα H. 721[6], 10. 740[6]
ἐκομιξάμεθα böot. 738[1]
ἑκοντηδόν 623[3]
ἑκοντήν adv. 623[3]
ἑκοντής II 175[3]
ἑκοντί adv. 623[3]
ἐκόρεσα 752[4], 7
ἔκοτον '100' lesb. 220[6]
ἑκοτόν ark. 81[3]. 88[6]. 344[3]. 592[4]; s. ἑκατόν
ἑκούσιος 525[5]. II 180[3], 3
ἔκπαγλα adv. 621[2]. 632[5]
ἔκπαγλος 260[2]. 483[3]. 484[6]. II 242[1]
ἔκπαλαι hell. 619[3]. II 428[1]. 462[3]
ἐκπαλής II 462[2]
ἐκπάλλω II 462[5]
ἔκπαππος II 464[6]
ἔκπεδος ion. att. 335[6]
ἐκπείπτομεν 690, 3
ἐκπέμπᾱ conj. el. 792, 4
ἐκπεπλῆχθαι II 299[5]
ἐκπέποται II 237[4]. 462[5]
ἐκπεράω τι ὑπ' ἐγκεφάλοιο II 527[6]
ἐκπέρθω II 462[6]; -ρσει 782[2]; -ρσειν II 296[5]. 365[6]; -ρσαι II 365[3]. 419[3]
ἐκπέρυσι II 462[3]
ἐκπεσεῖν s. ἐκπίπτω
ἐκπέταλος II 462[2]
ἐκπετήσιμος II 462[6]
ἐκπέφαται II 462[6]
ἐκπεφευγοίην att. (Soph.) 795[6]
ἐκπιέζω II 428[4]
ἔκπικρος II 462[3]
ἐκπίμπλημι II 462[5]
ἐκπίνομαι; -πέποται II 237[4]. 462[5]; ἐκπίνεσθαι ὑπὸ χθονός II 529[6]
ἐκπίπτω (-ειν) 324[7]. II 223[2]. 224[5]; ἐκπείπτομεν 690, 3; ἐκπεσεῖν 757[4]. II 366[5]; -πεσσεῖν 238[3]; ἐκπίπτειν c. dat. II 148[5]; – ὑπό τινος 757[4]. II 226[8]. 529[3]; ἔκπεσε δίφρου II 91[8]; ἔκπεσέ οἱ χειρός II 136, 1
ἐκπλαγῆναι s. ἐκπλήσσω
ἐκπλεῦσαι II 296[5]
ἔκπλεως II 462[2]
ἐκπλήγνυσθαι att. 697[3]
ἐκπλήσσω II 462[6]; ἔκπληγον, -εν 759[5]; ἐκπλαγῆναι att. 759[4]; ἐκπεπλῆχθαι II 299[5]; ἐκπλαγεῖσα θυμόν II 85[3]
ἔκπλουν ποιεῖσθαι II 279[2]
ἐκπλώσαντες κατά τι II 479[4]
ἔκπνοος II 462[2]
*ἔκ ποδων 389[4]
ἐκποδών 389[4]. 618[7]. 625[4]. 632[4]. II 420[4]. 464[8]
ἔκποθεν II 462[3]
ἐκποιῶ τι c. gen. II 128[4]
ἔκπους att. 591[5]
ἐκπρεμνίζειν II 462[7], 3
ἐκπρεπής II 462[1]; – ἐν πολλοῖσι II 155[6]; ἐκπρεπεστάτη εἶδος II 85[7]
ἐκπρέπω II 462[1]
ἐκπροκαλεσσαμένη II 429[2.3]. 462[7]
ἐκπρολιπόντες II 429[2]. 462[7]
ἐκπτήσεται 742[5]
ἐκπυνθάνομαι II 462[5]
ἔκπυρος II 462[2]
ἔκπωμα II 462[2]
ἐκρᾱτηρίχθημες 772, 3
'Εκράτους 199[2]
*ἐκρέμαα aor. 751[1]
ἐκρέμα(ο) 681[1]; ἐκρέμω 681[1]
ἐκρέμασα 752[4]; ἐκρεμάσθην 763[4]
ἐκρερευκώς 649[4]
ἐκριζοῦμαι pass. II 241[3]
ἔκρῑν II 461[7]
ἔκρῑνε 640, 4; -νον 3. pl. II 245[4]. 621[1]; -ναν 694[5]; ἔκριννα lesb. 694[5]; ἔκρινναν ark. 281[3]
ἔκριξα Ael. 716[3]
ἐκρύβην NT 737[6]
ἔκρυβον Lukas 760, 2
ἔκρυθμος II 464[6]
*ἐκρύς II 30, 5
ἐκσαόω II 462[6]
*ἐκσῆϝαι 745, 4
ἐκσημαφόρος 39[6]. II 464[7]
*ἐκσῆσαι, ἐκσῆυσαι 745, 4
*ἐκσ κακοῦ 336[5.6]
ἔκσκευος II 461[7]
*ἔκσλυσιν 312[1]
ἔκσπονδος II 464[6]
*ἐκστός 323[7]. 326[7]. 336[4]. 630, 3
*ἔκστρ- 631[1]
*ἔκστρα[x] 326[7]
ἔκστρεψον II 341[4]
ἐκσχίζω agr. 736[6]
ἐκσῴζω II 353[4]
ἐκτᾶ 651[6]. 739[7]. 740[4.5], 3. 754[5]
ἐκτάδην 626[3]
ἐκτάδιος 467[1]
ἔκταθεν 760[6]
ἐκτάθης 762, 3
ἔκταμεν 357[1]. 697[2], 6. 740[2.4]; ἔκτατε 740[4]; ἔκταν 3. pl. 740[4]
ἔκτανε 739[7]. 754[5]; ἔκτανον 660, 4. 740[4]
ἐκτᾶσᾱ Theokr. 668, 4
ἔκτατο 357[1]
ἐκτείνω II 462[6]
ἔκτεισις II 357[4]
ἐκτελέω (-ῶ, -εῖν) II 268[4]. 431[5]. 462[6]; -έεσθαι II 375[8]; -έω τι ὑπ' ἀνάγκης II 528[3]
ἐκτελής II 462[2]
ἐκτέμνω II 284[6]; -ομαι II 164[6]
*ἔκτεν 3. pl. 343[2]. 357[1]. 739[7]. 740[4]. 798, 9
ἐκτενής 514[1]
ἐκτεύς 477[2]. 596[4]. 599[2]
ἔκτημαι 412[7]. 649[6]
ἐκτίθημι II 462[5]; ἐκθεῖμεν opt. 794[6]
ἔκτικα 649[6]
ἐκτιμασέντι kyren. 253[3] 663[4], 4. 786[6]
ἔκτιμος II 461[7]
ἔκτισα, -σσα 674[5]
ἔκτοθε 630[2]
ἔκτοθεν 628[3]. II 538[5]. 539[1.3]
ἐκτόθεν II 427[7]

ἔκτοθι 628[4]. 630[2]. II 538[5.6]. 539[2]
ἐκτόπιος II 464[6]
ἔκτοπος II 464[6]
Ἕκτορ; s. Ἕκτωρ
Ἑκτόρεος hom. 106[3]. 275[2]. II 177[2]
ἐκτός 323[7]. 326[7]. 335[6]. 630[2],3. II 463[1]. 538[4]f.; – c. gen. II 435[2]
ἕκτος 335[6]. 596[1], 1; ἕκτη ἐπὶ δέκα att. 594[3]
ἕκτοσε 629, 3. 630[2]. II 538[7], 4
ἕκτοσθε 619[2]. II 463[1]
ἕκτοσθεν 630[2]. II 538[5.7]
ἕκτοτε 619[3]. 632[4.7]
ἐκτότε II 428[1]
ἐκτράνιος 335[6]
ἐκτρέπεσθαι II 73, 1
ἐκτρέφειν τι εἴς τι II 460[2]
ἐκτρῖψαι ὑφ' ἕν II 532[1]
ἐκτρῶι 743[2]
ἔκτυπε hom. 747[4]
ἔκτυπος II 462[2]
*ἐκτυπόω II 462[2]
ἔκτυφος II 462[2]
Ἕκτωρ 637[4]; Ἕκτορ voc. II 60[5]
ἐκύδανον 700[1]
ἐκύησα att. 709[2]
ἔκυθον 699[7]
ἐκυλίσθη 761[3]
ἐκυρᾱ́ 304[6]. 381[4]. II 30, 5
ἐκυρή 460[3]
ἐκύρησα 721[3]. 753[4]
ἑκυρός 304[6]. 381[3]. II 30, 5
ἔκυρσα hom. Hdt. 721[3]. 753[4]. 782[2]
ἔκῡσα aor. (κύω) 709[2]
ἔκυσσα hom. 692[2]
ἐκφαίνω (-ειν) II 272[2]. 462[5]; -εσθαι ὑπὸ βλεφάρων II 527[3]
ἐκφάσθαι II 381[5]
ἐκφερομυθέω 442[4]
ἐκφέρω (-ειν) II 364[1]. 462[4]
ἐκφεύγω (-ειν) II 273[6]. 426[6]. 462[4]; -φεύξειν pap. 781, 5; ἐκφυγεῖν II 269[1]. 388[6]; ἐκπεφευγοίην att. (Soph.) 795[6]; ἐκφεύγω πρός τινος II 515[5]
ἐκφεφόρτισμαι 649[2]
ἔκφημι II 462[5]
ἐκφθίνω II 462[6]
ἐκφλῆναι aor. Eurip. 714[5]
ἐκφλύζω 699[7]
ἐκφλυνδάνω Hippokr. 699[7]
ἐκφλύσσω 699[7]
ἐκφλύω 699[7]. 714[5]
ἐκφοβῆσαι (τὸ) II 371[6]
ἐκφοβήσειν (τὸ) II 369, 6
ἔκφοβος II 462[3]
ἐκφοβῶ II 80[1]
ἐκφορά II 620[5]
ἐκφόρηγγα (= -ρια) hell. 312[7]
ἐκφούγιν pisid. 183[6]
ἐκφρέντωσαν imper. 689[5]
ἔκφρες imper. 689[5]
ἔκφρων II 461[7]
ἐκφυγεῖν II 269[1]. 388[6]
ἐκφύω II 272[5]
ἐκχέω II 462[4]
ἐκχθέματα 238[4.7]
ἐκχρηγή 212[4]
ἔκχταν koisch 211[3]
ἐκχυμοῦν II 462[6]
ἐκχύννεσθαι περὶ πολλῶν II 503[7]
*ἔκων 721, 10
ἑκών 227[1]. 380[8]. 525[4.6]. 566[4]. 678[4]. 816[3]. II 174[2]. 180[2.7], 3. 405[3.4]. 408[3]. 552, 2; – ἀέκοντα II 700[6]; – εἶναι II 378[7]. 379[4]; – εἶναι οὐ II 378[5]; οὐχ ἑκόντος ἐμοῦ II 405[4]; ἑκόντα κακά II 180[7]
ελ > delph. αλ 275[3]
ἐλα- 769, 7
ἔλα (-ᾰ) 798, 12; – imper. ngr. 681, 10. 804[5]. II 16[5]. 341[7]; ἐλάτε pl. ngr. 804[5]; s. auch ἐλάτω
ἐλᾶ att. 562[3]
ἐλᾱ́α att. 195[5]. 266[2]
ἐλάαν II 362[8]. 381[3]
ἐλάβεσκε 711[5]
ἔλαβον 654[4]. 699[4]. 737[4]. 781[4]; ἐλάβοσαν 666[1]; s. ἔλλαβε, λαβεῖν
ἐλάγχανον 699[5]
*ἐλάγχjων 319[6]
ἐλάζυτο 698[2]
ἐλᾱ́η 266[3]
ἐλαηρός 482[5]
ἐλαθη- 761[5]
ἔλαθον 748[7]; ἐλάθομεν ἤ. αὐ. διαφέροντες II 392[5]; ἔλαθον ἐσελθόντες II 392[4]; s. ἔλλαθον, ἐλέλαθον, λαθεῖν
ἐλαθρός 303[1]
ἐλαίᾱ 266[3]. 314[5]. 461[2]. 562[3]. II 30[4]
ἐλᾶιδας acc. pl. 266[1]
ἐλᾱ́(ι)διον 266[1]
Ἐλαιεαν 194[6]
*ἐλαίϝᾱ 266[2]
*ἐλαιϝον 266[2]
ἐλαίη ion. 266[3]
ἐλαίινος 266[3]
ἐλᾱ́ϊνος 266[1]
ἐλαϊνοῦς 468[1]
ἔλαιον 458[5]. 470[5]. II 30[4]
ἐλάκησα 708[2]. 748[1]
ἔλακον aor. ep. 708[2]
*ἔλαμαι 681[3]
ἔλαμι 72[4]. (682[1])
ἐλαμβάνεσαν 666[2]; -οσαν 666[1]
ἔλαν 254[3]
ἐλᾶν 266[3]; – τινα c. abl. II 91[7]
ἐλάνη 256[1]
ἐλᾶντι fut. Kos II 258[4]
ἐλᾶς, -ᾶν f. 248[8]
ἐλάσας: ἐλάσαντες II 258[4]
ἐλασᾶς 461[7]
ἐλάσασκε(ν) 711[5]. II 278[3]; -ε σκήπτρῳ II 166[1]
ἐλάσσαι 752[5]
ἐλασσόω 732[1]; -οῦσθαι II 363[3]
ἐλάσσω 250[1]
ἐλᾱ́σσων ion. att. 287[7]. 319[6]. 536[6]. 538[2.3], 4. 539, 4; -ονες acc. pl. m. ach. 563[5]; ἐλάσσων οὐδεμιᾶς II 98, 3; ἐλάσσω τοῦ πατρός II 99[5]; s. auch ἐλάττων
ἐλαστρέω hom. 706[5]
*ἐλάσω fut. 767, 7
ἐλάτε 2. pl. imper. ngr. 804[5]
ἐλάΤονος 318[3]
ἔλαττον: – τῆς ἀξίας II 99[6]
ἐλαττονάκις 598[1]
ἐλάττων οὐδενός II 98, 3; s. ἐλάσσων
ἐλάτω imper. koisch 681[4]. II 258[4]
ἐλαυθέραν delph. 198[5]
ἐλαυνέμεν II 363[2]
*ἐλαυνjω 283[6]. 521[4]
ἐλαύνω 283[6]. 521[4], 4. 733[4]; ἤλασα 749, 1. 752[4]. 769, 7; ἐλαύνειν ἵππους περὶ νεκρόν II 504[1]; – (ἵππον) II 71[7]. 707[6]; – τῷ ἵππῳ II 165[6]; – τι διά τι II 453[1]; – τι ὑπὸ σποδοῦ II 528[1]; – μῆλα ὑπὸ σπέος II 530[4]; – ὄγμον κατ' ἄρουραν II 476[5]; – κατὰ πόδας τινός II 478[4]; – .πέρα ὅρου II 541[7]; – κατ' ἄκρης II 480[7–8]; s. auch ἔλα, ἐλάαν, ἐλᾶν, ἐλᾶντι, ἐλάσας, ἐλάτω, ἐλάω, ἐλῶν
*ἐλαῦς 733[4]
ἐλαύτατον 521, 4. 534, 11
Ἐλαφηβολιών 438[6]
ἐλαφηβόλος ἀνήρ II 614[6]
ἐλαφῖνα ngr. II 32, 4
ἐλάφιον 471, 6
ἔλαφος 284[2]. 381[7]. 486[4]. 495[5]. II 31[3.5]
*ἐλαφός 302[4]
ἐλαφρός 302[4]. 411[8]. 481[5], 15; -ότερος πόδας II 85[5]
ἐλάχεια 379[5]
*ἐλαχϝος 302[4]
ἐλάχιστος 539[5]
ἐλαχιστότερος 539[5]
ἐλαχίστου II 308[1.2]

ἔλαχον 699[5]. 748[5]. 781[6]; -ε τειχοποιός II 624[4]
*ἐλαχρος 302[4]
ἐλαχύς 298[7]. 302[4]. 463[2]. 538[2]
ἐλάω 72[4]. 767, 7. 784[6]; s. ἐλάαν, ἐλᾶν, ἐλᾶντι, ἐλῶ, ἐλῶν
ἔλδομαι 314[2]. 701[6], 5. 702[6]; – τινος II 105[2]; – τι II 105[6]; ἔλδεσθαι πεδίοιο διὰ ῥωπήια II 453[1]
ἐλε- (ἐλο-) 673[3]. 746[4]
*ἐλε- (ὀλε-) 747[1]
ἕλε(ν) II 638[1.2]; ἕλε τινά κόμης II 130[2]; s. ἑλεῖν, εἷλον
ἐλεαίρω (-ειν) 724[6]. II 277[3]. 396[3]
ἐλεᾶς 461[6]
ἐλεατρός 532, 1
ἔλεγον: -ε II 276, 2; -ες ngr. II 309[2]; ἐλεγέτην 667[3]; ἐλέγοσαν 661[1]; ἔλεγε (sc. ὁ κριτής) II 621[2]
Ἐλεγξῖνος 635[6]
ἔλεγος 458[5]
ἐλεγχέες hom. 513[5]
ἐλεγχθη- att. 761[5]
ἐλέγχιστος 539[1]. II 176[6]
*ἐλεγχjων 538, 4
ἔλεγχος 458[3]. 539[1]
ἐλέγχω 684[4], 10; -ων nom. abs. II 404[1]
ἐλεδώνη 529[7]
ἐλεέω (ἐλεεῖν) 726[3]; – c. gen. II 133, 3
*ἔλεϝαρ 724[6]
ἐλεημοσύνη 529[4]
Ἐλείθυια 257[8]
ἑλεῖν 807[2]. II 296[7]; – τινα διά τινα II 453[4]; – κῦδος ὑπὲρ Διὸς αἶσαν II 519[6]; τοῦ ἑλεῖν II 361[5]; s. auch εἷλον, ἧλον, ἕλε, ἕλεσκον
ἔλειπον 640, 2; ἐλείπομεν 641[7]; s. λείπω
ἔλειπτο aor. 679, 1
eléison ngr. 179, 2
ἔλειφθεν pass. 759[2]
ἔλειψα 755[5]
*ἐλέκσμᾱν 762[6]
ἐλέλαθον 748[4]
ἐλέλειπτο hom. 777[2]
ἐλελελεῦ interj. 716[5]
ἐλελεῦ interj. 716[4]. II 600[4]. 601[2]. 620[2]; ἐλελεῦ ἐλελεῦ II 601[2]
ἐλελίζω 648[1]. 716[4]; ἠλέλιξα 716[5]; ἐλελίζετο ὑπὸ βρίμης γλαυκώπιδος II 528[5]
ἐλελίχθων 444[4]
ἐλελύζω (= ὀλολύζω) lesb. 716[5]
Ἔλενα 476[1]
ἐλέναυς 442[1]
ἐλένη 256[1]
Ἕλενος II 66[3]
ἔλεξα 751[4]
ἐλεōρέοντος 726[5], 10
ἑλέπτολις 442[1]
ἑλέσθαι II 363[1]
ἕλεσκον 711[5]
ἐλεσπίς 507[3]
ελεστειν infin. aor. 809[4]; s. hελέσται
ἑλέστω lokr. 205[6]
ἐλετή 502[3]
ἕλετο II 82[5]; – ὅρκον ἐμεῦ II 94[5]
ελετρυϝονα unterital. 256[1]
ἑλέτω 801[4]. II 342[7]
ἕλευ imper. 799[6]
Ἐλευhύνια lak. 217[4]. 256[4]
ἐλευθ- 674[5]
Ἐλευθενναῖος 323[2]
ἐλευθερεσθείς thess. 736[5]
ἐλεύθερη adj. f. ngr. 586[3]
ἐλευθερία 422, 1. 469[1]; -ας ἧς κέκτησθε II 641[1]
ἐλευθέριος 466[3]
Ἐλευθερολάκωνες 453[4]
ἐλεύθερος 411[7]. 482[1]. II 178[1]; – ἐκ δούλου II 463[7]; – c. abl. II 96[3]; τοὺς ἐλευθέρους II 46, 1; s. auch ἐλευθερώτερος, ἐλούθερος, ἐλύθερος
ἐλευθερῶ II 259[3]; ἐλευθερώθησαν τυράννων II 93[4]
ἐλευθερώνω spätgr. 697[5]
ἐλευθέρως II 415[5]
ἐλευθερώτερος II 184[6]
Ἐλευθήρ 481[1]. 569[3]
ἐλεύσαν Ibyk. 747[5]; s. ἤλευσα
Ἐλευσινάδε 624[6]
Ἐλευσῖνι loc. II 155[1]
Ἐλευσίνια II 43[7]
Ἐλευσινόθε 628[3]
Ἐλευσίς 465[5]; -σῖνι loc. II 155[1]
ἐλεύσομαι 347[2]. 358[4]. 737[2]. 747[5]. 782[4]. II 292[6]; -σεσθαι ἐς θέρος II 460[5]; – παρὰ ναῦφιν II 497[4]
Ἐλευσύνιος kret. ther. 256[4]
ἐλεφαίρομαι 724[6], 11
*ἔλεφαρ 724[6]
ἐλέφᾱς 526[3]; -αντες II 497[5]
ἐλέχθην 760, 1; -θης 762[5.6]; -θη 762[6]
*ἔλεχθο 763[6]
*ἐλέχμᾱν 762[6]
ἔλεψεν II 82[8]
*ἐλϝαρ 314[5]
ἔληγον 654[4]
ἐληλάδατ(ο) 672, 8. 773, 1; – ἐς μυχὸν II 459[6]
ἐλήλαται att. 766[4]; -το hom. 777[2]
ἐληλέατ(ο) 672, 8
ἐλήλεγμαι 214[8]
ἐληλέδατ(ο), -δετ(ο) 672, 8
ἐλήλυθα 704[1]. II 258[4]; ἐλήλυθμεν 357[1]. 769[3]; ἐληλύθαμεν 767[2]; s. auch εἰλήλουθα
ἐληλύθεε 652, 4. II 288[4.7]
*ἐληλυθjην, pl. *-θῑμεν 795[6]
ἐλήλυμεν att. 704[1]. 769, 7; -υτε 769, 7
ἔληξα Herod. 748[1]
ἐλη(ρ)τούργησεν 257[6]
ἔλησα 755[6]
ἔληται II 312[8]
ἔλθατε, -θάτω 753[7]
ἐλθέ 390[1]. 746[3]. 747[4]. 799[2]. II 339[5]; ἔλθετε 379[6]. II 339[5]; *ἐλθέτε 379[6]; s. ἔλθατε
ἐλθεῖν 746[3]. II 258[4]. 382[6]; – διά τι II 452[8]; – δι' ἀπεχθείας II 452[3]; – ἐκ πολέμοιο II 463[4]; – ὀφθαλμοῖο διαπρό II 450[5]; – εἴς τι(να) II 459[3.4], 2; – ὥς τινα II 533[7]f.; – ὡς ὑμᾶς II 533[7]; – ἐπί τι II 473[1]; – ἐπὶ νῆας II 472[5]; – ὑπὸ νόον τινός II 531[3]; – ὑπὸ Ἴλιον, ὑπὸ Τροίην II 531[3]; – ὑπὸ τὴν ῥάβδον II 530[6]; – ἀμφὶ Δωδώνην II 439[1]; – διά τινος II 450[4.5]; – εἰς φόβον II 255[3]; – εἰς ἔχθος II 255[4]; – ὑπὸ σπλάγχνων ἐς φάος II 527[4]; – σὺν ἵπποισιν II 489[6]; – ἄγγελον σὺν ἀγγελίῃ II 489[7]; – παρὰ τοὺς νόμους II 495[2]; – παρά τινα II 494[8]; – μετά τινα II 486[4]; – ὑπὲρ ἄγαν II 518[4]; – ὑπὲρ πόντον II 519[3]; – ἐπὶ τὸ ἔσχατον ἀγῶνος II 472[6]; – ἐπὶ πᾶν II 472[6]; – πὰρ Διός II 497[5]; – παρὰ μικρὸν II 496[6]; – – c. infin. II 496[7]; – παρ' οὐδέν c. infin. II 496[7]; – παρὰ τοσοῦτον κινδύνου II 496[7]; s. auch ἦλθον, ἤλυθον, ἐλθέμεν, ἔλθω, ἐλθέ
ἐλθεῖν (τὸ) II 370[4]; τὸ μὴ οὐκ – II 372[2]
ἐλθέμεν ἐς ὀφθαλμούς τινος II 459[4]; – τιν' ἔπι II 472[7]
ἐλθέμεναι 747[4]
ἐλθετῶς kypr. H. 800[1]. 801[3]. 803[1.2]. 836[2]. II 339[6]
ἔλθοιμι 747[4]
ἔλθω 747[4]

ἐλθών 746^{3}. 747^{4}; – ἐκ II 463^{3}; -όντες (anacol.) II 617^{1}
ἐλίγαινον Ilias 733^{1}
Ελιεζερ 154^{5}
ἐλικῶπις II 182^{8}
ἑλίκωψ 426, 4
ἐλινύες 495^{4}
*ἐλινῡμι 693^{2}
ἐλῑνύω 693^{2}, 4; – ἐργαζόμενος II 393^{3}
ἕλιξ 497^{5}
ἔλιπον 640, 2. 643^{4}. 651^{3}. 755^{5}; ἔλιπε 56^{5}; ἐλίπομεν 641^{7}; -ετε 663^{1}; ἔλιπες ἔλιπες II 700^{2}
ἑλίσσω 725^{4}. 771^{7}. II 72^{7}; s. εἱλίσσω, ἑλίττω; ἑλίσσεσθαι περί τινι II $501^{2.3}$
ἐλιτόμην aor. ipf. 746^{3}
ἑλίτροχος 444^{4}
ἑλίττω: εἵλιττον att. 654^{1}
ἐλιώνας ngr. 488^{5}
ἑλκαίνουσι dat. 700^{5}
ἑλκανῶσα H. 700^{5}
ἕλκε ipf. 721^{1}
ἑλκέμεν II 375^{4}
ἑλκεσι- 443^{5}. 444^{1}
ἑλκεσίπεπλος 441^{2}. 444, 1. 445^{4}
ἑλκετρίβων 441^{4}
ἑλκεχίτων $441^{2.3}$. 445^{4}
ἑλκέω hom. 718^{4}; ἕλκεον, εἵλκεον 721^{1}; ἑλκήσω 718^{4}; -ήσουσ(ι) 721^{2}; -ήσουσιν II 352^{1}; ἕλκησε 721^{2}; ἑλκήσωσιν 721^{2}; ἑλκηθείσας 721^{2}; ἑλκηθη- 762^{1}
ἑλκηδόν Hes. 626^{4}
ἑλκηθμός 721^{1}
ἑλκησ- s. ἑλκέω
ἕλκομαι (-εσθαι) II 272^{4}; ἕλκεο II 251, 1; εἵλχθην spätgr. 721^{2}; ἕλκομαί τι c. dat. II 151^{3}; – χειρί II 166^{1}; – τι ἔκ τινος II 463^{3}; – ὑπὸ χερσὶν Ἀχαιῶν II 526^{5}
ἕλκοντε f. II 35, 1
ἕλκος 511^{7}. II $79^{2.3}$. 82^{2}; – ὕδρου II 119^{2}
ἑλκόω 732^{1}
ἑλκυστάζω hom. 706^{4}. 755, 6
ἑλκύω: εἵλκυσα 721^{1}, 2. 755^{5}, 6. II 258^{5}, 6; εἵλκυκα 775^{4}; ἥλκυκα 653, 5; ἑλκυσθη- Hdt. 761^{4}; ἑλκύσθην Hdt. 721^{2}
ἕλκω 684^{4}. 721^{1}. 755, 6. II 258^{5}. 353^{6}; ἕλκε ipf. 721^{1}; εἷλκον 653, 5; ἑλκέμεν II 375^{4}; εἷλξα 755^{5}; ἕλξα, -ξω 721^{2}; ἕλκω πεδίοιο II 112^{4}
ἐλλᾶ lak. 78^{3}. 323^{3}. 481^{4}. 483^{3}
ἔλλαβε hom. $310^{5.8}$. 654^{3}. 700^{1}. II 81, 1; s. ἔλαβον
ἐλλάβετ(ο) Od. 748^{1}
ἔλλαθι pf. äol. (lesb.) 281^{7}. 686, 7. 689, 2. 800^{4}, 7
ἔλλαθον 654^{3}; -ε 310^{8}; s. ἔλαθον
ἐλλάμψεσθαι Hdt. 781^{7}
Ἕλλᾱνες $78^{3.4}$
Ἑλλᾱνοδίκας 441, 3
Ἑλλανοζίκαι 78^{1}
Ἑλλάς 77^{6}. 80^{6}; -άδι loc. II 154^{8}
ἔλλατε 684, 7
ἔλλαττον 238^{3}; s. ἔλαττον
ἐλλεδανοί hom. 530^{1}
ἐλλείπω: – τινός II 101^{2}; -ει τινός II 101^{2}; s. ἔλλιπον
ἔλλετε 684, 7
ἔλλευκος 435^{4}
Ἕλλην $78^{1.5.6}$. 122^{5}, 1; – ngr. 824^{6}; ὁ – II 41^{7}; – γῇ II 176^{4}; – φόνος II 178^{1}; – εἶ καὶ ἡμεῖς II 612^{5}; Ἕλληνες $77^{5.6}$. II 45^{3}; (– 'Kolonisten') 78, 4; τὰ τῶν Ἑλλήνων II 177^{4}; s. Ἕλλανες
ἑλληνίζω (-ειν) 118, 1. 736^{3}
Ἑλληνικός 824^{6}; -ὴ δύναμις II 182^{4}; ἡ -ή II 175^{7}; τὸ -όν II 174^{6}; τὰ -ά II 177^{4}
Ἑλλήνιον 78^{1}
Ἑλληνιστί 623^{3}
Ἑλληνοταμίας 446, 3
Ἑλλησποντιακαὶ πόλεις II 182^{4}
Ἑλλήσποντος 446^{1}
ἐλλιπής c. abl. II 96^{3}
ἔλλιπον 654^{3}; -ε 310^{8}
ἐλλιστὲς Hdn. 632^{3}
ἔλλοβος II 457^{2}
ἐλλόγιμος ἔς τινα II 459^{2}
Ἕλλοι 78^{2}
Ἕλλοπες 78^{2}; Ἔλλοπες 426, 4
Ἑλλοπίη 78^{2}
ἐλλός 284^{2}. 323^{3}. 486^{4}. 495^{5}
ἔλλυσις kret. 312^{1}. 398^{7}
ἐλλύτας thess. 500^{2}
Ἑλλωτίς 78^{2}
ἔλμιγξ 498^{3}
ἕλμινς 287^{3}. 495^{3}. 510^{6}. 566^{2}
Ἐλμωδαμ 163^{1}
*ἐλνός 495^{5}
ἕλξα aor. spätgr. 721^{2}; -ξω fut. Aesch. 721^{2}; οὐχ ἑλξετε II 292^{7}; s. ἕλκω
-ελο/ᾱ- Ausg. $483^{4.5}$
ἔλογχα spät poet. 649^{6}
ἐλόεσα 752^{4}
ἔλοιμί κεν II 329^{2}
ἐλόνσι dat. pl. kret. 566^{2}
ἕλος 304^{1}. 511^{7}; s. Ἕλει
ἐλούεον 682^{4}
ἐλούθερος kret. 194^{4}
ἐλούστηκα ngr. II 238^{2}
ἔλπει verb. caus. hom. 701^{6}
Ἔλπει f. 464^{3}
Ἐλπήνωρ hom. 441^{4}. 701^{7}
Ἐλπίδιος 467^{3}
ἐλπίζω 72^{4}. 330^{2}. 701^{7}. 735, 4. 771^{3}. 775^{2}; ἤλπιζε 654^{2}; ἐλπίσω, ἐλπιῶ 739^{1}; ἤλπισα 739^{1}. 754^{3}; -κα 739^{1}. 775^{2}; -σται 771^{3}; ἐλπίζω ἑλεῖν, δέξασθαι II 296^{7}
ἐλπίς 701^{7}; – ἐστι c. infin. II 296^{6}; ἐλπίδα ἔχειν c. infin. aor. II 296^{6}
ἐλπίσαι 159^{7}
ἔλπομαι 314^{2}. $701^{6.7}$. 702^{4}. 769^{4}; ἔλπετο (ἤλπετο) 654, 4; ἔλπομαι ἀρέσθαι II 296^{6}
ἐλπωρή 701^{7}. II 623^{5}; – ἰδέειν II 296^{6}
ἔλσαι 285^{2}; – τινά c. dat. II 139^{6}
ἐλσούς acc. pl. 516^{6}
Ελτυνιουσι dat. pl. kret. 575^{5}, 4
ἐλυ- 769, 7
ἐλυθ- 674^{5}. 704^{1}; ἐλυθεῖν 358^{4}; – μετά τινα II 486^{3}; – ὑπὲρ ὦμον II 519^{4}; – ἐφ' ὑγρήν II 471^{8}; s. ἤλυθον
ἐλύθερος 199^{3}
ἔλυμος 494^{1}
ἐλύσθη II 471^{7}
ἐλυσθη- 761^{4}
ἔλυται 681^{3}
ἔλυτρον ion. att. 532^{2}
ελυψα (ἔλυψα) pamph. 209^{7}. 323^{3}
ἔλφος kypr. 221, 2
ἐλῶ fut. 749, 1; ἐλῶν 266^{3}; s. ἐλάω
ἑλῶ fut. 746, 5. 785, 1
ἐλώγη dor. (H.) 719^{1}
ἐλωί 162^{5}
ἕλωμαι II 311^{5}. $313^{5.6}$; -ηται II 312^{8}
ἐλών: ἐλόνσι dat. pl. kret. 566^{2}; ἐλὼν ἔχει II 10^{5}; – – γέρας 812^{7}; – δουρός II 129^{8}; ἐλόντα Βρ. χειρός II 129^{7}
ἔλωρ 519^{3}
ἐλώρια 105^{6}. 470^{3}
*ἐμ- 367^{4}. 588^{1}
*ἔμ n. 343^{1}
ἐμά; s. ἐμός
ἐμάδησα 682^{6}
ἐμάρναο 668^{2}
ἐμᾶς ngr. 606^{4}
*ἐμάτιον 401^{8}
ἐματόν 203^{3}

ἐμαύται lesb. 607, 4
ἐμαυτῆι, -ήν II 196[1]
ἐμαυτό: τὸν – μου ngr. 606[7]. II 25, 6
ἔμ' αὐτόν hom. 607[1]. II 195[3]
ἐμαυτός 607[4]
ἐμαυτοῦ att. 607[2]. II 193[2]. 195[4]. 206[3.4]; τὰ – 607, 3
ἐμαυτῶι 613[5]
ἐμαύτωι lesb. 607, 4
ἐμαχεσσάμην 721[1]
ἔμβᾱ 676, 1
ἐμβάδοιν II 48, 1
ἐμβαδόν 626[3]
ἐμβαίνω 277[5]. 323[7]. II 456[1]. 457[4]; ἔμβᾱ 676, 1; ἔμβη 676, 1. 799[3]; ἐμβεβῶσι conj. 774[6]; ἐμβεβαυῖα 541[2]. 770[2]; ἐμβαίης ἄν II 329[3]; ἐμβαίνειν ἐν II 455[4]. 457[4]; – εἰς II 457[4]; s. ἐνέβηκα
ἐμβάλλω II 456[1]. 457[4]; ἐμβαλεῖν II 376[5]. 378[2]; – c. loc. II 156[7]; μήτε ἐμβάλλετε II 343[5]; ἐμβάλλειν εἴς τινας II 459[3]; – χειρὸς πίστιν II 121[6]; s. ἐμβεβλήσθω
ἔμβαροι 543[2]
ἐμβάς f. 507[4]
ἐμβασιλεύω II 457[4]
ἐμβατεύω 732[7]
ἐμβεβαυῖα 541[2]. 770[2]
ἐμβεβλήσθω II 343[1]
ἐμβεβῶσι conj. 774[6]
ἔμβη dor. 676, 1; – imper. 799[3]
ἐμβλευσαντες (= -βλέψ-) 198[2]
ἔμβληθρον 532, 4
ἐμβολαδίς 631[4]
ἐμβραμένη dor. 277[5]. 649[5]
ἔμβραχυ att. 619[1]. II 419[3]. 420[4]. 426[6]. 456[2]
ἐμβρῑθής II 457[1]
ἔμβρυον 450[6]
ἐμβύω: ἐνεβῦσαμεν Aristoph. 755[2]
*ἐμε gen. sg. 604[3]. 605[1.4]. 608, 5. II 614[4]
ἐμέ 57[3]. 388[3]. 412[7]. 600[1.6]. 600[5.6]. 601[1.8]. 602[2]. II 14, 1. 15[8]. 189[2]; τὸν – II 25[4]; ἐμέ refl. II 193[8]. 194[1.2]
ἔμ(ε) hom. 604, 3
ἐμέ γε II 187[1]. 561[2]; ἐμέγε hom. ion. att. 606[2], 1. II 555[2]
(ἔμεγε) 606, 1
ἐμέθεν gen. 552, 2. 602[2]. 605[1.5]. 628[2]. II 55[7]. 170[2–4]. 171[6]
ἐμεθη- 761[5]
ἐμέθυσα LXX 708[5]
ἐμέθω gramm. 682[4]. 703[3]
ἐμεί, *ἐμεῖ acc. dor. (Ap. Dysk.) 604, 5
ἐμειδίᾱσα 654[4]
ἔμεικτο 751[4]
ἔμειν Dodon. 678, 1
ἔμεινα 285[2]. 763[7]
ἐμεῖο gen. hom. 273[2]. 602[3]. 604[4]. 605[4], 5. II 201[3]. 206[1]
ἐμεῖς, ἐμᾶς ngr. 606[4]
ἐμείχθης 751[4]
ἐμέλησε 752[4]
ἐμέλλησα 715[6]
ἐμέμηκον plusq. 748[4]. 776[4]
ἐμέμικτο hom. 771[2]
ἐμέμνηντο 671[4]
ἐμεμύκει hom. 777, 11
-εμεν 1. pl. pf. 767[4]
-εμεν 1. pl. plusq. 776[5]. 778[2.3], 1
ἔμεν (= εἶναι) 104[2]. 283[1]. 678[1], 1. 806, 5. II 367[7]; s. ἔμμεν
ἦμεν el. II 383[2]
ἐμέν spätgr. ngr. (pont.) 606[4]
ἐμέν 1. pl. Kallim. 678, 1; s. ἐμι
ἐμένα ngr. 604, 7. 606[4]; – με ngr. 606[5]
ἔμεναι infin. 283[1]. 806, 5; s. ἔμμεναι
-έμεναι infin. 642, 2
ἔμεννα lesb. 285[2]
-εμενος Ausg. ptc. 642, 2
ἐμενοῦ ngr. (dial.) 606[4]
ἐμέο gen. ion. hom. 602[3]. 604[4]. 605[1.4], 5; *– dor. 605[1]; s. ἐμεῖο, ἐμίο, ἐμίω
ἐμέος gen. dor. 602[3]. 605[1.4], 6
ἐμέσσω 725[3]
ἐμέσω 682[4]
ἐμετιάω 732[3]
ἐμετός 502[3]; ἔμετος 680[4]
ἐμεῦ gen. sg. ion. 602[3]. 604[4]. 605[1]
ἐμεῦς gen. dor. 602[3]. 605[1]
ἐμέω 72[4]. 222[6], 5. 260[8]. 340[6]. 341[3]. 680[4]. II 72, 1. 226[3]; ἐμέων 682[4]; ἤμεον, ἤμουν ipf. 682[4]; ἐμέω fut. 784[5]; ἐμῶ, ἐμέσω fut. 682[4]; ἤμεσα 680[4]. 682[4]. 752[4]; ἐμήμεκα 766[3]
ἐμεωυτοῦ ion. 607[2]. II 193[2]. 195[4]
ἐμή s. ἐμός
ἐμήμεκα 766[3]
ἔμην kret. 283[2]
ἔμηνα dor. 285[3]
ἔμηνα trans. 770[3]
-εμήνατο hom. 785[2]
ἐμήνῑσα 754[3]
Εμι, ἐ̄μί (ẹ̄mi) att. arg. 94[5]. 192[1]
ἐμι 'sum' thess. 678, 1
*ἐμί dat. sg. (zu *ἔμς) 610[2]
*ἐμίᾱ 743[4]. 746[1]
ἔμιγεν 3. pl. 664[5]; ἐμίγησαν 665[7]
εμιθωσε ark. 217[3]
ἐμίν dat. dor. phok. kret. 602[4]. 604[2]. 607[2]; – γα dor. 606[3]. II 561[3]; – αὐτῶι II 195[4]
ἐμίνη dat. tar. 606[3]
ἐμινύθει 721[2]
ἐμίο gen. dor. 602[3]. 605[1]
ἐμισγέσκοντο 652, 3
ἐμίσθωσα 752[3]
ἐμίω gen. dor. 602[3]. 605[1]
ἐμίως gen. dor. 602[3]
ἔμμαθεν 654[5]; -ες 747[6]
ἔμμαλλος II 457[2]
ἔμμᾱνις 495, 8; -άνιας acc. pl. 573[4]
ἐμμαπέως 747, 7
ἐμμάσαι H. 755[2]
ἐμμελετᾶν II 423[2]
ἔμμεν infin. 283[1]. 678[1], 1. 806[3], 5. 808[5]. II 375[8]
ἔμμεναι 82[1]. 283[1]. 678[1], 1. 806[3], 5. II 366[7]. 367[8]. 368[1]. 374[7]; – ἐπὶ γᾶν II 471[7–8]; – λελασμένον II 376[3]; – πρόμος ἐκ πάντων II 463[4]; – περὶ ἄλλων II 502[1]; – ἀφνειὸν περὶ πάντων II 502[2]; s. ἔμεναι
ἐμμένω c. loc. II 156[6]
ἐμ μέσῳ pap. 625[4]
ἔμμητρος II 457[2]
ἐμμι, ἔμμι, ἐμμί 146[4]. 281[7]. 322[5]. 659[3]. 677[1]
ἔμμιλτος II 457[2]
ἐμμόραντι 310[6]
ἔμμορε 310[6]. 649[5]. 747[1]. 769[4]. 777, 2. II 264[4]; – τιμῆς II 103[6]
*ἔμμορθαι 649[3]
ἐμμόρμενος, -ον 277[5]. 281[7]
ἔμμορος: -οι τιμῆς II 456[3]; ἔμμορός εἰμί τινος c. dat. II 151[7]
ἔμμοχθος II 457[1]
ἐμμυέομαι s. ἐνεμυήθης
*ἔμνᾱισα 710[1]
ἔμνᾱσα 751[7]
ἐμνήσατο 760[6]
ἐμνιωβελ[ίω] böot. 280[4]
ἐμνώοντο hom. 730[3]
-εμο- Ausg. 491[8]
ἐμοί 388[3]. 602[4]. 604[2], 4. II 186[7.8]; – δοκῶ II 193[8]; – δοκεῖν II 378[5]. 379[1.2]
ἐμοὶ αὐτῶι hom. 607[1]. II 195[3]; – αὐτῇ II 195[3]
ἐμοί γε II 187[1]

ἔμοιγε 383[2]. 606[2], 2. II 561[3]
*ἐμοῖγε 383[2]
ἐμοῖο 609[1]
ἔμολον 708[6]; -ε 360[5]
*ἔμορστε 704, 9
ἔμορτεν H. 704, 9
ἐμός (-ή, -όν) 600[1]. 608[3]. II 63[3], 3. 182[7]. 200[3.4.5]. 201[4]. 202[3.4], 2. 203[1–3]; (= ἐμέο) II 614[4]; – voc. 608[5]; ὁ – ἀδελφός II 200[5]; ἡ ἐμὴ (γνώμη) II 175[5]; ἐμόν II 35[3]; – ngr. (dial.) 606[5]; τὸ ἐμόν II 175[2]; τὰ ἐμά II 175[1]; τὸν ἐμὸν αὐτοῦ II 614[4]; τὰ ἐμὰ αὐτοῦ 607, 3
*ἔμος adj. poss. 608[4]
-εμος suff. 493[6]
ἐμοῦ gen. (ἐγώ) 600[3.4.6]. 602[3]. 605[1]. II 186[7]. 193[4]; – πέλας (sc. ὄντος) II 404[8]; – refl. II 194[1]; ἐμοῦ γε 606[2]
ἐμοῦς (= ἐμοῦ) dor. böot. syrak. 602[3]. 605, 1
ἐμοῦσα 682[4]
ἔμπᾱ adv. 620[5]. II 582[3.7]
ἐμπάζομαι 734[5]. II 108[7]. 109[1]; – c. acc. II 109[4]
ἔμπαιον 236[6]
ἔμπαιος 467, 6. 620[5]
ἔμπαις 435[4]
ἔμπαλιν att. 619[1]
ἔμπαν 620[5]. II 582[3]
ἔμπᾱς 620[5]. II 390[2]. 582[3–7]; ἀλλ' – II 582[5]
ἐμπάσσω c. acc. et gen. II 111[5]
Ἐμπέδδει 636, 3
Ἐμπεδδίχα 231[5]
Ἐμπεδίουν (nicht -πετδ-) thess. 231[5]
ἔμπεδον adv. II 87[5]
ἐμπεδόω: ἠμπέδουν 656[1]
Ἐμπεδώ 636[4]
ἔμπειρος II 457[1]; – τινος II 105[3]
(εμπελα selin.) 798, 11
ἔμπελα imper. H. 681[4]. 798[5]
ἐμπελαδόν Hes. 626[3]; – c. dat. II 142[3]
ἐμπελάζω (-ειν) II 456[1]; – c. dat. II 141[4]; ἐμπελασθῆναι κοίτης II 97[6]
ἐμπέλιος II 457[2]
ἐμπεπήχεσαν 758[7]
ἐμπεποίηκα 766[1]
ἔμπεσε imper. att. 799[2]
ἐμπευκής II 457[2]
ἐμπεφιασμένος, -φιεσμένος 650[4]
ἐμπεφύηι conj. Theogn. 774[6]; ἐμπεφυυῖα 541, 4
ἐμπήγνυμι: ἐμπεπήχεσαν 758[7]
ἔμπηρος II 457[3]
ἔμπης ep. 426[2]. 620[4.5]. 626[1]. II 390[1.2]. 582[3]. 583[5]. 688[4]
ἐμπιεῖν II 363[5]. 422[6]; – καὶ φαγεῖν II 708[4]
ἔμπικρος 435[3]. II 457[2]
ἐμπίμπλημι 689[2]. II 431[5]; ἐμπιμπλει 3. sg. 689[2]; *ἐμπιμπλεισι 3. pl. 689[2]; ἐμπίμπληθι hom. 800[5]; ἐμπίμπλημι c. acc. II 111[3]; – c. acc. et gen. II 111[2]; -πίμπλαμαι c. gen. 111[2]; s. ἐμπίπλημι ἐμπίπλαμαι, ἐμπλήιμην, ἔμπληντο, ἐμπλησθήσομαι, ἐμπλήσθητι
ἐμπίμπρημι 689[2]; – c. gen. II 111[4]; s. ἐμπιπρῶν
ἐμπιπᾱσκομαι 710[2]
ἐμπίπλαμαι ὑπισχνούμενος II 393[2]; s. ἐνεπλήμην
ἐμπίπλημι II 457[4]; -πιπλείς 689[2]
ἐμπιπρῶν 689[2]
ἐμπίπτω 256[5]; ἔμπεσε imper. 799[2]; ἐμπίπτειν c. dat. II 149[4]; – c. loc. II 156[7]. 157[1]
ἔμπλαστρον hell. 532[3]
ἐμπλέγδην 626[3]
ἔμπλειος 436[3]
ἔμπλεος c. gen. II 110[8]
ἐμπλήγδην 626[3]
ἐμπλήιμην opt. 795[2]; -πλῆιτο 795[3.4]; *ἔμπληιτο 795[4]
ἔμπλην 436, 2. 625[3]. II 457[3]. 542[3]. 547[6.7]. 548[2.6]
ἔμπληντο 671[4]
ἐμπλησθήσομαι μισῶν II 393[2]
ἐμπλήσθητι 760, 6
ἐμπνέω (-εῖν) c. gen. II 128, 3; – ὀδμῆς II 128[7], 3
ἔμπνῡτο 761, 5. 797, 5
ἐμποδών 389[4]. 625[4]. II 120[6]. 415[1]; – σχεθεῖν II 296[5]
ἐμποιέω, ἐμπεποίηκα 766[1]
ἐμπολά II 479[3]
ἐμπολάω, -λᾶν 766[1]; – τὸν πρὸς Σάρδεων ἤλεκτρον II 514[3]; ἐμπολόωντο Od. 725[6]
ἐμπορεύεσθαι II 364[2]
ἐμπορίζειν τι μετὰ πυρός II 485[5]
ἐμπόρφυρος II 457[2]
Ἔμπουσα 526[1], 2
ἔμπυος II 457[1]
ἔμπυρρος II 457[2]
*ἔμππᾱσις 301[8]
ἔμπρασι tsak. 185[4]
ἐμπρίατο 743[5]
ἐμπρός ngr. 633, 1
ἔμπροσθα äol. dor. (her.) 628[6]. 633[1]
ἔμπροσθε II 543[6.7]. 544[1]; – πρὸ τῆς ἀκροπόλιος II 506[3]
ἔμπροσθεν 633[1]. II 427[7]. 543[6.7]. 544[1]; – c. gen. II 435[3]
ἐμπροσθίδιος II 543[7]
ἐμπρόσθιος II 543[7]
ἐμπροσθο- II 543[7]
ἐμπροσθότονος II 543[7]
ἐμπυριβήτης 452[4]
*ἔμς 343[1]. 358[5]
ἐμῦ j.-böot. 602[4]
ἐμύησα aor. 721[4]
ἐμῡθολόγησα 655[7]
ἔμυξε aor. Menandr. 716[5]. 721, 4
ἐμφάνισις ngr. II 252[2]
ἐμφανίσσω thess. 738[3]; ἐνεφανίσσοεν 664[4]
*ἐμφανίξαι 738[3]
ἐμφερής 433, 6. 452, 4. II 161[4]
*ἐμφιέζω, *-ιάζω 650[4]
ἔμφλοξ II 457[2]
ἔμφοβος II 457[2]
ἔμφορτος II 457[2]
ἔμφρων II 457[1]. 465[3]
ἔμφυτα II 611[7]
ἐμφύω: ἐνέφυσεν Od. 755[6]; ἐμπεφύηι 774[6]; ἐμπεφυυῖα 541, 4
ἔμψυχος II 457[1]
ἐμώ du. f. II 35, 1
ἐμῶς gen. dor. 602[3]
ἐν praep. 57[6]. 126[6]. 289[8]. 324[3]. 551[1]. II 68[2]. 138[8]. 417[7]. 418[2]. 419[4]. 421[2.7]. 422[2.7]. 425[5], 5. 427[2.3.4]. 430[7]. 432[5]. 433[6.7]. 434[1]. 436[1]. 454[6],4 –461; – instr. II 435, 2; – c. gen. einer Person II 120[2.3.5.6]; – c. dat. II 58[5]. 268[1]; – c. acc. 82[5]. 101[8]. 619[1]. II 268[2]; – c. dat. et acc. II 435[7]; – den partit. verdeutlichend II 116[7]; – bei pf. II 434[3]; ἐν δὲ κίρναις οἶνον II 426[5]; ἐν δύο ταλάντων II 461[1]; – Ἅιδου II 107[6]; – τοῖ πρὸ ἠοῦς τοῦ βωμοῦ II 96[8]; – δεξιᾷ II 112, 4; – τοῖς ὄρεσιν att. II 455[3]; – ἐκείνῳ τῷ καιρῷ II 634[3]; *ἐν διϜί 576, 7; ἐν δοιῆι hom. 589[2]; ἐν σχερῶι 619[1]; ἐν χρῶι att. 578[4.5]. 625[2]; τὰ ἔν τινι II 417[2]; ἐν Αἰτωλίαν ätol. II 455[5]; ἐν ἅρματα Pind. II 455[5]; ἐν δεξιά II 112, 4; ἐν ὅσῳ II 652[7.8]; ἐν ᾧ (s. d.); ἐν (ἔνι) II 423[3]; ἔν γε II 561[2], 3; ἐν δέ 'dazu' II 424, 3; ἐν δὲ καί II 422[2]; ἐν δὲ δή II 422[2.3]; ἐν τῷ c. infin. II 388[1];

ἐν τοῖς c. superl. II 185[2]; s. auch εἰν, εἰνί, ἐνς, ἔνι
*ἕν praep. II 423, 2
ἐν- 433[4]. 436[2.3.5]. II 423[1]. 454[6]
-εν für -ν [n̥] > 280[5]
-εν nom. pl. j.-kret. 551, 8
-εν neut. 580, 6
-εν Ausg. pron. kret. 604, 2
-εν Personalend. 658[5]; – thess. 664[4], 4
-εν 3. pl. 758[4]; * – 3. pl. plusq. 778[2]
-εν Ausg. infin. 410[8]. 805[5]. 807[2.6], 2. 809[1.2]. II 242[2.3]
-έν Ausg. infin. dor. 807[3]
ἑν- 424[1], 2. 433[2]. 588[1]
ἕν n. 588[1.2]; τοῦ ἕν Plotin 588[2]; ἓν δέ Xenoph. II 618[1]
ἑνα- compos. 591[1]
ἕνα acc. m. 588[1]; f. (= μίαν) pap. 587, 4
ἕνα 'Einheiten' Aristot. 588[2]
ἕνα (alle genera) ngr. II 27[6]
ἐναγκυλάω 726[1]
ἔναγχος adv. 621[4]. 622[2]. 633[1]
ἐναγωνίσασθαι II 423[1]
ἑνάενος Theophr. 588, 3
ἐναετία pap. 591[1]
ἔναι mngr. 'ist, sind' II 423[6]
-εναι Ausg. infin. 807, 2. 808[2.6]. 809[2]
-έναι Ausg. infin. 805, 2. 808[1–4.6]
ἔναι 82[1]. II 379, 3
-ENAI infin. pap. 807, 2
ἔναιε hom. 711[3]
ἔναιμος 435[2]. II 457[1]
ἐναιρέμεν II 363[1]
ἐναίρω (-ειν) 518[5]. 725[2]. 748[3]. II 364[1]; ἤναρον 748[3]. II 262[3]
ἑνακηδεκάτη böot. 591[1]
ἑνάκις 591[1]. 597[6]; s. εἰνάκις
ἐνακισχείλιοι 593[4]
ἐνακόσιοι 591[1]. 593[2]
ἐναλίγκιος II 161[4]. 457[3]; – αὐδήν II 85[7]
Εναλιος hom. 288[5]
ἐνάλιος 450, 2. 451[3]; s. εἰνάλιος
ἐναλλάξ 620[5]
ἐνάμισυ ngr. 599[3]
ἕναν acc. sg. f. 588, 5
ἔναντα hom. 619[1]. II 456[2]. 548[7]. 549[1.3]
ἔναντι 128[7]. 631[2]. II 548[7]
ἐναντία II 534[4]
ἐναντίον II 534[4]. 548[7]. 549[1.3.4]; – c. gen. II 435[3]
ἐναντίος II 179[4]; – c. dat. II 141[5]; – Ἕκτορος, -ίοι Ἀχαιῶν II 97[2]; – ίον τὸ ἀνόσιον τοῦ ὁσίου II 97[3]; ἐκ τοῦ -ίου, ἐξ ἐναντίας II 175[7]
ἐναντιοῦμαι (-οῦσθαι); ἠναντιώμεθα 656[1]; ἐνηντιώθην 760[5]; ἐναντιοῦσθαι μηδὲν ποιεῖν II 598[4]; – τινί (περί) τινος II 131[3.5]; – τινι ἔς τι II 460[4]
ἐναντιώματα c. dat. II 141[5]
ἐνάπαλος II 457[2]
ἐνάπαν 625[4]
ἐναποδεικνύατο 698[5]
ἐναπολαύω II 428[4]
ἐναποτεῖσαι II 423[2]
ἐναποτιμῶ II 88[5]
ἐναποψύχειν II 429[3]
*ἔναρ 518[4]. 725[2]
ἔναρα 518[4]; – ἐκδῦσαι 736[1]
ἐναργής 512[5]
ἐναρε/ο- 748[3]
ἐναρίζω 748[3]. II 82[5]; -ίζοι II 638[3]; -ίξω fut.hom. 785[5]; – ίξαι 737[7]
ἐναρίμβροτος 444[4]
ἐναρσφόρος 336[3]. 442, 2
ἑνάς 597[1]
ἕνας ngr. 588[2]
ἕνᾶς adv. dor. 621[4]
ἐνάσθη 714[4]
ἔνασσα aor. caus. 714[4]
ἐναταῖος II 179[3]
ἐνάτηρ 303[6]. 361[7]. 567, 7. 568[2]. II 31[3]; ἐνατέρα acc. sg. 568[2]; ἐνατρί dat. 303[6]. 568[2]; s. εἰνάτερος
ἔνατος 228[3]. 503[7]. 591[1]. 596[1]; ἐνάτῃ II 158[7]; s. εἴνατος
ἕνατος delph. 305[5]; s. hένατος
ἐναύριον 625[4]
ἐναύρω· πρωΐ 625[4]
ἐναυτόθι pap. 628[4]
ἐναύω 686[4]
ἐναχῶς 588, 3. 598[3]. 630[4]
ἐναχῶς spätgr. 591[1]
ενγαιη 827[3]
éngati tsak. 501, 6
ἔν γε II 561[2], 3
ἐνγεταυθί 611, 3. II 561, 3
ἓν(δ) δ- gort. 588, 2
ἔνδᾳδος II 457[1]
ἔνδᾱιδες σπονδαί II 457[1]
ἐνδακρύειν ὄμμασιν χαρᾶς ὕπο II 528[5]
ἐνδάπιος 625[5]
ἔνδασυς II 457[2]
ἐν δέ 'dazu' II 424, 3; – – καί II 422[2]
ἐνδέα j.-ion. 252[7]
ἐνδεδήμηκα 766[1]
ἐνδεδιωκότα (=ἐμβεβιωκότα) her. 300[7]. 775[1]
ἐνδεής 189[5]. II 96[3]; -εῆ 127[7]. 189[5]
ἐνδειγνύμενος ther. 210, 1
ἕνδεκα 594[2], 3
ἑνδεκάς Plat. 597[2]
ἑνδέκατος 596[3]
ἐνδελεχής 360[7]. 514[2]
ἐνδελιστες syrak. 632[2]
ἐνδέξια 619[1]. II 456[2]
ἐνδέχεται II 366[4]
ἐνδέω II 92[7]
ἐνδέω: ἐνέδησεν II 424, 3
ἔνδηλος att. II 457[3]
ἐνδημέω 766[1]; ἐνδεδήμηκα 766[1]; (*ἠνδήμηκα) 766[1]
ἔνδημος II 435[1]
ἐνδιαιτᾶσθαι II 423[1]
ἐνδιατρίβω χρόνον ὑπὸ ἀπλοίας II 528[7]
ἐνδιδύσκω hell. 710[2]
ἐνδίδωμι II 259[5]. 457[4]
ἐνδίεσαν 681, 2
*ἐν διϜί 436[6]
ἐνδικνυμένους Kyz. 696, 8
ἔνδικον ἔμε̄ν II 497[6]
ἐνδίνων 490[7]. 625[5]. II 546[7]
ἔνδιος 436[6]. 576, 7. II 179[4]. 460[8]
ἐνδίφριος II 179[2]
ἐνδο- 625[5]. 632[7]
ἐνδογενής delph. 625[5]. II 546[7]
ἔνδοθεν 625[5]. 628[3]. II 546[7]. 547[1.5]
ἔνδοθι 625[5]. 628[4]. II 546[7.8]. 547[2.3]
ἐνδοθίδιος 216, 2. 625[5]. II 546[7]; -θιδίαν gort. 216, 2. 467[2]
ἔνδοι 549[7]. 625[5], 9. II 546[7.8]. 547[3]
ἐνδοῖ 384[4]
ἐνδομάχας 625[5]. II 546[7]
ἐνδομενία 626[1]
ἐνδόμησις 719, 5
ἔνδον 408[6]. 426[2]. 547[5]. 625[5], 9. 12. 626[1]. II 120[2]. 546[7.8]. 547[1.2.3]
ἐνδός 626[1]. II 546[7]
ἐνδόσε keisch 625[5]. II 546[7]
*ἔνδοσθεν 628[1]
ἐνδόσθια LXX 626[1]. II 546[7]
ἐνδοσθίδια arg. (epid.) 467[2]. 626[1]. II 546[7]
ἐνδοτάτω 625[5]. II 546[7]
ἐνδότερος 534[4]
ἐνδοτέρω 625[5]. II 546[7]
ἐνδουχία 626[1]
ἐνδριώνας lak. II 456, 4
ἔνδροσος II 457[1]
ἐνδυδισκόμενος 268[6]
ἐνδυκέως hom. 624[2]. 513[6]
ἔνδυμα ἀπὸ τριχῶν II 446[6], 5
ἐνδυμενία 'Hausrat' 626[1]
ἐνδύνω II 230[5]; ἔνδυνε II 277[4]; ἐνδυνέουσι 696[2]; -ομαι

II 230[5]; ἐνδύνειν χιτῶνα περὶ στήθεσσι II 501[2]
ἔνδυο 428, 5. 588[5]
ἐνδῦς adv. delph. 199[8]. 622[3]
Ἐνδυσ(ποιτρόπιος) delph. 626[1]
ἐνδυστυχῆσαι II 423[1]
ἐνδύω II 230[5]. 457[4]; ἐνδέδυκα II 287[5]; -ύομαι II 83[2]. 230[5]; -ύειν τι ὑπὲρ γονάτων II 520[8]
ἔνδω delph. 550[2.3]. 625[5]. II 546[7]
ἐνδώμησις 719, 5
ἐνέβηκα ngr. II 456, 3
ἐνεβῦσαμεν 755[2]
ἐνεγγυάω: ἐνηγγύησεν 656, 1
ἐνεγκ- 744, 8; ἐνέγκαι infin. 744[6]; ἤνεγκα 744, 4. 745[1]; -ας 744[6]; -αν 3. pl. 744[6]; ἐνέγκαιμι 744[6]; ἔνεγκον imper. 744[6]; -γκάτω 744[6]. 753[7]; ἐνέγκατε 753[7]; ἐνέγκας ptc. 744[6]
ἐνεγκε/ο- 744[5]; ἐνεγκεῖν 292[7]. 647[6], 7. 684[3]. 744[6], 4. 8. 745[1]. 748[4]. II 258[1]; – ἀπό II 447[4]; ἐνεγκέμεν 744, 5; ἤνεγκον 664[3]. 744[5], 4; -ε 744[5]; ἐνέγκω conj. 744[5]; -οιμι opt. 794, 2; -οις 744[5]; ἔνεγκε imper. 744[5]. 745[1]; -έτω 744[6]; -ών ptc. 566[4]. 744[6]; ἐνεγχθη- 761, 4
ἐνεγύησα 656[1]
ἐνέδησεν II 424, 3
ἐνέδρα II 455, 4. 457[4]
ἐνεδρεύω: ἐνήδρευσα 656[2]
ἔνεδρος II 457[1]
ἐνέεικαν H. 744, 8
ἐνεείσατο 653, 2
ἐνείγκῃ conj., ἤνειγκαν 744[6]
ἐνεῖκαι infin. 744[4], 8. 808[6]; *ἔνεικα spätgr. 745[2]; ἔνεικε 744[4]; ἐνείκαμεν, ἔνεικαν 744[4]; ἤνεικα 744[4]. 745[4.5], 2. II 262[3]; *ἤνεικς, *ἤνεικτ 745[5]; ἤνεικε 744[4]; ἤνεικαν 665[2]. 744[4]; ἠνείκαντο 744[5]; ἐνείκω conj., ἐνείκαι opt. 744[4]; ἔνεικε imper. Od. 744, 5; -κον Anakr. 744[5]; ἐνείκατε 744[4]. II 341[2]; ἐνεικάντων 3. pl. 744[5]; ἐνείκας ptc. 744[4]; ἐνεικέμεν 744, 5; ἤνειξα 744[5]; s. ἐνικ-
ἔνειμα 285[2]. 753[4]
ἔνειμι 'insum' II 457[4]
ἐνείρω II 457[4]
ἕνεκα 228[3]
ἕνεκα 433[5]. 627, 4. II 427[6]. 435[3]. 552[2.4.5]. 662[4]; s. εἵνεκα
ἕνεκαν II 552[2]
ἕνεκε hell. 406[5]. II 552[2]
ἕνεκεν 121[3]. 627, 4. II 552[2.4]
ἕνεκο II 552[3], 4
ἕνεκον 259[6]. II 552[3], 4
ἐνέκυρσε hom. 753[4]
ἔνεμμα lesb. 285[2]
ἐνεμυήθης (so) II 422[7]f.
ἐνενήκοντα 591[2]. 592[2]; ἐνενηκόντων 592[2]; s. εἰνήκοντα, ἐνήκοντα, hενενήκοντα
ἐνένῑπε 648[4]. 749[3]; s. ἠνίπαπε
ἐνέοι 3. sg. 677[4]
ἐνεπλήμην att. 743[1]
ἐνέπω: ἔνεπε ipf., ἤνεπε 656[3]; ἐνέποιμι 747[2]; ἔνεπε 747[2]
ἐνερευθής II 457[2]
ἔνερθα lesb. dor. 628[6]
ἔνερθε(ν) 627[5], 5. II 539[4]. 540[1.2]
ἔνεροι 424[3]
ἐνερρίγωσα II 423[1]
ἐνέρτερος 412[1]
ἔνες pl. 588[2]
ἐνεσιεργός 443[5]
ἔνεσμεν spätgr. 678[4]. II 423[5]
ἔνεστι c. loc. II 156[5]
ἐνέστιος 451[3]
ἐνεστός gen. sg. 585, 3
ἐνεστὼς χρόνος II 248[8]. 249[2],1
ἐνετή II 457[4]
Ἐνετοί 226[3]. 503[5]; Ἑνετοί 226[3]
ἐνεύδειν II 363[2]
ἐνευδοκιμεῖν II 423[2]
ἔνευκα II 552, 4
ἔνευσα 685[6]. 781[6]
ἐνεφανίσσοεν thess. 664[4]
ἐνέφυσεν Od. 755[6]
ἐνεχυράζω: ἠνεχύραζον 656[1]
ἐνέωρα adv. 621[3]
*ἔνϝα 591[1.2], 2. 593[4]. 596[1]
ἐνϝα- 591[1]
*ενϝατος 412[7]
*ἐνϝα χειλα 593[4]
*ἐνϝάχειλον 593[4]
(*ἐνϝενήκοντα) 591, 2
*ἐνϝ' ἦμαρ 591, 2
ἐνhēβόhαις lak. 93[5]. 217[3]. 304[4]
ἔνη f. 'der 3. Tag' 613[1]
ἔνη 381[2]; ἔνη τε καὶ νέᾳ II 158[3]
ἐνηγγύησεν 656, 1
ἐνήδρευσα 656, 1
ἐνηής 513[5]. II 456[3]; -έος, -έα 187[6]
ἐνήκαμεν Od. 741[3]
ἐνήκοντα 591[1.2], 3. 592[3]
ἐνηλόμην 653[2]
ἔνημα dor. 285[2]. 753[4]
ἔνημαι II 457[4]
ἐνήνεγμαι II 258[1]; -νεγκται 766[4]
ἐνήνοθε 766[4]
ἐνήνοχα 766[3.4], 7. 772[1]. II 258[1]; ἐνηνεχόσι 771[1]
ἐνηντιώθην att. 760[5]
ἐνηντιώμεθα 656[1]
ἔνης adv. 621[4]. II 175[5]
ἔνης 621, 3. II 113[3]
ἔνησα 654[4]. 751[7]; ἐνησάμην 721[2]
ἐνήσειν II 295[5]
ἔνθα 613[4]. 628[5], 7. II 16[1]. 157[5.7]. 178[7]. 335[2]. 413[4]. 648[1.3.4]. 660[6]. 711[1]; – τε II 575[2]; ἔνθα καὶ ἔνθα II 216[2]. 700[2–3]
*ἔνθα αὐτά 628, 8
*ἔνθα δε 389[2]
ἐνθάδε 389[2]. 391[5]. 624[6]. 628[5]. II 158[1.2]. 415[3.7]; οἱ – II 415[8]; τὰ – II 416[1]
ἐνθαδῑ́ 628[5]
ἐνθάδιος H. 628[5]
ἔνθαπερ II 572[1]
ἐνθαῦθα att. 269[4]
ἐνθαυθοῖ att. 628[6]. II 158[1]
ἐνθαῦτα ostion. 269[4]. 625[4]. 628[5], 8. II 157[7]. 158[1]; s. ἐνταῦθα
*ἐνθᾱυτα 628, 8
ἔνθεν 628[5]. II 16[1]. 413[4]. 648[1.4]
ἐνθεναρίζω 518[5]
(*ἔνθεν αὐτα) 628, 8
ἐνθένδε 624[4]. 628[5]
ἐνθενδί 628[5]
ἔνθεο 668[2]. 741[2]. II 343[3]
ἔνθεος 429[2]. 435[2]
ἔνθερμος II 457[3]
*ἐνθευτα 628, 8
ἐνθεῦτεν ion. 628[6], 8
ἔνθηι conj. kyren. 661[6]
ἔνθηρος II 457[1]
*ἐνθητα 628, 8
*ἔνθι 269[2]
ενθινος 490[7]
ἐνθουσιάζω 251[4]
ἐνθουσιάω 732[3]
ἐνθρώσκω II 457[4]
ἐνθυμέομαι (-εῖσθαι) 726[1]. II 465, 10; – c. gen. II 109[1]; – c. ptc. II 396[6]; – πρὸς ἐμαυτόν II 510[7]
ἐνθύσκω H. 708[3], 5
ἔνθω 3. pl. imper. böot. 269[2]. 678[1]. 802[2]
ἐνθών 109[7]
ἔνι praep. 387[8]. II 419[6]. 420[3]. 423[3]. 454[6]. 455[1.2]
ἔνι verb. 388[1]. 614, 4. 678[3]. II 423[5]. 456[3]. 457[5]
ἐνί praep. II 419[4]
ἐνι- II 454[6]
ἐνί dat. sg. 588[1]
ἐνιάκις 598[1]
ἐνιαυτία delph. 270[6]

ἐνιαυτός 424, 5. 426[3]. 448[1]. 501[4]; -τῷ gort. II 159[1]; πρὸ τοῦ -τοῦ II 507[6]
ἐνιαύω II 457[4]
ἐνίγυιος 446[3]
ἐνίζανον II 457[4]
ἐνίζω 588, 3
ἐνίημι II 457[4]; – c. loc. II 156[6]; ἐνήσειν II 295[5]
Ἐνιῆνες 102[6]
ἐνικάτθεο II 429[3]
ἐνίκει conj. her. kyren. 744[5]. 791[2]
ἔνικεν H. 744, 8
ἔνικον pap. 745[2]
ἑνικὸς ἀριθμός 588, 3. II 40, 1
ἐνικωσαν 666[2]
ἔνι οἵ 614, 4
ἔνιοι 587, 1. 588[2]. 613, 3 614, 4. II 27[3]
(*ἔνιο ι) 614, 4
ἐνιπή 298[5]. 460[5]. 648[3]. 704[5]. II 457[5]
ἐνίπλειος c. gen. II 110[8]
ἐνιπλήξωμεν conj. 791[2]
ἐνιπρήσειν II 295[6]
ἐνίπτω 648, 4. 704[5], 11. 749[3]. II 81[3]; ἠνίπαπον 704[5]; -πε 648[3]. 782[5]
ἐνισκίμφθη hom. 761[3]
ἔνισπες 747[2]. 800[1]; ἐνίσπω 686[2]. 747[2]; -οις opt. 747[2]; -οι II 323[1]; ἔνισπε imper. 390[8]. 747[2]. 799[2]. 800[1]; ἐνίσπες 390[8]. 747[2]. 800[1]; ἐνισπεῖν 747[2]; ἐνισπήσω 782[7]; ἐνίψω 782[5]
ἐνίσσω 298[5]. 648[4]. 704[5], 11. 715[1]. 749[3]
ἐνίστασθαι ταῖς ἐπιβουλαῖς II 712[2]
ἔνισχνος II 457[2]
ἔνιψα 714[6]
ἐνίων· τινῶν H. 601[3]
*ἐνj praep. II 455, 1
ἐνκαθίσας παρὰ τῆι θύραι II 493[6]
*ἓν κατόν 592[5]
*ἐνκ-ενκ- 647[6]
ἐνμεντευθενί 611, 3
ἐννάετες Hes. 591, 2
ἐνναετήρω Hes. 591, 2
ἐννέα 57[3]. 314[4]. 412[7]. 590[6]. 591[2]
ἐννέα her. 305[5]. 592[3]; s. hέννέα
ἐννεάβοιος hom. 591[1]
ἐννεαέτηρος spätgr. 591[1]
ἐννεακαίδεκα 594[3]
ἐννεακισ- 591[1]
Ἐννέα ὁδοί II 608[5]
ἐννεάς f. 591[1]. 597[2]
ἐννεάχ(ε)ιλοι Ilias 593[4]
ἐννεαχῶς spätgr. 591[1]
ἐννεετηρίς att. 591[1]
(*ἐννε' ἦμαρ) 591, 2
ἕννεκα äol. 228[5]. II 552[3]
ἔννεον ipf. 310[7]. 654[3]. 685[6]. 832[8]
ἐννεόργυιος hom. 591[1]; -υιοι μῆκος II 86
ἐννέπω 684[5]. II 80[2]. 401[4]. 429[6]; ἔννεπε 300[3]. 747[2]. II 457[5]; – ipf. 656[3]
ἐννεσιεργός 443[5], 9
ἐννέωρος hom. 591[1]
(*ἔννϝατος) 238[5]
ἐννη dor. 241[3]
ἔννη äol. 310[7]. 675[2]
ἐννή 241[3]. 590[6]
ἐννῆ dor. 250[6]. 590[6]
ἐννήκοντα hom. 591, 3
ἐννῆμαρ hom. 591, 2. 612[6]. II 39, 3
ἐννήρης Polyb. 591, 2
ἐννήυσκλοι H. 590[6]
ἔννηφιν Hes. 551[4], 5
ἐννί' Korinna 590, 9
ἔννοια II 54[2]
ἐννομώτερος παιδιά 536, 2
ἔννοος II 457[1]
Ἐννοσίγαιος 467[6]
Ἐννοσίδᾶς 422[6]. 451[4]
ἐννοῶ: -εῖτε, -ήσατε imper. II 341[6]; ἐννοῶ c. gen. II 106[4]; ἐννοηθέντες nom. abs. II 403[6]
ἔννυθεν 310[7]. 649[3]. 761[5]
ἕννυμι 227[1]. 284[1]. 312[2]. 322[6]. 697[5]. II 72, 1. 234[1]. 260[2]
ἕννυσθαι II 231[1]; – περὶ χροῒ χαλκόν II 500[7]
ἔννωθρος II 457[3]
ἐνο (ἐνό) = ἐνι 678[4]. II 423, 3
ἑνο- compos. 588, 7
ἑνοειδής 588, 3
ἔνοικεν infin. delph. 807[3]
ἐνοικοδομεικόντεσσι thess. 540[5]. 774[5]
*ενομα 352[7]
ἐνόμισ(σ)α 321[6]
ἐνομωμοσμένας 773[5]
ἑνόν acc. abs. II 401[7]
ἐνόπαι 460[2]
ἐνοπή 437[1]. 460[5]
ἐνόρνυμι c. loc. II 156[6]
ἔνορχα μῆλα II 456[3]
ἐνορχής 513[4]. II 456[3]
ἐνόρχης 433[4]. II 457[3]
ἕνος 613[1]
ἔνος 56[6]. 304[1]. 339[4]. 458[5]
ἑνός gen. sg. 304[1]. 588[1]; – ngr. 588[2]; – δέουσι τριάκοντα, – δέον εἰκοστὸν ἔτος 594[4]
ἔνοσις hom. 225[6]
ἐνοσφίσθης 758[1]
ἑνότης 588, 3. 597[5]
ἔνοτος äol. 591[1]
ἔνουλος II 457[3]
ἐνοῦσα: -αν II 403[3]; ὡς ἐνούσης σωτηρίας II 402[4]
ἐνοφειλομένους pap. 721[4]
ἐνοχλεῖν II 73[6]; – c. dat. II 145[1]
ἔνοχος c. gen. II 131[4]; – od. dat. II 131[3]
ἑνόω 588, 3
(ενπελα) 682, 1
ἐνπέλανον selin. 682, 1. 798, 11
ἐνπίδες megar. 213[4]
ἐνπιπασκέσθō kret. 709[1]
*ἐν πόδας II 456, 5
*ἐνππᾶσις 301[7]
ἐνρῑγισκάνειν H. 709[4]
ἐνριγόω: ἐνερρίγωσα II 423[1]
ἐνς praep. 82[5.8]. 324[3]. 337[2]. 434, 5. 620[1]. II 68[2]. 454[6]. 455[1], 9. 456[2], 5; – c. acc. 85[8]; ἐνς ἅς 440, 8
ἔνσ 287[4]. 588[1], 2
ἐνσάττω att. II 432[2]
ἐνσειΕι gort. 674[3]
ἐνσ(ιείη) kret. 674[3]
ἔνσιμος II 457[2]
ἔνσοφος II 457[3]
*ἔνσπετε 747[2]
(*ἔν(σ) τε) 629[6] ; s. hεντε
ἐνστρατοπεδεύεσθαι II 423[1]
ἐνστύφων II 457[3]
ἐνσχερώ 482[1]. II 163, 2. 469, 1
ἐν σχερῷ 619[1]. II 469[1], 1
ἐντ- ptc. 676[6]. 677[1]
*-εντ 3. pl. 750, 1
-έντ- suff. ptc. 758[4]. 810[2]
ἐντάδε arg. 204[4]
ἐντανύεσθαι 699[1]
ἔντασσι dat. pl. her. 93[6]. 525[4]. 567[2]. 678[2]
ἐνταῦθα 625[4]. 628[6]. II 157[7]. 300[5]. 427[7]; – τῆς πολιτείας II 114[6]; s. auch ἐνθαῦτα
ἐνταυθοῖ hom. att. 549[7]. 630[6]. II 158[1.2]
ἐνταῦτα el. 204[4]. 628[5]
ENTE delph. 629[6]
ἔντε praep. lokr. 629[5]. 630[1]. II 533[5]. 658[1]
ἔντεα 518[5]. II 52[1]
ἔντεκνος 433[4]
ἔντερον 533[6]; -α pl. II 455[1]
ἔντες dor. her. 525, 4. 567[2]. 642[4]. 678[2]; – ἀεὶ ἐπὶ τῶν ϝετέων II 471[1]
ἔντεσα lak. 629[1]
ἐντεσιεργούς hom. 443, 9. 696, 10
ἐντεῦθεν att. 628[6], 8
ἔντεφρος II 457[2]
-εντι 3. pl. Verbalend. 657[5]

*ἔντι 'eunt' 665[3]
ἐντί dor. 222[2]. 270[4]. 663[4]. 676[6]. 677[1.2]
ἐντί 'er ist' rhod. 677, 3
ἐντίθημι 457[4–5]; ἔνθες II 390[8]; ἐντίθημί τι c. loc. II 156[7]; ἐντίθεμαι c. loc. II 156[7]; ἔνθεο 668[2]. 741[2]. II 343[3]
ἔντιμος II 460[8]
*ἐντjω II 456[3]
ἔντο 741[4]
ἐντõθα Orop. 199,1. 611[6]. 628[6]
ἔντοθε 630[2]
ἔντοπος II 460[8]
ἔντος n. 513[1]. II 52[1]
ἐντός 630[2], 3. II 421[2]. 455[2.4]. 546[7]. 547[2–5], 1
ἔντοσθε 630[2]. II 455[4]. 546[7]. 547[1.5]
ἔντοσθεν 630[2]. II 546[7]. 547[1.5]
ἐντόσθια 630[2]. II 546[7]
ἐντοσθίδια II 546[7]
ἐντΟΥθα Kyme 199, 1
ἐντοφηίων delph. 344[4]
ἐντρεπέντος 759[3]
ἐντρέπομαι c. gen. II 108[8]. 109[2]; – c. acc. II 108, 1
ἐντροπαλίζομαι hom. 32[4]. 735[6]
ἐντροπαλός ngr. 32[4]
ἐντυγχάνω τινός II 104[4]; – τινί II 104[4]. 141[4.6]; – κατά τινος II 480[3]
ἐντῦνω hom., poet. 727[6]
ἐντυπαδία 631[4]
ἐντυπάς 631[4]
*ἐντύς f. 506[5]. 727[5]
ἐντυχεῖν (τὸ) II 370[6]
ἐντύω hom. poet. 727[5]
ἔντω 3. pl. imper. arg. 678[1]. 802[2]
ἔντων 3. pl. imper. kret. 678[1]. 802[6]
Ἐνυάλιος 483[7]
ἐνυδρέοντες 731[6]
ἔνυδρις 450[5]
ἔνυδρος II 456[3]
ἐνύει adv. lak. 622[3]
ἔνυμα 352[7]. 523[1]
Ἐνυμα- 32[4]
Ἐνυμακαρτίδας lak. 352[6]
ἐνύπνιον (τὸ) II 460[8]
ἐνύπνιος II 460[8]
ενυπνον hell. 245[2]
ἔνυπνος II 460[8]
ἐνυπόσαπρος 436[5]. II 457[2]
ἔνυρεν H. 714, 7. 782[6]
ἐνυρήσεις H. 714, 7. 782[6]
ἐνυφασμένα 773[6]
ἔνχον kar.-griech. 123, 2. 259[6]
ἐν ᾧ II 298[6]. 386[1]. 640[7], 2. 646[7]. 652[7.8]
ἐνώιδιον att. 520[3]; -δίω II 47[3], 6. 49[4]
ἔνωμος II 457[2]
ἐνώμοτος 398[2]
ἐνῶπα hom. 619[1]. 622[1]. 625[4]. II 68[6]. 419[3]. 456[2]
ἐνωπαδίς Ap. Rh. 631[4]
ἐνωπαδίως 467[1]
ἐνωπῆι adv. 622[1]. 625[4]
ἐνώπι 631[2]
ἐνώπιον II 460[8]
ἐνωρίς ngr. 622[1]
ἐνωτίζομαι II 460[8]
ἔνωχρος II 457[2]
ἐξ 335[7]. 336[6]. 409[5]. II 425, 6. 427[3.5]. 428[5]. 432[5]. 461[4], 1–464; – c. gen. II 237[5]; – c. gen. d. Person II 120[2]; – c. gen. d. Obj. II 103[1]; – verdeutlichend den partit. II 116[7]; – c. dat. 82[5]. 88[3]. 89[1]. II 435[7]. 447[7–8]; – τᾶι πόλει 335[7]; – c. acc. II 436[2]; – ἀγχιμόλου II 463[5]; – ἀέλπτου II 464[1]; – ἀέλπτων 463[5]; – Ἀίδαο II 464[7–8]; – ἀπόπτου II 444[3]; – ἀριστερᾶς II 112, 4; – ἀρχῆς II 464[2]; – ἐμοῦ II 464[8]; – ἑνὸς ποδός II 463[5]; ἐξ ἔτι τοῦδε 598, 4; ἐξ ἴσου II 464[1]; ἐξ ὁμόθεν II 427[7]; ἐξ οὐρανόθεν 552[1]. II 427[7]; ἐξ- II 428[3]. 599[5]; s. ἐκ, ἐς, ἐσσ
ἔξ 620[5]. II 461[4]; κακῶν – II 420, 1
ἔξ ion. att. 226[5]. 590[5]; s. ἔγ, ἔκ
ἑξα- compos. 591[5]
ἐξαγγέλλω c. partit. II 394[4]
ἐξάγγελος II 462[2]
ἐξαγορεύω II 462[5]
ἐξάγω (-ειν) II 462[4]; – τινὰ ὑπὸ πομπῆς II 530[1]; ἐξάγōδι (= -ωντι) II 315[8]
ἐξαγωγὴ σίτου II 95[7]
ἑξάγωνος spätgr. 591[6]
ἐξάδελφος II 464[6]
Ἑξάδιον Ilias 597, 2
ἑξάεδρος 591[6]
ἑξαήμερον christl. II 40[2]
Ἐξαίγρετος Kos 727, 1
ἐξαιθραπεύων 329[6]; -πεύοντος 206[3]
ἔξαιμος II 461[7]
ἐξαίμων II 461[7]
ἐξαίνυμαι II 82[5]
ἑξάϊππος 591[6]
ἐξαίρετος II 461[8]; – ἐς ὑποδήματα II 460[2]
ἐξαιροῦμαί τινι φρένας II 146[6]
ἐξαιρῶ τι(να) c. dat. II 151[2]
ἐξαίσιος II 464[5]
ἐξαιτήσεσθαι II 422[6]
ἔξαιτος 696, 9. II 461[8]
ἐξαίφνης 625[3]. II 415[7]; τὸ – II 416[2]
ἐξακέομαι II 462[6]; – κοῦμαι fut. 724[2]
ἑξάκις Pind. 597[6]
ἑξακονταμοιρία Heph. 592, 3
ἑξακόσιοι 593[2]
ἐξαλαόω II 462[6]
ἐξαλαπάζω II 462[6]; -άξειν II 375[5]; -άζειν ὑπὲρ μόρον II 519[6]
ἐξάλια 592, 5
ἐξαλιφη- 758[2]. 759[5]
ἐξάλλομαι II 462[4]
ἔξαλλον n. 610, 0
ἔξαλλος 610, 0
ἑξάμετρος Hdt. 591[5]
ἐξαμιλλῶνταί σε γῆς II 92[1–2]
ἐξαμύνεσθαι II 377[1]
εξαν adv. dor. 621, 9
ἐξανα- II 462[7]
ἐξαναβαίνειν II 429[1]; ἐξαναβᾶσαι II 428[3]. 462[7]
ἐξαναδύς II 428[1]. 462[7]
ἐξανα(κ)κάδ(δ)εν thess. 833[2]
ἐξαναλῦσαι II 428[1]. 462[7]
ἐξαναφανδόν II 428[1]. 462[7]
ἐξανελοῦσα II 429[3]
ἐξανέχομαί τινα c. ptc. II 395[1]
ἐξανέψιος II 464[6]
ἐξανιεῖσαι II 428[1]. 462[7]
ἐξανιών II 462[7]
*ἐξανστις 357[6]
ἔξανται 771[5]
ἐξαντίαι ark. 625[4]
ἐξάντιον 528[2]
ἐξανύω 699[1]. 780[5]. 781[1]. II 462[6]
ἐξαπάτασκον Aristoph. 711[3]
ἐξαπατάω (-ῶ) II 80[4]; ἐξαπάτησεν II 428[4]; ἐξαπατῶμαι II 241[3]; ἐξαπατᾶν ἐπὶ χρήμασιν II 468[2]; ἐξαπατᾶσθαι ὑπό τινος II 529[6]
ἐξαπάτη II 462[1]
ἐξαπαφίσκω hom. 710[3]. II 462[6]; ἐξαπάφω 749[3]
ἐξαπέβησαν II 428[3]. 462[7]
ἐξαπέδυνε II 428[1]. 462[7]
ἐξαπένιζεν II 428[1]. 462[7]
ἐξαπίνα II 416[4]
ἐξαπίνης 625[4]
ἐξαπλόω II 462[5]
ἐξαποδίωμαι μάχης II 428, 1
ἐξαποθνήσκων II 462[7]
ἐξαπολοίατο II 428[1]. 462[7]
ἐξαπόλωλε II 462[7]
ἐξαπονέεσθαι μάχης II 428, 1
ἐξαποτίνοις II 428[1]. 462[7]
ἐξαράσσω II 462[6]
ἐξαριστερῶν Hdn. 625[4]. II 464[8]

ἐξαρκεῖν: – τι πρό τινος II 506[7]; ἐξαρκέσας ἦν II 255[5]
ἔξαρνος II 462[2]; – εἰμι (τὰ ἐρωτώμενα) II 73[8]; ἔξαρνον εἶναι μή II 598[4]
ἐξαρτύω, -ομαι II 230[6]
ἔξαρχος II 462[1]
ἐξάς hom. Philo 597[1]
ἐξᾶς siz. 528[2]. 599[4]
ἐξασιν spätgr. 590[4]
ἐξασσός pap. 598[4]
ἔξαστις 357[6]. 450[4]. II 462[2]
*ἔξατος 266[8]
ἐξαυδάω II 462[5]
ἔξαυλος II 462[2]
ἐξαυστήρ 347[5]. 686[4]
ἐξαῦτις II 462[3]
ἐξαφέλησθε II 428[1]
ἔξαχα Hdn 598[3]
ἐξαχῆι 630[4]
ἐξαχυριῶσαι II 462[6]
*ἐξγονος 260[5]; s. ἔκγονος, ἔσγονος
ἐξδάκτυλος 335[7]
ἔξε ngr. (dial.) 590[5]
ἐξεγένοντο Διός II 94[1]
ἐξέγκα ngr. (pont.) II 258, 2
ἐξέδετο LXX 688[3]
ἐξέδρα II 462[2]; ἡ πρὸς τῷ βαλανείῳ – II 513[2]
ἐξεδώκατε 127[7]
ἔξει imper. 674[3], 6. 798[4]. II 15[8]
ἐξεῖ adv. lak. 549[6]. 630[2]. II 538[5]
ἐξεῖδον II 462[6]
ἐξεῖεν II 462[4]
ἐξείης hom. 621, 9
ἐξεικάζουσιν αὐτοὺς . . ὑπουργίαις II 99, 1
(ἐ)ξεικάττιοι thess. 593[1]
ἔξειμι ‘exeo’ II 462[4]
ἐξεῖν infin. (= ἐξεῖναι) ion. 678[1]. 808[1], 1
ἔξειν II 376[2.6]
ἐξεῖναι (sc. τινί) ἐν τῇ π. II 620[8]
ἐξεῖπον II 462[5]
ἐξειργαστέον 656[5]
ἐξείρω II 462[4]
ἔξειτι· ἐξελεύσεται H. 674[1]
ἐξεκάθευδον II 462[3]
ἐξεκκλησίαζον 656[1]
ἐξελαύνοια ark. 25[3]. 88[3]. 101[8]. 660[1]. 662[1]. 797[2]; – ἄν II 330[6]
ἐξελαύνω II 462[5]; ἐξελάσωσι II 312[6]; ἐξελαύνω c. dat. II 162[3]
ἐξελέν infin. kret. 807[1]
ἐξεληλάκεσαν Hdt. 777[5]
ἐξελθεῖν II 365[4]. 431[2.3]; – τινα ξὺν ἑνὶ ἱματίῳ II 489[6]
ἐξεμάνη ταῦτα II 77[6]
ἐξέμεν ἐς Ἀχαιούς II 459[2]
ἐξέμεν infin. hom. 806[4]
ἐξέμεναι hom. 806[3]
ἐξεμέω II 462[6]
ἐξεναρίζω 736[1]. II 462[6]
ἐξε(νι)κάμενος lesb. 744[5]
ἐξενιχθῆναι gort. 744[5]
ἐξεπίτηδες II 462[3]
ἐξέπτη Hes. 742[5]
ἐξερᾶν 726, 3
ἐξέρανα ngr. 764[1]
ἐξεργάζεσθαί τι πρὸ αὐτοῦ II 506[7]
ἐξεργασθεισεσθειν infin. thess. 763, 4. 809[3]
ἐξεργασθήσεσθαι Koine 763,4
ἐξεργασμένος II 468[7]
ἐξερεείνω (-ειν) II 268[2]. 462[5]
ἐξερέεσθαι II 377[6]
ἐξερείπω ὑπὸ πληγῆς II 526[3]
ἐξερέω II 462[5]
ἐξερρύᾱ epid. 743[4]
ἐξέρυθρος II 462[3]
ἐξερυθρώδης II 462[3]
ἐξερύσαι II 365[6]
ἐξερύσασκε Ilias 711[5]
ἐξέρχομαι: – ἕδρας τῆσδε γῆς II 114[8]; – τοῦ σπείρειν II 132[7]
ἐξερωτάω τινός τι II 132[2]
ἐξέσας H. 629[1]
ἐξεσίη 469[2]. II 462[1]
ἐξεσόμενον acc. abs. II 402[4]
ἔξεσσα 752[5]
ἐξέσσυτο hom. 414[5]
ἔξεστι(ν) 621[8]. II 462, 2; ἐξέστω II 344[4]; μὴ – II 343[4]; ἔξεστι c. infin. II 366[4]; s. ἐξεῖναι, ἐξόν
ἐξεσύθη hom. 414[5]. 654[4]
ἐξετάζω (-ειν) II 82[2]. 122[7]. 123[5]; – τι παρ' ἄλληλα II 496[3]
ἐξέτασιν γίγνεσθαι σὺν τοῖς ὅπλοις II 489[6]
ἐξέτης 543[3]. II 486[6]
ἐξέτι hom. ep. 619, 3. II 427, 2; – πατρῶν 619, 3
ἐξέτρω Et. m. 743[2]
ἐξετῶ fut. Isokr. 785[3]
ἐξευρίσκω 779, 2; ἐξεῦρον II 462[6]; ἐξευρίσκω τι c. loc. II 156[3]
ἐξεφρίομεν ipf. 689[5]
ἐξεχέβρογχος II 461[7]; -χέβρογχοι (so) 441[5]
ἐξεχέγλουτος 441[5]. II 461[7]
ἐξεχέμεναι lak. (H.) 606, 4
ἐξεῶσαι 656[6]
ἐξηγεῖσθαι II 169[1]
ἐξηγρόμην att. 748[5]
ἐξηγῶ ngr. II 235[6]
ἐξήκοιστος 596[2]
ἐξήκοντα att. 592[2]
ἐξηκοντάκις Pind. 598[1]
ἐξηκοντάς 596, 7
ἐξήλατος II 462[1]
ἐξήλῖκα 775[2]
ἐξῆμαρ 591, 2
ἐξήμβλωκα att. 709[4]
ἐξήμειν infin. rhod. 807[6]
ἐξημοιβός II 462[1]
ἐξῆν II 308[4]
ἐξῆν infin. kret. 786[4]. 807[3]
ἐξήντα δυό ngr. 592, 4
ἐξήρατό κε II 347[3]
ἐξῆς adv. 621[4], 9. 625[3]. II 413[8]; – c. dat. II 142[5]
ἐξήστω imper. el. 678[2], 2
ἔξι ngr. 590[5], 1
ἐξιέναι 808[2]; – ἐξόδους II 75[7–8]; – ἐκδήμους στρ. II 76[4]; – ἐπὶ θήραν II 473[1]
ἐξιθύνω II 462[6]
ἐξικνέομαί τινος II 104[4]
ἐξικόρ 831[4]
ἐξίναι infin. 674[4]
ἕξις 505, 2
ἐξίσταμαι II 462[4]
ἐξίστιον 539[3]
ἐξίστων acc. sg. 558[1]
ἐξίσχιος II 461[7]
*ἐξιτάω II 462[2]
ἐξίτηλος 484[4]. 705[5]. II 462[2]
ἐξῑ́της Poll. 590[5]
ἐξιτόν ἐστι II 150[1]
ἐξξανακά(δ)εν 331[7]; s. ἐξανα(κ)κά(δ)δεν
ἔξο (ἐξό) dor. 678[4]. II 423, 3
ἐξοδεύω, -ομαι ngr. II 235[5]
ἔξοδος II 462[1]
ἔξοθεν Stesich. 628[2]
ἐξόθεν Nik. II 427[7]
ἔξοι, ἐξοῖ adv. kret. syrak. 549[7]. 630[2]. II 538[5.7]
Ἐξοίδᾱς 526, 5
ἔξοινος II 462[2]
ἐξοιστέον II 410[3]
ἐξοίσω II 352[1]
ἐξοίχομαι II 462[6]
ἐξολέσθαι II 383[6]
ἐξόλλυσθαι II 376[6]. 383[4.5]
ἕξομαι 782[7]
ἐξόμειννος thess. 591[6]
ἐξόμιλος II 464[6]
ἐξόμματος II 461[7]
ἐξόμπλιον kleinas.-gr. 123, 2
ἐξόμφαλος II 461[7]
ἐξόν II 244[4]. 402[2.4]. 408[2]; – (sc. ἐστι) II 624[1]; – (= ἔξεστι) II 346[7]; – εἶναι (= ἐξεῖναι) II 346[7]; s. ἔξεστι, ἐξεῖναι
ἐξονομάζω II 462[5]
ἐξονομαίνω τοὔνομα ἐπὶ πατρός II 471[3]
ἐξονομακλήδην 626[3]. II 462[5]
ἐξόπιθεν II 427[7]. 462[3]. 540[5]. 541[2]

ἐξόπιν II 540[5]
ἐξόπισθε(ν) II 427[7]. 540[5]. 541[2]
ἐξοπίσω II 419[4]. 427[1.6]. 462[3]. 540[5]. 541[2]
ἐξοπλίζεσθαι II 374[8]
ἔξοπτος II 462[3]
ἔξορθος II 462[2]
ἐξορκίξαιαν knos. 797[4]; -κίξοντι conj. kret. 790[4]
ἔξορκος II 462[2]
ἔξορος II 464[6]
ἐξορύξε̄ conj. kypr. 661[6]. 736, 12. II 447[8]; – ἐξ τõι χο̆ρõι II 447[8]
ἐξός II 538[5.7]
ἐξότε II 427[7]
ἐξ ὅτου II 653[3.4]
ἐξοτρύνειν τινὰ ξὺν ἐπαίνῳ II 490[6]
ἐξ οὗ II 300[1]. 419[4]. 464[3], 1. 640[6], 2. 641[2]. 653[3.4]
ἐξουδενέω II 597[6]
ἐξουδενόω II 597[6]
ἔξουθα H. 629[1]
ἐξουθενέω (-ῶ) II 315[6]. 597, 3
ἐξουλῆς (so) δίκη 283[8]. 473[1]. II 462[2], 1
ἐξοῦντι Archim. 786[6]
ἔξουρος II 462[2]
ἐξούσιος II 461[7]
ἐξοφέλλω II 462[6]
ἐξόφθαλμος II 461[7]
ἔξοχα adv. 621[1]
ἐξοχάς 508, 4
ἔξοχος 430[6]. II 462[1]; – ἡρώεσσι II 155[6]
*ἐξπιπτω 324[7]
ἔξπους 335[7]. 591[5]
ἔξυγρος II 462[3]
ἐξυνῆκα 656[4]
ἐξυπανίστασθαι II 528[2]; ἐξυπανέστη II 428[3]; ἐξυπανίστασθαι ὑπὸ σκήπτρου II 528[2]
ἐξύπερθε 610[3]. II 539[4.5]f.
ἐξύπερθεν II 462[3]
ἐξυπνίζω II 464[7]
ἔξυπνος II 464[6]
ἔξω 550[3]. II 463[1]. 538[5.7.8]. 539[1–4]; – c. gen. II 360[8]; ἐξω- 632[6]
ἕξω (-ειν) 782[4.7], 12. II 265[3.8]. 266[2]. 292[1]. 376[2.6]; – c. acc. ptc. fut. 813[2]; π. ἀ. δύο ἄνδρας ἕξει τοῦ μὴ καταδῦναι II 93[3]. 360[6]
ἐξωβάδια dor. (lak.) 349[5]. 467[2]. 520[3]
ἐξώγλουτος II 461[7]
ἐξώδων II 461[7]
ἔξωθεν 619[2]. 628[2]. II 538[5]. 539[1.2]. 547[1]
ἐξώκαρπος II 461[8]
ἐξώκοιτος II 461[8]
ἐξώλης II 462[2]
ἐξώμαλλος II 461[8]
ἐξωμεύς II 461[7]
ἐξωμίας II 461[7]
ἐξωμίς f. II 461[7]
ἔξωμος χιτών II 461[7]
ἐξῶρτο II 462[4]
ἐξώτερος 534[4]; τὸ -ον II 185[4]
ἔξωχρος II 462[3]
εο 240[5.6]; – wechselt mit ᾰο 242[8]. 243[1]; – für αο 243[2]. 728[6–7]; – aus εϝο 228[7]; – dor. aus ηο 244[3]; -εο aus -ηο (< -ᾱο) 248[4]; – aus ευ 248[1]; – aus ιο 245[2]; – > ιο 242[7]; – > ευ 247[8]. 248[3]; – > ου 247[1]. 249[6.8]; – > dor. ω 249[6.7]; εο in ευ kontrah. 244[6]; – in ου kontrah. 249[7]
ε/ο themat. Vokal 642[3]. 683[4], 5. 841[6]
-ε/ο- fut. 779[7]. 781[1]
-ε/ο- conj. 790[2.3–4]f.
-εο gen. sg. ion. 561[1]
-έο 2. sg. imper. 799[3]
ἑο gen. 603[3]. II 190[4], 4
ἕο gen. hom. ion. 603[3]. 605[1]. II 198[2]; – refl. II 194[7]. 195[1]; ἕο αὐτοῦ II 195[3]
Εὀθράσης ion. 197[6]
εοι > οι 250[8]
ἔοι 3. sg. opt. 677[4]. 794[3]. II 333[7]; s. ἔοις (εἰμί)
ἑοῖ dat. sg. pron. 602[7]. 603[4]; – (= σεαυτῷ) II 198[3]; ἑοῖ αὐτῶι 607[2]. II 195[3]
ἔοικα 346[8]. 649[3]. 767[1]. 769[1.2]. 772[2]. 773[7]. II 264[4]. 395[7]. 397[1], 1; ἔοικας 767[3]; ἐοίκαμεν 642[4]. 769[3]; ἔοιγμεν 769[3], 6; ἐοίκει 653[4]. 777, 11; ἐοίκεσαν 777[5]; ἐοικέναι 808[2]. II 161[4.5]; ἐοικώς 541[1]; ἐοικότες II 408[6]; ἔοικε c. dat. II 144[2]; ἔοικας κεφαλήν II 85[2]; s. ἤικτο, ἐῴκει
ἑοῖο gen. sg. 574[6]; (= ἕο) Ap. Rh. 609[1]
ἕοις hom. 677[4]
-έοις dat. pl. nwgr. 575[5]
ἔολα 769[4]; ἐόλει Pind. 767[1]
ἔολπα pf. 701[7]. 769[4]; s. ἐώλπει
-έομαι II 232[4]
-ε/ον- suff. 485[4]ff.
ἔον 1. sg. ipf. äol. (lesb.) 642[4]. 652[2]. 676[6]. 677[3], 6; – 3. pl. 663[5], 10. 677[3]
ἐόν 16, 1; s. ἐών
*ἑόν (> οὖν) II 587[2]
ἐοντ- ptc. ion. 676[6]. 678[1]
-έοντ- ptc. 786[6]
ἐόντα (τὰ) II 409[1]
ἐόντα acc. sg. m.: καὶ βραχὺν – II 389[5]
ἐόντ(ε) II 48[3]
ἐόντες 642[4]
ἐόντεσσι lesb. 564[3]
ἔοντι conj. lokr. 677, 10
ἐόντω 3. pl. imper. ark. dor. 678[1]
ἐόντων 3. pl. imper. dor. 678[1]; delph. 802[4.6]
ἐόντωσαν imper. delph. 802[7]
ἔορ H. 226[6]. 568[5]; ἔορες 226[6]. 480[7]. 568[5], 3
ἑόρᾱκα 128[1]. 653[4]. 766[3]. 779, 1. II 258[2]; s. ἑώρακα
ἔοργα pf. 716[1]. 769[4], 10; -ε(ν) 768[5]. II 263[5]; ἔοργε κακά II 81[1]; s. ἐώργει
ἔορες; s. ἔορ
ἑορτάζω 735[2]; ἑώρταζον 653[4]
ἔορται äol. H. 769[5]
ἑορτή 501[5]; – παρὰ τοῖς Αἰγυπτίοις II 494[3]
-εος (aus -ηος) ion. 557[7]
-εος adj. ion. 81[2]. 106, 3. 456[2]. 467[4–6], 5. 468[1–4], 1. 472[6]. 562[3]
-εος aus -εϝος 472[6]
-εος unkontr. adj. att. 562[3]
-εος gen. sg. f. n. 579[2]
-εος gen. sg. 1. decl. m. ion. 561[3], 3
-έος gen. sg. dor. wgr. ion. 575[4]. 579, 1
ἑός 304[2]. 600[6]. 608[3]. II 182[7]. 192[5]. 199, 3. 200[3.7]. 201[1.2.3.4.8]. 203[6.7], 2. 204[2–6], 3; ἑοῦ gen. Hes. 603[3]. 609[1]; ἑοῦ αὐτοῦ Ilias 609[1]
ἐούρησα 654[1]
ἑοῦς gen. böot. 603[3]. 605, 1
ἐοῦσα 678[1]. II 389[3]
ἑουτῶν ion. (Priene) 203[4]. 607[2]
εουυδρου delph. 197[4]
*εοχα 492[5]. 766, 6
ἐπ 82[4]. 265[5]; s. ἐτ
ἐπ' praep. II 465[1]; – ἀγροῦ II 470[6]; – ἐμεῦ II 471[3]; – ἴσας (sc. μοίρας) II 470[8]; – ἤματι II 468[7.8]; – οὐδενί II 468[3]
ἐπ- praep. II 465[1]
ἐπᾱβολᾱ́ 434[4]
ἐπᾱ́βολος 709, 3
ἐπαγάλλομαι II 466[3]
ἐπαγγέλλω II 466[3]; -ομαί τινί τι ἐς II 83[8]; ἐπηγγείλου aor. 668[4]
ἐπαγείρω (-ειν) II 377[5]. 466[3]
ἐπάγη 758[6]
ἐπαγλαΐζω II 466[3]; -ϊεῖσθαι II 295[4]
ἐπάγω II 466[3]; -εσθαι II 231[6]; -γομένη 162[1]; ἐπάξομαι II 292[3]

ἐπᾴδω II 466[3]
ἐπαέξω II 466[3]
*ἐπᾱϝρ- 709, 3
ἔπαθα ngr. 764[1]
ἔπαθον 781[4]. 787[2]
ἐπαιγίζω II 466[3]; -ων hom. 735[4]
ἐπαινετός 502[4]
ἐπαινέω (-εῖν) II 278[1]. 282[3], 1. 400[4] 466[3]; -ῶν II 389[4]; -έσω spät 782[2]; -εῖσθαι II 364[6]; -έσομαι att. 784[7]; ἐπεινέθη 655[4]; ἐπαινεῖν c. dat. II 144[4–5]; – ἐπί τινι II 134[2]; – αὐτοῦ ὅτι II 106[5]; – ἀδικίαν πρὸ δικαιοσύνης II 507[1]; – τινα ἐπὶ τὰ γελοιότερα II 472[5]; ἐπαινοῦμαί τι II 80[6]; – ἀπό τινος II 447[2]
ἐπ' αἰνή (ἐπαινή) 102[7]. 436[2]
ἐπαίνην infin. lesb. 808[1]
ἐπαινῆν knid. 807[4]
ἔπαινος 430[6]; -οι κατά τινος II 479[6]; ἔχειν ἔπαινον πρός τινος II 227[2]. 514[6]; – – ὑπό τινος II 529[3]
ἐπαΐξαι μόθον II 73[1]
ἐπαΐξασκε κατὰ μόθον II 476[6]
ἐπαΐξομαι 781[7]
ἐπαίρομαι (-εσθαι) II 351[1]; – c. instr. II 168[2]
ἔπαισα 738[2]
ἐπαΐσσω II 466[3]; – c. gen. II 105[5]
ἐπαισχύνομαι II 466[3]
ἐπαιτέω (-ῶ) II 82[1]. 466[3]
ἐπαίτης hell. 263[6]
ἐπαιτιᾶσθαί τινα c. gen. II 131[2]
ἐπαίτιος II 465[3]
ἐπαΐω: s. ἐπήϊσε
ἐπᾱ́κοε lak. 458[4]. 565[5]
ἐπακ(ο)ος dor. 562[4]
ἐπακούω c. acc. II 107[4]; ἐπάκουε δίκης II 95[4]; ἐπακούοντες τῶν λεγομένων II 95[4]; ἐπάκουσαν βουλῆς II 95[3]; ἐπακούσας τῷ κελεύσματι II 95[4]
ἐπακτήρ II 426[3]
ἐπαλάομαι II 466[3]
ἐπαλείφω II 466[3]
ἐπαλέξω II 466[4]
ἐπαλιλλόγητο Hdt. 765[7], 6
ἐπαλληλία 399[3]
ἐπάλμενος 221[3]
ἔπαλξις 449, 2. 506[1]. II 357[1]
ἔπαλπνος 539[2]
ἐπάλτης II 465, 9
ἔπαλτο 751, 2
›Επαμείνων 435[6]
›Επαμινώνδας 435[6]. 510[1]
ἐπαμμένειν c. dat. II 143[4]
ἐπαμοιβαδίς hom. 626[4]. 631[4]
ἐπαμοιβᾱδόν hom. 626[4]
ἐπαμύνω II 466[4]
ἐπαμφι- II 466[4]
ἐπᾱ́ν II 306[3]. 659[1.7], 1
ἐπανα- II 440, 1. 466[4]
ἐπαναβᾱ́ν ptc. n. att. Hdn. 566, 3. 742, 3
ἐπαναγωγή II 440, 1
ἐπανελχόμενος 213[2]
ἐπανέρχομαι II 440, 1
ἐπανιτᾱκώρ el. 705[5]
ἐπανορθόω: ἐπηνώρθωσα 656[4]
*ἐπαν(σ)συτερος 398[8]
ἐπαντι- II 466[4]
ἐπάνω 633[1]. II 466[1]. 471[7]. 536[3.4.8]
ἐπάνωθεν 633[1]
ἐπᾱ́ξᾱ Theokr. 250[3]. 668, 4
ἐπαπειλοῦμαι τὰ δεινά II 241[1]
ἐπαπο- II 466[4]
ἐπαράομαι II 466[3]; -ᾶσθαι κατά τινος II 480[3]
ἐπάρατος: -ον εἶναι μὴ οἰκεῖν II 598[4]
ἐπάργυρος 435[4]. II 423[6]. 465[4]
-έπαρδον 763[4]
ἐπάρει conj. ion. 790[4]
ἐπαρήγω II 466[4]
ἐπάριτοι ark. 502[5]
ἐπαρκέω (-εῖν) II 466[4]; – c. dat. 146[3]
'Επάρμοστος delph. 306[2]
ἐπάρουρος II 473[3]
ἐπαρτής 512[5]
ἐπαρτύω II 466[3]
ἐπάρχεσθαι c. instr. II 166[1]
ἐπαρχία 159[6]
ἔπαρχος II 466[4]
ἐπαρωγός 398[4]. II 466[4]
ἐπαρῴνησα 656[4]
ἐπᾱ́σατο dor. 654[4]
ἐπασκέομαι: ἐπήσκηται II 466[2]
ἐπασσύτερος 398[8]. 621[2]; -ον n. 534, 5; -οι 534, 5
ἐπάταξα II 258[5]
ἔπαυλις II 473[4]
ἔπαυλος II 473[3.4]
*ἐπᾱυρ- 709, 3
ἐπαυρεῖ praes. Hes. 709[2]
ἐπαυρεῖν II 361[2]
ἐπαυρέμεν II 377[7]
ἐπαυρέσθαι 709[2]. 747[2]; s. ἐπαύροιτο
ἐπαύρεσις Hdt. Thuk. 709[2]
ἐπαυρήσομαι fut. 709[2]. 782[7]
ἐπαύριον 625[3]; s. ἐφαύριον
ἐπαυρίσκω 709[2]; -ομαι hom. att. 709[2], 3
ἐπαύροιτο ἄν II 328[7]; s. ἐπαυρέσθαι
ἐπαυχένιος II 473[4]
'Επαφρᾶς 128[5]. 461[6]
ἐπαφρόδιτος II 465[4]
ἐπαφύσσω II 466[3]
ἐπε el. II 658[7]
ἔπεα 5[5]
ἐπεάν II 659[1], 2
ἐπεβήσετο 788[3]
ἐπεγρίαι f. pl. 469[3]
ἐπεδίζετο 689[7]
ἐπέεσσι(ν) 564[5.7]. 580[1]
ἐπεζάρησαν 726[5]
ἐπέζωσε 675[4]
ἐπεί II 298[3], 4. 300[1]. 313[1]. 344[6]. 466[1]. 556[1]. 636[1]. 658[7]. 659[1]. 660[2–5]. 661[4]. 689[2], 1; – c. opt. II 336[5]; ἐπεὶ ἄν II 306[3], 2; ἐπεὶ ἆρ δή II 660[6]; ἐπεὶ ἄρα II 660[6]; ἐπεί γε II 660[6]; ἐπεὶ δ' ἄν II 660, 1; ἐπεὶ δή II 658[7]; ἐπεὶ ἤ II 565[1.2]. 660[6]; ἐπεί κα II 659[1.7]; ἐπεὶ καί II 567[4]; ἐπεί κε II 659[1.6] ἐπεὶ μή II 595[8]; ἐπεί νύ τοι II 571[3]; ἐπεὶ οὖν II 585[1]. 586[6]. 660[6]; ἐπεί τε II 575[2]. 658[7]; ἐπεί τοι II 660[6]
ἐπείγω 644[4]. 653, 10. 685[1]. II 429[6]. 466[5]; ἤπειγον, ἔπειγον ipf. 656[3]; ἐπείγεσθαι II 381[7]; μὴ ἐπειγέσθω II 343[4]; ἐπείγομαι c. gen. II 105[5]; – περὶ νίκης II 502[5]; ἠπείχθην 656[3]
ἐπεὶ δ' ἄν II 660, 1
ἐπειδάν II 313[3]. 659[1], 2. 4. 660[1.2]
ἐπειδέ megar. 400[3]. II 659[1]
ἐπεὶ δή II 658[7]
ἐπειδή II 563[2]. 658[7]. 659[3–5]. 660[2]. 661[4]; – γε II 660[6]
ἐπειδήπερ II 660[6]
ἐπεὶ ἤ II 565[1.2]. 660[6]
ἐπειή II 660[6]
ἐπείη opt. II 321[6]
ἐπείηι conj. kyren. 661[6]
ἐπειθόμην 755[3]
ἔπειθον 755[2]
ἐπεί κα II 659[1.7]
ἐπεὶ καί II 567[4]
ἐπεί κε II 659[1.6]
ἐπείκεια 194[2]
'Επεικίδης 194[2]
ἐπεὶ μή II 595[8]
ἔπειμι II 162[6]; s. ἐπιέναι
ἐπεινέθη 655[4]
ἐπείνυσθαι ion. 697[5]
ἐπεί νύ τοι II 571[3]
ἐπεὶ οὖν II 585[1]. 586[6]. 660[6]
ἐπείπερ II 572[1]. 660[3.6]
ἐπειργασμένοι εἰσίν 812[3]
ἐπεισ- praev. II 466[4]
ἔπεισα 755[2]
ἐπεισέφρηκε aor. 689[5]

ἔπεισιν II 64[8]. 65[1]. 419[4]
ἐπεισπίπτειν II 73[1]
ἐπεισφρείς ptc. 689[5]
ἐπεισφρέω, aor. ἐπεισέφρηκε 689[5]
ἔπειτα 629[3]. 633[1]. II 419[4]. 427[7]. 466[1]. 564[1]. 628[6]. 633[6]
ἐπεί τε II 575[2]. 658[7]
ἐπείτε ion. 629, 4. II 313[3]. 659[3.4.5]. 660[4]
ἔπειτε ion. 629[3], 5. II 563[1]
ἔπειτεν 629[3], 6. 633[1]. II 564[1]
ἐπεί τοι II 660[6]
ἐπέκεινα 625[4]. II 472[5]; – αὐτοῦ, – τοῦ Ἡρακλείου II 97[1]
ἐπεκθεῖν II 381[7]
ἐπέκτασις 246[6]
ἐπέκχεε II 429[3]
ἐπελάντω 681[4]
ἐπελασάσθων imper. 802[4]
ἐπελάσθω her. 681[4]. 801[6]
ἐπέλασσα 695[2]
ἐπελεῦσαι kret. 747[5]
ἐπελευσεῖ gort. 242[2]
ἐπέλησε(ν) 699[6]. 748[1]. 755[1]
ἐπελθεῖν: τοῦ – II 361[6]
ἐπέλθοιεν kret. 797[4]
ἐπελθών: – θοῦσαν νύκτα II 391[2]
ἐπέμβαλε II 429[3]
ἐπεμβεβαώς II 429[1.3]
ἐπεμελήθην 721[3]
ἐπεμήνατο aor. hom. 694, 3. 759[4], 3
ἐπεμπίπτω βάσιν II 76[1]
ἐπεν- II 466[4]
ἐπέναρ dor. 621[4]
ἐπένειχα hom. 744[4]
ἐπενεῖκαι II 376[5]
ἐπενεχθησόμενος 763[5]. II 296[2]
ἐπενήνοθε Ilias 766[4]. 777[3]
ἐπενθέμεν II 429[3]
ἐπεντανύσας II 429[1]
ἐπεντῦνονται conj. hom. 671[5]
ἐπεξ- II 466[4]
ἐπέξαθ' ὁ κριός Simon. 757[2]
ἐπεξελθεῖν τι πρὸ τοῦ δουλεῦσαι II 507[2]
ἐπεξερχόμεσθα 670, 3
ἐπεξῆς 221[1]
ἐπεξιέναι τινί τινος II 131[3.5]
ἐπέοικα II 466[4]
ἐπεπαιδεύμην att. 777[2]; ἐπεπαίδευτο 776[4]
ἐπεπαύατο 671, 4
ἐπέπαυντο 671[6], 4
ἐπεπήγει hom. 777, 11
ἐπέπιθμεν 767[2]. 769[2]. 776[4.7]
ἐπέπιθον 755[2]
ἐπέπληγον 765, 3. 777[3]. II 289, 1
ἐπέπλων 675[4]
*ἐπέποιθα plusq. 777[2]. 778[3]; -ε 778[3]
ἐπεποίθεα 778[3]; -θει hom. 777[4]; s. ἐπέπιθμεν
*ἐπέποις 777[2]
ἐπεπόνθεα 778[6]; -θει 777, 11
ἐπέπρητο dor. 689[2]
ἐπέπυστο hom. 777[2]
ἐπεργάζομαι: ἐπειργασμένοι εἰσίν 812[3]; s. ἐπιεργάζομαι
ἐπερείδω II 466[3]
ἐπερίμενα ngr. 656[8]
ἔπερος 435[4]. II 465[4]
ἔπερσα 322[1]. 755[3]; -σε 782[2]
ἐπέρχομαι (-εσθαι) c. dat. II 142[7–8]; – φθόγγῳ II 162[6]; – παρὰ ῥοάων II 497[4]
ἐπές c. dat. ark. II 430[1]. 448[1]
ἔπεσα aor. 753[6]. 814[5]; -σαν 3. pl. 753[6]
ἐπεσβόλος 239[5]
ἔπεσθαι 809[4]. II 160[3.6], 1. 164[6]. 236[5]; – μετὰ κτίλον II 486[3]; – διὰ πεδίοιο II 450[6]; s. ἕπομαι
ἐπέσθων imper. pl. 802[4]
ἔπεσιν dat. pl. 580[1]
ἔπεσον 271[8]. 746, 6. 756[2]. 814[5]
ἐπέσπον 747[2]. 748[5]
ἔπεσσιν dat. pl. hom. 580[1]
ἐπεστάκηι kret. 649, 1
ἐπεστάκοντα thess. 649, 1
ἐπεστάτον ostkret. 253[3]
ἔπεστιν · πίθοι II 608[4]
ἐπέσχε με λέγοντα II 390[7]
ἕπεται c. dat. II 70[7]
ἐπέτας 500[1]
ἔπετε 3. sg. dor. 640[5]. 742[5]
ἐπέτειος II 473[4]
ἐπετέλησα Koine 753[2]
ἐπετήδευσε 656[2]
ἐπετήσιος II 473[4]
ἔπετον aor. dor. 814[5]. II 260[6]
ἐπέτοσσε aor. Pind. 755, 2. 816[3]
Ἐπευξήσεως 203[5]
ἐπευρεθῆι ion. 709, 2
ἐπευφημέω II 466[3]; ἐπευφήμησαν II 419[4]
ἐπεύχομαι II 466[3]
ἐπέφαντο Hes. 770, 7
ἐπεφεῖσαν 742, 2
ἐπέφησαν H. 742, 2
ἔπεφνον 748[5]. II 262[3]
ἐπέφραδον 748[6]
ἐπεφράκεσαν Jos. 772, 4
ἐπεφράσω Ilias 762[4]
ἐπέφῡκον Hes. 777[3]. II 288[4]
ἐπεχεῖ adv. delph. 549[6]. 622[2]. 623, 13
ἐπεχές adv. 549[6]
ἐπέχθη Aristoph. 757[2]
ἐπέχω (-ειν) 771, 8. II 283[2]. 466[4]; s. ἐπέσχε, ἐπίσχε, ἐπισχεῖν, ἐφέξεις
ἔπεψα 751[5]
*ἐπή II 658[7]
ἐπηγγείλου aor. 668[4]
ἐπηγκενίδες 486[3], 2
ἐπηετανός 426[3]
ἐπήϊσε 755[3]
ἐπήκοος II 95[4]; – c. dat. II 145[2]; s. ἐπᾱκοος
ἔπηκτο 751[2]
ἔπηλα aor. 714[5]
ἔπηλις 829[5]
ἔπηλυ 542, 3
ἐπήλυγα πέτραν Eur. 584[6]
ἔπηλυς (ἐπηλυδ-) 347[2]. 425[1]. 507[3]. II 34[4]
ἐπηλύτης 681[3]
ἐπήλυτος 704, 2
ἐπήν II 306[3], 2. 659[1]. 660[2]; s. ἐπάν
ἐπηνώρθωσα 656[4]
ἔπηξα 697[3]
ἐπηπύω II 466[3]
ἐπηρεάζω (-ειν) c. dat. II 145[1]
ἐπήρετμος II 465[4]
ἐπήσκηται II 466[2]
ἐπήστακε äol. 650[1]. 777[3]; s. ἐφειστήκει
ἐπήτριμος 494[5], 7
ἐπητύς 506[5], 9
ἐπί praep. 551[1]. 594[3]. II 68[3]. 268[1]. 269[2]. 418[1.4]. 419[4]. 422[2.3.7]. 424[3]. 425[3.6], 4. 7. 427[1.2.3]. 428[7]. 432[5.8]. 433[3]. 434[1]. 440[2]. 465[1], 1 – 473; ἐπ' II 465[1]; ἐπὶ c. loc. II 168[3]; – c. acc. II 486[1]; ἐπὶ μὲν τίθεις II 426[5]; ἐπὶ διεφθαρμένοισι Ἴωσι II 391[2]; ἐπὶ χρόνον ἔτη δύο II 81, 3; ἐπὶ πατρός II 471, 1; ἐπ' ἀγροῦ II 470[6]; ἐπ' ἐμεῦ II 471[3]; ἐπ' ἴσας (sc. μοίρας) II 470[8]; ἐπὶ δεξιᾷ II 112, 4; ἐπ' ἤματι II 468[7.8]; ἐπὶ νυκτί II 469[2]; *ἐπὶ τεκί 424[3]; ἐπ' οὐδενί II 468[3]; ἐπὶ δεξιά II 112, 4; ἐπὶ θάτερα II 472[4]; ἐπὶ κάρ Ilias 583[5]. 625[2]; ἐπὶ μᾶλλον II 427[7]; ἐπὶ πάγχυ II 427[7]; ἐπὶ πλέον ὑμῶν II 99[5]; ἐπὶ τάδε 'diesseits' 625[4]. II 472[4]; ἐπὶ ταυτί 'jetzt' 625[3]; ἐπὶ τὸ πολύ 625[3]. 632[4]; ἐπὶ τρίς II 466[1]. 472[6]; ἐπὶ τοῖσδε, ὥστε II 468[2]. 677[7]. 679[5]; ἐπὶ δέ 'und dazu' II 421[6]. 424[3]. 465[3]; τὸ ἐπί τινι II 467[5]; τὸ ἐπὶ τούτῳ II 70[2]

ἐπι- 635[4]. II 429[4]. 465[1]; ἐπ- II 465[1]
ἐπί böot. (= ἐπεί) II 659[1]; ἐπί κα II 659[1]
ἔπι 381[2]. 387[7.8]. II 421[2]. 423[3.4]. 426[2]. 427[5]. 465[1]; (= ἔπεστι) II 465[3]. 623, 3
ἐπιάλμενος hom. II 465, 3; s. ἐπάλμενος
ἐπιάλτης II 465, 9
ἐπιανδάνει II 465, 3
Ἐπίασσα 525[4]. 674[4]
ἐπιβαίνω II 466[1.3]; ἐπεβήσετο 788[3]; s. ἐπιβήσεο usw.
ἐπιβάλλοντανς kret. 342, 3. 563[4]
ἐπιβάλλω II 466[3]; ὁ -ων II 125, 1; ἐπιβάλλομαι c. gen. II 105[5]; ἐπιβολὴν ἐπιβάλλειν II 75[3]
ἐπιβασκέμεν 263[3]. 707, 2
ἔπιβδα 475[6]. 476[2]
ἐπίβδαι 256[5]. 291[5]. 358[3]
ἐπιβε[βω]λευκῆμεν infin. dor. 806[5]
ἐπιβῆι, ἐπιβῆν 676, 1
ἐπιβήμεναι II 375[4]
ἐπιβήσεο 788[2]
*ἐπιβιβασκ- 263[3]
ἐπιβιόω II 466[3]
ἐπιβλαί 425[3]
ἐπιβλαστάνω II 466[3]
ἐπιβλής 425[3]
ἐπιβλύξ 620[6]
ἐπιβοηθεῖν II 278[8]
ἐπιβολὴν ἐπιβάλλειν II 75[3]
ἐπιβουλεύειν II 73[6]; τὸ μὴ – II 371[8]; ἐπιβουλεύομαι ὑπό τινος II 240[7]
ἐπιβώμιος II 473[4]
ἐπιβώσομαι hom. 708, 3
ἐπιβώτωρ 355[5]
ἐπιγελάω II 466[3]
ἐπιγεωργεῖν τί τινος II 128[2]
ἐπιγίγνομαι (-εσθαι) II 466[3]; ἐπιγιγνόμενοι II 466[2]; ἐπιγίγνεσθαι διὰ νυκτός II 451[1]; ἐπιγενομένη ἡ νόσος II 390[6]
ἐπιγιγνώσκω c. gen. II 106[2]
ἐπιγναμπτός II 465, 11
*ἔπιγνοιης 390[5]
ἐπιγονή II 466[2]
ἐπίγονος II 466[2.3]
ἐπιγουνίδιος II 179[2.5]
ἐπιγράβδην 626[3]
ἐπίγρυπος II 465, 11
ἐπὶ δέ 'und dazu' II 421[6]. 424[3]. 465[3]
ἐπιδεί böot. II 658[8]; s. ἐπειδή
ἐπιδείκνυμί (-κνύναι) τινα c. partit. II 394[6]; – παρὰ τὸν λόγον II 497[1]; ἐπιδείκνυσθαι τὴν αὐτῶν ἀ. II 236[2]; ὥσπερ ἐπιδεικνύμενοι II 391[8]
ἐπιδεῖν (ἐπεῖδον) II 363[4]; – τι c. ptc. II 394[6]
ἐπιδέξια 625[3.4]. II 473[4]; s. ἐπί, δεξιός
ἐπιδεύεαι c. abl. II 92[6]
ἐπιδευής 513[3]; -εῖς (sc. ἐσμεν) II 623[3]
ἐπιδημέω 726[5]
ἐπιδημία 469[5]
ἐπιδιαιρε͂ν II 363[8]. 423[2]
ἐπιδίζομαι: ἐπεδίζετο 689[7]
*ἐπιδίκᾱμι 503, 1
ἐπιδικατοί ark. 503, 1
ἐπιδίφρια II 473[3]
Ἐπιδορομος att. 278[6]
ἐπιδοῦναι 808, 3
ἐπιδραμέτην 651, 6
ἐπιδώμεθα Ilias 741[4]
ἐπιέζησα 752[3]
ἐπίεζον 656[3]
ἐπιείκελος II 465, 3. 466[4]
ἐπιεικής II 466[4]
ἐπιειμένε ἀναιδείην II 408[8]
ἐπιεῖναι II 466[2]
ἐπιείσομαι 781[6]
ἐπιέλπομαι II 465, 3
ἐπιέναι II 466[2.3]; – ἐπί τινα ξὺν τοῖς θεοῖς II 489[3]; s. ἔπειμι
ἐπιέννυμι II 466[3]
ἐπίεξα Hippokr. 721[4]
ἐπιεργάζομαι dor. II 465, 3; s. ἐπεργάζομαι
*ἐπιέρκω 431, 3. II 473, 1
ἐπίεσα 721[4]
ἐπίεσται 678[6]. II 229[3]
ἐπίϝοικος 223[5]
ἐπιζάξ 620[6]
ἐπιζαφελῶς 618[5]
ἐπιζώννυμι: ἐπέζωσε 675[4]
*ἐπιhίσταμαι(-σθαι) 32[6].675,2
ἐπιήρανος 452[3]
ἐπιηρέστερος 535[4]
ἐπιθαλασσίδιος II 473[4]
ἐπιθαλάσσιος II 473[4]
ἐπιθεῖτο 642[5]
ἐπιθέμενος II 390[5]
ἐπίθεσις II 426[5]
ἐπίθετον II 173, 3; -τα ὀνόματα II 18[3–4]
ἐπίθετος 453[5]. II 426[5]
ἐπίθημα II 466[1]
ἐπιθήσεσθαι (τὸ) II 369, 6
ἐπίθηται att. 793[1]
επιθιγανε ark. 699, 4
ἐπιθιγγάνη 699, 4
ἐπιθιιανε̄ ark. 209[8]
ἐπιθοῖτο opt. 642[5]. 741[4]
ἐπιθόμην 755[3]
ἐπιθρέξαντος Ilias 755[3]
ἐπιθυμέω (-ῶ) II 465, 10; – c. gen. II 105[5]; – c. acc. II 105[7]; -ῶν II 408[8]
ἐπιθυμία II 465, 10
ἐπίθυμος II 465, 10
ἐπιθυμοῦν (τὸ) II 409[1]
ἐπίθωμαι att. 792[7]f.
ἐπίθωσε böot. 727[2]
ἐπιίστωρ hom. 435, 5
ἐπικαλεῖν c. dat. II 144[6]; -λείτω II 342[5]; -λεῖσθαι ἀπό τινος II 446[6]
ἐπικάμπυλος II 465, 11
ἐπὶ κάρ Ilias 583[5]. 625[2]
ἐπικατα- II 466[4]
ἐπικατασφάζειν ἑωυτόν II 272[1]
ἐπίκειμαι, -κεῖσθαι II 466[2]; – c. loc. II 156[6]
ἐπικεκουρῆσθαι II 239[7]
ἐπικελεύομαι c. dat. II 147[2]
ἐπικέλλειν II 71[7]
ἐπικεύθω: -κεύσω II 291[8]; -κεύσῃς Od. 747[4]; μηδ' ἐπίκευθε, μηδ' ἐπικεύσῃς II 343[5]
ἐπικηρυκεύεσθαί τι διά τινος II 451[4]
ἐπικινδυνοτέραν ἑτέρων τὴν π. II 99[5]
ἐπικλαρόν kyren. 410[7]
ἐπίκλην 425[3]. 558, 3. 621[1]
ἐπίκλησιν adv. 621[1]
ἐπίκλησις II 466[3]
ἐπικλίνω II 466[3]
ἐπικνᾶις 675[2]
ἐπίκοινος II 438[8]. 465[4]
ἐπικουρέω (-εῖν) 726[4]; – c. dat. II 146[3]; ἐπικουρεῖται c. dat. II 241[2]; ἐπικεκουρῆσθαι II 239[7]
ἐπικούρημα τῆς χιόνος II 96[2]
ἐπίκουρος ἀνήρ II 623[5]
ἐπίκρᾱνον 583[5]
ἐπικρατέω (-εῖν) II 466[4]; – c. loc. II 169[2]; – τῷ πεζῷ II 167[2]
ἐπικρέτει lesb. 724, 4
ἐπικρήνειε II 323[5]
ἐπικρῆσαι 752[4]
ἐπικτανεῖν II 366[5]
ἐπικωκύω τι αὐτὴ πρὸς αὐτήν II 510[6]
ἐπιλαμβάνεσθαι II 272[3]
ἐπιλανθάνομαι II 396[2]; – τι II 108[5]; – c. gen. II 108[4]; – ὑπό τινος ἄλλου (neut.) II 528[7]; – τινος ὑπό τινος II 529[5]
ἐπιλελοχέναι 650[1]
ἐπιλεξάμενος τῶν Β. II 102[7]
ἐπιλήθω; s. ἐπέλησε
ἐπιλησμονέστερος 535[4]
ἐπιλησμότερος 535[3.4]
ἐπιλίγδην 626[3]. II 426[3]
ἐπιλλίζω 735[6]
ἐπιμαίνομαι; s. ἐπεμήνατο

ἐπιμαίομαι 'strebe' II 105[4]; – c. gen. II 105[5]; 'taste ab' c. acc. II 105[7]
ἐπὶ μᾶλλον II 427[7]
ἐπιμάρτυρος 435, 5. II 465[5]
ἐπιμάσσομαι 782[3]
ἐπιμειγνύναι σφῶν πρὸς ἑ. II 102[4]
ἐπιμειδήσας hom. 311[3]. 414[5]
ἐπιμέλεια διὰ καρτερίας II 452[2]
ἐπιμελέομαι (-εῖσθαι) 721[3]. II 363[5]; -μελήσομαι 721[3]; ἐπεμελήθην 721[3]; ἐπιμεληθῆναι II 363[5]. 364[2]; ἐπιμελειθεῖμεν infin. thess. 806[4]; ἐπιμελοῦμαί τι c. dat. II 151[3]
ἐπιμεληθῆναι II 363[5]. 364[2]
ἐπιμέλησθαι lesb. 729[2]
ἐπιμελητέον τινός II 409[7]
ἐπιμέλομαι (-εσθαι) 721[3–4]. II 108[7]. 361[4]; -μέλεσθον imper. 803[3]; -μελΟσθōν imper. altatt. 802[2], 2; ἐπιμέλομαι c. gen. II 109[2]; – τι διά τινος II 452[6]; – περί τινα II 109[5]
ἐπιμεμηνᾶκαντι arg. 356[5]. 719[2]. 774[5]
ἐπιμέμφομαι c. gen. II 133[5.6]
*ἔπῑμεν aor. 780[4]
ἐπιμετα- II 466[4]
ἐπιμήδομαι II 466[3]
ἐπιμίξ 620[6]
ἐπίμπρην ipf., ἐπίμπρασαν 3. pl., -μπρων Xen. 689[2]
ἐπινεφρίδιος 452[2]
ἐπινέω 719[3]; -νέουσι Hdt. 721[2]
ἐπίνηιον 349[3]
ἐπινίκια θύειν II 76[5]; τοῖς ἐπινικίοις II 158[6]
ἐπινοῆσαι II 364[1]
ἐπινομά kret. II 546[5]
ἐπίνυσσεν aor. 708[5]
ἐπίξενος 326[3.5]. 568[6]. II 473[4]
ἐπίξῡνος 435, 5. II 465[4]
ἔπιον 660, 4. 693[3]. 756[2]. 780[4]
ἐπιορκέω (-έειν, -εῖν) 726[4]; – πρὸς δαίμονος II 516[5]; – κατά τινος II 480[2]; ἐπιώρκησε 656[2]
ἐπίορκος 430, 3. II 465, 3. 473[3], 1
ἐπιορώρει hom. 777, 11
ἐπιοῦσα: ἡ – ἡμέρα II 175[5]; ἡ – II 409[3]; τῇ ἐπιούσῃ II 158[7]
ἐπιούσιος 466[5], 9. II 473, 2; τὰ ἐπιούσια II 473, 2
ἐπιόψομαι II 465, 3; – ἄν II 351[6]
ἐπὶ πάγχυ II 427[7]
ἐπίπαν 625[4]
ἐπιπάξ H. 620[5]
ἐπίπαππος II 473[4]
ἐπιπαρα- II 466[4]
ἐπιπατρόφιον böot. 451[3]. 551[3]. II 471[3]
ἐπίπεμπτος 599[4]. II 473[4]
ἐπιπερι- II 466[4]
ἐπιπηρῆται kret. 283[5]
ἐπὶ πλέον ὑμῶν II 99[5]
ἐπιπλήσσω II 271[5]
ἐπιπλήττω c. dat. II 144[6]
ἔπιπλον 449[4]
ἐπιπλώς, ἐπιπλώσας Ilias 743, 5
ἐπίποκος 435[4]. II 465[4]
ἐπιπολή 295[6]
ἐπιπολῆς 625[3]
ἐπιπολύ 625[3]
ἐπιπρό 'vorwärts' II 429[7]. 505[4]
ἐπιπρο- II 466[4]
ἐπιπροέηκα II 429[2]
ἐπιπροΐαλλεν II 429[3]
ἐπιπροσ- II 466[4]
ἐπίπροσθεν II 427[7]. 466[1]. 543[5.6]. 544[1.2]
ἐπιπροσθέω 726[2]
ἐπιπρόσω II 428[1]
ἐπιπτάμενον Sapph. 742[5]
ἐπιπτέσθαι infin. Ilias 742[4]. 747[2]
ἐπιπτήσεται Hdt. 742[5]
ἔπιπτον ἑκατέρων II 622[6]
ἐπιράπιξις 738[2]
ἐπιρίπτειν 311[3]
Ἐπιρνύτιος kret. H. 96[4]. 352[4]. 695[5]
ἐπίρρημα II 14[4.5]. 412, 1. 413, 1; ἐπιρρήματα (term.) 587, 1. 618, 2. II 601, 3
ἐπιρρόμβεισι 3. pl. lesb. 729[1]
*ἐπιρρόμβηντι 3. pl. 729[1]
ἔπῑσα 709[2]. 756[2]
ἐπισαμαινέσθω kalymn. 801[6]
ἐπισάττω II 432[2]
ἐπισκέπομαι 684[5]
ἐπισκέπτομαι 684[5]
ἐπισκευάζω II 276[5.6]
ἐπισκήπτεσθαί τινί τινος II 131[3]
ἐπισκήπτω II 83[3]
ἐπίσκοπος II 405[2]. 426[3]
ἐπισκοτέω ἀντί τινος II 443[2]
ἐπισκύνιον 488[5]
ἐπισμῆι att. 675[4]
ἐπισμυγερῶς 310[6]. 618[5]
ἐπίσογκος 428, 4
ἐπισπάδην 626[3]
ἐπισπεῖν 684[5]; s. ἐπέσπον
ἐπισπένσανς nom. sg. kret. 287[2]. 566[2]
ἐπισπόμενος 748[5]; -οι II 466[2]
ἔπισσαι 472, 2
ἐπισσείω hom. 320[1]. 685[6]
ἐπισσεύας (so, nicht ἐπισεύας) 414[5]
ἐπισσεύηι hom. 414[5]
ἐπίσσοφος ther. 320[1]. 329[3]. 460[6]
ἐπίσσωτρον 532[4]
*ἐπίστᾰ 425[3]
ἐπιστάεται 675, 1
ἐπίσταμαι (-σθαι) 32[6]. 644[4]. 675[2], 2. II 396[1]. 426[6]. 466[5], 1; -σαι 668[5]; -ᾱι 668[3]; -στεαι Hdt. 668[3]. 672[2]; -στῃ 668[4]; -στέαται 3. pl. 668[3]. 675, 1; ἠπίστασο 668[5]; ἠπίστω 668[3.5]; ἐπίστατο 675[2]; ἠπίστατο 656[3]; ἐπίστωμαι conj. 792[7]; ἐπίστηται 675[2], 1. 687, 1. 792[7]; ἐπιστέωνται Hdt. 792[6]; ἐπίσταιτο 675[2]. 794[6]; ἐπίστασο Hdt. att. 668[5]; ἐπίστω 668[4]; ἐπιστάμην infin. m-kret. 807[5]; ἐπιστάμενος II 391[7]; ἠπιστήθην Hdt. att. 762[2]. 782[5]; ἐπίσταμαι ὡς ἁλούς II 397[4]; ἐπίσταμαί τι ἀκοῇ II 167[7]; ἐπίσταμαί τινα c. ptc. II 394[6]; ἐπίσταμαι c. gen. II 107[7]; ἐπιστέαται c. gen. II 106[5]; διὰ τὸ μὴ ἐπίστασθαι II 370[6]; ἐπισταμένῳ ἐόντι II 408[1]; ὡς εὖ ἐπιστάμενος II 391[6.7]
ἐπισταμένως 624[1]
ἐπιστᾱμων 522[4]
ἐπιστατέω c. gen. II 110[2]
ἐπιστάτης 452[5]
ἐπιστατητέον II 150[2]
ἐπίσ(τ)αυσε delph. 198[5]
ἐπιστελεσθεῖ 257[6]
ἐπιστέλλεταί τινί τι II 241[2]
ἐπιστένω II 466[3]
ἐπίστεσθαι 675, 2
ἐπιστεφής c. gen. II 111[1]
ἐπιστέφομαι c. gen. II 111[1]
ἐπίστημος 494[4]
ἐπιστήμων: – τὰ προσήκοντα II 73[8]; – θαλάσσης II 107[8]; – περί τινος II 503[4]
ἐπιστήσομαι hom. 782[5]
ἐπίστιον 425[3]
ἐπιστολαί 'Brief' II 43[3]
ἐπιστρατεία τῶν Πλ. II 121[6]
ἐπιστράφητι 262[2]
ἐπίστρεφε II 341[7]
ἐπιστρέφομαι c. gen. II 108[8]
ἐπιστρέψαι (τοῦ) II 372[5]
ἐπιστροφάδην 626[5]
ἐπίστροφος ἀνθρώπων II 108[8]
ἐπίστυσε 199[3]
ἐπισυν- II 466[4]
ἐπισυνιστᾶτοι (nicht -ται) conj. ark. 669[3]. 792[3]

ἐπισφάττεσθαι ἑαυτόν II 236[2]
ἐπισφύριον II 473[3]
ἐπίσχε imper. 798, 6. 800[1]
ἐπισχεῖν II 381[1]; s. ἐπέσχε
(*ἐπισχερός) II 469, 2
*ἐπὶ σχερῷ II 163[3]. 469[1]
ἐπισχερώ 102[1]. 482[1]. 550[2]. 618[7]. 625[4]. II 163[3],0.2. 435[1]. 469[1], 1.2
ἐπίσχες imper. 800[1]; – τοῦ δρόμου II 92[4]; –, μή II 676[7]
ἐπίσχετον II 609[7]
ἐπίσχοιας 660[3]
ἐπισχοίης 660, 7
ἐπίσχοιμεν τοῦ θράσους II 93[8]
ἐπισχὼν ὀλίγον χρόνον II 390[4]
ἐπὶ τάδε 'diesseits' 625[4]. II 472[4]
ἐπιτάδε Φασήλιδος II 97[2]
ἐπιτᾱδές dor. 581, 4
ἐπιτάδουμα kret. 96[4]. 194[4]
ἐπιταινίδιος 467[2.3]
ἐπιτάξ 620[6]
ἐπιτάσσεσθαι ἀπό τινος II 446[5]
ἐπὶ ταυτί 'jetzt' 625[3]
ἐπιταχύνω τινὰ τῆς ὁδοῦ II 112, 2
ἐπιτεθῆναι II 377[7]
ἐπιτεθεωρήκην infin.lesb.807[2]
ἐπιτείνω II 466[2]
ἐπιτειχίσματα τῆς χώρας II 96[2]. 121[6]
ἐπιτελέω: ἐπετέλησα Koine 753[2]; ἐπιτελέσαι II 364[1]
Ἐπιτελίδεσσι argol. 564[4]
ἐπιτέλλομαι II 374[2]; – τι c. dat. 147[3]
ἐπίτεξ 424[3]. 425[1]
ἐπιτέταρτος 599[4]
ἐπιτετραμμένος τι II 241[1]
ἐπιτετροπευμένος 766[1]
ἐπίτευκται H. 767[1]
ἐπιτηδειέστερος 535[4]
ἐπιτηδές 581, 4. II 78[8]
ἐπίτηδες 380[3]
ἐπιτηδέστερος 535[4]
ἐπιτηδεύω: ἐπετήδευσε 656[2]; ἐπιτηδεύσουν 666[3]
ἐπιτίθημι II 466[1]; ἐπιτιθοῦσαν ptc. 688[3]; ἐπιτεθῆναι II 377[7]
ἐπιτιμᾶν c. dat. II 144[6]
ἔπιτνον 695[3]. 748[3]. II 262[3]; -ε 695[3]
ἐπίτοκα acc. sg. 424[3]
Ἐπιτόνυ kret. 182[2]
ἐπιτράψονται ion. 782[6]
ἐπιτρέπεταί τινί τι II 241[2]
ἐπιτρέπω II 307[6]. 396[3]; -τρέψειν II 376[2.6]; ἐπιτρέπω τινὶ παραβαίνοντι II 393[7]
ἐπιτρέχω; s. ἐπιθρέξαντος
ἐπιτριηραρχεῖσθαι pass. II 240[7]
ἐπὶ τρίς II 466[1]. 472[6]
ἐπίτριτος 599[4]. II 473[4]
ἐπιτροπεύω 766[1]. II 73[7]; – c. gen. II 110[2]
ἐπιτροπή II 688, 1
ἐπίτροπος 441, 2
ἐπιτροχάδην 626[5]
ἐπιτρύσσειν lak. II 518[1]
ἐπιτυγχάνω τινός II 104[4]
ἐπιτυφη- 759[5.6]
ἐπίτω II 342[5]
ἐπίφαντος II 405[2]
ἐπιφέρω II 466[2]; – χεῖρας c. dat. II 145[7]
ἐπίφθονος πρός τινος II 514[8]
ἐπιφθύζω 325[8]. 326[7]
ἐπιφράζομαι II 704[2]; ἐπεφράσω Ilias 762[4]
ἐπίφρων II 465[3]
ἐπιφωνήματα II 601, 3
ἐπιχαίρω II 466[3]; ἐπιχαιρόντων II 344[2]
ἐπιχαρής 513[3]
ἐπιχειρεῖν 731[6]. II 365[6]
ἐπιχειρεῖν (τὸ) II 370[6]. 371[5]
ἐπιχείρησις II 357[1]
ἐπιχέομαί τινος II 124[4]
ἐπιχθόνιος II 473[4]
ἐπιχράω c. dat. II 149[4]
ἐπίχρυσος 435[4]. II 465[4]
ἐπιψηφίζω II 234[3]
ἐπιώρκησε 656[2]
ἐπλάνεσα ngr. 753[2]
ἔπλε Ilias 651[6]. 747[2]
ἔπλει ἄν II 347[5]
ἔπλεο 747[2]; – ὠκύμορος περὶ πάντων II 370[2]
ἔπλετο 780, 5; – ἄν II 347[3]
ἔπλευσα 685[7]. 754[3]. 781[6]
ἐπληροῦσαν 666, 3
ἔπλησα hom. 755[6]
ἐπλύθη 694[5]
-έπλω 743, 5
ἔπλωσε 743, 5
ἔπνευσα 685[7]. 696[1]. 781[6]
ἐπόημμεν infin. lesb. 729[1]
ἐπόθεσα 753[3]
ἐποίεhε 217[3]
εποιΕΣ aor. ark. 750, 1
ἐποιε̄σάτε̄ν II 612[1]
ἐποίϝεhε 217[4]
ἐποιϝε̄θε̄ arg. 758, 3
ἐποίϝε̄σε böot. 223[6]
ἐποίης aor. 750, 1; -ησε 768[5]; -ησν 392[2]
ἔποικα 842[5]
ἐποιμώζω ἀμφὶ τάρβει II 438[4]
ἐποίπνῡσα 737[4]
ἐποίσΕ conj. ark. 752, 9
ἐποιχομένην II 419[4]
ἕπομαι 295[6]. 298[5]. 304[1.3]. 684[5]. 748[5]. II 228[7], 2; ἕπονται II 224[3]; εἱπόμην att. 219[4]. 653[1]; ἕπου II 341[4]; ἑπόμενος II 241[6]; ἕπεται c. dat. II 70[7]; s. ἕπεσθαι, ἑσπόμην, ἑσ̆πέσθαι usw.
ἑπομένως II 160[3]
ἐπόμνυμι II 466[3]
ἐπόνεσα Hippokr. 753[3]
ἐπόνησα ion.-att. 753[3]
ἐπο̄νια II 490[2]
ἐπονομάζειν II 122[6]; -ζεσθαι II 362[3]; -ζομαί τινος II 124[6]
ἐποποῖ 194, 2
ἐπόπτηισιν altatt. 559[4]
ἔπορε 360[5]
ἐπόρεις ptc. lesb. 225[6]. 680[6]
ἐπορνύναι μόρσιμον ἦ. ὑπὸ βίηφι II 526[2]; s. ἐπώρνυε
ἐπορούω II 466[3]
ἔπος 511[7]; ἔπεα 5[5]; ἔπεσιν dat. pl. 580[1]; ἔπεσσιν 580[1]; ἐπέεσσι(ν) 564[5.7]. 580[1]
ἐποτρύνω c. dat. II 147[3]
ἐπουράνιος II 473[3]
ἐποχήσομαι II 291[6]
ἐπόψιος 449[3]
ἔππᾱσις böot. 271[2]. 301[7.8]. 316[7]. 649[4]
ἔπραθον 755[3]
ἐπριάμην att. 681[2]. 743[5]. 746[1]; ἐπρίᾱ 2. sg. dor. 668[3]. 743[5]; ἐπρίω att. 668[3]. 743[5]; ἐπρίατο 743[5]; 744, 1; *ἐπρίατο 3. pl. 744, 1; s. πρίασθαι
*ἐπστός 336[4]
ἑπτά 303[8]. 333[3]. 380[8]. 590[5], 8; – καὶ δέκα 594[2]
ἑπταδεύω 597[3]
ἑπτάδυμος 589[3]
ἑπτακαίδεκα 594[3]
ἑπτακάτιοι her. 593[2]
ἑπτάκι Patmos 598, 2
ἑπτάκις Pind. 597[6]
ἑπτακόσιοι 593[2]
ἑπτάλια byz. 592, 5
*ἑπταμεο- 590, 8
ἐπτάμην 681[3]
ἐπτάρην Hippokr. 759[3]
ἔπταρον 759[3]; -ε 747[5]
ἑπτάς Arist. 597[2]
ἔπτατο hom. 742[4]. 747[2]
ἔπταχα 598[2]
ἑπτέτης 398[4]
ἑπτέτις 464[5]
ἔπτετο 358[3]
ἔπτηκα (= att. -ηχα) 772[6]
ἔπτην 742[6]; -έπτην spätgr. 742[5]
ἔπτηχα Isokr. 772[1]
*ἔπτῡ (?) 759, 1
ἐπτύρην spätgr. 714[5]
ἐπυγίζοσαν 666[1]

ἐπύησαν (= ἐποίησαν) 132, 1
ἐπυνθάνετο εἰ σωθεῖεν II 297[7]
ἔπω 'spreche' spätgr. 747, 4
ἕπω 684[5]. 768[6]
*ἔπωι aor. 780[4]
ἐπώιχατο 771[7], 8. 777, 2. II 432[1]. 466[4]
(ἐπωμέσθαι Alkm.) 784, 3
ἕπωνται 671[5]
ἐπώνυμος: -οι II 611[6]; ἐπώνυμός εἰμί τινος II 124[6.7]
ἐπώρνυε 698[6]
ἐπ' ᾧ τε II 681[6]
ἐπῴχετο II 419[4]
ἐρ 622[7]
ερ vor Kons. 684[3.4]; – für ιρ el. 275[1]. 695[1]; ερ statt ρα 693[2]
-ερ- suff. 480[7]f.
ἔρ(α) kypr. II 558[3.4]
*ἔρα 489[1]
ἐράασθε 681[2]
ἔραδος 509[1]
ἔραζε 424[3]. 625[1], 2
ἐραίμᾱν 681[2]
ἔραμαι 680[4]. 681[1]. 815[2]. II 229[2]; ἐρᾶσαι 669[2]. 681, 8; ἠράμᾱν 681[2]; ἤραο 747[2]; ἠρασάμην, ἠρησάμην 752[4]; ἠράσσατο 761[1]; ἔραμαί τινος II 105[2]
ἐρᾶν (τὸ) II 366[1]
ἐράναι· βωμοί H. 489[1]
ἔραννα voc. sg. lesb. 558[5]
ἐραννός 489[6]. 514[3]. 516[3]
ἔρανος 489[6]
ἐράομαι 681[2]; ἐρῶμαι II 347[4]; – ὑπό τινος II 240[8]
*ἔρας n. 444, 2. 514[5]. 625, 2
ἐρᾶσαι 669, 2. 681, 8
ἐρασθεὶς ἔχειν Plat. 812[7]
ἐρασθη- 761[4]
ἐρασθίς 771[2]
Ἐρασικλῆς 516[7]
ἐρασίμολπος 444, 2
ἐρασιπλόκαμος 444, 2
ἐράσμιος 493, 10
ἔραται 669[2]. 681[1]
ἔρᾶται indic. 681, 8
ἔρᾶται conj. 681[2]
ἐρατίζω 706[4]; – τινός II 105[2]
ἐράτοθεν H. 182[3]. 761, 5
ἐρατός 344[7]
ἐρᾱτύω dor. 727[5]
ἐραυνάω 126[3]. 274[8]; -ᾶν 198[4]
ἐράω 815[2]. II 229[2]
ἔρβως 514, 5
ἐργάζομαι (-εσθαι) 226[2]. 734[5], 7. II 71[3]. 364[5]; εἰργαζόμην 654[1]; ἠργαζόμην 653[4]; ἐργᾶται fut. Koine 785[3]; ἐργάσεται med. pass. 763[5]; ἐργαξηται her. 786[4]; ὁ ἐργασόμενος II 296[2]; ἐργάσαντο 655[6]; ἐργάσσαντο 737[7]; ἐργάσασθαι 760[4]; ἐργασθήσεται att. 763[5]; ἐργασθέωντι rhod. 792[7]; ἐργασθῆναι pass. Hdt. att. 760[4]; ἐργασμένος II 240[4]; ἐργάζεσθαί τι πρὸ τῶν Τρωικῶν II 507[5]; ἐργάζομαί τινα κακόν τι II 81[2]; μὴ ἐργάσῃ II 340, 1; s. εἴργασμαι
ἐργάζω (= ἐργάζομαι) II 235[1]
ἐργάνη 379[6]
ἐργασείων Soph. 789[1]
ἐργασία 469[2]
ἐργαστέον II 150[2]
ἐργάτης 500[6]
ἐργατίνης 490[6]
ἔργετος 501[2]
-εργέω 726[5]
ἔργμα 523[5]
ἐργμένος Bakch. 716[1]. 769, 10
ἔργον 309[1]. 339[2]. 458[5]. II 468[5]; τῷ ἔργῳ II 167[3]; ἔργον οὐδὲν ὄνειδος II 623[4]. 693[6]; ἔργα παρέχεται πρὸς χώρην II 511[2]
ἔργω 782[5]; ἔρξω 782[5]
ἔρδω (-ειν) 335[8]. 716[1]. 754[7]. 782[5]. II 377[1]; ἔρδε II 344[1]; ἔρξω 782[5]; ἔρξωσι 664[3]; ἔρξαι II 381[2]; ἔρδειν κακά II 79[2]; ἔρδω ἱρὰ ἀμφὶ ἄστυ II 439[2]; – τινί τι II 151[2]
ἔρδω ἑκατόμβας ὑπὸ πλατανίστῳ II 525[3]
ἐρε/ο- 746[5]
ἐρέας thess. 513, 11
ἐρεβεννός 281[8]; -ή 385[4]
ἐρέβεσφιν 551[1]
ἐρέβευς gen. sg. hom. 579[3]
ἐρέβινθος 61[5]. 352[8]. 395[4]. 526[5]
*ἐρέβος 379[7]. 381[6]
ἔρεβος 295[6]. 379[7]. 381[6]. 411[6]. 512[6]; ἐρέβευς gen. sg. hom. 579[3]; ἐρέβεσφιν 551[1]
Ἐρέδαμος böot. 444[4]
ἐρέει κε II 351[5]
ἐρέειν II 232[7]
ἐρεείνω 521[4]. 724[5]
ἐρέεσφι· τέκνοις 551[4]
*ἐρεϝομεν conj. hom. 680[6]. 790[4]
ἐρεθίζω 736[2]; ἠρέθιζον 655[2], 1
Ἐρεθουσίωι delph. 256[1]
ἐρέθω: ἐρέθουσιν 3. pl. 703[3], 3; ἐρέθησιν, ἔρεθε 703[3]
ἐρείδω 684[6]. 754[8]. 773, 1. II 230, 1; ἐρείσατο 751[7]; ἠρείσθης 762[5]; ἐρείσας δόρυ πρὸς τεῖχος II 510[2]; ἐρείδομαι ἐπί τινος II 469[5]; – ὕ. οὔδει II 155[7]; – c. gen. II 112[2]
ἐρείκη 314[2]
ἐρεικόμενος Ilias 747[4]
ἐρείκω 684[7]. 702[5]; ἤρεικον 655[2]; ἤρειξα 756[1]; ἤρικε 747[4]
ἐρείομεν conj. 680[6]. 790[4]
ἐρείπια 470[3]
ἐρείπω (-ειν) 347[1]. 684[6]. 747[4]. II 273[4]; ἐρείψω 782[4]; ἤρειψα 756[1]; ἤριπε 747[4]. 766[5]. II 284[6]; s. ἐριπεῖν
ἐρεισ- 754[8]
ἐ]ρεῖσες conj. 661, 4
ἔρεισμα 524[1]
Ἐρεμένα ark. 255[6]
Ἐρεμῆς 100[4]. 278[6]
ερεμνι pamph. 89[2]. 472[3]. 489, 6
ἐρεμνός 489[2]. 524[5]
ἔρεξα hom. 654[4]; -εν II 263[6]
ἐρέομεν 314[4]
ἐρεοῦς 468[1]
ἐρέουσα II 388[3]
ἐρέπτομαι 411[7]. 704[5]
ἐρέπτω 704[4]
ἐρέριπτο Ilias 766[5]. 771[2]. 777, 2
ἔρεσθαι 746[4]
ἐρέσθαι 746[4]. II 232[7]; – τί αἱ θ. ψοφοῖεν II 297[6]; s. ἠρόμην
ἐρεσιμήτρην 444, 2
ἐρέσσω ion. 320[7]. 725[3]
ἐρεσχηλέω 726[5]
ἐρετή att. delph. 256[1]
ἐρέτης 379[6]. 500[1]
*ἐρετής 379[6]
*ἐρέτjω 320[7]
ἐρετμόν 493[2], 2
ἔρετο 361[4]. 740, 7
Ἐρέτρια 500[1]
Ἐρετριῶν gen. pl. 253[4]
ἐρέττω att. 320[7]
ἐρεύγομαι 347[4]. 411[7]. 685[1]. 699[6]. II 229[1]; ἠρευξάμην 755[5]; ἤρυγον 699[7]. 755[5]; ἤρυγε 747[4]
ἐρευθής 513[5]
ἔρευθος n. 512[6]
ἐρεύθω 347[4]. 411[7]. 685[1]. 723[4]
*ἔρευμι 680[6]. 790[4]
ἔρευνα 421, 3
ἐρευνάω 680[6]; -ᾶν μετ' ἀνέρος ἴχνια II 486[2]; s. ἐραυνάω
ἔρευξις 505[4]
ἐρευσ- 755[1]
ἐρεῦσαι II 377[6]
ἔρευσε 781[5]
ἐρεύσομεν H. 782[5]
ἐρευταί kret. 500[2]. 680[6]. 782[5]
ἐρευτήρ 314[4]
*ἔρεφος n. II 475[2]

ἐρέφω 355[8]. 411[6]. 683[4]. 684[5]. 704[4]. II 81[4]; ἤρεφον 655[2]; ἔρεψον II 344[4]
Ἐρεχθόνιος att. 444[4]
ἐρέχθω 326[2]. 684[6]. 703, 7
Ερεχσες (= Ἐρεχθεύς) 326[2]
ἐρέω 715[5]. 784[4]. II 292[3]; εἴρεον ipf. 721[1]; s. ἤρεον
ἐρέω zweisilb. (= ἐράω) Archil. 681, 8
*ἐρϝωτάω 705[5]
ἔρημος 356[5]. 383[1]; – c. abl. II 96[3]; – πρὸς φίλων II 514[8]; – f. subst. II 32[5]. 175[5]
ἐρῆμος 383[1]. 494[4]
ἐρημόω II 82[6]; ἠρήμωτο 655[6]; – Μιλησίων II 93[5]
ἐρηρέδαται hom. 106[3], 3. 672[4], 5. 773, 1; ἐρηρέδατο 672, 8
ἐρήρεικα 671[6]
ἐρήρεινται, -ντο 671[6]
ἐρήρεισμαι 766[3]
ἐρήριγμαι Hippokr. 769, 6
ἐρηριπ- 766, 8
*ἐρήριπτο 766[5]
ἐρήρισται Hes. 766[3]
ἐρήσεο H. 788[3]
ἐρήσομαι 782[7]
ἐρήτῡθεν 761, 5; – καθ' ἕδρας II 477[4]
Ἐρητυμένης 441[6]
ἐρητύσασκε Ilias 711[5]
ἐρητύω hom. 727[5]. II 381[6]; ἐρητύσειε II 638[3]; ἐρήτυσον ἁμίλλης II 93[3]; s. ἐρήτυθεν, ἐρᾱτύω
ἔρθει 684[3], 6
ἔρθυρις 450[5]
ἔρθω: θά 'ρθω ngr. 16, 3
ἔρι (= ἔριον) 16, 1. 584, 6
ἐρι- 434[1], 1. 632[6]. II 185, 2
ἔρια II 43[2]
*ἐριάομαι 733, 1
Ἐρίβας 637[6]
ἐριδαίνω 733[1], 1
ἐρῑδήσασθαι Ilias 733, 1
*ἐριδjω 735[4]
ἐριδμαίνω hom. 724[6]
ἐρίζεσκον hom. 711[2]
ἐρίζω (-ειν) 735[4], 4. 766[3]. II 161[2]. 233[3]; ἐρίζητον II 607[2]; ἤρικα 650[2]. 766[3]; ἐριζέμεναι βασιλῆι II 161[2]; ἐρίζειν πρὸς θεὸν II 511[1]; ἐρίσσαι περὶ μύθων II 502[5]; ἐρίζειν δέμας καὶ εἶδος II 85[6]; ἐρίζοι κάλλος Ἀφροδίτῃ II 85[4]
ἐρίηρες 314[2]
*ἐριήσασθαι 733, 1
ἔρῑθος 511, 2
*ἐρίjω 735, 4
Ἑριμῆς att. 278[6]
ἐρῑνάς 508[5]
ἐρινεώς att. 557[7]
ἐρινός 491[2]
ἐρινύω ark. 727[5]
Ἐρινύων 244[8]
ἔριον 584, 6; ἔρια II 43[2]; s. ἔρι
ἐριπ- 766, 8
*ἔριπε 766[5]
ἐριπεῖν ἀμφί τινι II 438[2]
ἐριπέντι Pind. 759[3]
ἐριπόντι 759[3]
ἔρις 464[4], 4; ἔριδι 'zum Streite' II 140[5.6]; ἔριν ἔχειν II 161[2]; ἔχω ἔριν ἀμφὶ μουσικῇ II 438[5]; ἔρις γίγνεται χερσί II 139, 2; – τε φίλη πόλεμοί τε II 611[1]
ἔρισμα hom. 524[1]
ἐρίσσεται hom. 785[5]; – κεν II 351[5], 3
ἐριφιήματα 523[4]
ἔριφος m. f. 495[5]
ἐριώλη 434[1]
Ἐρίων 521, 3
*ἔρκατος 501, 6
ἔρκειος (ἑρκεῖος) 381[8]
ἔρκος 512[3]; – c. gen. II 129[2]; – ἀλωῆς II 117[6]
ἔρμα n. 562, 1
Ερμαιος 156[1]
ἑρμᾱνεύς 477, 2
*ἑρμᾱνός 477, 2
Ἑρμάττιος 318[2]
Ἑρμείας hom. 562[3], 1. II 701[6]; -ᾱ voc. 560[6]
Ἑρμέω πόλις 446, 3
ἑρμηνεύματα (term.) 34[1]
ἑρμηνεῦσαι II 364[2]
Ἑρμῆς ion. att. 62[2]. 562[3], 1. 635[2]; Ἑρμέω j.-ion. 252[7]; – πόλις 446, 3
Ἑρμιόνηι II 66[6]
Ἑρμογᾶς 636[5]
Ἑρμώνοσσα ion. 256[3]
ἔρνατις 464[5]
ἔρνος n. 512[7]
ἔρνεσι(ν) 306[2]
ἔρνυξ 498[2]
ἔρξαι II 381[2]
ἔρξω (ἔργω) 782[5]
ἔρξω (ἔρδω) 782[5]; ἔρξωσι 664[3]
ἐρόεις 514[3]. 527[5]
ἐροίη (ἐρέω) Xenoph. 796[4]
ἔροιτο ὅ τι II 77[8]
ἐρόντι · μάλα H. 525, 4. 623[4]
ἔρος 514[3], 4
*ἔρος (= ὄρος) 512[4]
-ερός suff. adj. 243[8]. 482[4]; – ngr. 483[6]
ἔροτις lesb. 464[5]
ἐροτός thess. böot. 275[8]. 344[7]
ἐροῦ imper. 799[2]
ἔρπει 304[1]
ἔρπες 'du gehst' kypr. 659[6]. 803[1]
ἑρπετόν 502[3]
ἑρπήν 487[2]
ἕρπης 499[2]
Ἑρπίς 213[2]
ἔρπισα ngr. 656[8]
ἑρπύζω 706[4]. 714, 9. 736[6]
ἑρπυστάζω 706[4]
ἕρπω 324[6]. 684[3]. 768[6]. II 225[7.8]. 226[1]. 348[7]. 350[6]; ἕρπειν τοῖς ὀδοῦσι II 166[1]; – ἐπί τι II 433[3]; s. ἧρπον
ερρ lesb. 345[1]; – aus ερj 274[4]
ἐρράγην 227[5]
ἐρράδαται 672[4], 7. 773, 1; -ατο 672[4], 7
ἔρρᾱνα 714[5]
Ἐρραφεώτας lesb. 285[8]
Ἐρραφιώτας lesb. 495[6]
ἔρρε II 341[7]
ἐρρέθη 762[1]. II 239[7]; s. εἰρέθη
ἐρρεντί Alk. 525[7], 4. 623[4]
ἔρρεξα 716[1], 2
ἔρρεον 322[6.7]. 654[4]; -ε 651[4]; ἔρρευσα 685[7]; ἔρρευσε 743[4]. 755[4]
ἔρρεψε ngr. 755, 3
ἔρρηγα dor. II 227[8]
ἐρρηγεῖα her. 184[1]. 541[1], 1; ἡ – II 175[5]
*ἐρρήγνυαν 665[3]
ἐρρήθην 227[5]; -θη 654[4]; s. εἰρέθη
ἔρρηξα 227[5]. 654[4]. 697[3]
ἔρρηχα hell. 772[3]
ἐρρήχθη pass. spätgr. 759[2]
ἔρρῑγα hom. 720[4]. 771[3]
ἐρρίγει 777, 11
ἐρρῑ́γησε aor. 720[4]
ἐρρῑ́γωσα 752[3]
ἐρρίζωσεν Od. 731[7]
ἐρρίζωται 731[7]
ἔρριμμαι att. 649[4]
ἔρρῑφα 649[5]. 772[1]; -εν 747[5]
ἐρρύᾱ dor. 643[6]. 755[4]
ἐρρύηκα 743[4]; -κε 649[6]
ἐρρύην 685[7]. 709[3]; -η ion. att. 643[5]. 743[4]. 755[4]. 756[7]. 760[5]. 781[5]
ἔρρυκα spätgr. 743[4]. 775[3]
ἔρρω 684[3]. II 274[4.7]; ἔρρε II 341[7]
ἔρρωγα 340[4]. 359[4]. 647[1]. 649[5]. 759[2]. 770[1]. 772[3]. II 227[8]; -ε 765[5]; ἐρρώγαμεν 769[3]
ἔρρωμαι II 263[4]
ἐρρωμενέστερος 535[4]
ἐρρωμένος II 174[2]. 387[2]
ἐρρώοντο 722[1]
ἐρρῶσ(σ)αι spätgr. 205, 2
ἔρσαι 753[5]

('Ερσανδρείοι gen. thess.) 839[7]
ἔρσεν ion. el. kret. 486[7]; ἐρσεναιτέραν el.284[7]. II 183[5]
ἔρσεο 361[4]. 512[4]. 788[3]
ἔρσεται Nikandr. 723[3]
ἔρσηι· ὁρμήσηι H. 695[5]
ἔρσην 284[7]. 342[3]
ἐρυγγάνω att. Hippokr. 699[6]
ἐρύγμηλος 484[4]
ἐρυγμός 492[5]
ἐρύειν hom. (= ἐρύσειν) 780[6]
ἐρυθαίνομαι hom. 733[2]
ἐρυθ(ρ)αίνεσθαι 842[3]
ἐρυθραίνω 733[2]
ἐρυθρίας II 18[5]
ἐρυθριάω (so) 732[3]
ἐρυθρῖνος 350[1]
ἐρυθρόδανον 530[2]
ἐρυθρός 239[6]. 297[4]. 309[3]. 347[4]. 411[7]. 481[5]. 836[3]. II 173[5]
ἐρῦκανε hom. 700[1]
ἐρῡκανάω 700[5]; -όωσι 700[1]
ἐρύκω 57[3]. 648[4]. 700[1]. 702[5], 5. 749[3]; ἐρύκακε 749[3]; ἠρύκακον 755[3];-ε 648[4]. 749[3];ἐρυκάκοι 749[3]; ἐρύκακε imper. 648[4]. 749[3]; ἐρυκακεῖν 749[3]; ἐρυκακέειν II 381[4]; ἤρυξα 755[3]; ἐρύκεσθον II 340[7]; ἐρύκω c. dat. II 146[3]; ἔρυκε μάχης II 93[2]; ἐρύκω τινὰ πρὸ πυλάων II 506[2]; ἤρυξέ τι μετὰ μάκαρας II 486[4]; s. ἔρυξα, ἐρύξω
'Ερύλᾱος 441[4]
ἔρυμα 523[2]
'Ερύμανθος 61[1]. II 33, 2
'Ερύμηλος 441[4]
ἐρυμνός 332[4]. 489[2]. 524[5]. II 182[4]
ἔρυξα 648[4]. 749[3]
ἔρυξις 505[4]
ἐρύξω 782[5]
ἐρύομαι II 352[1]; – ὑπὸ Τρώων ὀρυμαγδοῦ II 527[3]; ἐρύεσθαι φάσγανον II 231[2]
ἐρύσαι κίον' ἀν' ὑψηλήν II 441[1]
ἐρύσαιο μάχης II 91[7]
ἔρυσθαι 680[4]
ἔρυσθε 681[1]
ἐρυσίβη 272[1]. 443, 5
ἐρυσίπελας 443[3], 5
ἐρυσμός 493[3]
ἔρῡσο, -το ipf. 681[1]
ἐρύσσατό τινα μετὰ χερσίν II 484[2]; ἐρυσσάμενος φάσγανον παρὰ μηροῦ II 497[4]
ἐρύσσομεν conj. hom. 790[4]
ἐρύω(-ειν) 681[4]. 702[5], 5. 780[6]. 784, 2. II 351[6]; ἐρύουσι hom. 780[5]; ἐρύω νεκρὸν ὑπ' Αἴαντος II 527[3]; ἔρυσαν νεκροὺς μετὰ λαόν II 483[5]; ἐρύω τινὰ μετὰ λαόν II 483[5]; ἐρύω τινὰ πρὸ ἄστεος II 506[3]; – τι ἐπί τινος (τινι) II 469[6]; – τινὰ χλαίνης II 130[2]
ἐρχάμενος ngr. (dial.) 754[1]
ἔρχαται hom. 767[1]. 771[7]; -ατο 771[7]
ἐρχθέντα 771[7]
ἔρχομαι 674[5]. 684[3]. 702[5], 2.6. 708, 6. 737[2]. 747[4]. II 227[5]. 258[4]. 265[5]. 272[4]. 274[2.4.7]; – ngr. II 281[5]; ἔρχεται II 242[6]. 620[5.7]; ἔρχονται II 245[4]; – 'man kommt' II 620[8]; ἔρχομαι c. dat. II 142[5–7]. 143[1]. 162[5.6]; – ἀπ' ἀγροῦ II 447, 2; ἔρχονται πεδίοιο II 112[4]; ἔρχομαί τινι ἀσμένῳ II 152[3]; – ἐπί τινι II 467, 2; ἐπὶ δώροις II 468[1]; – ἐπί τινι II 467, 2; – ἐπί τινα II 472[7]; – ἐπί τι II 472[8]; – κατὰ πόντον II 476[4]; – μετά τινα II 485[7]; – πρός τινα II 510[6]; – μεθ' ἡμιόνους II 486[3]; – μεθ' ὕδωρ II 486[1]; – φράσων Hdt. 813[1]. II 255[4]. 291[2]; – ὑπὸ Ζεφύροιο ἰωῆς II 528[2]; – δι' ὄρεσφι II 450[6]; – διὰ φόβου II 255[3]. 452[4]; ἔρχεται νέφος ἐξ αἰθέρος II 464[4]; – ἐς ἀσθενές II 460[1]; ἔρχεσθαι ὀπίσω τινός II 540[8]; ἔρχεται τοῦ κάμπου (ngr.) II 137[4]
'Ερχομενός 67[3]
ἐρχομένω δύ(ο) II 617[1]
'Ερχομίνιοι 275[4]
ἔρχουμι κὶ κάσουμι ngr. (kappad.) II 270, 3
ἔρχω 'ibo' II 235[1]
ἐρχωμός ngr. 493[6]
*ἔρω 684, 4
ἐρῶ fut. 715[5]. 783[5]. 796[4]. 816[4]. II 293[1.3]; – 'λέγω' hell. 784, 4
ἐρῶ 681[2], 8; – c. gen. II 105[2.4]; s. ἐράω
ἐρωείτω πολέμοιο II 92[4]; ἐρωήσει περὶ δουρί II 501[1]
ἐρωή 411[7]
ἐρῶμαι II 347[4]; s. ἐράομαι
ἐρωμανής 514[3]
ἐρώμεθα conj. aor. II 315[3]; s. ἠρόμην, ἔροιτο, ἐροῦ
ἐρωμένιον 471[1]
ἐρῶν 'liebend' II 408[8]
ἐρῶν (ὁ) ptc. fut. II 296[2]
ἔρως 514[3]
ἔρωτας ngr. 514[4]
ἐρωτάω (-ᾶν) 314[5]. 705[5]. II 82[1–2], 2. II 277[7]. 278[2]. 363[5]; ἐρωτῶ ngr. II 83[5]; ἠρώτουν NT, später 729[1]; ἐρωτῶ σε, ἔχε.. II 634, 1; – πύστεις II 76[2]; ἐρωτηθεὶς τὸ καλόν II 82[2]; ἐρωτῶ ἵνα II 384[3]; ἐρωτᾶν ἄπορον c. dat. II 152[2]; – περί τινος II 503[1]
ἐρωτηθείς; s. ἐρωτάω
ἐρωτιδεύς 510[2]
ἐρωτικός 514[3]
ἐσ-(:σ-bzw.h-) 674[1].677[1][εἰμί]
ἐς praep. 'in' 82[5]. 90[4]. 396[4]. 407[3]. 620[1]. II 68[2]. 427[7]. 428[1]. 433[4]. 454[6]. 455[1], 9; – c. gen. einer Person II 120[2–6]; – c. acc. II 58[5]; ἐς ἄνδρας διακ. κ. ε. ἐνέμειναν II 622[6]; ἐς ἄντα 619[1]. II 441[7]; ἐς αὔριον II 427[1.6]; ἐς ἔνην, – ἔνης 619[3]; ἐς ἔννηφιν 619[3]; ἐς κόρακας (sc. ἔρρε) II 456, 0. 624[7]. 707[6]; ἐς νέω, – νέωτα 622, 5; ἐς ὅ II 312[7]. 653[1]. 657[6]; ἐς δ ἐμέμνηντο II 459[7]; ἐς ὀπίσσω II 427[6]; ἐς οὗ II 427[7]. 653[2.3]; ἐς πότε II 427[7]; ἐς πόθ' ἔρπες kypr. II 462[3]; ἐς πρόσθεν II 427, 7; ἐς τρίς 591[2]. II 419[4]. 427[7]; ἐς ὕστερον II 427[7]; ,ἐς φθόρον II 707[7]; s. εἰς
ε̄ς praep. II 455[1.6]; s. εἰς
ἐς praep. 'aus' 82[5]. 336[5.6]. 407[3]. II 448[1]. 456, 5. 461[4]
ἔς praep. II 460[5]
ἔς Σπίνθαρος 747, 4
ἔς imper. 687[1]. 800 [1.2]
*ἔς (= εἶς) 616[3]; s. hΕΣ
-ες voc. sg. m. f. 579[1]; – ngr. 555[2]
-ες gen. sg. 547[7]
-ες nom. sg. (= -ος) ngr. (dial.) 555[2]
-es nom. sg. (gen. -e) m. ngr. 585[7]
-ες nom. pl. 548[6]. 549[3]. 562[7]. 585[7]; – ngr. 586[5]
-ες acc. pl. m. f. 563[5–6]. 585[7]; – ngr. 586[5]
-ες Verbalend. 657, 4; – 2. sg. indic. ngr. 764[2]; *-ες praes. 791[3]
-ες 2. sg. imper. 800[1]
-ες 2. sg. aor. ngr. 763[6]
-ες 2. sg. pf. 767[4]
*ἐσα aor. 778[6]
-εσα aor. Koine 753[2.3]. 816[8]; – ngr. 753[2]
ἐσαγαγεῖν (-γαγέσθαι) γυναῖκα II 234[6]
ἐσαγγελθῆναι II 401[1]
ἐσαγείρω II 457[5]

ἐσάγω; s. ἐσαγαγεῖν, εἰσάγω
ἐσαεί Aesch. 619[3]
ἐσαθρέω II 457[5]
-εσαι 2. sg. fut. 669[1]
ἐσακούω II 457[5]; – c. dat. II 145[2.5]
ἐσάλλομαι II 457[5]; ἐσήλατο 740[5]
ἐσάλπιγξε 735[4]; – (sc. ὁ σ.) II 620[5]. 621[1]. 707[6]
ἐσάλπισα spätgr. 737[6]
ἔσαν 3. pl. hom. 677[2], 8
ἔσαν 741[3] [ἵημι]
-εσαν 3. pl. plusq. 776[5]. 778[1.2]
ἔσᾱνα Pind. 714[5]
ἐς ἄντα 619[1]. II 441[7]; ἐσάντα 625[3]
ἔσαντα II 68[6]
ἐσᾶς, σᾶς acc. pl. ngr. 606[4]
ἐς αὔριον II 427[1.6]
ἐσάωσα 736[5]. 752, 2; -σε II 283[3]
ἔσβᾱ imper. ion. att. 799[3]; s. εἰσβαίνω
ἐσβάλλειν (τὸ) II 371[6]
ἐσβάλλω c. dat. II 162[3]; – τι ἔς τι II 459[4]; ἐσβαλοῦντες διὰ τὴν ἔσπραξιν II 454[4–5]
ἔσβεσα 743[1], 1; -σε 756[1]; -σμαι 773[4]
ἔσβη hom. att. 743[1], 1. 756[1]. 798, 9
*ἔσβης 743, 1
ἔσβωσα ion. 719[1] [*σβοάω]
ἔσγονος böot. 260[6]. 317[2]
ἐσδέλλοντες ark. 88[6]. 301[3]; – ἐς c. dat. II 448[1]
ἐσδέλλω II 393[5]
ἐσδοθη conj. ark. 792[7]
Ἔσδρας 277[7]
ἐσδύνω c. loc. II 157[2]
ἔσεαι 'wirst sein' 678[2]
ἐσέγκα ngr. (pont.) II 258, 2
ἔσει 668, 3; s. ἔσομαι
ἐσεῖς 606[4]; s. ἐσεῖτες
ἔσεισα 654[4]; -σε II 621[4]; -σεν ὁ θεός II 621[4]
εσεισθαι 786[4]
ἐσεῖτες 'ihr' ngr. (dial.) 604,2
ἐσελθεῖν ὡς τὴν θυγατέρα II 533[7]; – εἰς Πλ. ξὺν ὅπλοις II 489[6]
ἐσελθών: ἔλαθον -θόντες II 392[4]
*esen (> εἶν) 808, 1
ἐσένα 606[4]
ἐς ἕνην, – ἕνης 619[3]
ἐσένικαι infin. lesb. 744[5]
ἐς ἔννηφιν 619[3]
ἐσεσάχατο 771[7]
ἔσεσθαι II 295[6]
*εσεται 788, 0
ἔσεται 678[2]. 786[1]; s. ἔσται
ἔσhoδον att. 219[2]
ἔσηι att. 678[2]
ἐσήλατο Ilias 740[5]; s. ἐσάλλομαι
ἐσήμανε ngr. II 621[2]
ἐσήμηνε II 621[2]
ἔσηρα 714[4]
*ἔσθαι 809[3]
ἔσθην 767, 4
*ἐσθῆναι 775, 7
ἐσθής 263[8]. 528, 5; ἐσθήσεσι 604[3]
ἔσθι imper. 'sei' 677[4]. 800[4]
ἔσθι imper. 'iss' 713, 6
ἔσθιεν (?) Ilias 740[3]
ἐσθίεται II 226[3]. 237[3]
ἐσθίω 421[5]. 713[6], 6. 748[2]. II 226[1]; – τι ὑπ' ὀργῆς II 528[6]; – ὠμῶν II 103[3]; s. ἔσθι, ἔδομαι, ἔδω, ἔσθω
*ἐσθjω 704, 1
ἔσθλα 839[3]
*ἔσθλον 839[3]
ἐσθλός 533[3], 5
ἔσθος 511[1]
ἔσθ' ὅτε – ὅτ' ἄλλοτε II 649, 0
ἔσθω 'edo' 704[1], 1. 713, 6
-έσθω imper. 801[6]
*ἐσι 'bist' 82[6]. 321[6]. 659, 4. 660[4]
-εσι dat. pl. 564[3.4.5]. 571[5.7]. 579[2]
*-εσίᾱ f. Ausg. 469[4]
ἐσίδεσκε Od. 711[5]
ἐσίζηται II 457[4]
ἐσίμειν infin. rhod. 807[6]
-έσιν suff. n. (= -ήσιον) 824[7]
ἐσίναντο aor. Hdt. 694[5]
*εσj > ει 273[2]
*-εσjω verba 727[1]
-εσκ-Iterativprät. 710[4],9–712
ἐσκαταβαίνων II 428[3]
ἔσκαφα 772[4]
ἔσκε adv. 108[7]. 630[1]. II 653[2]
ἔσκε(ν) 338[1]. 677[3]. 708[3]. 710[4]. 711[7]. II 276[3]; – ἐνὶ Τρώεσσι II 457[8]
ἐσκέδασα 752[4]
ἐσκεθῆν 704[1]
ἐσκεμμένα 760[4]
ἔσκετο hom. 652, 5. 748, 4
ἐσκευάδαται ion. Hdt. 672[4]. 773[2]; -ατο 672[4]. 773[2]
ἐσκέψεται 783[4]. II 240[4]
ἐσκηδεκάτη böot. 336[6]. 590[5]
ἐσκηδέκατος böot. 596[3]
ἐσκιχρέμεν infin. thess. 689[2.3]. 806[3]
ἔσκλην 798, 9; ἔσκλη 756[1]
ἔσκον hom. 677[3]. 708[3], 6. 711[6]. 712[2]
ἐς κόρακας II 456, 0. 624[7]. 707[6]
ἔσκῡλα 714[6]
-έσκω verba 708[4], 8
Εσλειμ 163[3]
ἔσλιν (= ἔστειλεν) ngr. 335[4]
ἐσλός 86[5]. 337[6]
ἔσλος äol. 312[1]. 328[6]. 337[6]
ἐσματεύω, -τέω ion. 705[6]
ἐσμέν 311[8]. 677[1]. 773[4]
*ἐσμι 322[5]. 677[1.4], 0
ἐσμός 493[3], 5
ἐς νέω, ἐς νέωτα 622, 5
*ἔσνῡμι 322[6]. 697[5]
ἐς ὅ II 312[7]. 653[7]. 657[6]; – ἐμέμνηντο II 459[7]
ἔσο imper. hell. 678[2]
*-έσο 2. sg. imper. 799[3]
ἔσοδος II 470[5]
ἔσοιτο II 337[2.3]
ἔσομαι 678[2]. 737[3]. II 258[3]; ἔσει 668, 3; ἔσηι att. 678[2]; ἔσεται 678[2]. 786[1]; ἐσόμεθα 678[2]; ἔσεσθαι II 295[6]; ἔσομαι c. ptc. aor. II 266[4], 1; ὡς ὠφέλειαν ἐσομένην II 402[8]; s. ἔσσομαι, ἔσται
ἐσόν ngr. (dial.) 606[5]
ἐς ὀπίσσω II 427[6]
ἐσορᾶν αἴγλαν ὑπαὶ χειμῶνος II 527[4]
ἐς οὗ II 427[7]. 653[2.3]
ἐσοῦ 606[4]
ἐσούνη ngr. (kypr.) 606[4]
ἐσοχάδες [so, nicht ἐσωχ-] 508, 4
ἔσπακα 775[2] [σπάω]
ἐσπάρθαι 336[2]. 809[5]
ἔσπαρμαι 649[5]. 769[5]; ἔσπαρθε 670[3]
ἐσπασάμην 676[2]
ἔσπασμαι 773[4]
ἔσπεικα 775[2]
ἔσπεισα 322[1]
ἐσπείσθη 761[3]
ἔσπεισται 287[6]
ἐσπέμπω τι ἔς τινα II 459, 2
ἔσπενσα 322[1]
*ἔσπεο 748[5]
ἔσπεο 748[5]
ἑσπέρᾱ 379[6]. 832[7]; -ρας 'abends' II 113[1]
*ἑσπερᾱ́ 379[6]
ἑσπερέθοντο H. 703[4]
ἑσπερινός 490[5]
ἕσπερος 226[7]. 328[3]
ἑσπέσθαι 647[6]. 749[1]
ἐσπέσθην 748[5]
ἐσπέσθω 748[5]
ἔσπετε imper. 747[2]. 799[5]. II 457[5]
ἕσπετο 748[5]
ἐσπευκότος 775[2]
ἐσπίπτω c. loc. II 157[1]
ἐσπλέω II 72[1]
ἑσποίμην 748[5]. 749[1]
ἕσπομαι praes. Ap. Rh. 749[1]

ἕσπομαι fut. hyperatt. 780[5]
ἑσπόμην 304[3]; ἕσπεο, ἕσπετο, ἑσπόμεθα, ἑσπόμενος 748[5]; ἑσπέσθαι 647[6]. 749[1]
ἐς πότε II 427[7]; ἐς πόθ' ἕρπες kypr. II 462[3]
ἐσπούδακα II 264[2]
ἐσπράξεται conj. kret. 790[4]
ἐσπράττανς kret. 316[8]
ἐσπρεμμίττεν kret. 323[2]
ἐς πρόσθεν II 427, 7
ἕσπωνται 748[5]
*ἕσρεϜε 651[4]
ἐσσ (ἐς) böot. 211[7]. 336[6]. II 461[4]
ἐσσ' (= ἐσσι) hom. 659[5]
ἐσσ- 754[8]. 787[1]
ἔσσα f. (= οὖσα) äol. dor. epid. 473[7]. 678[1]. 709, 4; s. ἐών
-εσσα suff. f. 527[2], 4
ἕσσαι 653[1]. 678[6]. 767[1]
ἕσσατο 653, 2
ἔσσεαι 678[2]
ἐσσεγράφεν ἕν τινα II 459[2]
ἐσσείοντο 654[4]
ἐσσεῖσθαι 786[4.6]
ἐσσεῖται 678[2]. 785[7]. 786[1.4.6]. 788, 0
ἔσσεσθαι λώιον II 295[4]
ἐσσεσθειν infin. thess. 194[4]. 809[3]
ἔσσεται 678[2]. 786[1]. II 292[2]
ἕσσευα hom. 348[6]. 679[5]. 745[4.6]
*ἕσσευσα aor. 745[6]
ἐσσῆαι · ἐκχέαι H. 745, 4. 752, 4
ἐσσῆι Theokr. 786[6]
ἐσσῆϊ · ἐχούσῃ H. 745, 4
ἐσσήν 316[1]. 487[3]
ἐσσῆται 'erit' her. 752[6]. 786[4]
-εσσι dat. pl. 81[6]. 89[7]. 91[6]. 527[2], 4. 564[3–7], 1. 575[5], 4. 579[2]. 580[1], 2. 840[4]
ἐσσι 'bist' hom. 677[1]; ἔσσι 659[3]; ἐσσί 321[6]
ἐσσι 'ist' äol. 270, 1; (3. pl.) 677, 3
ἐσσίταλα 484[4]
*εσσκε 338[1]
ἕσσο 'sei' äol. hom. 678[2]. 799[6]. II 339[2]. 341[2]
ἕσσο „zieh dir an" 2.sg. 767, 4. II 348[5]
ἐσσόεσθαι ion. 732[1]
ἐσσοημένον H. 720[2]
ἔσσομαι 321[4]. 678[2]. 781[6]. 782[3]. 786[1]; ἐσσόμεθα 678[2]; ἔσσονται 90[4]. 786[4]
ἐσσόμενα (τὰ) II 296[2]. 409[1]. 426[4]. 506[2]
ἕσσον 653, 2
ἐσσοῦνται Archim. 786[6]
(ἕσσπε) 747, 4
ἕσστα 'wurde aufgestellt' arg. 238[4]
ἕσσυμαι 770[1]; ἔσσυται 649[6]; ἐσσύμεθα 740[3]; ἐσσύμενος ὁδοῖο II 105[2]
ἐσσυμένως hom. 624[2]
ἔσσυο 668[2]. 740[2]; ἔσσυτο 347[4]. 654[4]. 740[2.3]. 745[5]
-έσσω fut. 779[8]. 784[3.4.6]
-έσσω verba 270,1.724,6.725[3]
ἔσσω fut. II 83[2] 291[3]
ἔσσων ion. 538[2], 5
(ἕστᾱ el.) 629, 11
ἕστᾱ 640[4]
*ἕστᾱ pf. 775[6]
ἐστάαπε tsak. 180[8]
*ἑστάᾱσι 364[1]. 665[5], 4
ἐστάγη spätgr. 714[6]
*ἑσταϜώς 541[1]
ἐστάθην 762[4]; -θης 762[3]; -θη 760[4]. 817[2]
ἕσταθι imper. 357[2]. 770[3]. 774[5]. 800[5]
ἕσται 678[2]. 780[2.3], 4. 786[1]. II 265[2.6.7]. 273[3]. 292[2]. 312[3]; – εἰς ἔθνη II 460[1]; s. ἔσομαι
ἕσται 706[7]. II 234[1]
ἑσταίην opt. 774[5]. 795[1]; -αῖμεν 795[1]
ἕστᾰκα (ἕ-) trans. j.-att. hell. 775[4]. 812[7]. 816[1]. 817[2]. II 228[1]
ἕστᾱκα 649,1. 742[4]. 770[2.4]. 774, 1. 775[6]; -κε 775[6]. 776[1]
ἐστάκην 652[3]
ἐστάλατο 671[3]
ἐστάλη 758[2]
ἔσταλκε 775[4]; s. ἔστελκε
ἔσταλμαι 769[4]; -λται 758[2]; -λθε 670[3]; ἐσταλμένοι ἦσαν 812[3]
ἕσταμαι (ἕ-) 770[3]. II 228[1]
*ἑστάμᾱν, -άμεθα 762[3]
ἕσταμεν 357[1]. 652[2]. 742[3]. 767[2]. 770[2–3]. 774[3.5], 1. 776[7]
*ἕστᾰμεν 686[7]. 742[3]
ἑστάμεν infin. 770[3]. 806[3]
ἑστάμεναι 770[3]. 806[3]. II 374[7]; – περὶ τοῖχον II 504[2]
ἕστᾱν 659[3]. 742[3]. 744[2]; ἕστᾱ 640[4]; ἕστᾱμεν, -ατε 742[3]; ἕστᾱν 3. pl. 664, 5. 742[3], 3
ἔστ' ἄν 629, 11. II 657[8]. 658[2]
ἑστάναι infin. 774[5]; – ὑπὸ δένδρῳ II 525[4]; στάσιν – II 74[4]. 76[6]
ἕστανεν 698[3]
*ἕσταο 762[3]
ἑσταότ- 770[3]
ἕστᾱσα 742[4]. 752[2], 1
ἑστᾰ́σαμες dor. 663[1]
ἔστασαν 3. pl. trans. 742,3
ἕστασαν 3. pl. hom. att. 665[7] 751, 5. 770[3]. 776[4]. 777[1.5]
*ἕστασθε 762[3]
ἑστᾶσι att. Hdt. 665[5]. 687, 5
ἕστατε pf. 742[3]. 770[3]. 776[7]
ἕστατο H. 762[3]
ἕστατον hom. 776[7]
ἐστάτω 801[3]
ἑστάώς 541[1]; ἑσταυῖα 770, 3; ἑσταὼς πρὸ Τρώων II 506[6]; s. ἑστεώς, ἑστηώς
ἐστέ indic. 663[1]
ἔστε imper. 108[7]. 678[1]. 799[4]
ἔστε 'bis' 629[5], 11. 630[1]. II 300[1]. 657[6.7.8]; – praep. II 456, 5. 533[3.5]; ἔστε ἐπί 428[7]. 533[5]; ἔστε ἐς, – ποί II 533[5]; – – τὰ Φαλακρίου II 510[5]
ἕστε dor. Et. m. 629[6], 11
ἑστέᾱσι 3. pl. 665, 4. 672[2]
ἔστειλα 751[4]. 763[7]; -λε 641[8]
ἐστείλατο 751[5]
ἔστειξα hom. 755[4]
ἔστεισις ark. 505[5]
ἔστελκε 775[4]
*ἔστελσα 751[4]
ἔστεμμαι 771[2]
*ἕστεν 3. pl. aor. 742[3]
*ἑστέος 775, 7
*ἐστέρεσα 696, 4
ἐστερήθην 709[3]
ἐστέρηκα 709[3]
ἐστέρημαι 709[3]; – τῆς βασιλήϊης II 93[5]
ἐστέρησα 709[3]
ἐστερῆσθαι (τοῦ) II 360[7]
ἐστέρισεν eretr. 709[3]
-έστερος suff. compar. 527[3]. 534[2]. 535[3.4]
ἔστεσα ngr. 753[2]
εστετεκνωται conj. kret. 793[1]
ἑστεώς ion. 541[1]; ἑστεωτ- 770[2]; ἑστεῶτος 245[6]. 250[3]; ἑστεῶσα 540[6]; ἑστεὼς πρὸς βορέω II 515[8]; s. ἑστηώς
ΕστϜεδιιυς pamph. 89[2]. 223[8]. 303[2]
ἕστηκα 649[5]. 662[4]. 775[4], 10. 815[8]. II 228[1]; -κας 774[2]; -κε 774[2]. 817[1]. II 263[2]; ἑστήκαμεν 774[5]; ἑστήκασι att. 742, 2; -κᾶσιν Ilias 774[4]; ἕστηκαν Koine 742,2; ἕστηκα c.gen. II 112[2]; ἕστηκε πρὸ νεῶν II 506[3]; ἕστηκεν ὑπὸ Νηίῳ II 526[7]; ἕστηκε πρὸς σφαγὰς πάρος II 512[5]
ἑστήκει plusq. 768[4]. 774[2]. 777[5]
ἑστήκηι conj. 774[2]
ἑστηκυῖα att. 541[2]
ἐστήληι att. 276[5]
ἐστήλην 338[2]
ἔστην hom. att. 742[3]. 755[6]. 781[5]. 815[8]. II 262[2.3]; ἔστη 817[1]; ἔστημεν 742[3], 4; ἔστητε 742[3]; ἔστησαν 742[3], 3

ἐστήξω att. 783[3.6]. 812[5]. II 289[3]; ἐστήξοι opt. 783[6]; ἐστήξειν infin. 783[6]; ἐστήξομαι 783[6]
ἐστήριξα hom. 735[4]
ἐστήριχα pap. 772[5]
ἔστησα 686, 8. 754[6]. 755[6]. 781[5]. 782[4]. 815[8]. II 71[5]. 262[2]; – ngr. 753[2]; ἔστησε 817[2]; ἔστΗσεν 186[1]
ἐστήσατο 817[2]
ἑστηώς 541[1]; s. ἑστεώς
ἐστί 270[3]. 677[1]. II 623[1.2]
ἔστι 339[1]. 389[6]. 659[3]. 677[1]. II 366[2.3]. 608[4]. 694[6], 1. 695[1]; – als pl. äol. 677[2]; ἔστιν ἀκούσας 813[1]; – ἀπὸ Λέσβου II 94[3]; – γὰρ ἀπ' εὐ. Λέσβου II 706[5]; – βίη φρεσίν II 155[4]; – ἐμοὶ ἀσμένῳ, – τινὶ ἄκοντι, – ἐμοί τι θέλοντι II 152[3]; ἔστι στάδιοι II 608[4]; ἔστιν ὅς II 640[5]; – οἵ II 608[4]; s. εἰμί, εἶναι
ἑστία 58[4]. 227[1], 4. 469[3]. 499[3]
Ἑστιαιόθεν 628[3]
ἑστιάματα c. dat. II 153[5]
ἑστιάω 732[2]; εἱστίων 654[1]; εἱστία ὑ. τῶν λόγων II 103[3]
ἔστιβεν H. 747[5]
ἐστιγμένους ἀνθέμια II 80[6]
ἔστικται 714[6]
ἔστιξα 751[4]
ἔστιχον 755[3.4]
ἐστιχόωντο hom. 731[4]
*-εστjω verba 270, 1
ἔστο 767, 4
ἔστολα gramm. 769[4]
ἔστον du. imper. 799[4] II 609[2]
ἐστόν du. indic. 677[1]
ἔστοργα 769[4]
ἐστόρεσα aor. 696[4]. 752[4.5], 7
ἐστόρωται äol. 344[3]. 362[5]
*ἑστός m. 503[2]
ἑστός 540[6]
ἔστραμμαι 769[4]
ἐστρατόωντο 731[4–5]
ἐστρεμμένα 771[2]
ἐστροτεύαθη böot. 671[6]. 672[2]
ἔστροφα 769[4]
ἔστρωκα 775[3]
ἔστρωσα 752[4]
ἔστρωται 360[5]. 770[4]
ἐστύγηκα 721[3]
ἐστύγησα spätgr. 721[3]. 754[4]
ἔστυγον hom. 721[3]. 747[4]. 754[4]. 756[2]
ἔστυξα caus. 721[3]. 754[4]
ἔστω 328[3.5]. 409[2]. 678[1]. 801[3]. 802[2]. II 342[7]. 344[4]. 623[2]; ἔστων 3. pl. 678[1]. 802[4.5.7]; ἔστωσαν 666[1]. 678[1]. 802[5]; ἔστω οὕτω, – ταῦτα II 631[6]; μὴ ἔστω II 343[4]
ἑστώ 478[4]
ἑστῶμεν conj. att. 774[5]. 792[6]; ἑστῶσι 774[5]. 792[6]
ἔστωρ 531[5], 12
ἑστώς att. 251[3]. 377[2.3.7]. 540[6], 5. 774[5]; ἑστῶτος 250[2]; ἑστῶσα 540[6]; ἑστὼς ἀντί τινος II 443[2]
ἐσύ ngr. 606[4]; s. ἐσεῖς, ἐσᾶς
ἐσύναξα ngr. 656[4]
ἐσύνηκα 656[4]; -κε 741, 4
ἔσῡρα Hdt. 714[5]
ἐσύρην spätgr. 714[5]
ἐς ὕστερον II 427[7]
ἔσυτο 654[4]
ἔσφακται 771[1]
ἔσφαλεν LXX 756[1]
ἐσφάλην 714[5]
ἐσφέρεσθαι ἐς τὸν δ. hυπὸ τō II 529[7]
ἐσφήκωντο Ilias 731, 3. 777[2]
ἔσφηλα 756[2]
-εσφι Ausgang 551, 6. 578, 3
ἔσφιγμαι 649[5]
ἐσφυδωμένος 770[6]
ἐσχάζοσαν 666[1]
ἐσχάρινθον 526[5]
ἐσχαρόθεν 628[3]
ἐσχαρόφιν 550[6]. 551[1]. II 172[7]. 173[1]
ἐσχατίαισι II 408[6]
ἐσχατόγηρως 379[7]
ἔσχατος att. 266[8]. 328[4]. 503[7]
ἐσχατόωντα 731[5]
ἔσχεθε 704[1]; ἔσχεθον 747[2]. 762[7]
ἐσχέθην 762[7]; -θη 761[2]
ἔσχηκα; s. εἴσχηκα 650[1]
ἔσχημαι 649[5]
ἔσχισα aor. 714[6]. 751[7]
ἐσχισάμην 751[6]
ἔσχισσα 751[7]
ἐσχόμην 762[7]. 782[7]; ἔσχετο II 237[7]; ἔσχοντο c. abl. II 92[4]; – κηληθμῶι Od. 757[2]
ἔσχον 653[1]. 690[2]. 782[7]. II 260[4]; ἔσχε 651[6]; ἔσχοσαν 666[1]; ἔσχον πολέμου II 92[4]; σὺ καὶ οἱ σοὶ ἔσχετε II 612[6]
ἔσω II 456[3]. 546[7.8]. 547[1]
ἐσω- 632[6]
-έσω fut. 784[3.4.6]
ἔσωθεν II 546[7]. 547[1.5.6]
ἐσώισαμες her. 738[1]
*ἐσῶσα 752, 2
ἔσωσα 752, 2. 736[5]
ἐσώτατος II 546[7]
ἐσωτάτω II 547[4]
ἐσώτερος 534[4]. II 546[7]
ἐσωτέρω II 547[4]
ἐσωφόρια ὀκτάλια byz. 592, 5
ἐσωχάδες (lies ἐσοχ-) 508, 4
ἐτ (= ἐπ) thess. 316[7]. 407[6]. II 465[1], 2
-ετ- suff. 499[2]
ἐτά pl. 502[3]
-ετᾱ Ausg. 706[3]
ἐτάζω 735[2]
ἐτάθης 762, 3
ἔται hom. 500[3]
-εται 3. sg. kret. 786[6]
ἑταίρα 459[4]; ἑταίρᾱ 37[8]. 272[8]; ἑταιρῶν 376[2]
ἑταιρείαισιν dat. pl. kret. 559[5]
ἑταιρίζω 735[6]; -ίσσαι II 160[4]
ἑταῖρος 459[4]. II 31, 5
ἑταῖρος 272[8]; -αῖροι 69[4]; -αίρων 376[2]
ἐτάνυσα 691[5]. 699[2]
ἐτάνυσσα 696[5]. 737[5]. 761[6]
ἐτάξαιν thess. 664[4]
*ἕταρjα 459[4]
ἕταρος 482[2], 6
*ἐτάρπσμᾱν 762[6]
ἐτάρφθην, -θης, -θη 762[5.6]
*ἐτάρφμᾱν 762[6]
*ἔταρφθο 762[6]
ἕτας [so] 482[2]
ετας (ἐτᾶς) (= ἐκ τᾶς) lokr. 316[8]. 408[1]
-ετάω verba 705[5.6]. 706[3]
-ετε 2. pl. indic. 764[2]; – aor. 763[6]; – plusq. 776[5]. 778[2.3], 1
-ετε 2. pl. imper. 799, 3; – ngr. 764[2]; – imper. aor. ngr. 804[4.5]
ἔτεα pl. ion. 241[5]. 579, 4; ἐτέεσσι lesb. 564[3]
ἘτεϜά(ν)δρō 223[6]
ἘτέϜανδρος kypr. 153[2]
ἘτεϜοκλέϜης 79[4]
ἐτεθεῖσαν 656[5]
ἐτέθην 204[4]. 762[4]; -θη 761[2]
ἐτεθήπεα Od. 777[5]; -πεας 777, 10
ἐτέθνασαν att. 777[1]
*ἔτεια aor. 750[5]
ἔτεινα 279[5]; -νας, -νε 751[5]
*ἔτεις 2. sg. aor. 750[4.5]
ἔτεισα 279[6]. 659[4]. 685[7]. 750[3]. 751[5.6]; ἔτεισας 750[4]; -σε 750[4]; ἔτεισαν 3. pl. 750[3]; *ἔτεισα 3. pl. 750[3]
ἐτείσαντο 750[3]
*ἐτείσατο 3. pl. 750[3]
*ἔτεισμα 750[3]; -σμεν 750[5]
*ἔτεισσ 2. sg. 750[3.4]
*ἔτειστ 3. sg. 750[3]
*ἔτειστε 2. pl. 750[3.5]
*ἔτειστο 750[3]
ἐτειχίσσαντο hom. 735[6]
ἐτεκμηράμην 738[7]

ἔτεκον 744[2]. 781[6]
ἐτελείετο 651[6]
ἐτέλεσσα 752[5]
*ἔτεμα 744[1]. 746, 7
ἔτεμε 742[5]. 744[1]. 746, 7. 748, 5
ἐτέμοσαν 666, 1
*ἔτενς 2. sg. aor. 751[5]
*ἔτενσα 279[5]. 737, 3
ἐτέοις (= ἔτεσι) 564[8]
Ἐτεοκαρπάθιοι 95[8]
Ἐτεοκλέης 634[5]
Ἐτέοκλος 634[5]
Ἐτεόκρητες 59[5]
ἐτεός 472[4]
ἐτέρηφι 550[7]. 551, 5
ἑτεροῖος 614[4]
ἕτερος lesb. 614[3]
ἕτερος 256[2]. 595[5]. 614[2.3.4]
ἑτερότης 614[4]
ἐτέρρατο 285[2]
ἔτερσεν H. 753[4]
ἐτέρφθητε Od. 759[3]
ἑτέρωθε 619[2]
ἑτέρωθεν 614[4]. 628[2]. II 171[6]
ἑτέρωθι 614[4]. 628[5]; – τοῦ λόγου II 114[6]
ἑτερώνιον äol. 609, 5
ἑτέρως 614[4]. 624[1]
ἑτέρωσε 614[4]
ἐτέρωτα lesb. 614[4]. 629[2]
*ἔτεσσα 755, 2
ἐτέταντο 672[1]
ἐτετάχατο 671[3]. 771[7]. 777[2]
ἔτετμε 748[5]
ἐτέτρᾱνα att. 689[5]
ἐτέτρηνα hom. 648[1]. 689[5]
ἐτετύγμην 669[6]
ἔτευξα 748[6]. 756[2]
ἐτεύχετον 3. du. 667[2]
ἐτεώνια äol. 609, 5
ἔτη 305[7]
-έτης suff. 500[1.3]
*ἔτηνς 2. sg., *ἔτηνστ 3. sg. aor. 751[5]
ἐτησίᾱς 461[3]; οἱ -ίαι II 52[1]
ἐτήσιος 466[5]
ἐτήτυμος 423[3]. 447, 2
ἔτι 270[5]. 291[2]. 381[2]. 621, 1. 622, 3. II 185[2]. 415[6]. 416[3]. 421[3]. 424[3]. 555[2.4]. 564[1.2.3]; ἔτ' οὐκ II 597[4]
ἔτι dat. sg. ark. 579[4]
*ἔτιθα 664[6]
*ἐτίθατο 3. pl. 672[1]
ἐτίθειν 688[1]; -θει 687[3.5]. 688[1]; -θεσαν 665[7]
ἐτίθετο 673[4]; -θεντο 671[7]
ἐτίθην 659[3]. 688[1]
ἔτιθον 3. pl. 665[1]; ἐτίθοσαν 688[3]
ἐτίθουν spätgr. 688[1.3], 2
ἐτίλην pass. aor. LXX 714[6]
ἐτίλθην pass. aor. 714[5]
ἐτῑμάθην 812[1]; -θη 763[1]
ἐτίμᾱσα 752[2.3]
ἔτῑνον 663[5]
ἔτλα s. τλῆναι
ἔτλᾱν dor. 742[6], 5
ἔτλην hom. poet. 742[6], 5. II 281[4]
ἔτνος 58[5]. 512[7]
ἑτοιμάζω τι c. dat. II 146[5]; – κάτι γιὰ τὸν ἑαυτό μου ngr. II 236[4]
ἕτοιμο f. unterital. 95[2]
ἕτοιμος 383[1]. II 623[6]; – πρός II 512[5]; – δοῦναι (sc. εἰμί) II 623[6]
ἑτοῖμος 383[1]. 494[4]
Ἐτοκλέης ion. 253[2]
ἐτόρησα 754[4]
ἔτορον 754[4]; -ε aor. Ilias 720[1], 3. 747[1]. 755, 2
ἔτος 515[5]. II 486[7]; ἔτου gen. sg. 579[5]; ἔτει dat. sg. II 158[6.8]; ἔτι ark. 579[4]; ἔτεα ion. 241[5]. 579, 4; ἐτέεσσι lesb. 564[2]; ἐτέοις 564[8]; ἔτος ἐς ἔτος II 460[7]; ἐν Ϝέτια τρία II 460[7]; ἐτῶν ὡς ὀκτωκαίδεκα II 122[3]
ἔτος 306[3]; ἔτη 305[7] s. hετέων
ἐτός 601[5]. 613[7]. 614, 2. 630[2]
-ετος suff. adj. 501[2.3]. 502[3], 2; – Verbaladj. 706[3]
ἐτός 340[7]
ἐτόσος ngr. 614[5]
ἐτοῦτος ngr. 614[5]
ἔτραγον 755[5]. 781[6]
ἔτραπον 755[3]
ἔτραφον 756[1]. 759[4]
ἔτρεξα spätgr. 755[3]
ἔτρεσα 685[5]; -σε 746, 6
ἔτρεσσα aor. 720[2]
ἔτρεψα 755[3]
ἐτρεψάμην 756[1]
ἐτρήκατε pap. 774, 1; s. ἐδρήκατε
ἐτρόμησα LXX 720[1]
ἔτρυξα spätgr. 714[6]
ἔτρωξα 755[5]
ἐττά kret. 316[8]
ἔττακαν spätlak. H. 742, 2. 774, 1
ἐττάν (= ἐς τάν) 216[6]
ἔττε adv. praep. böot. 216[7]. 630[1]. II 456, 5. 533[5]
ἐττημένος 649[5]; -α 320[3]. 676[2]
ἐτύθην 261[8]. 761[2]
Ἐτύμανδρος 42, 5
ἐτυμολογία (term.) 41[5]
ἔτυμον 43[5]; adv. 633, 4
ἔτυμος 472[4]. 494[4]. 506[6]. II 32[4]
ἔτυπεν Eur. 747[5]
ἐτύπην Ilias II 237[8]. 238[1]; -πη 759[5]
ἐτύπτησα 752[3]
ἐτύχησε hom. 747[4]
ἐτύχθη 760[7]
ἔτυχον 756[2]; -εν II 621[8]; – ἐπιδημῶν II 392[4]
ἔτω imper. delph. 217[1]. 678, 2
ἐτώσιος 314[2]
ét'asan tsak. 216[6]
ét'e tsak. 216[6]
ευ vor Kons. 685[1]; – kontrah. aus εο 244[6]; – aus εο 247[8]. 248[3]; – aus ηυ 203[5]; ευ > εο 248[1]; – > kret. ου 348[2]; ευ und αυ schwanken 203[5]; -ευ > -ef 233[8]
-ευ- (ablaut. -υ-) 674[5]
εὖ adv. 247[8]. 621[2], 5. II 178, 1. 697[6]; s. εὖ γε, εὖ εἶναι, εὖ ἔχω, εὖ ἥκω, εὖ μαθεῖν, εὖ οἶδα, εὖ ἐπιστάμενος, εὖ πάσχω, εὖ πέπρᾱγα, εὖ πεφυκότων, εὖ ποιῶν, εὖ πῶ, εὖ φρονεῖν
εὖ (τὸ) 432[7], 8. II 178, 1. 416[2]
εὐ- 432[6.7]f. 632[6]. 644[6]. II 185, 2
εὑ gen. pron. 603[3]. 607[5]. II 190[4.5], 4. 193[3]. 194[4]. 201[3]
εὗ gen. pron. 603[3]. 605[1]. II 206[1.2]; – αὐτοῦ 607[1]
-ευ gen. sg. 561[1.3]
-εῦ voc. sg. 575, 3
Ευα (Εὔα) 154[5]. 165[3]
εὖα interj. 716[5]. II 600[4]
εὐαγγέλιον 162[4]; -ια θύειν II 76[5]
εὐᾱγής 203, 3. 398[5]
Εὐάγνη 208[6]
εὔαδε äol. hom. 106[5]. 224[4]. 227[7]. 282[1]. 654[3]
Εὐάδησισιν 452[2]
Εὐάδνη 208[6]. 215[7]
εὐάζω 716[5]
εὐαί εὐαῖ II 600[4]
εὐαί 303[4]
Εὐαίμνιοι 524[4]
Εὐαίμων 636[4]
εὐαλούστερος 535[5]
εὐάλωκα lesb. 775[1]
εὐάν II 600[4]
εὐάν 303[4]
εὐᾱ́νεμος 398[2]
Εὐανθεύς 177, 1
εὐάνωρ 433[1]
εὐαξής 203, 3
εὐᾱυγής 203, 3
εὖ αὐτοῦ 607[1]
Εὐβάλκης lak. 197[4]. 207[7]
Εὔβανδρος 197[4]
Εὐβοεύς ion. 236[7]
Εὐβοῶν att. 252[4.5]
εὐβούλει (τό) II 25[3]
εὖ γε II 628[4]
εὖγε II 412[6]. 414, 2. 622[1]

εὔγειος 451[1]
εὐγενές 355[7]
εὐγενής 159[5]. 456[4]. II 29[3]. 34[3.4]; -έα acc. sg. 750[5]
εὐγενίς 465[2]
εὐγεργέτης pap. 209[4]
εὔγεως att. 451[1]
εὐγιλάτου 125[5]. 209[5]
Εὐγιτονίδα nom. sg. m. böot. 560[4]
εὔγλαγι dat. 518[5]
εὐγλώθ(θ)ιοι kret. 319[4]
εὐγνωμότατος 535[3]
ευδ- (= εβδ-) 207[8]
Εὐδαιμάκων lak. 497[2]
εὐδαιμονεῖν II 77[5]. 382[7]
εὐδαιμονέστερος 535[4]
εὐδαιμονία: -αν τοῦτο νομίζω II 606[7]
εὐδαιμονίζω τινά c. gen. II 133[8]; – ἐπί τινι II 134[2]
εὐδαιμονοῖτον Eur. 796, 3
εὐδαιμόνως 624[2]
εὐδαίμων II 34[4]; – πάντα II 85[8]
Εὐδάμαιος II 177[3]
Εὔδαμοσσ 238[4]
εὐδάνω 700[3]
εὕδειν II 258[3]. 363[7]. 377[5]; – ὕπνῳ II 166[4]; – ἀνὰ Γ. ἄκρῳ II 441[5]; – ἐπ' ἠῶ II 473[3]; – περὶ τὴν κρήνην II 504[5]; – πέτρῃ ὑπὸ γλ. II 525[4]; s. εὕδω
εὐδ(ε)ινός 194[2]
εὐδέμεναι II 364[2]
εὑδήσω 685[1]. 783[1]
εὐδίᾱ 576, 7; -ας gen. II 113[2]
εὐδιαίτερος 534[4]
εὐδιάω 731[1]
εὐδιεινός 535[4]. 547[7]
*εὐδιεσνός 535[4]
εὐδιεστάτη 576, 6; s. εὐδιεινός
εὐδιέστερος 535[4]
εὔδιος 450[6]. 576, 7
ευδοηκοντα spätgr. 592[3]
εὐδοκιμέειν (-εῖν) παρά τινι II 494[5]; – διά τινων II 450[7]; τοῦ – II 361[6]
εὐδόκιμος εἴς τι II 460[4]
'Ευδομιος smyrn. 198[2]
ἑυδομον thesp. 198[2]. 595[5]
εὕδω 648, 1. 685[1]. 704[1]; – ὕπνον II 76[1]; – ἐν φύλλοισι II 457[7]; s. εὕδειν, εὑδήσω
εὐέθωκεν lesb. (H.) 654[3].775[1]
εὐειδέστατος 535[4]; τὴν εὐειδεστάτην ἐκ πασέων II 116[7]
-εύειν verba 732[4–7]. 736[5]
εὖ εἶναι (τὸ) II 12[4]
εὐεκτέω hell. 706[2]. 731[6]
εὐέκτης 433[1]. 706[2]
εὐεκτία 706[2]
εὐεκτικός Plat. 706[2]
Εὐέλθων 449[5]. 637[6]. 644[6]
Εὐελπίδης 263[2]. 509[6]
*Εὐελπιδίδης 263[2]
εὔελπις att. 542, 4
*εὐελπίστερος II 184, 3
εὐεξία Archyt. 706[2]
εὔεξος 516[6]
εὖ ἐπιστάμενος: ὡς – – II 391[6.7]
εὐεργεσία 270[7]
εὐεργετεῖν εὐεργεσίαν II 79[6]
εὐεργετέντεσσι ptc. lesb. 729[2]
εὐεργετές nom. sg. ptc. thess. 90[6]. 337[3]. 566[4]. 729[3]
εὐεργετέω 731[6]
εὐεργέτην infin. lesb. 808[1]
εὐεργετητέον II 409[7]
εὐεργετία delph. 271[4]
εὐεργέτις 270[5]
Εὐέρπιστος 213[2]
Εὐεσπερίδεσσι kyren. 564[4]
εὐεστώ 678[2]
εὐεύρετος 203, 3
εὖ ἔχω 720[3]; – – c. gen. II 132[4]; εὖ ἔχει II 15[8]
ΕὐϜαγόρας kypr. 197[4]
ΕὐϜάρχα böot. 828[7]
ΕὐϜειτίας böot. 193[2]
e·u·ve·re·ta·sa·tu kypr. 197[6]
εὔζωνος ἀνήρ II 152[5.6], 4
εὔhορκος att. 219[2]. 304[4]
εὐηγγελίσατο 656[2]
εὐηγενής 103[4]
εὐηγής 203, 3
εὖ ἥκω τινός II 132[6]
εὐήλιος 433[1]
εὐημερεῖν παρά τινι II 494[5]
εὐήνεμος 433[1]
Εὐηνίνη 635[1]. II 177[3]
εὐήνωρ 355[5]
εὐῆρες 513[2]
εὐηρέστησεν 656[2]
εὐθαρσέω 724[3]
εὐθεῖα: – πτῶσις (term.) II 53[8]. 54[1]; ἡ – (ὁδός) II 175[6]; τὴν -εῖαν II 69[7]
εὐθένεια 297[8]
εὐθενέω (-εῖν) 340[7]. 341[3]. 726[5]. 838[7]
εὐθενής 838[7]
Εὐθιούμω böot. 183[4]
Εὔθουμος böot. 182[2]
εὔθριξ 450[6]
εὐθύ adv. 405[1]. 620[2]. 621[2]. II 69[6]. 549[6]; – c. gen. II 105[1], 1; s. εὐθύς
Εὐθύμιος 159[5]
εὔθυμος (*éftimos*) ngr. 165[1]
εὔθῡνα 421, 3. 475[7]. 488[6]. 733[4]
εὐθύνεσθαι c. gen. II 131[2]
εὐθυνθη- 761[6]
εὔθῡνος 459[4]. 489[2]
εὐθύνω 733[3]
εὐθυρϜία ark. 223[7]
εὐθύς 256[1]. 348[3]. 350[4]. 405[1]. 463[2]. 620[2.3]. II 288[7]. 549[6]; – γενόμενος II 386[7]; – ἐπὶ Σάρδεων II 470[1]; – πρὸ τοῦ στόματος II 506[4]; – παραχρῆμα II 704[3]
εὐθυωρία 472, 13
εὐθύωρον adv. II 69[7]
εὔιδον lesb. 653[4]; -δε 224[5]. 747[3]
εὔκαλος 484[3]
εὐκερᾱσίᾱ 278[8]
εὔκηλος 224[4]
Εὐκλέεος gen. sg. 67[1]
εὐκλείᾱ 469[5]
εὐκλεΐζω Sapph. Pind. 735[6]
ἐυκλεΐη 469[4]
εὐκλέος hom. 252[7]
ἐυκνήμῑδες 465[4]. II 182[6.7]; – (nicht -ῖδες) 'Αχαιοί II 181[4]
εὔκολος 292[3]
εὐκόλως II 415[5]
εὐκομιδής 513[4]
Ευκρατιδου 156[2]
εὐκρινής 513[3]
εὐκτικὴ ἔγκλισις (term.) II 302[6]
ἐὺ κτιμένη 674[5]; – κτίμενον n. 674[5]
ἐυκτίμενος 326[1]. 449[5]. 524[7]
εὖκτο 679[5], 6
εὐκτός II 150[1]
εὐκυκλής 513[4]
εὐλαβέομαι: -βήθηθ' imper. 760, 6; -εῖσθαι, μή II 676[5]
εὔλακα lak. 412[2]
εὐλή (nicht εὐ-) 224[4]. 412[2]
εὔληρον 412[2]; εὔληρα 224[4]. 314[4]. 348[2]
εὐλίμενος 522[1]
εὐλογῶν εὐλογήσω II 388[7]
εὖ μαθεῖν II 366[5]
Εὔμαιος 468[4]. 637, 3
εὐμαρής 513[4]
εὔμαρις 837[1]
εὐμενές n. 580[6]
εὐμενέτης 105[5]. 452[1], 3
εὐμενής 450[1]
Εὐμενίδες 37[8]
ἐυμμελίω ion. 252[4.5]
εὐνάζομαι 734[4]
ἐὺ ναιόμενον II 239[2]
εὐναιόμενον II 408[5]
εὐνάω 725[6]; εὐνάσω fut. 785[4]
εὐνῆθεν 628[2]
εὖνις 385[6]. 464[3]. 495[1]; εὖνιν υἱῶν II 96[4]
ἐύννητος 310[7]
εὐνόαν lesb. 236[7]
εὐνοεῖν c. dat. II 144[4]; τὸ – II 370[4]

εὔνοια 469[5]; – c. dat. II 144[4]; – ἡ παρά τινος II 497[6]
εὐνοϊκῶς 624[2]
εὐνομήσεται Hdt. 763, 3
εὔνους 554, 4. 562[2]. II 174[5]; *εὐνοῦ 379[7]. 555, 4; εὔνου 379[7]; εὖνοι 249[4]. 379[7]. 554, 4. 585[5]; *εὔνοι 379[7]. 555, 0; *εὔνοες 555, 0; εὔνους nom. pl. 458[4]. 554, 4. 564[2]; εὔνοα att. 236[7]; εὔνους c. dat. II 144[4]
εὔνως adv. 624[2]
εὔξησεν att. 203[4]. 655[4]
εὐοί II 600[4]
εὐοῖ II 600[4]
εὐοῖ 219[4]. 303[4], 2
εὖ οἶδα (*ewoida*) 197[3]; εὖ εἰδέναι II 337[5]; εὖ εἰδείην II 328[6]; εὖ ἴσθι II 696[6.8]; εὖ οἶδα c. gen. II 107[7]; εὖ οἶδ' ὅτι II 554[7]. 696[8]; ὡς εὖ εἰδότες II 391[7]; εὖ οἶδα ἐμαυτὸν ὄντα ἥττονα II 397[1]
[Ε]ὐόλθων 275[3]
-εύομαι II 232[4]
εὐορκέντι ptc. ark. 729[3]
εὖ πάσχω τινός II 103[2]; – ὑπό τινος II 227[2]
εὐπατέρεια 474, 6
εὐπατρίδης 509[5]
εὐπάτωρ 339[1]. 355[5]. 358[4]. 530[6]. 552[5]; εὐπάτορα 358[4]
εὐπειθής c. dat. II 145[2]
εὖ πέπρᾱγα II 227[8]
εὖ πεφυκότων c. acc. II 85[4]
εὔπλεα (= -οια) 195[3]
εὐπλοίη 469[4]
ἐυπλοκαμῖδες 465[4]
εὔπλους 582[6]
ἐυπλυνής 694[5]; εὐπλυνής 513[3]
εὖ ποιῶ (-εῖν) τινα II 72[3]; – πρὸς τὴν δύναμιν τὴν αὑτοῦ II 511[8]; εὖ ποιῶν II 390[8]
εὐπορϝέω c. gen. II 110[8]
εὐπρᾱγία 469[2]
εὔπραξις 449, 2
εὖ πράττειν (τὸ) II 371[2]
εὖ πράττω ὑπό τινος II 529[2]
εὐπρυμνής 513[4]
εὖ πῶ Dodon. 798[4]
εὔπωνος H. 693, 8
εὐράγη 224[3]. 829[6]
εὖραι 224[4]
εὐράκοιμεν 'hyperdor.' kret. 775[1]
εὐρακύλων 454[2]
εὐράξ 620[6]
εὑρέ 390[1]. 799[2]. II 250, 1; – ngr. 764[2]
εὐρέα πόντον 105[5]
εὐρέα acc. pl. neut. 573[3], 3
εὐρέας acc. pl. m. 573[3]
εὐρέε du. 573[5]
*εὐρεϜja f. 273[2]
εὑρεθη- 761[5]
εὑρέθη ngr. 764[4]
εὐρεῖα 273[2]
εὑρεῖν 748[4]. II 257[8]. 365[7]
εὕρεμα 523[6]
εὕρεο II 250, 1. 258[1]
εὑρέσθαι II 296[6]
εὑρέσφι·γυναιξίν H. 551[4]
εὑρέτην 667[3]
εὕρηκα 306[2]. 709[2]. 775[1]. 816[6]; – aor. ngr. 650[4]. 764[1]. 779[2]
εὑρῆκα aor. ngr. 764[1]
εὕρηκε imper. 799[1], 2
εὕρημα συμφορᾶς II 96[2]
εὑρημένα ἐστὶ διά τινα II 453[5]
εὕρησα spätgr. 709[2]
εὑρῆσθαι πρός τισιν γεωργίοις II 512, 2
εὑρήσομαι 782[7]
εὑρησοῦντι Epich. 786[6]
εὑρήσω ion. att. 709[2]. 738[6]. 782[7]. 785, 1. 816[6]. II 292[4]
ευρηται 709, 2
εὐρῑπιδαριστοφανίζω 837[2]
εὔρῑπος 836[7]
εὑρίσκον (τὸ) II 125[1], 1
εὑρίσκω 224, 2. 709[2], 1. 738[6]. 816[6]. II 258, 1. 350[8]. 396[1]; εὕρισκε imper. 799[1]; εὕρισκον 655[4]; – τινὰ διεφθαρμένον II 394[3]; – τι περὶ τοὺς βαρβάρους II 503[8]; s. εὗρον, εὑρέ, εὑρεῖν, ηὗρα, ηὗρον, ηὑρόμην, εὕρηκα, ηὕρηκα
εὕροις 796[3]; εὗροι II 335[5]; εὑροίης Hippokr. 796[3]
εὗρον 127[7]. 203[4]. 655[7]. 709, 2; s. εὑρέ, εὑρεῖν, εὑρίσκω
εὖρος 463[2]. II 86[1.4]
ἐυρρεής 513[2]
*εὔρριπος 836[7]
ἐύρροος hom., εὔρους att. 197[3]
Εὐρυ- Namen 412, 1. 441[4]
εὐρυάγυια 438[5]
εὐρυέδεια 543[3]
*εὐρυεδής 543[3]
Εὐρύκλεια 637, 3
εὐρυκρείων 449[5]. II 408[5]
Εὐρύλεως 224[4]
εὐρύνω 733[3]
εὐρυόδεια 103[4]
εὐρύοπα (nicht -όπα) 560[1], 2. 577[1]. 584[6]
εὐρυπυλής 513[4]
Εὐρυπῶν 675, 8
εὐρύς 224, 2. 412, 1. 463[1]; εὐρέας acc. pl. 573[3]; εὐρέα acc. pl. 573[3], 3; εὐρέε du. 573[5]; εὐρεῖα 273[2]; εὐρέα πόντον 105[5]; εὐρὺς ὤμοισιν II 168[4]; τοῦ κλέος εὐρὺ καθ' Ἑλλάδα II 476[5]; s. εὐρύτατος
Εὐρυσθένης 514, 1. 636[4]; -σθένεος ion. 197[5]. 248[1]
Εὐρυσθεύς 478[2]. 636[4]. 637[2]
Εὐρυɜίλαος 412[2]
εὐρύτατος ἑωυτοῦ II 100[5]; εὐρυτάτη ἑωυτῆς II 100[6]
Εὐρυτεία II 177[4]
εὕρω ngr. 764[1]
εὑρῶ fut. Koine 785, 1
εὐρώδης 513[4]
εὐρώεις hom. 514[3]. 527[5]
Εὐρώπη 426, 4
εὐρώς 224, 2. 412[2]. 514[3], 5
εὔρωστος τὴν ψυχήν II 85[5]
εὐρωτιάω 514[4]. 732[4]
ἑύς 314[2]. 433, 1. 533, 5. 574[6.7]. 621, 5. 635[4]. 731, 1; φωτὸς ἐῆος Od. 574[6]
-εύς suff. 456[5]. 476[6.7] f. 510[2]
-ευς (gen. -ευτος) 478[3]. 565, 1
-ευς gen. sg. (< -εος) 579[4]
-εύς nom. sg. m. 574[8]. 575[2.5], 3. 576, 2
-εῦς gen. sg. kyren. megar. argol. 575[4]
ευσ (= εψ) 233[7]
εὐσ- 755[1]
εὖσα ptc. f. 678[1]
-ευσα aor. 754[3]
εὐσαβέοι el. 92[7]. 181[1]
εὔσανα 307[7]. 517[2]
εὐσεβέοις dat. pl. 564[8]
εὐσεβέω (-εῖν) 724[3]; εὐσεβεῖν περὶ θεούς II 504[8]; – τὰ περὶ τοὺς θ. II 77[6]
εὐσεβής 514[1]; -έοις dat. pl. 564[8]
-εῦσι dat. pl. 575[5]
-ευσοῦμαι fut. att. 786[2.3]
ἐύσσελμος 322[2]
*ευ(σ)σω 348[5]
εὐσταθής 128[2]. 513[3]
εὐστόν 304[3]. 348[4]. 685[6]. 755[1]
εὔστρᾱ 532[6]. 685[6]
ἐυστρεφής 513[2]
εὐσχάμενος 266[7]
εὐτ- 203[6]. 607[3]
εὔτατος 535[4]
εὖτε 629, 7. II 313[1]. 576[5]. 660[6.7.8], 3. 661[1–3.4]. 671, 1; εὖτ' ἄν II 660, 3
εὐτείχεον hom. 514[1]
εὑτοῦ (= αὑτοῦ) 198[5]
εὐτράπελος 483[5]. 484[6]
Εὔτρησις hom. 270[8]. 504, 3
Εὔτρητις böot. 270[8]
εὐτρόσσεσθαι kypr. 715[1]. II 517[6]
εὐτυχέν kyren. 410[7]
εὐτυχέω: ηὐτύχησα 656[2]; -χηται II 240[6]; εὐτυχῶ εἰς

τι II 460[3]; εὐτυχήσομεν ἐλόντες II 393[3]
εὐτυχίαι II 43[6]
εὐτῶν thess. (< ηὑτ-) 203[6]
εὐφημέω 726[4]; -μήσω II 292[7]
εὐφημία, -μισμός 37[8]
εὔφημος II 181[3]
Εὔφηρος 832[5]
εὔφορος 355[6]. 381[5]
εὐφραίνω 272[8]. 486[4]. 725[1]. II 228[6]; εὐφρανέω hom. 785[2]; εὐφραίνω θυμὸν ἀμφί τινα II 433[7]. 439[3]
Εὐφραίνων 637[4]
Εὐφρανίσκος 486[4]
Εὐφράτης 165[1]
εὖ φρονεῖν (τὸ) II 369, 4
εὖ φρονεῖν c. dat. II 144[4]
εὐφρόνη 461[1]. 490[3]. 529[5]. II 478[2]; – ἄστρων II 129[5]. 178[2]
Εὐφρονίσκος 542[3]
εὐφρόσυνος 529[5]
εὔφρων 552[5]
εὐφυᾶ, -ῆ 189[2.3]
εὔφωνα γράμματα 5, 3
εὐφωνία 7[3]
Εὐχάρη gen. sg. 561[2]
Εὐχάρῑ böot. 464[2]
εὐχαριστῶμες kret. 249[7]
εὐχετάομαι ep. 705[5]; εὐχετόωντο θεῶν Διί II 115[5]
εὐχέτης Eustath. 705[5]
εὐχετίαζον H. 705[5]
εὐχή: – (*efχ'i*) ngr. 159[5]; εὐχαὶ θεῶν II 121[6]
εὔχομαι 655[3]. II 229[3]. 711[5]; εὐχόμην 655[4]; ηὐχόμην 655[3]; εὔχετο 655[5]; εὔχομαί τι c. dat. II 147[4]; – κατά τινος II 480[2]; εὐχόμενος ἂν εὔξαιτο II 388[7]; εὔχεσθε.. σιγῇ ἐφ' ὑμείων II 470[6]; s. εὖκτο, εὐχούμην
εὖχος 821[4]
εὐχούμην ther. (spät) 203[4]
εὔχους II 518[1]
εὔχρως 542, 3. 578[4]
-εύω verba 673[6]. 722[4]. 728[3.4], 1. 814[7]. 816[6.7]. 817[2]. (für -έω) 732[5–6]
εὕω att. 219[5]. 304[3]. 348[4.5]. 685[6]. 755[1]. II 72, 1. 226[6]
εὐώδης 512[4]
ευωθα lesb. 224[4]. 282[1]
εὐώνυμον (τὸ) II 175[6]. 470[4]
εὐῶπα Soph. 584[6]
εὐωχέομαι 720[3]. II 230[4]; – c. acc. II 103[3]
εὐωχέω (-ῶ) II 80[3]. 230[4]
ἐφ' praep. II 465[1]; s. ἐπ', ἐπί
ἐφ- compos. II 465[1]
ἔφαγα ngr.; s. εἴφαγα
ἔφαγον 755[4]
ἐφαιροῦνται att. 729[3]
ἔφᾱν ipf. 673[3]; ἔφᾱ 640[4.5]; ἔφαμεν 740[4]; ἔφασαν, ἔφαν 675[1]. II 621[1]; s. ἔφην, φημί
ἔφᾱνα dor. 285[2]
ἐφανγρενθειν thess. 669[4]. 727, 1. 729[3]
ἐφανδάνειν c. dat. II 143[8]
ἐφάνην 714[1]; -νη 694[3]
ἐφάνθην att. 257[3]. 694[3]
*ἔφανσα 187[3]. 287[5]
'Εφαντίδας 199[2]
ἐφάπαξ II 466[1]. 472[6]
ἐφάπτεστη böot. 205[6]
ἐφαρδμόν 305[7]. 829[5]
ἐφαρμοξοῦντι Archimed. 786[6]
ἐφαρμόττω 128[2]
ἐφάσκεθ' 708[2]
ἔφασκον 652, 3. 673[5]. 675[1]. 708[2]
ἔφατο 673, 1. 741, 2. II 232[7] (ἔφατον) Plato 667[2]
ἐφαύριον 305[6]. 625[3]; s. ἐπαύριον
ἐφεγρήσσων 305[7]
ἐφεδέτα(ι) 500[1]
ἐφείκοσιν 305[6]
ἐφείσατο 653, 2 (ἐφέννυμαι)
ἐφειστήκει att. 777[3]; s. ἐπήστακε
ἔφεκτος 599[4]
ἐφέλκεσθαι II 237[1]; – ἄνδρα II 231[6]
ἐφέλκω II 466[3]
ἐφέξεις ἀναλῶν II 393[2]
ἐφεξῆς 625[3]; – c. dat. II 142[5]
ἐφέπομαι II 466[3]; – c. dat. II 162[5]; ἐφεπομένη nom. abs. II 403[8]
ἐφέπω c. acc. II 111[8]
ἔφερα aor. ngr. 764[3]. II 258, 2; s. ἤφερα
*ἔφερετ 399[4]
ἐφερόμην ipf. 669[6]. 746[3]; ἐφέρεο 668[2]; -έρου 668[3]; -έρετο 74[1]. 669[4]; ἐφερόμεθα 670[1]; ἐφέρεσθε 670[2]; ἐφέροντο 671[4]
ἔφερον 659[3]. 664[3]; ἔφερε 56[5]. 74[1]; ἐφέρετε 663[1]; ἐφέρετον 2. du., ἐφερέτην 3. du. 666[5]
ἔφερσεν H. 753[4]. 754, 2
ἐφέρψω att. II 226[1]
ἔφες imper. 741[3]
ἔφεσις τοῖς βέλεσιν II 166[6]
ἐφέσσατο 653, 2
ἐφέστα 540, 5
ἐφέστα (τὸ) 501[1]
ἐφεστάκεον delph. 778[2]
ἐφεστάμεναι II 382[5]
ἐφεστάναι c. gen. II 109[6]. 110[1]
ἐφεσταότες II 611[6]
ἐφέστιος II 179[2]. 473[3]
ἐφεστρίς 465[2]
ἐφέτειος 305[6]
ἐφετικὰ ῥήματα 789[1]
ἐφετίνδα 627[2]
ἐφετινός 305[6]
ἐφετμή 493[6]
ἐφ' ἔτος 305[6]. 625[3]
ἐφέτος 119[4]. 625[3]
ἐφευάζω 305[7]
ἐφευδησιονσαν 786[4]
ἐφευμένος 773[3] (εὕω)
ἐφευρέματα j.-att. 709, 2
ἐφεύροι hom. 709, 2
ἐφεύρω hom. 709, 2
ἔφηλις 450[5]
ἐφημέριος II 473[3]
ἐφήμερος II 473[3]
ἐφ' ἡμῶν (οἱ) II 416[7]
ἔφην ipf. 673[4.5]. 654[5]. 674[6]. II 261[7]; ἔφησθα 662[4]; ἔφη 640[5]. II 276, 2. 694[8]; ἔφημεν 675[1]; s. ἔφᾱν
ἔφηνα ion.att. 187[3]. 285[2]. 287[5]; -νε 694[3]; s. ἔφᾱνα, φαίνω
ἐφῆπτο hom. 766[2]. 777[2]
ἔφησα 673[5]. 675[1]. 752, 1. 754[5]. 816[7]. II 262[1]. 602[4]; -σε 640[5]
ἐφήω conj. hom. 792[5]
*ἔφθαμεν 742[4]
ἔφθᾱν 798, 9
ἐφθάρη Hippokr. 714[4]
ἔφθαρκα 342[5]; -κε 775[4]
ἔφθαρμαι 769[4]; -ρται 357[1]
ἔφθασα 666[2]. 742, 4. 755[4]. 814[5]
ἔφθεγμαι 338[1]
ἔφθειρα 751[1]. 753[4]; *ἔφθειρ 2. sg. 751[1]; ἔφθειρε 640, 4
ἔφθεισα 740[3]. 751[5], 4
ἐφθέντες Diosk. 761[5]
*ἔφθερjε 640, 4
ἔφθερρα äol. 753[4]
*ἔφθερσα, -ρσς 2. sg. 751[1]; -σε 640, 4
ἐφθημιμερής 219[3]
ἔφθην 755[4]. 814[5]; -ης, -η 742[4]; -ημεν 742[4], 4; ἔφθη ὀρεξάμενος II 301[2]. 392[3]; ἔφθησαν ἐκπεσόντες II 392[4]
ἐφθιᾱ, ἐφθιᾶ H. 743[4]
ἐφθίαται 671[3]
ἔφθιεν aor. Il. 740[3]. 747[3]
ἔφθιθεν Od. 761[4]
ἐφθίνηκα hell. 775[1]
ἔφθισο 668[6]
ἔφθιται 770[1]
ἔφθιτο 673, 1. 740[2.3]. 755[6]. 761[4]. II 262[3]
ἔφθορα 649[6]; -ρε 775[4]
ἐφθορκώς ark. 344[2]. 775, 11
ἐφθός 326[6]. 335[3]. 336[4]

ἐφθός 326[6]. 706[7]
ἐφιαλίω fut. dor. 785[1]; -λῶ att. 785[2]
ἐφιάλτης II 465, 9
ἐφιδεῖν 220[4]
ἐφιδῆσαι 755, 4
ἐφιείς II 419[4]
ἐφιελοδυ pamph. 219[3]
ἐφίεμαι (-σθαι) II 231[6]; *ἐφίεσαι 668[3]; ἐφίεσαι 668[5]; ἐφίεμαί τι II 105[6]; – – c. dat. II 147[3]; – c. gen. II 105[5]; ἐφίεμαί τι πρός τι II 511[6–7]
ἐφίηι 668[3]
ἐφίημι II 283[7]; – χεῖρας, βέλος c. dat. II 145[7]; s. ἐφιείς, ἐφίηι, ἔφες, ἐφήω
εφιιε̄Wοται pamph. 219[3]
ἐφικνέομαί τινος II 104[4]
ἐφιλᾱ́θεν 384[3]
ἐφίλατο Ilias 718[4]
ἐφίλησα 752[3]
ἐφιορκέω 219[3], 1. II 465, 9; -κέοιμι delph. 796, 1. II 321[7]
ἐφ' ἴσῃ καὶ ὁμοίᾳ 220[4]. II 468[3]; – – καὶ ὁμοίῃ 121[3]
ἐφίσταμαι βάσιν II 79[7]
ἔφλαδον 703[1]
ἔφλιδον 703[1]
ἐφόβησα 718[2]
ἐφόδια c. dat. II 153[6]
ἐφόνιον 305[6]
ἐφοπλίσσαιτε ἄν II 329[6]
ἐφοπλίσσουσιν hom. 785[5]
ἐφοράω; s. ἐπιδεῖν, ἐφιδεῖν
ἐφορεις lesb. 225[6]
ἐφόρεσα ngr. 753[2]
ἐφορευωκότων kyren. 775[1]
ἐφόρησεν 643[7]
ἐφορμήθην 651, 6
ἐφ' ὅτῳ II 681[8]
Εφραιμ 154[5]
Ἐφραῖος 199[2]
ἐφρασάμην, -άσατο, -άσαντο 762[4]
ἐφράσθης Od. 762[4]
eftá ngr. 163, 2
*ἔφυα 659[4]; – 3. pl. 664[5]
ἔφυγα ngr. 764[1]
ἔφυγον 781[6]. II 269[3]
ἔφυγρος II 465[4]
ἔφυδρος 519[3]. II 465[4]
ἐφύην 755[6]
ἔφῡν 659[4]. 798, 9. II 72, 1. 262[3]. 624[4]; ἔφῡ 739[7]. 743[2]; ἔφῡμεν 743[2]; ἔφῠν 3. pl. 664[6]
ἐφύπερθε(ν) hom. 633[1]. II 427[7]. 429[4]. 466[1]. 539[4.5.8]. 540[2]
Ἐφύρα 66[3]
ἐφύρη spät 714[5]
Ἐφύρη 482[5]
ἐφύρθη Aesch. 714[5]
ἔφῡσε 739[7]. 755[6]; – Μαῖαν θεῶν μιᾶς II 94[2]
*ἔφω 706[7]
ἐφ' ᾧ II 468[2]. 661[5]. 681[5–8], 2
ἐφ' ᾧ τε II 681[5–8]
ἐχ praep. 210[6]. II 461[4]
ἔχαδον 781[6]; -δε 699[5]. 747[6]
ἐχάθη ngr. II 282[8]
ἐχαίρησα 752[3]. 755[4]
ἐχάλασα 752[4]
ἐχάλασσα 682[6]
ἐχάνδανον 699[5]
ἔχανον 693[3]. 694[3]. II 262[3]
ἐχάρην 755[4]. 763, 5; -ρη 714[4]. 757[5]
ἐχε- compos. 441[4.5]
ἔχε ipf. 651[6]
ἔχεα 685[7]. 745[4.5]. 790[4]; ἔχεας 745[5]; ἔχεε 745[4.5.6]; ἔχεαν 745[4]; s. ἔχευα
ἐχέγγυος 441[6]. 442[2]
ἔχε δή II 563[4]
*ἔχεδον 746, 6
ἐχέθῡμος hom. 441[3]
ἔχειν (= -ην) wthess. 807[1]
ἔχειν (τοῦ) II 362[3]
ἐχέμεν 806[4]. II 381[4]. 382[5]
ἐχέμυθος 441[5]. 442[2]
ἔχεν infin. 807[1.7]. 809[1]
Ἐχένηος 451, 1
ἐχεόδηκτος 439[5]
ἐχεπᾱ́μων 441[5]
ἐχεπευκής II 182[8]
ἔχεσα att. 746, 6
ἔχεσκεν II 278[4]; -εν Ilias 711[1]
ἔχεσον att. 746, 6. 756[2]. 786[3]
ἔχεσφι 512[4]
ἐχέτᾱς 500[1]
ἐχέτλη 262[3]. 533[4]
Ἔχετος 503[6]
ἐχέτω II 344[2]
ἔχευα 685[7]. 744[4]; *ἔχευς (*ἔχευτ) 745[5]; -ας 745[4]; -αν 665[2]; s. ἔχεα
ἐχεύατο 745[4]
Ἐχευήθεις 224[5]
ἐχέφρων 441[3]
ἔχης m. 499[2]
ἔχησιν II 311[4]
ἔχησις 505, 2
ἔχητον II 612[1]
ἐχθαίρω 272[8]. 342[3]. 700[2]. 725[2]. 733[2]; -ρησι II 311[5]; ἐχθαρεῖ fut. 785[2]; ἤχθηρα 700[2]; ἐχθαίρω ἔχθος II 79[5]
*ἐχθαρjω 342[3]
Ἐχθάτιος 503[7]
ἐχθές 413[2]. 613[4]. 620[5]. 632[1] II 413[5]. 563[5]
-έχθην pass. aor. 760[1]
ἐχθίων 538[4], 13. II 184[2]
ἐχθοδοπέω 604, 1. 726[5]
ἐχθοδόπος 450, 4
ἐχθοι (ἔχθοι) adv. epid. 549[7]. 622[3]. 630[2]. II 538[4]
ἔχθομαι (-εσθαι) 700[2]. 725[2]; – τινι II 150[4]
ἔχθος 512[5]. II 479[2]
ἐχθός nwgr. (lokr. delph.) 326[7]. 336[4]. 630[2], 3. II 538[4]. 539[3]
ἐχθόσδικος ark. 632[6]; – δίκα II 538[5]
ἐχθραίνω 733[2]
ἐχθρός 326[7]. 481[4], 13. 538[4], 13; -οί II 45[7]; ἐχθρούς ἐχθρῶν II 116[6]; ἐχθροὶ καὶ ἔχθιστοι II 568[1]
ἔχθω adv. delph. 550[3]. 630[2]. II 538[4]. 539[3]
ἐχίδιον 471[2]
ἔχιδνα 475[6]. 488[5]. 489[4]
*ἐχιδνός 475[6]
Εχιμ byz. 159[6]
ἐχῖνος 491[2], 2
ἔχις 462[4]
ἔχμεν 683[6]
*ἔχμεν 678, 5. 809[1]
*ἐχμένη 771[2]
ἔχοις: ἵνα – II 338[3]
ἔχοισα lesb. 287[7]. 322[2]; -σαν 666[1]
ἔχοισι äol. 90[2]
ἔχομαι (-εσθαι) II 230[3]. 273[6]. 383[4]; – c. gen. II 129[8]; – c. abl. II 92[4]; – τινος II 130[3]; – τῆς αὐτῆς γνώμης II 130[3]; – τινος ἐκ II 463[1]; ἔχεσθαι πυκιναὶ πρὸς ἀλλήλησιν II 512[6]; s. ἐσχόμην
ἐχομένω du. II 49, 4
ἐχονομα 632[3]
ἔχονσα kret. 322[2]
ἔχοντε II 609[5]
ἔχουριν eretr. 218[5]
ἔχραε 748[2]
ἔχραισμε Ilias 723[3]
ἐχρῆν 652[2]. II 354[1]
ἔχρησα 751[7]
ἐχρήσαο Hdt. 668[4]
ἔχτη 211[3]
ἐχτύπηκα ngr. (dial.) 764[2]
ἐχύη H. 759, 1
ἐχύθην 257[3]. 261[8]; -θη 761[2]
ἐχυρός 482[4]
ἔχυσα 685[7]. 755[5]
ἔχυτο 685[7]. 740[2.3]. 745[4]; -υντο 740[3]
ἔχω 204[4]. 220[2]. 261[2]. 297[5]. 304[3]. 684[6]. 690[2.3]. 747[2]. 782[4]. II 72, 1. 230[3]. 260[4]. 296[7]. 350[6]. 353[3.4]. 375[6]. 376[3]. 400[8]. 401[1]. 691, 5; – ngr. 764[3]; ἔχωντι 791[4], 7; ἔχωσι 791[4]; ἔχω c. gen. II 132[4.5]; – χρησίμως c. gen. II 132[5]; ἔχω c. dat. I 140[1]; – τι c. dat. II 148[5];

ἔχω σῖτον c. dat. II 151[3]; – τι πρόσθε c. dat. II 146[3]; – τέλος c. dat. II 151[7]; – βίῃ c. dat. II 146[4]; – κατὰ νοῦν c. dat. II 148[5]; – τι c. loc. II 154[7]; – c. infin. 810[1]. II 365[5]; – – byz. 813[2]; – c. ptc. aor. II 263[7]; – τι μέγα II 83[7]; – τι σπουδήν II 80[8]; – τι ἐπί τινι II 466[7.8]; – γυναῖκα ἐπί τινι II 468[7]; – κάρδαμον ἐπὶ τῷ σίτῳ II 468[6]; – παρά τινος II 497[8]; – τὰ ὅπλα πρὸ τῶν τοξευμάτων II 506[4]; – χάριν τινὶ πρὸ ἄλλων II 507[2]; – πεζὴν δύναμιν II 388[3]; ἔχει οὕτω κατὰ τὸν κρητῆρα II 477[7]; ἔχω τι περὶ τῇ κεφαλῇ II 500[7]; – θώρακα περὶ τοῖς στέρνοις II 501[1]; – πόνον περὶ νηός II 502[4]; ἔχειν τινὰ περὶ αὐτόν II 504[2–3]; – περί τινα 'habe zu tun' II 504[4]; – γνώμην περί τινα II 504[8]; – τι ὑπὲρ ἐλπίδα II 519[6]; – κάρη ὑπέρ τινος II 520[6]; – τι μετὰ χερσίν II 482[2]; ἔχειν τι(νά) παρ' ἑαυτῷ II 494[2]; – τὰς ἐντολὰς παρὰ τᾶι πόλι II 494[5]; ἔχει Φ. καταλαβών Dem. 812[7]; – συγγνώμην II 377[4]; – τραύματα ὑπό τινος II 227[2]; – ὄγκον παρά τινος II 227[2]; – ὀργὰν ὑπέρ τινος II 521[2]; – χάριν τινὶ ὑπὲρ τῶν εἰρημένων II 521[7]; – γνώμην ὑπέρ τινος II 522[2]; – οἶκον ὑπ' ἀνδράσιν II 525[6]; – τι ὑπὸ μασχάλῃ, – ὑπὸ τῷ ἱματίῳ II 525[4]; – ξιφίδια ὑπὸ μάλης II 527[7]; – ὑπὸ μάλην II 528, 1; – καναχὴν ὑπὸ πλήκτρου II 528[4]; – τὴν τρίχα μέλαιναν II 618[7]; – μέλαιναν τὴν τρίχα πρὸς τὰ ἔτη II 511[3]; – τὰ δεξιὰ τοῦ κ. πρὸς τῷ ποτ. II 513[1]; – τιμὴν πρός τινος II 514[5]; – ἔπαινον πρός τινος II 227[2]. 514[6]; – ἔπαινον ὑπό τινος II 529[3]; – τινὶ ἀχαρίστως πρός τινος II 514[7]; – τι πρὸς τοῦ ποταμοῦ II 515[7]; – διὰ γλώσσης II 362[2]. 452[7]; – ἄλκιμον ἦτορ II 616[5]; – πράγματα ὑπό τινος II 529[4]; – μνείαν τινός ὑπό τινος II 529[4]; – τραύματα ὑπό τινος II 529[4]; – τι ὑπὸ τὴν εἰρήνην II 532[3]; – Ἀρκαδίην ὑπὸ ὄρος II 531[5]; – τι ἀμφ' ὤμοισιν II 438[2]; – ἔριν ἀμφὶ μουσικῇ II 438[5]; – τι ἀμφὶ βουλαῖς II 438[5]; – ἀμφί τι II 439[3]; – τι ἀμφίς II 439[6]; – τι ἐν χερσὶ ἀνὰ σκήπτρῳ II 441[5]; – πηγὰς ἀπὸ μ' σταδίων τῆς θαλάσσης II 445[8]; – κάλλος Χαρίτων ἄπο II 446[3]; – τινὰ ἔν τινι II 458[6]; – τι διὰ χειρός II 451[6]; ἔχειν τι δι' ἑαυτοῦ II 451[5]; ἔχω τι δι' αἰσχύνης II 452[6]; – τινὰ δι' αἰτίας II 452[6]; – τινὰ δι' οἴκτου II 452[6]; – δι' ἀγωνίης II 452[7]; – διὰ στέρνων II 452[7]; – τινὰ διὰ στόμα II 453[2]; – τι διά τινα II 453[5]; s. ἔχε, *hέχω, ἔσχεθον, ἔσχον, σχές usw., ἕξω usw., εὖ ἔχω
ἔχω att. 257[3.4]
*ἔχω [hékhō] 204[4]. 304[3]
ἔχω γραμμένο, – γράψει ngr. 130[3]
ἔχω δεθῆ (-θεῖ) ngr. 779[4]. 809[6]. II 384[1]
ἔχω δεμένο ngr. 779[4]
ἔχω δέσει ngr. 779[4]
ἔχω ἰδωμένη ngr. 812[8]
ἔχων II 387[2.5]. 435[4]; ἔχοντι dat. sg. II 401[4]; ἔχοντε II 609[5]; ἔχων (fehlt) II 88[2–3]; ἔχοντες ἄλκιμον ἦτορ II 616[5]; – 'Ο. δώματα II 408[5]; ἔχων κυνὸς ὄμματ(α) II 408[8]; – πεζὴν δύναμιν II 388[3]; ὁ νῦν ἔχων II 408[7]; ἔχουσα οὕτως II 389[4]; ἔχοντα ἀτάκτως II 402[3]
ἐχώσατο 722[1]
-εψα aor. 763[7]
ἐψᾰφιστει pf. med. thess. 194[4]. 669[3]. 738[1]
ἐψαφίττατο böot. 320[6]
ἕψεε Hdt. Hippokr. 721[2]
ἕψεσθαι att. 786[4]
ἕψησις II 357[2]
ἑψήσω fut. 721[2]
ἐψιάομαι 732[2]
ἕψομαι 782[4]
-έψος 450, 4
ἕψω 57[5]. 706[7]. 721[2]; ἥψησα 721[2]
εω 81[2]. 444[4]; – wechselt mit ᾰω 242[8]. 243[2]; -εω ion.-att. 81[2]; εω einsilbig 246[5]; – wird kontrah. im Att. 444[4]; – aus εϝω 228[7]; – für αω 243[2]. 728[6–7]; -εω ion. aus -ᾱο 245[7]
εω dor. aus ηω 244[3]; ion. att. εω aus ηο 245[5]; εω > ω 249[8]; -εω (= ę̄ō bzw. jω) 245[8]
-εω gen. sg. m. ion. (aus -ηο) 561[1]
-εω verba 809[2]
-έω verba 673[6]. 682[4–5]. 712, 1. 717[2–3]. 718[1.3.4], 4. 721[1–6], 1. 3. 6. 8. 722[3]. 723[2]. 724[1]. 726[2] f. 728[4.5], 2. 729[6]. 731[4.6–7]. 734[4.5]. 737[1]. 739[1]. 754[4]. 807[3]. 814[7]. 815[4]; – – wechseln mit -άω 728[5]; -έω und -άω gemischt 729[1]
-έω fut. 779[8]. 784[2–6]. 785[1–3]
ἔω conj. hom. 674[3]. 677[3]. 791[2]; ἔωντι 3. pl. 677, 10. 791[2]; ἔοντι conj. lokr. 677, 10; ἔωσι 677[3]. II 312[8]
*ἕω conj. (ἵημι) 770[1], 1; ἕωμεν 675[4]. 755[3]. 792[5], 8
ἐώθεα, -θεσαν Hdt. 777[5]; s. εἴωθα
ἕωθεν, *ἑῶθεν 383[2]
ἑωθινός 490[5]; τὸ -όν II 70[2]. 112[7]
ἑωθοῖα ion. 540[5]
ἐώθουν ἐωθοῦντο II 700[7]
εωι > ωι 250[8]
ἐώικα 469[1]
ἐώικει 653[4], 1. 777[4]. 778[4]
ἐωινοχόει hom. 653[4]; ἐῳνοχόει νέκταρ II 73[2]
ἕωλος 483[4]. II 32[4]
ἐώλπει c. dat. II 148[4]; s. ἔολπα
-εων gen. pl. 571[5.7], 8. 579[2]
-έων gen. pl. 81[6]. 240[7]. 244[4]. 575[4]. 579, 4; – 1. decl. ion. 559[2.3]
ἑῶν gen. pl. pron. 603[3]. 605[3]
-εών suff. 488[1–4]. 521[5.6]
ἐών ptc. 525[2.4]; ἐοῦσα 678[1]. II 389[3]; ἐόν 16, 1; ἐοντ- 676[6]. 678[1]; καὶ βραχὺν ἐόντα II 389[5]; s. ἐόντ(ε), ἐόντες, ἐόντεσσι
ἐωνησαμένων 656[5]
ἐωνούμην 654[1]
-έωντι 3. pl. conj. 241[4]
*εωρ 568[5]
ἑώρᾱκα att. II 258[2]. 287[4]; s. ἑόρακα
ἑωράκη 653[4]
ἐώργει 653[4], 11; s. ἔοργα
εώρη epid. 653, 9
ἑώρταζον 653[4]; s. ἑορτάζω
ἑώρων 245[6]. 653[3.4]. II 269[4]
-εως ion.- att. Deklinationstypus 554[7]. 557[6] f.
-εως gen. sg. 572[3], 4
-έως gen. sg. ion. att. Koine 551[5]. 575[3]
ἕως f. att. 219[5]. 220[1]. 244[4]. 349[4]. 383[2]. 514[2]. 557[7]. 580[4]; ἕωι dat. 557[7]; ἕω acc. 557[7]; ἕω gen. 557[7]; ἕων acc. 557[7], 3; τὰ πρὸς ἕω τῆς πόλεως II 96[6]; s. ἠώς, ἀϝώς, ἄβώρ

ἕως adv. att. 245[5]. 250[3]. 381[2]. 409[8]. 528[3]. 615[1]. 631[3]. II 300[1]. 335[3]. 549[7]. 550[6–7] f. 640[1]. 650[5,6], 4. 5. 651[1,2]. 652[1]. 657[6,7]; – ἄν II 650[6]; – praep. II 533[4]; ἕως ὅτε II 551[2]; ἕως ὅτου II 551[2]. 651[2]. 653[7]; ἕως οὗ II 435[3]. 551[2,3]. 651[2]. 653[7], 4; ἕως ὀψέ II 551[2]; s. ἄς,ἇς,ᾆος, εἵως, ἧος
ἕωσα aor. 654[1]. 720[3]. 755[1]; s. ὠθέω
-έωσι 3. pl. conj. 241[4]
ἕωσπερ II 650, 5
ἑωσφόρος 440[4], 8
(ἑωτῆι 607, 3 verdruckt; s. ἑωυτῇ)
ἑωτοῦ ion. 607[2]
ἑωυτ- ion. 607[3]; ἑωυτῆι 607,3. II 195, 1; ἑωυτό acc. n. ion. 607[4]; ἑωυτοῦ II 193[2]. 195[4]; -τῶι 203[3]. 402[5]; -τῶν 607[2]. II 195[5]. 198[5]

F

ϝ 143[2]. 315[1]; kor. 94[6]; nachwirkend 227[4]ff. 229[3]. 313[8]f.; ptc. -(ϝ)ώς 539[6]. 540[1]; dial. erhalten 366[6]; gesprochen u. geschrieben 229[5]; Schwanken seiner Schreibung 226[2]; fakultativ im Epos 229[1]; ϝ- nicht in Dichtung 229[6]; ϝ spirantisch 227[6]; ϝ unwirksam 229[3]; Gemination von ϝ 238[5]; kons. + ϝ 332[2]; ϝ kontraktionshindernd 251[6,7]; ϝ (w) Übergangsl. 237[5]. 314[7]; ϝ als u vor Vok. 314[6]; ϝ assimiliert an Kons. 227[5,6]; – scheinbar assimiliert in δδ < δϝ 227[6]; ϝ schwindet 246[7]. 366[7]; – – ostion. att. 85[7]. 233[2]; – – nach ρ, λ, ν 283[6]; – – in οιϝ 272[7]; Ursache des Verlusts 226[3]; ϝ schwindet dissimilatorisch 260[8]; ϝ an Stelle von spir. asper 226[4]; Wegfall mit Dehnung des vorausgeh. Vok. 228[2]
w durch ο, υ, ου bezeichnet 313[6]
-ϝα neut. pl. 581[2]
ϝαδεῖαν 226[5]
ϝάδιξις 505, 7
*ϝαδμενος 749, 3
ϝᾶδομη böot. 226[5]
*ϝαδσμενος 749, 3
*ϝαιϝικjω 266[1]
*ϝαιϝώρᾱ 423[4]
ϝαλ- 743, 6
ϝαλεῖοι 468, 1
ϝαλη- 759[4]
ϝαλίδιος 224[2]
Ϝᾶλις 92[6]. 223[5]. 285[6]. 543[7]
ϝαλίσκομαι thess. 223[5]
ϝαλίσσκηται thess. 709[3]
ϝαλόντοις Stymph. 564[8]. 709[3]. 743[3]
Ϝαλχάνιος kret. 223[5]
ϝανακισία 271[5]
ϝανακοι du. arg. 557[2]
ϝάναξ 62[1]. 223[5]. 499[3]
ϝαναξίωνυς pamph. 182[4]
ϝάνασσα 473[6]
ϝάξιοι 223[5]
ϝάξος kret. 224[2]
-ϝαρ suff. 519[5,6], 5 f.
ϝαργάνᾱ 274[7]
ϝάργον el. 274[8]
ϝαρήν 57[2]. 223[5]. 229[5]. 357[7]. 568[6]. 840[2]
*ϝαρνίον 225[3]
ϝάρρεν el. 684[4]
ϝάρρενορ 284[7]
Ϝασίδαμος thess. 226[5]
ϝάσμενος Ilias 749, 3
ϝαστϝός thess. 223[5]. 227,2. 472[5]. 811[1]
ϝάστιος adj. 466[2]
ϝάστιος gen. sg. böot. 572, 3
ϝαστιούλλει 636, 3
ϝάστυ 506[4]
Ϝαστυμειδοντίω böot. 193[2]
ϝαῦ 140[2]. 222[3]
Ϝᾶχυς 223[3]
ϝε pron. 3. pers. lesb. 603[2]
*ϝε pron. refl. 600[6]. 601[5]
*ϝε partic. 314[1]. II 564[3]. 565[3]
ϝεδίμνονς gort. 259[2]
ϝεϝαδε̄ϙότα lokr. 226[5]. 649[3]. 774[6]
(*ϝεϝαδϝότα) 770, 5
*ϝεϝελμένος 767, 3
*ϝεϝεργ- 654[1]. 656[7]
ϝεϝικμεν, -κτε 745, 2
*ϝεϝικσκω 260[5]
*ϝεϝορᾶκα 766[3]
*ϝεϝρ- 224, 2. 306[2]. 709, 2
ϝεϝρε̄μένα arg. 223[7]. 257[8]. 649[7], 5
ϝεϝρε̄μένος arg. 715[5]
*ϝεϝρη- 224, 2
*ϝεϝρῑπ-μαι 649[4]
*ϝέϝρωγα 647[1]
ϝεϝῡκονομειόντων böot. 540[5]. 765[7]. 771[4]. 806[5]
*ϝέhαρ 219[6]
ϝέθεν (gen.) lesb. 226[4]. 603[2]
*ϝει nom. pl. pron. 605[5]
(*ϝειδεσjην) 795, 6
ϝείδη 778[5], 5
*ϝειδη- 755[4]. 778[4]. 779[1]. 795[6]
*ϝείδομαι 684[6]
ϝεῖδος 226[5]
ϝειζώς el. 208[2]. 223[5]
ϝείκατι herakl. 591[3]
ϝεικόνα kypr. 223[5]
*ϝείκω 'weiche' 684[6]. 745, 2
ϝειπ- 257[8]. 348[3]
ϝεῖπαι kret. 223[5]. 745[3]; – κατὰ τὰν πυλάν II 476[6]
*ϝειπη, *ϝειπης 791[3]
ϝείπησι 229[2]
ϝείπην lesb. 745[2]
ϝείσατο aor. 681, 3
ϝεισΕς conj. kypr. 661[5]
ϝείσομαι fut. 681, 3
ϝέκᾱ adv. 225[3]. 439, 8. 622[5]
ϝέκασσα f. kret. 473[7]
ϝέκαστος 226[4]
*ϝεκατᾶτι 550, 8
ϝεκατέρη kret. 550[2]
ϝεκάτερος gort. delph. 630[3]
Ϝεκέδαμος thess. 226[4]. 256[3]
ϝεκειτους pamph. 499[3]
*ϝέκμι 678[4]. II 174[2]
ϝεκτος kret. 595[7]
ϝεκών 223[5]. 292[7]. 678[4]
ϝελ- 314[4]
Ϝελάτεια 223[5]
*ϝελδομαι 702[6]
*ϝελϝαρ 314[5]. 519[6]
Ϝελικών 223[7]
ϝελμενος kret. 751[3]
*ϝελν- 283[8]
*ϝελνάω 693, 11
*ϝελνυμι 697[2]
ϝελπάνωρ 153[8]
*ϝελπιδjω 330[2]
*ϝέλπομαι 702[4]
*ϝελσμενος 751[3]
*ϝελυ- 690[3]
*ϝεμεμι 72[4]
ϝέμμα lesb. 281[7]
-ϝεντ- suff. 526[6], 7
ϝέξ dor. kret. her. delph. 226[5]. 590[5]
ϝεξακάτιοι her. 593[2]
ϝεξήκοντα arg. 592[2]
*ϝέο gen. 'seiner' 605[1]
ϝέος gen. pron. lokr. 603[3]
(*ϝεός hom.) 608, 4
ϝεπ- 768[6]
ϝέπεσσι 564[6]
ϝέπιjα kypr. 88[6]. 242[4]. 312[6]
ϝέπος 223[5]. 295[5]. 298[5]
ϝερ- 314[4]

ϝερᾰ- 740, 5
*ϝεργάζομαι: s. *ἠϝεργαζόμην
*ϝεργjω 335[8]. 716, 2
ϝέργον 223[5]. 293[1]
ϝέργω 747[6]
ϝέρδω 716, 2
*ϝέρϝος 512[7]
*ϝερzδω 335[8]
ϝερημένον kret. 223[7]. 649, 5
ϝερκσιεν opt. kret. (gort.) 96[5]. 797[3.4]
ϝερξ- 754[7]
ϝέρρεν el. 223[5]
ϝερσ- 684[4]
ϝερσε̄ kypr. 792[7]. II 316[4]
(*ϝερυμι) 682[1]
*ϝερύς 412, 1
ϝερυσάτω delph. 222[6]
ϝερύω 310[1]. 681, 1
ϝεσ- 755[1]
*ϝεσαρ 251[4]
*ϝεσθε 2. pl. 670[4]
*ϝεσμα 281[7]. 339[2]
*ϝεσμένος 767, 4
*ϝεσνῡμι 284[1]
ϝεσπάριος lokr. 226[7]
ϝεσσ- 755[1]
ϝέσσω 782[3]
*ϝέσται 706[7]
ϝέτας el. 560[1]
ϝέτεθθι kret. 96[4]. 321[6]. 566[1], 2. 580[1]
ϝέτη her. 251[6]
ϝέτος 223[5]. II 486[6]
*ϝετός 'umsonst' 614, 2
*ϝευπ- 257[8]. 348[3]
*ϝευρ- 257[8]. 709, 2
*ϝεύρωγα 647[1]
ϝεχέτω pamph. 684[6]. 717[6]
*ϝέχος 512[1]
ϝέχω 223[5]
ϝϝός hom. 608, 4
ϝϝῶι 229[2]
ϝh 332[3]; – aus hϝ- < * sw- 227[2.3]
ϝhε pamph. 89[2]. 226[4]. 304[5]. 600[6]. 601[8]. 603[2]
*ϝhε pron. refl. 600[6]. 601[5.6]. 604[3]
ϝhε- pron. 601[6]
ϝhεδιεστας arg. 226[4]
ϝhέδιος 300[8]. II 201[8]
*ϝhεῖδαρ n. 514[3]
ϝhεκαδᾱ́μοε böot. 194[6]. 226[4]
ϝhεκάδᾱμος böot. 256[3]. 630[3]
*ϝhεκάς 'für sich' 630[3]
ϝhίδιος II 201[8]
ϝhῶι 229[2]
ϝηλέω verb. dor. el. 693, 11
-ϝηλίω verb. dor. 223[5]
ϝήλω dor. 283[8]. 693[4]
ϝῆμᾱ kret. 223[5]. 227[1]. 281[7]. 494[2]
ϝηρ kypr. 223, 1
ϝήροντι kret. 716[1]
ϝηροντων gort. 286[5]
*ϝι nom. pron. 601[3]. 603, 2
ϝῑ- 681, 3
(*ϝίαμβος) 591, 7
*ϝίδα(ν) 777[1]
*ϝίδασι 773[7]
ϝιδεῖν 56[3]
*ϝίδε/οντ 777[1]
*ϝιδέω [:οἶδα] 790, 6
*ϝιδη- 778[4]
ϝίδιος dor. 226[5]
(*ϝιδjην) 795, 6
*ϝιδjητ 794, 2
ϝίδμαι 678[6]
*ϝιδσαν 773[7]. 777[1]
ϝιδυῖα 73[7]. 199[5]. 350[3]. 540[1.3]
*ϝιδυσjα 199[5]. 273[2]. 350[3]. 360[1]
ϝίεμαι 702[5]
*ϝῑ́εμαι 680[4]. 681, 3. 686, 8
*ϝιϝάχω 690[3]. 748[2]. 767[1]
*ϝιϝλω 423[5]. 690[3]
*ϝιhός 219[6]
ϝικαδίων arg. 597, 2
ϝικαστή böot. 226[6]
ϝικαστός böot. 381[4]. 596[2]. 630, 4
ϝῑ́κατι dor. böot. usw. 56[5]. 82[3]. 91[3]. 92[5]. 223[6]. 270[4]. 292[7]. 381[7]. 565[4]. 591[3.4]
ϝικατίδειος her. 597, 1
ϝικατιϝέτιες gort. 242[2]. 591[5]
(*ϝικατίς) 597, 1
*ϝικσκοντ- 708[2]
*ϝικυῖα 541[1]
ϝιλαρχία 223[6]
ϝιλιάδας 153[8]
ϝίλιος 79[4]
ϝίλσιος 505[6]
ϝιν dat. sg. dor. (gort.) 603[4]. 604[2]; ϝὶν αὐτῶι 607[2]
*ϝινδ- 692[5]
ϝιό 223[3]
ϝιόλαϝος 223[6]
ϝιόλαος 153[8]
ϝῖρις 223[6]
-ϝις 1. pl. arg. 666, 10
ϝισάμην infin. mkret. 807[5]
ϝίσᾱμι dor. 216, 2. 665, 3. 680[6]
ϝίσαντι 665, 3. 774[1]
ϝίσϝος ark. böot. kret. 223[7]. 227[7], 2. 305, 5. 308[4]. 472[5], 10. 589[3]
ϝίσος ark. böot. el. 223[8]
ϝίσσαντι 665, 3
*ϝισσϝος 308[4]
ϝίστωρ böot. 226[7]. 531, 5
ϝίφιτος kor. 223[6]
ϝιώκω 702[5], 7; -κει kor. 223[6]. 681, 3
ϝλ- 309[7]. 314[4]
*ϝλεαίρω 724[6]
ϝο- praep. 226, 1
ϝο- aus ο- 226, 1; ϝο- > ο- 228[6]
ϝοι (ϝοῖ) dat. sg. pron. 226[4]. 229[1]. 602[7]. 603[4]. II 191[2]
ϝοῖδα 680[6]; ϝοῖσθα 20[3]; s. ϝιδ-, *ἠϝιδ-
ϝοίδημι, -ης, -ησθα äol. 778[5]
ϝοιζηαζε kret. 269, 1
ϝοῖκάδε 20[3]
ϝοικέω: *ἐϝοίκεον 655[3]
ϝοῖκόνδε 20[3]
ϝοῖκος 20[3]. 223[5]. 347[1]; -κω abl. delph. 92[5]. 549[8]. 622[4]. II 90[7]. 171[5]
ϝοῖνος hom. 196[2]. 223[5]
*ϝοκχ- 717, 4
*ϝολν- 283[8]
*ϝορᾱ́ 721, 7
*ϝορε- 721, 7
*ϝορϝος 306[2]
ϝορθεία lak. 226[2]
ϝορθός 226, 1
worise ngr. (Chios) 226, 1
ϝός kret. (gort.) 226[1.4]. 228[8]. 414[2]. 608[3]. II 200[3]. 203[6.7]
*-ϝοτ suff. 528[4]
-ϝοτ- ptc. II 386[1]
(ϝότι lokr.) 617[3]
ϝοφλεασι (-ήασι) ark. 226[2]. 664[1], 1. 775[1]; – ἰν 'Αλέαν II 459, 2
ϝοφλε̄κόσι (-ηκόσι) ark. 434, 3. 654[2]. 709[4]. 775[1]
*ϝρ- 309[7]. 310[1]. 311[3]
ϝρᾱ- 740, 5
ϝράδο̄ν ark. 223[7]
*ϝράζω 716, 2
vráka tsak. 779, 1
*ϝρᾱσιστος 539, 3
ϝρατάνᾱ 700, 3
ϝρᾱ́τρᾱ el. 92[7]. 223[7]; – c. dat. II 153[7]
ϝρέξαντα Kleonä 716[1]
ϝρη- (ἐρρήθην) 708[6]
ϝρηγαλέος 310[1]
ϝρῆξις 225[2]. 310[1]
ϝρῆσις ark. 223[7]
ϝρήτᾱ kypr. 223[7]. 260[4]. 262[2]
ϝρήτριον kret. 224[2]
ϝριψίδας ark. 223[7]
*ϝrjō 715[4]
ϝρόδαμνος äol. 313, 2
ϝροθαία lak. 267[5]
wρυμαλι pamph. 223[7]
ϝῡκίᾱ böot. 91[2]. 194[7]. 223[5]
*ϝώ 601[3]
-ϝώς ptc. pf. 765[4]. 768[3]. II 242[4.5]
*ϝωχ- 717, 4

Z

ζ 216[4] f. 217[5.6] f. 328[2]. 329[7.8], 1 f.; (= σδ) 330[1.2]; (= zd) 331[5.6]; (= z) 233[6]. 306[4]. 329[7]. 335[5] f.; (= δ und σσ) 329[8]; kypr. (= γ) 329[8]; graph. (= ξ) 329[6]; ζ aus γj 273[4]. 298[5]. 330[4.5]. 367[1]; aus δj 273[4]. 330[2.3.4], 1. 367[1]; aus idg. g^wj 298[5]. 300[7]; aus j 330[5–8]; ζ- aus j- 313[2]. 331[1]; -ζ- aus -j- bzw. -jj- 331[2]; aus σδ (sd) 331[4]; ζ el, rhod. für δ 92[7]. 233[3]; ζ ngr. 217[6]; ζ für iran. zd 331[5]; für hb. šd s. Ἄζωτος ζ > ρ eretr. thess. 233[4]. 366[6]
ζά äol. [= διά] 302[8]. 330[3]. 331[5]. II 448[6]. 449[4]; ζα- 272[4]. 330[4]
ζᾶ kypr. 88[6]; ζᾶς, ζᾶι 209[7]
-ζα adv. 256[4]
-ζα suff. f. 473, 5. 474[3.4]
ζαβατος pamph. 209[8]
Ζάγκλη 331[6]
(ζαδε)δάσμενον II 408[6]
ζάδηλος 330[3]. II 449, 8
ζάει H. 300[7]
ζάει kypr. 330[4]. 659[7]. 680[5]
ζάη kypr. 659[7]
ζαής 298[6]. 330[3]. 348[8]. 424[6]. 563[2]; ζαῆν acc. 348[8]. 424[6]. 563[2]; *ζαῆι dat. 348[8]
ζάθεος II 182[8]. 449[4]
Ζαιθώνειος 330[3]
ζαίνω ngr. 701[4]
ζακόρος 330[3]. 426[3]
ζάκορος (ἡ) voc. II 26[3]
ζάκοτος II 449[4]
ζακρυόεις 330[3]. II 449[5]
Ζάκυνθος 61[1]. 331[4]
ζαλ 408[8]
Ζάλευκος 69[5]. 93[1]. 330[3]
ζάλη 331[3]
ζᾶλος 330[3]. 483[3]
Ζαμάσπης 154[7]
ζαμενής II 449[4]
ζᾱμιᾱ 330[3]; ζᾱμίαυ gen. sg. ark. 558[7]. 561[1]
ζαμιέσδυ imper. pamph. 803[3]
ζαμιο͂μεν infin. kret. 729[4]
ζαμιόντω ark. 729[3]
ζαμιοργία 208[2]
ζαν kypr. 631, 2
Ζάν, Ζανός 577[2], 4; Ζᾶνα 577[2]; Ζᾶνες 577, 4; Ζάντα 577[2], 4
Ζανοποτειδᾶνος 185[3]
ζάπεδον 330[3]
ζαπληθής II 449[4]
ζάπλουτος II 449[4]
ζάπυρος II 449[4]
Ζάραξ 66[4]
ζαροῦν 331[3]
Ζάς Pherekyd. 577[2]
Ζᾶς 840[4]
ζᾱτεύω dor. 689[6]
ζᾱτέω 330[3]
ζᾱ́τημι lesb. 689[6]
Ζᾱτήρ kypr. 263[6]
ζᾱ́τησα dor. 706[1]
ζᾱτός ark. 263[6]. 706[1]
ζατρεφής II 449[4]
ζαφλεγής II 449[4]
ζαχρηής hom. 106[3]. 513[5]. II 449[4]
ζάχρυσος II 449[4]
ζάψ 331[3]
Ζβύρναν 259[3]
ζέ el. 208[2]. II 562[1.4]
Ζέα 331[4]
ζέα (= ζειά) 355[5]. 474[2]
Ζέαθος 241[5]. 518, 5
Ζεβεδαῖος 468[5]
*ζεβυσμένος 649, 3
ζέβυται 347[3]. 649, 3
ζέει 752[5]
ζεϜέδωρος 438[3]
ζεζοφωμένος 649, 2
ζέη (= ζειά) 474[2]
ζεῖ 330[5]
ζειά 330[5]. 474[2]
ζειαί 472[6]. 474[2]; – αἱ πλεῖσται (ἦσαν) II 606[7]
ζείδωρος 330[5]
-ζειε praes. opt. 797[4]
ζείζιν 331[4]
ζείναμεν *(zdē̜n-)* H. 295[3.7]. 330[1]. 693[2]. 697[5]
Ζειρήνη maked. 189[7]
ζείω 686[1]
ζέκα el. 208[2]
Ζέλεια 331[4]; Ζελείης ἄστυ II 122[1]
ζέλλω ark. 301[3]. 693, 9. 746[4]; s. ἔζελον
ζέμα 524[2]. 685[5]
ζέννυμι 685[5]. 697[4]
ζέρεθρον ark. 295[2]. 301[3]. 360[5]. 361[3]. 533[2]
ζεσ- 755[1]
*ζέσει praes. 752[5]
ζέσμα 524[2]
ζεσσ- 755[1]
ζέσσε hom. 321[4]
ζέστες ngr. II 43, 5
ζεστός 330[5]. 685[5]
ζέσω 685[5]. 782[3]
Ζεῦ voc. 358[4]. 575, 3. 576[5], 5. II 59[6]. 62[4]; Ζεῦ Ζεῦ II 60[3]; Ζεῦ πατρῷε II 61[4]; Ζεῦ ἄνα Δωδωναῖε II 618[6]
Ζεῦ partic. II 601[6]
Ζεῦ πάτερ 58[3]. 560, 7. 576[5]. II 61[4]. 609[7]. 615[2]; – – Ἠέλιός τε II 574[1]
ζεύασθαι 302[7]
ζεύγε̄ du. II 49[4]
ζεύγεα pl. 512[1]. 579, 4
ζεύγει: δύο – II 48, 1
ζευγηλάτης 398[2]
ζεῦγμα 163[6]
ζεύγνυ 3. sg. lesb. 659[6]
ζεύγνυμαι (-υσθαι) II 230[6]. 231[2]; – ἵππους II 231[2]; s. ἐζεύχθης, ἔζευγμαι
ζευγνῡ̆μεν infin. Ilias 806, 7
ζευγνύμεναι hom. 806[3]
ζεύγνῡμι 697[2]. 751[4]. 754[7]. II 72, 1. 230[6]; ζεύγνυσαν 665[7]. 698[5]; ζευγνύναι βόας ὑπ' ἀμάξησιν II 525[5]; s. ἔζευξα
ζεύγνυον hom. 698[5]
*ζεύγνυτι 74[7]
ζεῦγος 330[5]. 347[4]. II 48[1], 1; ζεύγε̄ II 49[4]; δύο ζεύγει II 48, 1; ζεύγεα pl. 512[1]. 579, 4
ζευκτός 256[5]
ζεῦμα 163[6]
ζευξ- 754[7]
ζεύξει fut. 787[4]
Ζεύξιππος 636[5]
Ζεῦξις 464[6]. 636[5]
Ζεύς 156[4]. 279[6]. 330[2]. 346[3]. 347[8]. 356[6]. 358[4]. 378[3]. 424[1], 1. 547[2]. 552[4]. 575[2], 3. 576[5], 4 f.; – Θχύλιος 69[1]; – πατήρ II 8[3]. 615[2]; Ζεὺς δὲ ἐόν 608, 4; – βρέχει II 621[5]; – ὕει II 602[4]; s. Ζάν, Ζεῦ, Ζεῦ πάτερ, Ζηύς, Ζῆν, Ζῆνα usw., Διός, Διῶν, Δισί, Δίας
ζευχθη- poet. 760[2]
Ζεφυρίδεος gen. sg. ion. 561[3]
Ζεφυρίη hom. 207[4]
ζέφυρος 331[3]. 482[5]
ζέω 685[5]; c. gen., dat. II 111[5]; s. ἔζεσα, ἔζεσσε, ἔζεσμαι
ζζ in fremden Namen att. 218[3]
ζῆ imper. 675[3]. II 344[2]
*ζήει 3. sg. 675[3]
*ζηε̄ν 249[1]
ζῆθι 675[3]
Ζῆθος 157[8]. 830[3]
ζῆι 675[3]
ζηλεύω c. gen. ngr. II 136[7]
Ζηλήμων 522, 7
ζῆλος n. 512[4]. 582[5]. II 38[2]; ζήλους gen. 582[5]
ζηλῶ τινα c. gen. II 133[7]
ζηλωτός εἰμι c. dat. II 152[1]
ζημιοπρακτήσειν II 83[4]
ζημιοῦσθαί τινα c. gen. II 131[2]

ζημιόω 732^1; -ούτω II 342^5; ζημιοῦν τινα c. instr. II 167^3
Ζήν nom. sg. Aesch. 577^2, 4
Ζῆν 102^1. 200^7. 346^3. 349^7. 356^6.377^8. 403^4. 552^4. 576$^{5.6}$. 577^1. 616^4
ζῆν 249^1. 300^7. 330^4. 675^2. 675^3, 6. II 75^7; – βίον II 700^7; – ἀλυπήτῳ βίῳ II 166^4; – ὑπὸ ἐπιμελείας II 530^3; – πρός τινα II 511^4; – πρὸς ἄλλον II 511^4; – ἀπ' ὕλης II 447^1; – ἔκ τινος II 463^8; s. ζήω, ζῶ
ζῆν (τὸ) II 366^1. 369^4, 5; τοῦ – II 360^6. 361^5. 369, 5; τῷ – II 360^2. 370^7; τὸ τῶν ἀ. ζῆν II 369, 4
*ζην acc. sg. 631, 2
ζῆν 9^4
Ζῆνα acc. sg. 577^1. 616^4. 836^2
Ζηνί dat. sg. 577^1
Ζηνο- compos. 577^2
Ζηνόδοτος 577^2
Ζηνοποσειδῶν 454^2. 635, 1
Ζηνός gen. sg. 577^1. 616^4; -γόνος II 614^3; – πάγος II 114^8
*ζῆντι 3. pl. 675, 6
Ζήνων 161^5. 577^2
*ζηουσι 249^8
Ζής 577^2, 4
*ζησι 2. sg. 675^3, 6
ζήσοις 796^4
ζήσομαι 675^4. 782, 5
ζήσω 782, 5
ζῆτα 140, 4. 329^7; ὁ – 18, 2
ζῆτε 675^3
ζητεῖν (τὸ) II 370^8
ζητεύω 706^1
ζητέω (-ῶ) 689^6; -ῶ ngr. II 83^4; ζήτει 706^1. II 257^8; ζήτησα 706^1; ζητῶ c. gen. ngr. II 136^5; ζητεῖν τι πέρα τινός II 541^7
*ζῆτι 3. sg. 675, 6
ζητόρων kypr. 263^6
ζητρός 532^1
Ζηύς thess. 203, 2. 575^5
ζήω 298^6. 743^3; *ζηωσι 249^8; s. ζῆν, ἔζην, ζήσω, ἔζησα, ἔζηκα
Ζί dat. sg. el. 208^2. 576^6
ζιβύνη 331^4
ζιγγίβερι 331^4
ζίγγος 331^4
ζιζάνιον 331^4
Ζιζιμμήνη (= Δινδυμήνη) 208^3
ζίζυφον 331^4
ζίκαια el. 92^7. 208^2
Ζιοννύσιος 576, 6
Ζιονύσιος phok. 86^5. 330^4
*Ζ(ι)ος 576, 6
ζίφυιον el. 208^2
ζμ 217$^{6.7}$
ζμήνεα pl. 579, 4
ζμύρνα 127^7. 217^7
Ζμυρναῖος 217$^{6.7}$
ζόασον H. 719^1
Ζόδωρος 330^4
ζοή ion. 244^2
Ζόννυσος 283^3. 446^1. 576, 6; Ζοννύσω 330^4
ζοός ion. 244^2
ζόρξ 331^4
ζούγωνερ lak. 182^2. 487^6
ζοῦμε ngr. 675^4
ζούσης ptc. 675^4
ζούσθω thess. 680^2
ζυγά n. pl. 581^3
*ζυγᾱ́ pl. 439, 1
ζυγάς 'Paar' 597^3
ζυγη- pass. 758^2. 760^2
ζυγηφόρος 439, 1. 452, 4. 581, 4
ζύγιος m. (ἵππος) II 175^5
žugó tsak. 182^2
ζυγόν 57^2. 156^4. 181^5. 292^5. 298^7. 330$^{5.8}$. 347^4. 380^8. 458^5. II 37^3; ζυγά pl. 581^3; ζυγώ 557^1
ζύγρα 330^4
ζῦθος 330^6. 512^4
Ζυμβραῖος 206^5
ζύμη 330^6. 333^8. 346^4
*ζῦσνυμι 697, 8
ζῶ 675^3, 6. 781^7. 782, 5. II 226^4. 271^5; – ngr. 675^4; – βίον II 75^7; s. ζήω, ζῆν
-ζω verba 706^3. 713^1. 714^6 f. 715$^{3-4}$. 716$^{6-7}$ f. 734$^{1-2}$. 736^7
ζωγραφεῖν II 73^4
ζωγράφος 203^2. II 73^4
ζωγρέω 644^7. 726^5
ζωϜός 722^7, 4
ζῴην II 321^7
Ζώης 461^7
ζωιδάριον 471^2
ζωιδιον 202, 1
Ζωιλου 156^3
Ζωΐττας äol. 500, 9
ζῶμα 282^4. 312^2. 333^7. 523^2
ζωμήρυσις 449, 2
*ζῶμι 675, 6
ζωμός 161^5. 330^6. 333^8. 346$^{3.4}$. 492^2
ζῶν (= ζῶιον) 202, 1
ζώνη 282$^{4.7}$. 333^7. 489^1
ζώννυμαι (-σθαι) II 230^5. 278^5; s. ἔζωμαι, -σμαι, ζώννυνται, ζωσ-
ζώννῡμι 312^2. 697$^{4.5}$. II 230^5. 432^2; s. ἔζωκα, ἔζωσα, ζώσω
ζώννῡνται conj. Od. 792^4
ζωννύσκετο hom. 711^2
ζώννω ngr. 699^3
*ζώνῡμι 697^5
ζώνω spätgr. 697^5
ζωός 558, 1
Ζωροάστρης 42, 5
ζωρός 330^6
ζῶρυξ 330^4
ζώς 424^3
ζώσαντο II 285^3
ζώσασθαι 752, 9
-ζώσει 675^4
ζωσθη- 761^3
ζῶσι 3. pl. indic., conj. att. 249^8
Ζωσίμη 161^5
ζῶσμα 523^2
*ζώσνυμι 334^1
*ζωσσασθαι 752, 9
*ζωσ(σ)θω 680^2
ζωστός 330^6. 346^3. 706^7. 773^3
ζῶστρα 532^2
ζώσω 782^3
ζωΰφιον 471, 7
ζώω 346^3. 675^3, 6. 722$^{1.7}$. 723^2. 743^3; – μετά τισι II 483^4; – μετὰ στρατῷ II 483^4; – ὑπ' αὐγὰς ἠελίοιο II 530^6; ζώει τε καὶ ἔστιν II 624^4
ζώωνθι conj. böot. 666^4, 9

h

h 218^7 ff. 303$^{2.3}$ ff.; att. westion. 86^1; Schreibungen 86^8. 218^7; überwiegend im Anlaut 219^2; *h* inlautend 219^2, 1; intervokal. el. 217, 1; sekundär 219^1. 306$^{1.3}$; aus *s* 56^6. 62^8. 73$^{6.8}$. 303$^{5.8}$ f. 304, 1; aus σ 217$^{3.4}$. 279^8. 307^4. 366$^{5.6}$. 370^5. 781^1. 832^7; aus σ intervokal. lak. arg. kypr. 81^4. 93^5. 233^4. 370^3; *h* + Kons. aus *s* + Kons. 332^2; *h* aus *j* 73^8. 303$^{5.6.7}$; aus *j* im Anlaut 313^2; aus *j* vor Vok. 366^6; *h* für fremdes ẖ 218, 1; *h* aus vorgr. Lauten 219^1; *h*- aus idg. *sw- 304$^{5.6}$; *h* wechselt mit σ 94^4. 217, 1. 304$^{3.4}$. 306^5; *h* nicht bezeichnet 218, 2; *h* nicht geschrie-

ben j.-att. 220[3]; *h* fehlt im Art. ὁ 221[5.6]; *h*-geschwunden lesb. ostion. 233[2]; *h* intervokal. geschwunden 335[2]; *h* fehlt mngr. 220[5.6]
-hα aor. lak. arg. el. kypr. 752, 4
hάβατον 87[5]
Hάβδε̄ρα 221, 1
Hαγεhίλας lak. 93[5]
Hαγελάιδα 402[6]
hαγεν lokr. 92[5]
Hᾱγηhίλᾱς lak. her. 81[4]. 250[4]. 635[3]
Hαγησίλας 261[2]
hαγλΕσθο̄ pamph. 727, 1
*hᾱϝελιος 249[1]
hακροσκιρίαι her. 305[6]
hάλιιος arg. 312[7]
hαλυνπιάς 402[6]
hαμᾶ dor. 550[3]
hαμεῖ delph. II 534, 3
hαρέσται lokr. 746, 5
*hαυσ(σ)μος 493, 4
hεβδεμήκοντα her. delph. 592[3]
hε̄wοτα pamph. 208[1]
hέκαστος 226[4]
Hέλει loc. II 155[1]
hελέσται infin. 746, 5
hε̄μέρᾱ 87[5]
hένατος delph. ther. 591[1]
hενενήκοντα her. 591[2]. 592[3]
hεννέα her. 590[6]
hεντε delph. 305[6]. 629[6]
*hεντι 'sunt' 269[2]. 663[4], 3. 674, 2. 677[1]
*hεντι 'eunt' 664, 6. 674[2], 2
hεπροροε arg. 433[4]
hertisa (ἥρτυσα) 184[1]
hΕΣ (= εἷς, ἧς) 287[4]
Hε̄σσιοι 221, 1
hετέων 305[7]
Hε̄φαστος 276[2]
*hέχω 261[2]; *hε̣̄χον 653[1]
*hϝ 311[2]. 332[2]
hϝ- 314[4]
*hϝε pron. refl. 600[6]. 601[5]
hῖ 'als' arg. II 714[6]
hιαρόντο̄ imper. lokr. 802[2]
hίδιος arg. 226[5]
hιερ- 219[5]
hιερεϝιjαν kypr. 473[6]
hιερΕν acc. sg. ark. 575[6]. 576[1]
hιεροθυτές ptc. ark. 566[3]. 729[3]
hιερός att. 219[5]
hῖ κα (= ὅταν) arg. II 714[6]
hικάς ther. thess. 591[3]; -άδι ther. 227[1]. 597, 1
hιλαξάστο̄ aor. delph. 710[2]
Hιλλυριός 65[7]
hιπνός att. 258[1]. 295[4]
hίππος 306[1]
hίσος her. 223[8]
*hλ, *hμ, *hν 332[2]
ho inschr. 221[5]
hO ,wie' lak. 550[2]
hογδοήκοντα her. 592[3]
hognos (ὄκνος) 210, 1
hοῖζ δέ arg. 217[7]
hοίσοντι her. 789, 2
hοκτακάτιοι her. 593[2]
hοκτώ (nicht hοπτώ) her. 590[6]
hόπη lak. 550[2]
hοπο̄ adv. ark. 621, 10
hοποεντι 528[2]
hόρϝος kerk. 223[7]. 306[2]
hόταμπερ II 650[2]
Hότι lokr. 617[3]
*hotjon II 587[3]
hοῦτο m. 611[4–5]
*hρ- 311[2]. 332[2]
hραψα[ϝοιδ-] böot. 212[2]
hυ- < *u- 304[7]
hύδωρ 304[7]
hυιΕ du. altatt. 573[5]
hυιος gen. sg. thess. 574[1]
hυιός, -οῦ lak. kerk. 574[4]
hυπό 304
hυπὸ τε̄ι Ἴδε̄ι II 526[8]
hυπυ unterital. 182[6]
hυπύ II 423[4]
hύπυ westion. II 423[4]. 523[1], 1
*(h)upu II 523[1]
Hυρι[ητέων] 305[2]
hῦς nom. sg. 574[1]
hῦς 200[4]
hύστερος 304[7]
hυύς nom. sg. 574[1.2.3]
*hw- 304[5]. 824[2]

H

H 86[8]
η 81[1]. 345[2]f.; – offen (ę̄) 87[3]. 163[5]; – urgr. = η (< ᾱ) 233[3.4]; – urgr. 86[8]. 241[7]; η: ε Abl. 770[2]; η: ω 770[1]; – ion. nach ε, ι, ρ 86[1]; – ion. Koine aus ᾱ 86[8]. 121[2]; – böot. aus αι 91[2]. 233[5]; – aus ᾱ (-ᾱν- < -ανσ-) 287[5]; – aus ε 228[2]; – aus εᾱ 247[1]; – aus εᾰ 250[5.6]; – dor. nwgr. böot. aus ᾰε, ᾰε̣̄, αη 250[4.5]; – aus εε 653[2]. 730[2]; -η aus -εα 562[2]. 579, 4; -η- aus -εσϝ- 282[2]; η > ε 248[3]; η > att. i 233[7]; η > thess. böot. ει (ę̄) 90[7]. 91[2]. 233[4]; η > el. ᾱ 92[7]; ἓ (= ἓ ψιλόν) 140, 5
η Wz. 680[3]; η-St. ion. att. 558[2.4]
η als Kompos.-vok. 438[2]
η suff. in Namenbild. 461[7.8]f.
-η Wurzelw. 558[4], 3
-η (gen. -ηδος) f. 562[2]
-η adj. f. 586[3]
-η acc. sg. Ilias 575[3]
-η dat. sg. (böot.) 558[7]. 579[6]
-η (-ω) instr. sg. 548[5]. 549[4]. 550[3.4]
*-η loc. sg. 572[4]
-η neut. pl. 579, 4
-η- außerpräs. Bild. 713[6]. 738[4–5.6], 7; – in aor., fut. 675, 3. 756[3.5.7]–763
-η- (-ω-) Konjunktivbild. 309[3]. 790[2]. 791[4]–792[4]; -η 3. sg. 661[5]. 791[5.6]
-η 1. sg. plusq. 776[5]. 778[1]; – 3. sg. 776[5]. 778[1], 2
-η pass. aor. 705, 5. 758[7]
ἠ- augm. 651[2]. 653[3.4]f. 654[4–5]
-ή suff. f. 460[1–3]. 562[4]
-ῆ suff. f. att. 468[1]. 562[2.3]
-ῆ suff. adv. 550, 3
-ῆ acc. sg. delph. dor. (Koine) 575[3]
ἡ art.: ἥ ση lesb. 383[8]
η (ἤ) 'wenn' 549[2]. 550[2]. II 163[7]. 683[2]
ἠ' hom. (= ἠέ) II 565, 3
ἤ II 99[7]. 555[3]. 556[4]. 564[3.4]. 565[1.3]f. 629[1]. 633[6]. 710[1]; ἢ – ἤ II 565[6]. 629[2]. 630[7]. 633[6]; ἀλλ' ἤ II 578[6], 3; ἄλλο τι ἤ II 629[3]; ἤ γε II 561[4]; ἤ – ἤτοι II 565[6]; ἢ καί II 567[4]; ἢ οὔ II 593[3]; ἤ περ II 565[6]; ἤ – τε II 574[1]; ἤ τε – ἤ τε II 576[3]; ἤ τοι II 565[1]; ἤ τοι – ἤ II 580[6]
ἢ ἤ interj. II 600, 4
-η adv. spätgr. 550[4]
ἦ 'er sprach' 659[4]. 678[5]. 770[1]. 798, 9; – δ' ὅς 611[1]. 678[5]. II 694[8]
ἦ 'ich war' altatt. 659[4]. 677[2]; – 3. sg. äol. 677[3]
ἦ 'gewiß, wirklich' 613[4]. 652[5]. II 555[2]. 564[5], 4f. 578[3]. 584[6]. 627[5]. 629[7]; – ἄρ II 564[6]; – ἄρα II 564[6]; – γάρ II 556[4]. 560[5]. 564[6]. 565[2]; – δή II

564[6]. 565[2]; *ἦ Ϝε 314[1]; – θην II 564[6]; – μέν II 556[4]. 565[2]. 570[2]; – μήν II 555[5]. 565[1]; – νυ II 565[1.2]; – οὐχ ἅλις II 646[3]; – που II 564[6]. 580[2]; – ῥα II 564[6]; – ῥά νυ II 571[3.5]; – τἄν II 582[2]; – τἄρα II 582[2]; – τε II 576[3], 4; – τοι II 582[2]; ἐπεὶ – II 565[1.2]. 660[6]
ἡ 457[2]. II 35[4]; – σφόδρα ἄγνοια II 26[7]; – (sc. ἀμαθία) τοῦ οἴεσθαι εἰδέναι II 620[7]; – πρὸς θαλάττῃ πόλις II 513[1]
ἡ- (: ἑ-) 741[1]
ἥ pron. relat. 614[6]; – θέμις ἐστί 622, 6. II 606[6]; ἧς 610[3]; s. auch ἕης
ἧ adv. 'wo' kret. II 163[3]. 647[3]
ᾗ adv. II 185[2]. 647[3.5.6.7]. 671[4]; – περ II 647[5]
ηᾰ > dor. εᾰ 244[3]; – > att. ion. εᾱ 245[5]
-ῆα acc. sg. hom. 575[3]
ἦα 1. sg. ipf. 'ich war' 240[1]. 241[7]. 304[4]. 343[4]. 370[4]. 642[4]. 651[2]. 654[7]. 659[4]. 662[3]. 677[2]. 744[2]. II 258, 3. 276[3]
*ἦα 'ibam' 674, 3
*-ηαι conj. 244[4]
*ἦαν 'erant' 665[2.3.6]
*ἦαν 'ibant' 665[3]
ἦ ἄρ II 564[6]; – ἄρα ibid.
ἦαρ 518[5]
-ῆας acc. pl. hom. 575[3]
ἥαται hom. 671[3]. 679[5]. 773[3]; -το 679[5]
*ἥαται 3. pl. 671[6]
ἥβᾱ 303[5.7]. 459[7]
ἠβαιός 468[4]. II 491[5]
'Ηβάκων lak. 497[2]
ἡβάσκω 708[5]
ἡβάω 725[6]; ἥβησα 653[3]
*ἡβέονσαν 242[2]
ἡβίονσαν kret. 242[2.8]
ἠβουλόμην 654[5]; ἠβούλω ipf. 668[4]
ἡβῶντες (οἱ) II 409[1]
ἡβώοιμι hom. 730[3]
ἡβώοντα hom. 730[3]
ἡβώωσα hom. 730[3]
ἠγάασθε 681[2]
ἠγαγόμην 749[2]
ἤγαγον 749[2], 1. 755[4]
ἠγάθεος 104, 1
ἠγαίεσθε 681, 5
ἠγάμην 681[2]
ἤγανον 413[7]
ἦ γάρ II 556[4]. 560[5]. 564[6]. 565[2]
ἠγάσατο 752[4]
ἠγάσθην att. 758[1]
ἠγάσσατο hom. 761[1]
ἠγγέλην hell. 747[1]
ἠγγέλθην 747[1]
ἤγγελκε 775[4]
ἤγγελμαι 771[3]; ἐπὶ τοῖς ἠγγελμένοις II 390[4]
ἤγγελον spätgr. 746[5]
ἠγγύησα 656[1]
ἤ γε II 561[4]
ἤγειρα 746[5]
ἡγεμονεύω (-εύειν) 732[5]. 815[2]. II 109[6]. 110[2]. 169[2]; -νεύεσθαι ὑπό τινος II 240[8]
ἡγεμονέω 731[6]
ἡγεμόνη 490, 4. 522[2]. 524[5]
ἡγεμών 159[7]. 522[2.3], 7; -μόνεσσι Sol. 564[5]
ἡγέομαι (-εῖσθαι) 29[3 f.]. II 122[7]. 123[4]. 124[5]. 168[8]. 169[1]; ἡγησάμην 653[3]; ἡγήσω ἄν 'putares' II 244[7]; ἥγημαι 656[7]. 766[3]; ἡγέομαι c. gen. II 109[6]. 110[1]; – c. gen. et dat. II 110[4]; – τι σύμμαχον II 83[8]; – περὶ πολλοῦ II 125[5]; – δι' ὀλίγου II 451[1]; – εἴσω "I. διά τι II 453[8]; – τι παρὰ μικρόν II 496[2]; – περὶ οὐδενός II 503[5]; – περὶ πλείστου II 503[5]; – τῆς ἐσβολῆς ὑπέρ τινος II 521[6]; – τινι ποτὶ πτόλιν ὑπὸ νύκτα II 532[1–2]
ἠγερέθονται, -ντο 703[3]; -ντο μετὰ 'Ηῶ II 486[5]
ἤγερθεν 760[6]
ἡγεσι- 443[5], 10
ἠγηλάζω 734[6], 9
*ἠγηλός 734[6]
'Ηγησίλεως 443, 10; -λεω acc. sg. 557[8]
ἦγμαι j.-att. 766[2]; ἦχθε 2. pl. 670[3]
ἠγνοίησεν II 599[4]
ἠγνοουσαν 666[2]
ἡγούμενος 123[5]
ἤγουν II 585[5]
ἤγρατται kret. 650[1]
ἤγρετο 648, 2. 742[2]. 746[5]
'Ηγύλος 485[3]
ηγυς (ἤγῡς) dat. pl. böot. (= αἰξί) 91[2]. 564[8]
*ἧδαρ hom. 227[6]. 301[5]. 519[6]
(*ηδε aor.) 748, 1
ἠδέ II 556[4]. 565[1]. 566[5.6.7]. 569[4]
ἥδε 611[7], 4
ἧδε f. Hdn 611, 4
*ἡδεες 356[4]
ᾔδειν Ap. Rh. 778[2]
ἡδέως c. dat. II 144[4]
ἦ δή II 564[6]. 565[2]
ἤδη 386[5]. II 563[2]. 564[6], 6. 710[8]
ἤδη II 631[5]
ἠδικηκώς II 391[3]
ἧδῖον 381[2]
-ηδίς adv. 626[6]. 631[3.4]
ἥδιστος 536[5]
ἡδίων 536[5.6]. 538[4]; ἡδίω 355[6]
ἥδομαι 685[3]. 699[6]. 748[1]. 749, 3. 755[3]. II 72, 1. 229[2.7]. 234[2]. 236[6]. 282[2]; – τινος ἀμφίς II 439[7]; ἡδομένοις ὑμῖν II 623[6]; ἡδόμενος ἡδομένοις II 700[6]
-ηδόν adv. 626[4–5]. 627[1]
ἡδονή 490[3]. 516[5]; καθ' ἡδονήν II 479[2]; ἡδονὴ διὰ τοῦ σώματος II 451[6]
ἣ δ' ὅς att. 611[1]. 678[5]. II 694[8]
ἦθος 512[5]. 515[4]. II 52[1]
ἡδυβόας 543, 2
ἡδυεπής 439[5]
ἡδύλος 379[2]
'Ηδύλος (so) 485[3]
ἥδυμος 494[4], 3
ἠδυνάμην 654[5]; ἠδύνατο 762[2]
ἡδύνω 733[2]; ἥδῡνα 754[4]; ἡδυνθη- att. 761, 5; ἡδυσθη- Gal. 761, 5
ἡδύς ion.-att. 226[5]. 350[3]. 463[1]. 538[4]. 543[3]. II 29[3]; f. 543[3]; ἡδεῖα 474[1]; 543[3]; ἡδύ 580[5]; ἡδέος gen. sg. 585[5]; ἡδεῖς, *ἡδέες 356[4]; ἡδέα neut. pl. 581[2]; ἡδέων 350[3]. 571, 3; ἡδέσι dat. pl. 571, 3; ἡδὺς ἀυτμή 474[1]; τὰ ἡδέα διὰ τοῦ στόματος II 451[7]; ἡδὺ γέλασσαν II 77[3]
ἥδω 'erfreue' II 228[6]. 234[2]
-ηδών suff. 529[7], 3f.
ηε bewahrt 241[6]
ἦε partic. 388[3]. II 564[3]. 565[3]f.
ἠέ 314[1]. II 555[3]. 564[3.4]. 565[1.6]f. 629[1]; ἠ' II 565, 3; ἠὲ – ἠέ II 573[4]. 629[1]; ἠὲ – ἤ II 629[3]; ἠέ περ II 565[5]
*ηεα aor. 779[1]
ηει > ηι 249[3]
(ἤειδε Hdt.) 778, 7
ἠείδεα plusq. 746[1]. 778[5]; ἠείδη 653[3]. 758, 7. 778[4]; ἠείδειν Ap. Rh. 778[2]; ἠείδης 680[6]. 758, 7. 778[5]
ηειδος 226[5]
ἤειρα hom. 715[5]
-ήεις suff. 527[1.3.4]. 528[1]
ἠέλιος 466[3]; ἐς -ον καταδύντα II 460[5.6]
ἦεν 3. sg. hom. 406[4]. 663[5], 8. 677[2], 6. 8
*ἦεν 'erant' thess. 664[4]
ἠερέθονται 703[3]

ἠέριος 461[4], 4. II 179[4]
ἠεροφοῖτις 103[4]. 825[5]
-ηες nom. pl. 573[2]
-ῆες nom. pl. 575[3]
-ήεσσι dat. pl. ep. 575[5]
Ἠετίδης 509[5]
Ἠετίων ὅς 264[5]
-ηϝ- für -εσϝ- 282[2]
-ηϝα acc. sg. 576[1]
-ῆϝα acc. sg. 575[1]
*ηϝαγην 653[4]
*ηϝαλ- 245[6]. 653[4]
ηϝαχον 748[2]
*ἦ ϝε 314[1]
*ἦϝε partic. 388[3]. II 565[1]. 629[1]
*ἠϝέ II 555[3]
*ἠϝεϝορτ- 653[4]
*ηϝειδην (-ης, -ητ) 778[5]
*ἠϝεργαζόμην 653[4]
-ῆϝες nom. pl. 575[1]
-ῆϝι dat. sg. 575[1]
*ηϝιδεαν 778[4]; *ἠϝιδεν 3. pl. 778[4.5]; *ἠϝιδεντ 778[4]; *ηϝιδηντ 778[5]
*ἠϝικσαν 773[7]
(*-ηϝjω verba) 728, 1
-ηϝο gen. sg. kypr. 561, 2
*ηϝοιδα 778[3]
*-ηϝοιν du. 573[5]
*ηϝορ- 245[6]
*ῆϝος 241[7]
-ῆϝος gen. sg. 575[1]
*ηϝρον aor. 709, 2
*ἠϝυτέ II 576[5]
-ήϝων gen. pl. 575[1]
*ἠϝώς 241[7]
(*ηhμαι) 680, 1
ηηι > ηι 249[3]
ἦ–ἦ II 565[6]. 629[2]. 630[7]. 633[6]
*ηηδιζόμην 655, 2
ἤην 'siehe da!' II 566[3]
ἤην 3. sg. 677[3]
ἠήρ spätion. 187[6]
ἤθελα: – νὰ ξέρω ngr. II 309[2]; – δένει (δέσει) 789[5]; – γράφει (-ψει) mngr. II 350[1–2]
ἠθέληκα 774[6]. 775[2]. II 226[5]
ἠθέλησα 817[1]. II 226[3]
ἤθελον 654[5]. II 330, 3; – ἄν II 347[7]
ἠθέω att. 721[2]; ἤθησα spät 653[3]. 721[2]; ἦσα 721[2]
ἦ θην II 564[6]
ἤθλουν 655[2]
ἠθμός 492[3]. 721[2]
ἦθος 821[3]. II 693[6]
ἤθω 703[1]
ηι (ηϊ) bewahrt 241[6]; – sekundär 349[1]; – aus εηι, ηει, ηηι 249[3]; ηι > att. ει (ẹ̄) 233[5]. 241[6]. 655[4]; -ηι > -ει (= -ẹ̄) 668[2]; -ηι > -ει (-ẹ̄) 668[2]; ηι (über ẹ̄) > i 233[7]; ηϊ > att. ηι 247[8]
ἠί böot. (= αἰεί) 91[2]. 194[7]. 619, 4
-ηι dat. sg. ion. att. 348[8]. 558[7]; – 3. decl. 572[4]
-ηι adv. 550[4]
-ηι 3. sg. conj. 791[3.4–5.6]
-ῆι dat. sg. hom. ion. koisch 575[3]
ἦι conj. 677, 10
ἧι adv. att. 550[4]; s. ᾗ
ἤϊα 1. sg. ipf. hom. 674[2], 3; ἤια 654[7]. 659[4]. 744[2]. 779[1]; ᾖα att. 674[2], 3; ἤιε 659[4]. 674[2], 3; ᾖε 674[2]; (ἤιεα) 674, 3; ἤιεε 674, 3; ἤιει 674[2]. 778[5]; ἤιειν j.-att. 674[2]; ἤιεις 674[2]; ἤιεισθα 659[4]. 662[4]. 674[2]; ἤιεσαν 674[2]
ᾔδεα 'ich wußte' 750, 3. 778[3.6]. 779[1]; ᾔδειν 127[7]; ᾔδεες H. 778, 3; ᾔδεις 778[4]; ᾔδεισθα 778[4]; ᾔδησθα 662[4]. 778[4]; ᾔδεε 778[3], 7; ᾔδεεν 777[1]. 778, 5; ᾔδη 778[3.4.5]; ᾔδει 653[3]. 778[4]; *ᾔδεσμεν 778[6]; ᾔδεμεν 778[1.3.6]; ᾔδετε 778[1]; ᾔδεσαν ion. j.-att. 778[3.4]; ᾔδημεν H. 778[4]
ἠιδέσατο 760[7]
ἤιθατο 681[4]
ἠΐθεος 434[4]. 472[6]. II 31[3]
ἠικανός (ἠίκανος?) 292[3]. 452, 6. 514, 3. 557, 3
ᾔκειν att. 778[4]; -ει 653[3]; *ηικμεν 778[4]
ἤικτο hom. 653, 8. 748[8]. 765, 3. 777, 2
ᾖμεν 653, 12. 655[4]. 674[2]
ἠινέθην 753[3]
ᾔνεκα 753[3]
ᾔνεσα 753[3]
ᾔνημαι 753[3]
ᾔνησα 753[3]
ἠιόεις 527[4]
ἤϊον 1. sg., 3. pl. 674[2]; ἤιομεν 1. pl. ipf. 674[2]
ἠϊόνες II 43[4]
ἦιπε kyren. 654[1]; ἦιπον lesb. 745[2]
ᾔρηκα pf. att. 746, 5
ᾖς 2. sg. 677[3]
-ηισ' dat. pl. 559[4]
-ηις dat. pl. 556, 4. 559[4]
-ηις 2. sg. conj. 791[3.4–5.6]
ἤισαν, ᾖσαν 674[2]. 751[2]. 773[7], 3. 777[1] (οἶδα)
ᾖσαν 665[7]. 674[2] (εἶμι)
ᾔσθα 2. sg. 777[1] (οἶδα)
-ηισι dat. pl. hom. 556, 4. 559[4.5]
ἦισι 3. sg. conj. (εἰμί) 677[3]
ἤισκε hom. 653, 8
ᾖσμεν 777[1]. 778[3] (οἶδα)
ᾖστε 773[7]. 777[1] (οἶδα)
ᾔστην Aristoph. 776[7] (οἶδα); ᾖστον 773[7]
ᾔσχυγκε 775[4]; ἠισχυμμένος 771[5]. 773[5]
ᾔτε 674[2]; ᾔτην 674[2] (εἶμι)
ἤιτινι dat. 616[2]; ἠιτινιοῦν II 584, 4
ᾔτουν 655[3] (αἰτέω)
-ηκ- suff. ion. att. 497[3]
ἦκα (ἧκα) adv. 538[3]. 622[5]
ἧκα aor. hom. 741[3.6], 9; ἧκαν 3. pl. 741[6]; s. ἕω
-ηκα pf. 774[6]
-ηκα 1. sg. mediopass. aor. ngr. 764[5]. 814[6]
ἠκαλέον 484[2]
ἤκαχον 755[3]; -ε 749[2]
-ηκε 3. sg. aor. ngr. 764[5]
ἤκεστος 431, 4
ἠκή 340[1]
ἥκιστα II 598[7]. 628[4]
ἥκιστος 622[5]
*ἡκjων 421[5]; -jοσες 536[6]
ἠκκλησίαζον 656[1]
ἠκόσμησα 654[5]
ἡκότων 768[2]
ἤκουσα 781[7]; -σε Τισσαφέρνους τὸν Κ. στόλον II 95[1]
ἤκουσμαι 766[3], 2. 773[3]
*ηκτ 'er sprach' urgr. 659[4]. 678[5]
ἥκω (ἥκειν) 685[4]. 768[2]. 783[6]. II 164[4]. 274[4.5.7], 1. 368[3]. 377[4]; ἡκέναι 768[2]; ἥξω -ειν, -οι (s. dort); ἧκον 653[3]. 685[4]; ἡκότων 768[2]; ἥκαμεν, -τε, -σι 768[2]; ἡκέτην II 49, 4; ἥκοι ἄν II 329[8]; ἧκε Τισσαφέρνης καὶ ὁ .. II 610[8]; ἥκω τάλας II 619[2]; – εἴς τινα II 459[4]; – ἐπὶ τοὺς τόκους II 472[8]; – κατόπιν ἑορτῆς II 541[2]; – c. dat. II 142[6]; – c. gen. II 132[6]; – τινὶ εἰς διαφοράν II 161[3]; – παρά τινος II 497[6]; – δι' ὀργῆς II 452[4]; – ἐς τὴν ἕω II 460[6]; – ἀνὰ ναυσί II 441[6]; εὖ ἥκω τινός II 132[6]
ἦλ (= ἦλος) 16, 1. 408[8]. 569[5]. 584, 6. 836[5]
ἠλακατήν 487[2]
ἠλάλαξα aor. Eur. 716[4]
ἤλασα 749, 1. 752[4]. 769, 7; *ἤλασς, -στ, -σμεν 752[5]
ἠλασκάζω 708[4]. 735[1]
ἠλάσκουσαι hom. 708[4]; -ουσιν 708[4]
ἤλγουν μὲν ἤλγουν II 700[2]

ἤλδανε 700[2]
Ἠλεῖος 464[3]
ἠλεκάτη 258[4]
ἤλεκτρον 531[3]. 532[1]. II 34, 4
ἤλεκτρος 531[3]. 532[1]. II 34, 4; ἐμπολᾶν τὸν πρὸς Σάρδεων ἤλεκτρον II 514[3]
Ἠλεκτρυώνης 244[8]
ἠλέκτωρ 531, 6
ἠλέλιξα Xenoph. 716[5]
ἤλευσα 756[1]
ἦλθον 213[6]. 704[1]. 747[4]; -εν II 285[4]; (-ετον) 667[2]; -αμεν 753[7]; -ασιν 666, 8; ἦλθ' ἦλθε χελιδών II 700[1]; ἦλθεν ὕστατος II 618[7]; ἦλθον γῆς II 91[5]; -ε διὰ χροός II 450[6]; -ον βαπτισθῆναι Lukas 806, 1; s. auch ἐλθεῖν, ἤλυθον
ἠλιάζω πρὸς ἥλιον II 510[4]
ἠλιαία 305[7]
ἠλιασταί 735[3]
ἤλιθα 629[1]
ἡλίκος ion. att. 612[5]
ἧλιξ 226[5]. 495[3]. 497[5]. 608, 0
Ηλιοκλεου 156[2]
Ἡλιοπολίτης 446, 3
ἥλιος 249[1]. 518[4]. 520, 2. II 24[1]. 30[3]; ἥλιοι II 43[3]
Ἡλιούπολις 446[1]
ἡλισκόμην 654[2]
ἠλιτόμηνος 442[3]
ἤλκυκα 653, 5
ἠλλαξάτην 667[3]; ἤλλαχα 772[2]
ἠλλόμην 653[2]
ἡλόμην att. 740[5]
ἧλον (= εἷλον) 653[2]
ἧλος m. 483[3]. 584, 6; ἥλω du. II 49[4]
ἥλουν ipf. 682[4]
(ἤλπετο) 654, 4
ἤλπιζε 654[2]; -ικα 739[1]. 775[2]; -ισα 739[1]. 754[3]; -ισται 771[1]
ἠλσάμην Semon. 753[5]
ἠλυ- 769, 7
ἠλύγη 434[4]
ἤλυθον 347[2]. 681[3]. 704[1]. 737[2]. 747[4]. 756[1]; -ε μετὰ Καδμείωνας II 483[5]; s. ἐλθεῖν, ἦλθον
ἦλφον hom. 700[3]. 747[1]
ἥλωκα 709[4]; ἡλώκει II 288[7]
ἥλων aor. ion. 654[2]. 709[3]; ἥλω Od. 654[2]; ἥλωτε trans. 743, 6
ἡμ- 'wir' ion. att. 600[5]
-ημα suff. 523[3]
ἧμα 523[2.7]
ἡμαθόεις f. II 32, 5
ἧμαι 420[1]. 679[5], 4. 680[1], 1. II 72, 1. 228[7], 2; ἧσαι 668[1.5]; ἥμεθα 679[5]; ἥμην 679[5]; ἥμεσθα 670[2]; ἥμενος 680[1]; ἧμαι σιωπῇ II 162[6]; – εἰς ἐνιαυτόν II 460[6]; ἡμένων σέλμα II 77, 0; s. auch ἧσται, ἧσθαι
ἥμαιθον 434[4]
ἦμαρ 57[5]. 221[3]. 342[3]. 518[5]. 524[3]. II 30[3]. 39, 3. 478[2.3]; ἤματος 520, 3; ἤματι II 158[6.7]. 159[2]; ἦματ' ὀπωρινῷ II 158[6]; ἐπ' ἤματι II 468[7.8]
ἡμάρτανε 700[2]. 704[3]
ἡμάρτηκε γνώμης II 93[1]
ἡμάρτησα 755[4]
ἥμαρτον 700[2]. 755[4]. II 262[3]; – παραδούς II 301[3]; ἥμαρτον 'Verzeihung!' ngr. 764[2]
ἡμᾶς ,ἧμας; s. ἡμεῖς
ἡμάτιος 518[5]
ἤμβλωκα Hippokr. 709[4]
ἤμβλων spätgr. 743[3–4]
ἤμβροτον hom. äol. 106[2]. 700[2]; -ε 107[3]
ἡμέδιμμνον 238[4.7]
ἡμέδιμνον 262[5]. 263[6]. 265[3]
ἠμείβετο 652[1]
ἡμεδαπός 603[7]f. 604, 1
*ἡμεῖο 605[5]
ἡμεῖς 81[6]. 187[3]. 281[7]. 305[6]. 602[1–2]. 605[2.5]. II 39[6]; -έων 602[3]. 605[2.6], 5. II 206[2]; *ἡμε͜ων 389[4]; ἡμέ͜ων hom. 605[2]; -είων 602[3]. 605[2.5.6]; -ῶν 602[3]. 605[2]. II 206[3]; ἥμεων 605[2]; ἧμων 602[3]. 605[3]. 608[3]; -ῖν 602[4]. 604[2]. II 189[6]; ἧμιν 389[4]. 602[4]. 604[2]; ἥμῖν 602[4]. 604[2]; ἡμιν 389[4]; – έας 602[2]. 605[3]; ἥμεας 602[2]; -ᾶς 81[6]. 602[2]. 605[3]. 606[2]; ἧμας 602[2]. 606[1.2]; ἡμεῖς, ἐγὼ καὶ . . παρεσκευάζοντο ἅπαντες II 612[6]; ἡμεῖς (= ἐγώ) II 243[5.6]; ἡμῖν refl. II 194[3]; ἡμῶν αὐτῶν II 193[2]. 195[5]; ἡμῖν αὐτοῖς II 195[5], 2
ἤμελλον 654[5]
ἦ μέν II 556[4]. 565[2]. 570[2]
ἠμέν II 570[2]; ἠμὲν – καί, ἠμὲν – ἠδέ II 565[1]
ἦμεν (= εἶναι) infin. böot. dor. el. ark. 281[7]. 678[1]. 806[3]. 808[5]. II 383[5]
ἦμεν 'wir waren' 282[4]. 333[8]. 677[2]
-ῆμεν Ausg. infin. 806[5]
-ήμενος ptc. nwgr. 252[6]
ἤμεον ipf. 682[4]
ἡμέρᾱ 305[6]. 459[7]. 481[3]. 518[5]. 832[7]. II 30[3]. 486[7]. 496[4.5]; -ας gen. sg. II 113[1]; -ᾳ dat. II 158[6.8]; ἡμέρες nom. acc. pl. 563[6]; καθ' ἡμέραν II 477[5.6]; τὴν οὖσαν – II 409[4]; – παρ' – II 496[4]
ἡμερεύω c. gen. II 112[5]
ἡμέρη II 471[1]
ἡμερολεγδόν Aesch. 626[3]. 632[5]
ἥμερος 482[1]. II 32[4]; -αι j.-att. 383[3]
ἥμερσα hom. 322[1]
*ἧμες 602[2]
ἤμεσα 680[4]. 682[4]. 752[4]
ἡμετέρειος ion. 608[4]
ἡμέτερόν δε hom. 624[6]
ἡμέτερος 281[7]. 534[1]. 608[4]. II 182[7]. 183[4]. 200[4]. 202[3]. 203[2.4]. 205[4]. 243[4]; -ε voc. hom. 608, 5; ἐν (εἰς) ἡμετέρου II 177[7]; τὰ ἡμέτερα II 175[1]
ἦ μήν II 555[5]. 565[1]
ἤμην infin. 82[1]. 678[1]. 807[5]
ἤμην 1. sg. ipf. 127[7]. 678[3]; ἤμεθα 678[3]
ἤμη(ι)ν II 383[5]
ἠμί 'ich spreche' att. 659[3.4]. 678[5]; s. ησι ἦν ἤ
ἠμί 'sum' dor. 281[7]. 567[2]. 677[1]
-ημι verba 728[6].729[6]. 730[1.2.5]. 739[1]
ἡμι- 304[2]. 358[5]. 434[3]. 599[3]
ἡμιδαρεικά II 25[2]. 43, 2
ἡμίδιμμνον epid. 263[5]
ἡμιέκτεων 451[1]
ἡμιθνής 434[3]
ἡμίκραιρα 583, 5
ἡμιλλήθην 653[2]. 760[4]
ἡμῖνα kret. 491[2]. 599[3]; ἡμίναν τᾶς ἐπ. II 115[4]
ἡμιολίζον 599[3]
ἡμιόλιον 599[3]; – οὗ II 98[7]
ἡμιονάγριον 439, 3
ἡμιρρήνιον delph. 227[6]
ἡμισάκις Iambl. 598[1]
ἡμίσεαν 474, 2
ἡμισέως 624[2]
ἥμισσος dor. delph. ark. 319[8]. 320, 1. 472[4], 5. 573[4]; -ον 314[6]
ἡμιστάτηρον 451[1]
ἥμισυ n. indecl. 599[3]; τῷ – LXX 599[3]
ἥμισυς 272[2]. 308[5]. 463[2]. 506, 3. 597[4]. 599[3]. II 176[6]. 178[3.4]; ἡμίσους pap. 573[4]; ἡμίσεες Ilias 599[3]; ἡμίσεαν 474, 2; ἥμισυ 599[3]; ἡμίση 127[7]. 250[6]. 251[8]. 573[4]. 585[5]; ἥμισυς c. gen. II 178[3]; ὁ – τοῦ χρόνου II 178[5]; ὁ – τοῦ ἀριθμοῦ 599[3]; ἥμισυ βίου II 178[3]
ἡμιτάλαντον, -τα 599[3]
ἡμίτεια ther. 599[3]

*ἥμιτϜον 314[6]
ἡμιτυεκτου kret. 599[3]
ἡμίφωνον 434[3]
ἡμίχα 599[3]
ἡμιωβέλιον 470[3]. 599[3]
ἡμορίς ion. 281[7]. 310[6]
ἦμος 528[4]. 615[3]. II 650[5]. 651[2.3]
ἤμουν ipf. att. (ἐμέω) 682[4]
ἤμουνα 'eram' ngr. 678[3]
ἠμπέδουν 656[1]
ἠμπειχόμην 656[4]
ἤμπεσχον att. 747, 3
ἤμπλακον 709[3]. 748[1]
ἠμπόληκα 766[1]
ἠμπόλων 725[6]
ἤμῦνα 694[6]
ἠμύω 686[3]; -ει 774[3]; ἤμυσε 774[3]
ἠμφεγνόησα 656[4]
ἠμφεσβήτουν att. 656[4]
ἠμφίεσα att. 656[3]
ἦμων ipf. Ilias 682[6]
-ήμων suff. 522[4], 11
ἤμων 'werfend' 522[4]
ἤν ion. att. II 306[3], 2. 631[3]. 682[3]. 685[1], 1
ἦν 'siehe da!' 612[1]. II 566[3]. 601[6]; – ἰδού II 566[3]
ἦν 1., 3. sg. 81[7]. 406[1]. 663, 8. 677[2], 4. II 353[6]. 623[2]; – καλὸς καὶ ἀγαθός II 708[5]; – διδάσκων II 255[5]; – κοπείς 813[1]; s. auch ἦμεν; s. auch ἦς, ἦσθα, ἦσαν
ἦν 3. pl. dor. 663, 8. 677, 6
ἦν 'ich sprach' 659[4]. 678[5]; – δ' ἐγώ Plat. 678[5]. II 694[8]
-ην acc. sg. 563[2]. 575[1.6]. 576[1]. 579[4–5]
-ην 1. sg. aor. 763[3.4]. 764[5]. II 237[7–8]. 238[1.2]
-ην 1. sg. aor. pass. 713[6]. 714, 1. 756, 3. 763[2]. 814[3]. 815[7]. II 242[3]. 266[3]
-ην 1. sg. plusq. pap. 778, 2
-ην 3. pl. Personalend. 664[5–6], 5. 758[4]
-ην Ausg.infin. 805[5], 2. 806[6]. 807[2]. 809[2]; – kret. 807[6]; – (aus -έ̄ν < -εεεν) lesb. 807[4]
-ήν suff. 487[2–4], 4
-ῆν Ausg. infin. (aus -αεν) dor. 807[3]
ἦνα aor. (αἴνω) 694[4]
-ηνα 1. sg. aor. ngr. 763[7]
ἦναι infin. ark. 281[7]. 678[1]. 808[5]
-ῆναι infin. aor. pass. 808[4]. II 242[3]
ἠναίνετο hom. 656[3]. 693, 5
ἠναισχύντουν 655[7]
ἠναντιώμεθα 656[1]
ἤναρον 748[3]. II 262[3]
(ἤνασσε) 654[1]
ἤνατος 228[3]. 591[1]
(*ἠνδήμηκα) 766[1]
ἠνδραποδισάμην 655[3]; ἠνδραπόδισαν 655[6]
ἤνεγκα 744, 4. 745[1]; -ας 744[6]; -ε 744[5]; -αν 3. pl. 744[6]
ἤνεγκον 664[3]. 744[5], 4
ἤνειγκαν att. 744[6]
ἤνεικα 744[4]. 745[2.4], 2. II 262[3]; -ε 744[4]; -αν 665[2]. 744[4]
ἠνείκαντο Ilias 744[5]
*ἤνεικς, -κτ 745[5]; *ἤνειτ 744, 8
ἤνειξα 744[5] (ἐνεικ-)
ἠνειχόμην 656[4]
ἠνείχτθησαν 210[7]. 655[6]
ἠνεκής 513[5]
-ηνεκής 292[7]. 442, 1
*ἤνεκται 766[4]
ἠνεμόεις 104, 1. 527[4]. 528[1]
ἤνεπε 656[3]
ἤνεσα aor. 696, 10. 752[4]
ἠνέχθη 763[5]
ἠνεχύραζον 656[1]
*ἤνη II 532, 4
-ηνης suff. 426[4]
ἦνθον dor. 213[4.5]. 747[4]
ἡνίᾱ f. 361, 1. 469[3]. 582[1]
ἡνία neut. pl. 361, 1. 582[1]
ἠνίδε II 566[3]
ἤνικα epid. 745[1]; -κε dor. 744[5], 8; -καν lesb. 744[5]
ἡνίκα 629[5]. II 652[2], 2. 710[8]. 711[3]
ἡνίκαπερ II 652[3]
ἠνῖν 463[6], 5. 571[1]
ἠνίον 582[1]; pl. 361, 1. 582[1]
ἡνιοχεύω (-εῖν) 732[4]; – c. gen. II 110[3]
ἡνιοχῆα 383[7]. 732[4]; -ῆες 476[8]
ἡνίοχος 385[5]; (ἡνίο)χοι [so] 476[8]
ἠνίπαπον 704[5]; -ε 648[3]. 749[3]. 782[5]
ἦνν ἔχων sam. 238[2]
ἦνον Od. 696, 10
ἠνορέη hom. 106[3]. 275[6]. 468, 6. 519, 1
-ηνός suff. 69[1]. 490[4]. 638[4]
-ηνός (< lat. -ēnus) 395[4]
*ἤνοχα 766[4]
ἦνοψ 426[4]
ἦνται (ἦνται) 'sint' mess. 252[6]. 678[3]. 792[3]
ἧνται 'sedent' 671[6]. 680[1]; ἧντο 671[6], 5. 679, 4. 680[1]
ἠντεδίκει 656[4]
ἤντεον (-εις) hom. 242[8]
ἥντινα acc. sg. 616[3]
ἦ νυ II 565[1.2]
ἤνυκα Plat. 696, 10
ἤνυον 696, 10; -σα 696, 10. 699[2]; -σεν 653[2]
ἠνυσάμην 653[2]
ἤνυστρον 532[4]
ἤνυτο 642[4]. 696[5]
ἠνώγεα 777[4], 9
ἠνώγει 656[3]. 777[4], 9
ἠνώγεον 768, 0. 778, 4
ἠνώγη 777, 9
ἤνωγον 777[3.4], 9; -ε 777[3.4]
-ήνωρ compos. 568[4]
ἦξα 749[2], 1. 755[4]; -ε 654[1]
ἠξεύρω ngr. 779, 2
ἠξίουν II 354[2.3]
ἠξίωκα II 287[8]
ἥξω (-ειν) 685[4]. 783[6]. II 375[7]; -εις II 244[7]; -οι II 337[4]
ηο dial. aus. ᾱο 81[2]
ηο > dor. εο 244[3]; ηο > att. ion. εω 245[5]
-ηο gen. sg. ion. 561[1]
ἠόα acc. sg. 241[5]
ἠοῖ voc. 514, 2
ἠοῖ dat. sg.: – τῇ προτέρῃ II 158[6]
ἠοῖος 514[2]
*ἠόθεν 383[2]
-ηος gen. sg. lesb. 575[2]
-ῆος gen. sg. hom. 575[2]
ἧος adv. 241[7]. 528, 3. 615[1]. II 640[1]; s. εἷος
ἦ οὖν II 565[1]
ἦ οὐχ ἅλις II 646[3]
ἠπάομαι 676[2]
ἧπαρ 295[4]. 303[5]. 309[2]. 342[3]. 356[5]. 381[1]. 408[8]. 424[4]. 517[3]. 518[5]
ἡπατημένη φωτός II 93[5]
ἡπατο- 518[5]
ἤπαφε 749[3]
ἦπε rhod. (= εἶπε) 654[1]
ἠπεδανός 434[4]. 530[2]
ἤπειγον 656[3]
ἤπειρος 434, 8. 471, 10. II 33, 2; – ἡ κατὰ Κέρκυραν II 477[2]
ᾗ περ II 565[6]
ἦ περ II 647[5]
ἠπεροπεύειν 732[4]; – ταῦτα II 77[2]
ἠπήσασθαι 434[4]. 752[2]
ἠπητής hell. 500[2]
'Ηπιδανός ion. 530[3]
'Ηπιόνη 490[3]
ἠπίστασο 668[5]; ἠπίστω 668[3.5]; ἠπίστατο 656[3]; ἠπιστήθην 762[2]. 782[5]
(*ἠποδήμηκα) 766[1]
ἠποθηκάριος 153[3]
ἦ που II 564[6]. 580[2]
ἠπύειν 727[5]; – τόσσον ποτὶ δρυσὶν II 512[6]

ἠπύτα hom. 560[1]
Ἠπυτίδης 509[5]
ἦρ 518[4]
-ηρ- für -εσρ- 282[1]
ἦ ῥα II 564[6]; ἦ ῥά νυ II 571[3.5]
ἦρα acc. sg. 314[2]. 424[2]. 569[3]. 584[6]. II 52[1]; – φέρειν 314[2]. 424[2]. II 29[1]; – – c. dat. II 146[5]
ἦρα aor. 715[4]
ἦρα adv. Kallim. 621[1]
ἦρα (< ἦ ἄρα) dor. II 564[6], 5. 628[6]
Ἥρα 479, 6
Ἡραῖον, pl. -α II 177[2]
*Ἥρακλε voc. (?) 580, 4
Ἡρακλέης 252[1]
Ἡρακλ(ε)ίδης 509[5]
Ἡράκλειτος 635[3]
Ἡρακληείη βίη II 177[2]
Ἡρακλῆς 62[2]. 438[5]. 580[3]; -κλῆϊ 243[5.6]; Ἡράκλεις voc. II 62[4]. 626[1]; Ἥρακλες spätgr. 580[3], 4; Ἡρακλέες II 45[4]; Ἡρακλῆς ὁ Ζηνός II 119[6]; -κλῆος γένος ἐστέ II 706[5]
ἠράμᾱν (ἔραμαι) 681[2]
ἤραντας dor. 250[5]. 753[5]
ἤραο (ἄρνυμαι) 747[2]; ἠράμεθα II 243[3]
ἤραρον 710[3]. II 227[6]; -ε 749[2]
ἠρασάμην 752[4]
ἠράσσατο 761[1]
ἠργαζόμην 653[4]
ἤργησα 655[2]
ἠρέθη aor. spät 655[4]; s. εἰρέθη
ἠρέθιζον 655[2], 1
*ἠρείδ(σ)θη 762[5]
ἤρειχον 655[2]
ἤρειξα 756[1]
ἠρείσθης 762[5]
ἤρειψα 756[1]
ἠρέμα 405[2]. 434[4]. II 491[5]
ἠρεμάζω 731[7]
ἠρέμας 405[2]. 516[2]
ἠρεμέστερος 535[4]
ἠρεμέω 731[7]
ἠρεμῖ att. 623[2]
ἤρεον ipf. Hippokr. 721[1]; s. εἴρεον
ἠρευξάμην 755[5]
ἤρεφον 655[2]
Ἥρϝα 479, 6
Ἡρϝαοῖος 479, 9
ἠρήμωτο Μιλησίων II 93[5]
ἠρήρειν 778[2]; *-εις 778, 3; -ει 777, 11; -εισθα Archil. 778, 3; -ειντο 264[7]. 778[1]
-ήρης 426[4]
ἤρησα spätgr. 746, 5. 754[5]
ἠρησάμην 752[4]
ἦρθα ngr. 656[8]. 804[5]
ἦρι 'früh' 313[3]. 424[3]. 595[2]. 622[2]. II 158[6]
ἠρι- 632[6]
ἠριγένεια 452[5]. 456[4]. 474[1]. II 34[6]
Ἠριδανός 530[3]
ἤριχα 650[2]. 766[3]; -ε 747[4]
ἠρίον 424[3]
ἤριπε 747[4]. 766[5]. II 284[6]
ἠρίστᾰμεν kom. 774, 1; -ηκα 774, 1; -ηται II 239[6]
ἤρκεσα 655[3]
ἠρμένος att. 766, 1
ἥρμοκα 734[2]. 775[2]
ἠρξάμην II 261[3]
-ηρο- urgr. Ausg. 482[5.6], 13. 14
Ἡρόδοτος 635[3]
ἠρόθην Soph. 761[5]
ἠροισμός lesb. 244[2]
ἠρόμην 746[4], 7
Ἡροπύθο το Φιλαίο II 119[7]
ἦρος att. 250[6] (ἔαρος)
ἦρος 424[3] (ἐρ-)
ἤροσα 694, 7. 752[4]. 784[7]
ἥρπαξε hom. 734[3]
ἥρπασα ion. att. 734[4]. 737[6]
ἧρπον 653[2]
ἤρρησα 654[2]. 752[3]
ἠρρωστήσαμεν II 243[7]
ἦρσα 756[1]; -ε 749[2]
ἦρσα (ἄρδω) Hdt. 685[2]
ἤρυγον 699[7]. 755[5]; -ε 747[4]
ἠρύκακον 755[3]; -ε 648[4]. 749[3]
ἤρῡξα 755[3]; ἤρυξέ τι μετὰ μάκαρας II 486[4]
ἥρυς f. 346[2]. 479[5], 6; ἡρῦς 479, 6
ἤρυσα 752[4]
ἡρώασσα kret. 474[1]. 479, 6
Ἡρωδιάδος 162[4]
ἥρωει 196[7]
ἡρώειον 196[7]. 202[5]
ἡρώινη 247[8]. 479, 6
ἡρωΐνη 479, 6
ἡρῷιον 65[1]
ἡρώισσα 479, 6
ἡρῷν (= ἡρῷιον) 254[3]
ἡρώνα 489[1]
ἥρως 479[5]. 480[1.2]. 557[7.8]. 563[2]; ἥρω voc. 837[7]; ἥρωος gen. 244[2]; ἥρωνος 582[6]; ἥρω ι244[2]; ἥρων acc. 563[2]; ἥρω acc. 557[8]; ἥρωες 241[3]; ἡρώεσσι hom. 564[5]; s. εἴρουι
Ἥρωτι 514[4]
ἠρώτουν NT, spät 729[1]
ἡς praep. II 456, 0
ἧς 2. sg. ipf. 662[3], 4. 677[2]
ἧς 3. sg. ipf. 'erat' dor. ark. kypr. 81[7]. 406[4]. 409[1]. 659[4]. 663, 8. 677[2], 6. 7; – spätgr. 662, 4
*ἡς 'inj.' 800[2]
ἧς (= εἷς) dor. 287[4]. 588[1]
ἧς 'suae' 610[3]
ἧς 'cuius' 610[3]
-ης nom. sg. m. 85[7]. 553[6]. 558[4]. 560[5.6]. 561[1.3]. 562[1]; – (gen. -εω) 582[6]; – (gen. -η) ngr. 579[6]. 586[5]
-ης nom. sg. 3. decl. 561[3]. 563[2]; – (gen. -ηδος) 562[2]; – (gen. -ητος) 565, 1. 582[6]; -ης ark. kypr. (= -εύς) 575[1.6]. 576[1], 2
-ης m. f., -ες n. 579[1]. 586[3]
-ης nom. sg. ptc. dor. 566[3]
-ης 2. sg. conj. 661[2.5]. 791[4.5.6]
-ης 2. sg. plusq. 776[5]. 778[1.2], 2
-ής suff. adj. 511[4.5]. 513[2.4.5], 10f.
-ής in compos. st. -ύς 452[2]
-ής pass. Verbaladj. II 242[5]
-ῆς (gen. -ῆ) m. 561[2]
-ῆς suff. (aus -εης) 461[4]. 562[2]
-ῆς suff. aus -ήεις 527[2]
-ῆς nom. pl. 575[3]
-ῆς acc. pl. altatt. 563[5]
-ησα aor. 752[3–4]. 753[3]. 754[3.4]. 783[1]. 817[1]
ἦσα aor. 653[3]. 721[2]
ἧσαι (ἧμαι) 668[1.5]. 679[5]. 680[1]
ἦσαν 3. pl. 663, 8. 677[2.3]. II 199,2 [so]; – παθόντες 813[1]; – πολλοί καὶ ἠκολούθουν II 634, 1
-ησαν 3. pl. att. 758[4]
-ησαν 3. pl. plusq. pap. 778, 2
ᾑσᾶς acc. pl. 606[4]
*ἥσαται 671[3]
ἥσατο 699[6]. 748[1]. 749, 3. 755[3]. 761[1]
-ησε/ο- fut. 781[1]. 783[3–4]
-ησέω fut. dor. 763[5]. 780[1]. 786[1]
ἦσθα 'eras' 659[4]. 662[3]. 677[2],5. 766[2]. 767[3]
ἧσθαι 679[5]. 809[3.5]. II 236[6]. 363[6]. 366[7]; – ἐπί τινι II 466[7]. 467[2]; – πχρὰ πατρί II 493[6]; – παρά τινα II 494[7]; s. ἧμαι, ἧσαι
ἦσθας 'eras' 127[7]. 662[5]. 677[2]
ἦσθε 670[3.4]. 679[5]
ἥσθημα 523[3]
ἥσθημαι 724[5]
*ἥσθω 678, 2
ἠσι 'sagt' ion. äol. 678[5]; ἦσι lesb. 659[3]
-ησι dat.-loc. pl. ion. att. 559[4]
ᾑσῖν dat. 606[4]
Ἡσίοδος 443, 6
-ήσιος suff. 308[6]. 466[5.6]
Ἡσίοχος 443[4]
ἦσκε 652, 3. 677[3], 9. 708[3]. 710[4]

ἤσκειν hom. 405[8]
ἤσκηται hom. 766[2]; ἠσκημένα neut. pl. II 611[7]
*ἧσμαι 680[1]
ἧσο 2. sg. 678[3]
ἧσο 668[1]. II 341[2]; – imper. 679[5]
-ήσομαι fut. 756[5]. 763[3–6]. 781[5]. 782[6–7]. II 238[2], 1. 266[3]
ἠσπορηκυῖα 655[2]
ἧσσα f. kyren. 473[7]. 678[2]
-ῆσσα (< -ήεσσα) suff. 527[2]
*ἧσσαι 'sitzst' 668[1]. 680[1]
ἡσσητέα neut. pl. II 409[5]. 606[3]
*ἧσσθε 'ihr sitzt' 670[3]
ἧσσον 539, 4
ἥσσων 319[3]. 538[3]; – οὐδενὸς θεῶν II 98, 3
(ἧσστο mantin. thess.) 678, 3
ἧσται 305[6]. 346[5]. 668[1]. 669[2]. 679[4.5]. 680[4]. II 258[3]
ἧστε 'eratis' 333[8]. 677[2]
ἤστην 3. du. 666[5]. 667[3]. 677[2]. II 609[2]
ἧστινος gen. 616[2]
ἧστο 'erat' 678[3]
ἧστο 679[5]. II 276[3]
ἧστον 304[4]. 666[5]
ἡσυχῇ 550[2], 3. II 163[4]. 411[7]
ἡσυχίᾱ II 176[8]
ἡσυχίη τῆς πολιορκίης II 96[2]
ἥσυχος 308[5]. 498[4]. 838[6]. II 32[4]
-ήσω fut. 739[1]. 752[3.4]
-ησῶ fut. dor. 756[5]. 763, 5
ἧσω 782[4]
ἡσῶν (= ὑμῶν) 606[4]
-ητ- suff. 499[2]
ἧτα 140[2]
ἧται 'sit' delph. 678[3]. 792[3]
*ἧται 3. pl. 671[6]
-ῆται 3. sg. kret. 786[6]
ἦ τἄν II 582[2]
ἦ τἄρα II 582[2]
ἤ τε II 576[3]
ἦτε II 565[1]
ἦ τε II 576[3], 4
ἦτε 2. pl. hom. 677[2]
-ητε conj. 791[6]
Ητεων 305[7]
ἠτήσατο aor. spät 655[4]
ἧτθαι kret. 680[1]
ἠτί 3. sg. dor. 659[3]. 678[5]
-ητι 2. sg. imper. 758[5]
*-ητι 3. sg. conj. 661[5]. 791[4]
ἠτίμασεν II 599[3]
ἦ τοι II 582[2]
ἤ τοι II 565[1]; ἤ τοι – ἤ II 580[6]
ἤτοι 388[7.8]. II 60, 7. 555[2]. 578[3]. 580[6]. 582[2–3]; ἤ – ἤτοι II 565[6]
ἦτον 3. sg. Koine 669[4]
ἦτορ 519[2]
ἦτρον 461[1]. 519[2]
ἧττα 421[5]
ἡττάομαι (-ῶμαι, -ᾶσθαι) 317[6]. 732, 1. II 274[4]; – εὖ ποιῶν II 393[3]; – τινος II 101[3]
ἡττάω spätgr. II 228[6]. 234[2]
ἧττον II 598[7]
ἡττοπαθής 317[7]
ἥττων 319[3]. 536[6]; -ονες τοῦ κέρδους II 98[6]
ἤτω (= ἔστω) hell. 678[2]
ηυ diphth. 203[2], 1
*-ηυ loc. sg. 572[5]. 573[1]
ηὐάνθην 653[2]
ηὔδᾱ 655[6]. 729[3]
ἠύκομος 433[1], 1. II 182[8]
ηὔξησα; s. εὔξησεν
ηὖξον 655[6]
*ἠυπάτειρα 474, 6. 530, 6
ηὗρα (ivra) ngr. 203[5]. 656[8]. 709, 2. 764[1]
ηὕρηκα 709, 2
ηὕρισκον att. 709, 2; -εν (sc. ὁ κῆρυξ) II 621[2]
ηὑρόμην 782[7]
ηὗρον att. 653[3]. 709, 2. 782[7]. 816[6]
-ηυς 548[8]
ἠύς 433, 1. 574[6]
*-ηυσι dat. pl. 575[5]
ηὑτ- koisch 203[6]. 607[3] (ἑαυτ-)
ἠύτε 629[3]. II 564[4]. 565[6]. 576[5]. 662[5]. 671[4–7], 1
ηὐτύχησα 656[3]
ηὐτύχηται II 240[6]
ηὑτῶν koisch 203[6]
ηὐχόμην 655[3]
Ἥφαιστος 62[2]; -ε voc. II 60[5]; s. Ηε̄φαστος
ἤφερα aor. ngr. 654[5]. 745[2]; s. ἔφερα
ἠφευμένος 656[3]
ἦφι 550[6]
-ηφι instr. 550[6–7]. 551[3], 2
ἠφίει 656[4]
ἠφρόνουν 655[2]
ἠφύσσετο πίθων II 94[5]
ἦχα pf. j.-att. 650[2]. 766[2.3]. 772[1]
ἠχάνω· πτωχεύω Suid. 700[3]
ἤχανεν· εἶπεν H. 700[3]
ἦχε (= εἶχε) dor. 766, 3
ἠχέεντα 246[3]
ἠχέτα 500[1]. 560[1.3]; – πορθμόν 560[3]
ἠχέω (-ῶ, -εῖν): -εῖν κωκυτόν II 76[5]
ἦχθε 2. pl. pf. (ἧγμαι) 670[3]
ἤχθηρα 700[2]
ἦχι adv. hom. 550[3]. 624[4], 8. II 157, 2. 163[3]. 592[2], 8. 647[3]
ἤχλυσε Od. 727[5]
ηχοι, ἠχοῖ adv. ion. (eub.) 550[3]. 622[3]. 624[5]. II 647[3]
ἦχος n. 512[4]
ἠχοῦ adv. 621[5]
ἠχώ 478[4]
ἤψησα aor. 721[2]
ηω > dor. εω 244[3]
-ήω verba 717[2–3]. 728[6]. 730[3]. 807[4]. 814[8]
ἠῶθεν 628[2]
ἠῶθι πρό 551, 6. 628, 6
-ήων gen. pl. 240[7]. 571, 8. 575[3]
ἠώς ion. hom. 219[5]. 241[7]. 246[4]. 279[8]. 349[4]. 380[8]. 514[2]. 557[7]. II 29[3]; ἠοῖ voc. 514, 2; ἠοῦς gen. 557[7]; ἠοῖ τῇ προτέρῃ II 158[6]; ἠόα 241[5]; ἠῶ 557[7]; ἐν τοῖ πρὸ ἠὸς τοῦ βωμοῦ II 96[8]

Θ

θ 155[2]; aus idg. *th* 306[7]; aus idg. *dh* 297[3]. 306[7]; aus *dhw 301[5]; aus *gwh* 297[6]; aus θϜ 301[6]; für σθ 205, 2; θ und δ für einen fremden Laut 206[5]; für lat. *t* 204[6]; θ = got. þ 206[7]; θ > lak. σ 81[4]. 93[5]. 205[3]. 233[5]; θ > tsak. s 205[3], 1; þ > ngr. s 205, 1; θ + σ > σσ 366[8]
-θ nach Vokal geschwunden 409[1.2]
-θ- in Präsensbild. 703[1]f.
θά ngr. II 266[5]. 349[8]. 556[4]; θὰ γράφω 130[3]. 789[4]; θὰ γράψω 130[3]. 789[4]; θά 'ρθω 16, 3; θὰ ἔγραφα II 350[1]; θὰ ἔδενα 789[5]; θὰ ἔχω δέσει II 298[5]; θὰ πα νὰ γράφω 813, 2; s. θανά
-θα 2. sg. pf. 657[5]. 662[3.4]. 767[3]
-θα Ausg. adv. 408[1]. 552[2]. 618[4]. 627[4], 4. 628[5]f.
*-θα partic. 671[1]
-θᾱ suff. 510[7]. 511[1.2]
θαάσσω 725[4]
*θαγχjων 319[7]
θᾱ́γω 359[5]. 770[1]
θᾱέομαι 720[3]

*θᾱϜ- 702[4]
*θᾱ́Ϝᾱ 188[2]. 349[3]
*θαϜακος 725[4]
*θᾱϜέομαι 720[3]
ΘαϜε̄σά(ν)δρο̄ 223[6]
θαζός 472, 3
θάζω spät 472, 3. 715[3]
-θαι kret. 96[4]; s. -θθαι
-θαι dat. loc. 809[5.6]
θαἰμάτια att. 396[4]. 402[1]
θαιρός 301[6]. 472[1]
θακεῖ ἀγοραῖσι II 154[8]
θάκησις πρός τινι II 512[7]
θᾶκος 371[1]
*θάλαγχjα 319[7]
θάλαθθα kret. 96[4]; θαλάθθας 319[7]
θαλάμᾱξ 497[4]
θαλαμηγός 827[7]
θαλαμηφόρος 438[6]
θάλαμος 493[6]. 494[1]
θάλασσα 58[4], 1. 62[1]. 71[7]. 319[7]. 475, 1. 559[6]. 837[6]. II 471[8]; -αι 559[6]
θαλασσαῖος 467[5]
θαλασσίγονος 446[4]
θαλάσσιος II 179[2]
θαλάΤης 318[3]
θάλαττα 318[2]. 319[7]; θάλαττα, θάλαττα! 66[2]. 620[5]
θαλαττοκρατέω: s. τεθαλαττοκράτηκα
θάλε h. Hom. 720[3]. 748[2]
θαλέθοντ- hom. 703[3]. 720[3]
Θαλhύβιος 260[8]
θᾱ́λησα Pind. 720[3]
θάλλασσαν ion. 238[2]
θάλλατταν böot. 238[2]
Θάλλει 636, 2
θαλλός m. 459[4]. 720[3]
θάλλω (-ειν) 302[7]. 703[3]. 714[5]. 720[3]. 748[2]; θάλλει δένδρεα II 76[6]; θάλλειν c. dat. II 148[4]; s. ἔθηλα, τεθαλυῖα, τεθηλ-
θάλος n. 512[4]. 720[3]. II 603[1.2]; – c. dat. II 153[7]
θάλπεσθαι βέλει πρὸς σοῦ II 514[6–7]
θάλπος 296[3]
θάλπω 702[4]
θαλυκρός 296[3]
θαλύσσεσθαι 296[3]; θαλυσσόμενος 725[4]
θαμά adv. 621[2]. 622[5.6], 8
*θαμάζω 736[1]
θαμάζω, -ομαι ngr. II 235[5]
Θάμας 79[3]
θάμβευς gen. sg. 579[3]
θαμβέω 724[2]
θάμβος 333[4]; -ευς gen. 579[3]
θαμειαί 385[3.8]
θαμίζω hom. 736[1], 3. II 274[1]; θάμιζεν κομιζόμενος II 392[3]
θαμινά adv. ion. 621[3]
θάμιξ 497, 5
θάμνος 489[2]
θαμύντεραι 534[3]
θάμυρις 482[5]
θανὰ γράφω ngr. 789[4]; s. θά
Θαναδώρου 413[8]
θανάσιμος 270[5]
θανατάω 731[5]
θανατηφόρος 438[6]
θάνατος 343[7]. 360[3]. 381[3]. 501[4], 7. 635, 4; -οι II 43[6]
θανέειν II 296[6]
θανεῖν II 360[5]. 365[3]. 375[2]; τοῦ – II 361[2]; τὸ μὴ οὐ – II 372[2]
θανέομαι 784[4]
θανοτοι du. att. 557[2]
-θανοῦμαι 783[6]
θανοῦσα: οὐ – II 389[3]
θανῶ spät 784[4]
θανών II 268[6]. 404[3]
θάπτεσθαι ὑπὸ χθονός II 527[6]
θάπτω (-ειν) 704[6]. 705, 5. 759[6]. II 374[8]
θαραπεύειν hell. 255[7]
θαργήλια 413[7]
θαρνεύω 696[1.3]
θάρνυμαι (-σθαι) 360[4]. 696[1.3]
θάρνῡμι 363[2]
Θάροψ böot. 284[8]
θαρρέω (-ῶ, -εῖν) 342[5]; – τινά, – τινί II 73[5]; – περὶ τῇ ψυχῇ II 501[5]; – ὑπέρ τινος II 522[2]; – διά τι II 454[1]
Θαρρίκων delph. 284[8]
Θαρριππίδης w.-ion. 284[8]
θάρρος 284[8]. 285[4]; – πολεμίων II 121[5]
θαρρύνω att. 733[3], 2
Θάρρυς lokr. 284[8]
θαρσαλέος 484[2]
θαρσαλέως 484, 1
θαρσεῖν: ἐπὶ τὸ – II 370[5]
θαρσέω (-εῖν) 724[3]; – πρός τι II 511[6]; s. τεθαρσήκᾱσι(ν)
θάρσος hom. 284[8]
*θαρσύνη 491[5]
θάρσυνος hom. 263[4]. 491[5]. 529[5]
θαρσύνω 733[3], 2
Θαρυμάχω kret. 283[2]
Θάρυψ epir. 284[8]
θᾶσσον II 184[5]
θᾱ́σσω 725[4]; -ει θρόνον etc. II 76[7–8]
θᾱ́σσων 261[5]. 287[7]. 319[6]. 538[2.3], 4
θατέρᾳ II 158[7]
θάτερον 413[7]. 614[4]; ἐπὶ θάτερα II 472[4]
θᾱ́τερος 401[7]
θᾶττον νοήματος II 99[6]
θάττων 319[6]. 539[4]
Θαυῆς 209[5]
θαῦμα 347[7]. 523[1.2]. 702[4]; – ἰδέσθαι (ἰδεῖν) II 365[1]
θαυμάζεσθαι c. instr. II 168[2]; – τὰ εἰκότα II 80[6]
θαυμάζω (-ειν) 724[5]. 734[5]. 736[3]. II 631[2]; θαυμάσω fut. 738[7]; θαυμάσαι 806[1]; – c. gen. II 106[3.5]. 133, 2; – τινά c. gen. II 133[7]; – τινός τινος II 134[1]; – ἐπί τινι II 134[2]; – πρὸς τὸ λιπαρές II 512[1]; – εἰ II 646[5]; μηδεὶς θαυμάσῃ II 343[4]; s. ἐθαύμασα, τεθαύμακα
θαυμαίνω 724[5]. 734[5]. 736[3]
θαυμάξομαι dor. 782[1]
Θαύμᾱς 526, 5
θαυμάσαι 806[1]
θαυμάσιος 466[5]; -ια οἷα II 626[6]; -ιος c. gen. II 134[1]
θαυμάσομαι 782[1]
θαυμαστός 503[3]; τὸ -όν II 175[2]; θαυμαστὸν ὅσον II 623[5]; -ὸν ποιεῖς II 216[1]; – λέγεις II 606[1]
θαυμαστῶς ὡς II 626[6]. 666, 2. 667[3]
θαυματίζομαι H. 736[3]
θαυματός 503[3]. 524[3]
θαφθῆναι 257[2]
θάψαι II 363[7]
*θέ imper. 800[2]
-θε 2. pl. 663[2]. 670[4.5], 5. 6. II 562, 1
-θε Ausg. adv. 405[8]. 406[4]. 618[4]. 619[6]. 627[3–5], 5f. 628[3.4], 4. II 154[7]; – ngr. 626[2]
-θε partic. II 566[4]
θεᾱ́ 188[2]. 244[4]. 349[3]; θεαν ἀνόσιον II 617[4]
θεᾱ́ 460[3]. II 41[3]. 59[6]; – voc. II 61[1]; θεῶν gen. pl. 184, 2. 559[3]; θεάων 56[3]
θέαινα 475[4], 7. II 31, 6
(Θ)εανδρέδᾱ lesb. 275[1]
Θεᾱνώ 478[6]
θεάομαι II 229[2]
θεᾱορός ark. 248[3]. 250[3]. 438[5]
θεαρΟντΟν delph. 253[2]
θεᾱρός dor. nwgr. böot. 248[3]. 250[3]
θεασάμενος ἦν 812[6]
θεάσασθαι II 261[3]
θεατέον II 150[2]. 409[7]
*θεᾱτύς 506[6]
θεάων hom. 56[3]
Θέβᾱσσι 'dat.' troz. 559[4]
Θέγειτος megar. 253[3]
Θέδωρος megar. 253[3]. 438[3]
θεέ voc. 555, 1

θέειν II 364[1]; – κατὰ κῦμα II 478[5]; – παρὰ τεῖχος II 495[2]; – περί τινος II 502[6]; s. θεῖν, θέω
Θέελλος 241[6]
(*θεϝεναι) 808, 6
*θεϝός 680, 7
*θέϝω 781[6]
θεηκόλος 298[7]. 438[6]
Θέθις att. 257[3]
θεθμός 257[3]. 492, 12
*θέθω 705[4]
θεία subst. f. II 31[3]
Θειβεῖος böot. 195[1]
Θειβῆος böot. 91[2]
θείειν 685[8]
θεῖεν 663[5]
θείηι opt. 793, 3
θείην opt. 643[2]. 741[3]. 794[4.5]
*θειήν (θειην encl.) opt. 794[5]
-θείην pass. opt. 758[4]
θείης· ποιήσηις H. 680, 7
θειλόπεδον 102[7]
θείμαν κεν II 330[5]
θεῖμεν opt. 643[2]. 794[4.5]
*θειμέν (θειμεν encl.) opt. 794[5]
-θείμην opt. 741[3]
θεῖν II 258[3]; – δρόμον II 700[7]; – δρόμῳ II 166[4]
*-θειν infin. aor. pass. 809, 2
θεῖναι infin. 741[3]. 806, 4. 808[3], 6. II 382[3]; – λίθον II 381[3]
θεινᾶς aor. 746[4]. 755[3]
θείνεσθαι II 239[2]; – ὑπό τινος βουπλῆγι II 529[5]
θείνοι opt. 794, 2
θείνομαι II 271[5]; s. θείνεσθαι
θείνω 31[4]. 42[3]. 52[2]. 73[5]. 297[6]. 684[1]. 715[6]. 746[4]. 769[5]. II 72, 1; s. θείνοι, ἔπεφνον
ΘειοϜίοτος 528, 8
θειολόγος hell. 245[2]
θείομεν conj. hom. 792[5]
θειός böot. 242[4]
θεῖος adj. 467[5]; θεία γύναι spät 558, 4
θεῖος subst. 193[2.3]. 422[6]. II 31[3]
Θειρ- thess. 300[4]
θείς ptc. 525[3]. 566[2]. θεῖσι dat. pl. 566[2]
-θείς ptc. pass. 758[3]
θεῖτο opt. 741[3]
θείω (= θήω) conj. 103[3]. 741[3]. II 312[8]; θείομεν 792[5]
Θέκλα spät 559[7]
θέλγεσκ' hom. 711[2]
θέλγω (-ειν) 302[1]. 684[4]. II 351[7]; – φρένας ἀμφὶ σοφίᾳ II 438[4]; s. ἐθέλχθης
θέλε̄ thess. 791, 8
θέλεις . . · τὸ ἀγαθὸν ποίει II 634, 1
θέλεος 458[5]
θέλκταρ 530, 4
θελκτήριον 467[3]
θέλοιμι ἄν II 330[2.5], 3
θέλον (τὸ) II 409[1]
θέλοντας καὶ μή ngr. II 596[2]
θέλοντες nom. abs. II 403[8]
θέλουσα ἦ II 407[8]
θέλω 297[7]. 684[3]. 752[3]. II 491[5]; – c. infin. 810[1]. II 293[6.7]. 365[5]; – δοῦναι hell. 789[4]; θέλω ἵνα II 384[3]; – – ἔλθω 16, 3; – γράφω ngr. 789[4]; – νὰ γράφω ngr. 813[2]; – γράψω ngr. 789[4]; s. ἐθέλω, ἤθελον usw.
*θέλω (θάλλω) 302[7]
θέλων II 391[5]; ἔστιν ἐμοί τι θέλοντι II 152[3]; θέλοντες nom. abs. II 403[8]
θέλωνθι böot. 666[4]
θέλωσιν (ὑμεῖς τε καὶ οἱ θεοί) II 612[5]
θέμα (term.) 417, 3; – πετ' Ἴκελα II 498, 2
θέμεθλον hom. 533[4]
θέμειν τι ὑπὲρ τὸ ἱστιατόριον II 519[5]
θεμέλιον n., -ια pl. 583[7]
θεμέλιος 483[5]; – m. 583[7]
θέμεν infin. 741[3]. 806[3], 4
θέμεναι infin. 741[3]. 806[3], 4; – δέμνι' ὑπ' αἰθούσῃ II 525[5]
θέμενος 741[3]
θέμην infin. mkret. 807[5]
θέμις 357[7]. 495[3]. II 623[5]; -ιστος gen. sg. 357[7]
Θεμισθοκλῆς att. 257[3]
θεμισκόλος 836[8]
θεμισκρέων 836[8]
θεμίσσω 725[3]
θεμιστ- 426[3]
θεμιστεύω c. gen. II 110[2]
*θεμιστκόλος 836[8]
*θεμιστκρέων 836[8]
Θεμιστοκλῆς 580[3]
θεμιτόν II 623[5]
θεμμάρι ngr. 260[5]
Θέμναστος (-άστου) megar. 253[3.8]
θεμός 492[3]
θεμόω 492[3]
θεν- 768[6]
-θεν suff. loc. 552[1]
-θεν suff. adv. 405[8]. 406[4]. 618[4]. 619[6]. 627[3–5], 4. 628[2–4]. II 58[8]. 171[4.5.6.8] f. 413, 2. 536[7]. 537[1–2]
-θεν 3. pl. 758[4]. 762[6.7]
*-θεν 2. pl. 670[5], 6
θενὰ γράφω (-ψω) ngr. 789[4]
θέναρ 518[5]
θεναρίζει 518[5]
θένε imper. 746[3]. 799[2]
(θένειν) 746, 3
θενεῖν 740[4]. 746[3], 3. 748[5]. 755[3]. 837[4]. II 262[3]
*θένμι 42[3]. 343[4]. 684[1]. 715[6]. 746, 3
θέντ- ptc. 741[3]
-θέντ- Ausg. ptc. aor. pass. 758[4]. 810[2]. II 242[3]. 386[2]
*θέντι 3. sg. 52[2]. 297[6]
θένω conj. 746[3]
θενῶ fut. 746[3]. 785[1]
(θένων) 746, 3
θενών att. (poet.) 746[3], 3
θέο imper. 741[3]
θεο- comp. II 185, 2
Θεογένη gen. j.-lesb. 579[6]
Θέογνις 636[5]
Θεόδουλος spät 638, 4
Θεοδώρα 161[6]
θεοείκελος 453[4]
Θεοζοτίδης att. 330[2]
Θεόζοτος thess. böot. 218[4]. 330[2]
θεόθεν 628[2]
θεοισεχθρία 452[4]
θεοιτο Hdt. 688[2]
-θέοιτο opt. ion. 687[7]. 795[1]
Θεοκρίνης 512[5]. 579, 6
Θεόλλος 241[6]
Θεόλυτος 638[1]
θεόπομπος 454[5]
θεοπροπέω 726[4]
θεοπρόπος 302[6]. 450, 4
Θεόρδοτος thess. 218[4]
θεορέειν ὑπὸ τὸν χρόνον II 532[3]
θεορός 87[1]. 248[3]
θεός 14[8]. 62[1]. 241[3]. 248[1]. 301[6]. 555, 1. II 31[5]; θεέ voc. 555, 1; ὁ θεός voc. 555, 1. II 62, 1; θεοί 79[7]. 244[7]. 382[2]. II 40[5]; θεῶν 184, 2. 382[2]. 559[3]; θεοῖς 382[2]; θεός (θήλεια) II 31[4]; οἱ θεοί II 25[1]; θεὸς ὥς II 667[5]; οἱ κατὰ χθονὸς θεοί II 480[4]; θεὸς τύχαν ἀγαθάν II 707[7]; θεῶν ἐν γούνασι κεῖται II 457[6]; θεῶν διδόντων, θελόντων II 399[1]; s. θεώ, θεά
Θεόσδοτος 239[5]. 427[3]. II 119[4]
θεουδής hom. 227[6]. 252[1]
θεουρός thess. 248[4]
θεόφιν 550[6]. 551[1]. II 172[6]; ἀπὸ – II 173[1]
θέπτανος 307[3]. 490[2]. 838[2]
θέραπες 496[2]
θεραπευθῆναι II 363[6]. 364[6]
θεραπεύμασιν (σὸν πόδα) II 74[1]
θεραπεύομαι θεραπείαν II 80[5]

θεραπεύσω II 292[5]; ὁ -σων II 296[1]
θεραπευτέον II 409[7]. 622[1]
θεράπνη 489[1], 4
θεράπων 526[1]
θερεία II 478[2]
θερείτερος 534, 4
θέρεος gen. sg. 572, 3. II 113[1]
θέρεσθαι Od. 759[4]
θερέσιμος 831[6]
θέρετρον 532, 6
θέρευς gen. sg. 572, 3
θερέω aor. conj. 684[2]. 759[4]. 760[1]. 782[2]; – c. gen. II 111[4]
θέρης (= θήλῃς) 830[5]
θέρηται conj. Ilias 759[4]; c. gen. II 111[4]
θερί n. ngr. 186, 3. 275[1]
θερινός 490[5]
θέριστρον 532[2]
θέρμα f. 476, 2
*θέρμα n. pl. 494[5]. 733[1]
θερμὰ θερμά II 700[1]
Θερμαί 68[6]
θερμαίνω (-ειν) 724[5]. 733[1]
θερμανθη- hom. 761[6]
θέρμανσις att. 287[3]
θερμασία 469[3]
θέρμασσα 525[6]. 526[1]. II 175[6]. 408[2]
θερμαστιν att. 464[6]
θερμάστρα 532[4]
θερμαστ(ρ)ίς 260[3]
θέρμετε imper. Od. 684[1]. 722[7]
θέρμετο Ilias 722[7]
Θέρμη II 615[5]
*θερμjω 723[4]; -μjετε 283[6]
Θερμοπύλαι 453, 5
θερμός 297[8]. 494[4]. II 181[2]; f. II 32, 5; θερμὰ θερμά II 700[1]
θερμοφόρος 450[6]
θέρμω 723[4]; s. θέρμετε
θερόεις 528[1]
θέρομαι (-εσθαι) 297[8]. 684[2]. 759[4]; θέρηται conj. 759[4]; c. gen. II 111[4]
θέρος 297[7]. 511[7]; θέρευς gen. 572, 3. II 113[1]; θέρεος, θέρους II 113[1]; θέρεος καὶ χ., ἐν θέρει, τοῦ αὐτοῦ θέρους II 159[3]; περιιόντι τῷ θέρει II 158[6]
θερράπονες äol. 825[6]
Θερσανδρεῖοι gen. thess. 839[7]
θερσιεπής 448[2]
*Θερσιτας 286[1]
Θερσίτης 284[8]
θέρσομαι fut. 684[2]; -ρσόμενος 759[4]. 782[2]
θέρσος lesb. 284[8]. 307[6]
θερτήρια 531, 3
θέρω 684[2]
θές imper. 687[1]. 741[3]. 800[1.2]. II 339[2]; – ngr. 764[2]; θὲς τοίνυν II 341[6]
*θες conj. 793[3]
θέσαν 741[2]
θέσθαι infin. 741[3]. 809[3.4]. II 231[2.3]
θέσθω imper. 741[3]. II 342[6]
θέσις 357[4]. 505[5]. II 75[7]
θέσκελος 449, 3. 458[5]
θεσμός 492[6], 12. 493[3]
θεσμοφοριάζω 735[3]
Θεσμοφόρω att. II 51[1]
θεσπέσιος 300[3]. 458[5]
θεσπιδαές 450[4]
θέσπις 301[1]. 450[4]. 458[5]. 464[3]
Θεσπρωτοί 66[3]
Θεσσαλός 483[7]; -οί 90, 1
θεσσάμενος, θέσσαντο 755[1]
θέσσασθαι 261[5]. 262[1]. 297[6]
θέσσεσθαι H. 716[1]
θέσσομαι 755[1]
*θεσσπέσιος 458[5]
*θέσσπις 450[4]. 458[5]
Θεστιάδος gen. ion. (Tenos) 253[3]. 561, 3
θεστός 261[5]. 262[1]. 307[3]
Θέστουρ thess. 300[4]
Θέστωρ hom. 531, 4. 755[1]
θέσφατον II 175, 3; οὐ θέσφατον .. θανέειν II 296[6]
θέσφατος 458[5]; (= ἀθ-) Od. 102[7]
θέτε 2. pl. imper. 799[5]. 800[2]
-θετέω 731[6]
-θέτης 261[4]
θετικὸν (ὄνομα) II 183, 4
Θέτις 423, 1. 464[4]
θέτο 3. sg. aor. 741[2]. II 299[8]
θετός 340[7]. 356[8]. 357[4]. 359[4]
Θετταλοί att. 90, 1
θέτω 3. sg. imper. 801[3]
θέτω ngr. 688[4]. 705[3]. 753[2]; s. ἔθεκα, -σα
θεῦ· δεῦρο, τρέχε H. 798[4], 7
θεύγεσθαι kret. 212[5]
Θευδᾶς 159[5]
Θεῦθ Plat. 585[2]
*θεύξομαι 781, 4
θευρός 248[3]
θεύς f. dor. (= θεός) 248[1]. 378[3]
θεύσομαι 781[6], 4. II 258[4]
*θεφθός 307[3]
θέω 347[3]. 685[6]. 781[6]. II 72, 1; – c. gen. II 112[4]; – ἀμφί τινα II 439[1]; – ἀνὰ νῶτα II 441[1]; – πὰρ Σιμόεντι II 493[4]
θέω conj. [τίθημι] 792[6]
θεώ du. 382[1]; τὼ – II 46, 5. 47[3], 5
-θέω verba 720[5]
θεωι du. II 46, 5
Θέωλος 212[1]
θέωμεν conj. Od. 741[3]
θεωρία 183[8]
θεωρός 248[3]
θεωρῶ 128[2]; – τι πρὸς τὸν ὑπάρχοντα καιρόν II 511[8]
θέωσι conj. Hdt. 792[6]
θεώτεραι hom. II 183[5]
θϝ 314[5]. 332[2]
*θϝ- 367[2]
*-θϝεν 2. pl. 670[5]
*θϝεσος 14[8]
θh ther. 204[3]
Θhα(ρ)ρύμαϙhος ther. 284[8]
Θhαρυ- ther. 283[2]
*θη imper. 800[3]
θη- (:θε-) 741[1]
*-θη f. 511[1]
-θη- aor. (fut.) pass. 739[4.5.6]. 761[1]. 756[3.5.7]–763. II 224[5]
θηαύρόν arg. 217[4]
Θήβᾱ 459[6]
Θηβάδᾱς 510[1]
Θήβαζε nachhom. 625[1]
Θῆβαι 60, 2. 638[5]. II 43, 3
Θηβαιγενής 452[4]. 559[1]. II 557, 1
Θηβᾱϊκός 266[1]
Θηβαῖος 467[6]
Θηβᾱΐς 266[1]
Θηβάνας 461[3]. 543[7]
Θήβας δ' Ilias 625[1]
Θήβη 638[5]. II 43, 3; Θήβης ἕδος II 122[1]
Θήβηθεν 628[2]
θηγάνει 700[3]
θήγομαί τι II 231[2]; s. θηξάσθω
θηγός 459[4]
θήγω ὀδόντα μετὰ γένυσιν II 484[2]
θήεις conj. 792[5]. 793[3]
θηέομαι 241[4]
θήῃ, θήῃς conj. hom. 792[5]
θηήσαιτο 702[6]
θηήσαο Od. 777, 10
*θηθη 193[3]
θηθίς att. 257[2]. 261[8]
θῆι, θῆις, θῆισιν conj. 792[6]
-θηκα 1. sg. aor. mediopass. ngr. 764[5]. 814[6]
θῆκαν 3. pl. 741[2]
θηκάτηι att. 402[2]
θήκατο Ilias 741[2]
θῆκε 14[8]. 345[3]. 741[2.6], 7
-θηκε 3. sg. aor. ngr. 764[5]
θήκη 58[2]. 496[4]. 741, 8
θηλαμινοῦ· νεογνοῦ 681[3]
θηλαμών 522[3]
θήλαντο ark. (H.) 681[3]. 729[3]
θήλαον Od. 720[3]

*θηλεθάω 703[3]
θήλεια 474[1]
θήλεια n. pl. 581, 2
θήλεον Od. 720[3]; – c. gen. II 110[6]
θηλή 483[2]
θηλητήρ 258[7]
θῆλυ (γένος) II 28[3]
*θηλύδριον 471, 8
θηλυκός 498[2]
θηλύνομαι II 399[1]
θῆλυς 309[2]. 346[2]. 364[5]. 463[2]. 495[4]. 543[2]; – ἀπὸ χροιῆς II 447[3]
θηλύτεραι γυναῖκες hom. II 183[5]
θηλυτέραν el. II 183[5]
-θημα 523[2]
*θημεν conj. 793[2]
θημών 522[3]
θήν (θην) partic. 621[1]. 627, 4. II 555[3]. 556, 2. 566[4–5], 1
-θην 1. sg. aor. pass. 669[6]. 756, 3. 761[1]. 762[6·7]. 763[1·4]. 814[3]. 815[7]. II 237[7–8]. 238[1·2]. 242[3]. 266[3]; – ngr. 764[4]
-θην 3. du. 672, 10
-θην 3. pl. 758[4]
-θην Ausg. infin. lesb. 809, 2
-θηνα 1. sg. aor. ngr. 764[5]
-θῆναι infin. pass. aor. 758[3]. 808[4]. II 242[3]
*θηντ- ptc. 525[3]
θηξάσθω II 342[6]
θήομαι conj. hom. 792[5]
-θήομαι conj. hom. 741[3]
θήομεν conj. 741[3]. 792[5]. 793[2]
*θηορός 248[3]
θήρ 286[3]. 300[3]. 302[1]. 345[6]. 424[2]. 552[6]. 569[3]
θήρᾱ 461[1]
θηραίη opt. äol. 729[2]. 795[2]
θηράω -άομαι II 232[4]
θήρεσσι hom. 564[4]
θηρεύομαι II 232[4]
θηρεύω II 232[4]; θηρεύει 236[6]
Θηρεφόνα 438[3]
θηρίον 470, 3
Θηρίτας 286[1]
θηρότροφος 454[4]
θηροτρόφος 454[4]
θηρῷον att. 402[6]
Θήρων 637[7]
θής 499[3]
*θης 'inj.' 800[2]
-θης 2. sg. aor. 657[5]. 762[3·6]. 763[1]
-θησα 1. sg. aor. ngr. 764[5]
θησάμενοι kret. H. 755, 1
-θησαν 3. pl. att. 758[4]
θήσασθαι 364[5]. 423[5]
θήσατο aor. 680[2]. II 72, 1
θησαυρός 444[3], 6; – c. dat. II 153[7]
-θησε/ο- fut. 781[1]
Θησέες II 45[4]
-θησέομαι, -θησεῦμαι fut. dor. 763[5]
-θησέω fut. dor. 763[5]. 780[1]. 786[1]
θῆσθαι 676, 8. 680[2]
-θήσομαι fut. pass. 639[6]. 756[5]. 763[3–6]. 780[2]. 781[5]. 783[5–6]. II 224[5]. 238[2], 1. 266[3]
θῆσσα 473[6]
θήσω fut. 782[4]
-θησῶ fut. dor. 639[6]. 756[5]. 763[5]
θῆτα 140[2]. 141[1]
Θῆτα PN 637[4]
θῆται conj. Hdt. 792[6]
θητέρᾱι att. 401[7]
θητεύειν 732[5]
θητευέμεν II 368[1]; – παρά τινι II 494[1]
θητεύω 732[7]
-θητι 2. sg. imper. 262[2]. 758[5]. 760, 6
*θητjαυρός 444[3], 6
θῆττα att. 320[7]
θήω conj. 741[3]; s. θήῃς, θήομεν usw.
θθ kret. für att. ττ 205[5]; – für σθ 216[6]; – aus *ss 566, 2
-θθαι Ausg. infin. kret. 96[4]. 809[3]
θι (> þi) 233[8]; – wechselt mit σ 206, 3
-θι Ausg. adv. 551, 6. 618[4]. 627[4], 4. 628[4–5], 6. II 58[8]. 154[7]. 171[4]
-θι Ausg. 2. sg. imper. 758[5]. 800[2·3–5]. II 340[5]
θιᾱρός kerk. 248[3]
θιασῑ́της hell. 500, 6
θίασος 62[1]. 516[8]
θιασώτης 500, 6
θιαωρία böot. 248[4]
θίβρος 231[7]
θίγα ngr. 268[7]
θιγγάνω (-ειν) 689[4]. 699[6]. 701[2]. 747[5]. 781[6]
θίγε imper. att. 799[2]
θιγε/ο- 747[5]
θίγειν att. 746, 3
θιγεῖν ἀνδρός II 130[2]; s. θιγγάνω, ἔθιγον, ἔθιξα
θίγες imper. 800, 2
θίγον imper. syrak. 803[4]
θίγων att. 746, 3
θιγών δι' ὁσίων χειρῶν II 451[6]
-θίδιος suff. II 524[4]
θιδρακῑ́νη (nicht θῑ-) 268[8]
θίημι· ποιῶ H. 680, 7. 726[3]
θιῆσαι 680, 7
θιθ- kret. 687[1]
θιθεμένῳ kret. 257[2]
θιθῆι kret. 205[5]
θί(μ)βρος 231[7]
Θῑμόνοθος styr. 257[2]
θῖνος 490[7]
θίξομαι 781[6]
Θιοζότοι südthess. 242[3]
Θιοκλε̄ lak. 250[6]
Θιοκορμίδας lak. 218[4]
Θιόππᾱστος 301[7]
θιός 242[2]
Θιόφειστος böot. 193[2]. 276[2]. 755[1]
Θιόφεστος böot. 300[2]. 755[1]
θῑπόβρωτος 260[4]
θῑ́ς m. f. 570, 2
*θj 321[3·4]. 367[1]; > σσ (ττ) 272[4]. 367[1]; > σ 272[4]
-θλᾱ suff. 262[3]. 327[2]. 533[1·3·4]
θλαδίας 676[1]
θλαδιάω spät 732[7]
*θλάε imper. 676[1]
θλάσπις 462[6]
θλάσσε 752[4]
θλάω 303[1]. 676[1]; ἔθλασα 676[1]
θλῆ 676[1]
θλιβη- pass. 759[5]
θλῖβω 303[1]. 702[4]. 759[5]. 772[1]; s. θλίψω
θλιμμός 492[4]
θλιφθη- att. 759[5]
θλῖψω fut. 782[5]
-θλο- suff. 262[3]. 327[3]. 533[1·3·4]
θμ > θν 216[1]
-θμο- suff. 491[7]. 492[6], 11 f.
θν < θμ 216[1]
θναίσκω dor. lesb. 240[2]. 709[5]
θνᾱσίδιον lesb. 270[5]
θνᾱ́σκω 709[5]
θνᾱτός 343[7]. 346[4]. 360[3]
θνεισκω 709[5]
θνήισκω (-ειν) att. 240[2]. 709[5]. II 272[1]. 275[1]. 279[1]. 280[4]. 281[6]; – θανάτῳ II 166[3]; – λιμῷ II 167[7]; – ὑπό τινος II 528[7–8]; – πρό τινος II 506[8]; – ὑπ' εὐκλείας, ὑπὸ δειλίας II 530[3]; – ὑπ' Ἰλίῳ II 526[7]
θνήσκω 709[5]; – περί τινος II 502[6]; – ὑπό τινος II 226[8]
θνητός 381[3]. 810[7]; – subst. II 174[7]
-θο- suff. 510[7]. 511[1·2]
θοάζω 244[3]; – ἕδρας II 76[2]; – ἕδραν c. dat. II 149[2]
Θόᾱν acc. 526[2]
Θόγνητος megar. 253[2]
Θοδίων ion. 253[2]
*θοϝακος 497[3]
θοιμάτιον att. 401[8]
θοινάζω 735[1]
θοινηθῆναι hom. 735[1]
θοινίζω II 80[3]

-θοῖντο opt. 688[2]
-θοῖτο opt. 688[2]
Θοκλῆς megar. 253[2]
Θόκλος ion. 253[2]
Θοκρίνης megar. 253[2]
θόλος II 32, 4. 34, 2
θολός 301[6]. 459[3]
*θομεν conj. 793[3]
*θόνατος 362[5]
θοός 347[3]. 459[4]. II 182[7]. 258[4]; θοαὶ νῆες II 181[4]; θοὰς ἐπὶ νῆας II 419[4]. 427[2]. 432[8]
θοόω 727[2]
θορᾶνας kypr. (H.) 632[3]
θορε/ο- ep. 747[1]
θορεῖν 361[1]. 362[7]; s. ἔθορον
θορέομαι 708[6]
-θορέομαι 784[4]
*θορϝος 360[4]
θόρνυμι 708[6]. 747[1]
θορνύωνται Hdt. 696[3]
θορός 459[3]
θόρρακες (= θώρ-) 238[6]
θορυβῶ c. dat. II 149[3]; μὴ θορυβεῖτε, – θορυβήσητε II 343[5]
Θορυστάρτω kret. 283[2]
-θος n. suff. 511[1.2], 3
Θότιμος ion. 253[2]
θοῦ imper. 668[3]. 741[4]. 799[6]
θοῦδατος (= τοῦ ὕδ-) 402[7]
Θουδῆς att. 252[1]
Θουκυδίδης 251[4]
Θουριακαὶ λήκυθοι II 181[5]
θοῦρις 385[6]. 464[5]
θοῦρος 360[4]. 472[5]
Θόωσα 526[1]
θρ (= *thr*) 204[7]; – für ind. *tr* 204[6]; – für iran. *þr* 206[2.3]. 233[5]
-θρᾱ suff. 533[1.2.3]
Θραικίας 67, 2
Θρᾶιξ 378[3]; Θρᾶικες 67[6]; – ὑπὲρ Χερρονήσου II 520[8]
Θρᾶιττα 473[6]
θράομαι 676[1]
θρασέα 474, 2
Θρασικες 67, 2
θρασίων 538[4]
θρᾱ́σκειν H. 708[6]
Θρασκίας 67, 2
θράσος 285[5]. 342[2]
θρᾱ́σσω 702[5]
Θρασύβουλος 635[3]
θρασυμέμνων 208[8]
θρασύς 297[4]. 307[6]. 342[2]. 462[6]. 463[7]. 538[4]; θρασύν acc. sg. 573[3]; θρασύς ἔν τινι II 458[3]
θράττω att. 360[3]. 715[2]. 831[1]
Θράυλλος arg. 307[6]
θραῦρος 282[4]
θραυσθη- 761[3]
*θραυσρος 282[4]
θραυστός 282[4]
θραύω 686[4]
θρεκτέον 261[5]. 307[3]
θρεμμάρι ngr. 260[5]
Θρέμον ätol. 267[5]
θρέξαι II 258[4]
θρέξασκον Ilias 711[5]. 755[3]
θρέξομαι 781[6]. II 258[4]
θρέπτ(ρ)α 260[3]
Θρεσπωτῶν 268[8]
*θρεφ- 333[4]
θρεφθη- Hes. Eur. 759[3]
θρέψω 782[5]
Θρήϊκες, Θρήικες 67[6]. 824[2]; Θρήικεσσι 564[4]
Θρήικη 461[2]
θρηνεῖν ἔν τινι II 458[3]
θρηνυκ- 496, 6
θρῆνυς 495[4].676[2]
θρῆσκος 541[6]. 708[6]
θρήσκω H. 541[5]. 708[6]
θρησόμενος H. 782[6]
Θριᾶι loc. II 155[1]
θρίαμβος 458[1]. 591, 7
Θριᾱ́σιος 466[6]
θριγκός 62[1]
θριγκόω 727[1]
θριδακίνη [nicht θρῑδ-] 268[8]. 590[3]
θρῖναξ 589, 5
θρίξ 261[4]. 424[4]. 566[1]. 829[1]; τριχός gen. sg. 261[4]. 829[1]; τρίχες II 43[5]; θριξί dat. pl. 566[1]
θ(ρ)ῑπόβρωτος 260[4]
θρίσσα 474[2]
*Θριώ 625[2]
θριῶζε Hdn 330[2]. 625[1]. II 171[5]
Θριῶσε 629[2]. II 171[5]
-θρο- suff. 533[1.2.3]
θροέω 719[4]. 726[3]
θρόμβος 261[5]. 333[3]. 692[6]
θρόνος 490[3]; θρόνος 212[2]; θρόνοι II 44[3]
θροσέως lesb. 344[1]
θρυβη- pass. 760[2]
θρυγατρέσι hell. 257[6]
θρυλησθη- 761[4]
θρυλίχθη 761[2]
Θρυόεσσα 528[2]
θρύον 458[6]
θρύπτω 261[4]. 705[1], 5. 759[2]; s. ἐθρύβην, ἐθρύφθην
θρώισκω 710[1]
θρωισμός 710[1]
θρώσκω 360[4]. 361[2]. 708[6], 5. 747[1]; θρώσκει δόμους II 68[4]; – πεδίον II 69[1]; s. ἔθρωξα, ἔθορον
θρωσμός 493[3]
θρώσσω 708[6], 5. 717[1]
θυάκτας 738[1]
θύγατερ 568[1]
θυγατέρα ngr. 93[8]
þuȝatéra ngr. (dial.) 182[6]
θυγάτηρ 293[6]. 340[5]. 381[7]. 567, 7. 568[1]. II 31[3]; – voc. 567, 2; θύγατερ 568[1]; -τέρος, -τρός 568[1]; -τέρι, -τρί hom. 568[1]; θύγατρα acc. 65[1]. 385[5]. 568[1]; -τέρα 568[1]; -τέραν 563[3]; θυγατέρες, θύγατρες, -τρῶν, -τέρεσσιν, -τέρας 568[1]; θύγατρας 567, 5. 568[1], 1; θυγάτηρ παρθένος II 614[7]
θυγατρίζω spät 731, 1
θυγάτριον 471[1]. 568[7]
θῦ́δωρ 402[7]
θύειν II 231[7]; – τὰ γενέθλια II 76[5]; – τὰ δημόσια πάντα πρὸς τῆς πόλεως II 515[1]; s. θύω
θύελλα ἀνέμοιο II 122[2]
θύεν infin. 807[1]
θύεσθαι II 231[7]; – ἐπί τινι II 467[7]; – (pass.) ὑπὲρ τῆς πόλεως II 521[3]
θύεσκε Hippon. 710[6]
Θυέστα hom. 560[1]
θύη n. pl. ion. 252[4]. 579, 4
θυήεις 527[3.4]
θυηχοῦς 438[6]
*θυθjεται 703[2]
θυΐσκος -η 542[2]
θυιῶι (= τῶι υἱ-) att. 402[7]
θυκᾱγαθᾶι 269[1]
θύλλα 303[1]
θυλλίς 351[8]
θῡμαλγής 398[5]
θυμάλωψ 426, 4
θύματα τῶν θεῶν II 121[6]
Θύμβριος 206[5]
θυμέλη 483[5]
θυμόομαί τινι c. gen. II 133[6]; s. θυμοῦμαι
θῡμός 492[3], 3. II 192, 1. 672, 3; – c. gen. II 105[6]; κατὰ θυμόν II 478[8]
θῦμος lesb. 377[4]. 383[5]
θυμοῦμαι (-οῦσθαι) II 236[6]; – c. dat. II 144[5]; – εἰς ἔριν πρὸς οὐδέν II 511[6]; – περί τινι II 501[5]; s. θυμόομαι
θυμώνω ngr. II 235[6]
Θύναρχος böot. 194[7]
θῦνε hom. 696[2], 4
θύννος 458[1]
θῦνοντ- ptc. 696[2], 4
θύνω 698[2]; – c. dat. II 149[2]; θῦνε 696[2], 4; s. ἐθῦνεον
θύομαι; s. θύεσθαι, ἐτύθη, τέθυται
θύονσι dat. pl. 566[2]
θύος 512[4]
θυοσκόος 334[4]

θυραϜορός 223[6]
θύραζε 425[3]. 624[7]. 625, 1. II 44[5]. 413[7]; -ᾱζε att. 625, 1
θύραι 425[3]. 459[7]. II 44[5], 5; ταῖς θύραις 618[6]
θυράξαι aor. H. 625, 2. 734[5]
*θύρᾱς 625, 1
θύρᾱσι adv. 559[4]. 618[6]. 622[2]. II 154[3]. 155[5]. 413[7]
θυρᾰωρός hom. 438[5]
θύρδα 425[3]. 625, 1. 626, 8
θύρεθρα 533[3]
θυρεός 468[1], 2
θύρετρα 532[5], 6
θύρη II 44[5]; s. θύραι
θύρηθ(ι) Od. 551[3]
θύρηφι loc. 551[3], 6
θυροκ(λ)ιγκλίδες, -κλιγκίδες att. 257[6]. 268[8]
θυροκοπεῖ τὴν γαστέρα II 73[3]
θυρουρός 438[5]
*θυρς-δα 625, 1
*θυρσθεν 628[1]
θύρσος 516[8]
θυρσοφορεῖς θιάσους II 73[4]
θύρωμα 523[4]
(θυσαμεν infin. troz.) 806, 10
θυσεοντα phok., -εοντι ther. 786[4]
θύση (sc. ὁ θυτήρ, ὁ θύων) II 621[1]
θύσθεν adv. ark. 336[2]. 625, 1. 628[1]. (808[1])
θύσθλα 336[3]
θυσία c. dat. II 146[8]
θύσις, θῦσις 505[5]
θύσσεται 703[2]
θυστάς 508[3]
-θυτέω verb. compos. 731[6]
Θύτηι II 66[6]
Θυφειθίδης 257[2]. 408[3]
θύψαι 685[4]
θύω 686[3]. II 307[6]. 350[8]; – τι c. dat. II 146[6]; – τινὰ ὑπὸ βοῆς II 530[3]; – τινὶ διά τινα III 453[5]
θῦω 'stürme' hom. 686[4]
θώ (= θώραξ) 16, 1. 423, 2
θῶ conj. att. 792[6]
-θω verba 703, 1. 762[7]
-θῶ 1. sg.conj.aor. ngr. 764[5]
θωιᾱ́ 345[7]
θῶκος 497[2]
θῶμιγξ 497, 5
θωμίζω klass. 735[4]
θωμός 345[8]. 359[4]. 492[2]
θῶπλα 402[3]
θώπτω 705[2]
(*θωρᾱκθεντ-) 763[2]
θώραξ 61[8]. II 42[4]
θωρᾱ́σσω 725[4]
θωρηκτής [so] 500[6]
θωρήσσομαι (-εσθαι) II 374[7]; – c. dat. II 150[6]; – ἀπὸ τοῦ δείπνου II 447[5]; – ἐς πόλεμον II 460[2]; – μετὰ πόλεμον II 486[2]
θωρήσσω 725[4]
θωρηχθείς 763[2]
θωρηχθῆναι II 239[2]
Θωρόθεος 257[3]
θώς 378[3]. 424[3]
θῶσθαι dor. 675, 8. 809[3]
θωυθ 585[2]
θωυμασιώτατος πελαγέων ὁ Π. II 606[4]
θωΰσσω Aesch. 733[5]
θωχθείς (= θωρηχθείς) 16, 1

I

ι aus idg. ĭ 349 [7.8]; – aus idg. *e* 350[7]; ῐ 349[7] ff.; ι: ε Abl. 571[5]; ῐ als Schwachstufenvok. 350[2]; – – zu ει 350[2.3]; – Reduktionsvok. 694[4]; ι wechselt mit υ 268[5]; – wechselt mit αι 347[6]; – wechselt mit ῑ 350[6]; ι geschwächtes ε 841[8]; ι für ε 275[8]; – für unechtes ε od. *ə*[2]·351[1]; dor. ι für ε vor Vok. 81[2]; arg. ι für unechtes ει 94[5]; att. ι aus η 233[7]; -ι- in zus.ges. Namen für -ιο- 448[7] f.; ῐ für lat. *ă* 351[2]; ι fremdes *j* wiedergebend 313[3.4]; *i* spätgr. aus *ü* 184[1]; ι aus vokalisiertem ν 280[7] f. 287[7]; *i* > unterital. *a* 95[2]; ι Übergangsl. 206, 3. 312[6.7]; *i* vor Vok. zu *j* 106[3]; ι assimiliert ε 256[2]; ι: υ [ü] 256[2.3]; ι aus υ dissimiliert 351[6]; -ι vor Vok. schwindet 399[8]; ι vor Vok. als *ij* 399[6.7]; ι vor ungl. Vok. unsilbisch 244[6.7]. 245[4.8]; *i* als Kons. äol. 89[7]; ι bei *s*-Laut 351[3.6]; ι Übergangsl. (Sprossvok.) 278[2–4.6.7]; ι Stützvok. interkons. 413[1]; ι Redupl.-vok. 423[4]. 648[2]. 686[5], 7; ι prothet. 413[1.2.3]. 836[4]; ι epenthet. 272[5] ff.; ι als Kompos.-vok. 447[3]. 450[3.4.5]; ι unkontrahierbar in Kompositionsfuge 397[6]; -ι- als Kompos.-vok. für -ε- 444[3], 7; ι in verb. Wz. 685[3]. 695[1]
ῑ 349[7] f.; – Reduktionsvok. von *ē*, *ō*, *ā*+*i* 350[5]; – Schwachst. zu η 350[4]; – aus ισj 283[4]; – aus ιει 248[6]; ῑ augmentiert 655[1]
-ι vor Vok. kein Hiat 399[6]
-ι ngr. < -ιον 89[2]
-ι- suff. 462[2] ff.
-*i* f. (gen. -*is*) ngr. 585[7]
-ι Ausg. dat. (loc.) sg. 448[3]. 548[5]. 549[3]. 562[7]. 579[4]. 613[3]. II 138[4]
-*i* Ausg. nom. pl.n. ngr. 585[7]
-ῑ Ausg. dat. sg. 571[5]. 572, 2
-ι Ausg. adv. 461[4.5]. 620[4]
-ί Ausg. adv. 622[4]. 623[2], 2
-ῑ partic. 611, 3. 612[2]. 613[3]
-ῑ́ partic. 619[4]. II 566[5]
-ι 3. sg. praes. 613[3]
-ῑ 3. sg. Personalend. böot. 660[4]
ἰ- 'gehen' (: ει-) 674[1]
ἴ (= εἰ) 400[4]
ἴ 'oder' kypr. < ἔ < ἤ 400[4]. II 565, 3. 567, 1
(*ἴ n. pron. 'id') 613[3]
ἵ m. f. Ap. Dysk. 608, 2
ἵ f. 608[2], 2. II 35[5]
ῑ [= hῑ] 615, 4; s. hῑ
ῑ [= ει] 193[4]
ια wechselt mit ιε 243[7]; ια böot. aus εα 91[4]; -ια < -εα 579[5]
-ια n. pl. 581[2]
-ια suff. f. 473[1.2.3]. 559[6]
-ῑᾰ suff. 461[2] (Ländern.). 468[5.6] f. (subst.). 469[2], 1 (Verbalabstr.). 469[3] (Wz.-Bild.). 469[3] (Konkreta). 469[6] (st. -είη, -εία). 544[1.2]. II 356[4]
-ιᾰ́ suff. (Kollekt., Konkreta) 469[6.7], 8
-ιᾶ acc. sg. < -ιέα att. 579[3–4]
ἰά interj. 716[5]
ἰᾱ́ interj. 648[3]
ἴᾰ nom. sg. f. 588[3], 6. 613[4]
ἰᾶ adv. 588[3]
-ιάδης suff. 509[4]
Ἰάειρος 313[4]
ἰαέτω böot. 91[3]
ἸάϜονες 78[5]. 315[1]
Ἰάζυγες 313[4]
ἰάζω 716[4]. 735[3]
-ιάζω verba 735[3–4]
ἰαθενέω Kos 726[5]
ἰαί interj. II 600[3]
ἰαῖ interj. 313[5]. II 600[3]
ἰαίνετο 654[7]

ἰαίνω 220[1]. 528, 8. 681[3]. 694[2]. 700[5]
Ἴαιρα 475[2]. 681[3]
Ἰάκκοβος 231[2]
-ιακός suff. adj. 497[6.7]
Ἱακυνθοτρόφος knid. 268[5]
ἰακχέω 717, 4
ἰακχή 315[6]
ἴακχος 316[3]. 459[4]
ἰάκχω 717, 4
Ἰάκωβος 313[4]
ἰάλεμος 313[4]
ἰάλλω 648[3]. 717[1]
Ἰάλμενος 751[2], 3
Ἰάλυσος 313[4]
ἴαμα ϝίλσιιος ὕπαρ II 521[4]
Ἰάμβλιχος 313[4]. 638[2]
ἴαμβος 62[1]. 313[4]. 458[1]. 591, 7
Ἰαμενόν 681[3]
ἴαμνοι Nikandr. 525[1.2]
ἴαν acc. sg. f. 588[3]
ἰάν (= ἐάν) 87[3]. 400[4]
Ἰανάρις 254[3]
Ἰάνειος thess. 80[5]
Ἰάνειρα 452[4]. 474[1]. 681[3]
*Ἴᾱνες dor. 80[5]
ἰανθη- 761[6]; ἰάνθην 681[3]; ἰάνθης II 244[7]; – θυμόν II 85[3]
Ἰανουάριος 313[4]
Ἰαολκός 80[5]
ἰάομαι (ἰάεσθαι) 220[1]. 681[3]. 683[1]. 719, 7; s. ἰᾶσθαι
Ἰάονες 80[3.6]. 313[3]. 521[5]
ἰαόντυς böot. 241[4]
Ἰαπετός 502[4]
Ἰαπίς 66[4]
ἰάπτω 705, 2. 741, 8
ἰάπυγα 159[8]
ἰαρ- 219[5]
Ἰάρδανος 530[3]
Ιαρέδ 162[4]
ἰαρειάδδοντος böot. 331[7]
ἰαρές nom. acc. pl. kyren. 253[7]. 410[7]. 563, 2. 575[4]
ἰαρεύωκα ther. 775[1]
ἰαρινόν hell. 245[1]
ἰαριτευωκότων kyren. 775[1]
ιαρός wgr. 482[3]
ἰαρός 82[4]. 243[8]
ιαρουσι dat. pl. kret. 575[5], 4
Ἰάς 80[5]. 508[4]
-ιας acc. pl. 571[5]
-ίας m. suff. 456[6]. 470[1.2]
-ιάς suff. 508[4]. 509[3]
*ἰᾶς gen. f., ἰᾶι dat. 588[3]
ἰᾶσθαι II 368[4]; – τι c. dat. II 147, 1; s. ἰάομαι
ἴᾱσι 3. pl. ion. att. 665[3]. 674[2]
ἰᾶσι 3. pl. att. 252[4]. 665[4]. 687[4]
ἰάσκειν 710[2]
ἰάσμη 313[4]
ἰᾱ́σομαι 186[2]. 187[6]
Ἴασος 313[4]
ἴασπις 163[6]. 313[4]
Ἰάσσος (= Ἰάσιος) att. 274[5]
Ἰάσων 163[3]. 308[7]
ἰᾰτ(ο) 681[3]
ἴατρα n. pl. 596[5]
ἰάτρια II 31, 7
ἰατρίνη II 31, 7
ἰατροκλύστης hell. 439[4], 4
ἰατρόμαντις 453[4]. 454[2]
ῑᾱτρός 530[6]. 531[6]. II 31[5], 7
ἴαττα f. kret. 96[5]. 473[7]
ἰάτται kret. 320[5]. 678[1]
ἰατταταί II 600[4]
ῑᾱ́τωρ 530[5.6]. II 385[6]; – πόνων II 384[7]
ἰαῦ interj. II 600[3]
ἰαυοῖ interj. II 600[3]
ἰαύω 648[3]. 690[3]. 755[1]; ἰαῦσαι 648[3]. 755[1]; ἰαύω ὕπνον II 76[1]; – παρὰ νύκτας II 495, 1; ἰαύων ἐλπόμενος II 406[4]
ἰαχείτω Eur. 721[2]
ἰαχεῦσι Kallim. 721[3]
ἰαχέω 726, 5
ἰαχή 314[3]. 315[6]. 423[5]. 721[3]
ἰάχησα 721[3]. 748[2]
ἴαχχος 316[3]
ἰάχω 690[3]. 721[3]. 748[2]; ἴαχον 748[2]; ἴαχε σάλπιγξ δηΐων ὕπο II 529[1]
-ιάω verba 731[1.2]. 732[2–4]. 733[6]
Ἰαῶ 313[4]
Ἰαωλκός 80[5]
Ἴβηρες 569[1]
ἶβις 155, 2
ἴβυξ 498[2]
ἴγα (= σίγα) 217[4]
-ιγγ- suff. 498[3], 6. 521[5]
ἴγγια kypr. H. 588[2]; s. ἴνγια
*-ιγγjω verba 735[4]
ἰγκεχηρήκοι ark. 774[5]. 795[6]
ἴγκρος H. 275[5]. 583[5]
ἰγμαμένος ptc. 729, 2
ἴγνητες rhod. 46, 1. 275[5]. 451[7]. 613[3]
ἰγνός 214, 1
ἰγνύη 214, 1. 215[6]. 275[5]
ἴγνυντο 653, 10
ἰγνύς 413[3]. 495[4]
-ιδ- suff. 464[6], 7
-ῑδ- suff. 465[4]
ἰδ- 305[5]
-ίδαι suff. (Demennamen) 509, 1
Ἰδάλιον 364[7]
Ἰδαμενῆος rhod. 575[3]
-ιδᾶς 510[3]
*ἴδασι 773[7]
ἰδδίαν 274[3]
-ίδδω verba böot. 91[3]
ἰδέ imper. 390[1]. 799[2]. II 304[3]. 341[4]; – ngr. 764[2]
ἰδέ 'und' kypr. 612[1], 1. II 566[5], 3 f.; – παι II 579, 6; – κα II 567, 3
ἴδε imper. 799[2]. II 584[2]
ἰδε/ο- 747[3]
ἰδέα 314[5]
ἰδέειν 807[2]. II 296[6]. 375[5]
ἰδέεν infin. hom. 807[2]
ἰδεῖν 226[7]. 291[3]. 346[8]. 816[4]. II 258[2]. 261[4]. 364[4.5.7.8]. 365[1]. 377[4]. 631[3]; – ἅρματος ἀμφίς II 439[7]; – τινα ὑπὸ τὴν συκῆν II 531[6]; – πρός τινα II 510[4]; – καθ' ὅλην τὴν πόλιν II 476[7]
ἰδέμεν infin. böot. 806, 9
-ιδέος suff. 509[4]
ἰδέρως 430[2]
ἰδές imper. ngr. 800[1]
ἰδέσθαι 809[3]. II 232[7]. 361[2]. 364[7]. 365[1.6]; – ἐν ὀφθ. II 458[4]; – εἰς ὦπα II 456[2]. 459[6]
ἴδεσκε Ilias 711[5]. II 278[4]
ἰδέτε ngr. 764[2]
ἴδετε, ἴδετον imper. 799[5]
ἰδέτω spät 801[3]
-ιδεύς suff. 456[6]. 509[4]. 510[2], 3
ἰδέω conj. [οἶδα] 778[5]. 783, 1. 790, 6
-ίδης suff. 509[2]
ἰδησῶ fut. Theokr. 778[5]. 783, 1. 790, 6
ἴδητε 791[4]
ἰδίᾱ II 175[6]
ἰδίᾱι (ἰδίᾳ) 550[4]. 618[4]. II 175[6]. 415[6]
ἰδιαίτερος 534[4]
ἰδικός 'eigen' ngr. 609[1]. II 205[6]
-ίδιον suff. 471[2]
-ίδιος suff. adj. 467[2.3], 1. 2
ἴδιος att. 226[5]. 256[2]. 467[3]. 608[5]. II 32[4]. 201[8]. 205[4.5]; – c. dat. II 118, 1; ὁ ἴδιος c. gen. II 118, 1; ὁ ἴδιος ngr. II 205[6]. 236, 2
ἴδιος 226[5]. II 201[8]; s. hίδιος
ἰδῖσα 754[3]
ἰδίω att. 226, 3. 713[6], 6. 727[4]
ἰδίω (= εἰδίω) 193[7]
ἰδιώτης c. gen. II 108[2]; ὁ – II 42[2]
ἰδιώτης 159[7]
*-ίδχος suff. 839[4]
ἰδμᾶν 521[6]
ἴδμεν 1. pl. 346[8]. 357[1]. 643[1]. 766[6]. 769[1]; s. οἶδα
ἴδμεν infin. hom. 806[3]. 808[2]
ἴδμεναι infin. hom. 806[3]. 808[6]
ἴδμων 522[4]

ἴδοι, ἴδοις 796[1]; ἴδοις ἄν II 244[6]
ἴδοισαν 228[8]
Ἰδομενεύς 477, 1
ἰδόμενος 746, 4
ἴδον II 281[4]
ἶδος 226, 3. 512[1]
ἰδού partic. 799[2]. II 304[3]. 584[2], 1. 2
ἰδοῦ imper. 799[2]. II 584, 1
Ἰδουμαία 162[5]
ἰδοῦσα πρόσοψιν II 75[6]
ἴδρι n. adj. 580[5]
Ἰδριεύς 197[7]
ἴδρις 464[3]. 495[2], 3. II 34[3]
ἱδροῦν II 281[3–4]
ἱδρύεσθαι πρὸς τοῦ Ἑλλησπ. II 515[7]; – ἱερὸν ὑπὸ τῇ ἀκροπόλει II 526[7]
ἱδρύνθησαν Ilias 761, 5
ἱδρύω (-ειν) 351[2]. 495[4]. 727[5]. II 434[1]; ἵδρῡσα 754[3]
ἱδρώεις 527[5]
ἱδρῶια (τὰ) 514[3]
ἱδρώιην 795[3]
ἱδρωμένος ngr. II 410[6–7]
ἱδρώς 222, 5. 226[5]. 514[2]
ἵδρωσα Ilias 782[3]
ἱδρώσει 782[3]; – ἀμφὶ στήθεσσι II 438[2]
ἵδρωτας ngr. 514[4]
ἱδρώττω Gal. 733[6]
ἱδρώω 514[3]. 724[4]. 733[6]; – θηρὸς ὑφ' ὁρμῆς II 528[3]
ἰδυῖα hom. 273[2]. 360[1]. 540[6]. 765[4]. 769[1]
ἴδωμαι II 310[6]
ἴδωμεν 791[4]
ἰδωμένος: ἔχω -η ngr. 812[8]
ἰδών 525[3.5.6]; – κατ' ὄσσε II 477[3]
ἴδωσι 791[4]
ιε 240[5.6]
ἴε 3. sg. ipf. 674[2]
ἴε imper. 674[5]
*ἰέᾱσι 252[4]. 665[4]
ἴει böot. 677[4]
ἴει praes. 687[5]
ἴει ipf. 687[3.5]
ἴει imper. 687[1.3]. 688[2]
ἰεῖ 3. sg. 687[4]
ἰείην opt. 794[3]; ἰείη 674[3]; s. εἶμι
ἴειν ipf. 687[3]. 778[1]
ἰεῖσαι ὄσσαν διὰ στόμα II 453[1]
ἴεισι äol. 687, 3
ἴεισι 3. pl. 687[4.5]
ἰεῖσι 3. pl. hom. 687[4.5]
ἵεμαι 654, 1
ἵεμαι 681[2], 3. II 229[1]; – c. loc. II 156, 1; s. εἶμαι, εἶται, εἴθην
ἵεμαι 680[4]. 681, 3. 686, 8
ἴεμεν 1. pl. 674[4]
ἴεμεν 686[6]
ἱέμενος 681[1]
-ιεν 3. pl. opt. 842[6]
ἰέναι 674[4]. 808[2]. II 75[7]. 258[4]. 279[3]. 359[8]. 362[5.6.7]. 363[3]. 373[3.4.5.8]. 374[2.8]. 376[6]; τοῦ ἰέναι II 372[4]; ἰέναι ἐπί τι II 472[8]; – ἐπ' ἀλλήλοισιν II 467, 2; – ἀντία τινὶ ἐς μάχην II 534[3]; – διά τινος II 450[6]. 452[4]; – διὰ βασάνου ὑπό τινος II 529[4]; – διὰ δικαιοσύνης II 452[5]; – διὰ πολέμου II 161[2]; – τινὶ διὰ πολέμου II 452[5]; – μετά τινα II 486[1.3]; – μετὰ δόρυ οἰσόμενον II 486[2]; – σὺν νηυσί II 489[6]; – σὺν ἀριστήεσσιν II 489[1]; – παρά τινα II 494[7.8]; – παρὰ νῆας II 494[7]; – παρ' ἄρουραν II 495[2]; – πὰρ ῥοάς II 495[4]; – παρὰ ῥόον II 495[3]; – ὁδὸν παρὰ στάθμην II 496[8]; – παρὰ τὸν τύμβον II 495[4]; – πρό τινος II 506[5–6]; – πρὸ Ἀχαιῶν II 506[6]; – πρὸς δώματα II 510[1]; – πρὸς τῶν Καρδούχων II 515[5]; – ὑπὲρ πόλιος II 520[6]; – ὑπὸ γῆν II 530[5]; – ὑπὸ γαῖαν II 530[4]; – ὑπὸ πνοιῇ Ζεφύροιο II 527[1]; – τοῦ πρόσω II 112[5]
ἰέναι τινὰ Ἐρέβεσφιν ὑπὸ χθονὸς φόωσδε II 527[4]
*ἰεντ- ptc. (εἶμι) 674[4]
ἰέντες II 388[4]; – ἦσαν II 408[1]
*ἴεντι 3. pl. 687[4]
ἱερ-, ἰερ-, hιερ- 219[5]
Ἱεράκων νῆσος 280[3]
ἱέρᾱξ 497[3], 3
Ἱέραξ 158[4]
ἱεράομαι 726[2]
Ἱερᾰ́πολις 445[7]
ἱεραπόλος 438[7]
ἱεραύς delph. 198[4]
ἰερεϜιjαν kypr. 223[6]. 473[6]
*ἰερεϜjα 473[6]
ἰερε̄Ϝος gen. kypr. 575
ἱέρεια 473[6]
ἱερείᾱ 469, 8
ἱερειάδδω 735[2]
ἱερεῖες 575, 5
ἱερέοις 564[8]
ἱερεύς 164[8]
ἱέρευτο 771[4]
ἱερεύω (-εύειν) 732[4.5]; – c. dat. II 151[4]
ἱερεῶμαι 245[6]
ἱέρεως (ἱέρεως) nom. sg. ion. 245[6]. 477[5]. 557[7], 2
ἱερεώσασθαι H. 732[1]
*ἱερηϜοσύνη 529[4]
ιερης ark. 88[4]. 575[6]
ἱερητεύκατι phok. 664[1]
ἱερίτευχε 'ark.' 772[5]
Ἱεριχώ 313[4]
ἱεροθυτές ark. 337[3]; s. hιεροθυτές
ἱερομνᾱμόνεσσι delph. 564[3]
ἱερομνάμονσι ark. 569[2]
ἱεροποιεῖν, -εῖσθαι II 231[8]
Ἱερόπολις (gespr. *jer-*) 162[7]
ἱερός 62[4]. 64[6]. 219[5.7]. 220[1]. 243[8]. 269[1]. 304[5]. 396[4]. 482[3]. 823[4]. II 182[8]; – c. gen. II 118[6]; – c. dat. II 118[7]; – ἰν ἄματα π. II 460[7]
Ἱεροσόλυμα 313[4]
Ἰερουσαλήμ (nicht -έμ) 161[4]
ἱερωστί 624[1]
-ιες nom. pl. 571[5]. 579[3]
Ἰέσδαγος 313[4]
ἴεσθαι κατὰ τὴν φωνήν II 479[4]
*ἴεσι 'eunt' 674[2], 2
ἴεσσα 674[4]
ἵεται, -το 681[1]
ἰεῦ interj. II 600[3]
ivra (ηὖρα) ngr. 709, 2
ἱζάνω 700[3]; ἵζανε, ἱζάνει 700[2]
*ἵζει 713, 6
ἵζευ II 299[4]
ἵζημα Strab. 737[4]
ἵζησα spät 716[1]
ἵζομαι (κὰτ) μετὰ πρ. ἀγορῇ II 483[4]
ἶζον 653[2]
ἵζου κρήνας II 76, 1
-ίζω verba 722[4]. 723[2]. 734, 2. 735[5]. 736[4–6]. 784[4]. 785[6], 3. 815[3.7]; – ngr. 736[6]; – st. -ίω 735, 4
*-ΐζω verba 735[3]
ἵζω 330[1]. 690[2] [*hizdō*]. 752[3]. II 234[2]; – c. gen. II 112[2]; – βωμόν II 76, 1; – ἐπ' ἄκριας II 471[7]; – τινὰ ὑπὸ φηγῷ II 525[5]
ἰhερά 219[5]
*ἰhερός 219[6]. 269[1]. 396[4]
-ιη- : -ι- opt. 794[2.3]. II 319[7]
ἰή interj. II 600[3]; ἰὴ ἰὴ ἰή II 600, 4; ἰὴ ἰή, ἰὼ ἰώ II 600, 4
ἴῃ conj. 791, 1
*ἴη 3. sg. opt. (εἶμι) 674[3]
ἴη att. 688[2]
*ἴη 3. sg. praes. 687[4]
ἰηθενέω 726[5]
ἴῃ 3. sg. conj. hom. 791[1]; ἴῃς 674[3]. 791[1]
ἶῆι dat. sg. f. 588[3]
ἴῃσι conj. hom. 792[5]
ἴηλα 717[1]

ἵημι 674[4]
ἵημι 686[6], 8. 687[2.5]. 741[3.5.6]. 770[1]; – τι II 104[8]; – τινα c. instr. II 166[2]; – τινα ὑπὸ γῆν II 530[5]; – αὐδὴν ὑπὸ συρίγγων II 530[1]; s. ἵην, ἱέναι, ἥσω, ἧκα, ἕω, ἕς, εἷκα, ἕηκα, ἵεμαι
-ιην 1. sg. opt. 796[2.4]
ἵην, ἵης ipf. att. 688[2]
ἰήνηι (-ῃ) 681[3]. II 312[5]
ἵης conj. 791, 2
ἰῆς gen. sg. f. hom. 588[3]
-ίησαν 3. pl. opt. 794, 3. 796, 3
ἰήσατο 681[3]
ἰῆσθαι 190[6]
ἵησ(ι) II 271[5]
ἰήσομαι 186[2]. 187[6]; -σεται 681[3]
Ἰησοῦν τὸν λεγόμενον Χρ. II 618[3]
ἰῆτε II 579, 2
ἰητήρ hom. 530[6]. 531[6]
Ἰήτης ion. 500[4]
Ἰητροκλῆς 152[7]
ἰητρός hom. ion. 121, 1. 531[6]; – ἀνήρ II 614[6]
ἰθα- 'hier' 627, 4. 628[5]
ἰθαγενής, ἰθαιγενής 46,1. 448[5]. 613[3]. 628[5]
Ἰθάκη 66[4]
Ἰθακήσιος 466[5]
ἰθαρός 347[6]. 480[7], 5
ἰθέη: ἐκ τῆς ἰθέης II 175[6]
ιθθαντι kret. 216, 2. 792[4]
*ἰθθμός 492, 12
ἴθι imper. 350[1]. 357[2]. 390[6]. 674[3]. 798[4]. 800[4]. 811[5]. II 373[3.5]. 584[1]; ἴθι δή II 563[4]; ἴθι πρός τι II 433[3]
ἴθμα hom. 523[7]; ἴθματα 492, 12
ἴθρις 351[2]. 495[2]. 838[4]
ἰθύ II 549[6]
ἰθυνεθέμιστας 264[7]
ἰθυνθη- 761[6]; ἰθύνθη 761[2]
ἰθύντατα hom. 534[3]. 733[4]
ἰθύνω 727[6] f. 733[3]; ἰθύνετε II 609[7]; ἰθύνω τινός II 105[1]
ἰθύρ 569[4]
ἰθύς adv. 350[4]. 620[3]. II 549[6]; – ἐφρόνεον II 708, 1
ἰθύς f. 727[5]
ἰθύω hom. 727[5]; ἴθυσα 754[3]; ἴθυσε πεδίοιο II 112[4]; ἴθυσεν διὰ προμάχων II 450[6]; ἴθυσαν ἐπὶ τεῖχος II 472[4]
ιι > ῑ 248[5.6]
-ι dat. sg. 572, 2
ιιαροῖσι pamph. 312[6]
*-ιίδης 509[4]
ἰΐζω 736[4]
*ἴῑμεν 1. pl. opt. (εἶμι) 674, 5
-ιυς nom. sg. pamph. 555[2]
ἰjᾶσθαι kypr. 681[3]
ἰjατῆραν (ιjατε̄ραν) kypr. 88[7]. 173[4]. 179, 4. 236[4]. 312[6]. 531[6]. 556, 0. 563[2]
ἰjερής (ιjερες) kypr. 312[6]. 575[6]
(*-ίjω verba) 713[5]. 734, 2
-ικ- suff. 496, 5. 497[4.5] f. 583, 3
ἰκάδι 227[1]
Ἰκάδιος 637[5]
ἵκανον 653[2]
ἱκανός 292[3]. 490[2]; – γνώμην II 85[8]; πρός II 512[5]; ἱκανὸν ἔσεσθαι II 295[4]; ἱκανός εἰμι ἀτυχῶν II 393[4]
ἵκαντι H. 768[2]
ἵκαντιν H. 591[4]
ἰκάνω hom. 698[3], 3. 747[3]. 786[7]. II 259[7.8]. 260[2]; – τόδ(ε) II 68, 1
ἱκανώτερος πεῖσαι II 623[7]
Ἰκαρομένιππος 453, 4
Ἴκαρος 829[6]
ἰκάς 227[1]. 597[1]; s. hικάς
ἵκατι thess. 90[8]. 270[4]. 591[3]
ἴκελος II 161[4]; – ὄμματα II 85[5]
ἰκε/ο- 747[3]
ἷκεν praet. 788[3.5]
ἵκεο χεῖρας ἐς ἁ. II 147[6]
Ἰκέρτης äol. 452[4]
ἱκέσθαι 292[3]. 685[4]. 781[6]. II 296[3.6]. 361[2]. 375[2]; – ἄψ ἐκ II 463[4]; – ἐπὶ γῆρας II 473[3]
ἱκέσθην II 609[5]
ἱκεσία 469[2]
ἱκέσιος δουλοσύνας ὕπερ II 521[4]
ἱκετεουσάσης 197[5]
ἱκετεύοντες II 391[5]
ἱκετεύω (-ειν) II 516[7]; – μετὰ δακρύων II 485[3]; – τινὰ τῶνδε γουνάτων II 130[2]; – τινὰ ἀντί τινος II 443[4]
ἱκετήριος 467[4]
ἱκέτης 500[1]; – ἱκνοῦμαι πρός τινος II 516[6]
ἱκέτις ποὶ τὸν θεόν II 510[6]
ἵκηται II 312[5.8]
ἴκκος 227[5]. 301[7]. 306[1]. 317[1]. 351[4]
Ἴκκος tar. epid. 301[7]
*ικμα kypr. 494[3]
ἰκμαλέος 484[1]
ικμαμενος kypr. 494[3]
ἰκμᾶν 260[5]
ἴκμαρ 519[1]
ἰκμάς 299[7]
ἵκμενος 524[7]. 751[2]
ἱκνέομαι (-εσθαι) 696[3]. 747[3]; – ἐπί τι II 433[3]; – μετά τινας II 483[4]; – μετὰ κλέος II 486[6]; – ἐς Π. μετ' ἀκουήν II 486[2]; ἱκνέεται ἡμᾶς II 68[6]; ἱκνέεσθαι πρός τινων II 514[3]
ἱκόμην II 277[1.3]
ἶκον 653[2]
-ικός suff. adj. 456[6]. 497[5.6.7], 9 f.; – für lat. *-icus* 395[4]; – Ethnika 497[5]
ἴκριον 495[2]. 838[4]
ἴκταρ 518[7]. 519[2]. 530, 4. 630[6]
ἴκτερος 481, 3
ἰκτερώσσω gramm. 733[6]
ἰκτῖνος 56[6]. 325[6]. 413[1]. 491[2]
Ἰκτῖνος II 37[4]
ἰκτίς 413[1]
ἴκτο (ἶκτο) Hes. 751[2]
ἵκω 684[7]. 685[4]. 747[3]. 781[6]. 788[3]
ἵκωμαι II 311[5]
ἵκωμι Ilias 747[3]
-ικώτατος 536[1]
-ῑλα aor. 753[5]
ἱλαδόν 626[5]
ἱλάειρα 543[3]
ἵλαθι 357[2]. 689[4]. 800[4]
ἵλαμαι, ἱλάονται 681[3]
ἱλάξομαι Ap. Rh. 710[2]. 783[1]
ἵλαος hom. 281[6]. 472[5], 9
ἱλαρός 482[2]
ἱλάσασθαι 752[4]
ἱλάσκομαι (-εσθαι) 710[2]. 783[1]; – τινα c. dat. II 151[2]; – θεὸν μολπῇ II 166[2]
ἱλάσσομαι fut. 710[2]. 784, 6; -σσεαι 752[5–6]; s. hιλαξ-
ἵλεᾰ n. pl. 557[7]. 585[5]
ἵλεος dor. 244[3]
ἵλεος 246[2]
ἱλεῶμαι 245[6]
ἵλεως 245[6]. 281[6]. 382[8]
ἵλεως 245[7]
ἵληϝος dor. (lak.) 245[6]. 281[6]. 472[5], 9. 689[4]
ἵληθι hom. 304[2]. 689[4], 2. 774[3]. 800[5]
ἱλήκησι Od. 689, 2. 774[3]
ἵλημι 649[2]. 688[5]. 689[4]
Ἰλιάς 508[4]
ἰλιγγιάω 732[3]
Ἰλιόθεν 628[2]. II 58[8]. 171[5]
Ἰλιόθι II 58[8]. 171[5.6]. 411[7]; Ἰλιόθι πρό 551, 6. 628, 6. II 507[8]
Ἴλιον 638[4]. II 33, 2. 122, 1
Ἴλιος f. hom. II 33, 2; Ἰλίοο gen. 551, 6
Ἰλιόφι(ν) Ilias 550[5]. 551, 6
Ἰλισός 516[8]
Ἱλισός 61[1]
Ἰλισσός 352[8]
ἰλλάεις 528[1]
ἴλλαος lesb. 281[6]. 689[4]
ἰλλάς 423[5]
ἰλλός 459[4]. 485[4]
Ἴλλυρες 569[4]

'Ιλλυριός: τὸν'Ιλλυριόν II 41[8]; s. Ηιλλυριός
'Ιλλυριός 65[7]
ἴλλω 423[5]. 690[3]
ἰλλώπτω 705[2]. 733[7]
ἰλλώσσω 705[2]
ἰλλώττω 733[6.7]
-ίλος Ausg. adj. 484[7] f.
ἰλύς 350[1]. 495[4]; ἰλῦος Ilias 571[3]
*ἱμᾱ́ 526, 5
-ιμαῖος suff. 456[6]. 494[5.6], 4
ἱμανήθρη ion. 522[1]. 533[2]
ἱμάς 526[3], 5
ἱμᾶς j.-att. 383[3]. 566[3]
ἵμασεν hom. 725, 2. 3. 755[2]; – μάστιγι II 166[1]
ἱμάσθλη 533[4]. 725, 3
ἱμᾶσι dat. pl. 566[3]
ἱμασιοπώλης 160, 5; -ου 270[7]
ἱμάσκω el. 708[5]
'Ιμασσαώλλας II 693[7]
ἱμασσόμενος 725, 3
ἱμάσσω conj. hom. 725, 3
ἱμάτιον 193[7]. 270[7]. 281[7]; ἱμάτια II 43[5]; ἱμάτια ἐξάλια byz. 592, 5; ἐξελθεῖν ξὺν ἐνὶ ἱματίῳ II 489[6]
ἴμβηρις 90[4]. 275[5]. 300[2]. 302[4]. 352[4]. 495[2]
Ἴμβρασε II 62[6]
ἱμείρομαι (-εσθαι) II 232[7]; – τινος II 104[7]
ἱμείρω (-ειν) 715, 10. 725[3]. II 232[7]; – τι II 105[6]; – τινός II 105[2]
*ἱμέν partic. II 566[5]
ἴμεν 1. pl. [εἶμι] 356[7]. 357[1]. 390[6]. 643[1.3.4]. 674[1]
ἴμεν infin. hom. (= ἰέναι) 674[4]. 806[3]. 808[2]. II 359[8]; – ἐς πόλιν II 459[1]
ἴμεναι infin. hom. 385[5]. 674[4]. 806[3]; ἴμεναι Ilias 674,7. 806,7
'Ιμέρα II 33, 2
'Ιμέρας m. II 33, 2
ἱμέρθη Hdt. 761[5]
ἵμερος 282[8]. 413[3]. 423[5]. 715, 10
ιμεσος ark. 230[6]
ἱμι- 256[2]
*ιμιμ 608, 1
ι(μ)μ < ισμ 217[1]
'Ιμμαράδας 831[8]
-ιμο Ausg. n. ngr. 586, 1
ἱμονιά 522[1], 2
-ιμος suff. 494[5.6], 4 f.
ἱμπάταόν kypr. 752[4]
ἴμψας thess. 692[5]
in ngr. lesb. < *n̥* 342[1]
-ιν n. spät- u. ngr. 130[1]. 253[8]. 472[2.3]
-ιν acc. sg. 571[6]
-ιν dat. pron. 605[4.6]. 606[1]
-ιν Verbalausg. 658[5]
ἰν praep. 69[6]. 81[3]. 82[4]. 274[7]. 275[4.6.7]. 350[8]. II 454[6]. 455, 1. 458[6]; ἰ(ν) kypr. 214[1]; ἰ(ν) τύχαι II 458[6]
ἴν· αὐτόν usw. kypr. (H.) 613[3], 6. II 190[2.3]
ἴν dat. sg. Hes. 603[4]. 604[2]
-ῑν dat. pron. 605[6]. 606[1]
-ῑν (-ί̄ν) partic. 611, 3. 613[3]. 619[4]. II 566[5]
ἴν acc. sg., ἴν' 570[7], 2
ἵνα 128[6]. 613[4]. 615[2.3], 4. 631[6]. II 311[7]. 313[4]. 316[7]. 326[7]. 332[1.2]. 384[2.3]. 555[4]. 636[1]. 637[6]. 647[3]. 665[7.8]. 672[4–8], 1. 673[1–7], 4 f. 689[1]; ἵνα ἄν II 674[1]; ἵνα γάρ Ilias 610[6] f.; ἵνα περ II 673[2], 2; ἵνα τε II 575[2]. 673[2.3]; ἵνα μή II 318[1]. 594[5]. 674[1.4], 2; ἵνα τί; II 630[1]. 674[2]. 714[4]; ἵνα c. conj. II 315[3]. 319[3]. 384[3]; – c. opt. 323[2–4.5]
ἵνα: – κακοῦ II 101[6]. 114[6]
ἴνα acc. sg. 570, 2
ἴναι infin. 674[4], 9
ἰναλαλισμένα kypr. 694[5]. 773[5]
ἰνάω 694[1], 2
ἴνγια· εἷς kypr. 275[5]; s. ἴγγια
-ινδα adv. 627[2.3]
ἰνδάλλομαι 692[5]. 725[2]
*ινδαλος 692[5]
-ίνδᾱν adv. lokr. 627[2], 1
-ίνδην adv. 627[2], 1
ἰνδικτιών 161[5]
'Ινδός 153[5]. 221, 1. 308[1]
-indu verba tsak. 331[7]. 735, 3
ινεῖ Korinna 590, 9
-ινεος suff. adj. 456[6]. 467[4]
ἶνες pl. 570, 2. 571[1]; -εσιν dat. 570, 2
ἰνέω 694[2]
-ί̄νη suff. 509[3]
ινηάταν ark. (= ἐν ν-) 230[6]. 503[7]
-ινθ- suff. 526[5]
'Ινινθιμέ[ου 206[6]
ἶνις 450, 3
-ινίσκω verba mngr. 712[2]
'Ινισμέως 206[6]
(*-ινjω verba) 694[6]
ἰνμεμφές ark. 514[1]
-ιννα suff. 491[5]
ἴννη 423[1]
-ίννω verba lesb. 694[2]
-ινο- suff. 490[6.7] f.
-ῑνο- suff. 491[2.3]
-ινό- suff. 490[5.6]
-ῑνοι (< aram. *-īn*) 276, 1
-ῑνος suff. ethn. 67[4]
-ινοῦς suff. adj. 468[1]
-ινς acc. pl. 571[6.7], 7
ἰ(ν)σι kypr. 275[6]. 677[1]
'Ινταφέρνης 153[5]. 182[8]
*ἴντι 'eunt' 665[3]
-ί̄νω verba 694[2.6.7]. 733[4]
'Ινωπός 426, 4
ἴξ 299[7]
ἶξαι 299[6]
ἴξαλος 61[7]. 484[1]
ἶξε 653[2]. 756[2]. 788[3.5]; ἶξες 788[3]
ἱξέμεν 685[4]
ἵξετο II 81[4]
ἵξομαι 781[6]
ἶξον 751[2]. 788[3]
ἰξός 267[1]. 314[5]
ἰξοῦμες meg. 786[7]
ἰξύς 463[7]
ιο 240[6]; – aus εο 247[2]; -ιο- > -ῑ- 472[3]; ιο > εο 245[2]; ιο > ιω 242[6]
-ιο-Kompos.-suff. 450[4]. 451[2–4]
ἰο gen. n. gort. 613[4]
*ἰ(ο)- '1' kret. 588[4]
'Ιοβιανός 313[4]
ἰόεις 527[4]
ιοι dat. m. f. gort. 613[4]
ἴοι 3. sg. opt. 674[3]. 677[4]
ἰοίΕι 3. sg. opt. 674[3]
ἰοίην 1. sg. opt. 674[3]. 794[3]. 796[4]
ἴοιμεν 1. pl. opt. 674[3]
ἴοιμι 794[3]
ἴομεν 643[3]
ἴομεν conj. 674[3]. 790[4]
ἴομεν hom. 674[3]
ἰόμωρος 426[4]
-ιον suff. n. 470[2.4.5] f.; -ίον 470[4]; -(ON) 638[4]
-ιον Kompos.-suff. 470[3.4]
-ιον adv. 621, 8
ἰὸν (ἐνιαυτόν) 588[3]
ἴον n. 314[5]
ἴον 3. sg. ipf. 674[5]
ἴονθος 510[6]
'Ιόνιος 80[5]; ὁ 'Ιόνιος II 175[5]
ἰονσα (= οὖσα) kret. 96[5]. 678[2]
ἴονσι s. ἴωντι
ἰόντ- ptc. 674[4]; ἰόντι II 401[3]; ἰόντε II 708[5]; ἰόντων εἰς μάχην II 400[7]; ἰόντες ἤισαν II 388[6]
ἰόντων 3. pl. imper. 674[3]
-ιος suff. 456[6]. 458, 1. 466[2–6], 2. 11. 468, 1. 510[3]. 548[1]. 810[4]
-ιος suff. von Monatsn. 82[2]
-ιος gen. sg. 571[5]. 572, 3. 579, 1; -ιος gen. in Namen 572, 4
-ιος gen. lak. < -εος 472[3]. 579[3]
-ίος suff. von Stoffadj. äol. 81[2]
ἰός m. 'Gift' 219[6]

ῑός m. 'Pfeil' 282[1]. 314[2]. 350[1]. 472[5]
*-ίοσα 355[6]. 834[7]
ἰότης 528[7], 8
ιου (= ου, υ) böot. 91[3]
ἰού interj. 716[5]. II 600[3]. 601[2]; ἰοὺ ἰού II 600, 4
ἰοῦ interj. II 600[3]
ἰουδαΐζω hell. 736[4]
Ἰουδᾱϊκός 498[1]
Ἰουδαῖος 164[8]; τοῦ -ου II 41[8]; Ἰουδαῖοι 313[4]
ιουιῶ =υἱοῦ böot. 183[4]. 305, 1
ἰοῦσα 674[4]
Ιουστροτος böot. II 517, 7
ἰόφ II 600, 6
ἰοχέαιρα 452[2]. II 34[2]
ῑπ- 424[4]. 648[3]
ἴπερ lesb. 184[2]
ἰπνός 258[1]. 295[4]
ἰπνός att. 258[1]
Ἵππα 218, 1. 303[4]
Ἱππαγόρευς gen. sg. ion. 561[3]
ἱππαγωγός 398[4]
ἱππάζεαι 734[6]
ιππαις (= ἱππεύς) 122[3]. 199[3]. 575[6]
Ἱππαρέτη Ἱππονίκου 635[4]
Ἵππαρχος 636[6]
ἵππερος 18, 2. 456, 3. 481, 3
ἱππεύειν 732[4]
ἱππεύομαι II 232[4]
ἱππεύς 477[2·5]; ὁ – II 42[1]
ἱππεύω II 232[4]
ἱππηλάτα hom. 560[1]
ἱππῆς nom. pl. att. 241[6]. 249[1]
Ἱππίας 636[6]
ἱππικόν 498[2]; τὸ – II 175[2]
ἱππιο- 438[3]
ἵππιος 312[8]. 466[2]. 468, 1
ἱππο- 434[3]
ἱππόδαμος 385[5]. II 56[3]
ἱπποδάσεια 430, 3
ἱππόθεν 628[2·4]. II 171[8]
Ἱπποκράτεις thess. 580[4]; -τευς 248[1]
Ἱπποκωμῆται 439[2]
*ἱπποποτ- 499, 6
ἱπποπόταμος 429[4]. 439[3]. 450[1]. 454[1]
ἵππος 227[5]. 301[7·8]. 306[1]. 316[7]. 351[4]. 458[3]. 649[3]. 834[5]. II 42[3]; ἵππου, -ω 249[2]; ἵππος m. f. 457[7]. 460[4]. II 32[2]; ἡ ἵππος II 32[1]. 42[2]
-ιππος in Namen 637, 4
Ἱππόστρατος 635[5]
ἱπποσύνη 529[4]
ἱππότᾰ hom. 106[7]. 560[1·3]; – φηρός 560[3]
ἱπποτετρόφηκα 650[3]
ἱππότη (= -αι) böot. 194[7]
ἱππότης 499, 6. 561[6]. II 176[3]; s. ἱππότα
ἵππουρις 385[6]. 450[5]
*ἱππουροδάσεια 430, 3
ἵππω II 47[3]
ἵππων gen. pl. 408[6]
Ἵπτα 218, 1
ἵπταμαι 681[3], 9. 688[5]
ιρ aus idg. r̥ 352[3]; *ir* ngr. lesb. aus r̥ 342[1]; -ιρ- 841[8]
ἰρήν lak. 285[8]
ἶρις 464[2·3]. 495[2]
Ἴριστος 66[4]
*ἴρνυμι 352[4]. 695[5]
ἱρός ion. 482[3]
ῑρός 83[4]
ἶρος lesb. 282[3]. 482[3]
Ἶρος 385[6]. 836[7]
ἰς praep. (= εἰς) 275[5]. II 456[1], 1. 5
ἴς f. 350[1]. 378[2]. 463[6]. 570[7], 2. 571[1]. 731, 1; ἶνα acc. 570, 2; ἶνες pl. 570, 2. 571[1]; ἴνεσιν 570, 2; ἴς c. gen. II 122[1]
-ις (aus -ιος) 130[1]. 253[8]. 472[2·3]. 586[3]
-is nom. sg. m. (gen. *-i*) ngr. 585[7]. 586[5]
-ις nom. sg. (*i*-St.) 552[4]. 570[7]. 571[6]
-ις adv. 631[3]
-ίς suff. 465[1–3]. 509[3]
-ῑς Ausg. acc. pl. (*i*-St.) 287[4]. 563[5]. 570[5·7]. 571[5], 7. 572, 6
-ῑς nom. sg. m. 561[2]
-isa 1. sg. aor. ngr. 753[2]. 764[4]
ἶσα adv. 621[2]
Ἰσαακ, Ἰσαακος, Ἰσαάκιος 585[2]
Ἰσαγένης ark. 439[2]
Ἰσαζάθα 209[7]
ἰσάζω 727[2]. 734[6]
ἰσᾶι conj. kyren. 792[3]
ἰσαιόμενος 676[5]
ἰσαῖος 467[6]
ἰσαίω 727[2]; s. ἰσήει
ἰσάκις Aristot. 598[2]
ἴσαμεν 773[7]
ἰσάμεναι infin. 773[7], 3
ἴσᾱμι praes. 773[7]
ἴσαν 'sie gingen' 665[7]. 674[2]. 751[7]. 754[8]; s. εἶμι
ἴσαν 'sie wußten' 665[7]. 773[7]. 777[1]. 778[3]; s. οἶδα
ἴσαντι 'sie wissen' dor. 665[3]. 773[7]; s. οἶδα
Ἰσαρχίδης 509, 2
ἴσᾱσι 665[3]. 773[7], 2
ἰσάσκετο Ilias 711, 1
(*ἰσασ(σ)ασκ-) 711, 1
ἴσατις 314[5]. 506[3]
Ἰσδραήλ 277[7]
ἰσεν(ν)ύω Hippokr. 728[1]
ἰσϝέξε pamph. 751[7]
ἴσϝος 227, 2. 282[1]
ἰσήει böot. (= ἰσαίει) 676[5]
ἴση καὶ ὁμοία II 175[5]
ἰσήμορτεν H. 704, 9
ἰσήννινκαν 'ion.' 745[1]
ἴσθι imper. 'sei' 351[3]. 413[1]. 676[6]. 677[4], 11. 800[4·5]. II 340[7]. 341[2]; s. εἰμί, εἶναι, ἔστε, ἐστέ
ἴσθι imper. 'wisse' 357[2]. 769[1·2]. 800[4·5]; ἴσθ' ὅτι II 590[1]; s. οἶδα, εἰδέναι
ἴσθμιον 470[4]
Ἰσθμοῖ 382[2]. 549[7]. II 411[8]
ἰσθμός 492, 12. 493[2]
Ἰσθμός II 33, 2
Ἱσθμός att. 257[3]
-ισι dat. pl. 571[5·6·7]
ῑσί dat. pl. spät 570, 2
ἴσι 3. pl. 'sie gehen' Hdn 664, 6. 674, 2
Ἰσίδοτος 638[1]
-ῐσιος suff. adj. 466[5]
-ισκα ipf. ngr. 712[3]
-ίσκᾱ suff. 541[4]
(ἴσκει kret.) 708, 4
ἴσκε(ν) ipf. hom. 708[2]
-ίσκιον suff. 541[5]. 542[3]
-ισκον verba ngr. 712[3]
-ίσκον suff. 541[4]
ἴσκοντ- ptc. 708[2]
-ίσκος suff. 541[4], 6 f. 839[4]
-ίσκουμαι ngr. (pont.) 712[2]
ἴσκω 708, 4
-ίσκω verba 709[1] f.
-ῑσκω verba 709[5]
ισμ > ι(μ)μ 217[1]
-ισμαι pf. 773[6]
ἴσμεν 1. pl. 208[4]. 767[2]. 769[2]; s. οἶδα
ἴσμεν infin. Stymph. 806[4]
Ἰσμήνη 306[4]
ἰσόθεος 454[1]
ἰσοθι ark. 628[5]
ἰσοπολίτης 430[6]
ἰσόροπος 311[3]
ἰσόρροπος II 161[4]
ἴσος 223[8]. 227[2]. 308[4]. 472, 10. 515[6]. 587, 1. II 161[4·5]; – καί II 568[2]; ἀπὸ τοῦ ἴσου II 175[7]; s. ἐίσ(σ)η
ἶσος ep. 227[7]; ἶσον (γέρας) σοι II 99, 1
ἴσος 223[8]. 305[6]. 306[3]
ἰσοσύλλαβα (term.) 553, 3
ἰσοφαρίζω (-ειν) 449, 4. 736, 5. II 161[5]. 442[5]; -ίζοι c. acc. et dat. II 85[4]
ἰσόω (-οῦν) 727[2]. 734[6]. II 161[4]
*ισρο- 282[3]
ισσ τε kret. II 456, 1
-ισσα suff. 456[6]. 475[3·5]
ἴσσαν 3. pl. plusq. 773[7]
ἴσσασθαι lesb. (H.) 321[5]. 726[2]
ἰσσᾶσι hom. 665[3]. 773[7]

ἴσση f. 474[4]
ἴσσης 833[3]
Ἰσσοί, Ἰσσός 638[5]
-ίσσω verba 716[7]. 733[4.5]
-ιστα adv. 621, 8
ἵστᾱ 3. sg. praes. 687[5]. 688, 4
ἵστᾱ ipf. 687[6]
ἵστᾱ imper. 688[2]
ἱστᾷ 687[5]. 688[2]
*ἱστάᾱσι 665[4]
ἱσταίην, -αῖμεν 795[1]
ἱσταίμην, -αῖτο 795[1]
ἵσταιμι lesb. 274[2]
ἵσταμαι 742[2]. 782[4]. II 228[1]. 234[1]; ἵσταται 640[4]. 817[1.2]; ἵστασο imper. 687[1]; – ἀμφί τινι II 438[3]; – παρά τινι II 493[4.5.6]; ἵστασθε βάθρων II 91[5]; ἱσταμένου μηνός II 175[5]; ἱστάμενον ἔαρ II 398[3]; s. ἔστᾱν, ἔστην, ἔσταμαι, ἐστάθην, ἑσταώς
ἵσταμεν 686[6]
ἵστᾱμι 304[2]. 354[8]. 359[4]. 648[2]. 649[1], 1. 686[6], 8. 752[2]; – τινα ποτὶ γραμμᾷ II 513[4]
ἵσταν 3. pl. 665[1]
ἱστάναι ξύλον ὑπὲρ αἴης II 520[6]
ἱστάνθω imper. 672[4]. 802[3]; -θων 672[4]. 802[3]
(*ἱστάνς σκον) 711[6]
ἵσταντι 3. pl. 665[1]
ἱστάνω (-ειν) Koine 688[2–3]. 699[4]
ἱστᾱ́ς 525[3]. 566[3]; ἱστᾶσι dat. pl. 566[3]
ἵστασαν 3. pl. ipf. 742, 3
ἵστασθαι II 259[6]; – παρά τι(να) II 494[7]
ἱστᾶσι 248[7]. 665[4]. 687[4]
ἱστᾶσι dat. pl. 566[3]
ἵστασκον 711[6]; -σκε II 278[4]
(*ἱστάσκον) 711[7]
ἵστασχ' Od. 711[2]
ἱστᾶτι dor. 350[1]. 664[6]
ἴστε 2. pl. pf. 663[1]. 767[3]. 769[1]. 773[7], 2. 814[4]; s. οἶδα
ἵστε 2. pl. plusq. 773[7]
ἱστέαται, -έατο 672[2]
ἱστέον Plat. 810[6]
-ίστερος suff. compar. 534[2]. 535[6]
Ἰστεφανίων 123[6]. 413[2]
ἱστεών 127[8]
ἵστη ipf. 687[6]
ἵστη imper. 687[1]. 688[2]. 798[2]
ἱστῆι, -ῆις conj. 792[6]
ἱστήλη 413[2]
ἵστημι 186[1]. 686[6]. 687[1.3]. 756[1]. II 228[1]. 234[1]; – τι c. dat. II 151[2]; – χορόν c. dat. II 151[3]; – τὸ στράτευμα ὑπό τινα II 531[4]; – ἔγχος πρὸς κίονα II 510[2]; – πέτρᾳν II 76[7]; – τάφοις II 154[8]; s. ἵστᾱμι, ἱστάναι, ἔστᾱσα, ἔστησα, ἕστηκα, ἑσταώς, ἐστήξω
-ιστής suff. 456[6]
ἵστης 659[5]
ἵστησι 817[1]
ἵστηται att. 793[1]
ἱστία 227, 1. 256[2]
ἱστιατόριον II 519[5]
Ἱστιεῖος 258[2]
ἱστίη 351[4]
ἴστον pf., plusq. 773[7]
ἱστορέω (-ῶ) 731[6]. II 82[2]
ἱστορίη 306[3]
-ιστος suff. superl. 298[3]. 357[5]. 456[6]. 536[3], 1 ff. 537[3], 7. 538[1]. II 183[3]. 184[2.3]
ἱστός 423[5]. 459[4]
Ἰστραήλ 277[7]. 337[6]
ἱστρατιώτης 123[6]. 413[2]
Ἴστρος 482[3]
ἴστω imper. [οἶδα] 801[3]. II 342[8]; ἴστω Ζεύς . . . Γῆ τε II 608[4]. 610[7]
ἵστω imper. med. 688[2]
ἱστῶ conj. 792[6]
ἵστωμαι att. 793[1]
ἵστων ipf., Koine 688[2]
ἱστῶσι Koine 688[2]
ἵστωρ 531[3], 5
ἴστωρ 226[7]
ἴσφωρες 570, 2
ἰσχανάᾳς 700[2]
ἰσχανάασκον hom. 700[2]
ἰσχανάω hom. 700[5]; – τινός II 105[2]
ἴσχανε 700[2]
ἰσχάνει 700[2]
ἰσχάνω Epikur 700[3]
ἰσχέ- 441[5]
ἴσχει 708, 4
ἰσχέμεν II 381[2]
ἴσχεν 276[2]
ἰσχερώ ark.-kypr. II 163, 2. 469, 1
ἰσχιάς 508[4]
ἰσχίον 413[4]. 517[5]. 518[5]
ἰ̄σχνᾱ́νᾱσ(α) Aesch. 753[5]
ἴσχον τὰ ὄντα τῆς ῥοῆς II 93[3]
ἰσχύειν τοῖς σώμασιν II 168[4]
Ἱσχύλος att. 257[3]
ἰσχυρίζομαι ὡς c. ptc. II 397[3]
ἰσχῡρός 482[4]; – χερσίν II 168[5]
ἰσχυρροί att. 238[2]
ἰσχύς 413[3]. 463[7], 7. II 624[1]
ἰσχύων II 408[8]
ἴσχω (-ειν) 220[2]. 261[3]. 357[3]. 649[2]. 653[1]. 690[2.4]. 747[2], 3. II 260[4.5]. 381[4]; ἴσχε πᾶς τις II 609[8]; ἴσχειν πρὸς ταῖς πόλεσι II 513[5]; – πρόνοιαν περί τινος II 502[7]; – τι λῆστιν II 80[8]
*ἴσχω 649[2]
-ίσω fut. 785[6], 3. 815[7]
-ῑ́σω fut. 739[1]
ἴσως II 304[3]. 324[2]. 412[7]. 414[1]; – ngr. 624[4]
Ἰταλία 161[2]
ἰταμός 494[4]
ἰτδίαν thess. 829[7]
ἴτε 2. pl. imper. 674[1]. 799[5]. II 609[7]; s. εἶμι
it'e tsak. 317[1]
ἰτέᾱ 472[5]. 506[4]
ἰτέον 810[6]; – ἂν εἴη II 410[2]
ἴτην ipf. 653, 12. 674[2]
-ίτης suff. 500[5.6], 5
ἰτητέον 705[5]. 810[6]. II 240[1]
(ἴτθαι) 680[1]
*-ιτκος suff. 839[4]
-ίτσιν suff. ngr. 837[3]
ἴττον· ἕν kret. H. 588[4]. 598[3]
ἴττω böot. 91[3]. 216[7]. 307[4]
-ίττω verba 733[5]
Ἴτυλος 506, 4
ἴτυς f. 506[4]
Ἴτυς 506, 4
ἴτω 3. sg. imper. 674[3]. 801[3]. II 342[6]. 373[3.5.8]; – τις c. imper. II 245[8]; ἴτω τις, εἰσάγγελλε II 609[8]; ἴτō ἀνελέσθō lak. II 633[3]
ἰτών (= ἰδών) 207[6]
ἴτων 3. pl. imper. 674[4]. 802[4]
ἴτωσαν 3. pl. imper. 674[4]. 802[5]
ἰύ interj. 305, 3. 313[5]. 496[5]. 716[5]. II 600[3]
ἰυγή 313[5]. 496[4]
ἰυγμός 716[5]
ἰυγοδρομέω 726[4]
ἰύζω 716[5]
Ἰυ(τ)τοῖ kret. 316[8]
ἴφθιμος 326, 1 [nicht -ός]. 327[1]. 413[3]. 494[4]. II 32[4]. 182[7]; ἰφθίμη II 32[4]
ἶφι 551[1]. 570[7]. II 166[3]. 172[6]; – ἀνάσσειν II 166[3]
ἰφι- 632[6]
Ἰφιάνασσα 452[4]
Ἰφιγένεια II 34[6]
Ἰφικλέης 636[6]
Ἴφικλος 636[6]
Ἰφικράτης 452[4]
ἴφιος 461[4]
Ἶφις 462[6]
Ἰφιτίδης 509[5]
Ἴφιτος 503[6]
ἰ̄χανάω 350[4]
ἴχαρ 518[7]
ἰχθύ, -ῦ voc. sg. 571[2]
ἰχθῦ du. 571[2]
ἰχθύα acc. sg. 571[2]
ἰχθύᾱ 463[6]

ἰχθύας acc. pl. 571[1]
ἰχθυάω 731[5]
ἰχθύδιον 199[6]
ἰχθυόνεφ 487[2]
ἰχθυοφάγος 439[5]
ἰχθῦς 325[6]. 350[6]. 378[1]. 413[1]. 424[2]. 463[6]; ἰχθῦ, -ύ voc., ἰχθύα acc., ἰχθῦ du. 571[2]; ἰχθῦς nom. pl. 564[1]; ἰχθύας acc. pl. 571[1]
ἰχθυσιληΐστήρ 446[4]
ἰχμαμένος ptc. 729, 2
ἰχνεύμων 522[4]
ἰχνεύω πάλαι II 274[2]
ἰχνεύων 236[6]
ἴχνη II 607[7]
ἴχνια II 486[2]
ἴχνος 512[7]
-ιχος Ausg. 498[4]
ἰχῶ 569[5]
ἰχώρ 519[4]
ἴψ 299[7]
ἰψόν H. 692[5]
ἴψος lesb. 184[2]. 258[1]
ιω < ιο 242[6]
-ιω verba 713[5]. 739[1]
-ίω verba 686[2.3]. 717[2–3]. 727[4–5]. 785[6]. 814[7]
-ίω fut. 785[5]
-ῑω verba 717[2–3]. 816[7]
-ιῶ fut. 785[4–6], 3. 815[7]
ἰώ 'ich' böot. 602[2]
ἰώ interj. 313[5]. II 600[3]. 601[2]; ἰὼ ἰὼ ἰώ II 600, 4; ἰώ μοί μοι II 625[7]
ἴω 1. sg. conj. 674[3]. 791[1]
Ἰωάννης 313[4]; – ὁ βαπτιστής II 618[3]
ἰωγή 314[3]
ἰωή 313[5]. 314[3]
ἰῶι ἤματι Ilias 588[3]
ἰῶκα acc. sg. 423[5]. 584[6]
ἰωκή 423[5]. 584[6]
ἴωμεν 643[3]; ἴωμεν ἴωμεν II 700[2]
-ιων gen. pl. 571[5]
-ίων gen. pl. böot. 579[3]
-ίων suff. compar. 536[3], 1. 537[2], 3. 4. 538[1]. 580[5]. 582[7]. II 184[2.3]
-ιών suff. in Monatsn. 82[2]
ἰών ptc. [εἶμι] 525[4]
ἰών ptc. [= ὤν] 678[1]
ἰών 'ich' böot. 209[3]. 242[5]. 602[2.6]
ἰῶν böot. 608[3]
Ἰωναθᾶς 461[7]
ἰώ(ν) γα böot. 606[3]
ἰώνγα böot. 209[3]. II 561[3]
ἰώνει böot. 606[3]
Ἴωνες 80[5]; ἄνδρες – II 61[2]
ἴωνθι 3. pl. böot. 677[3]
ἰωνιά 469[7]
Ἰωνικαὶ πόλεις II 182[4]
ἴωντι dor. (kret.) (= ἕ-) 242[2]. 677[3]; ἴōνσι (= ὦσι) II 312[7]
-ιῶς < -ιέως 252[5]
ἰῶσα böot. 678[1]
Ἰώσηπος 313[4]
Ἰωσήφ τὸν ἄνδρα τῆς Μαρίας II 618[3]
ἴωσι 3. pl. conj. hom. 791[1]
ἰῶτα 140[2]. 161[4]. 162, 3. 313[4]
ἰωτακίζω 736[4]
ἰωχμός hom. 493[3]

j

j Übergangsl. 236[4]; als ι 312[6.7]; Vok. + *j* 272[5] ff.; *j* < *i* vor Vok. 106[3]; *j* aus *i* 400[7] f.; *j* Halbv. 312[5] f.; *j* nicht erhalten 313[2]; *j* schwand intervok. 73[6]. 313[2]. 712[6]; *j* schwand inlautend 366[6]; *j* schwand im Silbenanl. 236[7]
-j- Bild. im Gr. 841[7]
-jα suff. f. 474[1]. 475[1]. II 30[7]. 34[5]
-jα f. adj. 586[4]
-jα nom. pl. n. ngr. 585[7]
-jας nom. sg. m. ngr. 586, 1
jnétsis (γυναῖκες) ngr. (lesb.) 586, 0
*joδ 265[4]. 617[2.3]
-(j)ος suff. compar. n. 537, 1
jos 'Sohn' ngr. 200[2]
juḫtas ngr. 316[8]
*-jω verba 686[4]
-jων suff. compar. 536[5]. 537[1.2]

K

κ aus idg. *k* 291[6]. 292[2]; aus idg. *ḱ* 291[6]. 292[5]; aus idg. Labiovelar 298[6]; κ st. π bzw. τ 299[2]; κ wechselt mit γ 829[1]; κ > γ 829[2]; κ palatalisiert 210[1]
-κ- in Präsensbild. 702[5]
-κ- pf. 765[2]
-κ nach Vok. geschwunden 409[1.2]
-κ partic. II 569[1]
κ' (= κε) II 568[3.4]: κ' ἔωντι Kos 723, 4
κ' 'und' ngr. II 567[3]
κᾰ partic. dor. böot. ark. kypr. 82[4]. 85[8]. 91[3]. 299[4]. 341[4]. 627, 4. 629[4]. 831[2]. II 305[5.6], 1. 306[1]. 567[1], 3. 568[3–6], 7; ἅμα κα II 535[2]; κά μεν kypr. II 567, 3; κα πōθι kypr. II 567, 3; ἐπεί (ἐπί) κα II 659[1.7]
κα (= καί): κα ἐν 400[1]; (= κάς) 217[4]
κα praep. II 473[5], 5: κα μῆνα, κα τόν II 473, 5; κά praep. ngr. (dial.) II 473, 5. 474[3]
κά indef. partic. ngr. 617[5]
-κα aor. 741[2–3.5.6.7]. 814[5]; – ngr. 764[2]
-κα pf. 63[3]. 765[2]. 774[1]–776. 815[8]
-κα adv. dor. 629[2.4]
κ(α) ἔωντι 723, 4; κᾱ λοίη Epich. 796, 2
καβαθα 209[8]
καβαίνων II 473, 5
κάβασι· κατάβηθι lak. 800[4]. II 473, 5
καβάτα lak. II 473, 5
Κάβ(ε)ιροι 471, 12
καβλέει 259[1]. 676[2]
κάγκανος 343[6]
καγρᾶ(ς) II 473, 5
καγχάζω 647[4]
καγχαλάω 647[2]
κάγχασος 516[7]
κάδ: κὰδ δύναμιν II 479[1]
καδᾱλέοιτο el. II 473, 5
κάδαμος 493[6]
κάδδος 316[1]
Κάδιστον 66[4]
κάδμος kret. 492[4], 8
Κάδμος 494[3]
(*καδνjεται) 698, 1
κάδος 64[7]. 152[6]. 316[1]. 458[1]
κᾶδος 512[1]
Κᾰ́ειρα [so, nicht Κᾱ́-] hom. 59[4]. 823[4]

Καερ- 481[1]
*κάϝαλον 248[7]
*καϝη- 758, 2. 759[2]
*καϝjω 273[1]. 349[2]. 714[3]
(*κάϝω) 714, 5
καζαλέμενον II 473, 5
καη- pass. hom. ion. 758, 2. 759[1–2]. 760[2]. 761[7]
καημός ngr. 493[1]
καῆναι II 239[2]
*Κάηρ 250[5]. 569[3]
καθ' praep. II 473[5]; – ἕν 599[1]. II 476, 1; – ἕνα II 477[5], 1; – ἐνιαυτόν 220[4]. 305[6]; – ἔτος 119[5]. 220[4]. 305[6]. II 477[6]; – ἡμέραν II 478[2]; – ιδίαν 220[4]. 305, 4; – ὁμάδα 597[2–3]; – ὅτι II 477[7]
καθά II 479[2]
κάθαι ngr. 119[4]
καθαιμάξαι II 296[4]
κάθαιμος II 475[1]
καθαιρέω (-ῶ) II 475[6]; – τι ὑπὸ κήρυκα II 531[8]; – τι τοῦ ἰέναι II 132[7]
καθαίρω 725[2]. II 230[4]; – τι ἔκ τινος II 464[2]; s. ἐκάθᾱρα, καθῆραι, κάθηρον
καθαλά 830[5]
καθάλλομαι II 475[6]
κάθαλος II 475[1]
καθάπαξ 598[2]. 633[1]
καθάπερ II 479[2]
καθάπτεσθαι II 381[4]
καθάραισα 288[3]
καθάρβυλος 306[3]
καθάρειος 468[3]
καθαρεύουσα 133[6]
καθαριζέστω 205, 4
καθάριος 468[3]
καθαρίω fut. dor. 785[2]
καθαρμός 492[4]
καθαρός 260[5]. 482[2], 7; – c. abl. II 96[3]
καθάρσιος adj. 466[5]
κάθαρσις 285[3]
καθάρυλλος 485[3]
καθαρῶ fut. att. 785[2]
καθάσσα ion. 616[5]. 625[3]
κάθε· ἐπίδος H. 800[2]
καθεδήσομαι spät 716[1]
καθεδοῦμαι att. 784[5]; -δεῖται 127[8]
καθέζομαι II 431[6]. 476[3]; καθέζετο 652, 5; ἐκαθέζετο 652, 5. 656[3]; καθεζόμενος II 390[7]; καθέζομαι παρά τινι II 493[6]; – πρὸς γοῦνά τινος II 510[2]; – πὰρ πυρί II 493[5]
καθέζω II 475[7]
καθειδρούσατο 183[6]
καθείς 'jeder' spät-ngr. 588[2]. 614[4]. II 476, 3
καθελόντωσαν imper.att.802[7]
κάθεμα 523[6]
κάθεμεν 741[3]
καθένας ngr. II 477, 3
καθερίζω 258[4]
κάθεσαι ngr. 668[6]
κάθεσαν 653, 2
καθέστακα 127[7]; -καν 666[3]; -εστάκᾰτι phok. 664[1]
καθέσταμαι pf. med. 817[2]
καθεστήκοι Plat. 795[6]
καθεστώς: -ῶτος II 401[1]; τὰ καθεστῶτα II 475[5]
καθέσω fut. 782[5], 7
κάθετος f. II 32[4]
καθεύδω (-ειν) II 363[8]. 429[6]; καθηῦδον, ἐκάθευδον 656[3]; καθευδῆσαι 752[3]
κάθεφθος 257[4]
καθεψιόωνται II 476[1]
καθεωρῶντο II 269[4]
καθήατο 679[5]
καθηγέομαι c. gen. II 110[3]
κάθηι (κάθῃ) 127[7]. 668[5]. 680[2]
καθήιμην opt. 680[1]. 794[4], 2. 795[3]
καθήκω (-ειν) II 475[7]; – ἐπὶ θάλασσαν II 472[5]
κάθημαι (καθῆσθαι) II 270, 3. 429[6]. 431[6]. 475[5]; κάθηται att. 680[1]; κάθηνται 773[3]; ἐκάθητο 656[3]; ἐκάθηντο 680[1]; κάθημαι ἀπορίᾳ II 155[2], 1; – ἐκ πάγων II 434[6]; – ἐπί τινι II 467[2.3]; – μετά τινων II 484[1]; – παρά τι(να) II 495[6.7]; – πρὸς τὸ πῦρ II 510[4]; – ὑπὸ δένδρον ngr. II 523, 15; s. καθήιμην, καθῶμαι
καθημερινός II 481[2]
καθημέριος II 481[2]
καθῆραι φόνου II 93[3]
κάθηρον II 83[1]
*καθησῑμᾱν 794, 2
καθήσομαι 680[2]. 782[5]
καθῆστο 656[3]
καθῆται conj. att. 680[1]. 792[6]
καθῆτο ipf. att. 680[1]
καθηῦδον 656[3]
*καθηφής II 475[2]
καθθέμεν selin. 316[3]
κάθθηκε äol. 652[2]. 656[4]
καθίγνυμαι 697[6], 9
καθίγνυμι 690[2], 2
καθιδρύω II 476[3]
καθιεῖν II 295[6]
καθιερόω II 476[3]; -ιεροῦν infin. att. 808[1]
καθίζεσθαι II 363[8]
καθιζήσας 737[4]. 752[3]
καθιζήσομαι 716[1]. 737[4]
καθιζήσω fut. 783[2]
καθίζω (-ειν) 656[3]. 785[6]. II 76[8]. 395[8]. 429[6]; ἐκάθιζον 656[3]; ἐκάθικα aor. ngr. 764[2]; καθίζω τινὰ c. ptc. II 394[6]; s. καθιεῖν, -ιῶ, -ίσω
καθίημι II 475[6]
καθίκετο II 475[7]
καθικμαίνω 829[5]
καθιν kypr. 652, 1
καθίννυμαι Hippokr. 697[6], 9
καθίνυμαι 697[6], 9
(κάθισαν) 653, 2
καθιστᾶ conj. ark. 792[3]
καθίστᾱ imper. 687[1.3]. 799[3]
καθιστᾶει conj. böot. 792[6]
καθίσταμαι II 273[5]. 624[4]; – c. gen. II 132[5]; – εἰς ζυγόν II 434[2]; – εἰς πενίαν διά τι II 454[3]
καθιστᾶν eretr. 687[6]
καθιστάνειν 698[3]
καθιστανόμενοι 698[3]
καθιστάντων II 342[5]
καθίστᾱσι Hippokr. 687[5]
καθίστη imper. 799[3]
καθίστημι II 395[8]. 475[5]; – τινα c. ptc. II 394[6]; – παράδειγμα II 396[7]
καθιστίασις 829[5]
καθίσω fut. 783[2]. 785[6]
καθιῶ fut. j.-att. 785[6]
καθό II 479[2]
κάθοδος II 475[3]
καθοίμην opt. 680[1.2]. 794[4]
καθολικός 498[1]
κάθομαι ngr. 668[6]. 680[1]. 785[6]. II 270, 3. 431[6]; ἐκάθου ipf. 680[2]
καθοράω (-ῶ, -ᾶν) II 347[6]. 475[6]. 476[3]; – τινός τι II 106[4]; s. κατόψομαι, κατιδ-
καθορῶμαι: καθεωρῶντο II 269[4]
καθόσον 625[3]
καθότι II 479[2]
κάθου imper. 668[5]. 680[2]
κάθουσι 3. pl. 680[2]
κάθουσο 669[1]
καθρέφτης ngr. 268[8]. II 475, 0
κάθυγρος II 475[4]
κάθυδρος II 475[1.6]
καθύπερθε(ν) 633[2]. II 475[4]. 539[4.7.8]. 540[1]
καθύπνιος II 481[2]
κάθω fut. II 235[1]
κάθωμαι 680[1]
καθῶμαι conj. att. 680[1]. 792[6]
καθώς 633[2]. II 428, 1. 479, 1
καί 299[4]. 594[2.5]. II 13[5]. 185[2]. 555[4]. 556[1.3.4]. 567[1–4], 2–5f. 569[4]. 573, 2. 629[6]. 633[6]. 634[3]. 688[4]. 706[2]; – c. ptc. II 390[1.2]; καὶ – καί II 555[5]. 567[3], 4. 574[1]. 633[6]; ἅμα τε

– καί II 534[6]. 535[1]; ἅμα τε – καὶ ἅμα II 534[6]; καὶ ἄρα II 564, 5; καὶ αὐτός II 211[3]; – γάρ II 560[5,7]; – γὰρ οὖν II 560[7]; – γάρ τε II 575, 2; – γάρ τοι II 560[7]; καί γε II 561[4]. 567, 2; καὶ δέ τε II 576[3]; καὶ δή II 563[2,3]; καὶ δὴ καί II 563[2]; καὶ εἰ II 567[4]. 688[5]; καὶ ἔμπας II 582[5]; καὶ λίην II 567[4]; καὶ μάλα c. ptc. II 390[1,2]; καὶ μέν II 570[2]; καὶ μὲν δὴ (καί) II 563[2]; καὶ μέντοι II 582[1]; καὶ μόνος II 567[4]; καὶ νά ngr. II 576, 1; καὶ ὅς 611[1]; καὶ – οὖν II 585[2]; καὶ οὗτος II 209[5]; καὶ πάνυ c. ptc. II 390[1]; καί περ II 389[6]; καὶ πρός II 424[3,4]; καί ῥα II 559[1], 2; καὶ ταῦτα II 209[5]; – – c. ptc. II 390[1]; καί τε II 576[3]; καί τοι II 567, 2; καὶ τοίνυν II 582[1]; καὶ τὸ κάρτα II 567[4]; καὶ τότε II 568[2]; καὶ ὥς II 390[1,2]. 577[4]; s. κα, καιε
*κᾱῐ̆ 401[8]
καιάδας 498, 13. 520[1]
καίατα n. pl. 498, 13. 520[1]
καιάτας 498, 13
Καϊάφας 162[6]
καίγω, -γομαι ngr. II 235[5]
*καιδνός 698, 1
(*καιδνυται) 698, 1
καιε (= καί) 194[6]
καίειν; s. καίω
καιέμεν II 362[6]
καίεσθαι II 363[7]
καιέτα böot. 501[3]. 560[1]
καιετοί 498, 13. 501[2]
*καίϝω 266[2]
Καικίας 543[7]
καιμεγιθες 800, 2
καινῆσαι = κιν- 828[3]
καίνομαι II 259[4]; s. κέκασμαι
καινός 271[1]. 471[5]. 698, 1; ἐκ καινῆς II 175[6]
καινοτομεῖν περὶ τῶν θείων II 503[4]
καίνυται 698, 1
καινύτω Emped. 698[1]
καίνω 326[1]. 747[6]; s. κέκονα
καίομαι II 363[7]; – ngr. II 235[2]; s. ἐκαύθην, ἐκάην
καίπερ II 386[7], 3. 387[6]. 567[3], 2. 572[1,4]. 688[4], 2; – σκοτεινός II 405[1]; – c. ptc. II 389[6,7]. 390[1,2,3]
καιρία (πληγή) II 175[6]
καιρόν adv. II 70[3]
καιρός 472[1]. II 623[5]; καιροί II 43[5]; ἐπὶ καιροῦ II 170[8]; εἰς καιρόν II 70[3]; πρὸς καιρόν II 512[1]; καιρῷ ‘in tempore’ II 158[5]; καιρός (ἐστιν) II 308[3,4]
καιροσέων 103[1]. 527, 2
καῖσαρ 156[2]. 164[8]
Καῖσαρ 569[4]
κἆιτα att. 402[3]
καϊτερῶ ngr. (thess.) 212[6]
καίτοι II 567[3]. 580[4]. 581[6,7], 3. 582[1]; – c. ptc. II 389[8]; καίτοι γε, καίτοι περ II 582[1]
καίτοιγε II 561[4]
καίω 266[3]. 273[1]. 349[2]. 705[3]. 714[3]. 781[7]; – ngr. II 235[5]; – πυρί II 170[2]; s. ἔκαυσα
κακά II 43[5]. 79[2]; τὰ – II 175[1]; τὰ ἀπ' Οἰδίπου – II 446[3]; κακῶν ἄπ' οὐδέν II 623[4]; κακά c. dat. II 153[5]; κακὰ κακῶν II 116[6]; κακὰ φρονέω c. dat. II 147[1]
Κακαβιθω 278[4]
κακειμέναυ ark. II 473, 5; – κατ' Ἀλέαν II 476[6]
κακία 160[5]
κακιθής 347[6]
κακῑότερος 539[5]
κάκιστος; s. κακός
κακίων 539[1]
κακjά f. ngr. 586[4]
κακκαβίζω 315[5]
*κακκεε imper. 679[3]
κακκείοντες 679[3]
κάκκη· κάθευδε H. 679[3]. 798[5]
κακκριθεε II 239[6]
κακοδαιμονέω 731[5]
Κακοΐλιος 453, 5
κακομηχάνου ὀκρυοέσσης 103[1]
κακόν II 174[6]; s. κακά
κακόνους c. dat. II 144[4]
κακοξεινώτερος 534, 12
κακοπαθεῖν ὑπό τινος II 227[2]
κακός 423[2]. 539[1]. II 182[7]; – c. dat. II 153[5]; – εἰμί τι II 85[8]; κακὸ μάτι ngr. II 27[6]; κακῶν κάκιστε II 700[5]; κακός subst. II 174[7]; s. κακjά, κακίων, κακῶς
κάκου: τοῦ – ngr. 621[5]. II 137[3]. 582[8]
κακουργεῖν: τὸ μὴ – II 372[1]
κακόω 727[2]
κακριθεε conj. ark. 792[7]. II 239[6]
κάκτανε 337[8]. II 473, 5
κακῦνω 733[3]
κακχάζω 315[6]. 647[4]
κακχέω lesb. 407[5]
κακῶς II 412[6]. 414[7,8]; – κακὸν ἀπολέσειαν II 700[6]; – κλύω πρός τινος II 227[1]; – φρονοῦντες II 388[2]; – φρονησεῖν II 376[6]
καλά adv. 621[2]; – ngr. II 12[7]; καλὰ καλά ngr. 621[4]
kal'a ngr. (Chios) 212[7]
κάλαθος 361[2]. 511, 2
καλαΐς 645, 1
καλάμινθος 526[5]
κάλαμος 493[6]
καλαπόδι ngr. 438, 4
καλάπους 438, 4
καλαρρύα 438, 4
καλάσηρις 438, 4
καλαῦροψ hom. 224[4]. 426[3]
καλέειν II 279[4]. 381[1]
καλέεσθαι II 378[1]. 382[5]; – ἀπ' Ὀλύμποιο II 446[3]
καλέεσκε hom. 711[2]; -έεσκον 3. pl. 711[2]. II 612[2]
κάλει II 341[7], 3
καλείμενος nwgr. 92[3]. 642, 2
καλεῖν II 122[6]; – εἴς τι II 459[4]; – ἐπί τινι II 471[4]; – ἐπὶ ξείνια II 472[8]; – ἐπί τινος II 471[4]; – τινα παρ' οἴνῳ II 493[5]; – τινα ὄνομα II 80[2,3]
καλεῖναι infin. byz. 808[3]
καλεῖσθαι c. gen. II 131[2]; – ὑπό τινος II 529[5]
καλέμαννα ngr. 585[1]
*κάλεντι 682, 6
κάλεντον imper. lesb. 682, 6. 729[2]. 803[3]
καλέομαί τινα ἐς. . II 460[5]; καλεόμενος, -μένη II 408[6,7]; s. κέκλημαι, κεκλήσομαι
καλέονθι böot. 666[4]
κάλεσα, κάλεσσα 682[4]
καλέσκετο Ilias 711[4]
καλέσσα f. ngr. (pont.) 586[4]
καλέσσω fut. äol. 784[3,6]
καλέσωμεν καὶ τούτων II 102[7]
καλέχες· κατάκεισο kypr. 684[6]. II 473, 5
καλέω 682[4]. 703[1]. 784[2]. 841[5]; καλέω fut. 784[2,3]; ἐκάλεσα 752[4]; s. κάλεσα
καλϝός böot. 223[4]. 472[5]. 539[2]
καλή 382[1]
καλήζω 716[6]. 735, 7
καλήμεναι infin. hom. 806[5]
κάλημι lesb. 807[7]
κάλημμι 682, 6
καλῆν infin. kret. 807[3,6]
κάλην infin. lesb. 807[7]
κάλησθαι lesb. 729[2]
καλήτωρ 531, 7
Καλιθε̄ρίς böot. 447, 6
Καλικλώ 447, 6
κάλιον 539[2]
καλῑο̄ν ἀντὶ μαιτύρο̄ν II 443[1]
κᾱλίς 292[3]
καλιστρέω Kallim. 706[5]

*καλjο- 323[1]
κάλλα adv. 622[5]
κάλλαιον 470[5]
Κάλλαισχρος 447, 6
Καλλέα nom. sg. m. böot. 560[4]
καλλένικος 444[4]
καλλι- 447, 6. 539[2]
Καλλία nom. sg. böot. 560[4]
Καλλιάδους gen. sg. att. 561[3]
Καλλίαυ gen. sg. ark. 88[3]. 248[2]
καλλιγύναικος, -κι 584[6]; -κα 449[7]. 583[3]. 584[6]
καλλιέλαιος 448, 0
καλλιερέω 447, 6. 726[5]
καλλιεροῦμαι II 350[8]; καλλιερησάμενος II 390[6]
καλλίθριξ 425[6]
Καλλιθύεσσα 525, 4
Καλλικολώνη 453, 5
κάλλιμος 494[5.6]
Καλλινδᾶν 510[1]
κάλλιο ngr. 539, 4
Καλλιόπη 635[6]
κάλλιος, -α ngr. 539, 4
καλλίου gen. = -ίονος 539[4]
καλλίπαις 429[1.2]
κάλλιπε imper. 799[2]
καλλίροος 311[3]. 414[5]
κάλλιστα 622[5]
καλλιστεύω II 232[4]
κάλλιστος: – Περσῶν II 116[5]; -ον τῶν προτέρων φάος II 100[3]; κάλλιστος τῶν γεγονότων II 606[4–5]
Καλλίσ(τ)ρατος delph. 260[6]
Κάλλιτος 636[4]
καλλίων 539[2]
καλλονή 447, 6
κάλλος 323[1]. 447, 6. 512[6]. 513[1]. II 614[2]; – μετὰ ὑγιείας II 485[5]; – ἐπὶ τοῖς σώμασι II 469[2]
καλλοσύνᾱ 447, 6
καλλύνω 447, 6. 723, 1. 731, 1. 733[3]
καλλωπίζεσθαι c. instr. II 168[2]
καλογνωρίζω 645[1]
καλοκἀγαθία 427[3]. 439[3]. 446[5]
καλοκἀγαθός 453[2]
καλόν (τό) II 175[1]; καλὸν ἦν II 308[4.6]; καλόν (= ἄμεινον) II 183, 6
κᾶλον 248[7]
καλός 228[3]. 539[2]; *kalós* ngr. 393[5]; καλοῦ 553[6]; καλὸς τὸ σῶμα II 85[7]; καλὸς καλός II 700[1]; καλοῖς ἔργμασι 556, 4
κάλος lesb. 539[2]
κάλος subst. ion. 514, 4
καλοῦμαι II 624[4]; καλουμένη II 408[7]; καλοῦμαί τινος II 123[5.7]. 124[3.6]; – νομοθέτης II 83[8]
*καλόω 731, 1
κάλπη 302[2]
κάλπις 464[3]
καλύβη 342[4]
Κάλυδνα 208[6]; Κάλυδναι hom. 95[7]. 486[5]
Καλυδών 530[2]. II 33, 2
Κάλυμνα 208[6]
καλύπτρη 532[6]
καλύπτω (-ειν) 342[4]. 705[1]. II 73[6]. 81[4]. 691, 5; – κνίση II 166[1]; καλύπτομαι κεφαλήν II 231[1]
καλύτερα adv. ngr. 621[4]; – παρά II 100[1]
καλύτερος ngr. 539[4]
καλύψαι II 362[7]
καλυψαμένω f. Hes. 557[5]. II 35, 1
Καλχᾱδών 526[4]. 530[2]
Κάλχας 526[4]
Καλχηδόνιοι 269[1]
*κάλω 1. sg. 841[5]
καλῶ: καλοῦσιν II 245[4]. 620[8]; καλοῦντος Κῦρον II 400[5]
κάλως 62[1]. 514, 4. 558[1]
καλῶς 621[2]. 624[1]. II 415[1]; καλῶς γε II 628[4]; τὸ καλῶς II 416[2]; καλῶς λέγω c. dat. II 152[2]; – ποιεῖν c. dat. II 144, 1. 390[8]; καλῶς τον ngr. 624[4]
καμ II 473[5]; καμ φάλαρον 231[7]
-καμα 1. pl. ngr. (maniat.) 663, 0
καμάρᾱ 481[3]. 559[7]
Καμαρίνης τὸ ἄστυ II 122[1]
καμασήν 487[2]
καμάσσεται 725, 4
καμάσσυται H. 725, 4
καμάσσω 725[4]
κάματος 343[7]. 362[4.5]. 381[3]. 501[4]
κάμβαλε 231[7]
κάμβει 830[5]
καμε/ο- 747[6]
-καμεν pf. 767[2]
ΚαμΕρεῖ rhod. 275[2]
καμέτην, κάμετον 667[3]
καμήλα II 32, 4
κάμηλος II 31[5]. 32[1]. 42[2]
καμίζομαι 735[6]
κάμῑνος 491[3]. II 34, 2
κάμμει 830[5]
κάμμορος hom. 310[6]; – περὶ πάντων II 502[2]
Καμμῦς äol. 334[4]; -ῦ dat. 199[6]
καμμύω 644[4]
Κάμμων äol. 334[4]
κάμνω 292[7]. 642[6]. 693[3]. 747[6]; -ουσι 663[5]; καμοῦμαι 784[4]; κάμνειν τοὺς ὀφθαλμούς II 85[3]; – πρὸς κύματι II 512[7]; – εὐεργετῶν II 393[4]; – χεῖρα περὶ ἔγχεϊ II 501[1]; s. ἔκαμνον, ἔκαμα, κέκμηκας, κεκμηώς
Καμπαδοκία 123[5]. 231[7]
*κάμπει 830[5]
καμπή 157[8]
κάμποσος ngr. 617[5]
κάμπτω 705[1]
καμψίπους 444, 11
καμψός 322[2]. 516[6]
καμών 525, 4
κἄν 402[3]. II 352[5]; – ngr. 617[5]
κάναδοι 71[2]
κάναθρον 533[3]
κάναστρον 532[5]
καναχά: ἀντίλυρος – II 442[3]
καναχηδόν 626[5]
κανάχησε Od. 736[2]
κανάχιζε Ilias 736[2]
κανδάλλω (lies κναδ-!) 736[6]
κάνδαρος 343[6]. 482[2]
κανδαῦλα 484[5]
κανε/ο- att. 747[6], 9
κανείς 'irgendein(er)' ngr. 588[2]. 617[5]. II 213[5]. 598, 2; – μας, τους II 136[6]; – ἀπὸ τοὺς φ. II 117[1]
Κάνηθος 510[6]
Κάνης ὄρος II 122[1]
κανηφόρος 438[6]
κανθήλιος 466[4]
κανθύλη 343[6]
κάνις Aristoph. 620[1]
κάνναβις 315[8]. 462[6]. 465[3]
κανναβίς 465[3]
-καντι pf. 270[4]
κανώ du. II 49[3]
κάνω ngr. 292[7]. 693, 6. II 285[6]; – ἀγάπη II 27[4]
κανῶ fut. att. 785[2]
κανών (Bed.) 43[3]
καοῦρ tsak. (= καλῶς) 185[1]
κὰπ thess. 316[7]. 407[4]; – πεδίον II 420, 1
κάπατας· καθορῶν II 473, 5
κάπετον Pind. II 473, 5
κάπετος 334[4]. II 34, 2
κάπηλος 484[3]
καπήνη 838[3]
κάπί att. 396[4]. 402[3]
καπινός ngr. 278[4]
καπνίζω 735[6]
καπνός 302[2]. II 43[3]; -οί II 43[3]
κάποιος *[kápjos]* ngr. 617[5]
κᾶπος 458[6]
κάππα 140[2]
Καππάδοκες 316[7]. 425[2]
κάππαρις 315[8]

κάππεσε hom. 316[7]; – θυμός c. dat. II 147[5]
καπράω 731[5]
κάπρος 293[1]. 417, 1. II 31[3]
καπρώιζεται syrak. 736[4]
κάπτω 343[5]. 705[1]
καπυκτά 496, 6
καπυρός 482[3]
κάπυς 463[5]. 516[4]
Κάπυς 463[6]
(*καπυσjω) 724[4]
κάπφαγε 407[6]
κάρ hom. 583[5.6]; καρός gen. 584[6]. II 52[1]; ἐπὶ κάρ 583[5]. 625[2]; ἐν καρὸς αἴσηι 569[3]
Κᾶρ 250[5]. 569[3]; Κᾶρα acc. 569[3]; Κᾶρες 250[5]. 425[2]
κάρᾱ n. 514[4]. 583[4]. 724[6]. II 37, 7. κάρᾳ dat. Aesch. 583[7]; κάρα', κάρᾱ pl. 583[5]; κάρα c. gen. II 122[2]
κάρα f.: τὴν κάραν II 37, 7
καράβι ngr. 578[2]; – τοῦ πολέμου II 122[4]
καράβιον 164, 2
καρᾱδοκεῖν 583[5]
κάραννα 520[5]
κάρᾱνον 343[7]. 362[4]; -α 489[6]
κάρᾱνος 583[5]
*κάρασα n. pl. 583[5.6]
*καρασνον 343[7]; -α pl. 583[5]
*κάρασνος 583[5]
*καρδαμάμωμον 263[5]
κάρδαμον 494[1]
καρδαμύσσω 334[4]
καρδάμωμον 263[5]
καρδίᾱ 187[6]. 243[3]. 342[5]
καρδιογνώστης 427[5]
καρδιωγμός 733[5]
καρδιώσσω Aristoph. 733[6]
καρδόπη II 28, 1. 32, 4
κάρδοπος II 28, 1
Κᾶρες 250[5]. 425[2]
κάρη f. II 37, 7; κάρην acc. Kallim. 583[5]; s. κάρη n.
κάρη n. ion. 583[4.5.6]; κάρητος, -τι 583[4]; κάρη dat. Theogn. 583[4]; κάρη κομόωντες 148, 1. II 430[6]
καρη- aor. pass. 759[6]
κάρηαρ 519[4]. 520[1]. 583[4]; καρήατος, -τι, -τα 583[4]
καρηβαρεῖν 190[2]. 583[5]
καρηκομόωντες 386[4]. 446[2]; καρ κάρη
καρῆναι 342[4]
κάρηνον, pl. -α 583[5]
Κάρησος 395[4]
καρθμός 334[4]
Καριθαῖος 269[1]
Καρινδᾶν 510[1]
καρκαίρω 647[2]. 725[2–3]
καρκίνος 292[3]. 490[6]
Κάρνεια II 607[7]
Κάρνος 79[3]
κάρνοψ 299[1]
κάρπασος 157[8]. 516[8]
καρπευσηται fut. her. 786[4]
καρπός 302[2]. 459[3]
Καρπούρνιος 213[2]
καρποῦσθαι ἐλευθερίαν II 708[3]
καρρέϝει 224[5]
καρρέζουσα II 475[6]
καρρη 155[3]
κάρρων dor. 284[5]. 285[3]. 337[8]. 538[1]
κάρσιος 466[6]
κάρσις 505, 4
*κάρσσων 318, 2. 337[8]
*κάρσων 337[8]
κάρτα adv. 342[5]. 622[5]. II 413[8]. 628[4]
καρταῖπος n. kret. 580, 6
καρταίπως 580, 6
κάρταλος 292[3]. 351[7]
καρτερέω 726[4]
καρτερός 342[5]. 482[2]; -ὸν ἔμεν c. gen. II 131[1]
καρτερῶ (-εῖν) II 296[4]; – εὐεργετούμενος II 393[1]
Καρτι- 448, 2
*καρτjων 284[5]. 320[6]. 337[8]
καρτονανς acc. pl. kret. 563[4]
*καρττων 318, 2. 320[6]. 337[7.8]. 538[1], 2
καρτῡ́νεσθαι 733[3]
κάρτων kret. 318, 2. 320[5]. 337[8]. 538[1], 2
καρυήματα 523[4]
κᾱρυκε̄ϝίō böot. 468[2]
κᾶρυξ 346[5]. 496[4]
Κάρυστος 66[3.4]
κάρφος 334[4]
κάρφω 685[2]
Καρχᾱδών 187[3]. 530[2]
κάρχαρος 423[2]
Καρχηδών 187[3]
καρχήσιον 470[3]
κας ark. kypr. 88[6]. II 567[1],3; κάς παι kypr. II 579, 6; s. κα
κάς 402[4]
-κάς suff. adv. 630, 4. II 474, 7
κασαίρηδόν lak. (H.) 746, 5
κασαλβάς 507, 7
κασᾶς hell. 562[3]
κασέν lak. 625, 5
κασῆς hell. 562[3]
κασίγνειτος thess. 360[4]
ΚΑΣΙΓΝΕΤΗ 186[1]
κασίγνητος 106[7]. 270[8]. 360[4]; κασιγνήτω II 35, 1
-κασιοι ark. 593[1]
κάσις 462[5]. 504, 3. 637, 1
κάσκανα 300, 1
κασκάνδιξ 260[8]
κάσμορος 281[7]. 310[6]. 321[8]
κάσουμι ngr. (kappad.) II 270, 3
κασπολέω lesb. (= κατασταλῶ) 344[3]. 785[1]
Κασσάνδρη 634[6]
Κάσσανδρος 442, 6
κασσίτερος 61[8]. II 34, 4
*κασσμορος 310[6]
Κάσσμος att. 208[4]
κασσύω 300, 1. 321[1]. 498, 9. 686[3]
Καστιάνειρα 442[7], 6
*Καστjανδρος 442, 6
κάστον 503[3]
καστορνῦσα hom. 698[5]. II 473, 5. 475[5]
*-καστός dor. 344[4]. 591[4]
καστρήσιος 287[3]
κάστωρ 156[4]. 635[2]
Κάστωρ 531, 4; Κάστορος βίη II 122[1]; Κάστορε II 51, 1
κάσχεσθε II 473, 5
κατ praep. 82[4]. 407[4.5.6]. II 473[5]. 567, 3; κὰτ ἀντικρύ 633[3]
κατ' praep. II 420, 1. 473[5]; – ἄκρας II 480[6.7]; – ἄκρης 618[7]. II 480[6.7–8]; – ἄνδρα 630[4]; *κατ' ἄντες 547[8]; – ἀρχάς II 478[3]; κατ' αὐτόθι II 420, 1; κατ' εἰ δέ τι II 563, 6; τὸ κατ' ἐμέ II 417[2]; κατ' ἦμαρ II 478[2.3]; κατ' οὐδέν II 477[7]
κατά praep. 58[5]. 551[1]. 622[5.6]. 629[4]. 635, 4. II 68[3]. 268[2.3]. 418[1]. 419[4]. 421[6]. 422[6.7]. 425[5.6], 5. 426[1]. 431[4]. 432[5]. 433[1.6.7]. 435[6]. 440[3]. 473[5],1 bis 481; – ngr. 623[1]; κατά c. acc. II 486[1]; κατὰ αὐτά 264[3]; κατὰ γεωργόν II 42[4]; κατὰ δύο 599[1]; κατὰ ϝέος lokr. 605, 1; κατὰ κράτος II 478[1]; κατὰ κρῆθεν 625[4]. II 481, 0; κατὰ κρῆς 625[3]. II 480, 3; κατὰ μόνας 625[3]. II 175[6]; κατὰ πρόσωπόν τινος II 477[1]; κατὰ ῥόον II 433[1]. 474[2]; κατὰ τάχος II 78[2]; κατά τι II 477, 2; – – c. adj. II 108[2]; κατὰ τί; II 479[5]; κατά τινα II 479[2]; τὰ κατά τινα II 417[2]; κατὰ βίω II 479[7]; κατὰ . . ἐέργνυ II 476[2]; κατὰ . . . τεῖνεν II 476[3]; κατὰ μὲν φαγεῖν II 426[4]
κατα- compos. 436[1.2], 1. II 185, 2. 429[4]
κατά (= κατὰ τά) 264[8]
κάτα 387[8]. II 425[3]. 473[5], 6
κᾆτα II 568[2]

κατάβᾱ imper. 798, 9
καταβαίνω II 273[5]. 475[6]; καταβήμεναι II 374[6]; καταβήσεται Hes. 788, 2; καταβήσεο 788[2]; καταβαίνω c. dat. II 140[1]; – τοῦ ἵππου II 475, 0; – πρὸ γάμων II 506[7]; – ὑπὲρ τοίχων νηός II 520[8]f.; καταβάντε δόμον ἔθεντο II 612[3]; καταβήσεο δίφρου II 91[8]; s. κατεβήσετο, ἐκατέβη
καταβαλεῖν: περὶ – II 366[2]
καταβάλλω (-ειν) II 284, 2. 475[6]
καταβασίη 451[6]
καταβεβάων böot. 540[5]
καταβελής II 475[2]
καταβιβασσκέτω 707, 2
καταβιβρώσκω: κατέβρως 743[2]
καταβλέει 259[1]. 703[3]
καταβλέθει 676[2]. 703[3]
καταβλέπω II 476[3]
καταβοάω II 476[1]
καταβόστρυχος II 475[1]
καταβρέχω II 476[2]
κατάγαιος II 481[1]
κατᾱγείη 248[7]
κατάγειος II 481[1]
καταγελάμενος 682[2]
καταγελᾶσθαι ὑπό τινος II 240[8]
καταγελάω (-ᾶν) II 476[1]; – c. gen. II 109[3]; – c. acc. II 109[4]; – εἴς τινα, τινί, ἐπί τινι II 109[5]
καταγηράσκω II 476[2]
καταγῆς II 475, 0
καταγιγνώσκω II 476[1]
κατάγλωττος II 475[2]
κατάγνυμι II 476[2]; s. κατέᾱγα, -εάγην, -εαγώς
καταγνω conj. lesb. 792[6]
κατάγρεντον imper. lesb. 729[2]
κατάγυμνος II 474, 8
καταγύναιος gloss. 583[3]
κατάγυνος Aristot. 583[3]
κατάγω II 476[1]
καταδαίω II 476[2]
καταδάπτω II 476[2]
καταδαρθάνω II 476[2]; κατεδάρθην, καταδαρθέντα, -θόντα 759, 3; καταδεδαρθηκώς att. 774[6]
κατάδε 121[2]. 264[8]
καταδεέστερον οὐδενός II 98, 3
καταδεικνύω II 285[5]
κατάδενδρος II 475[2]
καταδέρκομαι II 475[6]
καταδεύω II 476[2]
καταδέω II 270[4]. 474, 6. 475[5]
κατάδηλος II 475[3.4]
καταδηνύω 699[2]
καταδίδημι 100[4]. 205, 4. 688[6]
καταδίδωμί τι c. dat. II 148[6]
καταδικάζομαι c. gen. II 241[2]; κατεδικάσθεν II 282[8]
καταδικαξάτō II 130[7]
καταδίκη 460[6]
καταδίχιον siz. II 473, 5
καταδουλιζμῶι 217[7]
καταδουλι(σ)μός delph. 217[1]
καταδουλίττασθη böot. 320[6]
καταδουλοῦν c. dat. 147[1]
καταδούλωσις c. dat. II 147[2]
καταδουπέω: s. κατέδουπε
καταδραθεῖν II 258[3]
καταδρομή 460[5]
κατάδρυμος II 475[2]
καταδῦναι II 93[3]
καταδύομαι II 475[7]; καταδύσεο 788[2]; κατεδύσετο 788[3]
καταειδώς lokr. 223[5]
καταείλυον 697[2]
καταείνυον hom. 697[5]. 698[5]
καταέννυμι II 474, 6. 476[2]
καταεσκεύασε 398[6]
καταέσσας H. 755[1]
καταϝελμένος gort. 767[1], 3
καταϝέρξοδυ pamph. 788[5]
καταϝευμένος gort. 767, 3
καταζήνασκε 711[5]. 754[3] (so). II 476[2]
καταήσεται 680[6]. 781[6]
καταθάπτω II 476[2]; – ὑπὸ κλαυθμῶν II 530[2–3]
καταθεάομαι II 476[3]
καταθέλγω II 476[2]
καταθένς kret. 566[2.4]
κατάθετε 2. pl. imper. 800[2]
*κατάθης 800[2]
καταθνήσκω II 268[6.7]. 476[2]; s. κατέθανε
καταθύμιος II 481[1]
καταί 388[1]. 448[6]. 548[4.5]. 622[5]. II 474, 4
καταιβαταὶ (θύραι) II 474, 4
καταιβάτης II 474, 4
καταιγίς II 475[3]
καταικίζω II 476[2]
καταινεῖν μετὰ οἴκτου II 485[3]
καταίρω II 475[7]
καταΐσχεται hom. 397[7]
καταισχυνθῆναι II 374[8]
καταισχύνω II 476[2]
καταῖτυξ II 474, 4
κατακαέντα m. II 391[2]
κατακαιέμεν ἀμφί τινι II 438[5]
κατακαίνω: κατέκανον 326[1]
κατακαίω II 476[2]
κατακαλύπτω II 476[2]
κατάκαρδα ngr. 621[4]. II 475, 0
κατακάρδιος II 481[2]
κατάκαρπος II 475[2]
κατακαυθῆναι (τοῦ) II 360[6]. 371[4]
κατακείαθεν: s. κατεκείαθεν
κατακεῖαι infin. aor. 679[4]
κατάκειαι 668[5]. 679, 2
κατάκειμαι II 475[5]
κατακείρω II 246[5]. 476[2]
κατακείω hom. 789[2]; -κείομεν, -κείετε 679[3]. 788[3]
κατακεκαῦσθαι II 287[7]
κατακέκλᾱινται 671[6]
κατακέκλανται dor. 812, 1
κατακεκονὼς ἔσομαι II 290[1]; – ἔσται 812[6]
κατακεκόψεσθαι II 289[7]. 376[3]
κατακέφαλα 621[3]. II 475, 0. 481[3]
κατακεχύαται, -κεχύδαται 672[5]
κατακῆαί μιν σὺν ἔντεσι II 489[5]
κατακλάομαι: κατεκλάσθη hom. 761[4]
κατακλάω II 476[2]; κατέκλων ipf. 743[1]
κατακλιεῖ fut. j.-att. 785[6]
κατακλιθῆναι II 363[8]
κατακλί νεσθαι ὑπό τινι II 527[1]
κατακλίνηθι 759[5]
κατακνησθείην μετὰ τυροῦ II 485[5]
κατακοιμάομαι II 476[2]; -κοιμηθήτω II 342[7]
κατάκοιτος II 481[1]
κατάκομος II 475[1], 2
κατακοντιεῖ Hdt. 785[4]
κατακόπτειν II 284, 2
κατάκου 'liege' 679[3]
κατακούω c. dat. II 145[2]; κατήκουσαν Πέρσῃσι II 95[4]
κατακρεμάννυμι II 475[7]
κατάκρηθεν 625[4]. 628[2]. II 427[7], 6
κατακρημνάμεναι 695[2], 1; s. κατεκρήμναντο
κατακρημνάομαι: κατεκρημνῶντο 695[2]
κατακρημνούμεναι 695[2], 1
κατάκρης 625[3]
κατακριμνάομαι: κατεκριμνῶντο 695[2]
κατακριμνούμεναι 695[2], 1
κατακρύπτω (-ειν) II 476[2]; – τινὰ ὑπὸ τὴν θύραν II 530, 2; s. κατέκρυφεν
κατακτάμεν infin. hom. 806, 6; s. κατέκταν
κατακτᾱ́ς ptc. hom. 740[4]
κατακτείνω II 476[2]; κατέκτονα II 264[5]
κατακύπτω II 475[7]

καταλαμβάνομαι II 234[5]
καταλαμβάνω II 234[5]. 272[3]. 476[2]; καταλαβὼν ἔχει 812[7]; νὰ καταλάβετε ngr. 793[3]; καταλαμβάνω τι ἀφεστηκός II 394[3]; – τὰ ὑπὲρ κεφαλῆς αὐτῶν II 520[8]; s. ἐκατάλαβα
καταλέγμενος 751[2]; s. κατέλεκτο
καταλέγω (-ειν) II 122[7]. 123[4]. 351[6]. 475[5]; κατέλεγε χρησμῶν II 102[7]; κατάλεξον, τίς πόθεν εἰς II 637[2]
καταλείβεται II 475[6]
καταλείπεσθαι ὑπό τινος II 529[7]; – παρὰ τὸν νηόν II 495[5]; καταλελείψεται II 289[5]
καταλείπω II 476[2]; – τινὰ ἐν τῷ δ. περὶ ἐμοῦ II 503[7]
κατάλεσσα 682[4]
κατάλευκος II 475, 0
καταλέχθαι hom. 751[2]. 809[3]; s. καταλέγμενος
καταλέω II 476[2]
καταλήθομαι II 476[2]; -ονται II 476[3]
κατάλιθος II 475[1]
katalio = καταλύω 184[1]
καταλιπεῖν (τοῦ) II 372[5]
καταλίπεσκε Hdt. 711[5]
καταλίποι II 335[7]
καταλλάττεσθαι c.gen. II 131[5]
κατάλληλος II 481[2]
καταλογέω c. acc. II 109[4]
κατάλογος 31[3]
καταλούει, -λόει 682[5]
καταλοφάδεια 626[5]
καταλοφάδια 467[1.2]. 626[5]
καταλσής II 475[2]
καταλύεσθαι II 160[4]
καταλυμαίνομαι II 476[4]
καταλῡμακωθής her. 566[3]. 732[1]
καταλῦσαι II 384[2]
καταλύω (-ειν) ὑποζύγια II 71[1]; – παρά τινι II 494[3]
καταλύων (ὁ) II 297[5]
καταλωφάω II 476[2]
καταμαθεῖν II 368[5]
καταμαρτυρέω II 476[1]
κατάματα ngr. II 475, 0
καταμελέω c. gen. II 109[3]
καταμέλλω II 476[4]
καταμεσῆς ngr. II 475, 0
καταμήνιος II 481[2]; -ια II 481[3]
καταμιαίνω II 476[4]
καταμίγνυμαι: κατεμίγνυντο 699[1]
καταμιγνύομαι: κατεμιγνύοντο 699[1]
κατάμουτρα ngr. II 475, 0
κατάμπελος II 475[2]
καταμύξατο χεῖρα πρὸς περόνῃ II 512[6]
κατανᾶ H. 632[3]
Κατανδρα 317[8]
κατανείφει: κατένειψε 414[5]
κατανέμω: κατένειμε μέρη II 79[3]
κατανεύω (-ειν) II 440[5]. 475[6]; – κεφαλῇ II 166[1]
κατανοεῖν II 277[5]
κάταντα 632[7]. 633[1]
κάταντες 547[8]. II 441[7]
καταντής 632[8]
κατάντης II 441[7]
καταντικρύ 633[2.3]. II 475[4]. 548[7]. 549[2–6]
καταντίον 633[1]. II 477[3]. 534[4]. 548[7]. 549[1.4.5]; – c.dat. II 141[5]
καταντιπέραν 633[2]. II 548[7]. 549[6]
καταντιπέρας 633[2]. II 548[7]. 549[5]
καταντροκύ att. 268[8]
καταντῶ ἀσπασάμενος II 296[8] f.
καταξαίνειν ἐς φοινικίδα II 460[2]
κατάξηρος II 475[4]
καταξίανς knos. 556, 2
κατάξιος II 475[3]
καταπαίζω 738[2]
καταπακτός ion. 758[6]
καταπαρδε/ο- 747[6]
καταπάσσω II 111[5]
καταπατάς· καθορῶν 682[1]
καταπατέω II 475[6]
καταπαυσέμεν II 295[5]
κατάπαυσις II 357[1]
καταπαύω II 283[3]; -παυσέμεν II 295[5]
καταπέπληχθε: μὴ – II 343[5]
καταπεπραχέναι: τὸ μὴ οὐχὶ – II 369, 6
καταπεπταμένοι οἱ ἵπποι II 616[6]
καταπέπυθα H. 703[2]
κατάπερ 264[8]
καταπετάννυμι II 475[5]
καταπέφευγα ἐν II 434[3]
καταπέφνων 385[6]
καταπήγνυμι II 476[2]; s. κατέπηκτο
καταπήξ 425[1]
κατάπηρος II 475[4]
καταπθιμένης Chios 210[8]
κατάπικρος II 475[4]
καταπίνω II 283[6]
καταπίπτω II 475[7]. 476[3]
καταπλάσσομαί τί τι II 79[7]
καταπλέω II 475[6]; κατάπλευσεν 652[3]; καταπλέω (σύν) c. dat. II 162[3.4]
κατάπλεως II 475[3]
καταπολεμεῖν II 73[1]
κατάπονος II 475[2]
καταπορθμίας II 481[2]
καταπρηνής II 475[3]
καταπροΐξει κλέψας II 393[3]
καταπροΐξομαι 782[5]; -ΐξεται II 476[1]; καταπροΐξομαι ἀποστάς II 393[3]
κατάπροσθε(ν) 633[1]
καταπτᾱκών Aesch. 716[2]
κατάπτερος II 475[1]
καταπτήσσω II 475[7]
καταπτήτην hom. 748[2]
κατάπτομαί τινος II 130[2]
καταπτώσσω II 476[3]
καταπυγονέστερος 535[4]
καταπύθεται II 476[2]
κατάπυκνος II 475[4]
καταπώγων II 475[2]
κατάρα 430[6]
καταρᾶσθαι c. dat. II 145[4]; s. κεκατήραμαι
κατάρβυλος II 481[1]
καταργάζου 255[6]
κατάργυρος 435[5]. II 475[1]
κάταρϝος ark. 223[7]. 225, 3. II 475[3]
καταρῑγηλός 484[4]
καταριθμέω II 476[4]
καταρκέω II 476[3]
καταρρᾱ́κτης 314[3]
καταρράπτω II 474, 6
καταρρεῖ II 475[2]
καταρρεῖν, ther. -ρρεν infin. 807[3]
καταρρῑγηλά Od. 720[4]
καταρριγηλός II 475[3]
κατάρρῑν 569, 4
κατάρρυτος II 475[2.6]
καταρρώδησαν, μὴ οὐ II 675[5]
καταρτύω: κατηρτῡκώς 774[5],9
καταρχάς 625[3]
κατάρχειν πολέμου II 712[2]
κατασαπήῃ II 476[2]
κατάσαρκα II 475, 0
κατασβῶσαι ion. 295[3]. 743, 1
κατασκάπτειν τι ὑπ' αὐλητρίδων II 530[2]
κατασκεδάννυμι II 475[5]
κατασκένε̄ gort. 326[1]
κατασκευάζομαί τι c. dat. II 162[2]; – τάφον ὑπὲρ πυλέων II 520[6–7]
κατασκευάζω (-ειν) II 71[3]; – τι ἑαυτῷ II 235[7]; – τι διά τινος II 128[5]; – τι δι' ἐλέφαντος II 452[3]
κατασκευασμένος 656[7]
κατασκηνοῦν εἰς II 436[2]
κατασκιάω II 475[6], 1; κατεσκίαον 725[6]; κατασκιῶσι 785[3]
κατάσκιος II 475, 1
κατασπένδεται II 239[5]
κατασπουδάζω II 476[3]
κατάσσω 656[5]
καταστάζει II 81[4]; καταστάζοντα στόμα ἀφρῷ II 85[3]

κατασταθεὶς πρὸς τῆι κωμογραμματείαι II 513[7]
καταστὰς ὑπό τινος II 227[1]
καταστασάντων II 342[4]
καταστασεῖ II 130[7]
καταστέγασμα τῆς ὀροφῆς II 619[1]
κατάστεγος II 475[1]
καταστῆναι ὑπό 757[4]; – πολέμιον ἀντὶ φίλου II 443[3]; – ἐν διαφορᾷ II 161[2]
καταστῆσαι (ναῦν) II 71[7]
καταστήσας σ. δωρεὰν Μακεδονίας II 92[3]
καταστορέννυμι II 475[5.6]
καταστρέφομαι: -στρεψάμενος II 390[6]; κατεστραμμένος ἔσομαι II 290[2]
καταστροννύει 699[2]
καταστύφελος II 475[3]
κατασφάξαι II 363[5]
κατάσχε imper. 800[1]
κατασχεῖν II 363[3]
κατασώχω (-ειν) 211[6]. 340[4]; -σωχόμενον II 79[7]
καταταγῆν infin. 808[3]
κατατεθνήκᾱσι 774[4]. II 269[1]
κατατεθνηώς II 269[1]
κατατεμῶ καττύματα II 79[3]
κατατέτμηται τὰς ὁδούς II 79[3]
κατάτεχνος II 475[2]
κατατήκω II 476[2]; -τήκομαι ἦτορ II 85[3]
*κατατηφής 511, 6
κατατίθημι II 475[6]; – τί τινος II 127[8]; – τι ἐκ II 463[1]; – ἐπί τινος (τινι) II 470[2]; s. *κατέθην
καταῦθι 633[2]
καταυλίσθητε 760, 6
καταφαγᾶς 632[6]
καταφαγεῖν 806[6]; – c. acc. II 103[3]
καταφαγῆμεν infin. 806[6]
καταφάγομαι fut. Dem. 780[4]
καταφερής II 475[2]
καταφέρω II 475[6]
καταφεύγω (-ειν) II 269[4]. 272[2]; s. κατέφυγον, καταπέφευγα
καταφθείρω II 476[3]; -φθειρώμεσθα 670, 3
καταφθίνω II 476[2]; -φθίσθαι σύν τινι II 489[1]; s. κατέφθισο
κατάφοβος II 475[2]
καταφρονέω (-εῖν) II 476[1]; – c. gen. II 109[3]; – c. acc. II 109[4.5]
καταφυγεῖν εἰς II 434[4]; s. καταφεύγω
καταφυγὴ ἐν II 434[3]; – παρά τινα II 495[1]
καταφύγη II 388[6]
*κατάφυλα 626[5]
καταφυλαδόν 626[4–5]. 632[5]
κατάφυλλος II 475[2]
κατάχαλκος II 475[1]
κατάχαμα ngr. II 475, 0
καταχείριος II 481[2]
καταχέσονται 781[7]
καταχέω (-ειν) II 475[7]; – τι c. loc. II 155[7]; – μύρον κατὰ τῆς κεφαλῆς II 479[8]; καταχεῖται κατὰ τῆς χειρός II 479[6]
καταχθόνιος II 481[1]
καταχρῆσθαι II 167[5]
κατάχρυσος 435[5]. II 475[1]
κατάψασις delph. 505[3]
καταψηφίζομαι pass. II 241[1]; καταψηφισθῆναι II 239[7]; καταψηφίζομαι c. gen. II 131[6]
κατάψυχρος II 475[3.4]
καταψύχω ὑπὸ τὸ δένδρον II 531[6]
κατέᾱγα 188[2]. 770[3]
κατεάγην τὴν κεφαλήν II 85[1]
κατέαγμα 656[5]
κατεαγῦα att. 199[6]
κατεαγὼς ἔσται II 290[2]; κατεαγότα τὴν κλεῖν II 85[2]
κατεάξαντες 656[5]
κατεάσσω 656[4]
κατέαται, -το ion. 671[3]. 679[5]
κατεάχθη pass. 759[2]
κατέβα (τὸ) ngr. II 27[5]
κατεβάζω ngr. II 475, 0
κατεβαίνω ngr. 656[8]. II 475,0; κατέβη, κατέβηκα ngr. 764[1]; s. κατεβῶ
κατεβήσετο 788[3]
κατέβρως 743[2]
κατεβῶ conj. ngr. 764[1]
κατεδάρθην spät 759, 3
κατέδειν II 268[2]
κατεδικάσθεν II 282[8]
κατέδουπε Anth. P. 747[1]
κατεδύσετο 788[3]
*κατέϝᾱγα 188[2]
κατέϝοργον kypr. 223[5]. 653[4]. 684[3]. 747[6]. 777, 6
κατεζήνασκε: s. καταζ-
κατέθανε II 268[6]
*κατέθην 741[5], 6
κατέθιjαν kypr. 88[6]. 665[6]; – ἰ(ν) τὰ(ν) θιόν II 459, 2
κατέθισαν kypr. 666[1], 1
κατειβόμενον II 408[6]
κατείδωλος II 475[2]
κατειληθέντων (sc. αὐτῶν) II 400[7]
κατείλοχε 649[7]
κάτειμι II 475[6]. 476[1]
κατειπάτω ἁγνῶς πρὸς τοῦ θεοῦ II 516[3]
κατείπει conj. ion. 791[2]
κατειργάθου Aesch. 703[4]
κατειρύσθαι II 375[8]
κατείρυσται Od. 773[4]
κατείρων (= καθιεροῦν) lesb. 808[1]
κατέκανον 326[1]
κατεκείαθεν (so) H. 679[4]. 703[4]
κατεκλάσθη hom. 761[4]
κατέκλων ipf. Ilias 743[1]
κατεκρημναντο 695[2]
κατεκρημνῶντο 695[2]
κατεκριμνῶντο 695[2]
κατέκρυφεν Qu. Sm. 747[5]
κατέκταν Ilias 740[4]. II 285[3]
κατέκτονα II 264[5]
κατεκτός 633[2]
κατέλεγε χρησμῶν II 102[7]
κατέλεκτο II 475[7]
κατεληλευθυῖα ptc. kyren. 769, 5
κατελθεῖν ἐπί τινα II 472[8]; κατελθόντος τοῦ ποταμοῦ II 399[6]; s. κατήλθομεν
κατελίππανεν 699[6]
κατεμίγνυντο 699[1]
κατεμιγνύοντο 699[1]
κατέναντα hell. poet. 633[1]. II 548[7]. 549[1.6]
κατέναντι LXX 633[1]. II 548[7]. 549[2.6]
κατεναντία II 549[6]
κατεναντίον Ilias 633[1]. II 477[3]. 548[7]. 549[1.4.5]; – τῆς ἀκροπόλιος II 97[2]
κατένειμε μέρη II 79[3]
κατένειψε att. 414[5]
κατενέκει conj. thess. 745[1]
κατένηρα spät 748[3]
κατένωπα 633[2]. II 419[3]. 477[3]
κατενώπιον LXX 633[2]
κατέπαιξα pap. 738[2]
κατεπάλμενος II 475[6]
κατεπάνω II 475, 0; ὁ – mgr. 633, 2
κατεπείγω: κατήπειγον 656[3]
κατέπηκτο hom. 758[6]
κατεργάζομαι II 398[6]
κατεργνῦσι Hdt. 698[5]
κατέρεξε II 475[6]
κατέρηξεν pap. 311[3]
κατερήριπεν Ilias 771[3]. 777,2
κατεριπεῖν ὑπό τινος II 529[1]
κατερρηγότες 541[1]
κατερῦκανε hom. 700[1]
κατέρχομαι II 475[7]; s. κατελθεῖν, κατηνθηκότι
κατέσκαπτον [so] II 530[2]
κατεσκέβασα, -έουασαν 198[3]
κατεσκίαον Od. 725[6]
κατεστραμμένος ἔσομαι II 290[2]
κατέσχα aor. 753[7]
κατέσχετο ἔρωτι Eur. 757[2]
κατευνάζω II 476[3]

κατευνάω II 476[2]
κατεύχομαί τι c. dat. II 147[3]
κατέφθισο 668[6]
κατεφραγήσατο 217[2]
κατέφυγον II 269[3]
κατέχης 660, 9
κατέχομαι; s. κατέσχετο
κατέχω II 347[3]. 476[3]; ὡς κατέχοντες II 391[7]; s. κατέσχα
*κατϝάξαις 407[5]
κατηγεῖσθαι II 169[1]
κατηγορῶ (-εῖν): – τινος εὖ φρονοῦντος II 393[8]; – τινος κατ' ὀφθαλμούς II 477[3]; κατηγορεῖ δὲ τίς; II 628, 1
κατήγωρ hell. 458[4]. 569[2]
κατῆιεν 3. sg. 674[2]
κατήκοος II 95[4]; – c. dat. II 145[2]
κατήκουσαν Πέρσῃσι II 95[4]
κατήλθομεν Οὐλύμποιο II 91[8]
κατήμενος 206[1]
κατήν 264[8]
κατηνθηκότι ark. 775[1]
κατήνοκα H. 647[6], 7. 766[4]
κατήπειγον 656[3]
κατηρεφής II 475[2]
κατηρρειμμένον ther. 771[3]
κατηρτῡκώς att. 774[5], 9
κατῆτος 621[2]
κατηφέω 724[3]
κατηφής 511,6. 513[3]. II 475[2],2
κατηφιάας 104, 4
κατηφόνες 487[2]
κάτθανε 652[2]. II 268[7]. 285[4]
κατθανεῖν II 360[5]
κατθάνην II 370[3]
κατθάψαι II 363[2]
κατθέμεθα Od. 741[2]
κατθέμεν Od. 806, 4
κάτθεμεν Od. 741[2]
κατθέσθην Od. 741[2]
κάτι ngr. 617[5]
-κατι du. 592[1]
κατιαραίων el. (= καθιερεύων) 728[2-3]
κατιαραύσειε el. 198[4]. 274[8]. 728[3]. 797[1]
κατιάς 508[2]
κατίγνειτος thess. 90[7]. 106[7]. 270[8]
κατίδετ(ε) II 422[6]
κατιλλώψας Aesch. 733[7]
-κάτιοι nwgr. dor. böot. 593[1]
κάτισο 204[8]
κατισταίη 221[1]
κατίσχεται 397[7]
κατίσω fut. ion. 785[6]
κάτιτι ngr. 617[5]
*κατκτανε 337[8]
κατό '100' ngr. 592, 5
κατό: κατὸ δίκαιον lokr. II 473, 5
κατόδες pl. ngr. (kappad.) 592, 6
κάτοδος 206[1]
κάτοιδα II 476[3]
κατοικεῖν ὑπὲρ στήλας II 519[4]
κατοικείουνθι conj. thess. 666[4]. 729[4]. 792[6]
κατοικέντεσσι thess. 564[3]
κατοικεόντοις 564[8]
κατοικημένοι κατὰ κώμας II 477[4]; – πρὸς ἄρκτου II 515[6]
κατοικήντων lesb. 729[2]
κατοικίδιος II 481[2]
κατοίκισις II 140[6]
κάτοικος II 475[3]
κατοικτίρω II 272[1]. 282[2]
κάτοινος II 475[1]
κατομβρέομαι II 475[2]
κάτομβρος II 475[1]
κατόν (< κατὰ τόν) 265[5]
*κατόν '100' 592[4]
κατόνοντο 655[6]; s. κατώνοντο
κάτοξυς II 475[4]
κατόπιν ion. att. 625[3]. II 540[5]. 541[2]
κατόπισθε II 540[5]. 541[2]
κατόπισθεν 633[2]. II 427[7]
κάτοπτρον 299[5.7]. 532[2]
κατορθώσειν (τοῦ) II 369, 6
κατὀρρέντερον (γένος) ark. II 183[5]
κάτου ngr. 622[4]
κατουδαῖος II 481[1]
κάτοχος 430[6]
κατόψιος II 481[2]
κατόψομαι II 292[4]
κάτροπτον att. 268[8]
(*-κατς adv.) II 474, 7
*katsju- 321[1]
*κατσμορος 281[7]
Καττάνδρα 100[4]
καττιθεν infin. kyren. 807[3]
καττίτερος 317[8]
καττόν dor. nwgr. 265[5]
καττύπτω lesb. 316[7]
κατύ ark. II 474[1], 4
κατύπερθε II 539[8]. 540[1]
κατύπερθεν ion. 305[3]
κατυφρονῆσαι infin. ark. 808[4]
κάτω 550[2]. II 475[4]. 533[3]. 536[3.4.5.6.8]; – ngr. 622[4]; οἱ – II 415[8]; τὰ – II 416[1]
κατω- compos. 632[6]
κατῶβλεψ 355[6]. 379[6]
κατώγαιος II 537[2]
κατώγειος II 537[2]
κατώδυνος II 475[2]
κάτωθε 628[3]
κάτωθεν 628[3]. II 536[3.7]. 537[2]
κατωθέω II 475[6]
κατωκάρα adv. II 536[7]
κατωμάδιος 467[1.2]
κατωμαδίς 631, 3
κατωμαδόν 626[5]
κατωνάκη II 536[7]
κατώνοντο 681[2]
κατώρης H. 632[6]
κατῶρυξ II 475[3]
κατώτατα II 536[7]
κατώτερος 534[3]; κατωτέρου τοῦ T. II 114[5]
κατωτέρω II 536[7]. 537[1]
κατωφαγᾶς 632[6]
κατωφερής II 475[2]
καυάξαις Hes. 224[4]. 407[5]
Καῦδος 207[5]
καυθη- 759[2]. 761[7]
καυθμός 491[1]
Καύκωνες 487[7]
καυλός 347[5]. 483[3]
καῦμα 523[2]
καυνακοπλόκος 38, 5
καύσομαι 781[7]
καῦσος 516[7]
καυστειρή 385[3]; -ρῆς 474[4]
καυτός 349[2]
καυχῷ kret. 212[5]. 269[1]
καφετζῆς ngr. 455, 2
Κᾱφισός böot. 321[2]
κάφτω ngr. 705[3]
καφώρη 334[4]
καχάζω 315[6]. 647[4]
καχέκτης 706[2]
καχλάζω 647[4]. 649[2]
κάχληξ 497[3]
καχνάζω 647[4]
κάχρυς 495[4]; -ῡς nom. pl. 564[1]
κᾱ́ω att. 127[8]. 195[5]. 265[8]. 266[2.3.4]. 714[3], 5
κε partic. 82[4]. 85[8]. 88[5]. 106[7]. 299[4]. 405[8]. 619[4.6]. 627, 4. 629[4]. 641[5]. II 7[3]. 12[3]. 23[2]. 304[3.4]. 305[5.6], 1. 2. 4. 306[1]. 313, 2. 413[5]. 555[3.7]. 556[4]. 558, 2. 568[3-6], 2. 3. 7. 683[5]. 684[8]. 685[6]; ἐπεί κε II 659[1.6]
*κέ 'hier' 804[4]
k̑e (= καί) ngr. II 567[3]
κε- partic. demonstr. 613[1.2], 2. II 554[1]
-κε 3. sg. pf. 776[2]
κεάζω 683[1]. 706[8]. 716[7]. 734[3]. 773[5]; s. κεκεασμένα
κέαθοι 518, 5
κέᾱντι att. 349[2]
κέᾱντος att. 245[6]. 745[4]
κέαρ 251[4]. 518[5], 5
κέαρνα H. 491[6]
κεασθη- 761[4]
κεάσσεαι 752[6]
κέαται 671[3]. 679, 4; κέαται 3. pl. 679[2]; κέατο 671[3]. 679[2]; κέατ' 679[2]; ἐκέατο 679[2]
*κεάων 683[1]
Κεβρήν 487[4]
κεγχραμίς 494[1]

κέγχρων 487[1]
κεδαιόμενος 676[5]
κεδάννυμι hom. 334[3]
κεδασθη- 761[4]
κέδματα 208[5]
κέδρος 161[5]
*κεενος 613[1]
κέεσθαι 679[1]
κέεται ion. 679[2]
κέηται conj. 679[2]. 791[2]
Κέθηγος 158[6]
κεί II 688[5]
κεῖ 613[2], 4. 619[4]. II 413[5]
κει- 674[1]
-κει 1. sg. plusq. 776[5]. 778[2]
κεῖαι 2. sg. hom. 679, 2
κεῖαι infin. 679[4]. 808[5]
κείαται, -ατο 679[2]
κειέμεν 679[3]
*κειεσκ- 711[4]
κεῖθεν 613[2], 1
κεῖθι 613[2]. II 157[6]
*κειμᾱ (?) 494, 1
κεῖμαι 679[1], 4. 775, 8. II 72, 1. 75[7]. 228[7], 2. 229[3]; κεῖσαι 668[5]. 679[1]; κεῖσθε 670[4]; κεῖνται 671[6]. 679[2], 4; κεῖντο 671, 5. 679[2], 4; ἔκειντο 679[2], 4; κείμενος 679[2]; κεῖμαι θέσιν II 75[8]. 76[6]; κεῖμαι ἐπὶ τῇ πυρᾷ II 466[7]; κεῖμαι εἰς ἀνάγκην II 434[2]; κειμένοιν δυοῖν καδίσκοιν II 607[3]; s. κεῖσθαι, κεῖται
-κειμεν 1. pl. plusq. 778[1]
κειμήλιον 494, 1; -α κεῖται II 229[3]
-κειν 1. sg. plusq. 776[5]. 778[1]
-κειν infin. pf. 806[6]
κεῖνος 613[1], 1. II 208[6]. 209[3.4]. 210[2.3.7]; – ngr. 614[4]; s. ἐκεῖνος
κεινός ion. 472[4]
κείνως 624[1]
κεῖο 2. sg. hom. 679, 2
κεῖοι ark. 668[5]. 669[3]. 679, 3
κείοντες 424[3]. 679[3]. 789[3]
κεῖραι att. 285[2]
κείρομαι (-εσθαι) II 232[2]; κειρέσθω II 343[1]
κείρω 334[3]. 715[5]. 751[4]. 759[4]. II 230[4]; ἔκερσα, ἔκειρα 751[4]; κεῖραι 285[2]
κ' εἰς (= καὶ εἰς) 402[4]
κεῖσθαι 679[2]. 809[3.4]. II 227[4]. 236[6]. 277[6]. 367[7]. 368[1]; – ἀπό II 434[6]; – πρὸς πέδῳ II 512[7]; – πρὸς βορέην II 510[4]; – παρ' ἀλόχῳ II 493[6]f.; – παρ' ὄχθας π. II 495[2]; – Μεγάρων II 506[4]; – ὑπὲρ λιμένος II 520[7]; – μετὰ νεκρῶν II 484[1]; – μετά τινος II 485[1]; – ἐπὶ ἐννέα πέλεθρα II 471[7]; – κατὰ Σινώπην II 477[2]; – νόμον ἐπί τινι II 468[5]; s. κεῖμαι, κεῖται
κείσθω II 343[2]
κεῖσο imper. 668[5]. 679[2]
κείσομαι 782[5]; -σονται II 351[5]
*κεισω conj. 679[4]
κεῖται 292[7]. 347[8]. 355[6]. 679[1], 4. 680[4]. II 258[3]; – c. gen. II 132[5]; – τόπον II 76[7]; – ἐπί τινι 467[4]; – ἐπὶ χθονός (χθονί) II 469[5]; – ἐν θεῶν γούνασι II 457[6–7]
κεῖται 3. pl. 679, 4
κεῖται 3. sg. conj. 679[2]. 791[2]
κειτάμενος ngr. 811[4]
κεῖτο 3. sg. 679[1]. II 276[3]
κείτομαι, κείτεται ngr. 679[3]. 705[4]
Κειτούκειτος 131, 1. 454[6]
κειτούμενος ngr. 811[4]
κεῖτυι kypr. 669[3]
κείω 679[3]. 781[1]. 782, 8. 789[2]
(κείων) 683[1], 1
κειωνται 679[2], 3
*κεjαται 671[3]
*κεjε- 791[2]
*κεjεται 679[2]
*κεjι ἰόντες 789[3]
*κεjῑτο opt. 794[3]
*κεjητο 679[2]
κεκαδῆσαι H. 783[4]
κεκαδησόμεθ' Ilias 748[7]. 783[3]
κεκαδήσω 715[1]. 738[5]; -ήσει 748[7]. 783[4]; – π. θυμοῦ II 93[4]
κεκαδμένος Pind. 773[2]
κεκάδοντο, κεκαδών Ilias 748[7]
κέκαρμαι 769[5]; -μένος II 405[2]
κεκάσθαι II 101[4]
κέκασμαι: κέκασσαι, κέκασται, κεκάσμεθα, κεκασμένος 773[2]; κέκαστο 698[1]. 773[2]
κεκατήραμαι 650[3]
κεκαφηώς 770[5]
κεκεασμένα 773[5]
κεκέλευσμαι 773[4]
κεκέρασμαι 773[5]
κεκέρδαγκα, -ακα, *-ασμαι 775[4]
κέκηδα pf. II 227[7]
κεκήν 302[7]; κεκῆνας 487[4]
κεκήρυγμαι 738[7]
κεκήρῡχα 738[7]. 772[2]
κεκινδυνεύσεται II 289[5]
κέκλᾱγα dor. 748[2]
κέκλαγγα att. 692[7]. 748[2]. 771[5]. II 264[2]
κεκλάγγω conj. 783[6]
κεκλάγξομαι 783[6]. 784[1]
κεκλᾱγώς Alkm. 692[7]
κέκλαμμαι 769[5]
κεκλαυμένος 773[4]
κεκλαύσεται 783[4]
κέκλαυσμαι, -κλαυται 773[4]
κεκλεβώς 772[4]
κέκλετο 642[1]. 748[5]
κέκληγα 699[1]. 771[5]
κεκλήγοντες 540, 4
κεκληγώς 692[7]. 748[2]
κεκλημένοι εἰσί 812[3]
κεκλῆιο opt. att. 795[3]
*κέκληιτο opt. 795[3]
κέκλημαι 682[4]. 743[2]. 770[4]; -ται 761[7]. II 237[4]
κεκλημένος εἴην II 321[6]
κεκλήσῃ (κε) Ilias 783[5]. II 351[5]
κεκλῆσθαι ἐπί τινος 551[3]. II 470[7]
κεκλήσοιτο opt. 783[5]
κεκλήσομαι II 289[3]
κεκλίαται 671[3]
κέκλικα 775[3]
κέκλιται 649[1]. 694[4]. 769[4]
κέκλιτο 761[6]
κέκλομαι 648[1]. 690[4]. 749[1]; κεκλόμενος 748[5]
κέκλοντο 748[5]
κέκλοφα 772[1]
κέκλυθι 357[2]. 747, 5. 804[4], 4; κέκλυτε 776[1]. 800, 6. 804[4], 4; – μευ μύθων II 95[3]
κέκλυκε 747, 5. 799, 2
κέκμηκας 770[3]. 774[3]
κεκμηώς 770[3]
κεκομμένος φρενῶν II 93[5]
κέκονα 747[6]
κεκόνῑτο hom. 771[4]
κεκόπων äol. 772[2]
κεκοπώς hom. 772[2]. II 264[6]
κεκόρεσμαι 773[5]
κεκόρημαι 770[5]. II 263[4]; κεκορημένος 768[3]
κεκορηότε 708[4]. 768[3]
κεκορυθμένος 771[1]. 773[2]
κεκοτηώς hom. 771[4]
κέκοφα, -φώς att. 772[2]
κεκράανται 771[5]; – χρυσῷ II 166[8]
κέκρᾱγα 748[2]. II 264[2]; -γε II 263[2]; κεκράγετε imper. 641[7]. 799[2]
κεκραγήσει H. 784[2]
κεκραγμός 423[5]. 492[4]. 784[1]
κεκράκτης 500[1]
κέκρᾱμαι 770[4]; -ται 360[2]; -νται 672, 1; κέκρανται συμφοραί II 608[4]
κεκράξομαι 784[1]; -ξεται [so] 626[6]
κέκραχθι 641[7]. 799[2]. 800, 8; κέκρᾱχθ(ε) 800,8
κέκρῑγα II 264[2]; -γότες ptc. 716[3]
κέκρικα 775[3]
κέκριμαι: – ται 761[6]. 770[1]; -νται 671[6]; ἐκέκριντο 671[6]; κεκριμένος 694[4]. 761[6]
κεκρύφαλος 423[5]

Κέκρυφες 423[6]
κεκρυμμένος ἀπό II 446[8]
κεκτήιμην opt. 795[3]. 812[2]
κέκτημαι 649[1]. 770[4]. II 263[4]; s. ἔκτημαι
κεκτῆσθαι τὰς φρένας πρὸς τὰς τύχας II 511[7]
κέκτησο καὶ χρῶ II 625[5]
κεκτήσομαι II 289[3]
κεκτῶμαι conj. 812[2]
κεκυθεῖν 347[4]
κεκύθωσι Od. 747[4]. 748[6]
κεκύρηκα 721[3]
κέκῡφα 772[4]
κελαδέω 703[1]. 726, 5
κελαδήσομαι 783[1]
κελάδοντ- 723[3]
κέλαδος 508[7]. 703[1]
Κέλαιθος 263[8]
κελαινεφής 263[3]. 447, 3
κελαινιάω 732[3]
κελαινιόων 816[3]
*κελαινονεφής 263[3]
κελαινός 490[2]
κελαρύζω hom. 736[6]
κελέοντες 243[2]. 526[1]
κελέτρα thess. 532[6], 9
κέλευθα n.pl. 581[5]; ὑγρὰ–38[1]
κέλευθος 88[4]. 292[3]. 347[3]. 355[8]. 511[1], 1. 581[5]. 841[6]. II 34, 3
κελευσέμεναι hom. 806[4]
κελευσθη- 761[3–4]
κελευτιάω 683[4]. 732[2]
κελεύω (-ειν) 683[4]. 728[3]. 841[6]. II 83[3]. 277[7]. 278[1]. 280[2]. 373[3.4.7]. 376[4]. 381[8]. 638[4]; – c. dat. II 145[3]. 147[2]; κελεύσαντες ἐπὶ τὰ ὅπλα II 708, 1; κελεύειν Ζηνὸς ὑπ' ἀγγελίης II 528[3]; – μηνύειν ὑπ' ἀναγκαίης II 528[4]; – ἵππους II 708, 1; s. κεκέλευσμαι
κελεφός 334[4]
κέλης 292[3]. 302[6]. 496[4]. 499[2]
κελήσομαι 782[7]
κελητίζω 735[6]
κέλλα 165[4]
κελλός 334[4]
κέλλω 715[6]
κελοίσταν el. 205[6]
κέλομαι 292[2]. 684[3]. 748[5]. II 401[4]; – c. dat. II 145[3]. 147[2]; s. ἐκέκλετο, κέκλετο
κέλσαι 285[2]
κελσάσησι νηυσί II 401[3]
κέλσειν Aesch. 782[2]
Κελτίβηρες 453[3]. II 51[5]
κέλῡφος 495[6]
κέλωρ 519[4]
κεμάς 507[7]. II 31[3]
κεν partic. 82[4]. 107[3]. 299[4]. 405[8]. 406[4]. 619[6]. 627, 4. II 305[5.6], 1. 2. 4. 306[1]. 313, 2. 387[6]. 556, 2. 558, 2. 568[3.6], 6. 7. 684[8]. 685[4]; – c. potent. II 324[8]
κε̄̓ν ταγᾶ κε̄̓ν ἀταγία II 458[8]
κένανδρος 451, 1
κενέβρεια 350[8]
κενεός 57[5]. 472[4]
κενευϝόν kypr. 197[4]. 472[4]
ke·ne·u·vo·ne kypr. 197[6]
κενεών 488[1]
κε̄νος ion. att. 81[7]. II 209[4]
κενός 57[5]. 472[4]; – c. abl. II 96[3.4]
κενότερος att. 239[7]. 534[5]
κενόω 727[2]; – τινός II 96, 1; κενοῖ ἀλλοτριότητος II 93[5]
κένσαι hom. 285[2.3]. 287[3]. 706[1]
*κενστός 336[7]
*κένστρα 336[7]
Κένταυρος 267[3]. 444, 6
κεντάω Gal. 706[1]
κεντέω, ἐκέντησα, κεντήσω 706[1]
κεντίζω 706[1]
κέντο (= κέλτο) 213[4]. 678[6]. 679[1]
κεντρίσκος 542[2]
κέντρον 156[5]. 532[2]
*κέντσαι 287[3]
*κένττρον 532[2]
κεντυρίων 395[4]
κέντωρ hom. 263[6]
κέοιτο opt. att. 679[2]. 794[3]
κέονται 679[2], 4
*κέπτω 704, 12. 772, 1
κέρα imper. 682[3]
κερα- 761[7]
κεράασθε imper. Od. 681[2]
κεράᾱτα 515[3]
κεραΐζω 683[1]. 735[6]
κεραίω 676[4]
κέραμος II 41[5]. 43[3]; -οι II 43[3]. 611[7]
κεράννοντες LXX 699[3]
κεράννυμαι; s. κέκραμαι, κεκέρασμαι
κεράννῡμι att. 695[4]. 697[4]. II 16[1]; s. κεράσαι
κεραννῡτέον spät 810[7]
κεραννύω att. 699[2]
κεραοῦχος 440[5]
κεράρχης 440[5]
κέρας 292[7]. 361[4]. 514[4]. 515[3]. 516[3]. 583[6]. II 470[4]; κέρατα 515[3], 3. 582[6]
κεράσαι 360[2]; s. ἐκέρασα
κερασός[so] 61[6]. 516[8]. II 30[5]
κεράτιον 160, 5
κεραυνός 521[4]
κέραφος 334[3]
κεράω 681[2]. 683[1]
Κέρβελος 258[8]
κερβολέω 334[3]
κερδαίνω 724[5]; -αίνοιεν w.-lokr. 663, 9; ἐκέρδηνα 754[4]; κερδᾶναι hell. 127[7]. 189[5]; κερδαίνω c. instr. II 166[2]; s. κεκέρδακα, -γκα, *κεκέρδασμαι
κερδαλέος 484[2]
κερδήσομαι 783[1]
κέρδητα ngr. 515, 3
κέρδιον 539[1]. II 308[5]. 309[1]. 323[7]. 646[4]
κέρδος 512[2], 3. 539[1]; – ἐπὶ κέρδεϊ II 156[4]
κερεαλκής 440[4]
κερέεν hom., κερεῖν att. 785[1]
κέρεος ion. 242[8]
κερθέντες Pind. 759[6]
*κέρjω 342[4]
κερκολύρα 267[5]
κέρκοψ 426, 4
Κέρκυρα 66[4]. 255[8]
Κέρκυρες 66[4]. 569[4]
Κερκυών 260[8]. 486[4]
Κέρκωπες 426, 4
κερματίζω att. 736[3]
κέρνᾱν infin. lesb. 82[1]. 695[1]. 807[7]
κέρνος 491[6]
κερνῶ ngr. 695[2]. 736[7]
*κεροοχος 440[5]
κερουτιᾶν 528[2], 2
κερόωντο ipf. Od. 681[2]
κέρσαι hom. 285[2]
Κερσοβλέπτης 466[6]
κέρσοι Mosch. 782[2]
κερτομέω 726[5]
κέρτομος 449, 3
Κερυών 260[8]
κέρχνει, κερχνεῖ H. 693, 13
κερῶ fut. 784[6]
κερῶν ptc. 681[2]
κερώνεως (συκῆ) 557[7]
κέρωνται conj. Ilias 681[1]. 790, 4
(*κεσjων) 683, 1
κέσκετο hom. 679[2], 4. 711[2]
*κεσκοντο (?) 711[4]
Κεσσάνδρα 258[4]
κεστός 336[7]. 396[4]. 503[3]
κέστρᾱ 336[7]. 532[2]
κέστρος 532[1]
Κέτιον 181, 2
κευθάνω 700[1]. 747[4]; – c. instr. II 167[6]; s. ἐκεύθανον
κευθῆνες 487[3]
κευθμός 492[3]
κευθμών 522[2]
κεύθω 347[4]. 685[1]. 699[7]. 702[2]. 747[4]. II 72, 1. 83[1]; κεύθει 302[7]; μὴ κεῦθε II 343[4]; κεύθω ὑπὸ χθονός II 527[6]; s. ἔκυθον, κεκυθεῖν, ἐκεκεύθει, κύθε
κεύθωμαι 685, 1
κεύσω 782[4]
κεφαλᾱ 261[4]
κεφάλαιον II 617[6]

κεφαλαργία 258[6]
κεφαλᾶς 461[6]
κεφαλή 70[8]. 483[6]; τῆς κεφαλῆς 102, 2. II 112, 1; κεφαλῆς ἄπο II 430[5]
κεφαλῆφι 550[6]; -φιν II 173[1]
Κεφαλλάνεσσι ostlokr. 564[3–4]
Κεφάλλει nom. sg. böot. 580[5]
Κεφάλλιος gen. böot. 580[5]
Κεφάλων 154[2]
*κεχαδ- 748[7]
κεχάνατι dor. 665[3]
κέχανδα 769[4]; κεχάνδει Ilias 777, 11
κεχάρηκα 774[6]
κεχάρημαι 770[5]; -μένος 768[3]
κεχαρησέμεν fut. 748[6]. 783[3]
κεχαρήσεται Od. 783[3]
κεχάρητο Hes. 777, 2
κεχαρηώς 759[4]. 770[5]. 774[6]. 777, 2; -ότα 714[4]. 768[3]
κεχαροίατο (κεν) II 329[4]
κεχάροιτο 748[6]
κεχάροντο 649[2]. 748[6]. 759[4]
κεχείμανται 3. pl. 672, 1; – φρένες II 608[3]
κεχεσμένος 716[1]
κέχηνα 771[5]; ἐκεχήνη altatt. 778[1]; κεχήνετε imper. 799[2]; κεχηνότα 694[3]
κεχλᾴδειν infin. Pind. 807[3]
κεχλάδων II 612[3]; -δοντας 540[5]
κεχλιδώς 702[6]
κέχοδα 716[1]. 769[4]
κεχολώατο hom. 672[1]
κεχολώσεται 783[4]; – κεν II 351[4]
κεχόλωσο hom. 777[2]
κεχόλωται 771[4]
κέχονδα 358[6]. 769[4], 11. 781[6]; κεχόνδει 699[5]. 748[1]. 777, 11
κεχορηγηθέντι 762[2]
κέχρηται 770[5]
κέχρῑμαι 773[3]
κεχύδαται 773, 1
κέχυται 770[1]. II 237[4]
κέχυτ(ο) II 289[1]; – κατὰ σπείους (ὀφθαλμῶν) II 479[5.6]; s. ἐκέχυντο
κεχωρίσθαι ἄ. γυναικῶν II 93[4]
κέων 679[3]
κεῶν 683[1], 1
Κέως 349, 1
κϝ 314[5]. 317[1]. 332[2]
κῆ lesb. 550[2]. 613[2], 4. 619[4]. II 157[6]. 413[5]
κὴ böot. (= κὴ ἠ) 401[8]
-κη 1. sg. plusq. 776[5]. 778[1]
κήαι opt. 745[4]
κῆαι infin. 745[4]
κηάμενος hom. 745[4]
κήαντες ptc. hom. 745[4]
κήαντο hom. 745[4]
*κήαντος 745[4]
κῆδαρ 519[1]
κήδεα ἐμὰ θυμοῦ II 180[6]
κηδεμών 522[3]
κηδεύειν καθ' ἑαυτόν II 479[1]
κήδιστος 539[1]
κήδομαι (-εσθαι) II 108[7]. 109[1]. 227[7]. 364[3]; κήδετο 651[6]; κέκηδα pf. II 227[7]; ἐκεκήδει H. 770[3]; κήδομαι c. gen. II 109[3]; – περί τινος II 109[5]. 502[7]
κήδω 685[3]. 748[8]. II 227[7]
κήϝᾱ 459[7], 7
(*κηϝος) 349, 1
κῆθι Sapph. 628[5]
κήθιον 268[4]
κηθοί 830[3]
κήια 349[2]
κηκάς 508[1]. II 242[2]
κήκιε hom. 727[4]
κηλέω 720[2], 7
κηλέωι hom. 484[2]
κήλη 483[5]
Κηληδόνες Pind. 529[7]. 720[2]
κηλήνη 490[4]
κηλίς 465[4]
-κῆμεν infin. 806[5]
κήνοθεν lesb. 628[2]
κῆνος lesb. dor. 613[1]
κηνούει H. 630, 6
κηνούει adv. 622[3]
κῆνσος 165[3]. 287[3]
κήομεν conj. hom. 745[4]
κῆον imper. 745[4]
κἤπειτα dor. 402[3]
κηπεργός 438[6]
κἠπί dor. 402[3]
κῆπος 153[1]
κήπτρω (= σκήπτρω) 102[5]
κῆρ 'Herz' 251[4]. 279[8]. 292[7]. 377[7]. 385[2]. 408[8]. 424[2]. 518[3]. 569[3]. 731, 1. II 30[1]. 192, 1; – c. gen. II 122[1]
κήρ f. (dat. κηρί) 584[6]; κῆρες 569[3]
κηραίνω 518[3]
*κηρδ 279[8]
κηρέσιον 466[5]
κηρεσσιφόρητος 446[2]
κήρινθος 510[6]
(*κηρο-) 630, 6
κηρόθι 551, 6. 628[5]
κηρούει· ἐκεῖ kret. H. 200[1]. 630, 6
κηρόφι H. 551, 6
*κηρτ 512, 3
κήρτεα n. pl. 512, 3. 518[3]
κηρυκικός 289[7]
κήρυξ 391[6]; κήρυκε II 48[5]; κηρῡ́κεσσι hom. 564[4]
κηρύσσομαι; s. κεκήρυγμαι, ἐκηρύχθην
κηρύσσω 725[4]. II 284[3]; κηρῡ́ξω fut. 781[3]; κηρύσσω c. dat. II 147[3]; s. ἐκήρυξα, κεκήρῡχα
κηρύττω att. 738[7]. 815[4]
(κήσκετο) 679, 4
Κησορῖνος 287[3]
κῆται conj. 679[2]. 791[2]
κητήνη 490[4]
κῆτος n. 513[1]. II 36[7]
κητώεις 527[5]
κηυαν delph. 349[2]
*κηυμι 745[5]
κηφήν 487[4]. 569[3]; κηφῆσι 569[2]
Κηφισός 61[1]. 321[2]. 395[4]. 554[6]
Κηφισσός 554[6]
κηψηθθαι (= καὶ ἕψεσθαι) 786[4]
κηώεις 527[5]
κθαρ' ngr. (dial.) 335[4]
κι n. pron. thess. 616[5]
κί ngr. (= καί) II 270, 3
'κί ngr.(pont.) II 592, 2. 593[4]
κι- 'hic' II 208[6]
-κι suff. adv. 82[2]. 299[2.3]. 409[8]. 616[5]. II 569[1]. 575[1]
κι ἄν ngr. II 319[6]
κίας acc. pl. 571[1]
κίασθαι 681, 7
κίαται kret. 679[2]. 681, 7; s. ἐκίατο
κίββα 830[5]
κίβδᾱλος 484[3]
κίβδος 508[7]
κίβισις 462[5]
κιβωτίω du. II 49[5]
κιβωτός II 34, 2
κιγκλίς 275[5]
κίγκλος 275[5]
κίγκρᾱ· κίρνα H. 689[1]
κίγκρημι 688[5]; – τι 689[1]
κιγχάνω att. 688[7], 5. 689[4]. 698[3]. 700[1]
κίδαφος 495[5]
κίδναμαι hom. 334[3]
κιδνόν· ἐνθάδε kypr. 613[4–5]. 632[3]. II 592, 6
κίε imper. hom. 747[3]. 799[2]
κιε/ο- 747[3]
κίειν πρόσθε ὑπ' αὐλητῆρι II 527[1]
Κιέριον 300[2]
κιθάρᾱ 62[1]. 459[6]
κιθαραοιδότερος 536[2]
κιθαρίδδην: τὸ καλῶς – II 370[2]
κιθαρίζω 736[3]; κιθάριζε 735[5]; κιθαρίζω c. dat. II 152[1]
κίθαρις 385[6]. 462[6]
κίθαρος 482[3]
κιθών ion. böot. hell. 121[3]. 268[8]
κίκκα 315[5]
κικκάβη 315[5]
κικλήισκω 709[5]. 710[2]

κικλήσκω hom. poet. 709[5]. 710[2]; -ουσί με Οὖτιν II 83[6]
Κίκονες 487[2]; Κικόνων πτολίεθρον II 122[1]
κίκρημι 688[5]
Κικυννοῖ 549[7]
κῖκυς 463[5]
(*κικχάνω) 688, 5
(*κίκω) 688, 5
Κίλικες 425[2]
Κιλικία 162[5]
Κιλίκιος 289[6]
Κίλισσα 318[7]. 319[3]; ἡ – II 42[1]
κιλλίβᾱς 448[2]. 526[3]
kimaréngu tsak. 94[1]
κιμβάζω 298[6]
κίμψαντες 334[4]
-κιν adv. 82[2]. 409[8]. 616[5]
κινάβρα 350[8]
κίναδος 509[1]
κιναθίσματα Aesch. 703[4]
*κινακjω 733, 4
*κινᾱμι 733, 4
κίνδαξ 692[5]
κίνδαφος 334[4]
κίνδῡν 440, 2
κίνδῡν- 458[4]
κινδυνεύεται pass. II 239[8]. 240[6]; κεκινδυνεύσεται II 289[5]
κινδυνεύω (-ειν) τῇ ψυχῇ II 151[5]; – τῶι ζῆν II 370[7]; – περί τινι II 501[3.4]
κίνδυνι dat. sg. 488[5]
κίνδῡνος 335[1]. 426[3]; – μή II 675[8]; – ἔρχεταί τινι ὑπό τινος II 529[4]; κίνδυνος κινδυνεύεται II 74[2]
κινεῖν II 364[4]
κινεῖσθαι II 377[2]
κινες thess. 616[3]
κῑνέω 696[2]
κῖνη imper. lesb. 798[5]
κῑνήθη 696[2]. 760[4]
κινηθῆναι II 239[2]
κινήσαντες τῶν Ὀλ. χρημάτων II 102[7]
κίνησε 696[2]
κίνησις c. instr. II 166[6]
κινησῶ 786[6]
kini tsak. (= τιμή) 309[6]
κιννάβαρι 315[8]. 462[5]
κίνναμον 494[1]
κιννάμωμον 315[8]
κῑνύμενος, κῖνυντο hom. 696[2]
κινύρᾱ 459[6]
κινῦρομαι 725[3]
κινύσσομαι Aesch. 696[2]. 716[7]. 733[5], 4
κίνυται 681[2]
κίνχρητι kret. 689[1]
κινώ 478[4]
κινῶν ἄνδρ' ἀνήρ II 617[1]
κινώπετον 278[4]
κιξάλλης 318[4]. 484[1]
κίξαντες, κίξατο H. 688, 5
κιόκρᾱνον 262[8]. 440, 4
κιόλας ngr. 631[5]
κιοναν acc. 'thess.' 563[3]
κιονηδόν 626[5]
κιόντες ἐς σκοπιήν II 459[6]
κῑός gen. sg. 571[1]
κίρκος 239[1]. 267[5]. 423[6]; – ἐλαφρότατος πετεηνῶν II 606[4]
κιρνᾱ- 695[1]
*κιρναᾱσι 665[4]
κιρνᾶι Hdt. 695[1]
κιρναίην 795[4]
κιρνᾶν 695[2]; ἐν δὲ κίρναις οἶνον II 426[5]; s. ἐκίρνᾱ
κιρνᾶσι 665[4]
κιρνέαται med. 672[2]. 695[1]
κιρνη- 695[1]
κίρνημι 351[2]. 352[4]. 693[2]. 695[4]
κιρνῶν 695[2]
Κίρφις 239[1]. 334[4]. 352[8]. 462[6]
κίς (κις) thess. 90[7]. 299[2.3]. 616[1]. II 644[2]; κίς κε 617[1]
κῖς m. 350[6]. 571[1]; κῖς 378[2]. 424[2]. 463[6]; κῖν acc. 571[1]
-κις suff. adv. 82[2]. 299[2.3]. 409[8]. 616[5]
Κίσαμος 494[1]
κίσηρις 462[5]
κίσκε thess. 299[2]
κίσσα 302[3]. 474[3]
Κίσσαβε ngr. II 62, 1
κίσσηρις 464[4]
κισσηρός 483[1]
Κισσης m. 575[6]
Κίσσος 638, 7
κισσύβιον 316[1]. 470[3]
κίττα att. 320[7]
κίττανος 302[1]
Κιττός 121[4]
κιττώ 479[3]
κιττῶ τινος II 105[2]
*κιχανϝω 698[3]
κιχᾰ́νω praes. hom. 688[7], 5. 689[4], 1. 698[3]. II 259[7]. 260[2]
κιχε/ο- 747[4]
κιχείην 795[2]; -είη 688[7]; -εῖμεν 795[3]
κιχείς 688[7]
κίχεις 688, 5
κιχεῖς 688, 5. 784[5]
κιχείω 688[7]. II 314[6]
κίχες 688, 5
κιχη- aor. 688[7]
κιχήμεναι infin. 688[7]. 806, 8
κιχήμενον 688[7]
*κίχημι 688[6]. 698[3]. 747[4]; κίχημεν 688[6]; s. ἐκίχης, ἐκίχεις, ἔκιχον, ἔκιξα
κιχῆναι infin. Od. 808[4]
κιχήσατο 688[7]. 754[5]. II 278[3]; – ἔνδον ἐόντας II 394[3]
κιχήσομαι 688[7]. 782[6]. 783[2]. II 352[1]; κιχήσεταί μου II 104[3]
κιχήτην hom. 688[6]
κίχλη 483[3]
κιχλίζω 648[2]
κίχρασθαι 689[2]
κιχράω 689[2]
κιχρέτω delph. 689[2]
κίχρημι 688[5]. 689[1]. 814[1]
κιχών 688[7]
κίω 686[2]. 747[3]; – c. dat. II 149[2]; – πρό τινων II 506[5]; – μετά τινα II 486[3]; s. ἔκιον
κιών ptc. 747[3]
κίων 57[5]. 486[8]. II 37[1]
*κj 319[2.3.4]. 320[8]. 321[1]. 367[1]
κj > σσ, ττ 272[4]. 298[5]. 319[2]. 367[1]
*κjᾱμερο- 'heutig' 613, 7
*κjᾱμερον 319[4]. 397[7]. 414[3]. 613, 7
*κjευ- 319[4]
*-κjω verba 737[5]
κκ 317[1.2]; – böot. < ττ 266[6]
κλαγγάζω, -αίνω 699[7]
κλαγγάνω 699[7]. 701[2]. 771[5]. 783[2]
κλαγγέω Theokr. 699[7]
κλαγγή 459[7]. 584[6]. 692[7]. 748[2]
κλαγγηδόν 626[5]
κλαγγί dat. sg. 424[4]. 584[6]
*κλαγγjω 692[8]. 771[5]
κλαγε/ο- 748[2]
κλαγερός Anth. P. 748[2]
*κλαγjω 692[8]
κλάγξαι II 261[3]; *-ξομαι 784[1]; -ξω 783[2]. 784[1]
κλάγος kret. 257[2]. 268[5]
κλάγω 209[4]
Κλάδεος 243[2]
κλάδεσι Aristoph. 564[5]
κλαδί dat. 424[5]. 507[4]. 584[6]. 761[4]
κλάδος 584[6]. 676[1]; – n. 584[6]
κλᾱϝῑδ- 465[4]; -ΐς 349[3]. 465[4]
*κλαϝjω 272[6]. 348[2.4]
*κλαϝών 521[3]
Κλαζζομένιοι 218[3]
Κλαζομεναί 676[1]
Κλαζομένιοι 218[3]
κλάζω 692[8]. 699[7]. 714[6]. 748[2]. 771[5]. 783[2]. 784[1]; -ων II 80[2]; ἔκλαγξαν ὀιστοὶ ἐπ' ὤμων II 470[5]; s. κλάγξαι, ἔκλαγξα, κέκλαγγα, κέκλᾱγα
κλαίεσθαι II 233[1]; s. κεκλαυ-
κλαίεσκε 711[2]. II 278[4]; – ἄν II 351[1]
*κλαίϝω 266[2]
κλαιήσω fut. j.-att. 127[7]. 714[3]. 783[2]

κλᾶιθρον n. 202[1]; -α pl. 158[1]
κλᾱικτός mess. 685[5]
κλᾱ́ῑξ dor. 349[3]
κλᾶιξαι H. 685[5]; κλαιξῶ 786[6]
κλαίοντας ptc. ngr. II 410[8]; – λέγει 811[4]
κλαΐω äol. 714[3]
κλαίω 266[2]. 272[6]. 348[2·4]. 714[3]. 781[7]. II 260[3]. 282[2]; – ἀμφί τινα II 439[2]; s. ἔκλαυσα, κλαιήσω
κλαιωμιλία 441[1]
*κλακ- 260[2]
κλαμα 524[2]
κλαμβός 496[1]
κλᾶμμα äol. 524[2]
*κλάξ 620[6]
κλαπη- pass. 759[6]
κλαπῆναι 342[2]; s. κέκλαμμαι
κλᾶρος 346[5]
κλαρώειν phok. 729[4]
κλᾱ́ς ptc. 676[1]. 742[6]
κλάσμα 524[2]
κλαστάζω 706[4]
*κλάσω praes. 706[7]
κλαυθμός 493[1]
κλαυθμυρίζω 644[7]
*κλαυθμῶι μῡ́ρομαι 644[7]
κλαύθω poet. 703[2]
Κλαύκων 257[1]
κλαύματα βραδυτῆτος ὕπερ II 521[8]
κλαυμοναί 524[5]
κλαυμυρίζομαι 645[2]
κλαυσιάω 732[3]
κλαυσίγελως 453, 4
κλαυσοίμεθα 786[3]
κλαύσομαι 714[4]. 781[7]. 786[2]
κλαυσούμεθα Aristoph. 786[2]
κλαυστός 773[4]
κλαυσῦς 464[1]
κλάω 676[1]. 706[7]; κλάσε aor. Od. 743[1]; ἔκλασα 676[1]. 752[4]; ἐκλάσθη 761[4]
κλᾱ́ω 265[8]. 266[2·3]; κλάειν II 704[2]; ἔκλαε 747[2]. 781[7]
*κλάων 487, 3
κλέα II 43[6]; – ἀνδρῶν 102[7]
-κλέα acc. sg. compos. 580[2·3]
Κλεαγένης kor. 439[2]
Κλεάρχους II 45[4]
Κλεᾶς 526, 5
-κλέας nwgr. thess. 461[3]. 580[4]
κλέβω ngr. 705[3]
*-κλέεος gen. sg. 252[3]
-κλεες voc. compos. Hdt. 580[2]
κλέϝεα 14[6]. 579[2]
-κλέϝεος gen. sg. compos. kypr. 580[2]
*κλεϝεσνός 248[8]. 489[5]
*κλεϝετος 502[3]
-κλέϝης compos. Namen kypr. 580[2]
(*κλεϝjω) 685[7–8]
κλέϝος 31[4]. 223[6]. 292[6]. 347[4]. 723[4]; – ἄφθιτον 42[4]. 57, 0
*κλέϝω 685[7–8]
-κλέης compos. Namen hom. Hdt. böot. 580[2]
κλειδᾶς 461[6]
κλείεσθαι II 288[8]
κλεΐζω Pind. 735[6], 7
*κλειμα 523[6]
*κλεῖμαξ 497[2]
κλεινός att. 248[8]. 489[5]
κλείς 154[7]. 201[6]. 202[1]. 377[7]. 465[4]
-κλεις voc. compos. hom. att. 580[2·3]
Κλεισθένης 635[3]
κλεισιάδες 508[4]
κλείσω fut. (κλείω) 727[5]
κλείσω fut. (κλίνω) 737[4]
κλ(ε)ίτεα 506[5]
κλειτορίς 531, 2. 837[5]
κλεῖτος n. 512[6]. 513[1]
κλειτός 502[3]
Κλειτυῖ dat. 506[4], 7
κλειτυς acc. pl. 571[2]
κλείω 685[8]. 727[5]. II 311[5]
Κλέμαχος 199[3]
κλεμμάδιος 467[1]
κλέομαι hom. 723[3]
Κλεομένης 636[4]
Κλέομμις 636[4]
Κλεομπόρου ion. 253[1]
κλέος 31[4]. 347[4]. 512[1]. 821[4]. II 486[6]
-κλέου gen. sg. 580[3]
-κλέους gen. sg. att. compos. 252[3]. 580[3]
κλέπας 515[1]
κλέπος 512[2]
κλέπτεσκε ἄν 711[3]. II 351[1]
κλέπτης 477[2]
κλέπτω (-ειν) 333[1]. 704[5]. 754[7]. II 283[7]; – τί τινι II 146[6]; κλέπτοντες τοῦ ὅρους II 102[8]; s. ἐκλέψασαν, κέκλοφα, κεκλεβώς, κέκλαμμαι
κλέπω 759[6]. 769[5]
κλέτας 506[5]
Κλεύας thess. nwgr. 224[5]. 580[4]. 636[4]
*κλεῦθι 800, 6
*κλευθος 841[6]
κλεύθωμαι hom. 685, 1. 723[4]
Κλεῦις lesb. 224[5]
κλεύσομαι H. 781[6]
*κλευτε imper. 674[5]. 800, 6
*κλεύω 841[6]
κλεφθη- pass. Hdt. 759[6]. 761[5]
klefts (gen. *kleft*) ngr. (lesb.) 586, 0
κλέφτω ngr. 705[3]
κλεψ- 754[7]
κλέψαι τοῦ ὅρους τι II 102[7]
κλεψεω delph. 786[4]
κλεψία 506[2]
κλέω 723[3]. 747, 5
-κλέω gen. sg. eretr. 580[3]
Κλέων 634[5]. 638[5]
Κλεωναί 638[5]
(κλεωντι) Kos 723, 4
-κλῆ voc. sg. ark. 580[3]
-κλῆα acc. sg. 580[2]
κληγ-: κέκληγα hom. 699[7]. 771[5]
κλήδην 626[3]
κληδών 529[7]
*κλήζω 735, 7
κληηδών πατρός II 132[3]
κληθη- 761[6]
κλήθρη 533[3]
κληιζεται 709[5]
κληΐζω 243[6]. 735, 7; ἐκλήϊσα 727[4]
κλήιζω 'nenne' spät poet. 727[5]. 735, 7
κλῆις att. 349[3]
κληίς 496[4]
κληισκεται Hippokr. 709[5]
κληίσσαι κληῖδι II 166, 1
κλήισω fut. 727[5]
κληΐω ion. 727[4]. 735[5]
κλήιω altatt. 685[5]. 727[4]
κλῆμα 524[1]. 676[1]
κληματσίδα ngr. 271[4]
*κλῆμι (?) 682, 6
-κλῆν acc. sg. compos. 563[3]. 580[3]
-κλῆος gen. sg. dor. ion. hom. 580[2], 5
κληρονομεῖν II 122[7]. 377[4]; – c. gen., acc. II 104[5]
κληροῦσθαι II 123[4]
-κλῆς nom. sg. compos. ion. dor. att. 249[1]. 563[3]. 580[2·3]
κλήσκεται 709[5]
κλητήρ att. 531, 7
κλητῆρας ngr. 531, 7
κλητική (πτῶσις) II 54[2]
κλητός 346[4]. 761[7]
Κλήτωρ 531, 7
-κλίας thess. nwgr. 580[4]
κλίβανος 39[7]
-κλίε̄ς böot. 580[2]
*κλιη- 760[3]
κλιθη- 760[3]
κλιθῆναι 694[4]. 761[6]
κλίμα 523[6]
κλίμακες: ἦν – II 608[4]
κλινέω 761[6]
κλινη- 760[3]
κλίνθη hom. 761[6]
κλίννω lesb. 283[5]. 694[4]
κλίνομαι c. dat. (loc.) II 148[3]. 155[8]. 230[2]; s. κέκλιται, κεκλίαται
κλίνσω 782[2]

κλιντήρ 694[4]
κλΐνω ion. att. 283[5]. 309[2]. 694[4]. 737[4]. 761[6]. 841[8]. II 230[2]; κλινῶ fut. 737[4]. 785[2]; κλίνω σάκε' ὤμοισι II 155[7]; – πρὸς ἐνώπια II 510[2]; s. ἔκλῖνα, κέκλικα
Κλιόμαχος südthess. 242[3]
Κλιππιδε̄ς (= Κλεϊπ-) 87[6]. 193[5]
κλισίη 469[4]. 694[4]; κλισίην II 67[8]
κλισίηφι loc. 551[3]. II 172[7]
κλίσις 416, 1. II 53[6]
κλισμός 493[3]; – f. II 32[3]
Κλίταρχος 258[7]
κλῖτεα 506[5]
κλῖτος n. hell. 506[5]. 512[6]
κλιτός 292[8]
κλιτύς 102[6]. 506[5]
Κλόδεινος ion. 253[2]
κλονέεσθαι ὑπό τινι II 526[5]
κλονέω (-έειν) 720, 6; – τινά κατ' ἄκρας II 480[7]
κλόνις 38, 1. 495[3], 7
κλόνος 490[3]
κλοπεύς 477[2]
κλοπός 459[2]
κλοτοπεύω 732[6]
κλύδα acc. sg. 507[3]. 702[6]
κλύδων 487[6]. 507[3]
κλύε imper. att. poet. 799[3]
κλυε/ο- 747[3]
κλύζεσθαι ὑπὸ πέτρης II 528[5]
κλύζω 702[6]. 715[1]
κλῦθι hom. poet. 740[3]. 747, 5. 800[4], 6. II 226[4]. 341[3]; – ἄναξ; s. κλῦτε
*κλυιτε opt. 800, 6
κλυκύτατος 257[1]
Κλυμένη 674[5]
κλύμενος 642[4]. 740[3]
Κλύμενος 674[5]
κλύοις ἄν II 329[6]. 330[5]
κλύουσαν II 403[2]
Κλυταιμήστρα 332[3]; -αι II 66[6]
Κλυταιμήστρη 448[5]
κλῦτε imper. 674[5]. 799[5]. 800[4], 6
*κλῦτε opt. 800, 6
Κλυτιδήυς 196[3]
Κλυτόνη(ϝ)ος hom. 241[7]
κλυτός 292[6]. 347[4]. 357[4]. 380[8]. 502[2]. II 241[8]; – f. 502[2]. II 32, 5
κλύω 31[4]. 686[2]. 740[3]. 747[3]. 781[6]. II 225[7]. 226[4]. 274[4·6]; – c. gen. II 94[7·8]. 95[3]. 106[6]. 107[2·3]; – c. dat. II 145[5]; – c. acc. II 107[1·4]; κλύειν ταῦτα ἐμοῦ II 94[8]; ὧν πόλις κλύει II 95[4]; κλύων σάλπιγγος II 94[8]; – λόγους ὑπ' ἀνδρός II 529[2]; – περί τινος II 106[6]; – τι πρός τινος II 514[6]; – τινός c. ptc. II 394[5]; – τινὸς αὐδήσαντος II 393[8]; κακῶς κλύω πρός τινος II 227[1]; s. ἔκλυον, κλῦθι, κέκλυκε, κέκλυθι
κλωγμός 492[5]. 716[3]
κλώζω 716[3]
κλωθ- 424[3]
κλώθω 361[2]. 685[4]
κλωθῶες 479[5]
κλωκυδά 'kauernd' H. 626[6]
κλῶμαξ hom. 213[2]
κλών 487, 3. 521[3]. 562, 2
*κλῶνος gen. sg. 487, 3
κλωπάομαι 356[5]
κλωπᾶσθαι H. 719[1]
κλωσ- 755[1]
κλώσκω H. 708[3]
κλώσσω 716[3]
κλώψ 424[3]
κμ > κν 216[1]
*-κμαι 1. sg. pf. 769, 6
κμᾱτός 343[7]
κμέλεθρον 327[3]
κμητός 327[3]. 361[5]. 381[3]
κν < κμ 216[1]; κν- > γν- 102[2]
κναδάλλω (nicht κανδ-) 736[6]
κναίω 676[1]. 686[4]
κνᾱ́μᾱ 361[6]
κνᾱ́μῑδες 465[4]
κνάμπτω 335[1]
κνᾶν 675[2]
κνάπτω 257[1]. 343[5]. 414[6·7]. 705[1]
κναφεῖον 470[4]
κναφεύς 343[5]
κνάφος 459[1]
κνέε 3. sg. 675[2]
κνεφάζει 735[2]
κνέφας 328[1]. 329[1]. 417, 1. 514[5]. 515[3]. 516[2·3]
κνῆ 3. sg. ipf. 675[2], 4. 676[3]
κνήθω 676[1]. 703[1]
κνῆι att. 675[1]. 676[3]
*κνήjω 676[5]
κνημίς 465[4]
κνημός 492[2]
κνῆν 675[2]
κνησμός 493[3]
κνήστῑ Ilias 572, 2
κνῆστις 504[4]
*κνίδες (?) 507, 3
Κνιζνος 489[3]
κνίζω 716[7]
κνῑπός 334[4]
κνίς (-ίδα, -ίδες) 507[3]
κνῖσα 476[1]; – ἀρνῶν II 119[1]
κνῖση 321[5]. 516[5]
κνισμός 493[3]
κνίσση 516[5]
Κνίφων 414[6·7]
κνίψ 334[4]
κνυζάω 731[5]
κνυζός 472, 3
κνύω 676[1·5]. 686[3]
κνώδαλον 361[5]. 483[6]
κνώδᾱξ 497[3]
κνώδων 526[2]
Κνωσιων 245[4]
κνώσσω 648, 1. 3
κοα onomatop. 302[3]
κοᾷ· ἀκούει H. 721[6]
κοᾱλεμος 302[3]
κοάξ 302[3]. 313[7]. 620[7]. II 599, 2
Κοάτᾳ 182[5]
κόβᾱλος 190[5]. 484[4]
κόβω ngr. 705[3]; – μὲ τό μαχαίρι II 485[6]; κόφ' το 335[4]
κόγχη 159[6]
κόγχος 298[1]
κοδράντης 158[6]. 592, 5. 599[4]
κοεῖς Anakr. 721[6]
κοέρανος böot. 194[6]
κοέω 334[4]. 721[6]. 740[6]
κοϝέω 682[5]
κοθαρός 92[6]. 344[3]
κόθορνος 491[6]; τὼ κοθόρνω II 47[3]
κοθώ 478[4]
κοΐ (κοΐ, κοί) 313[7]. 831[8]. II 599, 2
κοιάομαι 726[1]
κοΐζω 716[6]
κοικύλλω 647[4·5]
κοιλαίνω 733[2]
κόιλος 314[4]
κοῖλος 485[1]. II 182[7]; κοίλην [so] II 529[2]
κοῖλυ 463[2]
*κοίμᾱ 494, 1. 725, 9
κοιμάομαι (-ῶμαι, -ᾶσθαι) 494, 1; – ὕπνον II 76[1]; – μετά τινος II 485[2]; – παρὰ πρυμνήσια II 495[3]
κοιμάω 679, 4. 725, 9
κοιμητήριον 470[5]
-κοιμι opt. pf. 795[6]
κοινά 489[1]
κοινᾶν dor. ark. 521[6]. 582[6]
κοινανόντι arg. 253[2]
κοινάουν gen. pl. thess. 251[5·6]
κοινή 118[3], 1
κοινῆι adv. 550[4]. 618[4]. II 175[6]; – μετά τινος II 485[2]
Κοινκτιος 158[6]
κοινολογεῖσθαι II 233[4]
κοινόν (τὸ) II 175[2]
κοἰνοπίδης ion. 401[8]
κοινός 118, 1. 200, 2. 309[5]. 471[5]. 472[1]. II 118[7]. 160[3]. 465[4]. 474[3], 5. 487[4]; – ὂν γένος II 28[3]; κοινὸν εἶναι c. dat. II 143[7]
κοινοῦν II 160[3]

Κοιντος 158[2]
κοινών 521[6]
κοινωνέω (-ῶ) 726[4]; – τι(νος) II 104[1]
κοινωνός 582[6]; – c. ptc. II 104[1]
κοινωφελής 398[4]
κοιόλης 484[5]
κοιρανέω 726[4]. 730[7]; – c. gen. II 110[2]
κοίρανος 272[5]. 471[5]. 489[6], 11
Κοίρανος 637[4]
*κοιρο- 471[5]
Κοιρο- 32[4]
κοίτη 679, 4; κοῖται 302[3]
κοιτίς 127[8]
κοῖτος 347[8]
κόκκος 315[8]
κόκκῡ 258[3]. 423[3]
κοκκύζω 716[6]
κόκκυξ 298[7]. 315[5]. 423[3]. 496[4], 8
κολάζειν II 232[7]; τὸ – II 369, 4
κολάζεσθαι II 232[7]
κολάζω (-ειν) γνώμῃ II 162[7]; – τινὰ c. gen. II 131[2]; – (τινὰ) ἔπη II 79[7]; – τινὰ θανάτοις II 167[3]
κολᾶι 2. sg. fut. 785[3]
κολακικός 289[7]
κολάπτω 705[1], 5
κολάσομαι 781[8]
κολαστέον II 410[4]
κολεῖν H. 747, 1
κόλλα 474[4]; – c. dat. II 153[7]
κολλήεις 527[4]
κολλικοφάγε Βοιωτίδιον II 602[8]
κολοιάω 725[6]
κολοιός 466[3]
κολοκινθίνου 256[3]
κόλος 459[4]
κολοσσός 'Puppe' 32[5]
κολουθη-, κολουσθη- 761[4]
κολούω 683[4]
κολοφών 488[1], 1
κόλπος 302[2]. 459[1]; -οι II 43[5]; κόλπος ὁ ἐπὶ Ποσιδηΐου II 470[6]
κόλσασθαι 285[2]
κολύφανον 255[8]
κόλχος 267[2]
Κολωνῆθεν 628[3]
κολωνός 292[3]. 480[3]
*κομ urgr. II 474[3]. 487[4]
κὸμ καλός 'melior' ngr. II 183, 6
κόμαι II 43[5]
κομάω 725, 10. 731[5]
κομέω 292[7]. 362[8]. 719[4]
κόμη 725, 10; -αι II 43[5]
κομιδῄ 421, 3. 508[7]
κομιδῆι, -ῇ adv. 622[1]. II 162[7]. 413[8]
κομίζομαι (-εσθαι) II 231[5]. 400[4]; -ίσασθαι II 362[2]; κομίζεσθαι κατὰ ῥόον II 478[7]; -ομαι ὑπὸ τὴν ἤπειρον II 531[3]; -εται πάντ' ἐμοῦ II 94[5]; s. ἐκομιξάμεθα
κομίζω (-ειν) 292[7]. 736[2]. II 231[5]; -ίζοιεν w.-lokr. 663, 9
κομίσκᾱ 542[1]
κομιττάμενος böot. 91[3]. 308[3]. 318[1]; -μενοι 738[1]
κομιῶ hom. 785[5]
*κομjός 200, 2. 309[5]. II 466[1]. 474[3]
κόμμι 157[8]. 462[5]
κομμός 492[4]
κομμώ 478, 3
-κόμος 450, 4
κομόωντες; s. κάρη
κομπάζω 735[2]; – c. ptc. II 396[6]
κόμπασος 516[7]
κομπέω 726[2]
κομψός 302[3]. 517[6]
κόν· εἰδός H. 740[6]
κοναβέω 726[2]; κονάβησε ὑπὸ χειρός II 528[4]; κονάβησαν ἀυσάντων ὑπ' Ἀχαιῶν II 528[8]
κοναβίζω 105[6]; κονάβιζε 736[2]
κόναβος 362[8]. 496[1]
κοναί 747[6]. 837[4]
κόνῑ dat. sg. Od. 400[5]. 572, 2
κονίᾱ 469[3]
κονιάω 732[2], 4
κονίδες f. pl. 507, 3
κονίη, pl. -αι II 43[3]
κονιορτός 363[1]
κονιοῦμαι fut. 785[6]
κόνις 462[4]. 516[3]. II 41[5]. 51[6]; κόνι 400[5]. 572, 2
κονίς 465, 2; -ίδες 507, 3
κονῑ́ω 273[6]. 724[4]; s. κεκόνῑτο
*κονjος 309[5]
κοντά c. gen. ngr. II 137[3]
-κοντα num. 592[1], 1
-κοντα- compos. 593[7]
-κοντες ptc. pf. act. lesb. thess. 89[7]
κόντιλος 485[1]
-κοντο- compos. 593[6]
κοντολογῆς ngr. II 137[3]
κοντός 459[3]. 501, 5
κόνυζα 278[6]. 334[4]
κοπανιά: μιᾶς -ᾶς ngr. II 137[3]
Κοπβίδας thess. 231[6]
κοπετός 501[3]
κοπη- pass. 759[6]
κόπις 462[4]
-κοπος 426[5]
κόππα 149, 2
κοππατίας 149, 2. 289[2]
κόπρανον 490[2]
κόπρος 295[4]. 481[2]. II 34, 4. 41[5]. 43[3]; -οι II 43[3]
κόπτην infin. lesb. 807[1]
κόπτομαι (-εσθαι) II 230[5]; -εται II 224[1]; κόπτεσθαι c. acc. II 72[4]; – κεφαλὴν χερσίν II 231[1]; κεκομμένος φρενῶν II 93[5]
κόπτω (-ειν) 334[3]. 704[5], 12. 759[6]. 772, 1. II 230[5]; – ποτὶ γαίῃ II 513[4]; – νόμισμα II 71[3]; κεκοπώς 772[2]. II 264[6]; κέκοφα, κεκοφώς 772[2]
kor' (=κόρη) nom. sg. f. ngr. (lesb.) 332[7]. 586, 0. 833[7]
κο]ράθματα arg. 268[4]
κορακῖνος II 36[5]
κοράλ(λ)ιον 471[2]
κόρᾱνος 69[5]
κόραξ; s. ἐς κόρακας
κοραξός 516[6]
κοράσιον 471, 5; ταῖς κορασίοις II 38[1]
κόραφος 495[5]
Κορβιών 395[4]
κόρδᾱξ 334[4]. 363[1]
κορδύλη 334[4]
κορέννῡμι 697[4]. 708[4]; ἐκόρεσα 752[4], 7; κορέσαι 360[6]. 361[4]. 363[1]. 708[4]; κορεσθη- 761[4]; κεκόρεσμαι 773[5]; κορέσσασθαι φορβῆς II 103[2]; s. κεκόρημαι
κορέσκω hell. poet. 708[4]
κορέω 'fegen' 719[5]
κορέω fut. 784[5]; -έεις 708[4]
κόρϜᾱ 188[2]. 189[5.6]. 472[6]; κορϜᾶν gen. pl. 94[6]
*κόρϜη 188[6]
κόρϜος 363[1]
κόρζα, κορζια kypr. 330[4]. 344[1]
κόρη 188[2]. 189[5.6]. 228[3.7]
Κορθαέσσι dat. pl. kyren. 575, 4
κορθύεται Ilias 727[5]
κόρθῡνεν Hes. 727[6]
κορίανδρον 533[5]
κόριλλα böot. 475, 2
ϙορινθόθεν arg. 628[2]
Κόρινθος 60[7]. 352[8]. 395[4]. 458[1.3]. 510[6]. 554[6]. II 32[3]
Κόριννα 475, 2
κόρις 462[5]
κορίσκω 710[1]
*κόρjανος 272[5]. 489, 11
κορκόδειλος hell. 267[5]
κορκορυγή 496[5]
Κόρκυρα 183[2]. 255[8]
κόρμος kret. 96[4]; -οι 218[4]
κορμός 339[3]. 492[4]
κόρνος 334[4]

κόρνοψ 298[8]. 344[2]
*κόρνυμι 697[4]
Κόροιβος 291[5]
κορομπος 458[7]
Κορόπη 204[3]
κοροπλάθος 298[3]
κόρος 458[7]. 472[6]; – ἐπέβα αἶνον ὑπ' ἀνδρῶν II 529[2]
-κόρος 450, 4
Κοροφαῖος 204[3]
κόρρᾱ dor. 285[1]
κόρρη 188[3]. 285[1]
κόρσᾱ äol. 285[1]
κορσεύς 285[7]
κόρση ion. 188[3]. 285[1]. 363[1]. 516[5]
κορσός 285[7]
κόρταλον att. 267[5]
κόρταφος 267[5]
κόρτερα lesb. 344[2]
Κόρτυς kret. 207[5]
Κορύβαντες 526[4]
κορυβαντιάω 732[3]
κορυδός 508[7]
κόρυζα 474[3]
κορυζᾶς 461[6]
κορυθᾱΐξ 425[1]
κορυθαίολος Ἕκτωρ II 181[4]
κόρυμβος 333[4]
κορύπτω 705[1], 5
κόρυς 465[6]. 510[7]
κορύσσω 725[3]. 771[3]; s. κεκορυθμένος
κορύτει 211[3]. 705[1]
κορύττεται 211[3]
κορύττω 829[3]
κορυφή 352[4]. 495[6]
κορυφοῦται Ilias 731, 3
-κορύψεται 781[7]
κορώνη 491[4]
κορωνίδες νῆες II 181[4]
κορωνίς (term.) 401[4]
-κός suff. 496, 3
-κόσιοι ion. att. 593[1]
κοσκυλμάτια 255[8]. 260[8]. 423[3]. 649, 1
Κοσμᾶς 159[6]
κοσμεῖν (τὸ) II 370[8]
κοσμέομαι II 230[6]
κοσμέω 726[3]. II 230[6]; ἠκόσμησα 654[5]; κοσμεῖν ἐπὶ τὸ μεῖζον II 472[5]
κοσμῆι kret. 807[3]
κοσμησιε 3. sg. opt. kret. 842[6]
κοσμήτωρ 456[4]. 531[3]; κοσμήτορε II 49[2]; – λαῶν II 121[4]
κοσμόντες ostkret. 253[2]. 786[6]
κόσμος 492[4]
κόσσμος 238[4]
κόσσυφος 495[6]
-κοστός num. ord. 591[4]
κοτέ 108[7]
κότερα – ἤ II 580[4]
κότερον ion. II 579[3]. 580[3]; κότερον – ἤ II 629[2]
κότερος ion. 299[2]
κοτέσσατο hom. 753[3]
κοτέσσομαι 782[3]
κοτέω c. gen. II 133[5]; s. κεκοτηώς
κοτήεις 527[4]
κότινος 491[2]
κότος 503[6]
Κόττυφος thess. 318[1]
κοτυληδονόφιν 550[6]. 551[1]
κου adv. ion. 621[4]. II 157[2], 1. 579[3]. 580[1]
κοῦ ion. II 157[2], 1
κουα 302[3]
Κουαδρατος 158[6]
-κουμαι verba ngr. (pont.) 712[2]
Κουμανούδης 36[1]
Κουνδαλι gen. sg. 586, 4
κουρά att. 285[8]
κοῦρα voc. 558[5]
κουράζομαι ngr. II 235[5]
κουρεακός 497[7]
κουρεῖον τὸ παρά τινα II 495[6]
κουρεύς att. 285[7]
κούρη 188[2]. 189[5.6]. 228[3]
κούρητες 385[5]. 499[2]
κουρίδιος 467[3]
κουρίζω 735[6]
κουρίξ 620[6]
κουρίττολος 211[3]
κοῦροι Ἀχαιῶν II 119, 1
κουρον att. 285[8]
κουροτέροισι II 183[5]
κουροτρόφος 228[4]
κούρσωρ 285[6]
κούρω II 48, 3
κουρωθειει conj. böot. 792[6]
κουστωδία 395[4]
κοῦφος 459[4]
κουφοτής 382[8]
κόφινος 491[2]
κόφ' το ngr. 335[4]
κοχλάζω 647[4]
κοχύ 647[3]. 703[1]
κοχυδεῖν 647[3]. 703[1]
κοχύω 703[1]
κοχώνη 297[5]. 381[1]. 491[4]. 838[3]; κοχώνα du. II 47, 4
κόψιχος 329[4]. 498[5], 12. 516[6]
*κρᾱ- 583[5]
κρααίνω 725[1]; s. κεκρᾱ́ανται
κραάρα 217[4]
κρᾱ́ατος, -ατι, -ατα 583[5.6]
κράβακτος 317, 1
κράβυζος 472, 3
κρᾱγέτᾱς 500[1]
κράγον κεκράξεται [so] 626[6]
κραδαινόμενος, -μένη 682[6]. 733[1]
κραδαίνω 342, 2
κραδαλός 483[7]
κραδάω, -άων hom. 682[6]
κραδίη hom. 187[6]. 342[5]. 425[3]. II 192, 1
κράζω (-ειν) 716[3]. 748[2]. 784[1]. II 263[2]; – τί τινος II 132[3]; s. κέκραγα, -χθι, ἐκέκραγον, -ξα, κράξω
κρᾱθη- 761[7]
κραιαίνω 105[4]. 725[1]
κραίνω 725[1]; – c. acc. II 110[2.5]; – c. gen. II 110[2]
κραιπνός 274[1]
κράμβη 154[7]
κρᾱ́νᾱ dor. nwgr. 190[1]
κράναιυν (τοῖς) du. ark. 557[2.6]. II 35, 1. 47[4]
κρᾰνέω 725[1]
κράννα äol. 190[1]. 280[3]
Κραννούν thess. 190[1]
κράνος 58[3]
Κρανουννίοις 283[3]
*κράξομαι 784[1]
κράξω spät 784[1]
Κράπαθος Ilias 104[2]. 510[6]
κρᾱ́ς m. f. 583[5]
κρᾱσ- 361[4]. 583[5]
*κρᾱσα- 583[5]
κρασί ngr. 505, 10
κρᾱσί dat. pl. 583[5]
κρᾶσις 505[5], 10
*κρασνᾱ 190[1]
κρᾰ́σπεδον 282[4]. 583[5]
*κρᾱσρ- 282[4]
κράστις 257[1]
*κρατα (= κάρτα) 448[5]
κρᾶτα acc. sg. Od. 583[5]
κρᾶτα nom. sg. spät 583[5]
κραται- 448[5]. 632[6]
κραταιις 385[6]
κραταιό- 448[5], 3
κραταιός 448[5]. 468[4]
κρατέα n. pl. 584[5]
Κρατεισίπποι gen. thess. 839[7]
Κράτερμος 218, 2
κρατερός 342[5]. 482[2]; -οῖο gen., -ῶι dat. sg. 584[5]
κράτεσκε Pind. 711[4]
κράτεσφι Ilias 551[1]. 583[5]
κρατευταί 257[1]
κρατέω 724[2], 4. II 109[6]. 110[1]; – c. acc. II 110[4]; – c. gen. II 110[3]; – τι ὑπ' ἰσχύν II 531[1]
κρᾱτήρ 82[2]. 346[4]. 360[2]. 689[1]. 805[1]. II 33[5]
κρατηρίζομαι: ἐκρᾱτηρίχθημες, ἐκεκρᾱτηρίχημες 772, 3
κρᾱτί dat. sg. 583[5]
-κρατία compos. 469[2]
Κρατίδημος 481, 2
Κρατῖνος 491[3]
Κράτιππος 218, 2
κράτιστα εἶναι II 606[2]

κρατιστίνδην 627[2]
κράτιστος 357[5]. 538[1]; – c. dat. II 151[8]
κράτος: ἀνὰ – II 441[1]
κρᾱτός gen. sg. 346[4]. 583[5]
κρατοῦν (τὸ) II 409[2]
κρατούνι böot. 91[2]. 109[8]. 182[2]
Κρατύλοι II 45[2]
κρατύς adj. 292[4]. 463[1]. 538[1]. 584[1]
κρᾱ́των gen. pl. 583[5]
κραυγανώμενον ptc. n. Hdt. 700[6]
κραύγασος 516[7]
κραυγή 296[4]. 716[3]
κραυγόμενον 700[6]
*κραυξός 516[6]
κρέᾱ n.pl. hom. att. 516[1], 579, 4. 581[4], 5. II 39[3]. 42, 3. 43[2]
κρεᾱ́διον 471, 4. 515, 2
κρεᾱνόμος att. 438[6]. 439[2]. 515, 2
*κρεᾱνόμος 439[2]
κρέας 292[2]. 314[4]. 514[4], 6. 580[6]. II 42, 3
κρεββατίζω 258[4]
*κρεέων gen. pl. 515[1]
κρέϝας 340[5]
κρεηδόκος 440[5]
Κρεήτη 104[5]
*κρειμα 523[6]
κρεῖον 470[3]
κρεῖσσον ἐλπίδος II 99[6]
κρείσσων 539, 4; – εἰμί c.ptc. II 393[5]; – μυρίων λόγων II 98[6]; – ποταμοῖο 99[4]; κρείσσον' ἀγχόνης II 99[6]; κρείσσονα θαυμάτων II 99[6]
κρεῖττον λόγου II 99[6]
κρείττους acc. pl. 563[5]
κρείττων att. 273[8]. 320[5.7]. 538[2], 4; – ἦν μὴ λειτουργήσας II 393[5]
κρείων hom. 526[2], 4. 538[3]. II 408[5]
κρέκω 684[4]
κρεμάζω 697[6]
κρεμαίω 676[5]
κρέμαμαι 340[5]. 680[4]. 692[1]. II 229[3]; κρέμᾱται 681, 8; κρεμαίμην 681[2]; κρέμαιτο 794[6]; κρέμασθαι 681[2]; s. ἐκρέμαο, -μω
κρεμάννῡμι 697[4]; – ἐξ II 434[5]; s. ἐκρέμασα, ἐκρεμάσθην
κρεμάντες 682[3]
κρεμάς 508[1]
κρεμάσας: -σαντες ἐξ οὐρανόθεν, -σαντι σαυτὸν ἀπὸ κάλω II 95[6]
κρεμάσεται 763[4]
κρεμασθη- 761[4]
κρεμάσκουμαι ngr. (pont.) 712[2–3]
κρεμαστὴν αὐχένος II 95[6]
*κρεμάσω fut. 681[6]. 750[6]. 787[3]
κρεμάσω conj. aor. 750[6], 3
κρεμάω 681[2]; σὲ κρεμῶμεν τῶν ὄρχεων II 95[6]
κρεμάω fut. 750[6], 3. 787[3]. 815[7]
κρεμβαλιάζω 735[4]
κρεμήσομαι 782[7]; -σεται 763[4]
κρεμνάντες 695, 1
κρεμόω fut. 681[1]. 784[6]
κρέμυον 516[4]
κρεμῶ fut. 785[4]. 815[7]
κρέμωμαι conj. 681[2]. 792[7]
κρεννέμεν thess. 275[1]
κρέξ 423[2]
κρεοφυλάκιον 261[7]
κρές (τὸ) ngr. 519[6]
κρέσσων ion. 292[4]. 320[7]. 538[1–3]
κρέσσων äol. 342[5]
*κρετjων 320[7]
κρέτος äol. 292[4]. 342[5]
*κρεττον- 538, 2
κρεω- 515, 2
κρεωβόρος 438, 6
κρέων 566[4]
-κρέων in Namen 566[4]
Κρέων 637[4]
κρήγυος 453, 2
κρήδεμνον 520[5]. 523[6], 3. 583[5]
κρηῆναι infin. 725[1]
κρῆθεν 583[5–6]
κρήμνημι 351[2]
κρημνός 695[2]
κρῆναι infin. 725[1]
κρήνη 255[4]. II 33[2]; – ἡδέος ὕδατος II 129[3]
Κρηνίδες 121[4]
κρηπίς 465[4]
κρῆς dor. 250[6]. 514, 6
κρησέρη ion. 217[4]. 307[7]. 517[1]
κρηστήριον 514, 6
κρησφύγετον 261[5]. 502[4]. 583[5]
Κρῆται Od. 638[5]
Κρῆτες II 614[3]; Κρήτεσσι 564[4]
Κρήτη 461[2]. 638[5]
κρητηρίᾱ 190[2]
κρητός gen. sg. 583[5.6]
κρῖ 16, 1. 61[7]. 352[4]. 370[5.6]. 377[7]. 409[2]. 424[4]. 580[6]. 582[3]. 584[6]. 836[6]. II 15[8]
κριβανάριος 39[6]
κρίβανος att. 259[3]
κριγή f. Hippokr. 716[3]
κρίδδω böot. 716[3]
κρῑ́διον 248[6]
κρίζω Menandr. 716[3]. 747[4]; s. κέκρῑγα
*κριθ 352[4]. 580[6]
κριθαμινος 494[1]
κριθέε ark. II 316[4]
κριθεῖ ϝοικέος II 92[6]
κριθέντων imper. 802[6]
κρῑθή 61[7]. 352[4]. 580[6]. 582[3]. 583[5]; κριθαὶ ὄνωι II 153[7]
κριθη- 761[6]
κρίθμος 492, 11
κριθόπυρος 453[3]
κρίκε hom. 292[4]. 716[3]. 747[4]
κρίμα 523[6]
κρίμνη imper. att. 798[5]
κρίμνημι 351[2]. 695[2]
κριμνῆστις 504[6]
κρῖμνον 524[6]
κρῖναι (τὸ) II 371[6]
κρίνασθαι II 381[4]
κρινάσθων Od. 757[2]. II 237[7]
κρῖν(ε) 694[4]
κρίνεται ἀνδρός II 92[5]
-κρινέω fut. hom. 785[2]
κρινθέντες hom. 761[6]
κρινίω dor. 785[2]
κρίνομαι (-εσθαι) II 241[3]; – c. instr. II 166[2]; – διά τινα II 453[5.6]; – κρίσιν II 80[5]; – ἐκ τῶν ἔργων II 464[2]; – ἀγαθός II 83[8]; – θανάτου II 131[6]; – πρὸς τὸ τελευταῖον ἐκβάν II 511[4–5]; s. κέκριμαι
κρίνον 458[6]
κρινοῦμαι Plat. 763, 3
κρῑ́νω (-ειν) 695[7]. 761[6]. II 122[7]. 124[3]. 256[5]; κρινῶ 643[7]; κρίνω c. instr. II 167[3]; – τινά c. gen. II 131[2]; – περὶ θ. II 131[7]; – περὶ ἔργων II 502[7]; – τινός II 132[2]; – τί τινος II 132[2]. – τι ἔν τινι II 458[5]; – πορτὶ τὰ μο̄λιόμενα II 511[7]; – τινὰς κατὰ φῦλα II 477[4]; – τι πρὸς ἀργύριον II 511[5]; – τι παρ' ἑαυτῷ II 494[5]; κρίνοντες nom. abs. II 403[6]; s. ἔκριν-, κέκρικα
κρινωνιά 469[7]
κρίνωνσι conj. 270[4]
κριξός 516[6]
κριος (> κρέεος) kret. 242[8]
κρῑός 472[5]. II 31[3]
krísa tsak. 205[4]
κρίσις c. gen. II 132[3]; – ποτὶ τὰμ πόλιν II 511[1]
Κρισσαιγενής 452[4]
κριτήρ 82[2]
κριτής 82[2]. 128[7]
κριτικός (term.) 7[2–3]
Κριτολέᾱ att. 244[4]
κριτός 694[5]. 761[6]. II 242[1]
κροαίνων 722[1]
κροιϝός 472[5]
Κροῖσμος 493[5]
κρόκα acc. sg. 424[3]. 584[6]

κρόκη 459[7]. 584[6]
κροκόδιλος 260[3]
κρόμβυον 231[7]
κρομμύω II 49[6]
κρόμυον 255[8]. 283[2]
Κρονίδης 635[1]
Κρόνιον (ὄρος) II 177[7]
Κρονίων 536, 1. 635[1]
Κρόνος 490[3]; -ου πάγος II 177[6]
κρόσσαι 474[2]
κροταλίζω 735[6]; κροτάλιζον II 72[7]
κροτέω 726[2]. II 72[7]
κρότος 503[6]
κροτώνη 491[4]
κρούπεζα 473[6]. 722[1]
κρουσθη- 761[3]
(*κρουσπεζα) 722[1]
κρούω att. 722[1]
κρύβδα, -δην 626[3]
κρυβη- pass. 760[2]
κρυβήσομαι Eur. 737[6]
κρύβω ngr. 705[3]. II 83[5]
κρυερός hom. 482[1], 2
κρῡμός 281[8]. 492[3]
κρύος 512[4]
κρυπτάδιος 467[1]
κρύπτασκε 711[3]
κρυπτάω 711[4]
κρυπτίνδα 627[2]
κρύπτομαι: κρυβήσομαι, ἐκρύβην 737[6]; κεκρυμμένος ἀπό II 446[8]
κρύπτω (-ειν) 333[1]. 705[1], 5. 759[5]. II 83[1·2]; – τι ἐξ ὁδοῦ II 463[2]; – τι ὑφ᾽ εἵματος II 528[1]; s. ἔκρυβον, κρύψαι
κρύσην 102[5]
*κρυσμος 281[8]. 492[3]
Κρυσόθεμις att. 261[7]
κρυσταίνω 706[5]
*κρυστω (?) 706[5]
κρύφα 622[5]. 623[1]
κρυφά ngr. 623[1]
κρυφᾶ 384[4]. 550[3]. 626[5]. II 163[4]
κρυφᾰ́δᾱν 626[4]
κρυφάδις 631[4]
κρυφαῖος 467[6]
κρυφανδόν 626[3]
κρυφείς Soph. 759[5]
κρυφῇ ion. att. 550[3]
κρυφη- pass. 760[2]
κρυφηδόν hom. 626[5]
κρυφθη- pass. 759[5]. 760[2]
κρύψαι κατὰ χθονός II 480[4]
κρύψαιμι ἄν II 329[6]
κρύψαντες ἔχουσι βίον Hes. 812[7]
Κρύψιππος 635[6]
κρωβύλος, κρώβυλος 381[8]
κρωγμός 716[3]
κρώζω 716[3]
κρῶμαξ 213[2]
Κρῶμ(ν)αν 476[2]
κσ (= ξ) 211[5]
*κσμ 327[6·8]
*κσν 327[6·8]
*-κσνᾱ 327[7]
κτ 325[8]; – > kret. ττ 256[7]; -κτ schwindet 409[1·2]
κταθη- 761[5]
κταίνω lesb. 343[2]. 714[4]
*κταίνω 697[2]
κτάμεν 740[4]
κτάμεναι 740[4]. 806, 6
κτάμενος hom. 740[4·5]; -μένοιο 757[1–2]
κτανε/ο- 747[6], 9
κτανεῖν 343[2]
κτανέω, -νῶ fut. 785[1]
*κτάνῡμι 697[2]
κτάομαι 676[2]. II 229[3]; s. ἐκτᾰ́σᾱ, κέκτημαι
κτᾰ́ς ptc. 740[5]
κτάσθαι Ilias 740[4]
κτᾶσθαι II 240[4]; – διά τινος II 451[5]; – τι παρά τι II 497[1]; – ἄκοιτιν σὺν ἀρετῇ II 489[7]; – τι σὺν τῷ δικαίῳ II 490[1]; – τι μετ᾽ ἀδικίας II 484[6]; s. κτάομαι, κτηθῆναι, κτήσασθαι
κτάσθων II 344[4]
Κτάσις 505[3]
κτέανον 519[5], 6; κτέανα 520[5]
κτέαρ 325[8]. 519[5], 6
κτεάτειρα 474, 3
κτεατίζω 735[6]. 736[3]; -άτισσα aor. 737[7]
κτεῖναι: τὸ μὴ – II 371[7]
κτείνεσθαι II 239[2]; – ὑπό τινι II 526[7]
κτείνεσκε hom. 711[2]
κτείνω (-ειν) 283[5]. 326[1]. 343[2]. 697[2]. 715[6]. II 72, 1. 258[5]. 272[2]. 281[6]. 284[6]. 347[3]. 363[1]. 374[7]; – τινὰ διά τι II 454[1]; – – ἀμφί τινι II 438[3]; – – ἔριδος ὕπερ II 521[8]; s. ἔκτειν-, ἔκτα, ἔκταμεν, ἔκτανε, κταν-
*κτείνω fut. 785, 2
κτείς att. 486[7]. 569[5]; κτένε du. 569[5]
κτενέω fut. 740[4]. 785[1]
*κτενjω 343[2]
κτέννω äol. 228[5]. 283[5]
*κτενσω fut. 785, 2
κτενῶ fut. att. 785[1]. 814[8]
κτέρας 327[1]. 424, 6
κτερεΐζω 733[1]. 735[6]; -ΐξω fut. 737[7]. 785[5]
κτέρες 424[3]
*κτεριεῦσι 785[5]
κτερίζω 735[6]; -ιῶ 735[6]. 737[7]; -ιοῦσι 785[5]
κτέωμεν conj. Od. 364[1]. 740[4]
κτηδόνες 529[7]
*κτηϝαρ 519, 6
κτηθῆναι 760[4]
κτῆμα 325[8]. II 605[8]; – ἐς ἀεί II 460[7]; – δόλῳ II 166[6]
κτήμᾱ f. 494[3]
κτήν nom. sg. spät 569[5]
κτηνηδόν 626[5]
κτῆνος 325[8]. 512[7]. 519, 6; κτηνέων 579, 4; κτῆσι (= κτήνεσι) 564, 1. 582[6]
κτήσασθαι 760[4]. II 296[4]; τοῦ – II 360[7]; κτήσασθαί τι σφίσιν αὐτοῖς II 236[1]
κτῆσι; s. κτῆνος
κτιδέη 327[1]
κτίζω 326[1]. 674[5]. 716[7]. 754[8]. 761[4]; s. ἔκτισ(σ)α, ἔκτικα
κτίλος 326[2]. 483[4]. 837[8]
Κτιμένη 674[5]
κτίμενος: ἐΰ κτιμένη (κτίμενον) 674[5]
κτίννυμι spät 351[3]. 697[6]
κτισ- 754[8]
κτισθη- 761[4]
κτίσις 271[5]. 326[1]. 505[5]. 674[5]
κτισσ- 754[8]
κτίτης 674[5]
κτοίνᾱ rhod. 326[1]. 674[5]
κττ 238[8]
κτυπέω 718[3·5]. 726, 5. 747[4]
κυ 302[3]
κύαθος 158[6]. 511[1]
κύαμος 302[5]. 494[1]
*κυαμυια 440[1–2]
κυανεάων gen. pl. n. Hes. 559[3]
κῡάνεος 104[1]
κύανος 490[2]
κυάνοφρυ voc. Theokr. 571[2]
κυανοχαῖτα hom. 560[2–3]. 585[3]
κυανοχαίτης 560[3]
Κυανόψια sam. 302[5]
κυανώπιδες 244[8]
κύαρ n. 519[6]. 727, 1
κύβδα 626[3]
κυβερνᾶν 62[1]. 157[8]
κυβερνήτης: – πρὸς τῇ σκυτοτομίᾳ II 514[1]; ὁ ὀρθῶς – II 385, 1
Κυβερνίσκος 542[1]
κυβεύειν περί τινι II 501[4]
Κυβήβη 62[2]
κυβησίνδα 627[2]
κύβιτον 504[2]
κύβος 458[5]. 627[3]
κυβοστόν 596[2]
κυδάζω 735[2]
κῡ́δαινε, κῡδαίνων, κῡδάνει 700[1]; s. ἐκῡ́δανον
κύδαρ 519[1]
κυδῆναι, κύδηνεν 700[2]
κῡδιάνειρα 447[6]. 474[1]

Κυδίλλει 636, 3
Κῡδίμαχος 447[6]
κύδιμος 494[6]
κῡδιόων, -ιόωντες 700[2]
κυδίων 539[1]
κυδνός 489[4]
Κύδνος ὄνομα II 86[2]
κυδοιμός 478, 1. 492[3]
κῦδος 512[5]. 821[4]
κῡδρός 447[6]
Κύδωνες 66[4]. 487[7]
κύε imper. 799[1]
kúe tsak. 94[1]
κυένσαν 729[3]
κύεσσαν· κύουσαν H. 525, 4. 709, 4
κυέω 301[7]. 709[2]. 721[1]; ἐκύησα, κυήσω 709[2]; κυήσομαι 783[1]
κύημα 709[2]
κύϑε Od. 747[4]
Κύϑηρα 482[6]
Κυϑηρίς 157[8]
Κυϑήρριος att. 274[4]
κύϑρα ion. hell. 121[3]. 269[1]
*κυϑσο- 307[1]
κυΐεες kret. (gort.) 402[7]
κυΐσκομαι 709[2]
κυΐσκω 707, 1. 709[2]
κυκαίνω 719[4]
κυκάω 719[4]
κυκεών 521[5]; -εῶ acc. sg. 569[7]
κύκλα 581[4]. 582[3.5]. II 37[2]
κυκλέω 726[3]
Κυκλοβόρος 429[6]
κυκλόϑεν II 171[5]
κυκλόϑι II 171[5]
κύκλος 296[2]. 299[6]. 423[4]. 581[4]. 582[3.5]; κύκλοι 581[4]; κύκλον τάξασϑαι II 78[2]; s. κύκλα
κυκλόσε 629[2], 3. II 171[5]
κύκλωι (-ῳ) adv. 618[4]. 622[1]. II 155[5]. 421[3]
κύκλωψ 426, 4; -ωπες ὄνομα II 86[2]
κυλίεται 827[3]
κυλίκεσσι äol. 564[5]
*κυλικίσκᾱ 542[1]
κυλινδεῖσϑαι πρὸ ποδῶν II 506[5]
κυλίνδομαι (-εσϑαι): – πὰρ ποσί II 493[4]; κυλινδόμενος περὶ χαλκῷ II 501[1]
κύλινδρος 277[1]. 481[4]
κυλίνδω (-ειν) 684[5]. 703[1]. 754[8]; – λίϑους διὰ τῆς νυκτός II 451[2]; – λίϑους ὑπὲρ τῆς πέτρας II 521[1]
κύλιξ 351[8]; κυλίκεσσι 564[5]
κυλίομαι: κυλίεται 827[3]; ἐκυλίσϑη 761[3]; κυλίσϑη 285[2]
κυλιούχιον 260[8]
κυλῖσ- 754[8]
κυλίσκη 542[1]
κυλΐω j.-att. 686[2]
Κύλλαρος 482[2]
κυλλῆστι(ς) 585[3]
κυλλοποδίων 487[6]
κυλλός 259[1]
κῦμα 523[1]. 709[2]; – ϑαλάσσης II 41[5]; κύματα λείπει II 607[3]
κυμαίνω 724[5]
κυμερῆναι infin. kypr. 729[3], 2. 808[4]
Kúmi ngr. 182[6]
κύμινδις 462[5]. 526[5]
κύμῑνος 491[3]
κύνα acc. sg. 568[5]
κυνᾱγός 111[2]; -οἱ κατ' ἴχνος II 478[4]
κυνάγχα 65[1]
κυνάμυια 440[1]
κυνάριον 568[7]
κύνας acc. pl. 343[4]. 552, 3
κυνάω Lukian. 726, 2. 731, 1
*κυνδῦνος 335[1]
κύνε 565[4]. II 48[5]
κυνέειν II 277[2]
κυνέη 37[7]
κύνες: αἱ – αἵδε II 25, 8
*κυνεσμι, *κυνέσω praes. 692[2]
κυνέω (-έειν) 74[7]. 692[2.3]. 731, 1. II 277[2]; s. ἔκυσσα, κύσω
κυνῆ 468[1]. II 175[6]
κυνηγός 398[2]
κυνηδόν 626[5]
κυνήπους 439[2]
κυνήσομαι 692[3]
κυνήσω 783[2]
κυνητίνδα 627[2]
κυνϑάνει H. 699[7]
Κυνϑυκῷ 256[3]
κυνία lesb. 468[1]
κυνίδιον 568[7]
κυνίζω 731, 1
κυνίσκη 568[7]
κυνίσκος 568[7]
κυνιστί 623[3]
*κυνο- 'Heil' 692[3]
Κῦνον 489[3]
κυνός gen. sg. 350[3]; – κακομηχάνου II 614[3]
Κυνόσαργες 514[2]
Κυνόσουρα 446[1]. 476[1]
κυνούχιον 260[8]
κύντατος II 176[5]
κύντερος 536[2]. II 176[5]
κυνώπης 562[1]
κύον voc. sg. 309[2]. 408[6]. 568[5]
*κυονα acc. sg. 486[3]. 568[5]
Κύπαιρα 204[3]
Κυπαρισσήεις 527[4]
κυπάρισσος 61[6]
κυπαρίττων ὕψη II 42[5]
κυπασσίσκος 542[2]
κυπάττιδες 318, 1
κύπειρον 471[5]
κύπελλον 483[5]
κῡποδημάτων 402[7]
Κύπρις 385[6]
Κύπρος 161[4]
κυπτάζω 706[4]
κύπτω 705[1]. 772[4]; κέκῡφα 772[4]
κύρβις 462[5]
κυρειᾶ 194[2]
κυρέω (-εῖν) 721[3]. II 104[2]; – τινός II 104[3]. 124[5]; – c. acc. II 104[5]; – c. ptc. II 392[2], 1. 3; κυρεῖ βεβώς II 392[3]; s. ἐκύρησα, κυρήσω, κεκύρηκα
Κυρηναῖος 162, 2
Κυρήνη 189[7]. 823[5]
κυρήσω fut. 721[3]. 783[1]
κυρία 133[7]
Κυρίακος 161[4.7]
κυριεύω II 272; – c. gen. II 110[3]
Κυριν(ι)ος 162, 2
Κυρῖνος 158[6]. 183[1]
κύριος 133[7]. 292[7]; κύριε κύριε II 700[1]; οἱ κύριοι II 51[3]; κύριός εἰμι πράσσων II 393[4]
κυρκανάω 700[6]
Κύρνος 336[1]
κῦρος n. 292[7]. 301[7]. 481[5]. 512[6]
*κῦρος m. 727, 2
*κῡρός adj. 512[6]
κῡρόω 727[1], 2
Κυρρέσται 66[2]
κυρρον äol. 89[7]
κῦρρον thess. 274[3]
κυρσάνιος 334[4]
κύρσας 753[4]
κύρσω 721[3]
κύρτος 351[7]
κύρω 721[3]; κύρσει 782[2]; κύρσω 721[3]; ἔκυρσα 721[3]. 753[4]. 782[2]; κύρσας 753[4]
κυρῶ fut. 783[1]
κύσϑος 307[1]. 510[7]
κυσί dat. pl. 569[2]
κύσον att. 692[2]
κυσός 307[1]. 321[5]
κύστιγξ 498[3]
κύστις 504[4], 5
κύσω fut. spät 692[3]
Κυτένιον 181[7]
Κυτινεῖς 194[2]
κύτινος 491[2]
κύτισος 516[8]
κύτος 512[4]
Κύτωρος 482[6]
Κύφαιρα 204[3]
κύφελλα (τὰ) 483[5]
κῦφος 512[4]
κυψέλη 517[2]
-κύψεται 781[7]
κύω 686[3]. 709[2]. 721[1]. II 72, 1; s. ἔκῡσα

κύων 292[7]. 379[6]. 486[2]. 568[5]; κύον 309[2]. 408[6]. 568[5]; κυνός 350[3]; κύνα 568[5]; κύνας 343[4]. 552, 3; κυσί 569[2]; κύνε 565[4]. II 48[5]; αἱ κύνες αἵδε II 25, 8; κυνὸς κακομηχάνου II 614[3]
*κυών 379[6]
κω partic. II 579[3], 4
κῶας 349[2]
κώδων ἀκαλανθίς II 176[4]
κώθων 487[6]
κωκῦσομαι 782[1]
κωλακρέται att. 257[1]
κώλειρ 569[4]
κωλήν 487[2]
κώληπα 426[2]
Κωλιάς II 33, 2
κῶλον 458[6]
κωλύω (-ειν) II 83[3]; κωλύων II 296[7]; κωλύσει conj. äol. 790[4]; κωλύσαι 3. sg. opt. kret. 797, 2; ὁ κωλύσων II 296[1]; κωλύειν τοῦ ἀγῶνος II 93[3]; κωλύομαι c. ptc. II 396[5]
κῶμα 523[2]. 679, 4
κωμάζω ὑπ' αὐλοῦ II 530[1]; κωμάσομαι 782[1]
κωμαίνω 724[6]
κωμαρχέω: ὁ -ῶν, -ήσας II 297[5]
κώμη 122[6]; κῶμαι αἱ ὑπὸ τὸ ὄρος II 531[5]
κωμόπολις 453, 4
κῶμος 458[6]. 492[2]
κῶμυς 465[6]
κωμῳδεῖν II 73[3]
κωμωιδιδάσκαλος 263[7]
-κων ptc. pf. 540[5]. 767[6]
κωνάω 731[5]
κώνειον 470[4]
κωνέω 731[5]
κῶνος 458[6]
κωνοφόρος 450[6]
Κωνσταντῖνος 161[7]
Κωνσταντίνου πόλις 446, 3. II 24, 2
*-κωντα 592, 1
κωνωπεῖον 152[8]. 470[4]
κώνωψ 152[8]. 153[1]
κῶοι 458[6]
Κωπᾶις, Κωπᾱΐς att. 265[8]
κωπεύς 477[2]
κώπη 459[7]; – ἐλέφαντος II 129[2]
κωπώ 478[5]
κώρᾱ 228[3]. 459[7]
κῶρα voc. Theokr. 558[5]
κώρυκος 497[5]
κως adv. ion. 108[7]. 299[3]. II 580[2]
κῶς adv. ion. 299[2]
Κωσταντῖνος 161[7]. 287[3]
Κώστας ngr. 637[1]
κωτίλος 484[7]
κωφός 458[6]; – c. gen. II 108[2]

Λ

λ- aus *ϝλ- 309[7]; aus *sl- 309[7]. 310[4·5]. 649[3]; λ wechselt mit δ 333[6]; mouilliert 212[6]; mouilliert vor i, e ngr. 213[1]; vor dunklen Vok. ngr. 217[7]; λ velare Ausspr. 212[5]; Wirkung von λ auf Vok. 274[7]; umgek. Schreibung für ρ 213[2]; λ > ν 81[4]; λ und ρ regell. Wechsel bei Fremdsprachigen 259[5]; λ-λ > ρ-λ 258[7]; λ:ν > ρ:ν 259[2·3]; λ:ν < ν:ν 259[2]; λ:τ < ν:τ 259[3]
λα inl. vor Kons. für idg. l̥ 342[2]
λα- II 185, 2
Λᾱ- her. 250[4]
-λᾱ- Ausg. 483[1–4], 1
l'a ngr. (chi.) 212[7]
λᾶα acc. sg. Kallim. 578[3]
λᾶαν acc. sg. hom. 578[3]
λᾶας 575[2]. 578[3], 1. II 37, 7; f. spät 578[3]; n. 515[4]; s. λᾶε, λάεσσι
λαβάνω 700[1]
λάβδα 140[2], 2. 141[1]. 277[7]. 826[7]
Λάβδα f. 637[4]
λαβδακίζω 736[4]
λαβέ 382[7]. 390[1]. 799[2]
λαβε/ο- 748[1]
λάβει conj. mess. 791[2]
λαβεῖν 298[5]. 310[5]. II 360[6]. 363[8]; τὸ – II 380[2]; τοῦ – II 372[5]; τῷ – II 360[2]; τὸ μὴ – II 371[2]
λάβεσκε(ν) 711[2·5·7], 4; -ον 711[5]; -ον ἄν II 351[1]
λαβέτην ἀγκὰς ἀλλήλων II 130[2]
(*λάβετ κε) 711[7]
λάβευ imper. ion. 383[4]. 390[1]
λάβοις χ. ἐμοῦ II 94[5]
λάβομαι fut. hyperatt. 780[5]
λαβόμενος II 235, 2
λάβον imper. syrak. 754[1]. 803[4]
λαβόντι dat. pl. 272[1]
λαβοῦ imper. 799[3]
λαβρεύεσθαι 732[5]
λάβρος 258[7]
λάβρυς lyd. 495[2]
Λαβυάδαι 291[5]
λάβυζος 472, 3
λαβύρινθος 510[6]
λαβών II 387[2]. 388[4]. 435[4]; -όντες II 390[5]; -όντι dat. pl. 272[1]
λαγαίω kret. 676[4]
λαγαρός 340[4]
*λαγjομαι 698[2]
λάγνος 489[3]. 838[2]
λαγός (-οῦ gen. sg.) 557, 1
Λᾶγος maked. 248[7]. 635[5]
λάγυνος 491[5]
λαγχάνω 343[6]. 699[5]. 701[3]. 738, 5. 748[1·7]. 781[6]. II 122[7]. 123[4]; (ἐ)λάγχανον 699[5]; ἔλαχον, s. d.; λαγχάνω c. gen. II 104[3]. 111[5]; c. acc. II 104[4]; – τινί τινος II 131[3·5]; – πρὸς ἁλός II 515[6]; – δίκην II 161[2]; – ὄλβον πρός τινος II 514[5]; τοῦ λαγχάνειν II 361[6]; s. ἔλαχον, εἴληχα, λαχ-
λαγώ acc. sg. 557[8]
λαγώ gen. sg. 557[6]
*λαγώ 438, 3
λαγωβόλον 438[3]
λαγώς 38[1]. 310[5]. 438, 3. 450[1]. 557[6]; -ών 487[1]; -ὼς ὁ θῆλυς II 31[4], 4
*λαγωυσός 349[5]
Λᾱδάμας dor. 251[5]
λάδδουσθη infin. böot. 331[7]. 698[2]
Λαδίκη 254[3]
Λάδων 66[4]
λᾶε du. 578[3]
Λαεικός 196[7]
Λᾱέρτης 740, 7
Λᾱερτιάδης 509[7]
λᾱ́εσσι dat. pl. 578[3]
*λᾶϝαρ 578, 1
*λᾱϝία 349[3]
λᾱ́ϝιτον 504[2]
Λαϝοκόϝων 449[5]
Λαϝοπτόλεμος kor. 223[6]
λᾱϝός 472[6]
λάζομαι 714[6]. 748[1]. II 277[3]; λάζετο 700[1]; -ομαι ἡνία χερσίν II 156[1]
λάζυμαι, ἐλάζυτο 698[2]
λαήμεναι H. 682[3]. 776, 2
λαθε/ο- 748[1]
λάθε[σθ]αι (τὸ) II 370[3]
λᾱθι- 444[4]
λαθικηδής 447[6]
λᾱθίπονος 444[3]

λάθος 512[3]; -ου gen. sg. ngr. 579[5]
λαθοῦ imper. 799[3]
λάθρᾰ h. Cer. 626, 4
λάθρᾱ att. 447[6]. 550[3]. 622[4]
λαθρᾱ́δᾱν 626, 4
λαθραῖος 467[6]
λάθρη ion. 201[1]. 550[3]
λαθρηδίς 631[4]
λᾱ́θω 703[2]; s. λέλᾱθα
λαι- praef. 434[2], 2
λᾶϊ dat. sg. hom. 578[3]
λαιά (ἡ) II 175[5]
λᾱ́ϊγγες Od. 498[3]. 578[3]
λαιδρός 676[3]
λαίειν 776, 2
λαικάζω 676[4]
λαιλαπ- 647[5]
λαῖλαψ 423[4]
λαιμάττω Aristoph. 733[4–5]
λαιμός 492[3]
λαιός 266[3]. 314[5]. 347[5]. 472[5]; λαιᾶς χειρός II 112[5]
λαισήιον 61[8]
Λαιστρυγόνες 487[2]
λαῖτμα 523[7]
λαιφαί H. 733[5]
λαιφάσσω Nikandr. 733[5]
λαιψηρός 434[2]
λακάζω Aesch. 708[2]
Λάκαινα χώρη ion. II 176[4]
λακάνη 255[7]
λακαταπῡ́γων 434[2]
λακατάρατος 434[2]
λάκε 748[1]; – ὑπ' αὐτῆς (sc. μελίης) II 528[3]
Λακεδαίμων 634[2]; -μονι loc. II 154[8]
Λάκεθε(ν) eretr. 628[3]
λακεῖν 770[2.3]; – αὐλὸν πρὸς Λίβυν II 512[3]; s. λάκε, ἔλακον
λακέρυζα 473[6]
λακέρυζος 472, 3
λακῆσαι; s. ἐλάκησα
λακήσομαι 708[2]. 738[5]. 748[1]. 782[6]
Λακιάδαι 66[4]
λάκκος 317[1]. 472[5]
λακπατεῖν 324[7]. 620[7]
[Λ]ᾱκρᾱρίδᾱς böot. 282[4]
Λᾱκρείδα 258[8]
*λακσκω 708[2]. 776[2]
*λάκτης 270[5]
*λακτι 620[7]
λακτίζω 620[7]. 736[1]
λάκτιμα 217[1]. 524[2]
λάκτις 270[5]
λακωνίζω 736[3]
Λακωνικαὶ κύνες II 181[5]
Λακωνική 634[2]
λαλαγή 496[5]
λαλέω 726[4]; -ήσω II 293[2]
λάλο barb. Aristoph. 583[3]
λαλῶ: -οῦσαν ngr. 666, 3; -ῶντας ngr. II 410[8]
λαμβάνομαι (-εσθαι) II 230[3]. 232[5]. 240[3]; – ἥττων II 395[4]
λαμβάνω (-ειν) 74[7]. 699[7]. 737[4]. 748[1]. 772[4]. 781[4]. II 127[7]. 164[5.6]. 230[3]. 272[1]. 350[7]. 353[3]. 363[7]. 382[8]; ἐλαμβάνοσαν, -εσαν 666[1.2]; λαμβάνοι II 638[4]; λαμβανέτω II 342[5]; λαμβάνω c. acc. et gen. II 112[3]; – ἐπ' αὐτοφώρῳ II 468[5]; – διὰ χερῶν II 451[6]; – ὑπὸ μάλης II 528, 1; -ειν σφεας II 691, 1; -ω ποδῶν II 129[8]; – τι ἀπό τινος II 446[4]; – δῶρα κατά τινος II 480[3]; – τινὰ γούνων, τῆς ζώνης II 130[1]; – βοῦν ὑφ' ἁμάξης II 527[5]; – τι ἐπὶ τὸ σωφρονέστερον II 472[5]; – τινὰ ψευδόμενον II 394[3]; – πληγὰς ὑπό τινος II 227[2]; – τι ποὶ τοῖς ὑπάρχουσιν II 514[2]; – συμβούλιον 40[1]; λάβ' ἔντερα προτὶ οἷ II 513[5]; τοῦ λαμβάνειν II 360[7]; s. auch ἔλαβον, ἐλάβοσαν, ἐλάβεσκε, ἔλλαβε, ἐλλάβετ(ο), εἴλᾱφα, εἴληφα, λαβ-
λάμβδα 140, 2. 277[6]
λάμια 473[1.2]
Λάμος hom. 473[2]
λάμπεσθαι II 232[7]
Λαμπετίη 705[6]
λαμπέτις Luk. 705[6]
Λάμπετος 502[4]
λαμπετόωντι πυρί ep. 705[6]
λαμπιρότατος ngr. II 185[4]
Λάμπιτος 504[2]
Λαμπιτώ 504[2]
λάμπουρος 260[5]
λαμπρόφωνοι 6, 1
λαμπτηρουχία ἀμφί τινι II 438[5]
ΛαμπτρΕ[so] du. altatt. 575[5]
Λαμπ(τ)ρεύς att. 337[6]
λάμπω (-ειν) 684[5]. 692[6]. 781[7]. II 72[7]. 232[7]; – ὑπὸ μαρμαρυγαῖς II 527[2]; – πυρὸς σέλας II 76[6]
λαμυρός 482[4]
λάμψις 505[6]
(λάμψομαι Hdt.) 781[5]
Λᾶναξ kret. 263[4]
λανθάνομαι c. gen. II 108[3]. 109[2]
λανθάνω 699[6]. 748[1.7]. II 16[2]. 72[5]. 301[2]. 353[2]; – c. ptc. II 392[3.4.5]; – c. infin. II 396[4]; λανθάνει βόσκων II 392[4]; – ποιῶν II 413[2]; ἔλαθον ἐσελθόντες II 392[4]; ἐλάθομεν ἤ. αὐ. διαφέροντες II 392[5]; s. auch λᾱ́θω, λήθω, ἔλαθον, ἔλλαθον, λαθε/ο-, λάθεσθαι, λαθοῦ, ἐλέλαθον
λᾶνος dor. 314[4]
λανός unterital. 95[2]
λᾱνός 489[2]
λάξ 260[2]. 620[5–6]. 840[8]; – ποδὶ κινήσας II 704[3]
λάξομαι ion. 738, 5. 781[6]
λᾱξός 562[4]
Λαοδ- 248[2]
Λαοδάμᾱ voc. 526, 5. 565, 4; -μᾱ 526[2]
Λαοδάμεια 469[4]
Λᾱοκόων 721[6]
λᾶος m. 578[3]
λᾶος gen. sg. hom. 578[3]
λαός 555, 1; λᾱός 190[2]. II 42, 3; j.-att. 241[3]; dor. 251[5]; ὁ – voc. 551, 1. II 62, 1; λᾱοί II 42, 3; λαὸς Ἀχαιῶν II 129[3]; – – πείσονται II 608[7]
-λαος n. pr. m. 561[3]
-λᾱος 241[3]
λαοσσόος 720[2]
Λάοτος 636[4]
λάους acc. pl. Hes. 578[3]
λαπαδνός 489[4]
λάπαθον 510[6]
λάπαθος 511[1]
Λᾱπέρσᾱ (τὼ) II 47[3]
λάπτω 705[1]
Λᾱ́ρισα 60, 2. 516[8]
λάρος 61[7]
λᾱρός 482[1]
-λας n. pr. m. 561[3]
-λᾱς dor. 241[3]
Λασαίοις thess. 638, 11
Λάσαν acc. sg. ON H. 638[4]
λάσθη 510[7]
*λασίζω 735[6]
λάσιος 314[4]. 466[4]
λασίσματα 735[6]
Λασιών 488[1]
λάσκω 260[5]. 708[2]. 748[1]. 776[2]. 782[6]; s. λακεῖν
Λασσαίου 638, 11
λάσται f. pl. 503[3]. 717[1]
λάσταυρος 434[2]
λασφη (= -σθη) 158[3]
*λατακjω 725[4]
λάταξ 496[5]
λατάσσω 725[4]
Λατογένεια 439[5]
Λατόθεν 552, 1
Λατοῖ kret. 549[7]
λᾱτόμος 578[3]
λατρειόμενον 728[3]
λατρεύω (-ειν) II 73[6]; – c. dat. II 144[8]
λάτρις m. f. 462, 3

λᾱτύπος 578[3]
Λᾱτώ 60[2]. 478[5]. 479[3]
Λαυδ- 248[2]
λαυκά 198[7]
λαυκανίη hom. 198[6]
Λαύκε̄ att. 209[7]
Λαῦκος att. 209[7]
λαύρᾱ 481[3], 6. 578, 1
λάϋς f. dat. kor. 578[3]
λᾰφ- 310[5]
Λαφάρης 513[6]
λαφθη- ion. 761[6], 4
λαφύσσω hom. 733[5]; -σσετον 3. du. 667[2]
λαχαίνω 725[3]
*λαχάνω 700[7]. 701[1]
λαχε/ο- 748[1]
λάχεια 837[6]
λαχεῖν II 382[6]
λάχεσις 505[3], 5
Λάχεσις 504[4], 4
λάχη 460[1], 1
λαχῆν infin. ark. 807[2]
Λάχης 499[3]
λαχμός 492[4]
λάχνη 314[4]
λαχόην lesb. 236[7]. 796[3]
λάχος 512[3]
λαχών ἀπὸ ληίδος αἶσαν II 447[4]
λᾱ́ψομαι fut. ion. 761, 4. 781[4]
λᾱ́ψομαι fut. dor. 781[4]; λαψῆι Epich. 786[6]
λάω 676[2]
λᾱ́ων gen. pl. 578[3]
Λέαγρος 454[3]. 634[3]
Λεαρέτη 244[7]
Λέαρχος Καλλιμάχου II 119[7]
Λεβάδεια 207[5]
λέβης 61[8]. 154[7]. 499[3]
λέβινθος 61[5]. 526[5]
Λεβύα 153[1]. 181[7]
Λεβυᾱφιγενής Ibyk. 551[4]
λεγ- 'sich legen' 32[8]
λεγ- 'sammeln' 32[8]
λέγειν 'du sollst sagen' II 638, 1
λέγειν (τοῦ) II 362[3]
λεγεών 161[4]. 395[4]. 488[1]
-λεγη- pass. 760[1], 4
-λεγῆναι Koine 760, 1
λεγιών 488[1]
λέγομαι (-εσθαι); λέγεται II 239[7]; – λόγος ἀμφί τινι II 438[6]; – Μίδας θηρεῦσαι II 297[3]; – παρά τινι II 494, 1; – παρά τινος II 498[1]; – πρός τινος II 514[7]; – μετά τισι II 483[3]; – ἀπό τινος II 446[5]; λεγέσθω ὁ λόγος ποτὶ χόας ιη' II 511[5–6]; s. auch ἐλέχθην
λεγόμενον II 401[5]; τὸ – II 78[3]. 617[6]; τὸ δὲ – II 87[1]; τὰ λεγόμενα II 274[8]
*λεγχ- 701[1]
λέγω 31[4]. 338[6]. 353[6]. 641[8]. 684[6]. 751[4]. 754[7]. 821[4]; Bed. 31[3]. 32[6]. 37[5]. II 258[3]. 259[1]. 271[5]. 272[1.8]. 274[4.6]. 276[6]. 277[5.7]. 279[1]. 282[1]. 307[6.7]. 363[4]. 364[4]. 365[4]. 366[6]. 373[3–8]. 374[1.2]. 380[7]; λέγει alt- u. ngr. 72[7]. II 621[3]; λέγομεν 309[2]; λέγουσι(ν) II 243[3.4]. 620[8]; λέγουν(ε) ngr. 666[4]; λέγοιμι II 304[5]; λέγοιμ' ἄν II 329[5]; λέγοις ἄν II 329[6.8], 1. 330[5]; λέγε 660, 2. II 304[5]. 341[3.4]; λέγε δή II 341[3]; λεγέτω II 344[2]; λεγόντων II 344[3]; s. auch ἔλεγον; λέγες ther. 660, 2; λέγω c. gen. (= περί τινος) II 105[8]. 132[2]; c. ptc. II 394[4]; – ὡς c. ptc. II 397[2.3]; – κατ' ἐμαυτόν II 479[2]; – κατ' ἄνδρα II 479[1]; – ἐξ ἐμαυτοῦ II 463[4]; – ἔν τισιν II 458[1]; – σὺν θεῷ II 489[3.4]; – περί τινος II 503[1.2]; – ἀμφί τινος II 438[8]; – ἐπ' ἀργυρίῳ II 468[2]; – περὶ τιμᾷ II 501[6]; – πρὸ τῶνδε II 506[8]; – ὑπέρ τινος II 521[7]. 522[2]; – ὀρθῶς ὑπέρ τινος II 521[5]; – κατά τινος II 480[3]; – τι ἀκοῇ II 167[7]; – τί τινος II 132[3]; – τι πρός τινα II 510[7]; – τι ἔς τινα II 459[2]; – τι πρός τινι II 513[3]; – τι διά τινος II 451[6]; – λόγον ἐκ λόγου II 464[3]; – λόγον περί τινος II 503[3]; – τινὸς ὅτι II 132[2]; – τινί τινος II 132[1]; – τινὶ λόγον παρὰ λ. II 496[3]; – τινί τι σὺν δίκῃ II 489[8]; – τινά τι II 83[8]; – περὶ σιτία II 504[8]; – πρὸς ἡδονήν II 512[5]; – τινὶ καθ' ἡδονήν II 478[1]; – πρὸς ὀλίγον ὕδωρ II 511[5]; – ἐξελάσαι II 297[3]; – μὴ ἀδικεῖν II 595[5]; – ὅτι II 638[5]. 639[2]; – ἀντία περὶ τάρβει II 501[6]; λέγω κακά II 81[1]; – – κατά τινος II 480[2]; καλῶς λέγω c. dat. II 152[2]; λέγων ἂν λέγοι II 388[7]; οἱ λέγοντες II 409[1]; λέγοντος αὐτοῦ II 399[7]
λεηλατῆσαι: τὸ μὴ – II 372[1]
λεία att. 349[3]
λειαίνω 733[1]
λειᾶναι 187[6]
Λειβία 208[1]
Λείβιος 158[5]
λείβω 291[5]. 309[2]. 347[1]. 684[6]. 702[2]
λείζομαι att. 735[5]
λειῆναι 187[6]
λειμακέστεροι II 183[6]
λειμενέστεροι II 183[6]
λεῖμμα 523[5]
λειμών 338[3]. 347[1]. 522[1.2], 1
λειξ- 754[7]
λεῖος 348[1]; – πετράων II 96[4]
λείουσιν dat. pl. 571[1]
λειπε/ο- 673[3]
λείπηι conj. att. 244[4]
λείπομαι (-εσθαι) II 273[4]; – τινος II 101[1.2]; λείπετο Ἀντιλόχοιο II 10[1]; s. λέλειμμαι
λειπο- 442[3.4]
λείποι 382[2]
λειπυρίη ion. 263[3]
λείπω (-ειν) 298[5]. 309[2]. 346[8]. 353[6]. 355[6]. 358[3]. 643[4]. 684[6], 2. 701[2]. 747[3]. II 269[2]. 272[2]; ἔλειπον 640,2; ἐλείπομεν 641[7]; λείπηι 244[4]; λείπωμεν 640, 2; λείποι 382[2]; λείπω ἐπὶ τῇ χώρῃ II 466[6]; – τινὰ ἀμφί τινι II 438[4]; – τινί τι ἀχνυμένῳ II 152[3]; – τινὰ ἔλωρ πρὸ φόβοιο II 507[8]; s. auch ἔλειψα, ἔλιπον, ἔλειπτο, ἔλειφθεν, ἐλέλειπτο, λιπεῖν
λειτορεύω 530, 5
λειτουργία 201[6]. 202[1]
λειτουργῶ περί τινος II 503[7]
λειχήν 487[3]
λειχο- 442[4]
λείχω 297[5]. 685[1]. 754[7]
λειψ- spät 747[3]
λεῖψαι (τὸ) Porphyr. 755, 5
λείψανον 517[2], 2
λείω dor. 82[5]
λειώλης rhod. 434[2]
λείωντι kret. 676[3]
λεκάνη 490, 1
λέκιθος 510[6]
*λεκσ(σ)θαι 751[2]
*λεκσσο 2. sg. 751[2]
*λεκστο 3. sg. 751[2]
λεκτέος II 409[8]
λέκτο 684[6]. 750[6]. 751[2.3]. 755[4]. 842[5]. II 258[3]
λέκτρον 532[2]
λεκχώ 315[6]
λελαβέσθαι 748[1.6]
λελάβηκα 311[2]; -βήκειν infin. dor. (arg.) 775[1]. 807[1]
λελᾱ́θα 646[7]. 770[2]
λελαθε/ο- 748[1]
λελαθεῖν 646[7]
λελαθέσθω: μὴ – II 343[4]
λελάθηι Ilias 748[7]
λέλαθον 357[2]

λελάθοντο Ilias 748[7]
λέλᾱκα 702[5]. 776[2], 2
λελάκοντο h. Hom. 748[1·6]
λελακυῖα 541[2]. 770[2]
λέλαμμαι 771[1]. 772[4]
λέλαμπα Eurip. 771[1]; -ε 772[3]. II 264[2]
λέλασμαι 770[2]; -σται 357[1]. 699[6]. 748[1]. 773[2]; λελάσμεθα 773[2]; λελασμένος 773[2]. II 407[7]; ἔμμεναι λελασμένον II 376[3]
λελάφθαι 761, 4
λελάχᾱσι Emped. 769[2]
λελαχε/ο- 748[1]
λελαχεῖν πυρός II 104[2]
λελαχήσομεν H. 783[4]
λελάχω II 310[7]; -χητε 699[5]. 748[7]; -χωσι 748[7]
λέλεγα H. 765, 1. 771[1]
Λέλεγες 59, 2
λέλειμμαι 280[1]; λελείμμεθον 672[5]; λέλειπται 771[2]. 772, 2; λέλειπτο 772, 2; – ἐς δίσκουρα • II 459[6]; λελεῖφθαι 772, 2; s. λέλειψαι
λελειχμώς II 286[7]; -ότες Hes. 771[5]
λελειχότες 771[5]
λέλειψαι 668[1]
λελείψεται Ilias 783[3]. 812[5]
λέλεκται 771[2]. II 258[3]
λέληθας δουλεύων II 392[3]
λέληκα ep. 708[2]. 770[2·3]. 772[2]; -κώς 541[2]
λελιημένος 770[5]. II 263, 1
λελιμμένος II 263, 1
*λελιπμεν 643[4]
λελιχμότες 771[5]
λέλογας H. 771[2]
λελογισμένως Hdt. 624[2]
λέλογχα 768[4]. 769[2]; -ε II 264[4]; λελόγχασι(ν) 664[1]. 699[5]. 748[1]. 769[2]
λέλοιπα 355[6]. 358[3]. 643[4]. 649[3]. 771[2]. 772[2]; λέλοιπε(ν) 772, 2. II 263[5]
*λελοιποίη 794, 2
λέλομβα kret. 96[4]
λελόμβη conj. kret. 770[1]
λελουμένος 682[5]. 770[4]
λελοχυῖα H. 769[4]
λέλυμαι 770[1]
λελύμανται 771[5]
λελυμασμένος ἔσομαι II 290[1]
λέλυνται, λέλυντο 671[5]; λελῦσεται att. 783[5]; λελύσθαι 809[3]; λέλυται 783[5]; λέλῡτο, λελῦτο Od. 795[5]
λεμβάδιον 471[2]
λέμβος m. II 34, 2
λέμε ngr. 254[2]
λέμνα 332[4]. 524[6]
λένε ngr. II 245[5]. 621[1]
λέντιον 161[5]
λεξ- 754[7]. 787[1]
λεξα- 755[4]
λέξαι böot. att. II 258[3]
λεξάμενος 751[2]
λέξασθαι 751[2]. II 375[1]
-λέξασθαι 760, 1
λεξάσθων imper. ion.-att. dor. 802[4]
λέξατο 751[2]
λεξείδιον 471, 4
λέξειν II 375[6]; τὸ μὴ οὐ – II 369, 6
λέξεο 788[2], 4
λεξιγράφος 33, 1
λεξικογράφος 33, 1
λεξικόν 33, 1. 270[5]
λέξο imper. hom. 751[2]. 799[6]; – μετά τινος II 483[6]
λέξω 684[6]
λέξωμεν conj. 791[2]
λεο- 434[2]
λεοκοῖς ion. (= λευκοῖς) 197[6]
*λέονος gen. sg. 582[5]
λέοντε II 48[5]
λεοντηδόν 626[5]
Λεόντιον II 37[5]
Λεόντιος 161[7]. 163[6]
λεοντο[β]ά[σ]ες att. 579, 4 (λεοντοειδέες att.) 579, 4
λεόπαρδος 439[6]
Λεπάδεια phok. 207[5]
λέπαδνον 208[6]; -δνα 489[4]
λέπαμνον 208[6]
λεπάς 508[2], 2
λεπαστή 503[3]
λεπράω 731[2]
λεπρός 481[4]
λεπτακινός 32[6]. 456[6]
λεπτόγεως 245[7]
*λεπτόγηος 837[1]
λεπτός: λεπτότατοι πάντων τῶν ὑ. II 100[2]
λέπω 684[5]; ἔλεψεν II 82[8]
λές ngr. 254[2]. 737[1]. II 244[8]; – νὰ μὴ εἶναι τίποτε II 596[2]
Λέσβος 79[4]
λέσπιν 462[5]
λέσχη 541[6]
λεσχήν 487[4]
Λεττίναιος thess. 316[7]
λευγαλέος 484[2]
Λευεί 165[3]
Λευείτης 165[3]
Λευκαθέα 703[4]
λευκὰ θεόντων 685[7]. 703, 5
λευκαθεόντων (ὀδόντων) Hes. 703[4], 5. 6
λευκαθίζω Hdt. 703[5]
λευκαίνω 289[6]. 733[1]
λευκανθίζω 703[5]
λευκανίη 198[6]
Λευκάς 508[3]
λευκαχάτης 453, 5
λευκέρυθρον 453[3]
λευκέρυθρος 453[2]
λεύκη 380[3]. 420[4]. II 174[5]
Λευκοθέα 438, 1. 453, 5
λευκόϊον 174[6]
λευκολίνου gen. 289[7]
λευκομέλας 453[2]
λευκομυόχρους 453[2]
λεῦκος 380[3]. 421[4]. II 174[5]
λευκός 347[3]. 458[5]. 805[1]
λευκόφαιος 453[2]
Λεῦκτρα (τὰ) II 43[4]
Λεῦκτρον 532[4]
Λευκυανίας 453[2]
λευκώλενος II 32[3]. 182[8]
λευσθη- 761[3]
λευσμός 578[3]
λεύσσατε imper. 754[2]
λεύσσω 88[4]. 713[3]. 716[2]. 754[2]. II 72, 1; – τι ὑπ' αὐγάς II 530[5]
λευστήρ 578[3]
λεύσω 578[3]
λευτον 503[6]
Λευτυχίδης 248[3]
λεύω 578[3]. 728[3]
λεχ- 32[8]
λεχεποίην 441[4], 2
λέχεται 684[6]. 717[5]. 718[6]
λεχθὲν ἦν Plat. 812[6]; τὰ λεχθέντα ἔκ τινος II 463[7]
-λεχθη- pass. 760[1], 1
λεχοί, -ούς 479[4]
λέχομαι 355[6]. 754[7]
λεχόνα ngr. 479[4]
λέχος 333[1]. 339[2]. 512[2]; – εὐνῆς II 122[2]; λέχος δε hom. 624[6]
λεχός kyren. 253[7]. 410[7]
λέχριος 327[7]
λέχρις Antim. 620[4]
*λεχσκᾱ 541[6]
λεχώ 478, 3. 479[1], 1
λέω ngr. 737[1]; s. λές, λέμε, λένε
λεώ gen. sg. att. 555[3]. 557[6]
λεω- att. 438[3]
Λεωκέστωρ 637[6]
λεώλης 434[2]
λέων 156[2]. 526[1]. 567[1]. 571[1]. 582[5]; λέοντρς 582[5]
-λέων (gen.-λέωνος) 636[2]
Λεωνίδης ὁ 'Αναξανδρίδεω II 119[6–7]. 618[4]
λεώς ion.-att. 190[2]. 245[5]. 557[6]. II 42, 3; λεώ gen. sg. 555[3]. 557[6]
Λεωσθένης 637[6]
λεωσφέτερος 430[3], 1
λϝ 332[3]; – > λυ 267[3]
λh- 309[7]
ΛhαβΕτος att. 310[5]
λhαβον 212[2]; -ών ägin. 310[5]
λήγω 310[5]. 311[2]. 354[7]. 414[2]. 685[3·4]. II 92[4]; λῆγε ipf.

414^{6}. 651^{6}. II 341^{3}; ἔληγον 654^{4}; ἔληξα Herod. 748^{1}; λῆξον II 341^{3}; ληγέμεναι II 381^{4}; λήγω τινός II 279^{5}; – ἀείδων II 393^{2}; σὺν τῷ φόβῳ λήγοντι II 391^{1}
ληδεῖν 702^{6}
*ληϝας n. (gen. -ασος) 578^{3}
*ληϝι- f. 508^{4}
ληζόμενοι ζῶσιν II 388^{2}
ληθάνω 699^{6}. 700^{1}; -ει με c. gen. II 108^{4}
ληθεδανός 530^{2}
λήθεσκεν 711^{2}
λήθομαι 699^{6}
λήθω 685^{3}. 699^{6}. II 72^{5}; λήσω fut. 699^{6}. 703^{2}. 748^{1}; ἔλησα 755^{6}; λήθω τινός c. dat. II 151^{1}
-λήθω compos. 699^{6}
λῆι 676^{3}
*λήιᾱ 349^{3}
ληϊάς 508^{4}
ληΐζομαι ion. 735^{5}. II 270^{6}
λήιζομαι att. 735^{5}; s. ληζόμενοι
ληΐη 241^{6}
ληΐσσομαι hom. 735^{5}. 785^{5}
ληιστής 201^{4}; ληστής 159^{4}
λήιστρια 530^{6}
ληΐτις 464, 2
ληιτουργ- 201^{4}
ληιτουργία att. 241^{6}
ληκᾶν H. 356^{5}. 676^{4}. 719^{2}
λήκημα 128^{2}
ληκίνδα adv. 627^{2}
*ληκυθιντιον 162^{1}
λήκυθος 61^{8}. 162^{1}. 510^{6}. II 34, 2
ληκώ 478^{4}, 2
λῆμα 676^{3}
λῆμμα 280^{1}
Λῆμνος 524^{6}; -ου γαῖα II 122^{1}
λημφθη- 761, 4
λήμψομαι Koine 761, 4. 781^{4}; – τινα ἐμαυτῷ II 236^{3}; s. λήψομαι
ληναί 489^{3}, 7
ληνός II 34, 2
λῆνος n. 512^{7}
λῆξις 364^{1}. 505^{3}
λήξομαι 781^{6}
ληός ion. 246^{4}
ληρέω 726^{3}; -ήσω II 293^{3}; λῆρον ληρεῖν II 75^{2}
λησμονῶ c. gen. ngr. II 136^{7}
ληστής 159^{4}; s. ληιστής
λήσω; s. λήθω
λητήρ akarn. 530^{6}
λῆτο H. 703^{2}
Λητοΐδης 543^{5}. 635^{1}
λητουργῶ: ἐληρτούργησεν 257^{6}
Λητώ 478^{6}. 479^{1}. 547^{2}
λήτωρ thess. 530^{6}
*ληυ: λᾰϝ 578^{3}
λήψεσθαι II 375^{7}
Ληψιμανδῆς, Ληψιμανδοι, Ληψιμανιαι 26^{3}
λήψοιτο II 337^{4}
λήψομαι hell. 700^{1}. 781^{4}. II 265^{4}; s. λήμψομαι
Ληψυανδῆς 26^{3}
λῖ 434^{2}. 676^{3}
-λι- suff. 495$^{2\cdot 3}$
λιάζομαι: λιαζόμενον ποτὶ γαίῃ II 513^{4}; λιάζετο 734^{3}
λιάζω 693^{2}
λίᾱν 434^{2}. 621^{1}. II 413^{7}
λιαρός 311^{1}
λιάσθη 734^{3}
λιασθη- 761^{4}
λίασσεν 734^{3}
λίβα 584^{6}
λιβάς 508^{2}
Λιβέριος 161^{6}
λιβικός 498^{2}
λίβος 347^{1}
Λίβυες οἱ πρὸς Αἰγύπτῳ II 512^{8}
Λιβυκός 498^{2}
Λίβυσσα 475^{5}
λίγα adv. hom. 622^{5}. 692^{8}
λιγαίνω: ἐλίγαινον Ilias 733^{1}
λίγδα 626^{3}
λίγδην 626^{3}
λίγδος 508^{7}
λίγεια 379^{5}. 474^{5}
(*λιγκjω) 692^{4}
λιγνύς 215^{6}. 495^{6}
λίγξ 299^{7}
λίγξε βιός 692^{8}
λιγουρός böot. 182^{1}
λιγυρός 482^{4}
λιγύς 463^{2}. 692^{8}; -ύν acc. sg. 573^{3}
λίες pl. 570^{7}
λῖες pl. 571^{1}
λῑ́εσσι dat. pl. 571^{1}
λίζουσι H. 692^{5}
λίην 676^{3}
λιθάς f. II 37, 6
λιθηhια lak. 466, 11
λιθιάω 732^{3}
λίθος m. f. 582^{3}. II 37^{1}, 6; f. II 34, 5
λιθοσπαδής 507^{4}
λιθουργός II 176^{4}
λῑκερτίζω 705^{5}
λικμάω 731^{5}
λικμός 338^{3}
λικνίζω spätgr. 215^{8}
λίκνον 259^{2}. 338^{3}
λικριφίς 256^{2}. 327^{8}. 351^{2}. 551^{4}, 7. 620^{4}
λιλαίομαι 273^{2}. 717^{1}. II 229^{2}; – τινός II 105^{2}
*λιλασjομαι 717^{1}
λιμήν 159^{8}. 347^{1}. 521^{7}. 522^{2}; λιμένες II 43^{4}; λιμένοις kret. 564^{8}; λιμὴν ὁ κατὰ πόλιν II 477^{1}
λίμνη 347^{1}. 522^{1},1. 524^{5}. II 33^{2}
λιμνοθάλασσα 453, 4
Λιμνώρεια 452^{2}
λῑμός m. f. 176^{6}. 492^{3}. II 34, 1. 37^{1}, 3
λιμπάνω (-ειν) 417, 1. 689^{4}. 691^{3}. 692^{2}. 699^{6}. 701$^{2\cdot 3}$. 747^{3}
*λίμπω 701^{2}
λιμώσσω Luk. 733^{6}
λῖν acc. sg. Ilias 570^{7}
λῖν' acc. sg. 570^{7}
λίναμαι 693^{2}, 4
λινδέσθαι H. 692^{5}
Λίνδος 508^{7}
λίξ (λίγξ) 299^{7}
λίπα adv. 333^{1}. 622^{1}
λιπάδελφος 442^{5}
λιπανδρία 442^{5}
*λιπάνω 700^{7}
Λιπάρα 482^{3}
λιπαρέω μένων II 393^{1}
λῑπαρής 434^{2}. 481^{3}, 8
λιπαρός 482^{2}
λίπας 514^{5}
λίπε imper. hom. 799^{2}
λιπε/ο- 673^{3}. 747^{3}
λιπεῖν 346^{8}. 353^{6}. 357^{2}. 358^{3}. 389^{8}; s. ἔλιπον
λίπεν Ilias 759^{2}
λιπερνής, -ῆτος 442, 4
λιπεσάνωρ 444^{2}
λιπέσθαι ἐπὶ κτεάτεσσι II 467^{1}
λιπο- 432, 6. 442^{3}
λίποιτον 3. sg. 669^{4}
λίπον 759^{2}
λιπόναυς 449^{6}
λῑπόνηρος 434^{2}
λιπόντ- ptc. 380^{8}. 390^{1}. 718^{2}; s. λιπών
λίπος 512^{4}
λιποῦ imper. aor. 799$^{3\cdot 6}$
λίπτω 705^{1}
λίπωμεν 640, 2
λιπών 389^{8}; s. λιπόντ-
λῖς m. hom. 570^{7}. 571^{1}; λῑτί dat. sg. 499^{3}. 584^{6}. II 52^{1}
λῑ́ς adj. 499^{3}
λῖς 378^{2}. 463^{6}
λισσέσκετο hom. 711^{2}; – ἐμὲ γούνων II 130^{1}
λίσσομαι 685^{3}. 715^{1}. II 82^{1}; – ὑπέρ τινος II 521^{5}
λισσός 472^{1}
λίσσω 715^{1}
λίσσωμεν H. 298^{5}. 692^{4}
λιστρεύειν 732^{5}
λίστρον 532^{4}
λίσφος 495^{5}
λιταὶ μακάρων II 121^{4}
λιταίνω 700^{5}

λιτάνευεν II 82[1]
λιτέσθαι 685[3]. 715[1]. 746[3]. 747[3]; s. ἐλιτόμην
λίτεσθαι 746[3]
*λῖτjος 472[1]
λίτομαι 685[3]. 715[1]
λιτότης 37[3]
λίτρα 206[3]. 829[2]
λίτρον att. 259[3]. 532[4]
λιχμάω 725, 9
λίχνος 489[3]
λίψ· ἐπιθυμία H. 705[1]
*λj 323[1]. 367[1]
*-λjω 323[1]
λλ aus *sl-* 654[3]; aus *sr* 322[5]; aus δλ 323[3]; aus λj 323[1.3]; aus λν 323[3]; -λλ- aus -λν- 693[3]; λλ aus νλ 323[2]; aus ρλ 323[4]
-λλα suff. 475[1]
λλήξειε hom. 315[3]
λλιαρῶι 311[1]
λν 283[7] f.; *λν 323[3]
λο äol. ark.-kypr. für λα 343[8]. 344[3.7.8]
-λο- Ausg. 483[1–4], 1
λό' ipf. hom. 682[4]. 721[6]
λογάδην 626[5]. II 416[4]
λογαοιδικός 447[1]
Λόγβασις 323[6]
-λογέω 726[5]
λόγια n. pl. ngr. 582, 1
λογίζομαι II 396[3]; λογίσασθε II 341[4]
λόγιμος II 32[4]
*λογοαοιδικός 447[1]
λογογράφος 429[1]
λόγος 5[5.6]. 31[4]. 42[1]. 353[6]. 458[6]. II 175, 3; Bed. 31[3]. 37[5]; λόγος ngr. 582, 1; λόγος 'Satz' II 619, 2; *λόγου τινός 389[4]; τῷ λόγῳ II 167[3]; λόγος c. gen. II 132[3]; ἀνὰ λόγον II 441[3.6]; κατὰ – II 479[1]; λόγος περί τινος II 503[2]; – ἐστὶ παρά τινων II 497[6]; – ἔχει τινὰ πρὸς ἀνθρώπων II 514[5]; λόγοι τῆς χάριτος II 122[4]; – περὶ Λυσίαν II 504[6]
λογόω Plot. 842[3]
λόγχη ion. 699[5]. II 42[2]
[λόε], λό(ε) ipf. 682[4]. 721[6]
*λοέεσθαι 682[4]
λόει att. 682[5]
λόεον ipf. hom. 682[4]. 721[6]
λόεσθαι 682[5]
λόεσσαι imper. hom. 803[7]
λοέσσαι infin. 682[4]. 803[7]
λοέσσομαι 682[4]. 784, 6; – ἄν II 351[6]
λοετρά 682[4]
λοέω 682[5], 8
λοϝέω 682[4]
*λοϝομεν 1. pl. 682, 7
*λοϝοντι 3. pl. 682, 7
λόϝω 682[4]
λοηται 682[5]
λοιγός 347[2]
-λοιγός 450, 4
λοιδορεῖν II 73[6]. 232[7]
λοιδορεῖσθαι II 73[6]. 161[2]. 232[7]
λοιδορέω 726[4]
λοίδορος 482[2]
λοιδοροῦμαι ἀνδρί II 161[3]
λοιμός 176[6]. 348[1]. 492[3]
λοιμώσσω Luk. 733[6]
λοιπογραφή 451[4]
λοιπόν II 87[1]; τὸ – II 70[2]
λοιπός 346[8]. 459[4]; λοιπὰ ἂν εἴη II 611[7]
λοῖσθος 537, 7. 595[4]
λοίτη 459[7]
λοξός 516[6]; λοξὸν βλέπειν II 77[4]
λόον 682[5]
λοπός II 479[3]
λοῦ· λοῦσαι H. 682, 7
Λουδίας 182[5]
λούζομαι ngr. II 235[3]; ἐλούστηκα II 238[2]
λούζω ngr. 715[4]. 736[7]
Λουκία 161[4]
λοῦμεν att. 682, 7
λοῦνται 682[5]
λούομαι (-εσθαι) 682[4]. II 230[4]; – c. gen. II 112[1]; – χρόα II 231[1]; – τὰς χεῖρας II 229[7]
λούου 682, 7
λοῦσαι 682[5]
λοῦσθαι 682[4]
λοῦσι att. 682, 7
λούσομαι 682[5]
λοῦσσον 347[3]
λούσω 782[5]
λοῦται 682[5]
λοῦτε att. 682, 7
λουτρόν 532[5]
λούω 682[4.5], 7. 817[2]. 841[5]. II 83[1]. 230[4]; – c. dat. II 170[2]; s. λου-, ἐλούεον
λοφνίς kypr. 300[5]
Λόφριον 92[6]
λόφω du. II 49[6]
λοχᾱγός att. 40[1]. 111[2]. 190[2]
λοχάω hom. 718[5.6]; s. λοχῆσαι
λοχή spät 718[6]
λοχῆσαι ἔν τισι II 458[2]
λοχμάω 725, 9
λόχονδε 624[6]
λόχος 718[5.6]
λοχός 459[2]
λόω 682[5], 8; ἐλόεσα 752[4]
λσ: – festgehalten 285[6]; – in Fremdw. 285[6]
-λσ- fut. 781[2]. 782[2]; – aor. 753[4–5]
λτ > dor. ντ 213[3–5]
λυ bzw. υλ aus idg. l̥ 351[7–8] f.
-λυ- suff. 495[4]
λυγγ- 424[4]
λυγγαίνω 699[7]
λυγγανόμενον H. 699[7]
λυγγάνω 692[8]
*λυγγjω 310[5]. 692[8]
Λύγδαμις 259[4]. 409[5]
*λυγjω 692[8]
λυγκ- 424[4]
(λυγκαίνω) 699[7]
Λυγκησταί 66[2]
λυγμός 214, 1
λύγξ 310[4]. 692[8]
λύγος 459[1]
λύγρᾱν gen. pl. Sapph. 559[2]
λυγρὸν ὄλεθρον II 86[6.7]. 617[3]
Λυδία 161[7]. 469[1]
Λυδία λίθος II 37, 6
Λυδοί 182[5]
Λυδός: ὁ – II 42[1]; – ὁ Φερεκλέους II 120[1]
λύειν: τοῦ λύειν II 361[6]
λύζω 310[5]. 692[8]
(*λυθ(αι) ἦμεν) 763[2]
λυθείς ion. att. 525[3]. 566[2]; λυθεῖσι dat. pl. 566[2]
λυθη- 761[4]
λύθημεν 763[2]
λῦθι Pind. 740, 2. 800, 5
λυθίραμβος 24[2]
λυκάβας 62[1]. 526[3.5]
Λυκαβηττός 61[1]. 321[2]
Λύκαια θύειν II 76[5]
λύκαινα 456[1]
λυκάμαντι 257[4]
Λυκάμβα voc. sg. ion. 560[5]
Λυκηγενής 347[3]. 439, 8
λυκιδεύς 510[2]
Λυκίσκος 542[2]
λύκοιιν du. 557[2–3]
Λυκομήδη voc. 579[6]
λύκος 72[7]. 298[6]. 301[5]. 352[2]. 381[1]. 408[8]; λύκοι 58[3]; λύκοιιν du. 557[2–3]; λύκοις 279[6.7]
Λυκόσουρα 446, 1
Λύκουρα ark. 286[2]
Λυκοφόντης 451[7]
*λυκσνος 335[3]
Λυκώ 478[6]
λῦμα 523[6]
λυμαίνεσθαι II 73[6]. 240[3.4]; – λύμησι II 166[4]
λῦμαρ 519[1]
λῦμεών att. 521[5]
λύμην aor. Ilias 740[3]
λυμνός 259[2]
λύννοντα ptc. praes. ngr. II 411[1]
λύντο 671[5]. 740[3]
λύοιμι 196[3]

λύομαι (-εσθαι) II 230[6]. 231[6]. 232[5]; – τὰς σπονδάς II 287[7]; – ἵππους ὑπ' ὄχεσφι II 527[3]; – χρημάτων II 126[2]; – ἀπ' ὤμων II 446[2]; – ὑπ' ἀρνειοῦ II 527[3]
λύπην πικράν II 617[4]
λύπης praes. lesb. 729[1]
λυποῦμαι (-εῖσθαι): – ἀπολωλεκώς II 392[6]; – λύπην II 80[5]; – ταὐτά II 77[6]
λυποῦν (τὸ) II 409[1]
λυπτά 503[3]
λυπῶ II 80[1]
λυρίζω hell. 736[3]
λῦσα- 740[3]
λῦσαι II 381[2]
Λύσανδρος 152[6]. 182[5]
λῡσασθαι 809[3]
λῡσάστω 3. pl. el. 801[6]; – τō διφυίō II 126[2]
λύσατε II 344[2]
λύσειν (τὸ) II 369, 6
λῡσεσθαι 809[3]
Λυσίας ὁ Κεφάλου II 618[4]
Λυσικλῆς 635, 5
Λυσίμαχος 155[4]. 183[7]. 638, 7
λύσις II 356[7], 4. 357[3.5.6]; λύσιος gen. 572, 3; λύσις (λύσιν) θανάτου II 121[2] (II 95[8]); – ἀπὸ τῶν δεσμῶν II 95[8]
λυσιτελεῖν II 280[4]; -εῖ τινι πειθομένῳ II 393[8]
Λυσιφάνης 635, 5
λῡσομαι 782[4]
λυσόμενος II 295[8]
λύσοντα ptc. aor. ngr. II 411[1]
λύσσα 474[3]
λυσσαίνω 733[2]
λυσσάς 508[3]
λυσσάω 733[2]
Λύστρα 162[6]
λυτὴρ πόνων II 95[8]
λύτο 740[3], 2
λυτός: -οἱ ἦμεν 763[2]
Λύττος kret. 316[8]
λυχνάτης 211[4]
*λυχνός 327[6]
λύχνος 327[6.8]. 335[3]. 489[4]
λύω 686[3]. II 272[1]. 315[6]; – τι ὑπὸ ζυγοῦ II 527[2]; – κακότητος II 93[2]; – τινός II 127[6]
Λύων arg. 307[6]
λῶ dor. 676[3],2; λῇ, λῶμες 676[3]
λώβη [nicht λωβή] II 200[7]
λωβητήρ Ilias 568[8]
λωβῶμαι (-ᾶσθαι) II 73[6]; – λώβην II 79[5]
λώγη H. 345[6]. 459[7]. 719[1]
λώιη 796, 2
λώϊος 539[3], 5
λῶιστος 539[3]; s. λῷστον
λωΐτερον 539[3]
λωΐτερος 539[5]
λωΐων ion. 361[2]. 539[3]
λώιων att. 539[3]
λῶμες 676[3]
λώπη 345[6]. 460[1]
λῶπος 515[5]
λωσάμενος dor. 682[5]
λῷστον: ἓν μὲν τὸ – II 617[6]
λωστός 503[2]
λωτεῦντα n. pl. 527, 2
λωτήριον arg. her. 249[6]
λῶτις delph. 271[2]. 505, 2
λωτρά dor. 682[5]
λωφᾷ Plat. 719[1]
λῶφαρ 519[1]
λωφέω hell. ep. 719[1]
λωφήσω 719[1], 4
λώω dor. 682[5], 7

M

μ als Zeichen 213[8]; μ- aus σμ- od. *sm- 309[7]. 310[5.6]. 649[3]; μ- für fremdes *b*- 333[7]; μ wechselt mit β, π 333[6]; – mit σ 311[5]; μ:μ > ϝ:μ 259[2]; μ:ν > β:ν 259[3]; μ nach Kons. > ν 215[7.8]
μ' elid. (= με) 604, 3. 606[5]; (= μοι) 604, 3
μ' (= μου) ngr. (nordgr.) 606[4.5]
μα 'aber' thess. 65[5]. 82[4]. 627, 4. II 562[1]. 569[5], 4
(μα pap.) II 562, 5
μά partic. II 569[2.5], 3. 4; – τὸν Δία II 707[8]
μά praep. c. acc. II 533[6]
μά 'aber' ngr. II 556[3.4]. 562[3], 5. 570[3]
μᾱ́ el. (= μή) 185[1]. II 594, 3
μᾶ 422[6] f. II 31[3]; μᾶ γᾶ 422[6]
-μα suff. n. 128[4]. 360[7]. 492[2]. 522[5] ff. 523[1.2.6]. 586, 6. 806[3]. 834[1]. II 356[4]; – aus idg. *-mn̥* 524[2]; – fungiert wie -σις 128[4]. 523[6]; – nach Kürze 523[6]; – zu primären Verbalst. 523[1.2]
-μα [-ma], gen. -μάτου ngr. 521[2]. 585[7]. 586[2]
-μα 1. sg. aor. ngr. (maniat.) 764[6]
-μᾱ suff. 491[6] ff. 494[2.3]
μαγ- 772[1]
μαγαδίζω hell. 736[3]
μάγαδις 462[6]
Μαγαρικά 75[4]
Μαγαρικός 255[7]
μάγειρος 275[2]. 471[5], 12
μάγῑρος 331[1]. 471[5], 12. 715[2]
μαγίστωρ 531, 6
Μάγνης 499[3]
Μάγνητες 69[6]
Μαγνῆτις λίθος II 37, 6
μάγοιρος äol. 471, 12
μαδαρός 682[6]
μαδάσκομαι 708[4]
μαδάω, ἐμάδησα 682[6]
μαδδαν meg. 331[6]
μάδισος 517[1]
Μᾶδοι 187[3]
μᾶζα 330[5]. 474[3]
μαζός 472[1]
Μαζουσία 466, 10
μάθᾱ 726[1]
μαθαίνω ngr. II 83[5]
μαθᾶμαι 726[1]
μάθε: – μου τάδε II 95[1]; – ngr. 799[3]
μαθέ 'nämlich' ngr. 799[3]. II 583, 2
μαθεῖν 703[2]. 807[2]. II 364[5.7]; – τῆσδε II 94[7]; – τοῦτό σου II 94[8]; εὖ μαθεῖν II 366[5]
μαθεῖναι infin. byz. (Psell.) 808[3]
μαθές ngr. II 583, 2
μαθέτωσαν imper. 802[5]
μαθεῦμαι Theokr. 784[5]
μάθης (st. μάθε) II 316[5]
μάθησις: – ἔν τινι II 458[3]; -σιν ποιεῖσθαι II 78[4]
μαθήσομαι 782[7]
μαθητής II 614[2]
μαθητιάω 270[7]. 732[3]
Μαθθάθ 165[4]
Μαθθάν 165[4]
μάθον 747[6]
μάθος 512[3]
-μ(αι) 1. sg. End. 403[4.6–7]. 604, 3
-μαι 1. sg. End. 657[5.6]. 658[3]. 667[4.5]
μαῖα 423[1]. 473[6]. 474[2]. II 31[2]
Μαιῆτις 500, 5
μαιμάω 495, 8. 647[4]. 694, 3. 769, 2. II 105[2]
μαινάς 508[2.5]. II 242[1]
μαινόλᾱς 484[5]
μαίνομαι 343[2]. 694[2], 3. 714[5]. 769, 2. 770[3]. II 227[5]. 229[2]. 234[2]. 260[3]; μαίνεται 759[4], 4.

II 271, 2; μαίνηται 669[2]; μαινόμενος II 408[8]; μαινόμενοί εἰσι II 408[1]; μαίνεται τάδε II 77[6]; s. -εμήνατο, μανῆναι
μαίνω II 228[6]. 234[2]; ἔμηνα 770[3]
-μαίνω verba 724[5–6]
μαιόμενος II 408[6]
Μαῖρα 474[2]. 837[6]
μαῖσ', μαῖσι lesb. 673, 1. 675[4]
μαίσων 517[2]
máita ngr. (= μάτια) 273[4]
μαῖτο el. 673, 1
μαιτυρ- 348[2]
μαιτυρήση siz. 212, 4
μαίτυρς kret. 408[8]; μαίτυρες kret. epid. 212[6]; μαίτυρσι kret. 260[1]
μαῖτυς arg. 94[5]. 259[2]
μᾱκ- 776, 1
μάκαιρα II 34[5]
μάκαρ 519[1.2]. 543[1]. II 29[4]. 176[6]; μάκᾱρ 409[7]. 569[6]; μάκᾰρ hom. 569[4]; s. μάκαρς, μακάρτατος
μακάρι νά ngr. II 349[8]
μακαριεῖν fut. 785[4]
μακαρίζω 735[6]
μακάριοι οἱ πτωχοί II 624[2]
μάκαρς Alkm. 569[6]
μακάρτατος σεῖο II 100[2]
Μακεδνὸν ἔθνος 69[7]
μακεδνός 69[6]. 489[4]. 498, 13
Μακεδόνες 69[6]. 162[4]; Μακεδόνεσσι lesb. 564[3]
Μακεδονία 162, 3
Μακεδών 154[2]; ὁ – II 41[8]. 42[1]
μάκελλα 475, 2. 588, 3
Μάκετα 476[2]
Μακέται thess. 69[6]. 498, 13
Μάκεττα 476[2]
μᾱ́κιστος 111[2]
μακκοάω 726, 2
μᾶκος n. 512[1.5]
μακρά adv. hom. 621[2]. II 69[6]; – βιβάς II 77[4]
μακρᾱ́ν 621[1]. II 69[6]
μακροβιώτερος II 184[4]
μακρόν adv. II 69[6]
μακρός 380[8]. 481[5]. 538[2]
μάκρος n. 512[6.7]
μακρότατον ἑωυτοῦ II 100[6]
μακρότερον 534[4]
μακρότερος 829[8]
μακροτέρως τῆς ἀπορρήσεως II 99[6]
μακρυά adv. ngr. 621[4]
μακρύς ngr. 586[3]
μάκτρα att. 532[6]
μάκ[τ]ραν mess. 337[5]
μάκτρον 532[4]
μακών 357[2]. 748[1–2]. 770[2]
μᾱ́κων 381[1]. 487[6]
μάλα 342[4]. 538[2]. 622[5]. II 413[8]. 628[4]. 697[6]; – τοι II 581[3]
μαλάβαθρον 533[3]; -α 413[7]
Μαλαγκόμᾱς ark. 255[6]
μαλακαίπους 448[6]
μαλακοκρᾱνεύς 477[1]
μαλακός 360[3]. 702[6]
Μάλακος 420[5]
μαλάσσω 725[4]
μαλάχη 58[3]. 498[5]
μαλερός 482[1]
μάλευρον 351[8]. 481[2]
μάλη 483[7]; μάλης gen. 584[7]; ὑπὸ – II 52[1]
μαλθακός 497[1]
μάλιστα 621, 8. 622[5]. II 184[5], 3. 414[4.5]. 428[1]; μάλιστά γε II 561[3]; μάλιστα πάντων II 100[2], 2; – ἀ. αὐ. ἑωυτῆς II 100[6]; μάλιστα μὲν – εἰ δὲ (μή) II 570[5]
μαλιώτερος 539[5]
μαλκόν 362[7]. 684[4]
μάλλά att. 402[6]. II 578[3]
μᾶλλον 364[2]. 538[2.3], 4. II 184[5], 3. 185[2]. 416[4]; – γυμνής, – εὔελπις, – φίλος II 184, 3; – ἑτέρων II 99[3]; – παντός II 100, 2; – τοῦ δέοντος II 99[6]; – χρημάτων II 99[2]; – τοῦ πέλας II 98[7]; – καὶ – II 700[2]
Μαλλός kilik. 323[4]
Μαλλώτης 500[5]
μαλοδρόπηας 383[7]
Μᾶλόες Kallim. 566[3]
μᾶλον 346[5]. 458[6]
*μᾶλος f. II 30[4]
Μᾶλος 95[5]
Μαλοῦς 528[2]
Μαμβρῆ 277[4]
μάμμη 315[5]. 339[8]. 423[1]
μαμωνᾶς τῆς ἀδικίας II 122[4]
μάν el. 181[1]
μάν II 555[2]. 569[2.3], 2. 3 f. 633[6]; σὰ μάν megar. 616, 8
-μᾶν 1. sg. End. 657[5]. 658[3]. 667[4]. 669[6], 8
μάνδρᾱ 481[4], 12
μανδρο- Namen 637[7]
Μανδρόλυτος 481, 12. 638[1]
μανέεται Hdt. 785[2]
*μανϝός 343[3]. 472[4]
μανη- pass. att. 759[4], 4
μανῆναι 343[2]. 363[8]. 770[3]
μανθάνειν (τὸ) II 371[2]; εἰς τὸ – II 370[5]
μανθάνω (-ειν) 699[5]. 747[6]. II 274[4.6]. 307[8]. 363[8]. 396[1]; – τι c. dat. II 149[3]; – c. gen. 'verstehen' II 106[4]; – ἀπό τινος II 446[4]; – παρά τινος II 497[7]; – πρός τινος II 514[6]; s. μαθ-
Μανθυρεῖς 66[4]
μανιάς 508[3]. 542, 3
μᾶνις 495[3], 8
Μάνιτους pamph. 185[7]
*μανjομαι 343[2]
Μανόλης ngr. 129[7]. 254[3]
μανός att. 343[3]. 472[4]. 588[4], 7; μᾱνός 314[5]
μάντεϊ dat. hom. 572, 2
μαντεῖον πιστὸν περὶ τῆς χ. II 502[7]
μαντεύεσθαι 732[5]. II 364[1]; – ῥάβδοισι II 166[2]; – περὶ χρημάτων II 502[8]
μαντευσθη- 761[4]
μαντέων gen. pl. Koine 572, 9
μάντεως gen. sg. Koine 572, 9
μαντήια 572[3]
μάντηος gen.sg.Od. 572[3]. 732[5]
μάντι voc. 572[2]; – κακῶν II 121[4]
μαντία 333[6]
μάντιες 572[3]
Μαντίνεια 475[2]
ΜαντινΕσι dat. pl. el. 575, 4
μάντιος gen. sg. 572[3], 9
μαντιπόλος 439[4]
μάντις 271[2]. 453, 4. 504[4], 3. 694, 3. II 614[5]. 618[3–4]; – τάδε II 73[8]; – Ἀρηξίων Παρράσιος II 618[3]; μάντι κακῶν II 121[4]; s. μαντε-, μαντη-, μαντι-
μαντίων gen. pl. nichtatt. 572, 9
μάνυ 343[3]
μᾱνύω 699[2]
-μάξομαι 781[7]
μαπέειν Hes. 747, 7
-μαρ suff. für -μος, -μα 519[1]
μάραγδος 311[6]
μάραθον 61[7]
μάραθρον 61[7]. 533[3]
Μαραθών II 33, 2
Μαραθῶνι loc. II 155[1.2]
Μαραθωνόθεν 628[3]
μαραίνω 693[1]
μαραίπους 448[6]
μαρανθη- 761[6]
μαργαίνω 733[1]
μαργαρῖτες nom. pl. m. 563[6]
μαργάω 726, 2. 730[7]
Μαρδόνιος 333[7]
Μάρδυλις 333[7]
Μάρθα 165[4]
μαρίλη 311[5]
Μαρκίων 159[5]
Μᾶρκος 554[6]
*μάρκτω 302[6]
Μαρλοτᾶν 323[4]
μαρμαίρω 647[2]. 725[3]; -ει II 270[5]; – χάλκῳ II 166[1]

μαρμάρεος 837[8]
μάρμαρος 647[2]
μάρναμαι (-σθαι) 277[6]. 357[3]. 695[4]. II 161[2]. 233[4.6]. 360[2]; μάρναται 693[1]; μάρνανται 693, 2; (ἐ)μάρναο 668[2]; μάρναο imper. 799[6]. II 339[2]; μάρνασθαι ἔριδος πέρι II 501[7]; – περί τινι II 501[4]; – περὶ πύλησι II 501[2]
μαρνάμενος 342[5]
μάρναο, s. μάρναμαι
*μαρνῑμεθα opt. 693[1]
μαρνοίμεθα 693[1]
μάρνωμαι 792[7]
μαρουκjοῦμαι ngr. 121[4]
μαρπέειν Hes. 747, 7
Μάρπησσα 634[7]
μάρπτις 271[2]. 504[4], 3
μάρπτω 277[6]. 302[6]. 342[5]. 704[6]; – τι c. gen. II 130[1]
Μαρσύας 285[6]
*μαρτυ- 342[5]
μάρτυν acc. sg. Simon. Menandr. 569, 7
μάρτυρ äol.dor.(gramm.) 569[4]
μαρτυρ- 458[4]
μαρτυρεῖτε imper. II 341[6]
μαρτυρεν infin. kalymn. 807[3]
μαρτῠρέω 721[5]
μαρτύρησον II 341[6]
μαρτυρία 470[4]
μαρτύριον 470[3.4]
μαρτυρο- 458[4]
μαρτῠρομαι 721[5]. 725[3]; – τινά τινος II 131[3]
μάρτυρος 435, 5. 482[5]; -ροι ἔστων πρὸς θεῶν II 516[5]
μάρτυρος gen. sg. 506[4]
μάρτυρς 260[1]. 569[6].
μάρτυς 260[1]. 342[5]. 569[6], 7. II 470[7]; – ἐν λόγοις II 458[3]; s. auch μαίτυρς, μαρτυρ-
μάρτυσι dat. pl. 569, 7
μας pron. ngr. 606[4]
Μας n. pr. 562[2]
Μᾶς n. pr. f. 562[1.2]
*μάσθη 725, 3
μάσθλη 312[1]. 533[4]
μάσ[θ]λης lesb. 337[6]. 833[1]
μάσθλητ- 725, 3
μασθός 307[1]. 510[7]
*μασλᾱ 483[3]. II 105[7]
μάσλη 312[1]. 833[1]
μάσλης 833[1]
Μάσνης 312[3]. 833[1]
μάσπετον 502[4]
μασσ- hom. 755[2]
μάσσαι lesb. 725, 3. 755[2]
Μασσαλιήτη voc. sg. ion. 560[6]
μασσότερον dor. 539[5]
μάσσω 715[2]. 759[6]
μάσσων 538[2.3]; μάσσον' ἀριθμοῦ II 99[5]
-μαστε 1. pl. End. ngr. 670, 3
μαστήρ 530[4]. 532[1]
μάστῑγ- 735, 4
μαστῑγόω 732[1]; -ῶ τινα πληγάς II 80[4]
μάστιε Ilias 735, 4. 799[1]
μαστίεται Ilias 735, 4
μαστίζειν 732[1]; s. μάστιξεν
μάστιξ 496[4]. 782[3]
μάστιξεν hom. 735, 4
μαστιόων Hes. 735, 4
μάστις 735, 4. 782[2]
μαστίω 727[4]
μαστός 307[1]. 503[6]
μαστρός delph. rhod. 532[1]; μαστροί II 105[7]
μάστρυς f. 495[4]
-mata pl. n. ngr. 585[7]
ματάζω 265[8]
ματᾰ́ιζω att. 736[4]
ματαιότατον ἐν ἀνθρώποισι II 116[7]
μᾱ́τᾱρ el. 187[1]
ματάρα nwgr. 212[6]. 274[7]
μάτεισαι lesb. 705[6]
*μᾱ́τερ 386[5]
μᾱτέρες 339[3]
ματέρι dat. sg. thess. 568[2]
Μᾱτερίσκα 542[2]
ματέρος gen. böot. phok. thess. 568[1]
ματεύω 340[4]. 732[6]
μάτην 621[1], 1. II 78[2]. 428[1]
μᾱ́τηρ dor. 72[2]. 176[7]. 187[1]. 309[1]. 345[4]. 423[1]. 569[4]. II 31[3]
Ματθαῖος 165[4]. 231[2]
μάτι ngr. 413[6]. 418[1]; κακὸ – II 27[6]; μάτια τῆς ἀστραπῆς II 136[8]
máti tsak. 93[8]
-ματίζω verba 736[3], 6
ματίηι 468, 5
-μάτου gen. sg. n. ngr. 587, 0
ματρόθε Pind. 628[3]
ματρόθεν II 171[8]
ματροκτόνον αἷμα II 178[1]
μᾱτρύλᾱ dor. 190[4]. 568[7]
ματρυλεῖον dor. 568[7]
*-ματσι dat. pl. n. 524[2]
Ματταθίας 165[4]
ματτύα 69[4]
ματτύη 184[1]
μάττω att. 715[2]
-mátu gen. sg. n. 585[7]. 586[2]
μαῦλις 495[3]
μάχαιρα 475[1]; μάχαιραι II 44[3]; Φρίξου – II 44, 2
μαχαιρᾶς 461[6]
μαχαιροπέρουνον ngr. 453[1]
μᾱχανᾱ́ 490[1]
μαχειόμενος Od. 724, 2. 786, 3
μαχεῖσθαι II 296[5]
μαχέοιτο Ilias 786, 3
μαχέομαι fut. 721[1]
μαχέομαι praes. hom. 721[1]. 784[5]
μαχεούμενον Od. 786, 3; μαχεούμενοι Od. 786, 3
μάχεσθαι: τοῦ – II 360[6]; τῷ – II 369, 5
μαχέσομαι Koine 784[6]
μαχέσσασθαι II 366[5]
μαχέσσομαι 721[1]
μαχετέον 721[1]. 810[6]
μάχη ion.-att. 553[5]; – ταῖς χερσί II 166[6]; ἡ ἀπὸ τοῦ ξίφους – II 447[2]; – τινὸς πρός τινα II 511[1]; – ἐστὶν ἀφ' ἵππων II 446[2]; s. νικῶ
μαχήσομαι 721[1]. II 291[3]
μαχητέον 721[1]. 810[6]
μάχλος 483[3]. 543[2]. II 32[4]
μάχομαι (-εσθαι) 685[2]. 721[1]. II 161[2]. 233[4]. 236[5.6]. 360[2]. 363[3]. 364[1]. 368[1.4]. 378[6]. 381[6]; – c. dat. II 150[6]; – πρός τινα II 511[1]; – ἐπί τινι II 468[3]; – ἀπὸ νηῶν II 446[2]; – ἐπὶ κελάδοντι II 467[1]; – ἀνδράσι II 161[2]; – τινι ἐξ ἔριδος II 463[8]; – κατ' ἔμ' αὐτόν II 477[6]; – κατὰ ἕνα II 477[5]; – ἀμφὶ πίδακος II 438[7]; – ἀμφὶ πύλης II 438[4]; – ἀμφί τινι II 438[5]; – τινι πρὸς δαίμονα II 511[1]; – ὑπὲρ τᾶι ἐλευθερίαι II 522[3]; – ὑπὸ γῆν II 531[6]; infin. imper. II 620[6]; – ἶφι II 166[3]; – χερσί II 139, 2; μάχην ἐμάχοντο II 74[3]; μάχεσθαι πρὸ παίδων II 506[6]; – τινι πολὺ πρὸ ἑτάρων II 506[5]; – μετά τινος II 484[5]; – τινι μετά τινος II 484[6]; – σὺν μαχαίρᾳ II 490[6]; – σύν τινι II 489[5]; – περί τινι II 501[3.4]; – περί τινος II 502[4.6]; s. auch ἐμαχεσσάμην, μαχοῦμαι
μᾶχος 512[2]
μαχοῦμαι att. 784[5]; -ούμενος II 295[8]
μάψ 620[7]. 747, 7
μαψ- 632[6]
*μαψι 620[7]
μαψίδιος hom. 467[2]
μαψιλόγος 448[2]
μαψωτος 614, 2
mb im Gr. 210[2.4]; – für *bb* Koine 231[7]
μβλ < μλ 277[1.4]
-μβο- suff. 495[5]
μβρ für *mr* 277[1–4]
με acc. sg. 57[3]. 309[2]. 388[3]. 600[5.6]. 601[8]. 602[2]. II 189[2];

refl. II 194[1.2]; ngr. 606[4]; s. auch μ', μέ, ἐμέ
*με gen. sg. 604[3]
μέ acc. sg. II 14, 1
(*μέ γε) 606, 1
μέ praep. (= μετά) c. acc. byz. ngr. II 139[1–2]. 171[2]. 481[3], 2. 482[2], 1. 488[2]; μὲ μιᾶς adv. ngr. 20[6]. II 436[3]
μΕ 185[8]; μέ kret. (= μή) 400[3]. II 594, 3
Μεαλίνα pamph. 209[2]
μέγα 293[6]. 340[5]. 381[2]. 584[1]. II 185[2]. 413[8]; – κλέϝος 57, 0; – φρονεῖν ἐπί τινι II 467[5]
μέγα indecl. mgr. 585[4]
μέγα adv. 584[1.2]. 621[2]. 623[1]. 624[1], 4. II 87[5]
μεγα- compos. 433[6], 8. 584[2]
Μεγάβυξος 333[7]. 833[8]
Μεγάδης hom. 509[6]. 584[2]
μέγαθος ion. 255[6]. II 78[3]
Μέγαιρα 584[2]
μεγαίρω 584[2]. 725[2]. II 315[5]; – τινί c. gen. II 133[6]
Μεγακλῆς 635[3]
μεγάλα n. pl. 584, 1
μεγάλα adv. 584[1]
μεγάλᾱ- 584[1]
μεγάλε voc. Aesch. 584[1], 1
μεγαλεῖος 584[2]
Μεγάλεις pamph. 185[7]
μεγάλη 584[1]
μεγαληγορεῖν II 364[3]
μεγαλήτωρ 434[1]
μεγαλίζομαι 584[2]. 735[6]
Μεγαλλέους pamph. 323[3]
μεγαλο- 484[7]. 584[1]; – compos. 584[2]
μεγάλοι pl. 584, 1; – – ngr. II 185, 2
μεγάλοιο gen. sg. 584[1]
μεγαλόμικρος 453[3]
Μεγαλόπολις 446, 3. 584[2]
μεγαλοπρεπῶς II 415[5]
μεγάλος ngr. 584[2]
μεγάλου gen. 584, 1
μεγαλύτερος ἀπὸ σένα II 99[1]; ὁ – ἀπ' ὅλους II 117[1]
μεγάλως adv. 584[1]. 624[1]
μεγαλωστί 584[1]. 624[1]; μέγας – II 700[6]
μεγαλωσύνη 529[4], 2
μέγαν acc. sg. m. 584[1], 3
μέγαρα 482[3]
Μέγαρα ON II 33, 2. 43[4]
Μεγαράδε 389[1]. 624[6]
Μέγαράδε 389[1]. II 68[1]
Μεγαρέσσι dat. pl. kyren. 575, 4
μεγαρέων gen. pl. n. 512[4]
Μεγάρη 584[2]
Μεγαροῖ 549[7]. 618[6]. II 56[7]
μέγαρον 311[1]
*μεγαρός 584[2]
μέγας 310[8]. 538[2]. 584[1], 3. 585[5]. II 176[6]. 179[3]. 182[4]; – καὶ – II 185, 2; – μεγαλωστί II 700[6]
μέγεθος 255[6]. 511[1]
Μέγην acc. sg. 584, 3
Μέγης hom. 584, 3
Μέγητα acc. sg. 584, 3
μεγιστᾶνες 521, 5
μεγιστο- 434[1]
μέγιστον II 185[2]; τὸ δὲ – II 617[6]
μέγιστος 584[2]; – μετὰ Ἴστρον II 486[4]
μεγίστω II 49, 4
μέδδονος böot. 833[7]
μέδεις äol. 721[2]; ὁ – II 408[8]
μεδέων hom. 721[2]. II 241[7]; – c. gen. II 109[6–8] f.
Μεδεών 66[4]. 488[3]
μεδήσομαι Ilias 721[2]. 782[7]
μέδιμνος 352[5]. 383[1]. 524[5]
μεδίμωι 494, 9
Μεδμαίων 208, 2
*-μεδμων 208[5]
μέδομαι 684[5]. 702[6]. 721[2]. 782[7]. II 108[7]. 109[1]. 229[3]. 315[2]; μεδόμενος II 234, 3
μέδω 684[5]
μέδων 526[1]. 566[4]. 721[2]. II 234[5]. 241[7]; – c. gen. II 109[6.7]
Μέδων 637[4]
μεε ngr. 180[8]
μέζεα 208[2]
μεζόνως II 185[1]
μέζω τῆς ἑαυτοῦ φ. II 101[1]
μέζων ion. 72[4]. 330[5]. 538[2.3]. 584[2]; – τρισὶ δακτύλοις II 164[1]
μεθ' II 481[3]; μεθ' ἡμέραν II 483[6]; μεθ' ὁμίλεον II 430[5]
-μεθα 1. pl. End. 340[5]. 657[5]. 670[1.2]
μεθάμερα II 487[2]
μεθαμέριος II 487[2]
μεθαύριο(ν) ngr. 625[3]
μεθέηκε κλαύσας II 393[2]
μεθεκτέον II 409[5]. 410[4]; – τῶν πρ. Thuk. 810[5]
μεθέλεσκε II 482[5]
μεθέμεν hom. 806[3]
-μεθεν 1. pl. End. 670[2], 2; s. -μεθα
μεθέν syrak. 602[3]
μεθέορτος II 487[2]
μεθέπω II 482[5]; – c. acc. II 160, 1
μέθες 390[8]. II 81[4]
μέθεσθέ μου II 92[4]
μέθη 421, 3
μεθήμενος II 482[4]
μεθημερινός II 487[2]
μεθημοσύνησι II 43[6]
μεθησέμεν II 376[2]
μεθιεῖς 2. sg. 687[3]
μεθιέμεν infin. hom. 681, 3. 806[3], 7; – πολέμοιο II 92[4]
μεθιέμεναι II 377[6]
μεθίετε: μήπω – II 343[5]
μεθίησι, μεθιῇσι conj. hom. 687[2]. 792[5]
μεθίημι II 482[5], 4; – χόλοιο c. dat. II 151[1]
μεθίστατο II 482[4]
μεθίστημι II 482[7]
*μεθjος 308[2]. II 481, 7
μεθομίλεον II 482[4]; s. μεθ'
-μεθον 1. du. End. 672[5], 9
μεθόπια 220[4]
μεθόπωρον 119[5]
μεθόριος II 487[1]
μεθουριάδες 829[6]
μέθυ 297[4]. 380[8]. 463[6]. 580[5]. II 29[3]; – ἐκ κριθῶν II 463[6]
μεθύσαι LXX 754, 1
μεθύστης 461[3]
μεθυσθεὶς τοῦ νέκταρος II 103[3]
μεθύσθη Alk. 708[5]
μεθύσθην infin. lesb. (Alk.) 724[4]. 807[7]
μεθυσθῆναι 516[4]
*μεθυσjω 724[4]
μεθύσκω 708[5]. 754, 1
μέθυσος 516[7]. 543[2]. II 32[4]
μεθύσσαι Nonn. 754, 1
μεθύστερον II 482[4]
μεθυστής Arr. 724[4]
μεθύσω fut. 754, 1. 782, 3
μεθύω 708[5]. 727[5], 8; s. μεθύσω, ἐμέθυσα
μεθῶμεν conj. hom. 792[5–6]
μείγνυμαί (-σθαί) τινι ὑπό τινος II 529[6]; ἐμίγησαν 665[7]; ἔμιγεν 3. pl. 664[5]; ἐμείχθης 751[4]; ἔμεικτο 751[4]; ἐμέμικτο hom. 771[2]; μεικτο 750[6]. 751[2]
μείγνυμι 215[6]. 697[2], 5. 754[7]
μειγνύναι II 160[3.6.7] f.
μειδᾶν 310[6]
μειδήσασα II 388[1]
μειδιᾶν 310[6]
μειδιάω 702[1.6], 10. 732[2.4]; ἐμειδίᾱσα 654[4]
μειδιόων 727[4]
μεῖζον τῆς δυνάμεως II 99[7]
μειζόνως att. 621, 8. II 415[5]; – ἡμῶν αὐτῶν II 101[1]
μειζονώτερος 539[5]
μειζότερος 539[5]
μείζων att. 273[8]. 474[1]. 538[2], 4. 539, 4; – ἢ κατά τι II 479[1.2]; μείζονα ἀντὶ τῆς αὐ. πάτρας II 100[1]

μεικτο 750[6]. 751[2]
μείλιον 470[4]
μειλισσέμεν II 361[8]
μειλίσσω 725[4]; – c. gen. II 111[4]
μείλιχος ion. 283[8]. 838[4]
-μειν infin.-Ausg. rhod. usw. 807[6]
μεῖναι II 378[1]
μείνατε II 341[3]
μείνειας ἄν II 329[6]
μεινίσκω ngr. 712[2]
μειννός gen. sg. thess. 185[7]. 515[6]
μεινός 185[7]. 286[7]
μειξ- 754[7]
μείξεσθαι Od. 763, 2
μειξο- 442[6]
μεῖον 304[4]
μειουρία 104, 2
μειοῦσθαί τινος II 101[3]
μειόω 732[1]
μειράκια (τὰ) II 607[6]
μειρακίσκος 542[3]
μεῖραξ 56[7]. 293[2]. 496, 4. 497[1]
μείρομαι 310[6]. 414[2]. 715[5]; μείρεο ἥμισυ τιμῆς II 103[6]
μείρομαι (= ἱμ-) poet. 715[5], 10
μείς ion. altatt. 279[5]. 515, 5. 569[6]. 580[4]; s. μεινός
μείσγω 690, 3
μειχθη- 759[3]. 760[2]
μειχθῆναι: τοῦ γῆ – II 371[2]
μείω her. 250[1]
μείων 304[4]. 538[3.4], 9
Μεκακλῆς 100[4]. 257[1]
Μέκγαο böot. 231[6]
μελάγχιμος 450[6]
μελαγχρής 513[4]
μέλαθρον 533[3]
μελαθρόφιν Od. 551, 3
μέλαινα 473[6]. II 34[1]; ἔχω μέλαιναν τὴν τρίχα πρὸς τὰ ἔτη II 511[3]; ἔχει τὴν τρίχα μέλαιναν II 618[7]; μελαινάων ὀδυνάων II 619[1]
Μελαιναί 385[3]
μελαίνετο χρόα II 85[2]
μέλαις nom. sg. äol. 569[6]
μελαμφᾱρής 426[4]
μελαν- 440, 6. 458[4]
*Μελανάνθιος 264[7]
*Μελανανθος 263[5]
μελάνει 3. sg. 700[4]
μελάνζοφος 835[8]
μελάνζωνος 835[8]
Μελανθεύς 478[2]
Μέλανθος 263[5]
μελανίχροος 448[2]
μελανο- 458[4]. 490, 2
μελανός 473[6]. 490[1], 2; s. μέλαινα
μελανοσπαλάκισσα 475[5]
μελανόχροες Ilias 578[5]
μελάντερον ἠύτε πίσσα II 667, 1. 671[6]
μέλᾱς 569[6]; s. μέλαινα
μέλδομαι 702[6]
μέλδω 310[6]
μέλε voc. 547[3]. 584[7]. II 52[1]
μέλε οἱ ἑών II 392[6]
μελέα ψυχά, ὅς II 603[2]
Μελέας ἀφικνεῖται καὶ Ἑρμαιώνδας II 611[1]
μελεδαίνε̄ν II 381[3]
μελεδαίνω Archil. 724[5]; – c. acc. II 109[4]
*μελεϝιδτί 440, 10
μέλει 721[4]. 752[3]. 770[2]. II 108[7]. 232[7]. 621[8]; s. ἐμέλησα, μελήσω; – (τινί τι) c. gen. II 109[2]; (μέλει fehlt) c. gen. II 109[2]; c. dat. II 144[1]; μὲ μέλει ngr. II 88[8]
μελεΐζω 440[4]
μελέϊνος att. 243[3]
μελεϊστί hom. 440, 10. 623[3]
μέλεος 458[5]; μελέα ψυχά, ὅς II 603[2]; μέλεος c. gen. II 134[5]
μέλεται poet. 721[4]. II 232[7]
μελεταινεν arg. 705, 8
μελετάω nachhom. 705[6]; s. μελετήσω
μελέτη Hes. 705[6]
μελετήσω Thuk. 705[6]
Μελετίνη 259[6]
μελέτω II 342[7]
μελετῶν (ὁ) II 409[1]
μέλη II 52[2]
μεληθη- 762[1]
μέλημα c. dat. II 144[1]
Μελήσανδρος 152[7]
μελήσομαι 783[1]; -σεται 721[4]; – (κε) II 351[5]
μελήσω: μελήσει 721[4]. 783[4]. II 352[1]; μελήσουσιν ἐμοὶ ἵπποι II 109, 1
μέλι 518[1]. 520, 2
μελίη II 672, 3
μέλινος 490[6]
μέλις (ὁ) 518, 2
μελίσκον 542[1]
μέλισσα 263[8]. 320[6]. 474[2]. 723, 8. II 37[5]
Μέλισσα II 37[5]
Μέλισσος II 37[5]
Μελιστίχη 723, 8
*μέλιτ (gen. *μελνος) 520[5]
Μελίτεια 66[3]. 258[2]
Μελίτη 66[4]
*μελιτjα 723, 8
μελιτο- 518[1]
μελιτοῦττα att. 320[7]. 528[2]
μέλιττα att. 320[6]. 321[1]
Μελιχίωι ark. 283[2]
με̄λίχματα ion. 839[1]
μελιχρός 450[1]
μελλέβιος 441[6]
μέλλει II 307[8]; s. μελλήσω
μελλέπταρμος 441[6]
μέλλεται ngr. II 235[4]
μελλήσω att. 715[6]; – ἀκούειν II 294[4]
μελλιχόμειδε voc. 580[4]
μελλιχόμειδες voc. 580[4]
μέλλιχος lesb. 283[8]. 518[1]. 520[5]
μελλο- 442[4]
μέλλον (τὸ) II 175, 2
*μέλλον (> μᾶλλον) 364[2]
μέλλω (-ειν) 715[6], 14. II 363[7]; ἤμελλον 654[5]; ἐμέλλησα 715[6]; μέλλω c. infin. II 291[2]. 293[6.7], 2. 294[1–3]. 365[5]
μέλλων: – χρόνος II 249[1], 1; – nom. abs. II 403[7]; ὁ – II 409[3]
*μελν- 283[8]
μέλομαι 684[3]. II 108[7]
μέλον αὐταῖς II 402[5]
μέλος: μέλη II 52[2]
μέλπεσθαι II 232[7]
μέλπω (-ειν) 684[4]. II 232[7]
Μέλτας arg. 213[4]
Μελτίνη 259[6]
μέλψωμεν II 315[1]
μέλω 684[3]
μέμαά τινος II 104[7]. 105[2]; μέμαεν 343[2], 1
μεμαθήκᾰσι 664[1]
μεμαίκυλον 423, 8
μεμᾱκα 776, 2
μεμακυῖα 770[2]. 777[3]
(μεμᾱλότας Pind.) 770, 4
μέμαμεν 769[2]
μέμᾱνα 363[8]
μεμᾱ́νημαι Theokr. 770[3]; -ται 127[7]
μεμαότας Pind. 770, 4
μεμάποιεν Hes. 747, 7. 748[6]
μέμαρπεν Hes. 747, 7
μεμάρποιεν Hes. 747, 7. 748[6]
μέμασαν hom. (Ilias) 777[1]
μεμάτω 357[2]. 694, 3. 769[2]. 801[3]. II 342[6]
μέμαχα 772[1]
μεμάχημαι att. 721[1]
μεμαώς 343, 1. 541[1]; μεμαῶτος ptc. abs. II 10[3]; μεμαῶτε 540, 4; μεμαώς nom. abs. II 403[5]; μεμαῶτος ἰθύς II 398[3]
μέμβλετ' hom. Hes. 768[1]
μέμβλεται 777, 2; μέμβλετο 768[1]. 777, 2
Μεμβλίαρος ON 638[4]
μέμβλωκα 277[3]. 708[6]. 747[1]; -κε 774[3]

μεμβλωκώς 649[4]
μεμεθωδευμένος 650[3]
μέμειγμαι Philodem.-pap. 771[2]
μέμειχα 772[1]
μεμελετηκέναι: τοῦ μὴ – II 369, 6
μεμέληκε att. 768[1]
μεμένηκα 649[3]. 774[5]
μεμετιμένος ion. 644[4]; -οι ἦσαν Hdt. 812[3]
μέμηκον 3. pl. Od. 777[3]
μεμηκώς 748[2]. 770[2]. 777[3]
μέμηλε 768[1]. 770[2], 4
μεμηλώς c. gen. II 109[1]
μέμηνα att. 770[3]; -ε 759[4]
μεμηνυμένα: τὰ – περὶ τῶν μυστηρίων II 503[4]
μεμιγμένος hom. 771[2]
μεμινύθηκα ion. 774[6]
*μεμισθώαται 773[8]
μεμίσθωκα 774[5], 8
μεμισθώσωνται conj. her. 773[7–8]. 791, 4
*μεμλωκώς 649[4]
Μεμμιάδαι 509, 3
μεμναίατ' 671[3]
μεμνᾱ́ιατ' 671[4]
μεμναίατο 795, 2
μεμνᾱ́ιατο 795, 2
μέμνᾱμαι 770[5]
μέμνεαι 672[2]
μεμνέαται Hdt. 672[2]
μεμνέο j.-ion. 252[7]
μεμνέῳτο opt. Ilias 795[3]
μεμνεώμεθα conj. Hdt. 792[6]
μεμνήιμην opt. Ilias 795[3]
μεμνῇτο opt. 795[3.4]
*μέμνῃτο opt. 795[3]
μέμνημαι II 263[4]. 396[2]; μέμνηαι 668[2]; μέμνηνται 671[4]; μέμνημαί τι(να) II 108[4.5]; – τινα c. ptc. II 394[6]; – τινος λέγοντος II 394[1]; s. ἐμέμνηντο, μεμν-
μεμνήσεσθαι 783[4]
μεμνήσεται 812[5]
μέμνησο II 341[1]
μεμνήσομαι II 289[3]
μεμνῆται conj. att. 792[6]. 795[4]
μεμνῷτο opt. 795[3]
μεμνῶμαι conj. att. 792[6]
μεμνώμεθα conj. Od. 792[6]
μέμνων 208[8]
μέμονα 769[2]
μεμόρηται Ap. Rh. 649[3]. 769, 9
μέμορθαι [so!] lesb. 311[3]. 649[3]
μεμορυχμένα 725[4]
μεμορυχμένος 771[3]
μεμυζότε Antim. 716[5]. 721, 4
μεμύημαι pf. 721[4]
μέμῡκα pf. 721[4]; -κε(ν) 683, 2. 747[4]. 768[4]. 771[3]. 774[3]. II 264[2]
μεμῡκώς 683[2]
μέμφειρα 474, 3
μεμφθῆναι II 240[5]
Μέμφις 153[1]
μέμφομαι (-εσθαι) 684[4]. II 229[2]; – c. dat. II 144[6.7]; – τινα εἴς τι II 134[3]. 460[4]; – τινι c. gen. II 133[6]
μέμψασθαι II 240[5]
μεν 627, 4
μεν pron. kypr. 606[4.5]
-μεν 1. pl. End. 71[5]. 75[6]. 85[5]. 657[5]. 662[6], 9. 806[6]
-μεν infin.-Ausg. dor. 82[1]. 547[5]. II 242[2.3]. 805[5], 2. 806[2–6], 3. 808[4–6]; (MEN) j.-kret. 807[6]; hom. 808[4.5]
-μεν' infin.-Ausg. hom. 806[3], 4
μέν II 424[7]. 555[3]. 556[4]. 569[2–5], 2. 3. 4. f. 578[3]. 633[6]; μὲν – ἀλλά II 633[6]; – ἄρα II 559, 2. 570[2]; μὲν ἄρα – δ' ἄρα II 559[2]; μὲν – ἀτάρ II 559[5]; μὲν γάρ II 570[2]; μέν γε II 561[4]. 570[2]; μὲν γοῦν II 585[5]; μὲν – δέ 63[3]. II 7[3]. 427, 1. 555[5]. 562[2], 4. 569[4], 4. 633[6]. 688[4]; μὲν δή II 563[2]. 570[2]; μὲν δ' οὖν II 586[1]; μὲν οὖν – δέ II 585[7]. 586[1]; μὲν – ἠδέ II 565[1]; μὲν – μέντοι II 569[5]; μέν νυν II 571[3]; μὲν – οὖν II 585[1.6.7]; μὲν – τε II 574[1]; μέν τε II 574, 1. 575[2], 3; μέν τε – δέ τε II 576[3]; μὲν τοίνυν II 582[1]; ἅμα μὲν – ἅμα δέ II 534[6]; s. ἀλλὰ μέν
-μέν- suff. 522[2]
μένα ngr. 604, 7. 606[4]
-μενᾱ- ptc.-Ausg. f. II 386[1]
-μεναι infin.-Ausg. hom. lesb. 82[1]. 548[3]. 805[5], 2. 806[2–5]. 808[4.6]. II 242[2.3]
*-μέναι infin.-Ausg. 808[6]
Μένανδρος 156[4]
Μενδῖς spätgr. 257[4]
μενδῖται 364[8]
*Μενε 636[4]
μενεαίνω 440[4], 9. 733[1]. II 277[4]; c. dat. II 144[5]
-μενέες hom. 553[4]
μένει dat. sg. 246[7]
μένει ἀκήρυκτος ι' μῆνας πρὸς ἄλλοις ε' II 514[1]
Μένει böot. 315[6]
μένειν II 273[4]. 364[3.4]. 380[7]; – c. dat. II 143[4]; – c. instr. II 167[7]; – δι' αἰῶνος II 450[7]; – κατὰ χώραν II 477[1]; – παρά τινα II 495[7]; – πρὸ χώρης II 506[7]; s. μένω
ΜενεκλΕδης 192[3]
Μενεκράτης 636[4]
*μενεσαίνω 733[1]
Μενεσθεύς 478[2]
μενέσται thess. 333[6]
Μενεσταίοι gen. 555[3]
Μενεστικλῆς 449[1]
μενέω hom. ion. 785[1]
-μένη f. ptc. med. 810[2]
μένηι dat. sg. neut. 579, 5
μενθήρη 699[5]
μενίω fut. dor. 785[1]
*μένμα 208[8]
Μέννει nom. sg. böot. 462, 1. 636[4], 3. 6. II 63[1]
-μενο- ptc.-Ausg. II 242[2]. 386[1]
μενοινάᾳ hom. 242[8]. 730[3]
μενοινάω 478, 1
μενοίνεον hom. 242[8]
μενοινώω hom. 730[3]
-μενος suff. 524[4.7]
-μενος ptc. med. 810[2]
-μενος ptc. pf. ngr. 811[4]
μένος n. 343[2]. 381[3]. 511[7]. 580[6]. 823[4]; – c. gen. II 122[1]
μένος (= μόνος) 835[1]
-μένος betont für -μενός 379[3]
-μένος ptc. med. 768[3]; ngr. 503[5]. II 410[6]
μενοῦν II 570[2]. 585, 1. 631[6]
μενοῦνγε II 561[4]
μέντἄν II 582[1]
Μέντας ark. 213[4]
-μεντε 1. pl. act. ngr. (kypr.) 670, 4
Μέντης 504, 3
μέντοι 625, 9. II 555[5]. 570[2]. 580[1]. 581[6.7], 3. 631[6]; μὲν – μέντοι II 569[5]; μέντοι – δέ II 569[5]; ἀλλὰ μέντοι II 582[1]
μέντοιγε II 561[4]
μέντοινε II 584, 4
μέντον 625, 9. II 582[2], 1
Μέντωρ 504, 3. 531, 4. 637[4]
μένω 684[3]. 690[1.2.4]. II 307[6]. 318[5]; μενῶ att. 785[1]; μένω δόμοις II 154[8]; – παρά τινι II 494[1]; παρὰ κλισίῃσιν II 493[4]; – ἀπό τινος II 445[7.8]; s. auch μενέω, μειν-, ἔμεινα, ἔμεννα, ἔμηνα, μεμένηκα
μέρα ngr. 520, 2; μέρας acc. pl. 563[6]
Μέρβαλος 585[3]
μερειᾶ 469[5]
μερειά ngr. 469[5]
μερικοί ἀπ' αὐτούς ngr. II 136[4]
μέριμνα 283[6]. 342[5]. 352[5]. 475[6]. 524[5]; – ἀμφὶ πτόλιν II 439[3]
*μεριμνjα 283[6]
μέρισις 128[2]
Μερκούριος 161[4]

μέρμερος 342^{5}. 423$^{2.3}$
μερμηρίζω (-ειν) 423^{3}. 735^{6}. II 631^{2}; – τι περί τινος II 502^{7}
μέρμις 510^{7}
μέρμνος 524^{6}
μέρος 512^{2}. II 25^{2}; μέρη II 43^{5}. 79^{2}; κατὰ μέρος II 477^{5}
μέροψ 426^{4}, 4
μέρσω 782^{2}
μέρτρυξ 495^{4}
-μες 1. pl. End. 71^{5}. 75^{6}. 81^{7}. 657^{5}. 662^{6}. 663, 0. 806^{6}
μεσ- 630, 1. 631^{3}
μέσα (term.) 169^{5}
μεσα- 438, 4. 622^{5}
μέσα ’ς ngr. II 483, 2
μεσάβων 438, 4
μεσαι- 632^{6}
μέσαι νύκτες II 44, 4
*μέσαι νυκτί loc. II 44, 4
μεσαιπόλιος 448^{6}. 559^{1}
μεσακοθεν, μεσακόθεν ark. 628^{2}. 630^{5}
μεσᾱμβρίη ion. 277^{2}. 279^{4}. 518^{5}; -ης II 113^{1}
μεσανβρίαν : ποτὶ – τᾶς ὁδῶ II 96^{7}
μέση διάθεσις (term.) II 223^{3}
μέση ἡ πόλις II 26^{6}
μεσηγύ hom. 404^{8}. II 551$^{3.4.5}$
μεσήεις 528^{1}
μεσημβρίᾱ 277^{2}; τὴν – αν II 70^{5}
μεσημβρινός 277^{1}; τὸ – όν II 70^{2}
μέσης 461^{3}
-μεσθα 1. pl. 670^{2}, 3. 4. 841^{5}
Μέσθλης hom. 533^{4}
μεσίδιος 467^{2}
μεσῑτεύω 732^{7}
Μεσμα(ίων) 208, 2
Μέσμων att. 208^{4}
μεσόγαιος 451^{1}
μεσόδμᾱ 208^{5}. 449^{4}
μεσόδμη 208^{5}. 425^{3}
μεσοδορποχέστης s. μεσσηγυδ.
μέσοι äol. 549^{6}
μεσόμνα 332^{4}
μεσόμνη att. 208$^{5.7}$
μέσον 373^{8}. II 175^{2}; ἐν μέσῳ II 483, 2
μέσον praep. II 552^{2}; – c. gen. II 483, 7
μεσονύκτιον 439^{3}
μεσονύκτιος II 179^{5}
μέσος att. 320$^{5.6}$. 321^{5}. 381^{2}. II 179^{4}. 180^{3}. 481^{4}, 7. 483, 2; μέση ἡ πόλις II 26^{6}; – διάθεσις (term.) II 223^{3}; μέσαι νύκτες II 44, 4; μέσα (term.) 169^{5}; s. μέσσος
μεσουν ark. 557$^{2.3}$
μεσουράνημα 156^{4}
μεσποδι thess. 610^{1}, 1. 630, 1. 631^{6}. II 481^{4}; μεσποδι κε thess. 630^{1}. II 644^{3}. 658^{3}; μεσποδι κε ουν II 584, 4
μεσσα- 438, 4. 622^{5}
Μεσσάπιοι II 481, 4
μέσσατος 503^{7}
μεσσηγύ adv. hom. 404^{8}. 621^{2}. II 69^{6}
μεσσηγυδορποχέστης [so!] 428, 4. II 551^{6}
μεσσηγύς hom. 404^{8}. 620^{3}. II 551$^{3.4}$
Μεσσηνιων 245^{3}
μέσσος hom. 308^{2}. 321^{5}. 381^{2}. 461^{4}. 627^{4}. 630, 1. II 481^{4}, 7
μέσσυι adv. H. 622^{3}
μέστα ‘bis’ kret. kyren. 629$^{3.6}$. II 481^{4}. 550^{5}, 3. 657$^{6.7}$. 658$^{3.4}$
-μεστα 1. pl. ngr. (dial.) 670, 3
μέστε ark. 629$^{3.6}$, 1. II 481^{4}. 549^{7}. 550^{5}. 658$^{2.4}$
*μεστε ποδι 630, 1.
-μεστεν ngr. pont. 663, 0
μεστός c. gen. II 110^{8} f.; – εἰμι θυμούμενος II 393^{4}
μεστόω 727^{2}; – c. acc. et gen. II 111^{2}
μέσφα hom. poet. 630^{1}, 1. 631^{1}. II 481^{4}. 549^{7}. 550$^{5-6}$, 3. 658^{3}
*μεσφα ποδι 630, 1
μέσφι Aret. 630^{1}, 1. II 550^{5}
μετ’ II 481^{3}; – εἰκάδα(ς) att. 594^{3}; – ὀλίγον τούτων II 98^{1}; – αὐτὸς αὐτοῦ II 427^{4}
μετά 622^{5}. 629^{4}. II 159^{7}, 2. 160^{1}. 268^{2}. 419^{4}. 421^{7}. 423^{7}. 424^{3}. 425, 4. 432^{5}. 481^{3}, 1 bis 487. 499$^{1-4}$, 4; – c. acc. (= dat. instr.) II 139^{1}; – c. acc. zeitlich II 486$^{5-7}$; μετὰ δέ II 424^{5}; οἱ μετά τινος II 416^{7}; μετὰ τοῦτο II 634^{3}; μετὰ ταῦτα II 300^{5}. 486^{7}; τὸ – – II 486^{7}; μετὰ μιᾶς ngr. 621^{5} (s. auch μέ); μετά ngr. Schriftspr. II 482, 1
μετα- II 429^{4}. 482^{4}, 1
μέτα 388^{1}. II 423$^{3.4}$. 426^{2}. 427^{6}. 481^{3}. 483$^{4.6}$, 4. 484^{6}, 1
μέτα adv. II 482^{3}
μέτα verb. (= μέτεστι) II 482^{5}
μεταβαίνω II 482^{6}
μεταβάλλου II 341^{7}
μεταβάλλω II 482^{7}. 483^{1}
μεταβολεύς 477^{1}
Μέταβον II 481, 4
μεταβουλεύω II 482^{7}
μεταγαγοῦντες 784^{5}
μετάγγελος (435, 5.) II 482^{3}
Μεταγείτνια II 43^{7}
Μεταγειτνιών att. II 498, 2
μεταγράφω II 482^{7}. 483^{1}
μεταδαίνυται II 482^{4}
(*μεταδε?) 625, 2
μεταδήμιος II 487^{2}
μεταδίδωμι (-διδόναι) II 381^{5}. 482^{5}; c. part. II 103$^{6.8}$. 104^{1}; – τινί τινος II 160^{4}
μεταδιώκω II 482^{5}
μεταδόρπιος II 179^{5}. 487^{2}
μεταδοῦν infin. Theogn. 687^{6}. 808^{1}
μεταδοῦναι 687^{6}
μεταδρομάδην 626^{5}. II 482^{5}
Μετάδως II 482^{6}
μέταζε adv. 625^{1}, 2
μεταθέω II 482^{5}
μεταθήσι τοῦ τόπου II 92^{3}
μεται- II 481^{3}
μεταιβολία II 481, 5
μεταΐζειν II 482^{4}
μεταίρω II 482, 6
μεταΐσσω II 482^{5}
μεταιτέω II 482^{6}; μεταιτέοντες τῆς β. II 103^{8}
μεταίχμιος II 487^{1}
μετάκερας 516^{3}
μετακιάθω II 482^{5}; s. μετεκίαθε
μετακιόνιον II 487^{2}
μετακόνδυλος II 487^{2}
μετακύμιος II 487^{1}
μεταλαβεῖν II 366^{7}
μεταλαγχάνω (-ειν) II 482^{5}; – τινός II 104^{4}
μεταλαμβάνω (-ειν) II 482$^{5.6}$; – τινός II 103^{8}; – τινί τινος II 160^{4}; s. μεταλαβεῖν
μεταλλάσσειν τὸν βίον c. dat. II 148^{6}
μεταλλάω (-ᾶν) 726^{1}; – ἀμφί τινι II 438^{5}
μεταλλήξαντι II 482^{5}
μεταμάζιος II 487^{1}
μεταμαίομαι II 482^{5}
ΜεΤαμβριανῶν 318^{4}
μεταμελησόμενον (τὸ) II 409^{1}
μεταμελλοδύνα 104, 1. 430^{2}. 441^{1}
μεταμέλομαι οὐ δεξάμενος II 392^{6}
μεταμέλον αὐτοῖς II 402^{2}
μετάμελος II 692, 4
μεταμίσγω II 482^{4}
μεταμώνιος hom. 37^{6}. 263^{2}
μεταναγιγνώσκομαι θυμῶν c. dat. II 151^{1}
μετανάστης 424^{6}. 451^{4}
*μετανεμώνιος 263^{2}
μετανοεῖν, μή II 676^{4}
μεταξύ 548^{8}. 633^{2}. II 487^{3}. 551$^{3-5}$; – θύων, – ὀρύσσων II 390^{6}
μεταξύ ‘nachher’ spät 625, 2

μεταξύ (τὸ) II 416[2]
μεταξυλογία II 551[4]
μεταξύτης II 551[4]
Μέταπα ätol. II 481, 4
μεταπαυόμενοι II 482[4]
μεταπαυσωλή II 482[5]
μεταπέμπομαι (-εσθαι) II 231[6]. 240, 2. 348[6]. 482[5]; μεταπεμπόμενοι ἦσαν Thuk. 813[2]. II 407[8]; -εσθαι αὐτῷ II 236[1]; μεταπέμψεσθον II 609[3]; s. μετεπέμψατο
μεταπεπεμμένοι 813[2]
Μετάπιοι II 481, 4
μεταπρεπής II 482[4]
μεταπρέπω II 482[4]; – ἱππεῦσι II 155[6]
μεταπύργιον II 487[1]
μεταρίθμιος II 487[2]
μετασεύομαι II 482[5]
μετασπόμενος II 233[3]
μετασπών 748[5]. II 233[3]
μέτασσαι 472, 2. II 482, 3
*μετάσσαι 472, 2
μεταστάντα τῆς ξυμμαχίας II 93[6]
μεταστείχω II 482[5]
μεταστήθιον II 487[2]
μεταστήσειαν νόσου II 93[7]
μεταστοιχεί 623[2]
μεταστρέφω c. gen. II 108[3]; – νόον μετὰ κῆρ II 486[5]
μεταστύλιον II 487[2]
μετασχεῖν II 362[8]
μετασχών II 422[5]
μετατίθημι II 482[7]. 483[1]
μετατρέπομαι c. gen. II 108[8]
μετατρέχω II 482[5]
μεταυδάω (-ᾶν) II 277[4]. 482[4]; – τι Τρώεσσι II 155[6]
μεταύριον: ἡ – ἡμέρα II 487[2]
μεταυχένια II 487[2]
μεταφέρω II 482[7]. 483[1]
μετάφημι; s. μετέφη
μεταφρασόμεσθα II 482[7]
μετάφρενον II 487[1]. 714[8]
μεταφωνεῖν II 482[4]
μεταχαρακτηρισμός (term.) 148[3]
μεταχθόνιος II 487[3]
μετέασι II 482[4]
μετεγγραφήσεται II 289[2]
μετέειπε II 482[4]; μετέειπεν ἐς ἕδρης II 463[3]
μέτειμι (εἰμί); s. μέτεστι
μέτειμι (εἶμι) II 482[5]; s. μετιέναι, μετελθών, μετέρχομαι
μετεισάμενος II 482[4]
μετείω 677, 10
μετεκίαθε 681[2]. 703[4]. II 277[4]; -ον 703[4]
μετελευστέος Luk. 810[7]
μετελθών II 482[4]
μετεξέτεροι 614[4]
μετέπειτα 633[2]. II 482[3]
μετεπέμψατο II 299[8]; s. μεταπέμπομαι
μέτερρα äol. 90[4]
μέτερρος lesb. 274[4]. 278[8]
μετέρχομαι II 482[4.5]; – τι c. dat. II 151[3]; – τινα τῶν θεῶν II 130[2]
Μετεσίλαος 443, 8
μέτεστι II 423[5]. 482[5.6]; – μοι II 482[3]; – τινι τὸ ἴσον πρὸς τὰ ἴδια διάφορα II 512[2]
μετέφη II 482[4]
μετέχειν II 277[2]. 482[5]
μετεχέτω II 342[5]
μετέχην infin. el. 807[1]
μετέχω c. partit. II 103[6.7]; – τοῦ λόγου II 103[7]; ὡς μετέχοντά τινα II 402[6]; s. μετέχειν
μετέωρος att. 245[5]. II 181[3]. 482, 6
μετῆλθαι 753[7]
μετήλλακχα 772[6]
μετηλλακχότα 207[2]
μετήνεκ(κ)α 745, 1
μετήορος II 482, 6
μετιέναι II 482[4]; s. μέτειμι
μετίεσαν τῆς χρησμοσύνης II 92[4]
μέτοικος 435[4]. II 482[3]
μετοίχομαι II 482[5]
μετοκλάζει Ilias 734[6]
μετόν acc. abs. II 401[7]
μετοξύ pap. 632[7]
μετόπη II 487[1]
μετόπιν 625[3]. II 482[4]. 540[5]
μετόπισθε II 540[5]. 541[2]; -εν 633[2]. II 482[3]. 540[5]. 541[2]
μετόρχιον II 487[1]
μετοσσέω H. 726[2]
Μέτουλον II 481, 4
μετουσία II 482[5]
μετοχή II 14[4.6]. 386[6]. 482[5]
μέτοχος II 482[5]; – c. partit. II 103[8]
μετρέω 726[3]; s. μετρῶ
-μετρέω 731[6]
μετρησιομενον 786[4]
μέτριος 456[4]. II 182[5]
μέτροι (= μέτριοι) 586, 6
μέτρον 532[2]
μετρῶ τι c. instr. II 167[3]; s. μετρέω
*μετσ- (in μέστε) II 550, 3
μέττ' kret. (gort.) II 550[5]; – ἐς τὸ δ. 629, 12
μέττες kret. 216[6]
μέττος kret. 320[5]; böot. II 481, 7
μέττω böot. 320[6]
μετωπηδόν 626[5]
μέτωπον 426, 4. II 487[1]. 714[8]
μευ gen. sg. ion. (hom.) dor. 314[7]. 602[3]. 604[4]. 605[1]. II 201[3]. 206[2]
μεύς el. 515, 5. 569[6]. 577[2]
μέχρι 57[5]. 405[1]. 630, 1. 840[8]. II 298[3]. 313[3]. 427[7]. 481[4], 6. 487, 7. 533[4]. 549[7], 2 f. 637[6]. 658[4.5.7]; – ἄν 630[1]; – δεῦρο Thuk. 632[2]; – δεύρου pap. 632[2]; – εἰς II 428[7]; – ἕως II 658[5]; – ὅσου II 653[5]; – οὗ II 550 [1.4]. 640[7]. 653[5–7], 4. 657[6]; – οὗ ἄν 630[1]; – πρός II 550[3]
μέχριπερ II 658[6]
μέχρις 405[1]. 620[4], 5. II 487, 7. 549[7], 2 f. 637[6]. 658[4.5.7]; – οὗ II 550[4]
μh- 309[7]. 311[1.2]
μhεγάλου att. 311[1]
Mhέγαρα meg. 212[2]. 311[1]
Mhε(γαρέων) meg. 95[3]
Mhειάλη 209[2]
Mhειάλητι pamph. 311[1]
Mhείξιος kerk. 311[1]
μή 56[6]. 345[4]. II 305[3.4]. 309[5.6]. 312[1]. 313[7]. 314[2.6–7]. 315[3]. 316[7]. 318[4]. 320[3]. 343[2]. 354[5–7], 3. 591[1.3.4]. 592[3.4]. 594[2] bis 596, 1. 627[5]. 628[6]. 629[4.5]. 637[5]. 672[2.4], 1. 674[4.5], 2. 3. 675[2–8]. 676. 714[3]; – hell. (= οὐ) II 594[7]. 595[3]; – ngr. II 596[1–3]. 629[5]; – c. conj. II 315[4–8]; c. conj. praes. II 317[1]; – – aor. II 343[2.5–6]; – – ngr. 804[5]; – c. opt. II 321[4]; – c. cupit. II 345[4.6]; – c. imper. praes. II 340[4]. 343[2.4–5]; – c. imper. et conj. prohib. II 625[7]; μὴ ἴομεν II 315[3]; μὴ ἐάσῃς II 315[4.6–8]; – ποιήσῃς II 591[3]; – φοβᾶσαι ngr. II 315[8]. 319[5]; – εἴη II 331, 1; – γένοιτο II 337, 2. 338[3]; – – ngr. II 13[2]; – ποιεῖτε II 591[3]; – ἔασον II 315[7]; – ὤφελον II 346[1]. 594[3]; – τριβὰς ἔτ' II 707[7]; – μοί γε μύθους II 707[7]; – σύ γ' II 707[7]; – ἀλλά II 578[3]; – ἄν c. infin. II 595[5]; μὴ δέν ngr. II 596[2]; μὴ μὴ (μή) II 597[7.8]; μὴ – μηδέ II 573[4]; μὴ – μήτε II 573[4]; μὴ οὐ II 594[5]. 598[6]. 675[2.5.7]; – – c. conj. praes. II 317[1.2]; μὴ γάρ II 597[4]. 707[7]; μὴ μέν II 569[3]; – νύ τοι II 571[8]; μὴ οὖν II 589[5.7]; μή ποτε II 597[4]. 675[4]; μή πω II 592[4]; μή πως II 674[5], 3. 675[4]; μή τοι II 597[4]; μή τις II 213[6]. 214[5]. 597[4]; μή τι II 214[5]; ἐπεὶ μή II 595[8]

μηδαμά (neut. pl.) adv. att. 617[4]
μηδαμεῖ 617[4]
μηδαμῇ II 597[6]
μηδάμινος hell. 617[4]
μηδαμινός ngr. 617[5]. II 597[6]
μηδαμόθεμ 257[4]
μηδαμόθεν ätol. 628[2]
μηδαμός II 597[6]
μηδαμόσε 617[4]
μηδαμῶς 617[4]
μηδέ II 592[4]. 593[4]. 595[2]. 596[3]. 597[5.6]. 633[6]; – ἁμοῦ att. 617[4]; – εἷς 221[2]; – ποθι II 597[6]; – ποτε II 597[6]; – τωι dat. m. hom. 616[1]
*μήδε II 597[5]
μήδεα 512[2]
μηδέϊα lesb. 588, 6
μηδείς 588[2]. II 214[5]. 596[6]. 597[6]
μηδεμία ἦν οἰμωγή II 595[7]
μηδέν II 214, 4. 596[5]; – 'Null' ngr. 587, 1; – ἀγάζειν Aesch. 734[5]; – πρὸς τὸ πρᾶγμα II 512[3]
μηδένες nachatt. 588[2]
μηδέποτε II 598[2]
Μηδεσικάστη 446[2]
μηδέτερος II 597[6]
Μηδικὰ (τὰ) II 175[1]
μηδιμι kret. 610[2]
Μῆδοι 187[3]; Μήδων ἐχόντων II 398[5]; – ὅσων ἑόρακα II 641[1]
μήδομαι 356[5]. 685[4]. 702[6]. II 81[1]. 229[3]. 277[1]; – κακὰ ἐπί τινι II 468[4]; s. μήσατο
μῆδος 356[5]; μήδεα 512[2]
Μῆδος: ὁ – II 41[7.8]; s. Μῆδοι
μηδοτιη böot. 609, 5
*μηδστο 751[3]
*μηδτο 751[3]
μηθαμά II 597[6]
μηθαμόθεν II 597[6]
μηθαμοῦ II 597[6]
μηθαμῶς Koine 617[4]. II 597[6]
μηθείς 408[2]. II 597[6]
Μήθυμνα 524[6]
μηκάομαι 683[2]. 722, 2; – περὶ σηκούς II 503[7]; s. ἐμέμηκον
μηκάς 508[1]. 683[2], 2. 722, 2
μηκεδανός 530[2]
μηκέτι 404, 1. II 564[2]. 597[5]
Μηκιστεύς 476[7]
μῆκος II 86[1.2]
μηκύνω 733[3]
μηλάτας böot. 263[5]
μηλέα II 30[4]
μηλέη 468, 3
μήλη 'Sonde' 483[3]. 782[3]. II 105[7]
*μηληλάτας 263[5]
μηλίς II 30[4]
μηλίχιος kret. 283[8]
*μῆλλον 538, 4
Μῆλο f. ngr. 458[1]. II 32, 4
Μηλόβοσις 449, 2
μῆλον „Apfel" II 30[4]
μῆλον „Kleinvieh" 345[4]. II 468[5]; μῆλα ἐξέσσυτο II 607[4]
μηλόται 500[4]
μῆλοψ 426[4]
μήλω II 49[4]
μήμη 422[7]
Μημόφιλος att. 257[4]
μήν partic. II 554[6], 2. 269[2.3], 2 f. 584[6]. 633[6]
μήν ngr. II 596[1–3]. 629[5]; – ξέροντας II 596[2]
μήν m. att. 515, 5. 569[6]. II 33[2]; τρίτῳ μηνί II 158[7]; τοῦ ὄντος μηνός II 409[4]
μην- 515, 5. 569[3]
-μην 1. sg. ion. att. 667[4]. 669[6], 8
-μην infin. Ausg. dor. mkret. 82[1]. 807[5–6.7]
μήνα 'etwa' ngr. II 629[5]
μήνᾱ 281[8]
Μηνᾶς 461[6]
μηνιάω 732, 4
μηνίεσθαι ὑπέρ τινος II 521[3]
μηνίζω gramm. 727[4]
μηνιθμός 493[1]
μήνῑμα 727[4]
μῆνις 32[4]. 260[5]. II 28, 1. 52[1]. 64[8]; μῆνιν II 41[3]; – ἄειδε II 341[4]. 343[8]. 695[6]
μηνῑ́ω 727[4]. 815[2]; μηνιῶ fut. Koine 785[6]; ἐμήνῑσα 754[3]; μηνίω c. gen. II 133[5.6]; – ἕκατι c. gen. II 134[2]
μῆννος gen. sg. äol. (lesb.) 185[7]. 279[5]. 280[3]. 286[7]. 515[6]
μηνός gen. sg. 279[5]. 286[7]
*μηνς 279[5]
μηνσί kret. 338[2]
*μηνσος gen. 280[3]. 515[6]
*μηνσσι 338[2]
μηνῡθη- 761, 5
μηνύσατε II 341[4]
μηνυτρίζω 735[6]
Μηουβιανός 197[4]
μήποθεν II 597[4]
μήπως ngr. II 596[2]. 675[4]
μῆρα neut. pl. 381[2]. 581[4–5]. II 37[2]
μηρία ταύρων II 119[1]
μῆριγξ 311[5]. 498[3]
μήρινθος 311[5]. 510[6]. II 34, 2
μηρός 282[8]. 333[8]. 381[2]. 481[3]. 581[4]; μηρώ II 47[2], 4; μηροί 581[4]. II 47[2]
*μης (gen. μηνός) 515, 5
μής dor. 569[6]
μήσατο . . κτείνασα II 301[2]
μησί dat. pl. 287[6]
*μησρο- 282[8]
μῆστο H. 680[2]. 685[4]. 751[3]
μήστωρ 530, 4. 531[3], 6. 569[3]
Μήστωρ 530, 4
μήτε II 595[2]. 596[3]; μήτε – μήτε II 573[4]. 633[6]. 675[8]; μήτ' εἴης μήτε γένοιο II 624[4]
ΜΗΤΕΡ 86[8]. 186[1]
μῆτερ 567[6]
μητέρα acc. sg. 56[5]. 567[6]
μητέρας 567[6]; 'Muttertiere' hom. II 48[3]
μητέρε 565[4]
μητέρι 567[6]
μητέρος 567[6]
μήτηρ ion.-att. 72[2]. (Ausspr.) 176[7]. 187[1]. 381[8]. 530[4]. 567[6], 7
-μήτης compos. 561, 5
μήτι II 214[5]. 629, 2; – γε II 707[7]
μητιάομαι 732[2]; μητιάασθε 727[4]
μητίετα [so] nom. voc. hom. 500[4], 3. 560[1.3], 3
*μητιμι dat. sg. 610[2]
μητίομαι II 229[3]; -ῑ́ονται 727[4]
μητιόωντες 727[4]
μῆτις 271[2]. 505[1]
*μητῖτα 500, 3
μήτρᾱ 532[6]
μητραγύρτης 452[1]
μήτρη hom. 532[5]
μητρί 567[6]
μητρίζω spät 731, 1
μητρόπολις 453[4]
μητρός 567[6]
μητρυιά 200[4]. 469, 8. 479[5]
μητρυιός j.-att. 459[4]. 479, 8
μητρῷιος 479[6]
μήτρως 479[6]. 480[1.2]
μηχαναόμενος II 234, 3
μηχανᾶσθαι II 272[3]
μηχανάω 725[6]. II 240[5]
μηχανή II 704[2]
μηχανορραφῶ κατά τινος II 480[2]
μηχανόωντας hom. 731[5]. II 234[5]
μῆχαρ 519[1]
μήχι II 577[3]. 592[2], 7. 597[5]
mi zu *ni* tsak. 309[6]
μι acc. kypr. 601, 1. 602[2]. 603[6]
-μι- suff. 495[3]
-μι verba 130[2]. 642[5]. 657[5.6]. 658[2]. 659[2]. 686[5] ff. 728[6]. 729[1–4]. 815[1]; verloren im Ngr. 659[1]
μία 310[6]. 343[1]. 358[5]. 381[7]. 473[1.2.6]. 588[1]; – ngr. 588[2]; – τε καὶ δέκα Paus. 594, 3; μία (= πρώτη) LXX 595[4]; μία μία Soph. 599[1]. II 700[3]; μιὰ βολά od. φορά ngr. 598[2]

μιᾶι coni. kyren. 743[4], 9. 792[3]
μιαίνω 189[4]. 724[6]
μιαιφόνος 448[4]
μίαν 'einmal' 598[2]; s. μία
μιανῆς gen. sg. f. ngr. 588[2]
μιανϑη- 761[6]
μιάνϑην 3. pl. 664[5]
μιανοῦ gen. sg. m. ngr. 588[2]
μιαρός [so] att. 243[7.8]. 448[4]
μιασει kyren. 786[4]
μιάστωρ 531[4]
μίαχος 498[5]
μιαχρός 498[5]
μιγ- 760, 3. 771[7]
μίγα Pind. 622[5], 7; – c. instr. II 535[4]
μιγάδην hom. 626[4]
μιγάδις 631[4]
μιγαζομένους Od. 734[5]. 771[2]
Μιγαλοϑέō kypr. 275[8]
μίγδα 626[3]. II 160[7]; – c. dat. II 535[4]
μίγδην 626[3]
μιγείς 525[3]
μιγέωσι(ν) conj. aor. hom. 687, 4. 792[6]
μιγη- pass. hom. 759[3]. 760[2], 3. 771[2]
μιγήμεναι infin. hom. 806[4]
μιγής 426[1]. 513[5]
μιγήσεσθαι Ilias 763, 2
μίγνῡμι 333[2]; μίγνυμι 215[6]; (*μίγνυμι) 697, 5; s. μείγνυμι
*μιγσκω 690[3]
Μίδαυ kypr. 88[3]
Μίδεια 66[4]
Μίδεος 467, 6
μιερός hell. 243[7]. 482[3]
μίη j.-ion. 588[1]
μιῆναι 189[4]
Μιϑρήνης 187, 1
Μιϑρι- 153[4]
Μιϑριδάτης 206[3]
μίϑωσιν = μίσϑωσιν 217[2]
μίκᾱ 190[5]
μικκιχιδδόμενος 331[6]
μικρὸν ὅσον II 626[6]
μικρός 310[5]; – δέμας II 85[6]. 86[5]
μικρότερος τρία ἔτη II 88[8]; -ρός μου ngr. II 136[4]
μικροῦ II 308[1.2]; – δεῖ II 378[7]; – δεῖν II 379[6]
μικρῷ II 164[2]
μικτο 750[6]. 751[2]; μίκτο 759[3]
μῖλαξ 311[5]
Μίλατο ngr. 121[4]
Μῑλᾱτος dor. 86, 1
Μῑλητος ion. 86, 1. 281[7]. 503[7]; Μιλήτου ἅλωσις II 66[6]
μίλιτος 278[7]
μῑλίχιος 283[8]
Μῑλίχιος 193[7]
Μίλλατος lesb. 281[7]
Μίλλητος äol. 86, 1
μίλτος 503[5]
μιλφός 495[5]
*μιμ acc. 608, 1
μιμαίκυλον 423, 8
μίμαρκυς 423[6]. 463[5]
Μίμας 526[5]
μιμεῖσθαί τι ἀοιδαῖς ὑπ' αὐλίσκων II 530[1–2]
μίμησις c. instr. II 166[6]
μιμνάζω (-ειν) 105[6]. 643[7]. 690[2]. 735[1]
μιμναισκω lesb. 709[5]; μιμνᾱισκω 710[1]
μιμνήισκω 710[2]
μιμνῄσκομαι (-εσθαι) ἀμφί τινα II 439[3]; – περὶ πομπῆς II 503[1]; – ὑπὲρ τῆς εἰρήνης II 522[3]
μιμνήσκω 709[5]. 710[2]; μίμνησκ(ε) imper. Od. 799[1]
*μιμνῑ́σκω 710[1]
μίμνω 690[1.2.4]. 841[7]. II 260[4.5]; – ἀγρῷ II 154[7]; μὴ μιμνέτω II 343[4]
μῖμος 423[6]
μιν acc. 603[6]. 608[1], 1. 613[3.5]. II 20, 5. 190[2.3.4], 1. 4. 191[2.3.5.6]. 194[3.4]; neut. 613[3]; – αὐτόν 608[1]. II 191[5]; – αὐτήν 608[1]
Μίνδαρος lak. thess. 333[6]
μίνδιος 364[8]
μινδις kleinas.-gr. 123[7]. 152[7]
μίνϑη 61[7]
Μινϑουντοϑε eretr. 628, 4
μινονσι ark. 275[4]
μινύϑεσκον hom. 711[2]
μινυϑῆσαι Hippokr. 721[2]
μινυϑήσω 721[2]
μινύϑω 697[1]. 703[5]. 721[2]; ἐμινύϑει 721[2]
μίνυνϑα 61[6]. 385[6]. 538[3]. 629[1]. 733[4]
μινυνϑάδιος 467[1]. 576, 7
μινυρίζω 735[6]
μινῡ́ρομαι 714, 7. 725[3]. 735[6]
Μίνως 480[3]. 558[1]
μιξέλλην 442[6]
μιξο- 442[6]
μιργάβωρ lak. 218[4]. 442, 5
Μίργος eretr. 218[4]
*μίρναμαι 695[4]
μισάνϑρωπος 442[5.6]
μισγάγκεια hom. 442[4]. 430, 3
μισγέσκετο Od. 710[5]; ἐμισγέσκοντο 652, 3
μισγέσκω 105[6]
Μίσγης 833[5]
*μισγήως ion. 218[4]
μισγόλας 442[4]
μίσγομαι II 348[4]
μισγόνομος 442[4]
μίσγω ion. 336[8]. 690[3]. 708[3]. 771[2]; -ειν II 160[3]
μισεῖσθαι ὑπό τινος II 529[7]
μῑσέλλην 442[5]
μῑσέω 724[3]; -σῶ II 396[3]; -σεῖν σὺν τὴν ζωήν II 491[1]
μίσηϑρον 533[2]
μίσϑαρνος 450[6]. 696[3]
μισϑοδοτῆσαι τοὺς ὁπλίτας II 73[4]
μισϑοῖ 250[7.8]. 690, 9
μισϑοίην att. 796[2]
μισϑοῖμεν 249[4]
μισϑοῖς 2. sg. att. 660, 9
μισϑOν gen. sg. kypr. 555, 6
μισϑõν κατὰ κ' ἐτῶν II 479[7]
μισϑός 328[5]. 380[8]. 511, 2. II 32, 4. 616[2]; – c. dat. II 153[6]
μισϑοῦν att. 249[6]. 807[4]. II 231[5]
μισϑοῦντες 249[2]
μισϑοῦσθαι II 231[5]
*μισϑοφόρησις 506[1]
μισϑοφορητέον εἴη II 410[3]
μισϑοφορία 451[4]. 506[1]
μισϑόω : ἐμίσϑωσα 752[3]
μισϑώαϑη böot. 672[1]
μισϑῶντες 249[2]
μίσϑωσις her. 271[2]; – κατὰ τῶν κλήρων II 479[7]
μισϑώσω fut. 782[5]
μισϑῶτε conj. att. 249[7]
μῑσο- 442[5]
μισογύνης 442[6]
μῑσόϑεος 442[5]
μῖσος 513[1]
μισός ngr. 586[3]. 599[3]
μισοῦν II 409[1]
μισοῦντες γίγνονται II 407[8]
μιστύλη 268[5]
μίσυ 463[6]
μίσχος 541[6]
mitéra ngr. 93[8]
Μιτραδάτης 206[3]
Μιτρανης 187, 1
μίτρη hom. ion. 532[6], 8
Μιτρο- 153[4]
Μιτροβάτης 206[2]
Μιτρογάτης 206[2]
Μιτυλήνη 268[5]
Μιχαήλ : τοῦ – ngr. II 137[5]
μιχϑη- pass. 759[3]. 760[2]
μιχϑήμεναι infin. hom. 806[4]
μλ zu μβλ 277[1]
Μλααυσει 152[7]. 197[7]
*μλιτjω 723, 8
μμ aus νμ 322[2]; – aus π, β, φ, ϑ + μ 323[4]; μ(μ) < μν 256[7]
-μμ- thess. 238[6]
-μμαι pf. Koine 773[6]
μμέγα 310[8]
μμεγάλην 310[8]
μν 332[3.4]; – für δμ 208[5.7]; – für δν 208[6]; – aus νμ für

δμ 208[7]; kurz gemessen vor μν 237[6]; μν > νν 256[7]; – > μ(μ) 256[7]
μνᾶ 64[7]. 245[8]. 332[4]. 562[3]
μνᾱ- 332[2]. 710[1]
-μνᾱ suff. 524[5]
μνᾶᾳ hom. 730[3]
μνάασθαι hom. 730[3]
μνᾱδάριον 471[2]
(*μνᾶϝα) 245[7]
μναῖ pl. 562[3]
*μνᾱτᾱ 425[3]
μναμμεῖον thess. (= μνᾱμ-) 238[2.6]
Μναμόνᾱ 529[5]
μνάμων 522[4]
*μνᾶνις 260[5]. 495, 8
μνάομαι 296[2]. 332[4]. 583[1]. 726[1], 1; c. gen. II 108[3.4]; s. ἐμνήσατο, μνήσομαι
*μνᾶς gen. sg. 'der Frau' 583[1]
Μνασέας 278[8]
μνᾱσθη- 761[3]
Μνασιδίκα 636[5]
μνάσκετ(ο) Od. 711[3]
[μνάω]: ἔμνᾱσα 751[7]
*-μn̥δjω verba 734, 7
μνέαι pl. ion. 562[3]
μνεία att. 425[3]; ἔχειν μνείαν τινὸς ὑπό τινος II 529[4]
μνήισκεται Anakr. 709[5]
*μνήματα τε 389[1]
μνημεῖον 470[4]
μνήμη πρός τινος II 514[8]
μνημονεύετε II 341[4]
μνημόσυνος 529[5]
μνήμων 112[7]. 342[5]. II 180[2]
μνησάσκετο Ilias 711[5]
μνησθῆναι 760[6]; – c. dat. II 151[2]; - σύν τινος II 491[1]
μνήσθητι 760, 6
μνησικακῶ τινι c. gen. II 108[4]
μνησκόμενος 709, 8
μνήσομαι 710[1]
μνηστή 503[1]
μνῆστις 504[6], 6
μνήσω 782[5]
μνησώμεθα conj. 791[2]
Μνία 208[5]
μνίον 332[4]
μνίσκω ngr. 712[2]
-μνο- suff. 524[4]
μνόος 332[4]
-μνος suff. 524[4.5.6]
μνώια kret. 208[5]
[μνώομαι]: ἐμνώοντο hom. 730[3]
-μο- suff. subst. 491[6], 7 ff.; – adj. 494[3]
Μογέᾱ m. böot. 560[4]
μογέω 720, 6; – ἐξ ἔργων II 464[1]
μόγις 620[3]
μόγος 310[6]. 459[1]
μόδα ngr.: εἶναι τῆς μόδας II 136[8]
μοθόπορον ngr. (pont.)
μόθος 511[1]
μοι dat. sg. 388[3]. 600[2]. 602[4.7]. 608[2]. II 148[1.2.3]. 186[7.8]. 189[3–6], 4. 190[1]. 201[3]; – poss. II 149, 4; refl. II 194[1.2]; gen. hom. 602, 3; μ' hom. 604, 3
μοιμύλλω 647, 6
μοῖρα 272[8]. 310[6.8]. 474[3]. II 623[5]; κατὰ μοῖραν II 478[8]
μοιράδιος 467[1]
Μοιρέστρατος 438[3]
μοιρηγενές voc. 105[6]. 428, 1
μοιρηγενής ion. 438[4]
μοιρίδιος 467[2]
μοισάων böot. 241[4]
μοιχαλίς 483[7]
μοιχᾶν dor. 128[7]. II 235[1]
μοιχᾶσθαι II 235[2]
μοιχάω 731[5]
μοιχεύειν II 235[1.2]; – εύεσθαι II 235[1.2]
μοιχίδιος 467[3]
μοιχός 459[2]
*μολβος 278[4]
μολε/ο- 747[1]
μολεῖν 361[1]. 362[7]. II 366[5]; – ὑπὲρ κλιτύν II 519[4]; – σὺν τάχει II 490[2]
μōλήτω kret. 807[3]
μολίβι ngr. 257[5]
μόλιβος 257[5]. 278[4]
μōλιόμενα II 119, 3
Μολίονε II 48[2.3]. 51, 1
μōλίōντι ἀντὶ δολōι II 438[6]
μόλις 339[5]
Μολοβρός 481[6]
Μολότοι thess. 318[1]
μολοῦμαι 708[6]. 784[4]
μολούσῃ (μοι) II 401[3]
Μολοχᾶντι dor. 528[2]
Μολπᾶς 461[6]
μολπηδόν 626[5]
μόλυβδος 257[5]. 275[7]. 508[7]. II 34, 4
μολύνω 733[4]
μόλωμεν 394[4]
μολών II 388[4]; – τινι κατὰ στόμα II 477[3]
μομφὴν ἔχω c. acc. II 74[2]; – – c. dat. II 144[7]
Μομψουεστία 231[7]. 257[6]
-μονᾱ suff. 524[5], 7
μοναξός spät 598[4]
μονάς 'Monade' Plat. 597[2]
μονάχα ngr. II 582[2]
μοναχῇ, -χῆι 598[3]. 630[4]
μοναχός 161[5]. 498[5]. 598[3]. 630[4]
μόνε adv. 631[6]
*μονϝος 472[4]
μονο- compos. 433, 3. 588, 7
μονόδερκτος 502[3]
μόνος 314[5]. 472[4]. 588[4]. II 187[4.5]; – c. abl. II 96[3]; – μου ngr. II 136[6]; – του ngr. II 179[5]
μονότονος 433, 3
μονούμενος δεσποτῶν II 93[5]
μονοχίτων 433, 3
μονοχρονοῦ ngr. II 137[5]
μόνω du. f. II 35, 1
(*μονῶνυξ) 588, 3
μονώτατος 536[1]
μονώψ 426, 4
μορμολύσσομαι 725[4]
μορμολύττω 258[8]
μόρμορος 423[2]
μορμύρω 258[4]. 351[8]. 647[3], 4
Μορμώ 479[4]
μόρος 310[6]
*μορσι- 277[6]. 494, 8
μόρσιμος 270[5]. 277[6]. 494[5], 8. 505[3]; ἐπορνύναι μόρσιμον ἦμαρ ὑπὸ βίηφι II 526[2]
μόρτος 502, 1. 704, 2
μορτός 277[3]. 344[3], 1
Μόρυς 463[6]
μορύσσω 725[4]. 771[3]
Μορυχία οἰκία II 177[3]
Μορύχιος II 182[5]
μόρφνος 328[1]
μορφώ 478[5], 4
-μός suff. 128[2]; s. -μο-
μοσσῦν- 488[5], 4
μοσσῦνο- 488[5], 4
μόσχος 328[4]. 541[6]
Μοττόνης 318, 1
Μοτύλος 485, 4
μου gen. sg. att. 600[4]. 602[3]. 605[1]. 608[3]. II 186[7]. 201[4]; refl. II 194[1]; ngr. 606[4]. 608[5]
μουκήρους lak. 482, 13
μουναδόν 626[5]
μουνάξ 620[6]. 630[4]
μούνευρον spät 257[4]
Μουνήτιος 190[7]
μουνίας spät 257[4]
Μουνιχίαθε 628[3]
μοῦνος ion. 228[3]. 314[5]. 588[4]; μοῦνον ἐξ ἁπάντων II 116[7]
Μουνσης 214[6]
Μουνυχίαζε 625[1]
Μουρμᾱκώ pamph. 182[2]
Μοῦσα 473, 6. II 59[6]; Μοῦσαι II 41[3]
Μουσβανδα 61[4]
μουσίδδει lak. 93[5]. 182[2]
μουσική 498[2]; ἡ – (τέχνη) II 175[5]
Μοῦσις 828[6]
μουστί 402[3]
μοχθέω 726[3]
μόχθηρος att. 380[3]. 383[3]
μοχθήσειν Ilias 735[2]

μοχθίζοντα Ilias 105[6]. 736[2]
μόχθος 510[7]; μοχθῶ-ον II 75[2]
μοχλέω 726[3]
μοχοῖ kypr. 182[3]. 549[6]. II 155[5]
mp Koine für pp 231[7]
μπάζω ngr. II 456, 3
μπαίνω ngr. II 456, 3; – τοῦ χωρκοῦ II 137[4]
μπαλλώνω ngr. II 456, 3
μπαρκάρω ngr. II 456, 3
μπλάστρο ngr. II 456, 3
μπλέκω ngr. II 456, 3
μπροστά c. gen. ngr. II 137[3]
μρ > μβρ 277[1]
μσ für μψ 277[8]
μύ interj. 716[5]
μῦ (Murmellaut) II 599, 2. 601[1]
μῦ 140[4]. 377[8]
-μυ- suff. 495[4]
μυαλός hell. 243[7]
μύας acc. pl. Epich. 571[3]
μυγαλῆ 571[3]
Μυγδών 530[3]
(*μυγκjω) 692[5]
μυγμός 140[4]
μυελός att. 243[7]
μύες nom. pl. Epich. 571[3]
μύεσθαι 729[3]
μυέω, ἐμύησα ion. att. 721[4]
μυζάω spät 721[3]
μυζέω spät 721[3]
μύζω 716, 5. 771[5]. II 601[1]; s. ἔμυξε; μύζω 'mache μῦ μῦ' 721, 4; 'sauge' Hippokr. 721[3], 4
μυθέαι 252[7]
μυθεῖαι hom. 243[4]
μῦθέομαι 726[3]; – τί τινος II 132[3]; μυθεῖσθαι ὡς II 664[5.6–7]; – σὺν ὅρκῳ II 489[8]; – ἀμφί τινι II 438[5]
μυθέσκοντο Ilias 711[4]
*μυθίζει 93[5]
μυθιήτης 500, 4
μῦθολογέω: ἐμυθολόγησα 655[7]
μῦθος 511[1]; – c. gen. II 132[3]; μῦθον ἄκουε II 341[3]
μυῖα 73[7]. 474[2]
μυῖνδα 627[2]
Μυκάλη 483[4]
μῡκάομαι 683[2]. 719, 9. 771[3]. II 227[5]. 264[2]; μυκᾶσθαι ἀμφ' ὀβελοῖς II 438[3]; s. ἐμεμύκει, μυκώμεναι
μῡκή 683[2]
μυκηθμός hom. 493[1]
Μυκῆναι 638[5]
Μυκήνη 638[5]
Μυκηνίδες ὦ φ. II 61[5], 3
μύκης 462[1]. 499[3], 4
μύκον 747[4]
μυκός 496[4]
μῡκώμεναι 747[4]
Μύλασα 321[4]
μύλη 351[8]
Μύλλαρον 482[3]
μύλλω 351[8]
μυλωθρός 533[2]
μῦν acc. sg. Arkes. 571[3]
μΰνη 489[2]
μυξ- 754[7]
μύξα 516[5]
μύξω fut. Diog. L. 721, 4
μύξων 310[5]
μυογαλῆ 571[3]
Μυόννησος 280[2]
μυός gen. sg. 571[3]
μυοσόβη 200[2]
μυοσωτίς 571[3]
μύραινα 158[1]. 311[5]
μύργμα 839[1]
μυρία (ἵππος, δεσμή) 593[5]
μυριαδῶν gen. pl. 383[1]. 597[2]
μυριάομαι spät 732[4]
μυριάς 597[2]
μυριαστός Koine 596, 4
μυρίζω 311[6]
μυρικᾶς syrak. 278[6]
Μύριλλα m. syrak. 561[4]. II 37[4]. 602[6]
μύριξ 497[5]
μῡρίοι hom. 593[5]. II 182[6]
μῡριοι Hes. Hdt. att. 593[5]
μυρίον χέραδος Ilias 593[5]
μυριοντα- 437[6]
μυριονταδικός [so] Theo. Sm. 594[1]
μυριοντάκις H. 594[1]. 598[1]
μυριόνταρχος Aesch. 594[1]
μυριόπχλαι 592, 4
μυριοστός 381[4]. 596[2]
μυριοστύς Xen. 597[4]
μυριότης 597[5]
Μυρμηδών 530[3]
μύρμηξ 257[5]
μυρμύρω 351[8]
μῦρομαι 593[6]
μύρον 161[4]. 165[1]. 351[8]
μυροψός 438, 1
μύρρα 311[6]
μυρρίνη att. 285[3]
Μυρρινοῦς 528[2]; -νοῦντα 231[7]; -νοῦντι loc. II 155[1]
μυρσεών 271[8]
Μυρσίλος 270[6]. 285[6]
μύρσινος 270[5]
μύρτινος 270[5]
μύρτον II 30[4]
μύρτος II 30[4]
Μύρτουσσα 837[7]
Μυρτώ 837[7]
Μυρτώεσσα 837[7]
μύρω imper. lesb. 798[5]
μῦς 181[5]. 350[6]. 378[1]. 424[2]. 571[3]. 580[4]. II 31[6]; – nom. pl. Antiphan. 564[1]; – acc. pl. Hdt. 571[3]; s. μῦν, μυός, μυσί
μύσαν aor. Ilias 721[4]. 774[3]
Μυσαχέων gen. lokr. 498[5]
μῦσί dat. pl. Hdn. 571[3], 1
μυσκέλενδρα att. 533[5]
Μῦσοί 67[6]
μύσος n. 513[1]
*μυσός gen. sg. 424[2]
Μῦσός 458, 3
*μυσσί dat. pl. 571[3]
-μύσσω 692[5]. 715[1]. 754[7]
μύστα äol. 560[1], 4
Μύστᾱ f. 560, 4
μυστηρικός 497[7]
μυστήριον 161[4]; -ίοις att. II 158[5.6]
μύστρον 532[4]
μυσφόνος 440[4]
μυσφονός 386[6]
μύσω fut. Lykophr. 721[4]
*μύσω praes. 721[4]
μύτες ngr. II 43, 5
μυττός 503[6]
μυχαίτερος 534[5]
μύχατος hell. poet. 503[8]
μυχλός 327[7]
μυχμός 140[4]. 206, 1
μυχοίτατος hom. 534[4]. 549[6]. II 178[8]
μυχός 496[5], 11
μύω 'schließe' 686[3]. 721[4]
μῡών 488[1]. 571[3]
Μύων 486[4]
μύωψ 426, 4
μῶ ion. 140[4]
μωκάομαι 128[2]
μῶκος, μωκός 420[4]
μωλέν kret. 720, 10
μωλῆν πάρ τινι II 494[4]
μῶλος 339[5]. 425[3]. 458[6]. 720, 10
μῶλυ hom. 463[6], 4
μωλυνθῆναι 728[1]
μωλυόμενα Hippokr. 728[1]
μωλυρός 482[4]
μῶλυς 361[5]
μώλωψ 426, 4. 483[3]. 833[8]
μῶμαρ 519[1]
μωμήσθαι 784, 3
μῶμος 492[2]
μων (= ἡμῶν, ὑμῶν) 606[5]
μῶν II 585[1]. 586[8]. 587[5]. 629[4]; – οὐ II 629[4]
-μών Ausg. 521[7], 6
-μών (gen. -μῶνος) suff. 522[2.3]
-μών (gen. -μόνος) suff. 522[3]
μῶνυξ 310[6]; μώνυχας ἵππους 588[2], 3
μωρός 481[5]
μῶρος 380[3]. 383[3]; – εἶμι κλύων II 393[6]; ὁ μῶρος II 175[1]
-μωρος 426[4]
Μῶσα 109[7]; Μωσάων [so!] böot. 251[5]
μῶσθαι 675[4], 8. 809[3]
μῶται dor. 340[4]. 675, 8

N

ν für jeden Nas. geschr. 213[7.8]; ν aus λ 81[4]; – aus *sn- 309[7]. 310[7]. 649[3]; – st. μ nach Kons. 215[7.8]; – wirkt auf Vok. 274[7]; – restituiert 287[5.6]; – schwand nach Langvok. 287[6]; – vor s + Kons. ausgedrängt 336[7] f.; – zu ι vokalisiert 280[7]f. 287[7]; – für Liqu. dissimilatorisch 258[8]; – (= n̥) für -εν 280[5]; n̥ ngr. (lesb.) 342[1]; ν:ν > λ:ν̈ 259[2]; ν:ρ < ρ:ρ 259[1]; ν:τ > λ:τ 259[3]
-ν aus idg. -*n* und -*m* 408[6]; – aus idg. -*nt* 408[7]
-ν beweglich 81[5]; ion.-att. 85[7]; – ἐφελκυστικόν 405[4]f. 677, 6. 836[1]; – fakultativ 405[3.4.6]. 406 [2.4]. 658[5]
-ν ausl. 309[4]; auf Inschr. ungeschr. 410[6.7]; im Wortinnern übernommen 408[6.7]; im Ngr. erhalten 125[4]
-ν Kasussuff. acc. sg. 549[2]. 551[5–6]. 553[3]; 3. decl. 579[4]
-ν für -σι(ν) 666[3]
-ν Personalend. 657[5]. 659[3]; 1. sg. act. aor. 739[8]
-ν infin.-Ausg. 805[5], 2. 806[2]–808[1]. 809[1–2]
-ν in adv. 619[5]
-ν- praes.-bildend 737[4]
να neben νε 343[5]
-να- verba 693[2]
νᾱ- negat. II 599[3.4]
-νᾱ- suff.; s. -νο-
-να- praes.-bildend 694[2]. 737[4]
-νᾱ-: -νᾰ- verb. Infix 691[2]. 693[1]. 695[5]
-νᾰ̄- wechselt mit -νῠ̄- 693, 4
νά (= ἵνα) mngr. 793[3]. II 312[2]. 319[4.5]. 556[4]. 634[4]. 636[2]. 672[7]. 673[2]; – c. conj. 804[5]. 809[6]. II 316[3]. 384[4]; – ἔρθῃ II 674[3]; – ἰδῶ II 316[4]; – γελάστηκα II 350[1]; – εἶδες mgr. II 350[3]; νὰ μή ngr. II 596[2]. 675[4]. 678[3]; νὰ μὴν ἦρθε II 350[1]
νά 'ecce' ngr. 804[3]
-να 3.sg.aor.ngr. (maniat.) 764[6]
νᾶα acc. sg. dor. 578[2]
νᾱ́εσσι äol. (Alk.) 564[5]. 578[2]
ναεύω kret. 732[6]
νᾱέω 719[3]
νάϝϝος 90[4]
*-νᾱϝιον 349[3]
*ναϝjω 686[1]
ναϝõν lak. 224[4]
νᾱϝός dor. 228[1]
Ναϝπακτίων lokr. 197[2]
Ναϝυπηγός 223[3]
*νάϝω 686[1]
Ναhσιος nax. 211[5]
-ναι infin. Ausg. 82[1]. 88[5]. 548[3]. 805[5], 2. 808[4–5.6]. II 242[2.3]
ναί II 563, 3. 570[5–6]. 628[4], 2; ναὶ ναί II 597, 1; ναὶ δή II 570[5]; ναὶ μά II 533[5]. 570[1.5]; ναὶ μήν II 570[5]
νᾶϊ dat. sg. äol. 578[2]
ναιάδ- 465[1]
ναιδαμῶς 456, 3. 617[4]
ναιέμεν II 363[6]
ναίεσκε, -σκον hom. 711[3]
ναίεσκον περὶ Πηνειόν II 504[2]
ναιετάασκε, -σκον hom. 711[3]
ναιετάειν ὑπ' ἠελίῳ II 525[4]
ναιετάω ep. 705[6]; – νήσοισι πρὸς Ἤλιδος II 515[6]
ναιέτης Kallim. 705[6]
ναὶ μά II 533[5]. 570[1.5]
ναὶ μήν II 570[5]
ναιόμενον: εὖ – II 239[2]
ναιχί 624[4]
ναίχι II 570[6]. 577[3]. 592[2]
ναίω (-ειν) 273[2]. 343[5]. 686[1]. 705[6]. 714[4]. II 279[7.8]; – αἰθέρι II 154[7]; – μετά τινος II 485[1]; – πρὸς ἠῶ II 510[3]; – πρὸς ἡλίου πηγαῖς II 512[7]; – παρά τινι II 494[1]; – παρ' ὄχθας II 495[2]; – ἐπὶ νήσου II 470[6]; – Ζέλειαν ὑπαὶ πόδα II 531[5]; s. ἔναιε
νᾱκόρος dor. 250[4]
νάκος 512[2]
Ναμένης 836[8]
-νᾱμι verba 691[3]; – zurückgedrängt 74[6]
νᾶν acc. sg. dor. 578[1]
νάννα 423[1]
νάννας 315[5]. 423[1]
νάννος 268[4]. 423[1]
νᾶνος 268[4]. 423[1]
Νάξος 516[6]
*νᾱορός 248[3]
ναός 127[8]. 128[6]. 190[2]. 282[1]. 472[6]; νᾱός j.-att. 241[3]
νᾱός gen. sg. dor. 228[1]. 245[5]
νᾶος gen. sg. äol. 578[2]
νάπη 62[2]
ναποᾶν gen. pl. koisch 236[8]
νάπος 512[2]
νάπυ 190[4]
νάρδος 508[7]
νάρκισσος 61[6]. 315[8]
νᾱρός 248[3]. 482[1]
νᾶς nom. sg. dor. 578[1]
νᾶς adv. H. 621[4]
*νασϝος m. 90[4]. 187[3]. 224[4]. 282[1]
νασθη- 761[3]
νασίδα unterital. 95[2]
*νασjω 705[6]. 714[3]
νασμός 493[4]
*νᾱ́σονς 384[2]
νάσος dor. 384[2]
νᾶσος 95[2]. 346[6]. 516[8], 3; – ἡ παρ' αὑτοῦ II 498[3]
νασσ- 755[2]
νάσσα κε II 348[4]
νάσσω 715[2], 5
ναστός 503[1]
νάτε ngr. 804[3]
ναυ- compos. 578[2]
ναυᾱγός 190[7]. 439[5]. 578[2]
ναύαρχος 439[5]. 454[5]. 578[2]
*ναυϝᾱγός 439[5]
ναύκλᾱρος 258[7]
ναύκληρος 282[4]
ναύκρᾱρος 282[4]. 583[5]
ναῦλλον att. 238[2]. 578[3]
ναῦλον 578[3]
ναῦλος 578[3]
ναύλοχος 578[1]
ναυμαχέειν σὺν κόσμῳ II 490[2]; – ἐστὶ πρός τινος II 516[4]
ναυμαχία περὶ Λέσβον II 504[5]; -ίαιν II 49, 4; s. νικῶ
ναύμαχος 385[5]
ναυμαχῶ (-εῖν) II 161[2]; – ναυμαχίαν II 75[6]; – ὑπὲρ τοῦ λιμένος II 570[7]; – ἐκ γῆς II 463[3]; – πρὸς τῇ γῇ II 513[1]; – τὴν περὶ τῶν κρεῶν II 502[5]
ναῦν acc. sg. att. Pind. 578[2]
ναῦος äol. (lesb.) 90[4]. 224[4], 4. 348[2]
ναυπηγέεσθαι νέας II 73[2]; -εῖσθαι ναῦς II 713[3]
ναυπηγός 439[5]
ναυρός 248[2]
ναῦς 279[6]. 377[8]. 424[1]. 564[2]. 575[2]. 578[1.2]. 585[3]. II 34[1]; nom. pl. hell. 564[2]. 578[2]; acc. pl. 564[2]. 578[2]
ναῦσθλον 533[4]. 578[3]
ναυσί dat. pl. att. 578[1.2]; dor. 578[2]
ναυσίη ion. 270[7]. 578[3]
Ναυσίθοος 578[1]
Ναυσικάα 578[1]
*Ναυσίκκα 578[1]
ναυσίκλυτος 578[1]
ναυσίπομπος 446, 6
*ναυσμός 493[4]
ναῦσσον II 541, 2
ναύστης pap. 578[3]
Ναυτεύς 476[7]
ναύτης 161[4]. 578[5.3]
ναυτίᾱ att. 270[7]. 578[3]
ναυτιάω 732[2]
ναυτίλλομαι 725[2]
ναυτίλος 484[7]

ναυτοδίκης 446, 3
ναύτοις 561[2]
ναῦφι 550[6]. 551[1.2]. 578[1]; ναῦφιν II 172[7]
ναύω äol. 686[1]
νᾱ́χω dor. 702[4]
νάω 'fließe' 686[1]. 702[4]; ἔνασσα aor. caus. 714[4]; ἐνάσθη 714[4]
-νάω st. -νᾶμι 694[1]
νᾱ́ων gen. pl. äol. 578[2]
nd im Gr. 210[2.4]
νδρ < νρ 277[1]
-νε partic. 612[2]
-νε- praes.-bildend 737[5]
νέα acc. sg. Od. 578[1]
νέᾱ 188[2], 4. 189[5.6.7]
νεᾱγενής 550[5]
νέαι νέαι δύαι δύαι II 700[1]
νεᾱνίᾱς att. 241[3]. 426[3], 3. 561[4.5]. II 33, 1. 176[4]. 614[5]; νεανίαι τὰς ὄψεις II 85[5]
νεανίοις dat. pl. 470, 1. 561[2], 2
νεᾶνις 385[6]
νεανίσκος 542[1]; – τὸ εἶδος II 85[5]; -οι τῶν ἱππέων II 101[5]
νέαξ 293[1]. 496, 4
Νεᾱ́πολις 386[5]. 427[2.3]. 445[7]
νεαρός 482[2], 4
νέας acc. pl. ion. 578[2]
νέατος hom. att. 503[7]
νεάω 727[3]. 731[4]
Νεγοπόλεις gen. sg. pamph. 548[1]. 572, 4
Νέδα 66[4]
Νέδων 684[5]
νέες nom. pl. ion. 578[2]
νέεσθαι II 362[7]. 363[1]. 368[4]. 374[6]. 382[4]; – c. dat. II 162[3]; – κὰρ ῥόον II 478[5]; – ὑπὸ ζόφον II 530[4]
νέεσσι dat. pl. hom. 564[5]. 578[2]
νέεται 780, 6
*νεϜα 591[2]
*νεϜᾱ f. 188[2]. 189, 0
*νέϜη 188[2.6]
*νεϜοανιᾱς 426, 3
νέϜος 727[3]. II 28[5]. 35[1]. 571, 2
νεϜοστάτας 223[6]
*νέϜω 781[6]
*νεϜῶσαι 727[3]
νέη: ἐκ νέης II 175[6]
νεηγενής 439[1]. 550[5]
νέηλυς 465[6]. 507[3]
νεηνίᾱς 470[1], 1
νεῆνις 464[5]
νεί ark. böot. II 570, 2
νεῖαι 685[5]. II 292[6]
νείαιρα 475[1]; – γαστήρ 503[7]
νείατος 103[3]; – ἄλλων II 100[3]
νεῖκαι H. 744, 8
νεικέειν τινί περὶ ἔριδος II 501[7]
νεικείεσκε hom. 711[2]
νεικεῖν II 161[2]; – ὑπὲρ αἶσαν II 519[6]; – νείκεα ἐναντίον τινί II 534[4]
νεικείω hom. 723[6]. 724[1]
νεικέσκομεν Od. 711[1]
νεικέσω II 291[8]
νειόθεν 628[2]
νείομαι 686[1]
νειός f. 472[6]. 503[7]. 727, 4. II 32[5]
νεῖος 472[2]
νεῖρα 475[1]
νείφει 295[6]. 297[7]. 424[4]. 684[6]. II 72[6]. 620[5]; – ὁ θεός II 621[5]
νείφεται II 72[6]
νεκρός 463[5]. 481[4]. 518[5]. II 179[3]
νέκταρ 424, 6. 519[2]. 530, 4
νεκύδαλλος 484[1]
νεκυηδόν Hdn. 626[5]
νέκυι 199[5]
νέκυς 292[7]. 463[5]; νέκῡς acc. pl. 463, 3. 571[2]; νέκυας 571[2]; νέκυσσι dat. pl. hom. 571[3]; νέκυς ἔκ τινος II 463[6]
νεκύσιος 466[5]
νεμέθοντο 703[3]
νέμεν II 383[3]
Νεμεοῖ 549[7]. 618[6]
νεμέσᾱ imper. 799[1]
νεμεσάομαι 321[5]
νεμεσάω 727[4]
νεμεσήσεται conj. 760[7]
νέμεσθαι 703[3]. II 363[5]; – τέμενος παρ' ὄχθας II 495[2]; – ὑπὸ τοῦ ἅρματος II 527[5]
νεμεσίζομαι 727[4]. 735[5]
νέμεσις 505[2], 7. 703[3]. II 356[7]. 357[1.2.4.5]. 623[5]
Νέμεσις 504[4], 4
νεμέσσᾱ imper. 799[1]
νεμεσσάομαι 321[5]
νεμεσσάω 727[4]. 735[5]; -ᾶν c. dat. II 144[5]
νεμεσσήθη 760[7]
νεμέσσι II 357[6]
νεμέω ion. 785[1]
νεμήσω fut. spät 785[1]
Νεμονεῖος 268[3]
νεμονήϊα kret. 268[3]
νέμος 512[1]
νέμσω 782[2]
νέμω 684[3]; s. ἔνειμα, ἔνεμμα
νεμῶ att. 785[1]
νέμων II 389[4]
νενεαμένην H. 727[3]
νενέμηκα att. 649[3]. 775[1]
νενέμημαι 770[5]
νένευκα 311[3]. 649[3]
νενικηκώς (ὁ) II 409[2]
νέννος 315[5]. 339[4]. 423[1]
νεόβορτος 360[5]. 363[3]
νεογιλῆς 102[8]
νεογιλλός hom. 323[3]. 483[3]
νεογνός 357[4]
νεόδμᾱτος 360[3]
νεόθεν 628[2]
νεοίη 469, 3
νεοῖν du. Thuk. 578[2]
Νεοκροντίδης ion. 253[2]
νέομαι 219[6]. 304[4]. 343[6]. 685[5]. 690[3]. 749, 3. 780[2.3], 6. II 228, 2. 229[1]. 259[1]. 265[5]. 273[3]. 315[2]
νέον adv. 'frisch' 624, 4. 633, 4. II 70[3]. 281[8]
νεόνυφος f. ngr. II 32, 4
νεόπλυτος 694[5]
Νεοπολῑ́της 435, 1. 426[3]. 439[2]. 446[5]
νεόπτολις 453, 5
νέορτος 398[5]
νέος 241[3]. 246[2]. 309[2]. 381[2]. 457[2]. II 28[5]; – ἡλικίᾳ II 168[5]; – ἐνίκησα II 179, 2; – ἄεθλος II 178[1]; νέᾰ 246[2]
νεοσίγαλος 527, 6
νεοσσός 320[4]
νεότα acc. sg. f. kret. 263[6]
νεότᾱς gort. 528, 5
Νεοτειχεύς 439[3]
νεότης 528[6], 6. 529[1]. II 39, 4. 471[1]
νεοττός att. 320[4]
νεοχμός 326[3]. 343[3]. 357[4]. 494[4]
νεόω 727, 4
νέποδες 431, 3
(*νεπσρο-) 328[1]
Νερβα 158[5]
νέρθε(ν) 627[5]. II 539[4-6]. 540[2]
νερό ngr. 250[7]. 482, 4
νέρτερος 534[3]
*νέσομαι 749, 3; *νέσεται 780, 6
Νεσσωνίς 66[3]
Νεστόρεος hom. 275[2]; -ρέη II 177[5]
Νέστος 56, 2
Νέστωρ 531, 4
Νετος 317[8]
-νευ- verba 695[7]
νεῦμαι hom. 685[5]
*-νευμι 350[7]. 364[2]. 696[1]
νευρά f. 381[2]
νευρή 103[7]; νευρῆφι 550[6]; ἀπὸ ννευρῆφι 103[7]
νεῦρον 267[3]. 279[6]. 310[7]. 381[2]. 481[2]
νεῦς (= ναῦς) ion. 203[4]; ep. (Hdn) 578[2]
νευσ- 755[1]
νευσί dat. pl. ep. (Hdn.) 578[2]
νεύσομαι fut. 310[7]. 685[6]. 781[6]
νευσούμενοι Xen. 786[2]

νευστάζω (-ειν) 685[6]. 706[4]. 755[1]
νευστέον 685[6]. II 410[3]
νεύω (-ειν) 311[3]. 348[4]. 685[6]. 755[1]; – δεινόν II 77[3]; s. ἔνευσα
-νεύω verba 696[1]
νεφέεσσι hom. 564[1]
νεφέλη 297[3]. 483[4]. 515[5]
νεφεληγερέτα hom. 560[1]
νέφεσσιν dat. pl. hom. 580[1]
νέφος 297[3]. 339[2]. 512[1]. 515[5]
νεφρός 297[7]. 328[1]. 486[7]
νεφρώ II 47, 4
νεω- att. 438[3]
νεώ gen. sg. m. 557[6]
νεώ acc. sg. m. 557[8]
νέω 'spinne' 310[7]
νέω 'schwimme' 310[7]. 649[3]. 685[6]. 702[4]. 781[6]. 832[8]
νέω 'häufe auf' 676[2]
-νέω verba 695[7]. 696[1]. 720[5]
νεώβορτον 363[3]; s. νεόβορτον
*νεῶιν du. 578[2]
νεωκόρος 120, 2. 250[4]
νεωλκέω 578[2]
νεωμένη Hes. 727[3]
νεῶν gen. pl. ion. att. 244[3]. 578[2]; – ἄπο II 446[2]
νεωποίης 451[5]
νεωρός 578[2]
*νέως adv. 624[1]
νεώς gen. sg. ion. att. 187[2.3]. 190[2]. 228[1]. 245[5]. 578[2]
νεώς m. att. 282[1]. 553[6]. 557[6]
νεῶσαι att. 727[3]
νεώσοικος 427[2], 1. 446[1]
νεώσσει H. 733[6]
νεωστί 623[5]. 624[1]. II 91[2]
νέωτα, ἐς νέωτα 622, 5
νεωτεριεῖν II 364[2]
νεώτερον 624, 3
νεώτερος II 184[5.6]
νϝ 322[3.7]
(*νϝιν) II 571, 2
*-νϝοντ- ptc.-Ausg. 691[4]
*-νϝοντι 3. pl. 691[4]
*-νϝω verba 698[2.3.4]
*νh- 311[2]
νή II 555[2]. 570[5], 2. 3; – Δί' att. 577[1]. II 707[8]; – Δία II 88[2]. 624[8]. 707[8]; – τὼ θεώ 127[8]
νῆ 3. sg. praes. ion. 249[1]. 660[1]. 675[3]
νη- negat. 431[4], 6. II 599[3.4]
*νη- 578[2]
νῆα acc. sg. 578[1]; νῆ' Ἀγαμεμνονέην II 89[7]
νήατος hom. 503[7]
νηγάτεος hom. (Ilias) 431[4], 7. 810[6]
νήγρετος 431[4]
νήδυμος 103[4]
νηδύς 62[4]; -ῦς 463[7]
νήει hom. 721[2]
νήεον Ilias 721[2]
νῆες nom. pl. att. 578[1.2]; – ὅσαι εἰρύαται . . ἕλκωμεν II 641[4]
νήεσσι dat. pl. ion. (hom.) 564[2]. 578[2]
νηέω 648, 3. 719[3]
*νηϝ- 578[2]
νηϝῶν hom. 241[7]
νηθέντα att. 761[4]
νήθω 310[7]. 675[3]. 676[1]. 703[1]; s. ἔνησα, ἐνησάμην
νηῑ dat. sg. att. 241[6]. 578[1.2]
νήια 201[4]; – δοῦρα II 177[2]
νήιδ- 424[5]
νηῑδ- 465[1]
νῆιν acc. sg. 464, 5. 565, 3
νήϊον 468[3]
νήϊος 578[3]
νῆϊς 357[4]
νῆις 431[4]. 464, 5
νήϊστα 503[7]
νηΐτης 578[3]
Νήιτται πύλαι 503[7]
νήκεστος 431[4]
Νηκλῆς lak. 253[8]. 836[8]
νηκούστησε θεᾶς II 95[3]
νήκουστος 431[4]
Νηλέᾱ 127[8]
νηλεής 431[4]; -ὲς ἦμαρ II 178[1]
νηλέι hom. 252[7]
νηλείτιδες hom. 464[5]
Νηλήιος II 177[2.3]
νηλιποκαιβλεπέλαιοι 453, 3
*νηλιποποδ- 263[2]
νηλίπους hom. 263[2]
νημερτής 431[4]. 514[1]. 704[3]
-νημι 753[3]
νῆν att. 675[3]
νήνεμος 431[4]
(νηνέω) 648, 3. 719[3]
νῆνις ion. 241[3]
νήξομαι 782[5]
νηο- compos. 578[2]
νηοι lyk. 245[2]
νηός m. ion. 228[1]. 282[1]
νηός gen. sg. f. 187[2.3]. 578[1]
νηοσσόος 439[5]. 450, 4
νηπελέω 431[4]
νηπιάας 104[3.4.5]
νηπίας 104[4]
νηπιέη 104[4.5]
νηπῑη 469[1]
νηπιίας 104[4]
νήπιος 301[6]. II 65[8]
νηποινεί 623[2]
Νηρηῑ voc. 465[2]. 565, 4
Νηρηῑδων ion. 241[6]
Νηρηῑς 477[7]
Νήριτον 66[4]. 502, 5. II 33, 2
νήριτος 431[4]. 587, 1. 502[5], 5
νηρὸν ὕδωρ hell. 250[7]
νῆς adv. H. 621[4]
νῆσαι aor. 752[3]
*νη[σ]ατέα 363[3]
νησάων gen. pl. f. Kallim. 559[3]
νησί n. ngr. II 32, 4
νῆσις 505[5]
νησιώτης 500[5]
νῆσος 308[7]. II 33[3]. 34, 4; – Ἠελίοιο II 177[4]; – ἡ πρὸ τοῦ Ἡραίου II 506[4]; νήσωι ἐν ἀμφιρύτηι 72[1]
νῆσσα 361[6]. 381[7]. 474[2]
*νῆστι 'nōn ēst' II 593, 3
νῆστις 431[4]. 504, 6; νήστιας acc. pl. Ilias 573[3]
νήσω fut. 782[5]
*νησωτης 500[5]
νητός 761[5]
νηῦς f. 203[4]. 424[2]. 578[1.2]; νηῦν acc. sg. Ap. Rh. 578[2]; νηυσί dat. pl. 578[1]; νηῶν hom. 241[7]. 578[1]
νηφάλιος 483[6]
νήφονες H. 566, 5
νήφοσι dat. pl. 566, 5
νήφω 685[3]
νήχεσθαι II 232[6]
νήχυτος 431, 7
νήχω (-ειν) 702[4]. II 232[6]
-νθ- suff. in ON 60[7]; – älter als *-nd-* 61[1]
-νθα-, -νθος aus vorgr. End. 61[4]
-νθαι 3. pl. böot. 672[3], 4
*-νθαι infin. Ausg. 672[4]. 809, 2
-νθειν [so, nicht -νθει] 3. pl. (= -νται) thess. 669[3]. 672[3.4], 4
-νθειν infin.-Ausg. 809, 2
-νθι 3. pl. böot. thess. (= -ντι) 91[3]. 270[4]. 666[4]
-νθο 3. pl. böot. thess. 672[3], 4
-νθος 39[1]. 61[4]
-νθω imper. böot. 802[2]
νι partic. pamph. 89[1]. 612[3]
-νι partic. 612[2]
-νι- suff. 495[3]
νίζομαι II 83[1]. 230[4]
νίζω 73[8]. 298[5]. 330[4]. 704[4]. 714[6]. 754[7]. II 72, 1. 230[4]; – c. dat. II 170[2]
νῑκᾱ imper. 800[1], 2; – ἵπποισι II 166[6]
νικάhας lak. 217[3]
νικᾶις 192[5]
νικᾶν 192[5]
Νικάνωρ 190[3]
νῑκᾶς 2. sg. imper. att. 660, 9. 800[1], 2
νῑκᾱσανσι dat. pl. kret. 566[2]
νικᾶσθαι att. 732, 1; τὸ – II 369, 6; s. νικῶ

νικάσκομεν Od. 711[1.3]
Νικάτας gen. sg. m. ätol. 560[4]
νικε͂σθαι II 383[5]
νῖκη 421, 3; – μάχης, πολέμου II 121[5]; s. νικῶ
νικηθείς (ὁ) II 408[8]
νικήσας (ὁ) II 408[8]
νικηφόρος 438[4]
Νικία voc. II 61[2]
Νικίας gen. sg. m. thess. 560[4]
Νικιέης 104[5]. 825[6]
Νῖκο voc. ngr. 555[2]. II 59, 8
Νικόδημος 162[5]
Νικόλας 129[7]. 254[2]
Νικομᾶς 461[6]
νῖκος 193, 2
Νικόσρατος 100[4]
νικῶ (-ᾶν) II 274[4.7.8]. 276[1.3]. 278[7]. 377[3]. 382[8]; μὴ νικησάτω II 343[4]; νικᾶν τινα c. gen. II 131[2]; – σὺν Ἀθήνῃ II 489[3]; – (νικῆσαι) διά τινα II 453[4.5]; – διά τι II 454[1]; – χορῷ II 165[6]; – μάχῃ II 166[5]; – τινα μάχῃ II 170[3]; – νίκην II 79[5]; – μάχην II 74[8]. 79[8]; – ναυμαχίαν II 76[4]; – – Ὀλύμπια II 75[1]; – τὸ καθ' αὑτόν II 477[2]; νικῶ εὖ ποιῶν II 393[3]; – παρὰ ἓν πάλαισμα II 496[5]; νικῶμαι τοῦ ἀληθοῦς II 119[4]; – τινος II 101[3]; νικώμενος ἱμέρου II 119[3]
νικῶμες dor. 663[1]
νικῶν II 391[5]
νικώντεσσι böot. 564[3]
νίκωρ 519[4]
νικῶσα (ἡ) II 175[5]. 409[3]
νιν 603[6]. 608[1.2], 1. 613[3]. II 190[2.3]. 191[1.3.4]. 571, 2
νίννα 423[1]
Νίνος 153[2]. 228[3]
*νίνσομαι 287[6]. 690[3]
νίπτομαι (-εσθαι) τὰς χεῖρας II 230[8]; – τὰς χ. ἑαυτῶν II 236[3]; – c. acc. et gen. II 111[5]; s. νίψασθαι
νιπτός 298[5]
νίπτρον 293[8]. 299[5]
νίπτω 704[4]. 714[6]. II 81[4]; – τινά τι II 231[1]; s. νίψω
Νιρεύς, Ἀγλαΐης υἱός II 615[5]
-νίσκω verba m.-ngr. 712[2]
νῖσομαι ep. 287[6]. 690[3], 4. 780, 6. 786, 6
νισοῦντι Sophr. 786[6], 6
(νίσσομαι) 690[3]
Νίσυρος 482[5]
νίτρον 152[8]. 532[4]
νίφα acc. sg. 295[6]. 297[7]. 310[7]. 357[4]. 414[2]. 424[4], 8. 584[6]. II 52[1]
νιφάς 508[2]; s. ννιφάδες
νιφετός 501[3]. 584[6]
nifi ngr. 163, 1
νῖφήσομαι LXX 714[6]
Νιχάρχων 257[2]
νιψ- 754[7]
νίψασθαι II 363[6]
νίψω fut. 298[5]. 299[5]. 714[6]
*νλ 323[2]
*νμ 323[2]
*-νμα neut. 524, 2
νν < *mn* 256[7]; – aus *ns* 279[8]; – aus *sn* 322[6.7]. 654[3]; – aus *ϑn* 215[1.2]. 323[4]
ννιφάδες 310[7]
-ννυμι verba 696[1]. 697[4–5]
-ννύω Verbalausg. 699[4]
-ννω Verbalausg. 699[2]
νο:νυ 352[5–8]
-νο- suff. Verbaladj. 57[4]. 488[6], 6 ff.
νόα lak. 310[7]. 459[7]
νόαρ 519[1]
Νοβιος 158[5]
νοέω 720, 6; νοῶ II 704[2]; – τινα ὡς c. ptc. II 397[3]; νοέων ἐπ' ἀμφότερα II 472[4]
*νόϝος 241[3]
νοήσας II 408[8]
νοήσατο hom. 761[1]
νοθᾱγένης 438[7]
νοΐ dat. sg. Soph. 192, 1. 562[4]
νομαδικῶς 624[2]
νόμαιος 468[4]
νομαῖος 468[4]
νομάς 507[6]. 508[3]
νομεύειν 732[4]
νομὴ ὑπὲρ Μέμφιν II 519[5]
Νομήνιος ion. 253[2]
νομιεῖν II 375[8]
νομίζειν (τὸ) II 380[2]; τοῦ – II 361[5]
νομίζομαι II 624[4]
νομίζοντι dat. pl. mess. 272[2]. 567, 3
νομίζω (-ειν) II 122[7]. 123[1]. 124[3.8]. 167[4]. 308[1]. 396[1]; νομίζων II 391[3]; νόμιζες ngr. II 244[8]; νομίζω c. ptc. II 396[7]; μὴ νόμισον II 343[3]; νομίζω ἀποτρέψειν II 296[5]; – τινὰ ὡς ὄντα II 397[2]; τὴν πατρίδα οἶκον II 83[7]; – τὴν πόλιν ὑπὲρ δύναμιν μείζω II 519[7]; – φίλον μείζονα ἀντὶ τῆς π. II 443[4]; s. ἐνόμισ(σ)α
νομισθῆναι II 378[2]
νομοθετεῖν τὰ συμφέροντα II 73[4]
νόμος 393[4]; (Bed.) 37[6]; ngr. 180[7]; κατὰ νόμον II 478[8]; κατὰ τοὺς νόμους II 479[1]; νόμος κατὰ τοὺς γάμους II 504[6]
νομός 459[3]
νόννος 423[1]
*-νοντ- ptc.-Ausg. 691[4]
*-νοντι 3. pl. 691[4]
νόος 459[1]. II 478[8]; νοός gen. sg. hell. 554, 4. 557[4]; νόα lak. 310[7]. 459[7]; s. νοῦς
νοόω Plot. 842[3]
-νος Ausg. n. 512[7], 5
-νός adj. 810[4]
νοσάζω 735[2]
νοσέω 227[7]. 726[3]; -σεῖν II 260[8]; νοσοῖμ' ἄν Aesch. 796, 1; νοσῶν II 389[3]; νοσῶ νόσον II 75[4]; – μεγάλα II 77[5]; – νόσῳ II 166[3]; – πονηρίᾳ II 166[5]
νόσος 308[4]. 517[1]; νόσω du. II 49[5]; νόσον ἐπὶ νόσῳ II 156[4]; s. νοσέω
νοσσός ion. 121[3]. 253[2]. 320[4]
*νόσσος 308[4]
νοστέω 726[3]; νοστῆσαι II 366[7]. 375[2]; -ήσαντι dat. II 404[2]; -ήσω II 352[1]; -ησέμεν II 376[3]
νόστιμος II 32[4]; -ον ἦμαρ II 178[1]
νοστίττην el. 331[6]. 735, 3
νόστος 304[4]. 685[5]. 690[3]. 780, 6; – γαίης Φ. II 121[5]
νοσφειοῦμαι 785, 3
νόσφι 362[2]. 405[8]. 406[3]. 551[4]. 834[8]. II 540[2–5]; – Ποσειδάωνος II 435[2]
νοσφίδιος 467[2.3]. II 540, 1
νοσφιεῖς Π. βίου II 93[4]
νοσφίζομαι hom. 735[5]. II 540, 1; νοσφισθείς Od. 760[3]; ἐνοσφίσθης Archil. 758[1]
νόσφιν 405[8]. 406[3]. II 540[2–4], 1; – ἀπό II 445[7]
*νοτ- 834[8]
νοτιάω 732[4]
νότιος 270[7]. 311[1]
νότος 503[6]; πρὸς νότον τῆς Λήμνου II 96[6]
*νοτσφι 362[3]
νοῦ gen. sg. 252[3]. 577[3]
νουθετεῖν II 73[5]
Νουιος 158[5]
Νουμήνεος = -νιος 245[2]
νουμηνία 251[8]. 439[3]; -ίᾳ att. II 158[5]
νουνεχόντως 452[3]. 624[2]. 644[6]
νοῦς ion. att. 241[3]. 249[2]. 310[7]. 377[7]. 554[7]. 562[2.4]; νοῦ gen. 252[3]. 577[3]; ξὺν νῷ II 487, 2; ἔχειν κατὰ νοῦν c. dat. II 148[5]; s. νόος

Νοῦς ποταμός 310[7]
νοῦσος ion. (ep.) etc. 114[2]. 227[7]. 308[4]; – Διός II 119[2]
*νρ 323[2]
νρ > νδρ 277[1]
νσ thess. 90[2]; – vor Vok. äol. 90[2]; – inl. 286[8]; – bleibt arg. 94[4]; -νσ- erhalten 287[2]; in jungen Lehnw. geblieben 287[3]
-νς 287[1]; – erhalten 287[2]; – vor vokal. Anl. geblieben 15[4]; – vor kons. Anl. > -ς 16[1]
-νς Endung acc. pl. 549[3]. 551[5–6]. 553[3]
-νς ptc. nom. sg. 566[3]
-νσθω 3. sg. imper. med. 800[6]. 802[2]
-νσι 3. pl. Personalend. ark. 270[4]. 663[3]
ντ dor. < λτ 213[3.4]
nt Koine > *tt* 231[7]
nt > *nd* 123[6]
-ντ- ptc. suff. II 242[2]. 386[1]
-ντα n. pl. adv. ngr. II 411[2]
-νται 3. pl. Personalend. 657[5]. 671[2.4.5], 2
-ντας ptc.-Ausg. ngr. II 411[2]
-ντι 3. pl. Personalend. 270[4]. 657[5]. 663[3]
*-ντjα ptc.-Ausg. f. II 386[1]
-ντο 3. pl. Personalend. 657[5]. 671[2.4.5], 2
-ντοι 3. pl. ark. 672[3]
-ντον 3. pl. imper. act. 803[2.3–4]
ντρέπαι = -πεσαι ngr. 119[4]
*-ντς 337[3]
ντύνομαι ngr. II 235[3]
ντύνω ngr. II 83[5]
-ντω imper. ark. nwgr. dor. delph. 802[1.2]
-ντων imper. ther. kret. kyren. 802[1–2]
νυ: Schwachst. zu νο 352[5–8]
νυ partic. 612[3]. 619[4.6], 9. II 412[7]. 555[3]. 570[7], 4. 627[4]. 628[6]. 629[7]. 633[6]; νύ 420[8]. II 556[4], 2; νύ κε II 568[6]. 571[3]; νύ κεν 568[6]; νύ τε II 576[3]; ἐπεί νύ τοι II 571[3]
νῦ 140[4]
-νυ- suff. 495[4]
-νυ- verba 696, 1; – praes.-bildend 737[5]
-νῡ-: -νυ- verba 695[7]
-νύᾱσι 3. pl. praes. 698[5]
*νυβνος 259[2]
νύγω 685[3]
νυδῖ 611, 3.
*-νυϝεντι 3. pl. 664[6]. 698, 3
*-νυϝον ipf. 698[4]
-νυϝοντ- ptc. 698[4]
-νυϝοντι 3. pl. 664[6]. 698[4], 3
(*νυιν) II 571, 2
*νυκσσί 337[8]
νυκτ- 424[4]. 499, 6
*νύκτα ϝεσαν 413[6]
νυκτάλωψ hom. 259[2]. 426, 4
νύκταν 563[3]
νυκτελεῖν 831[2]
νυκτέλιος 483[5]
νύκτερος 519[4]
νυκτηγρετέω,νυκτεγερτέω [so] 648, 3. 706[2]
νυκτιβαοῦτος gen. 585, 2
νυκτίβαυ pap. 585, 2
*νυκτιτέλιος 483[5]
νυκτόβας H. 585, 2
*νυκτσί 322, 1. 337[8]
νύκτωρ 519[4], 4. 621[1]. 630[6]. II 70[1]
νυκχάζω H. 717, 4
-νῡμι verba 350[7]. 691[3.4]
Νυμμιος 158[4]
νύμφᾰ nom. sg. Anth. P. 558[5]; voc.hom. 558[5]. II 59, 2
νύμφη 495[6]. 558[6]
νύμφῃσιν ion. 559[4]
νυμφίδιος 467[3]
νυμφίος 466[3]
νυν 619[6], 9. II 487[4]. 570[7], 5 f.; μέν νυν II 571[3]
νῦν 350[6]. 378[1]. 619[6], 9. II 269[8]. 270[3]. 281[8]. 412[7]. 427[7]. 487[4]. 556[4], 2. 570[7], 5. 571[2], 1; οἱ νῦν II 416[1]; τὸ νῦν II 70[3]; τὰ – II 70[3]. 416[1]; νῦν δ' ἄγε II 583[7]; νῦν γε II 570[7]; νῦν δέ II 571[2]; νῦν δέ γε II 561, 4; νῦν δή II 570[7]
νῠ̃ν II 570[7]
νυνα- gort. 693, 5
νυνᾶται conj. 792[3]
νυνγαρί 611, 3
νυνδή II 563[2]
νυνδί II 570[7]
νυνί 619[4]. 566[5]. 570[7]
νυνίν 405[7]
νυνμενί 611, 3. II 570[7]
-νυντ- ptc. 698[5]
-νυνται Verbalausg. 698[5]
-νυντο Verbalausg. 698[5]
νύξ 352[6]. II 33[4]; νυκτός gen. II 112[7]. 113[1]; νυξί 322[1]. 337[8]; νὺξ ἐν μέσῳ (sc. ἦν) II 623[6]; νυκτός gen. partit. II 111[7]; τῆς νυκτός II 112[7]; ταύτης τῆς – II 112[7]; νυκτὸς ἀμολγῷ II 159[2]; τὴν νύκτα II 70[5]; ἐπὶ νυκτί II 469[2]; αἱ νύκτες ἡμέραι ποιεύμεναι II 616[7]
νύξε κατὰ δεξιὸν ὦμον II 476[7]
-νυον Verbalausg. 698[4]
νυός 240[2]. 310[7]. 380[8]. 457[6]. II 32[2]
*νῦ́ρω 714, 7
-νῦ́ς ptc. att. 698[5]
-νυσαν ipf. 698[5]
-νύσκω verba 708[5]
νῦσος 516[6]
Νυσούριος (= Νισ-) 184[2]
νύσσα 474[3]
νύσσω 715[2]; νύξε κατὰ δεξιὸν ὦμον II 476[7]
νυσταγμός 492[5]
νυστάζω 348[4]
νυττί kret. 256[7]. 316[8]
νύχα adv. H. 499, 5. 621[1]
νυχθήμερον 452[6]
νύχμα 717, 4
νύχτα ngr. II 88[8]
Νύψιος 277[8]
-νύω verba 698[4]. 699[3.4]
νώ nom. acc. du. 600[6]. 601[3]. 602[5]. 603[6.7], 2
νῶ ion. 140[4]
-νω verba 696[1]; mgr. 699[3]; ngr. 691[5]. 701[4]
νώβυστρα 532[2]
νωδός 431[4]. 566, 4
νῶε acc. Kor. Antim. 602[6]. 603, 2
νωέ 603, 2. 604[2]
νωθής 431[4]. 513[5]. 721[5]; νωθέστερος II 184[5]
νωθρός 483[1]
νώθω c. gen. ngr. II 136[7]
νῶι nom. acc. du. hom. 602[5]
νῶϊ 385[6]. 603[6.7], 2. 604, 5
νῶϊν gen. dat. hom. 602[5]. 604[2], 5
νῶιν gen. dat. hom. 602[5]. 603[6]
νωΐτερος hom. 608[5]. II 200[4]. 202[3]. 205[3]; -τέρην 602[5]; νωΐτερον 602[5]
νῶκαρ 518[5]
νωλεμής 513[5]
νωμᾶν 356[5]
νωμάω poet., Hdt. 719[2]
νώμενος 675[3]
νῶμος ngr. 180[7]. 393[4.5]. 413[6]
νῶντα H. 675[3]
νώνυμνος 332[4]. 352[6]. 431[4]. 450[6]. 524[4]
νώνυμος 431[4]
νωπέω 726[4]
νωρεῖ H. 720, 10
νωρέω 787, 11
νωρίς ngr. 622[1]
νῶροψ 426[4]
νῶσαι aor. ion. 249[7]. 675[3]. 752[3]
νῶσιν 675[3]
νωτιδανός 530[2]
νῶτον 503[6]; νῶτα II 43[5]
νωχελίη hom. 469[6]
νώψ 431[4]

Ξ

ξ Kons.-Gruppe 328[2ff.] 329[4.5.6]; = ḫs 211[5]; κσ geschrieben 211[5]; – > σσ 211[5.7]
ξ- wechselt mit σκ-, σ- 329[6]
-ξ ausl. 409[1]
-ξ- in fut. 781[2],1; in fut. u. aor. für -σ(σ)- 737[7] f. 738[2–3]
-ξα aor. 754[3.6.7]; ngr. 763[7]
ξαγήτας lak. 413[8]
ξαίνω 329[4]. 714[5]. 771[5]; – κατὰ τοῦ νώτου II 479[6]; s. ἔξανται, ξανῶ
ξανα- ngr. II 462[8]
ξανῆσαι Soph. 700[5]
Ξανθίας 156[6]
ξανθίζεσθαι 413[8]
Ξανθίππη 634[6]
Ξάνθιππος 635[4], 5
ξανθός 329[5]. 511, 2
Ξάνθος 635[2]
ξανῶ fut. 714[5]. 785[2]
ξαττός ngr. dial. (=ξανθός) 214[3]
ξε- praev. ngr. II 461[6]
ξεῖ 140[3]
ξεινήιον 470[2.4]
ξεινίζω 735[6]
Ξείνι[ος rhod. 228[4]
Ξεῖνις 228[4]
ξεινίσσομεν hom. 785[5]
ξεῖνος ion. 228[3]. 472[5]
ξεναγέω c. gen. II 110[2]
ξένϜᾱ 228[6]
ξένϜε 228[6]
ξένϜος el. kor. kerk. 223[7]. 329[5]
ξένη (ἡ) II 175[5]
ξενία 159[5]. 468[5]
ξέννος äol. (lesb.) 228[5]. 283[6]
ξένος 87[2]. 225, 3. 228[3.5]; – c. gen. II 108[2]
ξενοῦσθαι II 160[4]
Ξενοφῶν 636[2]
Ξένυλλος 485[3]
ξεραίνω: ἐξέρανα ngr. 764[1]
ξερασία hell. 275[1]
Ξέρξης 153[5]
ξέρω ngr. 779, 2. 842[2]; -ει νὰ ζῇ, ζήσῃ II 257[6]; s. ξεύρω
ξεσ- 755[1]
ξεσκίζω ngr. 736[6]
ξεσκῶ ngr. (dial.) 736[6]
ξεσσ- 755[1]
ξέσσε 706[8]
*ξεστάριον 269[2]
ξέστης 269[2]. 329[5]. 592, 5. 599[4]
ξεστίον 269[2]
ξέστριξ knid. 269[3]. 590[5]
*ξέσω praes. 251[4]. 752[5]
ξεύρω ngr. 779, 2. 842[2]
ξεφεύγω ngr. 656[8]; – c. gen. II 136[5]
ξεχάννω c. gen. ngr. II 136[7]
ξέω 251[4]. 269[3]. 329[5]. 685[5]. 752[5]
-ξέω fut. dor. 785[5]
ξημερώνει ngr. II 268, 2
Ξηνιάδα akragant. 228[4]
ξηρά (ἡ) II 175[5]
ξηραίνω 733[1]; s. ξεραίνω
ξηρανθη- 761[6]
ξηρός 329[4]. 481[5]
ξίμβρα äol. 329[5]
-ξις suff. 505[5], 7
ξιφηφόρος 440[5]
ξιφίνδα 627[2]
ξίφος 62[1]. 152[8]. 329[5]. 512[4]. II 65[6]
ξόανον 329[5]
ξοΐς 329[5]
ξοός 329[5]
ξουθός 329[5]
*ξύ 487[3], 7
ξυ- II 487[3]; s. συ-
ξυββάλλεσθαι att. 317[2]
ξυγκινδυνεύειν μετά τινος II 484[5]; τὸ μὴ – II 371[1]
ξυγχωρεῖν πρός τινα II 510[8]
ξυήλη 329[4]. 484[3]
ξυλαμή 329[6]
ξυλήφιον 471, 6
ξυλλαβέσθαι τοῦ ξύλου II 130[2]
ξυλλέγεταί τι c. dat. II 151[4]
ξύλλεσθαι arg. kret. 266[8]. 714[6]
ξύλλομαι arg. 329[6]
*ξυλολοχος 263[2]
ξύλον 329[4]. II 42, 3; ξύλα II 43[2]; – c. dat. II 153[8]
ξύλοχος hom. 263[2]
ξυμβάλλεσθαι γνώμην II 487,2
ξυμβασείοντα Thuk. 789[2]
ξυμβήσομαι 789[2]
ξυμβλήμεναι infin. hom. 806[4]
ξυμβλήτην hom. 743[1]
ξύμβλητο 743[1]. II 487, 2
ξυμμαχίαν ποιεῖσθαι πρός τινα II 510[8]
ξύμμαχοι ἐκείνων II 121[6]
ξυμμεταφέρω II 422[6]
ξυμμετίσχω II 422[5]
ξυμμετροῦμαι c. instr. II 167[3]
ξυμπαγὲν ἐπὶ γῆς II 470[5]
ξυμπαρακομισθῆναι II 372[4]
ξυμπίπτει γενομένη II 392[5]
ξυμπολιτεύειν ἐς II 434[3]
ξυμπροπέμψειν II 295[6]
ξυμφέρεσθαι θόρυβον περί τινα II 504[6]
ξυμφεύγω φυγήν II 75[5]
ξυμφόρως II 414[2]
ξύν II 421[3]. 426[1]. 427[2]. 487[3]. 487[2] – 491; – (= ξύνεστι) II 488[2]
ξυν- II 488[1]
ξυναγωνίζομαι II 140[6]
ξυναιτία II 488, 6
ξυνᾶν dor. 521[6]
ξυνανύτει 704[3]
ξυναράμενοι τοῦ κινδύνου II 104[1]
ξυνεείκοσι Od. 598, 11
ξυνέηκε II 419[3]
ξυνελαύνω τινά c. dat. II 140[5]
ξυνελευθεροῦν II 422[3]
ξυνενεγκεῖν II 382[7]
ξύνες imper. 741[3]
ξύνετο Od. 741[3]; – τοῦ ἀγορεύοντος II 94[7]
ξυνετὸς πολέμου II 108[2]; -όν ἐπί τι II 473[2]
ξυνετρίβη τῆς κεφαλῆς II 102,4
ξῡνήιος II 487, 2
ξυνῆκα II 282[3]
ξῡνήων II 487, 2
ξυνθήκας ποιεῖσθαι πρός τινα II 510[8]
ξύνιε imper. 687[6]. 799[3]
ξυνιεῖ imper. 687[6]
ξυνίει ἐμέθεν ἔπος II 94[8]
ξύνιεν βουλέων II 95[3]
*ξυνιη imper. 799[3]
ξυνίημι II 487, 2; – c. gen. II 107[3]; – c. acc. II 107[4]; – τινα c. dat. II 140[5]; s. ξυνίει, ξύνιεν, ξυνῆκα
ξυνίστασθαι ὑπὸ δέους II 528[6]
ξυνιστῷτο opt. ion. 687[6]. 795[1]
*ξυνjός 200, 2. II 465[4]
ξυννόντι att. 238[2]. 239[5]
ξύνοιδα ἐμαυτῷ c. ptc. II 397[1]; – – σοφὸς ὤν II 393[7]
ξυνοικεῖν II 366[1]. 487, 2
ξυνός 200[1], 2. II 160[3]. 465[4]. 487, 2; – c. gen. II 118[6]; – c. dat. II 118[7]
ξυντρίβομαι: ξυνετρίβη τῆς κεφαλῆς II 102, 4
ξῡνωνίη II 487, 2
Ξυπεταιών 196[2]
Ξυπέτη 329[5]
ξυρᾶσθαι II 232[2]; – διὰ τρίτης ἡμέρας II 451[3]
ξυράω 721[5]
ξυρέω 721[5]. II 83[1]
ξύρισμα ngr. 524[1]
ξυρόν 329[4]. 481[4]
ξύρω 721[5]
ξύσιλος 485[1]
ξυστάδες 507[4]
ξυσταδόν II 416[3]
ξυστόν II 487, 7
ξυστός 329[4]
ξυστρατεύειν II 376[2]
ξύω 686[3]. 706[8]. II 487, 7
-ξω fut. dor. 785[5]

Ο

ο: ὃ μικρόν 140[5]; ο 340 f. 686[7], 9; aus idg. o 338[6]; aus idg. m̥, n̥ 344[3.4]; ο äol. aus idg. m̥, n̥ 440[1]; aus m̥ 344[8]. 345[1]; ο : ε Abtönung 552[5]; ο wechselt mit ω oder Null 339[5]; kurz für Länge 246 [1.2]; O für ω 86[8]; O für unechtes ου 102[7]; – für OY 191 f. 611[5]; ο äol. ark.-kypr. für α 88[6]. 343[8]; ο äol. bei ρ, λ für α 106[2]. 440[1]; ο für εο 253[2.6]; ο ersetzt α 440[2]; ŏ wechselt mit ᾰ 340[2]; ο Hilfsvok. 278[5.6]; – assimiliert andere Vok. 255[6]; ο assimiliert α 256[3]; ο schwindet in vok. Dreiergruppe 252[7.8]; Wz. auf ο 680[3], 2; -ο- kontrahierbar in Kompos.-fuge 397[7]
ο- prothet. Vok. 411[6]. 413[3]
-ο- themat. Vok. 642[3.8]. 683[4], 5. 841[6]
-ο-Stämme 553[4]. 554[5]–558[1]; -ο-St. wechselt mit andern St. 458[2–4]
-ο- bei Adj. m. und f. in idg. Zeit 438[4]
-ο- suff. 457[2] ff.; Sekundärsuff. 460[6] f.
-ο- Kompos.-Vok. 438[1]. 450 [3.6]; st. ᾱ (η) 438[3ff.]; st. ε 442[2]
ο (ω) im Hintergl. als Ablaut zu ε (η) 449[3]
-ο elid. 403[2]
-ο voc. sg. m. ngr. 586[1], 1
-ο acc. sg. m. ngr. 585[7]
-ο nom. sg. 2. decl. tsak. 586, 0
-ο (gen. *-ος*) f. ngr. 585[7]
-ο neut. sg. pron. 609[3]
-ο' gen. sg. 555[3]
-ο 2. sg. med. 657[5]. 669[5]; imper. med. 799[5–6]
-ο- fut. 779[7]. 781[1]
-ο- conj. 790[2.3–4] f.
ὀ art. 221[5.6]
ὀ- praep. äol. 434[4.5]. II 491 [3–6], 2–7
ὁ art. 304[2]. 387[5]. 457[2]. 600[1]. 611[2]. II 20[2.3]. 21[1.4.5]. 41[7–8]f. 190[4]; ὁ ἀνὴρ ὅδε (ὅδε ὁ ἀνήρ) II 25[5], 8; ὁ αὐτός II 25[5]. 212, 2; mgr. 613[8]; ὁ αὐτός γε II 561, 3; ὁ ἐγώ 600[6–7]; ὁ εἷς 588[5]; ὁ γάρ II 21[2]. 560[3]; ὅ γε II 21[2]. 188[5.6]. 208[2]. 561[1]; ὁ δέ II 188[5.6]. 208[2]; ὁ μὲν – ὁ δέ II 21[3]. 216[2]; ὁ μέν γε II 561, 4; ὁ καί 638[2], 7; ὁ πάνυ 618[2]. II 26[7]; ὁ ἀδελφός σου II 25[6]; ὁ φίλος σου ἦρθε ngr. II 629[1]; ὁ πρὸ τοῦ χρόνος II 507[5]; ὁ πρό τινος II 507[4]; ὁ περί τι II 504[4]; ὁ ἐπὶ τῶν πραγμάτων II 470[7]; ὁ ἐπὶ τῶν ὁπλιτῶν II 470[7]; ὁ ὑπὸ νόμον II 531[2]; ὁ ὑπό τινα II 531[1]; ὁ ὑπὸ γῆν II 530[7]; ὁ πρὸς τῆι δερματηρᾶι II 513[7]; ὁ πρὸς τῆι ἀναγραφῆι II 513[7]; ἐν τοῖς c. superl. II 185[2]; s. ἡ, τό, οἱ
ὁ pron. 611[2.3]; demonstr. 610[3.5]. II 207[5]. 208[1.3.4]; demonstr.-anaphor. II 642 [6], 1; attribut. II 23[1]; s. ἡ, τό, ho
ὁ pron. relat. (gen. τοῦ) 615[1]
ὅ pron. demonstr. m. II 20 [3.4.5], 5, 6. 7. 21[4]. 207[5.6]. 208[5]; ὃ μέν (m.) II 569[3]
ὅ neut. pron. relat. 303[7]. 387[6]. 610[6]. 614[6]. II 34[3]. 35[2]. 203, 2. 639[6]; ὃ γὰρ γέρας ἐστί hom. 610[6]; ὃ θαυμαστότατον, ὅτι II 708[2]; ὃ μέγιστον δή II 706[4]
ὅ 'dass; weil' II 640[1]. 645 [3.4.5]. 646[8]; 'weshalb' II 77[8]
οα > dor. nwgr. böot. ᾱ 250[1]
οᾱ > lesb. ᾱ 250[2]
*-οα 1. sg. opt. 660[2]. 663, 9
ὄα II 30[4]
ὀά interj. 313[7]. II 601[1]
ὀᾶ interj. II 601[1]
'Οάδμων 208[5]. 224[2]. 522[5]
Οαλέριος 224[2]
Οαλίδιος 224[2]
*ὁ ἀνήρ δε 611, 2
Οαξος 224[2]
ὄαρ 424[5]. 434[4]. II 491[4]
Οάριζος 224[2]
ὀαρίζω 424[6]. 735[6]. II 491[4]; -ίζετον II 611[8]
ὄασις 153[1]. 224[2]. 313[7]. 506[3]
ΟαΤαΤιος 318[4]
ὀβάλλω 295[7]
ὄβδην 293[8]. 298[5]. 508[7]; εἰς – 626, 6
ὀβελλός thess. 238[2]
ὀβελός att. 255[6]. 295[2.7]
ὀβολός 32[8]. 255[6]. 295[2]
ὀβριμοεργός II 65[8]
ὀβριμοπάτρη hom. 451[2]
ὄβριμος 350[5]. 363[4]. 412[7]. 494[4]; -ε παίδων II 116[6]
ὀγάστριος äol. 433[3]. II 491, 6
ὀγδᾶ[ι] rhod. 250[8]
(*ὄγδμος) 595, 3
ὀγδοάς 592, 4. 597[2]
ὀγδόατος 503[7]. 595[6]. 596[1]
ὀγδόδιον att. 595, 3
ὀγδόϝα akor. 92[5]. 595[6]
ὄγδοϝος 314[4]. 596, 3
ὀγδοήκοντα att. lesb. 592[2.3], 4. 595[6]; s. hογδ-
ὀγδοίη 195[4]
ὄγδοος 252[2]. 595[6], 3
ὄγδος 595, 3
ὄγδου 595, 3
ὄγδους 595, 3
ὀγδῶι ion. 595, 3
ὀγδώκοντα ion. etc. 249[7]. 592[3], 2
Ὄγκαντος 139[2]
ὀγκάομαι 683[2]
ὄγκιον 470[4]
ὄγκος 340[2]. 458[7]
ὀγκόω; s. ὤγκωμαι
ὄγμος 340[2]. 492[4], 10
ὀγχέω 717, 4
'Ογχηστός 503[5]
ὀγώ ngr. (kappad.) 604, 2
ὄδα· ὤνια H. 720, 5
ὀδαγός 190[3]
ὀδαῖος 467[6]
ὀδάξ 400[8]. 434[4]. 620[6]. II 491[4]
ὀδαξάω 721[3]
ὀδαξέομαι spät 721[3]
ὀδαξήσεται 721[3]
ὀδαξησμός 721[3]
ὀδάξω att. 723[2]; s. ὤδαξον
ὅδε 600[2], 4. 611[3.7], 2 f. 624, 9. II 179[2]. 190[4]. 208[5], 1. 209, 1. 210[1–4.7], 1. 211[1.2]. 212[2]. 216[3]. 562, 1. 640[4]; = ὁ δεῖνα 612[1.5]; = ἐμός, ἡμέτερος II 209[1]; ὅδε ἀνήρ 611, 2; ὅδε ὁ ἀνήρ II 25[5]; – – 'ich' 600[7]; ὁ ἀνὴρ ὅδε II 25[5], 8; s. ἥδε, ἦδε
ὀδεῖν H. 720[2], 5
ὁ δεῖνα att. 612[3]
ὅδεινα : τὸν – ngr. (dial.) 612[5]
ὅδεινας ngr. (dial.) 612[5]
ὀδελός ark. dor. 255[6]. 295[2]
ὅδερος 481, 3
ὁδεύειν 732[5]
*ὀδϝ- 301[5]
*ὀδήσω 715, 1
ὁδί att. 400[4]. 612[1]. 619[4]. II 208[5]
*ὁδίν 612[4]
ὁδίτης 465, 3. 500[5], 8
ὀδμᾶσθαι 725, 9
ὁδοιδόκος 452[4], 5
ὁδοιπορεῖν ἐπ' ἄκρων II 470[5]
ὁδοιπόρος 239[5]. 452, 5. II 155[4]

ὀδολκός kret. 263[2]
*ὀδολολκος 263[2]
οδομηκοντα spät 592[3]
ὀδόντα acc. sg. 566, 5
ὀδόντος gen. sg. 566, 5
ὀδός 301[5]
ὄδος n. 418[6]. 512[4]
ὀδός 304[1]. 459[3]. II 34[2]. 75[7]. 356, 2. 602[6]; – ἡ ἐπὶ τὸ Ποσειδώνιον II 472[6]; ὀδῷ II 155[4]
ὀδούς 57[3]. 566[5]. II 33[5]
*ὀδσ- 440, 7. 645, 0
ὄδυ [= ὄντον] imper. pamph. 803[3]
*ὀδυίομαι hom. 717, 1
ὀδύνη 521[4]
ὀδυνοσπάς 507[4]
*ὀδύομαι hom. 717, 1
ὀδυρέσκετο II 278[4]. 351[1]
ὀδυρμός 492[4]
ὀδύρομαι 714[4], 7. II 229[2]; c. gen. II 133[4]
ὀδυροῦμαι fut. 785[2]
ὀδυσσάμενος Od. 757[2]; -μένοιο τεοῖο Ilias 609[1]
Ὀδυσσεύς 5[1]; – ὁ Ὁμήρου II 120[1]
(ὀδύσσομαι) 717, 1
ὀδῷ 'auf dem Landweg' II 155[4]
ὄδωδα 715[1]. 766[4]; ὄδωδε II 263[2]
ὀδώκοντα 592[3]
ὀδών 525[6], 8. 566[5]
οε > ο 253[6]
-οε dat. sg. böot. 556[1]
-οε nom. pl. böot. 556[2]
οε̄ > ου 249[7]
ὀειγ- 'öffnen' II 491[4], 5
ὀείγην lesb. 653, 10. 685[1]. II 491[4]
ὀείγω äol. 347[1]
-οεις suff. adj. 527[1.4]. 528[1.2]
ὄεσσι dat. pl. hom. 564[4]. 573[6]
ὀέτης hom. 69[6]
Ὀϝατίε̄ς 223[3]
*-οϝίᾱ f. Ausg. 469[4]
ὄϝινς acc. pl. arg. 222[6]. 571, 7. 573[6]
ὄϝις 339[7]
*οϝισωνος 491[4]
*οϝj > οιϝ 272[8]
*οϝjος gen. sg. 273[1]
o. vo kypr. (= οὐ) 194[3]
ὀζαίνομαι 733[2]
*ὀzδο- 330[1]
ὀζέσω fut. Koine 784[6]
ὄζη f. 645, 0
Ὀζήνη 156[4]
ὀζήσω fut. 715[1],1. 752[4]. 783[2]
Ὀζόλαι 66[4]. 484[5]
ὄζος 330[1]. 434[4]. II 491[3]
ὄζος kret. (= ὄσος) 96[4]
ὄζυξ 433[3]. II 491, 6
ὄζω (-ειν) 339[5]. 715[1]. 752[4]. II 263[2]; c. gen. II 128[6.7]; – μύρου II 107[6]; – ἀπ' αὐτῆς II 129[1]; s. ὀζέσω -ήσω
-όζω verba 734[2]
οη > ω 249[6]
ὄθ' (= ὄδε) 408[2]
ὄθεν 628[2], 5. II 413[5]. 644[8]. 646[6]. 647[8], 1. 648[2.3]. 661[4]; – τε II 575[2]
-θεσαν· ἐπεστράφησαν H. 721[5]
ὄοθεν adv. 628[3]
ὀθέτη, ὄθιζα 501[3]
ὄθη f. 721[5]
ὀθθάκιν kret. 598[1]. II 652[4]
ὄθι 628[4.5], 5. II 157, 2. 413[5]. 646[6]. 647[8]. 648[1]
ὄθιπερ II 648[1]
ὄθμα äol. 523[7]; ὄθματα 317[4.5]
ὄθομαι 721[5]. II 108[7]. 109[1]. 396[2]; ὄθετ' αἴσυλα ῥέζων II 392[6]
ὀθόνη 152[8]. 490[3]
ὀθούνεκα 402[4]. II 552[5]. 646[5]. 661[5.8]. 662[3]
ὄθρυς 495[4]
Ὄθρυς 303[1]. II 33, 2·
οι: – aus idg. *oi* 346[8] f.; οι > att. υ 233[8]; οι = υ Ägypt. böot. kret. 233[7]; οι Ausspr. *ü* 127[3]; gr. οι = syr. *w* 233[8]; οι aus *οσj 273[2]; οι aus οει 250[7]; οι für εοι 250[8]; οι für οηι 250[7]; ion. att. οι aus οοι 249[3.4]; οι böot. < ωι 233[5]; ark. οι für αι 348[2]; οι > böot. οε 233[3]; οι wechselt mit ο vor Vok. att. 233[6]
-οι elid. 403[4]
-οι gen. sg. m. ostthess. 81[6]. 555[3], 3
-οι' gen. sg. 555[3]
-οι dat. sg. m. 556[1]. 558[7]. 559[1]. 839[8]
-οι loc. sg. 549[4.6]. 624[5]. II 138[4]
-οι nom. pl. 554[3.6], 1. 2. 556[2]. 600[3]. 609[3]
-οι nom. pl. für -όνες 479[4]
-οι adv. 622[3]
-οι- opt. 794[1.2], 1. 796[1–6]. II 319[7]
-οῖ 3. sg. Personalend. 658[2]
-οῖ 3. sg. opt. 796, 1
ὀῖ dat. sg. 573[6]
οἱ nom. pl. demonstr. 81[7]. 610[5]. 611[4]
οἱ nom. pl. art.: οἱ ἀμφί τινα II 439[2]; οἱ ἐκ πίστεως II 463[6]; οἱ ἐκ τῆς ἀγορᾶς II 181,2; οἱ ἐκ τῆς Ἀκαδημείας II 463[5]; οἱ ἐκ τοῦ Περιπάτου II 463[6]; οἱ ἐν τοῖς πράγμασιν II 458[6]; οἱ ἐπὶ τοῖς πράγμασι II 467[4]; οἱ κατά τινα II 477[2]; οἱ μετ' ἐκείνου II 485[2]; οἱ μετὰ Κροίσου II 485[1]; οἱ παρ' αὐτοῦ II 498[4]; οἱ παρ' ἐμοί II 494[2]; οἱ παρ' ἡμῖν ἄνθρωποι II 494[3]; οἱ περί τινα II 504[3]; οἱ περὶ Φαβρίκιον (= Fabricius) II 504[3]; οἱ περὶ Ἔφεσον II 504[5]; οἱ πρὸ ἡμῶν II 507[4]; οἱ πρὸς αἵματος II 514[3–4]; οἱ πρός τινι II 513[3]; οἱ σὺν αὐτῷ II 489[5]; οἱ ὑπό τινι II 525[7]; οἱ ὑπό τινα II 530[8]
οἱ dat. sg. pers. 603[4]. 607[5.6], 6. II 148[1–3]. 186[7]. 189[3–5], 4. 191[2]. 193[4]. 194[4.5]. 201[3]
οἱ dat. sg. refl. 607[5]. 608, 0; οἱ αὐτῷ II 191[5]
οἵ interj. 716[5]. II 65[8]. 600[3], 1. 601[5]
οἶ interj. II 600[3]. 601[5]
οἷ c. partit. II 116[4]
οἷ dat. sg. refl. 226[4]. 334[8]. 377[8]. 602[7]. 603[4]. 607, 1. II 186[7]. 193[3]. 194[7]; – αὐτῷ 607[2]. II 195[3]
οἷ adv. 549[6]. II 157[4.5.6]. 640[1]. 647[1]; – ἀσελγείας II 114[6]
-οια 1. sg. opt. 660[2], 1. 796[1.3]. 813[5]
-οίᾱ suff. 469[4]
-οῖα f. ptc. 540[5–6]. 765, 2
οἷα: – ἔργα II 405[7.8]; – ποιεῖς II 626[3]; – c. ptc. II 391[8]; – c. gen. abs. II 399[2.3]; οἷα – ὥς II 577[5]; οἷά τε II 576[3]; s. οἷον
οἰαδόν 626[5]
*-οιαν 3. pl. opt. 665[1]
Οἰανθεύς: ὁ – II 41[7]
οἴᾱξ 348[3]. 516[5]. 752, 9
*οἰάς 597[2]
-οίατο att. 87[5]
οιατρός (= ἰατρός) 184[1]
Οἴβων 833[1]
οἵ γε 'qui quidem' II 640[3]
οἴγνυμι 347[1]. 412[6]. 434[4], 3. 641[8]; s. ᾠίγνυντο
-οιγω 696[4]
οἴγω 641[8]. 653, 10. 771, 8. II 432[2]; s. ᾦιξε
οἶδα 340[1]. 346[8]. 641[3]. 643[1]. 758, 7. 765[4]. 766[6]. 769[1.2]. 779, 2. 783[7]. II 263[5], 2. 396[1]. 584[3.4]; οἶδας 662[5], 7; οἶδε 769[1]; οἴδαμεν 767, 5. 769[2]; οἴδατε 767, 5; οἴδᾱσι 767, 5. 769[2]; οἶδα κατὰ φρένα II 476[5]; – c. gen. II 107[7]; – τινα διά τι II 454[2]; – ὧν κρείττων II 397[1]; – τινα c. praedic. II 395[3]; – – c. ptc.

II 394[6]; – – λέγοντα II 297[4]; – – δηλώσαντα II 296[8]; οἶδά τι ποιούμενον II 708[3]; – ἐμαυτόν c. ptc. II 394[7]; – τινα ὡς εἰδότα II 397[3]; οὐκ – II 631[5]; – ὡς II 664[5]; οἶδ' ὅτι 'gewiss' II 590[1.2]; s. εἰδέναι, -έω, -ήσω, εἴσομαι, εἴδη, -σα, εἰδείην, ᾔδειν, ᾖσμεν, ᾖσαν, εὖ οἶδα, οἶσθα
ὄιδα Alk. 104[5]. 769[1]
οἰδάνει 700[2]
οἰδάνεται 700[2]
οἴδανον 655[4]
οἰδάω 348[1]
οἴδε 610[5]. 611[3]
οἴδης, -ησθα äol. 680[6]
Οἰδίπους 448, 1. 565, 3. 582[6]; Οἰδίπου voc. gen., -ποδος, -πόδᾱο, -ποδι, -πωι 582[6]
οἶδος 348[1]
οἴει att. 236[6]. 668[2]. 679, 7
οἴεος 381[6]. 466[3]
ὄιες, οἶες nom. pl. 573[6]
οἴεσθαι : τοῦ – II 360[7]
οἴεσθε 679, 7
ὀίεσσι dat. pl. hom. 564[4]. 573[6]
οἰέτεας hom. 195, 3
οἴετο (= ᾤετο) 655[4]
οιϝ < *oϝj 272[8]
οἶϝος 88[4]. 223[6]. 588[4]
ὀίζυε imperat. 727[5]
ὀιζυρός 482[4]; – ώτερον 534, 12
ὀιζύς 464[1]
ὀιζῦσας 727[5]
ὀιζύω περί τινα II 504[3]
οἴζω Ap. Dysk. 716[5]
-οιη- : -οι- opt. 794[2]
οἴη f. subst. 469[6]
Οἰῆθεν 195, 3
οἰηθη- 762[1]
οἰήθητι 760, 6
οἰήιον 348[3]. 516[5]
-οιην opt. 795[6]; -οίην 796[2]
οἰί dat. sg. att. 573[6]
-οιιν (-οῖιν) gen.-dat. du. hom. 549[3]. 557[2]. 562[7]. 565[2]
οιιν acc. sg. kret. 573[6]
οις nom. sg. kret. 573[6]
οἶκα ion. lesb. 541[1]. 624[6], 10. 766[6]
οἴκαδε 424[1]. 552[2]. 584[6]. 619[1]. 624[6.7]. II 171[5]
οἴκαδες 625[2]
οἴκαδις meg. 625[2]
οἶκας Alkm. 745, 2. 767, 1
οἴκει loc. 549[5]. 552[2]. 554[6]. 622[2]. II 56[7]. 171[5]
οἰκείη arg. 729[4]. 795[2]
οἰκεῖος 348[7]. II 118[7]. 205[4.5]
οἴκεις ptc. lesb. 729[1]
οἰκεῦσα 248[1]
οἰκέω (-εῖν) 726[3]. II 363[5]; – δι' ἄκριας II 453[2]; – ἐπὶ σφῶν αὐτῶν II 470[7]; – ἐπὶ τῷ ἰσθμῷ II 466[7]; – ἐς ὀλίγους II 460[4]; – μετά τινος II 483[6]; – παρά τινα II 495[6]; – περὶ Σικελίαν II 504[2]; – πρὸς νότου ἀνέμου II 515[6]; – πρὸς δυσμέων μετά τινα II 486[4]; – τηλοῦ τῶν ἀγρῶν II 546[2]; – ὑπὲρ 'Ελλήσποντον II 519[5]; – ὑπὲρ 'Ιονίας ἁλός II 521[1]; – τινὰ ἀμφίς II 439[7]; s. ᾤκεον, ᾤκουν, ᾤκησα
οἰκηιώτερος ion. 241[6]
οἰκημένος ὑπὲρ Αἰγύπτου II 520[7]; -ον πρὸς ἠῶ II 515[7–8]
οἴκην 241[2]
*οἴκηντς ptc. 729[1]
οἰκήσεται 763[3]
οἰκία 226[2]. II 43[4]
οἰκίζειν II 362[3]; – τινὰ παρὰ Δίρκᾳ II 493[5]; – χωρίον ὑπὲρ τοῦ ποταμοῦ II 520[7]
οἰκίζεσθαι ἀπὸ θαλάσσης II 445[8]
οἰκιξόντες kyren. 786, 5
οἰκισθείσας : μετὰ Συρακ. – II 391[2]
οἰκίσκη 542[1]
οἰκιτιεύς 24[2]
οἰκοδομεῖν τεῖχος II 73[2.4]; s. ᾠκοδόμησα
οἰκοδόμεσα Koine 753[2]
οἰκοδομημένος, -α 656[7]
οἰκοδομηται her. 793[1]
*οικοhορος 219[3]
οἴκοθεν 552[1]. 625[5]. 628[2]. II 171[5]
οἴκοθι 552[2]. 619[2]. 625[5]. 628[4]. II 171[5]
οἴκοι 57[6]. 191, 2. 376[6.7]. 552[2]. 554[6]. 618[6]. 622[2]. II 56[7]. 155[5]. 171[5]
οἶκοι 191, 2. 376[6.7]. II 43[4]
οἴκοις loc. II 154[8]
οἶκον δέ 624[5]
οἶκόν δε hom. 624[6]. II 562, 1
οἶκόνδε 551[2]. 552[2]. 611[7]. II 171[5]
οἰκονομεῖν τὴν οἰκίαν II 73[2]; s. ᾠκονομηκότων
οἰκονομεῖσθαι (τὸ) II 370[3]
οἰκονομίαι αἱ κατὰ τὴν πόλιν II 477[8]
οἰκονόμος 159[4]
-οϊκός suff. adj. 498[1]
οἶκος 292[7]. 458[3]. 584[6]; ἐν τῷ οἴκωι 618[6]
οἰκόσε 629[2]. II 171[4.5]
οἰκουμένη 524[7]. II 175[5]; ἡ – II 409[3]
οἰκούμενος 123[5]. II 182[4]
οἰκοφόρος 441, 1. 5. 450[6]. 453[5]. 454[6]. 457[5]
οἰκτείρω (= -ῖρω) 184[6]
οἰκτερῶ fut. Aesch. Soph. 785[2]
οἰκτιρμός 492[4]
οἰκτίρρω lesb. 283[5]
οἰκτῖρω ion. att. 283[5]. 352[3]. 725[3]. 785[2]; – τινά c. gen. II 133[7]; s. ᾤκτιρα
οἴκτιστος 539[1]
οἶκτος 501[4]. II 623[4]; ἔχω τινὰ δι' οἴκτου II 452[6]
*οἰκτρjω 352[3–4]. 785[3]
οἰκτρός 337[6]. 481, 16. 532, 1; οἰκτρὰ σύ, τέκνον II 623[4]
οἰκώς ion. 541[1]
'Οιλεύς 224[2], 1
οἶμα 523[3]. 725, 9
οἶμαι 16, 1. 280[4]. 619[1]. 679[5], 7. 722[1]. II 16[6]. 308[8]. 637[4]. 706[3]; – parenth. II 554[6]. 555[5]. 583[4], 2. 584[3–4]; s. ᾠιμην, ᾤμην
οἰμάω 725, 9
-οιμεν opt. 795[6]
οἴμησε 651, 6
-οιμι verba lesb. 729, 1
-οιμι 1. sg. opt. 660[2]. 813[5]
-οῖμι opt. 796[2], 1
οἶμμοι att. 103[7]. 238[2.5]
οἴμοι interj. 716[5]. II 66[1]. 143[7]. 601[4.5]; c. gen. II 134[6]
οἶμος 381[1]. 492[3], 4. II 34, 3; οἶμοι κυάνοιο II 129[2]
οἰμωγή 716[5]
οἰμώζω 716[5]; s. ᾤιμωξεν
οἰμώξομαι 781[8]; -ξόμενος II 296[1]
οἰμώσσω spät 716[5]
ὄιν, οἶν acc. sg. 573[6]
-οιν f. II 35, 1
-οιν gen.-dat. du. 554[4]. 557[2]. 562[7]
-οιν 1. sg. opt. 660[1.2], 4
-οῖν infin. Koine 807[4]
οἰνή 348[1]
οἴνη 461[2]. 588[4]. II 30[5]
οἰνίζειν H. 588[4]
οἰνίζομαι 736[1]. II 277[1]; c. instr. II 166[8]
Οἰνόανδα 61[4]
οἰνοβαρείων Od. 724[2]
οἰνοβαρής 513[2]
Οἰνόηζε Hdn. 625[1], 3
Οἰνόηθεν, -όην 625[1]
Οἰνόμαος 450[6]
οἰνοποτάζω 706[4]
οἶνος m. 'Eins auf dem Würfel' 588[4]
οἶνος m. 'Wein' 57[5]. 314[5]. 458[1]. 459[2]. II 30[5]; οἶνον οἰνοχοεύειν II 700[7]
Οἰνοτρόποι 720, 4
οἰνοῦς ion. att. 249[6]
Οἰνοῦσσα II 33, 2

οἰνόφλυγ- 424[5]
οἰνόφλυξ 298[7]
οἰνοχοεύω (-ειν) II 363[4]; – οἶνον, νέκταρ II 700[7]; -εύει (sc. οἰνοχόος) II 621[1]; -εύων hom. 732[6]
οἰνοχοέω 726[4]; ἐῳνοχόει hom. 653[4]; οἰνοχοέω οἶνον II 73[2]; ἐῳνοχόει νέκταρ II 73[2]; s. ᾠνοχόει
οἶνοψ 426[4]
-οιντο 3. pl. opt. 665[1]. 671[4]
οἰνῶντα acc. sg. H. 588[4]
οἰνωπός 458[2]
οἰνώψ 426, 4
οἰο- 433, 3
-οιο gen. sg. hom. thess. 81[6]. 90[6]. 273[2]. 549[3]. 554[6]. 555[3.4], 2. 3. 600[3]. II 117[3]
-οιο gen. sg. pron. 609[3]
οἰόθεν οἶος 628[2]. II 700[6]
οἰοῖ II 600, 4; – – II 600, 4
οἰοιοῖ II 600, 4
-οιοις gen.-dat. du. el. 557[3]
οἴοιτο II 335[5]
οἴομαι (-εσθαι) 16, 1. II 122[7]. 234[4]. 347[6.7]; οἴει 236[6]. 668[2]. 679, 7; οἴετο 655[4]; οἴοιτο II 335[5]; οἰήθητι 760, 6; οἰομένῳ II 609[5]; οἴομαι τινός τι II 132[2]; – c. infin. aor. II 296[4]; – καρτερεῖν II 296[4]; ὡς οἰόμενος II 391[7]; s. οἶμαι, ὀΐομαι
ὀΐομαι hom. 273[6]. 679, 7. II 234[4]
οἷον II 66[5]; c. ptc. II 391[8]; οἷόν τε II 575[3]; – – ὄν acc. abs. II 402[2]; s. οἷα
οἰορπατ Hdt. 585[2]
οἰός gen. sg. 273[1]. 572[2]. 573[6] (ὄιος gen. sg.) 573[6]
οἶος 348[3]. 472[5]. 588[3]. 588[4]; – ἄνευθ' ἄλλων II 704[3]; οἰόθεν – 628[2]. II 700[6]
*-οιος gen. sg. 346[2]
-οιος suff. adj. 467[4.5], 5
οἷος pron. 236[5.6]. 313[1] [hojos]. 609, 5. 615[1]; οἷου gen. hom. 609, 5; οἷος II 185[2]. 624[1]. 640[1]. 642[2]. 677[5]. 678[5]; οἷον Πειρίθοον II 624[1]; οἷος παρρησιάζεσθαι II 624[2]; – ὧν οἵως ἔχεις II 626[2]; – οἵων αἴτιος ὧν τυγχάνει II 405[8]; οἷον δή νυ θεοὺς βροτοὶ αἰτιόωνται II 626[2]; s. folgende
οἷόσπερ II 572[1]; οἷός περ οὖν II 585[1]
οἷός τε II 624[1]. 642[2]; οἷός τέ εἰμι II 576[3]
οἰότερος 536[2]
οἰοχίτων 433, 3
-οιρ dat. pl. el. 556[4]
-οιρ acc. pl. el. 556[3]
ὄις 381[1]. 462[4]. 573[6]; ὄις acc. pl. Theokr. 573[6]; ὄϊς acc. pl. 573[6]
οἰσ- 721[6]
-οις nom. sg. ptc. lesb. 566[3]
-οις dat. pl. 2. decl. 554[3]. 556[3.4], 3. 4. 5. 559[5]. 564[7–8]f. II 138[5]
-οις dat. pl. 3. decl. 92[3]
-οις acc. pl. äol. (lesb.) 81[6]. 556[3]
-οισ' dat. pl. hom. 556[4]
-οῖς 2. sg. Personalend. 658[4]
οἶς 37[5]. 348[2]. 377[7]. 379[8]. 573[6]. II 31[3]; nom. pl. att. 573[6]; acc. pl. 571, 7; οις ark. 225, 3
οἷς dat. pl. relat. Od. 610[6]; – τισι Aristoph. 616[4]
οἷς adv. 'wohin' delph. 620[1]. 622[3]. 631[3]. II 647[1]
ὀΐσατο hom. 760[7]. 762[1]
οἶσε imperat. 756[2]. 788[1.2.4.5], 3. 804[4]
Οἰσεζέα ON lesb. 355[5]. 442[1]. 445[3]. 638[4]. 788, 2
οἴσει Herod. 788, 2
οἴσει κε II 352[1]
οἴσειν Pind. 788, 2
οἰσέμεν Ilias 752, 9. 788[2]
οἰσέμεναι 788[2]
οἴσεται pass. 763[5]
οἴσετε hom. 788[2]
οἰσέτω imper. hom. 788[1]
οἰσεῦμες Theokr. 786[7]
οἶσθα 298[1]. 306[7]. 340[1]. 510, 5. 662[3.5]. 767[3]. 769[1]. 814[4]; οἶσθα δήπου II 702[5]
οἶσθας 2. sg. 127[7]. 662[5]
οἰσθήσεται Dem. 763[5]
οἰσί dat. pl. 573[6]
-οισι dat. pl. 127[8]. 554[3.6]. 556[3.4], 4. 600[3]. 609[3]
-οισι dat. pl. äol. 81[6]
-οισι 3. pl. lesb. 270[4]. 663[3]
(*ὀίσμαι) 679, 7
οἴσομαι fut. 752, 9
οἰσόντων Antim. 788[2]
οἶσος 472[6]. 506[4]
οἰσοφάγος 788, 2
οἰσπάτη 577, 8
ὀΐσσατο 760[7]
οἰστέον 810[6]. II 409[6]
ὀιστεύω II 104[8]; -εύειν 732[5]
οἷς τισι Aristoph. 616[4]
ὀιστός ion. att. 503[6]. 752, 9
οἰστράω 731[5]
οἰστρήεις 527[4]
οἰστροπλήξ 425[1]
οἶστρος 531[6]
οἰσύα 506[4]
οἰσύη 272[2]
οἴσω fut. 752, 9. 782, 3. 788[2]. 816[4]. II 258[1]. 292[8]; s. hοίσοντι
οἴσωμεν H. 752, 9
οἴσων ptc. 566[4]. (Od.) 752, 9
Οἰταέσσι dat. pl. 575, 4
*οιτϜος 506[4]
οιτινες gort. 616[3]
οἵτινες hom. 616[3]
-οῖτο opt. 688[2]
οἶτος 347[1]. 501[3]; οἶτον ὄληαι II 74[7]
*οἰτυ- 506[4]
Οἴτυλος 224[2], 1
-οιυν gen.-dat. du. ark. 548[8]. 549[3]. 557[2]
οἴφειν 721[5]
οἰφεῖν 721[5]
οἰφόλης 484[5], 4
οἴφω 722[1], 1
οἰχέομαι 721[6]
οἴχεσθαι : τῷ – II 360[4]. 371[3.4]
οἰχήσομαι fut. 721[6]
οἴχνεσκον Ilias 711[4]; – πρὸ πυλάων II 506[6]
οἰχνεύων 696[2]
οἰχνέω 696[2]. 721[6]
οἴχομαι 721[6]. 752, 9. II 229[1]. 274[4.7.8]; c. ptc. II 392[3]; c. dat. II 151[7]; – ἐς II 459[4]; – σύν II 162[4]; – ὑπὸ ζόφον II 530[4]; οἴχῃ ἀπολιπὼν II 603[1]; οἴχεται ἀγομένη II 392[5]; οἴχετο φεύγων II 392[4]; οἴχεσθαι ἀνὰ στρατόν II 441[1]; – κατὰ γαίης (χθονός) II 480[3.4]; οἴχομαι μετὰ δεῖπνον II 486[2]; – μετὰ δούρατος ἐρωήν II 486[2]; s. ᾤχωκα
οἴχωκα 774, 2; -κε 656[7]; s. ᾤχωκα
οἰχῶρος 219[3]
ὀΐω 679, 7. II 234[4]. 584[3.4]. 706[5]
οἴω 679, 7
οἰῶ lak. 722[1]
οἰώθη 651, 6
(ὀίων gen. pl.) 573[6]
οιῶν böot. 182[3]
οἰῶν gen. pl. att. 573[6]
οἰωνός 491[4]
οἰῶντα acc. sg. m. ptc. H. 588[4]
οἴως 624[1]
*-*o-jo* gen. sg. 555[3]
ójos 'qualis' ngr. 615[3]
ὄκα nwgr. dor. böot. pamph. 82[2]. 629[2.4]. II 648[5]. 649[3], 0
ὄκαι äol. 299[2]
o.ka.to.se = Ὄγκαντος kypr. 139[2]
ὅ κε, ὅκε; s. εἰς ὅ κε
ὀκέλλω 434[4]. 644[4]. 715[6]. II 491[4]
ὅ κέν τις Od. 617, 3
ὄκηι ion. 299[2]
ὄκκα dor. (= ὅταν) 265[4]. 615[2]. 629[2]. II 650[2]

ὄκκαβος 316[1]
-οκκας Namen 636[5]
ὄκκος 315[7]
ὀκλαδίας 734[6]
ὀκλαδιάω 732[3]
ὀκλάδις 631[4]
ὀκλαδόν 626[3]. 734[6]
ὀκλάζω 734[6]
ὀκνείω Ilias 724, 2
ὀκνέω 489, 5. 726[3]; ὀκνῶ, μή II 675[7]; ὀκνεῖτε imper. II 344[4]
ὄκνος 489[2], 5; ὄκνοι II 43[6]; s. hognos
ὀκο- 299[4]
ὀκοῖα 299[2]
ὀκοῖος ostion. 86[1.6]
*ὀκός 629[4]
ὄκοσσος äol. 299[2]
ὀκότε II 649[1]
ὀκότερος ion. 617[3]
ὄκου adv. 621[4]. II 336[6]. 647 [2.5.7]; – τῆς χ. II 114[4]; – γε ion. II 157, 1
ὀκρίβᾱς 451[4]. 526[3]
ὀκριόωντο 651, 6
ὄκρις 339[5]. 340[2]. 495[2]
ὀκρυόεις 434[5]. II 491, 6
ὀκτα- compos. 591[5]
ὀκτάκις Hdt. 597[6]
ὀκτακόσιοι 593[2]
ὀκτάλια byz. 592, 5
ὄκταλλος 299[7]. 317[4]. 326[2]. 484[1]. 518[2]
ὀκτάς Aristot. 597[2]
ὀκτασσός pap. 598[3]
ὀκτό böot. lesb. 400[3]. 590[6]
ὀκτοκηδέκατος böot. 594[3]
ὀκττώ 210[7]
ὀκτώ 292[8]. 380[8]. 557[1]. 590[5]
ὀκτώ her. 305[5]. 590[6] [nicht -πτω]. 592[3]
ὀκτωκαίδεκα 594[3]
(*ὀκτώκοντα) 592[3]
ὀκτωκόσιοι lesb. 593[2]
ὀκτώπους 591[5]
ὀκχέω Pind. 717, 4
ὄκχος 717, 4
ὄκως ion. 299[2]
ὄκως II 313[5]. 665[7]. 669[8]. 670[3–6.8]. 671[4]; – ἄν II 665[7]
-οκωχή 766, 4
ολ für αλ 344[6]; aus zweisilbigen Formen reduz. 363[1.2]
ὀλαί att. 314[5]
ὀλάκερος ngr. 260[5]
-όλᾱς Ausg. 484[5]
ὀλβάχνιον syrak. 314[5]
ὀλβίζω τινὰ ὑπὸ λαμπάδων II 529[8]
ὀλβιόδαιμον voc. 105[6]. 428, 1
ὄλβιος: -ιε κῶρε γένοιο Theokrit. II 62[6]
ὄλβιστος 539[2]
ὄλβος 539[2]
ὀλε/ο- 747[1]
*ὄλεθλος 258[8]
ὄλεθρος 258[8]. 533[2]. II 707 [7.8]; – Αἰγίσθου ὑπὸ χερσίν II 526[4]; -ον ἀπόλλυσθαι II 75[4]
*ὄλειαν 3. pl. opt. 797[4]
ὀλείζων 538[3], 4
ὀλέκεσκεν Ilias 710[5]
ὀλέκοντο 651[6]
ὀλέκω 702[5]. 767[6]. 776, 2
*ολενευμι 363[2]
*ὀλεο imper. 798, 3
ὀλέσθαι II 366[7]; – νέον ἀπ' αἰῶνος II 446[2]
ὀλέσσαι 752[6]
ὀλέσσω -ῃς II 311[3]
*-ολϜᾱ 473[1]
ὄληαι II 311[4]
ὀλημερίς ngr. 631[5]
ὀλιβρός 291[5]
ὀλιγάκις 587, 1. 598[1]
ὀλιγαχοῦ 630[5]
ὀλιγηπελέων 447[2]. 724[3]
ὀλίγιστος 357[5]
ὀλίγο adv. ngr. 621[4]
ὀλιγοδρανέων 694[4]. 724[3]
ὀλίγον II 598[7]
ὀλίγος 347[2]. 411[8]. 538[3]. 587, 1. II 180[2]; ὀλίγοι ἀπὸ πολλῶν II 116[7]. 447[4]; ὀλίγοι ὧν ἐντετύχηκα II 641[2]
ὀλιγοστός 596[2]
ὀλίγου 'beinahe' 621[5]. II 135[1]. 308[1.2]; – ἐπελαθόμην II 307[4]; – δεῖ II 378[7]; – δεῖν II 378[8]. 379[5–6]
ὀλίγῳ II 164[2]
ὀλιγωρῶ c. gen. II 109[3]; -ῆσαί τι πρός τι II 511[4]
ὀλίζονες 435[7]
ὀλιζότερος 539[5]
ὀλίζων 538[3]
'Ολιζών f. thess. 69[8]. II 33, 2
ὀλίος, ὀλίον att. 209[3]
ὄλισβος 496[1]
ὀλισθαίνω 700[4]; s. ὤλισθον
ὀλισθανός 490[2]
ὀλισθάνω 307[1]. 700[4]. 704[3]
ὀλισθε/ο- 748[3]
ὀλισθεῖν 703[5]; s. ὤλισθον
ὀλισθήσω hell. 700[4]
ὄλισθον hom. 700[4]
ὀλισθράζω Epich. 703[5]. 735[2]
'Ολισσεῖδαι arg. 209[1]. 318[4]. 333[6]
ὁλκάς II 242[1]
(*ὁλκέω) 721, 3
ὁλκή II 122[3]
ὁλκός 459[3]
ὀλλύεις Archil. 698[6]
ὄλλυμαι (-σθαι) II 227[8]. 234[1]. 282[7]; – c. dat. II 148[4]; – ἀπονόσφιν τινός II 540[3]; – πρὸ πόληος II 506[7–8]; – κατ' ἄκρης II 480[6]; – ὑπὸ γαμφηλῇσι λέοντος II 526[4]; – ὑπό τινος δόλῳ II 526, 3; – πρὸς τῆς τύχης II 514[7]; s. ὀλέσθαι, ὠλόμην, ὄλωλα, ὠλώλεσαν
ὄλλυμι 284[1]. 323[3]. 363[2]. 696[4]. 747[1]. II 227[8]. 234[1]. 283, 1; – τι c. instr. II 166[3]; s. ὤλεσα, ὀλώλεκα
ὀλλῦσαι hom. 698[5]
ὄλμος 492[4]
"Ολμωνες 66[4]
*ὀλνυμέν 363[2]
*ολνῦμι 284[1]
ὀλοαί ark. 314[5]
ὀλόεις 528[1]
ὀλοθρεύω hell. 256[3]
ὀλοίμαν II 328[1]
ὄλοιο opt. 798, 3
ὀλοκόττινος 160, 5
ὄλολος 423[2]
ὀλολυγή 496[5]. 683[3]. 716[6]
ὀλολυγών f. 716[6]
ὀλολύζω 716[6]. II 600[4]; – Φοίβου ὑπὸ ῥιπῆς II 528[4]; s. ἐλελύζω u.folgende, ὠλόλυξα
ὀλολύξαι II 261[3]
ὀλολύξομαι fut. 716[6]. 781[8]
ὄλολυς 423[2]. 683[2]. 716[6]
ὀλολύττω Menandr. 716[6]
'Ολόντι kret. 253[2]
'Ολοντίοις kret. 253[2]
ὀλονῶν gen. pl. ngr. 614[5]
ὀλοοίτροχος 446[2]
ὀλοός 472[5], 8; s. ὀλοώτατος
ὀλόπτω 411[8]. 704, 12
ὄλος 228[3]
ὅλος att. 228[3]. 304[2]. 314[5]. 472[5]; ngr. II 179[5]; ὅλη νεωτέρα II 179[7]; s. ὀλονῶν
ὀλοστός 596[2]
ὀλοσχερής 128[2]. 513[4]
ὀλότης 529[1]
ὀλοῦθε ngr. 628[4]
ὀλοῦμαι 784[4]
ὀλοφυδνός 683[3]
ὀλοφυρμός 492[4]; – μετὰ βοῆς II 178[2]. 485[5]
ὀλοφῦρομαι ion. att. 283[5]. 482, 11. 683[3]. 725[3]. II 229[2]; c. gen. II 133[4]; trans. II 134[3]; s. ὀλοφυροῦμαι
*ὀλοφυρός 482, 11. 725[3]
ὀλοφυροῦμαι fut. 785[2]
ὀλοφύρρω lesb. 283[5]
ὀλοφώϊος 478, 1
ὀλοώτατος ὀδμή 536, 2
ὄλπη 459[6]
'Ολυμπεῖα 194[2]
'Ολύμπια II 43[7]; τὰ – II 52[2]. 175[1]

'Ολυμπίαζε 625[1]
'Ολυμπιάνδις dor. 625[2]
'Ολυμπιάς 508[4]
'Ολυμπίασι loc. II 155[2]
'Ολυμπιονῖκᾱ böot. 560[3]. 561[5]
'Ολύμπιος II 182[7]
ὄλυνθος 61[6]. 352[8]
Ὄλυνθος 510[6]
ὀλυρόκριθος 453[3]
'Ολυτεύς 317[8]
'Ολυττεύς 259[3]
ὄλωλα 766[3]. II 227[8]. 234[1]. 237[2]; s. ὠλώλεσαν
*ολωλε Ilias 777, 8
*ὀλωλεε pf. 777, 8
ὀλώλει Ilias 777, 8. 11
ὀλώλεκα 702[5]
ὀλωλέναι att. 808[2.5], 6
ὀλώλῃ conj. 791[2]. II 312[8]
ὀλώλω siz. 767[5]
ομ äol. ark.-kypr. für αμ 343[8]. 344[3.8]. 345[1]
ὀμ II 600, 6
ὀμ- 409[5]. 433[5]
ὀμαδέω 508, 8. 726, 5
ὅμαδος 508[7], 8
ὁμάζω 409[5]. 716[6]. II 599, 2
ὁμᾶι rhod. 550[4]
ὁμαιχμία 433[3]
ὁμαλής 513[4]
ὁμαλισμός 375[4]
ὁμαλός 483[7]. 837[8]
*ὀμαργ- 344[7]
ὁμαρτεῖν II 160[2.5]
ὅμαρτεν Orph. 748[3]
ὁμαρτέω Ilias 748[3]
ὁμαρτή 433[5]
ὁμαρτήδην 626[4]. 627, 1
Ομβρικιος 158[4]
'Ομβρικοί 497, 7
ὄμβριμος 257[6]
ὄμβρος 277[2]. 291[5]. 333[4]
ὀμειξ- 754[7]
ὀμείρομαι 413[4]. 715, 10
ὀμεῖται 784, 3
ὀμειχεῖν 721[5]
ὀμείχω 411[8]. 685[1]. 754[7]. II 71[8]. 72, 1
ὁμηγερέεσσι hom. 564[5]
ὁμηγερής 513[3]
-όμην 2. aor. 758[5.6]
ὁμηρέω (-εῖν) 726[4]; – c. instr. II 160[3.5]
ὁμῑλαδόν 626[5]
ὁμῑλέω (-εῖν) 726[3]. II 364[1]; c. instr. II 160[2.5]; s. ὡμίλησα
ὅμιλος ἵππων II 129[3]
ὀμιχέω II 226[3]
ὀμίχλη 379[6]. 411[8]. 483[3]
ὁμιώμεθα dor. 242[6]. 250[1]. 784 3
ὄμμα 256[5]. 323[4]. 418[1]. 524[3]; c. gen. II 122[2]
-ομνο- > -υμνο- 258[3]
ὄμνῡ imper. att. 800[5]
ὄμνυε imper. 799[3]
ὄμνυθι hom. (Ilias) 798, 13. 800[4]
ὀμνύμενος II 404[3]
ὀμνύμην infin. mkret. 807[6]
ὄμνῡμι (ὀμνύναι) 363[2]. 642[5]. 659[6]. 696[4], 7. II 270[4]; – μή + infin. II 595[4]; – πρός τινα II 510[6]; – (ὅρκον) καθ' ἱερῶν II 480[1]; – κατ' ἐξωλείας II 480[2]; – τοὺς θεούς II 72[4]; s. ὀμνύω etc., ὀμνύναι, ὤμοσα, ὀμώμοκα, ὀμοῦμαι, etc.
ὄμνῡν infin. lesb. 807[7]
ὀμνύναι infin. ion. att. 808[4]
ὀμνύντων imper. 699[1]
ὀμνύς kret. 566[4]
ὀμνύτω 801[3]
ὀμνύω 642[5]. 699[1]. II 270[4]; ὀμνύομεν Koine 699[1]; ὀμνύετε NT 699[1]; ὀμνύουσι 663[5]. 698[5]; ὄμνυε imper. 799[3]; ὀμνυέτω 698[6]; ὀμνυ(ο)ντων 699[1]; ὀμνύειν 699[1]; – πρὸ πάντων II 507[3]; s. ὄμνυμι etc., ὤμνυον, etc.
ὀμο- 696[4], 7
ὁμόβωμος 435[5]
ὁμόγλωσσος II 160[3]
ὁμογνωμονεῖν II 160[3]
ὁμογνώμων II 160[3]
ὁμοδοξεῖν II 160[3]
ὁμόδοξος II 160[3]
ὁμόθεν 628[2]
*ὁμόθυμα 632[5]
ὁμοθυμαδόν 626[5]. 632[5]
ὁμοίιος 467, 5
'Ομοίοις (δράματι) II 66[6]
ὁμοιόκρῑθος 429[4]
ὁμοιόπυρος 429[5]
ὅμοιος 383[1]. II 160[2]; ὅμοια II 78[2]; ὅμοιόν ἐστιν ᾧ . . ἐλέγετο II 641[2]
ὁμοῖος 588[1]. 609, 5; ὁμοῖαι Χαρίτεσσιν II 99, 1
ὁμοιοῦν II 160[2]
ὁμοιωθήμεναι infin. hom. 806[4]. II 239[2]; s. ὡμοιώθην
ὁμοίως II 160[2]. 582[8]. 704[3]
ὁμοκλάω c. dat. II 145[3]
ομοκλη hom. 558, 3
ὁμοκλή 425[3]. 743[2]
ὁμοκλήσασκε Ilias 711[5]
ὁμολογήμεν ptc. lesb. 729[2]
ὁμολογήσωμες 662, 9
ὁμολογίη γενομένη πρός τινα II 510[8]
ὁμόλογος II 160[3]
ὁμολογεῖται παρά τινος II 498[2]; – πρός τινος II 514[7]
ὁμολογοῦμαι c. ptc. II 396[5]
ὁμολογούμενα (τὰ) II 274[8]
ὁμολογουμένως II 415[7]; – ἐξ ἁπάντων II 463[7]
ὁμολογῶ (-εῖν) II 160[3]. 395[7]; c. infin. II 296[5]; c. ptc. II 394[4]; – περί τινος II 503[3]
'Ομολωείς 196[7]
ὁμομάτηρ 437[7], 2
ὁμονοεῖν II 160[3]
ὁμονόοιεν kerk. 252[7]
ὁμονοόντες j.-ion. 252[7]
ὁμόνοος II 160[3]
ὀμόνω ngr. 701[4]
*ὄμοοται 784, 3
ὁμοούσιος 398[5]
ὁμοπάτηρ 437[7], 2
ὁμοπάτριος 437, 2. 451[2.4]. 454[3]
ὀμόργνῡμι 256[4]. 344[7]. 411[8]. 696[4]. 754[7]; s. ὀμορξ-
ὀμόργνυσθαι δάκρυα II 231[1]; s. ὠμόργνυντο
ὀμορξ- 754[7]
ὀμορξαμένην δ. παρειάων II 94[5]
ὀμόρξω fut. 782[5]
ὁμός 380[8]. 588[1]
ὀμόσαι 340[4.6]; c. gen. II 130[7]
ὀμόσαντον imper. rhod. 803[3]
ὀμόσας kret. 566[4]; -σαντες 752[6]
ὄμοσε 629[3], 3
ὀμόσοντι 3. pl. kret. 664[3]; conj. 790[4]
ὀμόσσαι 752[6]
ὁμοῦ 343[1]. 358[5]. 588[1]. 621[5]. II 160[2]. 421[2]; praep. c. dat. II 535[2–3]
ὀμοῦμαι 784, 3
ὁμουρεῖν II 160[3]
ὅμουρος II 160[3]
*ὀμοῦται 784, 3
ὁμοφρονεῖν II 160[3]
ὁμοφρονέοντε νοήμασιν II 612[1]
Ὄμρικος 277[4]
ὀμφαλητόμος 438[6]
ὀμφαλός 297[4]. 483[6]
Ὄμφαλος gen. sg. 484[6]
ὀμφή 297[7]. 460[2]
Ὄμφις 153[1]
ὀμώμεκα 775, 3
ὀμώμεχα pap. 772[5]
ὀμώμοκα att. 766[4]. 775[2]; ὀμωμόκαμες dor. 663[1]; ὀμωμόκεμεν 767[4]
ὀμώμοκον kypr. 777, 6
ὀμώμοσται 775, 7
ὀμώμοται att. 766[4]. 775, 7
ομωμοτας kret. 423, 4
ὀμώμοχα pap. 772[5]
ὁμώνυμος II 160[3]. 174[5]
ὅμως 624[4]. II 390[2.3.4]. 414[1]. 554[5]. 555[4]. 578[3]. 582[3.7–8]. 583[2–4]. 633[6]. 688[4]

ὁμῶς 624[4]. II 160[2]. 582[7]. 583[1–2]
ον äol. ark.-kypr. für αν 343[8]
*ον partic. II 587[4]
ὀν lesb. thess. ark. kypr. 82[4]. 88[6]. 259[8]. 274[7]. 275[5.6.7]. 440[1]
-ον acc. sg. 554[4.6]
-*on* acc. sg. 2. decl. ngr. 585[7]
-ον sg. neut. 580[6]. 609[3]
-ον sg. neut. pron. 609[5], 6
-ον nom. sg. neut. ptc. 566[6]
-ον adv. 626[5]. 632[7]
-ον 1. sg. Verbalausg. 660, 4
-ον 1. sg. act. aor. 740[1]. 758[5.6]. 815[7]
-ον 2. sg. imper. aor. 749[4]. 803[2.4–5.6], 1
-ον 1. sg., 3. pl. plusq. 777[3–4]
-ον infin. kyren. 410[8]
ὄν: ὂν τὸ μέσσον II 441[2]
ὄν acc. abs. II 401[7]. 402[1.3–5]; τῷ ὄντι II 167[3]
ὄν acc. sg. refl. II 203, 2; ὄν δε δόμον δε Ilias 624[6]
ὄν (= ὅ) relat. pap. 610, 0
-όνᾱ suff. 490[3], 4
ὀναίμην II 321[7]; ὄναιο 688[7]; ὄναιτο 794[6]; ὀναίμην τῶν τέκνων II 103[3]
ὀνάλα thess. 460[3]
ὄναρ 57[5]. 342[3]. 518[6]. II 30[3]. 70[1]; adv. 621[1]
ὀνασεῖ dor. 688[7]
'ΟνασικυπρΟν gen. sg. 555, 6
'Ονᾱσίλος 485[3]
ὄναται 362[2]. 681, 4
*ὄνατος gen. sg. (ὄναρ) 520[6]
ὀνγραφεῖ conj. thess. 792[6]
ὀνγράψειν infin. aor. thess. (Lar.) 808[6]. 809[4]
-όνδας suff. 510[1.3]
-*o.ne* gen. sg. kypr. 555[4], 6. 556, 0
ὄνε thess. 90[7]. 612[2]. II 208[5], 2
'Ονεᾶται 36[5]
ὀνεθεικαεν thess. 90[7]. 664[4]
ὀνέθεικε 90[7]
ὀνε͂θθαι πάρ τινος II 497[7]
ὄνειαρ 519[5]. 689[1]
ὀνειδίζειν: τῷ – II 360[5]
ὀνειδίζω 735[6]; – τινί c. gen. II 133[6]; – ἔπεσιν II 166[2]; – τινὶ περί τινος II 134[2]
ὄνειδος 412[7]. II 617[3]. 623[4]
ὀνείρατα 518[6]. 582[6]; – τἀγαμέμνονος II 119[2]
ὀνείρατος 520[6]
ὀνείρειος 471, 11
ὄνειρο ngr. 520, 2
ὄνειρον 518[6]
ὄνειρος 57[5]. 471[5]. 518[6]. II 30[3]
ὀνείρωξις Plat. 733[7]
ὀνειρώσσω 733[6]
ὀνεμείχνυτο Sapph. 697, 5. 769, 6
-όνες Nominalausg. 479[4]
-ονέω verba 731[6]
ὀνηύχιον 831[1]
*ὄνηαρ 519[6]
ὀνήϊστος 539[1]. 689[1]
ὀνηλατέω 731[6]
ὄνησε 755[3]
'Ονήσιμος 162, 2
ὄνησις II 357[4.5.6]
'Ονησιφόρος 162, 2
ὀνήσομαι 782[6]
ὀνήσω 688[7]
ὄνθος 510[6]
ὀνία lesb. 275[5]
ὀνίναμαι 688[5]; – τι ἀπό II 103[4]
ὀνίνᾱμι 688[5.7]
ὀνινάντ- ptc. 688[7]
ὀνίνημί τι(να) c. instr. II 166[2]; ὀνίνης 2. sg., ὀνίνησι 688[7]; s. ὀνήσω etc.
ὀνίσκω Ath. 689[1]
ὄννᾱ äol. (lesb.) 225[6]. 283[3]. 333[8]
-οννας suff. 491[5]
ὄννιθα kret. = (ὄρνιθα) 323[2]
ὀνοθήλεια 439[4]
ὄνοιρος äol. 256[3]
ὄνοιτο 681[1]. 794[4]. II 245[1]
ὄνομα 56[5]. 57[3]. 343[5]. 352[6]. 380[8]. 412[7]. 523[1], 1. 580[5]. II 39, 3. 66[3.4]. 86[2.4]; ὀνόματος 520[6.7]. 552[2]. 630[2]; ὄνομα gen. sg. 585[4]; ὀνόματα 5[5]; ὀνόμασι 524[2]. 569[1]; ὀνόματι II 167[3.4]; ὀνόματα κύρια II 18[3]; – ἐπίθετα II 18 [3–4]; ὄνομα c. gen. II 122[2]; – πηγῆς II 122[2]
ὀνομάζω 724[5]. 734[5], 7; ὀνόμαζε 651[6]; -άζειν ἐπὶ πατρός II 471[3]; s. ὠνόμασας, ὠνομασμένος
ὄνομαι 360[4]. 680[4]; -σαι 681[1]. 784, 3; -ται 362[2]; -νται 681[1]
ὀνομαίνω 712[7]. 724[5]. 730[7]. 734[5], 7; ὀνομανέω fut. Hdt. 785[2]; ὀνομήνω II 311[4]
ὀνομακλήδην 440[1]. 626[3]
ὀνομάκλυτος hom. 440[1]
ονομαν altphryg. 152[6]
ὄνομαν ngr. (dial.) 524, 4
*ὀνομανjω 712[6]
ὀνομαστεί Koine 623[3]
ὀνομαστί 623[3]
ὀνομαστική II 54[2], 2
ὀνομαστός: -ὸν γίγνεσθαι ἐπί τινι II 467[6]
ὀνομήνω II 311[4]
*ονομνος gen. sg. 520[6]
ὀνονημένα 86[7]
ὄνονται 681[1]
ὄνος 458[1]. 459[2]. II 31[5]; – ὑπὸ δένδρον II 531[7]
ὄνοσαι 681[1]. 784, 3
ὀνόσαιτο (κεν) II 328[5]
ὀνοσθη- Hdt. 761[4]
ὀνόσσεται hom. 784, 3. 6
ὀνοστός 503[1]
ὀνοτάζω 706[4]
ὄνοται 362[2]
ὀνοτός 503[1]. 681, 4
-ονς acc. pl. 81[6]. 554[4.6]. 556[2]
-ονσι thess. 89[7]
ὀντ- ptc. 676[6]. 677[1]. 678[1]
-οντ- suff. ptc. < -έοντ- 786[6]
ὄντα acc. sg. m. II 389[3.4]
ὄντα pl. neut.: ὡς – II 391[6]; – τὰ παρόντα καινά II 616, 3
-οντα Ausg. ptc. praes. ngr. II 410[7]
-οντας Ausg. ptc. praes. ngr. II 13[4]. 410[7]
ὄντας ngr. (dial.) II 306, 2. 351[3]. 650[3]
ὄντες 567[2]. 642[4]; – νέοι II 390[6]
-οντες ptc. pf. act. lesb. thess. 89[7]
-οντι 3. pl. Personalend. 657[5]. 663[3]
ὄντι μιάστορι II 401[4]
ὄντινα acc. sg. 616[3]; – γε II 640[3]
-οντjα ptc. 287[4]
*οντjᾱι dat. sg. f. 320[5]
ὄντων 3. pl. imper. 678[1]. 802[4]
ὄντως 36, 2. 624[2]
ονυ, ὄνυ 'hic' ark. kypr. 612[3]. II 208[5], 2. 571[4]. 576[4]
ὄνυμα 352[6.7]
'Ονυμᾶς 526, 5
ὄνυξ 296[4]. 352[6]. 412[7]. II 33[5]. 704[3]; ὀνύχεσσι hom. 564[4]
ὀνυρίζεται H. 714, 7
ὀνυχ- 298[1]; ὀνύχεσσι 564[4]
ὀνύχιον; s. ὀνηύχιον
ὀνωνημένα 86[7]
-όνως adv. ion. 621, 8
ὀξέα 183[8]
ὀξεῖα (term.) 375[4.5.6]. 376[3]; – προσωιδία 373[7]
ὀξεῖα neut. pl. Hes. 581, 2
*ὀξερυγμία 268[6]
ὀξίδ- 465[1]
ὄξος 512[5]
'Οξουχάρου epir. 182[2]
ὀξὺ ἀκούειν II 77[4]
ὀξύα 515[6]
ὀξυβάρεια (term.) 373[8]
ὀξύη 267[1]
ὀξυόεις 527[4]
ὀξυρεγμία ion. att. 268[6]
ὀξυρεπής 311[3]

ὀξύς 339[5]. 463[1]. s. ὀξύ, ὀξέα, ὀξεῖα
ὀξύτης 373[7]. 375[4]
ὀξύτονα (term.) 375[7]
ὀξύχειρ κόπος II 178[2]
ὄξω (τὰ) ngr. II 27[5]
οο in ω od. O, ου kontrah. 249[2]
-οο gen. sg. hom. 81[6]. 555[3.4], 3
ὄον II 30[4]
ὁ ὁποῖος [o opíos] ngr. 615[3]. 617[5]. II 643[4]
οου diphth. [= *ou*] 203[5]
ὄου gen. sg. hom. [= οὗ] 615[1]
ὀπ- 'sehen' 32[8]
ὀπ- 'wählen' 32[7–8]
ὀπ- 305[5]
ὄπα f. 225[6]. 424[3]
ὀπάζω (-ειν) 719[1], 2. 734[5]; – τινά τινι II 160[3]; – τι διά τινα II 453[8]
ὄπαι adv. epir. kret. 550[4]. II 647[3]
ὀπᾶι adv. dor. 617[3]; – ὧν ἴσαντι kret. II 584, 4
ὄπασσα II 483[3]
ὀπάσσω fut. hom. 785[4]
ὄπατρος hom. 106[3]. 433[3]. 437, 2. 451[2]. II 491, 6
*ὀπάω 719[1]. 734[5]
*ὁπάω 719[1]
ὀπᾱων hom. 521[5]
ὄπεαρ 519, 7. 527, 4
ὄπεας 527, 4. 543, 1
ὀπεί thess. II 658[7]; ὀπεί κε II 465, 6. 660[1]
ὄπει dor. 82[2]. 549[6]. 647[1]
ὀπειδεί thess. II 465[1], 6. 658[8]. 660[1]
ὄπερ: – καὶ ἀληθὲς ὑ. II 706[4]
ὀπέρ ark. = ὑπέρ 182[3]. II 518[2]
ὀπεραμερία II 522[4]
ὀπή 460[2]; -ῆς gen. II 102[2], 3
ὄπη kret. (gort.) böot. 550[2.4]. II 163[3]. 647[3]; s. hόπη
ὅπῃ II 336[6]. 647[5.6.7]. 671[4]; s. ὅπηι
ὀπηδέω (-εῖν) 726[4]. II 160[3]
ὀπηδός 508, 6. II 160[3]
ὅπηι hom. 617[2]; s. ὅπῃ
ὁπηνίκα II 652[2.3.4]. 661[4]
ὄπι adv. kypr. 400[4]. 551[3.4]. 614, 6. 622, 6
*ὄπι II 465[1]
ὀπιδνός 489[4]
ὀπίζομαι 735[4]
ὄπιθε 628[1]. II 540[5.7]. 541[1]
ὄπιθεν 625[3]. 628[1]. II 465[1]. 540[5.7]. 541[1]. 543[5]; τῶν – II 22[6]
*ὄπιν 625[3]
ὀπῑπεύω 350[5]. 648[3]
ὄπις 464[4]
ὀπίς f. 300[6]
ὄπισθα äol. dor. II 540[5]
*ὀπίσθατος 535[6]
ὄπισθε 625[3]. 627, 5. 628[1]. II 540[5.7]; τά γ' – II 22[6]
ὄπισθεν 628[1]. II 540[5.7]
ὀπισθέναρ 263[3]
ὀπισθίδιος II 540[7]
ὀπίσθιος att. 461[4]. II 540[7]
ὀπισθο- II 540[7]
ὀπισθοβάτης II 540[7]
ὀπισθοβριθής II 540[7]
ὀπισθόδετος II 540[7]
ὀπισθόδομος [so] 263[3]. 438, 1. II 508, 1. 540[7]
ὀπισθόκεντρος II 540[7]
ὀπισθονόμος II 540[7]
ὀπισθόπους II 540[7]
ὀπισθοσφενδόνη II 540[7]
ὀπισθοτίλη II 540[7]
ὀπισθότονος II 540[7]. 543[7]
ὀπισθοφανής II 540[7]
ὀπισθοφυλακέω II 540[7]
ὀπισθοφυλακία II 540[7]
ὀπισθοφύλαξ II 540[7]
ὀπισθοχειμών II 540[7]
ὀπισσόδομος 632[7]
ὀπίσσω 472[1]. 550[2], 7. 628[1]. II 540[5–8], 2. 541[1]
ὀπίστατος 535[6]. 595[4]. II 540[7]
ὀπίστερος 535[6]. II 540[7]
ὀπίσω II 540[5–8], 3. 541, 1
ὀπίσωρ 836[7]
ὀπισώτατος II 540[7]
ὀπιτθοτίλα böot. 216[7]
*οπιτjω 472[1]
opjos (*k'an*) ngr. 617[5]
ὄπλεον Od. 723[3]
ὅπλεσθαι hom. 253[6]. 723[3]
ὁπλέω 726[3]. 736[1]
'Οπλήθων 221[2]. 499[2]
ὁπλίζομαι μεθ' ὕλην II 486[1]
ὁπλίζω 736[1]; s. ὥπλισα
ὁπλῑτης 465, 3; ὁ – II 42[1]
ὁπλιτικόν neut. II 39, 4
ὅπλον ngr. 37[7]
'Οπλόσμιος ark. 208[4]
ὁπλότερος hom. II 183[5]
ὁπλοφορεῖν ταῖς χερσί II 165[5]
ὁπόεις 528[2]
ὁπόθεν II 630[5]. 647[8]. 648[2]
ὁπόθι ark. 628[5]
ὅποι 549[6]. II 157[4.5]. 647[1.5.6], 1; – γῆς II 114[6]; – γνώμης II 114[6]
ὁποῖ' ἄσσα 616[5]
ὁποῖος hom. 617[2]
ὁποῖος: ὁ – 'lequel' ngr. 615[3]. 617[5]. II 643[4]
ὅποιος κι ἄν [ópjos k'an] ngr. II 645[1]; – – – εἶναι II 319[6]
'Οποντίους lokr. 253[2]
ὄπος n. (gen. ὀψός) 631, 7
-οπός suff. adj. 426, 4
ὁποσάκις att. II 652[4.5]
ὁποσαχῆι 630[5]
ὁπόσος 617[2.3]
ὁποσσάκιν Theokr. 598[1]
ὁπόταν II 306[3]. 650[2.3]
ὁπότε 'so oft' 617[2]. II 336[1.5.6]. 427[7]. 648[5]. 649[1.2.5]. 650[1.4.5]; ὁπότ' ἄν II 306, 2. 650[2]
ὁπότερος 617[3]. II 216[3]; -οι II 631[3]; ὁπότερος οὖν II 216[3]; ὁποτέρων ἀρξάντων II 405[4]
ὁποτέρως 624[1]
ὁπόττα böot. 320[6]
ὁπόττος böot. kret. 91[3]. 96[4]. 318[1]
ὅπου adv. 82[2]. 621[4]. II 157[2.3], 2. 647[2.5.6.7]. 652[6]. 661[4]; – ngr. II 645[1.2]; ὅπου ἐάν II 306[4]; ὅπου γε att. II 157, 1; ὅπου γῆς II 114[5]
ὅπου 'welcher, der' ngr. 615[3]. II 645, 2
ὁποῦ 'wo' ngr. II 645[1]
ὁποῦ 'der' (relat.) ngr. 615[3]
'Οπούντιος 528[3]
ὅπουπερ II 336[6]
ὅππᾱ lesb. 550[3]. 617[2]
ὅππαι lesb. 617[2]
ὅππατα äol. 317[3.4]; -άτεσσι 564[5]
ὅππῃ hom. 617[2]. II 647[4.5.6]
ὀππῆμος II 650[5]
*ὅππο 617, 4
ὁππόθεν hom. 617[2]. II 647[8]
ὁππόθι hom. 617[2]. 628[4]. II 157, 2. 647[8]
ὅπποι lesb. 617[2]
ὁπποιά σσα Od. 616[5]
ὁπποῖος hom. 617[2]
ὁπποσάκιν II 652[4]
ὅπποσε lesb. 617[2]
ὁππόσε hom. 617[2]. II 157, 3. 647[8]. 648[2]
ὁππόσος 617[2]
ὁππόσσος hom. 617[2]
ὁππότε hom. 617[2]. II 312[8]. 648[5]. 649[1–4]; ὁππότ' ἄν II 306, 2. 650[2]; ὁππότε κε II 306, 2; – κεν II 650[2]
ὁππότερος hom. 617[3]
ὄππως lesb. 316[7]. 617[2]
ὅππως hom. 407[6]. 615[2]. 617[2]. II 573[2]. 669[8]. 670[2.7]
*οπσθαλμός (?) 336[1]
ὀπτάζομαι 700[4]
ὀπταίνω Eustath. 700[4]
ὀπταλέος 484[2]
ὀπτάνομαι LXX 700[4], 2
ὀπτανός 490[2]. 700, 2
*ὀπτανός 'gesehen' 700, 2
ὀπτᾶντες Epich. 705[5]. 730[3]
ὀπτάω 705[5.6]; – c. acc. II 102[7]; s. ὀπτη-

ὀπτεύμενος Theokr. 705[5]
ὀπτηθῆναι 705[5]
ὀπτῆσαί τε κρεῶν II 102[7]
ὀπτήσαντες 705[5]
ὄπτησις II 357[2]
ὀπτίλος 299[7]. 485[1]. 518[2], 3
ὀπτός 295[2]. 299[7]. 412[7]. 503[2]. 700, 2. 705[5]
ὀπτώ el. 590[6]
ὄπτω spät 704, 12
ὀπύ ark. 682[3]. II 474, 4. 523[1], 1
ὄπυι arg. kret. 617[1]. 622[3]
ὄπυι II 157[5.6]. 647[2]
ὀπυιέμεναι II 367[7]
ὀπυιόλαι 484[5]
ὀπυίω 62[4]. 724[4]. 727, 8
ὄπυς adv. dor. (arg. rhod.) 199[8]. 620[1]. 622[3]. II 157[5]. 647[2]
ὀπυστυῖ dat. kret. 724[4]
ὄπω adv. 409[2]. 550[1]. II 90[8]. 91[1]. 647[1.4]
ὄπωπα 298[5]. 766[3]. 768[4]. 816[4]. II 258[2]
ὀπώπει 777, 11
ὀπωπεῖν 768, 1
ὀπωπή 350[5]. 422[3]. 423[3]. 766[4]
ὄπωρ 218[5]
ὀπώρα II 465, 5
ὀπώρης 'im Herbst' II 113[1]
ὀπωρινός 490[5]
ὅπως 615[2]. 617[2]. 624[1]. II 311[7.8]. 316[7]. 646[5]. 661[4]. 662[5]. 665[7]. 669[8]ff. 672[4], 1. 673[1.2]. 675[3]. 676[2]. 689[1]; – final II 313[4]. 333[6]; – c. fut. indic. II 1, 3; ὅπως ἄν II 665[7]. 671[2]. 673[1]; – – c. opt. II 327[1]; ὅπως ἂν οὖν II 584, 4; ὅπως δή II 670[3]; ὅπως μή II 318[1–2]. 675[3]. 676[2]; ὅπως οὖν II 584, 4. 670[3]; ὅπως περ II 670[3]
ὀπῶς dor. II 669[8]
ὀπωσδηποτοῦν II 670[3]
ὁπωστιοῦν II 670[3]
ὄπωτ 548[1]. 624, 2
ορ aus r 344[1.2.3]. 590[3]; st. αρ 69[5]. 343[8]. 696[3–4], 6; aus zweisilb. Formen reduz. 363[1.2]
ορ el. (= ὡς) 410[3]
ὅρ relat. el. (= ὅς) 614[6]
*ορᾱ f. 721, 7
ὅρα ion. att. 250[5]; μηδὲν – II 343[5]
ὁράειν 196[2]
ὁράεις 104[3]
ὁράεσθαι 104[3]
ὄραμνος 313, 2
ὁρᾶν 225[6]. 227[1.2]. 250[5]. 816[4]; τὸ – II 366[6]; τῷ – II 371[2]; s. ὁράω, ὁρῶ, ὅρημι, ὁρόω
ὁρᾷς II 706[6]; parenth. 554[6]
ὁρᾶσθαι II 230[1]. 232[7]. 364[6]; ὁρᾶταί τι εἰς αὐτήν II 461[3]
ὁρᾶτε imper. II 341[6]
Ορατριον kret. 224[2]
Οράτριος 185[3]
ὁράω 222[6]. 721, 7. 747[3]; – μή II 354[6.7]; s. ὁρᾶν etc., ἑώρων
ορβιον = ὀρόβιον 831[6]
ὄρβος kerk. (= ὅρος) 225[1]
ὀργάει 'strotzt' 718, 5
ὀργαίνω 733[2]
ὄργανος adj. 490[1]
ὀργάς 508[1]
ὀργάω 363[1]. 718[6]. 733[2]
ὀργεῶνες 521[5]
ὀργή 363[1]; -ὴν ποιεῖσθαι II 78[4]
ὀργιάζω 735[3]
ὀργιάω 732[2]
ὀργίζομαι (-εσθαι) II 229[2]; – ὑπὲρ τῶν γεγενημένων II 521[8]
ὀργιζόμενον (τὸ) II 409[2]
Ὀργομεναί 525, 2
*ὄργος 521[5]
ὄργυια ion. 381[7]. 474[4]. 541[3], 5. II 408[3]
ὀργυιά 541[3]
ὀρεᾶνες 40, 2. 487[4]
ὀρέγειν 293[1]; s. ὀρέγω
ὀρέγεσθαι: τῷ τιμῆς – II 371[2]
ὄρεγμα 523[4]
ὀρέγνυμαι 351[2]
ὀρεγνύς 695[3]. 697[2]. 698[5]. 771[7]
ὀρέγομαι 683[4]. 754[7]. II 230[3]; – τινος II 104[6.7]; – c. acc. II 105[6]
ὀρέγω 309[3]. 411[7]. 684[6]. 771[7]. II 230[3]; – χεῖρας c. dat. II 145[6]; s. ὀρέγειν, ὀρεξ-
ὀρέγων 697[2]
ὄρει· φυλάσσει H. 721[5]
ὀρειᾶνες 40, 2. 487[4]
ὀρεῖται hom. (Ilias) 782[2]. 785[1]
ὀρεμπόται 40, 2
ὀρεξ- 754[7]. 787[1]
ὀρέξῃ II 312[3.4]. 315[2]
ὀρέοντο Ilias 719[5]
ὀρεσίτροφος hom. 454[4]
ὀρέσκωιος 450, 4. 679, 4
*ὀρεστάδες 508[4]
Ὀρέστας II 183[5]
ὀρέστερος hom. 534[1]. 535[3]. 578, 3. II 183[5]
Ὀρέστηι II 66[6]
ὀρεστιάδες 508[4]
ὄρεσφι 297[3]. 550[6]. 551[1]. II 172[7], 2
ὀρεύς 477[3]
ὀρέχθεον hom. 703[5]
ὀρέω ion. 242[8]
*ὀρϜίζω 736, 12
ὅρϜος 472[6]; s. hόρϜος
ὅρη 3. sg. lesb. 659[6]. 680[6]
ορη- 680[6]. 721[5], 7
ὄρη 250[5]
ὄρηαι 680[6]
ὀρῆι 680[6]
ὄρημι lesb. 680[6]
ὄρημι lesb. 807[7]
ὁρῆν 190[6]. 250[5]
ὀρῆν 680[6]
ὄρην infin. lesb. 807[7]
ὄρηται 740[5]
ορητο 680[6]
ὄρθαι Ilias 740[5]
Ὀρθεσίλεως 444[1], 4
ὀρθέσιον 466[5]
ὀρθή (πτῶσις) II 53[8]. 54[1]; τὴν ὀρθήν II 175[6]
ὀρθηλός 484, 3
ὀρθίαξ 497[4]
ὄρθιον adv. II 69[6]
ὀρθο- 442, 3
ὀρθογόη 260[4]
ὀρθοέπεια (term.) 5[6]
ὀρθόκραιρα 583, 5; -ράων 452[2]
ὀρθός 301[6]. 363[1]. 472[5]. II 181[3]; ὀρθοί 163[6]; s. ὀρθή
ὀρθότης τῶν ἐπῶν 6, 3
ὀρθόω 727[2]. 730[7]; s. ὤρθωσα
ὀρθρίτερον hell. 534[4]
ὀρθρογόη 260[4]
ὄρθρου II 112[7]
ὀρι- 448[7]
ὀριβάτης 448[1]
ὀριγνάομαι 351[2]. 352[4]. 695[3.4], 2. 719[3]. II 230[3]; s. ὠριγνᾶτο
ὀριγνῶιτ(ο) Eur. 695[3]
ὀριγνῶνται 695[3]
Ὀρίϝων kor. 521, 3
ὁριζοίμεθα ὁριζόμενοι II 388[6]; s. ὡρίσθω
ὁρίζω (-ειν) II 279[7]; -ει τῆς νεώς II 93[2]; s. ὥρικα
ὁρίζων 156[4]
ὀρίνδης (ἄρτος) 313[7]
*ὀρῖνϜω 694[7]
ὀρίνομαι: – ὑπὸ καπνοῦ II 528[4]; ὀρίνθη hom. 761[6]
ὀρίνω 694[7]. 698[2]. 761[6]; – c. dat. II 148[3]; – θυμὸν μετὰ πληθύν II 483[5]
Ὀριπίων ark. 283[3]
Ὀριππίδας lak. 283[3]
ὁρισθέντως Dio C. 624[2]
ὁριστική (ἔγκλισις) II 302[6]. 303[1]
ὀριχᾶται H. 695[3]
ὁρκίζομαι ngr. II 235[5]
ὁρκίζω ngr. II 235[5]; s. ὥρκισα
ὁρκιητόμος 439, 1
ορκιξεω delph. 786[4]

ὅρκιον 470[4]
ὅρκμον 492[4]
ὅρκος 218, 2. 458[7]; ὅρκοι θεῶν II 121[4]; ὁρκόω ὅρκους II 79[5]
ὅρκυν- 458[4]
ὅρκυνος 488[5]
ὀρκύπτω H. 705[1]
ὁρμάζω 268[7]
ὁρμαθός 511[1]
ὁρμᾶσθαι ὑπὸ πληγῇσιν II 526[2]; s. ὡρμήθη, ὡρμήσατο
ὁρμάω 725[6], 9; -ῶ τινος II 104[7]; – ὁρμήν II 75[5]
ὅρμενος 741[5]
ὁρμέω 726[3]
ὁρμήθητε 760, 6
ὁρμηθήτην 651, 6
ὁρμητικὰ (ῥήματα) (term.) 789[1]
ὁρμίζομαι (-εσθαι) III 114[1]; – παρὰ τῇ Χερρονήσῳ II 493[5]
ὁρμίζω II 234[2]
ὅρμικας 257[5]
ὁρμίσσομεν hom. 785[5]
ὅρμος 492[4]; ὅρμω du. II 49[5]
ὁρμώμεθον 672[5]
Ὄρνειαι hom. 468, 1
ὄρνεον II 36[7], 3
*ὀρνί f. 384[4]
ὀρνῑθ- 496[5]. 510[6]. 573[3]
ὀρνῖθες 384[4]
ὀρνῑθόω 732[1]
ὄρνις 488[5], 3. 495[3]. 510[6]. 635, 4. II 31[5]; ὄρνιθες ὥς II 667[5]
ὄρνῑς nom. pl. Alkm. 564[2]. 573[2]
ὀρνιτᾶς 461[6]
ὀρνῑχ- 496[5]. 510[6]. 573[3]
ὀρνύει Pind. 698[6]
ὄρνυμαι (-σθαι) II 227[7]. 260[2]; – παρά τινος II 497[5]; – ὑπὸ πνοιῇ II 526[2]
ὄρνυμεν 691, 4
ὀρνύμεν infin. 691, 4. 806[3]
ὀρνύμεναι hom. 806[3]
ὄρνῡμι 363[2]. 684, 4. 691[1]. 696[4]. 702[5]. II 227[7]. 234[1]; – τινα ἐπί τινι II 468[3]; s. ὤρνυε, ὤρορε, ὀρώρει
ὄρνυον hom. 698[5]
ὀρνῦς 389[8]. 691, 4
ὀρόβιον 831[6]
ὄροβος 58[3]
ὀρόγυια 411[7]
ὀροδαμνίς 313, 2
ὀρόδαμνος 313, 2
ὀροθύνω 645, 1. 733[4]; ὀρόθυνε, -νον 703[3]
ὄροιτο opt. 740[5]. 794, 2
ὄρονται Od. 225[6]. 721[5]
ὄροντο Od. 721[5]
ὀροπέδιον 39[5]
ὀρορεῖν 647[5]
ὄρος 459, 1. 512[4]; – τὸ ὑπὲρ Τεγέης II 520[7]; – τῆς Ἰστώνης II 122[1]
ὀρός 304[4]. 355[6]
Ὀρόσβιος 348, 1
Ὀροτάλτ [so] 408[8]. 585[2]
ὀρούω 683[4]. 722[1]; – τινός II 105[2]; s. ὤρουσα
Ὀροφατιραω 225[3]
ὄροφος 355[8]. 411[6]
ὁρόω II 259[6]; – σε c. praedic. II 395[2]; ὁρόωντες 104[3]; ὁρόων ἐπὶ πόντον II 471[8]; s. ὁράω, ὁρῶ
ὄρπετον lesb. 344[2]. 502[3], 3
ὄρρϰ [ὄῤῥα] hom. 407[6]. 610[1]
ὄρρανος lesb. 283[1]
Ορρεσκιον, Ορρησκιον 153[6]
Ὄρριππος eub. megar. 285[3]
Ὀρροη(νή) 829[4]
ὄρρος att. 284[8]. 392[1]
*ὄρρω 785, 2
*ὀρσᾶ́ 392[1]
ὄρσαι [so, nicht ὦ̆-] 285[2]. 831[8]
ὄρσασκεν Ilias 711[5]
Ὀρσέλαος 442[1]
ὄρσεο 788[2], 4
*ορσϜα 286[2]
ὀρσι- 442[2]
Ὀρσίλοχος 271[3]
*ορσjᾱ 286[2]
ὄρσο imper. hom. 740[5]. 799[6]
ὀρσολόπος 284[8]
ὄρσος ion. 284[8]. 516[5]
ὀρσότης 528, 1
ὀρσοτρίαινα nom. sg. Pind. 442[1]. 560[3]. 561[5]
ὀρσοτριαίνᾱ gen. sg. Pind. 560[3]
ὄρσουσα Ilias 782[2]
ὄρσω fut. 785, 2
ὀρτάλιχος 498[5]
ὀρτή ion. 253[2]
Ὀρτι- 442[7]. 623, 12
Ὀρτίλοχος hom. 271[3]. 442[7]
ὄρτιρ el. 410[4]
Ὀρτυγένης 263[4]
ὄρτυξ 225[6]. 496[5]
orúa tsak. 93[8]
ὀρυγάνει H. 700[4]
ὄρυγε imper. 685[3]
ὀρυγη- pass. 760[2]
ὀρύγω 684[2]
ὄρυζα 313[7], 2. 473, 5
*ὀρύζω 736, 12
ὄρυμα kret. 523[4]
ὀρυμάγδες 508, 7
ὀρυμαγδός 508[7], 7
ὀρύξε̄ kypr. 736, 12. II 312[7]
ὀρύσσω (-ειν) 411[7]. 702[5]. 715[1]. II 71[3]; s. ὤρυξα, ὀρώρυχα
ὀρύττω τι c. instr. II 165[6]
ὀρύχω 684[2]. 685[3]
ὀρφανικός II 178[1]
ὀρφανός 490[1]; – c. abl. II 96[3]
Ὀρφας sikyon. 575[6]
Ὀρφᾶς 185[3]
Ορφην Ibyk. 575[6]
ὄρφνη 489[3]
ὀρφνός 489[3]
ὀρφώς 558[1]
ὀρχάς 508[5]
ὄρχατος 501, 6
ὀρχέομαι 702[5]. 719[5]; -οῦμαι c. dat. II 150[6]; -εῖσθαι πρὸς αὐλόν II 512[3]; – ποτὶ χθονί II 512[6–7]
ὀρχηθμός 493[1]
ὀρχηστής 500[2]; ὀρχε̄στο̃ν att. 86[2]. 241[5]
ὀρχηστρίς 465[2]
ὀρχηστύς 506[5.6]. II 357[6], 7
ὀρχίλος 485[1]
ὄρχις 462[5]
Ὀρχόμενος 205[6]. 206[3]
Ὀρχομενός 67[3]. 255[7]. II 33, 2. 37[2]
ὁρῶ 781[5]. 816[4]. II 258[2]. 259[6]. 272[1.3]. 364[4]. 365[1.2.6]; ὁρᾷς II 584[3.4.5]; ὁρῶντες II 389[3]; ὁρῶ c. ptc. II 394[5.7]. 396[3.6], 2; – c. infin. II 396, 2; – τι(να) c. praedic. II 395[2.3.4]; – τινα c. instr. II 165[7]; ὅρα δή II 563[4]; ὁρῶ, μή II 676[4.5.7.8]; – ὅπως μή II 676[5]; – ὄμμασι, ὀφθαλμοῖς II 170[1]; – διά τινος II 451[8]; – πρὸς πρᾶγμα II 510[5]; – τι παρά τινι II 494[3]; – τὰ πρὸ ποδῶγ II 506[4]; – τι ὑπ' αὐγάς II 434[3]; – τι ὕψι ὑπὸ νεφέων II 527[4]; – τινα δικάζοντα II 297[4]; – τινος πράττοντος II 394, 1; s. ὁρᾶν, ὁράω, ὁρόω
ὁρῶι att. 250[8]
ὁρῶιτον Eur. 667[2]. 796, 3
ὄρωρα 647[5]. 650[3]. 766[4]. II 227[7]. 234[1]; ὄρωρε 740[5]
ὀρώρει Ilias 721[5]. 766[3]. II 288[4]
ὀρώρεται Od. 768[1]
ὀρώρεχα 772[1]
ὀρωρέχαται hom. 649[4]. 766[3]. 771[7]
ὀρωρέχατο 771[7]
ὀρώρη conj. 791, 3
ὀρώρηκα ion. Herod. 766[3]. 775[1]. II 258[2]
ὀρώρηται Ilias 768[1]. 791, 3
*ὄρωρται 768[1]
ὀρώρυγμαι 766[3]

ὀρώρυχα 766[3]
ὅς relat. 56[6]. 73[2.8]. 303[5.7]. 400[1]. 613[4]. 614[6]. 615[2]. II 34[3]. 335[1.2]. 630[5]. 639[6]. 640[1–4]; (= ὅστις) Koine 616[3]; ὃς οὐκ ἔχει II 593[3]; οἷς ηὐτυχήκεσαν ... ἐκέχρηντο II 641[2]; ὅς γε II 640[3]. 644[7]; ὃς δή 615[3]; ὃς δήποτε II 216[3]; ὃς ἐάν hell. II 306[4]; ὃς καί II 567[4]; ὅς κε II 312[4.5]; ὃς οὖν, ὅς περ 615[3]. II 572[4]; ὅς τις 335[1]. 644[1]; ὅς τίς τε II 575[1]. 643, 1; s. ἥ, ὅ, ὅς τε
ὅς 'ich, der ich doch' II 644[7]
ὅς nicht-relat. 611[1]
ὅς poss. pron. (= ἑός) 600[6]. 606[6]. 608[3]. II 182[7]. 192[5]. 200[3.7]. 201[1.2.8]. 202[2.3]. 203[6]. 204[2–4], 1; (= σφός) 200[7], 3
-ος suff. 458[1]. 554[6]; ngr. 458[1]. 585[6]
-ος voc. sg. 555, 1
-ος gen. sg. 547[7]. 549[2]. 562[7]. 839[5]; -ΟΣ altatt. 579[3]
-ος acc. pl. 81[6]. 556[2.3]
-ōς acc. pl. ion. att. 839[8]
-ος acc. pl. 1. decl. 586, 6
-ος nom. acc. sg. n. 511[4]ff. 579[2]; ngr. 582, 1. 585[7]
-ος neut. in d. Kompos. 513, 3
-ός ptc. pf. neut. 580[5]. 582[7]. 810[2]
ὁσάκις att. II 652[4–6]; c. indic. II 336, 2
-οσαν 3. pl. praeter. für -ον 119[4], 2
ὁσαχῆι 630[5]
ὁσαχοῖ 630[5]
ὁσαχοῦ 630[5]
ὄσδος äol. (lesb.) 330[1]. II 491[3]
ὄσδω c. gen. II 128[6]
*ὅσε II 157, 3. 647[8]
ὀσέοι ark. 301[3]
ὀσέτη 619[1]. II 16[6]
ὀσημέραι 402[4]. 619[1]
-Οσι 3. pl. ion. att. 663[3]
-όσι dat. pl. 540[4]
ὅσιον II 587[3]
ὅσιος 344[5]
ὀσμή att. 208[4]. 494[3]
ὅσο 'wie sehr' ngr. 615[3]; ὅσο νά II 312[2]
ὅσον: εἰς – II 653[1]; ἐν ὅσῳ II 652[7.8]; ὅσον τε II 574, 1. 575[3]. 576, 1
ὅ σος lesb. (= ὁ σός) 383[8]. 608[4]
ὅσος att. ion. 320[5.6.8]. 321[2.5]. 612[6]. 615[1]. II 677[5]. 678[5]. 640[1]; ngr. II 645[2]; ὅσοι (= οἵτινες) Koine 616[3]; 'alle, welche' II 645[2]; 'wie viele' ngr. 615[3]; ὅση (sc. ἐστί) II 624[1]; ὅσην ἔχεις τὴν δύναμιν II 626[3]; ὅσα πράγματα ἔχεις II 626[3]; ὅσος δή ion. II 216[3]; s. ὅσο, ὅσον
ὅσοσπερ II 572[1]
ὅσπερ II 640[3]. 499[5]. 572[1]; s. ὅς, ὅπερ
ὀσπίτιον 124[4]
ὄσσα 298[5]. 318[7]. 319[3]. 474[2]
ὄσσα: – οὔννε κει thess. II 584, 4; – γε II 640[3]
ὀσσάκι hom. 598, 2. II 652[4.5]
ὀσσάκις her. II 652[4.5]
ὀσσάτιος hom. 612[6]
ὄσσε du. hom. 286[4]. 298[5]. 319[3]. 381[1]. 518[2]. 565[4]. II 47[2]. 50[2.3]. 52[1]. 609[2]
ὄσσει H. 781[7]
ὄσσετο 651, 6
ὄσσοισι Hes. 565[4]. II 47, 1
ὄσσομαι 518[2]. 715, 3. II 229[2]. 258[2]. 265[3]
ὅσσος 321[5]. 612[6]. 615[1]
ὄσσων gen. pl. Hes. 565[4]. 582[6]
ὀστᾶ 247[4]
ὀστακός 497[1]
ὄστακος 518[2]
ὅς τε 615[3]. II 575[2.3.4], 0. 7. 576[1]. 640[3]. 642[7]. 645[6]. 706[4]. 714[3.6]
ὀστέον 298[3]. 425[3]. 518[2]. 551[2]. 562[4]
ὀστεόφιν (= ὀστέων) Od. 551[2]
'Οστίλιος 303[4]
ὄστιον äol. 518[2]
ὀστίον dor. 518[2]
ὅστις 615[2]. 617[1.2], 2. 3; ἥιτινι, ἥντινα, ἅς τινας 616[2.3]; ὅστις II 216[3]. 336[2–4]. 630[5.6]. 643[1–7]. 644[3]. 645[3.4]; ὅστις γε II 640[3]; ὅστις δήποτε II 216[3]; ὅστις καί II 567[4]; ὅστις οὖν II 216[3]; ὅστις τε II 575, 1
ὁστισοῦν II 585[1], 1. 624[2], 1; ἡιτινιοῦν II 584, 4
ὀστόν pap. 562[4]. 586, 1
ὀστοῦν 562[2]; ὀστᾶ 247[4]
ὀστρακίνδα 627[2]
ὄστρακον 497[1], 1. 518[2]
ὄστρεον 518[2]. II 36[7], 3
ὄστρινος 491[1]
ὀστρύς 263[8]
*ὀσττϝακο- 497, 1
-οσύνη suff. 529[2.3.4]
-όσυνος suff. 529[3.5]
ὀσφραίνομαι 321[8]. 515[6]. 644, 5; c. gen. II 107[6]; – ὀδμήν II 107[6]
ὀσφραίνω 440[4], 7. 645, 0
ὄσφραις f. 645, 0
ὀσφρᾶται 645, 0
ὀσφρε/ο- 748[3]
ὀσφρέσθαι 297[7]
ὄσφρησις 645, 0
ὀσφρήσομαι 782[7]
*ὄσφρος 645, 0
ὀσφύς 302[5]. 464[1]. 518[1]; -ῦς 412[7]. 424[2]
*ὀσχϝός gen. 302[5]
ὄσχη II 491[4]
ὄσχος 434[4]. II 491[4]
ὅσῳ II 164[2]; – ἐλευθερώτερά ἐστιν II 606[5]
ὄτα lesb. 82[2]. 629[2]. II 564[1]. 648[5]. 649, 0
ὅτα 649[4]
ὄταβος 496[1]
ὅταν II 306[3]. 319[3]. 650[2], 1. 692[3]; – ngr. II 304[4]; – c. conj. ngr. 615[3]
ὅτε (ὅ τε) II 21[2]. 645[3.4.6.7]; s. εἰς ὅ τε
ὅτε 82[2]. 629[2], 10. II 300[1]. 312[8]. 336[1.2.3.5]. 413[5]. 648[5], 2. 649[1–5]. 650 [1.3.4]. 661[4]. 688[3]; – c. opt. II 330[3.4]; – c. conj. II 336[3]; ὅτ' ἄν II 306[3], 2. 650[2]; ὅτ' ἄρ' II 650[1]; ὅτε γε II 561, 3; ὅτε δή (ῥ') II 650[1]; ὅτε κε II 306, 2; ὅτε κεν II 650[2]; ὅτε μή II 595[8]; ὅτε πέρ (τε) II 650[1]; ὅτε τε II 650[1]
ὁτέ indefin. Koine 629[2]. II 649, 0; ὁτέ μέν – ἄλλοτε δέ II 649, 0; ὁτὲ μέν – ὁτὲ δέ 610[6]. II 649, 0; ὁτὲ μέν – ποτὲ δέ II 649, 0; ὁτὲ μέν – ἐνίοτε II 649, 0; ὁτὲ μὲν – ὁτὲ δ' αὖτε II 649, 0; ὁτὲ δὲ καί II 649, 0
οτειᾶ f. kret. (gort.) 294[5]. 609, 5
οτειος (ὀτεῖος) kret. (gort.) 609, 5. 616[2]
ὀτέοισι(ν) dat. pl. Ilias 616[4]
οτερος 'welcher von 2' kret. (gort.) 615[1], 1
-ότερος suff. compar. 534[5], 10. 11. 535[1]
ὅτευ gen. sg. Hdt. 616[1]
ὅτευ gen. sg. n. hom. 616[1]
ὅτεωι dat. sg. m. hom. 616[1]
ὀτεωιΟν ion. II 584, 4
ὅτεων gen. pl. 385[1]. 616[4]
(*ὀτϝραλέως) 694[6]
-ότης suff. f. 528[6] f.
-ότης suff. m. 500[4]
ὅ τι 615[2]. 616[1]. 617[2], 3. II 77[8]. 630[7]. 711[3]; – θαυμάζοι II 631[1]; – ποιῶ; II 631[7]; ὅτι ὥρα ngr. 617[5]; ὅτι κι ἄν ngr. II 645[2]

ὅτι acc. sg. 581, 3
ὅτι 'daß' II 185[2]. 305[2]. 636[1]. 638, 2. 645[3.7]. 646[5.8]. 711[3]; – c. opt. II 326[2.4.5]. 335[5]; – c. imper. II 344[6]; ὅτι τί II 630[2]; ὅτι μή II 595[8]. 646[5]; ὅτι κι ἄν ngr. 617[5]
ὅτι 'weil' II 300[1]. 661[4]. 676[8]. 677[3]. 711[2]; ὅτι μή NT II 596, 1; ὅτι τί θέλ(ε)ις πράξω II 644[2]; ὅτι ἤ II 565[1]
ὅτιη 386[5]
ὁτιή 'weil, daß' att. 616[5]. II 565[1]
οτιμι (ὅτιμι) kret. (gort.) 75[6]. 96[4]. 101[8]. 610[1–2]. 616[2]. 617[2]
ὅτινα: ὅτιν' ἔργα 616[3]
ὅτινας acc. pl. Ilias 616[3]
ὅτινι ark. delph. 617[2]
ὅτινος 95[6]; delph. kyren. 617[2]; ngr. 617[5]
ὅτινων gen. pl. ngr. 617[5]
ὁτιοῦν II 586[4]
ὅτις hom. ion. ark. spätagr. 225[6]. 617[2.5], 3. II 643[1], 2
*ὅτισμι 610[2]
ὅτλος 412[7]
*ὅτματα 317[5]
ὀτοβέω 726[3]
ὄτοβος 496[1]. 716[5]
ὅτοισι dat. pl. pron. Andok. Soph. 616[4]
ὀτοτοῖ interj. 716[5]. II 600[4]. 601[1]
ὀτοτύζω 716[5]
'Οτοτύξιοι 716[5]
ὀτοτύξομαι fut. 716[5]. 781[8]
ὅτου gen. sg. pron. att., Koine 616[2]. 617[2]
ὀτραλέος 301[5]
ὀτραλέως 694[6]
ὀτρηρός 482, 14
ὀτρύγη 836[4]
ὄτρῡνα 694[6]
ὀτρυνέω hom. 694[6]. 785[2]
'Οτρυντείδης 694[6]
'Οτρυντῆι 694[6]
ὀτρυντύς 694[6]. II 605[7]
ὀτρῡ́νω ion. (hom.) att. 283[5]. 434[4]. 694[6]. 728[1]. II 274[2]. 373[3.4.7]. 491[4]; s. ὤτρυνον
ὅττα 319[3]
*ὅττε att. 319[3]
ὅττεο gen. sg. 616[1]. 617[2]. II 643[1]
ὅττευ gen. sg. 616[1]. II 630[7]
ὀττεύομαι att. 518[2]. 715, 3. 732[5]
οτ'τι 231[2]
ὅττι lesb. 316[7]
ὅττι 410[2]. 610[1]. 615[2]. 616[1]. 617[2], 2. II 573[2]. 645[3.7]. 646[1.3.4]; – τάχιστα 617[2]
ὅττινας lesb. 617[2]
οττινες (ὅ-) arg. 316[7]. 617[2]
ὅττος kret. 320[5]
ὅττος böot. 308[3]
ὅττω lesb. 617[2]
οτυϝοι 68[4]. 824[2]
ὅτωι dat. sg. m. hom., att., Koine 616[1.2]
ὅτων gen. pl. Soph. Xen. 616[4]
ου aus idg. *ou* 346[8] f.; ου > att. ū 233[3]; ου att. (Ionismus) 228[4]; ου dialektecht att. 228[6]; ου unecht 86[8]. 228[2]; ου geschrieb. Dehn. von ο 104[1]; ου für ω 69[4]; ου thess. für ω 81[3]. 90[7]; ου thess. < ωι 233[4.5]; ου kontrah. aus εο 247[1]. 249[6.7.8]; ου ion. att. usw. aus οε, οε̄ 249[6]; ου aus εου kontrah. 249[8]
ŏu diphth. nicht im klass. Gr. 203[5]
-ου gen. sg. ion.-att. 81[6]. 555[3.4]. 561[1]; thess. 555[3–4]
-ου gen. sg. 1. decl. att. 553[6]. 561[1]
-ου gen. sg. für -ους 579[5]
-ου gen. sg. st. -ος 579, 7
-ου dat. sg. thess. für -ωι 90[7]. 556[1]. 586, 6
-ου adv. pron. 621[4–5], 10
-ου 2. sg. imper. med. ngr. 659[1]. 764[3.4]. 804[5]
-οῦ suff. 479[1], 2
οὐ II 305[3.4]. 309[5]. 320[3]. 324[1]. 591[1.4.5], 5. 592[3.4.5]. 593[1.2.3]. 594[1.4.7], 2. 595[3.4.6.7]. 596[3–6]. 627[5]. 628[6]. 629[4]. 677[5.7]; οὐ γάρ II 597[4]. 629[4]. 706[6]; – – ἔτι II 597[4]; – – πώποτ(ε) II 592[6]; οὐ δέ II 597[4]; οὐ δή II 597[4]. 629[4]; – – που II 629[4]; οὐ δῆτα II 597[4]; οὔ θην II 597[4]; οὐ – οὐδέ II 573[4]; οὐ – οὔτε II 573[4]; οὐ μά II 533[6]. 570[1]; οὐ μὰ Δία II 88[2]; οὐ μέν II 569[3]. 592[6]. 597[4]; οὐ μέντοι II 597[4]. 629[4]; – – ἀλλά II 578[7]; οὐ μή II 317[3.4–8]. 598[6]; οὐ μήν II 597[4]; – – ἀλλά II 578[7]; οὐ μόνον, ἀλλὰ καί II 578[5]. 633[6]; οὔ νυ II 571[3]. 597[4]; οὔ πᾶ II 597[4]; οὐ πάμπαν ἔτι II 597[4]; οὔ περ II 597[4]; οὔ πη hom. II 579, 3. 597[4]; οὔ ποθι II 597[4]; οὔ ποτε II 592[6]. 597[4]; οὔ που II 597[4]. 629[4]; οὔ πω II 579[4.6]. 592[4.6]. 597[4]; οὐ πώ ποτε II 579[6]. 592[6]; οὐ πώποτε II 597[4]; οὐ πώποκα II 579[7]; οὔ πως II 597[4]; οὔ τοι II 592[6]. 597[4]; οὔ τἄν II 597[4]; οὔ τἄρα II 597[4]; οὐ πολὺς χρόνος ἐξ οὗ II 696[8]; οὐ δικαιῶ (κελεύω, νομίζω) II 593[6]; οὐ φάναι II 296[4]; οὔ φημι 593[3.6–7], 7. 631[6]; οὔ κε φαίης II 328[6]; οὐ μή c. fut. II 293[2–3]; – – λαλήσεις (προσοίσεις) II 293[2.3]; οὐ φονεύσεις II 317, 3; s. οὐκ
*οὐ- in compos. 432[2], 4
οὑ gen. pers. pron. att. 603[3]
*οὗ dem. pron. 611[4]
οὐ- pron. 611[3.4.6]
οὔ 'nein!' II 317[7]. 591[5]. 593[3]. 594[1]. 596[5–7] f. 597[1.8]. 628[4]; οὔ οὔ II 597[8], 1
οὗ 140[5]
οὗ gen. sg. pron. att. epid. 603[3]. 605[1]. II 193[3]; refl. 607, 1
οὗ adv. relat. 621[4]. 628[5]. II 157[2.4], 1. 2. 640[1]. 647[2]
οὐά hell. 313[7]. II 601[1]
οὐᾶ hell. II 601[1]
οὐαί interj. 313[7]. II 600, 1. 601[1.5]; – μοι II 143[7]
οὖας 520[3]
Οὐάστιν 226[3]
οὔατα hom. 348[4]. II 47[2], 8. 607[7]
οὐατόεντα 527[5]
οὐγγία 210[4]
*οὐδ II 591, 5
οὐδαμά adv. att. 617[4]
οὐδαμαί ion. 617[3]
οὐδαμεῖ 549[6]. 617[4]
οὐδαμῇ II 597[6]; – Αἰγύπτου II 114[5]
οὐδάμινος hell. 617[4]
οὐδαμινός II 597[6]
Ουδαμο kret. 194[4]
οὐδαμόθεν II 597[6]
οὐδαμόθι II 597[6]
οὐδαμοί ion. 588[1]. 617[3]
οὐδαμοῖ II 597[6]
οὐδαμός II 597[6]
οὐδαμόσε 617[4]. II 597[6]
οὐδαμοῦ 621[5]. II 597[6]; ngr. 617[5]
οὐδαμῶς 617[4]. II 597[6]
οὖδας (gen. -εος) hom. 242[8]; οὖδάς δε 624[6]; οὔδει 548[3]
οὐδέ II 592[4.5]. 593[3]. 596[3]. 597[5.6]. 633[6]; – γὰρ – .. II 598[2]; οὐδ' εἰ II 688[5.6]; οὐδέ ... περ II 389[7]; οὐδέ πη II 579, 3. 597[6]; οὐδέ ποτε II 597[6]; οὐδέ πω II 597[6]; οὐδὲ πώποτε II 597[6]; οὐδέ τε II 576[3.4]; οὐδ' ὥς II 577[4].

597[5]; οὐδὲ εἷς 214[5]. 588, 4. 597[5]; οὐδὲ ἕνα 616[4]; οὐδ' ἴα lesb. 588, 6; οὐδέ τις 616[3]. II 592[6]; οὐδέ τινα acc. sg. 616[3]; οὐδέ τωι dat. sg. m. hom. 616[1]; οὐδέ τι (οὐδέ τί που) II 592[6]; οὐδ' ἄλα II 598[7]; οὐδ' ἀπίθησε II 599[5]
*οὔδε II 597[5]
οὐδὲ εἷς; s. οὐδέ
οὐδείς 408[2]. 588[2]. II 214[5]. 597[5]; pl. οὐδένες, οὐδέσι 588[2]; οὐδεὶς οὐκ II 598[1]; οὐδεὶς ὃς οὐ II 623[5]; οὐδενὶ οὐδαμῇ οὐδαμῶς οὐδεμίαν II 598[2]
οὐδέν 587, 1. II 185[2]. 214, 4; οὐδέν τι ἀπ' αὐτῶν II 116[7]; οὐδὲν δέον II 401[5]; οὐδὲν ἧττον II 688[4]; οὐδὲν ἄλλο ἤ II 710[1]; ἐπ' οὐδενί II 468[3]; πρὸς οὐδέν 'vergeblich' II 511[6]
οὐδενάκι II 597[6]
οὐδενάκις 598[1]
οὐδένεια Ael. 588, 4. II 597[6]
οὐδένες; s. οὐδείς
οὐδενία II 597[6]
οὐδενόσωρος 452[3]. II 214, 4
οὐδεπώποτε att. II 579[7]
οὐδέτερος II 597[6]; οὐδέτερον II 28[3]; -έτερα II 617[7]
οὐδέ τις; s. οὐδέ
ουδις phok. 588, 4
οὐδοπότερος II 597[6]
οὐδός hom. 227[6]. 301[5]. 472[6]
οὐδοστισοῦν II 597[6]
οὔδωρ böot. 183[3]. 305[2]
Οὐενετοί 226[3]
Ουετοριος 158[4]
οὐθ' (= οὐδ') 408[2]
οὐθαμεῖ II 597[6]
οὐθαμῶς Koine 617[4]
οὖθαρ 348[1]. 381[1]. 518[6]; οὔθατα II 607[7]
οὐθείς 127[4]. 408[2.4]. 588, 4. II 597[6]
ουιος böot. 199[7]
οὐκ 299[2]. 403[6]. 404[6]. 409[5]. II 305[3]. 569[1]. 592[2.4], 10. 11. 593[2.3]. 596[3]; οὐκ ἀλλ' ἤ II 578, 3; οὐκ ἄν II 329[3.5.6]; οὐκ ἄρα II 597[4]; οὐκ ἔμπας II 582[4]; οὐκ οὖν II 585[1]; οὐκ ὤν II 587[4.6]. 589[6-7]; οὐκ ἂν εἵλετο II 350[5]; οὐκ ἄν c. opt. II 325[1]; – – γνοίης II 328[6]. 347[1]; οὐκ ἂν πύθοιο II 597[4]; οὐκ ἀέκων II 599[5]; οὐκ ἀλέγω II 593[5]; οὐκ ἀξιῶ II 593[6]; οὐκ ἐγώ II 628[4]; οὐκ ἐθέλω II 593[5]. 594[1]; οὐκ εἰῶ II 593[6]. 594[1]; οὐκ εἶα..; II 558[1]; οὐκ εἰς ὄλεθρον II 624[7]. 707[8]; οὐκ ἔμοιγε II 631[6]; οὐκ ἐτός att. 601[5]; οὐκ εἴπω II 314[7]; – – σοι II 311[2]; οὐκ ἔστιν II 631[6]; – – οὐδέν II 598[2]; – – ὅπως II 670[2]; οὐκ ἔχω.. II 644[4]; οὐκ ἴδῃς II 311, 1; οὐκ οἷά τέ ἐστι II 606[3]; οὐκ οἶδα ὅστις II 643[7]; οὐκ οἴομαι II 593[6]; s. οὐ, οὐχ
οὔκ II 596[7]. 597[1.2]
οὐκ' II 592, 9; s. οὐχ'
Οὐκαλέγων II 593, 4
οὐκέτι II 415[3]. 593[2]. 597[5]
*οὔ κι II 569[1]
οὐκί 299[2]. 404[6], 1. II 569[1]. 575[1]. 577, 2. 592[1], 2. 3. 6; ngr. 87[4]
οὔκις 299[3]
οὔκουν II 585[1]. 587[4-7]. 588[4-7]. 589[1]. 596[4]. 629[4]. 631[6.7]
οὐκοῦν II 585[1], 1. 587[4.5.6]. 588[1-2.4.6-8]. 589[1-4], 1. 597[4]. 627[1]. 629[4]
οὔκως 299[3]
οὐλαί ion. 314[5]. 472[6]; *-ὰς χυτάς 439[4]
οὐλαμός 283[8]. 493[6]
οὖλε voc. hom. 723, 5. II 14, 1
οὐλη = ὗλαι 305[2]
οὐλή „Narbe" οὐλὴν ἤλασε II 79[3]; -ῇ γενείῳ II 155[2]; – μετώπῳ ὑπὲρ ὀφρῦν II 519[5]; – ὑπ' ὀφρῦν II 531[5]
οὐλόμενος 104[1]. 524[7]. II 17[1]. 182[7]. 302[6-7]; οὐλομένην II 408[5]
οὖλον n. 'Zahnfleisch' II 33, 5
οὖλος „kraus" 283[8]. 363[1]; οὐλότατον τρ. πάντων II 100[3]
οὖλος = ὅλος 228[3]. 314[5]. 472[5]
οὖλος [= ὅλος] ngr. 121[4]
οὖλος „verderblich" II 176[7]
οὐλότατος; s. οὖλος
οὐλοχύτας 439[4]
Οὔλυμπόν δε hom. 624[6]
Οὐλφίλας 163[1]
-οῦμαι fut. 784[2.4.5]
οὐμέ böot. 602[7]
οὐμές böot. 305[2]. 603[1]. 605[2]
οὐμῖν böot. 604[2]; οὐμῖν böot. (gramm.) 603[4]
οὐμίων böot. 603[3]. 605[2]
οὑμοί (= οἱ ἐμοί) 402[3]
-οῦν neut. 558[1]. 562[2]
-οῦν infin. 249[7]. 727[2]; s. -όω
οὖν 16, 1. II 283[8]. 284[1.4], 2. 553[4.5]. 555[4.6]. 556[1.4], 2. 570[2]. 578[3]. 584[5], 4 ff. 586[8]. 587[1.2.4]. 629[7]. 632, 2. 633[6]; ἀλλ' οὖν II 585[1]; ἐπεὶ οὖν II 585[1]. 586[6]. 660[6]; οὖν ἄρα II 559[1]; οὖν δή II 563[2]
-ούνδας suff. thess. 510[1]
οὖνει imper. ark. H. 804, 2
οὕνεκα 413[5]. II 419[4]. 433[5]. 552[5]. 640[7], 2. 646[5]. 661[5.8]. 662[1-2.3.4]
οὕνεκε II 413[6]
οὕνεκεν II 552[5]
οὔνεσθε 681, 4
*οὐνέω 804, 2
*οὔνη imper. 804, 2
*οὔνημι 804, 2
οὔνομα 114[2]. II 66 [3.4]
οὖνος att. (= ὁ ὄνος) 402[2]
Οὐολσίνιος 285[6]
Οὐόλσων 158[6]
Οὐουλτουρνος 158[5]
οὐπέρ böot. II 518[2], 3
οὐπεραμερία II 522[4]
οὔπιγγος 498[3]
Οὐπισίᾱ mess. 271[5]
οὔπω 355[6]. 559[2]. 622[4]; – Ζεὺς αὐχένα λ. ἔχει II 706[5]
οὐρά (-ᾱ́) 285[8]. 286[2]. 392[1]
οὐράδιος 467[2]
οὐράνη 490[1]
οὐρανόθεν 552[1]; ἐξ – Ilias 628[2]. II 171[6]
οὐρανόθι πρό 551, 6. 628, 6
οὐρανός 412[6]. 489[6], 12. 838[2]; *οὐράνοο πρό 551, 6; οὐρανῷ loc. II 154[8]; -οί II 44[4]; οὐρανοῦ κράτος II 623[4]
οὔρεσι loc. II 154[7]
οὐρεύς 477[1]
οὐρέω 285[8]. 720[2]. II 226[3]; ἐούρησα 654[1]
Οὐριεύς 218[6]
οὐριθρέπταν 448[1]
οὖροι ther. 228[3]
οὐροί hom. 286[2]
οὖρορ [so] 410[5]. 836[3]
οὖρος ion. 228[3]. 472[6]
Οὐρφίλας 163[1]
ους 'so' thess. 624[1]
οὕς acc. pl. pron. relat. Od. 610[6]
οὖς 'Ohr' att. 348[5.6]. 377[8]. 379[8]. 520[2.3]. II 42[3]
-ους nom. sg. 565, 1
-ους gen. sg. att. 579[3]
-ους gen. sg. n. ngr. 586[2]
-ους acc. pl. ion.-att. 81[6]. 556[3]. 839[8]
-οῦς suff. adj. 81[2]. 468[1]. 527[2]. 528[2]. 558[1]. 562[2]
-οῦς Ausg. subst. m. 561[2]
οὖσα 381[6]. 678[1]. II 389[3]; – φύσιν II 75[6]
-ουσα ptc. att. 287[4]
-οῦσα Ausg. ipf. 729[1]
*ουσατα 348[5]
-ουσι 3. pl. ion. att. 270[4]; ngr. (dial.) 125[4]; 3. pl. conj. 791, 6
-ούσιος suff. adj. att. 270[6]. 466[5]

-ούστερος suff. 535[5]
οὗς τινας hom. 616[3]
οὗτα hom. 682[2], 4. 734[3]. 744[1], 2; – τὸν ὑπ' ὀφρύος II 527[6]
οὗτα n. pl. böot. 91[4]. 611[6]
οὐτάζω 705[5]. 773[5]
οὐτάζων 734[3]
οὐτάμεν infin. hom. 806[3]
οὐτάμεναι infin. hom. 806[3]
οὐτάμενος 682[2]
οὕτᾱν acc. f. böot. 611[6]
οὐτᾰρα att. (= οὔτοι ἄρα) 402[6]
οὔτασε 651, 6. 734[3]; οὐτάσαι ἕλκος II 79[2,3]
οὔτασκε Ilias 711[5]
οὔτασται 734[3]. 773[5]
οὐτάω 705[5]; – δουρὶ παρ' ὀμφαλόν II 495[5]
(*ὁ υτε) 611[5]
οὔτε II 592[6]. 593[3]. 596[3]. 597[6]; οὔτε – τε II 574[3]; οὔτε – οὔτε II 573[4]. 597[7]. 612[2]. 633[6]; οὔτ' ἄν – οὔτ' ἄν II 306, 1; οὔτ' οὖν II 585[1]; – – οὔτε II 586[3]
οὔτεον Parm. 616, 1
οὔτερος j.-ion. 401[7]
οὔ τευ gen. sg. m. f. hom. 616[1]
οὐτηθείς Ilias 762[1]
οὐτήσασκε Ilias 711[5]
οὔτησε 762[1]
οὔ τι II 214[5]. 592[1,6]; – – μή φύγῃ μ. II 317[4]; s. οὔ τις
οὔτι II 214[5]
οὐτὶ γίνυτη böot. II 209, 2
οὐτιδανός 530[2]. 610[1]. 616[5]. II 126[1]
οὔ τις 616[3]. II 213[6]. 214[5]. 592[6]. 597[4]. 623[5]; οὔ τινος Aesch. 616[2]; οὔ τινι hom. 616[1,3,4]; οὔ τινα 616[3]; οὔ τινες 616[3]
οὔτις 377[5]
Οὖτις 377[6]; Οὖτιν Od. 616[3]. II 62[5]
(*οὗτο) 611[4]; s. hοῦτο
οὗτο neut. böot. 611[6]
οὑτοιί 611[7]
οὗτος 600[2]. 611[3–7]. II 182[3]. 190[4]. 208[4,6–8]. 209[2–7], 1. 2. 210[1,2,4,5,7], 1. 2. 211[1]. 576[4]; οὗτον acc. m. böot. 611[6]; οὗτοι 610[5]. 611[3,4]; οὕτων gen. pl. böot. 611[6]; αὕτᾱ f. 611[3]; αὕτη 279[6]. 611[3]; αὗται 610[5]. 611[4]; οὗτος ἀνήρ II 210[4]; οὗτος σύ att. 600, 1; οὗτος τί ποιεῖς; 600, 1; αὕτη ἀρίστη διδασκαλία II 606[6]; αὕτη δίκη ἐστί II 606[6]; τοῦτον τὸν τρόπον II 78[2]; s. τουτ-
οὗτος vor relat. II 21[2,3]
οὑτοσί att. 611[6]. 612[2]. II 210[4]. 566[5]
οὑτοσΐν 405[7]. 406[5]. 611[6]. II 566[5]
οὗτου (= οὗ τινος) 616, 3
-οῦττα suff. f. 527[2]. 528[2]
οὕτω 404[6,7]. 611[6]. 620[1]. 624[1]. II 207, 1. 387[5]. 662[7]. 664[3]; (sc. ἐστί) II 624[8]
οὕτω gen. sg. böot. 611[6]
οὕτων gen. pl. böot. 611[6]
οὕτως 404[6,7]. 406[6]. 409[8]. 410[1]. 611[6]. 620[1]. 624[1]. II 207, 1. 628[4]. 697[6]; – ὥστε II 209[6]. 679[2]; – ὡς II 677[6]; – ἔχον acc. abs. II 401[7]; – ἔχειν περὶ πρήγματος II 503[3]; – – περὶ τοὺς ἰχθύας II 504[6]
οὑτῶς 384[4]
οὑτωσί 611, 3
οὑτωτρόπως spät 632[6]
οὕφεκα (οὔφεκα) 225[3]. 622, 5. II 552, 4
οὑφόρει (= ὁ ἐφόρει) 402[3]
οὐχ 404[6]. 409[5]. II 305[3]. 592 [2,4], 11. 596[3]; – οἷον ἀγανακτοῦντας II 712[1]; οὐχ ὅπως... ἀλλά II 670[5]; οὐχ ὅπως ἀλλὰ καί II 578[5]; οὐχ ὅτι... ἀλλά II 708[2]; οὐχ οὕτως (sc. ποιήσετε) II 624[8]; οὐχ οὕτως; II 624[8]; οὐχ ὑπισχνοῦμαι II 593[6]; οὐχ ὥσπερ II 709[7]; s. οὐ, οὐκ
οὐχ' II 592, 9; s. οὐκ'
οὐχί 404, 1. 624[4]. II 577[3]. 592[1,2], 4. 5. 596[5,6,7]. 597[1,5]
*οὐχι II 592[2]. 597[5]
οὐχι ngr. II 591, 5
-ούω verba 683[4]
ὄφατα 495[3], 6
ὄφειλαν ipf. 754[1]
ὀφείλεσθαί τι πὰρ τὰν πόλιν II 495[7]
ὀφειλέσω fut. Koine 784[6]
ὀφειλέω 720[5]
ὀφειληθη- 762[1]
ὀφειλήσω att. 709[4]. 746, 9. 782, 10
ὀφείλω ion. att. 283[8]. 693[4], 12. 709[4]. 746[5]; c. infin. 810[1]; s. ὠφείλησα, ὠφλη-
ὀφελής 513[5]
ὀφέλλο[νσ]ι ark. 281[3]
ὀφέλλω 57[5]; ὄφελλεν II 308[5]; ὀφέλλω τινὰ τιμῇ II 166[3]
ὀφελμός 492[4]
*οφελνω 284[1]
ὄφελον Satzadv. 619[1]. 747, 8. II 308[6]. 346[6,7]. 554[5]
ὄφελος 515[4]. II 52[1]; – ὄν II 401[7]. 402[2]
ὄφεος gen. sg. 572, 3
ὀφήλω kret. 284[1]. 693[4]
ὀφήλωμα 523[4]
ὀφθαλμηδόν 626[5]
ὀφθαλμιάω 732[2]
ὀφθαλμιδίω II 47, 4
ὀφθαλμός 317[4]. 336[1]. 492, 7. 518[2], 3. II 42[3]; -ώ hom. 565[4]. II 47[2], 4; -οῖιν hom. 565[5]; ὀφθαλμοί II 47[2], 8; -ούς II 88[2]
ὀφθαλμοφανής 513[3]
ὀφθῆναι II 362[7]; s. ὤφθην
ὄφθητι [so] 760, 6
-όφι cas. 550[7]. 551[1], 2
οφι kypr. 551[3]
*ὄφι 495, 6
ὀφίδιον 248[6]. 471[2]
ὄφιν hom. 207[4]
ὀφῑόνεος 491, 1
Ὀφιοῦσσα 528[2]
ὄφις 300[7]. 302[4]. 462, 4
ὀφλάνειν H. 700[4]
ὀφλάνω H. Phot. 709[4]
ὀφλεῖν 746[5]
ὀφλέν infin. teg. 807[2]
ὀφλέω 709[4]
ὄφλημα 709[4]
ὀφλήσω 709[4]. 746, 9. 782, 10
ὀφλισκάνω (-ειν) att. 708[1]. 709[4]. 746[5], 9; c. gen. II 131 [3,4,5]; – ζημίαν c. dat. II 151[8]
ὀφλίσκω Suid. 709[4]
ὀφλοί 459[1]
ὄφλω 709[4]
ὀφλών 746[5]
ὀφνίς 297[7]. 314[2]. 495[3]
Ὀφολωνίδης v.-att. 255[6]
ὄφρα relat. adv. poet. ep. 631[1]. II 312[8]. 326[8]. 651[1,3,4–7], 3. 652[1], 1. 665[7]. 672[4], 1; ὄφρα καί II 567[4]; ὄφρα μή II 595[3]. 674[4], 2
*ὄφρα 631[1]
ὀφρυᾶ 463[6]
*ὀφρυᾶι 695, 2. 696[4]
ὀφρυγνᾶι H. 695, 2
ὀφρυγνάω H. 725[5]. 731[5]
ὀφρύδι ngr. (dial.) 570[7]
ὀφρυόεσθαι 732[1]
ὀφρύοιν 549[2]
ὀφρῦς 297[4]. 350[5,7]. 412[7]. 424[2]. 463[6]. 570[7]; ὀφρῦν acc. sg. 571[2]; ὀφρύα acc. sg. Hdn 571[2]; ὀφρύας acc. pl. 571[1]; ὀφρῦς acc. pl. 571[2]
ὀφτά, oftá ngr. (kappad.) 590[5,6]
ὀχ praep. ngr. II 461[6]
ὄχ' ngr. (nordgr.) II 592, 2
ὄχα adv. hom. 421[5]. 621[2]. II 185[2]; ἀρνειός.. μήλων ὄχ' ἄριστος II 606[4]
ὀχᾶν H. 718[6]
ὄχεα II 43[4]

ὀχέεσθαι II 364[6]
ὀχεή 434[5]. II 491, 6
ὀχέομαι (-έεσθαι, -εῖσθαι) 717[6]. 719[4]. II 364[6]; – ἐπὶ τῆς ἁμάξης II 470[6]; – c. dat. II 148[4]
ὄχεσφι 551[1]. II 172[5]
ὄχετλα 533[4]
ὀχετός 501[3]
ὀχέω 339[2]. 717[6], 4. 718[5]. 719 [1.4]. 815[4]. II 71[5]
(ὀχέω ‘halte fest’) 717, 5
ὀχή f. 718[5]
ὄχε imper. 799[1]
-οχή 766, 4
ὀχήμενος lesb. 729[1–2]
ὀχήσατο hom. 717, 4
ὀχήσεται hom. 717, 4
ὀχθεῖν ἀνὰ δῶμα II 441[1–2]
ὄχθη 510[7]; ὄχθαι II 43[5]
ὀχθήσας hom. 719[5]
ὄχθος 510[7]
ὄχι ngr. II 592, 2. 593[4]. 628, 2
ὀχλεῦνται τοῦ ὕδατος ὑπό II 528[4]
ὀχλίζω 736[1]
ὄχλος: – μετὰ μαχαιρῶν II 485[5]; ὄχλοι II 43[6]
ὀχμάζω 725, 9
ὄχμος 492[4]
ὄχος 225[6]. 512[4]
ὀχτώ ngr. 590[6]
ὀχυρός 482[4]
ὄψ II 33[6]
-οψ in compos. 58[3]
-οψ suff. 426[4]
ὄψανον 517[2]
ὀψαρτύω 644, 4
ὀψέ 625[3]. 631, 7. 632[5]. II 427[7]; – σαββάτων (– μυστηρίων) II 98[2]; ὀψὲ τῆς ὥρας II 114[7]; πρὸς – – – 619[3]
ὀψείω 789[3]; – τινός II 105[2]
ὀψείων 812[1]; ὀψείοντες Ilias 789[1.3]
*ὀψέω desid. 789[4]
ὄψι adv. äol. 622[2]. 631[5], 7
ὀψι- 632[6]
ὀψί]ην 110, 1
ὀψιμαθὴς τῶν πλεονεξιῶν II 108[1]
ὄψιμος 494[5]
ὄψις 293[8]. II 357[6], 2
ὀψίτερον 534[4]
ὀψίχα adv. byz. 498[5]. 631[5]
ὄψομαι 298[5]. 299[5.7]. 781[5]. 788, 1. II 258[2]. 265[3]. 292[7]. 295[4]; ὄψει 668, 3; ὄψῃ II 291, 1; ὄψεσθε hom. 788[2]; – imper. fut. II 291, 1; ὄψεο H. 788[3]; ὄψοιντο II 337[3]; ὀψοίατο II 337[3]; ὄψεσθε αὐτοί II 291, 1
ὄψον 434[4]. 449[4]. II 491[4]
ὀψώνια II 43[5]
-όω verba 673[6]. 683[3]. 722[3.4]. 723[2]. 727[1–3]. 728[4.5], 2. 729[6]. 731[3.4.7–8] f. 733[6]. 736[4]. 739[1]. 814[7]. 815[3]; s. -οῦν
οωι > ωι 249[3]

Π

π aus idg. p 290[8] f.; aus idg. kw 293[8] f. 294[1.2.4]. 705[3]; π vor palat. Vok. äol. st. τ 81[4]. 106[2]. 295[7]. 300[1]; π und τ wechseln 293[8]. 302[8]; π und β wechseln 207[5], 1. 293[8]; π wechselt mit φ 829[1]
π determinativ 289[3]
πά praep. II 491[6], 10; πὰ Δάματρι, -α II 491, 10
πά ngr.: θὰ – νὰ γράφω 813, 2
πᾶ 423, 2
πᾱ- 190[7]
πααίννω τοῦ πόρου ngr. II 137[4]
παγετός 501[3]
παγη- 759[2]. 760[5], 7
πάγιος 466[2]
πᾱ́γνῡμι 333[2]; – ὅρως ἐπί τινος II 470[5]
πάγος 459[1]
(*πάγχι) 624, 8
*παγχνυ 624, 8
πάγχυ 624[5], 8. 630[6]; ἐπὶ – II 427[7]
πάγω ngr. 674[5]
πάδη dor. (lak.) Aristoph. 81[2]. 719, 6
παδῆι hyperdor. 719, 6
Παδόεσσα ark. 528[2]
*πᾱϝαρ 520[2]
παϝις 225[5]
παϝιω kypr. 713[6], 6
Παηιφᾶι lak. 93[5]
παη- pass. 760[1]
παθαίνω: ἔπαθα ngr. 764[1]
πάθε imper. att. 799[2]
παθε/ο- 747[6]
παθεῖν 295[4.6]. 343[4]. II 369, 2. 376[4]. 380[1]. 708[2]; – ἀπό τινος II 446[6]; – ὑπό τινος 757[4]; τὸ μὴ παθεῖν II 371[7.8]; – – – ἄν II 369, 3
παθεῖται fut. spät 784[5]
πάθη 7[7]
πάθην infin. lesb. 807[2]
πάθησθα II 310[7]
πάθησι (ἄν) II 311[4]
παθητός spät 810[7]
πάθμη 216[2]
πάθνη ion. 121[3]. 216[2]
πάθος 512[3]
παθοῦμαι fut. spät 781, 2
παθοῦσα nom. abs. II 403[5]; -θοῦσαι II 389[2]
*παθσκω 321[8]. 337[8]. 708[3]
παι adv. kret. kypr. 550[4]. II 579[3.5], 6
πᾶι adv. dor. 294[4]. 617[1]
παῖ 194, 2; παῖ παῖ II 60[3]
παιᾱ́ν dor. 250[4]. 521[6]
παιγνιήμων 522[4]
παίγνιον 208[6]. 215[7]
παιδ- 260[8]
παιδάριον 471[2]
παίδδω 331[6]
παιδεία ἐπί τινι II 469[2]
παίδεσι, -εσσι siz. 564[4]
παιδευ- 643[5]
παιδευε/ο- 643[5]
παιδεύματα II 36[6]. 45[7]; – Πιτθέως II 614[2]
παιδεύομαί τι II 82[4]; παιδευόμεθα 642[3]; ἐπεπαιδευμην att. 777[2]; ἐπεπαίδευτο 776[4]; παιδεύεσθαι ὑπό τινος II 529[5]; – πρὸς ἀνδρίαν II 512[5]
παιδεύσω fut. 737[3]
παιδευτοί 154[5]
παιδεύω 737[3]. II 80[1]. 82[3], 3; παιδεύσω fut. 737[3]; παιδεύσαιεν 664[4]; παιδεύειν παιδείαν II 79[6]; – τινὰ κακόν II 83[6]; – τινά τινι II 82[4]; – τινά c. instr. II 167[2]
παιδί neut. ngr. 578[4]
παιδικά (τὰ) II 36[6]. 44, 1. 52[2]. 603[3–4]
παιδίκεωρ lak. 458[4]
παιδικόν II 36, 6
παιδίον 470[6]
παιδίσκη II 36[5]
παιδίσκος II 36[5]
*παιδνιον 215[7]
παιδοι du. att. 557[2]
παιδοτρίβης 451[5]. 562[1]
παίειν (τὸ) II 370[4]
παίεσθαι παιδιᾷ II 166[4]
*παιϝός gen. sg. 273[1]
παίζει 660, 9
παίζω πρός τινα II 433[5]; – σπουδάζων περί τινος II 503[4]; – ὑπ’ ὀρχηθμῷ II 527[1]
παιήσω II 292[7]

παιητέα 127[7]
πάϊθεν 628, 2
πάιν acc. sg. spät poet. 565, 3
παίξομαι LXX 781[7]
Παιονίδαι 66[4]
παιπάλη 334[3]. 423[4]. 647[4]
παιπάλλω 646[6]. 647[4]
παιπαλόεις 527[4], 7
παιρίν eretr. 218[5]
παίρνω ngr. II 83[4]
παίς dor. 384[1]
παῖς 225[5]. 273[1]. 379[8]. 578[4]. 635, 4; παῖ 194, 2; παῖ παῖ II 60[3]; παῖδε II 48[2.3], 3. 49[5]; παίδοιν II 49, 4; παῖς ἄτεκνος (= Hermione) II 46[1]; παῖς ἐκ πατρὸς ʼA. II 463[6]; – ὑπὸ μητέρα II 531[3]; παίδων ὄντων ἡμῶν II 405[3]
παῖσα äol. (lesb.) 90[2]. 287[7]. 322[1]. 348[2]
παισειται kyren. 786[4], 4
παῖσι lesb. 89[7]
Παισικρέοντος lesb. 564[3]
παιφάσσω 647[4]. 649[4]
παίω (-ειν) 325[4]. 713[6]. 716[2]. 738[2]. II 77[1]. 258[5]. 272[2]. 350[8]. 701[5]; ἔπαισα 738[2]; παῖε, παῖσον II 341[2]; παίω δι᾽ ὀργῆς II 452[1]; παῖε παῖε II 700[2]; παῖε πᾶς II 609[7]; παίειν κατὰ κόρρης II 479[6]; – τι ἐκ κελεύσματος II 464[1]
παιών 252[4]. 379[8]
Παίων: τὸν Παίονα II 41[8]
παιωνίζομαι (-εσθαι) κατά τινα II 477[1]; παιωνίζεται II 239[6.8]; – ἐπί τινος (τινι) II 469[6]
παιωνίζω II 298[8]
*πακjαλος (–n̥los) 333[2]. 483, 8
πακτά unterital. 95[2]
*πακτί loc. 620[7]
πακτοῦν II 283[8]
Πακτυω ion. 252[4]
παλάθη 511[1]
πάλαι 295[1]. 548[3]. II 415[7]
παλαι- 437[4–5]. 632[6]
παλαιθέου 437[5]
Παλαιμαγνησία 437[5]
πάλαιμι äol. 676[4]. 730[1]
παλαιο- 437[4]
παλαιός 468[4]. II 704[2]; τὸ παλαιόν II 70[2]
παλαιότερος 534[4], 6
παλαισμοσύνη 529[3]
παλαίστα lesb. 276[1]
παλαιστή 501[5]
παλαιστής 500[2]. 676[4]
Παλαιστῖνοι 276, 1
παλαιστριαῖος II 181[5]
παλαίτερος 534[4], 8
παλαίχθων 46, 1
παλαίω (-ειν) 676[4.5]. II 161[2]. 233[3]
παλάμη 343[7]. 362[4]. II 33, 4
παλάσσω 725[4]
παλαστή 501[4]
παλάτια ngr. II 43, 5
παλαχή 264[1]
πάλε ngr. 631[6]
-παλείς ptc. aor. 714[5]
παλεο- (= παλαιο-) 195[3]
πάλη 421[8]
παλήσειε 676, 3
παλήω böot. 676[4]
πάλι 619[5], 7
Παλίβοθρα 204[6]
πᾱλίκος dor. 294[4]
παλίλλογος 454 [4]
παλιμπλαγχθέντας II 239[2]
πάλιν 295[1]. 462[4]. 597, 8. 619[5]. 621[1]. II 413[8]; – αὖθις II 704[3]
παλιν- in compos. 437[5]. 632[6]
παλινάγρετος hom. 726, 1
παλίνορσος 438, 1. 516, 6
παλῖον (= πλεῖον) 278[7]
παλῑ́ωξις 437[5]. 644[7]. II 356[7]. 357[5]
παλκός 496[4]
παλλακίς 465[2]
παλλάς 284[2]
Πάλλᾱς 526, 5
πάλλευκος 396[6]
παλληκάρι ngr. 497[4]
Παλλήναδε 624[7]
πάλληξ 497[4]
πάλλομαι II 400[7]; – μετά τινος II 483[6]
πάλλω 714[5]. 748[6]; ἔπηλα aor. 714[5]
πάλμυς lyd. 495[4]
Πάλμυς 463[6]
πάλος 459[1]
πᾱλός 285[5]. 295[4]
*πάλσαι 335[8]
πάλτο 335[8]. 748[6]. 751[2.3], 1. 2
παλῡ́νω 733[4]; – τι c. dat. II 153[5]
Παλῶδες 121[4]
πᾶμα böot. 82[5]. 414[3]
Παμβοιώτια 80[3]
Παμβοιωτοί 80[3]
πάμε σπίτι ngr. II 68[7]
παμπάζουσιν (= παππ-) 231[7]
πάμπαν hom. 421, 1. II 623[5]. 700[2]; τὸ – II 416[2]
Παμπειρίχω böot. 283[5]
παμπήδην att. 301[7]. 620[5]. 626[3]
παμπησία 301[7]
πάμπρωτος [so] 437[2]
παμφαίνω 647[2]. 694, 4
παμφαλάω 647[2]
παμφανάω 694, 4; -νόωσα 647[2]
πάμφι 622[4]. 624[5], 8
Παμφυλία 89[3]
πᾱμωχέω dor. 726[5]
παμῶχος her. 250[2]
παν: – τόν 585, 3
πάν dor. äol. 566, 3. 567[2]. 840[1]
πᾶν 566, 3. 567[2]. 580, 6. 840[1]. II 369[4]; ἐς τὸ – II 460[5]
παν- in compos. 437[2]. 567[2]. 632[6]
Πᾱ́ν 349[5]. 378[3]. 562, 2; Πᾱνός gen. sg. 562, 2
πανᾱ́γορσις ark. 285[3]. 344[1]. 450[5]. 505[3]
Παναθήναια 80[3]; -θηναίοις att. II 158[3]
Παναιτώλια 80[3]
Παναιτωλικά 80[3]
Πανάκτοι, -ωι att. 549[7]
Πανάκτωι loc. II 155[1]
Πανάμια (τὰ) 437[2]
Πάναμμος thess. 238[2]
Πάνᾱμος dor. 82[3]. 437[2]. 518[6]
πανάπαλος 80[3]
πανάριον 471[3]
παναρκής 437[4]
πανάφιον 471[3]
Παναχαία 80[3]
Παναχάικον 80[3]
Παναχαιοί 77[5]. 80[3]
πανδαμάτωρ 80[3]. 340[5]
πανδαμι äol. dor. 623[2]
Πάνδαρος 482[3]
πανδημεί 437[3]. 623[2]
πάνδημος 80[3]. 449[6]
Πάνδῑα 80[3]
πανδοκεύς 477[1]
Πανέλλᾱνες 78[4]
Πανέλληνες 77[6]. 80[3]
πανήγυρις 351[7]. 398[2]. 450[5]
πανημαδόν 626[5]
πανῆμαρ 427[2]. 437[2]. 446[2]. 591, 2
πανημέριοι 591, 1
πανημερόν 618[5]
πανήμερος 618[5]
πανθάνω 699[5]
πανθυμαδόν 626[5]
Πανίωνες 80[3]
Πανιώνιον 80[3]
πάννυχα II 70[2]
παννυχιν lesb. 464[6]
παννύχιος II 179[3]
πανοικεί 623[2], 5
πανοῦργος 437[4]. 566, 3
Πανόψια 302[5]
πάνσα thess. kret. 284[5]. 287[3.5]. 322[1]. 337[8]
[παν]σεϝδί kret. 623, 7
πανσέληνος: τῇ -ήνῳ II 158[6]
*πάνσσα 337[8]
*παντ 437[2]
πάντα τρόπον II 78[2]
πάντα δυνατά σοι II 624[2]; πάντων ὧν γέγονε II 641[1]; τὰ πάντα II 44[3]

πανταῖ adv. dor. (her.) 384[4]. 550[4]. II 163[5]
Πανταλέων 156[2]. 446[2]
παντάπᾶσι(ν) 625[5], 7
πάνταρχος 439[6]
πανταχῆι adv. 622[1]. 630[4]
πανταχόθι 630[5]
πανταχοῖ 630[5]
πανταχόσε 629[2], 3. 630[5]
πανταχοῦ 598[3]. 621[5]
παντεῖ lokr. 549[6]
πάντες acc. pl. mess. 563[5]
πάντες οὗτοι νόμοι εἰσίν II 606[6]
πάντεσι(ν) delph. ostlokr. 564[3]
πάντεσσι äol. delph. hom. 89[7]. 92[5]. 321[4]. 564[3.4]
πάντη 201[1]. 550[3]. 618[6]
πάντη πάντως II 704[3]; πάντως καὶ πάντη II 704[3]
Πάντηρ 204[5]
παντιβόλος 446[4]
παντίβολος 448[3]
*πάντjα 284[5]. 287[5]. 322[1]. 337[8]
παντο- 437[4]
παντοδαπός 604, 1
παντοῖος 609, 5
πάντοις nwgr. (ätol.) 92[3.5]. 564[8]
πάντοσε ion. att. 629[2]
πάντοτε 629[2]
παντοῦ Koine, ngr. 630[5]
*παντφι 624, 8
παντώνια äol. 609, 5
πάντως 624[2]; – καὶ πάντη II 704[3]
παντῶς dor. 384[4]. 618, 4
πάνυ 566, 3. 611[4]. 624[5], 8. II 415[7]. 555[3]. 576[4]. 628[4]. 697[6]; οἱ πάνυ II 415[8]; πάνυ γε II 561[3]
Πανύασσις 60[6]
ΠανυαΤιος 318[4]
πάνυσσα 475[5]
πάξ 620[5.6]. II 602[1]
παξαμάδιον 461[6]
παξαμᾶς 461[6]
παξιμάδι ngr. 461[6]
πάομαι 676[2]
παπαῖ 291[4]. II 600[4], 3
παπαππαπαππαπαππαπαῖ II 600, 3
πάππα 315[5]. 422[7]. 558[6]. II 31[3]. 61[7]. 411[6]
παππάζω 734[5]; -ειν μιν ποτὶ γούνασι II 513[2]
πάππος 315[5]. 423[1]
παππῷος II 177[5]
παπταίνω 647[4]; – πρὸς πέτρην II 510[4]
παπυλιών 488[1]
πάπυρος 585[3]
παρ 82[4]. 259[8]
πάρ praep. II 423[3]. 491[6], 9. 492[1]. 493[4.6]. 494[1.2.4.5.8]. 495 [2–4.6–8]. 508[5]; – ἆμαρ II 495[4]; – δύναμιν II 497[1]; – Ϝέτος 496[5]
πάρ el. (= περί) II 499[5]
παρ' praep. II 491[6]. 492[1]; – αἶσαν II 497[2]; – ἐμέ II 497[4]; – ἔμοιγε καὶ ἄλλοι, οἵ II 623[3]; παρ' ἐξ II 428[6]; παρ' ὀλίγον ποιεῖσθαί τινα II 496[2]; s. παρά
παρά 551[1]. 622[5]. II 68[3]. 82[2]. 99[8]. 268[1]. 418[1.2]. 419[4]. 421 [6.7]. 425[5]. 427[3.4]. 432[5]. 433[3]. 435[6]. 491[6]–498. 542[3]; ngr. 623[1]. II 492[3]; παρά c. gen. II 237[5]; – τρίχα II 496, 1; – πόδας 625, 8; – πολύ II 496[7]
παρα- compos. II 429[4]
πάρα praep. 387[8]. 388[1]. II 419[6]. 423[3.4.5]. 425[3]. 427[5.6]. 491[6]
πάρα (= πάρεστι, -εισι) II 492[3]. 623[3], 3
παραβαίνω II 493[2]; s. παρβαίνω
παράβακτρος II 498[6]
παράβακχος II 498[6]
παραβάλλεσθαι παρὰ τὸν ἔλεγχον II 496[3]
παραβάλλω II 493[3]
παραβασιλεύω II 493[3]
παραβάτης II 493[2]
παραβλέπω II 493[3]
παραβλῶπες 425[1]
παραβολή II 493[3]
παραβώμιος II 498[5]
παραγαύδιον 154[6]
παραγγέλλω ἵνα II 384[3]; -ει εἰς τὰ ὅπλα II 708, 1
παραγγέλλων nom. abs. II 404[1]
παράγειος II 498[5]
παραγενόμενοι (οἱ, οἳ) II 643[5]
παραγίγνομαι; s. παρεγενήθην
παραγιγνώσκω II 493[2]
παραγναθίς II 498[5]
παραγράφεσθαι πάρ τινος II 498[2]
παράγυμνος II 492[5]
παράγω (-ειν) 189[4]. II 493[3]; παρῆγε 189[4]; παράγειν ἐκεῖθεν 627, 3; – παρὰ τὴν θάλασσαν II 495[3]
παραγώνιος II 498[5]
παραδαρθάνω II 493[1]
παραδείκνυμι II 493[3]
παράδεισος 68[6]. 193[3]
παραδέχομαι II 493[2]
παραδίδοσθαι II 273[4]; s. παρεδέδοντο
παραδίδωμι II 493[2]
παράδοξος II 498[6]
παραδοτέα ἐστι II 606[3]
παραδοῦναι II 362[8]
παραδρώωσι II 493[1]
παραθαλασσίδιος 467[2]. II 498[5]
παραθαλάσσιος II 498[5]
παραθείμην κεν II 328[3]
*παραθενος II 31, 3
παράθεσις (term.) 607, 1; ngr. II 613, 1
παράθετα 428[1]
παραθέω II 493[2]
παραθεωρέω II 493[3]
παραθύρα II 492[4]
παραί 448[6]. 548[3]. 622[5]. II 492[1], 1
παραιβασία II 493[2]
Παραιβάτας II 492, 1
παραιβάτης 239[5]; -άται II 492, 1
παραιβόλος II 492, 1
παραινεῖν c. dat. II 145[4]
παραινώιην hell. 796[3]
παραιρεῖσθαι II 711[8]
παραίσιος II 498[6]
παραιτέω II 493[2]
παραίτιος II 492[4]
παραιτῶ ngr. II 235[6]
παραίφασις II 357[3]. 492, 1
παρακάββαλον II 429[1]
παρακαθεύδω II 421, 4
παρακαίριος II 498[6]
παράκαιρος II 498[6]
παρακαλεῖν ὑπὲρ τούτου II 521[8]; s. παρεκαλουσαν
παρακαλεσευντι kalymn. 786[5]
παρακαλεῦντον imper. rhod. 803[3]
παρακαταβάλλειν τινὰ κλήρου II 131[2]
παρακάτω 633[2], 3
παράκειμαι II 493[1]; -κείμενος II 249[1], 1; παρακεῖσθαι 775, 9
παρακελεύεσθαι c. dat. II 145[4]
παρακέλευσις c. dat. II 145[4]
παρακελευστός 773[4]
παρακλείδιον II 492, 7
παρακλιδόν 507[3]. 626[3]
παρακμάζω II 493, 2
παρακοίτης 452[1], 2. II 493[1]
παράκοιτις II 493[1]
παρακολουθέω II 493[2]
παράκομος II 492[4]
παρακούω II 493[2]
παράκτιος II 498[5]
παρακυμάτιος II 492[4]
παραλαμβάνεσθαι II 240[3]
παραλαμβάνω (-ειν) II 493[2]; – τινὰ σύνδειπνον II 83[7]; – τι ἀντὶ χρημάτων II 443[2]; –

ἀπό τινος II 446[4]; s. παρέλαβον
παράλασσις 506[3]
παραλειφθῆναι (τοῦ) II 372[5]
παραλείψω II 293[1]
παράλευκος II 492[5]
παράλιμνος II 498[5]
παράλιος II 498[5]
παραλλάξ 620[5]
παραλλάσσω II 493[2]
παράλληλος 446, 8
παράλογος 436[6]. II 498[6]
πάραλος II 498[5]
παράλυπρος II 492[5]
παραμείβομαι II 493[2]
παραμείναισαν 666[1], 2
παραμεινάντεσσι böot. 564[3]
παραμελῶ τι c. gen. II 109[4]; -εῖν ὑπὸ τῆς συμφορῆς II 528[7]
παραμένοιν lokr. 665[1]
παραμένω II 493[1]; – πρός τινα II 510[4]
παραμεύσεται II 493[2]
παραμήκης II 498[6]
παραμιλλάομαι II 493[2]
παράμουσος II 498[6]
παραναγιγνώσκω II 493[3]
παρανεάτη II 492[4]
παρανενόμηκα 766[1]
παρανήξομαι II 352[1]
παρανήτη II 492[4]
παρανομέω 766[1]; παρενόμησα 656[1]
παράνομος 386[5]
πάραντα 632[7–8]. II 493[5]
παράξενος II 492, 7
παράξιος II 492[5]
παραξοφαίνεται ngr. 440, 4
παράπαν 386[5]. 625[4]. 632[4]. II 420[4]. 493, 1
παραπείθω II 493[3]
παραπέσουσιν 666, 8
παραπετάσματα II 619[1]
παραπηδάω II 493[2]
παραπιτνῶσι sam. 695[3]
παραπλάσσω II 493[3]
παραπλέω II 493[2]
παραπληρωματικοὶ σύνδεσμοι (term.) II 556, 2
παραπλήσιος II 97[5]. 161[4]. 492[5]
παραπόρφυρος 435[4]. II 492[4]
παραποτάμιος II 498[5]
παραπράσσω II 493[3]
παραπρεσβεύω II 493[3]
παράρρυθμος II 498[6]
παραρτάω 705[5]
παράσειρος II 498[5]
παρασημεῖα II 492, 7
παράσημος II 492, 7
παράσιτος II 498[5]
παρασκαυάζων delph. 198[5]
παρασκευάζομαι (-εσθαι) II 230[6]. 299[1·3]; – τι ἐμαυτῷ II 236[4]; – πλοῖα II 231[2]
παρασκευάζω II 230[6]; -ειν αὑτῷ τὸν β. II 235[7]; -ειν ἑαυτόν II 235[7]
παρασκευαστὴς ἐπιθυμιῶν II 614[8]
παρασκευαστικός II 181[5]
παρασκευή 165[3]
παρασπάς 507[4]
παρασπονδημένος 656[7]
παράσπονδος II 498[6]
παρᾶσσον II 493[1]
παράστᾱ imper. ion. att. 799[3]
παρασταῖεν Od. 794[3]
παραστάναι 652[3]
παραστανέτω 698[3]
παραστάς 507[4]
παραστείχω c. dat. II 140[1]
παράστραβος II 492[5]
παρασύνθετα (term.) 428[1]
πάρασχε 390[8]
παρασχεῖν II 363[8]
παρασχῖναι infin. 808[2]
παράσχοιμεν 796[3]
παρασχόν II 402[2]; abs. II 621[3]
παρατατικός: – χρόνος II 249[1·3], 1; – παρῳχημένος II 249[2]
παρατάττω II 431[5]
παραταυτότης II 492[5]
παρατείνειν ἐπί τι II 472[5]
παρατεκταίνω II 493[3]
παρατελευταῖος II 492[5]
παρατίθεσθαι τράπεζαν II 232[2]
παρατίθημι II 493[1]
παρατίθομαι 841[7]
παρατρέπω II 493[2]
παρατρέχω II 493[2]
παρατυγχάνων (ὁ) II 279[2]
παρατυχόν II 402[1]
παραύα äol. 349[4]
παραυδάω II 493[3]
*παρᾱ̆υσᾱ 349[4]
παραυτά 625[3]. II 592[5]–593[1]
πάραυτα 625[4]
παραυτεῖ kret. 549[6]. II 493[1]
παραυτίκα II 427[7]. 492[5]
παραυτόθεν II 493[1]
παραυτόθι 551, 6
παράφερνα II 492[4]
παράφημι II 493[3]
παραφθαίησι Ilias 793, 3
παράφρων II 498[6]
παραχρῆμα 625[5], 8. II 491, 9. 493[1], 1
παραχωρεῖν c. dat. II 141[4·7–8]; – ὁδῶν II 91[5]; παραχωρῆσαι τῆς ἐλευθερίας II 92[1]
παραχώρησις II 688, 1
παρβάδαν II 492, 0
παρβαίνοιαν el. 663, 9
παρβαίνω II 491, 9
παρβεῶντας ther. 676, 1
παργεγενημινος ark. 275[4]
παργινύωνθη böot. 672[4]. 698[1]
πάρδαλις 462[6]
πάρδειχμα epid. 523[7]
παρδήσομαι 763[4]
παρεγγύς Aristot. 633[2]
πάρεγγυς II 493[1]
παρεγενήθην προσκυνῶν II 296[7]
παρέβασκε 707, 2
παρεδέδοντο II 288[8]
παρέδραμον II 431[4]
παρειά (hom.) 258[2]. 349[4]. II 42[3]
παρεῖαν böot. (= -ῆαν) 665[2]. 676 f. 677[2·3]. 746[1]
παρείας 461[3]
παρείλκυκε hell. 653, 5
πάρειμι καὶ ἐγὼ καὶ οὗτος II 612[5]
*παρεῖν 362[7]
παρεῖναι II 299[2]. 350[6]. 434[1]. 493[1]; – c. dat. II 144[8]; – 4μάχη II 170[2]; – ἐς Σάρδις II 434[2]; – κατ' ὄμματα II 477[3]
παρεῖς böot. 677[2]
παρέκ II 541[3]; – νόον II 429[8]; – – ἤγαγεν II 429[2]; s. παρέξ
παρεκαλουσαν 666[2]
παρεκεῖ H. 633[2]. II 428[1]
παρεκέσκετ(ο) hom. (Od.) 652, 3. 679[2]. 711[4]
παρεκπρο- II 505[5]
παρεκπροφυγεῖν II 429[2]
παρεκπροφύγησιν II 428[4]. 430[1]
παρεκτός 633[2]. II 492[5]. 541[2·4]
παρεκφυγεῖν II 269[1]
παρέλαβον τὴν ἀρχήν II 261[3]
παρεληλυθὼς χρόνος II 248[8]. 249[1]
παρελκύω; s. παρείλκυκε
παρεμβολή II 705, 1
παρεμπολῶντος γάμους II 400[2]
παρέμπτωσις II 705, 1
παρενεισαγωγή II 429[6]
παρένθες 651[3]
παρένθεσις II 705, 1
παρενόμησα 656[2]
παρεντίθημι; s. παρένθες
παρέντων Alkm. 678[2]
παρέξ II 428[5·6]. 429[8]. 492[5]. 541[2–4], 1
πάρεξ II 428[6]. 541[2]
παρεξ- II 430[2]
παρεξελάαν II 429[2]. 430[1]
παρεξελθεῖν II 429[2]. 430[1]
παρέξηι conj. hell. 764, 2
παρεξίμεν II 430[1]

πάρεξις II 357[2]
παρέξω II 292[2]
παρεόν II 402[1]
παρέπαινος II 492[5]
παρέπεισεν Ilias 755[1]
παρέπλαγξεν Κυθήρων II 92[1]
πάρεργον n. II 492[4]
πάρεργος II 492[4]
παρέρχομαι (-εσθαι) II 272[3]. 493[2], 2; s. παρεληλυθώς
παρεσκεύαστο II 288[6]
παρεστινόσ 148[8]
παρέστιος II 498[5]
πάρεστον II 609[7]
παρέσχον 651[3]
παρετάξωνσι ark. 737[7]
παρετύγχανε 699[6]
παρευδοκιμέω II 493[6]
πάρευνος II 492[3]
παρεύντων knid. 678[1]
παρέχει (sc. τὰ πράγματα) II 621[3]
παρέχεσθαί τι πρός τινα II 511[3]
παρέχοιν 3.pl.delph.660[1].665[1]
παρέχον acc. abs. II 401[7]. 402[1]. 621[3]
παρέχω (-ειν) II 277[2]. 493[2]; – τινί τι II 151[4]; – εὐθυμίας ἐπί τινι II 467[1]; – τινὶ ἐνδεεστέρως ἢ πρὸς τὴν ἐξουσίαν II 511[3]; – χρήματα πρὸς τὸν βάρβαρον II 512[5]; παρέχει (sc. τὰ πράγματα) II 621[3]; s. παρασχ-
παρεών II 297[4]
πάρhεδρος 72[3]; -οι att. 219[2]
παρhεταξαμένος ark. 219[2]. II 403[1]
*παρηά hom. 349[4]
παρηβάω II 493, 2
παρῆγε 189[4]
παρηγορέω -έομαι II 232[4]
παρήιον hom. 349[4.5]. 470[3]
παρηΐς 465[2]
παρήκειν II 377[2]
παρῆλιξ II 492[5]
παρήλιος II 492[5]
πάρημαι [so] II 493[1]
παρήμερος II 498[6]
παρῆν II 422[6]
παρήορος ion. 246[4]
παρήρτητο 655[6]
παρθένα ngr. 458[1]. II 32, 4
παρθένη II 32, 4
παρθενήιος II 177[6]
παρθενική hom. 497[5], 8. II 28[2]
Παρθενιν kret. 464[6]
παρθένιος 467, 3
παρθενοπῖπα voc. hom. 350[5]. 560[5]. 648[3]
παρθένος 297[8]. 833[4]. II 31, 3. 176[4]. 491, 9; θυγάτηρ – II 614[7]; – ἠίθεός τε II 615, 4
παρθενών 488[2]
πάρθετο 746, 10
Παρθικός 155[2]
παρθυσᾶται conj. kret. 792[3]
παριέναι II 279[4]. 364[8]. 493[2]; – βίᾳ II 162[7]; – ἐς τὸν δῆμον II 459[3]; – παρὰ τὴν B. II 495[4]
pariki (= πάροικοι) 196, 1
παρικότων (τῶν) altion. 685[4]. 768[2]
παρικτόν 685[4]
Πάριος λίθος II 37, 6
Πάρις 462[6]. 464[4]. 637[6]
(παρίσκεσις delph.) 708, 4
πάρισος II 492[5]
παρίσταο 668[2]
παρίστασαι 668[5]
παρίστασο imper. 668[5]
παρίστᾱται indic. 687, 1
παρίστηται 687, 1
παρίσχαιεν kret. 796, 2
παρίσωσις II 702[6]
παριτητέα II 410[3]
παριὼν κατ' Ἀβραδάταν II 477[1]
παρκατέλεκτο II 429[2]
Παρμενίδης 509[6]
Παρμενίσκος II 491, 9
παρμένω πάρ τινα II 495[7]
Παρμένων 509[6], 4. 636[4]. II 491, 9
Πάρμις 636[4]
Παρμονίδης II 491, 9
Παρνᾱσσός 61[1]. II 33, 2
Πάρνης m. f. 510[6]. II 33, 2
Παρνησός 395[4]
πάρνοψ att. 299[1]. 426, 4
παροδῖτες acc. pl. 586[5]
*παροι II 492, 6
πάροιθα II 492, 6
πάροιθε II 492, 6
πάροιθεν 628[2]. II 492, 6
πάροικος II 492[3]
παροιμία 161[1]. II 498[5]
πάροινος II 498[5]
παροινῶ: ἐπαρῴνησα 656[4]
παροίξας τῆς θύρας II 102[6]
παροίτατος II 492, 6
παροίτερος 534[4]. II 492, 6
παροιτέρω 628[2]
παροίχομαι II 493[2]
παρόν acc. abs. II 401[7]; ἐπὶ τοῦ παρόντος II 470[8]; ἐπὶ τῷ παρόντι II 468[5]
παροξύνειν ξὺν κατηγορίᾳ II 490[6]
παροράω II 493[2]
πάρορνις II 492[3]
πάρος 342[4]. 387[8]. 622[5]. II 273[8]. 274[1.2]. 287[7]. 297, 1. 361[2]. 492[1]. 509[1]. 541[5], 4. 637[6]. 654[1]. 656[5–8] f.; c. infin. II 361[2]; τὸ – II 70[2]. 274[1.3]
παρουάτιος II 498[5]
Παρράσιον 307[6]
παρρησία 159[7]. 469[2]
παρσένε 205[3]
πάρσκεσις delph. 708, 4
*παρστάς 336[2]
*παρστάτας 336[2]
παρστῆτε hom. 336[4]
παρτάς 336[2.3]; παρτάδες 507[4]
πάρφασις II 357[3]. 492, 1
παρωιδός 379[6]
παρώιχωκεν Ilias 774[3]
παρώμαλος II 492[5]
παρών II 388[5]
παρώνυμος II 498[5]
παρωτίς II 498[5]
πάρωχρος II 492[5]
πᾶς ion. att. 85[7]. 301[7]. 378[1]. 379[8]. 526[1]. 566[3], 3. 587, 1. II 180[3]. 182[6]. 336[2]; bei 2. sg. imper. II 245[8]; πᾶς τις c. imper. II 215[1]
πᾶσα 72[4]. 287[5]. 322[1]; – κεκριμένα II 179[7]; πᾶσαν ὀργάν II 78[2]
πάσασθαι: – σίτου II 103[2]
πᾱ́σασθαι dor. 301[7]. 620[4]. 752[2]
πασέου (μέρους) mgr. 114[3]
Πᾱσιάδᾱϝο Gela 560, 8
πασιμέλουσα 446[2]. 526[1]
πᾶσις 505[5]
πᾱσίφιλος 446[3]
πάσκω el. 205[6]. 708[3]
Πάσνης 312[3]
πᾱ́σομαι 709[1]; -ονται conj. kret. 790[4]
πασπαλέτης 831[2]
πασπάλη 260[8]. 334[3]. 423[4]
πασπέρμη 494[3]
πασσ- 755[1]
πασσακί 398[8]. 623[2], 6
πασσαλεύω τι c. dat. II 151[3]
πάσσαλος 319[3]. 333[2]. 483[6], 8. 521[3]
πασσαλόφι gen. böot. H. 551, 1
πάσσαξ lak. 497[2]
Πάσσας 637[6]
πάσσασθαι 773[2]; s. πάσασθαι, πατέομαι
πασσυδεί 623[2], 7
πασσυδί 626[3]
πασσυδίηι 398[8]
*πάσσχω 337[8]
πάσσω ion. (hom.) 320[7]. 715[1], 2; – c. gen. II 111[5]; πάσσε δ' ἁλός II 102[6]
πάσσων 319[4]. 536[5]. 538[3]
παστάς ion. delph. 336[2.3]. 507[4]. II 491, 10
παστάτας delph. 336[2]
πάσχα 124[1]. 585[2]; πάσχατι dat. sg. 585[2]

πάσχειν (τοῦ) II 360[8]
πασχητιάω 732[3]
πάσχω (-ειν) 321[8]. 337[8]. 707[4]. 708[3]. 747[6]. 781[4]. 787[2]. II 240[3]. 348[6]. 370[2]. 377[6·7]. 381[5]; – πάθος II 75[4]; – πήματα II 75[2]; – τι μετά τινος II 485[1]; – τι πρός τινος II 514[7]; – τι ὑπό τινος II 529[5]; – δεινὰ (δίκαια, κακά) ὑπό τινος II 529[3]. 227[1·2]; – ἄλγεα ἀμφί τινι II 438[5]; – κακὸν διά τινα II 453[6]; – – διά τι II 454[1]; – τι πρὸς τὰ παιδικά II 512[2]; – κακῶς ὑπό τινος II 529[2]; – ὑπ' Ἄρηος παλαμάων II 528[2]; s. ἔπαθον, πείσομαι
πάσω 715[1]
πατάατες ngr. 180[8]
πατάγεσκε Alk. 711[4], 2
πατάνεψις 450[5]
πατάνη 489[6]
πάταξ 498[2]
πατάξ 620[6]
πατάξαι: τὸ μὴ – II 380[3]
πατάρα lokr. 274[6·7]
πατάσσω 716[2]. 725[4]; – ἔν τινι II 458[5]; s. ἐπάταξα
Πατελλοχάρων 526[2]
πατέομαι 703[2]. 705[6]. 773[2]; -έονται τῶν κρεῶν II 103[2]; s. πάσασθαι
πάτερ voc. sg. 408[8]. 567[5]. II 59[6]; s. πατήρ
πατέρα acc. sg. 339[1]. 343[4]. 358[4]. 553[3]
πατέρα voc. sg. ngr. 586[1]. II 59, 2
πατέρας acc. pl. 552, 3. 567[5·6]
πατέρας nom. sg. ngr. 586[1]. II 38[3]
πατέρες 567[4·5], 4. II 51[4], 5
πατερεύω ion. 568[7]
πατέρι hom. 548[5]. 567[5]
πατερίζω att. 568[7]. 736[1]
πατέριον Lukian 471[1]. 568[7]
πατέρος 552[4]. 567[5]
πατέρων gen. pl. 567[6]
πατέω 705[6]. 726[3]
πατήρ 72[4]. 291[1]. 339[1]. 340[5]. 353[6]. 355[5]. 356[5]. 357[3]. 358[4]. 380[7]. 381[2]. 423[1]. 486[2]. 530[4]. 552[4·5]. 553[3]. 567[5]. II 31[3]; πατὴρ ἀνδρῶν II 118[8]. 135[3]; – Ζεύς II 615[3]; – Πηλεύς II 615[4]; πάτερ Λυκάμβα II 615[3]; – ἡμῶν 389[4]; – ὦ ξεῖνε II 61[5], 3; s. πάτερ, πατερ-, πατρ-
Πάτνος spätgr. 215[8]
πάτος 457[5]. 458[3]. 726[3]
πατρ- 440[2]
πάτρᾱ 461[1]
πατράδελφος 428[6]
πατραλοίας 451[5]
πατράσι 342[2]. 358[4]. 552[4]. 553[3]. 567[4·6], 5
*πατρασί 567, 5
πάτρη hom. 106[3]
πατρί 567[5], 3
πατριάζω 736[4]
πατρίδα f. ngr. 586[4]
πατρίδαν 563[3]
πατρική II 45[3]
πάτριος 458, 1. 466[2]. 467[4]. 479, 9; πατρία ὄσσα II 177[1]
πατρίς 465[2·3]
πατριώτης 500[5], 6
πατρο- hom. 440, 2
πατρόθεν 628[3]. II 171[8]
πατροία lesb. 275[3]
πατροκτόνος 383[6]. 429[7]. II 39[6]
πατρόκτονος 383[6]. 429[7]
*πατροκτονός 379[5]
πατροκτόνου 429[7]
πατρός 358[4]. 381[2]. 552[4]
πατρούεος thess. 275[2]
πατροφονεύς II 704[5]; -φονῆα 105[5]
πατροφόντης 426[5]
πατρωανς acc. sg. 563[4]
πατρώιζω spät 736[4]
πατρώϊος, -ῷος 200[5]. 479[6]
πατρῶν gen. pl. Od. 567[5·6]
πάτρως 479[6]. 480[1·2]
πάτταλος 319[3]
πάττω att. 320[7]. 321[2]
παῦ 392[3]. 798, 10. 799[1]
παῦε 73[2]. 797, 5. 799[1]. II 223[2]. 224[7]. 228[2–3]. 254[8]
παυθη- 760[1]
παυις (= παῖς) 578[4]
παῦλα 483[4]
Παῦλλος 638[2]
παύομαι II 92[4]. 229[5]. 234[1]. 307[6]; παύσομαι 783[5]; παύσεσθαι II 376[5]; ὡς παυσομένους II 402[7]; παύομαι νηπιαχεύων II 393[2]; παύεσθαι γόους πρὸ τοῦ θανεῖν II 507[5]; s. ἐπέπαυντο, ἐπεπαύατο, παῦσαι, παύω
παῦος (= παῖς) 578[4]
παυράκις 598[1]
παυρίδιος 467[2]
παῦρος 347[6]. 481[6]; παυρότεροι πολύ II 87[6]
παῦς m. f. altatt. 575[2]. 578[4]
παῦσαι imper. 396[2]; – λέγουσα II 393[2]
Παυσανία gen. sg. hell. 561[2]
Παυσανίω ion. 252[4]
παυσωλή 484[4]
*Πᾱυσων 349[5]
παύω 686[4], 6. II 92[5]. 229[5]. 234[1]. 283[5]. 396[3]; παύσω 782[3]; παύση(ι)σι conj. 661[7]; παύσωμεν conj. 791[2]; παύσειεν II 638[3]; παύω τινά c. ptc. II 394[2]; – – λέγοντα II 386[7]; – – ἀριστεύοντα II 394[2]; – τι γιγνόμενον; s. παῦε, παύομαι
pavo ngr. 197[2]
Παφλαγόνες 487[2]
παφλάζω 647[4]
παφών· κτείνας H. 749[1]
πάχετος n. 501[3], 3. 512[6]
πάχια (τὰ) ngr. 516, 1
παχίων 538[4]
*παχjων 536[5]
παχνοῦται Ilias 731[7]
πάχος II 86[1]; s. πάχια
πᾶχυαῖος 200[3]
παχυλῶς 485[2]. 618[5]
παχύς 261[4]. 463[1]. 538[4]
πάω: θὰ πὰ νὰ γράφω ngr. 813, 2; πάμε σπίτι II 68[7]
Πᾱων ark. 349[5]. 487[1]
παώταρ 500[5]
πε (πὲ) äol. ark. (= πεδά) 832[5]. II 498[6], 3; – τοῖς Ϝοικιάται(ς) ark. 561, 4. II 484, 2. 498, 3; πε [τὸ δι]καστήριον II 498, 3
πέ 2. sg. imper. ngr. 800[3]
πε- pron. 615[6]
[pē] πεῖ 141, 6
πεγάδ ngr. (pont.) 186[5]
πεδ' II 498[6]
πεδά 82[5]. 424[1]. 622[6]. II 482[2]. 498[6]–499
πεδάϜοικος arg. 223[5]. II 482[3]
peδaiḱi ngr. 273[4]
πεδαίρω II 482, 6
πεδαίχμιοι λαμπάδες II 487[1]
πεδᾱμάραν kret. 401[5]
Πεδανγελίς böot. II 482, 2
πεδᾱ́ορον 198[7]
πεδᾱ́ορος lesb. 245[5]. II 482, 6
πεδαρτᾶν II 499, 3
πεδαρτάσεις II 499, 3
πεδάω 725[6]
πέδε pamph. 89[2]. 210[3]. 214[2]. 590[4]; s. πένδε
pede ngr. (dial.) 214[3]
Πεδε(σί)στρατος lak. II 499, 3
πέδευρα lak. 632[2]
πεδέχ(εν) kyren. II 499, 2
πεδέχην äol. II 103[7]. 482[5]
*πεδϜλυτρον 323[3]. 398[7]
*πεδιϜλον 439, 6
πέδιλλον 426[3]. 439, 6. 690[3]
πεδίον 470[4]; πεδίοιο, -ίου II 112[4]; πεδίον δε hom. 624[6]
*-πεδjα 330[2]
*πεδjός 472[1]
πεδόθεν Od. 628, 2

πέδοι att. 549^{6}
πέδον 358^{3}. 458^{5}
πεδόσε II 171^{5}
Πεδώ 636^{4}
πέζα 474^{2}
-πεζα 424^{1}
πεζῆι, -ῇ adv. 622^{1}. II 163^{5}
πέζις 462^{6}
πεζομαχίαιν II 49, 4
πεζός 330^{2}. 341^{5}. 472^{1}. II 499^{2}
πεθαίνω ngr. 701^{4}; -ει τῆς πείνας II 136^{4}
πεθαμένος ngr. 779^{4}. II 410^{7}
ΠΕΙ imper. altatt. 804^{2}
πεῖ [pẹ̄] 140$^{3.4}$. 141, 6
πεῖ adv. dor. 295^{6}. 549^{6}. 616^{6}. 622^{2}
Πεῖα 828^{6}
Πείαλος gen. sg. 484^{6}
Πειhιπ(π)ίς lak. 93^{5}
πειθανάγκη 441^{1}
πειθαρχέω 730^{7}; -εῖν c. gen. II 95^{5}
πειθοῖ voc. sg. 572, 5. II 59^{6}
πείθομαι 747^{4}. 755^{2}. 842^{4}. II 227^{8}. 234^{1}. 279^{5}; πείθεται 765^{5}; πείθομαι c. gen. II 95^{4}; – c. dat. II 145^{2}; s. ἐπειθόμην, ἐπιθόμην
πειθός 458^{5}. 727^{2}
πείθω 74^{3}. 261^{4}. 297^{4}. 346^{8}. 684^{6}. 748^{6}. 755^{2}. 775^{2}. 842^{4}. II 170^{3}. 227^{8}. 234^{1}. 259$^{4.5–8}$. 270^{6}. 276^{5}. 277^{7}. 278$^{1.2}$. 279^{5}; – τινά II 72^{3}; – θυμόν c. dat. II 148^{4}; – πέμψειν II 295^{7}; s. ἔπειθον, ἔπεισα, ἐπέπιθον, ἐπεποίθεα
πειθώ 356^{6}. 478^{4}; – πρὸς ἀνδρός II 514^{8}; s. πειθοῖ
πείκειν Hes. 704, 6
πείκετε Od. 704, 6
πεικόν 458^{5}
Πείκōν att. 684^{7}
Πειλεστροτίδας böot. 300^{2}
πεῖν 194^{2}; εἰς – II 366^{1}
πείνασα ngr. II 282^{5}
*πεινᾱ́σω praes. 724^{4}
πεινᾱ́ω 724^{4}
πείνη 476^{4}
πεινῆν (τὸ) II 369, 5
πεινήω c. gen. II 105^{4}
πεινῶν II 182^{5}
πεῖον: s. τεῖον
πείπτω 648^{3}
πεῖρα 72^{4}. 283^{5}. 456^{4}. 474^{4}, 2. II 31^{2}; πεῖραν λαβεῖν II 368^{2}; – περὶ θανάτου II 502^{6}
πείρᾱ imper. 799^{1}
πειράζω 734^{5}
πειράθητι Plat. 760, 6
Πειραιᾶ 127^{8}
Πειραιέα 252^{5}
Πειραιέως 252^{2}
Πειρᾶικός 266^{2}
πειραίνω 724^{6}
Πειραιοῖ 549^{7}
Πείρανθος 526^{5}
πειράομαί (-ῶμαί) τινος II 105^{3}; – c. acc. II 105^{4}; – c. dat. 161^{3}; – μετά τινος II 484^{5}; – ἀντιούμενος II 393^{1}
πεῖραρ 519^{6}
πεῖρας 514^{5}, 8. 519^{6}. 838^{8}
Πείρας 526^{5}
πειρᾶσθαι II 161^{2}. 232^{7}. 259^{3} 307^{6}. 381^{5}
πειρασοῦμαι Archim. 786^{6}
πειρατέον II 409^{7}. 410^{3}
πειράω (-ᾶν) 726^{1}. II 232^{7}. 381^{7}; – τινός II 105^{3}; – c. acc. II 105^{4}. – πᾶσαν ἰδέαν II 78^{2}
πειρήθη 761^{1}; πειρηθῆναι σὺν ἔντεσι II 489^{5}
Πειρήνη 189^{7}
πειρήσατο 760^{7}
πειρητίζω 706^{4}; – τινός II 105^{3}
Πειρίθοος hom. 274^{2}
πείρινθος 510^{6}
πείρινς ion. att. 287^{3}
πείρω 715^{5}. 759^{6}; – ἀμφ' ὀβελοῖσιν II 438^{3}
πεῖσαι (= τεῖσαι) äol. thess. 72^{3}. 75^{6}. 300^{1}
πείσας: ὡς – II 391^{7}
πείσει kypr. 88^{5}. 295^{7}. 300^{5}; äol. 88^{5}; pe · i · se · i 194^{3}
πείσειε Od. 755^{2}
πείσεσθαι (πείθομαι) II 295^{6}. 364^{1}. 375^{5}
πεισηι hom. 516^{5}
Πεισήνωρ 755^{2}
πείσθητι 760, 6
Πεισιδίκα lesb. 300^{1}
πεῖσις 504^{5}. 505^{4}
πεῖσμα 287^{6}. 524^{1}
πεῖσμα ngr. 524, 1
πεισμονή 524^{5}
πείσομαι (πείθομαι) att. 755^{3}
πείσομαι (πάσχω) 295^{6}. 322^{1}. 781^{4}. 787^{2}. II 226^{7}. 265^{4}; – τι ἔκ τινος II 463^{7}
πειστέον II 409^{5}
πείσω 755^{2}. 782^{4}
πεκτεῖν 704, 6
πεκτέω Aristoph. 704^{3},6. 706^{1}
πεκτούμενον 704, 6
πέκτω 704^{3}
πέκω 684^{6}. 723^{4}. 754^{7}
πέλαγος 496^{5}. 513^{1}
πελάζειν hom. 695^{2}
πελάζω 734^{3}. 743^{1}. II 548^{1}; c. dat. 141^{4}. 142$^{1.2}$. 145$^{7–8}$. 146^{1}; πελάσαι νεῶν II 97^{5}; πελασθεῖσα Πανός II 97^{6}
πελάθω 695^{2}; -εις, -ει 703^{4}, 6
πελαιτον 503^{6}. 538, 8
*πελαίω 676^{4}
(*πέλαμι) 682^{1}
πέλανος 489^{6}, 9
πελαργιδῆς acc. pl. Aristoph. 575, 2
Πελαργικόν att. 218^{6}; τὸ – τὸ ὑπὸ τὴν ἀκρ. II 531^{5}
Πελάρης 519^{4}
πέλας 360^{3}. 516^{3}. 620^{4}. II 435^{3}. 542^{3}, 2. 547$^{6.7}$. 548$^{3.4}$; c. dat. II 142^{3}. 534^{2}; c. gen. et dat. II 435^{3}; – τῶν κακῶν, – τῆς K. II 97^{5}; ὁ πέλας II 42^{1}
πελασθη- 761^{4}
πελάσσαι 360^{3}
πελάσσω fut. 785^{4}
πελάστατος II 548^{1}
πελαστάτω 534^{3}. II 548^{1}
πέλε ipf. 651^{6}. 747^{2}
πελέα epid. 325^{4}
πέλεθος att. 334^{2}
πέλεια 474^{1}
πελειάς 508^{3}
πελεκᾶν 487^{5}
πελεκᾶς 526^{3}
πελέκεσσι hom. 564^{4}. 571^{3}
*πελεκϝάω 314^{6}
πελεκκάω 227^{5}. 301^{7}. 314^{6}. 317^{1}. 730^{7}. 731^{5}
πέλεκκον 460^{7}. 472^{5}
πέλεκυς 293^{2}. 463^{4}. 832^{2}. II 29^{3}
πελεκύστερον 830^{7}
πελεμίζω 736^{1}; -ίζεται ὑπὸ βροντῆς τινος II 528^{5}; πελεμίχθη 761^{2}
πελέναι infin. Parm. 808^{2}
ΠΕΛΕΣ altatt. 575^{6}
πελέσκεο Ilias 711^{1}
*πελϝjα 323^{2}
πέληται II 312^{4}
πελιδνός 489^{4}
Πελίης hom. 470^{2}
πελιός 472^{5}
*πελιστερά 258^{8}
πελιστέρι ngr. (dial.) 258^{8}
πέλλα 279^{4}. 285^{5}. 323^{2}. 474^{4}
Πέλλᾱνα 476^{2}
Πελλαυρυις pamph. 414^{1}
πέλλυτρον 323^{3}. 398^{7}. 426^{3}. 439^{5}
πέλομαι äol. (hom.) 300^{3}. 684^{3}. 780, 5. II 229^{1}. 232^{7}. 624^{4}; – ἄριστος μετά τινας II 483^{5}; s. ἔπλεο, ἔπλετο, πέλω
*Πέλοπες 80$^{2.3}$. 824^{7}
Πελοπίς II 31^{2}
Πελοπόννᾱσος 80^{2}. 280^{2}. 386^{5}
Πελοπόννησος 427^{2}. 446^{1}

*Πελόπων νᾶσος 386[5]
πελός ngr. 87[4]
Πελσῶν 213[2]
πέλτη: ἡ – II 42[2]
πέλυκυς 830[4]
πέλω (-ειν) 684[2.3]. 780, 5. 841[6–7]. II 232[7]. 273[4]. 624[4]; πέλε ipf. 651[6]. 747[2]
πελῶ fut. 784[6]
πέλωρ hom. 106[2]. 300[3]. 519[4]
Πέλωρ: ὁ – II 37[5]
πελώριος 519[4]
πέλωρος 519[4]
πεμπάζομαι hom. 590[4]; -εσθαι 587[4]
πεμπάσσεται fut. hom. (Od.) 734[3], 4. 785[4]
πεμπάζω att. (Aesch.) 294[5]. 590[4]. 734[3], 4
πεμπάκι lak. 590[4]. 597, 11
πεμπάμερος kypr. 590[4]
πεμπάς att. (Plat.) 590[4]. 597[2]
πεμπᾶτος ngr. II 174, 1
πέμπε äol. 81[4]. 300[1]. 309[4]. 590[4], 5
πεμπεκαιδέκοτος äol. 596[3]
πέμπομαι (-εσθαι) II 240[3]; – τινα ἐπί τινα II 472[8]; – τι παρά τινος II 498[1]
πέμποτος ark. 590[4]. 596[1]
πεμπτάκις Dio C. 597, 11
πεμπτάς f. subst. 597[2]
πέμπτος 295[1]. 596[1]
πέμπω (-ειν) 684[4]. 692[7]. II 271[5]. 272[2]. 274[4.7]. 278[2]. 280[2]. 351[7]; πέμψω II 291[3.4]. 292[5]; πέμψαι 261[4]; πέμψας 525[3]; πέμπω τι c. dat. II 146[6]; – ἐν c. dat. II 461[3]; – ἐς διδασκάλων II 120[4]; – σύν θεοῖσιν II 489[3]; – μετὰ ὄχημα II 486[2]; – τινὰ ἐπί τινι II 467[4]; – τί τινος II 132[3]; – ὄνειρον ἐπί τινι II 467, 2; – τινὰ σύν II 162[3–4]; – – σύν νηΐ II 490[5]; – – παρά τινα II 495[1]; – – ὑπὸ χθονός II 528[1]; – – ἀγγέλλοντα II 296[7]; – πρέσβεις ὡς βασιλέα II 533[7]; – ὡς δόμους II 534[1]; πομπήν – II 75[3]
πεμπώβολον hom. 590[4]
πέμπων gen. lesb. 590[4]
πεμφθέν c. gen. II 119[3]
πεμφθέντων imper. Plat. 802[6]
πέμφιξ 291[4]. 496[4]
πεμφρηδών 259[1]. 423[3]
penda ngr. (kappad.) 590[5]
πενδε pamph. 210[3]. 214[2]. 590[4]; s. πεδε
pende ngr. 123[6]. 590[4]
Πενέσται 66[2]
πενέστερος 535[2]
*πενεττερος 535[2]
πενῆντα ngr. 260[7]. 265[1]. 592[3]
πένης 499[2]. 543, 1. II 176[4]
πένησσα II 34[5]
πένθεια 469[5]
πενθείετον Ilias 724[2]
πενθεῖν II 72[5]
πενθερός 287[6]. 381[4]. 482[1], 1
Πενθεύς 295[7]
πενθέω 724[2]
πενθήμεναι Od. 724[2]. 729[2]. 806[5]
πενθήμερον Xen. II 40[2]
πενθημίγυον 599[3]
πενθῆσαι Ilias 724[2]
πένθος 295[4.6]. 747[6]
*πένθσμα 287[6]
*πενθσομαι 781[4]. 787[2]
*πενθω 287[6]
πενιχρός 498[5]
πένομαι 684[3]. II 93[1]; πένοντο δαῖτα ὑπὸ δρυΐ II 525[3–4]
πένπται kret. 596[1]
*πενσομαι 322[1]
πεντα- compos. 437[6]. 591[5]
πεντάγραμμον 591[5]
πενταέτηρος 282[1]
πενταhετηρίδα her. 219[2]
πεντακάτιοι dor. 590[4]
πενтακαττιδι Issa 592, 3
πεντάκις 597[6], 11
πεντακόσιοι att. 591[6]. 593[2], 1
πενταμαριτεύων delph. 274[7]
πεντάμηνος 127[8]
πενταξός 598[3]
πεντάοζος Theophr. 590[4]
πενταπλῆ 598[4]
πενταπλήσιος Hdt. 598[5]
Πεντάπολις 591[5]
πεντάπρωτος 596, 6
πεντάς 295[6]. 590[4]. 597[2]
πένταχα Ilias 591[5]. 598[3]
πεντάχᾱ· χείρ H. 598[3]
πενταχῆι 630[4]
πέντε 295[1]. 300[4]. 309[4]. 590[4]; s. πέδε, πένδε, πέμπε
πεντε- compos. 591[5]
πεντείκοντα böot. 592[2]
πεντεκαίδεκα 594[2]
πεντεκαιδέκατος 596[3]
πεντέλοιπος 591, 8
πεντέπους 591[5]
πεντετριάζομαι 589[5]
*πεντηκατ- dor. 597[4]
πεντήκοντα 592[2], 3; οἱ – καὶ εἷς 594[5]
πεντηκοντάς Soph. 597[2]
πεντηκοντήρ 531[3]. 592[2]
πεντηκοντόγυος Ilias 593[6]
πεντηκοντούτης 593[6]
πεντηκόντων 592[2]
πεντηκόσιοι Od. 593[1]
πεντηκοστεύομαι 596[4]
πεντηκοστή f. subst. 596[4]
πεντηκοστήρ 531[3]
πεντηκοστός 596[2]
πεντηκοστύς spart. 597[4]
*πεντηκοτ- 597[4]
πεντῆντα ngr. 592[3]
πέντοζος Hes. 590[4]
πεντορκία lokr. 590[4]; -ίαν 218, 2
πέντος amorg. gort. 337[8]. 596[1]
*πένττος 337[8]
πεντώβολον att. 590[4]
πεντώρυγος att. 590[4]
πεξ- 754[7]
πέξαιντ(ο) Theokr. 757[2]
πεξαμένη aor. 704, 6
πέος 251[4]. 512[1]
πεπάγαισιν (-γασιν) lesb. 665[4]. II 287[5]
πέπᾱγε dor. 647[7]
πεπαγοίην Eupol. 748[8] f. 765, 3. 795, 7
πεπαθυῖα 769[2]; -θυίη 541[2]. II 401[4]
πεπαίδευκα 774[5]
πεπαιδευκέναι att. 808[2]
πεπαιδεύμεθα 642[3]; πεπαίδευσθε 670[3]
πεπαιδευμένος ὑπὸ παιδοτρίβη II 526[1]
πεπαίνω 486[4]. 725[1]. 842[3]
πεπαίσθω II 343[1]
πέπαισται II 239[7]
πεπαίτερος 535[3]
πέπαιχα 772[2]
πεπαλαγμένος 769, 6
πέπᾱμαι dor. 414[5]. 649[4]. II 263[4]
πεπαρεῖν Pind. 748[7]
πεπαρεύσιμος H. 748[7]
Πεπάρηθος 510[6]
πέπαρμαι 769[5]
πεπαρμένος: -ον II 239[3]. 408[5]; -ον ἥλοισι II 166[2]; -η περὶ δουρί II 501[1]; – ἀμφ' ὀνύχεσσι II 438[3]
πεπάσμην Ilias 773[2]
πέπασθε hom. 102[1]. 343[4]. 663[2]. 769[2]
πεπᾰ́σθω 3. pl. el. 801[6]
πεπάστō el. II 341[1]
πέπᾱται conj. kret. 793[1]
πέπαυσο II 341[1]
πεπαύσομαι 783[5]. II 289[4]
πέπαυται 770[4]
*πεπείθομεν 1. pl. conj. pf. 748[4]. 769[4]. 790[4]
πέπεικα j.-att. 775[2]
πέπειρα 475[1]. 543[3]
πεπείρανται 771[5]
πέπειρος 475, 4
πέπεισθι 800[5]
πέπεισμαι att. 773[2]

πέπεισται 771[2]
πεπείστειν infin. thess. 205[6]. 809[3]
πέπεμμαι 337[8]. 771[2]
πεπεμμένος 323[2]
*πεπεμμμαι 338[1]
πεπερασμενάκις Aristot. 598[2]
πέπερι 462[5]
πέπηγα 770[3]. 772[3]. II 222, 4. 223[2]. 227[8]; πέπηγε hom. 758[6]; πεπήγᾰσιν 664[1]; s. ἐπεπήγει
πεπηρωμένον τὴν χεῖρα II 85[2]
πέπηχα 772[3]
πεπιθεῖν hom. 747[4]. 748[5.7]. 842[4]. II 375[2]
-πεπίθησι 748[5]
πεπιθήσω fut. 748[5]. 755[2]. 783[4]. 784[1]
πεπίθοιμεν 748[5]
πεπίθοιτο 748[6]. 755[3]. 796[1]
πεπίθωμεν conj. 748[4]
πεπιθών 357[2]. 748[5]
πέπισθι Aesch. 800[5]
*πεπλακται 771[2]
πέπλεκται 771[2]
πέπλεχα 772[1]
πεπλέχθαι 335[6]
πέπληγα 759[5]. 772[2]; s. ἐπέπληγον
πεπληγέμεν infin. 777, 4. 806[3]
πεπλήγετο hom. 776, 4. 777, 4
πέπληγον hom. 777[3], 4
πεπλήγοντο Ilias 777, 4
πεπληγώς hom. 716[2]. 777, 4. II 264[6.7], 1
πέπληθα 770[6]
πεπληρώκοντα 540[5]
πέπληχεν 127[7]
πέπλος 423[4]
πέπλοχα 772[1]
πέπλυμαι 770[1]; – ται 694[5]
πέπλωκα ion. 774[5]
πέπνῑγμαι 649[1]
πεπνυμένω II 48[5]
πέπνυσαι 696, 2
πεπνῦσθαι 696, 2
πέπνῡται 770[4]
πεποιημένος ἐστίν Paus. 812[3]; – ἀπὸ ξύλων II 446[6]
πεποίηται hom. att. 769, 10. 771[4]. II 287[7]
πέποιθα 346[8]. 747[4]. 755[3]. 769[2]. 773[2]. 775[2]. II 227[8]. 234[1]; πέποιθε 765[5]; πέποιθα c. dat. II 145[1]. 168[6]
*πέποιθα, -θε plusqpf. 777[2]. 778[3]
πεποίθεα 755[3]. 777[4]. 778[3]; – ἐπ' ἰθύν II 473[2]
πεποίθει hom. 777, 11
*πεποιθῖμεν opt. 795[6]
*πεποιθήην 795[6]
πεποιθοίη att. (Aristoph.) 795[6]
*πεποίθοιμεν pf. opt. 795[6]
πεποίθομεν conj. hom. 748[4]. 769[4]. 790[4]. 795[6]
*πεποιθς, *πεποιθτ 777[2]
πεποιθώς nom. abs. II 403[7]
πεποιόντεισσι böot. 193[2]
πεποιόντεσσι böot. 771[4], 2
πεπόλιστο hom. 735[5]
πέπομφα 771[2]. 772[1]
πέπον voc. sg. m. 'lieb' 487, 1
πέπον neut. 569[3]
πεπονέαται Hdt. 672[2]
πέπονθα 295[6]. 747[6]. 769[2]. 771[5]. 781[4]. II 287[4]; – κακά II 287[4.5]
πεπόνθαμες Aristoph. 778, 1
('πεπόνθεμες) 778, 1
πεπονθέω spät 767[6]
πεπόνθοι att. (Plat.) 795[6]. 796[1]
πεπόνθω siz. 767[5]. II 286[7]
πεπονθώς II 389 [4.5]; -θότος αἰσχρά II 401[1]
πέπορδα 769[4]
πεπορεῖν 748[7]
πέποσθε 769[2], 3
πέποσμαι · ἀκήκοα H. 182[3]
πέποσχα syrak. (Epich.) 708[3]. 771[5], 3
πέποται 770[3]
πεποτήαται hom. (Ilias) 718[6]. 719[4]. II 263[4]
πεπότηται hom. 718[6]
πέπρᾱγα 770[3]. 773[3]
πέπρᾱκα (= -χα) hell. 772[6]
πέπρακεν infin. pap. 807[5]
πεπράξεται II 289[4]
πεπραξομένου Aristid. 783[5]
πεπρᾱ́σεται att. 783[5]
πέπρᾱται conj. ther. 793[1]
πέπρᾱχα 772[3]
πεπρεσβεύκων 540[5]
πέπρημαι 770[4]
πεπρήσθω II 343[1]
πεπριωμένου Hippokr. 738, 6
πεπρωγγυευκῆμεν infin. her. 806[5]
πεπρωμένη (ἡ) II 175[5]. 409[3]
πέπρωται 360[5]. 747[1]. 770[4]
πέπτᾰται hom. 770, 6
πεπτεῶτα pf. hom. 746[4]
πεπτήνας 647[4]
πεπτηώς 360[4]. 676[4]
πεπτός 298[5]. 359[1]
πέπτω 704[4]. 716[2]
πέπτωκα 360[4]. 770[1]. 774, 2
πεπύθοιτο 747[4]. 748[6]
πεπυκάδμενος äol. (Sapph.) 208[5]. 773[2]
πεπυκασμένος Od. 773[2]
πεπύσθαι 809[3]
πέπυσμαι, -σσαι 773[2]; -σται 669[3]. 770[1]. 773[2]; -σθε 670[3.4]; s. ἐπέπυστο
πεπωγμένον H. 770, 2
πέπωκα 340, 1. 709[2]
πέπων 298[5]. 487[1], 1. 543[3]
περ (πέρ) 82[4]. 259[8]. II 386, 3. 387[6]. 425[5]. 499[4.5]. 555[6], 2. 571[5–7], 3 f. 688[4]; c. partic. II 389[5–6]. 390[2]; c. nomine II 390[3]
πέρ (= περί) II 499[5]
περ' (= περί) II 499[4], 7
πέρα II 492[1]. 541[6.7]. 542[2]; – τοῦ δέοντος II 542[1]
πέρα subst. II 714[2]
περα- verbum 761[7]
περάαν fut. 784[6]
περάασκε hom. 711[3]
περάγείς 219[3]
πέραθεν II 714[2]
πέραι adv. att. 550[4]
Περαιβοί 66[3]
περαίνω II 81[1]
περαίτερος 534[5], 2. II 541[7]
περαιτέρω II 542[1]
περαιωθέντες Od. 760[5]
πέρᾱν 621[1]. 702[6], 8. II 68[6]. 541[6.7]. 542[2]; – εἰς II 541[7]; τὸ – II 541[7]
περάνας ἔχει 812[7]
πέρανδε II 714[2]
*πέραρ 514[5]
πέρας (τὸ) att. 514[5], 6.8. 519[6]. II 70[3]
περάσητε conj. 791[2]
*περατατ- 503[8]
περάτηι: ἐν – 503[8]
περατος 503[6]
πε̄ράτων 228[8]
περᾶν II 271[5]; – πόδα ὑπὸ σκηνῆς II 527[5]
περβέβαται χρόνος II 500[3]
πέργαμα: τἀπὶ Τροίᾳ – II 467[1]
Περγαμίδης 510[1]
Πέργαμος 71[1]. 494[1]
πέργουλος 334[2]
περδάζομαι 735[2]
Περδίκα nom. sg. m. 560[5]
Περδίκκας maked. 637[1]
πέρδῑξ 497[5]
πέρδομαι 684[3]. 747[6]. II 227[5]. 228, 2. 229[1]; πέρδεται 291[2]; -έπαρδον, παρδήσομαι 763[4]
*περϝαρ 519[6]
πέρηθεν II 714[2]
πέρην ion. II 68[6]. 541[6.7]. 542[2]
πέρθαι pass.hom. (Ilias) 746[5], 10. 751[2]. 757, 1; – πόλιν σῷ ὑπὸ δουρί II 526[4]
πέρθετο Ilias 746[5], 10. 751[2]
*περθσαι 285[2]

πέρθω 644[4]. 684[3]. 747[5]; – τι κατ' ἄκρας II 480[7]; s. ἔπερσα
περί 387[4]. II 68[3]. 82[3]. 268[1.3]. 421[7], 5. 422[7], 4. 423[7]. 424[1]. 425[4]. 432[5]. 433[4.7]. 434[1]. 437[2.3]. 492[1]. 499[4], 6–505; – τινος c. adj. II 108[2]; – τι c. adj. II 108[2]; – τινος ἕνεκα II 428[7]; – τ' ἀμφί τε II 430[3]; – ἑβδομήκοντα II 504[5]; οἱ περί τινα II 416[7.8]. 417[1]; τὰ περί τινος II 417[2]; ἔχω περί τινα 'habe zu tun' II 504[4]; περὶ πολλοῦ ποιεῖσθαι II 503[5]; – – ποιεόμενος II 391[8]; – πλείονος ἡγεῖσθαι II 99[5]; περὶ φρένας ἔμμεναι II 430[7]; περὶ νά mgr. II 384,1
πέρι postpos. 387[7], 622[5]. II 420[6]. 421[2.3]. 423, 4. 427[1.5.6]. 430[3]. 499[4.5]
πέρι 'sehr' II 571[6]
περι- compos. 436[1]. II 429[5]
περιάγειν II 78[6]
περίαλλα adv. II 505[1]
περίαλλος hell. II 505[1]
περιαμπάξ kret. 620[5]. 633[2]
περιαμπέτιξ kret. 620[6]
περιαμπέτις kret. 620[6]. 631[2.3]
περιαμφιέννυμι II 429[6]
*περιαμφιπέτομαι 620[6]
περιαμφίς 836[5]
Περίανδρος 451, 1. 634[3]
περιαυτολογέω II 505[2]
περιαυχένιος II 505[1]
περίαχε II 499, 7
περιβαίνω II 500[5]; – c. gen. II 109[2]
περιβάλλεσθαι χλαῖναν II 231[2]
περιβάλλω (-ειν) II 83[4]. 284[1]. 500[5]; – τινί II 500[3]; – τινά δώροισι II 500[2]
περιβαλών nom. abs. II 403[5]
περιβάς c. dat. II 150[6]
περιβολιβῶσαι rhod. 257[5]
περιβραχιόνιον II 505[1]
περιβώμιος II 505[2]
περιβωμίς II 505[2]
περίγειος II 505[2]
περὶ.. γενέσθαι II 431[3]
περιγίγνομαι (-εσθαι) 690[2]. II 431[3]. 500[3]. 502[3]; – τινός τινι II 101[3]
περιγνάμπτω II 500, 6
περίδδυγα böot. 331[6]
περιδείδια hom. II 500[3]; – c. gen. II 109[2]; – c. dat. II 109[2]. 151[5]; – μή II 675[5]
περιδέξιος II 500[2]
περιδέραιον II 505[1]
περιδίδομαι (-οσθαι) II 130[5], 3. 226[5]. 233[3]
περίδρομος II 500[5]
περιδῦσαι H. 693, 5
περιδώμεθον conj. hom. 672[5]. 741[4], 5. II 315[2]. 500[5]; – τρίποδος II[5]
περιδώσομαι Od. 741, 5; – ἐμέθεν II 500[6]
περιέζωνται 671[6]
περιεζωσμένος: – ζώνην πρὸς τοῖς μαστοῖς II 513[3]; -αι ἔστωσαν II 341[2]
περίειμι (περιεῖναι) II 421, 5. 431[3]. 500[3]. 502[3]
περιελθεῖν II 380[1]
περιελίσσειν περὶ τὸ σῶμα II 504[1]
περιεργάζομαι II 500[3]
περίεργος II 500[3]
περιέρχεσθαι περὶ Ἀττικήν II 504[2]
περιέσεσθαι (τοῦ) II 369, 6
περιεσόμενος: ὡς -σομένους II 402[6.8]
περιέσσευεν 656[2]
περίεσσι γυναικῶν εἶδος II 85[4]. 101[3]
περιέσχατος II 505[2]
περιέχομαι II 500[5]
περιέχω II 500[3]
περιζώννυμι II 500[5]
περιημεκτέω 726[6]; -εῖν c. instr. II 168[2]; περιημέκτεον ἐκπεφευγότων II 394[1]
περιηχέω II 500[5]
περίθες 390[8]. 391[1]
περίθου 390[8]
περιιεῖεν 3. pl. delph. 674[3], 5
περιιέναι II 500[4]
περιίστασθαι II 500[4]
περιίστημι II 500[4]
περιισχναίνω II 500[4]
περικαλλής II 500[2]
περικάρδιος II 505[2]
περικάρπιον II 505[2]
περικάτω Strattis 633[2]. II 500[2]
περικατωτροπή II 500[2]
περίκειμαι II 500[5]
περικεφάλαιος II 505[2]
Περικλῆς 635[3.4]; – τὰ πρῶτα τῆς π. II 602[5]
περίκλυτος 435[2]
περικνήμια II 505[2]
περικολπίζω II 505[2]
περικράνιος II 505[2]
περίκρανος II 505[2]
περικτίονες 326[1]. 486[8], 4. II 500[5]
περικτῖται II 500[5]
περιλείπομαι II 500[3]
περιμάρναμαι II 500[5]
περιμένω II 500[4]; -νετε II 341[3]; ἐπερίμενα 656[8]
περιμετωπίδιος II 505[2]
περιμήκετος 501[3]
περιμηχανάομαι II 500[6]
Πέριμος 495, 1
περιναιέται II 500[5]
περίνεφρος II 505[2]
περίνεως II 505[2]. 714[8]
πέριξ 496[5]. 620[2]. II 500[2]. 552[7–8] f.
περίξεστος II 500[5]
περίοδος II 86[2]
περίοιδα II 431[5]. 500[4]
περιοίκιον II 505[2]
περιοπτέος Hdt. 810[7]; – ἐστί II 150[4]; -έη ἐστί II 409[8]; -έος εἰμί c. ptc. II 396[5]
περιοράω (-ῶ) II 396[2]. 500[4]; – τι διά τι II 454[1]; – τινά c. ptc. II 394[5]; – – c. praedic. II 395[3.4]
περίορθρον II 505[2]
περιπατῶ (-εῖν) II 277[6]; ngr. II 500, 2
περιπέλομαι II 500[5]; s. περιπλόμενος
περιπέτεια II 500[4]
περιπετής II 500[4]
περιπεφλευσμένος 773[4]
περιπίμπλημι II 500[4]
περιπίπτω (-ειν) c. loc. II 157[1]; – πρός τινος II 226[8]; – συμφοραῖς διά τινα II 453[7]
περιπλάκηθι att. 759[5]
περιπλέκω II 500[5]
περιπλεχθείς Od. 759[4]
περιπλίγδην 626[3]
περιπλίξ 620[6]
περιπλόμενος II 500[5]; περιπλομένων 295[1]. 747[2]. s. περιπέλομαι
περιπνευμονία II 505[2]
περίπολος 379[6]. 381[5]
περίπου hell. II 500[2]. 512, 1
περιπρό II 429[7]. 500[2]. 505[4]
περίπρο Ilias 633[2]
περιπροχυθείς II 430[1]
περίπυρον II 505[2]
περιρανάτω 829[6]
περίρρανσις 505, 8
περιρρέω II 500[4]
περιρρηδής 514[1]
περίρρυτος II 242[1]
περισαίνω II 500[5]
περισθενέων 724[3]. II 550[4]
περισπωμένη (term.) 373[8]. 375[4.5.6]. 376[3]
περισσά adv. Pind. 621[2]
περισσεύω: περιέσσευεν 656[2]
περισσός 472[1], 1. II 98[4]. 500[2]
περισταῖεν Od. 794[3]
περίστειξας Od. 747[4]. 755[3]
περιστείχω II 500[5]
περιστερά 258[8]. II 31, 5. 32[1]
περιστεριώνας ngr. 488[5]
περιστερός II 31, 5. 32[1]

περιστεφής c. gen. II 111[1]
περιστέφω II 500[5]
περιστρέφω II 500[5]
περισφύριον II 505[2]
περιτέλλομαι II 500[5]
περιτεμεῖν : τοῦ – II 372[4]
περιτίθεσθαι στέφανον II 231[2]
περιτίθημι II 500[4]
περιτοξεύω II 500[3]
περιτρέπω II 500[4]
περιτρέχω II 500[5]
περιτροπέων II 500[5]
περιτροπή II 500[4]
περίτροχος II 500[5]
περιττάκις Plat. 840[7]
περιττεύειν τινος II 101[3]
περιττός: -ὰ τῶν ἀρκούντων II 99[1]
περιττοσύλλαβα (term.) 553, 3
περιτύμβιος II 505[2]
Περίφᾱς 451[4]. 526[3]
περιφέρω II 500[4]
περιφραδέως II 500[6]
περιφραζώμεθα νόστον II 500[6]
περίφρον voc. 569[1]
περιφρονέω (-εῖν) II 500[4]; c. gen. II 109[3]
περίφρων 569[1]
περιφῦναι II 500[5]
περίχειρον II 505[2]
περιχεύεται conj. 745[4]
περιχέω II 437[7]. 500[5]
περίχρυσος 435[4]
περιχώομαι II 500[6]; περιχώσατό τινι c. gen. II 133[6]
περιωρεσία siz. 275[1]
περιώσιος II 500[3]
περκάζω 735[3]
Πέρκαλος lak. 436[1]
περκνός 489[2]
Περμᾱσός böot. 300[2]
πέρναι j.-lesb. 693, 3
πέρνημι 693[2]
περνῶ ἀπό ngr. 627, 3
περνῶντας ngr. II 411[1]
περονάω 725[6]
περόνη 57[5]
περπατῶ ngr. II 500, 2
πέρπερος 423, 5
Περϙοθαριᾶν lokr. 470[1]
πέρρ lesb. II 499[4], 8
Περραιβοί 66[3]
Πέρραμος lesb. 90[4]. 274[4]
περρέχω II 500[3]
Περρίδαι 509[6]
πέρροχος lesb. 274[3]. II 500[3]
περσ- 755[1]
πέρσαι 285[2]. 747[5]
Περσαίπολις 438, 2. 446[1]
Πέρσεις pl. 586, 6
περσέπολις 442[1]
Περσέπολις 196[2]. 438, 2
πέρσεται Ilias 782[2]
Περσεύς 442[1]
Περσεφόνεια 442[1]
Περσεφόνη ion. 281[3]. 285[1]
Πέρσης 285[6]. 562[1]; ὁ Πέρσης II 42[1]
πέρσι ngr. 622[2]
περσίζω 736[3]
Περσικός II 182[4]; τᾰ̀ Περσικᾰ́ II 47[3], 7
πέρσις 505, 4
Πέρσους acc. pl. m. 586, 6
πέρσυ 259[6]. 830[6]; vgl. πέρσι
πέρσω 782[4]
περτ' pamph. II 508[3], 7; – ἰρε̃νι II 508, 7
περτέδωκε pamph. 267[4]. II 508, 7
περτι pamph. 89[2]
πέρυσι 270[4]. 357[4]. 405[3.4.7]. 426[2]. 619[6]. 622[2]. II 16[1]. 158[6]
πέρυσιν 405[3.4.7]. 619[6]
περυσινός 490[5]
πέρυτι dor. 405[3]. 619[6]. 622[2], 3
πέρυτις dor. 270[4]. 357[4]. 405[3]. 426[2]. 619[6]
περῶ fut. 784[6]
πές ngr. 390[1]. 745[3]
πεσε/ο- ion. att. 746[4]
πεσεῖν: ἔπεσον ὑπό att. 757[3]; – ὑπὲρ τεσσεράκοντα ἄνδρας II 519[7]
πεσέομαι hom. 784[4]; -σέονται 746[4]
πέσημα 271[8]. 523[3]; – δορός II 119[2]
ΠΕσιδος 192[3]
πεσμένος ngr. 779[4]
πέσος n. 271[8]. 512[3]
*πέσος 251[4]
πεσοῦμαι att. 271[8]. 360[4]. 746, 6. 784[5]. 786[3]. II 226[7]; s. πίπτω, πεσέομαι
πεσούση (χιόνι) II 391[2]
πέσσεσθαι πέμματα II 231[3]
πέσσεται ark. 211[6]. 781[7]
*πεσσορες 590[1–2]
πεσσός 62[1]
πέσσυρες lesb. 590[1–2]
πέσσω 73[8]. 298[5.8]. 319[3]. 704[4]. 716[1]. 754[7]. 781[7]. II 72, 1; ἔπεψα 751[5]
πέσυρες lesb. 300[2]
πεσυρεσκαιδέκοτος lesb. 596[3]
πέσωμα 271[8]
πετα- II 498[6], 2
πετᾱ- 742[5]
Πεταγείτνιος II 498, 2
Πεταγείτνυος 257[1]. II 498, 2
Πεταγένης II 498, 2
Πεταλλίς II 498, 2
πέταλον 483[6], 7
πέταλσι dat. pl. 569, 7
πέταμαι 340[5]. 680[4]. 681[3], 9. 742[4]. 770, 6
πεταμν(υφάντειρα) 474, 3. 525[2]
πετάννῡμι 697[4]
πέτασμα 524[2], 3
πέτασος 61[6]. 516[7]. II 42[2]
πετάσσας χεῖρε c. dat. II 145[6]
πετάσσω fut. Nonn. 784[6]
πέταυρον 198[6]
πέτε 2. pl. imper. ngr. 745[3]
πετε/ο- dor. lesb. 746[4]; s. ἔπετε, ἔπετον
*πετε̯ομαι 271[8]
*πετε̂ομαι fut. 360[4]. 770[1]
πέτευρον 481, 4. II 498, 2
πέτηλος 483, 7. 484[3]
πετήσει fut. att. 742[5]
πετήσομαι 782[7]
Πετθαλοί thess. 90, 1. 300[2]. 318[2]
Πετθαλός thess. 269[1]
πέτομαι (-εσθαι) hom. att. 358[3]. 360[4]. 681[3]. 684[5]. 717[4]. 747[2]. II 72, 1. 161[7]. 362[6.7]; πέτεται 291[2]. 742[4]; πέτετο 742[4]; πέτομαι ποτὶ πτόλιος II 515[5]; – διά τινων II 450[6]
*πετοῦμαι 271[8]
πετούμενα (τὰ) ngr. II 410[7]
πέτρα f. ngr. 578[3]
πέτρᾱ II 34, 5; πετερᾱ 237[6]
πετρα- böot. 590[2]
Πετραδίων 597[3]
πετράς böot. 597[2]
πέτρατος böot. 590[2]
Πέτραχος phok. 89[6]. 598[3], 6
Πετρέεντος 246[3]
πετρηδόν 626[4]
Πετρήεις ion. 528[2]
Πέτρο voc. ngr. 555[2]
πετρο- thess. 82[3]. 89[6]. 300[2]
πετροετηρίδα acc. sg. thess. 590[2]
πετσί n. [so, nicht -ή f.] ngr. 578[5]
πετταράκοντα böot. 592[1]
πέτταρες böot. 82[3]. 89[6]. 106[2]. 300[2]. 319[7]. 590[1]
pette ngr. (dial.) 214[3]
πεττύκια att. 300, 1. 489, 9
*πέτω (ἔπετον) II 260[6]
πεύθε/ο- 683[5]. II 260[6]
πευθήν 487[3]
πεύθομαι 297[4]. 699[5]. 701[2]. 747[4]; πεύθεται 261[3]; πεύθομαι c. gen. II 106[6]; – c. acc. II 106[1]. 107[4]; – μετὰ κλέος II 486[2]; – τεθνηκότος II 393[8]
πεύθω 347[4]. 685[1]. 699[5]
πεύκᾱες 527, 3
πευκεδανός 530[1]
πεῦκος m. ngr. II 42[4]
Πευμάτ(τ)ιοι böot. 300[2]
πευσεῖσθαι Aesch. 786[2]
πεύσεσθαι Aesch. 786[2]

πεῦσις 504[6]
πεύσοιντο II 337[5]
πεύσομαι 261[8]
πευσόμενοι 786[2]
πευστέον Plat. 810[7]
πέφαγκα 694[3]; -γκε 775[4]
πεφάνθαι 809[3]
πέφανθε 670, 5. 773[6]
*πέφανσθε 670, 5. 773[6]
πέφανται 3. sg. 694[3]. 770, 7. 773[5.6]
πέφανται 3. pl. 672, 1. 769, 13; s. ἐπέφαντο
πεφάσθαι ἀντί τινος II 443[3]
*πέφασθε 773[6]
πέφασμαι 773[6]
πεφασμένον 773[5]. II 401[1]
πέφαται 'liegt erschlagen' (θείνω) 297[6]. 343[4]. 364, 1. 768[6]. 769[5]. 783, 4
πέφαται 'ist gesagt' 364, 1. 783, 4
πεφειρᾱκοντες thess. 89[6]. 106[2]. 302[1]. 649[3]
(πεφείσεται) 783, 4
πέφευγα 649[2]. II 288[1]
πεφευγέναι τῆς νόσου II 91[6]; – πρὸς Ἑλικῶνι II 513[1]
*πεφευγῑμεν 1. pl. opt. 795[6]
*πεφευγjην 795[6]
πεφεύγοι Ilias 771[1]
πεφευγοίην 795[6]
πεφευγώς 541[2]. 768[3]; -γότες Od. 771, 1
πέφη H. 770[4], 7. 773[5]. 783, 4
πέφηνα 694[3]. 771[5]. II 228[1]; πεφήνᾱσιν 664[1]
πεφήσεται hom. 694[3], 4. 773[5]. 783[4], 4
πεφθαρμένος byz. 649, 2
πεφιδέσθαι 347[1]. 649[2]. 748[6]
πεφιδήσεται fut. Ilias 748[6]. 783[3]. II 351[5]
πεφιδοίμην 748[6]
πεφίληκα att. 765[7]. 774[5]
πεφιλοτετιμένους 650[4]
*πέφναται 3. pl. 672, 1. 769, 13
πέφνε 748[5]
πεφνε/ο- 746[4]
πεφνέμεν infin. aor. 357[2]. 649[3]. 748[5]. 769[5]; s. ἔπεφνον
πέφνεν ἀπὸ βιοῖο II 447[1]; – (τινὰ) ἐπί τινι II 466[8]
πέφνῃς conj. 748[5]
πέφνω praes. Opp. 686[2]. 749[1]
*πέφνω 385[6]
πεφνών ptc. 748[5]. 749[1]
πέφνων Aristarch. 749[1]
πεφοβήαται 771[4]; -ήατο πὰρ ποταμόν II 495[2]
πεφόβημαι II 287[4]; -ηται 814[3]; -ημένος c. gen. II 119[3]
*πέφουγα 541[1]. 771[1]
πέφραδε 748[6]. II 577, 1; s. ἐπέφραδον
πεφραδέμεν 748[6]
πεφράδοι 748[6]
πέφρακα 775[2]; s. ἐπεφράκεσαν, φράσσω
πέφρασμαι 773[2]
πέφρῑκα 772[2]
πέφτω ngr. II 281[5]; πέφτει c. gen. II 136[6]; – τοῦ θανάτου II 137[1]
πεφύᾱσι 770[4]
*πέφυγα 771[1]
πεφύγγων lesb. 540[5]. 699[7]. 771[5]
*πεφυγjην 795[6]
πεφυγμένος hom. 347[4]. 525[1]. 768[3]; – ἦεν ἀέθλων II 91[6]; πεφυγμένον εἶναι II 407[7]
*πεφυζην 795[6]
πεφυζώς II 286[7]; -ότες 714[6]. 771[5]
πέφῡκα 737[3]. 770[4]. 775[4]. 777[3]. II 227[7]. 258[3]. 624[4]; πεφύκᾰσι Od. 774[4]; s. εὖ πεφυκότων, ἐπέφυκον
πεφῦκει 774[3]. 777[5]
(*πεφύκει) 791, 3
πεφυκέναι πατρὸς ἀγαθοῦ II 94[2]
πεφύκῃ 791, 3
πεφῦκηι 774[3]. 791, 3
πεφυκὼς διὰ βασιλέων II 451[5–6]
πεφυλαγμένος 769, 6
πεφύλακα 771[3]. 772[6]
πεφύλακται att. 765[7]
πεφύλαχα att. 772[2.6]
*πέφῡμεν 770[4]. 774[3]
πεφύρσεσθαι Pind. 783[4]
πεφυτευκῆμεν infin. her. 806[5]
πεφυτεύκωντι conj. her. 774[5]. 791[2]
πεφυώς 770[4]; -ῶτα 541, 4; -ῶτε 540, 4
πεψ- 754[7]
πέψις 505[5]
πέψυγμαι 649, 2
πέψω fut. 716, 2 .781[7]; s. πέσσω
*πϝ 332[2]
**-p(h)so-* 322[2]
**-p(h)tjo-* 322[2]
πη partic. II 579[3], 3
πῆ att. 550[3]. 676[2]
πῇ adv. att. 617[1]. II 318[5]; s. πῆι
πηγαιμένος ngr. 779[4]
πηγαίνω ngr. 674[5]. 764[4]; -ουν II 621[1]
πήγανον 490[2]
πηγάς 508[1]
Πήγασος 62[2]. 153[8]
πηγεσίμαλλος 444[1], 4
πήγνυμαι II 227[6]; -υται hom. 758[6]; -υτο hom. 758[6]. 795[5]; -ῦτο opt. att. 795[5]; s. ἐπάγη, ἔπηκτο, ἐπήχθην
πήγνῡμι hom. att. 697[3]. 758[7]. II 227[8]. 271[5]; – τι γαίῃ II 156[1]; πηγνύναι ὄμματα κατὰ χθονός II 479[7]; s. ἔπηξα
πηγός 459[4]
πηδάλιον 483[7]
Πήδασος 395[4]. 321[4]
πηδάω ion. att. 719[2]; πηδᾶν 356[6]. 358[3]; – μείζονα II 77[2]; – ἄρδην τάφρων ὕπερ II 521[1]
πηδηέσσης gen. f. 527[4], 9
πηδήσομαι 781[8] f.
πηδόν n. 719, 6
πήζω ngr. 715[4]. 736[7]
πῆι adv. 622[1]
πηκτός 502[6]
*πηλ- 323[2]
πῆλε aor. 748[6]. 755[3]
Πηλεΐδης 510[4]
Πηλεΐωνά δ(ε) Ilias 624[6]
Πηληιάδης 634[6]; Πηληιάδεω -δαο 179, 3. 244[7]. 509[4]. II 121[1]; – Ἀχιλῆος II 615[3.6]
Πηληϊάδjω gen. hom. 313[1]
Πηληΐδης 634[6]
Πηλήιος 634[6]; – δόμος II 177[2]
Πηληΐων 634[6]
πήληξ II 28, 1
πηλίκος ion. att. 612[5]
Πήλιον II 33, 2
πηλοδευστῶ 685[6]
πηλόθεν äol. II 545[5]
πήλοι äol. II 545[5]
πηλοπατίς 465[3]
πήλυι adv. äol. (lesb.) 200[1]. 300[2.3]. 622[3]. II 157[6]. 545[5]
πηλώεις 527[5]
πῆμα 523[2]; – ἐπὶ πήματι II 468[6]; πήματα II 43[5]; – ἐπὶ πήμασι II 156[4]
πημαίνω 724[6]; – ὑπὲρ ὅρκια II 519[6]; – τινὰ διά τινα II 453[7]
πημανθη- 761[6]
*πημή 524[5]
πημονή 524[5]
πῆν dor. 676[2]. 715, 2
Πηνειός 468[4]
Πηνελέωο hom. 557[6]
πηνέλοψ 426, 4
πηνίκα 629[5]. II 652[2.4]; – τῆς ἡμέρας II 114[6–7]
πήποκα dor. (lak.) 355[6]. 550[2]. 622[4]. II 163[6]. 579[4.6]
πηρά ngr. (= πῆρα) 176, 1; s. παίρνω
πήραξον kret. 842[4]
Πηρεφόνεια 286[1]
πηρῖν- 465[5]
πῆριξ kret. (= πέρδιξ) 96[4] 208[2]. 286[5]

Πηριφόνᾱ dor. 281[3]. 442[1]
πῆρος 383[3]
πήσασθαι 752[3]
πήσομαι fut. spät 781, 2
πῆχθεν Ilias 758[7]
πηχθη- 760[5], 7
πῆχυς 297[6]. 463[3]; -χεος gen. sg. Hdt. 572, 3; -χεως 572 [3.4]; πήχως 573[5]; πήχει dat. Od. 573[1]; πήχεε du. hom. 573[5]. II 47[2]; (πήχει) II 47, 4; πήχεες hom. 553[4]; πήχεων att. 572[4]; πηχέων Hdt. 572, 9; πηχῶν Xen. 573[4.5]; πήχεσι dat. 571, 3. 572[1]; πήχεας acc. Hdt. 573[3]; πῆχας spät 573[5]
πι äol. 832[5]
πιάζω dor. hell. 244[1]. 721[4]
πῑαίνω Pind. 486[4]. 725[1]
πῑ́αλος 484[6]
πιάνομαι pass. ngr. II 241[4]; -ονται II 235[3]
πιάνω ngr. 244[1]. 701[4]
πῖαρ 350[1]. 519[6]
πῑαρός 481[3], 9
Πιάσται 67[6]
πιατρα kleinas.-gr. 123[7]
πιγκέρνης 194[2]
Πίγρε̄Ϝο kypr. 461[8]
πῑδάω 719[4]
πιδίκνυτι kret. II 465, 7
πῑδύω poet. spät. 719[4]. 727[5]
πίε imper. hom. (Od.) 747[3]. 799[2]
πιέ imper. 390[1]
πιέ ngr. 764[2]
πίε̄ böot. 791, 8
πιε/ο- hom. att. 747[3]
*πιέδjω 713[3]
*πίε ει imper. 804[2]
πιέειν II 363[1]
πιεζείσθω 721[4]
πιέζεσθαι ὑπό τινος II 529[7]
πιεζεῦσαν 721[4]
πιεζέω 721[4]; s. ἐπιέζησα
πίεζον hom. 656[3]
πιέζω (-ειν) 713[3], 2. 716, 3. 721[4], 5. II 381[4.5]. 426[6]. 429[6]. 465[2], 7; s. ἐπίεζον, ἐπίεσα, ἐπίεξα
πίει imper. alt.-att. 798, 8. 800[1]. II 316[4]; ΠΙΕΙ 804[2]
Πίεια 828[6]
πιεῖν II 363[4.5]
πίειρα 381[2]. 475[1]. 485[5]. 543[3]. II 29[3]
πίεις imper. 800[1]. 804[2–3]
πιέξαι epid. 721[4]
πιέξαι Hippokr. 738[2]
Πιερ- 481[1]
πῑερός 481[3], 9
πίεσαι 669[1]
πιεσμός 493[3]
πιέσω fut. Diph. 721[4]. 782[5]
*πῑϜερ 485[5]
πῑ́Ϝων 521[3]
*πιζ- 721, 5
(πίηι, πίηις conj.) 804[3]
Πίηρ 569[2]
πιθε/ο- 747[4]
πιθέσθαι II 364[1]
πιθέσθων imper. 802[4]
πίθευ ion. 390[1]
πιθηκίζω ὑπό τι μικρόν II 532[4]
πίθηξ 497[4]
πῖθι 359[6]. 693[3]. 758[5]. 800[4]
πίθοιο II 324[6], 1
πίθος 261[4]; πίθοι οἴνου II 129[3]
πιθοῦ imper. 799[3]
(*πιθῶσαι); s. ἐπίθωσε 727[2]
πικραίνομαι 733[2]; πικραίνεταί μοι ὑπέρ τινα II 520[4]
πικρός 333[3]. 347[1]. 481[5]
πιλιπής 585[2]
πίλνᾱ 3. sg. 695[2]. 659[6]
πίλναι 108[5]
πιλνᾶι Hes. 695[2]; πιλνᾷ c. dat. II 145[8]
πιλνᾶις 695[2]
πίλναμαι 284[2–4]. 351[2]. 352[4]. 743[1]; πίλνασθαι c. dat. II 141[5]. 142[1–2]; πίλναται 695[2]
πιλνόν kypr. 284[2.4]. 352[4]. 489[3]
πῑμελή 483[5]
πίμπλᾱ imper. ion. att. 689[2]. 799[3]
πίμπλαμαι 689[2]; πίμπλασθαι II 230[6]. 231[2]; πίμπλαντο c. acc. II 111[2]
πιμπλάνεται hom. 689[4]. 700[1]
πιμπλᾶσι 689[2]
πιμπλεῖσαι ptc. 689[2]
πίμπλη imper. dor. lesb. 689[2]. 798[5]. 799[3]
πίμπλημι 688[5]. 689[2]. 703[1]. 756[1]; – c. instr. II 166[8]; s. ἔπλησα, πίπλημι
πιμπλῶνται 689[3]
*πιμπράασι 665[4]
πιμπράναι 689[2]; s. πίμπρημι
πιμπράντ- ptc. 689[2]
πιμπρᾶσι 3. pl. 665[4]. 689[2]
πίμπρη imper. ion. att. hom. 689[2]. 798[5]. 800[5]
πίμπρημι 688[5]. 689[2]; – c. gen. II 111[4]; – τι κατ' ἄκρας II 480[7]; s. πίπρημι
πῖν 132, 1
Πιναρέοις 565[2]
Πινδαρικὸν σχῆμα II 608[3]
πῖνε 799[1]
πινέμεν II 380[7]
πίνεσθαι II 237[4]. 364[6]
πῑ́νεσκεν hom. 711[2]
πῖνον 'Bier' 693, 8
πίνος 301[1]
πινυ- 696, 2. 708[5]; s. ἐπίνυσσεν
πινυμένην H. 696, 2
πινύσκω Aesch. 708[5]
πινυτᾶς 528, 1
πινυτός 278[2.4]. 301[1]. 327[3]. 696, 2; πινυτή hom. II 176[7]
πῑ́νω 300[1]. 346[1]. 693[3]. 747[3]. 756[2]. 780[4]. II 72, 1. 226[2]. 284[1]; – c. acc. II 103[2.3]; – αἵματος II 103[2]; – σκύφει II 170[2]; – οἶνον, τὸν οἶνον, οἴνου II 73[6–7]; – ἐκ φιάλης II 463[3]; – ὑπὸ τῆς σάλπιγγος II 530[2]; – φάρμακον παρά τινος II 497[7]; – ὕδωρ ἐπὶ τῷ σίτῳ II 468[6]; s. πῖν, πίομαι, ἔπιον, πέπωκα, πεπο-
πίομαι fut. 686, 3. 780[2.4.5], 9. 791[3]. II 265[2.7]; πῑ́ομαι 686, 3. 780[4]
πῑ́ομαι praes. 686[3], 3. 780, 7
πιόμενος ptc. 747[3]. 780[4]; -οι πέμφιγας 686[3]
πῖον n. 566[6]. 580, 6. 585[5]
πῖος 512[4.7]
πῑότερος 535[3]
πιοῦμαι Koine 780[5]. 784[5]
*πιπελμι 689[3]
πιπίζω 315[6]
πιπῑ́σκω 346[1]. 709[2], 1. 710[2]. 756[2]; s. πῖσω, ἔπῑσα
πίπλαμεν 689[3.4]
πιπλάνειν 689[4]
*πίπλεμεν 689[3]
πιπλεντ- ptc. 689[3]
*πίπλημεν 1. pl. 689[3.6]
πίπλημι 688[5]. 689[3.6]; s. πίμπλ-
πιππίζω 315[6]
πιπραθησόμενος byz. 650[5]. 783, 2
πιπρᾱ́σκομαι Lys. 710[3]; -ᾱ́σκεσθαι II 240[3]
πιπράσκω δι' ἔνδειαν II 454[3]
πίπρημι 688[5]; s. πίμπρημι
πιπρήσκω Kallim. 710[3]
πιπτακαρίου (= πιττ-) 211[4]
πῑ́πτω 266[5]. 648[3]. 690[2], 3. 704[3]. 746[4]. II 258[5]. 260[6]; πίπτει 640[5]; πίπτω c. loc. II 156[1.2]; – ὑπό τινος II 226[7.8]; – ὑπό τινι II 526[6]; – ἐν, ἐπί c. dat. II 434[1]; – μετά τινι II 484[2]; – παρά τινος II 498[3]; – εἴς τι II 459[1]; πίπτον ἔραζε II 261[1]; πίπτειν πτῶμα II 75[4]; ἔπιπτον ἑκατέρων II 622[6]; πίπτω πεδίῳ (πέδῳ) II 156[1]; – ἐκ χειρός II 463[3–4]; – ἐν γούνασι II 434[2]; – ἐς τοσοῦτον αἰκίας II 433[4]; – περὶ λίθον II 504[1];

– περὶ ξίφει II 501[1]; – (ἐν κονίῃσι) ὑπό τινος II 528[8]; – ὑπὸ ἄξοσι II 525[5]; – ὑπὸ χερσί τινος II 526[3]; s. ἔπεσα, ἔπεσον
p'íru tsak. 216[6]
πιρωμι Hdt. 585[2]
Πῖσα 476[1]
πίσος 61[6]. 516[8]
πῖσος 285[6]. 513[1]
πίσσα 319[3]. 350[1]. 474[3]
πίσσυγγοι lesb. 300, 1
πιστά II 606[2]; – πιστῶν II 700[5]
πιστεύω 199[3]. 732[5]. II 347[4]; – c. dat. II 145[2]; ἐπίστυσε 199[3]
πίστις 504[5]; – c. gen. II 132[1]
πιστός 262[1]. 348[8]. 503[2]. II 174[1]
πίστωμα 523[4], 6
πίσυγγος [so] 498[4]
πίσυνος hom. 263[4]. 491[5]. 529[5]; – c. dat. II 145[2]
πίσυρες äol. (lesb.) hom. 82[3]. 89[6]. 106[2]. 300[2.3]. 351[1]. 590[2]. 695[4]; πισύρων 272[2]; πίσυρας ἐκ πολέων II 116[7]. 464[2]
πῖσω fut. 709[2]. II 80[3]
Πιτάνη äol. lak. 302[1]
πῑτάριον 289[2]
πιτεύω 346[1]
Πίτθων 637[1]
Πίτιν delph. 217[1]
*πῖτις 505[2]
πίτνᾱ hom. 695[3]
πίτναν τε Pind. 695[3]
πίτναντο hom. 695[3]
πιτνᾱ́ς hom. 695[3]
πίτνειν: τὸ μὴ – κακῶς II 371[8]
πιτνέω 351[2]
πίτνημι 351[2.6]. 831[6]
πίτνω 695[3.4]; – ἱκέτις ἀμφὶ γόνυ τινός II 439[1]
πιτνῶ gramm. 695[3]
*πῑτός 346[1]. 419[6]. 502[6]
πίττα 319[3]
πιττάκιον 317[7]
πιτυοκάμπτης 439[5]
πίτυς 506[4], 5; πίτυσσι dat. pl. 571[3]
πιτύστεπτος 506, 6
πιφαυσκέμεν II 382[3]
πιφαύσκω 747, 2; πιφαύσκει 709[1]. 710[3]
πῑ́ων adj. 543[3]. 566[6]. II 29[3]. 182[7]
πjὸ καλός ngr. II 184, 3
pjos ngr. 617[4]
*πλᾱ- 743[3]. II 542, 1
πλᾱγ- 702[5]
πλᾱγᾱ́ 692[8]
*πλαγγjω 333[1]. 336[8]. 692[8]
πλαγη- 760[5], 7
πλάγιαι (πτώσεις) II 53[8]. 54[1]
πλάγιος 466[2]
*πλαγjω 692[8]
πλαγκτός 692[8]
πλάγξε poet. hom. 692[8]
πλάγξομαι 781[7]
πλάγχθη hom. 692[8]. 761[3]. II 281[4]
πλαδδιάω 732[3]
πλάδος 509[1]
πλάζεσθαι κατ' ἀγρούς II 476[5]; – μετά τινα II 486[1]
πλάζω 331[5]. 333[1]. 336[8]. 692[8]. 702[5]. 714[6]. 735[4]
πλάζω tar. (= πλάσσω) 715[3]
πλᾱ́ζω äol. 715[3]
πλάθανον 298[3]
*πλαθjω 320[7]
πλάϊ πλάϊ ngr. 621[4]
πλᾱκ- 702[5]
πλακοῦ voc. gramm. 565, 4
πλακοῦς 528[2]. 565, 4. 566[4]
πλᾱ́ν 621[1]. II 413[7]. 542[3–7], 1
πλανάω 694[2]
*πλανzδω 331[5]. 336[8]
πλάνη 421, 3
πλάνης 499[2]
*πλανυσκjομαι 716[7]
πλανύττομαι att. 716[7]
πλανύττομεν Aristoph. 733[5]
πλανῶ: ἐπλάνεσα ngr. 753[2]
πλασ- 755[1]
πλᾶσίον lesb. 270[6]
πλᾱ́σιον lesb. II 547[6.7]
-πλάσιος adj. 598[5], 10
-πλασίων adj. 536, 3. 598[5], 10
πλασσ- 755[1]
πλάσσεσθαι II 232[5]
πλάσσω ion. 320[7]. 715[1]
πλαστός 306[7]
πλάσω fut. 715[1]
Πλάταια 474, 1
Πλαταιαί 385[3.8]. 474, 1
Πλαταιᾶσι (loc.) att. 559[4]. 618[6]. II 155[2]
Πλαταιέσσιν dat. pl. 575, 4
πλαταμών 522[3]
πλατάνη II 32, 4
πλατάνιστος 66[3]
Πλατανιστοῦς II 33, 2
πλάτανος m. ngr. II 32, 4
πλατάσσω 733[5]
πλατέα 474, 2
πλατεῖα 381[6]; ἡ – II 175[6]
πλατειάζω 734, 6
*πλᾶτι 621[2], 6; *πλᾶτί 270[6]. 461[4]
πλᾶτίον dor. 270[6]. 360[3]. 621[2], 6. 743[1]. II 542[3]. 547[6]. 548[4]
*-πλάτιος 599, 10
πλᾶτις 190[7]. II 542[3]
*πλατός 466[5]
πλάττω att. 320[7]. 321[2]. 715[1]
πλατυκός 498[2]
πλάτυμμα 524, 2
πλατύς 298[3]. 463[1]. 538, 6
Πλάτων 323[8]; – λέγει II 270[5]
πλέγνυμι 697[3]
*πλεεεν infin. 807[3]
πλέες hom. lesb. 252[8]. 537[3], 6
*πλεϝεεν infin. 807[3]
*πλέϝετε 251[6]
(*πλεϝjω) 685[7–8]
*πλέϝω 685[7–8]. 722[1]. 781[6]
πλέθρον att. 259[8]. 533[2]
Πλειάδες II 52[1]
πλεῖν infin. att. 807[3]
πλεῖν 'mehr' (= πλέον) 127[8]. 249[8]
πλείονερ acc. pl. el. 563[6]
πλειόνοις 564[8]
πλειοντ- ptc. hom. 685[8]
πλεῖος hom. 472[5], 11; – c. gen. II 110[8]
πλειότερος ngr. 539[5]
πλείους acc. pl. 580[1]
*πλεῖς att. 537, 6
Πλεισθένης 263[4]
πλειστάκι 619[1]
πλειστάκις 598[1]
πλεισταχόθεν 630[5]
πλειστοβολίνδα 627[2]
πλεῖστον II 185[2]
πλεῖστος 279[7]. 538, 8. 584[4]. II 182[3]
*Πλειστοσθένης 263[4]
πλείω 536, 3. 581[1]. 585, 3. 621[3]
πλείων 538[3], 8. 539, 4. 584[4]; – ..τῶν ἐνθάδε II 99[4]; πλείω τοῦ ξ. χρόνου II 99[6]; πλείω τῶν φυτῶν II 99[3]; πλείων καὶ πλείων II 700[2]
πλειών 488[3]
*πλειως (*πλειωνα) 479, 4
*πλείως acc. pl. 580[1]
πλεκη- 760[1]
πλέκομαί τι ὑπὸ παλάμαις ἄλλου II 527, 2; πλέκονται 759[4]
πλεκοῦν 334[2]
πλεκτάνη 490[2]
πλέκω 684[4], 2. 754[7]
πλέκωμα 334[2]
πλέν infin. ther. kyren. 410[7]. 807[3]
πλεξ- 754[7]
*πλεοες 252[8]
πλέοισι ther. 288[3]
πλέον att. 236[7]. II 184, 3; πλέον τοῦ μέτρου II 99[6]; – μοι σοῦ II 99[3]; πλέον πλέον II 700[1]; ἐπὶ πλέον ὑμῶν II 99[5]
πλεονάζω 735[2]
πλεονάκις 598[1]
πλεονασμός 45[2]. II 703[8]

πλεοναχός 598[3]
πλεοναχῶς 598[3]
πλεονεκτεῖν (τὸ) II 370[8]
πλεονεκτέω (-ῶ, -εῖν) 731[6]; – τινος II 101[3]
πλεονεκτῆσαι II 363[3]
πλέονες hom. 197[6]
πλεόντω imper. Praisos 802[2]
πλέος ion. 472[5], 11
*πλεοῦμαι fut. 786[3]
*πλέσσων 538, 6
πλεύμων 522[3]
πλεῦνες περὶ ἕνα II 504[2]
*πλευράξ 620[6]
πλευρόν 481, 4
Πλευρών 66[4]
πλευσεῖσθαι Thuk. 786[2]
πλευσεῖσθε Thuk. 786[2]
πλεύσοιτο II 638[4]
πλεύσομαι 685[7]. 781[6]
πλευσοῦμαι att. 785[7]. 786[2]. 788, 0; – Theokr. 786[7]
πλεχθείς hom. 761[5]; – περὶ βρέτει II 501[1]
πλέω (πλέειν) 347[3]. 685[6]. 781[6]. II 72[7], 1. 114[2]. 271[5]; πλεῖν II 377[2]; πλέων II 409[1]; πλέω πλοῦν II 75[5]; πλεῖν θάλατταν II 69[3]; πλέειν παρὰ τὴν ἤπειρον II 495[3]; πλεῖν ἐπί τι II 473[1]; – ἐπὶ κέρας II 472[4]; – ἐπὶ πόντον II 471[8]; πλεῖν ὡς ἐκεῖνον II 533[7]; πλέω ἐς Τ. μετὰ χαλκόν II 486[1]; s. ἔπλευσα, ἔπλει ἄν
πλέων 538[3], 8; πλέω τῶν ἀλλέων II 99[3]
-πλεως 472[5], 11; – c. gen. II 110[8]
πληγείς 716[2]; – c. gen. II 119[3]; – τὴν κεφαλήν II 81[5]; πληγέντε Ilias 557[6]; – f. II 35, 1
πληγενής 424[5]
πληγη- pass. hom. att. 759[5]. 760[2]
πληγῆναι hom. att. 759[4]. 760[1]
πλήγνυμι 716[2]
πλῆθι dat. sg. ark. 579[4]
πλῆθος 511[1]. 703[1]. II 86[3,4]; πλήθη II 43[6]; πλῆθος στρατοῦ II 129[3]; – πολύ II 700[6]
πληθύνεσθαι Aesch. 728[1]
πληθυντικός II 40, 1. 44, 3; – ἀριθμός II 40, 1
πληθύνω NT 728[1]; πληθύνων πληθυνῶ II 388[7]
πληθύς f. 463[7], 8. II 39, 4. 602[6]. 603[4]. 608[6,7]; πληθυῖ 199[5]. 570[4]; πληθυν 571[2]; πληθὺς Λυκίων II 129[3]
πληθύω ion. att. dor. 727[5]; – c. gen. II 110[7]; -ύειν c. dat. II 148[6]
πλήθω 703[1]. 812[1]; περὶ πλήθουσαν ἀγοράν II 504[5]
πλῆι, πλῆις conj. 791, 9
*πληjος 536, 1
*πλήjων 537, 6
πληκτίζομαι 706[4]; -εσθαι II 161[2]; – τινι II 161[3]
πλήλης Ägypt. 257[4]
πλήμη 524[5]
*πλῆμι 689[3]
πλημμελής 280[2]
πλημμυρίς 280[3]
πλήμνη 524[5]
πλήμῡρα 475, 3. 593[6]
πλήν 625[3]. II 533[4]. 542[3–8], 2 f. 583[4]; – ἀλλά II 578[3]; – εἰ II 543[1]; – εἰ μή II 543[3]; – ἤ II 543[4]; – ὅσον II 543[1]; – ὅτι II 543[1]; – οὐ II 543[4]; – τῶνδε τῶν ἐνέλειπεν II 642[8]
πλήν (= πρίν) 830[5]
πλῆντο 'näherten sich' hom. 671[4]. 743[1]; s. πλῆτο
Πληξαύρη 444, 5. 6
πλήξιππος 444[2], 5
πλήρης adj. 513[4], 8; indecl. 585[3]; – II 178[6]. 180[2]; – c. gen. II 110[8]; – c. instr. II 166[8]; – εἰμὶ θηεύμενος II 393[4]
πληροσία (= πρηρ-) 258[7]
πληρόσια (= πρηρόσια) 402[7]
πληροῦμαι (-οῦσθαι) c. gen. II 111[2]; – c. acc. II 111[3]; – σοφίας παρά τινος II 498[2]; – πνεύμασι II 166[8]
πληρόω 513, 8. 732, 2; πληροῦσιν Eur. 666, 3; ἐπληροῦσαν 666, 3; ὁ πληρώσων II 296[1]; πληροῦν c. acc. et gen. II 111[2]
πλησάμενος c. acc. et gen. II 111[1]
πλήσειαν (κεν) II 328[4]
πλησθη- 761[3], 3
πλησιάζω (-ειν) c. dat. II 141[5]. 142[3,4]; – τῶν ἄκρων II 97[6]; – μετὰ τοῦ ἅπτεσθαι II 485[4]
πλησίαλλος 621, 6
πλησίον att. 270[6]. 271[7]. 360[3]. 461[4]. 542[3]. 621[2]. II 547[6,7]. 548[3,4]; – c. dat. II 142[3]. 534[2]; – Θηβῶν II 97[5]
πλησίος c. dat. II 142[3]
-πλήσιος adj. ion. 598[5], 10. II 713[3]
πλησίχωρος 621, 6
πλήσμη 494[3]
πλησμονή 524[5]
Πληστίερος ark. 538, 8
πλῆστος 279[7]
πλήσσομαι (-εσθαι) ἔκ τινος II 464[1]; – σὺν αὐ. μιάσματι II 489[8]; – τι II 231[1]; – περί τινος II 502[4–5]; – ὑπὸ δήγματι II 526[3]
πλήσσω 697[3]. 702[5]. 716[2]; s. πλήττω
πλήσω 782[5]
πλῆτο 'näherte sich' hom. 360[3]. 695[2]. 743[1]. II 542[3]
πλῆτο 'füllte sich' 703[1]. 743[1]. 755[6]; – ὄνθου ῥῖνας II 85[2]
πλῆτρον 532[5]
πλήττω II 81[4]; s. πλήσσω
πληχθη- pass. Eur. 759[5]. 760[2,5], 7
*πλήων 537, 6. 538, 8
πλίασι(ν) dat. pl. kret. 537[2], 6. 567, 5
(*πλιγχjομαι) 692[4]
πλίες kret. 242[2]. 537[3], 6
πλίνθος f. II 34, 5
πλίξ 692[4]
πλίσσομαι 692[4]. 715[1]
πλίυι adv. kret. 622[3]
πλοΐζω hell. 736[2]
πλοϊμωτέρων II 400[8]
πλοῖον 470[3], 5. 578[2]
πλόμος 494[1]
πλόος 347[3]. 458[6]
πλος ark. 88[6]. 537, 1
πλότει kypr. 344[3]
πλουθυγίεια 453, 2
πλοῦς 192, 1. 562[2]; πλοῦ voc. 577[3]; πλοῦς ἡμερῶν II 122[3]
πλουσιώτατος μετά τινα II 486[5]
πλουσιώτεροι ἑαυτῶν II 100[7]
πλούταξ 497[4]
πλουτέω c. gen. II 110[7]; πλουτεῖν II 283, 1. 376[7]; – ἀπὸ τῶν κοινῶν II 447[1];
πλούτει II 344[1]
Πλουτῆος gen. sg. Halik. 575[3]
πλουτίζω τινά c. instr. II 166[3]
πλουτίνδην 627[2]
πλοῦτος 501[3], 10; – βαθύς II 26, 5; πλοῦτοι II 43[4]
πλοῦτος n. 512[4]
πλοχμός 327[7]. 493[3]
Πλσκᾶς 132, 1. 280[7]
πλύμα 694[5]
πλῦναν aor. 694[5]
πλύνει 694[5]
πλυνέουσα fut. 694[5]
πλύνεσκον 694[5]
πλυνέω hom. 785[2]
πλυνός: -ὸν πλύνων 626[6]; πλυνοί hom. 694[5]
πλύνομαι: ἐπλύθη 694[5]
πλυντήρ 347[3]
Πλυντήρια att. 694[6]
πλύντρια f. 694[6]
πλύσις 505, 8. 694[5]

πλυτήρ 694[5]
πλύτης 694[6]
πλώειν 743, 5
πλωΐζω hom. Hes. 722[1]. 736[2]
πλώιζω Thuk. 736[2]
πλώιμος 722[1]; πλωϊμωτέρων ὄντων II 606[3]
πλῶν gen. pl. 562[3]
πλώοιεν hom. 722[1]
πλώρη 258[7]
πλώς 499[3]
πλῶσαι 752[3]; s. ἔπλωσε
πλωτός 346[2]
πλώω 349[2]; πλώων hom. 722[1]
*-πμ- 327[3.5]
(*πνεϝjω) 685[7–8]
*πνέϝω 647[4]. 685[7–8]. 696[1]. 781[6]
πνείοντ- ptc. hom. 685[8]
πνείω: πνείουσι 686[1]; πνείω μένεα II 76[5]; πνείειν ἐπὶ γαῖαν III 471[7]
πνέουσα (ἡ) II 175[7]
πνευμάτου pap. 579, 7
πνευσεῖται Aristoph. 786[2]
πνεύσομαι 685[7]. 781[6]
πνέω 685[7]. 692[2]. 696[1.2.3], 2. 781[6]; πνεῖν δόρυ, – Ἄρη, – πῦρ II 76[5]; – c. gen. II 128[6]. 129[1]; s. ἔπνευσα
πνιγετός 501[3]
πνιγη- pass. 759[5]
πνιγηρός 482[6]
πνιγίζω 736[2]
πνίγομαι ngr. II 235[5]; πνίγηκε ἀτός του II 236, 2
πνῖγος 512[4]. II 43[3]
πνίγω 685[4]. 696, 2. 759[5]
*πνισγω 685[4]
πνιχθη- pass. spät 759[5]
πνοή 189[3], 1
πνοιά 469[6], 7
πνοιή 696[1]
Πνύξ 269[2]. 569[6]
Πνυταγόρας 696, 2
πο [= πρός] II 508[3.4], 9
πο/ᾱ- pron. 615[6]
πόᾱ 188[2]. 189, 1. 472[6]
*πογκσος 302[3]
*ποδ neut. 615[6]
*ποδ- n. 604, 1
ποδ- 358[3]. 419[5]. 424[1]
πόδα acc. sg. 565, 3
ποδάγραν II 88[2]
Ποδαλείριος 446[2]
ποδάνιπτρα 446[2]. 532[2]
*ποδαπόνιπτρα 446[2]
ποδαπός 295[4]. 604, 1. 610[1]
Πόδαργος 447[6]
πόδας acc. pl. 552, 3; – ὠκὺς Ἀχ. II 85[5]
(*ποδδ) 610, 1
πόδε II 47, 4. 49[5]
*ποδεσα acc. pl. II 40, 4
πόδεσι Soph. Sophr. 564[5]
*πόδεσι dat. pl. II 40, 4
πόδεσσι hom. 419[5]. 564[4]. II 47[2]
*ποδεσων gen. pl. II 40, 4
ποδεών 488[2]
ποδηνεκής 513[3]. II 255[2]
ποδήνεμος 398[2]
Ποδῆς hom. 461[4]
πόδι neut. ngr. II 33, 3
ποδί dat. sg. 350[1]. 565, 3
πόδιον 470[6]
*ποδ κι 407[6]
ποδοῖιν 557[2]. II 47[2]
ποδοῖν 557[2]. II 47, 4
ποδοκάκκη 37[6]
ποδός gen. sg. 381[2]
*ποδσι 419[5]
ποδωκείῃσι II 43[5]
ποδώκης 512[5]
πόει äol. 729, 4
ποεῖ 241[6]
ποεῖν 195[4]
πόεις äol. 729, 4
π]οεῖσες conj. 661, 4
ποέντω ark. 729[3]
ποεσιτρόφος 446[4]
πόεστι ark. 409[7]
ποεχόμενον kypr. 409[7]
ποεχόμενος πὸς τὸν ῥόϝον II 510[2]
Ποhοιδᾶνι lak. 217[4]
ποήασσαι el. 205[4]
πόημι äol. 729, 4
πόησθα äol. 729, 4
πόησον II 344[4]
πόθεν 73[5]. 290[3]. 294[4.5]. 619[2]. 628[2]. II 16[1]. 411[5]. 413[5]. 630[5]; – ἔλθοι II 630[8]; πόθεν; II 631[7]
ποθέν 628[2]. II 413[5]
ποθέω hom. ion. att. 297[6]. 719[5]. 753[3]. 755[1]. 815[4]; c. acc. II 105[7]; πόθεσαν aor. Ilias 719[5]; s. *ἔθεσσα, ἐπόθεσα
ποθή 719[5]
ποθήμεναι 729[2]
ποθήσεσθαι 780[3]
ποθήω äol. (lesb.) 680, 3. 718[2]. 729[4]
ποθι 'irgendwo' hom. 628[4], 6
πόθι Od. 619[2]. 627[5]. 628[4]. II 16[1]. 411[5]. 413[5]; – τοι πόλις II 630[6]
ποθί II 413[5]. 579[3.4.7]
ποθίερον phok. 220[1]
πόθικες 424[5]
πόθος 261[5]. 297[6]. 458[7]. 719[5]
ποι 82[5]. II 157[4], 3. 579[3.4.7]
ποι äol. (lesb.) 549[6]. 628, 6
ποι (= πρός) II 508[3]. 509[2.3]
ποι- praev. II 509[3]
ποί 260[7]. II 508[4]. 509[3]
ποί (= πρός) II 510[3.5.8]. 514[2]
ποῖ adv. 293[8]. 377[7]. 549[6]. 616, 5. 622[2]. II 157[4.5]. 318[6]. 427[7]; ποῖ κῆ(γ)χος [so] 632[3]; ποῖ δὴ καὶ πόθεν; II 707[8]
ποία 314[5]. II 33, 2
ποίᾳ παιδείᾳ παιδευθείς II 405[5]
ποίαν 236[6]; Aristoph. 616, 5; ποίαν τινὰ φύσιν ἔχων II 405[5]
ποιανοῦ [pjanu] gen. sg. m. ngr. 617[4]; – εἶναι; II 136[8]
ποίασε 652[2]. 828[5]
ποιγραψάνσθō imper. arg. 802[2]; – ποὶ τὰν στάλαν II 510[3]
Ποίδικος böot. II 517, 2
ποιέειν II 382[1]; – τι σὺν νόῳ II 490[2]
ποιεῖ 2. sg. med. 668, 3
ποιείμενος nwgr. 642, 2
ποιεῖν: τοῦ – II 372[6]; εἰς τὸ – II 370[5]
ποιεῖνται indic. 643, 0. 728,4
ποιεῖνται conj. nwgr. 791, 6
ποίενσι ark. 729[3]
ποιέοιν ätol. 665[1]
ποιέομαι; s. ποιοῦμαι
ποίε̄σε 652[2]
ποιεύμενος: – θῶμα II 80[8]; ποιεύμενον ἦν Hdt. 813[2]. II 407[8]; ποιευμένων θῶμα II 400[1]
ποιεῦνται 248[1]
ποιέω 348[3]. 450, 4. 726[3], 7; ποιῶ (-εῖν) II 71[3]. 276[5]. 307[7]. 347[4]. 360[5]. 364[3.5]. 366[1]. 377[2]. 395[7.8]; ποιεῖ 668, 3; ποιῶ τινος II 128[4.5]; – τι c. dat. II 151[3]; – τινα c. ptc. II 394[6]; – ἄλλα παρά τι II 497[1]; – δεσπότην II 83[7]; ποίησιν – II 75[3]; – πόλεμον II 232[4]; ποιοῦντος ἐλεημοσύνην II 400[6]; – τι ἐκ τῶν ξυγκειμένων II 464[2]; – τι ἔν τινι II 458[5]; – φάρμακα ἐπί τινι II 467, 2; – τι μετά τινος II 485, 2; – τι σύν δίκῃ II 490[2]; – τι ὑπὲρ ἀρετῆς II 521[8]; – τι ἀπό τινος II 447[2]; – τινα ἀθανάταν ἀπὸ θνατᾶς II 446, 6; καλῶς ποιῶν II 390[8]; καλῶς ποιεῖν c. dat. II 144, 1; μὴ ποίει II 343[6]; s. ἐποι-, εὖ ποιῶ, ποιοῦμαι
*ποιϝᾱ 188[2]
ποιϝέω 295[4]. 726[3], 7
ποιϝήσανς arg. 566[2]
*ποιϝός 295[4]
-ποιϝός 450, 4. 472[6]. 726, 7

ποίη 189, 1
ποίη (?) 3. sg. lesb. 659[6]
ποιήασσαι infin. el. 809[5]
ποιήάσσαι el. 217[4]
ποιήᾱται conj. el. 792[3]
ποιηθείη II 335[6]
ποιήμενος lesb. 729[2]
ποιήουσα delph. 729[4]
ποιῆσαι: τοῦ – II 360[7]. 372[5]
ποιησᾶι conj. epid. 792[3]
ποιησάμενοι σύλλογον (anacol.) II 617[2]
ποιήσαντες II 390[5]; -ας τοὺς στρ. II 616[6]
ποιησάτωσαν imper. 802[5]
ποιήσεαν ion. (Teos) [= -σειαν] 236[7]. 797, 3
ποιήσει conj. ion. 790[4]
ποιήσειαν II 322[8]
ποιήσειν II 295[5.6]. 374[1]. 376[4.6]
ποιησειται Kos 786[4]
ποιησέμεν II 295[7]
ποιῆσες conj. kyren. 661[5]
ποιησεω Itan. 786[4]
ποιήσῃς: μὴ – II 343[6]
ποίησις: γενόμενος ἐν ποιήσι II 458[6]; ποίησιν ποιεῖν II 75[3]
ποιήσοι 780, 1
ποιήσομαι II 291[5]
ποιησουντος epid. 786[5]
ποιήσω II 291[5.7]
ποιητέον II 410[4]
ποιητέος II 409[8]
ποιητός c. gen. II 128[4]
ποιθέμεν II 509, 7
*ποιθέω 842[4]
ποικεφάλαιον delph. II 517[2]
*ποικι- 484, 5
ποικίλλω 323[1]. 725[2]
ποικιλόδειροι 228[8]
ποικίλος 333[2]. 347[1]. 379[2]. 484[7], 5
ποιμαίνεσκεν hom. 711[2]
ποιμαίνω 343[3]. 486[5]. 724[5]; – ἐπ' ὄεσσι II 467[3]
ποίμανδρος 451, 1
*ποιμανδρῶν 451, 1
ποιμᾱνωρ 111[2]. 451, 1. 454[1]
ποῖμεν infin. böot. 806[5]
ποιμένισσα 522, 3
ποιμέσι dat. pl. 569[2]
ποιμήν 58[5]. 347[8]. 356[5]. 380[7]. 522[2]. 568[8]. 569[2]; – λαῶν II 615[6]. 692[5]
ποίμνη 486[5]. 524[5]
ποινή 294[5]. 380[8]. 489[1]; – Πατρόκλοιο II 130[7]
ποῖο gen. sg. 621, 10
ποιοῖ 3. sg. opt. 252[5]. 796[5], 1
ποιοίατο 671[3]
ποιοῖς 2. sg. opt. 796, 1
ποιοῖτο 252[5]
ποῖον: τὸ – ; II 25, 7
ποιόντασσι(ν) her. 93[4]. 253[2]
ποιόντες j.-ion. 252[7]
ποιόντων delph. 253[2]
ποῖος pron. 72[3]. 294[4]. 609, 5. 615[6]. 616[2]. 617[4]; ποίου Aesch. 616, 5; ποῖος II 212[4], 3. 213[2]. 644[2]; ποῖον II 35[3]; – τὸν μῦθον ἔειπες II 626[3]; ποῖόν σε ἔπος φύγεν; II 626[3]; ποῖα δὲ ποίου βίου μιμήματα II 630[2]
ποιός 391[6]. 615[6]. 616, 5. II 213[2]
ποιός *[pjós]* ngr. 617[4]; ποιοῦ *[pjú]* 617[4]; s. ποιανοῦ
ποιότης 40[3], 3. 616, 5
ποιοῦμαι (-έομαι), -εῖσθαι II 78[4]. 122[7]. 123[3–4]. 124[3]. 277[2]; – c. gen. II 125[2]. 128[4.5]; – ἐξ, ἀπό c. gen. II 128[5]; – τι c. gen. II 131[8]; – διά τινος II 451[6]. 452[3]; – γνώμην II 246[5]; – τὴν δίωξιν ὑπὸ σπουδῆς II 530[3]; – λείαν II 80[8]; – τὰς μελέτας μετὰ κινδύνων II 485[3]; – τοὺς λόγους II 364[2]; – λόγους μετὰ παρρησίας II 485[4]; – παῖδα II 83[6]; – παρακέλευσιν μετὰ τῶν νόμων II 485[2]; – πλοῦν (= πλεῖν) II 232[5]; – πόλεμον II 232[4]; – πρόχυσιν II 80[8]; – σπονδὰς πρός τινος II 516[4]; – σπουδὴν ὑπὲρ τοῦ βλάψαι II 522[1]; – συμφοράν II 231[3]; – σχεδίην II 231[3]; – τὰς τιμωρίας σὺν τῷ ἀγαθῷ II 490[1]; – τροπήν (= τρέπεσθαι) II 232[5]; ποιοῦνται ἔκπλους λανθάνοντες II 388[5]; ποιεῖσθαί τι πρός τινα II 510[8]; ποιεῖταί (pass.) τι πρός τι II 511[4]; – τι περί τι II 232[2]; – τὸν ἀγῶνα περί τινος II 502[5]; – τι δι' οὐδενός II 452[7]; – τινα πρόθυμον II 83[7]; – τινα φίλον II 231[4]; – τι χρημάτων II 128[1]; -εῖσθαι ἐπ' ἑωυτῷ II 468[4]; – τι ὑπ' ἑωυτῷ II 434[4]. 525[6]; – τι ὑφ' ἑαυτῷ II 525[7]; – τι ὑφ' ἑαυτόν II 530[8]. 591[1]; – περὶ παντός II 503[5]; – πρὸ πολλοῦ II 507[2]
ποιούντωσαν imper. meg. 802[7]
ποιπνύω 647[4]. 649[1]. 737[4]. ποιπνῦσω 783[2]; s. ἐποίπνυσα; ποιπνύοντα διὰ δώματα II 453[2]
(*ποισϝ-) 726, 7
(*ποῖσι) 616, 2
ποιτάσσω delph. II 509[6]
Ποίτιος kret. [= Πυ-] 195[1]
Ποιτρόπια neut. pl. II 517, 2
Ποιτρόπιος delph. II 517, 2
ποιφύσσω 647[4]. 737[4]; ποιφύξω 783[2]
ποκ böot. 317[2]
πόκα nwgr. dor. böot. 299[4]. 629[2.4.5]
ποκάμισο ngr. II 523, 15
ποκγραψάμενος thess. 231[6]; -μένοις [so] 317[3]. 407[6]
ποκκι thess. 610, 1. 616[5]; ποκκί 317[2]. 407[6]. II 644[2], 1. 646[7]
πόκτος 704, 6
πολέα n. pl. Aesch. 584[3]
πολέας acc. pl. 584[3]; f. Kallim. 584[3]
πόλεας acc. pl. 573[3]
πολέες nom. pl. hom. 563, 2. 584[3.4]; f. Kallim. 584[3]; – τε καὶ ἐσθλοί 584[4]
πολέεσσι dat. pl. [πολύς] hom. 564[4]. 572[1]. 584[3]
πόλεϝος 265[2]
πόλεϊ dat. sg. pap. 572[2]
πόλει dat. sg. att. 248[6]. 572[2.3]; hell. 571, 2
πολεῖ dat. sg. poet. spät 584[3]
πόλεις gen. sg. Zelea 572, 4
πόλεις nom. pl. 573[6]
πόλεις acc. pl. 572[3]
πολεῖς pl. 584[3]; acc. pl. hom. 563, 2
Πολεμαγένης att. 439[2]
πολεμεῖσθαι ὑπό τινος II 240[8]; πόλεμος ἐπολεμήθη II 74, 2
πολεμέω 726[3]; πολεμεῖν II 161[3]; – τινι II 233[4]; – μετά τινος II 484[5]; – πρὸς ἀλλήλους μετά τινος II 484[5]; – ἐξ εἰρήνης II 464[3]; – τινι ἐναντία II 534[4]
πολεμησείοντας Thuk. 789[1]
πολεμήσοντες: ὡς – II 391[6]
πολεμία (ἡ) II 175[5]
πολεμίζω 105[6]. 325[4]. 736[1]; -ίζειν 805[7]. II 161[2]. 363[1]; πόλεμον – II 74[4]; – ἄλληκτον II 77[1]
πολεμικώτερος 456[4]
πολεμίξω fut. hom. 785[5]; πολεμίξομεν 737[7]
πολέμιόν ἐστι κτιζόμενον II 393[6]
πολέμιος (ὁ) II 42[1]. 175[1]
πολεμιστής 737[7]
Πολεμμώ 315[6]
πόλεμόν δε 624[6]
πόλεμος 748, 6; – τῶν θεῶν II 121[6]; – ὑπὲρ τὰ Μηδικά

II 520[2]; – περί τινος II 503[2]; πόλεμον ἀναιρεῖσθαι II 161[2]; – πολεμίζειν II 74[4]; πόλεμος ἐπολεμήθη II 74, 2
πολέμω καὶ εἰράναρ II 113[2]
πολεμῶν II 391[5]
πολέοιν gen.-dat. du. att. 573[5]
πόλεος 248[1]. 572[3], 3; hell. 571, 2
πολέος gen. sg. hom. 584[3·5]
πόλεσι att. 572[1]
πολέσι dat. pl. 584[3]
πολέσσι dat. pl. 584[3]
πολεύω 720[1]
πολέω 719[5] f.
πόλεων gen. pl. att. 379[7]. 572[4]
πολέων gen. pl. 584[3]
πόλεως 245[7]. 382[8]. 572[2], 3. 835[4]
*πολϝjᾶς 265[2]
πόληα acc. sg. Hes. 573[2]
πόληας acc. pl. Od. 245[7]. 572[3], 6. 573[2·3]
πόληες hom. 572[2]. 573[2]
πόληϊ dat. sg. hom. 356[6]. 572[2]
πόληι dat. sg. att. 248[6]. 572[3·4]
πόληος hom. ion. 85[8]. 241[7]. 572[2]
*πολην loc. sg. 314[8]. 572[5]
πόλι lesb. thess. usw. 248[6]
πόλι voc. II 59[6]
πόλι f. ngr. 586[1]
Πόλι II 24, 2
πόλῑ dat. sg. 572[3]
πολιᾱ- 439, 5. 573[3]
Πολίαγρος 439, 5
Πολιανίτης ngr. II 24, 2
πόλιας acc. pl. 244[7]. 572[3]. 573[3·4]
πολιάτας 500[4]
πολιᾶχος dor. 439, 5
πόλιες Od. 572[3]. 573[6]
πολίεσι Pind. 564[5]
πολίεσσι lesb. hom. Thuk. 564[3·4]. 572[1]
Πολιηύς ther. 575[5]
πόλιθθι kret. 316[3]. 321[6]
πόλιθι dat. pl. kret. 549[1]. 566[1], 2. 571[6], 5
πόλιι pamph. 571[6]
πόλιν δε hom. 624[6]. II 313[5]; πόλινδε II 68[1]
πόλινς acc. pl. 571[6]
πολιορκέω 726[5]
πολιορκηθέντες: οἷα – II 391[8]
πόλιος gen. sg. 81[6]. 85[8]. 244[7]. 572[2]
-πόλιος gen. in Namen 572, 3
πολιός 472[5]; f. II 32, 5
Πολιούξενος böot. 183[4]
πολιοῦχος 439, 5
πόλις 325[4]. 344[5]. 350[3]. 462[5]. II 33[3]; – hell. 571, 2
πόλις gen. sg. 572, 4
πόλις nom. pl. äol. 573[2]
πόλῑς nom. pl. äol. 564[2]
πόλῑς acc. pl. 572[3]. 573[4]
-πολις in compos. 634[1]
πολίσσαμεν hom. 735[5]
πολισσο- 439, 5. 573[3]
πολισσονόμος 439, 5
πόλιστος 538[2], 3
πολῖτα att. 560[6]
πολῖται ἄνθρωποι II 614[7]
πολίταισι dat. pl. lesb. 556, 4. 559[5]
πολίτευμα τὸ πὰρ ἀμμέ II 495[8]
πολιτεύομαι (-εσθαι) II 232[3]. 368[4]
πολιτεύονσι dat. pl. kret. 566[2]
πολιτεύω II 232[3]
πολῑτικός 840[1]
πολίχνᾱ 489[4]
πολίων gen. pl. hom. 572, 8
πολjας acc. pl. Od. 573[3]
πόλλ' 387[6·7]; πόλλ' ἀέκων II 87[6]
πολλά neut. pl. 584[3]. II 413[8]; – καὶ ἐσθλά 584[4]. II 568[1]
πολλά adv. 621[2]
πολλα- compos. 584[4]
*πολλᾱ́ 265[2]
πολλαγόρασος 452[4]. 516[7]
πολλάκι 299[2·3]. 405[2]. 598, 2. 619[1]. 620[1]. 624[5]. II 569[1]. 575[1]
πολλάκιν dor. 405[3]. 620[1]
πολλάκις 299[2·3]. 405[2·3]. 409[8]. 587, 1. 597[6]. 598, 2. 620[1]. 630[4]. II 336[2]. 414[6·7]; – τοῦ μηνός II 114[7]
πολλαπλασίαν ἧς ἔχεις II 98[7]
πολλαπλάσιος 446[2]. 591[6]. 598, 10
πολλαπλασίων 536, 3
πολλαστός 446[2]. 596, 4
πολλαχῆι 630[4]
πολλαχόθι 630[5]
πολλαχόσε 630[5]
πολλαχοῦ τῆς γῆς II 114[5]
πολλαχῶς 624[2]
πολλᾱ́ων 584[2]
πολλέων gen. pl. f. 584[3]
πολλή 265[1–3]. 584[3]; πολλῆς νυκτός II 113[2]
πόλλιος thess. 274[3]
πολλό/ᾱ́- 584[2]
πολλοί 584[3]; – 'Αχαιῶν II 116[3]
πολλόν: τὸ – τῆς στρατιᾶς II 178[3]; πολλὸν σαρκός hom. 584[4]
πολλόν adv. 584[3]; – ἄριστος II 87[6]
πολλός hom. ion. 584[3]; πολλόν acc. sg. m. Hdt. 584[3]; τὸν – τὸν χρόνον Hdt. 584[4]; πολλός εἰμι λισσόμενος II 393[6]
πολλοστός 584[4]. 596[2]
πολλοῦ gen. sg. 584[3·5]
πολλοῦ adv. 'sehr' II 135[2]
πολλοῦ δεῖ· II 378[7]. 379[6]; – δεῖν II 379[6]; – ποιεῖσθαι II 125[2·5·6]; – τιμᾶν II 125[5]; – τιμᾶσθαι II 125[5·6]
πολλῶι 584[3]. II 185[2]; πολλῷ II 164[2]
πόλος 295[1]
πόλτος 501[3]
πολύ 265[1–3]. 584[2]. II 697[6]; ἐπὶ τὸ – 625[3]. 632[4]
πολύ adv. 'sehr' 621[2]. II 87[5]. 185[2]. 413[8]; – ngr. 621[4]; – μεῖζον II 87[6]
*πολῡ 299[3]. 581[3]
πολυ- compos. 584[4]
πολυάρητος 299[8]. II 150[1]
πολύαρνι dat. Ilias 568[6]
Πόλυβος 450[6]
πολυγηθής 513[3]. 703[4]
πολυγράος 450[6]
πολυδάκρῡτος 503[4]. II 150[1]
Πολυδάμα voc. att. 561, 6
Πολυδάμᾱς 526, 5
πολύδαμνος 450[6]
Πολύδδαλος böot. 331[7]
πολυδέγμων 452[2]
πολυδηνής 286[6·7]. 438[1]
πολύηρος 424[3]
πολύθεστος 297[6]
Πολύῑδος 227[6]
πολυϊδρείῃσιν II 43[6]
πολύιππος 439[5]
πολυκαισαρίη II 693[6]
πολύκερως φόνος II 178[1]
Πολυκλϝεις böot. 242[4]
πολυκοιρανίη II 602[5]. 605[7]. 623[4]. 693[6]
Πολυκράτη voc. delph. 579[6]
πολυκτήμων c. gen. II 111[1]
*Πολύκττωρ 531, 8
Πολύκτωρ 519, 6. 531[4], 8
*πολύλᾱ f. 265[2·3]
*πολύλᾱς 265[2]
*πολυλο- 483[7]
*πολύ μνηστός 434[3]
πολύμνηστος 434[2]
Πολύμνια 447, 2
πολύν acc. sg. 584[2]
πολύοινος 454[3]
Πολύοκτος 299[8]. 502[6]
πολυπάμμων hom. 238[2]
Πολυπέρχων 334[3]
πολυπλάσιος 446[2]

Πολυποίτης 452, 2
πολύριζος 311[3]
πολύρρηυ ep. 227[5]. 357[7]. 568[6]; -ι dat. H. 568[6]
Πολύρ(ρ)ην kret. 568[6]
Πολυρρηνία 357[7]
Πολυρρήνιοι 568[6]
πολύρριζος 227[6]
πολύς 265[1–3]. 463[2]. 538[2.3], 8. 584[2.4.5]. 585[5]. 587, 1. 635[4]. II 176[6]. 179[3], 1. 180[2.3]. 181[1], 1. 182[3]; – c. gen. II 178[3.4]; – πλήθεϊ II 168[5]; πολλοῦ λόγου εἶναι – II 125[1]; s. πολύ, πολλός, πολλή
*πολῦς acc. pl. 563, 2. 572[1]. 584[3]
πόλυς 520, 1
Πολυσπέρχων 334[3]. 526[1]
πολυστεφής c. gen. II 111[1]
πολυτελεστέρως 624[2]
πολυτίματος παρά τινα II 495[7]
*πολύτλαντς 385[5]
πολύτλᾶς 385[5]. 451[4]. 526[3]
πολύφλοισβος II 182[7]
πολυφόρβην hom. II 38[4]
Πολυφράδμων 636[5]
πολύχεσος 516[7]
πολυχούστερος 535[5]
πολυώδυνος 398[2]
πολύως 520, 1
πομπεύειν 732[4]
πομπὴν πέμπειν II 75[3]
πομπός 355[6]. 459[2]. 460[4]
πομφός 291[4]
πονάω 719[1], 1
πονε̄́θε̄ 758[1]
πονέομαι hom. 719, 1; πονέεσθαι λισσόμενος II 393[1]; – περὶ δόρπα II 504[3]; πονέοντο κατὰ κρ. ὑσμίνην II 476[6]
πονέω att. 719, 1; πονεῖν (σφᾶς subj.) II 243[3]; – παρά τινα II 497[2]; πονῶ πόνους II 75[8]; s. ἐπόνησα, ἐπόνεσα, πονε̄́θε̄
πονηρός τινος II 128[2]
πόνηρος 380[3]. 383[3]
πόνος μάχης ἐστὶ περί τινι II 501[3]; – ἀμφὶ πόνῳ II 438[4]; ἔχειν πόνον περὶ νηός II 502[4]; πόνοι πόνων II 700[5]; πονῶ πόνους II 75[8]
πόντος 298[3]. 458[3]. 503[6]
Πόντος II 33, 2; ὁ – II 24[2]
πόνῳ πονηρέ II 700[6]
πονωπονηρέ II 700[6]
πονωπόνηρος 446[4]. 550[1]
πόπανον 298[5.8]
Πόπη ngr. 637[2]
ποπίζω 716[6]
Ποπίτσα ngr. 637[2]
ποππάν 316[7]
ποππύζειν 315[5]; -ύζω 647[3]. 716[6]
Ποππώνιον 214[6]
πόρ lak. (H.) 565, 3
πόρδᾱξ 497[4]
πόρε imper. hom. 799[3]
πορε/ο- 747[1]
πορεῖν 361[1]. 362[7]; s. ἔπορε
πορεύομαι (-εσθαι) II 265[5]; – (ἅμα) c. dat. II 162[4]; – ἐν c. dat. II 461[3]; – διά τινος II 433[4]; – διὰ πολεμίας II 450[7]; – ὑπέρ τινος II 520[6]; – ὑπό τινος II 529[2]; – ὑπὸ φανοῦ II 530[1]
Πορθᾱ́ων 521[5]
πορθεῖσθαι κατ' ἄκρας II 480[7]; – ὑπό τινος II 529[6]
πορθέω 720[1]; πορθεῖν II 363[8]
πορθμός 362[8]. 493[1]
*πόρθος 833[4]
πόρις 462[5]
πόρκης 461[2]
πόρνα du. II 49[5]
πορνάμεν 344[3]. 693[1]
πορνάμεναι H. 693[1]
πόρνη 362[8]. 489[3]
πόρνοψ böot. lesb. 299[1]. 344[2]
πόρπη 423[4]
πόρρω II 505, 8. 544[4.5.7]. 545[2–4]; – c. gen. II 360[7]; – τῶν νυκτῶν II 114[7]
πόρρωθεν II 544[4.8]
πορρωτάτω II 544[4.6]. 545[2.3]
πορρώτερος 534[3]
πορρωτέρω II 544[4]. 545[1]
πορρωτέρωθεν II 544[4.8]
πορσαίνω 733[2]
πορσανέω fut. hom. 785[2]
πόρσιον 539[2]. II 544[4.6]
πόρσιστα 539[2]. II 544[4]
πορσυνέω fut. hom. 785[2]
πορσῡ́νω 733[2]
πόρσω 539[2]. II 505, 8. 544[4.5.7]. 545[4]
πόρσωθεν II 544[4]
πόρσωπον hell. 267[3]
πόρταξ 497[1]
πορτί kret. 267[4]. II 508[3]. 511[7]
πορτίαθθαν kret. 320[5]. 678[2]
πόρτις 271[2]. 462[5]. 504, 3
πορτιφωνέω kret. II 509[5]
πορφῡ́ρω 258[4]. 351[8]. 647[3], 4
πος (πός) pamph. ark. kypr. 82[5]. 89[1]. 400[7]. 401[2.3]. II 508[3.5], 8. 510[2]
ποσάκις att. 598[1]
ποσάπους 591[6]. 612[6]
ποσαχῶς 630[5]
πόσε 'wohin?' ion. att. 271[7]. 629[2], 3. II 16[1]. 157, 3. 411[5]. 413[5]
πόσεϊ dat. 572, 2
Ποσειδᾱ́ϝων 521[5]
Ποσειδάων 271[1]. II 701[6]
Ποσειδεών 488[3]
Πόσειδον voc. att. 569[1]
Ποσειδῶ acc. att. 569[7]
Ποσειδῶν 271[1]. 380[1]
Ποσειδώνιος 637[1]
Πόσεος gen. erythr. 572, 3
πόσθη 425[3]. 511[2]
πόσι voc. 271[1]
ποσί 321[6]
πόσιας acc. pl. m. Ilias 573[3]
Ποσιδάνιν 120, 2
Ποσιδᾶνος 120, 2
*Ποσιδᾶς 271[1]
Ποσιδήϊον 468[3]
Ποσῑδήιος 193[6]; -ήιον ἄλσος II 177[2]
ποσίνδα 627[2]
πόσις kypr. hom. 271[1.2]. 339[1]. 381[1]. 504, 3. 505[2]
Ποσιττῆς ion. 231[6]. 637[1]
*ποσμι dat. sg. pron. 610[2]
Ποσοιδᾱ́ν (-ᾶν) ark. 88[6]. 271[1]; -ᾶνος ark. 250[4]
ποσός 391[6]. 615[6]. 616, 5. II 213[2]
πόσος 612[6]. 615[6]. II 212[4]. 213[2]; πόσην κατειργάσατο σπουδήν II 626[4]; πόσον τι νάπος ὁ Π. II 626[4]
*ποσοστός 263[4]. 596[2]
ποσότητος δηλωτικά (term.) 587, 1
ποσποιήσει II 233[2]
ποσσάκι Kallim. 598[2]
ποσσῆμαρ Ilias 591, 2. 612[6]
ποσσί dat. pl. 321[6]. 566[1]. II 47[2]
πόσσος 612[6], 4
*ποσσοστός 263[4]. 596[2]
πόστος 596[2]. 612[6]
ποστός 263[4]
ποτ' [so] Soph. 391[7] (s. 600, 3*)
πότ (= πρός) II 508[3.4], 9. 510[6]. 514[3]
πότα lesb. 629[2]
ποταίνιος 'neu' dor. 612[2]. II 508[1]. 517[4]
ποταμηδόν 626[5]
Ποτάμιλλα m. syrak. 561[4]. II 37[4]
ποταμός 493[6], 11. II 33[2]; – Κύδνος ὄνομα II 86[2.4]
πόταμος äol. (lesb.) 90[3]. 383[5]
ποτᾱνός dor. 490[3]
ποτάομαι poet. 717[4]. 718[5.6]. 719, 3; ποτᾶσθαι ὑπὲρ θαλάσσης II 520[5–6]; s. ποτῶμαι
ποταποπισάτω böot. 300[1]

ποταπός hell. 256[8]. 604, 1. II 498, 2
ποταπῶ H. 632[3]
ποταρμόξαιτο el. 734[2]. II 131[1]
*ποταυδᾱ 237[6]
ποτε encl. 629, 2. II 573[1]
ποτέ 391[6]. 629, 2. II 413[5]. 415[3]. 629[7]; ποτὲ μὲν – ποτὲ δέ II 649, 0; s. ποτ'
πότε 55[7]. 271[8]. 629[2.4]. II 413[5]. 579[6]; ἐς – II 427[7]; ἐς πόθ' ἕρπες kypr. II 462[3]
*ποτει voc. sg. 271[1]
Ποτειδᾶ acc. Kos 569[7]
ΠοτειδάϜων kor. 560, 8. 840[3]
Ποτειδᾱ́ν dor. 271[1]. 384[5]. 396[6]. 560, 8
Ποτειδᾶν dor. 250[4]
Ποτειδᾶς dor. 271[1]. 562[1]. 572[2]
Ποτείδᾱς 446[1]
Ποτείδεια att. 258[2]
Ποτειδοῦν nwgr. 90[8]
ποτελάτω arg. 681[4]
ποτέομαι poet. 358[3]. 717[4]. 719[4], 10; ποτέονται Alk. 729[5]
πότερα II 617[7]; πότερα – ἤ II 629[2]. 630[7]
πότερον 610, 0. II 579[3.5]. 617[7]; – ; II 555[1]; πότερον – ἤ II 580[2]. 629[2]. 630[7]; πότερον – ἦ – ἤ II 579[5–6]
πότερος 381[2]. 534[1]. 595[5]. II 213[2.3]. 580[3]
ποτέρως 624[1]
ποτεῦ Kallim. 719, 10
ποτεχει adv. her. 623, 13; ποτεχεῖ arg. her. 549[6]
ποτεχές adv. 549[6]
*ποτέω 755, 2
ποτή Od. 718[5]
πότη(ι) äol. Sapph. 719, 10
ποτήμενος Theokr. 719, 10
ποτῆρι νερό ngr. II 616, 2
ποτήριν 156[7]. 165[1]
ποτήριον 165[1]
*ποτῆς 529[1]
ποτῆτος 529[1], 1
ποτι 610, 1
πότι 387[8]. 400[8]. 401[2.3]
*πότι 'wie viele' 612[6]
ποτι- praev. II 509[3.5]
ποτὶ δέ II 424[3]
ποτί 106[6]. II 508[3.4]. 509[3], 1. 510[1.2]. 511[1.5.6]. 512[3.6]. 513[2.4.5]
ποτιδέγμενος II 80[2]. 509[6]; – δῶρον c. dat. II 151[5]
ποτιδέρκομαι II 509[5]
ποτιδόρπιον II 517[1]
ποτίζω ngr. II 80, 1. 83[5]
ποτικάρδιος II 517[3]
ποτικεφάλαια II 517[2]
ποτικλᾶιγον her. 685[5]
ποτικλάιγωσαν her. 685[4]
ποτίκρᾱνον II 517[2]
ποτιπεπτηυῖα 541[2]
ποτιπίαμμα kyren. 839[2]
ποτίσταται (γυναῖκες) 535[6]
ποτιφωνήεις 527[5]
*ποτj 400[7]
*ποτ κι 407[6]. II 644[2]
πότμος 492[4], 10. 755, 2. II 623[4]; πότμος πότμος II 700[1]; πότμος ἑτοῖμος μετά τινα II 486[5]
πότνα voc. sg. Od. 559[7]. II 59, 2
πότνα nom. sg. 559[8]
πότνι voc. 559[7]; – Ἀθηναίη Ilias 559[7]
πότνια 381[2.7]. 473[1]. 488[5]; voc. hom. 559[7]. II 59, 2
Ποτοιδᾶς 572[2]
ποτόρην infin. lesb. (Sapph.) 807[7]
πότορθρον II 517[3]
ποτός 346[1]. 419[6]. 502[6]
πότος 501[4]
ποτόσδον γλυφάνοιο II 128[7]
*ποτς 401[2]
ποττόν dor. nwgr. 265[4]
ποτῶμαι ἀμφὶ ῥέεθρα II 439[2]
που adv. 621[4]. II 114[4]. 157[2.3], 1. 579[3.4]. 580[1]
ποῦ 'wo?' 619[2]. 621[4], 10. II 157[2.3.4], 1. 556, 2. 579[4]; ngr. II 645[1.2]; 'wohin' ngr. 621[5]; ποῦ γῆς; II 469[5]; ποῦ ἴδω; II 311[2]
ποῦ pron. relat. ngr. 615[3]; – τόν 'welchen' ngr. II 645[1]; ποῦ δέν ngr. II 678[3]; ποῦ νά ngr. II 678[3]
ποῦθε 'woher?' ngr. 628[4]
πουκάμισο ngr. II 523, 15
πουλί: τοῦ πουλιοῦ τὸ γάλα ngr. II 27[6]
πούλιμος böot. 434[3]. 615[6]. II 626[5]
-πουλλος ngr. 636[1]
Πουλυδάμᾱ voc. sg. 526[2], 5. 565, 4
πουλύπουν acc. sg. m. 565, 3
πουλύς 584[2]
πουμμα· πυγμή spätlak. 215[2]
πουνιάδδω lak. 735[3]
ποῦρος delph. 185[2]
πους (= παῖς) 578[4]
*πους 578[4]
πούς att. 381[2]. 565, 3. II 33[4]. 42[3]; – c. gen. II 122[2]; s. ποδ-
ππ 301[8]. 316[7]
ππᾱ́ματα böot. 301[7]
πραγαματος 278[7]
πρᾶγμα II 175, 3. 605[8]; πράγματα II 18[3]; ἔχω – ὑπό τινος II 529[4]; πρᾶγμα πρᾶγμα II 700[1]
πρᾶγος 512[2]. 716[2]
πράδδεσθαι kret. 316[3]
πράδδω kret. 715[3]. 716[2]
πράδησις 505[6]
πρᾱεῖα f. att. 574[6]
*πρᾱϜατος 840[6]
πράζω ngr. 715[4]
πρᾴζω 265[8]
πραθε/ο- 747[5]
πρᾱθη- 761[7]
πραθήσεται 783[5]
Πραῖσος 59[5], 3. 276, 1
πραίτωρ 531, 6
πρακος delph. 702, 8
πρακσηται 786[4]
(*πρᾱκσjω) 787, 7
πρακτέον II 409[6.8]
πρᾱ́κτωρ att. 530[7]
πρᾶμα ngr. 335[4]
πρᾶμαν ngr. 524, 4
πράμος 494, 2. 595, 3
πρᾶν 250[2]
πρᾱ́ν dor. 621[1]
πρᾱνής II 505, 2. 6
πρᾶξας Alkm. 566[3]
πράξασθαι II 296[6]
πράξει her. 791, 1
πραξικοπεῖν II 711[8]
πρᾶξις βίᾳ II 166[6]
πράξοντι conj. kret. 790[4]
πρᾱ́ξω fut. 787, 7. II 291[5]
πρᾱόνως Aristoph. 574[6]
πρᾶος att. 574[6]
πραότης 574[6]
πραπίδες 302[7]. II 52[1]
Πραράτιος arg. 362[2]
Πρᾱράτυος epid. 402[7]
Πρασιάς (λίμνη) 70[4]
πράσον 58[3]. 307[5]. 342[2]. 352[4]. 370[3.4]. 516[8]
Πρασος 276, 1
Πρασούς [so]: 'ς τούς – ngr. 59, 3
πράσσειν (τὸ) II 371[6]
πράσσομαι (-εσθαι) II 127[8]; – τι ἀπό τινος II 446[5]
πρασσόντασσι II 521[7]
πρασσόντωσαν imper. kyren. (Koine) 802[7]
πρᾱ́σσω 333[1]. 496[6]. 702[5], 8. 716[2]. II 82[1]; πράσσειν II 362[7]. 363[3]; πράσσω τι διά τινος II 451[5]; – πρός τινα II 510[8]; – τι ἀγ. ὑπέρ τινος II 521[3]; – ὑπὲρ τᾶς πόλιος II 521[7]; s. πράττω, πρήσσω
Πρᾱτίνας 490[7]
πρᾱ́τιστος ther. 595[4]
πρᾶτος 81[3]. 250[1]. 595[2.3]. II 505[4]

πράττειν: τὸ μὴ – II 371[7]; ἐν τῷ – II 370[2]
πράττεσθαι (τὸ) II 369, 1
πράττομαι (pass.) τοὺς φόρους II 82[2]
πράττω 128[2]. 186[2]. 187[6]. 716[2]. II 227[8]; πράττειν II 361[4]; πράττω ἀγαθόν τί τινα II 81[1]; – τι πρό τινος II 506[7]; – κακῶς ἔκ τινος II 464[1]; s. πράσσω, πραξ-, εὖ πέπραγα
Πρατύλος 485[3]
πρᾱΰς 480[4], 1. 574[6]
πραΰτης LXX 574[6]
Πραύχαε böot. 194[6]
πρᾱ́ως att. 574[6]
πρεγγευτής 231, 1; -αί kret. 216[6]
πρεζβευτάς 217[7]
πρείγᾱ 461[2]
πρείγαι lokr. 464[6]
πρειγευταί kret. 216[7]
πρείγιστος gort. 539[2], 1
πρεῖγυς kret. 96[4]. 276[3]
πρείγων 539, 1
Πρειιας pamph. 209[1]
πρειν kret. (gort.) 537, 6. 631[2]
*πρεις 537, 6
πρεισβεία thess. 276[2]
πρεῖσγυς 298[6]
πρέμνον 489[2]
πρέπον (τὸ) II 409[2]; s. πρέπω
πρέπω 684[4]; -ειν II 376[1]; -ει II 621[8]; πρέπειν c. dat. II 144[3]; πρέπει ἀγγέλλων II 392[3]; – τινὶ ἐπιμελομένῳ II 393[8]; – μοι ἄρχειν II 374[5]; – νὰ δουλεύῃς ngr. 384[4]; πρέπων c. gen. II 127[1]; πρέπον acc. abs. II 401[7]; – ἐστί c. dat. II 144[3]
πρές II 508[3.5]
πρεσ- II 508[5]
πρέσβα voc. f. 476[3]; – θυγατρῶν II 116[6]
πρέσβΕ du. Karp. 573[5]
πρέσβεα f. 476[3]
πρέσβεας acc. pl. Hdt. 573[3]
πρέσβεια acc. sg. kleinas.-äol. 573[2]
πρεσβεία II 39, 4
πρεσβειουν thess. 241[7]
πρέσβειρα 543[3]
πρέσβεις 584[1]. II 42, 3; οἱ – περί τινα II 504[3]; s. πρεσβευτής
πρεσβεύειν εἰρήνην II 232[1]
πρεσβεύεσθαι II 232[1]
πρεσβευτής 584[1]; ὁ – II 42, 3; πρεσβευταί pl. 584; s. πρέσβεις
πρεσβη du. altatt. 575[5]; πρεσβῆ Aristoph. 573[2]
πρεσβῆες Hes. 476[7], 6. 573[2]
πρέσβιν acc. 464[6]
πρέσβιστος 539[2], 1
πρέσβος 512[5]
πρέσβυ voc. att. 572[2]
πρέσβυς 298[6]. 463[2]. 539, 1. II 42, 3. 508[3]. 509[1]
πρεσβύτᾱτα: ἀνὰ – II 441[4]
πρεσβυτέριον 163[3]
πρεσβῡ́της 500[6]
Πρεσβυτῶ Chios 252[4]
*πρετί II 508[2–4]
πρευμενής ion. 111[1]. 574[6]
πρη- 755[1]
πρηγιστεύω 276[3]
πρήγιστος koisch, kret. 216[7]. 283[4]
πρῆγμα II 605[8]
πρηγορέων 398[5]. 402[7]. 488[1]
πρηθ- 755[1]
πρῆθμα 523[5]
πρήθω 703[1]; s. ἐπέπρητο
πρηκτήρ hom. 530[6]
πρημαίνω 724[6]
πρημονῶσαν Herod. 725[6]
πρηνηδόν Nonn. 626[5]
πρηνής 189[5]. II 505, 2. 6
Πρηξάσπης 153[5]
πρῆξις 505[4], 6. II 356[1]. 357[6]
πρήξοισιν conj. chi. 790[4]
πρηξών 517[2]
πρηροσία 258[7]
πρηρόσια 402[7]
πρησ- 755[1]
πρήσας ἐν πυρί II 458[4]
πρῆσε [sc. τὸ αἷμα] κατὰ ῥῖνας II 478[6]
πρησθη- 761[3], 3
πρήσκω ngr. 712[2]
πρήσσεσθαι περί τινα II 504[7]
πρήσσεσκον hom. 711[2]
πρήσσω ion. 716[2]. II 259[7]
πρηστήρ 38[2]. 531[5]. II 33[5]
πρήσω 782[5]
πρητήν 487[3]
πρηΰνω ion. 574[6]
πρηΰς adj. ion. 574[5]
πρῆχμα ion. 206, 1. 523[7]. II 357[2]
πρίᾱ imper. dor. 743[5]
πριαίμην 743[5]
πρίαμαι 295[4]. II 72, 1; s. πρίασθαι
πριαμόομαι Kom. 727[2], 3
Πρίαμος 494[1]. 637[6]; Πριάμοιο βίη II 177[4]; – ἄνακτος II 615[2]. 618[2]
Πριανσιές nom. kret. 563, 2
Πριανσοῖ kret. 549[7]
Πρίανσος kret. 86, 1. 286[8]
πρίασθαι 363[4]. 743[5]. II 127[4]; – τι c. dat. II 169[4]; – τι(να) instr. II 167[1]; – τινα παρά τινος II 497[7]; s. πρίαμαι
πρίασο imper. böot. 668[6].743[5]
πριᾶται conj. lesb. 792[3]
πρίατο hom. 743[5]; s. ἐπριάμην
Πριήνη ion. 286[8]
πρίν 537, 6. 631[2.3]. II 300[1]. 313[3.4]. 415[7]. 533[4]. 543[5]. 637[6]. 654[1] f. 656[1.4–5]; πρῑ́ν 537, 6; πρῑ́ν att. 631[2.3]; πρῐ́ν hom. 631[3]; τὸ πρίν II 70[2]. 87[1]. 654[2]; πρὶν ὥρας II 435[2]. 654[3]; πρὶν φάους II 435[3]; πρὶν ἤ II 313[3]. 656 [3.4]; πρὶν οὗ II 654[4]; τὸ πρίν II 617[7]; πρίν c. conj. II 336, 2; – c. opt. II 323[1]. 334[6.7]; s. πλήν
πρῑ́νινος 289[8]
Πρινοέσσας kret. 528[2]
*πρῑς 537, 6
πρισγεῖες böot. 276[2]. 573[2]
πρίστις 504[4]
πρῑ́ω 686[4]
πρῑ́ω imper. 743[5], 13. 799[6]
πριῶι conj. her. 729[5]. 738, 6
πρίωμαι 743[5]
πριώμασι· πρίσμασι H. 738, 6
πρίων 'Käufer' Aristoph. 743, 13
πρῑ́ων 487[1]. II 33[5]
πριωσεῖ fut. her. 738, 6. 775[1]
πριώω praes. 738, 6
πρό 291[2]. II 99[8]. 267[7]. 268[2.3]. 411[5]. 422[1]. 426[2]. 428[5]. 432[5]. 492[1].505[3],1 – 508; – c. gen. et praep. II 98[1.2]; – c. abl. II 96[8]; πρό τινος II 507[6]; τὰ πρό τινος II 417[2]; πρὸ ἡλίου δύνοντος II 391[2]; πρὸ τοῦ II 21[3]. 415[7]. 420[4]. 507[4]; τὸ πρὸ τοῦ II 507[5]; τὸ πρὸ τούτου II 70[2]; πρὸ τοῦ ἤ c. infin. II 657[6]; πρὸ πολλοῦ τῆς πόλεως II 96[7]; πρό τ' ἐόντα II 426[4]. 506[2]; πρὸ (τῆς) κεφαλῆς ngr. (kypr.) II 436[3]. 507[7]; πρὸ προσώπου 'vor' II 435, 2; ἐπαινεῖν ἀδικίαν πρὸ δικαιοσύνης II 507[1]; *πρὸ ἦμαρ 633[3]
προ- II 429[4]
προάγομαι ὑπὸ κέρδους II 528[7]; s. προηγάγετο
προαγορεύειν II 377[1]
προάγω II 505[5]; πρόαγε II 341[7]
προάγων 435[6]. 488[1]
προαγών 488[1]
προαιδεῦμαι c. dat. II 150[9]
προαιρέομαι II 505[6]
προαισθάνομαι II 506[1]; προαίσθεσθαι II 375[6]
προαμύνεσθαι c. gen. II 130[6]
προανταναιρέω II 429[7]

προάστειον 470[5]
προάστιον II 508[1]
προάστιος II 508[1]
*πρόατος 595[2.3]. 596[3]
προαφῖκτο II 288[5]
πρόβᾱ imper. 798, 9
προβαίνω II 505[5]; πρόβαινε II 341[2]; προβαίνειν τὸν χρόνον διὰ χρ. II 451[4]
προβάλεσθε ἴτυν λαιᾷ II 506[1]
προβάλεσκε Od. 711[5]
Προβάλινθος 60[7]
Προβαλινθοῦντι 528[2]
Προβαλίσιος 272[1]
προβάλλω II 505[5]
προβάτερος 536[2]
πρόβατον 37[5]. 499[4]. 573[6]. 838[5]. II 505[5]
προβέβηκε II 264[5]
προβέβουλα 771[5], 5. II 227[5]. 505[6]
προβειπάhας lak. 224[6]
προβιβάσαι II 360[3]
πρόβλημα χειμώνων II 96[2]
προβλής II 505[5]
πρόβολος II 505[5]
προβουλεύω II 506[1]
πρόβουλος f. II 32[4]
προβῶντες 676, 1
προγεγενημένος II 408[7]
προγεγονοίσαις kyren. 288[2]
προγεκιμένας pap. (= προκεκ.) 775, 9
προγενής II 506[1]
προγίγνομαι II 506[1]
*πρόγνυ 328[1.2]
πρόγονος 460[6]; – πρὸς ἀνδρῶν II 514[4]
προγράφω II 505[6]; -ειν πρῶτον II 700[8]
προδεδικασμίνας ark. 275[4]
προδεδιχμένον lesb. (Alk.) 769, 6. 772[5]
προδεδώκᾱσιν ἡμᾶς 641[3]
προδείγνυτι 696, 8
προδεικνύει Hdt. 698[6]
προδείσας εἰμί II 407[8]
προδίδοσθαι ὑπό τινος II 529[7]
προδιδούς (ὁ) II 274[8]
προδίδωμι II 287[4]. 505[5]; s. προδεδώκασιν, προδοῦναι
προδιεξέρχομαι II 429[6–7]
προδικίαν ποὶ Δελφούς II 510[8]
προδίκνῡτι kret. 96[4]. 696[4], 8
πρόδομον (τὸ) II 508, 1
πρόδομος 435[6]. II 508, 1
πρόδομος adj. II 508, 1
προδοῦναι 808[7]. II 365[7]
προδοὺς γένηι Soph. 812[6]. II 407[8]
προδωσέταιρον 444[2]
προδωσεω Itan. 786[4]
προεδρία II 505[6]
πρόεδρος 402[2]. II 505[6]
προειπεῖν II 400[4]
προεῖπον II 505[6]. 506[1]
προελήλατο πρόσω τῆς νυκτός II 622[1]
προεληλυθοίης att. (Xen.) 795[6]
προελθεῖν ἐπὶ βῆμα II 472[3]
προέλκω II 505[5]
προενοίκησις c. gen. II 135[7]; – τῆς K. 114[8]
προεξορμᾶν II 164[2]
προέξω 402[2]
προέρυσσαν ἐρετμοῖς II 166[1]
προέρχομαι 241[6]. 402[2]
προερῶν II 296[1]; – οῦντα acc. sg. II 388[3]
πρόες imper. 397[4]. 741[3]
*προεσελέειν 724[4]
προεσόμενα (τὰ) II 506[2]
προεστήξομαι 783[6]
προέστηκα II 506[1]
πρόεστι II 505[5]
προεστῶτες καὶ Θρ. ἔπεισε II 611[2]
προετέρει 656[2]
προέχω τινός τινι II 167[2]
προεχώρησε τὰ πράγματα II 621[2]; s. προυχώρει
προϝαστίδες 223[5]
*πρόϝατος 595[3]
προϝειπάτω kret. (gort.) 745[3]. 754[2]
προϝειπέμεν kret. 745[3]. 806[4]
προhέδρα 219[2]
*πρόhοδος 269[2]
*προhορά 219[3]. 721, 7
προηγάγετο ὧν ἔκρινα δικαίων II 641[3]
προήκης 436[1]
προῆμαρ Sem. 633[3]
*πρὸ ἦμαρ 633[3]
προήσθησις 505[4]
προθέλυμνος hom. 435[4]. 590, 2. II 505[4]
προθέουσι conj. hom. 687, 4. 722[5]
πρόθεσις II 14[4.5]. 420[6]
πρόθετος 435, 2
προθη conj. lesb. 792[6]
πρόθθα kret. 216[6]. 629[1]
Προθθώ kret. 636[7]
(*προθιεισι) 687, 4
προθίημι äol. 687, 4
προθμίς (= πορθμίς) 267[5]
Προθοήνωρ 105[6]
Πρόθοος 105[6]
προθοῦ II 420[3]
προθυμέομαι II 105[6]
προθυμητέον II 409[6]
πρόθυμος II 623[6]
Προθῡμος 157[8]
προθύραια II 508[1]
πρόθυρον II 508[1]
προϊάλλω II 505[5]
προϊάπτω II 505[5]; προΐαψε 741, 8. II 261[6]; προΐαψεν hom. 754[5]. II 419[3]; προϊάπτω τι c. dat. II 146[5]
προΐει τινὰ ἐπί τινα II 472[8]
προΐεμαί τινα ἀδικούμενον II 394[3]
προϊέναι II 368[1]. 505[5]
προΐημι II 283[7]. 505[5]; – τινα c. dat. II 146[5]; s. προΐει, προΐην usw.
προΐην 687[4]
προικ- 424[5]
προῖκα adv. 621[4]. 632[5]. II 87[1]. 617[8] f.
προικός 'als Geschenk' hom. 621[4]. II 126[4]. 413[8]
προΐκτης 299[7]. 725, 5
*προΐξ 377[7]
προίξ 299[7]. 377[7]; προῖξ II 608[5]
προΐονται 688[3]
προΐσσομαι Archil. 725[4], 5
προΐσταμαι II 505[6], 5; s. προστησάμενοι
προΐστημι; s. προστήσας
Προῖτος 502[5]
προκ- 424[3]
πρόκα adv. 621[2]. 629[4]
πρόκακα II 505[4]
προκαλέομαι c. dat. II 139[5], 2; – τινα c. infin. II 139, 2; -οῦνται πρόκλησιν 79[6]; – -εῖ προκαλούμενος II 388[7]; -εῖσθαι II 368[3]
προκαλίζομαι (-εσθαι) 736[2]. II 278[5]; – c. infin. II 139, 2; – τινα c. dat. II 139, 2
προκαλίζω 105[6]
προκάς 508[2]
προκατα- II 505[5]
προκαταλαμβάνω II 506[1]
προκατάρχεσθαί τινος c. instr. II 165[6]
πρόκατε ion. 496[6]. 629, 5
προκατέσχετο II 429[3]
προκατέχομαι; s. προκατέσχετο
πρόκειμαι II 505[6]
προκινδυνεύω II 506[1]; – τινί II 161[3]; – c. gen. II 109[3]; – ὑπὲρ τῆς Ἑλλάδος II 521[3]
Προκλείδας gen. sg. m. akarn. 560[4]
Προκλεῖος böot. 243[7]
Προκλέος meg. 252[7]
Προκόννησος 280[2]
Πρόκριδ- 583, 5
προκρίνω τι(νά) τινος II 101[4]
προλαβών indecl. mgr. 585[4]
προλαμβάνειν τῆς ὁδοῦ, – τῆς φυγῆς II 102[7]
προλείπω II 505[5], 9

προλελεγμένοι II 505[6]
προλέλοιπα II 505, 9
προλιπόντε f. II 35, 1
προλοχίζειν ἐνέδρας II 76[2]; – ἐνέδραις II 166[4]; προλελοχισμέναι ἐνέδραι II 76[2]
προμαθεῖν: τὸ μὴ – II 370[3]
Προμαθεύς 153[8]
προμαντεύομαι II 506[2]
προμαχέω 736[2]
προμαχεών 521[5]
προμαχίζω (-ειν) 105[6]. II 278[5]; προμάχιζε imper. Ilias 736[2]
προμάχομαι II 506[1]
πρόμαχος II 506[1]
προμηθεῖσθαι: τῷ – II 360[1]
προμηθέομαι c. gen. II 109[2]; – c. acc. II 109[4]
προμνηστῖνος 491[2]
πρόμοιρος II 508[2]
πρόμολε imper. 799[2]
πρόμος 494[4], 2. 595[3]. II 505[4]
Προναία delph. 219, 0
προνάιος II 508, 1
πρόναον (τὸ) II 508, 1
πρόναος II 508, 1; -οι βωμοί II 508, 1
πρόνᾳος II 508, 1
προνειοι altatt. II 508, 1
προνεοι II 508, 1
προνήιον II 508, 1
προνήιος II 508, 1
προνοέω II 506[1.2]; προνοῶ c. gen. II 109[3]; προνοεῖν τι τῇ γνώμῃ II 165[5]; – τινος, ὅπως μή II 676[5]
προνοήθην infin. lesb. 807[7]
προνόηνται 3.pl.lesb. 671[4]. 729[2]
πρόνυξ ion. 633[3]
προξεννία 274[3]
προξεννιοῦν thess. 250[4]
πρόξενος II 505, 7. 508, 2
προξενῶ; s. προὐξένησα
προοίμιον II 508[2]
προοῖτο opt. Plat. 741[4]. 795[1]
προόντες (οἱ) II 506[2]
προοπτέον c. gen. II 109[2]
πρόοπτος II 505, 2
προορᾶν (τὸ) II 370[4]
προορῶ 402[2]; προοράω II 506[1.2]; προορᾶν τοῦ σίτου II 109[2]
πρόπαλαι II 505[4]
προπαλαιπαλαίπαλαι II 700[2]
πρόπᾶν hom. 566, 3
πρόπαν ἦμαρ, πρὸ πὰν ἦμαρ hom. 633[3]
πρόπαππος 435[6]. II 505[4]
πρόπαρ II 491, 9. 505[4], 5
προπάροιθε(ν) 628[2]. II 505[4]
πρόπας 436[1]. 633[3]. II 505[4]
προπάτωρ 530[4]
προπέμπω εἰς Ἀίδαο II 120[2]
προπέποται τῆς χάριτος II 128[1]
προπεφραδμένα Hes. 773[2]
προπηλακίζω 736[1]
προπιεῖν (gespr. propīn) II 359[6]
προποδίζω 735[6]
προπομπός (χοάς) II 73[7]
Προποντίς 452[2]
προπρηνής 436[1]
πρόπρο 421, 1
προπρό II 428, 2. 505[4]
προπροκυλινδόμενος II 428[2]. 700[2]
προρέω II 505[5]; προρέοντι hom. 414[5]
πρόρριζος 435[4]. II 423[6]
πρός 400[7]. 401[2.3]. II 68[2]. 99[8]. 268[1]. 418[1]. 424[3.4]. 427[2.3.4.5]. 428[7]. 432[5]. 433[3.5]. 492[1]. 508[2], 3–517; – c. gen. II 237[5]; – c. dat. II 434[1]; – c. acc. II 434[7]; πρὸς βορέω . . τῶν Ἀγβατάνων II 96[5]; πρὸς γενείου II 516[6]; πρός σε γονάτων (sc. ἱκετεύω) II 624[7]; πρὸς Διός II 516, 2; – θεῶν II 516[7]; πρὸς τούτῳ (τούτοισι) II 514[1]; πρὸς τούτοις II 514[2]; πρὸς δέ 'dazu' II 412[7]. 419[6]. 421[6]. 424[3.4]; πρὸς δ' ἔτι II 424[4]; πρὸς δὲ καί II 424[4]; πρός τινα II 512[2]; πρὸς βίαν II 511[8]; πρὸς δεξιά II 112, 4; πρὸς καιρόν II 512[1]; πρὸς ὀλίγον (sc. ὕδωρ) II 511[6]; πρὸς ὀργήν II 512[1]; πρὸς οὐδέν 'vergeblich' II 511[6]; πρὸς μὲν κυνήσειν II 426[4]
προσ- compos. II 429[4]. 509[3–6]
προσαγγέλλω II 509[4]
προσαγορευτικὴ πτῶσις II 54[2]; προσαγορευτικὸν πρᾶγμα II 54[2]
προσαγορεύω II 509[5]
προσάγω II 509[4]; – ἐς τὸν κίνδυνον διά τι II 454[4]; s. προσηγάγοντο
προσᾴδω II 509[5]
προσαιρέομαι II 509[5]
προσαίρω II 509[4]
προσαιτέω II 509[6]
προσαλείφω τινί II 509[4]
προσάλληλος II 517[4]
προσάλλομαι II 509[4]
προσάλπιος hell. II 517[3]
προσαμύνω II 424, 1. 509[5]
προσαμφιέννυμι II 509[6]
προσανα- II 509[6]
προσανηλώσοσαν 666[1]
προσαντι- II 509[6]
προσαπο- II 509[6]
προσαπολλύεις Hdt. 698[6]
προσάπτω II 509[4]
*προσαραρεται 790, 5
προσαραρίσκω II 509[4]
προσαρήρεται Hes. 790, 5
προσαρήρηται 790, 5
προσαρήσεται 790, 5
προσαρκέω II 509[6]
προσάρκτιος II 517[3]
προσαυδᾶν II 259[4]; προσαυδάτω II 342[6]; προσαυδήτην 667[1]. 729[2–3]; s. προσηύδα
προσαύλειος II 517[3]
προσαυξάνω II 509[6]
προσβαίνω II 509[4]
προσβάλλω II 114[2]. 509[4]; – c. gen. II 128[6.7]
προσβιάζομαι II 509[6]
προσβιβάζω II 509[4]
προσβλέπω II 509[5]
προσβοάω II 509[5]
προσβόρειος hell. II 517[3]
πρόσβορρος II 517[3]
προσβώμιος hell. II 517[3]
πρόσγειος II 517[3]
προσγελάω II 509[4]; -ᾶν II 73[1]; -ῶ γέλων II 75[4]
προσγίγνομαι II 509[4]
προσγράφω II 509[4]
προσδαπανάω II 509[6]
προσδείμου (= προστίμου) 207[6]
πρόσδενδρος hell. II 517[3]
προσδεόμεθά σευ τῆς ἐξ. II 92[8]
προσδέρκομαι II 509[5]
προσδέχομαι (-εσθαι) II 400[7]. 509[6]
προσδέω II 92[7]. 509[4]
προσδια- II 509[6]
προσδιδέναι infin. 688[3]. 808[2]
προσδίδωμι II 509[6]; s. προσδοῦναι
προσδοκάω 718[6]. II 509[6]
προσδόκιμος c. dat. II 162[5]
προσδοῦναι μηδενὸς ἀγαθοῦ II 102[8]
προσδρακεῖν ὄμμα II 79[7]
προσεβήσετο 788[3]
προσέειπον II 509[5]
προσεῖδον II 509[5]
προσειλέω II 509[4]
πρόσειμι (εἶμι) 'adeo' II 509[4]
πρόσειμι (εἰμί) 'assum' II 509[5]; προσεῖναι 674, 7
προσεισ- II 509[6]
προσεκύνησα 692[3]. 737[5]
προσελαύνω II 509[4]; – τῷ ἵππῳ II 165[7]
προσέλεκτο II 509[4]
προσεληναῖοι 46, 1
προσεμπικρανέεσθαι Hdt. 763, 3
προσεν- II 509[6]
προσενεγκάτω II 621[2]
προσεννέπειν II 245[2]; -ω II 509[6]
προσεξ- II 509[6]
πρόσεξε ngr. 764, 2. II 257[6]

προσεπι- II 509[6]
προσέπτᾶν 742[5]
προσέρδω II 509[6]
προσερεύγομαι II 509[4]
προσέρχομαι II 509[4]; – c. dat. II 140[1]. 142[8]. 143[1]; προσέρχεσθαι σὺν στρατεύματι II 489[2]
προσέσπερος 436[7]
προσέταιρος miles. II 509[3]
προσετετάχατο Hdt. 812[3]
προσέτι 619, 3. 633[2]. II 427, 2. 564[2]
προσεύχομαι II 509[4]; – c. dat. II 145[4]; προσευξάμενοι εἶπαν II 301[3]
πρόσεχε ngr. II 257[6]
προσέχω (-ειν) II 73[1]. 509[4]; – τὸν νοῦν II 631[3]
προσηγάγοντο τῶν πόλεων II 102[7]
προσηγορία II 66[5]. 509[5]; -ίαι II 18[3]
προσήϊκται, -ξαι 653, 8
προσήκει II 374[2]; προσῆκε(ν) II 308[4.7]; προσήκει c. dat. II 144[3]; προσῆκε c. infin. II 353[8]
προσῆκον acc. abs. II 401[7]
προσῆκόν ἐστι att. hell. 813[3]
προσήκοντες (οἱ) II 409[2]
προσηκότων 768[2]
προσήκω II 509[5]; s. προσήκει, προσῆκον
προσήλυτος 347[2]. 769, 7
πρόσημαι II 509[5]; προσήμενος καρδίαν II 76, 1
προσήνεμος II 517[3]
προσηνής 513[4]. II 444[3]. 509[3],5
προσηύδα II 509[5]; – (μιν) ἔπεα II 79[8]
πρόσθα lesb. dor. 628[1.6]. II 505[4]. 543[5], 2
προσθαγενής ark. 628[6]
πρόσθε 551[1]. 627, 5. 628[1.6]. II 505[4]. 540[7]. 543[5–8] f.; πρόσθεν II 505[4]. 543[5–8] f.; ἐς – II 427, 7; – ἤ II 654[1]. 657[2.5]
πρόσθη 425[3]
προσθησομένοισι dat. pl. lesb. 556, 4
προσθίδιος II 543[7]
πρόσθιος 461[4]. II 543[7]
προσθόδομος 438, 1. 2. 632[7]. II 544[3]
προσθοῦ imper. 799[3]
πρόσθου imper. 799[3]
προσθύμιος II 517[3]
προσθυραῖος hell. II 517[3]
προσιδέσθαι II 365[1]
προσιέναι παρὰ ναῦν II 495[1]
προσιζάνω II 509[5]; – πρός τινα II 510[2]
προσίημι ion. 687, 4; προσίεμεν 674[4]; προσίει 674[4]
προσκάθημαι II 509[6]
πρόσκαιρος II 517[3]
προσκαλοῦμαί (-εῖσθαί) τινα c. gen. II 131[2.4]
προσκατα- II 509[6]
πρόσκειμαι II 162[6]. 509[5]; προσκείμενον ὑπὸ τοῦ θεοῦ II 227[3]
προσκεφάλαιον II 517[2]
προσκηδής II 517, 1. 714[8]
προσκλίνω II 509[4]
πρόσκοιτος II 517[2]
προσκτάομαι II 509[6]
προσκυνέω II 509[4]; -ῶ 737[5]; -εῖν II 73[6]; s. προσεκύνησα, πρός
πρόσκωπος II 517[3]
πρόσλαβε imper. 799[3]
προσλαβοῦ imper. 799[3]
προσλεύσσω II 509[5]
προσλογιστέα neut. pl. II 606[3]
προσμάχομαι II 509[4]
προσμένω II 509[5]
προσμετα- II 509[6]
πρόσμορος II 517[2]
προσμυθέομαι II 509[5]
πρόσοδος II 616[2]; -ον ποιεῖσθαι II 78[4]
προσοίγνυμι τὴν θύραν ὀπίσω μου II 540[8]
πρόσοικος II 509, 6
προσοίσω II 293[2.3]
προσοράω II 509[5]; s. προσόψομαι
προσόσσομαι II 509[5]
προσουδίζω 736[1]
προσοφλεῖν II 485[4]
προσοχθίζω LXX 719, 13
προσόψομαι II 291[7]
προσπαίω ὕμνον τὸν ῎Ε. II 80[1]
Προσπάλτιος 270[7]
προσπαρα- II 509[6]
προσπαρδέτω att. 801, 2
προσπελάζω II 509[4]
προσπεπλασμένος πρὸς ὄρεσι II 512[8]
προσπερι- II 509[6]
πρόσπεσε imper. att. 799[2]
προσπίλναμαι II 509[4]
προσπίπτω II 509[4]
προσπιτνεῖν II 73[1]
προσπίτνω c. dat. II 162[2]
προσπλάζω II 509[4]
προσπλεῖν σὺν ναυσί II 489[7]
προσπνεῖ c. gen. II 128[7]
προσπολεμῆσαι II 364[2]
πρόσπου II 512, 1
προσπτύσσομαι II 509[4]; προσπτύξασθαι II 362[2]
προσριζόφυλλος hell. II 517[3]
πρόσσοθεν Ilias 628[2]. II 505[5]. 544[4.7]
προσστείχω II 509[4]
προσσυν- II 509[6]
πρόσσω 321[5]. 550[2]. II 163[4]. 505[5], 8. 509[3]. 540[6]. 544[4], 1 f.
πρόστα delph. 629[1]
προσταγχθιῆ 207[1]
προστακτική II 339[5]; – ἔγκλισις II 302[6]
προστακῶτος gen. kret. 540, 4. 652[3]
προσταλαιπωρεῖν (τὸ) II 371[5]
πρόστᾱν infin. lesb. 807[7]
προστάσσω II 509[6]
προστατεῖμεν infin. böot. 806[5]
προστάτης II 704[5]
προστατῆσαι II 363[5]
προστάττεσθαι II 400[8]; προσταχθῆναι κατά τινα II 476[7]; προσταχθέν acc. abs. II 401, 3. 402[2]; s. προσετετάχατο
προστεθηκότες 128[2]
προστέλλομαι ὁδόν c. dat. II 152[1]
προστένειν: τῷ – II 360[4]
προστησάμενοι ὦτα τοῦ νοῦ II 506[1]
προστήσας πρὸ ᾿Αχαιῶν II 506[1]
προστιζῖον el. (= προσθιδίων) 205[6]. 467[2]
προστίθεσθαί τι πρὸς κακοῖσι II 513[8]
προστίθημι II 509[4]; προστιθέναι παρ᾿ ἑαυτοῦ II 497[8]; προστίθημι ὀβολὸν πρὸς τὸν μισθόν II 510[3]
προστίθησθον lesb. 687[2]
προστρέπω τινά τι II 82, 1
προστρέχω II 509[4]
προστρέψομαι II 292[4]
προστρόπαιος II 517, 2
προστυγχάνω τινός II 104[4]
προστῷοι τόποι II 508[2]
προστῷον II 508[1]
προσυπερ- II 509[6]
προσυπο- II 509[6]
*προσφα 503[6]
πρόσφατος 503[6]. 630, 1
προσφάτως 128[2]
προσφερής II 161[4]
προσφέρω II 509[4]; – τι πρὸς τὴν δωρεήν II 510[3]; s. προσοίσω
πρόσφημι II 509[5]; – c. dat. II 162[6]
προσφθέγγομαι II 509[5]
προσφθεγκτὸς σοῦ φωνῆς II 119[3]
προσφοιτάω II 509[4]
προσφυγ- 424[5]
προσφυγεῖν II 363[1]
προσφυής II 509[4]

πρόσφυξ 357[4]
προσφύομαι II 509[4]
προσφωνέω II 509[5]; προσφωνῶ τινα προοίμιον II 79[8]
προσχάραιος 398[5]. 436[7]. II 508[1]
πρόσω 321[5]. II 509[3]. 544[4], 1 f.; προελήλατο – τῆς νυκτός II 622[1]; (εἰς) τὸ πρόσω II 69[7]
πρόσωθεν 628[2]. II 544[4.8]
προσῳδία 373[5.6.7]; -ῳδία 7[8]. II 509[5]; βαρεῖα – 373[7]
προσώνυμος II 509[3]
πρόσωπα II 714[8]
προσώπατα 105[5]. 515, 3. II 43[5]
πρόσωπον 426, 4. II 244, 1. 517, 1; – τόλμης II 122[3]
προσωποῦττα att. 528[2]
προσώτατα II 544[4]
προσωτάτω II 544[4.6]
προσωτέρω II 544[4]. 545[1]
προταινί II 507[8]; – τάξεων Eur. 619, 3
προταίνιον II 507[8]. 508[1]
προταίνιος II 517[4]
πρότανις 595[4]
*πρότατος 595[3]
προτεραῖος 468[5]
προτερειᾶι her. 258[2]
(προτερην lesb.) 807[7]
πρότερον II 274[2]. 657[3]; – ἤ II 313[3]. 654[1]. 657[1.3]
πρότερος 456[4]. 533[6]. 534[3]. 535[1.2]. 595[5]. II 179[4]. 183[4]. 184[2]. 505[4]; – ἦλθεν II 413[2]; πρότεροι ἦλθον II 210[6]. 602[4]; προτέρην τῆσδε II 99[3]; προτέρᾳ τῶν Παναθηναίων II 98[6]; προτέρα Κύρου II 98[6]; πρότερος ἤ II 657[4]
προτέρω adv. 534[3]
προτερῶ: s. προετέρει
προτέρωσε 629[2]
προτετιμῆσθαι II 365[7]
προτηνί dat. böot. 612[2]. 619, 3. II 507[8]
προτί 106[6]. II 425[6]. 508[2.3.4]. 509[3], 1
πρότι 387[8]. 400[8]. 401[2.3]. II 68[2]
προτι- praev. II 509[3.5]
Προτιάονος 521[5]
προτιάπτω II 509[4]
προτιβάλλεαι II 73[1]
προτίδεγμαι 678[6]
προτιειλέω II 509[4]
προτιείποι II 509[5]
προτίθεμαι (-εσθαι) πρὸ τῆς οἰκίας II 507[7]; – τι πάρος τινός II 541[5]; προθοῦ II 420[3]
προτίθημι II 505[5]; – τί τινος II 101[4]
προτιθηντι mess. 792[3]; προτίθηντι conj. dor. 688[1]
προτιμάω II 506[1]; προτιμᾶν II 365[7]; s. προτετιμῆσθαι
προτιμυθέομαι II 509[5]
προτιμωρήσεσθαι II 295[7]
προτιόσσομαι 397[6]. II 509[5]
*προτj 400[7]. 401[2]
*προτjω 550, 7
πρότμησις 505[2]
προτοῦ 618[7]. 625[3]; – νά ngr. II 384[4]
προτρέπω II 505[5]
προτροπάδην 626[5]
*προτς 401[2]
προυλέσι H. 572[1]
προύνεικος 827[3]. II 505, 2
προύνικος II 505, 2
προυννέπω II 505, 2
προὐξένησα 656[2]
προυξεφίεσο 668[5]
προὔπεμψε 402[2]. 651, 4. II 505, 2
προϋπεξορμάω II 429[7]
προὖπτος 398[3]; προὖπτος II 505, 2
προυργιαῖος 437[1]
προυργιαίτερος 534[5]. II 508[1]
προὔργου 402[2]. 625[3]; – γίγνεσθαι II 507[7]; προύργου II 505, 2
προυρός 460[6]. II 505, 2
προυσελεῖν att. 724[3]
προῦτος thess. 250[1]. 595[2]
προὐφαίνετο II 621[2]
προὔχει τέχνας II 101[4]
προὔχων (ὁ) II 408[7]
προυχώρει [so] II 621[2]
προφαίνομαί τινι ποθοῦντι II 152[3]; προφαίνεσθαι II 272[3]; s. προὐφαίνετο
προφαίνω II 505[6]
πρόφασιν adv. 'angeblich' 621[1]. 632[5]. II 87[1]. 618[1]. 706[4]
πρόφασις: προφάσει II 167[3]
προφερής 513[3]
προφέρτερος 535[7]
προφέρω II 505[5]. 506[1]; -ει τινός τινι II 101[4]
προφεύγω (-ειν) II 268[2]. 505[2]; s. προφυγ-
προφθαδίην Nonn. 626[3]
προφορουμένω II 609[3]
πρόφρασσα hom. 473[7], 8. II 34[5]
προφρονέως hom. 624[2]
προφρόνως 624[2]
πρόφρων: πρόφρονι θυμῶι 624[3]
προφυγεῖν II 269[1]
προφύγη II 388[5]
προφωνεῖν πρὸ θυρῶν II 506[3]; – τινι ἐπί τινι II 469[3]
προχειρίζεσθαι II 508[2]
πρόχειρος II 508[2]
προχέω II 505[5]
πρόχνυ 206[4]. 328[1.2]. 357[4]. 621[2]. 624, 8. 632[5]. II 505, 6
πρόχοος 460[6]. II 33[6]
προχώνη 491[4]. 838[3]
προχωρῶ: προυχώρει II 621[2]; προεχώρησε τὰ πράγματα II 621[2]
πρόωρος II 508[2]
πρυλέες hom. 495[3]; πρυλέεσσι 572[1]
πρύλις 495[3]
πρύμνα att. 476[1]
πρύμνη (ἡ) [ναῦς] II 175[5]
πρυμνήσιος 466[5]
πρυμνός 524, 6. II 505[3]
πρύτανις 62[4]. 462[6]. 595[4]. II 505[3]; πρυτάνιος gen. 572, 3; -εος 572, 2; -εως 572[3]; acc. pl. 572, 6. 573[2]
πρῳαίτατα τῆς ἡλ. II 114[7]
πρώαν 250[2]
πρωεί 622[2]
*πρωϝατος 595[3]
*πρωϝος 595[2]
πρώην adv. 621[1]. II 70[1]
πρωθήβη 460[4]
πρωΐ 622[2]. II 505[3]; πρωὶ τῆς ἡμέρης II 114[6]
πρωΐα (ἡ) II 175[5]
πρωϊζά 632[1]
[π]ρωΐην 110, 1
πρώιην adv. 621[1]. II 70[1]
πρωινός 490[5]
πρώϊος 461[4]
πρώιρᾱθεν 628[2]
πρωκτός 361[2]. 501[4]
πρών 377[7]. 487,3. 521[4]; πρωνός gen. 562, 2
Πρῶννος ON 638[4]
Πρώννων kephall. 280[3]
πρωνός gen. sg. 562, 2
πρωπέρυσι 354[3]. II 505, 3
Πρῶρος 460[6]
πρῶτα (τὰ) II 41[4]. 44[3]. 602[5]. 605[6]. 614[2]. 617[7]
πρῶτα adv. 596[4]. 621[2]. II 87[1]
Πρωτεσίλαος 443, 8
πρωτεύω 596[4]. 732[7]; -εύειν μετ' ἀρετῆς II 484[6]
πρώτιστος 535[8]. 539[6]. 595[4]
πρωτόγονος 454[4]
πρωτόθρονες 837[4]
πρῶτον adv. 596[4]. 598[2]. 621[2]. II 87[1]. 706[4]; πρῶτον μὲν – ἔπειτα II 711[5–6]; τὸ πρῶτον II 23[3]. 70[2]. 87[1]. 617[7]
πρωτοπαγής 513[3]
πρῶτος 250[1]. 595[2.3.4]. 596[3]. II 179[4.5]. 181[2]. 505[4]; πρώτοις dat. pl. lesb. 556, 4; τὴν πρώτην II 70[3]. 175[6]; ἐν

πρώτοις 124[8]; πρῶτος εἴς τι II 460[3]; ὁ πρῶτος 595, 1; – ἔσχατος II 185[4]
πρωτός 360[5]. 361[2]
πρωτύτερος ngr. 539[6]
πρωυδᾶν att. 203[4]. 398[5]
πρώτως adv. 596[4]. 624[1]
πσ für ψ geschr. 211[5]
*πστάρνυμαι 335[7]
πτ aus idg. pj 325[7]. 705[2], 4; πτ für ττ 211[4]; πτ-äol. kypr. für π- 106[5]; πτ > ττ 211[3.4]
πτᾱ-: πτω- 681, 9
πτᾱγ- 702[5]
πτᾱ́ζω äol. (lesb.) 702[5]. 715[3]. 716[2]
πταῖμα 676[4]
πταίρω spät 696[3]. 714[4]
πταῖσμα 347[7]. 676[4]
πταίσω 676[4]
πταίω (-ειν) 325[4]. 676[4]. 686[4]; – περί τινι II 501[5]
πτᾱκ- 702[5]
πτακάδις 631[4]
πτακεῖν att. 359[4]. 748[2]. 772[2]
πτακών 702[5]
πτάμενος ptc. 742[4]; πταμένα θαλάμων II 91[5]; s. ἐπτάμην, ἔπτατο
πτᾱνός 324[1]
πτάξ 340[3]
πταρεῖν; s. ἔπταρον
πταρῆναι; s. ἐπτάρην
*πταρθένος 833[4]
πταρμός 492[4]
πτάρνεται spät 696[3]
πτάρνυμαι 326[7]. 335[6]. 336[4]. 696[3]. 747[5]. II 227[5]
πταρῶ fut. 'Hippokr.' 785[1]
πτάσθαι aor. 742[4.5]
πτᾱ́σσω 340[3]
πτάτο Ilias 742[4]
πτᾱχ- 702[5]
-πτε II 572[6.7]
πτε/ο- att. 747[2]
πτείρω spät (Hdn) 696[3]. 714[4]. 715[5]
πτέλας 326[8]
πτελέα 325[4]
πτέον att. 183[8]. 325[4]
Πτερέλας 326[8]
πτέρις 462[4]
πτέρνα 335[8]. 489[4]
πτέρνη 279[4]. 325[4]. 381[1]
πτερόν 57[2]. 324[1]
*πτερυκjομαι 725[4]
πτέρυξ 296[4]. 498[2], 5; – χιόνος II 129[6]
πτερύσσομαι 725[4]
πτέρω 714[4]
πτέσθαι 324[1]. 325[2]. 356[7]. 357[2]. 742[5]; s. ἔπτετο
(*πτϝραπεδjα) 337[5]
πτηνός II 242[1]
πτήσομαι 782[6]
πτήσσω 319, 1. 359[4]. 702[5]. 716[2]; πτήσσειν ποτὶ γαίῃ II 513[4]
πτῆται conj. hom. (Ilias) 742[4]. 791[2]
πτίλον 485[1], 2
πτιλώσσω 733[6]
*πτῑ́νουσι att. 692[4]
(*πτινσjω) 692[4]
*πτινσοντι urgr. 692[4]
πτισάνη 325[4]. 517[2]. 692[4]
πτίσαντες Hdt. 755[2]
πτίσσω 325[4]. 692[4]. 755[2]. 841[8]
πτίττω hyperatt. 319, 1. 692[4]
Πτōιε̄ϝι böot. 223[6]. 575[2]
πτόλεϊ dat. hom. 572, 2
Πτολεμαῖος 156[2]
πτολεμίζω 736[1]
πτόλεμος hom. 325[4]
πτολίεθρον 533[3], 4. II 121[7]. 122[1]
πτόλιϝι dat. sg. kypr. 88[7]. 223[6]. 314[8]. 572[5]
πτολίπορθος hom. 151, 1. 439[4]
πτόλις kypr. hom. 64[6]. 88[3]f. 106[5]. 139[2]. 325[4.5]; s. πτόλεϊ, πτόλιϝι
πτόμενος 356[7]
πτόρθος 325[7]. 511, 2. 833[4]
πτόρος 696[3]
πτυγη- pass. 760[2]
πτύελον att. 243[7]. 482[4]
πτύελος 483[5]
πτυέντα pass. 758, 1
πτυκτίον 260[6]
πτυκτίς 260[6]
πτυκτός 260[6]
πτύον 325[4]. 458[6]
πτῦρομαι 714[5]
πτῦρω 351[8]
πτυσθη- 759, 1
πτύσσω 319[4], 1. 325[7]. 400[8]. 715[1], 3. 755, 2. II 465[2], 7
πτυχ- 424[4]
πτύχα acc. sg. Eur. 584[6]
πτύχες pl. hom. 584[6]
πτυχή 459[7]. 584[6]
πτύω 325[7]. 686[3]. II 226[3]
-πτω verba 704[2],4. 705[1–2],4.5. 725[5]
πτωκ-: πτακ- 565[5]
πτωκαζέμεν 708[1]
*πτωκjω 708, 2
πτῶμα 360[4]. 676[4]. 746[4]; πίπτειν – II 75[4]
πτώξ 424[3]. 748[2]; πτῶξ 377[8]
πτῶσις 416, 1. II 53[7], 1; – ὀρθή II 303[1]
πτωσκαζέμεν 708[1], 1
πτωσκάζω 708[1]. 709[1]. 735[1]
πτώσσω ion. 708, 1. 716[2]; πτώσσεις 708[1]; πτώσσω ὑπό τινι II 526[6]; – ὑπὸ κρημνούς II 530[4]
πτωχός 340[3]. 359[4]. 458[6]. 496[5]. 702[5]. 772[1]; f. 458, 1
πῦ adv. 621, 10. 622[3]
πυ- pron. 615[6]
*πυ [pū] 621, 10. 622[3]
*πῡ- 501[3]
πῦα II 43[2]
πύαλος hell. (nicht att.) 243[7]
Πυανεψιών 302[5]
πύανος 302[5]. 494[1]
πύαρ 519[6]
πύας acc. böot. 461[3]. 519[6]. II 33, 2
πυγ- 632[6]
πυγίζω: ἐπυγίζοσαν 666[1]
πυγμάχος 437[6]
*πυγοντ- 526[2]
πυγών 526[2]
πύελος att. (nicht hell.) 243[7] 483[5]
πυήρ 481[1]
πυθε/ο- 683[5]. 747[4]. II 260[6]
πυθέσθαι II 365[1]; – τῆς Π. κατειλημμένης II 394[1]; – ἐπὶ νούσων II 470[7]
πυθέσθαι (τὸ) II 370[2]
πύθεσθέ μου ταδί II 95[1]
πῦθεται ep. 703[2]
Πυθεῦ (aus *-εᾱο) 248[4]
πῦθηι caus. Hes. 703[2], 6
Πυθῆς 562[3]
Πυθιονῑ́κᾱ böot. 560[3]
πυθμήν 522[2], 4
Πυθόθεν spät 628[2]
πυθοίμην τοῦ π. ἀποφθιμένοιο II 393[8]
πυθόμενός τι δι' ἀπορρήτων II 452[2]
πύθοντο 683[5]
πυθοῦ imper. 799[3]
Πυθώ 479[4]
Πυθῶ gen. Chios 252[4]
πῦθω 350[2]
Πυθώδε 624[6]
Πυθῶθεν Pind. 552[1]. 628[2]
πυι adv. 610, 7
πύκα adv. 622[5]
πυκάζω 734[5]. 736[1]; πύκασε 737[7]
πυκιμήδης 490[6]
πυκινός 490[6]
πυκνά adv. 621[2]
πυκνάκις 598[1]
πυκνός II 179[3]; δρυμὰ πυκνά [so] II 453[2]
Πυκνός gen. sg. 269[2]. 569[6]
πυκνότερος παρά II 496[3]; -αι παρὰ τά... II 100[1]
*πύκος n. 620, 6
πύκτα II 49, 2
πυκτεύειν II 233[3]
πυκτίον 260[6]

πυκτίς 260[6]
Πυλάδης 510[1]
πύλαι II 44[5]; -ῶν gen. pl. att. 249[8]
Πύλαιος 468[4]
πυλᾰωρός 438[5]
πυλευρός ion. 248[3]
πύλη; s. πύλαι
*πυληορός 248[3]
πύλιγγες 498[3]
Πυλοιγενής 452[4]
πυλῶν gen. pl. att. 249[8]
púma tsak. (= πῶμα) 185[1]
πύματος 503[7]. 595[4]. II 444[2]; πύματ' ὄν 264[6]
*πυμνος 524, 6
*πύμn̥τος 524, 6
pʻundá tsak. 213[6]
πύνδαξ 71[1]. 333[4]. 497[1]
πυνθάνομαι (-εσθαι) 74[3]. 347[4]. 699[5]. 701[2]. 747[4]. II 274[4.6]. 395[6], 1; πυνθάνου II 341[4]; πυνθάνομαι c. gen. II 106[6]; – c. acc. II 107[1.2]; – τινα c. ptc. II 394[5]; – ὑπέρ τινος II 522[2.3]; – τι παρὰ πυρσῶν II 497[4]; s. ἐπυνθάνετο, πυθε-
*πύνθομαι 701[2]
πύννος 322[7]. 489, 8. 833[3]
πύξ 620[6], 6
πύξος 157[8]. 516[8]
πῦον 458[6]
πύος 512[4]. 703[2]. II 88[3]
πῡός m. 519[6]
πυππάζω Kratin. 735[2]
πῦρ 52[2]. 350[6]. 378[1]. 424[2]. 520[2]. 582[3]. II 30[2]. 691, 4
πυρ- 440[3]
πυρᾰ́ (τά) 460[7]. 582[3]
πυρᾱ́ f. 582[3]; πυραὶ νεκύων II 117[7]
πύραθος 334[2]
Πυραιμένης 448[6]
Πυραίχμης hom. 561[5]
πυρακτέω 731[7]
πυραμίς 465[1]
πύραστρον 259[6.7]. 440[3]. 450[2]
πύραυνος 333[7]
πυραύστης 333[7]. 440[3]
Πυρβαλίων arg. 225[1]
πυργηδόν hom. 626[5]
πύργος 71[1]. 151, 1; – θανάτων II 96[1]
πύρεθρον 533[4]
πυρέσσω 725[3]
πυρεταίνω 733[2]
πύρϝος 335[8]
*πυρηκης 446, 5
πῡρήν 487[2]
πῡρητόκος 440[3]
πυρηφόρος 439[1], 1
Πυριβάτους gen. sg. 561[3]
πυριβήτης 452[4]
πυριήκης 446, 5
πυρίκαυστος 446[2]
Πυριματιος 182[5]
πυρίπαις 446[4]
πυρίπνοος 446[4]
πυρίχη 829[6]
πύρνον 489[3]
πῡρο- 440[3]
πυρός 58[5]. 334[2]. 458[6]. 481[4], 11; οἱ πῡροί II 43[2]
πύρπνοος 446[4]
πυρπολέω 726[4]
πυρρίχη 829[6]
πυρρός 336[1]. 472[5]
Πύρρος II 693[7]
*πυρσϝος 336[1]
πυρσός 516[6]
πυρφλέγοντα 836[8]
πυρφόρος 239[5]
πῡ́ς adv. dor. syrak. 199[7]. 200[1]. 617[1]. 622[3]. 626[1]. II 157[5]
πῡ́σε Kallim. 703[2]
πῦσε aor. 703[2]
πῦσει fut. 703[2]
πυστιάομαι 732[3]
πύστις 504[5]
πῡτία 501[3]
πῡτίζω 260[6]
πυτῑ́νη 491[3]
πύυρ 104[5]
πω partic. II 163[6]. 579[3.4.6]; οὔ πω II 163[6]
πώ partic. II 556, 2
πῶ adv. dor. 82[6]. 359[6]. 550[1]. 621, 10. II 90[8]. 207, 1. 647[1]; πῶ μάλα dor. II 579[5]
πῶ 2. sg. imper. 'trinke!' lesb. (Alk.) 758[5]. 798[2.4]. II 339[1]. 620[6]; s. εὖ πῶ
πώεα hom. 573[4]
πώεσι dat. pl. hom. 571, 3
πῶθι imper. 693[3]. 798[4]. 800[4]
(*πῶι) 616, 2
*πωιομαι 780[4]
*πωju 347[8]
πώλᾱ f. Sophr. 720, 8
πωλεν infin. arg. 807[3]
πωλέομαι 295[1]. 720[3]; -εῖσθαι δὶς πρὸς ἀργύριον II 511[5]
πωλέσκετο Ilias 711[4]
πωλεῦντι dat. pl. 272[1]
πωλέω Hdt. att. 720[3], 8. II 127[4.5]; – c. gen. II 126[1.3.4]; πωλῶ τι πρὸς τὰς τιμὰς τῶν κριθῶν II 511[5]; s. πωλέομαι, πωλησ-
-πωλέω 731[6]
πωλή 460[3]
πώλης 451[5]. 461[3]. 836[5]
-πώλης 451[5]
πωλῆσαιν infin. 808[3]
πωλήσεαι fut. Ilias 720[3]
πωλησευντι rhod. 786[5]
πωλοδάμνης 451[5]
πῶλος 458[6], 4. 578[4]
πωλοῦντι conj. 791, 6
πῶμα 523[2]
πωμάζω 735[2]
πώμαλα dor. II 579[5], 5
πῶνε imper. lesb. 798[2]
πώνω lesb. 346[1]. 693[3]. 747[3]. 780[4]. II 226[2]
πώποτε 550[1]
πως partic. II 579[3]. 580[2]
πώς dor. 358[3]
πῶς 377[7]. 565[6], 3. 619[2]. 624[1]. II 157[5]. 207, 1. 414[8]; – ἐθέλεις; II 307[4.7]; – λέγεις; II 275[2]; – εἶπας II 626[3]; πῶς ἴδῃς; II 311[2]; – φύγητε II 311[3]; – κεν τελέσειας II 625[6]; – τὰ πᾶτε; ngr. 614[5]; πῶς δ' οὔ; II 631[7]; – δύσκολόν ἐστιν . . . εἰσελθεῖν II 626[4]; – ἄν c. opt. II 328[1.6]. 625[7]; – γάρ τοι δώσουσι II 627[1]; – μήν II 570[4]; – δυσδιάβατον τὸ πεδίον II 626[4]
πῶς recit. 'daß' II 638, 2 [ngr.] 645[3]. 646[6]. 662[7] [NT, ngr.]. 675[4] [ngr.]
Πωσφόρος 204[4]. 261[7]
πωτάομαι 356[5]. 358[3]. 717[4]. 719[1], 3
πωτᾱ́ομαι fut. dor. 719, 3
πῶυ 347[8]. 480[4]

ϙ

ϙόππα 140[2]
ϙοππατίας 141[1]
ϙόραξς 238[7]
ϙοσμία ἠμί rhod. II 693[6]
ϙυϙνυς w.-ion. 182[5]

Ρ

ρ: r uvular 14[4]. 15, 5; – expressiv 15, 5; ρ aus σ 87[2]; – aus intervok. z 218[4]; – dial. für z 218[4]; ρ stark palatal 212[6]; ρ gedehnt 229[6]; ρ vor i tsak. 212, 1; ρ und λ wechseln spontan 213[2]; Ägypt. 213[1]; ρ geht im Zusammenhang dissimilator. verloren 264[4]; Wirkung von ρ auf Vokale 274[7]; ῥ 332[2]; ῥ nicht graphisch 212, 2; ῥ in byz. Zeit 212[3]; ρ:ρ > ι:ρ 259[2]; ρ:ρ < ν:ρ 259[1]
ῥ- anl. 310[3]; für urspr. r- 310[3.4]; aus ϝρ- 309[7]. 310[1]; aus *sr- 309[7]. 310[2]; s. *hρ-
-ρ el. spätlak. für -ς 92[7]. 410[3]
-ρ < -ρς 409[7]
r̥ ngr. (lesb.) 342[1]
r/n-St. 52[1]. 73[1]. 517[2] ff.; – als Vordergl. in compos. 441[1]; Reste ngr. 520, 2
ῥ' II 558[3]
ρα gr. 341[5]. 342[2]; ρᾰ ion.-att., dor. 85[5]; ρα für idg. r̥ 342[4]; 367[3]. 440[1]. 747[5]; ρα inl. vor Kons. für idg. r̥ 342[2]; ρα durch ρο ersetzt 440[2]; ρα in Verbalwz. 685[2], 2; s. ρασ
ρᾱ Starkst. 360[7.8]; att. ρᾱ < ρη 275[3]
ῥά (lies ῥα) 622[7]
ῥα 310[4]
ῥά 414[1]. II 556[4], 2. 558[3.4], 4. 559[2.3]
Ῥᾶ 310[3]
-ρα suff. 475[1]
-ρᾱ́- Ausg. 483[1]
ῥαβάσσω 310[3]
Ῥαββατάμμανα 310[3]
ῥαββί 165[4]
ῥάβδος 163[6.7]. 324[2]. 508[7]
Ῥάγαι 310[3]
ῥαγη- pass. hom. att. 759[2]
ῥαγῆναι 340[8]. 359[4]; s. ῥήγνυμαι
ῥάδαμνος 524[6]
ῥᾴδιον II 623[5]; s. ῥᾴδιος
ῥᾳδίως II 415[1]
ραεισηι pap. 736, 9
ῥάζω 310[3]
ῥαθαπῡγίζω 644[7]
ῥᾴθῡμος 539[3]
ῥαιβός 302[2]. 314[3]
ῥαίδη 310[3]
ῥαιδιέστερος 127[7]
ῥᾴιδιος 539[3]
ῥαΐζω 736, 9
Ῥαικός 80[7]
ῥαίνω 714[5]; s. ἔρρᾱνα, ῥανῶ
ῥαισθη- 761[3]
ῥαιστήρ 530[4]
ῥᾷστος 539, 3
ῥᾳστώνη 491[4], 4
*ῥαίσω praes. 706[7]
ῥαίω 686[4]. 706[7]; ῥαίησι 3. sg. II 313[5]
ῥᾴων att. 538[3]. 539[2]
ῥάκος 512[2.3]
ῥακτοί 299[8]
Ῥακῶτις 310[3]
Ῥαμ(ν)ούσιος att. 256[7]
ῥάμφος 516[1]
Ῥαμψίνιτος 310[3]
ῥαμψόν 322[2]
ῥαμψός 516[6]
ῥαντίζω 706[4]
ῥανῶ fut. 714[5]. 785[2]
ῥᾱ́ξ 310[3]. 425[2]
ῥαπίζω 314[3]; s. ῥεραπισμένων
ῥάπται 299[8]
ῥάπτομαί τί τινος II 128[4]
ῥάπτω 314[3]. 704[6]. 759[6]
ῥάπυς 310[3]. 463[5]
ῥᾶρος 310[4]
Ῥᾶρος 310[4]
ρασ aus idg. r̥s 307[6]
ῥᾴσσω 314[3]. 715[2]; s. ῥᾴττω
rasta ngr. (südital.) 80[7]
ῥᾷστα λῆξαι II 606[2]
ῥᾴστη (sc. ὁδός) II 623[5]
ῥᾴττω att. 715[2]. 716[2], 4; s. ῥᾴσσω
ραυδους Koine (Ägypt.) 198[2]. 207[8]
ῥάφανος 212[3]. 490[3]
ῥαφη- pass. 759[6]
ῥάφυς 463[5]
ῥάχετρον 532[5]
ῥᾱχία 314[3]. 716[2]
ῥάχις 462[5]; ῥάχεις 159[7]
ρε äol. für ρι 106[3]. 274[8]. 275[2]
ῥέγκω 684[4]. 692[7]
ῥέγμα 310[4]
ῥέγος 310[4]
*ῥεγχϝα 302[4]
ῥέγχω 684[4]. 692[7]
ῥέϝω 347[2]. 722[1]. 743[4]; -ει 781[5]
ῥέζεσκον hom. 711[2]
ῥέζω [= ἔρδω] 716[1], 2. 754[7]; ῥέζοι II 325[6.7]; ῥέζω τι c. dat. II 146[6]; – αἴσυλα περὶ ἀνδρῶν II 502[3]; – ἑκατόμβην ὑπέρ τινος II 521[3]; s. ἔρεξα, ἔρρεξα, ῥέξω
ῥέζω 'färbe' 310[4]. 716[1]
ῥέθος 314[3]
ῥεῖα II 324[2.7]; – ζώοντες II 408[6]
ῥείω 686[1]
ῥέμβομαι 314[3]. 692[6]
ῥεξ- 754[7]
ῥέξειν II 375[4]
Ῥε̄ξίας 225[2]
ῥέξω 782[5]. II 291[3]
ῥέος 512[3]
ῥέπω 684[4]
ῥεραπισμένων 649[4]
ῥερῖφθαι 649[4]
ῥερυπωμένα hom. 649[4]
ρετσίνα ngr. 271[4]
ρεύει [*révi*] ngr. 755, 3; s. ἔρρεψε
ῥεῦμα 347[2]
ῥεύσει fut. 781[5]
ῥευσεῖται Aristot. 786[2]
ῥεῦσις 505[5]
ῥεύσομαι 685[7]; -σεται ion. 743[4]. 755[4]. 781[5]
ῥευσοῦνται Aristot. 786[2]
(*ῥεύω) 745, 4
ρεύω [*révo*] ngr.: ἔρρεψε 755, 3
ῥέω 348[4]. 685[7]. 743[4]. 745, 4; ῥέει 781[5]; ῥεῖ 414[2]. 659, 1. 760[5]. II 244, 2; ῥέουσι 659, 1; ῥέειν II 612[3]; ῥεῖν II 226[6]; ῥέω c. dat. II 148[3]. 166[4]; ῥεῖ c. gen. II 111[6]; ῥέει κρήνη ὑπὸ σπείους II 527[4]; ῥέειν κατὰ βλεφάρων II 480[5]; ῥεῖν γάλα, μέλι II 76[6]; – κατὰ τῶν ἄκρων II 480[5]; – ὑπὸ τῆς πλατάνου II 528[1–2]; s. ἔρρεε, ἔρρεον, ἔρρευσα, ἐρρύᾱ, ἐρρύην, ἐρρύηκα, ἔρρυκα, ῥευσ-
ρϝ 332[3]; – zu υρ 267[3]
ph aus *sr 304[6]
ph- 309[7]
phoϝά kerk. 310[2]; phoϝαῖσι 212[2]. 223[6]. 559[5]
ρη zu att. ρᾱ 275[3]
ῥῆα adv. 467[2]. 539[3]. 622[5]
ῥηγμίν 310[1]; ῥηγμῖνι 229[6]
Ῥήγμων 492[6]
ῥήγνυμαι II 227[8]; ῥήγνυται 765[5]; ῥήγνῡται conj. Hippon. 792[3]; s. ἐρράγην, ἐρρήχθη, ῥαγῆναι, ῥήγνυντο
ῥήγνῡμι 310[1]. 333[1]. 340[4]. 359[4]. 414[2]. 697[3]. 770[1]. II 227[8]. 269[1]. 691, 5; ῥηγνύᾱσι att. 665[3]; ῥήγνῡσι 3. pl. 664[6]; ῥηγνῦσι 3. pl. 664[6]. 665[1]. 698[5]; ῥήγνυμί τι ἔν τινι II 458[2]; ῥήγνυμι φωνὴν ὑπὸ δέους II 528[6]; s. ἐρ-

ρηξα, ἔρρηχα, ἔρρωγα, ῥήξειν, ῥήσσω
*ῥήγνυντι 3. pl. 664[6]
ῥήγνυντο 698[5]
ῥήγνυσκε hom. 711[2]
ῥῆγος 310[4]. 512[2]
ῥηθὲν ὑπό τινος διά τινος II 451[6]
ῥηθῆναι II 364[7]
ῥηΐδιος 467[2]
ῥηΐτερος 539[5]; – c. infin. 805[7]
ῥηΐων ion. 539[2]
ῥήκσαιεν kret. 797[3]
ῥῆμα 523[3]; (term.) II 222, 4
Ῥήνεια 258[2]. 568[6]
ῥῆνιξ 840[2]
Ῥῆνος 157[4]. 310[3]
ῥήξειν II 295[6]; s. ρρήξειν
ῥηξήνωρ 444[2], 5
ῥησκομένων H. 708[6]
Ῥῆσος 68[4]
ῥήσσω (= ῥήγνυμι) 697[3]. 716[3]. 772[3]
ῥητά II 468[3]
*ῥητᾱ kypr. 532[6]
ῥητῇ II 163[5]
ῥητήρ hom. 530[6]
ῥητίνη 163[7]. 491[3]
ῥῆτορ voc. 569[1]
ῥητορικός 530, 5
ῥήτρη 532[6]
ῥήττω ion., Koine 716[2], 4
ῥήτωρ 159[7]. 186[2]. 530[7]. 569[1·2]. II 614[5]; s. ῥῆτορ
ῥηχμός arg. 206, 1
ρι aus idg. r̥ 352[3]; ρι zu lesb. ρε 106[3]. 274[8]. 275[2]
-ρι- suff. 495[2], 2
ῥῑγεδανός 530[1]; -ῆς Ilias 720[4]
ῥῑ́γει Pind. 720[4]
ῥῑγέω 720[4]. 724, 7. 771[3]; -ῶ Hippon. 720[4]; ῥῑγήσειν Ilias 720[4]; ῥιγῆσαι II 261[3]; s. ἐρρῑ́γησε
ῥῑ́γιον 539[1]; – ἔσται c. dat. II 150[6]; – – ποτὶ ἕσπερα II 512[3]
Ῥίγμος 492[5]
ῥῖγος 310[2]. 512[4]. 539[1]
ῥῑγώιην 795[3]
(*ῥῑγώjω) 724, 7
ῥιγῶντες 249[3]
*ῥῑγώσω 724[4]
ῥιγῶσα 249[3]
ῥιγῶτε conj. 249[7]
ῥῑγώω 514, 5. 724[4], 7. 752[3]
ῥίζα 352[3]. 474[3]
ῥιζόομαι: ἐρρίζωται 731[7]
Ῥιζοῦς 67[1]
ῥιζόω; s. ἐρρίζωσεν
Ῥίζων 67[1]
Ῥίθυμνα kret. 204[3]
ῥικνός 314[3]. 347[1]. 489[3]
ῥίμφα adv. 275[5]. 302[4]. 622[5]
ῥῑ́ν hell. Thom. Mag. 569, 4
ῥῖνες II 44[5], 5
ῥινός II 34, 4
ῥῑνός gen. sg., ῥῖνα acc. II 44[5]
ῥῑνός [so] 311[3]
ῥιξικάζεται 644[2]
ῥίον 314[4]. 352[4]. 458[6]
ῥίοντας böot. 242[3]
ῥῑπ- 424[4]
ῥῑπτάζω 706[4]; -ων Ilias 711[4]
ῥῑ́πτασκε hom. 711[3]; – τι ποτὶ νέφεα II 510[1]
ῥῑ́πτασκον Ilias 711[1·3]
ῥῑπτάω 711[4]
ῥιπτεῦντο 705, 1
ῥῑπτέω 705, 1. 706[1]; -έειν ὑπὲρ τὸν δόμον II 519[4]; – τινὰ κατὰ τοῦ τείχεος II 480[5]
ῥῑ́πτομαι; s. ἔρριμμαι, ῥερῖφθαι
ῥιπτουμένων 705, 1
ῥῑ́πτω 314[4]. 705[1], 1. 759[5]. 772[1]; ῥίπτειν αὐτόν II 272[3]; – τι μετά τινα II 485[7]; – τί τινος II 104[8]; s. ἔρριφα
ῥῑ́ς f. att. 378[2]. 465[11]. 569, 4. 570, 2
Ῥιττήν kret. 67[2]. 310[3]
Ῥίτυμνα kret. 204[3]
ῥιφή 156[4]
ῥιφη- pass. 759[5]
ῥιφθη- pass. 759[5]
ῥίχνω ngr. 701[4]
ρίχτω ngr. (dial.) 705[3]
*ρj 323[1]
*-r̥jō- > -αίρω 725[2]
*ρλ 323[4]
ρο 344[1·2·3·7·8]; ρο aus *r̥ 440[1]. 747[5]; ρο äol. ark.-kypr. für ρα 81[3]. 343[8]. 440[2]; ρο lesb. für ρυ 275[3]
-ρο- suff. 481[1] ff.
-ρό- suff. 483[1]
ῥόγα mgr. 163[7]
Ῥοδανός 530[3]
Ῥόδανος 310[3]
ῥοδέα II 30[4]
ῥοδοδάκτυλος 386[4]. 429[2]. 454[2], 2. II 176[6]
ῥοδοδάφνη 159[7]
ῥόδον 61[7]. 314[5]. 344, 2. 459[2]. II 30[4]
ῥοδόπηχυς 474[1]
ροδορ 155[3]
Ῥόδος 508[7]
ῥοϝαῖσι kerk. 559[5]
ρόϝος kypr. 223[6]. 347[2]
ῥοή 189[4]. 355[6]. 460[1]; ῥοαί II 43[5]; s. ρhoϝά
ῥοθέω 726[3]
ῥόθος 511[1]
ῥοιά 30[7]. 61[7]. 310[3]. 348[7]
ῥοιβδέω 726, 5
ῥοῖβδος 508[7]
ῥοίζεσχ' Hes. 711[4]
ῥοιζέω 726, 5
ῥοιζηδόν 626[5]
ῥοῖζος 508[7]; ῥοίζῳ II 34, 1
ῥοιή 469[7]
ῥοικός 314[3]. 347[1]
Ῥοίτειον τοῦ Ἑλλησπόντου (sc. ὄν) II 405[2]
ῥόμβος 314[3]. 692[6]
Romjós 'Grieche' ngr. 78[6]
ῥόμμα 720, 1
ῥόμοξ 314[3]
ῥόος 310[2]. 414[2]. 478[5·6·7], 3; ῥόοιο [so] gen. 414[5]
ῥοπή; s. ρροπῆς
ῥόπτον 260[3]. 262[3]
ῥοπτός Hippokr. 502[6]. 720, 1
ῥόπτρον 260[3]. 532[4]
-ρος Ausg. n. 512[7]
ῥοσάτον 310[3]
Ῥουμανός 185[2]
ῥοῦς 'Granatapfel' att. 562[3]
ρουφῶ, ρούφηξα ngr. 764[4]
ῥοφάνω Hippokr. 700[4], 1
ῥοφάω spät 720, 1
ῥοφέω att. 310[2]. 351[7]. 720[1]
ῥοφήσομαι 783[1]
ῥόφω gramm. 720, 1
ῥοχθέω 726[2]
ρρ 86[1]. 87[2]; ρρ att. 115[2], 1; ρρ in att. Koine 127[7]; ρρ nwgr. Ferment im Att. 285[4]; ρρ att. dor. eub. st. ρσ 81[4]. 322[8]; ρρ und ρσ schwanken 284[7]; ρρ aus ρϝ 227[5·6]. 414[4]; ρρ aus ρj 323[1]; ρρ aus νρ 323[2]; ρρ inl. sekundär 414[5]; ῤῥ inl. 212[3]
-ρρ- in Wortf. 311[8]
Ρρε̄τō̆ eleus. 310[2]
ρρήξειν 227[5]
ρροπῆς 311[3]
ρρυμός 310[1]
ρρύσιον äol. 310[1]
ρσ 86[1]. 115[2], 1. 284[6] ff.; ρσ festgehalten att. 285[3]; ρσ Koine neben ρρ 285[4]; ρσ in Fremdw. 285[6]
-ρς > -ρ 409[7]
-ρσ- fut. 781[2]. 782[2]
-ρσ- aor. 753[4–5]
-ρσω fut. 785[3], 2
ρτ > tsak. *nd* 213[6]
ρυ bzw. υρ aus idg. r̥ 351[7·8] f.
ρυ > lesb. ρο 275[3]
-ρυ- suff. 495[4]
ῥύᾱξ att. 743[4]
ῥυάς 508[2]
ῥύατ'(ο) 681[1]
ῥυάχετος lak. 501[2]. 743[4]
ῥυγκάνη 692[6]
ῥύγχος 311[3]

ῥυδόν 626[3]. 743[4]
ῥυείς ptc. 743[4]. 758[3]
ῥυζεῖν 721[5]
ῥύη Od. 743[4]. 757[5]. 759[1]
ῥυῇι conj. att. 743[4]; – akret. 792, 2
ῥυῆναι 758[3]
ῥυήσομαι 685[7]. 782[6]; -ήσεται 743[4]. 755[4]
ῥυθμός 493[1], 1
ῥυΐσκομαι ion. 709[3]
ῥῦμα 523[2]
ῥυμηδόν 626[5]
ῥῦμός 310[1]. 492[3]; s. ρρυμός
ῥῡμουλκός 157[8]
ῥυμφάνω 351[7]
ῥύομαι 681[2]. 686[3]; – ὑπό τινος II 527, 3
ῥυπόω 727[2]; s. ῥερυπωμένα
ῥυππαπαί 310[3]
ῥύπτω 705[1]
ῥῦσαί με δουλοσύνης II 93[3]
ῥῦσθαι 681[1]
ῥύσις 505[5]. 743[4]
ῥύσκε(ο) Ilias 711[1]; ῥύσκευ 681[1]. 711[1]
ῥῡσός 321[5]. 516[6]
ῥυστάζεσκεν hom. 711[2]
ῥυστάζω 706[4]
ῥυστακτύς 706[4]
ῥυτόν II 175[6]
ῥυτός 347[2]. 743[4]. II 242[1]
ῥύτρυς 495[4]
ῥυφάνω Hippokr. 720, 1
ῥυφέω ion. 351[7]. 720, 1. 834[5]
ρω Stark- u. Schwachst. 361[2]
ῥῶ 140[4]. 153[3]. 310[3]
ῥωβίδας lak. 509[7]
ῥωγαλέος 484[2]; -έα neut. pl. II 611[6]
ῥωγή 460[1]
ῥώθων 310[2]
Ῥωκίονς kret. 199[4]
Ῥώμα voc. 567, 2
Ῥωμαῖος 78[6]. 156[5]; s. *Romjós*
Ῥώμη 154[8]. 155[3]. 159[7]. 310[3]
ρωμσις 277[8]
Ῥωμυλίδαι 509, 3
ῥώννυμαι; s. ἔρρωμαι
ῥώννῡμι 697[4]; ῥωννύναι 392[8]
ῥώξ 424[3], 4. 425[2]
ῥῶξ äol. 378[4]
Ῥωξάνη 310[3]. 327[6]
ῥώομαι 349[3]; ῥώοντο, ἐρρώοντο, -ώσαντο 722[1]; ῥώομαι μετὰ πνοιῇσ' ἀνέμοιο II 484[3]
ῥῶπες 424[3]
Ῥωπηυς keisch 548[8]; Ῥωπήυς 196[3]
ῥῶπος 458[2]
*ρωρυ- 258[4]
ῥώσαντο 722[1]
ῥωσθη- 761[3]
ῥώσκομαι 708[6]
ῥωτακίζω 736[4]
ῥωχμός 493[3]
ρωψ 277[8]; ῥώψ 310[3]

Σ

s: erhaltenes *s* ungr. 69, 3; *s* charakter. Kons. für Stammbild. 419[7]; *s*- suff. 511[4] ff.
σ 216[4] f.; in Kons.-gruppen ψ ξ ζ 328[2]ff.; σ intervok. u. ausl. stimml. 217[5]; σ aus idg. *s* 306[4]; aus idg. *s*+*s* 366[8]; aus *ss* < *ts* 321[8]. 322[1]; σ att. alt für σσ 231[4]; aus τj θj 272[4]; für τ 270[6]; И ark. für τ 301[3]; σ lak. aus intervok. θ 81[4]. 93[5]. 205[3]; σ tsak. aus θ 205[3], 1; *s* ngr. aus þ 205, 1; σ(σ) spätgr. für σθ 205, 2; σ nach Kons. ρ λ μ ν 284[4]ff.; σ = Ausspr. *z* vor stimmh. Kons. 306[4]; σ nach *n̥* (= α) u. *r̥'* (= ρα) erhalten 307[5]; σ in Formen festgehalten 307[7]; -σ- inl. vor ρ λ ν 311[7]; σ bzw. *z* zwischen Verschlußl. od. in Gruppen mit Liqu. od. Nas. 335[5] f.; σ vor Kons. u. ausl. fest 366[7]; σ unetymol. im Verb 762[4]; σ > *h* 217[3·4]. 279[8]. 366[5·6]. 370[5]. 832[7]; anl. σ vor Vok. zu *h* 307[4]. 370[3]; -σ- > -*h*- 370[3]; -σ- > -*h*- lak. kypr. 233[4]; σ und *h* schwanken intervok. 94[4]; σ und *h* wechseln 217, 1; σ wechselt mit *h* od. Null 306[5]; σ geschwunden 282[3·4]. 307[4]. 333[7]; σ aus ρσ + Kons. gefallen 336[2·3]; σ > z 366[5·6]; σ mit ζ verwechselt im Schreiben 217[8]. 218[1]; σ als ρ 217[5]; σ vor μ wiederhergestellt 333[8]; wurzelhaftes σ vor Kons. bei *s*-St. 440[4]
-σ- für -σσ- 308[3]. 321[4]
-σ- fut. 738[1]. 781[2], 1
-σ- aor. 738[1]. 749[3·4], 2. 750[5·6]. 752[1]
-σ- aor. conj. 784[3]
-σ- pf. med. 772[7]
-ς aus idg. -*s* 408[8]; aus -*ss* < -*ts* 321[8]; für -*st* 409[1]; aus -νς 566[3]; aus -τ bzw. -δ 409[8]; -ς fehlt vor Dent. u. Nas. 217[1]; -ς in pap. nicht geschr. 410[6·7]; -ς hiatustilgend 404[6·7]. 405[2]; -ς vor Vok. verhaucht 409[6·7]; -ς schwindet ngr. 661, 1; -ς assimiliert 216[5], 1 f. 217[2]; -ς wird dem anl. *l*-*n*- assimiliert 312[1]
-ς nom. 85[7]. 549[2]. 562[8]; m.-ngr. 586[2]; 1. decl. m. 561[4]; 3. decl. 569[5–6]
-ς gen. f. ngr. 586[2]
-ς pl. 547[1]
-ς adv. 619[5], 5. 631[3–5]
-ς Personalend. 657[5]. 659[3·5]; 2. sg. aor. indic. 750[4]; 2. sg. imper. 800[1–2], 3
σ- anl. 308[2]; – aus **tsw*- < *t'w'* 320[1·3]; vor Vok. in Fremdw. 308[1]
σ' agr. (= σε) 604, 3. 606[5]. II 187[6]
σ' hom. (= σοι) 604,3. II 187[6]
σ' (= σου) ngr. (nordgr.) 606[4·5]
'ς praep. ngr. II 455[1]; c. acc. II 171[2]; 'ς τοὺς φίλους II 140[4]; s. στοῦ, στῆς
σα (σά) megar. 319[5]. 614, 3. 616, 8. 623[1]; σὰ μάν 'wieso' 616, 8
σα- praef. 434[5]. 615, 8
Σᾰ- in Namen 558, 1
-σα 1. sg. aor. 754[3·6·8]. 755[1]. 814[4–5·6]. 815[7]; ngr. 763[7]
-σα 2. sg. ngr. (maniat.) 764[6]
-σα- aor. 739[5·6]. 749[3·4·6], 2. 752[2]–753
σᾶ f. att. 558, 1
σᾶ neut. pl. (σῶς) 554, 4–558, 1
σαάμον 304[5]
σάβανον 308[1]
σάββατα 409[6]. II 43[7]
σάββατον 124[1]. 316[1]; -άτωι 162[6]
σαγ- 771[7]
σάγδας 329[3]
σαγήνη 322[3]
σάγμα pl. 585[4]
Σαδάμω ark. 250[3]
σαδράπαν äol. 206[3]
σαδράπης 333[6]

ΣαϜάναξ lak. 263[4]
σαϜος 472[5]
σάθη 511[1]
-σαι Personalend. 657[5]; 2.sg. 667[4]. 668[1] f.
-σαι 3. sg. opt. 796[7]
-σαι 2. sg. imper. aor. med. 750[4]. 803[2.7–8], 4 f.
-σαι infin. aor. 548[3]. 750[4]. 805[5]. 808[5–6], 7. II 242[3]. 260[7]. 358[5]
-σαιεν 3. pl. opt. 796[7]
-σαιμεν 1. pl. opt. 796[7]
-σαιμι 1. sg. opt. aor. 660[3]
σαίνω 320[2]. 714[5].; s. ἔσανα
σαίρω 322[3]. 714[4]; s. ἔσηρα
-σαις 2. sg. opt. 796[7]
Σάϊς 250[3]
σακέσπαλος [so, nicht -πάλος] 398[7]
σακκέω 726[3]
σάκκος 308[1]. 458[1]
Σακλῆν 250[3]
σακνός 489[3]
σάκος 414[3]. 515[5]
σᾱκός 320[2]
σάκτας böot. 500[1]
σάκχαρ 308[1]. 316[3]
σαλάκων 497[2]
Σαλαμινία II 34[2]
Σαλαμίς 308[1.7]. 465[5]
Σαλαμώνα el. 278[6]
Σάλαρς Hdn 569[6]
Σαλάρτιος 569[6]
σαλάσσω 733[5]
Σαλμακιτέων gen. 464[6]
Σαλομών 164[6]
*σαλπιγγjω 336[8]
σάλπιγξ 322[3]. 498[3]
σαλπίγξω fut. 781[3]
σαλπίζει II 621[2]
σαλπίζω 311[5]. 336[8]. 735[4]; s. ἐσάλπισα, ἐσάλπιγξε
*σαλπινzδω 331[5]. 336[8]
σαλπίσσω praes. 733[5]
[Σα]λφηδόν' 213[1]
σᾶμα 322[3], 1. 346[5]; – τόδε Ἀρνιάδα II 623[3]
σαμάδιμο pamph. 494[6]
Σάμαινα 837[6]
σαμαν kypr. 524, 4
Σαμαρεῦ voc. 478[3]
σαμάτεσσι delph. 564[3]
σαμβαλίσκα 542[1]
σάμβαλον äol. ion. 303[2]
Σαμβᾶς 461[7]
Σαμβάτιος 123[5]. 231[7]
*σάμβατον 231[7]
σαμβύκη 62[1]. 308[1]. 379[6]
σᾱμερον 397[7]. 613[4], 7
-σάμην 1. sg. aor. med. 758[6]. 761[1]. II 238[1.2]; hell. poet. (= -θην) 757, 1; s. -σαντο
Σαμιάδευς ion. ['rhod.'] 561,3
Σαμοθρᾴικη 439[3]
Σαμόθρηικες 439[3]
Σαμοθρήικιος 439[3]
Σάμος 308[1]
σαμπῖ 149[4]
σαμφόρας 141, 2
Σαμψών 277[7]
σάν dor. (Buchst.) 141[1]. 308[1]
σάν 'cum, als' ngr. 615[3]. II 304[4]. 306, 2. 351[3]. 663[3]. 666[4]
-σαν 3. pl. 665[7]. 751[1.2]. 802[4–5]
σᾶν 377[8]
σανδάλιον 470, 1
σάνδαλον att. 303[2]. 308[1]
Σᾱνδρίδᾱ 248[7]
Σανδρόκοττος 156[6]
Σᾶνδρος att. 248[7]
σάννας 315[6]
σάνταλον 156[6]
-σαντο 3. pl. aor. 672[3]
Σαόννησος 80[2]. 280[2]
σαόοντες 723, 2
σάος 320[2]. 558, 1. 723, 1
σαοστρεῖ 726[3]
σάου 728, 2
σαόω 723, 2. 727[2]. 728, 2. II 352[1]; s. σαωθ-, σαωσ-
σαπη- 759[2]
σαπουνίζω, σαπούνισμα ngr. II 384[1]
σαπρός 319[4]. 481[5]
σαπύλλω 736[6]
σάπφειρος 161[5]. 308[1]. 316[3]
Σαπφώ 211[6]. 260[2]. 329[4]
σάραγος 498[2]
σᾶραι kret. 714[4]
σαράντα ngr. 265[1]. 592[3]
Σαραπιγῆον pap. 312[7]
Σαραπιεῖον: τὸ πρὸς Μέμφει – II 513[2]
σαράπους 438, 4
σαργάνη 319[6]. 489[6]. 490[1]
σαργῖνος 491[3]
σαρδάνιος 322[3]. 343[3]. 486[4]. 530[2]
Σαρδιᾱνός hell. 189[8]. 490[4]
Σαρδώ 479[4]
Σαρδῷος 467[5]
*σαρδών 530[2]
σάρι n. 582[7]
σαρίν n. 582[7]
σάρῖσα 475[5]
σαρκ- f. 424[4]
σάρκες (αἱ) II 43[2]
σαρκίζω 736[4], 11
σάρξ; s. σαρκ-, σάρκες
Σάρος 329[3]
Σαρπᾱδών 187[3]
Σαρπήδοντος 105[5]
Σαρπηδών 187[3]. 308[1]
Σαρπινγί[ς] böot. 213[3]
σαρῶ fut. 785[2]
σας, σᾶς ngr. 606[4]
-σᾶς suff. 461[7]
σάσσω 715[2]
σαστήρ 531[5]
Σασώ 479[4]
sa. ta. si. ku. po. ro. se kypr. 139[2]
σᾶτες äol. dor. 319, 2. 613, 7
σατήρ hell. (= στατήρ) 260[6]
sáti tsak. 93[8]
σάτιλλα 308[1]. 837[6]
σατίναι 308[1]
Σατνιόεις 526, 8
Σάτνιος 466[3]
-σατο 3. sg. aor. 672[3]
σάτον 254[1]. 504[2]
Σατορνῖλος 259[2]
σατραπεύω c. gen., dat., acc. II 110[4.5]
σατράπης 206[3]. 329[6]
σάττομαι c. gen. et acc. II 111[2]
σάττω att. 715[2]. II 432[2]
Σαυ- in Namen 248[2]
σαυκρός 496[5]
σαῦλος 329[2]
Σαῦλος 638[2]; – ὁ καὶ Παῦλος II 567, 5
Σαυνῖται 199[4]
σαῦσαξ 516[8]
σαυτόν II 196[1]; s. σεαυτ-
σαυτοῦ att. II 195[4]. 196[2]; τὰ – 607, 3
σαύτω, σαύτωι lesb. 607, 4
σάφα adv. hom. 622[5]. 624[2]
σάφ' εἰδέναι II 376[1]; τοῦ – – II 360[7]; σάφ' ἴσθ' ὅτι II 590[2]
σαφηνής 513[4]
σαφής 558, 1
Σάφιος gen. argol. 260[2]
σαφῶς att. 624[2]
σαχνός 340[4]
σάω 676[2]. 728, 2
(σάω aor.) 728, 2. 743, 8
σαω- 443, 3
σάωθεν 736[5]
σαωθήτω II 342[8]
σάως praes. lesb. 729[2]
σαώσαι opt. II 328[3]
σαώσω fut. 736[5]
σαώτερος II 184[5]
*σβείνῡμι 697[5]
σβεννύεις Pind. 699[2]
σβέννῡμι att. 295[7]. 697[4.5]. 743[1]; s. ἔσβεσα, ἔσβη, σβεσ-, σβη-
σβεσ- 706[7]
(*σβεση-) 743, 1
σβεσθη- 761[3]
*σβέσνῡμι 697[5]
σβέσσαι 706[6]
*σβέσω praes. 743, 1
σβη- 743[3], 1

σβῆναι 706[6]. 743, 1. 759[6]
σβήσομαι 782[6]
σβῆτε Sophr. 743, 1
σβήτω 801[4]; * – 801, 2
σβο- 295[7]
*σβοάω 719[1]
σγουρός ngr. 328[6]
σδ aus γj δj 272[4]
(*σδασκιος) 330[3]
σδε- 295[7]
*σδεσ- 330[1]
Σδέυ voc. sg. lesb. 576[5]
Σδεῦς lesb. 330[2]. 383[5.6]. 576[5]
σε ion.-att. 320[2]; für τε 271[7.8]
σε acc. encl. 602[2]. II 424[7]; ngr. 606[4]
σέ acc. 227[5]. 308[2]. 600[5]. 601[8]. 602[2]. II 88[1]; σὲ αὐτόν II 195[3]; σέ γε II 561[3]
-σε adv. 271[7]. 552[2]. 629[2.3], 4. II 171[4.5]
-σε 3. sg. aor. 749[4]. 750[1]
-σε 3. sg. conj. 661[4]. 791[2]
-σε 2. sg. imper. aor. hell.-ngr. 803[6]
-σε/ο- fut. 779[7]. 781[1.2]. 783[2]–784. 785[7–8]–786[1], 1. 787[2]
*-σεα (< *-sejm̥) 660[3]
Σέαινις 205[4]
σεαυτ- 607[3]; s. σαυτ-
σεαυτό acc. neutr. att. 607[4]
σεαυτόν att. 607, 4
σεᾱυτοῦ att. II 193[2]. 195[4]
σεαυτῶι att. 607, 4
σέβας c. gen. II 122[2]
σέβασις 128[2]
σεβάσμιος 493[5]
σεβασμός 493[5]
σέβομαι 322[3]. 684[5]. II 229[2]. 234[4]
σέβω II 234[5]
σέ γε II 561[3]
-σεε/ο- fut. dor. 779[7]. 781[1.2]. 785[7] f.
σέες nom. pl. gramm. 578[5]
σέθεν gen. lesb. hom. 552, 2. 602[2]. 605[1]. 628[2]. II 171[6]. 172[1–4]
-σει fut. 786[3]
-σει conj. 661[4.6]. 790[4], 9. 791[1]
*-σει 3. sg. opt. 660[3]
-σει- fut. 786[6]
-σεια 1. sg. opt. aor. 660[3]. 797[2]
-σειαν 3. pl. opt. 796[7]
-σειας 2. sg. opt. 796[7]
-σειε 2. sg. opt. 796[7]. 797, 1
*-σειμεν 1. pl. opt. 797[3]
σεῖν 278[4]. 307[8]. 406[6]; [sẹ̄n] 307[8]; [sīn] 307[8]. 406[6]
-σειν infin. thess. (Larisa) 805, 2
-σειν infin. aor. 809, 2
σεῖο gen. sg. hom. 602[3]. 605[4], 5. 609[1]. II 206[1]; σεῖ' 604[4]; s. σέο, σεῦ
Σειρῆνες 275[2]. 487[2]; Σειρήνοιιν II 177[4]
σεῖς ngr. 606[4]
-σεις 2. sg. conj. 661[4.6]. 790[4], 9. 791[1]. II 315[6]; s. -σες
*-σεις 2. sg. opt. 660[3]
-σεῖς 2. sg. fut. 780[1]
σείσας ὁ Ποσειδῶν II 621[4]
σεισάχθεια 36[5]
σεισθη- 761[3]
σεισίφυλλος 442[6]
σεισίχθων 442[6]
σεισμός 493[3]
σεισο- 442[6]
*σεισος 517[2]
σεισόφυλλος 442[6]
*σείσω praes. 706[7]. 775[2]
σείσων 517[2]
σείω 348[3]. 706[7]. 747[3]. 775[2]; s. ἔσεισα, σέσεικα, σέσεισμαι
-σείω verba 780[2]. 789[1–4]
σεκάνες H. 632[3]
σέλα 516[2]
σελαγέω 496[5]
σελᾱ́νᾱ dor. 72[2]. 81[5]. 281[8]
σελᾰ́ννᾱ äol. (lesb.) 72[3]. 81[5]. 89[9]. 281[8]. 489[5]
σέλας 322[3]. 514[5]
*σελᾰσνᾱ 187[3]
Σελεγ(ε)ίδος gen. 209[5]
Σελεΐδος gen. 209[5]
Σελευκέσι dat. pl. mgr. 575, 4
Σέλευκος 69[5]. 154[3]. 330[3]. II 448, 4
σεληναίη 469[6]
σελήνη ion. att. 72[2]. 81[5]. 187[3]. 281[8]
σέλῑνον 322[3]. 491[3]
Σελινόντιοι megar. 253[2]
Σελινούντιος 528[3]; -ιοι 270[6]
Σελινοῦς 528[2]; m. f. II 33, 2
Σελλᾶντι dor. 528[2]
Σέλλητες 78[2.3]
Σελλητική 78[3]
σελλίζεσθαι 211[6]
Σελλοί 78[3]
σέλλωμα ngr. 523[4]
σέλμα 322[2]. 523[2]
ΣελυWιιος pamph. 225[3]
ΣελύWιιυς pamph. 181, 2
ΣελύWιυς pamph. 314[8]
Σεμέλη thrak. 68[6]. 326[3]. 483[7]; Σεμέλας acc. pl. II 45[4]
σεμίδαλις 190[4]. 308[1]
σεμνός 256[5]. 332[4]
σεμνύνεσθαι c. instr. II 168[2]
σεμνῡ́νω 733[3]
-σεν 2. sg. imper. Koine 803[6]
σέν spätgr., ngr. (pont.) 606[4]
σένα ngr. 606[4]
se.o, *se.o.i* kypr. 205, 3
σέο gen. sg. ion. hom. 602[3]. 605[1], 5. II 206[1.3]; σεο encl. 602[3]; s. σεῖο, σεῦ
-σεο- fut. 786[3]; s. -σεε/ο
-σεο imper. 788[2–3]. 799[6]
σεός gen. sg. 578[5]
σεπτάς pythag. 587, 2. 590, 8
Σέραπις hell. 258[4]
séri tsak. 93[8]
seříndu tsak. 212, 1
σέρ(ι)φος 495[5]
σερός el. (H.) 632[3]
Σερούχ 162[5]
σέρτης 501[1]
σέρφος 495[5]
-σες 2. sg. conj. 661[4]. 791[1]. II 315[6]
σέσεικα 775[2]
σέσεισμαι 773[3.5]
σέσελι 462[5]
σέσελις 308[1]
σεσεύανται H. 672[3]
σέσηπα 770[3]. 772[2]. II 227[7]; σέσηπε 639[6]. II 224[7]. 263[3]. 264[4]
σέσηπται 779[3]
σεσιγαμένος II 393[5]
**sesl*- 281[7]
σεσόβημαι 649[4]
*σεσοχα 767, 6
σέσυφος 423[6]
σέσωκα 736[5]
σέσωμαι, σέσωσμαι 736[5]
σευ gen. sg. encl. 602[3]. II 201[3]. 206[2]
σεῦ gen. ion. hom. 248[1]. 602[3]. 605[1]
-σευ- fut. 786[3]
σευα- 740[3]
σεῦαι hom. 348[6]
σεύαιτο opt. 745[5]
σευάμενος 745[5]
σεύαντο 745[4]
σεύας ptc. 745[4]
σεύατο 745[4]
σεύεσθαι παρ' ἐρινεόν II 495[3]; – νεῶν ἄπο II 446[1–2]; – ἐπὶ τεύχεα II 472[8]; s. σεύομαι
σεύηι conj. 745[4]
σεῦμαι 740[3]
σεύομαι hom. 685[7]. II 234[2]; s. σεσεύανται, σεύω
σεῦται 679[4], 5
σεῦτλον 319[6]. 533[4]
σεύω 319[4]. 347[4]. 685[7]. 720[2]. 721[6]. II 234[1]
-σέω fut. 779[8]. 786[3]. 787[4], 11. 788, 0
σέων gen. pl. Aristoph. 578[5]
σεωυτόν ion. 607, 4
σεωυτοῦ ion. 607[2]. II 193[2]. 195[4]
σεωυτῶι ion. 607, 4
σϝ 282[2]
*-σϝ- 332[3]
*σϝιαλος 448[1]

*σϝοδ II 573[2]; 'so' 617[3]
*σϝος gen. sg. (σῦς) 308[5]
*σϝω 601[4]
σζ 238[7]; σζ = ζ 218[2.3]
σῆ lak. H. 685[6]
-ση- fut. 786[3]
σήθω ion.-hell. 320[3]. 676[2]. 703[1]. 745, 4. 752, 4
-σηι conj. 661[6]. 790[4]. 791[1]
-σηις conj. 661[6]. 790[4]. 791[1]
σήκασθεν Ilias 734[6] [so, nicht -άσθεν]. 761[3]
σῆμα 523[2]; s. σᾶμα
σημαία 470, 6. 724[6]
σημαίνω 724[6]; σημανέω hom. 785[2]; σημαίνω c. gen. II 110[2]; – ἐπί τινι II 467[4]; – πολεμίων ὕπο II 395[3]; s. ἐσήμανε, ἐσήμηνε
σημασία 469[3]
Σημβρόνις 210[4]
σημεία 470, 6
σημεῖον 470[4]
σήμερα ngr. 621[4]
σήμερον adv. ion. 308[3]. 319[4]. 414[2]. 621[2]; ἡ – II 175[5]
σημύδα 508[7]
σήν: τὴν σὴν ἀνδρείαν II 614[4]
σηπῑ́διον 248[6]
σήπομαι II 227[7]. 229[3]; σήπεται 639[6]. II 224[7]
σήπω 685[3]. II 227[7]
σῆραγξ, -ριγξ 498[3]
σής m. Pind. 575[2]. 578[5]. 694[5]; s. σητός, σῆτες, σητῶν
σῆσαι 320[3]
σήσαμον 308[1]. 494[1]
Σήσαμος 494[1]. II 37[6]
ση[σαυρ- tauromen. 205[4]
Σηστός II 33, 2
σητάνιος 158[2]
σῆτες 319, 2. 613, 7. 621[2]
σῆτες nom. pl. 578[5]
σητο- compos. 578[5]
σητός gen. sg. 578[5]
σητῶν gen. pl. 578[5]
σήψ 424[3]
σθ: aus Aspir. + Dent. 306[8] f.; σθ > nwgr. dor. στ 233[6]; σθ > spätgr. σ(σ) 205[4], 2
-σθ-: aus -th + t- 663[2]; aus dh + dh oder dh + t 703,7
-σθ- 809[5]; aor. u. fut. 761[3–4]; med. Ausg. 658[3]
-σθα 2. sg. pf. act. 662[3.4]
-σθαι infin. 805[5]. 809[3–6]. II 242[3]. 358[5]; infin. als imper. 801[7], 6
(*-σθαι imper.) 799, 7
-σθᾱν du. 670[5]. 672[5]
-σθε adv. 727[3.5]
-σθε 2. pl. Personalend. 301[6]. 657[5.6]. 670[1.3–5], 3. 6 f. 671[1]; imper. med. 799[5], 7
*-σθει dat. sg. 809, 2
-σθειν infin. thess. (Larisa) 805, 2. 809[3–4]
*-σθειν infin. aor. pass. 809, 2
-σθεν adv. 627[3.5]
σθεναρός 482, 5
Σθενείαι τõ Νικιαίõι II 177[5]
σθενής 513[5]
σθένος 328[5]. 513[1]; – c. gen. II 122[1]
σθένω 723[4]. II 170[3]
-σθη aor. 761[2]; -σθη- att. 761[1]
-σθη infin. böot. 809[3]
-σθην aor. 762[4]
-σθην 3. du. 672, 10
-σθης 2. sg. med. aor. 749[5]. 751[4]
Σθλάβος byz. 277[7]
σθον 2. du. 670[5]. 672[5]
-σθον 2. du. imper. med. 799[5], 7
-σθω du. 670[5]
-σθω 3. sg. imper. med. 801[5–6]. II 342[1]
-σθων 3. pl. imper. 801[7]. 802[3–7], 4
-σθωσαν 3. pl. imper. 802[5]
σι ion. att. ark. kypr. äol. (lesb.) (aus τι) 62[8]. 81[3]. 88[4]. 89[6]. 106[6]; in Koine 128[6]; -σι vordor. 85[5]; σι- für τι- inl. vor Kons. 270[5]
-σι- suff. 504[3], 2 ff.
σι in d. Kompos.-fuge 443[1.2], 1
σι- praef. 434[5]. 615, 8
-σι loc. pl. 548[7.8]. II 138[4]; aus idg. *-su* 551[5]; dat. pl. 549[3]. 562[8]
-σι 3. sg. Personalend. 270[4]
-σι 3. pl. 130[2]. 270[4]. 657[5]. 658[2]. 659[2.3]; -σι ngr. für -ν 666, 8
-σῑ- pl. opt. 794[2]
σί: σί βόλε kypr. 668, 3
-σία suff. 128[2]. 469[2.3], 2
σίαι, σῖαι kypr. H. 325[8]. 752, 4
Σιαλέται 78[3]
σίαλον 325[8]
σίαλος att. 243[7]. 308[6]. 322[3]. 448[1]. 483[7]
σιβακθανει 163[2]
Σίβιλλα att. 256[3]
σιβυλλιάω 732[3]
σιβύνη 331[4]
σῖγα adv. 622[5.7]
σῖγα 'stille' II 257, 1
σῑγαλόεις 527[4], 6
σῑγᾱλός 484[3]
σιγάλωμα 527, 6
σιγᾶν 307[8]. II 377[3]
σῑγάω 722, 3. 726, 1; σιγῶ II 257[4]
σιγεν, σιγέν infin. kyren. 410[7]. 807[3]
σιγηλός II 173[4]
σιγῆν infin. lak. (= θιγεῖν) 807[2]
σιγήσομαι 782[1]
σίγλος 308[1]
σίγμα 140[5] f. 141[1]. 716[3]
σιγμός Aristot. 716[3]
σιγύνη 491[5]
σίδα 30[7]
σίδᾱρος 482[5]
σίδη 61[7]. 308[1]
σίδηρος 61[8]. 308[1]. 837[8]
Σιδών 153[2.3]
σίελον 482[4]. 483[5]
σίελος 243[7]. 483[5]
*-σιεν 3. sg. opt. 663, 9
σίζω hom. att. 307[7]. 716[3]
-σιη-: -σῑ- opt. 794[2]
σίκα lak. 308[6]. II 61, 6
Σικελικαὶ περιστεραί II 181[5]
Σικελιῶται 94[7]
Σικελός 308[2]; -οί 483[5]
σίκιννις 62[1]. 308[1]
σικυώνη 491[4]
σικυωνία 491[4]
σικχός 307[8]. 316[2]
σιληπορδεῖν 726[6]
silindu tsak. 205[4]
σίλλος 485[4]
σίλφη 319[6]
σίλφιον 308[1]
Σιλωάμ 161[6]
Σιμάδας 509[5]
σίμβλος 308[1]
*-σῖμεν 1. pl. opt. 660[3]
σιμικίνθιον 162, 2
Σίμιχος 498[5]
σιμμα 215[2]. 523[4]
-σιμο ngr. 506[2]
Σιμόεις 526, 8
Σιμοείσιος hom. 528[3]
-σιμος suff. adj. 494[5.6], 3
σῑμός 494[4]
Σῖμος 637[3]
Σιμοτέρη II 184[1]
Σίμων 637[3]; παρὰ Σίμωνι βυρσεῖ II 618[3]
-σιν loc. pl. 548[8]. 549[1]; s. -σι
σίν (= θεόν) spätlak. 472[3]
Σινα 154[5]
σινάμωρος 426[4]
σίναπι 308[1]. 462[5]
σίναπυ 308[1]
šinda tsak. 212, 1
σινδρός 277[4]. 481[5]
σινδών 161[4]. 308[1]. 530[1]
σινέομαι 694[5]
σῑ́νεται hom. 694[5]
σίνις m. 694[5]
σιννεται Sapph. 694[5]
σίνομαι 320[2]; s. ἐσίναντο
σίνος n. 512[5]. 694[5]
σίντης 500[1]. 694[5]
Σίντιες 504, 3; – ἄνδρες II 614[6]

σίξα Theokr. 716[3]
-σιο- adj. 561[6]
-σιομεν fut. 786[3]
σίοντα 193[6]
σιόντα aor. Anakr. 685[6]. 747[3]
-σιος suff. adj. 466[4.5]
Σιούνεσις böot. 183[4]
Σίπομπος spätlak. 472[3]
σιρικάριος 256[2]
-σις suff. 449[2], 2. 505[6] f. 584[7]. II 356[4], 1; – st. -στις 504[6] f.; Unterschied zw. -σις u. -μα 506[2]; -σις in d. Koine 128[4]; -σις durch -σιμο verdrängt ngr. 506[2]
σις kypr. 300[5]. 301[3]. 308[5]. 616[1]
Ͷις, sις, σις ark. (= τις) 88[5]. 301[3]. 308[5]. 616[1]
*σίσαι 325[8]
σίσαρον 308[1]
*sisl- 281[6]
*sism- 282[8]; *sismerjō 715, 10
σισύρνα 308[1]
Σίσυφος 423[6]
σῖτα 581, 6
σιτάρα hell. 245[2]
*-σῖτε 2. pl. opt. 660[3]
σιτεῖσθαι παρά τινι II 494[2]
σῑτέω 726[3]
σίτησις II 614[1]
σιτία ἡμερῶν II 122[3]
σῖτος 308[1]. 503[5]. II 41[5]
σίττα 140[3]. 211, 1. 278[4]. 307[8]. 329[3]. 409[6]
σίττακος 329[3]
σίφων 307[7]
-σιω fut. 786[3]; -σίω 779[8]. 786, 8
σιώ lak. 205[3]. II 47[3]
σιῶ lak. 205[3]
σιωπή 460[3]
σιωπήσομαι 782[1]
σιωπῶ: σιωπᾶν 307[8]. II 257[4.5], 1; μὴ σιωπάτω II 343[4]; σιωπῶ c. dat. II 150[6]
σκ ätol. aus σχ 829[1]
-σκ- praes. 706[6]–712; Iterativpräs. 727[3]; Iterativprät. 710[4], 9–712. II 305, 2
σκάζω 298[6]. 714[6]. 736[6]
σκαιός 58[4]. 266[3]. 347[5]. 472[5]
σκαίρω hom. poet. 334[4]. 714[4]
σκάλλω 323[1]. 334[4]. 342[4]. 714[5]
σκαλμός 492[4]
Σκάμανδρος 328[3]. 334[4]
σκαμβός 298[6]. 496[1]
σκαπάνη 333[3]
σκάπετος 334[4]. 498, 13
Σκαπτησυλῖτης 452[3]
Σκαπτὴ ὕλη 427[2]
σκάπτω 705[1], 5. 772[4]; σκάπτε II 250, 5; σκάψον II 250, 5; s. ἔσκαφα
σκαρ- 644, 2
Σκαρδαμυλα 66[4]
σκαρδαμύσσω 334[4]
σκαρθμός 714[4]
σκαρίζω pros. spät 714[4]
σκαρῑφᾶσθαι 644[2]
σκατόν ngr. 520, 2
σκαῦρος 481[6]
σκαφη- pass. 759[6]
σκαφθη- byz. 759[6]
σκαφώρη 334[4]
-σκε verb. iter. II 305, 2
σκεάζω 198[8]
σκεδάννυσθαι καθ' ἁρπαγήν II 479[5]; ἐσκέδασμαι 649[5]
σκεδάννῡμι hom. 334[3]. 697[4]; s. ἐσκέδασα
σκεδασθη- 761[4]
σκέδασις II 356[6]
σκεδασμός 493[4]
σκεδάω 683[1]. 695[3]
σκεδῶ fut. 784[6]
σκεθρός 261[6]. 481[4]
σκείλει' Ilias 756[1]
σκέλε̄ du. II 49[4]
σκέλεαι att. 837[6]
σκέλει du. att. 565[4]. II 47, 4
σκελετός 502[3]. 743, 3
σκελίσκοιν II 47, 4
σκελιφρός 495[6]
σκέλλομαι Aesch. 715[6]
σκελλός 334[4]
σκελοῦνται 784[4]
σκένος äol. 266[8]
σκεο- 198[8]
σκέπα neutr. pl. 520[1]. 581[4], 5
σκέπαρνος hom. 491[6]
σκέπας ἀνέμοιο II 96[1]. 121[2]
σκεπάω 726[1]
σκεπη- 760[1]
*σκεπjομαι 705[2]
σκέπομαι 684[2]
σκέπτομαι 268[2]. 704[5]. 705[2]. II 229[3]; σκέπτεο, σκέπτετ' 705[2]; s. σκεψ-
σκέπω 684[2.5]
σκέραφος 334[3]
σκερβολέω 334[3]
σκέρβολος 449, 3
σκερτῶν hell. 275[1]
σκευᾶν fut. att. 785[3]
σκευασθηντι mess. 792[3]
σκευάων el. 181[1]
σκευόω 705[2]
σκεψάμενος 705[2]
σκέψομαι 720, 2
σκήλει' Ilias 756[1]
σκηνίπτω 705[1]
σκῆνος n. 512[7]
σκήπτομαι 705[1]
σκηπτοῦχος II 615[4]
σκῆπτρον 532[3]. II 22[5]; σκῆπτρα II 44[3]
σκηρίπτομαι (-εσθαι) 644[2], 1. 705[1]
σκητεύς (= σκυτ-) 827[3]
σκιᾱ́ 334[4]. 359[7]. 833[8]
σκιάδιον 467[2]
σκιάζω 734[4]
Σκίαθος 244[2]. 328[3]. 510[6]
σκιαρός 482[2], 8
σκιδαρός 482[2]
σκιδάφη 495[5]
σκίδναμαι hom. 334[3]. 351[2]; σκίδνασθαι κατὰ κλισίας II 477[4]
σκίδνημι 695[3]
σκιερός 482[1.3]
σκιμβός 275[5]. 352[4]
σκίμπους 263[2]
σκίμπτω 334[4]. 692[5]. 705[1]
σκίμπω 692[5]
σκίναρ 518[7]
σκίνδαφος 334[4]
σκινδαψός 334[4]
σκινθός 352[4]
σκιόειν Ap. Rh. 566, 3
σκιόεις 527[4], 8
σκίουρος 334[4]
σκιρτάω 352[4]. 705[5.6]
σκιρτέω Opp. 705[5]
Σκίρτος 705[5]
Σκίρφαι 334[4]
Σκίτᾱλος 484[4]
σκίφος äol. dor. 266[8]. 329[6]
(*-σκjω verba) 708, 2
Σκλαβηνοί 337[6]
σκληρός 346[4]. 481[5]
σκληρότηρ eretr. 218[5]
σκλήσομαι 782[6]
σκληφρός 495[6]
σκνῑπ- 424[4]
σκνῑπός 334[4]
σκνίπτω 705[2]
σκνίφη 334[4]
σκνίψ 334[4]
-σκο/ᾱ suff. 541[3]. 707, 1
σκοιός 359[7]
σκολιός 472[5]
σκόλλυς 463[5]
σκολνῶντας ὁ χορός ngr. II 13[4]
σκολόπενδρα 533[5]
σκόλυμος 494[1]
σκολύπτω 705[1]
*σκον 'ich war' 708, 6. 711[6]
-σκον verb. iter. II 350[4]. 351[1]; aor. II 278[3.4]
σκόνυζα 334[4]
Σκόπα (Σϙόπα) thess. 334[3]. 560[4]
Σκοπάδαι 560[4]
Σκόπας 334[3]
σκοπάω Aristoph. 720, 2
σκοπεῖν II 258[4]. 382[1]. 631[2]; – μή II 676[7]; – πρός τι II 511[3]; – πρὸς ποσίν II 513[2]; – τι κατ' ἀνθρώπων II 479[6]; – τὸ πρὸ ποδῶν ἄρειον χρῆμα II 506[4]; τὸ μὴ σκοπεῖν II 371[8]

σκόπελος 483[4], 6
σκοπέομαι II 232[4]; s. ἐσκέψεται
σκοπέω Pind. att. 720[1], [2]. II 229[3]. 232[4]; σκοπεῖτε II 341[4]; σκοποῦσα αὐτὴ ἐφ' αὑτῆς II 470[7]
σκοπή 720, 2
σκοπιάζομαι 734[4]
σκοπιάζω 720, 2
σκοπιάω 720, 2
σκοπός 459[2]
σκοραδᾶν 835[1]
σκορακίζειν 334[7]
σκορακίζω 392[3]. 413[8]. II 456, 0. 460[8]. 624[7]
σκόρδον 124[7]. 259[6]. 264[4]
σκόρδυλα 334[4]
σκόρνος 334[4]
σκόροδον 259[6]
σκοταῖος 467[6]. II 179[1]
σκοτόμαινα 837[6]
σκότος m. 458[3]. 503[6]. 512[4]
σκότος n. 458[3]. 512[4]. II 38[2]
Σκοτοῦσσα 528[2]
σκοτωμός ngr. 493[6]; εἶναι τοῦ σκοτωμοῦ II 137[1]
σκοτώνομαι ngr.: σκοτώθηκε ἀτός του II 236, 2; σκοτωμένος τῆς δουλειᾶς II 119[5]
σκρ- 644, 2
σκριβλίτης 644, 2
σκρίνιον 644, 2
*σκυδθρός 533[2]
σκυδμαινέμεν II 381[2]
σκυδμαίνω 724[6]
σκύζα 296[3]. 474[3]
σκυζᾶ 296[3]
σκύζεσθαι 714[6]; σκύζομαι II 229[2]
Σκύθα voc. sg. 560[6]
Σκύθης 562[1]; s. Σκύθα, Σκυθῶν πόλις
Σκύθις 464[5]
σκυθρός 533[2]
Σκυθῶν πόλις 446, 3
σκύλαξ 57[5]. 296[3]
σκυλῆναι spät 714[6]
Σκύλλᾰ att. 476, 1
σκύλλω 351[8]. 714[6]; s. ἔσκυλα
σκύμνος 524[5]
σκύξιφον 644[2]
σκυρθάλιος 334[4]. 351[8]. 484[2] (nicht σκυρθαλέος)
σκύρθαξ 831[3]
σκῦτος 513[1]
-σκω verba 701[1–4]. 816[6]. II 260[4]
σκῶ ngr. (dial.) 736[6]
σκῶμμα 280[1.2.3]
σκωπ- 424[3]
σκώπτω 705[2]; -ειν εἰς τὰ ῥάκια II 460[3]; s. σκώψεται
σκώρ dor. 384[1]. 519[3]
σκῶρ att. 377[8]. 519[3]
σκωρία 519[3]
σκῶρος ngr. 578[5]
σκώψεται 781[7]
σλ verändert sich 81[5]
σλιφομαχος 153[1]
sm > tsak. *m* 217[1]
-σμα Ausg. 523[7]
-σμαι pf. 773[3–6]
σμαλερός 311[6]
σμάραγδος 311[6]. 833[1]
σμαραγέω 311[4]
σμάρδικον 311[5]
σμαρίλη 311[5]
σμαρίς 311[5]
σμᾱσαμένᾱ 675[4]
σμᾶται 675[4]
-smen- suff. 208[8]
Σμενεόν 311[5]
-σμένος ptc. 773[2]
σμερδαλέος 311[4]. 484[2]
Σμέρδις 311[6]
σμερδνός 311[4]. 489[4]
σμῆγμα 159[4.6]
σμῆμα 159[4.6]
σμῆν 311[4]. 675[4]. 702[4]
σμῆνος 311[5]. 512[7]
Σμῆνος 311[5]
σμηρία 311[5]
σμῆριγξ 311[5]
σμήρινθος 311[5]
σμήχω 57[3]. 676[1]. 702[1.4]
σμίγω spät- u. ngr. 306, 1. 311[6]. 829[4]
σμικρός altatt. ion. dor. 310[5]. II 185[1]; σμῑκρός 311[4]; σμικρὸς μεγάθει II 168[5]; σμικροῦ δεῖ II 379[6]
Σμῖκρος 420[5]
σμικρότερος, -ότατος II 183[2]
σμῖλαξ 311[5]
σμῖλη 311[4]
σμιλιγλύφος 448[2]
σμιλίν 164[2]
Σμινθεύς 311[5]. 477[4]
Σμίνθη 311[5]
σμίνθος 311[5]. 510[6]
σμινύη 495[4]
-σμο- suff. 491[7]. 493[3], 3. 8
σμογερόν 310[6]
σμοῖος 311[5]
σμοκορδοῦν 644[2]
σμορδόω 311[5]; -οῦν 833[1]
-σμός 128[2]
σμόω 311[5]
σμυγη- pass. 760[2]
σμύλ(λ)α 311[5]
σμύξων 310[5]
σμύραινα 311[5]
σμυρίζω 311[6]
σμύρνα 491[6]
Σμύρνα 311[5.7]. 491[6]
σμυρνίτης 164[2]
σμῦχειν 311[4]. 333[1]
σμῶδιξ 497, 5
σμώχω 676[1]
σν verändert sich 81[5]
*-σνῡμι 697[5]
σο (='ς τόν) ngr. (dial.) II 27[4]
-σο 2. sg. Personalend. 657[5]. 667[4]. 668[1.3] f. 669[5]. 762[3]
-σο 2. sg. imper. med. 799 [5–6], 8
-σό- suff. adj. 516[6]
-σο/ᾱ- suff. 516[4] f.
σοβαρός 482[2]
σοβέομαι 720[2]
σοβέω 322[3]. 720[2]; σοβήσω 720[2]
*σο(ϝ)ακος 497[3]
*σοϝοομαι 679[4]; *σοϝόεται 249[2]
σοι dat. sg. encl. 602[4]. 606[5]. II 189[3.5]. 201[3]; refl. II 193[8]; σ' hom. 604, 3
σοί 602[4]. 604[2], 4; *σοί dor. < *τϝοι 604, 4; σοὶ αὐτῶι hom. 607[1], 3. II 195[3]
-σοιμι fut. opt. 780, 1. 796[4]
-σοιμι aor. opt. spätgr. 796 [4–5]
σοῖο 609[1]
Σο̄κλε̄ς 830[2]
Σόλοι II 43, 3
σόλος 62[1]
Σόλυμοι 494[1]
Σολφίκιος 204[6]
Σόλων 637[4]
-σομαι fut. 782[3–7]. II 238[2], 1. 266[3]
Σομφόρῳ böot. 182[3]
-σον 2. sg. aor. act. imper. 749[4]. 750[1]. 803[2.4–6]. 804[5]
σόομαι 721[6]
σοόομαι 721, 9
σόπα 254[3]
σορέλλη 485[4]
σορός 320[2]. II 34, 2
σορωνίς 255[7]
-σος suff. n. 513[1], 1; barytone Appell. 516[7]; für -σσος 516[8]
-σος Ausg. in Fremdw. 516[4]
σός pron. 320[2]. 383[8]. 600[5]. 608[3]. II 14[2]. 200[3.4]. 202[2–6], 2. 203[1–6]; – ἀδελφός II 25[6]; τὴν σὴν ἀνδρείαν II 614[4]
Σοτυλλίς böot. 260[6]
σου gen. att. 602[3]. 608[3]; ngr. 606[4]
-σου 2. sg. imper. mediop. ngr. 764[3.4]. 804[5]
-σου- fut. 786[3]
σοῦ gen. sg. [σύ] att. 251[5]. 602[3]. 605[1]. II 193[4]
σοῦ imper. 679[4]

Σουβρίδης spätatt. 183[6]
σοῦδα 828[4]
Σουίδαι 90[7]
Σουίδας 185[2]. 828[4]
σουλώνθω imper. böot. 802[2]
σουλῶντες böot. 250[2]
σούν [= σύν] böot. II 487, 2. 490[4]
σουνεπιννευόντων böot. 238[2]
σουνεπτᾶσθαι H. 705[5]
*-σουσι conj. 790[4], 9
σοῦσον 308[1]
σοῦται att. 249[2]. 679[4]
σοφία 468[5]
Σοφία 637[4]
σοφιβόλος 448[2]
σοφιΕισι(ν) ion. (del.) 194[2]. 243[4]
σοφίζομαί τινός τι II 107[7–8]
σοφός 423[6]. 459[3.4]; c. gen. II 108[2]; – περὶ τῶν τοιούτων II 503[4]; – ὢν τὴν σοφίαν II 86[1]; σοφοὶ ἦσαν II 708[5]; σοφὼ ἤστην II 708[5]; σοφὴ πολλά II 85[8]; ὁ σοφός II 176[1]; s. σοφώτατος, σοφώτερος
σόφος lesb. 383[5]
σοφῶς 384[4]
σοφώτατος πάντων II 100[4]
σοφώτερος 354[3]; – πάντων II 100[4]
σόωσι hom. 736[5]
σπ ätol. aus σφ 829[1]
σπάδιξ 497[5]
σπάδιον arg. 302[8]. 498, 13. 583, 6
σπάδων 530[1]. 676[2]
σπαδών 530[1]
σπάζει 'ist brünstig' 716[7]
σπάθη 511[1]
σπαίρω 272[6]. 342[3]. 714[4]
σπάκα 479[3]
Σπακώ Hdt. 479[3]
σπαλίς 266[8]
σπᾶν νεοσσὸν ὑπὸ πτερῶν II 527[4]
σπανιάκις 598[1]
σπανίζω II 93[1]
σπανός 426[1]
σπάομαι: s. ἐσπασάμην, ἔσπασμαι
σπαράσιον 526, 6
σπαράσσω 733[5]; σπαράξομαι 781[7]
σπαργανάω att. 731[5]
σπαργανίζω 731[5]
σπαργανόω 731[5]
Σπαργαπείθης 206[1]
Σπαργαπίσης 206[2]
σπάργω 685[2]
σπαρη- pass. 759[6]
*σπάρjω 272[6]
σπάρξαν 685[2]
*Σπαρτάτης 500[4]
Σπάρτη 60, 2. 328[3]. 634[2]
Σπαρτιᾱ́της 500[4]
Σπαρτιήτης: ὁ – II 41[7]
Σπαρτοί 46, 1
σπάρτον 503[6]
σπαρτός 342[5]
σπασθη- 761[3]
σπασμός 493[4]
*σπασω praes. 706[7]. 775[2]
σπάσω fut. 782[3.5]
σπᾱτάγγης 461[2]
σπατάλη 483[7]
σπατίζω 706[4]
Σπάττιος 318[2]
σπάω 676[2]. 706[7]. 775[2]; s. ἔσπακα
σπεῖος hom. 243[4.6]
σπείρειν (τοῦ) II 372[5]
σπείρεσκον Hdt. 711[3]
σπειρηδόν 626[4]
σπείρης gen. sg. f. 587, 0
σπείρομαι; s. ἔσπαρμαι, ἔσπαρθε, ἐσπάρθαι
σπείρω 715[5], 11. 759[6]; ngr. II 83[5]
σπεισ- 754[8]
σπείσασκε Od. 711[5]
σπείσω 781, 2
*σπεκjομαι 268[2]
σπέλεθος hell. 334[2]. 381[8]. 511[1]
σπελεθός 381[8]
σπέλιον äol. 329[2]
σπελλάμεναι äol. 295[6]
σπέλληξ hell. 334[2]
σπέλλιον äol. 266[8]
σπένδεσθαι II 160[4]. 233[4]; σπένδεται μέλιτι II 239[6]; s. ἐσπείσθη, ἔσπεισται
σπένδω 309[2]. 684[4], 8. 717[5]. 754[8]. 775[2]. 781, 2. 841[7]; – τινός II 124[4]; s. ἔσπενσα, ἔσπεισα, ἔσπεικα
ΣΠΕΟΣ 102[7]; σπέος 512[2]
σπέραδος 509[1]
σπέργουλος 334[2]
σπερηδών 529[7]
Σπερθίης 634[4], 2. 702[1]
σπέρμα 338[3]
σπερμαίνω 724[6]
σπέρνω ngr. 764[4]
σπέρσω gramm. 782[2]
σπέρχειν II 232[6]
Σπερχειός 468[4]
σπερχθείς Hdt. Pind. 761[5]
σπέρχομαι 297[6]. 684[3]. 702[1.5]. II 223[2]; σπέρχεσθαι II 232[6]; – c. dat. II 144[5]
σπέρχω 684[3]. II 223[2]
σπερῶ att. 785[1]
σπΕσ- 754[8]
σπε̄σθέωσι ion. 287[6]
σπέτε· εἴπατε H. 747, 4
σπεύδω 347[3]. 685[1]. II 72[6]; σπεῦδε[ις[660, 9; σπεύδω εἴς τινα II 459[3]; σπευδόντων (sc. αὐτῶν) II 400[7]; σπεύδειν τι πρὸς τὴν ὄψιν ταύτην II 511[7]; σπεῦσε πονησάμενος II 393[1]; s. ἐσπευκότος
σπευσιω kret. 786[4]
σπεύσομαι hom. 781[4]
σπευσόμενοι 786[2]
σπηλάιδιον 265[8]
σπήλαιον 470[5]
σπιδής 513, 11
σπιδνός 489[4]
Σπιθραδάτης 206[3]
σπινθαρίς 480[7]
σπινθήρ 480[7]
σπίτι ngr. 124[4]. 413[6]
σπλάγχανα 489, 1
σπλάγχνον 489[1], 1; σπλάγχνα II 52[2]
σπλάχνον 216[2]
σπλαχρός 481[5]
σπλεκοῦν 334[2.7]. 413[8]
σπλέκωμα 334[2]
*σπληγχ 408[7]. 489, 1
σπληδός 508[7]
σπλήν 408[7]. 424[2]
σπλήνεσι Hippokr. 564, 1
σπληνιάω 732[3]
σπόγγος 159[6]. 161[6]. 829[2]
σποδέω 720, 6
σποδός 459[1]
σποϜδδαν kret. 194[3]. 238[3]
σπολάς att. 295[6]
σπόλος thess. 458[6]
σπονδαὶ μετὰ τὸν Μῆδον II 486[6]; σπονδὰς ποιεῖσθαι II 160[4]; – – πρός τινα II 510[8]
σπόνδιξ 497[5]
σποράδην 626[5]
σποργίλος 334[2]. 485, 1
σπουδάζω (-ειν) II 396[3]; – περί τινα II 504[8]; – ὑπὲρ τῶν πραγμάτων II 522[3]
σπουδαῖος ὑπὲρ Τίτου II 522[3]
σπούδᾱξ 497[4]
σπουδάσομαι 782[1]
σπουδή 347[3]
σπουδῆι (-ῇ) adv. 622[1]. II 162[7]. 413[8]
σπύραθος 334[2]. 511[1]
σπυραμινος 494[1]
σπυράς 334[2]
σπυρθίζειν 702[1], 2
σπυρίδα 161[6]
σπυρίς 159[8]. 162[5]. 351[7]
σπυρός dor. 334[3.6]
σρατηγός 209[7]
Σροτυλλίς böot. 260[6]. 328[6]
σσ ion. 86[1]. 115[2], 1. 317[6.7]ff.; Koine 127[3]; σσ u. ττ wechseln 231[3]. 318[2] f.; σσ äol. altion. für jüngeres σ 321[6];

σσ att. als fremdes Element 316[4]; σσ für ξ 211[5]; für ψ 211[6]; σσ el. für σθ 205[4]; σσ aus σ+σ 321[3]; σσ aus *d*, *t*+*t* 56[3]; σσ bzw. ττ aus kj 272[4]. 319[2]. 367[1]; aus kj < idg. **kʷj* 298[5]. 654[4]; aus χj 272[4]. 319[2]. 367[1]; aus τj θj 272[4]. 367[1]; aus **tj* 833[2]; aus *tj* od. Dent. + σ 321[3]; aus **tw* (τϜ) 301[5]. 319[7.8] f. 833[2]; aus τ, δ, θ + σ 366[8]; σσ intervocal. erhalten 321[7]; σσ > att. σ 231[4]. 321[6]
-σσ- 809[4.5]; -σσ- > -σ- 308[2.3]. 321[4]
-σσ- suff. in ON 60[7]
-σσ- fut. 738, 3. 781[2], 4. 785[4]
-σσ- aor. 738, 3. 754, 3. 755, 2; aor. conj. 784[3]
σσα pl. 319[5]. 413[4]
-σσα neut. pl. pron. 616[5]
-σσα suff. 527, 2
-σσα, -σσα- aor. 752[5] f. 754 [6.8]. 755[1]
-σσαι 2. sg. pf. 773[3]
-σσειε praes. opt. 797[4]
-σσεύεσθαι 745[5]
(*σσεύjω) 745, 4
-σσεύομαι 745, 4
*σσευσω praes. 745[6]
σσεύω 745[6], 4
-σσις suff. 505[5], 7
σσμ 238[7]
-σσος 39[1]
σστ 238[5.7]
-σσω Verbalausg. 706[3]. 714 [1–2]. 716[6–7] f. 733[4–5]
στ aus dt, tt 56[3]; aus σθ 205[5.6]; στ > kret. ττ 216[6]
-στ- für -σθ- 670[5]; -στ- el. aus -σθ- 205, 4. 801[6], 5
στᾱ- aor. 742[2]
-στᾱ imper. 676, 1. 742, 3
στάγες 424[5]
σταγη- pass. 760[2]
σταγών 487[1]. 714[6]
στάδα λίμνην Hdn. 584[6], 5
σταδαῖος 467[6]. 626[3]
στάδην 626[3]; – ἑστῶτες 626[6]
στάδιον n. att. 303[1]. 583[7]
στάδιος 467[1]. 626[3]; στάδιοι pl. 583[7]
*στᾱεναι 808[4]
στάζω 714[6]; στάζειν κατὰ ῥινῶν II 479[6]; στάζων κάρα ἱδρῶτι II 85[3]
-στάζω verba 706[4]
σταθεὶς ἀπὸ πύργου II 434[5]; σταθεῖσαν μετὰ δούλων II 483[6]
σταθη- Od. 761[4]
σταθήσεται att. 817[2]
στάθητι II 241[3]
στάθμη 492[6]
σταθμήσασθαι 732[1]
σταθμόν 492[6]
σταθμός 492[6], 12
σταθμώσασθαι Hdt. 732[1]
σταθνός spätgr. 215[8]
στᾶθος 185[3]
-σται 3. sg. pf. 773[3]
-σται infin. nwgr. 809[3]
σταιη- 641[7]
σταίην opt. 742[3]. 795[1]; σταῖμεν 795[1]; σταίησαν Ilias 794[3]
σταίμην, σταῖτο 795[1]
σταίνω; s. στένω
σταῖς n. 516[4]
στακτική 164[2]
στάλα ngr. 421, 3
στᾱ́λᾱ dor. 283[8]
σταλαίω 676[5]
σταλάσσω 725[4]
σταλη- 759[6]
σταλῆναι 342[4]
σταλθη- spät 759[6]
στάλιξ 496[4]
στάλλᾱ lesb. thess. 283[8]. 284[3]
*σταλνᾱ 283[8]. 483, 3
στάμα 839[1]
σταμάγορις 450[5]
στᾶμεν infin. Pind. 806[4]
*στᾶμεν conj. 793[2]
σταμῖν- 465[5]
στάμνος 524[6]. II 32, 4
*στᾶνον 489[1]
(*στάνς σκον) 711[6]
σταντ- ptc. 525[3]. 742[3]
στάντε II 609[5]
στανυέσθων kret. 696[4]
στάνω spät 688[3]
στάξω 714[6]
στάομεν conj. 793[2]; s. στήομεν
σταρέστω delph. 274[7]. 709[3]. 747[5]
*στάρνῡμι 361[3]. 363[2]
σταρτός kret. 267[4]. 363[3]. II 608[7]
στάς 525[3]. 566[3]; – ἐς τὴν ἀρχὴν II 434[2]; – ἐκ τοῦ ἔμπροσθεν II 434[5]; στᾶσ' ἐξ Οὐλύμποιο II 434[5]; στᾶσα μετά τινος II 484[7]
στᾶσαι infin. aor. thess. 809[4]
στᾶσΕς conj. arg. 661[5]
στᾶσι dat. pl. 566[3]
στασιάζω (-ειν) 735[4]. II 161[2]
στασίζω kret. 735[4]
Στασίκυπρος 139[2]
στάσις 298[3]. 340[5]. 505[5]; στάσιν ἑστάναι II 74[4]. 76[6]
στάσκε(ν) 711[4]. 742[3]. II 278[4]; στάσκον 711[6]
στάσου ngr. 764[3]
στατεῖρας thess. böot. 185[7]; s. στατήρ
-στατέω 731[6]
στατήρ 32[8]. 155[4]. 159[4]; hell. 260[6]; στατῆρε II 49[4]; στατῆρες 154[3]; -ῆρες acc. pl. phthiot. 563[5]; στατήρου pap. 579, 7; s. στατεῖρας
στατίζω 706[5]
στατός 357[4]. 359[4]. 380[7]. 502[5]. 761[5]
σταυρός 347[6]. 349[2.3]. 481[4]
σταυροῦν τινα σύν τινι II 489[2]
σταυρωμένα τὰ χέρια ngr. II 411[1]
σταφίς 836[4]
σταφυλή 485[2]. 692[6]
σταφύλη II 30[5]. 37[5]
Στάφυλος II 37[5]
σταχύεσσι hom. 564[4]
στάχυς 463[5]
*στᾶω conj. 240[2]
*στε imper. [εἰμί] 799[4]
στέᾱρ 518[6]; στέᾱτος gen. 245[7]
στεγανός 334[5]
στεγάσσιος gen. sg. epid. 271[4]. 505, 7
στέγειν 334[4]
στέγη 334[4]
στεγνός 334[5]. 489[2]; ngr. 215[3]
στέγος 334[4]. 512[1]
στέγω 292[2]. 684[6]. 754[7]; -ειν 334[4]
στέθμα 523[7]; στέθματα 317[4.5]
στείβω 346[8]. 684[6]
στεῖλαι 285[2]
στειλειή 469, 3
στείλησθε conj. 749[5]
στεῖνος 512[5.7]
στειπτός II 150[1]
στεῖρα 381[6]. 474[2]; 'Kiel' 474[4]
στεῖρος 474[2]. II 46[1]
στείχω 297[4]. 346[8]. 685[1]. 747[4]. II 226[1]; στειχέτω τις II 609[8]; s. ἔστειξα
στείω 103[3]
στέκα imper. ngr. 804[5]
στέκομαι ngr. II 235[5]
στέκω ngr. II 235[5]
στελγγίς 267[8]
στέλεχος 496[5]. 513[1]
στελέω 785[1]
*στελjω 712[6]
στέλλα 474[2]
στέλλαι äol. 300[4]
στέλλομαι II 230[6]; στέλλεται att. 758[2]; s. ἔσταλμαι, ἐστάλη
στέλλω 323[1]. 712[7]. 715[6]. 751[4]. 759[6]. II 230[6]. 281[8]; – c. dat. II 151[1]; – τινά c. instr. II 165[6]; s. ἔστειλα, ἔσταλκε, στελῶ
στέλνω ngr. 701[4]
στελῶ att. 785[1]
στέμα 839[1]

στέμβω 333[4]. 684[4]. 692[6]
στέμφυλα 692[6]
στενάζω 735[1]; -ειν c. instr. II 168[2]; στενάζων nom. abs. II 404[1]
στεναρόν Koine (lyk.) 205, 4
στεναχίζετο γαῖα ὑπὸ ποσσί II 525[4]
στεναχίζω 105[6]. 736[2]
στενάχω 702[5]. 735[1]
*στενϝος 512[5]
στέννει äol. 684[3]
στενός 463[2]. 472[4]
στενότερος att. 239[7]. 534[5]
στενυγρός 496[4], 9
*στένυς 463[2]
στένω 684[3]. 702[5]. 715[6]. II 226[5]. 368[3]; – πρὸς δίκης II 515[3]; – ἐπί τινι II 134[2]; trans. II 134[3]; – ὑπέρ τινος II 134[2]; – τινά c. gen. II 133[7]
στένω ngr. 688[5]; [so, nicht σταί-] 753[2]; s. ἔστεσα, στήνω
στεξ- Polyb. 754[7]
στέπτω 704[4]
στεργάνος 520[5]
*στεργανός 520[5]
στέργω 684[3]; -ειν II 168[3]; – c. instr. II 168[2]; s. ἔστοργα, στέρξαντες
στερείς pass. aor. att. Eur. 709[3]. 760[1]
στερείτω 709[2]
στερέμνιος 489[2]
στέρεμνος 334[5]
στερεός 472[5]
στερέσαι Od., Thasos 709[3]; – με τῆς ληΐδος II 93[4]
*στερέσαι 361[3]
στέρεσθαι II 366[5]
στερέω 721[1]; s. ἐστέρησα, ἐστέρηκα, στερήσω, στεροῦμαι, στερῶ
στερηθη- 760[1]. 762[1]
στερηθῆναι (τὸ) II 371[3]
στέρησις 709[3]
στερήσομαι 709[3]
στερήσω fut. 709[3]. 783[1]
στεριά ngr. II 88[8]; στεριᾶς II 137[4]
ΣτΕριᾶθεν 192[3]
*στερίζω 709[3]; s. ἐστέρισεν
στερίσκομαι c. gen. II 134[4]
στερίσκω 709[2]
στέριφο ngr. (unterital.) 95[2]
στέριφος 474[2]. 495[5]. II 32[4]
στέρνον 362[7]; στέρνα II 43[5]; ἔχω διὰ στέρνων II 452[7]
στέρξαντες II 387, 1
*στερο- 360[8]
στέρομαι 684[2]. 709[3]
στεροπή 360[1]. 426[2]
στεροπηγερέτα hom. 560[1]
στεροῦμαι: s. ἐστερήθην, ἐστέρημαι, ἐστερῆσθαι
στέροψ 426[2]
στερρός att. 265[4]. 274[4]
στέρφος 334[5]. 512[1]
στερχανά 490[2]
στέρψανον 517[2]
στερῶ fut. Aesch. 709[3]; 783[1]
*στες conj. 793[3]
στεῦμαι II 229[3]; στεῦται, στεῦτο 679[4], 5
στεφαλίβανος 489, 13
στεφανηπλόκος 438[6]
στεφανηφόρος 438[6]
στεφάνοι 3. sg. lesb. 659[6]. 687, 3. 729[5]
στεφάνοισι praes. lesb. 729[2]
στέφανος 489[6]; c. gen. II 129[2]; – ἀπὸ ταλάντων ξ' II 446[7]
στεφανόομαι II 230[6]
στεφανοῦμαι c. dat. II 80[5]; – med. c. dat. II 151[1];
στεφανοῦσο 669[1]
στεφανόω 727[2], 5. 730[7]. II 230[6]; στεφανῶ (τινα) εὐαγγέλια II 79[7]; s. στεφανώω, -ωέτω, -ώτω
*στεφάνω instr. sg. 727, 5
στεφάνω du. II 49[3]
στεφανωέτω delph. 241[4]. 729[4]
στεφανῶν infin. Astyp. 807[4]
στεφανώνομαι pass. ngr. II 241[4]
στεφανωσάμενον Pind. 757, 1. II 239[4]
στεφανώτω ark. 729[3]
στεφανώω 807[4]
στέφομαι; s. ἔστεμμαι
στέφω 684[5]. 692[6]. 704[4]
στεφών 487[1]
*στέχω (?) 720[1]
στέωμεν conj. ion. hom. 244[4]. 792[5]; s. στήομεν
στῇ hom. 377[8]. 385[2]. 651[6]. 798, 6; – γνὺξ ἐριπών II 301[2]; s. στῆν, στῆναι
-στη infin. böot. 809[3]
στήδην Nikandr. 626[3]
στήετον conj. hom. 792[5]
στήῃ hom. 187, 2
στήῃς conj. hom. 187, 2. 792[5]
στῆθ' (= στῆτε) II 76, 1
στήθεα II 43[5]
στήθεσι hom. 564[5]
στήθεσσι(ν) hom. lesb. 321[4]. 564[5]. 580[1]
στήθεσφι(ν) 551[1]. II 172, 2
στῆθι imper. 687[1]. 742[3]. 797, 5. 800[4]; s. στῆθ', στῆτε
στῆθος 511[2]; s. στᾶθος, στήθεα, -εσι, -εσσι, -εσφι
στῆι conj. hom. Hdt. 792[6]; s. στήομεν
στήκω hell. 767[6]. II 286[7]
στήλᾱ (τὼ) att. 557[5]. II 35, 1. 48, 3
στήλαιν II 48, 3
στήλη ion. att. 283[8]. 284[3]. 483[3], 3. 522, 6; s. στήλα, στήλαιν, στᾱ́λᾱ, στάλλᾱ
στήμεναι infin. hom. 742[3]. 806[4]
στημνίον 524[5]
στήμων 522[3]. II 33[6]
στῆν aor. 742[3]; s. στῆ
στῆναι infin. hom. ion. att. 742[3]. 808[4]; – ὑπὲρ κεφαλῆς II 520[6]; s. στῆ, στῆν
στηνίον 511[2]
στήνω ngr. 688[5]; s. στένω
στήομεν conj. hom. 241[7]. 792[5]; στήουσι 792[5]; s. στήῃς, στῆι, στᾰ́ομεν, στήω
στῆρ 518[6]
στῆριγξ 498[3]
στηρίζω (-ειν) 735[4]. II 283[7]; – κάρη οὐρανῷ II 155[7]; s. ἐστήριξα
*στηρίπτομαι 644, 2
στῆς: στῆς μάννας του ngr. II 120[5]; s. 'ς praep.
στῆσαι II 71[7]. 374[7]; – ἀμφὶ πυρί II 438[3]; – τινα κατά τινας II 477[2]
στήσᾱς ion. att. 566[3]; στήσᾱσι dat. pl. 566[3]; στήσας ἔχω 817[2]; – ἔχεις Soph. 812[7]
στήσομαι 781[5]. 782[4]. 783[6]. 788, 1; στήσεται 817[1.2]
στῆσον 687[1]
στήσω fut. 781[5]. 782[4]; στήσει 817[2]
στῆτε imper. 799[5]; s. στῆθ', στῆθι
στήτην 742[3]
στητώδης dor. 250[7]
στήω conj. hom. 240[2]. 742[3]; στήωσι 792[5]; s. στήῃς, στήομεν
στιά 329[2]
στίβος 346[8]
στιγεύς 714[6]
*στιγjω 292[4]
στίγμα 149[4]
στιγματίας 270[7]
στιγμή 294[5]
στίζομαι; s. ἔστικται, ἐστιγμένος
στίζω 334[5]. 714[6]. 751[5]. 754[7]. 815[3]; s. ἔστιξα
στίλβω (-ειν) 685[3]. II 226[6]
στίλην II 598[8]
στίμμι 333[7]
στιμμίζω Demokr. 735[5]
στιξ- 754[7]
στίξω 714[6]
Στῖπων 487[6]

Στῖρις 66[4]
-στις Ausg. ion. att. äol. 504[5], 6; – verdrängt durch -σις 504[6] f.
στιφρός att. 127[8]. 481[5]
στιχάομαι συνάμα τινί II 491[2]
στίχες pl. hom. 424[4]. 584[6]
στίχος 346[8]. 584[6]; στίχοι 458[2]
στιχός gen. sg. 584[6]
στίχω 685[1.3]
(*-στjον ipf.) 724, 6
*-στο 3. sg. 672[3]
στοά att. 244[3]. 349[2]. 469[6]
Στόᾱξ 497[4]
στόβος 692[6]
στοιά 349[2]
στοιβή 346[8]; στοιβαί II 556, 2
στοίχεις ptc. lesb. 729[2]
στοιχέω 720[1]
στοιχηδίς 631[4]
στοιχηδόν 626[5]
στοῖχος 346[8]. 458[6]
στολή 295[6]
στολίζω ngr. II 83[5]
στολίς τρυφᾶς II 129[5–6]
στολμός 492[4]
στόλος II 608[8]
*στομ (?) 524, 5
στόμα 524[3], 5; ἔχω τινὰ διὰ – II 453[2]
στομαλίμνη 440[1]
*στομεν conj. 793[3]
στόμις m. 462, 3. 465[3]
στομίς 465[3]
στόμφᾱξ 497[4]
*στον imper. [εἰμί] 799[4]
στοναχή 362[2]. 460[2]. 498[5]. 702[5]
*στονή 460[2]
στονόϝεσαν kerk. 223[6]. 527[2]
στορέννυμαι χαμεύναν II 231[3]; s. ἐστόροται
στορέννῡμι 361[3]. 697[4]; s. ἐστόρεσα, στορέσαι, στόρνῡμι
στορέσαι 360[5.8]. 361[3]
στόρθυγξ 498[3]
στόρνῡ imper. lesb. att. 798[5], 13
στόρνῡμι 256[1]. 361[3]. 363[2]. 696[4]. 697[4]; s. στορέννυμι
Στορπαῖος ark. 344[2]. 360[1]
Στορπάο̄ Διός 88[5]
στορπάος ark. 236[7]
-στορῶ fut. 784[6]
-στος ON-Ausg. 66[2]. 503[5]
στοῦ: – κουμπάρου ngr. II 120[5]; s. 'ς praep.
στοχάζομαί τινος II 104[8]
στοχάζω 735[2]
στοχέω 720[1]
-στρα suff. 532[6]
στραβός 692[6]
στράβων 487[5]
Στράβων 637[3]. II 18[5]
στραγγ- 424[4]
στραγγός 692[6]
*στράκτω 705, 3
στράπτω 705[1], 3
στραταγέντος ptc. thess. 729[3]
στρατᾱγός 354[3]. 397[8]. 398[2]. 447[2]
στράτευμα II 64[5]
στρατεύομαι (-εσθαι) II 232[4]. 363[4]. 365[4]. 381[8]; – ἐπί τινα II 472[7]; – ἀμφὶ Μίλητον II 439[2]; – ὑπὸ συρίγγων II 530[2]; στρατεύσομαι II 291[4]
στρατεύω (-ειν) II 232[3]. 363[8]. 365[4]
στρατηγέω (-ῶ, -εῖν) c. gen. II 110[2.3]; – τινος παρά τινι II 494[2]; – ἐν II 109[7]; – στρατηγίαν II 75[5]
στρατηγιάω 731[2]
στρατηγός 155[4]. 156[1]. 159[4]. II 470[7]. 614[5]; – ἐπί τι II 472[3]; s. σρατηγός
στρατηγῶ II 50[4]
στρατηούς 209[4]
στρατήρ 257[6]
στρατιά 270[7]. II 608[7]
Στράτιππος 635[5]
στρατιώτης 155[4]; στρατιῶται II 614[5]
*στρατοᾱγός 397[8]
Στρατονίκη 154[3]
στρατόπεδα (τὰ) II 607[7]
στρατοπεδεύεσθαι πρὸς Ὀλύνθου II 515[7]; – ἀντία τινί II 534[3]
στρατόπεδον II 608[8]; -δα pl. II 607[7]
στρατός 363[3]. 503[5]. II 608[7]; ἀνὰ στρατόν II 433[1]; s. στροτός
στρατόφι: ἀπὸ – II 173[1]
στρατόω; s. ἐστρατόωντο
Στράττις 230[3]. 315[6]
Στρατυλλις delph. 464[6]
στραφη- att. 759[4]
στράφω dor. 685[2]
στρεβλός 483[3]. 692[6]
στρεβλόω 732[1]
Στρείβουν 684[6]
στρεπτίνδα 627[2]
στρεπτὸς ὁ περὶ τῇ δέρῃ II 500[7]
στρεύγομαι ὑπό τινι II 526[6]
στρεφεδίνηθεν 645[1], 1
στρέφεται conj. Ilias 791, 6
-στρεφη- 760[1]
στρεφθείς 759[4]. 761[5]
στρέφομαι (-εσθαι) c. gen. II 108[8]; – στροφάς II 75[8]; s. ἔστραμμαι, ἐστρεμμένα
στρέφος dor. 267[5]. 334[5]
στρέφω 684[4]; s. ἔστροφα
(*στρεψανς σκον) 711[6]
στρέψασκον Ilias 711[5]
Στρεψίαδες voc. Aristoph. 561, 3
Στρεψιάδης 509[6]
στρεψοδικέω 442[6]
στρῆνος 512[7]
στρηνύεται 699[2]
στρηνύζω 716[7]
στρηνύω 716[7]
στριγγ- 424[4]
στριγμός 334[5]
στρίγξ 692[6]
στριφνός 127[8]. 481[5]. 489[3]
στροβέω 720[1]
στρόβος 692[6]
στρογγύλη 159[4]
στρογγύλλω 725[2]
στρογγύλος 692[6]
στρόμβος 333[4]. 692[6]
στροτός böot. lesb. 81[3]. 89[6]. 344[2]
Στρούθας 206[2]
στρουθίν 472[2]
στρουθός 383[4]; -οὶ ὑπὸ τῆι τραπέζηι II 525[5]
στροῦθος 383[4]. 510[6]
Στρούσης 206[2]
στροφαλίζω 735[4]
στροφέω 720[1]
στρόφις 462[4]
στροφοδινοῦνται 645[1]
Στροφφῆς delph. 315[6]
στρόφω äol. 685[2]
Στρύμων 68[6]
*στρῡτός 361[1]
στρυφνός 489[3]; s. στριφνός
στρύχνος 334[5]
στρώματα 520[7]
στρωματεῖς 477[2]
στρωμνή 524[5]
στρώννυμαί τινος II 128[4]; s. ἔστρωται
στρώννῡμι 361[3]. 697[4]. II 72, 1; στρώσω 782[5]; s. ἔστρωσα
στρωτός 360[5]. 361[1]
στρωφάομαι 719[2]; -ᾶσθαι II 363[6]
στρωφάω 719[2]
στυγ- 424[4]
στυγᾱ́νωρ 442[5]
στυγέω (-ῶ, -εῖν) ion. att. 721[3]. 723, 7. 747[4]. 754[4]. 756[2]. II 364[5]; – c. gen. II 133[7]; – c. infin. II 396[3]; s. ἔστυξα, ἔστυγον, ἐστύγησα, ἐστύγηκα, στυγήσομαι, στύξαιμι
στυγήσομαι pass. 721[3]; -ήσεται Soph. 756[6]
στύγιος 466[2]
στυγνός 214[8]. II 173[4]
στυγόδεμνος 442[5]
στύγος 515[5]
στυγός II 52[1]

Στυγὸς ὕδωρ 427[2]
στυμνός 489[2]
Στυμφαία 334[5]
Στύμφη 334[5]
στύξ 357[4]. II 34[1]
στύξαιμι Od. 747[4]. 756[2]
στυπάζει 334[5]
στυπτηρα (= -ρία)hell. 245[2]
Στύρα 328[3]
Stúra ngr. 182[6]
στυρβάζειν 334[5]
στυφελίζειν II 283[2]
στυφελός 273[3]. 278[7]. 334[5]
στυφλός 483[3]
*στυφμα 489[2]
στῦφω 685[4]. 702[4]
στύω 686[3]
στῶ att. 742[3]; στῶμεν 244[4]
*στωϝιά 349[2]
στώιδιον 349[2]
στωικός 349[2]
Στωϊκός 498[1]
στῶμιξ 522, 8
στωμύλματα 523, 6
στωμύλος 485[2], 3
συ aus τυ 308[5]
σύ 'du' att. 272[4]. 308[5]. 600[1]. 602[2]. 604[3]. 606[5]. II 187[3·7·8]. 188[1·2]. 189[1]; σύ [si] ngr. 606[4]; σύ γε II 188[3·4·5], 3. 561[2·3]; σὺ δέ II 188[4·5], 3; σύ τοι σύ τοι II 700[2]
συ- compos. II 487[3]
σύ: -ΔιϜί (= σὺν Δ.) II 489[4],1
σύαγρος 439[3], 3
σύαγχος 439[5]
Σύβαρις 66[4]
σύββολον delph. 317[2]. II 487,4
συβῶτα voc. sg. hom. 560[5]
σύγγαμβρος II 487[3], 2
συγγενέα acc. sg. 580[1]
συγγενέες kret. 579, 4
συγγενεῖσι(ν) dat. pl. 564[2]. 580[1]
συγγενεῦσι dat. pl. NT 580[1]
συγγενής 155[4]. 209[6]. II 160[4]; – τοῦ πατρὸς πρὸς ἀνδρῶν II 514[4]
συγγενίεν 579, 4
συγγενίς 465[2]. 543[3]
συγγενοῦ gen. sg. 586, 2
συγγιγνώσκω II 396[1]; – c. ptc. II 396[8]; – τινί c. ptc. II 393[7]; s. συνγιγνṓσκω
συγγνοῖτο Aesch. 795[4]
συγγνώμην (so): ἔχειν – II 377[4]. 406[7]
συγγνώμων τῶν ἁμαρτημάτων II 108[1]
συγγραφεύς 477[1]
συγγράφομαί τινος II 128[2]
συγγράψω II 291[6]
σύγε ion. hom. att. 606[3]. II 189[1]
συγενές 209[6]
συγκαλεῖν II 368[3]
συγκαλυπτέος Aesch. 810[7]
συγκασίγνητος 435[2·5]
συγκατανευσιφάγος 439[4]
συγκαταστρατοπεδεύονται 644[5]
συγκατείστησα 654[5]
συγκεντηθήσεσθαι Hdt. 763, 3
*συγκεντσεσθαι 763, 3
*συγκΕσεσθαι 763, 3
συγκεχωρήκειν infin. rhod. 807[1]
σύγκλητος f. II 32[4]
σύγκλυς att. 507[3]
συγκολλῶ II 432[2]
συγκομίζειν II 377[1]
συγκοπή (term.) 45[2]
συγκρητίζω 736[3]
συγκρητισμός II 12, 1
συγκριτικὸν (ὄνομα) II 183, 4
σύγκρουσις 399[4]
συγκύρω 721[3]; -κύρσειαν 753[4]
σύγκωμος II 488[4]
συγχαίρω τινί c. gen. II 134[4]
σύγχεας 745[4]
συγχέαι II 376[4]
σύγχορτος II 488[4]
σύγχρωτα adv. 623, 1
*σύγχρωτος 623, 1
συγχώρησις II 688, 1
συγχωρῶ: συγχωρήσομεν τῆς ἡγεμονίης II 92[2]; s. συγκεχωρήκειν, συχωρεῖ
σύδην 626[3]
σύεσσι hom. 564[4]
συζεύγνυμί τί τινι II 431[5]. 432[2]
συζῆν 331[4]. 835[8]. II 160[4]. 487[3]
συζητεῖν 336[8]
σύζυγ- 424[5]
*συζύγες 379[6]
σύζυγες 379[6]
συζυγία 416, 1
σύζυγος 336[8]. II 488[4]
σύζυξ 357[4]
συῆλαι 484[3]
*συηλός 484[3]
συθη- 761[4]
σύθι· ἐλθέ H. 740[3]. 800, 6
συκάμινος 308[1]
συκέᾱ II 30[4]
συκέη 468, 3
συκία lesb. 468, 3
σῦκον 61[7]. 458[6]. II 30[4]
συκοφαντεῖν II 73[3]
συκχάς 316[3]
σῡλαίη opt. el. 729[4]. 795[2]
σύλασκε Hes. 711[3]
σῡλάω 329[6]. II 82[5]; s. συλήσω, συλήτην, συλήτω
σῡλέοι, -έοντα, -έων delph. 728[6]
συλεύειν 732[4]
συλήοντες delph. 729[4]
συλήσω II 291[7]; -ήσων II 295[8]
συλήτην du. 667[2]. 729[3]
σῡλήτω delph. 728[7]
Σύλλα gen. sg. hell. 561[2]
σύλλαβε μόχθων II 103[8]
συλλαβή 235[7]
συλλαβόντι εἰπεῖν II 378[5]
συλλαμβάνω (-ειν) 235[7][Bed.]. II 160[4]; τὰ πλοῖα πρὸς τῷ Γ. II 513[2]; s. σύλλαβε, συλλαβόντι
συλλέγεσθαι ἀμφὶ ποταμόν II 439[1]; – τι παρά τινος II 498[1]
συλλέγω 32[6] [Bed.]. 772[1]. II 230[6]. 434[1]; συλλέγουσιν II 245[5]; s. συνείλοχα
συλλήβδην 626[3]
σύλλογος (Bed.) 31[3]
συλλυπηθήσομαι Hdt. 763, 3
σύλον (=ξύλον) 211[5]
Σύλοχος delph. 263[5]
σῦμα lak. 205[3]
συμβαίνει II 366[2]; -ειν II 160[4]; s. συμβῆναι
συμβαλεῖν: τὸ μὴ – II 371[8]
συμβάλλειν II 364[4]; – τι πρός τι II 511[3]; – ἓν πρὸς ἕν II 511[3]; s. συμβαλεῖν, συνβάλλειν
συμβάλλετον II 609[3]. 612[3]
συμβῆναί τινι μετά τινος II 485, 2
συμβληθῆναι II 364[6]
συμβλήσεαι Ilias 782[6]. II 351[5]
συμβολή 399[4]
συμβόλικτρον 532[3]. 737[7]
συμβουλεύεσθαι II 711[8]
συμβούλιον λαμβάνειν NT 40[1]
σύμβωμος hell. 435[5]
σύμενον Pratin. 740, 1
συμμαθητής 435[5]
συμμαχέω II 488[5]; s. συνμαχησην
συμμαχικόν (τὸ) II 175[2]
συμμάχομαι II 488[5]
σύμμαχος II 488[5]
σύμμε (= σύν με) 836[2]
συμμετρεῖν s. συνεμετρήσαμες
σύμμετρος 430[6]. II 488[4], 2
σύμμιγα 622[5], 7. II 160[7]; – c. instr. II 585[4]
σύμμικτος 771[2]
σύμπαντες 598, 11. II 488[3]; s. σύμπας
συμπαραγενέσθαι ἐπὶ τὴν θεωρίαν II 473[1]
συμπαρομαρτεῖν II 160[5]
σύμπας 435[2·7]; s. σύμπαντες, σύνπαντα
σύμπειρος II 488[4]
σύμπεντε II 488[3]
συμπέπτωκε ἐοῦσα II 392[4]

συμπιπισκεν delph. 710, 2
συμπλακη- Hdt. att. 759[4]
σύμπλεως c. gen. II 110[8]
συμπλῆι ion. (chi.) 791, 9
σύμπληξις 399[4]
συμπληρῶ τι ὑπ' ἀρετῆς II 528[6]
συμποιεῖν att. II 422, 3
συμπολιτεύομαι II 711[8]
συμπόσια καὶ συμπόσια II 700[3]
συμποσιάζω hell. 735[3]
συμποσοῦμαι II 488, 2
σύμπους II 488[4]
συμπράσσειν II 160[4]; σύμπραξον II 344[4]
(συμπρηισκεν delph.) 710, 2
συμπρόες 391[1]. 651[3]
συμπροστάτης II 488[3]
σύμπυκνος II 488[5]
σύμπω imper. II 256, 2; s. πῶ
σύμπωθι 798[4]
συμφάναι II 160[4]
συμφέρειν c. dat. II 144[8]; – τινὶ πράξαντι II 393[7]
συμφέρεσθαι II 160[4]. 233[5]
Συμφέρμιος 523[5]
συμφέρον (τὸ) II 409[2]
συμφερτός II 176[7]
συμφῆις 390[8]
συμφιλεῖν II 363[2]
συμφορή II 605[6]
συμφράδμων 522[4]
συμφυλακίτης II 488[3]
σύμφωνα (term.) 169[5]
σύμφωνος II 160[4]. 488[4]
συμφωνῶ (-εῖν) II 160[4]; – ἐκ δηναρίου τὴν ἡμέραν II 463[8]
συμψέλιον 231[7]
σύμψηφος II 488[5]
συν- II 488[1]; – vor praep. II 429[4]
σύν praep. 551[1]. II 138[8]. 159[7], 2. 160[1]. 161[6·7]. 268[2·3]. 422[2·3·6·7]. 424[3]. 425[5·6], 7. 432[5]. 487[3], 1. 2. 489[1–8]; – c. gen. II 490[7–8]; – c. acc. II 436[2]; σὺν δέ II 424[4·5]; σὺν καί II 491[2]; σύν τε II 424[4·5]; σύν τε δύο II 422, 2; σύν τε δύ' ἐρχομένω II 488, 3; σὺν θεῷ II 488[1], 2. 489[3·4]; σὺν παντί II 490[4]; σύ(ν) τύχα kypr. 550[4]; οἱ σύν τινι II 416[7]; σὺν εὖ πάσχω II 422[3] s. ἅμα σύν
σύν (= ξύν) 211[5]
σῦν acc. sg. 571[2]
συναγάγαιεν kret. 754[1]
συναγάγας kret. 754[1]
συναγαγέν infin. ther. 807[1]; s. συνήγαγα
συνᾴδειν II 160[4]
συνάδελφος II 491[2]
συνάζω: ἐσύναξα ngr. 656[3]
σύναιμος II 488[4]
συναίρεσις 246[6]
συναίτιος II 488[6]
συνάλισε 655[6]
συναλοιφή 401[4]
συνάμα ngr. 623[1]
συνάμα II 422, 3. 491[2]. 534, 2
σύναμα Theokr. 633[2]
συνάμφω 589[4]. II 488[3]
συναναιρεῖταί τι διά τινος II 451[7]
συνανοίγνουσα 699, 2
συνάνταις ptc. lesb. 729[2]
συναντέσθην ἀλλήλοισι II 607[2]
συναντήτην 667[1]. 729[2]
συναπόδημος II 488[3]
συνάρθμιος II 488[6]
συναυαρ[ε]στέοντος delph. 198[5]
συνάχθομαί τινι c. gen. II 134[4]
συνᾱ́ωρ poet. 458[4]
συνβάλλειν II 383[2]
συνβεβιώκουσι 765, 2
συνγιγνṓσκω ἀνπί τι II 439[3]
συνδεῖν II 268[3]
σύνδειπνον II 488[5]
σύνδενδρος II 491[3]
σύνδεσμος II 14[4·6]. 556, 1
σύνδηλος II 488[6]
συνδιαβάς II 390[7]
συνδιαπολεμεῖν τὸν πόλεμον μετά τινων II 484[5]
σύνδικος II 488[5]
συνδιοίκησεν 655[4]
συνδόξαν II 402[2]
σύνδουλος 435[5]
συνδράσουσα: ὡς οὐχὶ – II 391[6]
συνδυάδος ἀλόχου 597, 3
σύνδυο 32[4]. 599[6]. II 488[3]
συνδώδεκα II 488[3]
συνέαν el. 663, 9. 677[4]
σύνεγγυς att. 619, 3. 633[2]. II 488[3]
συνεδριάζω 735[3]
σύνεδρος II 488[5]
συνεείκοσι II 488[3]
συνεθθᾶι conj. kret. 792[7]
συνείδησις 505[6]. 755[4]
συνειδός (τὸ) II 125, 1
συνείκη arg. 684[6]. 685[4]
συνείλοχα 772[1]
συνεισπίπτω II 272[2]
συνεισπραττόντων II 342[4]
συνεκέκλειντο 671[6]
συνεκφώνησις (term.) 244[6]
συνελεο̄ρε̃ν 726[5], 10
συνελευθερώραντι eretr. 218[4]
συνεληλυθότες ἦσαν II 407[7]
συνελόντι II 152[4], 1
συνέμειξα pap. 771[2]
συνεμετρήσαμες ἀρξάμενοι II 281[4]. 301[3]
συνεξελεύθερος II 488[3]
συνεοχμός 423[5]; -μῶι 492[4]
συνέπεια (term.) 376[5]
συνέπομαι II 431[5]
συνεργεῖν II 160[4]
συνεργός II 160[4]. 488, 5
συνέρῑθος 435[5]. II 488[3]
συνέρραφεν H. 747[6]
συνέρρηκται Od. 759[2]
συνεσσεομαι 786[4]
συνεστέον Plat. 502[3]. 678[2]. 810[7]
*συνεστῆι pf. 792[7]
σύνεστι 678[2]
συνέστιος II 488[4]
συνετός 391[1]; – τὰ οἰκτρά II 73[8]
συνετρίβην τὴν κλεῖν II 85[1]
σύνευνος II 488[4]
συνέφηβος II 488[3]
συνεχές hom. 288[5]
συνεχής 513[3]
συνέχθειν II 363[2]
σύνϝοικος delph. 223[5]
συνhερξοντι her. 219[3]
-συνη suff. 456[6]
-σύνη suff. 379[6]. 529[2–4]
*-συνή suff. 379[6]
συνήγαγα 753[7]
συνήγοσαν 666[1]
συνήθεια 118, 1
συνήθης II 488[4]
συνήθως 624[2]
συνηιδέατε 2. pl. Hdt. 778[2·7]
συνηλάκχειν 772[6]
συνήλισε (συνάλισε) 655[6]
συνήνεικε II 307[7]
συνῆπτο 655[6]
συνήστην II 609[5]
συνθέλω II 422[7]
σύνθεο 668[2]
συνθεσίη 469[2]; συνθεσίαι τε καὶ ὅρκια βήσεται II 611[1]
σύνθετα 428[1]
σύνθημα II 66[5]
συνθηρᾶν II 277[2]
συνθιασίτης II 488[3]
συνθιώμεθα conj. att. 792[7]
συνθνήσκειν II 160[4]
συνθοῦ 390[8]; s. σύνθεο
συνθύξει H. 708[3]
συνθύξω H. 781, 4
συνθυσουντι kephall. 786[5]
συνιεῖν infin. 687[6]
συνιέντ- ptc. 688[4]
συνιερεῖσι dat. pl. spät 564[2]
συνιερεύς II 488[3]
συνίζησις (term.) 244[6]
συνίημι 656[5]; – c. acc. II 107[4·5]; – κωφοῦ II 94[7]; s. ἐσύνηκα
συνίοντ- ptc. 688[3]

συνίστωρ (κατά) II 73[7]; – c. acc. II 105[4]
συνισχανεῖ Eur. 785[3]
συνίτην II 609[3]
συνκλᾱιχθείς rhod. 685[5]
συνμαχησην 786[4]
συνμείσχι[ν fut. 771[2]
σύνναοι θεοί 158[2]
συννένοφα 684[5]
συννέφω 684[5]
συννῇ gort. 238[2]
-συνο- 272[3]
συνοδηγός II 488[3]
σύνόδος, σύνοδος 159[7]. 460[5]
συνόδους II 488[4]
σύνοιδα c. ptc. II 394[4.5], 2; – c. dat. ptc. II 393[7]; – ἐμαυτῷ c. ptc. II 396[8]; s. συνηιδέατε
συνοικεῖν II 160[4]. 363[8]
σύνοικος II 488[4]
συνοίσειν gramm. 788, 2
συνοῖσον gramm. 788, 2
συνοκωχότε Ilias 766, 6. II 472[4]
σύνολος II 488[3]
συνομολογεῖσθαι II 233[5]
σύνοξυς II 488[6]
συνορᾶν τὰ κακὰ ἐφ' αὑτοῦ II 470[8]
σύνορθρος II 491, 1
συνορμάς 508[1]
-συνος suff. 529[3.5]
συνουσία ἀνδρῶν II 121[6]
σύνοφρυς II 488[4]
*συνοχότε 766, 6
*συνοχόω 766, 6
συνοχωκότε 766, 6; – ἐπὶ στῆθος II 472[4]
σύνπαντα 86[7]
σύνπεσαι Koine 803[6]
συνστρώσει att. 337[1]
σύνταξις (term.) II 5, 3
σύνταρρος II 488[4]
συντάσσω πρὸ πάντων II 507[3]
συντάττεσθαι ἔκ τινος II 463[6]
συντελέη 724, 3
συντελεῖν II 266, 2. 268[4]
συντελείντω 642, 2
συντελεῖται conj. 791, 6
συντελικὸς χρόνος (term.) II 249[2.4]
συντετριμμένος τι II 81[5]
συντηρεῖν II 268[4]
συντίθεσθαι II 160[4]; s. σύνθεο, συνθοῦ
συντίθησι 2. sg. 659, 7
σύντρεις Od. 598[6]. II 488[3]
συντρίβομαί τι II 81[5]; s. συνετρίβην, συντετριμμένος
συντρῖψαι τῆς κεφαλῆς II 102[8]
σύντροχος II 160[4]
συντυγχάνω c. dat. II 141[4.7]
συντυχία II 468[5]
συνῳδός II 160[4]
συνώμεθα conj. Ilias 741[4]
συνωχαδόν 626[5]
συοκτόνος 439[5]
συός gen. sg. [Ausspr.] 350[6]. 552[5]
(ϲυποδιον s. koptisch)
σύπω Dodon. 798[4]
Σύρα II 38[2]
Συραιγύπτιος 453[3]
*Συρᾱκάσιος 525, 7
Συράκοσαι 344[6]. 525, 7
Συρακόσιος 525[6], 7; -κόσιοι 344[6]
Συράκοσσαι 525, 7
Συρακοῦς gen. sg. Epich. 638[4]
Συράκουσαι 525[6], 7
σύρβα 623, 1
συρβάβυττα Aristoph. 623, 1
σύρβη 308[5]
συρβηνεύς 476[7]
Συρηκόσιος ion. 525[6]
Συρήκουσαι 525[6]
συριγμός 492[5]
σῦριγξ 155[7]. 319[4]
σῡρίζω 735[4]
Συρίη 329[3]. II 62[5]
συρίσδες dor. 384[2]. 659[6]
Συρίσκος 542[3]
συρίττω Koine 733[5]
σύριχος 498[4]
συρμαία lak. 467[6]
σύρξ 308[5]
σύρομαι: ἐσύρην spät 714[5]
Συροπερσικός 453[3]
Σύρος 157[7]
Σύρτις dor. 505[1]
Σύρυλ(λ)α 256[3]
σύρφᾱξ 497[4]
συρφετός 501[2]
σύρω 351[7]. 714[5]; συρῶ 785[2]; s. ἔσυρα
σῦς 308[5.6]. 350[6]. 420[8]. 552[5]. II 31[3]; σῦν acc. sg. 571[2]; σῦσί dat. pl. 570[5]; σῦς acc. pl. 571[2]; s. σύεσσι
*σῡσί dat. pl. 570[5]
συσκευάζεσθαι II 374[8]
συσκευάζω 336[8]
συσκοτάζοντος τοῦ θεοῦ II 621[4]
σύσσιτος II 488[4]
σύστασις 336[8]
συστέλλειν II 487[3]
σύστεμα 523[6]; συστέματι 280[4]
σύστομος II 488[4]
συστρατιώτης II 488[3]
σῦφαρ 518[7]
συφορβός 439[5]
συχνάκις 598[1]
συχνός 308[5]. 327[6]. II 182[5]
συχωρεῖ spätgr. (lyk.) 207[1]. 216[2]
συχωρεμένος ngr. 524[7]. II 410[7]
σφ für ψ 211[5]; σφ ngr. 205, 4; σφ > ätol. σπ 829[1]
σφ- refl. 600[6]. 601[6–7]
σφ' (= σφε) hom. 604, 3
σφ' (= σφι) hom. (Ilias) 604, 3. 605[3]
σφαγεῖον 470[4]
σφαγεὶς σᾶς ἀλόχου II 119[3]
σφαγη- pass. 759[6]
σφάγιον 470[3.4]
*σφαγjω 333[1]
σφαδάζω 341[4]. 692[6]
σφαδᾴζω 265[8]
σφάζομαι; s. σφαγείς, σφαχθεῖσα, ἔσφακται
σφάζω 332[8]. 715[2]. 815[3]; s. σφάττω
σφαῖρα 159[4]. 161[6]. 298[2]. 474[4]. 627[3]
σφαιρηδά 626[5]
σφαιρηδόν 626[5]
σφαιρίζειν 334[3]
σφαιρωτήρ 334[3]
σφάκελος 334[3]
Σφακιά (so) 119[4].
σφαλάγγι ngr. 334[3]
σφάλαι opt. 756[2]
σφαλη- pass. att. 759[4]
σφαλῆναι ἐλπίδος II 93[2]; τοῦ σφαλῆναι II 361[1]
σφαλῆς: μὴ – II 344[5]
σφαλθη- Gal. 759[4]
σφάλλεσθαι: τὸ μὴ – II 371[6]; – c. instr. II 167[2]; – τι περὶ αὑτῷ II 501[6]; s. σφαλῆναι, σφαλῆς, σφαλῶ, ἐσφάλην
σφάλλω 298[1]. 714[5]; s. σφάλλεσθαι, ἔσφηλα, ἔσφαλεν
σφαλός 459[3]
σφαλῶ fut. 714[5]. 785[1]
σφαραγέομαι 298[1]. 726[2]
σφάραγος 298[1]. 362[4.5]
σφας Ilias, Parmen. Theokr. 606[1.2]. 607[5]
σφάς 605[3]. 606[1]
σφᾶς ion. att. 251[2]. 603[2]. 606[2]; – αὐτούς 607, 2. II 196[1.2]; – – (= ὑμᾶς αὐτούς) II 197[6]
σφάττω j.-att. 333[1]. 759[6]. 715[2.3]
σφαχθεῖσα II 404[3]; s. σφαγείς
σφαχθη- 759[6]
σφε refl. lesb. hom. dor. 603[2]. 607[5.6]. 608, 1. II 190[4.5], 4; σφ' 604, 3
σφέ acc. 601[6]. 604[2]. 607[2]
σφέα neut. ion. att. 603[1]. 605[3]; acc. 603[2]; II 191[4]. 193[5]; σφέα αὐτά ion.att. 607[4]

σφεὰ γούνατα Alkm. 608[4]
σφέας acc. ion. hom. 603[2]. 605[3]. 607, 2. II 195[1]; σφέας einsilbig hom. 605[3]; σφέας αὐτούς 607, 2. II 195[4]
σφεδανός 692[7]
σφέες gramm. 605, 7
*σφει 601[5.6]
σφεις dat. pl. (= αὐτοῖς) ark. 601[6]. 603[4]. 604[3]
σφεῖς nom. pl. refl. Hdt. att. 603[1]. 605[3]. 607[4], 1. II 193[5]. 199[5.6.7]. 635, 4. 638, 1. 639[3.4]
σφείων gen. hom. lesb. dor. 603[2.3]. 605[3]
σφέλμα 523[5]
σφένδαμνος 524[6]. 839[2]
σφενδόνη 692[6]. 838[3]
σφεός II 204[5.6]
σφετερίζομαι (-εσθαι) 608[5]. II 205, 1
σφετερίζω att., Koine 608[5]
σφετεριξάμενοι Aesch. 738[2]
σφετερισμός 493, 9. 608[5]
σφετεριστής 608[5]
σφέτερος 608[4]. II 200[4.7]. 201[1.2]. 202[3]. 203[6.7]. 204[1.3.5.6]. 205[1.3.4]
σφεων gen. II 190[5], 4; neut. Hdt. 605[3]
σφέων gen. hom. ion. 603[3]. 605[3]. 607, 2. II 206[2]; σφέων einsilbig ion. 605[3]; σφέων αὐτῶν att. 607[2]
σφηκ- 424[3]
σφηκόομαι; s. ἐσφήκωντο
σφήν 298[1]. 487, 7
σφΗνόποδι 186[1]
Σφηττός 328[4]; -ττοῖ att. 549[7]
σφί, σφι dat. pl. ion. ep. 405[7]. 551[4]. 601[6.7]. 603[4]. 604[3], 6. II 189[6]. 190[5], 4. 191[1.2.3]; σφ' hom. 604, 3; neut. Ilias 605[3]; s. σφίν
σφίγγομαι; s. ἔσφιγμαι
σφίγγω 334[3]. 684[5]. 692[6]
σφιγκτήρ 692[6]
σφιγμός 492[5]
σφίγξ 692[6]
Σφίγξ 334[3]
σφιν dat. pl. refl. ep. 334[3]. 405[7]. 601[6.7]. 603[4]. 607[5.6]
σφίν 603[4]; σφὶν αὐτοῖσι 607[2]
σφίσ' αὐτοῖσι [so] II 195[4]
σφίσι ion. att. 603[4]. 604[3], 6. II 199[6]
σφισιν II 190[5]
σφίσιν hom. ion. att. 603[4]. 604[3], 6. II 189[6]. 195[1]
σφόγγος 161[6]. 829[2]
σφόδρα II 413[8]. 415[8]. 416[4]; σφόδρα ἄτε att. 621[2]; ἡ – ἄγνοια II 355, 1; αἱ – γυναῖκες II 602[5]
σφοδρός 692[7]
σφός lesb. dor. hom. 601[6]. 608[4]. II 200[7]. 202[3], 1. 203[6]. 204[3.5], 4
σφραγῖδε II 49[4]
σφρᾶγιν acc. 465[5]
σφρᾱγίς 465[4]
σφραΐδων 209[4]
σφριγάω ion. att. 719[4]
σφριγῶν 816[3]
[σφυδόω]; s. ἐσφυδωμένος
σφυδρά 239[8]
σφῦρα 474[4]
σφυρίδα 161[6]
σφυροῖν att. II 47[2]
σφυρόν 458[6]
σφῡροπέλεκυς 453[4]
σφυχή 266[7]
σφω' du. Ilias 603[5]
σφώ nom. acc. hom. att. Antim. 603[5.6]; 'ihr' 600[6]. 601[4.7]
σφωε II 190, 4. 191[1]
σφωέ acc. du. hom. 603[5], 2. 604[2]. 607[5]
σφῶε 603, 2
σφῶϊ nom. acc. du. hom. 603[5]; σφῶϊ 603[6.7]
σφωιν dat. du. hom. 603[5]. II 190, 4. 191[1]
σφωΐν 607[5]
σφῶιν gen. dat. hom. 603[5]. 604[2]; σφῶιν hom. att. 603[5.6]
σφωΐτερον Ilias 603[5]
σφωΐτερος hom. 608[5]. II 200[4]. 202[3]. 204[6]; – spätep. (= σφέτερος) 608[5]
σφῶν att. 603[3]. 605[3]. II 195[1]. 206[3]; – αὐτῶν 607[2], 2. II 193[6]. 195[5.7.8], 2. 206[6]
σχ für ξ 211[5]; σχ ngr. 205, 4
σχαδών 529[7]
σχάζω 716[7]. 782, 9; s. ἐσχάζοσαν
σχάσω fut. 782[5], 9
σχάω 782, 9
*σχέ imper. 798, 6
σχε/ο- hom. att. 747[2]
σχεδία 469[3]
σχεδιάζω II 548[1]
σχεδίην adv. hom. 621[1]. 626[3]
σχέδιος II 548[1]
σχεδόθεν 626[1]. 628[3]
σχεδόν adv. 328[6]. 626[2]. II 413[8]. 415[1]. 535[6]. 547[6.8]. 548[1.3.4]; – c. dat. II 142[5]. 534[3]
σχεδύνη 521[4]
σχέθε 652, 7
σχεθεῖν hom. 257[3]. 704[1]
σχεθη- 761[4]
σχέθοι κεν II 329[6]; – ἐρέφοντα II 394[2]
σχεῖν II 262[3]. 362[1]
σχελυνάζειν 334[4]
Σχέμαχος 798, 6
σχέμεν infin. hom. 806[4]
σχέμεναι hom. 806[4]
Σχενοκλῆς 266[7]
σχέο imper. hom. 799[6]
*σχερόν n. II 469[1]
σχερός II 469, 2
*σχερῶ instr. II 469[1]
σχερῶι: ἐν – 619[1]. II 469[1], 1
σχές imper. 798, 6. 800[1], 1. II 339[2]
σχέσθαι II 381[2]
σχέτλιος 533[4]. II 65[8]; – c. gen. II 134[5]
σχῆμα 159[4.6]. 328[4]. 523[3], 4; – 'Αλκμανικόν II 612[3]; – 'Αττικόν II 607[5]; – Βοιώτιον II 608[3]
σχῆσις 505, 2
σχήσοι Pind. 780, 1. II 337[3]
σχήσομαι 782[7]
σχήσω 782[4.7]. II 265[3.8]. 266[2]; – σε τῆς βοῆς II 93[3]
σχῆται 675, 8
σχίδα acc. sg. 507[3]
σχιδή 754[8]
σχίζα 474[3]
σχίζεται pass. 714,3
σχίζομαι med.; s. ἐσχισάμην
σχίζω 298[1]. 714[6], 3. 751[7] 754[8]. II 72, 1; σχίσσω, σχίσω 751[7]; s. ἔσχισσα, ἔσχισα
σχινδαλμός 492, 7. 692[5]
σχίνινος 289[8]
σχισ- 754[8]
σχίσις 505[1]
σχίσμα 321[8]
σχισμός 493[3]
σχίσσω, σχίσω 751[7]
σχοίην opt. att. 796[2]; σχοίης 796[3]; σχοίη 796[3]; σχοῖμεν 747[2]; σχοίησαν Hyperid. 796, 3
σχοῖνος 489[2]
σχοινοφιλίνδα 627[2]
σχολαίτερος 534[4]
σχολή 484[6]
σχολῇ II 413[8]
σχολήν nom. sg. f. 586, 6
σχομένη ἄχεϊ Od. 757[2]
σχώημεν 796, 4
-σω fut. 782[3–5]. 787, 7
-σω conj. aor. 661[4]. 750[1]
-σῶ fut. 780[1]
-*σώᾱ 555, 0
σώεσκον Ilias 711[4]. 723, 2
σῴζεσθαι II 296[6]. 366[5]; – διά τινα II 453[7]; σῴζεται τὰ οἰκεῖα II 607[4]

σωζέσθω thas. 801[6]
σῴζομαι II 704[2]; σωθέντος σὺν τῶι Διί II 489[4]; s. σέσωμαι, σωθῆναι, σώθητι
σῴζω II 259[4]; s. ἔσωσα, σέσωκα, σώιζω, σώσω
σώζων hom. 736[5]
σωθῆναι κακῶν II 93[4]; – μοῦνον ἐξ ἁπάντων II 464[2]
σώθητι att. 262[2]. 760, 6. 800[5]
σῶι dat. sg. 558, 1
σώιζω att. 736[5]. 785[4]
*σωιῶ fut. 785[4]
σῶκος 497[2]
Σώκρατε lesb. (gramm.) 580[4]
Σώκρατες: ὦ – II 61[2.3]
Σωκράτη: οἱ ἀμφί – II 622[7]
Σωκράτην acc. j.-att., Koine 561[3]. 579[4.5]
Σωκρατίδιον 471, 1; ὦ – II 61[7]
Σωκράτους gen. sg. 561[3]
σωλήν 487[2]
σωλούς 308[6]
σῶμα 320[2]. 523[2]. II 192, 1; σώματα II 18[3]; σῶμα ἀνδρεῖον hell. II 36[6]; – σποδοῦ II 129[6]
σῶμαι dor. 679[4]
σῶν acc. sg. n. 558, 1
σωννύω spät 699[4]. 736[5]
-σωντι conj. delph. her. 791[2]
σώοντες hom. (Od.) 723, 2. 736[5]
σῶος 558, 1. II 704[5]; s. σῶς
σωρηδόν 626[4]
σωρός 356[5]. 457[4]. 458[6]
σῶρυ 463[6]
σῶς 320[2]. 424[3]. 472[6]. 554, 4. 558[1], 1. 723, 2; σῶς acc. pl. 558, 1; s. σῶι, σῶν, σῶος, σᾶ
-σωσι 3. pl. conj. hom. 790[4]
Σωσίας 636[6], 5
Σωσίδημος 636[6], 5
Σωσικλῆς 516[7]
Σωσίπατρος 162[5]
Σωσίστρατος 636[6], 5
σώσω fut. 785[4–5]
σώτειρα 485[5]
σῶτερ voc. att. 568[8]; – Ζεῦ II 60[1]
σωτήρ 82[2]. 485[5]. 530[4.6], 2. 568[8]; – βλάβης II 96[1]; – κακῶν II 95[8]
σωτηρία c. dat. II 153[6]; -ίαν τῆς ἀπορίας II 95[8]
σωτήριος 530, 5
Σωτηρίχα 498[5]
σωφράτερος 535[3]
σῶφρον voc. 569[1]
σωφρονεῖν (τὸ) II 370[3]
Σωφρονίσκος 635[7]
σωφρονοῦντε II 609[5]
σώφρων 438[3]. 569[1]; – ἄν II 302[7]
σώχω 329[2]. 676[1]
σωῶ fut. altatt. 736[5]. 785[4]

T

τ aus idg. t 290[8]f.; aus idg. *kw* 293[8]f. 294[4]. 295[5]; für iran. *d* 829[2]; τ vor α, ο 295[6]; τ mit δ vertauscht 207[5]; Wegfall von -τ 279[8], in Flexion 408[5]. 409[1.2]; τ geht zw. Verschlußl. u. ρ verloren 337[5]; τ als Hiatuskons. 289[1.2]; τ > σ 270[6]; τ > ark. И 301[3]; τ+σ > σσ 366[8]
τ- Flexion nachhom. 514[4]
-τ- suff. 498[6], 14 ff.
-τ- in Präsensbild. 704[2]–706
-[τ] Personalend. 657[5]. 658[1]. 659[3]
τ el. (= τοῖς usw.) II 23[5]
τ' ngr. (nordgr.) (= του) 606[5]
τ' dat. sg. hom. (=τοι) 604, 3
τ' (= τοι) 404[2]; τ' ἄρα II 559[1.2]
τ': (τ' ἔνται kyren.) 780, 4
τά pron. demonstr. II 44[1]; τὰ καὶ τά II 21, 8. 216[2]
τά pl. neut. art.: τά τε II 611[8]; τά τ' ἄλλα II 576[4], 5; τὰ ἔν τινι II 417[2]; τὰ μέταζε 625, 2; τὰ πρῶτα II 70[2]; τὰ ἑαυτῆς II 119[6]; τὰ ϝὰ αὐτᾶς kret. (gort.) 607, 3. II 119[6]; τὰ τῆς τροφῆς II 117[7]; τὰ τῶν Ἑλλήνων πράγματα ἐφθάρη II 607[4]; τὰ τῶν θύραθεν II 117[7]; τὰ ἀπὸ τῶν Ἀθηναίων II 446[4]; τὰ κατ' ἀνθρώπους II 477[7]; τὰ κατὰ πόλεμον II 477[7]; τὰ καθ' ἑαυτούς II 198[1]; τὰ πέραν II 541[7]; τὰ περί τι(να) II 504[6]; τὰ ποτ' ἀσφάλειαν τᾶς πόλιος II 512[2]; τὰ πρὸς ἑαυτοῦ τῶν σταυρωμ. II 96[6]; τὰ πρὸς ὑγιείην II 512[5]; τὰ ὑπὸ τὴν ἄρκτον II 530[7]; τὰ ὑπὸ γῆς II 527[6]; τὰ ὑπὸ τὸν λόφον II 531[6]; s. τό art.
τά 'warum' 109[8]. 616, 8
τά pron. relat. ngr. 615[3]
-τα adv.-Ausg. lesb. 629[2.3.4]
-τᾰ voc. sg. m. 560[5.6], 6
-τα nom. sg. m. 560[1–3], 1. 6
-τά adv. ngr. 626, 1
-τᾱ suff. m. 560[2], 6
τᾱ, τᾶ kypr. 550, 2. 613[1]
*τᾱ pron. demonstr.: *τᾱ υ τᾱ 611[5]
-τᾱ́ f. Verbaladj. 810[3]
τᾱ́ du. f. att. 557[5]
*τᾱ- [τᾱ́κω] 776[1]
τὰὰ ngr. 180[8]
ταβάσις Ägypt. 255[7]
τάβλα 635[6]
ταβλιόπη Anth. P. 635[6]
ταγ- 771[7]
τάγανα· ταῦτα kret. H. 613[1]
ταγευσεω delph. 786[4]
ταγέω c. gen. II 110[2]
ταγη- pass. 760[1]
τάγηνον att. 268[6]
Ταγῆς 209[5]
τᾱγός 69[4]. 459[3], 3
τάδε II 44[1.2]; – πάντα II 211[1]; – λέγει NT 612[1]; – τελεῖται II 607[4]; – τὰ πρὸ χειρῶν II 506[5]; ἐπὶ τάδε 'diesseits' 625[4]. II 472[4]; ἐπὶ τοῖσδε, ὥστε II 468[2]. 677[7]. 679[5]; s. τόδε, ὅδε
τάδε: ὁ – ngr. 612[1.5]. 614[6]. II 216[3]
*τάδε ἕνα 612[4]
*ταδεῖνα 612[4]
ταδεινοῦ: τοῦ – ngr. 612[5]
ταδΕν, ταδέν n. pl. arg. 612[1]. II 566[3]
τάδες: ὁ – ngr. 612[5]. 614[6]
τᾶϝος urgr. 381[2]. 527[2]. 528[3]. 611[2]. II 413[6]
τάϝυτο 223[3]
τάζω ngr. 715[4]
-τάζω verba 705[5]. 706[4], 1. 735[1]
τὰθ θυγατέρας 216[6]
ταθη- 761[5]
-ται 3. sg. 347[5]. 657[5]. 658[1]. 667[4], 3. 669[2]
ταί nom. pl. pron. 91[3]. 610[5]. 611[3]. II 21[1]
ταΐζω ngr. II 80, 1
ταιμίας 273[4]
ταινι dat. sg. f. ark. 612[2]
ταινία 473, 3
ταιννι dat. pl. ark. 612[2]

ταιννυ ark. 612[3]
ταίς lesb. (= τάνς) 287[7]
τακερός 482[1]
τακη- 758[2]
τακτικά (term.) 587, 1
τακτικός 270[5]
τᾱκω 340[3]. 702[5]. 776[1]
ταλα- 360[1]. 831[6]
Ταλαι- 448, 2
Ταλαιμένης 448[4]
τάλαινα πολλά II 85[8]
ταλαιπαθής 448[5]
ταλαιπωρ- 448[4]
ταλαιπωρέω 726[5]; s. τεταλαιπωρημένοι
ταλαίπωρος 360[1]
ταλαίφρων 448[4]
τάλαντι 526[1], 1
τάλαντον 526, 1. II 44[5]; τάλαντα II 44[5]. 607[7]
ταλα(ν)τΟν gen. sg. kypr. 555, 6
ταλαπενθής 343[7]
τάλαρος 343[7]
τάλᾱς 569[6]; c. gen. II 134[5]; s. τάλαινα
ταλάσσαι 362[6]
ταλάσσω fut. Lykophr. 784[6]
ταλαύρινος hom. 224[4]
τάλης 190[6]
Ταλθύβιος 636[2]
τᾱλίκος dor. 346[5]. 612[5]
*τᾶλις adj. 495[3]
τᾶλις 495[3]
τἆλλα 401[8]
*ταλνᾶμι 742, 5
τἀμά att. 402[3]. II 175[2]
ταμε/ο- aor. 746[4]
ταμεῖν ὅρκια II 76[3]
ταμεῖον 194[2]. 248[6]
ταμεσίχρως 362[6]
τάμια 473[1], 3
ταμία gen. sg. hell. 561[2]
ταμίᾱ (τῶ) II 47[3]
ταμίας m. att. 561[4]. II 31[4]. 692[5]
ταμίᾱσι 'dat.' altatt. 559[4] 618[6]
ταμιεύεσκε Soph. 711[3]
ταμιεύομαί τι II 241[1–2]
ταμιεύω II 232[4]
ταμίη f. hom. 469[3]. 561[4]. II 31[4]
ταμίης 470[1]
τάμισος dor. f. 61[6]. 95[2]. 517[1]
*ταμjα 473, 3
ταμμέσωι 148[2]
*ταμνᾶμι 362[7]
τάμνω hom. ion. dor. 362[7]. 691[5]. 693, 1. 693[3]. 695[4]. 746[4]. 841, 8; τάμνειν τρίχας ἐκ κεφαλέων II 463[4]; s. ταμεῖν, τέμνω
τᾶμον thess. II 651, 1
τᾶμος 527[2]. 528[4.5]. 611[2]
τᾶμόσδε II 651, 1
Ταμυνηθε 628, 4
*τάμω 693, 1
τάμωμεν II 638[2]
ταμών 525, 4
Τάν 577[2]
τάν, τᾶν: ὦ – II 52[1]
τᾱ́ν acc. sg. f. 408[6]; *τᾱ́ν υ II 576[4]
τᾶν gen. pl. art. böot. 611[2]
τᾶν voc. sg. 16, 2. 547[4]. 584[7]. II 52[1]
*τᾶν ϝικα 629[5]
τᾱ́ν att. (= τοι ἄν) 402[5]; ἦ τᾱ́ν II 582[2]
τᾱ̓ν ion. (= τὰ ἐν) 402[3]
-τᾱν 2. 3. du. 666[5]. 667, 2
Τᾶνα kret. 577[1]
ταναός 473[1]
ταναύποδα 438[3]
τἀνδρός 402[5]
τάνε thess. 612[2]
ta. ne. po. to. li. ne kypr. 139[2]
τανηλεγής 103[4]
τάνθε(ι)α böot. 580[4]
τανίσφυρος 258[3]
τανίφυλλος 258[3]
τάνν ἡμίναν gort. 238[2]
τάν(ν)ε kypr. 612[3]
τᾶννι gen. sg. pl., acc. pl. ark. 612[2]. 629[5]
τανταλίζω 213[7]. 259[1]. 647[3]
Τάνταλος 533[1]
τάνυ n. ark. 612[3]. II 571[4]
τανυ- 441, 4
*τάνῡμι 737, 3
τανύοντο hom. 699[1]
τανύουσι hom. 698[5]
τανύπεπλος 441[4], 4
τανυπτέρυξ 441[4], 4
τανυσθη- 761[6]
τανύσκομαι 708[5]
τανύσσαι II 381[8]
τανύσσασθαι διὰ μήλων II 450[7]
τανύσσομαι 737[5]; τανύσσεται 643[6]. 691[5]. 816[7]; – pass. Archil. 756[6]
τανυστῦς 737[5]
τάνυται hom. 669[2]. 696[5]
τανύω 643[6]. 696[5]. 699[1]. 737[5], 3; τανύων 698[5]; τανύειν 699[1]; – τι c. dat. II 151[3]; – τι ὑπὸ στέρνοιο II 527[6]; s. ἐτάνυσσα, ἐτάνυσα
ταξάμενος ἦν mgr. 813[3]
Ταξίλος 485[3]
ταουρων delph. 197[4]
Τάοχοι 153[6]
ταπεινός 489[5]
τάπης 499[3]; – ἐρίοιο II 129[2]
τἀπὸ τοῦδε II 70[2]
-ταρ adv.-Ausg. 630[3]
τᾶρ (= τῆς) el. 410[3.4]
τᾶρ (= τῆς) tsak. 410[4]
τάρα II 558[3]; ἦ τάρα II 582[2]
ταραγμός 492[5]
Ταραντῖνος 491[3]
Τάρας 66[5]. 526[4]. II 33, 2
ταράσσεσθαι περὶ ἀλλήλους II 504[1]
ταράσσω 319[4]. 715[2], 4
ταράττω 319[4]. 360[3]. 362[5]. 831[1]
ταραχή 362[5]. 498[5]
ταρβέω 724[3]; ταρβεῖν, εἰ II 677[1]; – τινα c. instr. II 168[1]
τάρβος (τὸν λεών) II 74[1]; – ἐστί τινι δρῶντι II 393[8]
ταργαίνω 299[8]
τάργειō arg. 402[6]
ταργήλια ion. 413[7]
τᾱρέω böot. 726[5]
τάρῑχος 498[4]. 644[2]
ταρίχους gen. sg. pap. 579[5]
ταρμόσσω 733[5]
τᾱρόν dor. 281[6]
ταρπη- hom. 759[3]
τάρπησαν ὁρόωντες II 393[1]
ταρπώμεθα aor. 747[5]. 748[6]. 759[3]
ταρρός 285[1]
ταρσῆναι 684[3]
Ταρσόν [so] II 461[2]
ταρσός 285[1]. 459[3]; ταρσοὶ καλάμου II 129[2]
ταρτᾱμόριον delph. 596, 2
Τάρτασι 260[4]. 569, 7
ταρτημόριον Koine 590, 2. 596, 2
(*ταρτός) 596, 2
ταρφέα adv. 621[2]
ταρφειαί 385[3.8]
τάρφθη Od. 759[3]; s. ἐτάρφθην
ταρφύς 462[6]; – τις 29[8]
τάρχα 360[3]
τἀρχαῖον II 70[2]
ταρχή 362[8]
ταρχῦνω 644[2]
τάρων βολῶν 75[4]. 392[3]. 596, 2
-τᾶς suff. m. 82[1]. 560, 6. 561[4]
τάς (= αὐτάς) pap. 614[5]
τᾶς 85[7]. 287[5]; s. τὰθ θ.
τᾶς adv. dor. II 650[5]
τάσις 357[4]. 505[5]
τάσσεσθαι II 232[5]; – παρά τινος II 498[2]; s. τάττεσθαι, ἐτετάχατο, τετάχαται, ταξάμενος, τεταγμένος
τάσσω 715[2]; – τινὰ ἐπὶ τοὺς ἱππεῖς II 472[3]; s. τέταχα, τάττω
*τᾶσυ nom. pl. f. pron. demonstr. 611[4]
-τᾶτ- suff. 528[5]

-τατα adv. 621, 8
τατᾶ 422[7]
ταταί II 600[4]
τατῆι dor. 81[1]
*τᾶτι 776[2]
-τατο/ᾱ- suff. 533[5]
τατός 343[4]. 357[4]
-τατος suff. superl. 504[1]. 534[2]. II 183[3]
τάττεσθαι φόρον II 231[3]; – ὑπό τινι II 526[1]; τάττεταί τινι c. infin. II 241[2]; s. τάσσεσθαι
τάττω 715[2]; -ειν φόρον II 231[3]; s. τάσσω
-τατώτατος suff. 535[8]
ταῦ 140[2]
ταυ- pron. 611[4]
(*-ταυ 3. sg. imper. 800, 1)
ταυριάω 732[3]
Ταυροπόλα II 38[4]
ταῦρος 156[4]. 267[3]. 347[6]. II 31[3]
ταῦτα II 44[1·2]. 468[7]; τὸ μετὰ ταῦτα II 486[7]; ταῦτα 'deshalb' II 77[8]
*τᾱύτᾱ f. 611[5]
*τᾱῦτᾱ 528, 5
ταύτᾱ f. du. att. 557[5]
ταυτᾶ dor. 550[3]; – hᾶτ' 'so wie' II 647[3]
ταὐτά II 77[6]
ταὐτάζω 613[6]
ταῦται pl. dor. 611[4]
ταύταιν du. f. att. 557[5]
ταύτᾶν gen. pl. lesb. 559[3]
ταυτᾶν gen. pl. dor. 559[3]; äol. kret. 611[6]
ταυτΕ el. 550[2]
ταύτες acc. pl. 586[5]
ταύτῃ att. 550[3]. 618[6]. II 163[3]
ταύτῃι adv. 622[1]
ταύτης οὔσης φ. ψ. II 606[7]
ταυτί: ἐπὶ – 'jetzt' 625[3]
ταὐτίζω Eustath. 613[6]. 736, 1
τᾱὐτό (ταὐτό) att. 203[3]. 402[5]. 406[1]. II 211[4]
ταὐτοκλινές Polyb. 613[6]
ταὐτολογία Dion. Hal. 613[6]. II 703[8]
ταυτον el. (= τούτων) 404[3]; s. ταύτων
ταὐτόν 406[1]. 609[5]. II 78[2]; – τοῦτο II 617[7]; τὸ – II 175[1]
ταὐτότης 613[6]
ταύτων gen. pl. n. el., Koine 611[6]; s. ταυτον
ταφαί II 43[5]
ταφη-, ταφθη- pass. 759[6]
τάφος m. 459[1]. II 623[4]; τάφοι II 43[5]
τάφος n. 511, 6. 512[3]
τάφρη ion. 458[1]
τάφρος II 34, 2
ταφών 748[2]
τάχα adv. hom. 538[1]. 619[3]. 622[5]. 624[2]. II 328[4]. 413[8]; ngr. 623[1]
τάχατες, τάχατις ngr. 623[1]
ταχέεσσι 564[5·7]
ταχέστερος 535[6]
ταχέως hom. att. 624[2]
ταχθη- 760[1]
ταχθῆναι ἐπί τινος II 470[7]; – ἐπὶ τεττάρων II 470[4]
τάχιον adv. 539, 4. II 185[4]
ταχίστην adv. 621[1]; τὴν ταχίστην II 69[6]. 175[6]
τάχιστος 357[5]
ταχίων 538[4]
τάχος II 78[2]; ἐς – II 460[5]
ταχύ II 288[7]
ταχῦνω 733[3]
ταχύς 538[4]; – ποσίν II 168[5]
ταχυτής 382[7]. 528[6]. 529[1]
-τάω verba 705[4–6]. 706[2·3]. 720[5]
ταών att. Koine 480[3]
τᾱ́ων gen. pl. f. hom. 58[3]. 554[3]. 559[3]. 609[5]. 611[2]. II 21[1·2]. 35[4]
τάως kret. II 650, 3
ταῶς att. 219[4]. 303[4]. 480[3]
τε aus idg. k^{we} bzw. k'^{we} 294[1–5]. 296[7]; – unverändert 271[8]
τὲ, τε 'und' 65[5]. 294[5]. 300[4]. 388[2·3]. 619[4]. 629[4·6]. II 63[3·4]. 424[7]. 553[4]. 555[2]. 556[1·3]. 567[2·3]. 569[4]. 573[2] – 576. 629[7]. 633[6]; τέ γε II 561[4]; τε – δέ II 574[1]; τε δή II 563[2]; τε – ἤ II 574[1]; τ' ἠδέ II 574[4]; τε ἰδέ II 566[7]; τε – τε ἰδέ II 566[7]; τε καί 594[2]. II 574[1·3·4·6·7]; τε – καί II 567[3]. 574[1·3·4·6·7]. 633[6]; τε οὐκ – τε II 574[3]; τε – τε II 567[2]. 573[4]. 574[1·2·3·6·7]. 633[6]; ἀλλά τε II 576[3], 4; ἅμα τε – καί II 534[6]. 535[1]; ἅμα τε – καὶ ἅμα II 534[6]; ἅμα τε – τε II 534[6]; ἐπεί τε II 575[2]. 658[7]; ἤ τε II 574[1]. 576[3]; ἧ τε II 576[3], 4; μέν τε s. μέν
-τε adv.-Ausg. 629[1·2·3·4]
-τε 2. pl. Personalend. 657[5·6] 662[6]
τε acc. (= σέ) dor. äol. 601[8]. 602[2]
-τέα n. pl. Verbaladj. 810[5]
-τέᾱ f. Verbaladj. 810[5]. 811[3]
τεαύτα lesb. 609, 5
τέγγω 684[4]. 754[7]; -ειν δακρύων ἄχναν II 76[6]
Τεγέα 475[2]
Τεγεᾶτης 500[4]
τέγεοι 468[2]
τέγεος 514[2]
τέγη 334[4]
τεγξ- 754[7]
τέγος 292[2]. 334[4]
τΕδε megar. 192[1]
*τεενος 613[2]
(*τεεῖο) 609[1]
*τεεο (τεέο) gen. 605[1]. 609[1]
*τεεῦ gen. 605[1]
Τεεφιβις 155, 2
*-τέϝαι infin. 810[7]. II 358[5]
*τεϝε gen. 604[3]
*-τέϝει infin. 810[7]
-τέϝος Verbaladj. 811[1]. II 358[6]
τεθαλαττοκράτηκα att. 765[7]
τεθαλυῖα 541[2]
τέθαπται 238[4]
τεθαρσήκᾱσι(ν) hom. (Ilias) 765[6]. 774[4]
τεθαύμακα 739[1]
τεθάψεται II 289[4]
τέθεικα j.-att. 127[7]. 775[3]
τέθειμαι 775[3]
τεθέληκα II 226[5]
τέθεμαι phok. 770[2]. 775[3]
*τέθεμεν pf. 776[3]
τεθεραπεῦσθαι II 378[3]
τεθερμμένῳ (phryg.) 267[8]
τεθη- 761[4]
τέθηκα att. 649[2]. 770[2]. 774[5], 6. 775[5]. 776[3]
τέθηλα 703[3]
τεθήλει hom. 720[3]. 777, 1
τεθηλώς hom. 541[2]. 720[3]. 748[2]
τέθηπα 702[4]. 748[2]. 770[3]. 777[5]. II 264[2]
τεθηρᾱκότες 649[3]
τεθήσειν Dio C. 784[1]
τεθήσεται 775, 8
(*τεθι imper.) 800, 3
τέθιγεν 748[7]
τέθλιφα 772[1]
τεθμός dor. 492[6]
τεθνάᾱσι 665[5], 4
τέθναθι 770[3]
τεθναίην hom. att. 770[3]. 774[5]. 795[1]. II 321[6·7]
τέθνᾱκε 360[3]
τεθνάκην infin. lesb. 807[2]
τεθνᾱκοχαλκίδας 430[3]
τέθναμεν 774[5]
τεθνάμεν 770[3]
τεθνάμεναι hom. 770[3]. 806[3]
τεθνάναι infin. ion. att. 774[5]. 808[5]. II 378[3]
(τεθνᾶναι Mimn. Aesch.) 808[5]
τεθναότος 775, 11
τεθνᾶσι 665[5]. 768[4]. 770[3]. II 307[6]

τεθνάτω 360[3]. 774[5]. II 340[7]
τεθνεός att. 246[2]
τεθνεώς ion. att. 244[3]. 540[1]. 774[5]; -ῶτος gen. 245[5]; -ῶσα f. 540[6]
*τεθνηϝώς 241[7]
τέθνηκα 710[1]. II 228[2]; -κε 641[3]. 770[3]. 774[2]. II 252[4]. 257, 2. 263[3]. 268[6.7]. 287[3.7]. 398[4]; τεθνήκαμεν 774[5]; τέθνηκα τῷ δέει τι(νά) II 74, 1; τέθνηκε c. dat. II 150[6]. 151[7]; – πρὸς αὐτῆς II 515[4]; s. τεθνα-, ἐτέθνασαν
τεθνηκυῖα 541[2]
τεθνήξομαι Aristoph. 783[6]. II 257[5]
τεθνήξω att. 783[6]. II 289[3]
τεθνηυῖα 541[2]
τεθνηώς hom. 241[7]. 770[3]. II 174[1]; -ῶτα 540, 4
τεθορεῖν 748[7]
τεθορυίης Antim. 708[6]
τέθραμμαι 769[3.4]; τεθραμμένος ὑπό τινι II 526[1]; τεθραμμέναι μητέρων II 94[2]
τεθρᾶσθαι 360[5]. 361[7]
τέθριππον 219[3]. 306[1]
τέθυται 770[1]
τεθωγμένος 770[1]
τέθωκται 359[5]. 770[1]
τει adv. demonstr. 616[6]
*τει < *kʷei 616[6]
-τει 3. sg. praes. med. thess. 669[3], 4. 809, 2
*τεΐ 604, 5
τεί böot. 195[1]
τεί acc. Alkm. 604, 5
-τεί adv. 622[4]. 623[3]
τεῖδε (loc.) dor. thess. 549[5]; II 413[5]. 581[5]
τειδενυ ark. 612[3]
Τεῖhις lak. 93[5]
Τειλε- böot. 91[3]
Τειμοθευ 197[7]
τεΐν hom. dor. 600[5]. 602[4]. 604[2]
τεινεσμός 493, 6
τείνομαι; s. ἐτάθης, ἐτέταντο
τείνῡμι 642[5]. II 72, 1
τείνυται hom. Hdt. 697[1]
τείνω 643[7]. 697[1], 1. 715[6]. II 72, 1; s. τείνομαι, τενῶ
τεῖον· ποῖον kret. H. 294[5]. 609, 5. 616[2] [so, nicht πεῖον]
*-τειος Verbaladj. 811[3]
-τειός Verbaladj. 811[2–3]
τεῖος 609, 5. II 650[6]
-τειρα suff. 474[5.6]; s. -τηρ
Τειρεσίας 308[7]
τείρομαι (-εσθαι) ὑπ' ἀέθλων τινός II 528[4]; – ὑπ' εἰρεσίης II 528[5]
τείρω poet. hom. 715[5]
τεῖσαι 72[3]. 75[6]. 300[4]
τείσαιεν 663, 9
τείσασθαι II 296[4]. 364[3]; – c. gen. II 130[5.6]; – ἔργον II 79[6]
*τεισατ- ptc. 750[3]
τείσεια, -σειαν opt. 663, 9
τείσεσθαι II 295[5]
τείσετε conj. hom. 749[5]. 790[4]
τεισηται fut. gort. 786[4]
τείσητε conj. 749[5]
τεισθη- 761[3]
τείσομεν conj. hom. 102[1]. 641[7]. 790[4]
τείσω 294[5]. 782[5]; s. τῑ́νω, τῑ́σω
τειχεσιπλήκτης, -πλήτης 446[4]
τειχέω 724[3]
Τειχίεσσα ion. 528[2]; -ιέσσης 253[1]
τειχίζεσθαι τεῖχος νεῶν ὕπερ II 521[2–3]; s. ἐτειχίσσαντο, τετειχισμένας
τειχίξαντας dor. 738, 1
τειχιόεις 527[4]
τεῖχος 68[6]. 347[1]. 512[2]; – ἑπτὰ σταδίων II 122[3]; – ἔκ τινος II 463[7]; – τὸ πρὸ τῆς Κ. II 506[4]; τείχη περὶ Δαρδανίας II 502[4]
τειχύδριον att. 471, 8
τείω conj. aor. ark. 685[7]. 750[5]
*τείων gen. pl. pron. 609, 5
(τείως) adv. 528, 3; s. τῆος
τεκε/ο- 746[4]
τεκέεσσι hom. 564[5]
τεκεῖν 769[4]; s. ἔτεκον, τίκτω, τέκοι, τεκόντες, -ών
τεκέν kyren. 807[1]
τέκεσσιν dat. pl. hom. 580[1]
τεκμαίρομαι 342[3]. 724[6]; -εσθαι c. instr. II 167[3]; s. ἐτεκμηράμην, τεκμαροῦμαι
τέκμαρ 326[2]. 519[1.4]
τεκμήριον 470, 4. 519[4]. 724, 10
τέκμωρ 326[2]. 519[4]. II 483[3]
τεκνα (= -χνη) lokr. 204[5]
τεκνίδιον 471[2]
τέκνον 338[8]. II 36[6]. 64[5]; τέκνα II 45[7]
τεκνοσσόος 38, 1. 450, 4
τεκνοσυνάων II 43[5]
τεκνοῦσσα 527, 1
τέκνωμα 523[4], 6
τεκνώσει παῖδα τῆς ν. II 94[2]
τέκοι II 322[2]. 713[7]
τέκοισι conj. lesb. 791[2]
τεκόντες (οἱ) II 45[1]; 'der Vater' II 45[6]
τέκος II 36[6]; s. τεκέεσσι, τέκεσσιν
τεκοῦσα (ἡ) II 121, 4. 408[5.8]. 704[5]
τέκταινα 272[8]. 343[3]. 381[6] 475[4]. 486[5]
τεκταίνομαι 724[5]
τεκταίνω 272[8]. 343[3]
*τεκτεσ- n. 326[2]
*τεκτμ 326[2]
Τεκτονίδης 509[6]
*τεκτσνᾱ 326[2]
τέκτων 326[2]. 381[1]. 487[1]. 838[1]; s. τέκταινα
τεκών (ὁ) II 121, 4. 408[8]. 409[2]; s. τεκόντες
τελα- 360[1]
τελαμO arg. 569[5]
τελαμών 343[7]. 522[3], 6. 569[5]. 742[6]
Τελαμωνιάδης 509[4]
Τελαμώνιος 106[7]. 466[2], 5. II 177[3]; – Αἴας II 89[7]
τελάσσαι H. 752[4]
τελέει 273[3]
τελέειν θέμιστας ὑπὸ σκήπτρῳ II 525[6]; s. τελεῖν
τελέεσθαι fut. 782, 2. II 239[2]
τε]λέζεται Kos 716, 7
τελέζω 716[7]. 734[3]
τελέθοντ- 703[3]
τελέθω II 274[1]. 624[4]; -ει, -ουσι 703[3]; τελέθει ψαφισθέν II 392[5]; – πρὸς γῆρας II 512[4]
τέλει 2. sg. imper. 799[1]
*τελειει 273[3]
τελεῖν II 353[4]; – χόλον ἐπί τινι II 468[4]
τελείομαι II 237[1]; -εσθαι II 239[3]; ἐτελείετο 651[6]
τέλειος 241[7]. 273[8]. 472[6], 12; – χρ. II 249[2.4]; – παρῳχημένος II 249[2]; – μέλλων II 249, 3; – τῆς ἀρετῆς II 132[8]
τελεῖσθαι II 400[8]; s. τελοῦμαι
τελείω praes. 724[1]
τελείω fut. äol. hom. 273[2.8]. 724, 2
τέλεος att. 246[2]. 282[2]
τελέσαι II 364[3]
τελεσθέντων (πυρᾶν) f. II 34[4]
τελεσθη- 761[3]
*τελεσϳε imper. 799[1]
*τέλεσϳος 282[2]
*τελεσϳω 752[5]
τελέσκω Nikandr. Suid. 707[5]. 708[4]
τελέσσαι 321[4]
τελέσσατο 652[2]
τελέσση II 312[8]
τελέσσω 782[3], 2
τελέστα el. 560[1]
τελεσφορέντες kyren. 253[3]. 729[4]
τελεσφόρος 449[3]

*τελεσφορός 449[3]
*τελεύειν 841[6]
τέλευν kyren. (= τέλειον) 248[1]
τελευτᾶν II 92[4]. 272[5.7]; – c. dat. II 148[5]; – πρὸ γάμοιο II 506[8]; – ὑπό τινος II 226[8]
τελευτάω 726[1]
τελευτή 683[4]. 841[6]; – βιότοιο II 356[7]
τελευτῆσαι II 363[8]; – ἐκ τοῦ τρώματος II 464[1]
τελευτῶν 'endlich' II 390[8]
τελέω 240[2]. 273[8]. 682[4]. 724[1], 3. 771[3]. 775[2], 5; s. ἐτέλεσσα, τελέειν, -εῖν
τελέω fut. 782, 2
τέλεως koisch 245[6]. 282[2]
τελη- äol. 724, 3. 775, 5
τέλη (τὰ) II 52[2]. 603[1]. 607[6]
τελήεις hom. 228[1]. 243[5.6]. 282[2]. 528[1]
τελήεσσας acc. pl. f. hom. 527[3]
τέληος ion. kret. 241[7]. 282[2]
τέλθος 511[1]
τελίσκω hell. 708[4]. 710[1]
τελίτō (= τελείτω) 193[4]
τέλλω 716[1]
τέλομαι dor. 295[1]. 703[1]. II 229[1]. 258[3]. 265[7]
τέλομαι conj. dor. 780[3], 5
τέλος 295[1]. 300[4]. 512[2]. II 52[2]; τὸ – II 70[3]
τέλος δε hom. 624[6]
τέλου gen. sg. 579[5]
τελοῦμαι τελετάς II 80[5]; s. τελεῖσθαι
τέλσας acc. pl. 285[5]
τέλσον hom. 285[5]. 460[7]. 516[5]
τέλσω 782[2]
*τέλται 213[4]. 780[3], 4
τελῶ 724[1]. II 328[1]
τέλωρ 519[4]
τεμα- 746[4]
*τέμανος 362[6]. 513[1]
*τεμασίχρως 362[6]
τέμαχος 360[3]. 362[6]. 496[5]. 513[1]. 702[4]
τεμε/ο- 746[4]
τέμει 684[3]
τέμενες acc. 579[4]
τεμένηος Alk. 580[4]
τέμενος 192[3]. 255[6]. 362[6]. 513[1]; τεμένΕ 192[3]
τεμέω 784[4]
τέμμαι· τίνι H. 548[3]. 610[2]. 616[2]
τέμμειν 684[5]
Τέμμῖκες 79[2]
τέμνω att. 691[5]. 693[3]. 746[4]; – c. acc. II 102[7]; – τῆς γῆς II 102[7]; -ειν πέλαγος εἴς τι II 459[4]; s. ἔτεμε, ἐτέμοσαν, τάμνω, τεμέω
τεν- 768[6]
τε̄ν lokr. (= τὰ ἐν) 402[3]
τέναγος 496[5]. 512[6]
τένδω 324[3]. 684[4]. 702[6]
Τένεδος 508[7]
Τενθεύς 295[7]
τενθρηδών 423[3]. 529[7]
τένθω 684[4]
*τενjω 279[5]
τέννει lesb. 334[5]. 715[6]
τένται kyren. 95[6]. 213[4]. 780[3], 4. II 229[1]. 265[5.7]. 273[3]
τενῶ att. 785[1]
τένων 525[7]. 810, 3. II 408[3]; τένοντε II 47[3], 8
τέξομαι fut. 746[4]. 781[6]
τέξω Od. 781[6]
τεο gen. sg. m. hom. (= τινός) 616[1.2]. II 213[4]
τέο 'wessen?' (= att. τοῦ;) ion. att. hom. 273[3]. 294[5]. 555, 5. 615[5], 7. 616[4]. 621,10
τέο 'wessen' neut. hom. 616[1], 1
τέο gen. sg. 'deiner' dor. 602[3]. 605[1]
-τεο- II 410[5]
te.o(.i) kypr. 205, 3
τεοῖο gen. sg. pron. 605, 1. 605[4]. 609[1], 1
τεοισι, τέοισι dat. pl. kret. 575, 2. 616[4]
τεόν 244[7]
-τέον n. Verbaladj. 810[5–8]. 811[2.3]. II 242[4]. 358[6]; – c. acc. II 150, 1; -τέον ἦν II 308[4]
*-τε̣ον 2. sg. imper. 803[5]
τέορ gen. dor. 602[3]
τέος (=σοῦ) dor. 602[3]. 605[1]
τεός lesb. hom. dor. 600[5]. 608[3]. II 200[3]. 202[3.7]
-τέος suff. Verbaladj. 501[5], 12. 810[5–7]. 811[1–2.3]. II 150 [1.2]. 623[5–6]
τέου gen. sg. pron. Archil. 616[1]
τεοῦ gen. sg. dor. 602[3]. 605[1]. 609[1]
τεοῦς gen. sg. dor. böot. 602[3]. 605, 1
τέουτος lesb. (liter.) 609, 5. 612[7]
τεπτά H. 590, 8
-τερ adv. 630[3]
τέρ ngr. (kappad.) 25, 3
τέρᾰ 516[2]
τερα- 360[5]
*τέραβνον 489[1]
τερᾰίζω 515, 2
*τέραινα II 34, 11
τέραμνον 489[1], 2; τέραμνα 332[4]. 489, 2. 523, 5
τεράμων 522[4]
τέρας 514[5]; – μερόπων ἀνθρώπων II 617[4]; s. τέρᾰ
*Τεργετω 268[7]
τερέβινθος 61[6]. 259[3]. 267[7]
τέρεινα 486[7]. II 34[5], 11
τέρεμνα 332[4]
τέρεμνος 334[5]
τέρεν n. 580, 6
τέρενος 458[2]
τέρεος ion. 242[8]
τερέσσαι 360[3]
τέρεσσεν H. 752[6]
τέρετρον 360[3]. 532[2]. 720[1]
τερηδών 529[7], 4
τέρην 486[7]
τερίμη 495, 1
τέρμα 362[7]. 380[8]
τερμάζω 735[2]
Τερμησός att. 300[2]
Τερμῖλαι 64[8]
τέρμινθος 61[6]
τέρμιος 524[3]
τέρμις 495[3]
τερμονίζω 735[2]
τερμονιξουντος epid. 786[5]
τέρμων 522[3]
-τερον adv.621, 8
τεροπῆ (= τροπῆ) 278[8]
Τεροπων att. 100[4]. 278[5]
-τερος suff. adj. 535[2]. II 183[3]; – kontrastierend II 183[4]
-τερος pron. 595[5]
τερπικέραυνος 444[3], 9
τέρπιστος 539[2]
τερπνός 539[2]
τέρπομαι 684[3]. 748[6]; τέρπεται 759[3]; τέρπεσθαι II 277[4]; – c. instr. II 167[8]. 168[1]; τέρπομαι δαινύμενος II 393[2]; – τινι παρά τινι II 493[4]; s. ἐτέρφθητε
τέρπω 684[3]. 747[5]. II 228[6]; τέρπειν II 376[8]
τέρρητον lesb. 274[4]
τέρσαι aor. poet. hell. 684[3]. 759[2]
τερσασθαι 338[2]
Τερσειχόρη att. 211[6]
τερσήμεναι Od. 759[2]
τερσῆναι Ilias 759[2]. 760[1]
τέρσομαι hom. ion. 285[1]. 307[6]. 684[3]. II 229[3]; τέρσεται 759[2]
Τέρτιος äol. 595, 5
τέρτος lesb. 275[2]. 595[7]
*τερτραξ 423[4]
τέρυ 286[3]
τερύνης 491[4]
τέρυς 463[2]
τερύσκεται H. 708[5]
τέρφος 334[5]

τέρχνος 512[7]
τερψάμενος 748[6]
τέρψατο 759[3]
Τέρψιλλος 485[3]
τερψίμβροτος 271[3]. 277[3]. 445[5]
τέρψομαι conj. 748[6]
-τέρως adv. ion. 621, 8
-τερώτερος 535[8]
tésera ngr. 590[5]
τεσερακαιεβδομηκοντοτης Paros 594[2]
Τ⊢σιμενεις 193[4]
*τεσμι dat. sg. 610[2]
τέσσαρα 300[4]
τεσσαράβοιον hom. (Ilias) 590[3]; -βοια 594, 4; -βοιος 273[1]. 577[5]
τεσσαρακαίδεκα Strab. 594[2]
τεσσαράκοντα 581, 4; – καὶ ὀκτὼ π. 594[5]; – παρὰ μίαν NT 594[4]
τεσσαρακοντάς Hippokr. 597[2]
τέσσαρες 589[1]. 590[1.2], 3
τέσσαρες acc. pl. Koine 563[6]. 564[1]
τεσσαρεσκαιδέκατος 596[3]
τέσσερα alt- u. ngr. 590[3]
τεσσεράκοντα ion. 319[7]. 592[1]; -κόντων 592[2]
τέσσερες ion. 82[3]. 227[5]. 258[4]. 295[5]. 301[5]. 319[7]. 589[6]
τεσσερεσκαίδεκα ἔτεα Hdt. 594[2]
τέσσερις ngr. 589[6]
τέσσεροι ngr. 589[6]
τέσσουτος lesb. (gramm.) 609, 5
*τέσσυται 649[6]
*τετᾱ pf. 776[1]
τεταγμένος: – πρὸς ταῖς ἐπιστολαῖς II 513[7]; -οι κατὰ μίαν ναῦν II 477[5]; – κατ' ἴλας II 477[4]; -αι κατ' ἄνδρα II 477[5]; τεταγμένοι ἦσαν Thuk. 812[3]; s. τεταμένους
τεταγών hom. (Ilias) 291[1]. 647[6]. 748[6]; – ποδός II 129[8]
τέτᾱκα 775[3]. 776[1]; -κε 776[2]
τέτακτοι 669[3]
τεταλαιπωρημένοι ἦσαν II 407[7]
τέταλτο 769[5]
τεταμένους (= τεταγμ-) 215[2]
τετανός 423[5]
τέτανται 672[1]
τετάνυσται 696[5]. 761[6]
τετάνυστο περὶ σπείους II 502[4]
τετάξεσθαι II 289[7]
τεͳαράκοντα ephes. 318[3]. 592[7]
τεͳαρες ephes. 590[1]; -ας acc. 319[7]
τετάρπετο aor. 747[5]. 748[6]. 759[3]
τεταρπόμενος 748[6]; -οι σίτου II 103[2]
τεταρπώμεσθα [so] 748[6]
τετάρτης att. 590[3]
Τεταρτίων 596[1]
τέταρτος 381[4]. 590[2]. 596[1]; – καὶ δέκατος 596[3]; -ον ἡμιτάλαντον 599[3]
τετάσθην hom. 777[2]
τέταται 768[6]. 769[5]
τέτατο 3. sg. 672, 1
τέταχα 772[1]
τετάχαται 671[3]
τέτεγμαι 771[2]; -μένος 835[1]
τέτεισμαι 773[4.5]; -σται 773[4]
τετειχισμένας dor. 738, 1
τετέλεκα 775[2.4], 5
τετέλεσμαι 773[4]; -σται 771[3]. 811[6]; -σθε 670[3]
τετελεσμένος: – ἐστί II 239[3]; -ον ἐστί hom. 811[6]; – ἔσται 812[6]. II 223[5] 239[3]. 289[7]
τετελευτᾱκούσᾱς delph. 540[5]
τετελημένος kret. 724, 3
τετεύξεται hom. 783[5]. II 289[4]
τέτευχα 767[1]
τετευχεν infin. koisch 807[1]
τετεύχημαι 770[5]
τετευχώς hom. (Od.) 768[3], 2. 769[4]. 771, 1
(*τετϜρατος) 337[5]
τέτηκα 770[6]. 772[2]. II 227[7]; -κε 759[2]
τετιημένος hom. 768[3]. II 263, 1
τετιηώς Ilias 768[3]. 770[5]
τέτιλκα 775[4]
τετιμάκει inseldor. 767[6]
τετῑμένος hom. 770[4]
τετῑ́μηκα 774[5]
τετιμήσεται II 289[5]
τετιμῆσθαι 809[3]; τῷ – II 370[7]
τετίμηται pass. 771[4]. II 237[5]
τετῑ́μōνται el. 727[3]
tétjos ngr. 612[7]
τέτλαθι 770[3]. 800[5]. II 340, 1
τετλαίην 795[1]; -αίη 770[3]
τέτλαμεν 770[3], 6
τετλάμεν infin. hom. 770[3]. 806[3]
τετλάμεναι hom. 770[3]. 806[3]. II 381[5]
τέτληκα 770[3]. II 264[3.5]; -κας 774[3]; -κε 774[3]. II 287[4]; s. τέτλαμεν
τετληότ- 770[3]
τετληυῖα 541[2]. 770, 6
τετληώς 541[2]; -ότες εἰμέν II 407[6]
τέτμε aor. 748[5]. 816[3]
τέτμηις conj. 748[5]
τέτμημαι 770[4]; -μένος c. gen. II 112[2]
τετμήσεται att. 783[5]
*τέτνατο 3. pl. 672, 1
τέτοια ὄμορφη κ. ngr. II 179[7]
τέτοκα 769[4]. 781[6]; -κε II 264[4]
*τέτολα 770, 6
τετολμήσθω II 341[1]. 343[1]
τέτορα dor. 581[1]. 590[3]
τέτορεν 748[7]
τέτορες dor. nwgr. 82[3]. 92[1]. 295[5]. 590[1], 1
τέτορες acc. delph. 589[5]
τετορήσω Aristoph. 783[4]
τετορταῖος Theokr. 590[3]
τετόρταν ark. 590[2]
τετρα- 89[6]. 301[5]. 440[1]. 590[2]
τετραβαρήων Alk. 580[4]
τετραδεῖον 597[3]
τετράδη f. ngr. 597[3]
τετράδι dat. sg. 597[3]; – ἱσταμένου att. II 158[5]; – ἐπὶ δέκα II 468[7]
τετράδιον 597[3]
τετράδυμος 589[3]
τετραενής 424[3]
τετραετηρίς att. 590[2]
τετραίνω 646[6]. 648[1]. 689[5]. 717[1]
τετρακαίδεκα 594, 4
τετρακαιεικοστῆς 594[3], 4
τετρακάτιοι 592[4]
*τετράκατον 592[4]. 593[2.3]
τετράκι 619[1]
τετράκιν 58[6]
τετρακίνη Hippon. 590[3]
τετράκις 58[6]. 591[5]. 597[6], 10
τετρακισκίλιαι 829[1]
τετρακιχηλίος dor. 593[5]
τετρακόσιος 593[2]; -ιοι 590[2]. 593[2.3]; -ία ἵππος 593[3]
τετρακτύς Pythag. 597[3]
τετράκυκλος ion. att. 590[2]
τετραμαίνω 648[1]
τέτραμμαι 772[4]; -μμένος πρὸς τοῦ Τμώλου II 515[6]
τέτραμος 423[5]
τετρᾶναι 187[6]
τετρανέω 689[5]
τέτραξ 423[4]
τετραξός ion. 322[2]. 598[3]
(*τετραπεζα) 590, 2
τετραπλῆ 598[4]
τετράπους 449[6]
τέτραπται 771[7]. 814[3]
τέτραπτο 771[7]
τετράϘοντα chalkid. 87[3]. 592[3]
τετράς Hymn., Hes. 597[1]
τετρᾶς siz. 528[2]. 599[4]
τέτρασι dat. 590[1.2], 1. 596[1]
Τετράσιον ὄρος ark. 89[6]. 598, 6
τετρασσός Euseb. 598[3]
τέτρατος dor. hom. 337[5]. 503[7]. 590[1.2]. 596[1]
τέτραφα (τρέφω) 769[3]; τετράφᾱσι 665[4]

τετράφαται 3. pl. 771[7]. 772[4]; -ατο 771[7]. 777[2]
τετράφθω 771[7]; μὴ – II 343[4]
τέτραχα 591[5]. 598[2]
τετραχῆι 630[4]
τετραχθά 598[3]
τετραχίζω 598[2]
τετράχμον 263[4]
τετράχυκα, -χυσμαι 775[4]
τέτρεφας 771[1]
Τετρηκοστή Mylasa 592, 2
τέτρημαι 770[4]
τετρήμερον Aristot. II 40[2]
τετρῆναι 187[6]
τέτρηχα 360[3]. 702[5]
τετρήχει 770[4]. 777, 11. II 288[3]
τέτρῑγα praes. pf. 716[4]; τετρίγει 777, 11; – νῶτα ἀπὸ χειρῶν II 447[2]; τετριγώς II 263, 1
τετρίποδας amorg. 590, 2
τέτριφα 772[1]
τετρίφαται ion. 771[7]
τέτροφα [τρέφω] 769[4]; -εν Od. 771, 7; τετρόφαμεν att. 769[3]
τέτροφα [τρέπω] 772[1]
τετρω- 592, 2
τέτρωγμαι 770[6]
τετρώκοντα dor. ion. 361[2]. 590[3]. 592[2], 2
τετρωκοστός 596[2]
τέττα 315[5]. 339[4]. 422[7]. II 61[7]
τέτταρα 590[3]
τετταράκοντα att. 592[1]
τετταρακοστός 596[2]
τέτταρες att. 82[3]. 227[5]. 295[5]. 301[5]. 319[7]. 590[1.2]
τέτταρσι(ν) dat. att. 590[1.2]
τετυγμένος hom. 768[3]
τετύγμην hom. 777[2]; s. ἐτετύγμην
τετυκεῖν 748[6]. 760[7]. II 262[4]
τετυκέσθαι, -κοίμεθα, τετύκοντο, τετυκώμεθα 748[6]
τέτυκται 69[1]. 769[4]. 783[5]; τέτυκτο hom. 777[2]
τέτυμμαι 759[5]
τετύποντες Kallim. 749[1]
τετύπτηκα 775[1], 2
τετύπτημαι 770[5]
*τετυρ- 590[1]
τετύσκετο H. 710[2.3]
τετύχηκε Od. 774[3]
τετύχησι 748[7]
τετυχηώς Ilias 774[3]
τετύχθω II 342[8]
*τετωρκοντα 592[2]
τευ gen. sg. (τις, τι) hom. Hdt. 616[1]
τεῦ gen. sg. (τίς) hom. 616[1]
τεῦ gen. sg. dor. 'deiner' 602[3]. 605[1]
*τεῦμα n. 725, 9
*τεύμᾱ 494, 1
τευμάομαι att. 494, 1. 706[4]. 725, 9. 745, 4
Τευμησσός 300[2]
τεῦξαι 760[7]
τεύξεσθαι: πάντων – ἐπαίνου II 94[6]
τεύξομαι 781[6], 4; -ξεται 760[7]. 783[5]
τεῦς (= σοῦ) dor. böot. 602[3]. 605[1]
Τεύτα 66[5]
τευτάζω att. 319[4]. 706[4]
Τεύταμος 494[1]
Τεύφιλος kret. 261[7]; -φίλω 205[5]
τεύχεα II 22[5]. 52[1]
τεύχεσιν dat. pl. 580[1]
τευχέω 724[3]
τευχηστής 500, 1
τεύχομαι II 162[2]; – c. gen. II 128[4]; – c. dat. II 170[5]; – παρά τινος II 497[8]; τεύχεσθαι κεράεσσι II 166[8]; – τι περὶ ἄλλων II 502[1]; s. ἐτύχθην, τετυγ-, τετυκ-
τεῦχος II 52[1]; s. τεύχεα, -χεσιν
τεύχω 347[4]. 685[1]. 699[1]. 748[6]. 756[2]. 760[7]. II 262[4.5]; – τι c. dat. II 151[2]; τεύχειν οἶνον ἀπ' ὄμφακος II 446[6]; s. ἐτεύχετον, ἔτευξα
-τεύω verba 732[7]. 811[2]
*τέφονα 662[3]
τέφρᾱ 307[3]. 327[8]
τεχινίτης 278[7]
τέχνᾱ 326[2]
τεχναμένω ptc. lesb. 729[2]
τέχνη II 704[2]; τέχνη γραμματική (term.) 7[5]
τεχνηέντως 624[2]
τεχνήματα II 614[1]
-τέω verba 705[4.6] f. 720[5]. 726[4], 9. 731[6]. 732[7]
τεωι dat. sg. (= τινί) 616[1.4]
τέωι dat. sg. (= τίνι;) ion. Hdt. 615[5], 7. 616[1.2.4]; τέῳ 575, 2
τέων gen. pl. hom. Hdt. [= τίνων;] 616[4]
τέως ion. att. 381[2]. 528[3]. 621[2]. 631[3]. II 413[6]. 642[5]. 649, 0. 650[5], 4. 651[2]
Τέως 349, 1
τϜ 314[5]. 320[2.3]. 332[2]; τϜ- 369[2]; -τϜ- 320[1]; τϜ > σσ bzw. ττ 319[7.8] f.
τϜε acc. (= σε) kret. 308[2]. 600[5]. 601[8], 2. 602[2]
*τϜε (= σέ) 308[5]
*τϜε gen. 604[3]
*τϜοι dat. sg. 604, 4
τζ mgr. < lat. c 332[1]
Τζαισαρ mgr. 332[1]
τζανδάνα byz. 156[6]
Τζασθλαβος byz. 277[7]
τζερτος mgr. 332[1]
τζετρα- ark. (?) 590, 4
τζετρακατίαι 301[4]
-τζῆς suff. ngr. 455, 2
Τζιβιτα Νοβα 332[1]
Τζιμίσκης 278[4]
*-thj- 320[6.8]. 321[1.5]. 322[3]
*-ths- 321[5]
-τη 3. sg. böot. 669[2]
τῆ partic. 'tiens, da, hier! nimm!' 550[2], 2. 613[2]. 799[4]. II 16[2.6]. 381[8]. 579[1.2.3]. 601[7]
τῆ 'wo' dor. (syrak. kret.) 550[2], 2. II 163[3]. 642[5]
τῇ 'wo' dor. II 642[5]
τῆδε (instr.) el. ther. 550[2]. II 413[5]
τῆδε (τῇ) νυκτί II 158[3.6]
*τηενος 613[2]
τηθαλλαδοῦς 510[2]
τήθεα 183[8]. 511[2]
τήθη 193[3]. 423[1]. II 31[3]
τηθίς 423[1]
τῆι dor. 622[1]
τῆι > ion. τη vor Vok. 233[2]
τῆιδε adv. att. 550[4]
Τήιιος ion. (= *Tēijos*) 312[7]
τῆις dat. pl. 559[4]
τηκατηι (= τῇ 'Εκ-) 220[7]
τήκομαι II 227[7]; τήκετο hom. 759[2]; τήκομαι διά τι II 454[3]
τήκω 685[3]. II 227[7]
τηλαυγής II 545[7]
τῆλε hom. 295[1]. 300[2]. 627, 4. 630[5]. 631[5], 10. II 545[5], 1 f.; – ἀπό II 445[7]
τηλε- 632[6]. II 545[6]
Τηλέας 636[4]
Τηλεβόας II 545, 2
τηλεβόλος II 545[7]
τηλέγονος II 545[7]
τηλεδανός 604, 1. 631, 6. II 545[7]
τηλεθάοντ- hom. 720[3]
τηλεθάω 703[3]
τηλεκλειτός II 545[7]
τηλεκλυτός II 545[7]
Τήλεκρος (= -κλος) 258[8]
Τηλέμαχε̄ voc. hom. 555, 1
Τηλέμαχος 636[4]. II 545[7]
Τήλεμος 494[1]. 495, 1
τηλέπομπος II 545[7]
τηλέπορος II 545[7]
τηλέπυλος II 545[7]
τηλεσκόπος II 545[7]
τηλεφανής 513[3]. 694[3]. II 545[7]
τηλέφαντος II 545[7]
Τηλεφάνω kypr. 301[3]
τηλέφατος II 545[7]
Τηλέφιλος II 545[7]

Τήλεφος 156[1]
τηλικαύτη 612[7]
*τηλικοντόνδε 612[7]
τηλίκος 495[3]. 496[6]. 612[5.7]. 840[8]. II 208[6]; – · · ὥστε II 678[7]
τηλικόσδε pros. 612[7]. II 210[5.6]
*τηλικος ὅδε 612[7]
*τηλικος οὗτος 612[7]
τηλικοῦτον neut. pros. 612[7]
τηλικοῦτος pros. 612[7]. II 210[5]; f. Soph. 612[7]. II 33[1]
Τηλίμαχος 444[4]
τήλιστος 539[2]. II 545[5]
τηλόθεν 630[5]. II 545[4.6]. 546[1]
τηλόθι 628[4]. 630[5]. II 545[5.6.8]
τηλοῖ 549[7]
Τηλοκλῆς II 545[7]
τηλοπετής II 545[7]
Τῆλος 636[4]. 637[2]
τηλόσε 629[2], 3. 630[5]. II 545[5]. 546[1]
τηλοτάτω 534[4]. II 545[5.6]
τηλοτέρω II 545[5]
τηλοῦ adv. 621[5]. 630[5]. II 545 [5.6.8]. 546[1]; – ὑπὲρ πόντου II 521[1]
τηλουρός II 545[7]
τηλύγετος 426[3]. 502[4]
Τηλυκράτης 636[4]
Τῆλυς 463[6]. 636[4]
Τήλων 636[4]
τηλωπός II 545[7]
τήμ art. (= τήν) 407[7]. 408[1]. 409[4]: τὴμ πόλιν
τῆμά dor. 402[3]
τημελέω c. gen. II 109[3]
τήμερον att. 308[3]. 319[4]. 397[7]. 414[3]. 613[4], 7. 621[2]. II 70[2]
(τημιρηναιᾶν delph. 218, 2)
τῆμος 528[4]. II 650[5]. 651[3]
τημόσδε 528[4]
τημοῦτος 528[4]. II 651, 1
τὴμ πόλιν 407[7]. 408[1]. 409[4]
-την 2. du. 667[2], 2; 3. du. att. 666[5]
τήν art.: – πρὸς ἠῶ χ. τῆς Σύρτιος II 96[6]; τὴν ἄλλως II 69[7]. 175[6]
τήν acc. sg. pron. relat. ngr. (dial.) 615[3]
τῆνα 331[6]
Τῆνα kret. 414[3]
τὴν ἄλλως II 69[7]. 175[6]
τηνδεδῖ 611, 3
τηνεῖ dor. 384[4]. 549[6], 2. 613, 1
τήνελλα II 620[2]
τήνελλος 460[7]
τηνίκα 629[4.5]. II 413[6]. 652[2.3.4]
τηνικαῦτα II 415[3]. 652[2.3]; – τοῦ θέρους II 114[7]
τηνικαυτί 611, 3. 619[4]
τῆνος dor. 81[7]. 613[2], 5. II 208[6]. 579[2]
τηνῶ adv. 550[1]. II 90[8]
τηνῶδε (abl.) II 413[5]
τηνῶθε dor. 550[1]. 622[4]. 628[1]. II 90[8]
τηνῶθεν dor. 622[4]. 628[1]
τηνῶς 384[4]
τῆος hom. 528, 3
τῆπαρῆι ion. (= τῆι ἐπ-) 402[2]
-τηρ suff. 82[1.2]. 569[3]; s. -τειρα
Τηρεύς, -έως 6, 3
Τήρης, Τήρεω 6, 3. 560, 8
τηρέω 726[5]
τήρηι (= τῆι Ἥ.) 221[1]. 402[2]
-τήριον suff. 456[4.6], 4. 470[4.5]
-τήριος suff. adj. 467[3.4]
της ngr. (= αὐτῆς) 614[5]
-της suff. f. 528[5] f.
-της 1. decl. m. 561[4]
-τής (-της) suff. m. 82[1.2]. 85[7]. 499[5]. 500[1.2.3.7]. 531[2], 2. 542, 3
τῆστήλης 338[2]
-τητ- suff. 528[5]
τητᾶι ion. att. 81[1]
τητάομαι 705[5]; τητᾶσθαι c. gen. II 181, 2
τῆτε partic. (imper.) Sophr. 550[2], 2. 799[4]. II 16[2]. 579[1]; s. τῆ
τῆτες att. 319, 2. 613, 7. 621[2]
τήτη 501[4]
τῆτος 501[4]. 505, 1
Τηΰγετος 502[4]
τηΰσιος hom. 313[3]. 466[4]. 480[4]. 528, 5
*τῆφος n. 511, 6
Τήχιππος eretr. 538, 4
τθ gort. für σθ 216[6]
τι dor. böot. thess. pamph. 75[5]. 81[3]. 270[7]. -τι- dor. vor Vok. 270[6]; τι > σι 75[5]. 270[2] ff. 271[5.7]. 366[4]. 831[4]
τι pron. n. 615[5]. 616[5]. II 29[6]. 185[2]. 212[5]. 213[1–8]–216. 215[2]; kypr. 301[3]; τίς τι att. II 214[1]; s. τις
τι adv. 616[5]
τι partic. 581, 3. 624[1]
-τι- suff. 357[4]. 504[3], 2 ff.; in Denominativen 271[4.5]
-τι 3. sg. Personalend. 270[4]. 657[5]. 658[1–2]. 659[2]
-τί adv. 622[4]. 623[3–5]
τὶ pron. indefin.: τὶ καὶ τὶ II 216[3]
τί interrog. 409[1]. 600[1]. 609[3.5]. 615[5], 7. 616[5]. II 18[2]. 29[6]. 35[2]. 212[5]. 213[1–4]. 318[5]. 605[8]. 629[7.8]; τί δαὶ δή; II 563, 3; τί ἤ (τιή) II 565[1]; τί ἦ II 629[7]; τί μήν II 570[4]. 631[7]; τί ποτε II 572[7]. 573[1]; τί ἐμοὶ καὶ σοί; II 143[6]; τί ἡμῖν καὶ σοί; II 624[2]; τί ποτε λέγεις τοὺς β.; II 606[8]; τί γένωμαι; II 311[1.2]; τί λέγοιεν II 630[8]; τί μαθών II 391[4]. 629[7]; τί πάθω; II 311[1]; τί παθών; II 391[4]. 405[6]; τί ποιῶ; II 703[4]; τί φής; II 275[2]; τὸ τί; II 25, 7; τί χρῆμα; II 78[3]; τί ἄθρωπος ngr. 617[5]; τί νά ngr. II 319[6]; τί νὰ κάναν; ngr. II 350[1]
τί 'warum' II 77[8]. 78[1]; τί ἦλθες; II 77[5]
τί artic. ngr. (pont.) 404[4]
*τῑ neut. pl. 581[2.3]
τιᾱ́ρᾱ f. 562[2]. 582[4]. II 37[2]
τιᾱ́ρᾱς m. 582[4]
τιάρις m. 562[2]
Τιαστάνης 156[6]
τιγγιβάρι att. 829[3]
τίγρις 464[4]
Τίγρις 268[7]
τιγροειδής 439[5]
*τιδ 615[5]. II 572[6]
(*τιδjω) 616[5]
τιεσκόμενοι inschr. 711[6]
τίζω att. 616[5]. 735[5], 5
-τίζω verba 705[5]. 706[4–5]. 736[2]
τιή 'warum denn?' att. 616[5]. II 565[1]; τίη 616[5]. II 629[7]
τιήρης m. ion. 562[2]
τιθαιβώσσω 648[2]; -ουσι Od. 733[7]
*τίθασι 665[5]
*τίθαται 3. pl. 671[7]
*τίθατι 664[2.6]. 686[6]
τιθέαμεν 665[4]
τιθέᾱσι att. 241[4]. 665[4]
τιθέαται 672[2]
τίθει 688[4]
τίθει ipf. 687[3.5]
*τίθει äol. 687[4]
τίθει imper. 687[1.3]. 688[2]. 799[3]; s. τίθημι
τιθεῖ 3. sg. 687[4.5]. 688[4]
τιθείην 790, 1. 794[5]
τιθεῖμεν opt. 794[5.6]
*τιθειμέν, encl. τιθειμεν opt. 794[5]
τιθείμην 669[6]
τίθειν 688[4]
τιθεῖν infin. 687[6]. 688[3.5]. 808, 1
τιθεῖντο 671[6]
τίθεις äol. 90[2]. 687[7]
τιθείς ion. att. 389[8]. 525[3]. 566[2]
τιθεῖσα lesb. 287[8]
τίθεισι 3. pl. 688, 1; *– 665[1]
τιθεῖσι 3. pl. ion. hom. 665 [1.5]. 687[4.5]. 688[1], 1
τιθεῖσι dat. pl. ion. att. 566[2]
*τίθειτο opt. med. 794[6]
τιθεῖτο opt. 669[4]. 794[6]

τίθεμαι 686[6]; τίθεσθαι 809[3]. II 122[7]. 123[4]. 232[5]. 277[1]; τίθεμαι γέλωτα II 83[7]; -σθαι δαῖτα II 231[3]; – νόμους II 231[3]; – οἰκία περὶ Δωδ. II 504[2]; – τὰ ὅπλα II 231[2]. 377[2]; – υἱόν II 231[3]; – ἄορ κολεῷ II 156[1]; – ἐπιστροφὴν πρό τινος II 506[7]; – τὴν ψῆφον σὺν τῷ νόμῳ II 490[1]; – ἐπὶ τὰ γόνατα II 472[3]; – παρά τινα II 494[7]; – παρ' οὐδέν II 496[2]; – (τινά) λώβαν II 80[7]; – τι ψήφους II 80[7]; – τι πρὸς τοῦ λογιστικοῦ II 516[2]; s. ἐτίθετο, ἐθέμην, τέθειμαι, τιθ-
τίθεμαι pass.; s. ἐθέθην, ἐτέθην, τεθήσεται
τίθεμεν 357[1]. 686[6]. 794[5]
τιθέμεν infin. thess. 806[3]
τιθέναι; s. τίθημι
τιθένς 396[8]
τίθενται 671[7]
τίθεντι 3. pl. 665[1.5], 1. 687[1]
*τιθεόντων 688[5]
τιθές nom. ptc. 396[8]
τίθεσθε 670[4]
τίθεσθε imper. 687[1]
*τίθΕσι 3. pl. 665[5]
τίθεσκεν 711[2]
τίθεσο imper. att. 799[6]
τίθετε imper. 799[5]
τιθέτω 794[5]. 801[3]
τίθευσο 841[4]
τίθη 3. sg. äol. (lesb.) 90[3]. 659[6]. 687[4]
*τίθη imper. 799[3]
τιθη-: τιθε- 741[1]
τιθῇς conj. att. 792[6]
*τίθημαι 793[2]
τιθήμεναι infin. hom. 687[2]. 806, 8. II 382[4]
τιθήμενον 687[2]
τίθημι 354[8]. 359[4]. 642[5]. 649[2]. 686[6], 8. 687[1]. 782[4]. 794[5]. II 72, 1. 284[2]; τιθέναι infin. 808[4]. II 122[7]. 123[3.4]. 434[1]; τίθει τοίνυν II 341[6]; τίθημι ἄτιμον, – ἄυπνον II 83[6]; – νεκρόν II 83[7]; τιθέναι ἔγχος κατ' ὄχθης II 479[5]; – περὶ κνήμησιν II 434[2]; – κνημῖδας περὶ κνήμησιν II 500[6–7]; – νόμους II 231[3]; – νόμον παρά τινος II 497[6]; – νόμον ἐπί τινι II 468[5]; – ἄλγεα c. dat. II 147[1]; – ἐλέγχιστον c. dat. II 151[8]; – ἀλκὴν πρὸ ἀσπίδων II 506[8]; – ἀμ βωμοῖσι II 441[5]; – ἀνὰ μυρίκην II 441[1]; – ἐπὶ φρεσί II 434[1]; – τι ξυγχώρησιν II 83[8]; – παλαίσματα ἀμφί τινος II 438[8]; – τὰ ἄνω κάτω II 536[6]; – παρά τι (τινα) II 496[1]; s. ἐτίθειν, ἐτίθην, ἐτίθουν, ἔθηκα, ἔθεμεν, ἔθεσα, ἔθεαν, τέθεικα, τέθηκα, τεθήσειν
*τίθημι (θήσασθαι) 423[5]
τιθηνέω 726[4]
τιθήνη 315[5]. 423[5]. 489[3]
τίθησθα 662[4]
τίθησι 271[6]. 642[6]
τίθηται att. 792[7]
τίθητι dor. 648[5]. 722[5]
*τιθμεν 686[6]
τιθοῖτο j.-att. 688[2]
τιθόντων 688[5]
Τίθορρα 66[4]
τίθου imper. med. 668[6]. 688[2]
τιθύμαλ(λ)ος 423[6]
τίθω 642[5]. 688[4]
τιθῶ 642[5]. 688[4]. 790, 1. 792[6]
τίθωμαι conj. att. 792[7]. 793[2]
τιθῶμαι att. 793[1]
Τιθωνός 65[5]
-tika 1. sg. aor. ngr. 764[5]
τίκτεν II 383[5]
τίκτεσθαι φῶτα II 231[3]; – c. dat. II 148[6]
τίκτοντας (= Andromache) II 46[1]
τίκτουσα (ἡ) II 408[8]; s. τεκοῦσα
τίκτω 266[5.6]. 289[4]. 325[5]. 690[2]. 704[3]. 746[4]. 781[6]. 831[3]; -ειν II 276[4]. 278[7]; – τι c. loc. II 156[3]; τίκτει II 272[5], 2; τίκτειν τινὰ ὑπό τινι II 526[5]; – τι ὑπὸ λαμπάδων II 529[8] f.; τοῦ μὴ τίκτειν II 372[5]; s. ἔτεκον, τεκεῖν, τέτοκα, τέξομαι
Τιλείας ark. 275[8]
τίλλεσθαι c. acc. II 72[4]; τιλλέσθην II 612[1]; s. ἐτίλην, ἐτίλθην
τίλλω 714[5], 8; s. τιλῶ
τῖλος 702[5]
τιλῶ fut. 714[5]
τιμά äol. 300[4]
τῖμᾱ imper. att. 799[1]. II 257[5]
*τιμάεν urgr. 72[2]. 396[4]
τιμαϝεσσα pamph. 527[2]
τίμαι 3. sg., τίμαις 2. sg. lesb. 729[5.2]
τιμᾶι 3. sg., τιμᾶις 2. sg. 660, 9. 728[5]
*τῑμάjεν 396[4]
Τιμακράτη rhod. 562[3]
Τιμακράτης 438[4]
*τῖμᾱμι 729[7]. 730[2]. 752[2]
τιμᾶν 396[4]. II 283[6]. 351[7]; – c. gen. II 125[2]; – τινα c. dat. II 152[2]; – διά τινος II 450[7]; s. τῖμάω
Τιμᾶναξ rhod. 248[7]. 250[2]. 438[4]
Τίμανδρος 635[5]
Τιμᾱνόρη rhod. 562[3]
τιμᾶντι 3. pl. Dodon. 730[3]
τιμάομαι; s. ἐτιμάθην, τιμῶμαι
*τιμάοντι 3. pl. 730[3]
τιμάορος 111[1]
τιμαορός dor. 438[5]
Τίμαος 236[7]
*τῑμᾱοσθων 802[6]
τιμᾱρός lak. 94[1]
τιμᾶς gen. sg. 382[4]. 554, 1
Τιμασης kypr. 561, 2; Τιμάσεῦ 461[8]; Τιμασηυ 561, 2
τιμᾶσθαι (τῷ) II 360[4]; s. τιμῶμαι
τιμάσι· τισίν H. 616, 4
τιμᾱτός 739[2]
τιμᾱ́τω lesb. 801[4]
τῑμᾱ́ω 725[6]. 729[7]. 731[1]. 752[2]; τιμῶ att. 791[6]; – τι(να) c. dat. II 151[1.2]; – τινί τινος II 126[1–2.5]; s. τιμᾶν, ἐτίμᾱσα, τιμηθ-, τιμησ-
τιμάω fut. H. 780[6] f.
τιμᾱ́ωρ poet. 458[4]
Τιμέας att. 241[4]
τιμέω dor. 242[8]
τῑμή 294[5]. 697, 4. 821[4]. II 41[5]. 126[5], 1; τιμαί II 43[6]; τιμὴ μετὰ σωφροσύνης II 485[5]; ἔχειν τιμὴν πρός τινος II 514[5]; s. τιμά, τιμᾶς
τιμήεις πρός τινος II 514[7–8]; s. τιμῆς
τιμηθήσομαι II 265[8]; -θήσεται 756[5]
τιμῆις dor. 728[5]
Τιμηκράτης ion. 438[4]
τίμημα II 125[1]
τιμῆντα ion. att. 249[1]
τιμῆς adj. ion. att. 249[1]. 527, 2. 535[5]. 566[3]
Τιμησίθεος 634[3]
τιμήσομαι II 265[8]
τίμησον II 257[5]
τιμήσονται pass. Thuk. 756[6]
τιμήσω fut. 781[3]. 782[5]
τιμῆται 791, 9
τίμιος 'teuer' II 125, 4. 126[4]; τιμιώτατον κτημάτων π. II 606[5]
Τιμόθεος 161[5]
Τιμοκράτη dor. 250[6]
Τιμοκρέων 449[5]
Τιμοκρηῦν rhod. 566[5]
Τιμόλλει 636, 3
τῖμος 492[3]
τιμΟστΟν (= -ώστων) imper. el. 802[6]
τιμοῦς adj. 535[6]; τιμούστερος 535[5]

ΤιμοχάριϜος kypr. 88[7]. 314[8]. 572[5]. 573, 1
Τιμοχάριjος kypr. 840[3]
τῑμόω 727[1]
τῑμώιην 796[2]
τιμῶμαι med. II 347[4]; – c. gen. II 126[3]; – τινα πρὸ χρημάτων II 507[2]
τιμῶμαι pass. – μέγιστα II 80[6]; – περὶ πάντων II 502[2]; – τιμήν II 126, 2; – τούτου II 606[8]; – τινί τινος II 126[5]
τιμώντωσαν imper. kyren. (Koine) 802[7]
τιμωρέομαι (-οῦμαι, -εῖσθαι): – τινα II 130[7]. 231[7]; – c. acc. et gen. II 130[6]; – ὑπὲρ τῆς Ἑλλάδος II 521[3]
τιμωρέω 726[5]; – c. gen. II 130[6]; -εῖν II 73[6]; – c. dat. II 144[7]. 231[7]; – τι c. dat. II 146[4]
τιμώρημα c. dat. II 144[8]
τιμωρήσοιντο II 335[5]. 337[4]
τιμωρητέον εἴη II 335[6]
τιμωρία ἀπό τινος II 446[4]
τιμώριαι [so] j.-att. 383[3]. 835[6]
τιμωρός II 31[5]. 174[3]; -ροὶ τοῖς ἐν τῷ ὄρει II 619[1]
τιμώστων imper. el. 802[6]
*τιν acc. sg. 616[3]
*τίν acc. sg. 616[3]
τίν dat. sg. dor. böot. 602[4]. 604[2], 5. II 580[5]
τιν' acc. sg. 616[3]
τινα acc. sg. hom. 616[3]
τίνα acc. sg. m. f. 615[5], 7. 616[3], 7
*τινακjω 733, 4
τινας acc. pl. hom. 616[3]
τίνας οὖν ὑπὸ τίνων εὕροιμεν ἄν II 630[2]
τινάσσω 299[5]. 733, 4
-τινδα adv. 627[3]
Τινδαρίδαι 65[5]
τινε du. Od. 616[3]. II 213[3]
τινεν, τινέν j.-kret. 551, 8. 616[3]
τινες nom. pl. Od. 616[3]. II 27[3]. 213[3]
τίνες nom. pl. Od. 616[3]
τινές [nicht τίνες] 'einige' 615[6]
*τινϜοντι 3. pl. 663[5]
*τινϜω 642[5]
τίνη dat. dor. 606[3]
τινι dat. att. 616[2·3]; τινί Pind. 616[3]
τίνι dat. Pind. 616[3]
τίννυμι spät 697[6]
τινοις nwgr. 616[3]
τῑνομαι att. 697[2], 4; -εσθαι II 231[7]
τινος gen. sg. att. 616[2·3]; τινός 391[6]
τίνος τίς ὤν; II 405[6]. 630[2]
τῑνουσι 663[5]
τιντόν epir. 204[5]
τίνυμαι 357[3]; τίνυσθαί τινα ὑπὸ γαῖαν II 530[7]
τίνυσθον II 609[3]
τίνω ion. [ῑ], att. [ῐ], hom. 228[3]. 642[5]. 697[1·2], 4. 698[2]; – c. instr. II 166[1]; τίνειν θωήν, – ὕβριν II 231[6–7]; s. ἔτινον, ἔτεισα, τείσω
τινων gen. pl. Aristot. 616[4]
τίοισι dat. pl. lesb. 616[5]
τίομαι c. instr. II 167[6]
τιός böot. 608[3]
τίος gen. dor. 602[3]
τιοῦς gen. böot. 602[3]. 605, 1
τιούχα böot. 183[4]
τίποτε c. neg. 'nichts' ngr. 617[5]. II 598, 2
τίπτε 266[6]. 325[5]. 610[1]. 631[6]. II 572[6·7]. 573[2]
τιρ el., j.-lak. 218[5]. 616[1]
τίρ el. (= τίς) 410[3·4]
Τίρυνς 60[6]. 352[8]. 510[6]. 566[2]
τις thess. äol. ark. 299[2]. 300[4]. 301[3]. 388[3]. 615[5·6], 7. II 29[6]. 116[2·3]. 118[2]. 186[5]. 212[5]. 213[1] – 216. 424[7]. 573[3]. 609[6]. 629[6]; 'einer' II 620[7]; 'ich' II 318[4]; τὶς – ἄλλος II 216[3]; τὶς – ἕτερος II 216[3]; τὶς – ὁ δέ II 216[3]; τίς τε II 574, 1. 575[1], 2. 629[6]. 643, 1; τίς τι att. II 214[1]; τὶς c. partit. II 116[2·3]. 118[1]; s. τι
τίς 55[7]. 72[3]. 73[5]. 290[3]. 293[8]. 294[5]. 388[3]. 599[6]. 600[1]. 615[4·6], 7. II 18[2]. 29[6]. 186[5]. 212[5]. 213[1–4]. 629[6·7]. 630[5·6]. 644[2·3]; τίς τ' ἄρ II 575[2], 3; τίς εἴη II 630[8]. 631[1]; – c. partit. II 116[2·3]. 118[2]; τίς θεῶν II 115[4], 2; τίς ἂν θεῶν δοίη II 625[6]; τίς πόθεν εἰς II 630[2·6]; – – μολών II 405[7]. 630[2]; τίς ποτ' ὤν II 405[5]; τίς οὗτος; II 623[4·6]; τίς τέχνη ὀψοποιία; II 606[8]; s. τί
-τις suff. f. 464[5], 6. 561[6]. II 356[4], 1
*τισθε 670[4]. 686[6]
τισι(ν), τίσιν dat. pl. 616[4]
τίσις 294[5]. 505[2]. II 356[5·7]. 357[1·3·4]; – ἐστί II 384[7]; – ἔσσεται 'Ατρ. Od. 811[8]. II 130[7]
τιστις argol. 617[1], 1. II 213, 1. 700'
τῑσω 102[6]. 697, 4; s. τείσω, τίνω
τίσωσι II 262[4]
τιταίνω 717[1]. 737, 3
Τίταν 62[2]
Τιτάνη 302[1]
τίτανος 301[8]. 423[6]. 490[3]
τίταξ 62[2]. 497[6]
τίτας kret. 500[2]
τιτήνας 717[1]. 737, 3
τίτθεν· τίκτειν 690[2]
τίτθη 315[5]. 423[5]
*τιτκω 266[5–6]. 289[4]. 325[6]. 690[2]
τίτλος 278[8]
τιτοϜτός kret. 194[4]
Τίτος 162[5]
τιτουϜέσθω kret. 194[4]. 732[6]
*τίτπε 266[6]. 325[5]. II 572[7]
τιτράναι 689[5]
τίτραται 689[5]
τιτράω 648[1]
τίτρημι 688[5]. 689[5]
τιτρώσκω 710[2]. 743[2]; – διά τινος II 450[5]; s. τρώσω
τιττί 472[4]
*τίττι 617,2
τιτ(τ)υβίζω 315[5]
Τιτυρεία II 177[3]
τιτύσκομαι hom. 648[6]. 710[2]; – τινός τινι II 104[7]
Τιτώ 65[5]
τίφθ' (= τίπτε) II 572[6]
τίω gen. dor. 605[1]
τῑω 686[3], 2. 697, 4. II 72, 1; τίειν τινὰ περὶ ὁμηλικίης II 502[2]
τίωι dat. sg. lesb. 616[5]
*-tj- 320[6·7·8]. 321[1–5]. 322[3]; tj > att. böot. kret. ττ 308[3]. 320[4·5·7·8]
*τj 367[1]; τj > σσ bzw. ττ 272[4]. 367[1]; τj+σ > σσ 321[3]; τj >σ 272[4]
(*-τjε) 629, 4
*τκ 325[5]
τλᾰ- 360[1]
τλᾱ- 360[1]. 743[3]
τλᾱ́μων 522[4]
ΤλᾱσίᾱϜο kerk. 560, 8
τλᾱ́σομαι 782[6]
τλᾱτός 343[7]. 361[4]
τλῆθι 800[4]
τλήμων II 614[3]; – εὐνάν II 73[8]; – c. gen. II 134[5]; – ἀπ' εὐτόλμου φρενός II 447[2]
τλῆναι καθαιμάξαι τι II 296[4]; ἔτλα σπείρας II 393[1]; s. ἔτλην, τλῆθι, τλήτω
τλῆς: μὴ – II 343[4]
τλησι- 443[5]
τλήτω 801[4]
-τλο/ᾱ- suff. 533[1·4]
Τλωίτοις 565[2]
τμ > τν 216[1]
τμάγεν 702[4]
τμαγη- hom. 759[4]

τμάγω 702^{4}
τμᾱτός 360^{3}
τμήγω 57^{3}. 748^{2}
τμήδην 626^{3}
τμήξας 702^{4}
τν < τμ 216^{1}
τνᾱτός kret. 96^{4}. 204^{4}
τό pron. 609^{5}. 611$^{2\cdot3}$; demonstr. 610$^{3\cdot5}$. II 207^{5}. 208$^{1\cdot3\cdot4}$. 642^{6}, 1; (= τοῦτο) II 370^{2}. 372^{3}; attribut. II 23^{1}; adj. pron. II 35^{2}. 173^{4}; s. ὅ, ἥ
τό 'deshalb' II 20^{5}
τό pron. relat. ngr. (dial.) 615^{3}
τό art. 600^{1}. II 22^{3}. 190^{4}; – c. infin. II 359^{1}; ἐν τῷ c. infin. II 388^{1}; τό c. gen. II 117^{7}; τὸ μή II 372, 1; τὸ μὴ οὐ II 372$^{1-2}$; τὸ μὴ οὐχί II 372^{2}; τό γ' εἰς ἑαυτόν II 460^{4}; τὸ πρὸς Αἰγίνῃ στράτευμα II 513^{1}; τὸ ὑπὸ ταῖς γεωμετρίαις II 526^{2}; τὸ ὑπὸ τοῖ κορυφαίοι II 526^{8}; τὸ εὖ εἶναι II 12^{4}; τὸ τῆς ἀνάγκης δεινόν II 117^{7}; τὸ τῆς αὔριον II 117^{7}; τὸ λοιπόν II 70^{2}; τονυ[so]'hunc' kypr. 612^{3}; τὸ νῦν εἶναι II 378^{7}; τὸ ἀπὸ τοῦδε II 447, 2; τὸ δέ 'während hingegen' II 562^{5}; τὸ ἐπί τινι II 467^{5}; τὸ ἐπὶ τούτῳ II 70^{2}; τὸ μετὰ ταῦτα II 486^{7}; τὸ πρὸ τοῦ II 507^{5}; τὸ πρὸ τούτου II 70^{2}; τὸ πάρος II 70^{2}. 274$^{1\cdot3}$; τὸ πέραν II 541^{7}; τὸ πρίν II 70^{2}. 87^{1}. 654^{2}; τὸ πρῶτον II 23^{3}. 70^{2}. 87^{1}; τὸ λεγόμενον II 78^{3}; τὸ δὲ λεγόμενον II 87^{1}; τὸ δὲ μέγιστον II 617^{6}; τὸ ποῖον; II 25, 7; τὸ τί; II 25, 7; τὸ ἑωθινόν II 70^{2}; τὸ μεσημβρινόν II 70^{2}; τὸ παλαιόν II 70^{2}; τὸ τῶν ἀφρόνων ἡ σφοδρά ἡδονή II 606^{5}; s. τά art. neut. pl., ὁ, ἡ
το- pron. St. 600^{2}
-το partic. 611^{4}
-το 3. sg. Personalend. 657^{5}. 658^{1}. 667^{4}, 3. 669^{4}, 4
-τό- Verbaladj. 357^{4}
τόα (= ζῶια) 331^{6}
-το/ᾱ- suff. 501^{1}, 1 ff. 503^{3}; ordin. 595$^{1\cdot3}$
*τοδ 74^{4}; *τοδ υ τοδ 611^{5}
τὸ δέ; s. τό art.
τόδε 611^{7}; τόδ' ἐκεῖνο, τοῦτ' ἐ. II 209, 1; τόδ' ἡμέρας II 116^{4}; τόδ' ἱκάνεις II 77^{5}
τοζ rhod. (= τόδε) 208^{2}
τόθεν II 413^{5}. 648$^{1\cdot3}$
τόθι Od. 628^{4}. II 413^{5}. 642^{5}; 'wo' II 648$^{1\cdot3}$
τοι partic. 334^{8}. 602^{7}. II 149^{4}. 554$^{4-5}$. 555^{3}. 570^{2}. 580$^{4-8}$, 2. 581$^{1-3\cdot5}$. 703$^{2-4}$; τοι ἄρα II 559^{2}. 580^{6}; τοι δή II 580^{6}; ἀλλά τοι II 580^{6}; ἐπεί τοι II 660^{6}; ἐπεί νύ τοι II 571^{3}; ἦ τοι II 582^{2}; ἤ τοι II 565^{1}; ἤ τοι – ἤ II 580^{6}; s. τ' (= τοι), τοί, τἄν, τἄρα
τοι, τοί dat. (= σοί) lesb. dor. hom. 600^{5}. 602$^{4\cdot7}$. 604, 4. II 148$^{1\cdot2\cdot3}$. 189$^{3\cdot4}$, 4. 580^{5}; s. τ' (= τοι)
τοί partic. II 556, 2; τοὶ γάρ hom. II 580^{4}. 581$^{3\cdot4\cdot5}$
τοι du. art. arg. 557^{2}
τοί nom. pl. pron. demonstr. dor. hom. böot. 81^{7}. 91^{3}. 92^{1}. 382^{2}. 554^{3}. 605^{5}. 609^{5}. 610^{5}. 611$^{3\cdot6}$. II 21^{1}. 40^{4}; s. ταί pron.
τοῖ gen. sg. art. (= τοῖο, τοῦ) ostthess. 555^{3}, 3. 611^{2}
τοῖ adv.: τοῖ – τοῖ 549^{6}
-τοι 3. sg. ark. (= -ται) 88^{6}. 344^{7}. 669^{3}, 4
τοΐ el. böot. (= τόδε) 612^{2}. II 208^{5}. 566^{5}
τοίᾱς gen. sg. 610^{3}
τοιαύτη ἀγαθή II 179^{7}
τοιγάρ II 556^{4}. 560^{7}. 581$^{3\cdot4\cdot5}$, 1. 582^{3}; – οὖν II 581^{4}
τοιγαροῦν II 553^{4}. 560^{7}. 581^{3}, 1. 633^{6}
τοιγάρτοι II 553^{4}. 560^{7}. 581$^{3\cdot4}$, 1. 633^{6}
τοιγαρῶν II 581^{5}
(*τοῖδε) 581^{5}
τοιθορύσσειν 647$^{3\cdot4}$
τοιΐ böot. II 208, 1
τοῖιν du. 557$^{2\cdot3}$
τοῖν du. art. 557^{5}. II 35^{3}
τοῖν· τίποτε kret. H. 617, 6
τοῖνδε II 49^{3}
τοίνεος, τοῖνεος gen. sg. thess. 600^{2}. 612^{2}
τοινι dat. sg. ark. 612^{2}
τοινταυτ' (= τῶι ἐνταῦθα) 404^{4}
τοίνυν II 553$^{4\cdot5}$. 569^{4}. 571^{3}. 581$^{6\cdot7}$, 1. 2. 582^{1}. 633^{6}; μὲν τοίνυν II 582^{1}
τοῖο (= σοῦ) H. 609, 1
τοῖο gen. sg. pron. demonstr. hom. 273$^{2\cdot8}$. 348^{3}. 555^{4}, 3. 609^{5}. 610^{5}. 611$^{2\cdot3}$. II 21$^{1\cdot2}$; *τοῖο λύκοιο 273^{2}
τοῖος pron. 609, 5. 612^{7}. II 208^{6}; τοῖος – οἷος II 677^{6}; τοίου γὰρ καὶ πατρός (sc. εἰς) II 623^{3}
[τοιός] lies: ποτ(έ) Soph. 391^{7} (s. 600, 3*)
τοιόσδε 389^{1}. 612^{7}. II 210^{5}
*τοῖόσδε 389^{2}
τοίου gen. sg. hom. 609, 5. II 623^{3}
τοιοῦδε gen. hom. 611^{3}
τοιοῦτο(ν) neut. 127^{7}. 406^{1}. 609^{5}, 6; – καὶ τοσοῦτον, ὥστε II 678^{7}
τοιοῦτος 612^{7}. II 181^{6}. 210$^{5\cdot6}$; – c. adj. II 179^{7}; – οἷος II 181^{6}. 678$^{5\cdot6}$; – ὥσπερ II 668^{7}; – ὥστε II 677^{6}
τοῖρ el. (= τοῖς) 410^{3}
τοίς acc. pl. äol. (= τόνς) 280^{8}. 287^{7}. 831^{8}
τοῖς dat. pl. art. 281^{5}. 556^{4}, 4. 611^{2}
τοῖς du. ark. 557$^{2\cdot3}$
τοῖσ' dat. pl. art. hom. 556^{4}
τοῖσδε dat. pl. 611^{3}
τοίσδεσι hom. (Od.) 556^{4}. 611^{3}
τοίσδεσσι, τοῖσδεσσι 611^{3}. 612^{1}, 2
τοῖσι dat. pl. pron. 556^{4}. 609^{5}. 611$^{2\cdot3}$
τοῖσι dat. pl. pron. interr. 616^{4}, 2
τοισίδε II 694^{2}
τοῖσιν dat. pl. pron. interr. Od. 616^{4}
*τοιυ nom. pl. pron. demonstr. 611^{4}
τοῖχος 68^{6}. 347^{1}. 458^{7}; τοίχου τοίχου ngr. II 137^{4}
τόκα nwgr. dor. böot. el. 629$^{2\cdot4\cdot5}$; τόκα μὲν – τόκα δέ II 649, 0
τοκάω 731^{5}
τοκέσι dat. pl. poet. spät 575, 4
τοκεῦσιν (= der Hekabe) II 46^{1}
τοκεών ion. 839^{1}
τοκῆε du. Od. 575^{5}. II 45, 1
τοκῆες hom. II 45^{1}
τοκήεσσα 527^{4}, 10
τοκῆς pl. II 45^{7}
*τοκός 629^{4}
Τολεμαῖος thess. 316^{8}. 414^{3}
τόλμα 283^{6}. 360^{1}. 362^{8}
τολμᾶν II 380^{2}; τῷ – II 360^{1}
*τόλμjα 283^{6}
τολμῶ ἐρῶσα II 393^{1}
τολμῶν II 408^{8}
Τολοφώνιος delph. 278^{6}
τΟλυμπίαι 404^{3}
Τόμαρος 278^{6}
τομίας lesb. 344^{3}
τομός 381^{3}. 383^{6}. 420^{3}
τόμος 381^{3}. 383^{6}. 420^{3}. 457, 5. 459^{2}

τόν acc. sg. m. pron. demonstr. 408^{6}. 611^{1}; τὸν καὶ τόν II 21^{3}; τὸν δ' ἄορι πλῆξ' αὐχένα II 617^{2}
τόν anaph. (= αὐτόν) spätgr. II 190^{3}. 191^{8}; ngr. II 27^{4}
τόν relat. ngr. (dial.) 615^{3}
-τον 2. du. 666^{5}. 667^{1}; 3. du. 667^{1}
τονδεονΕν arg. 612^{1}. II 208^{5}
τōνδεōνέν arg. II 566^{3}
τόνε thess. 612^{2}
τονθορύζω 259^{1}. 647^{3}
τονθρύζω 647^{3}
τονθρύς 423^{3}
τόνς acc. pl. 15^{4}. 337^{2}. 396^{8}; knos. 556, 2
τὸνσσ ἐ- kret. 238^{3}
τόντις 'wirklich' ngr. 622^{1}. 631^{5}. II 170^{7}
τονυ [so] 'hunc' kypr. 612^{3}
*τόν υ II 576^{4}
τοξάζομαι 734^{5}
τοξεύω (-ειν) II 365^{4}; – τινός II 104^{8}; – c. acc. II 105^{6}; – ὑπὲρ τῶν πρόσθεν II 521^{1}
τόξον 459^{2}. 517^{1}. 827^{5}. 837^{4}; – φίλον voc. II 62^{2}; τόξα II 43^{4}. 51^{3}
τοξότα voc. sg. 560^{6}
τοπάζω 735^{2}
τόπος II 102^{3}; -οι οἱ περὶ Φωκίδα II 503^{8}
τορβηλος 258^{7}
τορεῖν 362^{7}; s. ἔτορον
τορέω 720^{1}, 3. 747^{1}, 1. 754^{4}; *– 720^{1}
τορῆσαι aor. hom. 720^{1}; s. ἐτόρησα
τορμᾶν 267^{5}
τορμήση 213^{2}
τόρμος 360^{3}. 362^{8}. 492^{4}
τορνευτολυρασπιδοπηγοί 453^{1}, 1
τόρνος 259^{8}. 362^{8}
τορός 459^{4}
τοροτίξ 620^{6}
τόρρα hom. 407^{6}. 610^{1}
τōρρέντερον II 379, 3
τορῦνη 491^{4}
τορῦνω 733^{4}
Τορώνη 255^{7}
τός acc. pl. (= τόνς) 15^{4}. 396^{8}; el. 404^{3}; knos. 556, 2
-τος suff. adj. 500$^{3.4}$. 501^{5}, 11; Verbaladj. 502^{4} f. 706^{3}. 810^{3}. II 150^{1}. 241^{7} f.
-τος Ausg. adv. 630$^{2-3}$
-τος Ausg. n. 513^{1}
-τος suff. gen. neut. 520^{7}, 4f. 552^{2}, 2
-τος suff. ngr. 503^{4}. II 410^{6}
-τός suff. Verbaladj. tsak. 812, 1
τοσαυτάκις att. 598^{1}
τόσο ngr. 612^{7}
τόσος neut. 612, 3. II 35^{3}
τόσον adv. 621^{2}
τόσος 612$^{6.7}$. II 208^{6}; τόσος – ὅσος II 677^{6}; τόσος καὶ τόσος II 216^{2}; ngr. 612^{7}. 614^{5}
τοσόσδε 389^{1}. 391^{5}. 612^{7}. II 210^{5}
τοσοῦτο δέ II 618^{1}
τοσοῦτον n. 406^{1}; – . . ὥστε II 678^{7}
τοσοῦτος 612^{7}. II 210$^{5.6}$. 216^{3}; τοσούτῳ II 164^{2}
τόσσαι Pind. 755, 2
τόσσαις böot. (Pind.) 82^{6}. 755, 2
τοσσάκι hom. 598^{1},2. II 652$^{5.6}$
τοσσάτιος spätep. 612^{6}
τοσσῆνος dor. 612^{7}. 613^{2}
Τόσσις att. 211^{5}
*τοσ(σ)οντόνδε 612^{7}
τόσσος 612$^{6.7}$. II 208^{6}; τόσσοι 'so viele' 461^{4}. 612^{6}
τοσσόσγε 389^{1}
τοσσόσδε 612^{7}
*τόσσος τῆνος 613^{2}
τοσσοῦτον n. hom. 610, 0
τοτέ 629^{2}; τοτὲ μέν – τοτὲ δέ 610^{6}. II 649, 0
τότε ion. att. ark. 629^{2}. II 269^{8}. 413^{5}. 415^{7}. 427^{7}. 554^{1}. 634^{3}. 649, 0; τότ' ἄλλος, ἄλλοθ' ἅτερος II 649, 0; οἱ τότε II 416^{1}. 622^{6}
τότες ngr. (dial.) 631^{5}
*τοτι 461^{4}
*τοτjοι 'so viele' 612^{6}
τοτο altatt. 611^{5}
τοτοί II 601^{1}
τοτοτοῖ II 601^{1}
τότω att. (= δότω) 207^{5}. 257^{1}
του 'du' böot. 602^{1}
του (= τινός) 616$^{1.2}$. II 213^{8}
του (= αὐτοῦ) ngr. 613^{6}. 614^{5}
τού acc. pl. (= τούς): – νόμους 217^{1}
του- pron. 611$^{4.6}$
τοῦ: τὸ πρὸ – II 507^{5}
τοῦ (= τίνος) att. 615^{5}, 7. 616^{2}
τοῦ relat. ngr. 615^{3}
τοῦ gen. sg. m. art. 611^{2}; c. infin. II 359^{2}. 362^{5}; – – LXX II 372^{4}; τοῦ μή II 595^{7}; τοῦ λοιποῦ II 70^{2}. 113^{3}; τοῦ λοιποῦ χρόνου II 113^{3}
τουβί(ν) 132, 1
τούγα böot. 606^{3}
τοῦδε gen. hom. 611^{3}; – εἵνεκεν Hdt. II 672^{6}
τουμβας 132, 1
τοὐμόν (= ἐγώ) att. II 202^{6}
τοὔμπαλιν II 69^{7}
τούν 'σύ' böot. 606^{3}
τούνεκα, τοὔνεκα II 413^{6}. 552^{5}. 628^{7}
τοὔνεκεν II 552^{5}
τούνη lak. (H.) 606^{3}
τοῦννεουν gen. pl. thess. 612^{2}
τοὺν νόμους delph. 408^{2}
τοὔνομα 402^{2}; – ἐπὶ πατρός kret. 551^{3}
τοὐξανιστάναι II 371^{6}
τοὐπὶ σέ II 308^{2}
τοὐπίσω: εἰς – att. 540^{6}
τοῦπος 402$^{1.3}$
Τοῦρκος: ὁ – II 42^{4}; Τούρκους τρεῖς χιλιάδες ngr. II 616, 2
τους acc. pl. pron. encl. m. f. ngr. [nicht τες] II 201^{7}
τούς acc. pl. art. 15^{4}. 280^{8}; s. τού
τοῦτα delph. eretr. 611^{6}
τουτάκι 598, 3
τουτάκις delph. eretr. Theognis, Pind. 598^{1}, 3. 611^{6}
τούτει Kyme 611^{6}
τουτεῖ 384^{4}. 549^{6}
τουτεινοῦ gen. sg. (τοῦτος) ngr. 614^{5}
τουτέων gen. pl. m. 114^{3}. 611^{7}
τούτην Koine, ngr. 611^{6}
τουτί att. 400^{4}
τοῦτο 611$^{3.4.5}$. II 468^{2}; τοῦτο δέ NT II 618^{1}; τοῦτο πηγὴ καὶ ἀρχὴ κ. II 606^{8}; τοῦτ' αὐτό att. II 211^{8}; τοῦτο ὅτι II 209^{6}; τοῦτο ὡς II 209^{6}; τοῦτ' ἀφικόμην II 77^{5}; τὸ πρὸ τούτου II 70^{2}
τοῦτο 'deshalb' II 77^{7}; vgl. τό
τουτογί 611^{7}. II 561, 3
τουτοδί 611^{3}
τοῦτοι nom. pl. dor. 611^{4}
τούτοιν f. att. 611^{6}
τούτοισι hom. 611^{3}
τοῦτον τὸν τρόπον II 78^{2}
τοῦτος ngr. 614^{5}
τουτοτρόπως 632^{6}
τούτου gen. 611^{3}
τουτουί att. 400^{3}
τουτουμενί 611^{7}
τουτουνοῦ gen. sg. m. n. 614^{5}
τουτῶ adv. lak. koisch 550^{1}. II 90^{8}. 647^{1}
τουτῶθεν dor. 628^{2}. II 171^{6}
τουτωί att. 400^{4}
τούτων gen. pl. f. att. 559^{3}. 611^{6}; – ὧν σὺ δεσποινῶν καλεῖς II 641^{3}
τουτῶν gen. pl. m. n. dor. 556^{3}. 609^{5}, 5

τουφαγο (= τοῦ Εὐφάγου) II 517, 7
τουφυλιδα (= τοῦ Εὐφ-) II 517, 7
τούχα böot. 182[1]
τοφιών 488[2]
τοφιῶνας her. 344[4]
τόφρα 631[1]. II 642[5]. 649, 0. 651[3.7], 4
*τπ 325[5]
-τρᾱ suff. verbal. 532[5.6]
τραγάω 731[5]
τραγε/ο- 748[2]
τραγεῖν 359[4]
τραγέλαφος 453[2]
Τραγεύρινα 224[4]
τράγος II 31[3]
τραγουδῶ ngr. II 281[5]
τραγῳδεῖν II 73[3]
τραγῴδιαι j.-att. 383[3]
τραγωιδιδάσκαλος 263[7]
τράδα ngr. (dial.) 214[3]
τράμις 495[3]
τράμπις 829[7]
τρᾱνής 360[3]
τρᾱνός 360[6]
τραπε/ο- 747[5]
τραπεδίτης 827[3].
τράπεζα 337[5]. 352[2]. 473[6]. 590, 2; τραπέζῃ loc. II 154[7]; ἐπὶ τῶν τραπεζῶν II 470[6]
τραπεζῆες 477[1]
τραπεζιτεύειν (τοῦ) II 361[6]
τράπε(θ)θαι πὰρ τᾶι ματρί II 494[2]
τραπεῖν 342[2]. 358[7]
τραπέμπαλιν Pherekr. 633[3]
τραπέσθαι c. dat. II 148[5]
τραπέω 720, 4
τραπη- att. 759[3]
τραπήομεν conj. hom. 342[2]. 759[2]. 792[5]
τράποντο ἐπὶ ἔργα II 472[5]
τραποῦ imper. 799[3]
τράπω 685[2]
τρᾱρόν dor. 281[6]. 482, 14
τρασιά 469, 8; τρασιαί 307[6]
*τρᾰσρ- 281[6]
*τρᾰσρων 187[3]
τραυλός 483[4]
τραῦμα 347[7]. 523[1]. 743[2]
τραυματισθείς πολλά II 79[3]
τραύξανον 517[2]; τϝαύξανα 346[2]. 359[7]
τραύσανον 211[5]. 517[2]
τραφε/ο- 747[5]
τραφέμεν II 376[3]
τράφεν 759, 3. II 239[2]; s. ἔτραφον
τραφείς κ. πατρός II 94[2]
τράφη ion. 268[8]
τραφη- hom. 759[3]
*τράφηντ 759, 3
τραφθη- hom. 759[3]
τραφθῆναι 771[7]
τράφον 759, 3
τράφω 109[8]. 357[2]. 685[2]
τρᾱχεῖ du. ion. (Choirob.) 573[5]
Τρᾱχίς 465[5]
τρᾱχῡ́νω 775[4]
τρᾱχύς 463[2]; – τῇ φωνῇ II 168[5]
τρᾱχυτής 382[7]
τράχω 685[2]
τρέ · σέ kret. 223[1]. 320[2]
τρέες kret. (gort.) 241[5]. 251[5]. 313[2]. 571[6], 4. 589[4]
τρεῖς att. 248[8]. 291[2]. 309[2]. 377[7]. 553[4]. 571[7]. 589[4.5]; – acc. pl. att. 589[5]; – καὶ δέκα 594[2]; – ἥμισυ ngr. 599[4]
τρεισκαίδεκα 445[8]. 594[2]. II 176[2]
τρεισκαιδέκατος 596[3]
τρέμιθος 267[7]
τρέμω 684[4]. 720[1]. II 226[5]; ngr. 764[3]
τρέξιμο n. ngr. 809[7]
τρέπεδδα böot. 256[1]. 275[1]. 589, 4; τρεπέδδας 331[6]
τρέπομαι (-εσθαι) II 230[4]; – τινα II 231[6]; – ἑκάς II 538, 2; – ἀπονόσφι II 540[3]; s. ἐτρεψάμην
τρέπω 295[6]. 358[7]. 684[4]. 685[2]. 747[5]. II 230[4]; – c. abl. II 91[6]; s. ἔτραπον, ἔτρεψα, τέτροφα, τρέψω
τρε̄ς ion. att. 73[7]. 313[2]
τρεσ- 755[2]
τρεσᾶς 461[7]
τρέσητε conj. 791[2]
τρεσσ- 755[2]
τρέσσαι 418[7]
τρεφθη- Eur. 759[3]
*τρέφοια 665[1]
τρέφοιν 1. sg. 660[1]. 665[1]
τρέφομαι II 234[1]. 624[4]; τρέφεται II 224[7]; τρέφομαι ἐμαυτῷ θρέμμα II 236[1]; s. τέθραμμαι
τρέφω 684[4]. 747[5]. 771[1], 7. II 80[1]. 234[1]; s. ἔθρεψα, τέτροφα
τρέχα imper. ngr. 804[2]
τρέχας ngr. 800[2]
τρεχέδειπνος 430[2]
τρέχνος 512[7]
τρεχούμενα νερά II 410[7]
τρέχω 747[6]. 755[3]. 781[6]; – -ειν II 258[4]; – περὶ ἑωυτοῦ II 502[6]; τρέχει χρυσὸ φίδι τὸ νερό ngr. II 619, 1; s. ἔτρεξα, ἔθρεξα
τρεψάμενοι Od. 755[3]
τρέψω fut. [τρέπω] 747[5]. 782[5]
τρέω 685[5]. 706[8]. 755[2]. II 226[5]; s. τρέσσαι
τρηγαλέον 223[1]
*τρηδών 529, 4
τρῆμα 149[2]. 346[4]. 360[4]. 523[3]
τρηματιζόντεσσι Sophr. 564[5]
τρηματίκτᾱς dor. 360[4]
τρήρων ion. hom. 187[3]. 190[1]. 281[6]. 487[5]. II 34[4]; – πέλεια II 176[4]
τρῆς äol. (lesb.) dor. ther. 248[8]. 313[2]. 589[4]
τρῆσαι att. 360[3]
Τρητὸν ὄρος 360[4]
τρητός 346[4]. 360[4]. 361[4]
τρηχέη 474, 2
τρηχείων neut. Hippokr. 581, 2
τρι- compos. 589[5], 4. 5
-τρια suff. f. 473[1.2]. 475[2.3]
τρία n. pl. 581[2], 4. 589[5]; – καὶ δέκα 594[2]
(*τρίᾱ n. pl.) 581, 4
τριαγμός 589[5]
τριάδελφαι (αἱ) or. Sib. 589, 5
τριάζω 589[5], 5
τρίαινα 475, 6. 589[5]
τριᾱκάδιοι kyren. 597[1]
Τριακαδίων 597[3]
τριᾱκάς 597[1]. 599[2]
τριάκις lak., Soph. 598[1]
τριάκοιστος lesb. 287[8]. 596[2]
τριᾱ́κοντα att. 581, 4. 591[4]. 592[1]. II 176[2]; οἱ – II 25[3]. 471[2]; – πέντε 594[6]
*τριᾰ́κοντα 592[1]
τριᾱκοντάκις Plut. 598[1]
τριακοντοδράχμου lokr. 593[6]
τριακόντορος 255[6]
τριακοντούτᾱς acc. pl. 580, 1
τριακοντούτης Thuk. Plat. 593[6]
τριᾱκόσιοι 593[1]. II 182[3]
τριακοστόδυος Nikom. 596[3]
τριᾱκοστός 596[2]
τριάντα ngr. 265[1]. 592[3], 5; ὁ – 595, 1
τριάς 597[2]
τριᾶς siz. 528[3]. 599[4]
τριβακός 497[1]
τριβη- pass. 759[5]
τρίβολος 439[4]
*τριβολωλ- 263[2]
τρίβος 459[1]. II 34, 3
τρῑ́βω 302[2]. 685[4]. 702[4]. 759[5]. 771[7]
τριβώλετερ lesb. (Alk.) 263[2]. 569[8]
τριβωλέτηρ 568[8]
τρίβων c. gen. II 108[2]
τριγλοφιᾶν delph. 182[3]
τριγόλας 484[5]
τριγύρω 'ς II 437[3]
τρίδιπλος spät 598, 8

τρίδυμος 589[3]. 598, 8
Τριενδασις 152[7]. 202[6]
*τριέρητον 274[4]
*τρίεσσι dat. pl. 589[5]
τρίετες hom. 514, 1
τριέτην acc. sg. j.-att., Koine 579[4]
τριέτηρος 482[6]
τρίζειν 334[4]; -ω 716[3]
τριhημίγυον her. 219[2]
τριηκάς Hes. Hdt. 597[1]
τριήκοντα ion. 581, 4. 592[1]
τριηκόντεσσι Anth. P. 592[2]
τριηκόντων gen. pl. ion. Hes. 592[2]. II 176[2]
τριηκόσιοι ion. 344[4]. 593[1]
τριήμερον II 40[2]
τριημίγυον 599[3]: s. τριhημ.
τριημιολία 264[1]. 599[3]
(τριηρημιολία) 264[1]
τριήρης 578[2]; τριήρην j.-att., Koine 579[4]; ἡ τριήρης (ναῦς) II 175[5]; τριήρους ἧς.. καινὴν ἀποδώσειν II 641[3]; s. τριήρων
τριήρων gen. pl. 382[8]. 579[3]
*τριηρῶν gen. pl. 579[3]
τρίινς acc. pl. kret. (gort.) 575, 2. 589[5]
Τρίκκα ON 638[4]
*τρῑκοντα 592[1]
Τρικόρυνθος 60[7]
Τρικορύσιος 272[1]
*τρικόσιοι 593[1]
τρίκρος 583, 5. 589, 5
τρικτευαν delph. 459, 7. 597[4]
τρικτύα Epich. 597[3]
τρικτύς Sophr. 597[3], 5
τριμίσκον 542[3]
τρῖμμα 523, 6
*τρινς acc. pl. 589[5]
τριξᾶς siz. 599[4]
τριξός ion. 322[2]. 598[3]
τρίοζος 397[6]. 439[5]
τριοῖς 564[8]. 565[1]
τριοῖσι dat. ion. Hippon. 565[1]. 589[5]
τριοττίς att. 298[5]. 319[3]. 518[2]
τρίπαλαι 589, 5
τρίπεζα 275[1]
τριπήχη Xen. 573[4]
τρίπλαξ hom. 598, 8
τριπλῆ 598[4]. II 163[5]
τρίποδ- 438[1]
τρίποδας amorg. 590, 2
τρίπον acc. sg. m. Anth. P. 565, 3
τρίπος hom. 565, 3
τρίπους, -πουν Aesch. 565, 3
Τριπτόλεμος v.-att. 100[4]. 255[6]
τριπτυς keisch 597[4]; -ύν 87[1]
-τρίς suff. 465[2], 1
τρίς adv. 597[6]; – ἐννέα 594[6]; – μύριοι Hes. Hdt. att. 593[5]; – τῆς ἡμέρας II 114[7]; εἰς (ἐς) τρίς II 460[1]; ἐπὶ – II 466[1]. 472[6]
τρῐ́ς nom. pl. her. 564[1]
τρῖς nom. pl. 589[5]
τρῖς acc. pl. altatt. 87[5]. 287[5]. 589[5]; vgl. 563, 1
τρισεινάδα Hes. 591[1]
τρισί dat. 589[5]
trisirés (= τρεῖς σ-) ngr. 230[5]
τρισκαίδεκα 337[3]. 589[5]. 594[2]
τρισκαιδέκατος 596[3]
τρίσμακαρ 632[6]
τρισσάκις Anth. P. 598[1]
τρισσάτιος Anth. P. 598[4]
τρισσεύω 598[3]
τρίσσι dat. lesb. 589[5]
τρισσός 598[3]
τριστοιχεί 623[5]
τριταγωνιστής 453, 5
τριτᾱΐζω 596[4]
τριταῖος 596[4]
τριταρτημόριον Poll. 596, 2
τριτάτη μοῖρα 599[2]
τρίτατος hom. 504[1]. 596[1]
τριτεῖα n. pl. 596[5]
τριτεύω 596[4]
τριτημόριον 599[2]
τριτημόριος 438[4]
Τρίτιος ark. 595, 5
τριτο- compos. 589, 5
τριτοπάτορες 453, 5
τρίτος 381[4]. 595[7]. 596[3]; – ἀπὸ Διός II 447[5]; τῇ τρίτῃ II 158[7]; τρίτον ἔτος τουτί II 69[8]; τρίτος αὐτός II 211[4]; – καὶ δέκατος 596[3]
τριτόωσα σελήνη Arat. 596[4]
τρίτρα gort. 532[2]. 596[5]
τρίττοι(ι)α 597[3]
τριττός att. 598[3]
τριττύς att. 316[8]. 597[3.4]
τριφάσιος 598[5]
τριφθη- 759[5]
τριχ- 566[1]
τρίχα 598[2]
τριχάϝικες 93[4]. 437[6]
τρίχες II 43[5]
τριχῆι 630[4]
τριχθά 598[3]
τρίχινον II 446, 5
τριχόθεν 630[4]
τριχοίνικος 450[6]
τριχοῦ 630[4]
τριχῶς 630[4]
τριχώσιος 'über B.' II 133[2]
τριώβολον 398[2]
τριώβολος 454[3]
τριῶν gen. 589[5]; – ἥμισυ στ. Strab. 598[3]
τριώρυγος 352[1]
trjá ngr. 245[4]
-τρο- suff. 530[5], 4. 531[2]
Τροζάν 276[2]
Τροιζάνιος arg. 276[2]
Τροιζήν 276[5]
Τροΐη 104[2]; Τροίη 79[5]. 469[1]
Τροίηθεν 552[1]. II 90, 1; ἀπὸ – Ilias 628[2]. II 171[5–6]
τρομᾶν (= τολμᾶν) 267[5]
τρόμεσκε Hes. 711[4]
τρομέω hom. poet. 339[2]. 720[1]; s. ἐτρόμησα
Τρόμης 635[6]
-τρον suff. für -τον 532[3]
τρō̄ōσάντōν, τρōōσει kret. 738, 6
τρόπα 623, 1
τροπάδια 623, 1
τρόπαιον 383[1]; – c. gen. II 132[1]; τρόπαια βαρβάρων II 121[5]
τροπᾱλίς 484[3]
τροπέοντο H. 720, 4
τροπέω hom. 720[2], 4
τροπή 358[7]; (term.) 45[2]
τρόπις 462[4]
τρόπος 821[3]; τρόπῳ II 162[7]; – ὁτωιοῦν II 584, 4
τροπός 459[3]
τροφέοντο hom. 720[2]
τροφεύς II 32[2]
τροφή II 32[2]; c. dat. II 153[6]
τρόφηξ äol. 497[4]
τρόφι hom. 542, 4. 609[4]
τρόφις 462[4]. II 176[6]
τροφόεις 527[6]
τροφός m. f. 459[2]. II 32[2]
τροφώ spätgr. 478[5]. II 32, 4
Τροφώνιος 205[6]. 255[7]
τροχίλος 485[1]
τρόχις 462[4]
τρόχμαλος 492[4]
*τροχμός 492[4]
τροχός 339[2]. 381[3]. 459[3]. II 258[4]
τρόχος 381[3]. II 258[4]
τρυγάω hom. 725[6]. 731[5]; τρυγῶσιν II 245[5]
τρύγη 836[4]
τρύγοιπος 299[6]. 836[7]
τρυγοιπός 426[3]
τρυγών 487[1]
τρύζειν 334[5]; -ω 714[6]. 716[4]; s. ἔτρυξα
τρῡπανον 702[4]
τρῦσος 516[6]
*τρυτός 337[5]. 596[1]
τρυφάλεια 351[2]. 352[2]. 357[5]. 590[2]
τρύχνος 334[5]
τρῦχος 496[5]. 512[4]
τρύχω 685[4]. 702[4]
τρύω 686[3]. 702[4]
Τρῳάδα 162[5]

τρωγοδύται 830[8]
Τρωγοδύται 260[4]
τρώγω 340[4]. 359[5.6.7]. 685[4]. 748[2]. 781[6]. II 226[2]; s. ἔτραγον, ἔτρωξα
τρώει hom. (Od.) 685[4]. 722[1]
Τρῶες hom. 480[3]. II 45[3]
Τρωιαί 473, 1
Τρωϊκά (Τρωικά): τὰ – II 175[1]. 486[6]
Τρώιλος 485[1]
τρῶμα 346[2]
τρωματίζω II 272[2]
τρωννύω 699[4]
τρώξ 424[3]
τρωξαλλίς 346[2]
τρώξανον 517[2]; τρώξανα 346[2]
τρώξομαι 781[6]
Τρωός gen. II 45[3]
τρωπάομαι hom. 719[2]
τρωπασκέσθω H. 711[6]
τρωπάσκετο Ilias 711[3]
τρωπάω hom. 358[7]. 719[2]
Τρώς 378[3]; s. Τρωός, Τρῶες
τρώσεσθαι II 295[4]
τρώσω 782[5]
Τρώτιλον II 86[2]
*τρωτός 361[4]
*τρώυγω 346[2]
τρῶυμα ion. 346[2]
τρωχάω hom. 719[2]; τρωχᾶν περὶ τέρματα II 504[1]
*ts 321[3.5.8]; *ts > ττ bzw. σσ 308[3]. 320[4.5]
Τσάκωνες 825[2]
τσί (= τούς) ngr. (dial.) 563[7]
*tsw- 320[1]
ττ 86[1]; att. eub. böot. 75[5]f. 81[4]. 87[2]. 91[3]. 115[2], 1. 316[7]. 317[6.7.8]ff.; Ausspr. kret. el. 331[7]; ττ aus *tj* bzw. *ts* att. kret. 320[4.5]; ττ in Koine 121[3]. 127[7]; ττ böot. < -ts- < -*tj*- 308[3]; ττ att. < *tj* 320[7.8]; ττ < πτ 211[3.4]; ττ kret. < κτ 256[7]; ττ kret. < στ 216[6]; ττ att. st. σσ 81[4]. 320[4–8]. 723, 8
-ττ- fut. aor. böot. 738[1]
ττα neut. pl. pron. att. 319[5]. 413[4]; ἄλλά ττα 115, 1. 616[5]
-ττα 616[5]
Τ(τ)ῆνα kret. 331[6]. 414[3]. 577[1]
Ττηνί dat. kret. 577[2], 3
Ττηνός kret. 577[1], 3
ττολι- thess. 325[4]
ττολίαρχος thess. 88[4]. 90[7]. 106[5]. 316[8]. 414[3]
τυ anl. geblieben 272[4]; τυ > böot. τιου 233[3]; τυ nach Vok. > συ 272[2]
-τυ- suff. 506[3] ff.; s. -τύς
τύ 'du' dor. lesb. (gramm.) 600[5]. 602[1.7]
τυ acc. sg. (= σέ) dor. phok. 602[2]. 603, 1
τῦβι 462[5]
τύγα dor. 606[3]
τύγχανε hom. 699[5–6]
τυγχάνειν τοῦ II 360[6]
τυγχάνω 699[6]. 701[2]. 747[4]. 756[2]. 781[6]. II 16[2]. 377[4]. 624[4]; – c. acc. II 104[5]; – c. infin. II 396[4]; – c. praedic. II 395[1]; – c. ptc. II 392[1–5], 3. 6; – τινός II 104[3]; – – παρά τινος II 497[7]; – – πρός τινος II 514[5]; – – παρά τινι II 494[4]; – τιμωρίας ὑπό τινος II 227[2]; – παρών II 386[7]. 392[2]; – ἐών II 392[4]; λελαβηκώς II 392[5]; -εις δρῶσα II 392[3]; s. τυχεῖν
τῦδε adv. H. 622[3]
Τυδέᾱ acc. sg. hom. 576[2]
Τυδέος gen. sg. hom. 576[2]; – υἱός 576[2]. II 177[4]
Τῡδεύς 477[4]. 478[1]
Τύδης Antim. 575[6]
Τυδυς 478[1]. 576[2]
τυί · ὧδε kret. (H.) 622[3]
τυί 'diese' böot. 612[2]. II 208[5], 1
τυῖ 'hierher' II 157[6]
*τυῖ 'da' 610, 7
τυῖδε adv. äol. 200[1]. 622[3]. II 157[6]
τυΐν (= τούτῳ) H. 610, 7. 622[3]
*τυκσνός 327[6]
τυκτός 347[4]
τύκω 685[3]
τύλη 308[5]
Τύλισος ngr. (kret.) 395[4]
τυλίσσω 733[5]
τύμβος 295[6]. 308[5]. 496[2], 2
τύμπανον 490, 1. 702[1]
Τυμφαία 334[5]
Τύμωλος 278[6]
τύν nom. böot. 840[7]
Τυνδαρίδαι 509[5]
Τύνδαρος 157[8]
τύνει böot. 606[3]
τῦνη hom. dor. 602[1]. 606[3]
τυννοῦτος Aristoph. 612[7]
τύντλος 533[1]
τυπ- 702[1]
τύπανον 490, 1
τυπείης Ilias 759[5]
τυπείς 757[5]
τυπέντ- 759[5]
τυπήσω fut. 783[2]
τύπος 459[1]
-τύπος 450[6]
τύπτε, τύπτες ther. 660, 2
τυπτήσειν II 376[5]
τυπτήσω fut. 127[7]. 752[4]. 783[2]; s. ἐτύπτησα
τύπτομαι II 230[5]; – c. acc. II 72[5]; – πληγάς II 80[7]; τύπτεται ἕλκος II 79[4]; -εσθαι ὑπ' ἄκοντι II 526[4]
τύπτω 334[5]. 702[1]. 705[1]. 752[3.4]. 759[5]. II 230[5]; -ειν πληγάς II 75[6]; – τινά κατὰ τοῦ τραχήλου II 479[8]; s. τυπτήσειν, -ήσω
τυραννεύω c. gen. II 109[6]. 110[2.5]
τυραννέω II 109[6]
τυραννί voc. 565, 4
τυραννίς f. 465[3]. II 605[8]; – ἡ περὶ Φίλιππον (= Φιλίππου) II 504[6]
τύραννος 316[1]. 491[5]. II 31[5]. 614[5]
τύρβα adv. 623, 1
τυρβάζειν 334[5]
τῡρέω 726[3]
τυροπωλῆσαι τέχνην II 73[2]
τῡρός 481, 11; οἱ τυροί II 43[2]
Τύρος 153[2]
τυροῦττα 528[2]
Τυρρηνός att. 285[7]
τύρσις 64[6]
Τυρταῖος 337[5]. 590[2]
Τύρταμος 590[2]
*τυρτό- 381[5]
*τυρτος 'vierter' 590[2]. 596[1]
*τυρτός 337[5]
Τυρώ 478, 6
-τύς f. suff. 505[4]. 506[5]-507[2]. 596[5]. 597[3–4]. II 356[4]
τύσσει H. 715[2]
Τυτάρεως 257[1.2]
τυτθά adv. 621[2]
τυτθός 316[2]. 511, 2
*τυτύσκομαι 648[6]
τῡφεδανός 343[3]. 486[4]. 530[2]
*Τυφειδίδης 257[2]
τυφλὸς ἐκ δεδορκότος II 463[7]; – εἶ τά τ' ὦτα II 85[5]
τυφλώσσω 733[6]
τῡφω 261[5]. 685[4]. 702[4]. 759[6]. 831[1]
Τυφωεύς 477[1]
Τυφῶς att. 480[3]. 558[1]
τύχα II 623[4]
τύχα instr. 550[4]
τυχἀγαθῆι 402[4]
τυχάνη delph. 207[1]
τυχε/ο- 747[4]
τυχεῖν II 376[4]. 380[2]. 382[7]; ὧν σου – II 94[6]; τὸ – II 370[3]
Τύχη σωτήρ II 385[1.6]
Τύχης nom. sg. f. 562[1]
τύχησε ἐρχομένη II 392[3]; τυχήσας ὑπὸ στέρνοιο II 527[6]; s. ἐτύχησε
τυχικόν 156[5]
Τύχικος 162[5]
τύχοι II 322[8]

τυχόν adv. 621[2]. II 413[8]
τυχόντες σου ταῦτα II 94[6]
τυχόντως 624[2]
τύχωμι 661[5]
*τύψαια 1. sg., -ψαιαν 3. pl. opt. 797[2]
τύψε II 81, 2
τύψεια Choirob. 796[7]. 797[2]
τώ 557[5]. 609[4]. II 35[3]; τὼ δέ II 609[4]; τὼ θεώ II 609[4]
τώ partic. Ap. Dysk. II 579[1], 1
-τω verba 704[2]
-τω 3. sg. imper. 801[1–5], 1. 2. 802[5.6]. II 339[2]. 340[2]. 342[1]. 380[6]. 383[6]
τῶ partic. (abl.) 'so, dann, deshalb, darum' hom. 404[7]. 623[6], 14. II 20[5]. 411[7]. 579[1.2], 1. 647[1]; τῷ 579[1]
τῶ kleinas.-äol. < τῶι 233[2]
Τωβίας 162[5]
τὠγαθῶ dor. 402[5]
τωι (= τινί) att. 616[1.2]
τῶι (= τίνι;) att. 615[5], 7. 616[2]
τῶι > kleinas.-äol. τῶ 233[2]
τωινυ ark. 612[3]. II 576[4]
τωλυμπιω 404[4]
τὤμισυ 402[1.6]
-των 3. pl. imper. 802[3–7]
τὼν äol. (= τῶν) 383[7]
τῶν gen. pl. art. 611[2]
τῶνα kret. 331[6]
τῶνδεων Alk. 612[1]
τὦνδρες dor. 402[5]
τωνι gen.sg. ark. 612[2]. II 208[5]
τωννυ ark. 612[3]
τῷ ὄντι II 170[7]
-τωρ suff. 531[4], 11; in PN 531, 4
τώρα 'jetzt' ngr. 622[1]
τωρακλέος (= τοῦ Ἡρ.) 221[1]
τως (= αὐτῶν) ngr. (dial.) 614[5]
τώς adv. 'so' dor. 15[4]. 280[8]. II 577[6.7]
τῶς adv. 'so' 404[7]. 409[8]. 410[1]. 611[2]. 623[6]. 801[2]. II 91[2]. 577[6.7]. 642[5]. 662[7]
*τῶς 410[1]
-τωσαν 3. pl. imper. 127[7]. 802[5.6–7]
τῷ τρόπῳ πόθεν λαβών; II 405[6]
τὠυτό ion. dor. 203[3]. 402[5]

Υ

υ 143[2]; (= *u*) 87[2]; alte Ausspr. 91. 155[1]; lak. Ausspr. als *u* 94[1]; (= *ü*) ion. att. 81[2]. 85[7]. 156[2]; in Koine 128[6]; υ als Kürze u. Länge 349[7.8] f.; υ vor Vok. als u^w ausgespr. 399[6.7]; υ wechselt mit ῡ 350[6.7]; ῡ̈ ion. att. aus *ū* 621, 10; υ aus idg. *ū* 349[7.8]; aus idg. *o* 350[7]; υ böot. für οι 91[2]; υ aus λ 81[4]; υ assimiliert α 256[1]; assimiliert ε 255[8]; assimiliert ι 256[1.2]; υ wird assimiliert durch ι 256[2.3]; υ dissimiliert zu ι 351[6]; ῡ̆ > ion. att. *ǖ* 233[2]; υ = *i* 256[3]; υ > kleinas.-Koine i 123[5]; *ü* > spätgr. i 184[1]; υ (= ü < υ und οι) > *i* 233[8]; υ aspiriert spät 304[7]. 305[3.4]; υ Rest einer Stufe *we* 350[3]; ῠ Schwachst. zu ευ 350[2]; ῠ ablaut. als Schwachstufenvok. 350[2]; υ:ε Ablaut 571[5]; υ (= *u*) vor ungleichem Vok. unsilbisch 244[6.7]; υ in Verbalwz. 685[3]; υ unkontrah. in Kompos.fuge 397[6]; ῡ Schwachst. zu *we* 350[4]; ῡ Reduktionsvok. von ē ō ᾱ+u 350[5]; ῡ aus υι 795, 4; ῡ kontrah. < υυ 248[6]; ῡ-augmentiert 655[1]; s. *hu-
-υ: kein Hiat vor Vok. 399[6]
-υ ark. < -ο 88[6]
-υ subst. 463[5], 3
-υ adv. 620[4]
-υ dat. sg. böot. 556[1]
-υ nom. pl. böot. 556[2]
*-ῡ loc. sg. hom. 570, 1
-υ- suff. 462[2] ff.
ὑ- 433[1]
*ὑ- pron. 601[6]
ὐ- praep. kypr. 434[5]. 631, 2. II 432[5]
υ̣ pamph. (= ὁ) 182[4]
ῡ̔ augm. 655[1]
*υ partic. II 560, 1. 576[4]
-*u* f. (gen. -*us*) ngr. 585[7]
ū aus ου 192[6.7]. 577, 9; – aus *oo* kontrah. 249[2]
ὑ praep. II 517[4]
ὐ praep. 631, 2. II 517[4] f.; ὐ τύχα kypr. 550[4]. II 517[5] ὐ ϝῆρι, ὐ πιϝαϝι II 517, 5
ὕ, ῦ Schnüffellaut II 599, 2
ῦ 160[4]. 163[5]; – (ψιλόν) 140[5]
υα f. 'filia' lesb. 574, 2
-υα neut. pl. 581[2]
ὑα- < ϝα- 305[4], 3
-υᾶ acc. sg. < -υέα 579[3]
Ὑαγνις 305, 3
Ὑάδες 508[2]. II 52[1]
ὕαινα 475[4], 5
ὑάκινθος 224[2], 1. 305[4]. 510[6]
ὑαλᾶς 128[5]
ὑαλέος 484[3]
ὕαλος att. 243[7]. 305, 3
Ὑάμπολις 399, 1
Ὕαντες 526[4]
-υας acc. pl. 571[2]
υασις 153[1]
Ὑᾶται 36[5]
ὑβ- [= ὑπό] II 522[6]
ὑββάλλειν hom. 265[5]. II 522, 4
Ὑβρέστας thess. 275[1]
ὕβρεως gen. sg. 572, 3
ὑβρίζειν II 380[1]; ὑβρίζω 735[5]; ὕβριζαν 754[1]; -ίζω ὕβριν II 75[2]; – (εἴς) τινα II 73[7]
ὑβρίζομαι ὕβριν II 80[5]
ὕβρις 495[2]; – κατά τινος II 480[2]; s. ὕβρεως
ὑβρίσματα συγγόνου II 121[4]
ὑβριστής 543[4]
ὑβριστ(ικ)όν 542, 3
-υγγ- suff. 498[3], 6. 521[5]
ὕγγεμος kret. kypr. 324[2]. II 487, 3. 517, 5
ὑγεία hell. 194[2]
ὑγεῖα 469[5]
Ὑγεῖνος hell. (= ὑγιεινός) 15[3]. 248[6]
ὑγῖα 254[3]
ὑγιάζω 732[1]. 735[4]
ὑγιαίνω 733[2]. II 280[3]; -ειν τὰς φρένας II 85[3]
ὑγίᾶνα 653[2]
ὑγιγαίνις (= ὑγιαίνεις) hell. 209[4]. 312[7]
ὑγιειᾶ, ὑγιείη 469[5]
Ὑγίεια 469[5], 4
*ὑγίεις 527, 3
ὑγιέστερος 535[4]
ὑγιῆ acc. sg. 189[5]
ὑγιῆν acc. sg. 579[4]
ὑγιήν acc. sg. 586, 6
ὑγιηρέστερος 535[4]
ὑγιηρός 483[1]. 586[3]
ὑγιής 189[5]. 298[6]. 304[2]. 425[1], 1. 433[1]. 513[5]. 586, 6. II 624[1]; s. ὑγιῆ, -ῆν, -ήν, ὑγιοῦ, ὑγιέστερος
Ὑγῖνος hell. 248[6]
ὑγιοῦ gen. sg. 586, 6
ὑγιόω 732[1]
ὑγιώτερος 535[4]
ὑγράζω 735[2]

ὑγρός 298[6]. 305[1]. 481[5]
ὑγρώσσων σπόγγος Aesch. 733[6]
ὑδ- 519, 3
*ὑδαίνω 519, 2
ὑδαλέος 519[3]
Ὕδαμος rhod. II 517, 7
ὑδαρής 481[3], 7. 519[3]
Ὑδάρνης 182[8]
ὑδαρός 481[3]
Ὑδάσπης 182[8]
ὕδατα II 43[2]
ὑδαταίνω 519, 2
ὑδάτιον 470[6]. 519[3]
Ὑδατοσύδνη 475[6]
ὑδατοτρεφής 519[3]
ὕδει 519[3], 3. 548[3]
ὑδείομεν 685[3]
ὑδεράω 731[2]. 732[3]
ὑδεριάω 732[3]
ὕδερος 305, 2. 481[1]. 519[3]
-υδις adv. äol. 619[4]
*-υδλιον 323[3]
ὕδνης 519[3]. 520[5]
ὕδος 519, 3. 548[3]; s. ὕδει
ὕδρᾱ 460[7]. 481[2]
ὑδράγυρος 260[4]
ὑδραίνω 519, 2. 733[1]; s. ὑδρηναμένη
ὑδρᾶνας 487[4]
ὑδράργυρος 260[4]. 519[3]
ὑδρεύω 519[3]; -ειν 732[5]
ὑδρηλός ion. 484[3]. 519[3]
ὑδρηναμένη 519[3], 2
υδρια 222[2]
ὑδρία 519[3]
ὑδριᾱφόρος att. 438[4]
-ύδριον suff. 471[3], 8
ὑδρίσκος 542[2]
ὑδρο- 519[3]
ὑδρόμελι 519[3]
*ὕδρον 838[8]
ὕδρος hom. 305, 2. 460[7]. 481[2]. 519[3]
ὕδρω 838[8]
ὕδρωψ 425, 4. 481[2]; ὕδρωπα II 88[2]
ὕδωρ 52[1]. 73[1]. 350[3]. 424[4]. 519[3]; hύδωρ 304[7]; ὕ̆δωρ 519, 3; ὕδωϱ gen. äg.-gr. 585[3]; ὕδωρ II 30[2]. 41[5]; ὕδατα II 43[2]; s. hύδωρ
υε 240[5]
ὕε imper. 799[1]
ὗε Ζεύς II 621[4]
ὑέεσσι (υεεσσι) siz. (syrak.) 564[4]. 574[3]
ὕει 58[6]. II 72[6]. 621[4]; – ὁ θεός II 621[4]; – οὐδέν II 76[6]; – ποτὶ ἕσπερον II 512[3]; s. ὗε, ὗσε
ὑειοί 196[7]
υειοις 200[2]
Ὑελῆ 224[2]
ὕελος 243[7]
υεργων 224[1]
υεσις 224[1]
ὑετός 501[3]
Ὑεττός böot. 321[2]
ὐευξάμενος kypr. II 517, 6
ὐϝαις kypr. II 517, 5; υϝαις ζαν 303[6]. 631, 2
-ύζω verba 736[6], 12
ὕθλος 533[3]
-ύθω verba 703[5]
υι neuer Diphth. im Gr. 73[7]; – aus *υσj 273[2]; υι > att. υ 233[5]
υι adv. kret. 622[3]
-υι adv. lesb. 622[3]
-υῖ dat. sg. hom. 570, 1
υἷ adv. 'wohin' kret. II 157[6]. 647[1]
υἷ' du. Theokr. 573, 4; s. υἷε
υἷα acc. sg. 573[7], 5. 574[4]
-υῖα f. ptc. pf. 540[1·6]. 580[5]. 764, 3. 810[1]; aus *-υσjα 473[6], 7
ὑιαίνομεν 209[4]
υἷας 573[7], 4
υἱάσι dat. pl. 567, 5. 574[1·3], 1
ὑϊδοῦς 562[4]
υἱΕ 573, 4
υἱέ voc. 574[1·3]
υἷε du. 573[7]. II 48[2·3·4]
υἱέα acc. sg. 573[7], 5. 574, 3
υἱέας acc. pl. 573[7], 5. 574[2], 3
υἱέες nom. pl. 573[7]. 574[2]
υἱεῖ du. altatt. 573[5], 4; s. hυιΕ
υἱέι dat. sg. 573[7]. 574[2]; υἱεῖ 573[7]. 574[2·4]
υἱεῖς 573[7]. 574[2]
υἱέοιν gen.-dat. du. Plat. 573[5]
υἱέος gen. sg. 573[7]. 574[2]
υἷες nom. pl. 573[7]
υἷες Ἀχαιῶν II 614[3]
υἱέσι dat. pl. 574[2·3]
υἱέων gen. pl. 574[2]
*υἷϝος 348[4]
υιhυς nom. sg. altatt. 574[2]
υἱή 460[4]
υἱῆα acc. sg. Nikandr. 574[4]
υἱῆας acc. pl. Ap. Rh. 574[4]
υἱῆες nom. pl. Ap. Rh. 574[4]
υἱῆϊ dat. sg. Anth. P. 574[4]
υιήν 224[1]
υἷι dat. sg. 573[7]
υἱιδεύς att. 510[2]
υἱο- hell. 574[4]
υἱοθετεῖν 426[5]
υἱοῖσιν dat. pl. Od. 574[1]
υἱόν acc. sg. 574[1·3]
υἷος gen. 348[1·3]. 385[5]. 572[2]. 573[7]; s. hυιος
υἱός 58[5]. 200[2·3·4]. 304[2]. 458[3]. 574[1·2·3]. 583[3]. 635, 4; s. hυιός
υἱοῦ gen. 574[1]
ὑ⟨ι⟩παδυκιοίο[ις] el. II 523, 4
υις adv. rhod. 200[1], 1. 622[3]
υἷς nom. sg. Simon. 574[2]
υἷς 'wohin' dor. 631[3]. II 157[5]. 647[1]
υιύν acc. sg. ark. kret. (gort.) 574[2·3]
υιυνς acc. pl. kret. (gort.) 571[2]. 574[2]
υἱύς nom. sg. altlak., gort. 574[2]. 583[3]. II 31[3]
υἱώ du. Theokr. 573, 4
υἱῶν gen. pl. 574[1]
υἱωνός 480[3]. 491[4]. 562[4]
-υκ- suff. 497[4·5]
ὑκερός hell. 269[6]
*ὑκόντ- 678[4]
ὑκτό- 381[5]
-ῡλα aor. 753[5]
ὕλαγμα 706[2]
ὑλαγμός 706[2]
ὑλακάω 706[2]
ὑλακόμωροι (κύνες) 706[2]
ὑλακταίνω Qu. Sm. 706[2]
ὑλάκτει 706[1]
ὑλάκτεον 706[2]
ὑλάσκω 706[2]
ὑλάσσω 706[2]
ὑ̣λάω 305[1]. 412[7]. 683[2]
ὕ̆λη 304[2]. 483[4]. II 51[6]
ὑλήεις f. II 32, 5
Ὑλλεῖς 65[7]. 66[4]
Ὑλλῆς 79[3], 1
-ύλλιον suff. 323[3]
-ύλλω verba 736[6]
ὕλογος pamph. 89[1]. II 487, 3
ὕ̣μ äol. 140, 5. 409[5]
ῡ̣μ- 'ihr' 600[5]. 601[2]
ὑμᾶς att. 603[2]. 605[3]; ion. att. 606[2]
ὕ̆μᾱς encl. att. 603[2]
ὗ̣μας Babr. 606[2]
ῡ̣μέ acc. dor. 602[7]. 603[2]
ῡ̣μέας acc. ion. hom. 603[2]. 605[3]
ῡ̣μεδαπός 604[1], 1
ὐμέες 605, 7
ὑμέες gramm. 605, 7
ὑμεῖς 57[2]. 303[5·7]. 603[2]. 605[2·5]; – οἱ ἄνδρες 600, 1
ὑμείων hom. 603[2]. 605[2]
ὑμέν j.-kret. 605[2]
ὑμέναιος 522, 5; – μετὰ κιθάρας II 485[5]
ὑ̣μεναίουν 653[2]
ῡ̣μές dor. 603[1]. 605[2]
ὑ̣μέτερόν δε hom. 624[6]
ῡ̣μέτερος 534[1]. 608[4]. II 183[4]. 200[4]. 202[3·4]. 205[3·4]
ῡ̣μέων ion. dor. 603[2·3]. 605[2]. II 206[2]
ὑμέων zweisilbig hom. 605[2]
ὑμήν 304, 3. 522[2]

'Υμηττός att. 61[1]. 317[7]. 321[2]. II 33, 2; s. 'Υμμητός
ῡμίν dor. 603[4]. 604[2]
ῡμῖν ion. att. 603[4]. 604[2]. II 189[6]
ῡ̆μῖν hom. 603[4]. 604[2]
ὔμιν encl. dor. ion. att. 603[4]. 604[2]
ὐμίων kret. 605[2]
ὐμμ- 'ihr' äol. 600[5]
ὔμμ' (= ὔμμε) hom. 604, 3
ὔμμ' (= ὔμμι) hom. 604, 3
ὔμμε äol. 106[4]; nom. 605[3]; acc. lesb. hom. Pind. 603[2]; ὔμμ(ε) 604, 3
ὔμμες lesb. thess. hom. 603[1]; nom. 605[2]
ὐμμέων lesb. 603[2]. 605[2]
'Υμμητός 268[3]
ὔμμι lesb. hom. 405[7]. 603[4]. 604[2]. 610[1]; ὔμμ' hom. 604,3
ὔμμιν lesb. hom. Pind. 405[7]. 603[4]. 604[2]. 610[1]
ὔμμος lesb. 608[4]
ὐμνείουσαι Hes. 724, 2
ὑμνεῖσθαι ὑπό τινος II 529[6]
ὔμνην infin. lesb. 729[1]
-υμνο- < -ομνο- 258[3]
ὕμνος 209[1]. 524[6]; – c. dat. II 153[6]
ὔμοι äol. 549[6]
υμοιοις ark. 275[5]
ὐμοίως lesb. 182[4]
υμολογίας lesb. 275[5]
ῡμος hom. 608[4]
ῡμός dor. 608[4]. II 202[3-7], 1
ῡ̆μων encl. att. 603[3]. 608[3]
ῡμῶν att. dor. 603[3]. 605[2]
-υν acc. sg. 571[6]. 574, 0. 839[6]
-υν gen.-dat. du. ark. 557[3]
-ῡν acc. sg. 570[5-7]. 571[2]
ὐν ark. kypr. 82[4]. II 440[1]
ὐν- ark. kypr. 275[5]
ὐν- kypr. pamph. II 487[3], 3
ὔν (= σύν), ὔ(ν) kypr. 217[4]. II 517, 5
-ῡνᾱ suff. 491[4]
ὐνέθεκε kypr. 275[5]. II 517, 6
ὐνέθυσε ark. 275[5]
ὐνευξάμενος kypr. II 501[5]. 517, 6
-υνθη aor. 761[6]
(*-υνjω verba) 694[6]
-υννα suff. 491[5]
-ύννω verba lesb. 694[2]
-υνο- suff. 491[5]
-ῡνος suff. 491[4]
-υνς acc. pl. 571[7]
-υνσις suff. 505[5], 8
-υνται, -υντο 3. pl. 671[5]
-ῡ́νω verba 673[6]. 694[2.6.7]. 722[4]. 723[2]. 727[6] f. 733[3-4]. 754[3]. 785[2]. 815[3]
-ὑνῶ fut. 785[2]
ὗξον· βοήθησον H. 803[7]
ὑο- (= υἱο-) hell. 574[4]
ὑόμενος II 72[6]
ὕοντος II 401[2]
ὑός gen. sg. 314[7]
ὗός att. 199[5]. 258[4]. 574[4]
ὑοσκύαμος 446[1]
ὑπ äol. 265[5]. 404[1]
ὑπ' (= ὑπό) II 522[6]; ὑπ' ἐξ II 428[6]; s. ὑπό
υπα böot. lesb. II 523[1], 2. 6
υπα- wlokr. el. II 523[1], 4
ὑπά II 523, 2
ὑπά II 523, 2
ὕπα II 523, 2
ὑπάγγελος II 532[6]
ὑπάγομαι ὑπὸ δικαστήριον II 531[2]
ὑπάγω 674[5]. II 525[1]; – τινά θανάτου II 131[6]; – τῆς ὁδοῦ II 112[5]; – τινὰ ὑπὸ τούς ἐφόρους II 531[2]; ὕπαγ' ὦ II 601[5]; ὕπαγε πρῶτον διαλλάγηθι II 633[4]; ὕπαγε ὀπίσω μου II 540[8]; ὑπάγω (ὑπῆγα) ngr. 764[3]
ὑπαδεδρόμᾱκε äol. (Sapph.) 718[6]. 774[5]
ὑπαδύγιον el. II 532, 5; ὑπαδυγίοις II 523, 4
ὑπαδυκιοίοις du. el. 207[5]. 557[3]
ὑπάετος II 524[2]
ὑπαί II 425[6]. 523[1], 7. 524[4]. 527[4]. 528[1.5]. 531[5]; – ἴδεσκε II 524[7]
ὑπαιδείδοικα II 523, 7
ὕπαιθα hom. 628[6]. II 523, 7. 524[4]
ὕπαιθρος 155[4]. II 532[5]
ὑπαΐσσω II 524[7]; ὑπαΐξας βωμοῦ II 91[7]
ὑπαισχύνομαι II 524[6]
ὑπαίτιος II 532[6]
ὑπαιφοινίσσεται II 523, 7
ὑπακουός 379[6]
ὑπακούω II 525[2]; ὑπάκουσον II 422[6]; ὑπακούω c. gen. II 95[3]; – c. dat. II 95[4]. 145[2]; ὑπακούων σχολῇ ὑπήκουσα II 388[6]
ὑπαλέομαι II 524[7]
ὑπαλεύομαι II 524[7]
ὑπάλυξις II 356[5]. 357[4]. 524[7]
ὑπαλύσκω II 524[7]
ὕπαμμος 829[5]
ὑπαναδύω II 524[7]
ὕπανδρος II 525[6]
ὑπανέστη II 428[3]
ὑπανίστανται θάκων II 92[1]
ὑπανιστέαται c. dat. II 141[7]
ὕπαντα II 524[4]
ὑπαντάξ 620[6]. II 524[4]
ὑπαντάω II 525[3]
ὑπαντιάζω II 525[3]; -ιάσαι τὸν εὐεργέτην II 97[8]; s. ὑπηντίαζον
ὕπαντρος II 524[3]
ὑπαπιέναι II 525[1]
ὑπαποκινέω II 524[1]
ὑπαπροσθιδίōν wlokr. 467[3]. II 523, 4
ὑπαπροσθίδιος II 523, 6. 524[4]
ὑπαποτρέχω II 525[1]
υπαρ, ὕπαρ pamph. 274[8]. 518[6]. 621[1]. II 518[2], 2
ὕπαρ n. II 523[2], 9
ὑπάργυρος 435[4]. II 423[6]. 524[3]
ὑπάρκτιος hell. II 532[7]
ὕπαρνος II 524[3]
ὑπαρξεῖ τινι πὰρ τᾶι πόλει II 494[5]
ὑπάρξω II 292[2]
ὑπάρχειν II 419[3]. 431[4]. 711[8]; – c. dat. II 143[4]; – πρὸς τῆι οἰκίαι II 513[2]; – τι πρὸς τῆς σωτηρίας II 516[4]; s. ὑπάρχω
ὑπαρχέμεν böot. thess. 806[4]
ὑπαρχιτέκτων II 524[2]
ὑπάρχον acc. abs. II 401[7]. 402[1.3]
ὑπάρχονσι dat. pl. thess. 566[2]
ὑπαρχόντεσσι thess. 566[2]
ὕπαρχος 435[7]. II 524[1]
ὑπάρχω II 267[5]. 525, 2; – ἄδικα ποιέων II 393[3]; s. ὑπαρξ-, ὑπάρχειν, ὑπαρχέμεν
ὑπασπίδιος 467[3]. II 532[5]
ὑπάτη, ἡ [χορδή] II 175[5]
'Υπατόδōρος böot. 305, 1
ὑπάτοιν 'coss.' II 47, 3
ὑπάτοπά τι II 532[4]
ὕπατος 503[7]. 504[1]. II 523[2]; (Bed.) 39[4]
ὑπαυλέω II 524[6]
ὕπαυλος II 532[5]
'Υπαχαιοί 79[5]
ὑπεδύσετο 788[3]
ὑπεικαθέων Opp. 703[5], 6
ὑπεικάθοιμι 703[4]
ὑπείκω II 524[7]; -ειν c. dat. II 141[4]
ὑπεῖναι II 524[4]; – (ὕπεστι) ὑπὸ γῆν II 530[7]
ὑπείξομαι, -ξω 781[7]
ὑπείρ 388[1]. II 518[3]; – ἅλα II 519[3]
ὑπείρεχεν ὤμους II 85[2]
ὑπείροχος II 518[3-7]
ὑπεισ- II 525, 1
(ὑπείσας) 653, 2
ὑπέκ 'unten bevor' II 428[5]. 429[7]
ὑπεκθέων II 429[2]
ὑπεκκέεται εἰς II 434[2]
ὑπεκπροέλυσαν II 430[1]
ὑπεκπροθέω II 525[1]; -ει II 429[2]. 430[1]

ὑπεκπρολύω II 525[1]; s. ὑπεκπροέλυσαν
ὑπεκπρορέει II 430[1]
ὑπεκπρορρέω II 525[1]
ὑπεκπροφεύγω II 525[1]; -φύγῃ 429[3]; -φύγοιμι II 428[4]; -φυγών II 430[1–2]
ὑπέκρεεν II 429[2]
ὑπεκσαόω II 524[7]; ὑπεξεσάωσεν II 429[2]
ὑπεκφέρω II 524[7]; ὑπέκφερον II 429[2]; s. ὑπεξέφερεν II 429[2]
ὑπεκφεύγω II 524[7]; κεν ὑπέκφυγε II 348[4]; ὑπεκφυγεῖν II 269[1]
ὑπελάτη II 524[2]
ὑπελθετέον Strab. 810[7]
*ὑπε̄μησε 774[3]
ὑπεμνήμῡκε hom. 774[3]. II 525[2]
ὑπεν- II 525, 1
ὑπένερθε(ν) 627[5]. 633[2]. II 524[4]. 539[4–6]. 540[2]
ὑπέξ II 428[6]. 524[4]
ὑπεξαγάγοι II 429[2]. 430[1]
ὑπεξάγω II 524[7]
ὑπεξαλέασθαι II 429[2]. 430[1]
ὑπεξαναδύς II 429[2]. 430[1]
ὑπεξελαύνω II 351[1]
ὑπεξέλυσαν II 429[2]
ὑπεξεσάωσεν II 429[2]; s. ὑπεκσαόω
ὑπεξήλυξε II 429[3]
ὑπέρ 304[7] [hυπέρ]. 309[2]. II 68[3]. 130[7]. 418[5]. 422[2.4], 4. 432[5]. 433[4]. 500[1], 1. 503[6]. 518[1]–522. 571[5]; – c. gen. II 167[7.8]; ὑπὲρ ἐγώ II 518[4]; ὑπὲρ μόρον 621[3]; – τὸ βέλτιστον II 519[6]; – τοῦ μὴ c. infin. II 521[4–5]; – τᾶς ἄλου II 521[2]; – μὲν ἄ. ἐλθόντες II 426[5]
ὑπερ- 436[7], 2. II 429[5]
ὕπερ 387[8]. II 427[5]. 518[2]
ὑπέρᾱ f. 461[4]. II 518[2]
ὑπεραβέλτερος II 518[6]
ὑπεράγαθος II 518[6]
ὑπεράγαμαι II 519[2]
ὑπεράγᾱν hell. 633[2]. II 518[4]
ὑπεραγανακτέω II 519[2]
ὑπεραγαπάω II 519[2]
ὑπεραγρυπνέω II 519[3]
ὑπεράγω II 519[1]
ὑπεραγωνίζομαι II 519[3]
ὑπεραής II 519[2]
ὑπεραίρω II 519[1]; s. ὑπερῆρεν
ὑπέραισχρος II 518[6]
ὑπεραισχύνομαι II 519[2]
ὑπέρακμος II 522[5]
ὑπερακοντίζω II 519[2]
ὑπεράκριος II 522[4]
ὑπεραλγέω II 519[2.3]; -ῶ c. gen. II 133[5]
ὑπεράλλομαι II 518[7]
ὑπέραλλος II 522[4]
ὑπεράλπιος II 522[5]
ὑπεραμερία, ὀπεραμερία, οὐπεραμερία II 522[4]
ὑπεράμερος II 522[4]
ὑπεραναίσχυντος II 518[6]
ὑπεράνω j.-att., hell. 633[2]. II 428[1]. 518[4]. 536, 1
ὑπεράνωθεν hell. II 518[4]
ὑπεραποθνήσκω II 519[3]
ὑπεραποκρίνομαι II 519[3]
ὑπεραπολογέομαι II 519[3]
ὑπεραρρωδέω II 519[3]; -δέοντες τῇ ῾Ελλ. II 151[5]
ὑπέρασθμος II 518[5]
ὑπερασπάζομαι II 519[2]
ὑπερασπίζω II 522[5]
ὑπέραυχος II 518[5]
ὑπερᾱ́φανος dor. 438[6]
ὑπεράχθομαι II 519[2]
ὑπερβαίνω II 518[7]
ὑπερβάλλω II 518[7]
ὑπέρβαν 520[4]
ὑπερβαρής II 518[5]
ὑπέρβᾰσαν intr. hom. 742, 3
ὑπερβασίη II 518[7]
ὑπερβατόν II 697[2], 1
ὑπερβεβλῆσαι spätgr. 205, 2
ὑπερβιάζομαι II 519[2]
ὑπέρβιος II 518[5]
ὑπερβλύζω II 519[1]
ὑπερβολή II 518[7]
ὑπερβόρεοι II 522[4]
ὑπέργειος II 522[5]
ὑπεργέλοιος II 518[6]
ὑπεργεμίζω II 519[2]
ὑπέργηρως II 518[6]
ὑπερδέα hom. 252[7]
ὑπερδέδοικα II 519[3]
ὑπερδεής II 518[5]
ὑπερδειμαίνω II 519[2]
ὑπερδέξιος II 522[4]
ὑπερδίδωμι II 519[3]
ὑπέρδικος II 522[4]
ὑπερδισύλλαβος II 518[6]
ὑπερδώριος II 518[6]
῾Υπερείδης att. 579, 6
ὑπερέκεινα NT 633[2]
ὑπερεκπερισσοῦ NT II 422, 4. 518[4]
ὑπερεκπερισσῶς II 518[4]
ὑπερέλαφρος II 518[6]
ὑπερεμπίπλημι II 519[2]
ὑπερενιαυτίζω II 522[5]
ὑπερεξακισχίλιοι II 518[6]
ὑπερεξηκοντέτης II 522[4]
ὑπερεπαινέω II 519[2]
ὑπερέπτω II 524[7]
ὑπερέρχομαι II 519[1]
ὑπερεσθίω II 519[2]
ὑπερέτης 275[1]
ὑπερετίθεα 1. sg. 687[6]
ὑπέρευ att. 633[2]. II 518[4]
ὑπέρευγε hell. II 518[4]
ὑπερευρίσκω II 519[1]
ὑπερέφθιτο πατρός II 519[2]
ὑπερεχθαίρω II 519[2]
ὑπΕρεχον hom. 288[5]
ὑπερέχω II 518[7]; – τι c. dat. II 146[4]; s. ὑπερσχόντες
ὑπερζέω II 519[1]
ὑπερηδέως II 518[6], 7
ὑπερήδομαι II 519[2]
ὑπερημερία II 522[4]
ὑπερήμερος 189[5]. II 522[4]
ὑπερήμισυς II 518[6], 7
ὑπερηνορέων II 518[5]; -ρέοντες 731[6]
ὑπερήνωρ II 518[5]. 522, 2
ὑπερῆρεν II 422[6]
ὑπερήσει II 518[7]
ὑπερηφανέοντες 724[3]. 731[6]
ὑπερήφανος 189[5]. 489[6], 14. II 518, 8
*ὑπερήφων 489, 14
ὕπερθα II 518[5]
ὑπερθάλασσος II 522[5]
ὑπερθαυμάζω II 519[2]
ὕπερθε 627[5], 5. II 518[5]. 539 [4–8] f. 540[1]
῾Υπερθεμιστοκλῆς II 518[7]
ὕπερθεν 627[5]. II 518[5]. 539 [4–8] f. 540[1]
ὑπερθετικόν (ὄνομα) term. II 183, 4
ὑπερθέω II 519[1]
ὑπερθνήσκω II 519[3]
ὑπερθρώσκω II 518[7]
ὑπέρθυμος II 518[5]
ὑπερθύριον II 522[4]
ὑπέρθυρον II 522[4]
ὑπεριδεῖν (τὸ) II 371[1]
ὑπερικταίνοντο II 519[1]
῾Υπεριονίδης 509[6]
ὑπερισθμίζω II 522[5]
ὑπερίσταμαι II 519[3]
ὑπερίστωρ II 518[6]
ὑπερίσχυρος II 518[6]
῾Υπερῑ́ων 536, 1
ὑπέρκαιρος II 522[5]
ὑπέρκαλος II 518[6]
ὑπερκάμνω II 519[3]
ὑπερκαταβαίνω II 519[1]; – τι c. dat. II 162[4]; ὑπερκατέβησαν II 429[2]
ὑπερκείμενος ὑπὲρ τὰ ἐργάσιμα II 519[5]
ὑπερκέφαλα II 522[5]
ὑπέρκομπος II 518[5]
ὑπέρκοπος II 518[5]
ὑπερκορέννυμι II 519[2]
ὑπερκόσμιος II 522[5]
ὑπέρκοτος II 518[5]
ὑπερκρέμασθαι II 519[1]
ὑπερκτάομαι II 519[2]
ὑπερκύδᾱς 526, 5; -δαντας hom. II 518, 8

ὑπερκύπτω II 519[1]
ὑπέρλαμπρος II 518[6]
ὑπέρλευκος II 518[6]
ὑπερλίαν hell. II 422, 4. 518[4]
ὑπερλύδιος II 518[6]
ὑπερμαχέω II 519[3]; -εῖς ταῦτα II 77[6]
ὑπερμάχομαι II 519[3]
ὑπέρμαχος II 519[3]
ὑπέρμεγας II 518[6]
ὑπερμεγέθης II 518[5]
ὑπερμενέων II 518[5]; -νέοντες 724[3]
ὑπερμενέτης II 518[5]
ὑπερμενής II 518[5]
ὑπερμετρεῖσθαι II 240[2]
ὑπέρμετρος II 522[5]
ὑπερμήκης II 518[5]
ὑπερμισέω II 519[2]
ὑπέρμορα hom. 621[3]. 632[4]
ὑπέρμορον hom. 386[5]. 436[7]. II 420[4]
ὑπέρμορος II 522[4]
ὑπερνέφελος II 522[5]
ὑπερνεφής II 522[5]
ὑπερνότιος II 522[5]
ὑπέρογκος II 518[5]
ὑπεροικέω II 519[1]
ὑπέροπλος II 518[5]
ὑπέροπτος II 519[1]
ὑπεροράω II 519[1]; – c. acc. II 109[5]; – c. gen. II 109[3]
ὑπερορία II 522[5]
ὑπερόριος II 522[5]
ὑπερορρωδέω II 519[3]
ὕπερος 381[2]. 461[4]. 533[6]. II 518[2]
ὑπερουράνιος II 522[5]
ὑπεροψία II 519[1]
ὑπερπαγής II 518[5]
ὑπερπαίω II 519[2]
Ὑπερπερικλῆς II 518[7]
ὑπερπηδάω II 519[1]
ὑπέρπικρος II 518[6]
ὑπερπίμπλημι II 519[2]
ὑπερπίνω II 519[2]
ὑπερπίπτω II 519[1]
ὑπερπληρόω II 519[2]
ὑπερπλούσιος II 518[6]
ὑπέρπλουτος II 518[5]
ὑπέρπολυς II 518[6]
ὑπερπονέω II 519[2]
ὑπερπόντιος II 179[5]. 522[4]
ὑπέρπτατο hom. 742[4]
ὑπερπυππάζω II 519[2]
ὑπέρπυρος II 518[5]
ὑπερπυρριάω II 519[2]
ὑπερράγη II 524[5]
ὑπερσεμνύνομαι II 519[2]
ὑπερσκελής II 518[5]
ὑπέρσοφος II 518[6]
ὑπερστατῶ c. gen. II 109[3]
ὑπερστένω II 519[3]
ὑπερσυντελικός II 249[1], 1
ὑπερσχόντες nom. abs. II 403[6]
Ὑπερσωκράτης II 518[7]
ὑπέρτατος II 518[5]
ὑπερτείνω II 519[2]; -ειν ὑπὲρ τοῦ τείχους II 521[1]
ὑπερτελής II 522[5]
ὑπερτέλλω II 519[1]
ὑπέρτερος 533[6]. II 518[5]
ὑπερτετρακισχίλιοι II 518[6]
ὑπερτίθημι II 519[1]; s. ὑπερετίθεα
ὑπερτιμάω II 519[2]
ὑπέρτολμος II 518[5]
ὑπερτρέχω II 519[2]
ὑπερτρισύλλαβος II 518[6]
ὑπέρυδρος II 518[5]
ὑπερυθριάω; s. ὑπηρυθρίασε
ὑπέρυθρος II 524, 3
ὑπερύψηλος II 518[6]
ὑπερφαίνεσθαι II 519[1]
ὑπερφαλαγγέω II 522[5]
ὑπέρφατος II 522[4]
ὑπερφέρω II 519[1.2]; – τινός τινι II 101[4]
ὑπέρφευ 633[2]. II 518[4]. 519[6]
ὑπερφεύγω II 519[1]
ὑπερφθίνομαι; s. ὑπερέφθιτο
ὑπερφίαλος 301[6]. 483[7]. II 518, 8
ὑπερφιλέω II 519[2]
ὑπερφιλοσοφέω II 519[2]
ὑπερφιλότιμος II 518[6]
ὑπέρφοβος II 518[6]
ὑπερφρονῶ (-εῖν) c. gen. II 109[3]; – c. acc. II 109[4]
ὑπέρφρων II 518[6]
ὑπέρφυμον (= ὑπέρφημον) 132, 1
ὑπερχαίρω II 519[2]
ὑπερχειλής II 522[5]
ὑπέρχειρ II 518[5]
ὑπερχθόνιος II 522[5]
ὑπέρχολος II 518[6]
ὑπέρχομαι II 525[1]
ὑπέρχρεως II 518[5]
ὑπερχρονέω II 522[5]
ὑπέρψυχος II 522[5]
ὑπέρψυχρος II 518[6]
*ὑπέρω II 518[4]
ὑπερῴα II 518[5]
ὑπερώδυνος II 518[5]
ὑπερωέω II 524[7]
ὑπερώιη 520[4]; -ῴη II 518[5]
ὑπερώιον, -ῷον II 518[5]
ὑπερωκεάνιος II 522[5]
ὑπερώμια II 522[5]
ὑπερων (= ὑπερῶ[ι]ον) 202, 1
ὑπερῷον II 518[5]
ὑπέρωρος II 522[5]
ὑπερώτατος II 518[4]
ὑπέσας 653, 2
ὑπεύθυνος c. gen. II 131[3]
ὑπέχω II 524[5]. 525[1]
ὑπῆγα aor. ngr. 764[3]
ὑπήκοον (τὸ) II 175[2]
ὑπήκοος 348[5]. II 95[4]. 525[2]; – c. dat. II 145[2]
ὑπήλυθε II 81[4]
ὑπήνεμος II 532[5]
ὑπήνη II 532, 4
ὑπηνήτης II 532, 4
ὑπηντίαζον τὴν στρατιήν II 97[8]
ὑπηοῖος hom. II 532[7]
ὑπηρεσία II 524, 1
ὑπηρετέω 731[6]; -εῖν II 299[5]; -ῶ c. dat. II 144[8]. 145[1]; -εῖν πρὸς τῆι γεφύραι II 513[6–7]
ὑπηρέτης 500[1]. II 524, 1
ὑπηρετικός c. dat. II 144[8] f.
ὑπηρυθρίασε II 524, 3
ὑπηχεῖ II 77[2]
ὑπιέναι II 524[6], 2
ὕπισθα lesb. 182[4]
ὑπισχνέομαι att. 690[2]. 696[3], 5. II 525[1]; s. ὑποσχέσθαι, ὑποσχομένος
ὑπίσχομαι 690[2]. II 525[1]; – ποὶ (θεοῦ) II 516[5], 1
ὕπνος 304[3]. 350[3]. 489[2]. 552, 4; ὕπνοι II 43[6], 4
ὑπνώοντ- 724[4], 8
ὑπνώσσω 733[6]
ὑπνώω hom. 733[6]
ὑπό 304[7] [hυπό]. 551[1]. II 68[3]. 268[1]. 411[5]. 425[3], 4. 7. 426[2]. 432[5]. 433[5]. 522[6], 3–533; – c. gen. 757[3–4]. II 167[7.8]. 237[5]; – c. dat. II 237[5]. 526[5]; – in Zeitbegriffen II 532[3]; ὑπὸ Ἑλλανοδικᾶν (Zeitangabe) II 528[2]; ὑπ' Ἄρηος παλαμάων II 427[1]; ὑπὸ μάλης att. 584[7]. II 527[7]. 528[2], 1; ὑπὸ τὴν ἀναπνοήν II 532[1]; ὑπὸ τὴν ὄψιν II 531[8]; ὑπὸ χεῖρα II 531[8]; ὑπ' οὐρανόν II 530[7]; ὑπὸ τὸν ὄρθρον II 532[2]; ὑπό τι II 426[2], 1. ('ein wenig') II 532[4]; s. ὑπ', ὑπ, hυπό, ὑπ' ἐξ
ὑπο- 434[6]. 436[4.5]. II 429[5]; demin. II 533[1]
ὕπο 183[3]. 387[7]. II 423[3]. 522[6]
ὑποβάλλω II 525[2]
ὑποβαρβαρίζω II 524, 3
ὑποβάρβαρος 77, 1
ὑποβλήδην II 525[2]
ὑπόβοικοι kret. 224[7]
ὑποβολιμαῖος 494[6]
*ὑποβόλιμος 494[6]
ὑπόβρυχα 427[2]. II 532[3], 3
ὑποβρύχιος 351[7]. II 532[5]
ὑπόγαιος II 532[6]
ὑπογεγραμμένος II 522, 4
ὑπόγειον 156[4]
ὑπογλυκαίνων II 524[6]

ὑπογνάμπτω II 525[2]
ὑπογνύθα 629, 1
ὑπογράφω II 525[2]; – ὑπὸ τὴν ἐντολήν II 530[6]; s. ὑπογεγραμμένος
υπογραψονται her. 786[5]
ὑποδάμναμαι II 241[3]
ὑποδάμνημι II 525[2]
ὑποδδείσας 227[6]
ὑποδεέστερος ἑωυτοῦ II 100[7]
ὑποδείδια II 524[5]; s. ὑποδ-(δ)είσας
ὑποδειμαίνω II 524[6]
ὑποδείσας II 524[5]
ὑποδέκεσ[αι]epid.,-σθαι 669,2
ὑποδέμω τι c. gen. II 128[4]
ὑποδεχθείς Eur. 758[1]
ὑποδέχομαι II 525[2]; -ξομαι II 291[5]; υποδεξουμενον Ithaka 786[5]
ὑπόδημα 523[2]. II 525[2]
ὑποδιδάσκαλος II 524[2]
ὑπόδικος II 532[6]; – c. gen. II 131[3]; – τινί τινος II 126[1]; ὑπόδικον εἶναι ποτὶ διπλοῦν II 511[5]
ὑποδμηθεῖσα διὰ 'Αφροδίτην II 453[4]
ὑποδμώς II 524[1], 1
ὑπόδρα 342[6]. 386[6]. 409[2]. 424[5]. 621[2]. II 524[7]
*ὑπόδρακ 342[2]. 386[6]
*ὑπόδρακτ 386[6]. 409[2]
ὑποδράξ Kallim. 620[6]
ὑποδράω II 524[5]
ὑποδρηστῆρες II 524[1.5]
ὑποδύεσθαι II 73[1]; -ομαι II 525[2]; – c. loc. II 156[6], 4; s. ὑπεδύσετο, ὑποδύσεαι
ὑποδύσεαι κακῶν II 92[2]
ὑποδύτης hell. 499[6]
ὑποείξομαι 781[7];– χωόμενος II 393[2]
ὑποζάκορος II 524[1]
ὑποζεύγνυμι II 525[2]
ὑποζυγή II 357[4]
ὑποζύγιον II 532[6]
ὑποζώννυμι II 524[5]
ὑποζωνύαι 697, 8
ὑποθερμαίνομαι II 524[6]
ὑποθερμότερος 436[4]
ὑπόθεσις II 271, 4. 682, 2
ὑπόθετος 434[7]
ὑπόθευ hom. (Od.) 668[3]. 741[3]
ὑποθημοσύνη II 525[2]
ὑποθορυβέω II 524[6]
ὑπόθυψις 831[1]
ὑποθωρήσσομαι II 524[5]
ὑποΐατρος 398[6]
ὑποϊππαρχήσαντα 398[6]
ὑποκάτω j.-att. 633[2]. II 475[4]. 524[4]. 529[4]. 536[3.4]. 537[1]
ὑποκάτωθεν j.-att. 633[2]. II 524[4]. 536[7]
ὑποκεῖσθαι 161[1]; ὑπόκειμαι c.loc. II 156[6]; – ὑπό τι II 531[7]
ὑπόκκινος 263[7]
ὑποκλέπτω II 524[5]
ὑποκλίνω II 525[2]
ὑποκλονέω II 524[7]
ὑποκλοπέοιτο Od. 726[4]
ὑποκλοπέομαι II 524[5]
ὑπόκλοπος II 524[5]
ὑποκορίζομαι II 524[6]
ὑποκοριστικά (term.) 636[2]
ὑποκρίνεσθαι II 279[4]; -ομαι II 525[1]; ὑποκρινέεσθαι II 295[6]. 365[4]
ὑποκρύπτω II 525[2]
ὑπόκυκλος 435[4]. II 524[3]
ὑποκυσαμένη II 524[5]
ὑπολαμβάνω: -ων II 391[5]; ὑπολαβὼν ἂν ὑπολάβοι II 388[7]
ὑπολείπομαι II 353[4]
ὑπολείπω II 524[5]
ὑπόλημψις 159[7]
ὑπολίζονες II 524[3]
ὑπολύω II 524[7]
ὑπόμεινε imper. 803[6]
ὑπομείοσι (τοῖς) spart. II 524[3]
ὑπομένω II 396[2]. 524[5]; s. ὑπόμεινε
ὑπομιμνήσκομαί τι II 108[5]
ὑπομιμνήσκω II 525[1]; – τινά c. gen. II 108[4]; – τι II 108[5]
ὑπομνάομαι II 524[5]
ὑπομνήσκω mgr. 710, 1
ὑπονείφω II 524[6]
ὑπονήιος II 532[5]
ὑπόξυλος II 524[3]
ὑποπερκάζω II 524[6]
ὑπόπετρος II 532[6]
ὑποπιθηκίζω τι II 532[4]
ὑπόπικρος 449[6]
ὑποπίμπρημι II 164[6]
ὑποπίνω II 524[6]
ὑποπίτνημι II 525[2]
ὑποπλάκιος II 532[5]
ὑποπόλιος 436[4.5]. II 524, 3. 532[7]
ὑπόπορτις II 524[3]
ὑπόπους II 524[3]
ὑποπρὸ ποδῶν II 430[1]
ὑπόπροσθεν II 524[4]. 543[5.7]
ὑποπρόσθεσις II 429[6]
ὑποπροτίθημι II 429[6]
ὑπόπτερος II 532[6]
ὑποπτεύω II 524[7]; -ειν II 677[3]
ὑποπτήσσω II 524[2]; – c. dat. II 151[1]
ὕποπτον (τὸ) II 175[2]
ὕποπτος II 524[7]
ὑπόπυρος II 532[6]
ὑπόπωλος II 524[3]
ὑπόρθριος II 532[7]
ὑπόρνυμι II 524[7]
ὑπόροφος II 532[6]
ὑπορρήγνυμαι; s. ὑπερράγη
ὑπόρρηνος 435[4]. II 524[1.3]
*ὕπος n. (gen. *ὑψός) 631, 7
ὑποσίδηρος II 524[3]
ὑπόσκιος II 532[6]
ὑπόσπονδος II 179[3]. 532[6]
ὑποσσείω II 524[5]
ὑποσταχύοιτο Od. 727[5]
ὑποσταχύομαι II 524[7]
ὑπόστεγος II 532[6]
ὑποστεναχίζω II 524[7]
ὑποστήσας γνώμας σοφάς II 390[6]
ὑποστορέννυμι II 525[2]
ὑποστράτηγος 435[7]. II 524[2]
ὑποστρέφομαι c. gen. II 108[8]
ὑποσχέσθαι II 381[7]. 382[4]
ὑποσχεσία 469[2]
ὑποσχεσίη II 525[1]
ὑπόσχεσις II 525[1]
ὑποσχομένōς πρὸς τõ Διός II 516[5]
ὑποσωφρονιστής II 524[2]
ὑποτακτική (ἔγκλισις) (term.) II 302[6]
ὑποτάμνω II 524[5]
ὑποτανύω II 525[2]
ὑποταρβέω II 524[5]
ὑποταρτάριοι II 524[2–3]
ὑποτελεῖν II 296[5]
ὑποτίθημι II 525[2]; -θέναι τι ὑπό τι II 530[5]
*ὑπὸ τὸ πολιόν [so] 436[4]
ὑποτρέχω II 525[2]
ὑποτρέω II 524[7]
ὑποτρομέω II 524[5]
ὑπότροφος II 532[6]
ὑπούλη II 524[2]
ὕπουλος II 532[6]
ὑπουράνιος II 532[5]
ὑποφαίνονται πόδες ὑπὸ τὰς πύλας II 531[5]
ὑποφαίνω II 524[7]; ὑποφαίνοντος τοῦ ἦρος II 398[7]
ὑπόφαυσις 347[7]
ὑποφείδομαι II 524[6]
ὑποφέρω II 524[7]; -ειν II 363[4]
ὑποφεύγω II 524[7]
ὑποφήτης II 524[7]
ὑποφθάνω II 524[5]
ὑποφθονέω II 524[6]; – τινί c. gen. II 133[6]
ὑπόφθονος II 532[6]
ὕποφρος 449, 4
ὑποχάζομαι II 524[7]
ὑπόχαλκος II 524[3]
ὑποχείριος II 532[5]
ὑποχειρισμός II 532[7]
ὑποχέω II 525[2]
ὑπόχρεως II 532[6]
ὑπόχρυσος II 524[3]
ὑποχωρέω II 524[7]; -ῶ πρὸς τὸν λόφον II 510[1]; ἦν -ῆ τοῦ πεδίου II 92[2]

ὑπόψαμμος II 532[6]
ὑποψία II 524[7]
ὑπόψιος II 524[7]
ὑππρό thess. 265[5]. II 430[1]. 522, 4. 524[4]; – τᾶς II 522, 4
ὕπτιος 270[7]. 304[3]. 503[2·3]. II 523[2], 10
*ὑπτός 270[7]
ὑπυ unterital. 182[6]; s. hυπύ
ὑπωιάδιος 467[1]
ὑπώπιον att. II 532[5]; ὑπώπια II 532[5]
ὑπώρεια II 532[5]
ὑπωρόφιος II 532[5]
ὑπώροφος II 532[6]
ὑπωρυφία epid. 352[1]
*ὑπωσjω 724, 8
υρ (bzw. ρυ) 590[1]; aus idg. r̥ 351[7·8] f.
ὑράξ 'vermischt' 620[6]
ὕραξ 497[1]
῾Υρίαθος 183[1]
ὕριγγα (= σύριγγα) 217[4]
῾Υρίη kampan. 218[6]
Hυρι[ητέων] w.-ion. 305[2]
*-υρjω 351[8]
῾Υρμίνη 465[6]
*υρο 'her' 632[2]
-υρο- Ausg. 482[4], 10
῞Υρτιος 466[3]
ὕρχη 305[1]. 496[5]
*ὕ̆ρω 714, 7
-ύρω Verbalausg. 714[4–5]
-υς < -ος 89[1]
-υς adv. dor. 619[4]. 622[3]
-υς Ausg. subst. 463[5], 3. 570[7]
-υς suff. 478[1·2].
-υς nom. sg. pamph. 89[1]. 555[2]. 571[6]. 839[7]
-υς dat. pl. böot. 556[4]
-us acc. pl. ngr. 585[7]
-us nom. sg. m. ngr. 585[7]
-ῡς Ausg. 570[5·7]
-ῡς nom. pl. 564[1]. 571[2]
-ῡς acc. pl. altatt. 563[5]
-ύς suff. adj.357[5].536,2.538[4]. 584[5]
-ύς nom. sg. 552[4]
-ῦς Ausg. subst. m. 561[2]
ὗς att. 248[6]; s. hυός, hῦς
ὗς adv. arg. 199[8]. 622[3]. II 647[1]
ὗς 37[5]. 304[3]. 308[5]. 424[2]. 463[6]; f. 570[7]; 731, 1
ὕσδος lesb. 182[4]
ὗσε χρυσόν II 76[6]
ὕσθησαν 761[3]
-υσι dat. pl. 571[3·6·7], 3
῾Υσιαί böot. 218[6]
*-υσjα f. ptc. pf. 540[1]
ὑσκυθά H. 577, 8
-υσμα suff. 524[1], 2
-υσμαι Verbalausg. pf. att. 773[6]
ὑσμῖν- 303[5]
ὑσμίνη 465[5], 4
ὑσμίνην δε 624[6]
ὑσμῖνι 465[5]
-ῦσο opt. II 321, 1
῾Υσομε[δων] ark. 211[6]
῾Υσπάβαρος 183[1]
ὑσπέλεθος 334[2]. 577, 8
ὕσπληγξ II 517[5]
῞Υσπορος 577, 8
ὑσσός kar. 62[1]. 305[3]
-ύσσω verba 716[7]. 733[4·5]
ὕσσωπος [so] 161[4]. 315[8]
῾Υσταίχμας 183[1]
υσταριν el. 631[2]
ὑστάς 507, 4
῾Υστάσπης 153[5]. 183[1]
ὕστατα adv. 621[2]
ὕστατος 595[4]. II 517[5]
ὕστερα πρὸς τὸ ν. ξ. II 100[1]
ὑστέρᾱ 533, 8
ὑστεραῖος 468[5]; τῇ ὑστεραίῃ II 158[7]; ὑστεραίᾳ τῆς μάχης II 98[6]; ἡ ὑστεραία II 175[5]
ὑστερέω 726[4]; -εῖν II 164[1]; – τινος II 101[3]; -ῶ c. dat. II 142[6]
ὕστερι ngr. (chi.) 631[2]
ὑστερίζειν τινός II 101[3]
ὕστερον adv. 621[2]; – ἤ II 657[6]; – χρόνῳ II 164[2]
ὕστερος 304[7] [hύστερος]. 381[2]. 533[6]. 595[5]. II 179[4]. 517[4]
ὑστήρια 531[3]
ὑστοθήκην 191, 1
ὕστριξ 577, 8. II 517[5]
ὕστρος 533, 8
ὕσχλοι 305[1]
-ύ̄σω fut. 739[1]
*υτε partic. II 564[4]. 576[5]
-ύτερος suff. compar. 534[6], 11. 538[4], 12; ngr. 535[2], 2
-ύτης suff. f. 528[6], 7
-ύ̄τη-ς 500[6]
ὑτθόν 216[7]
῾Υττηνία att. 62[3]
υυ kontrah. zu ῡ 248[6]
ὕῦ 303[3]
ὑύς 200[4] [hυύς]. 480[4]. 574[2·3·4]
υυυψψαα II 600, 3
ὑφ' (= ὑπό) II 522[6]
ὑφαγεμών II 524, 1
ὕφαιμος 435[5]. II 524[3]
ὑφαίνεσκεν (κεν) II 351, 1
ὑφαίνω 305[1]. 350[3]. 694[4]. 702[4]. 737[5]. II 71[3]; – ἱστὸν πρὸς ἄλλης II 515[1]; s. ὑφᾶναι, ὑφανῶ, ὕφηνα
ὑφαιρέω II 524[7]
ὕφαλος II 532[6]
ὕφαμμα n. inschr. 524, 2. 773[6]
ὑφᾶναι 189[6]
ὑφανάω 700[5]
ὕφανσις att. 287[3]
ὑφάντρα 475[6]
ὑφανῶ fut. att. 737[5]. 785[2]
ὑφαρπάζω II 524[7]
ὕφασμα 524[1], 2
ὑφάω 683[1]. 719, 8
ὑφέαρ 519[6], 8. II 517, 5
ὑφέλκω II 524[7]; ὕφελκε ποδοῖιν II 130[1]
ὑφ' ἓν πάντες II 532[1]
ὑφέντες προτόνοισιν II 166[1]
ὑφέσπερος II 532[7]
ὑφεττός kret. 316[8]
ὑφή 702[4]
ὑφηγέομαι II 524, 1
ὑφηγητήρ: -ῆρος οὐδενός II 384, 4
ὑφηγητής II 384, 4
ὕ̆φηνα 654[7]
ὑφῆναι att. 187[7]
ὑφηνίοχος II 524[2]
ὑφήσσων II 524[3]
ὑφιδόμενος 121[2]
ὑφιέρεια II 524[2]
ὑφίεσθαι II 92[4]
ὑφίετο πόνων II 92[6]
ὑφίημι II 525[2]; s. ὑφέντες
-ύφιον suff. 471[3], 7
ὑφίσταμαι (-σθαι) II 525[2]; – c. dat. II 141[4·6]
ὑφίστημι; s. ὑποστήσας
ὑφοράω II 524[7]
ὑφορβός hom. 708[2]
ὑφορῆται ion. 680, 5. 791, 9
ὑφοψία 220[4]
ὑφόωσι Od. 719[3], 8
ὕφυδρος II 532[6]
᾿Υφυλίδας rhod. II 517, 7
ὑχήρων gen. sg. kypr. 409[7]; ὑχε̄ρο̄ν II 517[6]
-υχος Ausg. 498[4], 11
*ὑψέ 631[5]
ὑψηλός 484[3], 3. 631[5]. II 182[5]. 523[2], 11
ὕψι 304[7]. 539[2]. 622[2]. 630[5]. 631[5]. II 157[5]. 158[2]. 523[2]
ὑψι- 632[6]
ὑψίκερων 385[1]. 392[6]
ὑψίκερως 514[1]
ὑψιπετήεις 528[1]
ὕψιστος 539[2], 2
ὑψίτερος 534[4]
ὑψίων 539[2]
ὑψόθεν 630[5]. 631[6]
ὑψόθι 628[4]
ὕψοι lesb. 549[7]
ὕψος 513[1]. 631[6], 7
ὑψόσε 629[2]. 630[5]
ὑψοτάτω 534[4]
ὑψοῦ adv. 621[5]. 630[5]. II 523[2]
᾿Υψώ 478[6]
ὕω 304[3]. 686[4]
-ύω verba 686[2·3·4]. 696[1]. 717[2–3]. 727[4–5]. 739[1]. 814[7]. 816[7]

Φ

φ aus idg. *bh* 297[3]; aus idg. g^{wh} 297[6]; gr. φ = lat. f 233[8]; äol. φ für ϑ 106[2]; φ = ϝ pamph. 205[5]; φ < lat p 204[6]; φ > got. f 206[7]; φ im Späthebr. > b und ww 206[5]; φ nicht f in Ägypt. 204[5]; φ und ϑ wechseln 302[8]
φά imper. ngr. 800[3]
φᾱ- praes.-st. 664[5]. 673[3]; φᾱ-:φᾰ- 674[1]
-φα pf. 771[6]
φαάνϑη hom. 723[3]. 759[4]
φαάντατος 535[7]
Φαβέννου lak. 281[3]
φαγᾶς 461[6]
φαγέ imper. 390[1]. 799[2]
φάγε imper. 799[2]
φαγε/ο- 748[2]
φαγέδαινα 530[1]
φαγεῖν II 72, 1. 258[5]. 363[5]; s. φάγες, ἔφαγον, φαγών
φαγεῖν (τὸ) 585[1]. II 370[3]. 383[8]; s. φαγί
φαγέμεν böot. 806[4]. II 368[1]
φάγες κρέα II 103[3]
φαγί (τὸ) 'Essen' ngr. 809[6]. II 242[4]. 369[5], 5. 383, 3
φάγιλος 485[1]
φάγιον 470[3]
Φαγοδαίτης 442[3]
φάγομαι fut. hell. 780[4], 9. 791[3]. II 258[3]
φαγόν- 487[1]
φάγος 459[3]
φᾱγός 346[5]. 457[6]. 748[2]. II 32[2]
φάγρος 481[4]
φαγωμένος ngr. II 410[6]
φαγὼν λωτοῖο II 103[1]
φάε 747[2], 2
φαέϑοντ- 703[3]
Φαέϑων 637[4]
φαεινός ion. att. 81[5]. 281[3.8]. 489[5]
φαείνω Od. 283[6]. 723[3]. 759[4]. II 310[5]
φαεννός äol. 81[5]. 281[3]; -ὸν φάος c. dat. II 152[1]
φάεννος lesb. 281[8]
φάεσσα 499, 3. 525, 4
*φαϝεσνjω 283[6]
*φαϝεσνο- 281[8]
*φαϝετjα 499, 3
*φάϝος 281[8]. 377[7]. 578[5]
φαημένον τοῦ σκουλουκιοῦ ngr. (kypr.) II 119[5]
Φαήνᾱ ark. 281[8]
φαηνός dor. 81[5]. 281[3]. 489[5]
Φάηνος dor. 281[8]
φάϑι imper. 390[1]. 675[1]. 800[3]
φαϑί imper. 390[1]. 675[1]. 800[3]
φαι lesb. 659[3], 2
φάϊ 193[4]
Φαίᾱκες 67[3]. 79[2]
φαιδιμόεις 527[6]
φαιδρός 297[7]. 481[6]
Φαίδρους acc. pl. II 45[5]
φαιδρύνω 733[3], 3
φαιδῦνω 733[3], 3
Φαιήκων ἀνδρῶν II 614[6]
φαίην 675[1]. 795[1]; φαίης II 244[7]. 328[6]; φαίη τις ἄν att. II 214[7]; φαίημεν att. 794[3]; φαίητε 794, 3; s. φαῖμεν
φαιλόνης hell. 268[5]. 484[5]
φαιλόνι ngr. 484[6]
φαῖμεν 1. pl. opt. 675[1]. 795[1]
φαίμην 795[1]
φαῖμι lesb. 274[2]. 675[1]; s. φαῖσι
Φαινέλας 441[6]
φαίνεσϑαι (τὸ) II 360[6]; τοῦ – II 361[1]
φαινίνδα 627[2]
φαινο- 442[4]
φαινόλης 484[5]
φαίνομαι 812[2]. II 224[4]. 234[2]. 395[7]. 624[4]; -εσθαι II 122[6]. 123[5.6]. 282[1]; φαίνεται 759[4]; φαίνομαι c. dat. II 152[3]; – c. ptc. II 396[4]; – αἰσχρός II 395[4]; – ἐναντιούμενος II 297[4]; φαίνεται οἰκουμένη II 297[4]; φαίνεσϑαι εἰς II 434[1]; – εἰς ὁδόν II 434[2]; – διά τινος II 450[5]; – μετ' ἀστράσι II 484[3]; – μηδένα παρά τινα II 496[1]; – παρά τινι II 433[3]; – ὑπεὶρ ἅλα II 519[3]; φαίνεται νὰ μὴν ἄκουσε ngr. II 596[2]; s. ἐφάνην, -νϑην, φανε-, φανη-
φαινομένηφι 550[6]
φαινομηρίδες 442[4]
φαίνω 647[2]. 694[2], 4. 737[4]. 770, 7. 771[5]. II 227[8]. 234[2]; – c. ptc. II 396[7]; s. ἔφᾱνα, ἔφηνα
φαίνων nom. abs. II 403[5]
φαιός 472[5]
φαιρίδδειν 334[3]
φαιρωτήρ 334[3]
φαῖσι lesb. 659[3]
(φαῖτε 2. pl. opt.) 794, 3
φάκελος 334[3]
Φακιασταί 66[2]
φαλαγγηδόν 626[5]
φάλαγξ 334[3]. 498[3], 7
φαλακρός 481, 2
φαλαμεσσιν 230[8]
Φαληρεῖ 549, 1. 831[2]
φαληριόωντα hom. 732[3]
φαλίζει 297[7]
φαλίπτω 302[1]
φάλλαινα 158[1]
φαλλός 486[4]
φάλλος 831[8]. 838[1]
*φάλλων 838[1]
*φάλνος 838[1]
φάλος 302[1]
φάλυρον arg. kret. 268[4]
*φαλφαλάω 647[2]
Φαλωριασταί 66[2]
φάμα c. dat. II 153[5]
φαμέν 357[1]. 686[5]. II 631[6]
Φαμενός 380[4]. 420[6]
φάμενος II 233[1]. 241[7]; ἔβαλε – II 301[2]; ὣς – II 301, 1
φᾱμί 359[4]. 641[8]. 675[1]. 686[5]. 781[6]
φᾶμι äol. 687, 3
φάν ipf. 664[5]. 675[1]
φάναι 675[1]. 808[4]. II 381[1]; s. φᾱμί, φημί
*φανᾶμι 694[2]
φανᾶν H. 719[4]
φαναρός 256[3]
Φανατεύς delph. 256[3]
φανδόν 694[3]
φανεῖ fut. hom. 694[3]
φανείην 795[2]
φανεῖμεν 795[3]
φανείς ἐστι II 255[4–5]
φανεῖσϑαι II 266[2]
(*φανένς σκον) 711[6]
φανερός 482[1]. 694[3]; – εἰμι c. ptc. II 396[4]; – – ἀπικόμενος II 393[5]
φάνεσκον 711[6]; -σκε(ν) Ilias 711[5]; – μετὰ πρώτοισι II 483[4]
*φανέσω fut. 787, 9
φανέω fut. hom. 785[2]. 787, 9
φανέω, -έωσι conj. Hdt. 792[6]
φανη- pass. hom. att. 759[4]
φάνη aor. 758, 5
φανήῃ conj. hom. 792[5]
φάνηϑι Ilias 758[5]. 800[5]
φανῇ conj. Hdt. 792[6]
φανήμεναι II 375[1]
φανῆναι εἰς τὸν τόπον II 461[2]
φανήσεται II 266[2]
φανησέω dor. 763[5]
φανήτω Od. 758[5]
φανϑη- att. 759[4]. 761[6]
φανίσσω thess. 733[5]
Φαννόϑεμις 86[5]
φανοίην Soph. 796[4]

φᾱνός att. 192[5]. 250[5]. 281[8]. 489[5]. 535[7]
Φάνοτος 503[5]
φανοῦ imper. 764[4]
φανοῦμαι att. 785[2]
*φᾱντατος 535[7]
φαντί 3. pl. dor. 664[5]. 674[6]
φᾶντι conj. her. 792[6]
Φάνφαιος att. 257[2]
φάνω 694[3]
φανῶ fut. att. 737[4]. 785[2]. 796[4]
Φανώτη 66[3]
φάο hom. 799[6]
φάος 224[5]. 512[3.7]; – ἁγνόν voc. II 62[2]
*-φαρ 631, 1
φάρ = lat. *far* 836[6]
φᾶρ = φᾶρος 584, 6. 836[5]
φάραγξ 498[3], 8
(φαράω) 719, 7
φαρέμεν 82[1]
φάρεν delph. 81[2]. 274[7]
φαρέτρᾱ 342[4], 358[5]
φαρέτρη hom. 532[5]
φάρην el. 274[8]
*-φαρής 736, 5
φαρθένος ark. 256[2]
-φαρίζω 736, 5
Φᾶρις 462[6]
Φαρκαδών 530[2]
φάρκτεσθαι H. 704[3]
φάρμακον φόβου II 96[2]
φαρμακοῦν σὺν ἐλαίῳ II 490[5]
φαρμάσσω 725[4]
φάρος (τὸ) 512[3.7]
φᾶρος ion. 228[3]. 584, 6
φαρόωσι Kallim. 719, 7
φάρσος 513[1], 2
φαρυγ(γ)ίνδην spät 627, 1
φάρχμα epid. 523[7]
φάρω nwgr. 92[3]
φάς ptc. 675[1]
φάσ' ἐλθέμεν II 297[3]
φάσαν hom. 665[7]
φασγάνεται H. 700[4]
φάσηλος 484[3]
φάσθαι II 277[3]. 278[1.2]. 282[3]. 381[2]. 382[3]
φάσθε II 354[6], 2
φασι äol. 687, 3
φᾶσι 3. pl. praes. 674[6]
φασί(ν) II 245[3.4]; – τινα εἶναι II 297[3]; – Μενοίτιον ζώειν II 620[8]
φάσις 156[5]
Φᾶσις 153[6.7]. 271[3]. 506[2]
φάσκον iter. 336[3]. 710, 8. 712[2]; φάσκε ipf. 708[2]. 813[4]
φάσκω 357[3]. 641[8]. 652, 3. II 261[7]. 278[1]. 280[2]. 381[3.8]
φάσκωλος 484[5]
φάσκων ptc. praes. 675[1]. II 389[2]; -οντες II 616[8]; s. φάσκω
φᾰσομαι 781[6]
φάσσα 473[6]
-φαται 3. pl. pf. med. 771[6.7]
φατειόν 811[2]
φατειός Hes. 810[6]. 811[2]
φατέον 811[2]
φᾱτί 640[4]
φάτις 106[6]. 271[2]. 821[4]; – μνηστήρων II 132[3]; – ὑπὲρ τὸν ἀ. λόγον II 519[6]; – ἔχει τινα ὑπό τινος II 529[3]
φάτνη ion. 269[1]
-φατο 3. pl. plusq. med. 771[6.7]
φατός 297[6]. 359[4]. 502[2], 1
φᾱτρίᾱ 260[5]
φάτω 675[1]. 801[3]
φάτως imper. 803[2]
φατῶς· ἀνάγνωθι H. 803[1.2]
(φατῶσαν· γνῶθι H.) 803[1–2]
Φαυίδας ark. 224[5]
φαῦλος 260[5]. 483[4]
Φαῦος kret. 224[5]
φαυοφόροι 224[5]
φαῦσιγξ 498[3]
φαύσκει 709[1]
Φάϋττος thess. 318[1]
*φαύω 686, 1
φαῶθι 462[5]
-φάων Namen 566[4]
φαωτάν delph. 236[8]
φαῶφι 585[2]
φέβομαι hom. 684[5]. 717[6]. 718[4.5]. II 229[2]; – ὑπό τινι II 526[6]
φέγγος ἔτους II 180[5–6]
φέγγω 684[4]
ΦΕδίλας lak. 192[1]
ΦΕδίō lesb. 192[1]
φεῖ 140[3]
Φείδᾱς 526, 5
Φειδιππίδης 635, 5
φειδίτια 504[2]
φείδομαι 347[1]. 703[1]. 748[6]; – c. abl. II 92[6], 1
φειδός 458[5]
φειδωλή 461[2], 1
φειδωλός 484[4]; – c. abl. II 96[3]
φείδων 487[6]
Φειδωνίδης 635, 5
φείσομαι 782[4]
φεκκάριν ngr. (dial.) 214[3]
φελγύνει 298[1]
φένᾱξ 497[4]
φεογέτω ion. 197[6]
(*φέρᾱμεν conj.) 792[1]
(*φερᾶν) 670, 0
(*φέρᾱτε conj.) 792[1]
φέρβεσθαι ὑπό τινος II 529[6]
φέρε 417[3], 4. 643[5]. 746[3]. 797, 5. 799[1]. II 228[3]. 245[6.7]. 341[7]. 620[5]. 695[6]; als pl. II 40[1]. 609[6]
φέρε partic. II 304[3]. 309[6]. 314[4.5]. 340[5]. 581[1]. 584[1–2]. 601[6]; – δή II 245[7.8]. 314[5]. 563[4]
φερε/ο- praes.-St. 673[3]
φέρεαι 240[2]. 658, 2. 668[1]
φερέγγυος 441[6]. 442[2]
φερέδειπνος 445[3]
*φερεεν 807[2]
φέρει 3. sg. 599, 2. 642[6]. 661[1.3.4], 2. 841[3]
*φέρει 2. sg. 660[4]
φέρειν 807[2]
φέρεις 2. sg. 659[5]. 660[4]. 661[3]; lesb. 660, 9
Φερεκλῆς 634[3]
Φερεκράτης thess. 580[4]
φερέμεν infin. hom. 806[4]
φέρεμεν infin. 807[2]
φέρεν infin. 807[1]. II 383[5]
φέρēν II 383[1]
φερενα 476[2]
φέρεο ipf. 669[5]
φέρεο imper. 668[2]. 799[6]
φερέοικος 429[5]. 441[5], 5. 453[6]. 454[5.6]
φέρεσαι ngr. 668, 3. 669[2]
φερέσβιος 442[2], 2. 445[2]
φέρεσθαι 809[3.4]
φέρεσθε 670[3]
φερέσθω 801[5]. 802[1]
φερέσθων imper. 802[4.7]
φερέσθωσαν imper. 802[5]
*φερεσι 2. sg. 660[4]
*φέρεσj 2. sg. 841[3]
φερεσσακής 308[2]. 320[1]. 414[3]. 513[2]
φέρετε indic. 642[8]. 643[4]. 663[1]
φέρετε imper. 799[5]. II 339[2]
*φέρετι 661[4]
Φερετίμη ἡ Βάττου II 120[1]
φέρετον indic. 667[1]
φέρετον imper. 799[5]. II 339[2]
φέρετρον 532[1]
φερέτω 801[1.5]. 802[1.5]
φερέτων du. imper. 802[7]
(*φερέτων) 802[5]
φερέτωσαν imper. 802[5]
φέρη conj. 661[6]
*φέρη 3. sg. conj. 661[1.6]
φέρηαι 668[1]
φέρηι conj. 661[6]. 668[2], 2
φέρηι indic. 668[2], 2
φέρηι 2. sg. < -ησι 661[7]
φέρηις conj. 661[6.7]
φέρηισι conj. hom. 661[7]
Φέρης 462[1]
*φέρης 2. sg. conj. 661[1.6]
*φέρησι (< -τι) 661[7]
φέρησι II 311[5]
φέρητε 791[4]. 792[1]
*φερητι 660[2]

φέριστος 300, 2. 538[1], 1. II 183, 2
φέρμα 523[5]
φερνή 489[1]. 693, 13. 838[2]
φέρνω ngr. 701[4]. 764[3]. II 281[5]
*φέροα 660[2]
φέροι 796[1]. II 328[5], 1
*φεροια 1. sg. 25[3]
*φέροια 3. pl. 663, 9
φέροιεν 663, 9. 664[4]
φέροιμεν 796[1]
φέροιμες dor. 663[1]
φεροίμην 669[6]
φέροιμι 660[1]
φεροιν 1. sg. 660[1]
φέροιο 669[5]
φέροις 796[1]; – ἄν II 329[3]
φέροισθε 670[3]
φέροιτε 663[1]. 796[1]
φέροιτο 669[4]
φέρομαι II 230[4]. 231[4]; -εται 669[2]. II 236, 5; -εσθαι 746[3]. II 364[1]; – c. dat. II 162[1]; – κέρδος (μισθόν) II 234[6]; – κατὰ ῥοῦν II 478[6]; – κατὰ τῶν πετρῶν II 480[5]; s. ἐφερόμην
φερόμᾱν 669, 8
φερόμεθα 670[1]
φέρομεν 642[8]
φερόμενος 642, 2; ‘im Sturm, Flug’ II 388[3]
φέρομες nwgr. 92[1]. 663[1]
φερόμεσθα 670[2], 4
φέρον 580[6]; – εἰς βλάβην II 409[1]; – εὔκλειαν II 617[5]
*φερον imper. 803[5]
φέρον (τὸ) 566[5]
φέρονσι 3. pl. ark. kret. 270[4]
*φερονσι dat. pl. 272[2]; φέρονσι 419[7]
φέροντ- 642, 2
φέροντα neut. 581[1]
φέρονται 671[4]
φέροντε 565[4]
φερόντεσσι lesb. 564[3]
φέροντι 3. pl. dor. 270[4]. 391[6]. 642[8]. 643[4–5]. 664[3]
φέροντον imper. lesb. 803[3]
*φεροντσι dat. pl. 419[6]
φερόντω imper. 58[3]. 802[1.6.7]
φερόντων imper. hom. ion. att. 802[6], 4
φερΟσθō 3. pl. imper. med. epid. 802[2], 2
φερΟσθōν imper. med. altatt. 802[6]
φέρου imper. 799[6]
φέρουσι ion. att. 81[4]. 287[5]. 419[6]. 664[3]
Φερρέφαττα att. 281[3]. 285[1]. 442[1]
*φερς 661[3]
φερτάζει H. 706[4]
φέρτε 2. pl. indic. 259[7]. 643[4]. 683[6]. 684[3]
φέρτε imper. hom. 678[4]. 799[5]. II 341[7]; ngr. 678, 4
φέρτερος 300, 2. 535[7]; – σέο II 98[5]; – βίῃ II 168[4]
φέρτρον 532[1]
Φερφερέτᾳ (Διί) 501[1]
φέρω 297[3]. 338[7]. 353[6]. 355[6]. 358[5]. 390[6]. 643[3]. 660[4]. 684[2]. 723[4]. II 72, 1. 230[4]. 250, 6; φέρειν II 258[1]. 362[7]. 383[4]. 695[1]; – τι c. dat. II 146[5]; – – c. loc. II 156[3]; – κέρδος, – μισθόν II 234[6]; φόρον – II 75[3]; – ἐπ᾽ ὤμου II 470[5]; – ἐπ᾽ ὤμοις II 466[7]; – ἑ μετά τι II 484[4]; – κῦμα κατὰ ῥόον II 478[7]; – τι παρά τινος II 497[8]; – νίκην ἐπί τινι II 467[3]; – τινὰ προτὶ ἄστυ II 509[7]; – τι ἀντίον τινί II 534[3]; – τὴν ψῆφον ὑπὲρ τῆς αἰσχύνης II 521[4]; – ἐπὶ τὸ αὐτό II 472[5]; – τινὶ κακὰ σιγῇ II 162[6]; – ῥίμφα ἅρμα ὑπ᾽ ὁμοκλῆς II 528[3]; – τινὰ ζώνης ὕπο II 528[1]; – τι πράως II 83[7]; βαρέως – II 168[3]; – χαλεπώτερον c. gen. II 134[3]; s. ἔφερον, ἔφερα, φερ-
φέρω ngr. 764[3]; s. ἤφερα
φέρωμεν 791[4]. 792[1]
φέρωμες II 315[1]
φέρων 515[3.5.6]. 566[4]. II 388[4]; – ἀπερείσι᾽ ἄποινα II 388[3]
φέρωντι dor. 664[3]
φέρωσι conj. 664[3]
Φεστίας böot. 300[2]
φέτος ngr. 625[3]
Φετταλός böot. 269[1]; -οι 90, 1; Φέτταλοι 300[2]
φεῦ interj. 377[8]. 716[5]. 798[5], 10. II 600, 1. 601[1.4]; φεῦ φεῦ II 600, 4; φεῦ δᾶ(ν) 577, 4; – c. gen. II 134[6]; – τῆς ἀνοίας II 624[8]
*φευγ 798, 10
φεῦγας ngr. 800[1]
φευγᾶτος ngr. 503[5]. II 174, 1
φεῦγε hom. 797, 5
φευγε/ο- 673[3]
φεῦγεν infin. Theogn. 807[1]
φεύγεσκεν hom. 711[2]
φεύγω (-ειν) 347[4]. 685[1]. 747[4]. 781[6]. II 226[5]. 259[6]. 261[3]. 269[1]. 372[3]. 274[4.8]. 276[3]. 362[6]. 375[1]; – c. acc. II 91, 3. 240[2]; – c. gen. II 131[2]. 226[8]. 227[1]. 529[1]; – c. gen. d. Sache II 131[3]; – c. gen. ngr. II 136[5]; φεύγω ἀνάγκῃ II 167[6]; – φυγῇ II 166[4]; – δίκην φόνου II 131[6]; – δίκας ὑπό τινος II 227[1]; – ἀνὰ κράτος II 441[3]; – διὰ κῦμα II 453[2]; – διὰ τῆς πόλεως II 450[6]; – διέκ τινος II 450[5]; – ἐκ κακῶν II 463[4]; – ἐπ᾽ αἰτίᾳ φόνου II 131[6]; – ἐπί τινι II 467[6]; – ἐφ᾽ ἵππου II 470[6]; – περὶ δείματι II 501[6]; – περὶ θανάτου II 502[6]; – πὸτ τῶ Διόρ II 514[3]; – ὑπὸ τὰ τείχη II 531[4]; – ὑπό τινος c. gen. II 131[5]; – ὑπ᾽ ἔγχεος II 528[3]; – ὥς τινα ὑπό τινος II 529[4]; s. ἔφυγον, φυγεῖν, φυγών
φεύγων II 388[5.6]; -γοντες II 390[7]; φεύγων ἐστί II 255[4]; – τὴν δίκην II 393[1]
φεύζω 716[5]. 722, 3. 815[3]
φευκτέον II 410[2]
φευξεῖται 786[2]
φευξείω Eur. 789[1]
φευξῆι Theokr. 786[7]
φεῦξις II 357[5]
φευξοίαθ᾽ Aesch. 780, 1
φεύξομαι hom. att. 781[6]. 786[2]
φευξοῦμαι att. 785[7]. 786[2.3]. II 226[7]
φεύξω spät 782[2]
*φεύσομαι 262[1]
*φευτύω 301[6]
φέψαλος 328[8]. 423[5]
φεῶν 205, 3
φη 3. sg. 660[1]. 674[6]
φή ‘wie’ II 577[1–3]
Φήβα ngr. 303[1]
Φηγήυς 196[3]
φήγινος 490[6]
φηγός f. 58[3]. 457[7]
φήηι conj. 675[1]
φήῃς conj. hom. 792[1]
*φηι ‘sagst’ 659[5]
φῆι conj. 675[1]
φῄς 659[5], 5. 6. 674[6]
φῆισθα hom. 674[6]
φῆισι conj. 675[1]
φήμη περί τινος II 503[2]
φημί 389[6]. 673[4], 1. 674[6]. 686[5]. 816[7]. II 259[1]. 261[7]. 350[7]; – c. gen. II 132[1]; – c. ptc. II 394[4]; – ἄλλα παρά τι II 497[1]; – παρεῖναι II 297[5]; φησὶ ἴᾶσθαι τὸ τρ. II 297[4]; φημὶ οὐκ εἰδέναι II 595[5]; – τινα κρύπτειν II 297[4]; s. φάναι, ἔφαν, ἔφην, ἔφησα, φη-
φημίξωσι Hes. 737[7]
φῆμις 495[3]

φημοσύνα 529[4]
φῆν ipf. 674[6]
φῆναι att. 187[7]
φήνη 489[2]
φήρ äol. hom. 106[2]. 300[3]. 302[1]
Φῆρες hom. 89[6]. 300[3]. 302[1]
φής 659[6], 7
φησί II 272[8]. 621[3]; s. φημί
φήσω fut. 675[1]
*φήσω fut. (φαίνω) 736[5]
φϑ graphisch für *pt*ʿ 210[7]; = syr. *ft* 233[8]
*φϑᾱεναι 808[4]
φϑαίρω dor. 342[3]. 714[4]
φϑάμενος hom. 742[4]
φϑάν 3. pl. Ilias 742[4]
*φϑανϝω 698[3]
φϑάνω 326[8], 1. 699[4]. 742[4], 4; φϑᾱ́νω att. 698[3]; φϑᾰ́νω ion. hom. 228[3]. 698[3]; II 272[2]. 301[2]; οὐ – II 392, 4; – c. ptc. II 392[3]; – c. infin. II 396[3]; οὐ φϑάνοιτ' ἂν ϑνήσκοντες II 392[3]; s. ἔφϑᾱν, -ην, -ασα
φϑαρέω fut. 785[1]
φϑαρη- att. 759[4]
φϑαρῆναι 759[6]
-φϑαρήσομαι 714[4]
φϑᾱ́ς ptc. 742[4], 4
φϑάσαμε ngr. II 282[5]
φϑάσας ptc. att. 742, 4
φϑατήσῃ H. 705[5]
φϑέγγομαι 327[1]. 684[4], 9. 692[7]. II 229[1]; – μεῖζον II 77[4]; – αἶνον εἴς τινα II 460[3]; s. ἔφϑεγμαι
φϑέγμα 214[8]. 523[5]
*φϑείομαι 790[4]
φϑείρ 326[3]. 424[3]; φϑεῖρας II 88[2]
φϑεῖραι att. 285[2]
φϑείρομαι II 228[1]; s. ἐφϑάρη, ἔφϑαρμαι, ἔφϑορα
φϑείρω ion. att. 283[5]. 326[3]. 714[4]. 715[6]. 785[3]. II 228[1]; s. ἔφϑειρα, ἔφϑερρα, ἔφϑαρκα, φϑεῖραι, φϑαρέω
φϑεῖσαι 755[6]
φϑεισήνωρ 444[2]
φϑεισίμβροτος hom. 443[3], 4
φϑείσομαι hom. 740[3]. 782[5]
φϑέραι opt. ark. 283[1]. 285[2]. 745, 5. 746, 0. (753[5]). 797[1]
φϑερέω fut. 785[1]
φϑέρρω lesb. 283[5]. 323[1]
*φϑερσαι opt. 746, 0
φϑέρσαντες Lykophr. 753[4]
φϑερῶ att. 714[4]. 785[1·3]
-φϑη aor. 761[2]
φϑῆναι infin. ion. att. 742[4]. 808[4]; τοῦ μὴ – II 372[4]
*φϑηραι opt. 746, 0
φϑήρω ark. 283[5]
φϑήρων 88[5]
φϑίεται conj. hom. 740[3]. 790[4]
Φϑίη 77[6]. 326[8]; -ην μητέρα μήλων II 615[6]
φϑῑ́ῃς conj. 740[3]
Φϑίηφι 551[3]
*φϑιjῑτο 795[5]
φϑίμενος ptc. 740[3]; – μετ' ἄλλων II 483[6]; – ὑπὸ χερσί τινος II 526[8]
*φϑινϝω 697[1]
(*φϑίνημι) 697, 2
φϑινήσας Hippokr. 697, 2
φϑινόκαρπος 442[4]
φϑίνομαι οἶτον II 76[1]
φϑίνοντος (μηνός) II 175[5]
φϑινόπωρον 442[5·6]
φϑινύϑεσκε hom. 711[2]
φϑινύϑω hom. 326[2]. 697[1]. 703[5]. 740[3]
φϑίνυλλα att. 475, 2. 485[4]
*φϑίνυτι 698[1]
φϑίνω hom. 326[3]. 673, 1. 698[2]. 741[3]. 756[1]. II 72, 1; – c. instr. II 168[4]; s. ἔφϑεισα, ἐφϑι-, φϑι-
φϑιόμεσϑα conj. 790[4]
φϑῖσαι 755[6]
φϑισιάω 732[2]
φϑίσϑαι infin. 740[3]. II 296[3]
φϑίσις 313[3]. 357[4]. 505[5]; φϑίσιν II 88[2]
φϑίτο 790[4]
φϑῖτο opt. 740[3]. 795[5]
φϑιτός 326[3]. 357[4]
φϑόη 189[3], 1. 313[3]. 326[3]
φϑοῖς m. 377[8]. 462, 5. 573[6]
φϑόϊς 326[3]. 462[5], 5
φϑονέω 326[3]. 720, 6. II 133[3], 2; -εῖν II 711[8]; -οῦντες II 390[6]; φϑονεῖν c. dat. II 144[6]; – τινι c. gen. II 133[6·7]; – – τῶν ἀγαϑῶν II 134[2]
φϑόνος 326[3]. 459[1]. 720, 6; – χαλεπώτατος νόσων II 606[4]; οὐδεὶς – II 623[5]
φϑόρος f. II 614[2]
φϑόσις 505, 9
φι äol. 301[1·2]
-φι casus-suff. 57[3]. 102[1]. 297[3]. 405[8]. 406[2]. 546[6]. 549[4]. 550[5·6] f. 551[2]. 619, 5. II 171[3]–173
-φι adv. 551[2]. 619, 5. 622[4]
φιάλα du. II 49[3]; s. φιάλη
Φιαλεύς ark. 209[3]
φιάλη 154[7]. 165[2]. 243[7]. 484[1]
φιβαλέος 484[3]
Φιγαλεύς γένος II 86[3]
fiete (= φύεται) 184[1]
Φιϑάδας böot. 257[2]
Φίϑε̄ 636, 3
Φίϑων böot. 257[2]
Φῖκα acc. böot. 334[3]. 692[6]
φίκατι pamph. 89[2]. 205[5]. 225[3]. 233[7]. 591[3]
Φίκιον (ὄρος) 334[3]. 692[6]
Φιλαγόρας kypr. 153[2]
Φιλάγροιο gen. 555[3]
φῖλαι imper. Ilias 718[4]
φῖλαι aor. infin. 754, 2
Φιλᾶιδαι 265[8]
Φίλαινα 475[4]
φιλαίτερος 535[7]
φιλάνϑρωπος 442[6]
φιλατίας als Titel II 131[7]
φίλατο hom. 718[4]; – (τινα) περὶ πάντων II 502[2]
φιλαυτία 469[2]
φίλε: – τέκνον II 38[5]
*φιλέεαι 252[3]
φιλέει προσημαίνειν II 621, 2
φιλέειν hom. 807[4], 3
φιλέεν infin. hom. 807[4]
φιλέεσϑαι παρά τινι II 494[1]
φιλέεσκε(ν) hom. 711[2]. II 278[4]
Φίλε̄ϝο kypr. 461[8]
φίλει imper. 248[8]. 799[1]
φιλεῖ att. 249[4]. 841[3]
φιλείην lesb. 795[2]
φίλειμι böot. (gramm.) 729[3]
φιλεῖν (τὸ) II 371[6]. 383[8]
φιλεῖσϑαι ἔκ τινος II 463[7]; – ὑπό τινος II 529[7]
φίλεισι lesb. 664[5]
φιλεύω ngr. II 80, 1
φιλέω 718[2·3·4]. 726[4]. 754, 2. 815[2]; φιλῶ 249[8]. 791[6]; – c. acc. II 105[7]; – τινα ὑπέρ τινα II 520[1]; – τινα ἐκ ϑυμοῦ II 463[4]; – δρῶν II 392[6]; s. ἐφίλησα, φιλε-, φιλήσω
Φιλεωνίδεος gen. sg. ion. 561[3]
φίλη imper. lesb. 248[8]. 798[5]
φιλῆι att. 249[3]. 252[3]. 791[5]
φιλῆις att. 791[5]
φιλήμεναι 729[2]; s. φίλημι
φίλημι äol. (lesb.) 89[6]. 659[3·6]. 730[2]. 795[2]. 815[1]; s. φίλειμι
*φίλημι 807[7]
φίλημμι lesb. 729[1]
*φίλην infin. 807[7]
φίλησϑα äol. 90[4]
φίλησι lesb. 659[3]
φιλήσω 782[5]
φιλῆτε att. 791[5]
φιλήτης 500[3]
φιλί n. ‘Kuß’ ngr. 809[6]. II 383, 3
φιλία II 479[3]
φιλία [γῆ] II 175[5]
φιλικῶς 624[2]

φιλῖμεν infin. böot. 806[5], 9
Φιλῖνος 491[3]
φίλιος: ἡ φιλία (γῆ) II 175[5]
Φιλιππήσιοι 162, 2
φιλιππίζω 736[3]
Φίλιπποι gen. sg. 90[6]. 555, 3
Φίλιπποι ON 638[5]. II 33, 2
Φιλιππος 159[6]
Φίλιστος 535[7]
φιλίων 535[7], 1
Φίλ(λ)ε̄Ϝο kypr. 461[8]
Φίλλει 636, 3
φιλο- 442[3.5], 3
φιλοθύτης 430[4]
φίλοι acc. pl. ngr. (dial.) 563[7]
φιλοίην att. 794[2.6]. 796[2.5]; φιλοίη 796[2]; φιλοῖμεν 794[6]
φιλοίκτιστον II 605[7]
Φιλοκλείδα nom. sg. m. leukad. 560[4]
Φιλοκλευς gen. 197[7]
φιλοκτεανώτατε 442, 3
Φιλοκωμάσιον 636[1]
φιλομέτοχοι II 386[6], 2
φιλομμειδής 310[6]. 513[2]
φίλον adj.: σοὶ μὲν οὐ – II 617[5]; – ἐστί τινι κεκλημένῳ II 393[7]
φιλονικέω; s. ἐφιλονικήσουσιν
φιλονικίαι II 43[7]
φιλόξεινοι 442, 3
φιλοξενέστερος 535[5]
Φιλοξενου 156[3]
Φιλόξη̣νος kyren. 228[4]
ΦιλόπαϜος gen. kypr. 578[4]
φιλόπολις 542, 4
φίλος 62[5]. 483[4]. II 182[5.7.8]; φίλοι II 45[7]; φίλος voc. II 63[2]; – ὦ M. II 63[5]; φίλε κασίγνητε II 61[4]. 63[6]; φίλε τέκνον II 38[3]; φίλε voc. ngr. II 59, 2; φίλων gen. pl. f. 559[3]; s. φίλον
Φιλοσκήτης 326[1]
φιλοσοφεῖν φιλοσοφίαν II 75[2]
φιλότης 528[6]
φιλοτῑμέομαι 727[1]
φιλοττάριον 265[4]. 471, 3
φιλοῦν II 409[1]
Φιλόφειρος thess. 302[1]
φιλοχρηματίᾱ 270[7]
φίλτατ' Αἰγίσθου βία II 602[8]
φίλτερος 535[3.7], 1
Φιλτός gen. sg. f. rhod. 479, 1
φίλω du. II 48, 3
φιλῶ conj. II 331, 1
φιλώιην hell. 796[3]
φιλῶμεν att. 791[5]
φίλων gen. pl. f. att. 559[3]
φιλῶσι att. 791[5]
φιλώτερος 535[7]
φῑμός 492[3]
φιν dat. pl. lak. 334[2]. 601[7]. 603[4]
-φιν casus-suff. 405[8]. 406[2]. 550[5.6.7]. 551[1]
-φιν adv. 622[4]
φίνις 495[3], 9
φίντατος dor. 213[4]
Φιντίας 81[4]. 213[4]
Φίντωνι delph. 213[4]
-φις adv. 619, 5. 622[4]
*φιστος 262[1]
φιτρός hom. 531[6]
Φίτταχος ion. 269[1]
Φίττων ion. 269[1]
φῖτυ att. 301[6]. 506[4]
φῑτυποιμήν 506, 6
φῖτυς 506[4]
φιτύω 301[6]. 727[5]
φλαδε/ο- Aesch. 747[6]
φλάζω 747[6]
φλανύσσω H. 699[2]. 733[5]
φλασμένος 767[1]
*φλαῦλος 483[4]
φλαύροισι 556, 4
φλαῦρος 483[4]
φλάω ion. att. dor. 303[1]
φλεβ- 424[3]
φλεγέθει 703[3]
φλεγεθοίατο 703[3]
φλεγέθοντ- 703[3]
φλεγη- 760[1]
φλεγμαίνω 724[6]
*φλεγμή 524[5]
φλεγμονή 524[5]
φλεγμός 492[5]
φλεγυρός 482[4]
φλέγω 297[4]. 684[4]
φλέδων, φλεδών 530[1]
Φλειάσιος 527, 4
Φλές (τὸ) ngr. 519[6]. 520, 2
φλέω 685[7]
φλέως 349[5]
Φλέως ion. 557[7]
φληδᾶν H. 356[1.5]. 719[3]
φληναφάω 731[5]
φληνύω 699[2]
φλιβη- 759[5]
φλῖβω äol. ion. 302[2]. 303[1]. 685[4]
φλιδή 508[7]
φλόγ- 424[3]
φλογμός 492[5]
φλοιός 348[6]
φλόνος 494[1]. 830[7]
φλοῦς 577[4]
φλύᾱξ 497[3]
φλυαρία: -ίας εἶναι ταῦτα II 607[1]
φλυᾱρός 482[5]
φλυᾱ́σσω H. 725[4]
φλυδάω 683[1]. 703[1]
φλυζάκιον 474[3]
φλύζω 298[7]
φλυκτίς 298[7]
φλύσσω 717[1]
φλύω 685[7]. 686[3]. 703[1]
φλωός gen. sg. 577[4]
*-φμ- 327[3.5]
φνεί 696, 2. II 600, 6
*φνόντι 52[2]
-φο- suff. 495[4.5.6]
φοβέαι j.-ion. 252[7]
φοβεῖσθαι: ἐπὶ τὸ – II 370[5]
φοβέομαι 355[6]. 717[5]. 718[5]. 719[4]. 815[4]; -οῦμαι II 354[5]. 675[5.7.8]. 676[1]. 677[2]; φοβουμένῳ II 609[5]; φοβήσομαι, ἐφοβήθην 717[5]; φοβοῦμαι (-εῖσθαι) μὴ (οὐ) II 598[6]; – τινα c. instr. II 168[1]; – ἀμφί τινι II 438[5]; – πρός τι II 512[1]
φοβέρα ngr. 422, 0
φοβερός 482[1]
φοβεσιστράτη 443[5], 11
φοβεστράτη 721[5–6], 8
φοβέω 714, 2. 717[6]. 718[4]. 721[5], 8; s. φοβήσω
φοβήθηκα ngr. 652[4–5]
φοβήσω 717[6]. 718[3.4.5]
φόβον δε 624[6]
φόβος: – φίλων II 121[5]; φόβῳ τοὺς Θηβαίους II 74[1]; φόβοι II 43[6]
φοβοῦμαι; s. φοβέομαι
*φόθος 261[5]. 297[6]
φοιβάζω 299[7]
Φοιβάμμων 635, 1
φοῖβος 299[7]. 459[4]
φοίνα äol. 303[1]
φοινήεις 528[1]
φοινίζω spät 734[3]
φοίνικανς acc. pl. kret. 563[4]
Φοίνῑκες 79[2]
Φοινικήια (γράμματα) 141[3]
Φοινῑ́κισσα 475[5]
φοινικιστής 500[6]
φοινικοῦς II 182[4]
φοίνιξ 391[6]
φοῖνιξ 165[2]. 497[5]; – ἔρσην, – βαλανηφόρος II 30[5]
φοίνισσα 543[3]
φοινίσσω 725[4]. 734[3]
φοισκος (= φίσκος) 827[3]
φοιτάς 508[1]
φοιτᾱ́τᾱν äol. 667[2]
φοιτάω 705[5]. II 162[6]; φοιτᾶν παρά τινα II 495[1]; – ὑπ' αὐγὰς ἠελίοιο II 530[6]; – περὶ βόθρον II 504[1]
φοιτέω ion. 242[8]
φοιτήτην du. 667[2]. 729[3]
Φοιτιάς akarn. 569[6]
φόλλις 164[2]
Φολουιος 158[3]
φονᾷ φονᾷ II 700[2]
φονΕς ark. 575[6]
φονεύειν: τὸ μὴ – II 371[1]
φονεύω II 275[1]; φονεύσω II 291[4]
φονιάς: τοῦ φονιᾶ τὸ πηγάδι II 27[5]

φόνος 31[4]. 42[3]. 73[5]. 297[6.8]. 837[4]. II 34, 4; – Πελίαο II 614[1]; – ἐπὶ φόνῳ II 156[4]
φονός II 34, 4
φοξός 516[6]
φοράδην 626[5]
Φόρβαντος θυγάτηρ II 615[5]
Φορδίσις pamph. 413[8]. 472[2]. 636, 1
φορε/ο- 643[5]
φορεῖ 643[7]
φορέομαι σύν II 162[4]
φορέω 353[6]. 720[2]. 754, 2. 815[2]. II 71[5]; φορῶ II 250, 6; φορεῖν τινα κατὰ ῥόον II 478[5]; – τι ὑπὸ τοῖς χιτωνίσκοις II 525[5]; s. ἐφόρησεν, φορε-, φορη-
-φορέω 726[5]
φορη- 643[5]
φορήμεθα lesb. 680, 3
φορήμεναι infin. hom. 729[2]. 806[5]; – εἰς φόβον ἀ. II 460[2]
φόρημι äol. 718[2]. 814[2]
φορήν ngr. (dial.) 87[4]
φορῆναι infin. 808[4]. II 363[6]
φορήσει 643[7]
φόρησεν Ilias 720[2]
φόρκες 299[8]
Φόρκῡνος gen. 488[5]. 582[6]
φορμηδόν 626[5]
φορμίζω 735[4]
φορμός 492[4]
φοροίη Od. 796[2]
φόρος 355[7]. 358[5]. 459[2]; φόρον φέρειν II 75[3]
φορός (γῆ) II 32[4]. 34, 10
φόρτος II 176[7]
φορτώνω ngr. II 83[5]
φορῡ́νω 733[4]
φορύξας 715, 12
φόρυς 463[5]
φορυτός 501[4]
φορῶ; s. ἐφόρεσα, φορέω
-φος suff. 455, 4
-φρα adv. 631[1], 1
φραγέλλιον 258[8]
φραγη- pass. 760[2]
φραγμὸς δι' ὤτων II 451[7]
φράγνυμι att. 696[3]
φραδᾶ́ 715[1]. 754[8]; φραδὰν τὸς ark. 746, 0
(φραδαντ- ptc. ark.) 745, 5
φράδδω kret. 715[3]
φράδεν H. 748[3]
φραδή 460[3]
φραδής 513, 11
φράδμων 522[4]
Φράδμων 636[6]
φράζομαι 748[6]; – ἀμφίς II 439[6]; -εσθαι σύν τινι II 489[4]; – μή II 676[3]; φράζετο θυμῷ II 155[4]; s. ἐφρασάμην, ἐφράσθης, φράσαι imper., φράσομαι, φρασσ-
φράζω 715[1]. 754[8]. 775[2]. II 381[5]; – τινός II 132[2]; – πρός τινος II 516[3]; s. φράσαι, φράσω
Φραhιαρίδας arg. 217[4]
*φρανός, -ῶν gen. sg., pl. 569[1]
φράξαι II 365[6]
φράσαι imper. hom. 803[7]
φράσαι: τὸ μὴ – II 380[2]
φρασαίατο 671[3]
φράσαιμι ἄν II 329[6]
φρασί dat. pl. att. 102[1]. 343[4]. 552[4]. 569[1.2]
Φρασιηλίδης 258[8]
Φρασικλῆς 446[2]
Φράσμων att. 208[4]
φράσομαι fut. hom. 785[4]
φρασσ- 754[8]
φράσσομαι fut. hom. 785[4]
φράσσω 715[2]. 772, 4
φράσω II 291[3]
φράτερσι 568[5]
φρᾱ́τηρ 49[3]. 297[3]. 346[5]. 355[6]. 380[7]. 421, 3. 567, 7. 568[4]. 840[2]
φρᾱτήρ dor. 380[7]. 384[4]
φρᾱτρία 260[5]. II 39[5]. 176[8]
φρᾱ́τωρ att. 380[7]. 568[5], 3
Φρεάντλης 24[2]
φρέᾱρ 57[5]. 519[5]
Φρέαρ(ρ)οι att. 519[6]
φρεατία 519[6]
φρέᾱτος gen. 245[6]
Φρεαττύς 519[6]
φρέμπαρος 440, 5
φρένες 552[4]. II 52[1]
φρενετίζω 736, 1
φρενῑτίζω 736, 1
φρενόθεν 628[3]
φρενός gen. sg. 569[1]
φρενώλης 440[4]
φρενῶν gen. pl. 569[1]
φρεσί dat. pl. 569[2]. II 57[5]; ἐνὶ – II 57[5]
Φρεσσεφόνη 100[4]
φρήατα hom. 245[6]
φρῆϝαρ 519[6]
φρήν 355[5]. 424[1]. 486[2.7]. 569[1], 2
-φρήσω 689[5]
φρήταρχος ion. 260[4]
φρήτιον siz. 250[7]
*φρητηρ 532[5]
φρητός dor. 250[7]
φρήτραρχος ion. 260[4]
φρήτρη 532[5]
φρήτρηφιν 551[1]. II 172, 2
φρῑκ- 424[4]
φρίκες 299[8]
φρίν (= πρίν) lokr. 92[5]. 631[2]
φρίξ f. 716[4]
φρῑξός 516[6]
φρίσσω 716[4]
φροίμιον 219[3]. II 505, 2. 508[2]
φρονέην infin. äol. 807, 3
φρονεῖν: τῷ – II 360[1]; τοῦ – II 361[5]
φρονεοι (= φρονέωσι) kypr. 217[4]
(φρονέσιν) 807, 3
φρονέω 725, 1; φρονεῖν τὰ ἄριστα II 77[4]; – τὰ τῶν ῾Ε. II 77[6]; – κατ' ἄνθρωπον II 478[1]; φρονέω ἐπὶ τοσοῦτο II 472[6]; φρονῶν τυραννικά II 405[3]; – ὑπὲρ ἑαυτόν II 520[1]; κακὰ φρονέω c. dat. II 147[1]; κακῶς φρονοῦντες II 388[2]; s. εὖ φρονεῖν
-φρονέω 725, 1
φρονέω[h]ι kypr. 287[6]
φρονησεῖν: κακῶς – II 376[6]
φρόνιμος παρ' ἑαυτῷ II 494[5]; – περί τινος II 503[4]; φρονιμώτερος ὑπέρ τινα II 520[3]
φρόνις f. 462[4]. 725, 1
φρόνος äol. 303[1]
φροντίζω (-ειν) II 396[3]. 631[2]; – c. gen. II 109[1]; – τι c. gen. II 109[4]; – μή II 676[4]; φροντίζειν περὶ ἑαυτοῦ II 502[7]
φροντίς 465, 2; – ἡ πὰρ ποδός II 498[4]
φροντίσδω lesb. (Sapph.) 330[2]. 735[5]
φροντιστὴς τὰ μετέωρα II 73[8]. 121[3]
φροῦδος 219[3]. 269[1]. 386[5]. 398[3]. 436[8]. II 505, 2. 507[7]. 508[1]. 623[6]
*φροῦξω 402[3]
φρουρᾱ́ 219[3.6]. 721, 7. II 505, 2
φρουρεῖσθαι ὑπό τινος II 529[6]
φρουρέω II 505, 2; φρουρῶ 402[2]; – c. gen. II 112[3]
φρουρούμενα II 611[7]
φρυάσσομαι 725[5]
Φρύγες 67[3]. 158[1]
φρυγη- pass. 759[6]
Φρυγία 469[1]
Φρυγίη loc. II 154[8]
φρυγίλος 485[1]
φρυγίνδα 627[2]
φρῡ́γω 685[4]. II 226[6]
φρύδι ngr. 570[7]
φρύνη 489[1]
Φρύξ ἀνήρ II 614[7.8]; s. Φρύγες
φρυχθη- 759[6]
-φρῶ aor. conj. 689[5]
-φρων 426[4]

φσ att. für ψ 211[5]. 233[2.3]
ft ngr. 130[1]
φτερνίζομαι ngr. 696[3]
-φτω verba ngr. 705[3]
φτωχός: τῆς φτωχῆς κόρης τὸ σπίτι II 27[6]
φῦ II 601[1]
φῡ- 743[3]
φυᾱ́ 425[3]; πρὸς εὐάνθεμον φυάν II 512[4]
φύγαδε 424[4]. 584[6]. 624[7]
φυγαδείην el. 728[3]
φυγάδεσσι el. 564[4]
φυγαδεύᾱντι conj. el. 728[3]. 792[3]
φυγάδην 626[4]
φυγάδις 631[4]
φυγαίχμης 442[5]
φυγάς 508[2.5.6]. II 173[4]
φυγγάνω 699[7]. 747[4]. 771[5]. 781[6]
φύγδα 626[3]
φυγε/ο- 673[3]. 747[4]
φύγεθλον 533[3]
φυγεῖν 640[6]. 673[3]. II 261[4]. 282[2]
φύγεν ἕρκος II 81[4]
φύγεσκε Od. 711[5]. II 278[5]
φυγέτω 801[4]
φυγή 459[7]. 584[6]. II 34[1]; φυγῆς ἧς ἔφυγον II 641[2]
φυγίνδα 627[2]
φυγο- 442[3]
φύγομαι fut. hyperatt. 780[5]
φυγόντα: ὡς – II 391[6]
φυγοπτόλεμος 442[3]
φυγῶ fut. spät 784[5]
φυγών 673[3]; – ὕπο ν. ἦμαρ II 426[5]; ὡς φυγόντα II 391[6]
φύεται [*fiete*] 184[1]
φύζα 474[3]. 771[5]
φυζακινός 32[6]. 456[6]
φυζάναι H. 700[4]
*φύζω hom. 714[6]. 771[5]
φυη- ion. 759, 1
φυὴν χερείων II 85[6]; s. φυᾱ́
φυήσομαι 782[6]
φυίη opt. 795[5]
φυίω äol. (lesb.) 199[5]. 686[4], 5
Φυκός kyren. 253[2]
φυκτά II 606[2]
φυκτός 347[4]
φυλάδδω kret. 734[2]
φυλαῖν du. II 49[6]
φύλακ- hom. 458[5]
φύλακες ἄνδρες II 614[6]
-φυλακέω verba 731[6].
φυλακή: – τῶν λειστῶν II 121[5]; φυλακαὶ πρὸς Αἰθιόπων; φυλακὰς εἶναι περί τι II 504[2]; – φυλάττειν II 75[2]
*φυλακjω 414[3]. 712[6]
φυλακο- hom. 458[5]
φύλακος 381[8]
φυλακός 381[8]; -ούς 385[7]
φυλακτέον εἶναι II 409[6]
φύλαξ; s. φύλακ-, φύλακες
φύλαξαι II 341[3]
φυλάξατε II 341[4]
φυλάξῃ: ὁ θεὸς – ngr. II 316[3]
φυλάξοι 796[4]
Φύλᾱς 526, 5
φυλάσσεσθαι c. instr. II 165[7]; – παρά τινι II 494[2]; – τι πρὸ πολλοῦ II 507[5]; – ὅπως μή II 676[5]; – ἵνα μή II 676[6]
φυλάσσω 72[4]. 290[2]. 319[3]. 414[3]. 725[4]. 771[3]. II 370[2]; – ἐπὶ νυκτί II 468[7]; s. φυλάξατε, φυλάξῃ, φυλάξοι, φυλάττω
φύλατον imper. hell. 803[6]
φυλάττομαι (-εσθαι) II 353[4]; – c. infin. II 676[6]; – μή II 676[5]; φυλάττου, φύλαξαι II 341[3]
φυλάττω 290[2]. 319[3]. 712[7]. 815[4]. II 363[6]; φυλακάς – II 75[2]; s. φυλάσσω
φυλή 381[3]
Φυλῇ loc. II 155[2]
Φυλιαδῶν 530[2]
φύλλον 239[1]. 323[1]. 351[8]; φύλλα γίγνεται II 607[3]; – πίπτει 73[2]. II 11[5]. 17[3]. 39[5]. 607[3]
φυλοβασιλεῖς 453[4]
φῦλον 381[3]
φῦν infin. Parm. 808[1]
φῦναι infin. ion. att. hom. 808[4]. 809[2]. II 258[3]; – c. abl. II 94[1]; – ἐκ τῶν αὐτῶν II 94[3]; – Λάιον ἐκ τοῦδε II 94[3]; s. φύντες, φύομαι
*φύνδαξ 333[4]
φύντες μιᾶς μητρός II 94[2]
φύνω spät 698[4]
φύξηλις 517[2], 1
φύξιμον 494[5]
φύξιμος ion. att. 270[5]; – c. acc. II 73[8]
φύξις 505[2]. II 356[5]. 357[5]
φύομαι II 227[7]; – c. dat. II 143[3]
φυόμενα II 241[7]
φύοντες 205, 3
φῡράω 719[4]
φύρδην 626[3]
*φῡ́ρjω 719[4]
Φύρνιχος 267[5]
φύρομαι; s. ἐφύρη, ἐφύρθη, φύρω, πεφυρ-
φύρσω Od. Pind. 782[2]
φῡ́ρω 714[5]. 715, 12. 719[4]; – c. acc. et gen. II 111[5]
φῦσα 298[2]. 516[5]
φύσαντες (οἱ) II 45[1]
φύσεος gen. sg. 572, 3
φυσιασμός 492[4.5]
φυσίζοος hom. 330[5]. 355[5]
φυσικός 497, 9
φυσιολόγος 439[5]
φύσις 350[7]. 505[2]. 821[3]
φύσκη 541[6]
φῦσομαι 782[5]. 788, 1
φύστις 504, 6
φῦσω fut. 755, 10
φυταλιά 484[1]
φυτάλμιος 494[3]. 503[2]
φυτευθέντες κείνων II 94[2]
φυτεύομαι pass. II 241[3]
φυτεῦσαι II 362[1]
φυτεύσαντες (οἱ) II 45[1]
φυτευτέον τὴν γῆν att. 810[5]
φυτεύω 732[7]
Φύτιος ion. 269[1]
φύτλη 533[4]
φυτόν 350[7]
φύω 41[2]. 297[4]. 686[2], 1. 755[6]. 756[1]. II 227[7]. 276[4]; s. ἔφῡσε, φύσαντες, φύομαι
φώγνυμι 697[3]
φώγω 685[4]
φώζω (= φώγω) 716[3]
φῶι dat. sg. att. 578[5]
Φωκᾶΐς 266[1]
φώκη 496[4]
φωλεός 67[3]
φωνᾱ́ 359[4]. 720, 10
φωνᾶντα dor. 250[5]
φώνᾱσε Pind. 720, 10
φωνάω 720, 10. 728[7]
φωνεῖν 720, 10. II 380[1]; – πρό τινος II 506[8]
φωνέω 720, 10. 728[7]; s. φωνεῖν, φωνήσας
φωνή 7[4]; s. φωνᾱ́
φωνήεις II 174[3]
φωνῆεν 527[1]; φωνήεντα (term.) 169[5]
φωνήσας II 390[8]; – προσηύδα II 301, 1
φώρ 355[7]. 358[5]. 424[3]; s. φώρτατος
φωρά 460[3]
φωράω 719, 5
φώρη f. 719, 5
φωριαμός 385[7]. 448[2]
φώρτατος 536[2]
φώς 378[3]. 499[3]; – Ἡρακλῆς II 614[8]; s. φῶτε
φῶς 377[6]. 514[4]. 578[5]
φώσκει 709[1]
φωσφόρος 338[7]
φῶτε II 48[5]
φωτιά ngr. 578[5]
φώψ 302[1]. 424[3]

X

χ: aus idg. kh, gh, ĝh, gwh 297[1.4.5]; für ind. kk' 204[6]; – vor hellen Vok. 206[7]; gr. χ durch dt. *h* wiedergegeben 218, 1
-χ- in Präsensbild. 702[4–5]
-χ- suff. 496[5]. 498[4.5]
χά: χὰ χά 14, 1; s. χαχά
-χα adv. 598[2–3], 7
-χα pf. 771[6.7]. 772[5.6.7]
Χάββειος thess. 231[6]
Χάββεις thess. 315[6]
*χαδάνω 700[7]. 701[1]
χαδεῖν 358[6]; – τι c. dat. II 147[5]; s. κέχονδα
*χαδην 694[3]; *χάδην ῥύβδην 626[4]
χάδην 'abgesondert' Hippokrat. 626, 2. 7
χάϝος 694[3]
χάζομαι 748[7]. 770[3]. II 229[1]; – ἐκ II 463[1]; χάζοντο κελεύθου II 91[4]
χάζω 715[1]
χαίνω 694[3]. 771[5]; s. ἔχανον, κεχάνατι, χάνοι
χαῖρε II 341[2]
χαιρε- 441[6]
χαίρειν (τὸ) II 370[3]
χαιρεκακία 441[6]
χαιρεν infin. pap. 807[5]
Χαιρεσ(τ)ράτη [so] att. 260[6]
χαιρετίζω 736[1]
χαιρηδών 529[7]
χαιρήσειν hom. 714[4]
χαιρήσω 752[3]. 755[4]. 763, 5. 783[2]. 785, 1
Χαιριω ion. 252[4]
Χαιροκλῆς att. 442[4]
Χαιρόλας delph. 442[4]
χαίρομαι II 234[7]; ngr. II 235[4]
Χαιρρωνέα böot. 238[2]
χαίρω 342[3]. 714[4]. 748[6]. 752[4]. 759[4]. II 260[3]. 377[1]; – c. instr. II 167[8]; – c. dat. ptc. II 393[6]; – μέγα II 77[3]; – ταὐτά II 77[6]; – ἡδοναῖς II 166[5]; – ἐπί τινι II 469[3]; – τινὶ προσιόντι II 393[6]; – διαλεγόμενος II 392[6]; – τιμώμενος II 392[6]; s. χαῖρε, ἐχαίρησα, ἐχάρην, κεχάρηκα, κεχάρημαι, κεχαρηώς, χαρ-
χαίτη 501[5]
Χαλάδριοι 258[7]
χάλαζα 474[4]
*χαλάζω 682[6]
χαλαίπους 448[4]
χαλαίπυρον 448[4]
χαλαίω 676[5]
χαλάξαις ptc. 682[6]
χαλαρός 683[1]
χαλάσσομεν conj. Alk. 790[4]
χαλάσω fut. 682[6]
χαλάω 682[6]; s. ἐχάλασα, -σσα, χαλάσω
Χαλειέα: τὸν – II 41[8]
χαλεπαίνω 705[1]. 733[1]; – c. instr. II 168[2]; – τινί c. gen. II 134[4]; – ἐπί τινι II 467[5]. 469[3]; – πρὸς τὰ παρόντα II 511[8]
χαλεπός 426, 4. 496[2]; c. dat. II 144[4]; – εἰμι c. dat. II 150[6]; χαλεπή τοι ἐγὼ μένος ἀντιφέρεσθαι II 623[3]
Χάλεπος 420[5]
χαλέπτει 506, 12. 705[1]
χαλεπτύς 506[6], 12. 705[1]
χαλεπῶς II 414[7]. 415[1]; – φέρω c. instr. II 168[2]; – – τι II 134[3]; – – τινός II 134[3]
χαλί ngr. 121[4]
χαλιμάς 507, 7
χαλῑνός 156[4]. 491[3]
χάλις 462[4]
χαλίφρων 448[4]
Χάλκᾱς ion. 269[1]
χαλκεγχής 398[5]
χαλκέη 252[1]
χάλκειος 468[2]
χαλκεο- 438[3]
χαλκεόπεζος 473[6]
χαλκεους 197[5]
χαλκεύειν 732[4]
χαλκεύεσθαί τινί τι II 236[1]
χαλκεύω γλῶσσαν πρὸς ἄκμονι II 512[7]
χαλκεών 488[2]
Χαλκῆ rhod. 250[7]
χαλκῆες ἄνδρες II 614[6]
χαλκήϊος 468[2]
Χαλκιδεύς: ὁ – II 41[7]
χαλκίνδα 627[2]
χαλκοβατές 512[6]
*χαλκόβηλον (δῶ) 512[6]
Χαλ(κο)κονδύλης 263[2]
χαλκός II 34, 4
χαλκοῦς II 182[4]
*χαλχαλάω 647[2]
χαμάδις hom. 625[2]
χαμᾶζε ion. att. 330[2]. 343[3]. 625[1], 2
χαμάθεν Koine 625, 2
χαμᾶθεν att. 189[5]. 625, 2
χαμαί 326[3]. 343[3]. 548[3.4–5]. 568[6]. 622[1]. 625[2]; ngr. 622[4]; χαμαί II 140[2], 2; – πέσε II 260[8]
χάμαι ngr. 622[4]
χαμαι- 632[6]
χαμαιεῦναι [so] 446[3]
χαμαιευνάς 508[3]
χαμαικοίτης 452[5]
χαμαίπιτυς 506, 6
χαμάνδις dor. 625[2]
χαμbλός ngr. (thess.) 277[7]
χάμευνα 476[1]
χαμεῦνα 437[5]
χαμηλός 484[3]
χαμο- 438, 1
χάμου ngr. 622[4]
χάμω ngr. 622[4]
*χανᾱμι 694[3]
χανδά 626[3]
χανδάνω 297[5]. 343[6]. 692[6.7]. 701[3]. 748[1]. 781[6]; χάνδανεν 699[5]; s. ἐχάνδανον, ἔχαδον, κέχανδα, κέχονδα
χανδόν 626[3], 2. 7. 699[5]
χανε/ο- 748[3]
(*χανjω) 694[6]
χάνοι II 321[7]
χάνομαι; s. ἐχάθη
χάνος n. 694[3]
χᾱνός gen. sg. 286[7]
-χανοῦμαι fut. 785[1]
*χανσος gen. sg. 515[6]
Χανύλαος 694[3]
χανύσσω 694[3]
χανύω 694[3]
*χάνω 694[3]
Χᾱ́ονες 66[4]. 521[4]
χάος 512[3]
χαράδεος gen. her. 255[7]
χαράδρᾱ 360[3]. 481[4]
χάραξ 299[8]
χαράσσω 725[4]
χαρείη φρένα II 85[2]
χαρη- hom. att. 759[4]
χαρῆναι II 261[1]
Χαριάδαι dat. II 468[8]
Χαρίδᾱς 526, 5
χαρίει voc. gramm. 565, 4
χαριεῖ 669, 2
χαρίεις 527[1.3]. 528[3]. 565, 4. 566[4]. II 181[3]
χαριεῖσαι 2. sg. 669, 2
χάριεν, χαρίεν 380[3]
χαριέντως 624[2]
χαρίεσαι 669[1]
χαρίεσσα II 34[5]
χαριέστατος II 182[5]
χαριέστερος 535[2]
χαρίϝεττα böot. 527, 2; -αν 223[6]. 320[6]. 527[2]
χαρίζομαι 735[5]; – c. dat. II 144[7]; χαριζομένη παρεόντων II 102[6]
χαριηνται fut. äol. 785[6]
χάριμμα ngr. (chi.) 217[1]
χάριν adv. 464[4]. 619[5]. 621[1]. II 87[1]

χάριν praep. II 421[2]. 427[6]. 430[4]. 551[7–8] f.; – c. gen. II 435[2.3.4]. 551[7–8] f. 618[1]; – πλησμονῆς II 552[1]; χάριν ἕνεκα II 552[5]; τινὸς – ἕνεκα II 428[7]; χάριν postpos. II 420[6]
χαριξιομεθα Istron 786[4]
χαριοῦνται ion. att. 785[6]
χάρις 464[2.4], 3. 714[4]; χάρις (sc. ἔστω) II 623[6]; χάριν ἐμήν II 435[3]; – ἄχαριν II 551[8]; ἔχω χάριν τινὶ πρὸ ἄλλων II 507[2]; – – – ὑπὲρ τῶν εἰρημένων II 521[7]; s. χαριτ-
χαρίσσονται äol. 785[5]
χάριτανς knos. 556, 2
χάριτερ acc. pl. el. 563[6]
χάριτες II 43[6]
χαρίτεσσι böot. 564[3]
Χαρίτεσσι hom. 564[4]
χαριτόεις 527[3]
χαρκωματᾶς 128[6]
Χαρμένου 263[4]
χαρμονή 524[5]
χαρμόσυνος 529[5]
χάροντο H. 748[3]
χαροπώτερα πολλὸν 'Αθάνας II 99[4]
Χάρος ngr. 458[3]
χαροῦμαι fut. Koine 785, 1
χάρτης 500[7]
Χάρυβδις f. 626[4], 2. 694[3]
χαρῶ fut. Koine 785, 1
Χαρώνδας 510[1]
χάσκω ion. att. 335[1]. 694[3]. 708[2]. 748[3]; ngr. 712[2]
χάσμη 494[3]. 694[3]
χασμωδία 399[3]
χάσσονται ὑπ' ἔγχεος II 528[3]
-χαται 3. pl. pf. med. 771[6.7]
χατέω 705[6]. 735[5]. II 93[1]
χατίζω 705[6]. 735[5]
χάτις 340[4.8]. 359[4]
χᾶτις 505, 1
-χατο 3. pl. plusq. med. 771[6.7]
χαυλιόδους 446, 5
χαυλιόδων 566[5]
*χαυλόδους 446, 5
χαύναξ 497[4]
Χαῦνοι 521[4]
χαυνοις 687, 3; χαύνοις Alk. 729[5]
(χαύνως) Alk. 687, 3
χαχά 303[3]; s. χά
χεϝα kypr. 652, 1
*χέϝω 722[1]
χεζανάγκη 441[1]
χεζητιάω 732[3]
χέζω 716[1]. 754[8]. 769[4]. 781[7]. II 71[8]. 226[2]; s. ἔχεσα, ἔχεσον, κέχοδα, κεχεσμένος, χεσ-
χεῖ 140[3]
χειλιάς 597[2]
χείλιοι ion. böot. 56[7]. 72[2]. 281[6]. 312[3]. 593[3]
χεῖλος 491[4]. 838[4]
Χείλων 637[3]
χεῖμα 358[4]. 522[3]. 524[3]. II 34[1]; χείματος 520[7]; – 'im Winter' II 113[1]
χειμάζει (ὁ θεός) II 621[5]
χειμάζον: ὡς – II 402[6]
χειμάζω 724[6]
χειμαίνω 724[6]; s. κεχείμανται
χείμαρος 481[3], 5
χειμάρρους 440[1]
χείμαστρον 532[2]
χειμερινός 490[5]
χείμετλον 262[3]. 533[4]
χειμίη 486[5]. 522[3]
χειμών 297[5]. 347[1]. 522[3]. 569[3]. II 34[1]; – ἤδη (sc. ἦν) II 405[1]; χειμῶνος 'im Winter' II 113[2]
χείρ 38[2]. 57[5]. 286[3]. 446, 4. 569[3]. II 33, 4; ἡ χείρ II 42[3]; μιᾶς χειρός II 135[1]; χεὶρ νίζει χεῖρα II 233[7]; ἔχω τι διὰ χειρός II 451[6]; s. χεῖρε, χεροῖν
χεῖρε II 47[3], 4. 8. 50[2.4]
χείρεσι hom. 564[4]
χείρεσσι hom. Sophr. Eur. 564[4.5]
χείριξις dor. 271[4]. 737[7]
χειριξουντος kerk. 786[5]
χειρίς 465[4]
Χειρίσοφος 446[2], 4
χειρογάστωρ 449[3]
χειρόμακτρον 532[4]
χεῖρον ἑαυτῶν λέγοντες II 100[8] f.
χειροποίητος 449[6]. 453[5]
χειρότερος (auch ngr.) 539[5]
χειροτονεῖν στρατηγούς II 73[4]
χειροτονία 469[2]
χειροτονοῦμαι τὴν ἀρχήν II 80[7]
χειρόω 732[1]
*χειρώμαρκτρον 532[4]
χείρων 286[2]. 538[3], 10. 539, 4
χείσεται 699[5]. 748[1]
χείσομαι 358[6]. 781[6]
χείω Od. 786[2]
*χελϝος(?) 491[4]
Χελιδϝον kor. 223[7]
χέλιδον voc. lesb. 569[1]
χελιδών 529, 4. 569[1]. II 32[1]
Χελιδών m. II 37[5]
χελίδων lesb. 569[1]
χέλληστυς lesb. 593[5]. 597[4], 6
*χελλητ- 593[5]. 597[4]
χέλλιοι äol. thess. 56[7]. 72[3]. 89[8]. 90[4]. 281[6]. 283[1]. 312[3]. 322[5]. 593[3]
*χελλο- 593[5]. 597[4]
*χέλνος 838[3]
χέλυδρος 447, 2
χελύνα äol. 346[2]
χελυνάζειν 334[4]
χελύνη 491[4]
χέλυς 463[5], 3
Χελῦτις 491[4]
χελώνη 346[2]
Χέμμις 153[1]
*χενδσ- 358[6]
χέομαι βέλεα II 231[2]; s. χέω, ἐχύθην, ἔχυτο
χέρα f. ngr. 569, 6. 840[2]
χέραδος 360[3]. 509[1]
*χερεεϝες 282[3]
χέρεια εἶο II 98[7]
*χερειος 539[4]
χερειότερος 539[4.5]
χερείων 538, 10. 539[4.5]; – δέμας II 85[6]
*χερεσϝ- 538, 10
χέρεσι Sophr. 564[5]
χέρηες hom. 243[5.6]. 282[2.3]. II 176[6]
χέρηϊ hom. 243[5.6]; – ἀνδρί II 182[7]
χέρι n. ngr. 569, 6. 840[2]. II 33, 4
*χερjων 538, 10
χερμάς 508[3]
χερνήτης 561[6]
χερνῆτις 451[6], 5
χέρνιβ- 424[5]
χέρνιβα 293[8]. 298[5]. 299[7]
*χερνιξ 299[7]
χερνίπτου Aristoph. 704[4]
χέρνιψ f. 440[3]. 644[6]
χερνίψαντο 644[6]
χεροῖν: τοῖν – 557[5]
Χερόνησος 283[2]
χέρρας 286[4]
χέρρων äol. 538, 10
*χερς nom. sg. 286[4]. 569[6]
*χέρς gen. sg. 286[3]
χερσόνησος 453, 2
χερσονομή 453[4]
χέρσος 458[5]. 516[6]. II 32[5], 6
*χερσός gen. sg. 286[3.4]
χεσ- 754[8]
χέσαιτο II 234[6]
χεσᾶς 461[7]
χεσεῖ Aristoph. 786[2]
χεσεῖσθαι Aristoph. 786[2]
χεσείω Aristoph. 789[1]
Χέσιππος 24[2]
*χεσλ- 281[6]. 322[5]
*χεσλιο- 593[4]
*χέσλιοι 593[3]
*χεσλο- 483[3]. 593[4]
χέσονται 786[2]
χεσοῦμαι att. 716[4]. 746, 6. 786[3]
χεσοῦνται Aristoph. 786[2]

χευα- 740[3]
χεῦα hom. 745[4]
χεῦαι infin. hom. 348[6]. 745[4]. 808[6]
χευάντων (von Dienern) II 621[2]
χεύας ptc. 745[4]
χεύεσθαι II 232[5]
χεύῃ conj. 745[4]
χεῦμα 347[2]. 523[2]
*χεῦμι 745[5]. 780[5]
χεύομεν conj. hom. 790[4]
χεῦον imper. 745[4]
χεύω 685[7]. 721[6]. 740[3]
χεύω fut. 745[4]. 780[5]
(*χεύω) 745, 4
χέω hom. att. 685[7]. 740[3]. 745[4], 4. 755[5]. II 277[2]; – c. dat. II 148[3]; – τι χθονί II 155[7]; s. ἔχεα, ἔχυσα, κέχυται, -τ(ο), ἐκέχυτο, χέω fut., χεύω
χέω fut. att., Koine 780[2·5]
χεῶ fut. spät 784[5]
*χϜ 332[2]
χήλιοι dor. (lak.) 72[2]. 281[6]. 312[3]. 593[3]
χηλός II 34, 2
χην- 569[3]
χήν 297[5]. 515[6], 5. 580[4]. II 31[5]
χῆν äol. 378[4]
χηνάλοψ 426, 4
χηνός gen. 286[7]
χήρ 286[3·4]. 424[3]. 569[6], 6. 840[2]
χήρᾱ 340[4]
χήρατο 714[4]. 759[4]
χῆρε böot. 194[7]
χήρη 460[3]
χηρίθεκνα kret. 269[1]
Χηρικράτης mess. 446, 4
χῆρος 359[4·6]; – c. abl. II 96[3]
χηρωστής 426[3]. 434[4]. 452[1]
*χήσομαι 688[7]
χήτεϊ 505, 1
*χῆτις 505, 1
χῆτος 340[4·8]. 513[1]
*χῆτος n. 505, 1
*χητός 688[7]
χθ graphisch für *kt'* 210[7]; χθ im Demot. *gth* 211[1]; -χθ- < *gh+dh* oder *gh+t* 703, 7
-χθά adv. 598[3], 7
χθαμαλός 326[3]. 343[3]. 409[5]. 483[7]. 484[6]. 568[6]
χθές 325[6]. 326[6]. 620[5]. 631[6] f.
*χθεσδjα 256[4]
χθεσινός 490[5]
-χθη aor. 761[2]
-χθη- pass. att. 759[2] f.
χθιζά adv. hom. 256[4]. 351[3·4]. 621[3]. 631[6]. II 70[3]
χθιζός 472[2]. 632[1]. II 179[3]
Χθιμενηνός kleinas. 211[3]
*χθj 319[3]
χθόνιος 309[5]. 466[2], 4
*χθώμ 326[3]
χθών 30[3]. 68[6]. 326[3·4]. 343[3]. 366[3]. 408[6·7]. 424[1]. 492[1]. 568[6]. 569[6]. II 33[4]. 51[6]. 469[6]
Χθὼν Μᾶ 326[6]
-χι partic. 624[4], 7. II 554[3]. 561, 2. 577[3]. 592[2], 8
χῑάζω 735[4]
χῖδρον 481[5]
χῑέζω 244[8]
χἰκετεύετε (= καὶ ἱκετεύετε) 402[7]
χἰλέοι kret. (gort.) 402[7]
χίλια: χίλια δυό ngr. 592, 4
χιλιάδες κόσμος ngr. II 616, 2
χιλιαδῶν gen. pl. 383[1]. 597[2]
*χιλιάζω 597[4]
χίλιαι (αἱ) II 175[6]; s. χιλιῶν
χιλιάκις 598[1]
χιλιάς 593[5]. 597[2]
χιλιασταί 597[4]
χιλιαστύς ion. 597[4]
χῑλιοι 56[7]. 193[7]. 256[2]. 312[3]. 322[6]. 350[8]. 351[4]. 593[3]; χιλίους ἀπὸ τετρακισχιλίων II 116[7]
χιλιόμβη 426[3]. 456, 3. 593[7]
χιλιονταετηρίς Chrysost. 594[1]
χιλιονταετία Euseb. 594[1]
χιλιοντάς 594[1]
χιλιόπαλαι 589, 5. 592, 4
χῑλιος 593[3]. II 42, 2
χῑλιοστός 596[2]
χιλιοστύς Xen. 597[4]
χιλιῶν (sc. δραχμῶν) 383[1]
χιλός (= χειρός) 830[5]
χίμαιρα 475[1]
χιονίζει ngr. II 621[5]
χῖρες acc. pl. 586[5]
χιτών att. 64[7]. 268[8]. 488[1]; χιτῶνες acc. pl. Koine 563[6]
χιτωνίσκος περὶ τῷ ἀγ. II 500[7]
χιών 297[5]. 347[1]. 358[4]. 408[6·7]. 424, 1. 492[1], 1. 596[6]. II 34[1]. 41[5]
*χj 272[4]. 319[2·3·6]. 367[1]
*-χjω verba 737[5]
χλ(= *clh*) 204[7]
χλαῖνα 309[5]. 473[2]
χλαμύδιον 467[3]
χλαμύς 159[4]. 309[5]. 465[6]
χλάνδιον 471, 4
χλῆδος 508[7]
χλιδᾶν c. instr. II 168[2]
χλιδή 508[7]. 702[6]
χλῖδος 509[1]
χλιερός 482[3·4]
χλίω att. 686[3]. 702[6]
χλόη 297[5]
χλοιδέσκουσαι H. 708[4]
χλούνης 461[3]
χλωρὸς ὑπαὶ δείους II 528[5]; χλωρὸν δέος II 180, 5
χμ > χν 216[1]; χμ [Ausspr. ḫm] 327[8]
-χμα suff. 523[7]
-χμαι 1. sg. pf. 769, 6
χν [Ausspr. ḫn] 327[8]; χν < χμ 215[8]. 216[1]
χναύω 328[1]
χνόη 189, 1
χοᾶ acc. sg. att. 246[1]. 576, 2
χόδανος 754[8]
χοδιτεύω H. 732[7]
χοεύω 732[6]
χόϜω 722[1]
χοῖ 249[4]
χοῖαχ 585[2]
χοίνικε II 49[3]
χοῖνιξ 156[6]. 165[1]
χοῖνις (= -ιξ) 211[5]
χοίρᾱ II 32, 4
Χοιρεᾶται 36[5]
χοιρογρύλλιος 161[4]
χοῖρος 37[5]. 272[8]. 471[5]. 570[7]
χολάδες 507[7]
χόλαισι äol. (lesb.) 275[8]. 344[3]. 682[6]
χολέρᾱ 482[2]
Χολλήιδης 201[4]
Χολοζύγης 635[6]
χολοιβόρος 452, 5
χολόομαι c. praep. II 134[2]; -οῦσθαι c. dat. II 144[5]; s. κεχολω-, χολω-
χόλος 459[1]
χολωθείς II 239[2]; – ἀμφί c. dat. II 134[3]
χολώθη 761[1]; – c. gen. II 133[5]
χολώσασθαι II 261[3]
χολώσατο 761[1]
χολωτός 503[4]
χόνδρος 159[6]
χόος 347[2]; s. χοῦς
χοός gen. sg. 582[5]
χοόω 721, 9
χορδή 508[7]
χορεύω II 72[7]; – φροίμιον II 76[3]
χορηγέω (-ῶ, -εῖν) c. gen. II 110[3]; c. instr. II 165[6]; – Διονύσια II 76[5]; χορηγίας χορηγεῖ II 75[2]
χορηγός 189[4]
χορηγοῦμαι; s. κεχορηγηθέντι
χοροιτύπος 239[5]
χορόνδε hom. 624[6]
χόρος 458[7]
χορός 459[3]
χοροῦ adv. 621[5]
χορτάζομαί (-εσθαί) τι II 80[6]; – ἀπό II 447[4]
χορτάζω II 80[3]; ngr. II 80, 1
χόρτης 159[6]

χόρτος 501[3]. 838[5]
-χος Ausg. n. 513[1]
χοῦ gen. sg. 577[3]
χοῦν acc. sg. 582[5]
χοῦς m. 582[5]; s. χόος
χοχλάζω ψεῖρα ngr. (dial.) II 111, 3
χόω 721[6]
*χραϝός gen. 578[4]
χραίνω 694[4]
χραῖσμε Ilias 723[3]. II 262[3]
χραισμε/ο- 723[3]. 748[3]; s. ἔχραισμε
χραισμεῖν infin. hom. 807[4]
χραισμέω 347[7]. 493, 7. 676[4]
χραίσμη 494[3]
χραισμηι 723[3]; χραίσμῃ c. dat. II 144[7]
χραισμήσει 723[3]
*χραισμός 493[3]
χρανῶ fut. att. 785[2]; s. χραίνω
χρᾶσθαι ion., hell. 675[5], 8. 721, 6
χραύζομαι II 487, 7
χραυζόμενον 716[6]
χραύομαι 88[4]
χραυόμενον 716[6]
χραύσηι 748[2]
χραύω äol. 578[4]. 685[1]. II 487, 7
χράω 676[2]. 686[1]
χρέα 516[2]
χρεεσται el. 205[5]
χρε̄ε̄σται el. 721[5]
χρειεῖσθη böot. 721[5]
χρειμάτων ὧν ἔγραψαν αὐτῆ II 641[1]
χρείμενος nwgr. 642, 2
Χρειστιμίδας böot. 263[4]
χρειώ 478[5], 5. II 52[1]. 366[4]
χρείων 675, 8
χρεμέθω 703[3]
χρεμετίζω 736[1]
χρέμπτομαι 705[1]
χρεόν II 401[7]. 402[1]
χρέος 244[3]. 246[2]
χρεώ II 366[4]
χρέωμαι ion. 721[5]
χρεών att. 245[7]. 557[6]. II 401[3]. 623[5]
χρή 378[4]. 424[4], 10. 558, 3. II 15[3]. 52[1]. 304[3]. 307[6]. 366[4], 3; – καταλέχθαι II 623[7]; – σέ (σοί) τινος II 72[4]
*χρῆ 558, 3
χρήατα ark. (= τὰ χρῆα) 518, 6
χρηείσθω megar. (Kalch.) 241[6]. 721[5]
χρηέομαι 721[4], 6
*χρῆϝος 721, 6
χρήζων εἶτα II 389[3]
χρῆθθαι kret. 216[6]. 316[3]
χρῆι 402[4]. 644[5]
χρηια kret. 241[6]
χρῄδδω 331[6]
χρηΐζομαι 736[2]
χρηΐζω II 93[1]
χρήιη 402[5]
χρηισκονται Hdt. 709[5], 7
χρῆμα 377[4]. 523[2]. 600[7]. II 468[1]. 605[3]; – ύός, – θηλειῶν, –τυράννου II 122[2]; – (= τι) 'etwas' 600[7]. II 16[2]; χρήματα χρήματ' ἀνήρ II 270[6]
χρήμασι(ν) thess. 524[2]. 564[3]
χρημάτεσσι ostlokr. 564[4]
χρηματίζεσθαι II 231[3]
χρήμμα[τα kleinas.-äol. 238[2]
χρῆν 402[4]. 644[5]. 652[2]. II 308 [4.5.6]; s. ἐχρῆν
χρῆναι 402[4]
χρηννυόμεθα 699[2]
*χρηομαι 721[5]
χρῆος gen. sg. 241[7]. 515[5], 4
χρῆσαι II 367[4]; – τὰν χέρα ὑπὲρ αὐτάν II 520[4]
χρήσασθαι II 362[1]
χρῆσθαι 249[1]. 675[5], 8. II 362[1]. 377[3]. – c. dat. II 167 167[4.5]. 170[6]; – – (ὡς) II 619 [1–2]; – νόμῳ περί τινος II 503[3]; – τινί τι II 77[6–7]
χρησθέν II 402[2]
χρησθη- 761[3]
χρησθῆναι II 240[7]; –τινος II 132[2]
χρήσθων pl. imper. att. 802[4]
χρήσιμος ἐπὶ.. οὐδέν II 473[2]; – πρός II 512[5]; – τι II 77[7]; χρησίμοιν II 49, 4
χρησίμως: ἔχω – c. gen. II 132[5]
χρησιμώτατον ἁπάντων κτημάτων II 606[5]
χρῆσις 676[4]
χρήσκοντο 709, 7
χρησμός 493[3]; – ἔχει περί τινος c. dat. II 151[3] f.; – ἐστι c. infin. aor. II 296[7]
χρήσοιτο II 337[4]
χρησόμενος τῷ χρηστηρίῳ II 388[3]
χρῆσται (= χρὴ ἔσται) 402[4]
Χρήστη 420[5]
χρηστηριάζεσθαι ἐπὶ τῇ χώρῃ II 467[7]
χρήστης 500[2]
χρηστὸς ἐν τοῖς οἰκείοισιν II 116[7]
χρῆτθαι gort. 216[6]
χρήω 689[2]
χριθ[ὂν] 87[5]
χρῖμμα äol. 280[3]
χρίμπτομαι 705[1]
χρίμπτω 684[5]. 692[6]; – σύριγγα ὑπὸ στήλην II 531[7]
χρίομαι; s. κέχριμαι
Χριστιᾱνός 490, 6
Χριστοῦ: τοῦ – 'Weihnachten' ngr. II 137[5]
χρί̄ω 686[4]. II 230[4]
χρόα acc. sg. 578[4]
χροΐ dat. sg. 578[4]
χροιή 578, 2
χρόμαδος 362[8]. 508[7]
χρόνια (τὰ) ngr. 582, 1
χρονίζειν περὶ Αἴγυπτον II 503[7]
χρόνοι gen. sg. ostthess. 555[3]
χρόνος 124[8]. 373[3]. 490[3]; ngr. 582, 1; II 248[8] f. 249[8]. 472 [1.2]; – ἀμφὶ τὸν χειμῶνα II 439[4]; χρόνος 212[2]; χρόνοι nom. pl. ngr. 582,1. II 43[5]; χρόνῳ II 158[7]. 159[1.2]. 163 [2.5.6], 1; τῷ χρόνῳ II 163[2.5.6], 1; σὺν χρόνῳ II 163[2.5.6]; τοῦ χρόνου ngr. II 137[5]
χρονόω Plot. 842[3]
χρΟνσθΟ imper. arg. 802[2]
χροός gen. sg. 578[4]. II 102[2], 2
χροτιή (= χροιή) 578, 2
χρουσός spätatt. 183[6]
χρουσός ngr. (kret.) 182[2]
χρῡσᾶ 251[1]. 585[5]; χρυσῆ 251[1]; -αῖ 251[2]
χρῡσάττικος 439[4]
χρύσεος ion. hell. 562[4]. II 182[7]; χρυσέωι hom. 516, 2
*χρυσέος 379[8]
Χρυσηΐδων II 45[4]
Χρύσης hom. 575[6]; -ην.. ἀρητῆρα II 615[4]
Χρύσιππος 635[6]
χρῡσοκόμης 454[2], 2. II 176[6]
χρυσοραγής 310[4]. 513[6]
χρυσόρραπι voc. 572[2]
χρυσός subst. 64[7]. 516[8], 2. II 34, 4; – ἐπῶν II 122[2]
χρυσός adj. ngr. 586, 1
χρῡσοτέρα 536[2]
χρῡσοτρίαινα nom. voc. m. att. 560[4]
χρυσοῦς 379[7]. 554[7], 4. 562[2]. II 182[4]
χρυσοφορεῖν c. dat. II 148[4]
χρυσοχάλινος II 182[4]
χρῶι dat. sg. att. 578[4.5]; ἐν χρῶι 578[4.5]. 625[2]
χρώιζω att. 736, 10
χρῶμαι att. 721[5]; – c. dat. II 152[4]; χρῶ χειρί II 633[3]; χρώμεθα νόμοις etc. II 612[6]; χρῶμαι χρείαν II 75[5]
χρωματίζω 736, 10
χρῶν acc. 578[4]
χρώς 424[2]. 514[4]. 575[2]. 578[4]; s. χρῶι, χρῶν, χρωτ-
χρωσηι 748[2]
χρῶτα acc. sg. Hes. Od. 578[4]
χρῶτες pl. Aristot. 578[5]

χρωτί dat. sg. Pind. 578[4]
χρωτίζω 736, 10
χρωτός Ilias 578[4]
χσ für ξ 211[5]. 233[2]
χσύν (= ξύν) II 489[4]
χt ngr. 130[1]
χτϑ 238[8]
χτυπῶ; s. ἐχτύπηκα
χύδην 626[3]
χυϑη- 761[4]
χυϑρίς orop. 257[3]
χῦλός 483[8], 4
-χύμενος 740[3]
χῦμός 492[8]
χύνω spät 698[4]. 755[5]
χὐπό (= καὶ ὑπό) 402[7]
Χυρίλος 195[2]
Χυρίων 195[2]
χύσω 685[7]
χύτλον 533[4]
χύτο II 230[6]
χυτός 347[2]. 703[1]
χύτρᾱ att. 532[6]
χυτρεψός 831[1]
χυτρίνδα 627[1]
χυτρῖνος 491[3]
χύτρος 532[1]
χὠἱ (= καὶ οἱ) 402[3]
χωλεύειν 732[5]
Χωλοτειχῖται 439[2]
χώομαι 349[3]. II 229[2]. 398[3.4]; χώεται 722[1]; χώομαι c. gen. II 106[2]; χωόμενος c. gen. II 135[5]; χωόμενον περὶ βουσίν II 133[3]; s. ἐχώσατο
χώρᾱ 187[6]. II 33[3]. 40[6]. 56[3]
χωραξάντων Andan. 735[2]
χωρασάντων Megalop. 735[2]
χωράφι ngr. 471, 6
χώρει δεῦρο πᾶς ὑπ. II 245[8]. 609[8]
χωρεῖτε II 609[7]
χωρέω (-ῶ, -εῖν) 720,10. 726[3]. II 272[3]. 279[8]; – c. dat. II 141[4]; – c. abl. II 91[4]; – κατὰ τὰς τάφρους II 476[6]; – ὑπ' αὐλητῶν II 530[2]; – παρὰ σμικρά II 496[2]; χώρησεν ἐπάλξιος II 91[4]
χώρη 187[6]; τὴν πρὸς ἠῶ χώρην τῆς Σύρτιος II 96[6]
χωρήσομαι 782[1]. II 292[7]
χωρί II 546[2.3.5], 1; – διατμήγω II 546[3]
χωρίζομαι; s. κεχωρίσϑαι
χωρίζω II 546[3]
χωρίς 340[4]. 495[2]. 620[4]. II 415[1]. 435[6]. 546[2–6], 1; – c. gen. II 360[7]
χωροῖμ' ἄν Soph. 796, 1; χωροῖς ἄν II 329[6]
χῶρος 359[4]. 458[6]. II 623[3]
χωρῶν ἀπείλει II 389[1]; χωροῦντες nom. abs. II 403[8]
χωσϑη- 761[3]

Ψ

Ψ 328[2.7.8] f.; φσ att. für ψ 211[5]. 233[2.3] -ψ ausl. 409[1]
-ψ- fut. 781[2]
-ψα aor. 754[6.7]
ψάγδας 152[8]. 329[3]
ψαέναι infin. H. 742, 4. 808[4], 5
ψαϑάλλω 328[8]. 736[6]
ψαϑυρός 328[8]. 482[4]
ψαῖμα 676[3]
ψαινυϑίζω 329[1]
ψαίνυμι 676[1]
ψαίνυνϑα 629[1]
ψαινύντες 696[5], 9
ψαίρω 329[2]. 714[4], 6
ψαῖσμα 676[3]
ψαιστόν 676[3]
ψαίω 328[8]. 676[1.3]. 686[4]
ψακάς 328[8]. 497[2]
ψακτός 328[8]
ψαλάσσω 328[8]
ψάλιον 329[1]
ψαλίς 159[8]. 329[1]
ψάλλω 328[8]; s. ψαλῶ
ψαλμός 162[4]. 165[4]. 492[4]
ψαλτήρι(ο)ν 154[6]
Ψαλυχιάδαι 329[3]
ψαλῶ fut. 785[2]
ψάμαϑος 328[8]. 511[1]. II 43[3]; ψάμαϑοι II 43[3]
ψαμμακόσιοι 593[2.6]
ψάμμη II 32, 4
Ψαμμήνιτος 329[3]
ψάμμος 328[8]. 492[4]
Ψάπφω lesb. 260[2]. 636[6]
ψᾱ́ρ 329[2]. 424[2]. 569[3], 3
Psará ngr. 329[3]
ψάρι ngr. 471[1], 2
Ψάρος 329[3]
ψατᾶσϑαι 326[5.8]. 705[5]
ψαύσω II 291[6]
ψαύω 328[8]. 686[4]; -ειν ἀνδρός II 130[2]
ψάφα 516[2]
ψαφαρός 328[8]
ψᾶφιγξ lesb. 498[3]
ψαφίδδονσι τᾶι πόλι II 603[5]
ψάφιμμα kret. (gort.) 215[2]. 523[4]
ψαφιξάμενος thess. 738[1]
ψαφιξασϑειν infin. aor. thess. 809[4]
ψαφιξηται kalymn. 786[4]
ψάφιξις dor. 271[4]. 505, 7
ψάφιξξις 238[6]. II 357[4]
Ψᾱφίς 328[8]
ψαφισειται Halaesa 786[4]
ψᾶφος 328[8]. 458[6]
Ψᾱ́φων 260[2]
ψέ acc. syrakus. 266[8]. 267[2]. 601[7]. 603[2]; – αὐτόνς kret. 607[2]
ψέγω 329[2]. 684[6]. II 601, 1
ψεδνός 328[8]
ψεῖ 140[3]
ψεῖρα ngr. 326[6]
ψείρει 326[5]
ψεκάς 258[4]
ψέλιον 329[1]. 483[5]
ψελλός 329[1]
ψευδάγγελος 398[4]. 440[5]
ψευδᾶς altatt. 580[1]
ψευδέα lokr. 621, 7
ψευδήμων 522[4]
ψευδής 513, 11. 552[5]
ψεῦδις 462[4]
ψεύδομαι 685[1]. 703[1]. II 232[5]. 234[2]; – κατά τινος II 480[3]; – γνώμη II 167[2]; ψευδόμενος II 388[2]; ψευσϑῆναι ἐλπίδος II 93[2]
ψευδομάρτυρ 540[2]
ψεύδω 329[2]. 347[4]. 685[1]. II 234[2]; μὴ ψεῦσον II 343[3]
ψευσίστυγ- 424[5]
ψευσίστυξ 439[4]
ψεύστης 154[6]
ψέφας 329[2]. 514[5]. 516[2]
ψέφει 329[3]. 684[5]
pséftis ngr. 154[6]. 197[2]
ψέων gen. pl. pron. dor. (syrak.) 603[8]. 605[3]
ψῆι 675[4]
ψηκεδών 328[8]
ψηλαφᾶν 329[1]; -άω 644[7]
ψηλαφητά [so, nicht -ιτά] ngr. 626, 1
ψηλαφίνδα adv. 627[2]
ψήλου: τοῦ – 'an Höhe' ngr. II 137[3]
ψημύϑιον 329[3]
ψήν 487, 7
Ψήν 637[3]
ψῆν 328[8]. 676[3]. 702[4]. II 226[6]
ψηρός 328[8]
ψηφίζομαι: ψηφίσασϑαι τὰ δίκαια II 368[2]; ψηφισϑῆναι II 240[5]; s. ἐψάφιστει
ψήφιζμα 217[6]
ψήφισις 271[4]
ψήφισμα c. gen. II 132[1]; ψέφισμα τὸ τõ φ. II 131[8]

ψῆφος f. II 34, 5; m. II 38[2]; c. gen. II 131[8]
ψήχω 328[8]. 676[1]. 702[4]
ψιά 329[2]
ψίαθος att. 243[7]. 329[3]
ψίθυρ äol. dor. (gramm.) 569[4]
ψιθυρίζω c. dat. II 145[3]
ψιθυρός 329[1]
ψιλά (term.) 169[5]
ψίλινος 329[3]
ψίλιον hell. 256[2]
ψίλον 271[7]. 329[2]
ψῑλός 328[8]; – c. abl. II 96[3]
ψίλωσις 220[6]
ψιμύθι(ον) 155[2]. 329[3]
ψίν dat. pl. dor. (kret. syrak.) 266[8]. 601[7]. 603[4]; ψὶν αὐτοῖς kret. 607[2]
ψίνδομαι H. 692[6]
ψίνοντος kret. 96[4]
ψίνω kret. 326[5]
ψίξ 328[8]
ψίσδομαι 329[1]
ψίττα 211, 1. 329[3]. 351[3]. 622[7]. II 600, 5
ψιττάζω 716[6]
ψίττακος 329[3]
Ψῑχάρπαξ 635[5]
ψίχη 496[5]
ψῑχή 676[3]
ψίω 328[8]. 676[3]. 686[3]
ψό 329[1]. II 601[1], 1
ψόγος II 601, 1
ψόθος 329[2]
ψοῖαι 329[2]
ψολόεις 527[4]
ψόλος 328[8]
ψουδία kret. 194[4]
ψόφος 329[2]
ψυγη- pass. 759[3]. 760[2]
Ψυδρεύς 481[5]
ψυδρός 329[1]. 347[4]. 481[5]
ψύθος 329[1]
ψύλλα 268[2]. 329[1.5]. 474[2]
Ψύρα 329[3]
Ψυρίη 329[3]
ψύττα 329[1]
Ψυττάλεια 329[3]
ψυχά du. II 49[6]
ψῦχεται 759[3]
ψῡχή 329[2]. 460[2], 3. 496[5]. 606[7]. II 192, 1; τὰ τῆς ψυχῆς II 622[6]; ψυχὰς ἡρώων II 42[5]; s. ψυχά
ψυχη- pass. att. 759[3]
ψυχθη- pass. 759[3]. 760[2]
ψυχικὴ διάθεσις II 304, 1
ψῡχοπομπός 454[5]
ψῦχος 512[5]
ψῡ́χω (-ειν) 329[2]. 333[1]. 685[4]. 702[4]
*ψύω 329[2]
ψώειν 676[3]. 702[4]
ψωθία 328[8]
ψώια kret. 326[5]
ψωλός 328[8]
ψωμᾶς 461[6]
ψωμός 328[8]. 492[2]
ψώρα 328[8]
ψωραγριάω LXX 732[2]
ψωρός 675[5]
Ψωφίς 328[8]
ψώχω 328[8]. 676[1]. 702[4]
ψώω 675[5]

Ω

ω 345[2] f.; Ω für ο 86[8]; ω aus ο 228[2]; ω dor. aus εο 249[6.7]; aus εω 249[8]; ω ion. att. aus οᾰ 250[1]; ω strengdor. aus οε, οȩ 249[6]; ω aus οο 249[2]; ω < οη 249[6]; ω < ωε, ωη 249[7]; ω < ωυ 743[2]; ω < ωι 233[5]; ω > thess. ου 233[4]; ω in Wz. 680[3]; ω in Verbalwz. 685[4]
ω:η ablaut. 770[1]; ω:ᾱ 770[1]; ω:ο 770[2]
-ω (nom. acc. voc.) du. 549[3]. 554[4]. 557[1]. 565[2]
-ω gen. sg. dor. böot. thess. lesb. 81[6]. 90[6]. 555[3.4]. 586, 6
-ω gen. sg. eretr. < -εος 579[5]
-ω dat. sg. 556[1]
-ω abl. sg. 549[4]. 624[3]
-ω instr. sg. 548[5]. 549[4]. 624[3]
-ω adv. pron. 623[5.6], 14 f.
-ω 1. sg. Personalend. 657, 4. 658[2]. 660[4]; verba in -ω 642[5]. 721[5] f. 683[4]–688
-ω 1. sg. conj. 790[2]
-ω- Erweiterung pf. 738[5.6], 6
-ω- Konjunktivbild. 309[3]. 790[2]. 791[4]–792[4]
-ώ nom. sg. 456[5]. 478[3] f. 479 f. 575[1]; -ώ (gen. -οῦς) 579, 2. 582[6]
-ώ f. indecl. mgr. 585[4]
ὤ interj. 716[5]. II 600[3]; ὦ ὤ II 600, 4; ω ω ω ω II 600, 4; ὦ τῆς ἀναισχυντίας II 622[4]
ὤ (μέγα) 140[5]
ὢ interj. II 600[3], 1. 7. 601[4.5], 5; – εἶα II 558[1]; ὢ τοῦ θαύματος ngr. II 134[7]
ὦ partic. voc. 547[3]. II 60[5.6], 7. 65[8]. 66[1]. 620[2]; ὦ μέλε m. f. 584[7]; ὦ οὗτος 600, 1. 611[7]; – – Αἴ. 600, 1; ὦ τᾶν 16, 2. 584[7]
ὦ 1. sg. conj. att. [εἰμί] 677[3]
ὡ dor. II 662[5.6]
ὥ adv. 550[1]. II 90[8]. 647[1.4]
ὥ du. pron. relat. 610[6]. II 35, 1. 50[3]; f. II 35, 1
ὥ instr. pron. 623, 14
ὥ 'wie' dor., Ap. Rh. 624[1]
-ῶ 1. sg. Personalend. 658[2]; kontrah. Verba 673[6]; ngr. 736[6.7] f.; -ῶ (-άω) verba 814[7]; -ῶ (-ᾷς) verba ngr. 729[1] -ῶ (-έω) verba att. 724[1–2]; -ῶ (-εῖς) verba ngr. 729[1]
-ῶ (-ᾷς) fut. 779[8]. 784[2]. 785[3.4]
-ῶ (-εῖς) fut. att. 779[8]. 784[2]
-ῶ fut. zu -άζω 815[7]
-ῶ 1. sg. conj. aor. ngr. 764[5]
ὧαθ' 520, 1
'Ωαρίων 241[5]
ὠβά lak. 224[6]
ὠβάλλετο 295[2]
ὠγαθέ 402[3]
ὤγκωμαι 650[2]
ὠδαγμένος Soph. 721[3]
ὠδάγμην H. 723[3]
ὠδάξατο Anth. P. 723[2]
ὤδαξον Xen. 721[3]
ὧδε 550[1.2]. 600, 4. 610[5]. 622[4]. II 163[3.4]. 207, 1. 209[6]. 534[1]. 647[1]. 662[7]; ὧδ' ὅπως II 670[2]
ὥδεθεν pap. 628[4]
ᾠδή: s. ὠιδή
-ώδης suff. 418[6]. 426[4]. 455[6]. 836[6]
ὠδί 611, 3
ὠδῖνουσαν Ilias 727[5]
ὠδῖνω 465[5]. 723[4]
ὠδίς 465[5]
ᾠδοποίουν 653[2]
ὠδός dor. 301[5]
ὠδύσαο τόσον II 77[5]
ωε > ω 249[7]
ωει > ωι 250[8]
-ώεις suff. 527[2.5]
ὤεον dor. 460[7]
*ωϝιον 349[3]
ὤζησα aor. 715[1]. 752[4]
ὤζω 716[5]
ωη > ω 249[7]
ὠή interj. II 600[4]. 601[5]
ωηι > ωι 250[8]
ὠθέοι 730, 2
ὤθεσκε Od. 711[4]

ὠθέω 225[6]. 720[3]. 755[1]. 782[5]. II 701[5]; – προτὶ ἄστυ II 509[7] f.; s. ἐώθουν, ἔωσα, ὠσ-, ὤσω, ὤθησα
ὤθησα aor. spät 720[3]
ὠθήτω lesb. 801[4]
ὠθοῦμαι: ὠθεῖται II 239[6]; ὠθούμην 654[2]; s. ὠσθη-, ὤσασθαι
ωι < εωι, ωει, ωηι 250[8]; ωι < οωι, ωοι 249[3]; ωι > att. ω 233[5], lesb. thess. ω (bzw. ου) 233[4,5], böot. (vereinzelt) οι 233[5]
-ωι dat. sg. 348[8]. 549[3]. 554[6]. 556[1]
-ωι adv. 622[4]
ὠΐ ngr. II 600[4]
-ῶι 3. sg. indic. 729[5]
-ῶι 3. sg. opt. 796, 1
ὠΐγνυντο hom. 696[4]. 698[5]. 771[7], 8. II 491[4]; s. οἴγνυμι, ἀνεωιγνύμην
ωιδαεισι delph. (= ᾠδαῖς) 193[6]. 195[5]
ὤιδεε ipf. 651, 6. 700[2]
ὠιδή 5, 3. 250[8]
ὤικεον hom. 654, 3
ὤικησα 654[2]
ὠικοδόμησα 655[7]
ὠικονομηκότων att. 806[5]
ὤικουν 655[3]
ὠικότριψ 401[7]
ὤικτῖρα 753[5]
ὤιμην 679, 7
ὤιμωξεν 651, 6
ὦινος 401[7]
ὠινοχόει att. 653[4]
ὤιξε, ὦιξε 653, 10
ὠιόν att. 349[3]. 356[1]. 460[7]
ὠΐσθη 760[7]. 762[1]
ωιτε (= ὥτε) II 669, 1
ὧι τινι Hes., ὧιτινι Lys. 616[1,2]
ὤιχηκα hom., spät 721[6]
ὤιχωκα Hdt. att. 721[6]; s. οἴχωκα
-ωκα pf. 766, 6. 774, 8. 775[1,2]
ὦκα adv. 622[5], 9
ὠκέα 474, 2
ὠκεανός 679, 4. II 491[5], 7
ὠκέας ἵππους 573[3]
ὤκιμον 495[1]
ὤκιστος 538[1,4]
*ὦκος n. 512[5]
ὠκύαλος 450, 4
ὠκυμορώτατος ἄλλων II 100[3]
ὠκύν acc. sg. 573[3]
ὠκύροος hom. 311[3]
ὠκύς 292[7]. 339[5]. 380[7]. 463[2], 1. 538[4]. II 182[8]; πόδας – II 85[5]. 86[5]
ὠλε(νό)κρᾱνον 263[1]
ὤλεσα 702[5]. 752[4]. 756[2]; s. ὄλλυμι
-ωλή 478, 1
ὠλήν 284[2]
ὤλισθον 700[4]; s. ὀλισθεῖν, ὄλισθον
ὠλλόν 280[3]. 284[2]. 486[4]
-ωλο/ᾱ Ausg. 484[4,5]
ὠλόλυξα 716[6]
ὠλόμην 756[2]
(ὠλώλεμεν) 777, 1. 778[1]
ὠλώλεσαν 665[2]
ὠμαδίς 631[4], 3
-ῶμαι fut. 784[2]
ὦμαι conj. 678[3]
-ωμεν conj. 791[6]
ὤμεν conj. hom. 792[5]
ὠμήλυσις 449, 2
ᾤμην ἄν II 347[6]; s. οἶμαι
ὠμηστής 398[1]
-ωμι verba 728[6]. 729[6]. 739[1]
-ωμι conj. 1. sg. 661[5], 3. 790[3]
ὡμίλησα 653[2]; s. ὁμιλέω
ὤμνυε hom. 698[5]
ὤμνυον 663[5]. 699[1]; s. ὀμνύω
ὠμοβρώς 425, 2
ὤμοι interj. II 60, 7. 143[7]. 601[4]; – c. gen. II 134[6]
ὡμοιώθην 653[2]; s. ὁμοιοῦν
ὡμόργνυντο 698[5]; s. ὀμόργνυσθαι
-ωμός suff. ngr. 493[6]
ὠμός 458[6]
ὦμος 279[5]. 286[7]. 381[1]. 458[6], 5. 516[6]; s. ὤμω
ὤμοσα 654[7]. 752[4]; s. ὄμνυμι
*ωμσος 279[5]. 286[8]
ὤμω II 47[3]
ὤν ptc. 525[3]. 566[4]. II 389[5]; ἅτε ὤν II 391[8]; ὢν ἔπειτα II 389[3]; ὢν περὶ τὴν φιλοσοφίαν 504[4]; ὢν ἐπὶ τῷ θεωρικῷ II 467[4]; ὤν hineinempfunden II 395[2]; ὁ ὤν adj. II 409[3]; s. ὀντ-, ὄντα, ὄντες, ὄντι, οὖσα
-ων suff. 537[1]
-ων gen. pl. 549[3]. 554[6]. 555[4], 6. 556[2]. 562, 2
-ων (gen. -οντος) ptc. 566[4-5-6]. 567[1]. 767[6]. II 386[3]
-ων 1. sg. conj. 790[3]
-ών suff. m. 488[1-5]
-ών (gen. -όνος) 582[6]
-ῶν gen. pl. 81[2,6]. 240[7]. 244[4]. 548[6]. 559[2]. 579[3]; der ᾱ-St. 559[2]; d. 3. decl. 384[4]; neut. 579, 4
-ων- suff. 485[4] ff.; substantivierend 487[5,6,7]
ὧν 16, 1. II 283[8]. 284[1,2,3,4], 2. 584[5], 4. 585[3]. 586[7,8]. 587[1,2,3,4]; ἀλλ' ὧν II 584, 4; ὧν δή II 563[2]
ὧν gen. pl. pron. 603[3]; 'eorum' Epich. 607[6]
ὠνά: – πὰρ Ξένωνα II 495[8]
ὠνάμην 689[1]; ὤνατο 755[3]
-ώνδας suff. 509[3]. 510[1,3], 1
ὠνέομαι (-εῖσθαι) 313[3]. 726[3]. 743[5]. 807[3]. II 127[4,5,7]. 231[4]. 240[3,4]; – τι c. gen. II 126[2]; – τι c. dat. II 169[7]; ἐωνούμην 654[1]; ἐωνησαμένων 656[5]
ὠνέσθαι infin. kyren. 253[7]. 807[3]
ὠνέω gort. 225[6]. 726[3]
ὠνή att. 283[3]. 333[8]. 489[1]
ὠνῆν gort. II 232[4]
ὤνησα 688[7]
ὠνησάμην 744[1]
ὠνητή Od. 743[5]
ὠνητιάω 732[3]
ὠνητός c. gen. II 126[4]
ὠνήρ ion., ὠνήρ dor. 402[5]
-ώνης 451[5]
*-ωνι 1. sg. 661, 3
-ωνιά suff. 469[7]
ὠνίαυτος äol. 402[3]
ὤνιος c. gen. II 126[4]
ὦνν ἄν sam. 238[2]
-ώννυμι verba 673[6]. 697[6]. 736[6]
-ώννω verba ngr. (dial.) 701[4]
ὠνόμασας 651[6]
ὠνομασμένος II 614[3]
ὦνος 282[8]
-ωνος, -ωνᾱ suff. 491[3,4]
-ωντ- Namen 567[1]
-ῶντα(ς) ptc. praes. ngr. II 410[7]
-ωντι 3. pl. conj. 791[6]
ὦντι dor. 677[3]
-ώνω verba ngr. 691[5]. 736[6]. 815[4]
ωοι > ωι 249[3]
ὡόπ att. 409[5]. II 600, 6
ὠοπόπ II 600, 6
ὤξυμμαι, ὤξυσμαι Polyb. 773[6]
ὦπα 424[1]. 426, 4. 584[6]. II 52[1]; εἰς ὦπα 619[1]. II 441[7]
-ῶπις 385[6]
ὥπλισα 653[2]; s. ὁπλίζω
ωποθεκαριο 153[3]
ὢ πόποι II 600[4], 2. 601[4]; – – c. gen. II 134[6]
-ωπός suff. 426, 4
-ωρ suff. 519[3,4]
*ὠρ 494, 6
ὥρα 225[6]
ὥρα 156[4]. 303[5]. τὴν ὥρᾱν att. II 70[3]; ὥρα τοῦ σπείρεσθαι II 370[6]
*ὦρα (= ὄρωρα) 650[3]
ὡράζων ἡλικίᾳ 736, 9
'Ωραίας: τῆς – τὸ κάστρο II 27[6]
ὡρᾶτζεθ' 266[2]

ὡραϊζομένη 265^{8}
ὡραίη γάμου, – ἀνδρός II 132^{8}
ὡρᾱκιᾱν 314^{2}
ὡράνη 489, 12
ὠρανίαφι Alkm. 551, 5
ὠρανός 412^{6}
ὥρᾱσι 'rechtzeitig' 559^{4}. II 158^{6}
ὥρεγμαι hom. 766^{3}
ὠρεῖον 159^{7}
ὠρέξατο 655^{2}
ὥρετο 740^{5}. 746^{5}. 747^{1}. 749^{2}. 760^{6}. 768^{1}
ὠρεύειν c. dat. II 148^{4}
-ωρή suff. 258^{8}
ὥρη II 623^{5}; τὴν ὥρην II 70^{3}; ὥρῃ II 158^{5}
ὤρηκα ion. 766^{3}. 775^{1}. II 258^{2}
ὦρθεν Korinna 760^{6}
ὤρθωσα 654^{2}; -σε 651, 6; s. ὀρθόω
ὤριγα mess. 772^{7}
Ὠριγένης 638^{1}, 2
ὠριγνᾶτο Hes. 695^{3}; s. ὀριγνάομαι
ὠριγνήθη 761^{6}
ὤρικα Dem. Aristot. 772^{7}
ὥριμος 494, 6
ὡρίσθω II 343^{1}
ὤριστος ep. 402^{5}
ὤρκισα 653^{2}; s. ὁρκίζω
ὡρμείδιον II 61^{7}
ὡρμήθη, ὡρμήσατο 760^{7}; s. ὁρμᾶσθαι, ὁρμάω
ὥρμησε 651, 6; s. ὁρμάω
ὡρμίδιον (= ὦ Ἑρμίδιον) II 36, 2. 61^{7}
ὤρνυε 698^{6}; s. ὄρνυμι
Ὡρογένης 638, 2
ὦρορε hom. 740^{5}. 749^{2}; s. ὄρνυμι
ὦρος kret. 228^{3}
Ὧρος 303^{4}
ὤρουσα 754^{3}; s. ὀρούω
ὦρσα 696^{4}. 740^{5}. 749^{2}. 756^{1}; ὦρσε 782^{2}
(ὦρσαι); s. ὄρσαι
ὦρτο hom. 696^{4}. 740^{5}. 746^{5}. 749^{2}. 760^{6}. 768^{1}; – ἐπ' αὐτούς II 472^{7}
ὤρυξα 655^{2}; s. ὀρύσσω, -ττω
ὠρύομαι 258^{4}. 260^{5}. 434, 4. 647^{3}. 686^{3}. II 491^{5}
Ὠρώπιος 466^{4}
Ωρωποθεν 628, 4
Ὠρωπός II 33, 2
ὠσ- 755^{1}
-ως suff. f. 514^{2}
-ως suff. m. f. 479$^{5.6}$
-ως ion. att. 557^{6} f.
-ως nom. sg. ptc. dor. 511$^{4.6}$. 566^{3}
-ως acc. pl. dor. 81^{6}. 556^{3}
-ως adv. 623$^{5-6}$. 624$^{1-4}$, 6
-ως (gen. -ωτος) 582^{5}
-ώς f. (gen. -οῦς) 514^{2}. 579^{1}, 2. 580^{4}
-ώς ptc. pf. act. 539^{6} ff. 540^{3}, 4. 580^{5}. 582^{7}. 764, 3. 768^{3}. 810^{2}. 812^{5}. II 242^{2}
-ώς adv. dor. 384^{4}. 624^{4}
ὡς praep. II 68^{2}. 533$^{3.7}$. 534^{2}; 'zu – hin' II 434^{8}; 'bis, solange als' II 650^{5}, 5; ὡς ἐπί hell. II 551, 1; ὡς πότε ngr. II 551, 1; ὡς τόσο ngr. II 551, 1
ὡς relat. adv. 615^{1}; 'wo' ätol. Theokr. 623^{1}; 'von wo' ätol. II 91^{2}; 'insoweit' ark. 623^{5}. II 91^{2}
ὡς relat. conj. 404^{7}. 409^{8}. 410^{2}. II 99^{7}. 185^{2}. 311^{7}. 313^{2}. 316^{7}. 401^{7}. 402$^{4.5}$ f. 404^{8}. 405^{1}. 427^{4}. 432^{5}. 636^{1}. 645$^{3.6}$. 646$^{4.5}$. 647$^{2.3}$. 661^{4}. 662$^{5.6.7}$, 1. 663$^{1-4}$. 665$^{6.7}$. 672^{4}, 1. 675^{3}. 676^{2}. 677^{6}. 681$^{1-5}$; 'wie' 624^{1}. II 557, 1. 577$^{1.5}$, 4; ὡς ὅτε 'wie wann' II 313^{2}. 648, 2. 664^{4}, 1; ὡς ὁπότε II 313^{2}; 'weil' II 335^{3}; temporal II 665^{8}. 666^{2}. 711^{3}; nach verba dicendi et sentiendi (= ὅτι) II 670^{5}; final II 313^{4}. 333^{6}. 665$^{3-8}$; modal II 672^{4}; verdeutlichend II 619^{1}; exclam. II 577^{6}. 668$^{2-3}$; c. ptc. II 391$^{6.7}$. 397$^{2.3}$; c. gen. abs. II 399$^{2-5}$; c. conj. II 312^{8}; c. cupit. II 345^{4}; c. opt. II 320^{5}. 321^{5}. 323^{2}. 326$^{2.4.5}$. 335^{5}; ὡς ἄν c. opt. II 326^{8}. 327^{1}; ὡς – ὥς II 533^{7}, 3; ὡς ἄν II 665^{7}. 666^{4}. 669^{5}. 672, 1. 692^{3}; ὡς εἰ II 669$^{5.6}$; ὡς ἂν εἰ II 669; ὥς κε II 312^{4}. 330^{4}. 672, 1; ὡς μή II 674^{4}, 2; ὥς νύ περ II 571^{3}; ὥς τε II 313^{2}. 575^{3}, 4. 645^{6}. 669$^{2-5}$; ὥς τε – ὥς II 575, 6. 577^{5}; ὡς οὖν II 585^{1}. 586^{6}; ὡς – ὥς II 666^{2}; ὡς λέγουσι II 706^{4}; ὥς φησι Κτ. II 711^{3}; ὥς φασαν ἡ πληθύς II 602^{6}; ὡς καλόν (sc. ὄν) II 405^{1}; ὡς ὄλοιτο II 322^{2}; – ἀπόλοιτο II 668^{5}; – ἀπεικάσαι II 378^{6}. 379^{2}. 663^{7}; – εἰκάσαι II 378^{6}. 379^{2}; – δηλῶσαι II 379^{3}; – ἐμοὶ δοκεῖν II 378^{5}. 379^{2}; – ἐμοὶ χρῆσθαι κριτῇ II 379^{2}; – εἰπεῖν II 379^{3}. 663$^{7.8}$; – συντόμως εἰπεῖν II 663^{8}; – ἔπος εἰπεῖν II 379^{3}. 663^{8}; – λόγῳ εἰπεῖν II 379^{3}; – συλλαβόντι εἰπεῖν II 378^{5}; ὡς συνελόντι II 152^{4}; – – εἰπεῖν II 152, 1. 379^{3}; ὡς εἶναι (= ἐξεῖναι) II 663$^{7.8}$ f.; ὡς ἄνοον κραδίην ἔχες II 626^{3}; ὡς ἀνεξερεύνητα τὰ κρίματα II 626^{3}; ὡς καλός μοι ὁ πάππος II 149^{3}; ὥς σ' ἀτιμάζει ὁ π. II 626^{2}; θαυμαστῶς ὡς II 667^{3}; ὡς ἀληθῶς II 415^{8}. 577^{6}, 3. 626^{5}; ἀληθῶς ὡς II 626^{6}; ὡς ἀληθῶς τῷ ὄντι II 704^{3}; ὡς ἑτέρως II 577, 3; ὡς (ἐπὶ) τὸ πολύ II 667^{3}; ὡς τί II 630^{2}; ὡς πρὸς τί χρείας; II 512^{5}; ὡς nach Kompar. II 667^{1}; ὡς c. superl. II 666^{5}; ὡς ἄριστος 623$^{5-6}$. II 666^{6}; ὡς μάλιστα, ὡς ῥᾷστα II 666^{5}; ὡς τάχιστα II 666$^{3.5}$; ὡς ἐς ἐλάχιστον II 666^{6}; ὡς ἐν βραχυτάτοις II 666^{6}; ὡς ἐδύναντο ἀδηλότατα II 666^{6}; ὡς ἐπὶ πλεῖστον II 667^{3}
ὡς demonstr. II 301^{4}, 1; ὡς εἰπὼν ἀπέβη II 301^{4}; – – προτεῖ II 301, 1; ὡς αὔτως II 577, 3
ὥς demonstr. äol. (Sapph.) II 577^{4}
ὥς adv. 'so' 611^{2}. 624^{1}. II 577$^{4.5}$, 3. 664$^{3.4}$. 667$^{6-7}$. 669^{2}. 688^{4}; ὣς φάμενος (φαμένη) II 301, 1; ὣς φάσαν ἡ πληθύς Ilias II 603^{4}. 608^{6}; οὐδ' ὣς ἐξήχθη διώκειν II 711^{3}; ὣς – ὡς II 577^{5}; ὥς (= τοῖος) II 414^{8}; ὡς – ὥς II 666^{2}; ὥς τε – ὥς II 575, 6. 577^{5}; ὥς δ' αὔτως II 577^{6}
-ῶς Ausg. subst. m. 561^{2}
ὦς dor. (= οὖς) 348^{6}. 520$^{2.3}$
ὧς adv. 'so' 610^{5}. II 662^{7}; καὶ ὧς II 577^{4}; ἀλλ' οὐδ' ὧς II 577^{4}. 597^{7}
-ωσα ptc. f. dor. 287^{4}
-ωσα Ausg. aor. 754^{3}. 817^{1}
ὡσανεί II 669^{7}
ὤσασθαι τείχεος II 91^{7}
ὤσασκε Od. 711^{5}
ὡσαύτως II 577^{6}
ὧσδε(ν) II 128^{6}
ὡσεί II 669^{7}
ὠσθη- 761^{3}; s. ὠθοῦμαι
ὦσι 3. pl. conj. 677^{3}
ὦσμαι 656^{7}
ὠσμός 493^{3}

ὥσπερ II 99[7]. 401[7]. 564[4]. 565[5]. 572[1]. 662[5]. 663[2]. 667[1]. 668[1] f.; – c. ptc. II 391[8] 397[2]; ὥσπερ ἄν II 669[1.5.6]; ὥσπερ ἂν εἰ II 669[6]; ὥσπερ γε II 668[8]; ὥσπερ εἰ II 669[6]; ὥσπερ – ὣς δέ II 577[5]; ὥσπερ – ὧδε II 668[7]; ὥσπερ καὶ – οὕτω καί II 668[7]
ὡσπερανεί II 669[7]
-ώσσω verba 733[6–7] f.
ὥστε 404[7]. 409[8]. 410[2]. 624[1]. II 305[2]. 344[6]. 574, 1. 576[3]. 662[5]. 663[2]. 668[1]. 669[2–5]. 676[8]. 677[6.7], 1. 678 ff. 689[2]; c. infin. II 362[5]; c. ptc. II 391[8]; ἐπὶ τοῖσδε, ὥστε II 468[2]. 677[7]. 679[5]
ὠστίζεσθαι II 161[2]. 233[4]
ὠστίζω 706[4]
ὤσω fut. [ὠθέω] 720[3]. 782[5]
-ώσω fut. 739[1]
ὧτ' Alkm. 624[1]
ὦτα 250[1]. 348[5]. 520[3]. II 607[8]
ὥτε 'sicut' dor. (delph.) 217[1]. 404[7]. 409[8]. II 662[5]. 663[2]. 669[2.3], 1
ὦτε 550[2]
ὠτειλή hom. 532[7]
*ὠτελjᾱ 532[7]
ὠτέλλα äol. 532[7]
-ώτερος suff. 534[2.5], 10. 11. 12. 535[1]
-ώτης suff. 500[5], 5
ὦτι gen. gort. 581, 3
ὤτινε du. f. II 35, 1
ὤτοιν II 47, 4
ὠτοκάταξις (*-τάξιος) 449, 2
-ωτός suff. 727, 5
ὤτρῡνον Soph. 694[6]; s. ὀτρύνω
ὠττικίων II 41[8]
ὠτώεις 527[5]
ωυ in ägypt. Namen wechselt mit ωι ω ου αυ 203[5]
ωὐριπίδη 402[3]
ὠφείλησα Aristoph. 782, 10
ὤφελε(ν) 654[2]. 746, 9
ὠφελέω (-ῶ, -εῖν) 720[3]. II 73[6]; – τινα II 72[3]; s. ὠφέλουν
ὠφελήσεται 763[3]
ὠφελητέα ἡ π. II 409[8]
ὠφελητέον II 409[7]
ὠφελητέος II 150[2]
ὤφελλεν 654[2]; -ον c. infin. II 353[7]; s. ὀφέλλω
ὤφελον hom. att. 746[5]. II 308[3.4.6.7]. 345[7–8]. 346[6]. 554[5]; – c. infin. II 345[6]; ὡς (μὴ) ὤφελον II 346[1]
ὠφέλουν ipf. att. 688[7]
ὤφθην II 258[2]; s. ὀφθῆναι
'Ωφιλίων att. 256[2]. 350[8]
ὦφλε 746, 9
ὤφληκα 709[4]. 746, 9; s. ὀφείλω
ὠφλήκοι Lys. 795[6]
ὤφλησα Lys., spät 709[4]. 746, 9. 752[3]; s. ὀφείλω
ὦφλον ion. (Hdt.) att. 709[4]. 746[6]. 747[2]. 782, 10
ὠχεῖτο 654[2]
ὤχετ' ἀποπτάμενος II 392[3]; s. οἴχομαι
ὤχθησαν hom. 719[5]
ὦχρα II 174[5]
ὠχραίνεσθαι II 173, 2
ὠχρ(ι)ᾶν II 173, 2
ὠχρός 481[5], 14
ὦχρος 481, 14
*ὤψ 426, 4
ὤψεον Sophr. 789[4], 2
-ώω verba 717[2–3]. 724[4], 9. 728[6]. 730[3]. 814[8]

II

WÖRTER, SUFFIXE, LAUTE: ANDERE SPRACHEN

A. INDOGERMANISCH

a 56[2].338[6.7].339,1.368[6].369[6]
-a in Lallw. 558[6]
a̧ 365[8]. 368[6]. 369[6]
ā 338[7]. 340[7]. 341[1]. 345[3.8]. 359[5]. 361[6]. 363[4.5]. 365[6.7.8]. 368[6]. 720[4]. 793, 1
ā-Stamm (ā/ə) 459[5] f. 473[1] ff. 559[8] f.
-ā Wurzelwörter 558[2]
-ā nom. sg. 553, 1
-ā nom. acc. pl. neut. 580[6]
-ā instr. sg. 549[4]. 550[3]
-ā suff. m. 560[2]
-ā- suff. 457[1]
-ā- verba 717[3–4]
-ā- conj. 792[4]
-ā/ə f. collect. 581[5–6]
ai 70[4]. 347[5.6]. 368[6]. 369[6]
-ai dat. sg. 547[6]. 548[3]
-ai nom. acc. du. 554, 1. 557[5]
-ai 1. 3. sg. 667[5], 6
āi 345[8]. 350[5]. 365[7]. 368[6]
-ā(i) : əi Ablaut 359[6]
-āi dat. loc. 552[7]. 558[7]
-ā̃i dat. sg. 548[3]. 554[2]
aikʷ- 299[7]
-ā[i]k- (: -īk-) 583[2]
-āis instr. pl. 556, 5
aisd- 703[1]
aisk̑e- 707[3]
-ājeti 3. sg. 729, 5
-ajō 1. sg. 730[1]
ajos n. II 34, 4
-āk- (:-īk-) 583[2]
aljos 72[4]. II 558, 3
-ām acc. sg. 473[3]. 553, 1. 730[1]
ambhi II 437[1], 0
-āmi 1. sg. 730[1]
an 'dort' II 558, 3
ańĝh- 309[4]
anjos II 558, 3
āno- II 532, 4
-ans acc. pl. 559[2]
ant- II 441[7]
anteros II 558, 3
ă : ŏ Ablaut 355[7]
ap II 508[5]
apo II 509[1]
ápo eiti II 420[3]
-ās gen. sg. 382[3]
-ā̃s gen. sg. 553, 1. 554[2]
-ās nom pl. 551[5]
-ā̃s nom. pl. 548[6]. 553, 1. 554[2.3]. 559[1]
-ās acc. pl. 559[2]
-āso gen. sg. 241[7]
-āsōm gen. pl. f. 58[3]. 240[7]. 241[7]. 603[3]. 730[4]
-āti 3. sg. 729[6]
āu 349[2]. 365[7]
āusōs 279[8]. 349[4]

b 290[8]. 291[2.3.4]. 297, 1. 365[3]. 368[1]. 369[1]
-bo- suff. 496, 1

bh 49[3], 1. 67[2.3]. 297[1.3], 1. 365[3]. 368[1]. 369[1]. 370[5]
bh – d 644[1]
bh – dh 644[1]
bh (dh, gh) 49, 1. 70[2]
bhā II 577[2]
bhāĝhewes 553[4]
bhaghu- 261[4]
bhas- 328[8]
bhebhs- 423[5]
bhegʷ- 717[6]
bheidhō 261[4]
bher- 643[4]
bher imper. 799, 6
bhere imper. 801[1]
bhere- 417, 5
bhere/o- 643[4]
bherēi 363[6]
bheres 2. sg. 792[2]
bherēs conj. 792[2]
bhereti 363[6]. II 40, 3
bheretōd imper. 801[1]
bhero- 643[4]. 683, 5
bhérois opt. 794[1]
bhéroite opt. 794[1]
bhéronti 408[7]. 663, 2. II 216, 1
bhers 2. sg. 792[2]
bhes- 329[2]
bheudhetai 261[3]
-bhi instr. (sg.) 57[3]. 547[6]. 551[2]
-bhi postpos. 551[2]
bhidh- 261[4]
-bhis instr. pl. 547[6]
-bh(j)ō du. 547[6]
-bh(j)os abl.-dat. 547[6]
bhlusā 268[2]
-bho- suff. 495[5]. 496, 1
bho̥re- 722, 2
-bhos abl.-dat. pl. 67[3]. 547[6]
bhratēr 381[8]
bhusl- 329[5]
bhwī- 301[6]

d 290[8]. 291[3]. 365[3]. 368[1]. 369[1]. 644[1]
-d pron. neut. 610[1], 1
de partic. 612, 1. 624, 9
de/o- pron. II 562, 1
deik- 41[2]
dēik̑ss 2. sg. aor. 750[1]
dẹimé pl. 676[2]
deiwos 424, 1. II 40, 3
dek̑m̥ 591[3], 4. 595[6]
dek̑m̥t 591, 4. 595[6]
dek̑m̥t/d- 597[1]
dēmi 676[2]
dems 548[1]
dīd- 65[6]
Din- 65[5]
dis- II 449[1.2]
diwés gen. sg. 576[6]
diweseusmn̥ 68[6]
diwós gen. sg. 576[6]
dj 72[4]. 368[4]. 369[5]
djēm acc. sg. 200[7]. 346[3]. 349[7]. 576[6]. 836[2]
djēn (gen. djn̥ós) 577, 4
djeu voc. sg. 576[5]
djēum acc. sg. 200[7]. 346[3]. 349[7]. 836[2]
djēus 576[5]
dn̥s- 342, 3. 370[4]
dn̥su- 307[5]
dō 'geben; Gabe' 508, 5. 722[5]
dō partic. 624, 9
dō-: dǫ-: d- 357[6]
dǫijém opt. 794[4]
dōm n. 569[5]
-d/t pron. n. 609[3.4], 4. 610, 0
-dt- 357[6]
dus- 432, 6
dwi- 589, 3

dh 49, 1. 70[2]. 297[1.3]. 365[3]. 368[1]. 369[1]. 370[5]. 510[5]. 644[1]
dhe partic. 612, 1
dhe imper. 800[2]
-dhe adv. Ausg. 627[4], 4
dhē- 356[6]. 722[5]; acc. dhēm II 566, 1
dhē- 627, 4. 703, 4. 809[5]
dhē (gen.- dhẹos) 511[1]
-dhe/o- 703, 4
dhegʷhto- 307[2]
dh(e)ghóm- 326[5]
dhẹijém opt. 794[4]
dhẹimé 1. pl. opt. 794[4]
dhēkē 741[6]
dhēkmi 741, 7
dhel 533, 5
dhēm II 566, 1
dher 533, 5
dhers- 284[8]
dhẹtos 356[6]
-dhəi loc. 809[6]
dhəke/o- 741, 7
dhəkm- 741, 7
-dhi partic. II 340[5]
-dhi adv. Ausg. 627[4], 4
-dhi 2. sg. imper. 800, 4. 801[3]
dhisen- 570, 2
dhj 368[4]
-dhlo- suff. 533[1], 1. 5
-dhro- suff. 533[1], 1. 5
dhr̥s- 284[8]
dhw 301[5]
-dhwai (?) 667, 3
-dhwem 670[5]

e 56[2]. 338[6.7]. 339, 1. 351[1]. 365[6.7.8]. 368[8]. 369[6]; > gr. ι 351[1–4]
e-Ablautreihe 358, 1
e pron. demonstr. 613[4]
e partic. 798, 5. 799, 3
e- (Stamm) 600[2]
-e voc. sg. 646[2]
-e nom.-acc.-voc. du. 547[6]
-e 2. sg. imper. 646[2]
-e- conj. 792[2]
ē 338[7]. 340[7]. 341[1]. 345[3.8]. 346[5]. 354[7]. 359[5]. 361[6]. 363[4.5]. 365[6.7.8]. 368[6]. 709[2]. 766, 8
ē praep., adv. II 491[5–6]. 564, 4
ē- (Stamm) 565, 2
-ē instr. sg. 548[6]
-ē loc. sg. 572[5]
-ē suff. 461[7.8] f.
-ē- (aus -eh-) 675, 3
-ē- conj. 792[1.2.4], 1. 793[2]
ĕ: ē Ablaut 354[4]
e/o- Stämme 457[2] f. 554[5]
e: o Ablaut 354[4]
e/o them. Vokal 644[2]
e/o- pron. 608, 1
e/o: ā pron. 613[4]
ē: ō Ablaut 355[7]
-ē/ō instr. sg. 548[5]
ĕ: ŏ: Null Ablaut 358[1]
ébheront 408[7]
ed- 'essen' 359[1]
edr̥k- 73[4]
eesm̥ 651[2]
ēĝ- 678[5]
eĝzh (eĝhs) II 461[5]
eĝhsko- (?) 328[4]
egn̥̂sto 679[1]
egn̥̂to 679[1]
egʷent 309[5]
ei 346[8]. 365[7]. 368[6]. 369[6]
ei imper. 674, 6. 804[3]
ei- 'gehen' 643[4]. 714, 2
-ei voc. sg. 572[2]
-ei dat. sg. 547[6]. 548[3]. 572[1]
ēi 345[8]. 365[7]. 368[6]. 369[6.7]. 709[2]. 713[5], 13
-ēi loc. sg. 572[4]
-ĕi 2. sg. 661[1]
ēi: ī Ablaut 346[3]
-ē(i)d- 347[8]
eim(i) 658, 2
-eis gen. sg. 572[1.2]. 573[2]
eisi 647[1]
-eisōm gen. pl. 384[4]
-ejé- verba 718, 1
-éje- verba 718, 1
-éje/o- verba 717[4]
-ejei dat. sg. 572[1]
ejēkm̥ 741[5]
-ejes nom. pl. 548[6]
ejə 363[3]
ējm̥ 653, 12
ejo- pron. demonstr. 613[4]
-ejō verba 470, 0. 730[1]
ejō conj. 674[3]
eḱwos 351[4]. 458[3]
eḱu- (?) 458[3]
el (: ol: l̥) 344[6]
elen- 284[2]
-em- 1. pl. 730[1]
-em- suff. 690[7]
-ēm pron. 839[7]
-ēm gen. pl. 839[7]
eme 601[1]. 608[2]
-emi 1. sg. 730[1]
-ēmi 1. sg. 730[1]
en praep. II 455[2], 6. 7
-en voc. sg. 485[6]
-en- suff. abstr. II 358[5]
-en- suff. praes. 690[7]
-ē(n) nom. sg. 485[6]
-énes (-énos) gen. sg. 485[6]
-enes nom. pl. 485[6]
-éni loc. 485[6.7], 5
eni praep. II 455[6.7]
-enm̥ acc. sg. 485[6]
enǫmn̥ 352[7]
en: ŏn Ablaut 485, 6
ensekʷe 75[2]
-ent 3. pl. 663[4]. 778[2]
-ent- (: -n̥t-) suff. 525[6]. 526[4]
ente 630[1]
-enti 3. pl. 663[4], 2. 7. 664[4.5]. 691, 3. 813[6]
enumn̥ 75[1]
enwn̥ 591[2]
-ĕ/ŏd abl. sg. 547[6]. 548[2]
-e/om- suff. 492[1]
-e/on- Stämme 485[6]
-e/ont- 3. pl. 813[6]
-e/ont- suff. ptc. 525[2] f. 813[6]
-e/onti 3. pl. 813[6]
-e/os Stämme 578[6]
epi 430, 3. II 465[2]
er Wz.-wort II 558, 10
-er infin. Ausg. 809[1]
-er-: -r̥- 482[3]. 567[3], 1
ersā f. 285[8]
-es gen. sg. 419[3]. 547[6.8]. 548[1]
-es nom. pl. 547[6]. 548[6]
-es- adj. 452[2]
-es- verba 787, 9
ēs- 680[1]
-ĕs adj. 419[7]
esdh- 533, 5
esdhló- 533, 5
-esen infin. 809[2]
-esēno- 490, 5
ēsent 677[2]
ési 240[2]. 355[3]. 369[4]. 580, 2. 659[5], 5
-esi loc. sg. 348[2]
ésmi 146[4]. 281[7]. 355[3]. 646[1]
ēsm̥ 'ich war' 240[1]. 241[7]. 354[3]. 370[4]. 651[2]
-eso gen. sg. 555[4]
esom 677[3]
-ēsom 1. sg. praet. 56, 3
esont 652[2]. 663[5], 10. 677[3]
essi 659[5]
ēst 'er war' 406[4]. 409[1]. 659[4]
ēstai 346[5]
ésti 355[3]
estōd 75[1]
eswes 601[4]
-et- suff. 499[1], 2
-étā f. suff. 528[6]
éti 67[3]. II 564, 1
-eto/ā- suff. 498[6]
eu 346[7.8]. 365[7]. 368[6]. 369[7]
ēu 345[8]. 349[1]. 365[7]. 368[6]. 369[7]
-ēu loc. sg. 572[4]. 573[1]
eugh- 679[5]
eughtai, -to 679[5]
eusō 219[5]
-ēuʷa 349[2]
ēw (aus ēiw) 424[1]
-ewei dat. sg. 572[1]
-ewen infin. Ausg. 809[2]
ewə 362[3]. 363[3]
-ewi loc. sg. 572, 2
-ēwm̥ acc. sg. 576[1]
-ewŏm gen. pl. 571, 8

ə 340[2.7]. 341[2.4]. 351[1]. 359[3]. 361[6]. 365[8]
-ə voc. sg. 558[5.6]
-ə nom. sg. 560[2]
-ə nom. acc. pl. neut. 580[7]. 581[1]
ə$_1$ 365[8]. 367[7]. 368[6]. 369[6]; > gr. ι 351[1]
ə$_2$ 365[8]. 367[7]. 368[7]. 369[7]
ə̥ 365[8]. 368[6]. 369[6]
əi 359[6]
ə̥jə 363[3]
ərə 362[3]
-ətə nom. ag. 706[3]
ə̥wə 363[4]

g 291[6.7]. 292[1]. 293[6]. 298[7]. 365[4]. 368[1]. 369[2]
g – bh 71[1]
ge II 562, 1
gen- (: gn-: gn̥-) 356[6]
genə- 363[5.8]
gj 72[4]. 368[4]. 369[5]
gj- 303[7]
gnē- 363[5]
gt 365[5]
-gwā 301[6]

ĝ 291[6], 2. 292[5.8]. 293[6.7]
ĝ- 325[6]
ĝeĝon- (: ĝeĝn̥-) 769[2]
ĝen- 770[5], 10
ĝenos 419[7]
ĝenə̥os nom. sg. 362[7]
ĝenesos gen. sg. 419[7]

ĝnōss 762^{4}
ĝn̥- 743, 4
ĝn̥nā- 694^{1}
ĝw 302^{2}

gh 49, 1. 67^{3}. 70^{2}. 293^{6}. 297$^{1.4}$. 328^{4}. 365^{4}. 368^{1}. 369^{2}
ghdh- 326^{5}
ghe II 562, 1
ghebh- 261^{4}
ghendn- 700^{7}
ghj 368^{4}
ghn- 327^{6}
ghn̥dn-, ghn̥dn̥ō 700^{7}
ghosti- 329^{5}
ghsenwo- (?) 329^{5}

ĝh 68^{4}. 293$^{6.7}$. 297$^{1.4.5}$. 328^{4}
ĝhē(i)- 694^{3}
ĝheimm̥ 522^{3}
ĝhēr- 286^{3}
ĝherm̥ acc. sg. 286^{4}
ĝhi II 561, 2. 577^{3}
ĝhidiwes (?) 326^{6}
ĝhj- 325^{6}
-ĝhj- 68^{6}
ĝhw 300^{3}
ĝhw- 302^{1}. 649^{1}

g^{w} 172^{5}. 293^{7}. 294^{3}. 295^{5}. 296^{7}. 298^{7}. 302$^{2.3}$. 325^{8}. 326^{2}. 365^{4}. 368^{2}. 369^{1}. 473^{6}. 496^{2}
g^{w}- 295^{2}
-g^{w}- 295^{4}
g^{w}ādh- 296^{3}
g^{w}e 350^{4}. II 562, 1
g^{w}ē 302^{8}
g^{w}ebh- 298^{8}
g^{w}edhsn- 322^{8}
g^{w}eg^{w}ə- 649^{2}
g^{w}ej(ə)o- 780^{4}
g^{w}elnī 510, 6
g^{w}elso- (284^{1}. 300^{2}). 693^{4}
g^{w}em- 357^{3}. 720, 12
g^{w}en- 296^{2}
g^{w}enā, g^{w}enə II 35^{6}
g^{w}ēns 840^{4}
g^{w}i 300$^{6.7}$. 301$^{1.2}$
g^{w}(i)jō(u)t 743, 7
g^{w}j 298^{5}. 300^{5}. 368^{4}
g^{w}jē- 298^{6}. 330^{4}
g^{w}m̥- 742, 3
g^{w}m̥sk̂- 707^{3}
g^{w}n- 296^{2}
-g^{w}n- 332^{4}
g^{w}nās gen.sg.296^{2}.840^{4}.II35^{6}
g^{w}n̥- 296^{2}
g^{w}ōm acc. sg. 200^{7}. 577^{3}
g^{w}ouk^{w}- 298^{7}
g^{w}ōum 200^{7}
g^{w}ōus 577^{3}
g^{w}owi loc. sg. 577^{3}
-g^{w}u- 301^{6}

g^{w}h 294, 3. 297$^{1.6}$. 300^{3}. 365^{4}. 368^{2}. 369^{1}
-g^{w}h- 295^{4}
g^{w}he (> gr. -θε) II 561, 2. 562, 1
g^{w}hen- 73^{5}. 420^{2}
g^{w}hi 301^{1}
g^{w}hj 368^{4}. 369^{5}
g^{w}hon- 73^{5}. 420^{2}
g^{w}hr̥g^{w}hen- 297^{8}

ĭ > gr. ι 349$^{7.8}$
i 365$^{6.7.8}$. 368^{6}. 369^{7}
i (i-) pron. 588^{3}. 613$^{3.4}$. 615^{2}. II 190^{2}
-i loc. sg. 547^{6}. 548^{5}. 619, 6
-i 'hier' 658, 1
-i- suff. 462^{2} ff.
-i- Stämme 448$^{2-3}$
ī 365$^{6.7.8}$. 368^{6}. 369^{7}. 462^{2}. 709^{2}
-ī nom.-acc.-voc. du. 565^{4}. 591^{4}
-ī neut. pl. 581^{2}
-ī- Zugehörigkeitssuffix 510^{2}
-ī- opt. 793^{6}. 794$^{1.2}$
-id/t sg. neut. pron. 609^{3}
i: ei Ablaut 571^{5}
-iə neut. pl. 581^{2}
-ijḗ- opt. 793$^{5.6}$
-(i)jē/ī- opt. II 319^{7}. 320^{5}
ijēt opt. 674^{3}
ijə 588^{3}
-ijo- (-ijā-) 462^{2}. 465^{6}
-ijom suff. 470, 3
-ĭjos- suff. compar. 537^{2}
-īm acc. sg. 465^{3}
-īm instr. 728^{2}
ina 615^{2}
io- pron. deikt. 613^{4}
-is- verb. inf. 778, 8
-īs nom. sg. (gen. -ijos) 424^{2}
isaros 62^{4}
ise/on- m. 528, 8
*(i)skthijóm 413^{4}
-ison- suff. compar. 537$^{1.3}$
-isto- suff. superl. 537$^{3-4}$, 7

j 73^{8}. 303$^{5.7}$, 3. 304^{4}. 348^{7}. 365^{5}. 366$^{6.7.8}$. 367$^{1.2.3.6}$. 368^{3}. 369$^{3.5}$. 370$^{5.7}$. 371^{1}
j- 62^{7}. 303^{7}. 330$^{7.8}$. 411$^{2.3}$
-j- praes. 675, 3. 712^{3} ff.
jā f. 363^{3}. II 639^{6}. 640^{3}
-jē- opt. 793$^{5.6}$. 794$^{1.2}$
jē: ī 346^{3}
jebh- 722, 1
jej- 649^{5}
-jen- suff. 465, 5. 521$^{2.3}$ ff.
jenti 674^{2}, 2
-je/o- praes. suff. 713^{2}. 714^{2}–717. 729^{6}. 813^{6}
-je/os- suff. II 183$^{1.2}$
jeug- 691^{6}

-jə (gen. -jās) 473^{3}
-jo- verba 74^{6} (s. -je/o-)
-jo- (: -jā-) suff. 462^{2}. 465^{6} f.
jō II 662^{5}
-jō (: -ĭsi) praes. 713^{4}
-jō (: -jesi) praes. 713^{4}
jod 617, 4. II 639^{6}. 640^{3}. 645$^{5.6}$, 4
-jōm gen. pl. 571, 8
jos 615$^{1.2}$. II 639^{6}. 640^{3}
-jos suff. adj. 472$^{1-2}$
-jos gen. sg. 572^{1}
josk^{w}is 617, 2
jot k^{w}āi 617, 4
jotk^{w}id/t 617, 2
jōtk^{w}e 410^{2}
jōus-: jūs- 680^{2}
ju 304, 3
ju- 304^{7}
-ju- suff. 480^{4}
jug- 581^{4}
jugā 581^{6}
junegmi 691^{6}
junékti 692^{2}
jūs 'ihr' 601^{2}

k 291$^{6.7}$. 292^{1}, 0. 293$^{1.2.3}$. 302^{5}. 365^{4}. 368^{1}. 369^{2}. 496^{4}
-k- suff. 65^{5}
kā̆ II 568^{6}
ke II 568^{6}
kes- 329^{5}
k(e)ses- 269^{3}
kesō 269^{3}
kēw: kəw 349, 1
kē̆w(ə)- 349, 1
kj 72^{4}. 368^{4}. 369^{5}
km̥ta II 474$^{1.3}$, 3
knḗmi 676^{3}
knəimé 676^{3}
knīmé 676^{3}
knṓmi 676^{3}
knṓumi 676^{5}
koi- 294^{5}
kom II 474^{3}. 568^{6}
kses- 329^{5}
(k̂)su II 487, 7
kt 369^{5}
ku pron. 615, 8
kw 294, 2. 301$^{6.7.8}$
kw- 302$^{2.3.5}$
kwo- 297^{8}

k̂ 54^{1}. 291^{6}, 2. 292$^{5.7}$. 293$^{1.2.3.4}$. 302$^{5.6}$. 368^{1}. 369^{2}. 496^{4}
k̂ērt/d 518^{3}
k̂esmōi 68^{4}
k̂id āmr̥ 613, 7
k̂j- 325$^{6.7}$
k̂m̥tóm 49^{5}. 592^{5}
k̂t 325^{7}
k̂w 294, 2. 301$^{6.7.8}$
k̂w- 414^{3}
k̂wā- 301^{8}

k̑wn̥- 440[2]
k̑wonk(ʷ)- 302[3]
k̑ʷe- 295[8]

kh 365[4]. 368[1]. 369[2]
-kh- 496, 11. 498, 10
khj 320[3]. 321[1]. 368[4]

kʷ 54[2]. 172[5]. 258[1]. 292, 0. 293[7]. 294[2.4], 2. 295[4.5]. 296[7]. 299[4]. 302[4]. 326[2]. 332[6]. 365[4]. 368[2]. 369[1]. 496[2]
kʷ- 302[2]
kʷa 299[4]
kʷa- II 212, 4
kʷā adv. 617[1]
kʷe 65[4]. 296[7]. 832[5]. II 63[4]. 573[2.3], 3. 5
kʷe- II 212, 4
kʷe/o- pron. 615, 8. II 573[3]
kʷei 616[6]
kʷekʷlo- (kʷelkʷelo-) 296[2]. 423[4]
kʷes(j)o 555, 5. 616, 1
kʷeti 612, 4
kʷetweres 589[6]
kʷetwor- 351[2]
kʷetwores 590[1]
kʷi 832[5]
kʷi- 295[8]. 301[2]. 615, 8. II 212, 4
kʷid 299[2]. II 212[4]. 213[2.5]. 569[1]
kʷis (kʷid/t) II 212[4]. 213[2.5]
kʷiskʷis 617, 2
kʷitkʷid/t 617, 2
kʷj 298[5]. 300[7]. 319[2.3]. 368[4]. 369[5]; kʷj- 654[4]
kʷja 319[5]. 413[4]
kʷja adv. 616, 8
kʷk̑ 325[8]
kʷl 299[6]
kʷo- 296[8]. 299[4]. 609, 5. II 212, 4. 579[3]
kʷoi 616, 1
-kʷokʷos 298[8]
kʷosu 548[8]
kʷoti 612, 4
kʷotjos 612, 4
kʷrijā- 743[5]
kʷt 369[5]
kʷtru- 351[2]. 352[2]
kʷtwr̥- 352[2]

k̑h 298, 1

kʷh 298[1]. 365[4]. 368[2]. 369[1]
kʷhj 368[4]. 369[5]

l 365[5]. 368[4]. 369[4]
l- 310[5]. 311[4]
lā- 702[5]
lagʷj- 698[2]
lē(i)- 676[3]. 702[6]
ləi 676[3]
lj 72[4]. 309[2]
lj- 303[5]
ljekʷō 684, 2
l/n- Stämme 518[4]
ls 370[7]
lu- 301[5]. 352[2]
lukʷos 298[6]

l̥ 73[3]. 299[8]. 341[7]. 342[2]. 351[7.8]. 358[2]. 365[6]. 368[8]
-l̥jō verba 342[4]
l̥̄ 361[7]. 363[2]. 365[6]. 368[8]

m 365[5]. 369[4]
-m 14[4]. 309[4]. 369[4]. 408[6]. 409[4]
-m acc. sg. 547[6]. 548[6]. 551[5]
-m 1. sg. 659[2]
mā- 776, 1
-mai 1. sg. 667[5]. 668[1], 1
mā́tēr 381[8]
-mbh- 496[2]
mĕ pron. 354[3]. 600[2.3]. 645[3]
mē negat. 645[3]. II 340[3]. 590[6], 1. 591, 5
mē- 682[6]
me/o- pron. 608, 1
-medhə 670[2], 1
medhi 630, 1. II 481, 3. 7
medhjo- II 70[8]. 481, 7
medhjos 627[4]
meĝās, -ām 584, 3
meĝ(h) (?) 584, 3
meĝhos gen. sg. 584, 3
meme 601[2]
-men- suff. 521[2] ff.
-men- infin. II 358[5]
mene 601[1]
-meneses 553[4]
men-: mon-: mn̥- 363[8]
-me/on- suff. adj. 521[7] f.
mēns- 569[6]
metá II 481, 3
metí II 481, 3
mets II 481, 6
mezg- 690[3]
-mi 1. sg. 658, 1
mimsgō (mimzgō) 336[8]. 690[3]
mledsn- 322[8]
ml̥ 277[5]
-mnā suff. collect. 488[7]
-mnai inf. Ausg. (?) 809[2]
-mno/ā- suff. 488[7]. 492[2]
-mnós adj. 525[1]
-mn̥ suff. 488[7]. 524[2]
mn̥- 363[8]
-mn̥- suff. 440[2]. 520[7]
-mn̥-s- dat. pl. 524[2]
-mn̥t/d- suff. 521, 1
-mo/ā- suff. 492[1]
moi dat. sg. pron. 75[2]
mr̥ 277[5.6]
mr̥- 277[6]
mr̥tí- 277[6]. 505[3]
mŕ̥tom n. 362[4]
mus- 350[6]

m̥ 56[4]. 57[2]. 73[3]. 341[7]. 343[4.6]. 344[3.4.5]. 352[3]. 358[2]. 365[6]. 367[7]. 368[8]. 440[1]. 499[4]. 507[4]
-m̥ 408[5]
-m̥ acc. sg. 547[6.7]. 548[6]. 551[5]. 560, 2. 563, 2
-m̥ 1. sg. 659[3]. 778[3]
-m̥bh- 486[4]
m̥bhi II 437[1]
m̥mr̥tos 237[8]

m̥̄ 361[7]. 365[6]. 368[8]

n 365[5]. 369[4]. 486[2]
ŋ 309[4], 0. 365[5]
-n- inf. 690[5]
-n- suff. 65[5]. 692[1]
-n euphonisch 404[2]
-nā- infix 691[1.2.6]
-nā- verba (: -nə-) 694, 1. 695[6]
nāus 578[1]
nāwm̥ acc. sg. 578[1]
ne 431[3], 6. 9. 653[4]. II 305[3]. 573[3]. 590[6], 1. 591, 3. 5. 593[5]. 599[3]
nē 431, 6. 653[4]. II 591, 3
-né-: -n- inf. 691[2]
-ne/o- pron. 608, 1
-ne/os gen. sg. 485[6]
ner- 720, 10
nēsti ‘ißt nicht’ 504, 6
netto- 56, 2
-néu imper. 798, 13
-neu- inf. 690[1.2]
-néu- (: -nu-) inf. 691[2.6]
-neu- (: -nu-) verba 695[7]
-neumi verba 698, 3
newā 457, 2
newn̥ 591[2]
newos 457[2]. II 571, 2
newr̥o- 482, 4
nigʷh- 70[8]
nigʷjō 330[4]. 714[6]
nj 72[4]
no (Silbe) 352[5]
-no- suff. adj. 57[4]
-nō verba 700[7]
-nŏ̄m gen. pl. 485[6]
n/r-Stämme: Ablaut 486[5.6]
-ns Ausg. 287[1]
-ns acc. pl. 547[6]. 548[6]. 551[5]
-nt Ausg. 408[7]
-nt 3. pl. 658[6], 2. 663[3]. 664[3.5]
-nt- suff. ptc. 810[2], 2. II 386[2]
-nt- suff. 65[5]. 525[2] f.
-ntai 3. pl. 671[2]
-nti 3. pl. 62[8]. 663[3]

-nto 3. pl. 671[2]
-nts ptc. Ausg. 566[5]
-nuwe/ont 698[4]
nuwe/onti 3. pl. Ausg. 698[4]
nuwont- verb. Ausg. 698[4]

n̥ 56[4]. 57[2]. 73[3]. 341[7]. 342[1]. 343[4.6]. 344[3.4.5]. 352[3.8]. 358[2]. 364[1]. 365[6]. 367[4.7]. 368[8]. 370[4]. 440[1]. 486[2]. 499[4]. 507[4.7]. 520[3]. 528, 8. 535[3]. 699[5]. 740[4]
ŋ̥ 365[6]
n̥ praepos. II 455, 3
n̥- (auch ń̥-) privativum 431[4]. II 590[6], 1. 599[2]
-n̥bh- 495[5]
-n̥d- suff. 510, 1
n̥gʷ- 295[5]
-n̥kʷi 840[6]
n̥s 307[7]
-n̥s acc. pl. 547[6]. 548[6]. 551[5]
-n̥si loc. pl. 486[3]
*n̥sm- 75[1]. 601[1]
n̥sme 608[2]
-n̥su loc. pl. 485[7]
-n̥t 344[6]. 663[3.4], 9. 664[2]
-n̥tai 3. pl. 671[2]
-n̥ti 3. pl. 663[3.4]. 664[1.2]
-n̥to 3. pl. 671[2]

n̥̄ 361[7]. 365[6]. 368[8]

o 56[2]. 338[6.7]. 339, 1. 365[6.7]. 368[6]. 369[6]
-o-Stämme 457[2] f. 554[5]; -o- adj. m. f. 438[4]
ō 338[7]. 340[7]. 341[1]. 345[3.8]. 359[5]. 361[6]. 363[4]. 365[6.7.8]. 368[6]. 709[2]
ō Grundstufe im Ablaut 359[3]
-ō nom.-acc.-voc. du. 565[3]
-ō instr. sg. 548[5]
-ō 1. sg. 660, 1. 813[6]
-o- suff. 457[1]
o̥ 365[8]. 368[6]. 369[6]
-od/t neut. sg. pron. 609[3]
-ōd ablat. sg. 549[8]. 624[3–4]
-ō̆d ablat. sg. 548[2]
-o/e- Stämme 554[5]
ōĝ- 678[5]
oghwis 462, 4
oi 346[8]. 365[7]. 368[6]. 369[6]
oi- 588[3]
-oi voc. sg. 572[2]
-oi loc. sg. 382[3]
-oi nom. pl. 58[3]. 556, 1. 609[3]
-oi- opt. 793[6.7]. 794[1]
ōi 345[8]. 365[7]. 368[6]. 709[2]
-ōi dat. sg. 240[2]. 354[2]. 552[7]
-ō̆i dat. sg. 548[3]. 554[2]
ō(i): əi Ablaut 359[6]
ōi : ī Ablaut 354[3]
-oi(j)ous du. 557[3]
(-oint-) 671, 2
ois- 348[3]
-ōis instr. pl. 556, 5
oisā 516[5]
-oisōm gen. pl. 384[4]. 556[3]. 609[5], 5
-oisu (: -oisi) loc. pl. 556[3]. 609[3]
oiwo/ā- 609, 5
-ojm̥ 1. sg. opt. 660[2], 3
ojos n. 516[5]
okʷ- 560, 5. 733[7]
okʷje 286[4]
ol 351[8]
om determinativ 612, 3
-om acc. sg. 553, 1. 803[5]
-om nom. acc. neut. 580, 7
-om gen. pl. 547[6]. 548[6]. 556, 0
-om 1. sg. 657[3]. 660, 4. 777[4]. 813[6]
-ōm partic. 803[5]
-ōm gen. pl. 382[3]. 547[6]. 548[7]. 556[3], 0
-ō̆m gen. pl. 553, 1. 554[2.3]
-omno- suff. 525[1]
ōmoĕ̄dt- 398[1]
omsos 458[6], 5
-on- suff. subst. 485[7]
-ones nom. pl. 485[6]
onəmo- 340[2]
-onm̥ acc. sg. 485[6], 5
-onom II 358[5]. 365, 1
-ons acc. pl. 556[2]
-ont 3. pl. 663[4.5]. 664[3.4]. 777[4], 7. 778[2]
-ōnt nom. sg. 566[6]
-onti 3. pl. 663[4.5], 2. 7. 664[5]. 813[6]
opi II 465[2]
or (Wort) II 558[4]
-or-: -r̥- 769[4]
oros 516[5]
orsós adj. 516[5]
-os nom. sg. 457[5]. 553, 1
-os nom. acc. neut. 419[7]
-os gen. sg. 419[3]. 547[6.8]. 548[1]. 839[5]
-ōs gen. sg. 553, 1
-ōs nom. pl. 79[7]. 553, 1. 556[2], 1
-ō̆s nom. pl. 548[6]. 554[2.3]
-osjo gen. sg. 273[2]. 555[4], 4. 609[3]
-oso gen. sg. 555[4]
ou 346[7.8]. 365[7]
ōu 349[2]. 365[7]
-ōu- 683[4]
-ōu-Stämme 479[5.6] f.
-ōu nom.-acc.-voc. du. 557[1]. 565[3]
ōu : ū Ablaut 480[2]
-ous gen. sg. 572[1]. 573[2]
-ous du. 547[6]
ōus n. 348[6]. 520[3]
-ōus nom. sg. 480[1]
ousn̥- 348[4]
(ousos) 520[4]
own̥t- 520[4]

p 290[8]. 291[3]. 365[3]. 368[1]. 369[1]. 496[3]
pakjn̥los 483, 8
ped- 'fassen' 719, 6
pedjos 330[2]
pekʷ- 'kochen' 359[1]
pekʷjō 716[2]
pel- 751[3]
peləmnos 489, 9
peŋkʷe 309[4]. 590[4]
peŋktos 596[1]
peplos 423[4]
per II 571[5.6]
per(i) II 499[5]
péri II 571[5]
pet- 324[1]. 354[6]
pet : pot : pt 354[6]. 356[6]
pēt : pōt 354[6]
pewōr 838[8]
pət 354[6]
pəter voc. sg. 75[1]
pətḗr 355[8]. 381[8]. II 9[1]
pi II 465[2]
pizdēi 721, 5
pj 325[7.8]. 367[2]. 369[5]. 705[2]
plēises 537, 6
pleweti 658, 2
pneumi 696, 1
pōi- 709[2]
-pokʷos 298[8]
pos II 508[5]
poti- 473, 2. 838[1]. II 509[1.3]
potis II 572[8]
potnī 838[1]
pōu- (: pəu- : pu-) 578[4]
pōus 578[4]
preti II 508[4]. 509[1]
prō̆ 653[4]. II 505[3]
prodhəto- 435, 2
proti II 508[4]. 509[1.3]
pru- II 505[3]
pr̥k̂sk̂e- 707[3]
pr̥k̂sk̂ō II 81, 4
pr̥n- 693[2]
pr̥s- 370[4]
pr̥so- 307[5]
pr̥som 342[2]
pr̥̄k̂t- 501[4]
pr̥̄mo- 595[2]
pr̥̄to- 595[2]
psā(i)- 328[8]
psī- 328[8]
psō(i)- 328[8]
pt 354[6]. 369[5]
pt- 325[4]
pt- (: pet-) 324[1]. 356[6]
ptā- 742[6]
pu- 696[1]

ph 297[1]. 298[1]. 365[3]. 368[1]. 369[1]

qeqore(-a) 56[2]. 823[1]

r 365[5]. 368[4]. 369[4]. 486[2]
r- 310, 0
-r- mediopass. Endungen 52[1]. 657[2.3]. 667, 3. 756, 4. 841[4]
rei- 702[5]
rə 340[8]
rip- 766, 8; rērip- pf. 766, 8
rj 72[4]
-r/n-Stämme 52[1]. 517[2] ff. 582[7]
-ro- suff. 448[2]
rōr- 260[5]
rs 366[5]
-rt- 520[1]
ru- 702[5]
-ru- 590[1]

r̥ 73[3]. 299[8]. 341[6.8]. 342[1.2.4.6], 1. 343, 8. 351[7.8]. 352[3]. 358[2]. 365[6]. 367[3.4.7]. 368[8]. 370[4]. 440[1]. 486[2]. 590[3]. 747[5]. II 558[3.4], 7. 10
r̥ > gr. ἄρ(α) II 558[3.4], 10
-r̥ 408[5]
r̥di- 462, 6
r̥ə 362[1]
r̥j 274[4]
-r̥j- 256[3]
-r̥jō verba 342[3]

r̥̄ 361[7.8]. 362[1.2]. 363[2]. 365[6]. 368[8]

s 56[6]. 69, 3. 73[8]. 306[5], 1. 349[3]. 366[4.5.6.8]. 368[2]. 369[2]. 370[3.5.7]. 371[1]
s aus ss 580, 2
s- 304[7]. 308[2]. 411[1.2.3]
-s- 279[8]. 304[4]. 370[3.5]. 832[7]
-s nom. sg. 408[8]. 547[5]. 548[1]. 549[2]. 839[4]
-s gen. sg. 419[3]. 547[6]. 621[5]
-s Pluralzeichen 547[1]
-s- suff. 511[3] ff.
-s- in Stammbild. 419[7]; in Verbalbild. 701[1]
-s- aor. 739[5]. 787, 5
-s- fut. 787, 5
sā pron. f. 457[2]
sā- (: sə-) 755[3]
-sai 2. sg. 668, 1
sāu pron. 611[4]
se II 192[2]
sē- 741[5]
sebdmos 278[3]. 595[6]
sed- ‘hingelangen’ II 258[4]
sedlā 323[3]
seĝh- 690[2]
sēi- 350[4]
-sejm̥ 1. sg. opt. 660[3]. 797[2]
-sejō 1. sg. 789[2]
sekʷesi 668, 3
sem n. 433[4]. 588[1.2]
sem- (: sm̥-) 310[6]. 343[1]. 367[4]. 473[6]. 614[3]. 617[3], 3
sems m. f. 287[4]. 324[3]. 408[6]
sen- 699[2]
-sen infin. Ausg. 809[2]. II 358[5]
sendha 628, 7
sene- 696, 10
senę 363[3]
sent 677, 8
sénti 355[3]. 674, 2
-se/o- verba 706 f. 787[3–4]
-se/o- fut. 813[6]. 815[6]
-se/onti 3. pl. 787, 10
septm̥ 590[5]. 595[6]
septmos 595[6]
sergh- 702, 6
seru- (: sru-) 681, 1
serw- 482[1]
sesĝhm- 771[2]
sesketo 652, 5
seskʷ- 748[5]
sesl- 310[5]
sesm- 310[6]
sesw- pf. 224[4]. 282[1]
setos 502[3]
setu- 506[6]
s(e)w- 613[4]
s(e)we II 192[2]. 606[6]
sewəter- 362[3]
s(e)wo- II 192[2]
s(e)wos 606, 5. 608[3]
sə- 755[3]
sĝhoi- 747[2]
sh 365[5]
-si 2. sg. 658, 1
-si 2. sg. imper. 803[7]. 804[1]
sī II 35[5]. 36[3]
s(i)jént 3. pl. opt. 663[5]. 797[3]
sisd- redupl. 330[1]
sisēmi 686, 8. 741[5]
sisl- 304[2]
sj 366[5]
sj- 304, 3
-sj- pron. f. 609[2]
sjās- 320[4]
-sje/o- fut. 787, 7
-sjo gen. sg. 547[6]. 609[3.4]
-ske/o- praes. 813[6]
skl̥jō 323[1]
-sk̂- Verbalbild. 707, 1
-sk̂ō praes. 707[1]
sl 304[6]. 312[2]. 366[5]. 367[6]. 370[7]
sl- 309[7]. 310[4.8]. 311[2.4]
(s)lagōusos 438, 3
sleubh- 719, 4
sm 304[6]. 312[2]. 366[5]
sm- 309[7]. 310[5]. 311[2]. 343[1]. 414[3]. 588[1]
-sm- pron. 609[2.4], 3
-sm- 1. pl. aor. 750[2]
smĕ II 569[2]
smer- 649[3]
smértus (gen. smr̥téus) 506[4]
smés 355[3]
-smo- suff. 493, 8
sm̥- (: sem-) 343, 1. 367[4]. 412[5.7]. 588[1]
-sm̥ Ausg. n. 307[7]
-sm̥ 1. sg. aor. 750[2], 4
(sm̥m̥) 623[1]
sm̥mr̥st- 704, 7
sm̥neptijo- 270[6]
sm̥sokʷj- 298[5]
sm̥teros 614[3]
sn 304[6]. 312[2]. 366[5]
sn- 309[7]. 310[5]. 414[3]
-sn- 312[2]
-sno/ā suff. 489[4]
sn̥nuwonti 699[2], 1
sn̥t- 696[5]
-sn̥t 3. pl. aor. 750[2]
sn̥ter II 537[3], 2
sn̥tijos 344[5]
-sn̥to 3. pl. med. aor. 750[2]
sn̥t-s- loc. pl. 567[2]
sn̥wonti 699, 1
so pron. 75[1]. 457[2]. II 22[1]. 35, 3
sō II 577[4]
-so gen. sg. 555, 5
-so 2. sg. 669, 7
-so 2. sg. imper. 799, 8
soi dat. 334[8]. 608, 0
sokʷjos 298[4]
som partic. 409[5]. 433[5]. II 487, 7
som- 343[1]
-som aor. 750, 4
-sōm gen. pl. pron. 609[3]
sont 677, 8
so u 611[4]
sp- 644[1]
spēi- (: spī-) 507[3]
spek̂es 722[6]
spek̂j- 705[2]
spek̂ti 722[6]
sptju 325[8]
sph- 325[7]
spher- 412[7]
sr 304[6]. 312[2]. 366[5]
sr- 309[7], 2. 310[2.8], 0. 311[2.3]. 369[4]. 414[2.3]
sru- (: seru-) 681, 1
-sr̥ 307[7]. 351[7]. 502[3], 3
ss 366[8]. 369[4]
-ss 2. sg. 750[2]. 804[2]
st- 644[1]
-st 3. sg. aor. 750[2]
-ste- 2. pl. aor. 750[2]
-sto 3. sg. med. aor. 750[2]
-sthēs 762[4]
su II 487, 7
su- pron. 601[6]
-su loc. pl. 547[6]. 548[7.8]. 551[5]
sugʷjē- 298[6]
sujum acc. sg. 574[1]
sŭjús 200[4]. 480[4]. 574[1]

sujweí dat. sg. 574[1]
sújwes nom. pl. 574[1]
sújwn̥s acc. pl. 574[1]
sujwōm gen. pl. 574[1]
sujwós gen. sg. 574[1]
sū̆nús 480[4]
supno- 489[2]
supnos 552, 4
sūs 552[5]
suwós gen. sg. 552[5]
sw 366[5]
sw-68[7].222,5.225,7.227[3].304[5]. 305,4. 314[4]. 322[3].414[3].824[3]
s(w)- demonstr. pron. 607, 6. 612[7]
swā 'so' 495[3]. 225, 4
swad- 228[7]
swe 226[6]. 601[5]. 606[6]. 614[1]
swebhei 601[5]
swe(d) 608[5]
sweid- 713, 6
s(w)eḱs 590[5], 7. 840[5]
sweḱuro- 293[5]
sweḱurós 356[2]
swepn- 350[3]
swepno- 489[2]
swepnos 552, 4
swes 601[4]
swesor 226[6]
sweswe (?) 601[5]
swet/d refl. 500[4]
-swo 2. sg. imper. 799, 8
swoi dat. sg. 334[8]
swoidōs 514[3]
swos 606, 5. 608[3]
swr̥bh- 834[5]

t 290[8]. 291[3]. 365[3]. 368[1]. 369[1]
-t 410[2]
-t 3. pers. 658[6]
-t- suff. 498[6], 14 ff.
tā 'so' 495[3]
-tā f. suff. 501, 2. 528[6]
-tai 3. sg. 658[6]. 667[5]
-te 2. pl. imper. 799, 5
-tel suff. 532[6]
tel- 770, 6
ten- 643[7]. 699[2]. 702[6]
-te/or- suff. 530[3]–532
tepsrā 327[8]
-ter adv. suff. 533[5], 8
tera̯ 363[4]
terə- 362[3]
-térjə (gen. -tr̥jā̆s) f. 474[6]
-ter/n n. suff. 530, 4
-tero/ā- suff. 533[5], 6–536. 608[2]. II 183[1.2]
-teujo- 811[3]
tewe 601[1]. 608[2]
tewo 75[1]
-tə nomen ag. 706[3]
ti 62[8]. 67[3]
-ti- suff. 445[2.4]
-ti 3. sg. 658[6], 2
-ti infin. 800[2]
-t(i)jo- 270[6]
-tis suff. 504[3]–506
tj 72[4]. 368[4]. 369[5]
-tj- 308[3]
-tje/on- suff. 521[3]
-tlo- suff. 532[1]. 533, 1
tn̥n- 696[5]
to- pron. 600[2]. 801[2]. II 579[1]
-to- adj. 57[4]. II 241, 1
-to 3. sg. 658[6]
tod jugom 330[8]
-tōd 3. sg. imper. 801[1.2.3], 1. 802, 4. II 339[6.7]. 340[2]
tōd/t 548[2]
toi dat. sg. 334[8]
toisōm gen. pl. II 40[5]
toisu loc. pl. 75[1]. II 40[5]
-tos gen. 630[2–3]
tosjo gen. sg. m. 273[7]. 348[3]
toti 612[6], 3
trā 363[4]
-tra^{x} 631[1]
trejes 73[7]. 313[3]. 553[4]
trem-, trep-, tres- 418[7]
trisu loc. pl. 73[7]
-tro- suff. 532[1]. 533, 1
tr̥̄- 362[3]
ts 321[8]. 322[1]. 368[5]. 369[5]
-ts 306[6]
-ts- 308[3]
tsn 322[7]
-tu- suff. 507[1]. 810[7]. 811[1]
-túnā f. suff. 529[5]
-tunóm n. suff. 529[5]
tw 67[3]. 301[5]. 414[3]. 833[2]
tw- 296[1]. 301[5]. 369[5]. 654[4]
-tw- 320[1]. 327[6]. 369[5]
twe 601[1]. 608[2]
twebh- 335[1]
twēi- 694[5]
tw(e)is- 348[3]
twəwā̆ 558, 1
twoi dat. sg. 334[8]
twō(u)s 558, 1
twr̥ 301[5]

th 298[1]. 365[3]. 368[1]. 369[1]. 510[5],5
-the 2. pl. med. 671[1]
-thēs 2. sg. 669[6]. 762, 2
thj 368[4]

u 368[6]. 369[7]. 382[7]
u partic. 365[6.7.8]. II 576[4]
u- 304[7]
-u- suff. 462[2] ff.
ū 183, 1. 362[3]. 365[6.7.8]. 368[6]. 369[7]. 462[2]
-ū nom.-acc.-voc. du. 565[4]
-ū neut. pl. 581[2]
ū̆d II 517[4]
udén 517, 4
u: eu Ablaut 571[5]
-uə neut. pl. 581[2]
ug^{w}r- 298[6]
uk^{w}nos 258[1]
-ūm instr. 728[2]
úper II 518[2]
upéri (úperi) II 518[3]
uper(i) II 518[4]
upo II 522[6], 6
-ur- 590[1]
-us- suff. ptc. 540[1.2.3]
-usjo- suff. 540[3]
-us nom. sg. (gen. -ous) 473[3]
-ūs nom. sg. (gen. -uwos) 424[2]
usm- 601[1.2]
usme 601[3]

w 301[4]. 365[5]. 366[6.7]. 367[3]. 368[3]. 369[4]
w- 411[3]
wā 363[3]
we (= u̯e) '(gleich)wie' II 564[4]
wed- (: ud-) 548[3]
wedh- 'führen' 833[7]
wei nom. 601[2]
wei- 778[4]
weídwot- 540, 6
weḱs 590[5]
wek^{w}- 257[8]
welmi II 330, 2
wementi 682[5]
-wen infin. Ausg. 809[2]. II 358[5]
-wen- suff. 521[2.3] ff.
-wen-/ -un-Stämme 728[2]
we/od- 519, 3
-we/ont- suff. adj. 526[6], 8–528
-we/os suff. 528[4]
-we/os ptc. pf. act. 539[6], 7 ff.
-we/ot n. ptc. pf. act. 539[6], 7 ff.
werb- 314[4]
werg^{w}- 692[6]
wersja 475[6]
wes- 706[7]
-wésjə (gen. -usjā̆s) f. 474[6]
wesnu- 697[5]
weswes (?) 601[4]
widesō 790, 6
wj 367[1]
wlēi 676, 2
wl̥- 301[5]. 352[2]
wl̥k^{w}os 298[7]
-wn̥- suff. n. 521[4]
-wo-/-wā- suff. 462[2]. 465[6] f.
woida 680, 6
-wōm gen. pl. 572, 8
worsejō 285[8]
-wos gen. sg. 572[2]
wō̆sn- 225[6]
wōsnā 333[8]
wr- 309, 2. 314[3]
wrāĝh- 314[3]
wraisa- 314[3]
wreg^{w}- 692[6]
wrīp- 314[4]
wr̥- 314[3]

(z idg.) 306, 1. 368[2]
zg^{w}esn- 697[5]

B. INDOGERMANISCHE SPRACHEN

1. ALBANISCH

arbēr 135[5]

Beratĕs 57[4]
bierë 297[3]

dal' 714[5]
darkë 459[2]
dënt 307[6]
dorë 57[5]. 286[3]
dot II 566, 1
driϑ 352[4]

ðašë 56, 3
ðe 422, 2
ðjes 716[1]

emën 352[6]
ȇndëȓë 57[5]
épërë II 465[1]
erđa 702, 6

ḱań 714[4]
kë 294[1]
ḱint 49[4]
krua 190[1]

lid II 223[5]
liðem II 223[5]

mbi II 437[1]. 438[1]
mbuš 281[8]. 692[3]
më 594[3]
mos 56[6]. II 591[1], 4
motrë 345[4]
mušk 327[7]

ndoðem pass. 755, 2
ndoϑ 755, 2
ńë 588[2]
ńer 57[3]. 568[4]
nuk II 591[1]

pa 432[3]. II 444, 4
pa- II 444, 4. 591[1]
pas II 508[5]
për II 499[5]. 503, 1
pī 693[3]
pr̄ts 684, 5

rjep 704[5]
rjeϑ 67[1]
roða aor. 67[1]

s negat. II 591[1], 4
së II 591[1]

šḱipëtā́r 135[5]
šk(l)'ā 80[8]
šoš 320[4]

të II 319[4]
Todër 204[8]

ϑënë 810[4]

ü 183, 1
u-háp II 223[6]

verb 226, 1
verë 57[5]
vetë 68[4]. 614[1]
vjer 715, 8

2. ARISCH (INDO-IRANISCH)

a (aus a, e, o) 56[1.2]
a (aus m̥, n̥) 56[4]
a- privat. 431[4]
a- augm. 651[2]
ā- augm. 651[2]
ā praep., praev. II 491[6]
-ā- conj. 792[1]
abhí II 465[3], 9. 466[6]
-āi loc. sg. 572[4]
-āi infin. Ausg. 809[4]
am (aus m̥) 56[4]
an (aus n̥) 56[4]
an- 431[4]
-ānām gen. pl. 559[3]
ánīka- n. II 455, 5
antár II 455[1], 5
anya- 614[2]
apa- II 444, 4
ápa-i- II 445[1]
ápi II 465[2.3]
aryá- 434, 1
ava II 448[6]
-āyáti 3. sg. verb. 729[6]

*bhaudhatai 261[3]

ča 294[5]. II 573[2]
čakara 56[2]

*dans 547[8]
*didāti 686, 8

*-dhvam 670[5]
-dhy- 809[5]
-dhyāi infin. Ausg. 809[4]

gaya- 300[7]

ǰ(i)yā́ f. 300[6]

mā II 591[2–3], 7
*-madhi 670[2]
-mant- suff. adj. 528[4]
mātā́ 70[5]

*-naumi verba 691[1]

pari II 501[7]

-sa 2. sg. 669[5]
-sa- unredupl. Bild. 787[3], 6
-sa- verb. desid. 787[3]
*-sai 2. sg. 667[4]
-sam aor. 750[6], 4
stu- 679[4]
-sya- Verbalbild. 787[4]

śśāma nordar. 322, 1

-ta Verbaladj. II 119[4]
-tā- suff. 528[6]
*-tai 3. sg. 667[4]
-tara- suff. 534[2]
-tāt(i)- suff. 528[6]
-thā́ suff. 511, 2

-ustara- 534, 2

vā 'oder' II 564[3]
-vant- suff. adj. 526[6], 8. 527[3]

ya- 73[2]
*-yatai Passivbild. 714, 3

a. INDISCH

Nicht besonders bezeichnete Wörter usw. sind altindisch

a- 343[1]
á- negat. II 570[7]
a- privat. 56[5]
-a voc. sg. 555[1]
-a 1. 3. sg. pf. 662[3]
ā́ II 564, 4
-ā nom. sg. 583[1]
-ā loc. sg. 572[4]
-ā du. ved. 557[1]
-ā n. pl. 581[3]
abibhēt 777[1]
ábharadhvam 670[2]
ábharam 659[3]
ábharāmahi 670[1]
ábharan 664[3]
ábharanta 671[5]
ábharat 56[5]. 74[1]
ábharata 74[1]. 663[1]. 669[4]
ábharatam 666[5] f.
ábharatām 667[1]
ábharathās 669[6]
ábharāva 666, 10
ábharē 669, 8
ábharēthām 672, 10
ábhārṣam 753[4]
abhí 387[8]
abhi II 437, 0
-ābhis instr. pl. 559[6]
abhítas 631[3]. II 423, 2. 437[1]
abhrá- 277[2]. 291[5]. 333[4]
ā bhū- II 94[1]
ábhūma 743[2]
ábhūt 743[2]
abhutsmahi 842[5]
ábhūvam II 258[3]
abhy 245[4]
áčaiṣam 279[6]. 659[4]
áččha 550, 3. 630[1]
áčinvan 664[1]
āçír- II 161, 2
ā́çīrta- II 161, 2
ā́çiṣṭha- 538[1]
açīti- f. 590[5]
áçmā 339[7]. 381[1]
áçman- 293[3]. 522[3]
açnṓti 795[5]. II 258[1]
açnuván 664[1]
açnuvánti 663[5]
açnuvītá 795[5]
áçrēt 761, 6
áçri- 495[2]
áçrōt 3. sg. 664[1]
áçru 292[8]. 339[8]. 495[4]
āçú- 292[7]. 463[2]
āçús 380[7]
áçva- 301[7]
áçvapati- 499, 6
açvayúṣ 477[5]
áçvya- (-ia-) 312[8]. 466[2]
açyā́m 794, 2. 4
açyā́ma 794, 4
-ād/t ablat. sg. 548[2]
ā́da 766[4]
ádadhām 659[3]
ádām 741[1]. 794[4]
ádanam n. 805[5]
adāsyam II 350[2]
ádāt 722[6]
addhí imper. 713, 6
ádikṣi 754[7]. 842[5]
ádita 669[4]. 742[3]
áditi- 505[5]
ādityā́t II 96[8]
adithās 762, 3
ādivás- ptc. 766[4]
ádmi 678[4]. 780[5]
ádr̥çam 720, 2
ádr̥çan II 258[4]
adr̥çat 341[6]. 747[5]
áduhi 669, 8
ādúṣ- ptc. 766[4]
-advan- 521[4]
adyá 256[4]. 351[3]. 625, 2. II 282[4]
adyāt 794, 2
ádhām 741[1]. 763[1]. 794[4]
ádhāma 741[3]
ádhara- 480, 4
ádhāt 56[5]. 297[3]. 345[4]. 651[2]. 722[5]
ádhi ‘auf’ 627[4]
ádhita 741[3]. 742[3]
ádhithās 741[3]. 762[4]
ádhvanīt 361[7]
adhvaná- m. 725, 2
adhvaryántā ptc. du. 725, 2
-adhyai infin. Ausg. ved. 809[4]
ágām 742[4]
āgama- 651, 1
āgas 35, 1. 512[1]
agasmahi 755, 9
ágāt II 225[7]
ágata 742, 3
agnā́ loc. sg. 572[4]
ágnā́3i 478[2]
agnáu loc. sg. 547[4]. 572[4]
agní- II 30[2]
aghas aor. II 258[2]
ąh- 515[5]
ahám 293[6.7]. 604, 2. II 561, 2; sá – II 25, 6. 188[6]
aham Indras II 188, 5
áhan 746, 3
áhanī II 50[5]
áhar devā́nām āsīt II 124[2]
ą́has 515[5]
áhās 2. sg. aor. ved. 750[1]
ahāsata ved. 750[2]
áhata- 431, 7
áhi- 462[4]
āhnika- 497[5]
áiččhat 654[7]
āima ipf. 653, 12
-ais (-aiṣ) instr. pl. 556[4]. 624, 6
*aiti II 420[3]
āǰa 650[2]
áǰāgar 777[1]
áǰais 3. sg. ved. 750[1]
áǰaiṣam 751[5]
áǰaiṣma 1. pl. ved. 750[2]
ā́ǰam 654[7]
aǰánata 640[5]
áǰati II 258[4]
āǰí- 340[1]
áǰīǰanat 648[3]
aǰnāsam 756, 1
aǰnāsthās 762[4]
aǰnāta- 432[2]
áǰra- 481[4]
aǰríya- 381[6]
akāri II 224[6]
Akathukrēyasa m.-ind. 156[3]
ákrīṇan 664[1]
akṣáram 235[7]
akṣata 343[2]. 740[4]
ákṣathās 762, 3
ákṣi 326[2]. 518[2]
akṣī du. 381[1]. 565[4]
akṣipát 448[1]
ákṣiti (-tam) çrávas (-ḥ) ved. 42[4]. 57, 0. 821[5]
akṣṇ- [nicht *ak n-*] 317[4]
akhkhala 303, 1
álarti 647[5]. 749[2]
aḷi m.-ind. 462, 6
alokayati 432, 3
-ālu- suff. adj. 644[3]
-am pron. Ausg. n. pāli 610, 0
-am (-ám) absolutiv 626[6]
-am partic. II 587[3]
ām [s. ān] 361[7]
-ām acc. sg. 579[5]
-ām gen. pl. 382[2]. 548[6]
amā́ ‘daheim’ ved. 601[1]
āmā́d- 398[1]
ámąsta 3. sg. ved. 750[2]
ámatra- n. 324[3]
amba 558[6]
ambā nom. 558[6]
ámbē voc. 558[6]
amha m.-ind. 602[7]
āmīt 340[6]. 654[7]. 696, 7
Amitasa m.-ind. 156[2]
amitrayántam ved. 726, 8
ámīvā 309[6]
amlá- 277[4]

amma pāli 558[6]
āmra- II 30[4]
ámṛksam 754[7]
amṛ́ta- 277[3]. 344[2]
an- (aus n̥) 343[1.2]. II 570[7]
-an nom. sg. ptc. 566[5]
ān für idg. n̥ 361[7] [lies: ām ān]
ā(n) partic. II 509, 5
-ān acc. pl. 556[2]
ana- pron. 612[3]
aṇa- prākr. 432, 2
ānaça dēvḗṣu amṛtatvám II 169[5]
ānąça pf. 292[7]. 647[6]. II 258[1]
-ānām gen. pl. skr. 556[3]
anāgás- 512[1]
anaikṣīt 754[7]
ánaiṣṭa 2. pl. ved. 750[2]
ānait 744, 8
anala- 503, 2
ánapihitas 378[6]
ándhas- 297[4]. 339[8]. 512[1]
andhati pāli 213[5]
anga- n. 591, 7
-āni 1. sg. conj. 661, 3
-ānī- suff. f. 479[3]
ánīka- 426, 4
ánila- 339[7]. 340[6]. 362[1]. 493[6]
ániti 340[5]. II 173[5]
áŋkas 292[3]. 512[1]
ankuçá- 379[2]
ankura- 485[2]
ánta- II 442[1]
-antām 3. pl. imper. med. 803[5]
antár 533[5]. 631[1]
ántara- 533[5]
*antás 630, 2
ánti 387[8]. II 441[6]
-anti 3. pl. 663, 7
antidevá- ved. II 442[4]
ántigṛha- II 443[5]
Antikona m.-ind. 156[1]
Antiyōka m.-ind. 156[2]
ántyūti- ved. II 442[2]
ánu II 444[1]
anuçatí 525[4]
anudrá- 381[5]. 432[2]
ánvavēdam 777[1]. 778[4]
anya- II 99[1]
ányad 609[5]
anyatra 326[7]
anyō'nya- 446, 8
anyō'nyaiḥ 446, 8
anyō'nyam 446, 8
anyō'nyasya 446, 8
ā́p- II 30[2]
āp- II 481, 4
ápa 291[2]. 381[2]. 387[8]. II 444[1]
ápa aǰ- II 445[1]
ápa as- II 444[6]
apabhaya- 436[7]
ápačiti- 435[1]. 505[2]
ápačitis 43[2]. 378[6]. 421[3]
ápa čyu- II 445[1]
apadhā́ f. 722[5]
ápa dhā- II 445[1]
apagalbha- skr. II 444[5]
apahata 740, 4
ápa hate II 231[6]
ápa-i- II 445[1]
ápāiti II 420[3]
apa kṣi-II 445[5]
Apaladatasa m.-ind. 156[2]
apanyāka II 444[3]
apaptat aor. 358, 3
ápara- 595[4]
ápas- n. 718[1]. 724, 1
apás- 724, 1
ápa sthā- II 445[1]
apasyā́t ved. 724, 1
apasyáti 718[1]
ápatam II 200[6]
ápatat 640[5]
apavaktā́ II 445, 1
Apelāe[s]sa 195[6]
ápi 381[2]. 387[8]. II 467, 1
ápi dhā- II 466[1]
ápi gam- II 466[1]
ápihita- 435[1]
ápi i- II 466[2]
api-ǰá- II 466[2]
apīpatat [so] 648[3]
ápnas 513[1]
āpnōti II 465, 8
āpōklima- m.-ind. 156[4]
áprās 3. sg. 755[6]
áprāt 689[3]
ápsv ántar 387[6]
Apulaphanasa m.-ind. 156[2]
ā́ra 766[4]
ā́raik 3. sg. 655, 1. 755[5]
arātiyáti 727, 6
arautsam 751[7]
árbhaká- 496[1]
ari- 434, 1
áričam 651[3]
áričat 56[5]. 358, 4
arigūrtá- 434, 1
ariṣṭutá- [so] 434, 1
aritā́ 379[6]
arīta 794, 2
aritár- 500[1]
arítram 493, 2
árǰuna- 293[1]. 339[7]. 491[5]
árǰunyōs gen. du. f. II 174, 2
Arkhēbiyasa m.-ind. 156[3]
arpáyati 648[4]
arpipat 648[4]
ārta 740[5]
arutsi 'ich hemmte' 751[6]
as- II 233, 1
-as voc. 579[2]
-ąs nom. sg. ptc. 566[5]
ās ved. 81[7]. 406[4]. 409[1]. 659[4]. 677[2]
-ās nom. sg. 579[2.5]
-ās nom. pl. 556[2]. 559[1.6]
-ās acc. pl. 559[2]
-ąs acc. pl. 556[2]
ą́sa- 279[5]
ā́sa 650[2]. 677[2]. II 258[3], 3
āsádē 515[5]
-asam acc. sg. 579[2]
-asām gen. pl. 579[2]
ā́sam 343[4]. 651[2]. 659[4]. 677[2]. II 258, 3
asambhramat 656[3]
āsan 3. pl. 663[5]. 677[2]
āsāná- 680, 1
ásāni 661[5]. II 310[5]
ásanvan 699, 1
ą́sas 381[1]
-asas gen. sg. 579[2]
-asas nom. acc. pl. 579[2]
asas(i) 677[3]
ā́sata 671[3]
ā́satē 671[3]. 679[5]
ásat(i) conj. 677[3]. 780[3]
asáu 613[1]
ą́sau II 47[3]
-asē dat. sg. 579[2]
-asē infin. 658, 2
ási 659[5]. 677[1]
-asi loc. sg. 579[2]
Asiknī f. II 33[2]
ásita- 307[5]
ā́sitha 2. sg. 677[2]. 766[2]
áskṛdhōyu- 351[8]
asm- 'wir' 600[2.5]
ā́sma 1. pl. 282[4]. 333[8]. 677[2]
asmábhyam dat. 604[3]
asmad- 604[1]
asmadíya- 604[1]
ásmai 610[1]
asmā́n acc. 281[8]. 601[2]
asmā́su 604[3]
asmátsakhi- 604[1]
asmḗ 604[3]
ásmi 281[7]. 659[3]. 677[1]. II 258[3]
ásmin loc. 605[3]
Āsphuǰit m.-ind. 156[5]
ásṛk 408[8]. 517[3]
-assa gen. sg. m.-ind. 555[4]
-as(s)u loc. pl. 579[2]. 580, 2
ā́sta 2. pl. 677[2]
ā́stam 666[5]. 677[2]
ā́stām 666[5]. 677[2]
-astara- 535[3]
ástariṣam 752[5]
ā́stē 346[5]. 668[1]. 669[2]. 679[5]
ásti 389[6]. 659[3]. 677[1]. II 272[7]
ásti sma II 569[3]
ástōṣi II 282[4]
ástōṣṭa 679, 5
ást ta- s.-stṛta-
ásthām 659[3]. 742[3]
ásthās 742[3]
ásthāt 640[4], 742[3]
asthāta 2. pl. 742[3]
asthi 298[3]. 425[3]. 518[2]
ásthi aor. med. ved. 762[2]
ásthidhvam ved. 762[2]

ásthimahi ved. 762[2]
ásthiṣata 751, 5
ásthita 3. sg. med. 742[3]. 762[2]
ásthithās ved. 762[2]
asthnás gen. sg. 497[1]
ásu- 613[7]
-āsu loc. pl. 559[4]
ásya- 555, 3
-asya gen. sg. m. 555[4], 3
aṣṭā́ ved. 590[5]
aṣṭáu 292[8]. 380[8]
-at pron. n. skt. 610, 0
-ata 2. pl. imper. 799, 3
-atām 3. sg. imper. 803[5]
atānīt II 283[1]
atanvata 671[6]
atą̄sam 751[5]
átata aor. 672, 1
átathās 762, 3
áti 291[2]. 381[2]. II 421[3]. 564[1.2]
ātí- 361[6]. 381[7]
ātī́ 474[2]
áti dā- II 564[2]
Atimakhasa m.-ind. 156[3]
atimātrám 436[7]. II 87[5]
atka- 839[4]
ātmán- m. 606[7]. II 192, 1
átnata 3. pl. aor. 672, 1
Atrimitorasa m.-ind. 156[2]
ātta- 435, 2
áttavē ved. 810[7]; naitád – II 366, 2
átti 20[3]. II 226[1]. 258[2]
ā́ tū́ na(s) II 424[2]
átviṣas [so] 348[3]
-au loc. sg. 572[4]
-au nom. etc. du. 557[1]
-āu loc. sg. 572[4]
áunat 654[7]
ava 434, 3
ava- II 560, 1
ávāksam 751[5]
āvā́m 601[3]
āvar ‘umschloß’ 740, 5
-avas nom. pl. 571[4.6]
avasānē 395[6]
-avē dat. sg. 572[1]
avēdiṣam 778[6], 8
-avi loc. sg. 572, 2
ávī 565[4]
ávidam 659[4]
ávidat aor. 747[3]. II 258[2]
ávim 573[6]
ávis ved. 381[1]. 573[6]
āvís 631[3]
ávōčat 257[8]
ā́vṛṇak 653[3]
ávyas 573[6]
avyáya- 381[6]
-aya- suff. 468[1]
ayā́ II 557, 1
-āya 348[8]
-āyai 348[8]
ayám 613[3]. II 587[3]
ā́yam 652[4]. 659[4]. 674, 3
-ayas nom. pl. 571[4.6]
áyās 791, 2
ayāsiṣam 753[1]. 799[1]
áyāt 791, 2
ā́yat 659[4]. 674[3]
-ayáti verba 721, 8
-āyáti verba 718[2]
ayaukṣam 754[7]
-ayē dat. sg. 572[1]
-ayos du. 557[3]
áyugdhvam 762[2]
áyuǰata 762[2]
áyuǰi 1. sg. aor. med. 754[7]. 760[3]. 762[2]
áyuǰmahi 762[2]
áyukta 751[3]. 762[2]
áyukthās 762[2]
āyuṣ 347[7]. 514[4]. 521[3]
ayúta- n. 593[6]

babhāra II 258[1]
bábhasti 328[8]
babhau ep. 770, 7
babhū́va 648[5]. II 258[3]
babhūvúṣī 541, 4
bahís adv. 620[4]
bahú- 261[4]. 463[1]
bāhú- 463[3]
bahulá- 485[2]
bahuvrīhi(ḥ) (term.) 428, 3. 429[3]. 454[3.4.5]
bála- 291[3]
bálam II 192, 1
balbalākarōti 291[3]. 340[1]
bálbalīti 646[3]
barbara- 291[3]
barībharti 648[2]
bíbharmi 689[6]
bibhṛthás 689[6]
bibhṛyā́t 793[5]
bṓdhatē 261[3]
bṓdhati 683[5]
brahmāṇas 156, 2
brahmaṇyánt- 343[3]
brávā 661[5]
brávas 793[3]
brávat 793[3]
brávīmi 277[5]
brávīṣi 793[3]
brávīti 793[3]
bṛ́han 565[6]
bṛhatī́m 473[3]
bruvḗ 667[5]
bubudhḗ 669[3]. 770[1]
buddhá- 306[2.7]. 325[3]
buddhás II 242[1]
buddhi- 504[5]
budhánta- aor. 683[5]
*budhta- 325[3]

-bhá- suff. 381[7]
bhā 495[6]
bhagatti- 357[6]. 523, 3
bhakṣīmahi opt. 797[3]
Bhānula- 485[3]
bhára imper. 799[1]
-bhara- ‘tragend’ 338[7]
bhārá- 358, 9
bháradhvē 670[2]
bháradhyai ved. 809[4]
bhárāmahē 670[1]
bhárāmi 297[3]. 338[7]. 390[6]. 643[3]. 660[4]. II 230[4]
bhárant- 525[3.5]
bhárantām 3. pl. imper. med. 802, 4
bhárantē 671[4]
bháranti 270[4]
bháranti neut. 340[5]. 581[1]
bhárasē 668[2]
bhárat n. 521[1]. 580[6]
bhárāt 661[6]
bharatá- 502, 2
bhárata imper. 799[5]
bháratam imper. 799[5]
bharatas 667[1]
bháratē 669[3]
bhárati 358, 9. 683[5]
bhárāti 661[7]
bháratha 663[1]
bhárathas 667[1]
*bharayam 660[2]
bhárē 667[5]. II 230[4]
bhárēs 660[1.2]. 796[1]
bhárēt 796[1]
bhárēta 663[1]. 669[4]
bharēthās 669[6]
bhárēyam 25[3]. 660[2], 4
bharibharti 354[3]
bháribhrati 648[2]
bharítram 532[1]
bhárta 678[4]
bhas- 328[8]. II 491[4]
bhásma 328[8]
bhástrā 329[2]
bhaviṣyā́mi II 258[3]
bhávitum 806, 5
bhid- II 92, 1
bhinná- 489[2]. 810[4]
-bhiṣ instr. pl. 297[3]. 546[6]. 551[2]
bhīṣā 515[6]
bhiṣáǰ- 722[7]
bhiṣákti 722[7]
bhīta-bhīta- 423, 5
bhōs 547[4]. II 16[4]
bhrā́tā 49[3]. 297[3]. 380[7]. 568[5]
bhrātram 532[5]
bhrātur 568[5]
bhṛtam 358, 9
bhrūṣ 350[7]. 570[6]
bhrūṣú loc. pl. 570[5]
bhruvás gen. sg. 570[6]
bhrúvas acc. pl. 571[2]
bhū- 787, 6
*bhuddhá- 307[2]
bhū́ri 580[6]

bhūṣáni 809[3]
bhūṣati 787, 6
bhūtakaraṇa- n. 651, 1
bhūtí- [so] 505[2]
bhūyā́s ved. 794, 4. 795[5]
bhūyāt 795[5]
-bhyas 546[6]. 548[7]. II 448[2]

ča 388[3]. II 63[3]. 555[2]. 573[2]; ča – ča II 573[4]; sá ča 629, 10. II 648, 2
čakara 56[2]
čakā́ra 647[7]
čakrá- 296[2]
čakṣuṣ 516[3]
čaná 299[4]. 615[2]
čandana 156[6]
čandra- 343[6]
čandragupta- 156[6]
čaramá- 295[1]
čárati 295[1]. II 229[1]
čaṣṭana 156[6]
čatur 597, 10
čatur- 440[1]
čatúras acc. 590[2]
čaturthá- 337[5]
čátuṣpad- 381[5]
čatvā́ras 319[7]. 590[2]
čatvā́ri n. 581[1]. 592[2]
čatvāriçát- 592[2]
čáyati 295[4]
-ččh- praesensbild. 707[1]
čēṣyáti 782[5]
čḗti 726, 7
čid 299[2]. 550, 8. 581, 3. 616[5]. 624[1]. II 387[6]. 569[1]; sṓ čid ved. 611[4]
činṓti 295[4]. 697[2]
činvánti 663[5]
činvati 697[2]
čit- 675, 2
čyávatē 319[4]. 720[2]
čyāváyati 720[2]

čhāyā́ 359[7]
čhid- 298[1]
čhidhyátē 714, 3
čhinádmi 692[5]
čhindánti 692[5]
čhitti- 505[1]

çaçá- 302[7]
çaknuvánt- 525[4]
çákr̥t 295[4]. 481[2]
çamnītē 292[7]. 693[3]
çaṅkha- [so] 298[1]
çasyátē kavíbhiḥ II 165, 2
çatádvasu- 593, 4
çatagu- 301[6]. 357[4]. 577[5]
çatám 49[3]. 56[4]. 380[8]; – purā́m ved. 592[4]
çatámūti- 593, 4
çatápad- ved. 593, 4
çatā́çri- ved. 593, 4
çatṓti- 593, 4
çayádhyai ved. 809[4]
çayālu- 484[4]
çáyē ved. 667[5]. 679[1]; çáyantē 679, 4
çētē klass. 292[7]. 679[1]
çiçriyḗ 649[1]. 770[1]
çik- 352[5]
çiras- 292[7]; çíras 361[4]. 514[4]. 583[6]
çīrṣán- 361[4]. 362[4]. 363[1]; çīrṣṇás gen. sg. 583[6]
çṓbhiṣṭhāḥ çubhā́ 550[1]. II 166[5]
çraddhā- II 57, 1; -ḗ 809[5]
çrātá- II 161, 2
çrāti 689[1]
çrávas- 292[6]. 512[1]; ákṣiti -ḥ 42[4]. 57, 0; máhi -s ved. 57, 0
çravasyā 469[4]
*çraviṣyāmi [so] 360[6]
çrayati 841[8]
çrāyati 689[1]
çrḗyān 526[2]
çri- II 156, 0
çrīṇāti 689[1]
çritá- 292[8]
çroṣ- 360[6]
çrṓtā ved. 800, 6
çrudhí 800, 6
çrutá- 292[6]
çrutā 800, 6
çrutás 380[8]. II 241[8]
çruvam 740[8]
çúā nom. sg. 568[5]
çubhā́ çṓbhiṣṭhās 550[1]. II 166[5]
çúčī 565[4]
çunám 692[3]
çúnas gen. sg. 343[5]. 350[3]. 568[5]
çúnas [so] acc. pl. 552, 3. 568[5]
çū́ra- 292[7]. 481[5]. 512[6]
çuṣ- 504, 5
çuṣka- 347[7]
çvā 350[3]. 568[5]; çvan voc. sg. 309[2]. 408[6]; çvā́nam acc. sg. 350[3]. 568[5]; çúnas gen. sg. 343[5]. 350[3]. 568[5]; acc. pl. 552, 3. 568[5]
çvaçrū́- 381[4]; -ūṣ klass. 570[6]; -çrúas gen. sg. 570[6]
çváçura- 293[5]. 381[4]
çvātrá- 301[8]
çvā́trya- 709[2]
çváyati 709[2]
çviti- 447[5]
çvítna- 302[1]
çvitrá- 447[5]
çyēná- 325[6]; -ás 56[6]

dabhnōti 333[4]
dáça 591[3]
daçamá- 504[1]. 595[7]
daçasyáti 697[3]
daçát- 496[5]. 498, 13. 597[1]
dāçati 741, 8
dāçnṓti 697[3]
dāçvás- ptc. 697[3]
dadā́ça 775[5]
dádāmi [nicht dadā́mi] 357[6]. 686, 8. 794[5]. II 226[5]
dadárça 390[5]. 647[7], 1. 769[4]. II 258[4]
dádāsi 20[3]. 659[6]
dádat- 525[4]
dádāti 270[4]. 722[6]
dádāti [nicht dadā́ti] 648[5]
dadáu 770[2]. 775[5,6]
dadḗ 667[5]. 669[3]. 770[2]
dadiṣḗ pf. 668[5]
dadmás 359[3]. 794[5]
dadr̥çúr 3. pl. 769[4]
dadrē 769[5]
daduṣī 770, 3
dadyā́m 794[5]
dádhāmi [so] 390[2]. 686, 8 794[5]. 835[7]
dādhā́ra 648[1]
dādharti 648[1]
dadhasē 793[3]
dádhat- 525[4]
dádhatē 671[7] f.
dádhati 664[2]. 722[5]
dadhā́ti 648[5]. 793[2]
dadháu 770[2]. 775[6]
dadhḗ 770[2]
dádhīta 669[4]
dadhmás 359[3]. 794[5]
dadhyā́m 794[5]
dadhyā́t 793[5]
dagdha- [so] 307[2]
dáhati 307[3]
Dakk'ina- m.ind. 204[6]
dakṣat- 750[4]
dákṣiṇa- 291[2]. 618, 4
dakṣiṇā́ 618, 4
dakṣiṇāhi 624, 7
Dakṣiṇāpatha- 291[2]
dakṣiṇas II 175[5]
dā́manas gen. infin. 808[6]
dā́manē ved. 56[7]. 808[6]
dámas 381[1]
damáyant- ved. 718[1]
dambhá- 333[4]
dámē-damē II 39[4]
damitár- 340[5]
dámpati- 291[1]
dā́myati 361[7]
daṇḍá- m. 43[4]
dántam acc. sg. 566, 5
darçatá- 502[3]
dárṣi 'sieh' ved. 803[8]
dāru 381[1]. 463[4]
dąsas- 286[7]. 307[7]. 512[1]
dā́[s] astu 722[5]
dāsatha conj. 787[4]
dasrá- 447[6]

dāsyāmi 787[3]. 788, 0. II 350[2]
dāsyant- 525[3]
dāsyati 676[3]
dāta- 357[6]
dā́tā 381[1]; – vásu ved. 57, 0. II 121, 3
dātā́ 380[7]. 530[1]. II 384, 3
dātā́ 'dabit' 811[7]
dātāsmi II 384, 3
datás gen. sg. 566, 5
-dāti- f. 'Gabe' 357[6]. 722[5]
dā́ti conj. ved. 793[2]
dātivāra- 445[1]
datsē praes. 668[5]
dattá 357[6]
dattāt 794[5]. 801[3]
datti- 357[6]
dav- 359[7]
dāvánē [so] ved. 25[2]. 56[7]. 808[7]
daviṣṭhá- ved. 538[1]
dávīyas- 595[4]
dēkṣyāmi 787[4]
dēva- 156[4]
dēvā́ 266[2]
dēvā́m gen. pl. 408[6]
dēvā́ñ ǰánma ved. 556[3]
dēvár- 347[5]
dēvás m. 718[1]. II 59, 3
dēvā́s 79[7]
dēvatas 520[7]. II 55[7]
dēvátta- 357[6]
dēvayáǰya- 381[2]
dēvayánt- 718[1]
dēvḗna 615[2]
dēvi voc. sg. 558[5.6]
dēvī́ 473[2]. 553[5]. 558[3.6]. 576, 7
Dēvila- m. II 36[6]
dēvī́ṣ 573[3]
dēvitamā 536[2]
dēvyas klass. ai. 573[3]
dēyām opt. 794[4]
dī 363[4]
diç- 292[7]
diçā f. 459[7]
didvēṣa 649[1]
diná- 676[3]
dīnāra- m.-ind. 156[4]
dinna- pāli 686, 8
dīrghá- 278[3]. 297[4]. 360[7]
Div- 358, 7
dívam acc. 576[6]
divás gen. sg. 576[5]
Divás gen. sg. 346[3]
Divḗ 576[6]
diviǰā- 445[6]
div(i)yá- 576, 7
divōǰā́- 445[6]
divyá- 472[1]
diyā́m acc. sg. 576[5]
dī́yati 681, 2
d(i)yáuṣ m. f. ved. 576[5]
Diyunisiyasa m.-ind. 156[2]
dṓdhat- 703[2]
dōṣa- 432, 6
drāghiṣṭha- 539[1]
drāghmā́ 360[7]
drákṣyati 716, 2
drāntu imper. 664[5]
drā́ti 742[6]
dravya- 463, 6
dṛç- 292[7]
dṛṣád- 285[8]. 507[7]
dṛṣṭá- 502[3]
dṛ́ti- 342[5]. 505[3]
drumá- 494[4]
duçčikya- m.-ind. 156[5]. 827[6]
dudāva 770[2]
duḥ- 432[4]
duhā́m 3. sg. imper. med. ved. 803[5]
duhḗ 667[5]
duhitā́ 293[6]. 381[7]. 568[1]
dúhitar voc. sg. 568[1]
duhitár- 340[5]
duhīyán 663[5]
duḥstha- 398[7]
dūná- 359[7]
dūrá- 482[5]. 595[4]
durmanas 580[6]. II 63, 4
durmanā́s klass. 380[7]. 513[2]
durmanásam acc. sg. 381[3]
dū́rvā 362[4]
duvā́ m. f. ved. 589[1]
d(u)váyōs 589[1]
duvḗ 589[1]
duve m.-ind. 589, 0
dvā́ 581[1]
dvā́daça 301[5]. 381[1]. 445[7]. 594[1]
dvā́rā du. II 44, 5
dvā́ras nom. pl. II 44, 5
dvayá- 589[2]
dvayás 380[8]
dváyōs du. 557[2]
dvayyái dat. f. 348[4]. 589[2]
dvi- 589[2]
dviçás 630[3]
dviçatám n. klass. 593[2]
dvidhā 598, 5. 627, 4
dvidhā́ klass. 598, 5
dvídhā 598, 5
dviká- 598[4]
dvipā́d-, dvípād- 381[5]
dviṣ 301[5]. 350[1]. 597[6]
dyaam acc. sg. ved. 576[5]
dyā́m acc. sg. 576[5]
Dyām 200[7]. 346[3]
dyánti 3. pl. 676[2]
dyáti 676[2]
dyáuṣ (dyáuš) 576[5]; Dyáuṣ 279[6]. 330[2]. 346[3]. 358, 7; Dyáuṣ pitā́ 58[3]. II 8[3]. 615[2]; Dyauš pitar voc. II 615[2]
dyā́vā II 50[6]
dyávi loc. sg. ved. 576[6]
dyu- 445[6]
dyuṣu 424[1]
dyūtá- 335[1]

dhā- 364[5]
-dhā nom. 425[3.4]. 598, 7. 627, 4
-dhā instr. 627, 4
*dhághati 307[3]
*dhainú- f. 346[3]
dhāka- 58[2]. 496[4]. 741, 8
dhákṣat- 525[3]. 750[4]
dhā́ma 523[2]
dhāmnī 565[4]
dhárṣati 284[8]
dhārú- 495[4]
dhās 800[2]
dhāsatha conj. aor. 782[4]. 787[4]
dhāsyati 782[4]
dhāti 793[2]
dhātrī 346[3]
dhatta imper. 799[5]
dhattāt 794[5]. 801[3]
dhavatē 685[6]
-dhē dat. sg. 809[5], 2
dhēnú 346[3]
dhēyām opt. 794[4]
-dhi 2. sg. imper. 800[3.4.5]
dhīṣ f. 570[6]
dhíṣṇya- 570, 2
dhītá- 346[3]
dhiyádhyai ved. 809[4]
dhíyam acc. sg. 571[2]
dhiyás gen. sg. 570[6]
-dhra- suff. 533[2]
dhṛṣánt- 462[6]
dhṛṣṇú 284[8]. 607, 2. 831[8]
dhūmas, pl. -ās II 43[3]
dhū́nṓti 696[2]
dhūti- 504[4]
dhvāntá- 361[7]
-dhvam 2. pl. 301[6]. 670[1], 6
-dhvē 2. pl. 301[6]. 670[1]
dhyāman- 322[4]

-ē voc. sg. 558[6]. 572[2]. 583[1]
-ē nom. acc. du. f. 554, 1. 557[5]
-ē du. neut. 557[1]
-ē verb. Ausg. 658[3]. 667[5], 6
-ē- opt. 793[6]
ḗdhas 380[8]. 512[1]
ēdhas- 347[6]
ēdhatē 533, 5
ēdhi 351[3]
ḗhi II 583, 2
ḗka- 588[4.5]. 614[3]
ēkatara- 614[3]
ḗmas 381[1]
ḗmi 643[3]. 659[3]. 674[1]
-ēṣ gen. sg. 571[4]. 572[1]
-ēṣām gen. pl. 384[4]
ēṣi 659[3]
ḗṣi 674[1]
-ēṣu loc. pl. 556[3]
ḗti 659[3]. 674[1]
ēvá II 558, 1

ḗva- 609, 5
ēvám II 558, 1
Ē(v)ukratidasa, -tasa m.-ind. 156[2]. 197[5]

gáčcha imper. 799[1]
gačchatāt 801[4]
gáčchati 707[3]. II 225[7]; vanāya – II 140[2]
gāhi 800[4]
galati 295[2]
gām 200[7]. 346[3]
gam- 295[5]
gamēt 796[1]
gamyā́t 343[2]
gámyatē II 225[8]
gaṇaçás 630[3]
Gandharvá- 267[3]
Gaṅgā f. II 33[2]
garīyas- 538, 12
gās 577[3]
gatá- 343[2]
gataǰvara- 428, 1
gáti- 343[2]
gātuyáti 727, 6
gā́thā f. 511, 2
gauṣ 279[6]. 295[5]. 346[3]. 577[3]
gáuṣu s. góṣu
gā́vā du. 577[3]
gávām gen. pl. 777[3]
gā́vas acc. pl. 577[3]
gavatē 683[2]
gavē dat. sg. 577[3]
gávi loc. sg. 577[3]
gaviṣá- 528, 8
gáv(i)ya- 577[5]
gaya- m. 300[7]
giráti 295[2]
girí- 461[3]
girikṣit- 451[6]
gīrṇá- 360[7]. 361[2]
glaus m. 577, 11
gnā f. 343[3]. 582[7]
gōṣ 577[3]
gṓṣu [so] 577[3]
grāma- 292[5]
grásati 339[8]. 800[4]
gṛbhāyā́mi 695[6]
gṛbhṇā́mi 695[6]
gṛbhṇā́s conj. ved. 792[4], 7
gṛhṇīyā́t 795[4]
grīṣmá- 511, 4
grīvā́ 295[5]
guṇa- 355[2]
gurú- 295[5]. 342[4]. 463[1]
gurús 380[7]
gurvī́ 474[1]
guṣpitá- 302[3]

gha II 561, 2. 5; sá – II 561[2], 5
-ghan- 297[6]
gharmá- 297[7]. 492, 9
ghas- 'verzehren' 329[5]
ghnánti 52[2]
ghrā f. 645, 0
ghrāti 645, 0

-ḥ (visarga) 410[5]
ha II 561, 2
hádāmi II 226[2]
hadati 716[1]
haha 303, 1
hánmi 746, 3
hánti 3. pl. 52[2]
hántu- 'Schlagen' 811[1]
hantva- 811[1]
hánu- 293[6,7]. 463[5]. II 33[5]
hánus 381[1]
hanyāt 794, 2
háras 511[7]
háras- 297[7]
hariǰa- m.-ind. 156[4]
-háryati 714[4]
hąsá- 286[7]. 297[5]
ha sma II 569[3]
hatyā́ 468[6]
Hēliyukrēyasa m.-ind. 156[2]
hēmán loc. 358, 5
hēmantá- 358, 5. 521[1]
hēmatas 520[7]
Hērmayasa m.-ind. 156[1]
hí 624[4]. II 561, 2. 592, 8
-hi 2. sg. imper. 800[3.4.5]
hibuka- m.-ind. 156[4]
hí kam II 568[6]
himá- 297[5]. 358, 5
hímā 358, 5
Himālaya- 297[5]. 358, 5
Hipastratasa m.-ind. 156[3]
hirā́ 508[7]
hiraṇyáya- 468[1]
hṓma 523[2]
hōrā m.-ind. 156[4]
hōtum ēti II 362[4]
hrasvá- 538[10]
hṛ́daya- 518[2]
hruṇāti 694[6]
hrutá- 834[5]
hváratē 694[6]
hyás 325[6]

i- II 233, 1
-i (aus idg. -ə) 558[6]
-i nom. voc. sg. 559[8]. 560[1]
-i Verbalend. 1. sg. med. 658[3]. 669, 8
-ī du. 565[4]
-ī pl. neut. 581[2]
-ī- opt. med. 793, 4
-ībhiṣ instr. pl. 559[6]
iččhā́ 541[6]
iččhati 654[7]
id II 554, 2
iddhá- 347[7]
idha prākr. 628[5]
iha 627, 4
ihá 628[5]
īhatē 350[4]
ihí 350[1]. 390[6]. 674[3]. 800[4]
ī́kṣatē 648[3]. II 232, 3
-im acc. sg. 571[6]
-ima- suff. 495[1]
imám acc. sg. 613[3]
imás 390[6]. 643[3]. 674[1]
-in loc. pron. 605[4]
-īn acc. pl. 571[6]
Indrāṇī́ 475, 7. 479[4]
inṓti 696, 9
irasyā́ 732[2]
īrṇá- 363[1]
-iṣ nom. sg. 571[4.6]
-īṣ nom. pl. 559[6]
īṣā́ 348[3]
iṣanyánt- ptc. 700[5]
iṣanyáti 528, 8. 700[5]
iṣirá- 219[5]. 282[3]. 482[3]. 823[4]
iṣmá- 282[8]
-iṣṭha- superl. 298[3]. 456[6]
-iṣṭhas superl. 537[3]
íṣu- 282[1]. 472[5]
-iṣu loc. pl. 571[6]
iṣya- 282[8]
-iṣyā- 787[3]
itá 2. pl. imper. 799[5]
-ita- (-ayáti) 721, 8
iti II 554, 2
ithá 674[1]
iva 'wie' 588[3]. II 564[4]. 566, 3. 671[5]
íyarti 648[3]
-īyas- compar. 534[2]. 537[2]
iyā́t opt. 674[3]
iyāya 766[2]

ǰabhāra II 258[1]
ǰagā́ma 647[7]
ǰaganvā́n 541, 3
ǰāgā́ra 648[2]
ǰāgarti 648[2]
ǰagmúṣi 541, 3
ǰaghána- m. 381[1]
ǰaghā́na 297[6]
ǰaghnant- 748[5]
ǰaghnē 769[5]
ǰáhāti 688[6]
ǰahī́ ved. 354[3]
*ǰaǰána 765, 1
ǰaǰā́na 390[2]. 769[2]
ǰaǰnúr 769[2]
ǰámbha(s) 71[3]. 381[1]
ǰāmitra- m.-ind. 152[2]. 156[5]
ǰamunā m.-ind. 156[5]
ǰána- 359[2]. 458[6]
ǰánanti 690[2]
ǰánas 339[2]. 380[8]
ǰánas- 292[8]
ǰánasām 378[6]
ǰánasas 14[6]
ǰánatē 640[5]
ǰánati II 93[8]
ǰānā́ti 707[3], 3

ǰáni- f. II 35[6]
ǰanitár- 340[6]
ǰánitrī 381[7]
ǰā́nu- 293[1]. 358, 14. 359[2]. 381[1]. 463[4]
ǰā́nunōṣ gen. du. 520[6]
ǰaraṇás [so] 56[6]
ǰárant- 525[7]
ǰarás- 514[5], 7
ǰárati 514[5], 7. 525[7]
ǰarbhurīti 647[3], 4
ǰātyà (= -ía-) 381[6]
ǰaṭháram 532[4]
ǰā́yatē II 93[8]
ǰigātam 2. du. 689[8]
ǰigāti 689[8]. II 225[7]
ǰighrati 297[7]. 645, 0
ǰihmá- 302[7]. 340[6]
ǰinā́ti 181, 2. 300[7]
ǰinṓti 697, 2
ǰiṣē 'zu siegen' ved. 804[1]
ǰituma m.-ind. 156[5]. 208[3]
ǰīvá- 346[3]. 722[7]
ǰī́vāmi [so] 722[7]
ǰīvati II 226[4]
ǰ(i)yā́ f. ved. 300[6]
ǰnāsyati 781[7]
ǰnātá- 292[6]
ǰnēyā́s 390[2,5]. 795[2]
ǰnubā́dh- 438[1]
ǰṓguvē 683[2]
ǰuhṓmi 390[2]. 745[5]
ǰuhvḗ 770[1]
ǰūka- m.-ind. 156[4]
ǰuṣ- II 103[4]
ǰuṣátē II 234[2]
ǰyā 300[7]. 425[3,4]. II 32, 4
ǰyātu- 298[6]
ǰyau- m.-ind. 156[4]
ǰyāvāǰa- 438[3]

ǰhoilasa m.-ind. 156[3]

ka- 294[1]
kā́ f. 617[1]
káç ča II 213, 2. 573, 4
kaçčid II 575[1]
kád 54[2]. 610[1]
kadā́ 629[4]
kaīsarasa m.-ind. 156[2]
kā́láyati 292[3]
kalya- 323[1]
kalyā́ṇa- 323[1]. 447, 6
kám 619[6]. II 140[2]. 568[6], 6; nú kam II 568[6]. 571[3]
kā́ni kā́ni čit dā́rūṇi 617[1]
kanyā 471[5]
káraṇam n. 'Tat' 805[5]
kárhi 624, 7
kariṣyāmi 787[3]
karkaṭa- 292[3]
kárman loc. 408[6]
karnā 'tun' hindī 805[5]
kárta imper. aor. 799[5]
kārú- 346[5]. 496[4]
kārya- 273[5]
kás 615[5]. 617[1]. II 212, 5
kásmai 610[7]. 616[2]
kásmin loc. 605[3-4]
kastūri m.-ind. 156[4]
katará- 381[2]. 533[1]. 616[6]
katarát ved. 610, 0
káti 612[6]
kava- 621, 10
káya- 609, 5
kendra- m.-ind. 156[5]. 210[4]
kera- prākr. 273[5]
kḗta- 302[3]
kēvaṭa- 520[1]
kīṭa- 571[1]
krátu- 292[4]. 342[5]
kravíṣ 340[5]. 514[4], 6. 580[6]
kravíṣ- 292[2]. 314[4]
krī 363[4]
krīṇā́mi 295[4]. 362[6]. 744[1]
krīṇánti 663[5]
krītá- 743[5]
krūrá- 482, 2. 514, 6
kr̥ṇṓti 801[3]
kr̥ṇutāt imper. 801[3]
kŕ̥ṣṇas 420[4]
kr̥tavān II 174, 1
-kr̥thá- 511, 2
kṣ (= gr. κτ usw.) 325[8]
kṣā́mā II 50[6]
kṣaṇṓmi 326[1]. 697[2]
kṣāra- 329[4]
kṣárati 326[3]
kṣā́s 326[3]. 569[5]
kṣatá- 326[1]
kṣatrá- 325[8]
kṣayád-vīra- 445[1]
kṣáyati 325[8]
kṣḗti 326[1]. 674[5]
kṣiṇōti 326[3]
kṣitá- 326[3]
kṣitás 3. du. 674[5]
kṣití- f. 326[1]. 505[5]. 674[5]
kṣíti- 505[5]
kṣṇu- 328[2]
kṣōnī f. II 487, 0
kṣurá- 329[4]. 481[4]
kū 200[1]
kúa 'wo' 615, 8
kū́čid 'überall' 621, 10
kúha 612, 10. 627[4]
kupuruṣa- 434[3]. II 626[5]
kū́rdati 363[1]
kútra 617[1]. 621, 10
kúva 621, 10

khalīna m.-ind. 156[4]

lábhate 310[5]
laghú- 463[2]
lālasa- 717[1]
laṣāmi II 229[2]
lḗhmi 297[5]
lēya- m.-ind. 156[2]
lināti 693[2]
liṅga- 417, 3. II 28, 4
lip- 411[8]
Lisiasa m.-ind. 156[2]
lōpāçá- 496, 4
lubdhá- 503[3]

-m 1. sg. 659[3]
-ma nom. acc. sg. n. 524[3]
mā 'mich' 388[3]. 602[7]
mā́ negat. 56[6]. II 305[3]. 309[5]. 320, 1. 590[7], 2. 594, 4; – bhūḥ II 315[6]; – bhuǰēma ved. II 320, 1. 591, 7; mā́ sma II 569[3]
mad- 'sich freuen' II 170[4]
mádāya II 140[2]
mádhu 380[8]. 463[6]. 580[6]
mádhya- 320[5]. II 481, 7
madhyamá- 504[1]
madhyan-dina- n. 577, 4
mádhyas 381[2]
mahām acc. sg. 584, 3
mahātman- 434[1]
mahás gen. sg. 584, 3
-mahē 1. pl. 670[1]
máhi 293[6]. 340[5]. 381[2]. 584[1]. II 87[5]; – çrávas ved. 57, 0; – sthirás II 87[7]
mahi-, mahā, compos. 433[6]
-mahi 1. pl. 340[5]. 670[1]
máhyam 388[3]. 604[2]
mā́-kis II 213, 2. 214[5]
malina- 440, 6. 458[4]. 490[1]
mā́m 388[3]
máma gen. sg. 'mei' 601[1,3]
mamnau 770[5]
-māna- ptc. 525[1]. II 241[7]
manā́k 343[4]
mánas 511[7]. 580[6]
Manāvī́ [so] 477[7]
mánma n. 208[8]. 522, 13
-mant- suff. 528[4]
mányatē 669[3]
mányē II 229[2]
maragada- prākr. 311[6]
márdhati 469[6]
márīči- m. f. 560[1], 5
mā́rṣṭi 684[3]
márta- 277[3]. 502, 1
maryaká- 293[2]. 496, 4
maryakás 56[7]
mās- 481[3]
māṣ- 333[8]
-mas 1. pl. 662[6]
māsá- 282[8]
mā́santē 669[3]. 671[5]
-masi 1. pl. 662[6]
matá- 343[2]
mātā́ 309[1]. 381[8]. 567[6]; mā́tar voc. 567[6]; mātárā II 51, 1; mātárāu II 50[6]; mātŕ̥ṣu loc. pl. ved. 567, 6

mātara-pitarau 565[3]
māti- 505[1]
mắtrā 532[6]
-máya- suff. 56[7]. 379[6]. 469, 8
mē dat. (gen.) sg. pron. 388[3]. 602[7]
méhāmi II 226[3]
mēsūraṇa m.-ind. 156[4]
-mi 1. sg. 659[3]
miçrá- 333[2]. 760, 2. II 160[3]
mīḍhá- 380[8]
Milinda- m.-ind. 156[4]
minṓti 697[1]
Mitrấ du. II 50[6]
mitrya- 245[4]
mithunám 529[5]
mīyatē II 621, 1
mlēččhās 78[7]
mnā gen. II 35[6]
mnāsyati 782[5]
mṛč- 342[3]
mṛçáti 302[6]
mṛdnấti 277[6]
mṛdú- 342[3]. 411[8]. 733[3]
mṛǰánti 411[8]
mṛṇấmi 390[2]; mṛṇấti 277[6]
mṛṇánt- 525[4]
mṛṇáti 693[3]
mṛṇīhí 693[1]
mṛ́ṣā 704, 7
mṛtó- 362[4]
mṛtsnā 322[7]
mumṓčata 'laßt los' 799, 3
mumugdhí imper. 799,3. 800[5]
mūrdhán II 18; mūrdhán- 277[4]. 361[2]

ná negat. 431[4]. II 305[3]. 309[5], 3. 320[3]. 330[7]. 590[7], 2. 591[4]; ná hí II 577[3]; ná sma II 569[3]
nā ved. 57[3]. 277[2]. 568[4]. II 591, 3
-nā- : -nī- verba 695[5]
nabhas- 297[3]; nabhas 512[3]
nadī loc. 572, 2
nagná- 259[2]; nagnás 380[8]
nahí II 577[3]. 592[2]
nāitád áttavē 366, 2
naktabhis II 44, 4
nakhá- 298[1]
nāma 343[5]. 380[8]. 523[1]. 580[6]; nāmnas 520[6]; nāmasu 569[1]; námučį nấma II 86[2]
namasyá imper. 799[1]
nāmatas 520[7]. 630[2]
námučį nāma II 86[2]
nấnā 612[2]
nanu II 589, 1
nanūčyatām II 589, 1
napuṃsaka- II 28, 1
náras nom. pl. 568[4]; narấm gen. pl. 568[4]; nári loc. sg., etc. 568[4]
nas acc. 601[2.3]. II 189,2
nấsā du. II 44, 5
násatē 685[5]. 780, 6. II 265[5]
nấsti II 593, 3
nasyā- 361, 1
nāsya- 361, 1
nau du. 600[6]
nauṣ 279[6]. 578[1]; nāvás, nấvam, nāví, nauṣú, nấvas, nāvấm 578[1]; naubhiṣ 551[2]
náva 'neun' 591[2]
náva- 'neu' 536[5]; návas 381[2]; návam 568[4]
návatē 685[6]
navīna- 491[3]
navīyas- 536[5]
návyas- 536[5]
nēṣa 'führe' 788[5]; neṣáṇi inf. ved. 809[2]
nēṣi 788[5]
ni-alipsata ved. 750[2]
niktá- 298[5]
nirāǰē 808, 7
nis praev. 620, 1
ní ṣatsat conj. 754[8]
nitamba- 834[8]
-nō- : -nu- verba 695[7]
-nōmi verba 691[1]
nṛ- 440, 1
nṝn acc. pl. 568[4]
nṛṇấm gen. pl. 568[4]
nṛ́ṣu loc. pl. 342[2]. 568[4]
nú partic. 612[3]. 619[6]. II 282[4]. 571[1.3]. 627[4]; nú kam II 568[6]. 571[3]
-nú imper. 798, 13
nū́ II 571[1]
-nuhí imper. 800[4]
nūnám 619[6]. II 487[4]. 571[1]
-nuvánti 3. pl. Ausg. 698[4]

-ōṣ gen. sg. 571[4]. 572[1]
-ōs du. 557[3]
ṓṣati 219[5]
ṓtu- m. 702[4]

pačā 1. sg. 792[1]; pačāmi 298[5]; pačās(i) 792[1]; páčati 298[8]. 745, 2; pačāt(i) 792[1]; pačāni 792[1]
pačatá- 502, 2
pấça- 333[2]
paççấ II 508[5]
paçú- 293[3]
páçyāmi II 229[3]; paçyati 268[2]. 705[2]. 720, 2. II 258[4]
pádyatē 719[3]
pāhi imper. 800[4]
pákti- 505[5]
pakthá- 596, 3. 5
pālavī- 279[4]
Paṃtalēvasa m.-ind. 156[2]
pánča 295[1]. 590[4]
pančāçát- f. 592[2]. 597[4]
pančathá- 596[1]
Panǰāb 295[1]. 590[4]
pánthās 298[3]. 458[3]; pathás gen. 457[5]
pāpīyān açvād g. II 99[1]
papraččha 707[5]
párā II 541[6]
paraçú- 293[2]. 463[4]
paramḗ víōman 547[4]
párdē II 227[5]; párdatē 684[3],5
pári 387[8]. II 499[5]. 500, 3. 503, 1; c. abl. II 502, 1; c. gen. vḗdasas – II 501, 2
pari- 436[1]
pári as- II 500[3]. 502, 1; pári-āsīta 794, 2
pári bhū- II 500[3]. 502, 1
pári mánasas čakrúḥ II 501,2
pári čakṣ- II 500[4]
paričará- 379[6]. 381[5]
pári dhā- II 500[5]
pári i- II 500[4]
pári ǰan- II 502, 1
pari-kṣít- II 500[5]
pári man- II 500[4]
párīman- 489, 9
pari-prī́- II 500, 4
pári sru- II 500[5]
pári sthā- II 500[5]
pári vid- II 500[4]
parṇa- 57[3]
pấrṣṇi- 279[4]. 325[4]. 381[1]
parut 622, 3; parút 381[8]; parút [so] 426[2]
párva 515, 0
párvata- 521[1]; párvatā II 366, 2
*parvṛ 515, 0
pásas 512[1]
pất (gen. padás) 381[2]. 565, 3; pádam 565, 3; padás 291[1]. 381[2]; padí 350[1]. 565, 3; padás acc. pl. 552, 3; patsú 566[1]
pāta- 358, 3
Pātaliputra 204[6]
pátāmi II 260[6]; pátati 358, 3. 640[5]; pātayati 717, 3
páti- 271[1]
pấti 675, 8
pátir dán [so] 548[1]
pátis 381[1]
patitvaná- 529[3]
pátni voc. 559[7]; pátnī 381[2.7]. 473[2]. 488[5]
pátra- 237[5]
pấtram 346[1]
páttra- 237[4]
pathēṣṭhấ ved. 627, 4
pávate 325[4]
pāyáyati 346[1]
pāyú- 480[4]
pēč- 745, 2
pēçalá- 379[2]. 484[7]
pēças- 333[2]

píbāmi 693[3]. II 226[2]
pīḍā f. 721, 5
pīḍáyati 721, 5
pináṣmi 692[4]
pináṣṭi [so] 325[4]
pinǰūla- 268[6]
píparmi 689[3]; pipṛmás 689[3.4]
piṣánti 692[4]
pītá- 346[1]
pitár- 340[6]; pitár voc. 408[8]; pítar ved. 567[6]; pitā́ 291[1]. 358, 8. 380[7]. 381[2]. 567[6]; pitā́ máma II 200[2]; pitáram 343[4]. 358, 8. 567[6]; pitúr 567[6]; pitrḗ dat. 567, 3; pitári 567[6]; pitrā́ instr. 355[4]; pitáras nom. pl. 567[6]. II 51[5]; pitṝ́n acc. 552, 3. 567[6]; pitṝṇā́m gen. 567[6]; pitṛ́ṣu loc. 342[2]. 355[4]. 358, 8. 566[6], 6; pitárāu du. ved. 565[3]. II 50[5]; pitárā ved. 565[3]. II 51, 1
pitrártham 440[2]
pítrya- 466[2]
pītudāru- 506, 5
pī́van- 350[1]
pīvara- 481[3]
pī́varī [so] 381[2]. 475[1]
pīyatē 686, 3
plaviṣyati 786[3]
plōṣyati 781[6]. 786[3]
pra 595[2]; prá II 267[7]. 505[3]
prá... dṓdhuvat ved. II 426,2
prá haṇyate 396[4]
prá i- II 505[5]
práiṣṭha- 279[7]
praǰā́patim acc. II 67[8]
praǰnú- 328[1]
pramaganda- 436[2]
pranapāt 435[6]
prapā́ 425[4]
praparṇa- 435[4]
prā́si 'fülle' 799, 6. 800[2]
prastúmpati 334[5]. 490, 1
práçastas narā́m II 116, 2
prāçu- 436[1]
prātár II 505[3]
prátavas- 436[1]
práti 387[8]. II 508[4.5]. 511, 1. 654, 3
práti bhar- II 509[4]
práti çī- II 509[5]
práti darç- II 509[5]
pratidōṣám 436[7]
práti dhā- II 509[4]; – dhāsyāmi 400[7]
práti gam- II 509[4]
práti i- II 509[4]
práti īkṣ- II 509[5]
prátīka- 426, 4; -am 350[5]. II 517, 1
práti vač- II 509[5]
pratyák 604, 1
pratyánč- 604, 1
prathamá- 595[2]; -ā II 53[5]
prá vā́tā vānti ved. 680, 4
prāyas 538, 8
práyasta- 330[5]
práyukti ved. 620[7]. 623[4]
pṛ́ččhāmi II 81, 4; papráččha 707[5]
pṛṇēthām sṓmasya II 111[2–3]
pṛ́tanā f. 725, 7
pṛtanāyántam 725, 7
pṛthivī f. 474, 1
pṛthú- 298[3]. 344[3]. 463[1]
pṛthvī 381[6]
psā́ti 328[8]. 675[4]
pulaka- 498[3]
punar II 444[2]
punāti 801[3]
punītāt 801[3]
punǰīla- 268[6]
pūr 325[4]. 344[5]. 462[5]
purā II 274[2]; purā́ II 361[2]. 492[1]. 657[1]
purás 342[4]. II 274[1.2]. 492[1]. 541[5], 5. 656[5]
purogavá- 298[6]
pūrtá- 361[2]
pūrtí- 361[2]
purú- 463[2]. 584[4]. II 87[5]; purū́n acc.pl. 572[1]; purú víçvas II 87[7]; purū́ pl. n. ved. 299[3]. 581[2]
purū́ čid ved. 299[3]. 597[6]; purū́čid 409[8]
purudą́sas- 286[7]; 438[1]
pū́rva- 595[2]
pūrvī́ [so] 584[4]
Pūṣán- 349[5]
putau 322[7]
pū́yati 703[2]
pyúkṣṇa- [so] 325[7]

phalgú- 298[1]
Philusinasa m.-ind. 156[3]

raghú- 302[4]
rāǰ- 68[4]
rā́ǰā 411[7]
rā́ǰaputrá- 453, 5
raǰyati 310[4]. 716[1]
rakṣ 329[6]
rákṣas 326[2]
rákṣatāt 803[1]
rákṣate II 232, 2
rákṣati 706[7]
ram- II 491[5]
rāsabha- 381[7]
rathēṣṭhā́s 558, 2
rekṣyate 358, 4
rḗpas 512[4]
rič- 655, 1
ričánt- 380[8]. 390[1]
riḥphā m.-ind. 156[5]
rirḗča 358, 4. 771[2]
riričḗ 771[2]
riričyāt 794, 2
ririkṣḗ 668[1]
riṣphā m.-ind. 156[5]
Romaka m.-ind. 156[5]
rudh- 352[2]
rudhirá- 239[6]. 297[4]
ruǰáti 453, 5
rukṣá- 327[6]

ṛghāyáti 719[5]
ṛǰrá 260[2]. 481[5]
ṛ́kṣa- 49[5]. 342[3]
ṛ́kṣas 381[1]
ṛnǰátē 695, 2
ṛṇṓmi 390[2]; -ti 696[4]
ṛṣabhá- 284[8]. 342[3]. 381[7]
ṛṣvá- 286[2]
ṛtā́van- 521[6]

-s Personalendg. 659[3]
sá 304[2]. 610[5]. 611[1]. II 20[3]. 208[3]; – ahám II 25, 6. 188[6]; – ča 629, 10. II 648, 2; – gha II 561[2], 5; – sma II 569[3]; – tvám II 188[6]
sā́ 304[2]. 610[5]. II 35[4]
sač- II 160[3]; sačē II 229[1]; sačatē II 70; sáčantē II 224[3]
sačádhyai ved. 809[4]
sáççasi 748[5]; -ti 647, 6
sádas 74[8]. 304[1]. 380[8]. 515[5]
sādhú- 350[4]
ságarbhya- 261[3]. 295[5]
saghnṓti 328[5]
sā́ḥ 611[1]
sahá II 535[3]
sahásra- 56[7]. 281[6]
sahásram n. 593[3]
sahasríya- 593[3]
sáhate 261[2]
sáhuri- 482[4]
sāhyāma 766, 6
sakṛ́t 343[1]. 358, 11. 588[1]. 620[7]
sákṣva 2. sg. med. imper. 678[4]
sám II 160[3]. 267[6]. 487, 7
sam- II 431, 1
samá- ved. 358, 11. 617[4]. II 160[3]. 582[7]
samā́činuṣva 651[3]
samāna- 450[6]
samás 380[8]
sāmi- 599[3]
sámṛtā 433[5]
san (= ā́san) 664, 1. 677, 8
sána- 304[1]
sánā 381[2]
sanaká- 304[1]. II 36[6]
sánas 56[6]
sandhí- 395[6]
-sani infin. Ausg. ved. 809[2]
sanṓmi 304[2]; -ṓti 696[5]

sánt- 525[3.4]. II 587[1]
sánti 222[2]. 677[1]
sanutár II 537[3]
sápati 684[5]
saptá ved. 304[1]. 380[8]. 590[5]
saptamá- 381[5]. 595[6]
*sapta-máya- 590, 8
saptamī II 53[5]
sáras 304[1]. 511[7]
sárpati 304[1]. II 226[1]
sárva- 228[3]. 304[2]. 314[5]. 472[5]
sarvanāma n. (term.) 599, 1
sarvátāt- 529[1]
-sas ved. 661, 4
(sasmin) 611, 1
sasū́va 648[5]
-sat ved. 661, 4
satā́m 678[2]
satī́ 343[4]. 381[6]. 473[7]
satsat ved. 661, 4
sátsi imper. ved. 803[8]
satsú loc. pl. 525[4]. 567[2]
sattá- 56[3]
satyá- 344[5]; -ám II 587[1.3]
sáubhaga- 355[2]
*sā+u+tā 279[6]
savitár- 362[3]
se anaphor. prākr. 607[6]. 608, 0
-sē 2. sg. 667[4]
-sē- [nicht -sa-] opt. aor. 797[2]
sēdúr 3. pl. 650[3]
-si 2. sg. 659[3]
sī́dāmi 690[2]
sīm acc. 613, 6
simá- 352[5]. 358, 11
Singapur neuind. 344[5]
-siṣ- aor. 753[1]
skhalāmi 298[2]
sma 631[5]. II 569[2.3], 3; ná – II 569[3]; mā́ – II 569[3]; sá – 569[3]
smar- 282[8]. 342[5]
smará- 413[3]
smás 677[1]
smat II 481, 3
smáyate 310[6]
snāuti 310[7]
snuṣā́ 310[7]. 350[2]. 380[8]. 457[6]
sṓ (čid) ved. 611[4]
spaç- 268[2]. 705[2]
spáças 722[6]
spárdhatē 634[4], 2. 702[7]
spṛháyati 334[3]. 702[1]
sphū́rjati 298[1]. 362[4]. 363[4]
sphyá- 298[1]
sraktí- 299[8]
sravát- 499[2]
srávati 310[2]
srutí- 505[5]
stá imper. 799[5]; stám 799[5]
stabh- 333[4]
stāmú- 485, 3
stanati 684[3]
starī́ṣ 381[6]. 474[2]
staritavai 360[5]
stāumi 679, 5
stávā 662[1]
stávāni 662[1]
stighnṓti II 226[1]
stighnutē 297[4]
stīrṇá- 361[1]. 363[3]
strategasa m.-ind. 156[1]
stṛ́bhis 569, 1
stṛṇṓti 696[4]
-stṛta- (nicht ást ta-) 363[3]
stutē 679, 5
styā́yatē 518[6]
sthá 663[5]. 677[1]
sthágati 292[2]. 334[5]
sthā́raçman- 445[1]
sthāsyati 782[4]
sthāta imper. 799[5]
sthēyāma 794[5]
sthirás : máhi – II 87[7]
sthitá- 340[5]. 502[5]; -ás 380[8]
sthíti- 298[3]. 340[5]
su- 433[1]
-su loc. pl. 548[7]
subhága- 355[2]
subhára- 381[5]
sudivá- 450[6]
sú kam II 568[6]
sumanasyámāna- ved. 724[3]
sunaphā 152[2]
sūnú- 480[4]; -ús 58[5]; -ū́ 565[4]; sūnáu loc. sg. 572[4]
suptá- 304[3]
sū́rē duhitā́ II 692, 3
sū́rya- 466[3]. 518[4]. II 30[3]
sūryā II 30[3]
sūtá- 362[3]
sva- 226[4]. 304[5]. 600[6]. 608[3]. II 192[3]. 200[6]
svā́dana- 490[3]
svā́diṣṭhas 536[5]
svā́dīyas 381[2]; svā́dīyąsam [so] 378[6]; svā́dīyān 536[5]
svādú 580[6]
svādvī́ 474[1]
svadhā́ f. 511[2]. 703, 4
svám II 203, 2
svāpayāmi 717, 2
svápna- 350[3]. 489[2]
svár 518[4]. II 30[3]
Svarabhakti- 278[1]
svārúdh- 600[6]
svás 666, 10
svásā 226[6]
svatas 601[5]
svayám 'selbst' 334[8]. 600[6]. 602[7]
svēdate 713, 6
svidyati 713, 6
sya- 611[1]
syām 273[2]. 794, 2; syāt 793[5]
syū́man- 304, 3
-ṣi 2. sg. imper. ved. 804[1]
ṣṭhī́vāmi II 226[3]; -vati 325[7]
-t Personalend. 638[3]. 659[3]
-ta 3. sg. 658[3]
-ta 2. pl. 662[6]
tā́ neut. pl. 581[3]
tā 'deiner' gen. m. singhal. 604, 2
táčati 723, 1
tád 609[5]. 610[5]
tā́d abl. 610[1]
-tād imper. 801[1]
taís j.-ind. 609[5]
tāják 613[1]
taká- 629[4]
tákman- 338[3]
tákṣā 381[1]. 569[4]
tákṣan- 326[2]. 487[1]
takṣṇī́ 381[6]. 475[4]
tákti ved. 722[6]. 723[1]
tam 408[6]
-tam 2. du. 666[5]
tāṃ: – ha sma – 611[5]
-tām 3. du. 666[5]
-tama- 504[1]. II 176, 1
tamālapattra- 413[7]
tamasá- 79[2]
tanōti 696, 1
tanū́- f. 606[7]. II 192, 1; tanū́m acc. sg. 571[2]; tanú(v)am 571[2]
tanutḗ 669[3]. 696[5]
tanvatḗ 671[5]
-tara- suff. 535[1]. II 176, 1. 183[3]
-tāram acc. 530, 4
tárhi 624, 7. 630[6]
-tarī loc. 548[5]
tārisa prākr. 612[5]
taritum 360[5]. 362[3]
tárīyas- ved. II 183, 1
tárma 380[8]
tarpsyati 782[5]
-tas gen. 552, 2
tā́sām gen. pl. 554[3]. 559[3]. 609[5]
tásmād abl. 610[1]
tásmai 'dem' 600[2]. 610[1]
tásmāt 409[8]
tásmin loc. 610[1]
tasthấu 649, 1
tasthimá 767[2]
tasthivā́n 541[1]
tásya gen. sg. 273[2]. 555[4]. 609[5]. 610[5]
tásyai dat. 610[2]
tásyās gen. 610[2.3]
tā́ṣṭi 722[6]
tā́t 'so' ved. 409[8] (abl.). 623[6]. II 91[1]
-tāt imper. 801[1]
tatá- 343[4]
tatanvát ved. 540[4]

tati- 505[5]
táti 612[6]
tatnē med. 769[5]
tat-prabhṛti 631[1]
táva gen. 'tui' 600[5]. 604[3]
tā́vat 381[2]. 528[3]
-tavē infin. 811[2]
tāvuras 197[5]
tāvuri m.-ind. 156[4]
-tavyà- nachved. 811[2]
-táyati 706[2]
táyōs du. 557[2.3]
tāyú- 313[3]
tē 81[7]. 334[8]. 554[3]. 602[7]. 609[5]
-tē 3. sg. 347[5]. 658[3]. 667[4]
tḗbhis 609[5]
tḗbhyas 609[5]
Tēliphasa m.-ind. 156[1]
tḗna 'dadurch' 615[2]
tḗṣām 609[5]
tḗṣu 609[5]
-ti Personalend. 658[3]. 659[3]
-tī gen. f. 'deiner' singh. 604, 2
tigmá- 292[5]. 334[5]
timirá- 352[5]
tīrṇá- 360[6]. 362[3]
tíṣṭhāmi 649, 1. II 234[1]; -ati 350[1]. 686, 8
titau- 320[4]
Tiyumēdasa m.-ind. 156[3.5]
tṓpati 334[5]
-tra adv. 552, 2
-tra- suff. 533[2]
trapsyati 782[5]
Trasádasyu- 445[1]
trásati 755[2]
tráyas 73[7]. 291[2]. 313[2]. 589[4]
trī́ ved. 581[2]
-trī 473[2]
triçát- 597[1]
triçatám n. klass. 593[2]
triká- 597[4]
tripád- 438[1]
tríṣ 597[6]
triṣú 589[5]
trividam II 40[2]
tṛ́pyati 342[2]
tṛtī́ya- 589, 4
tt (aus dt, tt) 56[3]
tu II 554, 2
-tu- suff. II 358[4]
-tu 801, 1
túbhyam 604[2]
tudá- 457, 4. 683, 4
tudā́mi 643[3]; -áti 683[5], 4
-tum infin. 805[5]. II 358[4]. 365, 1
tunga- 295[6]. 496[2]
turī́ya- 590[2]. 596, 3
tūrtá- 360[7]
Turumaya m.-ind. 156[2]
tutudē 43[2]
tvá- pron. 320[2]. 608[3]
tvā pron. 320[2]. 602[7]
-tvā Absolutiv 627[1]
tvač- 320[1]. 515[5]
*tváčas n. 320[1]. 515[5]
tvačasyá- 515[5]
tvam 'tu' 600[5]. 601[2]. 603[7]. II 587[3]
tvām 334[8]
-tvaná- suff. 272[2]. 379[6]. 456[6]. 529[5]
tvar- II 491[4]; tváratē 694[6]
tvatpitāras 358, 8
tvāyánt- 718[1]
tveṣá- 348[3]
tviṣ 320[1]
tyaǰ- 322[3]. 649[4]; tyāǰayāmi 322[3]; tyāǰayati 720[2]

-tha 2. sg. pf. 657[3]. 662[3]
-tha 2. pl. 663[1]. 671[1]
-thá adj. suff. 381[4]
-thā́ suff. 511, 2
-thām 3. du. 672, 10
-thās 2. sg. 657[3]. 669[6]. 762[3]
Thēuphilasa m.-ind. 156[3]

u partic. 611[4]
ú partic. 624[5]
u 'jetzt' II 282[4]
ū́ partic. II 591, 5
-ū loc. sg. 570, 1
-ū neut. pl. 581[2]
ubháu 589[4]
ubhnā́ti 305[1]. 683[1]
uččā 548[6]
uččaistara- 534, 4
uččháti 707, 4
uçánt- 292[7]. 380[8]. 525[5]. 678[4]
uçatī́ 473[7]
ud II 591, 5
ud- II 517[4]
udaká- 304[7]. 350[3]. II 30[2]; -ám 517, 4
udán II 56[3]
udanyáti 519, 2
udáram 481, 3
udnā́ 519, 3
udrá- 460[7]
ū́dhar- 348[1]; ūdhar 381[1]. 518[6]
Uǰǰayinī m.-ind. 156[4]
ukṣati 706[7]
ukthā́- 511, 2
-um acc. sg. 571[6]
-ūn acc. pl. 571[6]
ūná- 495[3]
unátti 654[8]
úpa 183[3]. 304[7]. 387[8]. II 522[6]. 523[2]; – dyávi II 523[2]; – dyúbhiḥ, dhármabhiḥ 527, 2; – star- II 525[2]
upa- 436[4]. II 523, 13
upā́gahi 391[1]
úpahita- 435[1]
upamá- 504[1]; -ás II 523[2]
úpara- 381[2]; -as II 518, 6
upári 304[7]. II 518[2]. 519, 1. 520, 2. 571[5]
uparyupari II 428, 2
úpa star- II 525[2]
upōpa II 428, 2
ūrdhvá- 363[1]
ūrǰā́ 363[1]
ūrǰáyati 718, 5
urú- 412, 1
urvī́ 565[4]
usrá- 282[4]
usrī́ya- 381[6]
-uṣ nom. sg. 571[4.6]
uṣākala- 292[3]
uṣā́s f. 349[4]. 380[8]; -ás gen. sg., acc. pl. 440, 8
-uṣu loc. pl. 571[6]
utá 'und, auch' 629[3]. II 564[4]. 576[5]; – vā II 564[4]
ūtáye II 140[3]
uttamás II 517[5]
úttara- 304[7]. 381[2]. 533[6]; -as II 517[5]

vā́ 388[3]. II 564[4]
vā 314[1]; utá – II 564[4]
vač- 257[8]
váčas 223[5]. 295[5]. 511[7]
vaç- II 552, 2; váçmi 292[7]. 678[4]
vadharyáti 725, 2
vádhri- 314[1]
vāghát- 499[2]
váhati 717[6]
vāhayati 717[6]
vai II 554, 2
váiçya- 355[2]
vákṣati 751[7]
vakṣátha- 511, 2
valmī́ka- 257[5]
-vā́m 601[3]
vámimi 222[6]. 340[6]. 341[3]. 680[4]. 682[1]; -miṣi, -miti 680[4]
vamiṣyāmi 784[5]
vanargú- II 255[2]
vanāya gaččhati II 140[2]
vānt- 525[3]
vā́nti 664[5]
vār- 644, 4
vara- II 183[4]
váras 381[3]. 463[2]
varás 381[3]
vardh- 352[2]
váriman- 523, 5
varimátā instr. 521[1]
vā́ri 481[3]
vā́rīyān 412, 1
varṣá- 285[1]
varṣman- 838[2]
vartaka- 225[6]. 496[5]
vártē II 227[4]
Váruṇaiḥ II 51[5]
varutár- 681, 1

varútram 532[2]
vas 'vos' 601[2]. II 189, 2
vas- 708[4]
-vas nom. acc. pl. 571[2]
-vą̄s- 540[5]
vásānā vā́strāṇi II 231[1]
vasantá- 518[4]. 521[1]
vasar- 518[4]
vásati 314[2]. 755[1]
vásman- n. 281[7]. 339[2]; vásma 380[8]. 523[2]
vasná- 225[6]. 282[8]. 333[8]
vasnayántā ptc. du. 313[3]. 726[3]
vástē 678[6]
vā́stu 223[6]. 381[1]. 463[4]. 506[4]
vásu : dā́tā – ved. 56, 4. II 121, 3
vásu- 314[2]
vásubhiç čarāmi 375[2]
vasuçravasas gen. sg. 67[1]
vāsyati 781[6]
-vat/d- suff. 539, 7
vā́ta- 279[4]
-vatī f. suff. 527[3]
vátsa 516[5]
-vatsu loc. pl. 527[3]. 567[3]
-vattara- 535[3]
vavárta pf. II 227[4]
vayám 601[2]; – gha II 561, 5
vā́yav índraç ča II 63[3]
vēçá- 292[7]. 355[2]
vēçi m.-ind. 156[5]
vēçmaká- 497[1]
vḗçman- 292[7]. 497[1]
vēda 340[1]. 766[6]. II 263[5]
vḗdasas pári II 501, 2
veluriya- m.-ind. 156[5]
vḗti 681, 3
vḗtti 678[6]
vḗttha 20[3]. 298[1]. 340[1]. 662[3]
vi- 463, 7
víbhakti- f. II 53[5]
viç- 347[1]. 355[2]; -ati c. acc. II 70[7]
viçati- f. 292[7]. 381[7]. 591[4]
Viçvabhara- 183[1]
viçvá-hā́ 598, 5
vívasmād adhamás II 100[4]
vid- 'wissen' 291[3]. 787[3]
vidá 663[2]
vidā 440, 10
vidánt- 525[3]; -i II 258[2]
viddhí 800[4]
vidēt 796[1]
vidmá 766[6]
vidúr 664[2]
vidmánē ved. 808[6]
vidúṣī 273[2]. 350[4]. 540[1]
viduṣṭara- 534, 2
vidvā́n 380[8]
vidvą̄́s 539, 7
vidvas voc. 540[4]
vidyā́t 793[5]. 794, 2
vimradati 322[7]
vindáti 692[5]
vīrá- 836[7]
viṣá- 350[1]
Vitástā 305[4]
vittá- 306[7]
vittā́t 794, 5. 801[3]. 803[1]
vivadantē II 233[5]
viviktás 3. du. 692[5]
vivitsati 787[3]
*vivyákti 692[5]
vōč- 257[8]; vṓčā conj. ved. 791[3]; vṓčās 791[3]; vṓčati ved. 745[4]. 791[3]; vṓcās 791[3]; vṓčāt 791[3]
vōčatāt 801[4]
vrīhi- 313, 2
vṛddhi- 355[2]
vṛ́ka 352[2]; -as 381[1]. 557[2]; -aiṣ 279[6]; -ayōs du. 557[2]
vṛkáti- 501, 3
vṛkī́- 381[6]; -ī́ṣ f. 465, 3. 570[6]; -ías gen. sg. 570[6]
vṛnktē II 231[5]
vṛṇákti 692[6]
vṛṇītá 795[4]
vṛṣabhá- 495[5]
vṛ́ṣan- 486[7]; -ā 485[5]
vṛ́ṣantama- [so] 535[2]
vṛṣaṇyáti 724[5]
vṛṣatv(an)á- 529[3]
vyánti 681, 3

-ya- Verbaladj. II 119[4]
-yá- Verbalsuff. II 223, 3
yā 'gehen' 472[1]
yā́ f. 614[6]. II 35[3]. 639[6]
-yā- opt. act. 793, 4
yabhāmi 722, 1
yāččhreṣṭhá- 623[5]
yád 614[6]. II 35[3]. 203, 2. 638, 2. 639[6]. 645[4]
yā́d II 663[5]
yádi 'wenn' 610[1]
yáhiṃ pāli 628, 5
yáḥ, s. yás
yaǰatá- 502, 2
yáǰatē II 231[7]
yaǰati 303[6]. II 231[7]
yaǰya- 466[2]
yaká- 629[4]
yákṛt 295[4]. 303[5]. 342[3]. 381[1]. 408[8]. 517[3]
yákṣma- 481, 3
-yān suff. 537[1]
yánt- 525[5]
yánti 664, 6. 674[2]
yás 56[6]. 73[8]. 303[5]. 614[6]. II 35[3]. 639[6]. 643[6]; yáḥ káç ča 617, 2. II 573, 4. 643[2]
-yas nom. acc. pl. 559[6]. 571[2]
-yas nom. sg. m. 456[6]
-yas ntr. 537, 1
yásmāt abl. 409[8]
*yāsnā 282[4]. 333[8]
yāt abl. 'insoweit' 409[8]. 623[5]. II 91[2]
yātā́ 361[7]
yātar- 303[6]
yatará- 615[1]
-yatē Passivbild. 714[2]
yáti 612[6]
yatī́ 525[4]
yáthā II 638, 2. 662[7]
yáva- 330[5]. 474[2]
yavana 80[4]
yāvat 314[5]. 344[6]. 381[2]. 409[8]. 528[3]
yayastu 330[5]
yḗna 'wodurch' 615[2]
yṓdhīyas- II 183, 2
yōkṣyati 787[4]
yōna prākr. 80[4]
yudh- 303[5]
yugá- 292[5]; -ám 330[6]. 380[8]; -ā́ ved. 581[3.4]
yuǰyátē 714[2]. II 223[6]. 224[6]
yunáǰmi II 230[6]; -nákti 74[7]. 691[1]; yunǰánti 74[7]. 663[4]. 691[1], 3; yunǰḗ II 230[6]
yūṣa- 330[6]
yuṣmā́ instr. 604, 7
yuṣmā́bhiṣ instr. pl. 604, 7
yuṣmad- 604[1]
yuṣmā́n acc. 601[2]
yuvaçá- 293[2]
yuvaka- 293[2]
yūyám 57[2]. 303[5]. 601[2]

*źiźh- 302[7]

b) IRANISCH

Nicht besonders bezeichnete Wörter usw. sind awestisch (doch sind die im Buch als gathā- und jungawestisch besonders bezeichneten Wörter auch hier so bezeichnet)

a- negat. apers. awest. II 591[1]
-ą acc. pl. 556[2]
-a du. 557[1]
aƀtōm pers. 198[3]
adam D. apers. II 188, 5
adā^{t} apers. 345[4]
adināt apers. 300[7]
aētaēšām 609[5]
aēvandasa 594[2]
aʒžōnvamna- 326[3]
ahi 659[5]
ahm- 'wir' 600[5]; ahma 'uns' 602[7]
ahma- 'noster' 608[3]
ahmi 'bin' 282[7]
ahmi loc. 605[3]
Ahrēman m.-pers. 446[3]
-āhu loc. pl. 559[4]
-ahyā gen. sg. altiran. 555[4]
ah̯šata- apers. 326[1]
ah̯^{w}afna- 431[5]
-ai- opt. altiran. 792[6]
a^{i}pi II 471, 2; aipi tā II 469, 3
Aipivaŋhu- 435[6]
-āiš instr. pl. 556[4]
-aišu loc. pl. 556[3]
a^{i}ti II 564[1]
aiva- altiran. 588[4]; apers. 223[6]
aiwitō II 437[1]
aǰasta 432[2]
amarəšant- 787, 6
an- negat. awest. apers. II 591[1]
-ān pl. npers. II 39[3]
ana- 432, 2. II 440[1]
anā apers. II 440[1]; – Pārsā apers. II 441[5]
anairya- 432[3]
Anērān mpers. 432[3]
aŋhā 661[5]
anu II 444[1]
aogədā g.-awest. 679[5]
aoh̯ta j.-awest. 679[5]
apahšaþra- II 444[4]
apa^{i}tibusti 623[4]
apē- mpers. II 444, 4
*apusta- 306[7]
'Αρσᾶμόσᾶτα arsakid. 190[3]
Aršaka- iran. II 36[6]
aršan- altiran. 486[7]
-ąs acc. pl. 556[2]
-ąs nom. sg. ptc. 566[5]
asču- 302[5]
asēm iran. 154[7]
asista- 432[2]
aspərənō iran. 152[5]
āspərəzatā 334[3]
aspō 301[7]
asruštiš 504, 2
ast m.-iran. 222[2]
āste 679[5]
aš- 433[5]
ašaoǰah- 433[5]
ašāum 409[4]
ašāvan- 521[6]
ašbərət- 451[6]
aši 326[2]. 565[4]
atiy apers. II 564[1]
Αυτομα parth. 198[3]
avāčī II 224[6]
avaǰaʒnat̰ 748[5]
avāǰaniya apers. II 334, 1
avar, *avára „hier" altiran. 632[2]
avista- 306[7]
awár Yaghnobī 56[5]
ayarə 313[3]
āzainti- 292[6]
azaiti 293[1]
azəm 293[6]. 604, 2
azgata 328[5]. 432[2]. 502[3]
āzi- 350[5]
ązō 309[4]

bā II 577[2]
baēvarə 593[6]
Bagabuh̯ša- iran. 333[7]
ba^{i}rišta 538[1]
baraiti 338[7]
barāmi 297[3]
baraŋha 669[5]
barayən 663, 9
Barbar pers. 78, 5
Bardiya- 311[6]
bavaiti II 265[7]
bavišn mpers. 809[2]
bāzāuš gen. sg. 463[4]
bāzava j.-awest. 573[5]
-bāzuš iran. 153[5]
bərəzaitīm 473[3]
bi- npers. II 250, 4
birinǰ npers. 313, 2
brāþrō gen. sg. 567[6]
bravat̰byąm 549[2]
bū- II 94[1]
būšyant- 755, 10
-byā 549[2]
-byąm 549[2]
-byō 548[7]. II 448[2]

ča II 573[2]
čadruš 597, 10
čahyā gen. g.-awest. 273[3]. 615[5]
*čaiš- iran. 726, 7
čaiti 612, 4
čaraiti II 229[1]
-čarāt- 499[2]
čašmąm loc. sg. 807[7]
čaturąm 272[2]
čaþru- 352[2]. 590[2]
čī 581[3]
čīča 581[3]
čim acc. sg. 616[3]
činəm acc. sg. 616, 7
čiš nom. sg. 615[5]
čišča II 573, 4
čisčiy apers. 410[2]
čit, čit̰ 616[5]. II 569[1]
čiþi- 294[5]

d > gr. τ 829[2]
-da partic. 624, 9
daδa 775[6]; dadat̰ 664[2]
Dāδyazd mpers. 634[2]
dāiš g.-awest. 750[1]
-dān infin. npers. 805[5]. II 358[4]
Dārayava^{h}u- apers. 445[2]
darəγa- 278[3]. 297[4]. 360[7]
dēhīm iran. 154[7]
dəmāna- g.-awest. 208[7]
dəng patōiš 547[8]
dərəzi- 447[5]
dərəzra- 447[5]
dī(g) npers. 325[6]
dim iran. II 562, 1
dō, du 'zwei' npers. II 46, 2
drāǰō 360[7]
druǰō vaēsmənda 624, 9
dugədā [so] 293[6]
duš- 432[4]
dušmanaŋh- 513[2]
duvai sa^{i}te II 46, 2
d^{u}vīst '200' npers. II 46, 2
-duyē 2. pl. 670[1]
-dyāi infin. Ausg. g.-awest. 809[4]
džāmāsp mpers. 154[7]

-δwəm 2. pl. 670[1]

Ērān mpers. 432[3]

ərəzata- 293[1]
ərəzra- 481[5]
əvistō 56[3]

farr iran. 164[2]
fra II 267[7]

fra- awest. apers. II 505[3]
fraēšta- 538, 8
fraȝrātō 648, 3. 709[4]
fraȝrisəmnō 709[4]
fraẖštāne 675, 2
fraptərəǰant- 296[4]; -ǰāt 498, 5
frastanvanti 696[5]; -ntē 696[5]
frašnu- 328[2]
fratara- 533[6]
fraþō II 86[2]

gandž mpers. 154[7]
gaozaiti 302[7]
gāþā 511, 2
gāuš, gə̄uš, gå̊; acc. sg. gąm 577[3]
gaya- awest. 300[7]
Gēwpuϑr mpers. 197, 2
gənā 582[7]
gərəbuš 516[3]
guδa- 296[3]
gül npers. 25, 3
gurg npers. 223, 2

ȝžar- 326[3]

h (aus s) iran. 56[6]
-hā plur. npers. II 39[3]
hač- II 160, 1. 229, 1; hačaintē II 224[3]; hačånte 671[5]
haδa II 535[3]
hadiš apers. 515[5]
Hagmatānaiy loc. apers. 221, 1
hakərəṯ 588[1]
hama- 617[4]
Hamadān npers. 215, 2
hamapitā apers. 437[7]
hamāta apers. 437[7], 2
hamē npers. II 250, 4
hana- 56[6]
hanar° II 537[3]
hapta 304[1]
hast m.-iran. 222[2]
hašt npers. 306[4]
häšt npers. 590[6]
hasta- 56[3]
haurvatāt- 529[1]
hava- 'eigen' 600[6]. 608[3]
hazaŋra- 56[7]
hazaŋrəm 593[4]
hazār npers. 593[4]
hazdyāṯ 652, 5
hē anaphor. 607[6]. 608, 0
hēd 'Schweiß' baluči 227[3]
hērbuδ pers. 220[2]
hən 677, 8
hiδ- 351[2]
Hindu iran. 153[5]
Hinduš apers. 221, 1
Hōrmuzd pers. 220[2]
ẖrwm iran. (Turfan) 154[8]
-hu loc. 548[7]
hu-ǰyāti- 304[2]
hušit- 524[7]
huška- 347[7]

ẖāya npers. 306[4]
ẖsāi 708, 7
ẖšaþra- altiran. 325[8]
ẖšaþ^{r}apā- apers. 206[2]. 329[6]
ẖšayārša- apers. 445[1]
ẖšāyaþya- apers. 326[1]
ẖšayō 326[3]
ẖšnāsātiy apers. 707[3], 3
ẖvatō 601[5]

irinaẖti 701[2]
Isfāhān npers. 413[3]
-išta- 537[4]

ǰadiyāmi apers. 716[1]
ǰa^{i}δyemi [so, nicht ǰae^{i}-] 297[7]
ǰantu 309[5]
ǰasaiti 707[3]; ǰasånti 664[3]

kā apers. II 579, 4
kaenā- 294[5]; kaēnā 489[1]
kahmi loc. 605[3]
kahyā ahī II 124[5]
káŋhe káŋhe 617[1]
kasčit II 575[1]
katārəm n. 610, 0
kəhrp- 515[5]
k^{i}līd iran. 154[7]
k^{i}ramb iran. 154[7]; npers. 210[5]
kū 'wo?' 610, 10
kudā 627[4]

χratu- 292[4]
χrūra- 292[2]
χ^{v}arənō 322[3]

lavēδ iran. 154[7]; npers. 210[5]
lūr, pl. lūṇa afghan. 25, 3

ma- 'meus' g.-awest. 608[3]
ma npers. II 591, 1
mā II 591[1]; mā čiš II 213, 2. 214[5]
mā apers. II 591[1]
Māda- apers. 187[3]
māδa II 597[5]
maēzaiti II 226[3]
*mahistān mpers. 521, 5
-ma^{i}de 1. pl. 670[1]
-ma^{i}dī 1. pl. 670[1]
mana 'mei' 601[1]; manā pitā apers. II 200[2]
masišta 538[1]
masō 512[1]. II 86[2]
mąstā 3. sg. g.-awest. 750[2]
*mäsu- iran. 488, 4
masug w.-osset. 488, 4
masyå 538[2]
mat II 481, 3
mazi- 584[1]
mazišta- 538[2]
mazō 293[6]
mazyå 538[2]
mē II 149, 5; npers. II 250, 4
mērak iran. 56[7]
mərənča^{i}nīš 701, 2
mərəzu- 277[4]. 342[2]
Mithrenes pers.-lat. 187, 1
Miþra- apers. 206[2, 3]
miþwana- [so] 529[5]
-mna- suff. 525[1]
mraomi 277[5]
mušk pers. 328[4]

n- negat. compos. npers. II 591, 1
na npers. II 591, 1
nā negat. compos. npers. II 591, 1
nā nom. sg. 568[4]; gen. sg. 600[6]
-nā- : -n- 695[5]
-nā- : -ni- 695[5]
naēdā g.-awest. II 597[5]
naēδa II 597[5]
naiy apers. II 590[7]
-naomi 691[1]
näpursäm npers. II 593, 7
narš, nərəš, narəm, nara, narąm, nar° 568[4]; nərə- 440, 1
nasāu 463[5]
nasu- 292[7]
niγrāire [so] pf. 743, 2
niδāsnaiþiš- 445[1]
nmāna- j.-awest. 208[7]
nō II 149, 5
nōit II 330[7]; nōiṯ II 591[1]
nū II 571[1]

-ŋha 2. sg. 669[5]

pa^{i}ri II 499[5]. 500[6], 3. 503, 1
pairidaēza- 68[6]
-paisa- iran. 206[2]
pa^{i}ti II 508[5]
pa^{i}ti-ā-az- II 509[4]
pa^{i}ti-bar- II 509[5]
pa^{i}ti i- II 509[4]
pa^{i}ti vač- II 509[5]
*pardēz m.-iran. 193[3]
pariy apers. II 499[5]. 503, 1. 504, 1
parō II 541, 5. 656[5]
Pārsahyā martiyahyā apers. II 41[6]
pasu vira II 51, 1
patiy apers. II 508[4]
paþman- 524[3]
pərəsa^{i}nyeiti 709, 6
pijāla iran. 154[7]
pišant- 841[8]
pitā: manā – apers. II 200[2]
prapiþwa- 436[2]
puẖδa- 596, 3
pusā 292[7]

raγu- 302[4]
Raŋhā iran. 310[3]
raoẖšna- [so] 327[6]
raose conj. med. 803, 4
raz- 293[1]
Ρεομιθρης arsakid. 197, 2
Rēwmiϑr mpers. 197, 2

-s- Präsensbild. 707[1]
saēna- 325[6]
saēta 679[2]
saētē 679[1]
Σᾱμοσᾱτα arsakid. 190[3]
saošyant- [so] 349, 1
satəm 49[3]
skarəna- 298[2]
slēvkān mpers. 198, 1
snāvarə 279[6]. 481[3]
spā nom. sg. 568[5]; spānəm acc. sg. 568[6]
σπάκα med. 479[3]
spasyā g.-awest. 660[4]
spasyeiti 705[2]
sraoša- 504, 2
sraotā 800, 6
sruta 292[6]
st (aus dt, tt) iran. 56[3]
staman- 524[3]
stå̊ŋhat̰ 752, 1
sūnam gen. pl. 568[6]

šaē^{i}ti 326[1]
šāh npers. 326[1]
šāti- iran. 190[3]
šay anaphor. apers. 607[6]
šehr npers. 326[1]
šiti- 326[1]. 505[5]

tača^{i}ti 723[1]
taēibyō 609[5]
taẖš npers. 827[5]
-tanaiy [so] infin. apers. 490, 3. II 358[4]

tašan- 326[2]
tā . . yā pāyāt II 607, 2
tē 609[5]
tōi (= tē) 609[5]
tu 603[7]
tuvam apers. II 579, 4

þrāþrāi II 140[2]
þrāyō 'drei' 573[2]
þritya- 595[7]
þwa- 'tuus' 608[3]
-ϑwana- suff. 272[3]

u^{i}ti 'so' 629[5]
upa II 522[6]
upā apers. II 522[6]
upa^{i}ri II 518[2]. 519, 1
upara- II 518, 6
upariy apers. II 518[2]
upastā- f. apers. 425[3]
urvaēsa- 314[3]
-uš 540[3]
uta II 564[4]
utā apers. II 564[4]

vā 'ihr zwei' 601[3]
vā 'oder' awest. apers. II 564[3]
vādāyōit opt. 225[6]. 720, 3. 730, 2
Vahrīč mpers. 224[2]
vaẖšt 706[7]
vairyastāra 537[4]
-vant- suff. 526[6], 8. 527[3]
var^{ə}šəntī 664[3]
[2]varəta- 743, 6
varəza- 458[5]
vərəzyeiti 293[1]. 716, 2
vīdvanōi g.-awest. 808[7]
viðvå 540[1]
Vi(n)dafarnā iran. 153[5]
Vindafarna- [so] apers. 182[8]
vīsaiti 292[7]. 591[4]
Vištāspa- iran. 153[5]

voẖt neuiran. 226, 1
*vr̥da- iran. 344, 2
vriže afghan. 313, 2
vrka- apers. 223, 2
*u̯rant- 740, 5

-yå 537[1]
yā II 662[5,6,7]
yakā apers. 838[4]
yākarə 303[5]. 518[5]
yārə 494, 6
yasča 410[2]
yas čā g.-awest. 615[3]
yas^{ə}.tava 410[1]
yāsman mpers. 313[4]
yāsta 330[6]. 773[3]
yāsti 680[2]
yat̰ II 638, 2. 645[4]
yat̰ yaϑa j.-awest. II 714[6]
yatāra- 615[1]
yauna apers. 80[4]
yavaējī- 303[6]; -im 631, 2
yazaēša 669[5]
yazata- 502, 2
yō čiš čā II 575[1]
ysāra- sak. 593[4]
yūš 601[2]
yūžəm 601[2]

zå 326[3]
zaēma 747[2]
zana- 292[8]
zand mpers. 292[6]
zānu 328[2]
zānūk mpers. 293[1]
zaoša- 293[1]
zdī g.-awest. 351[3]. 677[4]. 800[4]
zī 624[4]. II 561, 2. 592, 8
zimō 297[5]
zinat 300[7]
zrvan- 490[3]
zyå 569[6]

žʒar- 326[3]

3. ARMENISCH

ab(b)as 164[1]
ail 614[2], 3
air 57[3]. 412[1]. 568[4]. 840[2]
ait 348[1]
aitnum 700[2]
aits 57[5]. 347[5]
-akan suff. 497[6]
akn 339[5]
akumit 163[6]
al (aus ˳) 57[2]
ał 304[2]
ałbiur 57[5]. 519[6]
ałwēs 496, 4
am (aus m̥) 56[4]
amol 837[8]
and 628, 7

andzink' 485, 6
-anem Verbalausg. 700[7]
anon 164[2]
antihiupatos 163[7]
anun 57[3]. 523[1]
anurdž 57[5]
aporiumay 164[2]
ar (aus r̥) 57[2]
ař II 492[2]. 493, 4
arar aor. 749[2]
arari 646[5]
arbenam 700, 1
argiuron 163[6]
ařn gen. sg. 568[4]
ařnem praes. 646[5]. 749[2]
ařnum 696[3]

asarion 164[2]
asem 678[5]
astł 57[3]
atamn [so] 57[3]
audzik' 838[1]
aur 57[5]. 346[5]
avelum 57[5]
ayer 163[6]

-b instr. sg. 551[2]
bam 675[1]
banam 694[3]
bas 675[1]
Basean 153[7]
bat'si 694[3]
bay 675[1]

berem 297[3]. 338[7]. (trans.) II 223[6]
beri 1. sg. ipf. 651[6]
berim (pass.) II 223[6]
-bk‘ instr. pl. 551[2]
brindz 313, 2
busay 702, 5

ç negat. II 591[1]
ç partic. II 591, 5
c̣ork‘ 590[1]

dialołos 163[7]
diat‘ik 164[1]
didrak‘may 164[1]
Diožen 164[1]
dnem 701, 4
dzełun 838[3]
dzer 57[2]. 303[5]
dzeřn 57[5]. 286[4]
dzes 303[5]
dzukn 325[6]

eats 654[6]
eber 651[2.6]
ed 56[5]. 651[2.6]
edi 651[6]
ēdž miadzin 634, 1
egit II 258[2]
ekn 309[5]
-el II 358[5]
elik‘ 56[5]. 651[6]. 701[1]
ep‘em 57[5]. 706[7]
erastank‘ 361[2]. 501[4]
erbuts 498, 8
erek 411[6]
eresun 592[1]
erkar 57[5]. 482[5]
erkotasan 588[6]
erku 57[5]
es 659[3]
ew II 465[1.3]
ewt‘n 304[1]

ənd 57[6]. 443[5], 2

gan 837[4]
gařn 57[2]. 568[6]; gařin gen. sg. 568[6]
getin 838[7]
gini 57[5]. 823[3]
gramar 164[2]

h (aus s) 56[6]
hair 291[2]
hał 840[7]
hariur 49[4]
hart‘sanem 709, 6
hasoit‘k‘ 210[7]
Hay (pl. Haik‘) 52[2]
heriun 57[5]
het II 499[2]

hin 56[6]. 304[1]
hiun 163[5]
hngetasan 590[4]
hołm 340[2]
hot 306[4]. 339[5]
hototim 339[5]
hřetor 163[7]
hřog 163[7]
Hřom(e) 163[7]
hum 306[4]

i praep. II 455[4]
im 57[3]. 601[1]
inənunk‘ 591[2]
inn 57[3]. 591[2]
inunk‘ 591[2]
(i) ver II 518[2]

ǰanam 729[7]
ǰermn 494[4]

kałin 57[2]
kanai- 583[2]
kanaik‘ pl. 56[5]. 296[2]. 347[5]. 583[2]
kendron 164[1]

-k‘ pl. End. 583[2]
k‘san 56[5]. 592[1]

leard 517[3]
łevond 163[6]
lᵊk‘i 651[6]
lk‘anem 701[1]
lois 347[3]
lsem 57[4]. 702, 5
(lusa)vor 338[7]

mair 345[4]
manr 314[5]
mard 277[3]
mažistros 164[1]
mełedi 163[6]
mełr 320[7]
mełu 320[7]
merdẓ 57[5]
mesedi 163[6]
mets 584[2], 3
metsarem 584[2]
mi 56[6]. 345[4]. 358, 11. 473[6]. 588[1]. II 591[1.3]
miandzunk‘ 485, 6
mnam 719[2]
muẖ 496[5]

nd (für nt) 210[3.4]
-no- Verbaladj. 57[4]
nor 482, 4
nu 350[2]. 457[6]

o 294[1]
oč II 591[1], 5
op‘rand 164[2]

ort‘i 163[6]
ortsam 411[7]
ost II 491[3]
-oy gen. sg. 555[4]

p‘ar 164[2]
P‘awstos 164[2]
(p‘oit‘ 347[3]. 834[3–4])
p‘ol 164[2]
p‘os 164[2]
p‘urp‘ur 412[7]

řabbi 163[7]
rawdos 163[6.7]. 207[8]
řetin 163[7]

sin 57[5]
sirt 292[7]
siun 57[5]. 486[8]
siunhodos 163[7]. 219[3]
slav 361[2]
stak‘tike 164[2]
stanam 698[4]
sut 329[1]

t- 432[4]
taigr 266[2]
Tajok‘ urarm. 153[6]
-to- Verbaladj. 57[4]
tsałr 57[5]. 647[5]
tser 56[6]
tsin 56[6]
tsitsałim 647[5]
tur 345[4]. 481[3]

t‘er 57[2]
-t‘s- 707, 1
t‘sin 325[6]
t‘sul 57[5]

ul 458, 4
-un 525[1]
uranam 57[5]. 696, 5
urek‘ 631[5]

-v instr. sg. 551[2]
vasn II 552, 2
ver II 518[2]
-vk‘ instr. pl. 551[2]
voře 163[7]

yaspis 163[6]
yavelum 57[5]
y-et II 499[2]
yoin 80[4]

z- II 456, 5
zgenul II 456, 5
zgenum 697[5]
z-het II 499[2]
zmelin 164[2]
zmirnitean 164[2]
zom 163[6]

4. BALTISCH

Nicht besonders bezeichnete Wörter usw. sind litauisch

abù 589[4]
ainan acc. apreuß. 588[4]
-aĩs instr. pl. 556, 5
aistrà 531[6]
akmuõ 293[3]. 381[1]. 485, 6. 569[4]
ãkmuo alit., lit. dial. 835[5]
algà 297[7]. 382[1]
-amas Verbaladj. II 119[4]
-ans acc. pl. apreuß. 559[2]
-ans ptc. apreuß. 566[5]
antà alit., lit. dial. II 441[7]
añt II 441[7]
ántis 361[6]
ap(i)- II 465[1]
ar lett. II 558[4]
ar̃ II 558[4]
árklas 532[2]
arklìdė [so] 800[3]
-ąs ptc. 566[5]
àš (žmogùs) II 188, 4
asmai apreuß. 668, 1
assa apreuß. II 461[5]
assai 'bist' apreuß. 668, 1
ãšmas 595, 3
ãšutas alit. 301[7]
ašva alit. 301[7]
-ata Ausg. lett. 839[8]
au- II 448[6]
áugti 706[7]
áuguse 565[2]
-áuju verba 728, 1
aurė 632[2]
-aũs gen. sg. 572[1]
aũti 706[8]
-áuti infin. 728, 1

bà II 577[2]
balnók imper. 799[1]
barzdótas 503[4]
bė́gti 717[6]
beñdras 482, 1
blusà 286[2]. 329[1]
bousei 'er sei' apreuß. 797, 4
bu 743[2]
bùdinti 701[2]
bùdinu 701[2]
bundù 701[2]
burves pl. lett. 228[3]
bùs 'wird sein' 787, 9
búsiu 755, 10. II 258[3]
bùsti infin. 701[2]
buvaũ II 258[3]

čė 804, 4
čià 804, 4

daraũ [so] 675[4]
daũgel 484[7]
-davau pf. 640, 1
-davęs 640, 1
dė 741[1], 3
-dė nom. 425[3,4]
debesų̃ gen. pl. 579[2]
dedù 648[5]
dègtinas 490[2]
deivė̃ 576, 7
dė̃pt 646, 2
dė̃ptelėti 646, 2
derù 648[1]
dė̃siu 782[4]
dẽšimt 591, 4
dẽšimt- 597[1]
dešim̃tas 503[7]. 595[6]
dešinė̃ II 175[5]
dė̃ti 345[4]
dìdelis 484[7]
didžiù džiauksmù džiaũktis II 166[5]
dieverìs nom. sg. (gen. dievẽrs) 568[3]
-dinu verba balt. 842[1]
dìrgti 715, 4
diriù 684[1]. 715, 9
dirvà 362[4]
dovanà f. 700, 4. 725, 7
dovanóju 725, 7
dovanósiu 739[2]
Drūktenis 637[3], 2
drū̃tas 503[2]
duktė̃ 293[6]. 381[7]. 568[1]; dùkters 568[1]; dùkterį acc. 568[1]
dúosiame lit. dial. 788, 0
dúosiu 787, 11. 788, 0
dúoti 345[4]
dupêtiês lett. 718, 3
dùsti 782, 1

-e voc. sg. 555[1]
-e nom. etc. du. 565[2]
-ē- opt. balt. 793[6]
ė̃dęs 650, 1
eigà f. 721[6]
eĩ-k imper. 674, 6. 798[4]. 804, 4
eĩkš 'komm her' 804, 4
eimè alit. 674, 1
eĩme 674[2]
eimì 674[1]
eisì 674[2]
eĩte 674[2]
eĩti 3. sg. 674[2]. 679[3]. 705[4]
eitù 679[3]. 705[4]
ėjaũ 652[4]
élnis 284[2]
emnes apreuß. 352[6]
en apreuß. II 455[1]
-ėnai suff. 509, 1
ep- 'be-' apreuß. II 465[1]
er alit. apreuß. II 558, 7
ernertimai apreuß. 720, 10
ẽsi alit. 677[1]
esì alit. 677[2]
-ė̃siu 782[5]
ẽsmi alit. 677[1]
esmì alit. 677[2]; lit. II 258[3]
esse apreuß. II 461[5]
ẽste 663[1]; estè 663[1]
esteinu apreuß. II 461[5]
esvà 666, 10

galė̃ti 513, 6
ganà 620[7]
gė́da 322[8]
genù 746, 3
gẽras [so] 300, 2
gerì 382[2]
geróji 382[1]
gérti 360[7]
gérvė 292[4]
gèsti 295[3]. 743, 1
giẽdras 297[7]. 481[6]
gijà 300[6]
gìrtas 360[7]. 361[2]
griúti 761[4]
gúotas 708, 3

ĭ balt.-slaw. (aus idg. *eje) 713, 5
-ī- opt. balt.-slaw. 793, 4
į̃ II 455, 3
-ie- opt. balt. 793[6]
-ienė suff. 479[3]
-iẽs gen. sg. 572[1]
iẽšmas 494[3]
im (aus m̥) balt. 56[4]
in (aus n̥) balt. 56[4]
in lit. dial. II 455, 3
-inas suff. 490[6]
-inojau praet. 700[6]. 842[1]
-inu Verbalausg. 700[7]
ìr lett. II 558[4], 4
ir̃ 342[4]. II 558[3]; ir̃–ir̃ II 559, 2
įrangùs 302[4]
is praep. apreuß. II 461[5]
ìš (alt iž) II 461[5]. 463[1]
išeĩti II 462[4]

jáibotis 722, 1
jãknos 518[5]
jamimp alit. 605[4]
jãvas 330[5]
jėgà 303[5]
jéi [lit., nicht lat.] II 683, 2
jenters gen. alit. 568[2]
júosmi 680[2]
juosmuõ 282[4]. 333[8]

júosta 330[6]
júostome 729[7]
jū̃s 601[2]
jū̃šė 330[6]

kàd II 638, 2
kadà 629[4]
kadù ostlit. 629[4]
kaĩ II 567, 2
kainas II 474, 5
kaĩp II 567, 2
kalbà 292[3]
kálnas 292[3]
kándu 361[5]
kàs 294[1]. II 213[3]
káulas 483[4]
kẽlias 292[3]
keliù ė̃jo II 163[1]
kélti 292[3]
kęsiu 787[2]
kęsti 295[4]
ketverì 589[6]
kiaũlė 308[6]
*kimbù 343[5]
kir̃tis 391[4]
kláusiu 360[6]
klaũso 'er hört' 360[6]
knebénti 343[5]
knibù 343[5]
knisù 686[4]
kója f. II 33, 3
kraũjas 292[2]
krečiù 260[5]
krogiù 716[3]
krokiù 716[3]
(krõtai 292[3]. 832[2])
kvãpas 302[2]
kviẽsti [so] 302[3]

lañksmas 493[3]
láukiu 713[3]
láukti 713[4]
laumė̃ 478, 7
lauxnos apreuß. 327[6]
lẽkāju lett. 719[2]
lekiù 719[2]
leñgvas 302[4]
lengvùs 302[4]
líeju 702[2]
Lietuvõs II 23[4]
ligà 347[2]. 411[8]
lìzas 331[8]
lìzdas 331[8]

-ma- balt. 525[1]
malónė 283[8]
maskatúoti 496, 7
màstieguot 496, 7
mãte lett. 345[4]
mãzgas 328[4]
Melagė̃nai 509, 1
mė̃nesio gen. 515, 5
-mi pron. alit. 602[7], 2
-mie-si refl. 668, 1

miglà 379[6]. 411[8]. 483[3]
mìnė 759, 4
mìnti 705[6]
mirgė́ti 442, 5
miriaũ praet. 704, 9
miršaũ praet. 704, 7
mirštù 704, 7
mìrštu 704, 9
mĩt lett. II 127[1]
motė 567, 7. 840[1]
motė̃ 70[4]. 345[4]
mótė 381[8]. 567[6], 7. 569[4]
moteres lit. dial. 339[3]
móterį acc. sg. 567[6]
móters nom. pl. 567[6]
motyna 345[4]
musià 474[2]
mūti apreuß. 345[4]

naktì 565[4]
namiẽ 382[2]
Naujokienė 479[4]
ne balt.-slaw. 431, 8
ne- compos. balt.-slaw. II 591[2]
negì II 561, 2
negù II 561, 2
nenùneše 651[3]
nẽsti II 593, 3
nóras 720, 10
nóriu 720, 10. 787, 11
nù II 571[1]
nūnaĩ II 571[1]
nuskur̃dęs 351[8]

-ósiu 782[5]

-p praep. II 469, 4
pa lett. 594[3]
pà II 424[2]
pa- lit. lett. II 267[2]
pajūsė́ti 330[6]
palaũkis 198[6]
pàs II 508[5]
pasáulyje II 530, 3
pasigendù 297[5]
paskuĩ 622, 4
pasrùvo 743[4]
pãstaras II 508[5]
-pat II 572[8]
-pàt II 573[1]
patì f. 473[2], 3
patogùs 459, 3
pàts 473, 2. II 572[8]
pavydė́k imper. 798[5] f.
pažintas 292[6]
pažintìs [so] 292[6]. 832[2]
pecku apreuß. 293[3]
pėdà 719[3]
pėdúoti 719[2]
pel̃nas 720, 8
penkerì 630[6]
pẽpinti 298[5]. 487, 1
per- 436[1]

per̃- II 499[5]. 503, 1
per̃didis II 500, 4
pérjuosti [so] II 500[5]
pérnai 424, 5
pérsūdyti II 500[4]
pešù 704, 6
pìe [so] lett. 260[7]. II 509[2]
piemuõ [so] 58[5]. 347[8]. 380[7]. 522[2]
píeva 314[5]
pilìs 325[4]. 344[6]
(Pillkallen 344[6])
pils [so] lett. 344[6]
pìrmas 595[2]
pirmàsis 595, 1
plaušaĩ 348[6]
plū̃šis 349[5]
polīnka apreuß. 701[2]
pomatre apreuß. 345[4]
poquelpton apreuß. 302[2]
pra II 505[3]
Prausen apreuß. 70[4]
pret lett. II 508[4]
priepàt vandeñs II 572[8]
prõ II 505[3]
púdau praes. 703[2]
púdinu 703[2]
pūraĩ pl. 58[5]. 334[3]. II 43[2]
pusiaũ adv. 557[3]
púti 703[2]
puvesis lett. 512[4]
pūvù 703[2]

quāits apreuß. 302[3]

ragúotas 503[4]
rankà II 33, 4
réižiuos 695, 2

saldèsnis 537[2]
saldùs 498[2]
sąs 678[1]
sauja f. 686[3]
saũsas 171[5]. 220[1]. 347[7]
sė́dėti 713[4]
sė́džiu 713[3]
sèkti II 160, 1
selė́ti 714[5]
semiù 324[3]
senė́ju 730, 2
senkù 652, 5
septmas apreuß. 595[6]
septynì 304[1]
sevis 'seiner' lett. 605, 1
seyr apreuß. 292[7]. 518[3]
síekiu 292[3]
sijóti 320[4]
sìmts lett. 49[3]
skalìkas 296[3]
(s)kaste lett. 334[8]
skeliù 833[8]
skiliù 323[1]. 342[4]. 714[5]
skrė́biù 334[4]. 685[2]
smãgens 306, 1

smagùs 310[6]. 832[8]
smirdė́ti 833[1]
smunents apreuß. 526[5]
sniẽgas 310[7]
spiáuti 325[7]
spiriù 272[6]. 342[3]. 714[4]
spìrti infin. 714[4]
spùrgas [so] 362[4]
sravà 223[6]. 310[2]. 355[6]. 460[1]
sravė́ti 743[4]
srebiù 310[2]. 351[7]. 720[1]
srubiù 351[7]
st (aus dt, tt) balt. 56[3]
stans acc. pl. apreuß. 556[2]
steigdu steigdamies lett. 627[1]
steison apreuß. 609, 5
stenė́ti 684[3]
stesmu dat. apreuß. 610[1]
stíegti [so] 292[2]. 334[5]. 832[1]
sto 742[3]; sto bu 741, 3
stomuõ 522[3], 8
stuomuõ 522, 8
sù praep.: – Diẽ, – Dievù II 489[3]
-su alit. 548[7]
subbs 'eigen' apreuß. 601[7]
sùkęs 540, 2
sùkusi 540, 2
sulà 304[2]
sū́nu 565[4]
surbiù 834[5]

šẽn 'her' 804, 4
šérti 360[6]. 361[4]. 363[1]
šim̃tas 49[3]
šliejù lit. [so] 841[8]
šlovė̃ 292[6]
šuñs gen. sg. 568[6]
šuõ nom. sg. 568[6]
švánkus 302[3]
šveñtas 171[5]

-tà suff. 528[6]
-ta 2. du. lit. slaw. 667, 2
tariù 720, 3
tàs II 23[4]
tas gi II 561, 5
tašýti [so] 326[2]. 833[4]
tè 'da! nimm!' 613[2]. II 579[2]
te- 651, 2
-te adv. 629, 4
tekė́siu 783[1]
tekù 783[1]
tẽn pàt II 572[8]
-terė́ti 706[5]
-teriù 706[5]
tesukiẽ 376[7]. 382[2]
tėvaĩ II 45, 1
tevis 'deiner' lett. 605, 1
-ti infin. balt.-slaw. 504, 2. II 358[5]
-ti pron. alit. 602[7], 2
tiẽ, tíe 382[2]
tìltas 271[4]
-tinas Verbaladj. II 119[4]
tõ 'desselben' 624[1]
trẽčias 589, 4
trùkti 715[1]
tsũka lett. 308[6]
tugi II 561, 5
tugu II 561, 5
turiù sutaũpęs 812, 2

-ų̃ gen. pl. 548[6]. 556[3]
-ù nom. etc. du. 557[1]
ugnìs II 30[2]
uguns lett. II 30[2]
ulóju 305[1]
ulóti 683[2]
ungurỹs [so] 90[4]. 300[2]. 832[5]
úodęs ptc. 766[4]
úodžiu [so] 339[5]. 834[2]
úoksauti 339[5]
-úosiu 782[5]
-uotas suff. 727, 5
-uoti verba 727, 5
uschts apreuß. 596, 3. 5
už- II 517[4]

vaĩkas 171[5]
vė̃da 660, 1
vedì 661[2]
vèdu 'wir zwei' lit. (žemait.) 601[3]
véidas 512[1]. II 250, 8
vė́jas 680, 4
velkù 660[4]
velúos 660[4]
vémsiu 784[5]
vémti 680[4]
verpiù 314[3]
-vęs suff. 540[5]
-(v)ęs suff. 539, 7
vìlbinti 314[2]
vilkaĩs 279[6]. 382[2]
vil̃kas 171[5]. 555[2]
vilkè voc. 555[2]
vilkù 382[1]
vilkų̃ 382[2]
vir̃bas 314[3]
Výtautas 681, 3

wagnis apreuß. 297[7]. 314[2]. 495[3]
weddi alett. 661[2]
witwan apreuß. 506[4]

žándas 293[6]
žárna 508[7]
žąsìs 297[5]
žąsų̃ 515[6]
žavė́ti 499[2]
žélti 302[7]
žinaũ 707[3], 3
žíndu [so] 323[3]. 833[3]
žuvìs 325[6]
žvãkė 302[1]
žvė́res 424[3]
žvėrìs 302[1]
žvilgė́ti 302[1]

5. GERMANISCH

a artic. engl. II 27[7]
à : à Pfund nhd. II 435, 1
-a neut. pl. got. 581[3]
-ā verstärkend ahd. II 564, 4
Aa nhd. II 30[3]
Aarbérg d. 380[1]
ab praev. nhd. II 444[6], 2
ab praep. schweizd. (= von) 386[3]. II 444, 2
aba got. 485, 5
aba ahd. II 444[1]
abbekommen nhd. II 428[4]
aber ja d. II 578[4]
abermals nhd. 595[4]
Abijins got. 162[6]
Abklatsch (Bed.) d. 39[5–6]
ablose^{n} schweizd. II 145, 1
about engl. II 575, 4
abräumen d. 40[8]
abschlachten nhd. II 445[3]
abschreiben nhd. II 267[3]
Absehen (Bed.) d. 43[3]
abstellen (Bed.) d. 38, 2
abverdienen nhd. II 428[4]
accent engl. 372[5]
ach Gott nhd. II 62[4]
Achtung! nhd. II 355[4]
Adamsapfel d. 427[1]
ādra ahd. 519[2]
af got. II 444[1]
Affe d. 497, 4
afgrunds got. II 444[4]
afiddja got. II 445[1]
afqiþan got. II 445[2]
afskaidan got. II 445[1]
afstandan got. II 445[1]
aftana got. 627, 4
aggwus got. 338[8]
agis got. 512[1]
Agustau got. 198[8]
aha ahd. II 30[3]
ahjan got. 298[5]. 299[8]. 715, 3
ahtau got. 595, 3
ahtowi ahd. 595, 3
ahtuda got. 381[4]

aƕa got. 246[1]. II 30[3]
-ai- opt. got. 793[6]
aihtrōn got. 299[7]. 706[5]. 725, 5
aikklesjo got. 162[4]. 163[3]
ailoe got. 162[5]
ainfalþs got. 598, 10
ains got. 348[1]. 588[4]
ainshun II 213[5]
Aiodia got. 162[6]
air got. 313[3]. 595[2]
airis got. 595[2]
Airmodam got. 163[1]. 213[2]
-ais gen. sg. f. got. 572[1]
aivaggeljo, -eli got. 162[4]. 198, 2
aiwins acc. pl. got. 619, 6
aiwiski n. got. 260[6]
Aiwwa got. 162[6]
Aizleim got. 163[3]
Akaïjai got. 162[6]; Akaïje gen. pl. got. 162[6]
Akaja got. 162[6]
akrs got. 481[4]
Akʋla got. 162[5]
alan got. 340[1]
alawāri ahd. 314[2]
alilanti ahd. 614[2]
*alizōn germ. 824[4]
alja ‘außer’ got. 614, 3
aljaþ got. 629[3]
aljis got. 614[2]
alle außer ich d. II 542[4]
alle Neune d. 589, 0
allerhand gen. II 9, 1
all of us engl. II 136[6]
all the same engl. II 582[7]
Almosen d. 529[4]
als nhd. II 565[6]. 663[1]. 696[4]
alsdann nhd. II 564, 6
alsogleich nhd. II 564, 6
altern nhd. 730[7]
am sitting engl. II 270, 3
an got. II 558[2], 2. 3. 589[5]
an d. 275[7]
a(n) artic. engl. II 27[7]
-an infin. germ. II 358[5]. 365,1
an(a) ahd. II 440[1]
ana got. II 440[1]. 441[1.5]
ananiujan got. 727, 4
and got. II 442[7], 5. 443[5]
and engl. II 574[7]
and(a)- got. II 441[7], 5
andalauni got. II 441, 5
andaneiþa got. II 441, 5
andanēmeigs got. II 441, 5
andanēms got. 466[2]
andastaþjis got. II 441, 5
andastaua got. II 441, 5
andawaúrdi n. got. II 441, 5
andi n. ahd. II 442[1]
-ands ptc. got. 566[5]
andtilōn got. II 441, 5
andwaírþi got. II 441, 5. 443, 2
andweihandō got. II 441, 5
angehen: einen – nhd. II 73[1]
angetan d. 489[3]
anglophil d. 442, 3
Angst nhd. II 176[1]; Ängste II 43, 1
Anhänger nhd. 531[5]
Ankə schweizd. 40[2]
ankommen nhd. 435, 1. II 426[3]; er kommt an 644[5]. II 420[5]
-ans acc. pl. got. 556[2]
ansehen: sieh mal an! II 583, 2
anstatt nhd. II 435[3]
anstellen (Bed.) d. 38, 2
Antiaukia got. 163[2]
Antiokjai got. 162[6]
antreten! nhd. II 380[4]
anþar got. 614[2]
ānu ahd. II 535[5]
anzünden nhd. II 267[3]
aoristisch (term.) nhd. II 253[1]
apaustaulus, -tulus got. 162[4]
à Pfund nhd. II 435, 1
ār an. 303, 3. 313[5]
Aramäer d. 78, 4
Areistarkus got. 162[5]
Ärger nhd. II 51[6]
ars ahd. 284[8]
Arsch d. 516[5]
asc ahd. 267[1]
Asgad got. 163[3]
Asien d. 171[3]
Asmoþ got. 163[3]
Aspekt (Verbal-) nhd. II 250[5]
-assus got.-kelt. 507[1]
ast ahd. II 491[3]
Ast d. 330[1]
asts got. II 491[3]
Atem nhd. II 51[6]
Atterdag dän. 454[6]
Attila got. 60[5]
au praep. aisl. 614[1]
au! interj. nhd. II 600, 8. 619[7]. 620[1]
auðr aisl. 614[1]
auf nhd. II 435[6]; – zur Rettung! nhd. II 380[4]
aufgepaßt! nhd. II 355[4]
aufhören nhd. II 267[5]
aufpassen! nhd. II 355[4]
aufschauen! II 380[4]
aufschießen nhd. II 267, 2
aufschließen nhd. II 432[2], 1
aufschreiben nhd. II 267[3]
aufsteigen nhd. II 267[6]
Augenpaar nhd. II 48, 4
auhns got. 295[4]
auhsa got. 485, 5
auk got. II 561, 2
aukan got. 706[7]
Auneisifaurus got. 162, 2
Aunisimus got. 162, 2
-aus gen. sg. got. 572[1]
Ausdruck (Bed.) 39[5]
ausgeschlóssen d. 380[2]
auskommen nhd. II 431[2]
ausō got. 348[4]. 520[3]
außer daß nhd. II 542[4]
austr an. 349[4]
Auto(mobil) d. 427, 4
auþs got. 314[2]
azʋme got. 162[5]

badōn ahd. 705[4]
bāen ahd. 705[4]
Bagauis got. 162[5]
Baiailzaibul got. 162[4]
baidja got. 842[4]
Baidsaiïdan got. 163, 1
baira got. 297[3]. 338[7]. 660[4]; bairam 642[8]; bairai 796[1]; bairais 796[1]. 660[1]; bairaiþ 663[1]; bairand 664[3]; bairats 667[1]; bairada II 236, 5; bairau 662[2]; baírandau 802, 4; bair imper. 799[1]; bairiþ 663[1]; -bairiþ 799[5]; bairōs 666, 10
Bairauja got. 162[6]
bald nhd. II 564, 6
Balmung d. 635, 3
-bar suff. d. 494[6]
barn got. II 36[6]
barnilo got. 471, 1
baxter engl. II 31, 5
be- praev. nhd. II 475[6]
beautiful engl.; s. bijûtiful
behende mhd. 222[3]
bei nhd. II 494[1]; bei allem g. Willen II 390[4]; bei Gott II 516[5]
beide Augen nhd. II 47[4]
beileibe nhd. II 516[5]
bekämpfen (zu –) d. 806[1]
bekommen nhd. II 240, 1; bekam II 280[1]
bend schweizd. 222[3]
béo ags. II 265[7]
beornan ags. 267[6]
Bepūr schweizd. 445, 1
bērusjōs got. 540[3]
beta-būr ahd. 445, 1
betreffende (der -e) II 125, 1
bevor nhd. II 696[4]
bewahren d. II 258[2]
bewundern (zu –) d. 806[1]
bewunderungswürdig nhd. II 241[6]
bī ahd. 546[6]. II 55[7]
bijûtiful engl. 15, 4
bim bam nhd. 648[5]
bim Eid schweizd. II 516[5]
bin nhd. II 258[3]; bist du bereit? II 627[5]
binden d. 287[6]

biru ahd. 297[3]
bis nhd. II 533, 2. 657[7]; bis zu nhd. II 533, 2
Biþania got. 162[4]
biudan got. 347[4]
Blatt nhd. 704, 8
blicken nhd. II 250[1]
blindaizē got. 609[5]
blōɑı and. 260[5]
blutt schweizd. 15, 1
bonjour d. 39[2]
bookmaker engl. 39[5]
Bo^{p}mər schweizd. 317[4]
borōn ahd. 719, 7
Bräutigam nhd. 326[3]
brav nhd. 39[2]
brāwa ahd. 69, 2. 350[5]. 463, 6
*brēwa germ. 350[5]
bringen nhd. II 250, 2
brṓþar got. 380[7]. 840[2]; brōþr dat. 567, 3; brōþrum dat. pl. 568[5]
*brṓþēr germ. 380[7]
broušt schweizd. 288[1]
Bruder d. 49[3]
brunn, brünn d. 17[5]
Brunnen d. 519[6]
brünnə d. (dial.) 275[7]
Brutusse (die –) pl. nhd. II 45[5]
Buchmacher (Bed.) 39[5]
bulle nd. 838[1]
buohha ahd. 346[5]. 457[6]
būr ahd. 67[3]
Bürgerméister d. 380[1]
būs būs būs schweizd. II 61, 6
Butter schweizd. 40[2]
by Jove, heaven engl. II 516[5]

caelf ags. 515, 1
calfur ags. 515, 1
carry coals to New Castle engl. II 156, 2
chaech schweizd. 294, 1
chārə schweizd. 282[6]
-chen dimin. d. II 36[4]
Chind schweizd. 404[2]
clioban ahd. 685[3]
clubi ahd. 685[3]
corn(uc) ags. 292[4]
cranuh ahd. 292[4]
cut (Bed.) engl. 39[4]

dă d. 15[2]
-da suff. got. 281[4]
-da 3. sg. got. 667[4], 5
Dach d. 334[4]
*dagaz urgerm. 416, 2
dagis gen. sg. got. 555[2.4]; dagam dat. pl. 555[2]
dalaþ got. 271[7]
damit nhd. II 665[6]
dann nhd. II 564, 6
dar d. 630[6]
das ist mer wider es Züg schweizd. II 149, 1
daß d. II 636[2]; – er gehen werde II 638[1]; – du das nicht tust II 380[4]; – so etwas geschehen mußte! II 379[7]
dašt^{a}recht d. 412[3]
-dau got. 801, 1
daúhtar got. 293[6]
daupjan got. 806, 1
daúr n. got. II 44, 5; daúrōns pl. f. II 44, 5
Daweid got. 162[6]; Daveidis 198, 2
decken d. 334[4]
dedun as. 664[2]
demu ahd. 610[2]
denk schweizd. II 583, 2; ich dachte: ich will g. nhd. II 373[5]
der (die, das) pron., art. d. II 20[1]. 615[1]. 642[6], 1; den ... Buhlen, den ..., der liegt II 641[5]; dér Art II 16[7]; der erste 595[2]
der^{a} Rotto d. 412[3]
derə schweizd. 609, 5. II 212, 3
dergleichen (gen.) nhd. II 9, 1
derig 'solch' schweizd. 609, 5
dero gen. pl. ahd. 609, 5. II 212, 3
derselbe d. II 212, 2
determinativ (term.) 252[6]
deutsch nhd. 66[5]. 541, 6
di ndd. II 580, 3
Didimus got. 162, 2
die minnet dir ein h. mhd. II 149, 1
diet mhd. 66[5]
dīnigen schweizd. II 205, 1
dis- got. II 448[7]
doch: wenn – nhd. II 557. 1
dominee holländ. II 63[1]
dominie engl. II 63[1]
dort! nhd. II 13[8]
dreidoppelt d. 598, 8
Drittel nhd. 598[6]
dritthalb d. 599[3]
du ahd. 602[7]; nhd. II 343, 1; du gehst? nhd. II 627[4]
duginnan got. 700[7]
durativ II 252[6]; – determinativ II 253[1]
Durchmesser d. 152[3]
dürfen nhd. II 304[2]. 339[4]
Dur(h)am engl. 221[7]
durri ahd. 285[1]

-ē pron. got. 839[7]
-ē gen. pl. got. 839[7]
ēa ags. 246[1]
echtiwer schweizd. 595, 3
egisigrima ags. 444, 2
eher nhd. 595[2]
ehtewer pl. mhd. 595, 3
ehu- ahd. 301[7]
Eichhorn nhd. 42, 5
Eidechse nhd. 42, 5
Eier-Öhrli schweizd. 230[6]
ein nhd. II 27[2]; einen 'mich' II 45, 4; ein anderēn ahd. 446, 8
Eindruck (Bed.) 39[5]
einfach d. 588[1]
einige nhd. 215[8]
einschlafen nhd. II 250[1]. 255[1]
einschreiben nhd. II 267[3]
Ein- und Ausgang nhd. II 422, 5
-eis nom. pl. got. 571[6]
eisca ahd. 541[6]
eiscōn ahd. 306[3]. 541[6]
eit ahd. 347[6]
eiz ahd. 348[1]
elend nhd. 614[2]
Eltern nhd. II 52[1]
enk 'euch' bair. II 46[5]
entfliehen nhd. II 251, 1. 267[6]
er (= her, hēr) d. 221[7]
er (= lat. is) 600, 0
ēr ahd. 595[2]
er- nhd. II 267[2]
erblicken nhd. II 250[1]
Erdapfel d. 427[1]
eremitiert (für emer-) d. 268[4]
erfrieren nhd. II 250[2]
ēristo ahd. 595[2]
erklingen nhd. II 251, 1
Erle d. 69, 3
ernst nhd. II 176[1]
err aisl. 285[8]
erschlagen nhd. II 250[1]
erst: der erste nhd. 595[2]
ersteigen nhd. II 250[1]
es nhd. 614[6]; es ist zum Heulen II 366[3]
ēs 'ihr' bair. II 46[5]
Esa(e)ias got. 162[7]. 196[7]
etewer mhd. II 212, 5
Éugen österreich. 177[2]
E-uropa österreich. 177[2]
euua ahd. 41[4]
ēwa ahd. 609, 5
except that engl. II 542[4]

fadar got. 291[1]. 380[7]; fadrum 342[2]
Faden (-ā-) nhd. 391[8]. 493, 11
faír- got. II 499[5]
fairzna got. 381[1]
faktiv (= nicht-infektiv) nhd. II 261[5]
fāli ahd. 720, 8
Fall nhd. II 53[4]
faran got. ahd. 722[1.2]
farjan got. 722[2]

fathmos as. 493, 11
*faþér germ. 380[7]
faúr got. 342[4]. II 492[1.2], 4. 5
faúra got. II 492, 4
faúrgaggan got. II 493[2]
Faurtunatus got. 163[2]
fawai got. 347[6]
feala ags. 584, 4
feder afries. 574, 1
Feder (= Schreibfeder) nhd. 32[7]. 40[7]; Federn nhd. II 43[2]
Feigling nhd. II 175[3]
fel(a)wa ahd. 325[4]
felis(a) ahd. 285[5]
*felu germ. 584, 4
ferien ahd. 722[2]
fersana ahd. 325[4]. 381[1]
fersc ags. 267[6]
fersna altnordfränk. 335[8]
fesa ahd. 325[4]
Fessel d. 358, 2
feta an. 719[3]
Feuer! nhd. II 620[1]
few engl. 347[6]
fiardon dag ahd. II 69[8]
fidurdōgs got. 356[2]
fidurfalþs got. 598, 10
fidwōr got. 319[8]
fientiv (term.) nhd. II 252[3]. 257[2]. 258[6]
fīg schweizd. 17, 2
Filetus got. 163[2]
fílicht schweizd. 386[1]
Filippisius got. 162, 2
filu got. II 87[5]
finden nhd. II 249[6.7]. 250[1.2], 2. 253[2]
finfi ahd. 595, 3
firstān ahd. 675, 2
firzit ahd. 291[2]
fiscian ags. 729[7]
fiskja got. 521[3]
fiskōn got. 729[7]
flestr an. 538, 8
fley aisl. 470[3]
fliehen nhd. II 251, 1. 267[6]
fließen nhd. II 252, 4
flugs d. 620[6]
fōdjan got. 703[2]
folma ahd. II 33, 4
folo ahd. 284[2]
fon(a) ahd. II 444[2]
forschen d. 707[3]
fōtu got. 565, 3
fōtus got. 358, 2. 419[5]
fowen ahd. 325[4]
fra- got. II 267[2]. 505[3]
fragen nhd. II 631[1]
Frakkar an. 214[3]
fram got. 494[4]; – wigis 436[8]
framea germ.-lat. 494[4]
frang as. 269[2]
fraujins ist aírþa got. II 124[2]
Fräulein (die –) II 38[1]
freuen: sich – II 133, 1; ich freue mich so! er kommt nhd. II 635[4]
frieren nhd. II 250[2]
frijōn got. 480, 1
Fritz d. 636[6]
frohtian ags. 267[6]
Früelig schweizd. 100, 2
fruma got. 494, 2
fruoi ahd. 461[4]
Fug d. II 558, 10
Ful(h)am engl. 221[7]
fulljai fahēdais got. II 111[3]
fūls got. 350[2]
funfto ahd. 596, 3
fuogen ahd. 720[4]
Fürchtegott d. 634[2]
fürchten nhd. II 71[2]; ich fürchte, es wird schwer gehen II 329, 2
Fuß d. 358, 2

gabairan got. II 267[2]
gadars got. 462[6]
gadēþs got. 345[4]
Gaïus got. 162[6]
gäll ‘gelt’ schweizd. 804[4]; gället ibid.
ganazzo ahd. 515, 5
gān-i schweizd. 289[1]
ganisan got. 690[3]; -siþ 780, 6
Gans d. 286[7]
ganz d. 626, 2
gaquiss got. 504[5]
gaqumþs got. II 267[2]
gären nhd. 330[5]
gargle engl. 423[2]
gasaiƕis þo qinon? got. II 628[7]
gaslēpan got. II 250, 3
Gast d. 329[5]
gast (pl. gesti) mhd. 273[4]
gastaistald got. 649, 1
gataúrþs got. 342[5]
Gaumaurra, -aurjam got. 162, 3
gawaurkjan got. II 314, 1
gaweisōn got. 787[3], 5
ge- praev. nhd. 417, 1. 651, 2. 652[5]. II 267[7]
gebal ahd. 261[4]. 483[6]
geben nhd. II 275, 1
gebringt (Kinderspr.) d. 20, 1
Gebrüder nhd. II 39[5]
geh! nhd. II 339, 2
gehen (angehen) nhd. II 73[1]
gehören nhd. II 240, 1. 267[5]
geinōn ahd. 694[3]
gekommen d. 805[4]
genist nhd. dial. 780, 6
genommen d. 810[4]
Gerechtigkeit d. 456[6]
gersta ahd. 352[4]
gesagt d. 810[4]
gesalbt d. 391[8]
Geschwister nhd. II 39[5]
geswīgen mhd. II 257[5]
get engl. 297[5]
getrinkt (Kinderspr.) d. 20, 1
gewahr c. acc. nhd. II 74[2]
gewahren nhd. II 258[2]
Gewehr (Bed.) nhd. 36[7]. 37[7]
gewesen d. 223[6]
ghost-word engl. 29[8]
gibis got. 20[3]
gibist ahd. 20[3]. 819[7]
gibla got. 489[6]
Gicht (Bed.) d. 43[3]
Giebel d. 71[1]
gimahit f. ahd. 208[3]
ginēn ahd. 694[3]
Girker an. 80[8]
gisalbōt ahd. 391[8]
Gischt [so] d. 330[5]. 833[7]
gisegenoten: ir – mines fater ahd. II 119[4]
gistradagis got. 325[6]
Gīt schweizd. 15, 1
gitāti ahd. 345[4]
G'jümpf schweizd. 523, 6
glauben nhd. II 268[4]
gleich nhd. II 564, 6
Gleichnis (term.) II 284[5] f.
glīch schweizd. II 582, 2
glitmunjan got. 343[3]. 724[5]
Glück nhd. II 268[4]
gōljan got. 717, 3
grā des hāres mhd. II 132[8]
Graf N. nhd. II 615, 2
Gra(h)am engl. 221[7]
Grikker an. 80[8]
groß nhd. II 179[3]; größer wie II 667[1]
grot Mat ndd. 14[1]
Grundzahlen (term.) d. 587[4]
grünen nhd. 730[6]
G'schütz schweizd. 523, 6
guətə dial. 16[2]
guma got. 326[3]. 485, 5. 569[4]
gund ahd. 343[6]
gundfano ahd. 297[6]
Gunt(h)er d. 221[7]
guot mhd. 14[2]
gut d.: gūt nhd. 14[2]; gut! II 620[1]; es ist –, es geht – II 10[4]

h dt. (< gr. χ) 218, 1
h engl. (dial.) 222[1]
-h got. II 573[2]
hacken nhd. 730[7]
*hafis, -iþ got. 713[2]
hafja got. 713[2]
hafr an. 293[1]
Hahn nhd. 32[1]
haidus got. 418[6]

hairaisis got. 162[5]
Hairodiadins got. 162[4]
Haisi schweizd. 288[1]
haitiþ got. II 224[1]; haitada 756, 4. II 224[1]
haiþnei got. 162[7]
haktiə, -iist engl. 222[1]
halbprädikativ (term.) d. II 618, 1
Hals d. 285[5]
halt nhd. II 583, 2
hamma ahd. 361[6]
Handlung an sich (term.) II 253[1]
han-əm'sg'seitg'hāschweizd. II 275, 1
hán-i? nhd. dial. 187[7]
hardus got. 292[4]. 342[5]
harjis got. 32[4]
Harnisch (Bed.) 36[7]
hart an nhd. II 487, 7
Hartschier d. 306[3]
hassen nhd. 719, 13
hässig schweizd. 719, 13
hast du nicht gesehen nhd. II 583, 2
häšt? nhd. dial. II 187[7]
hatis got. 512[1]
Hatzidakis (=Χατζιδάκις) 218, 1
Haus d. 14[2]
hausja got. 58[5]
Haut d. 702[2]
Havarie d. 306[3]
have you? engl. II 627[4]
he engl. 221[6]
he (hē) nhd. 600, 1. II 16[5]. 60[6]
he-cat engl. II 31[4]
Heer nhd. 32[4]. 272[5]
heimi ahd. 549[5]
Heinriche von Reuß d. II 45[2]
heischen nhd. 306[3]. 707[3]. 832[7]
Heisi schweizd. 288[1]
heißen nhd. II 374[4]
-heit suff. nhd. 528[5]
heite an. 667, 6. II 236, 5
helan ahd. 525, 6. 719[2]
helft einander nhd. II 199[1]
(Hellenen 'Kolonisten') 78, 4
Helm (Bed.) 37[1]
Hendrik ndl. 277[7]
her! d. II 620[3]
herizogo ahd. 821[1]
Herr Heinrich, der. . nhd. II 615, 2
herzisuht ahd. 448[1]
Heulen: es ist zum – II 366[3]
heute d. 16[3]
Hilfe! nhd. II 620[1]; zu –! II 380[4]
himma daga got. 613[4]
Himp schweizd. 275[6]
hina ahd. 615[2]
hindana got. 627, 4
-hinþan got. II 474, 6
Hirmos d. 492, 6
hirni-reba ahd. 411[6]
(h)istorical engl. 222[1]
hiut(ag)u ahd. 16[3]
hlifan got. 704[5]
hlinēn ahd. 694[4]
hlinōn as. 694[4]
hlosēn ahd. 787[3]
Hlot(hari) ahd. 292[6]
hm nhd. II 16[5]. 600, 3
hó appenzell. 304, 1
Hochebene (Bed.) nhd. 39[5]
ho(h)ubit ahd. 197, 1
hol-əm schweizd. 404[2]
hops d. 620[6]
hören: ich höre ihn kommen nhd. II 374[4]
hors ags. 267[6]
however engl. II 578[2]
*hrasna f. got. 190[1]
(h)rō ahd. 292[2]
hrǫnn an. 190[1]
hualf an. 302[2]
hui nhd. II 600, 6
Hǖlfe! d. 15[2]
hulundi got. 525, 6
hun got. 299[4]
hundert d. 49[3]; – Kühe II 176[2]
Hürəpaiss schweizd. 413[7]
hūs mhd. 14[2]
hüss, huss d. 17[5]
hüsteln nhd. II 222[3]
Husten d. 225, 4
hūt ahd. 357[7]
hwá nom. ags. 615[5]
hwæs gen. ags. 615[5]
hwaster aschwed. 302[3]
hwéol ags. 296[2]
hweowol ags. 296[2]
hwiu ahd. 227[2]
hwonne ags. 275[7]
hwuosto ahd. 225, 4

ƕa got. 54[2]
ƕairban got. 302[2]
ƕaiwa got. 609, 1
ƕarbōnds faúr got. II 495[3]
ƕas got. 294[1]. 615[5]. 617[1]. II 212, 5
ƕaþ got. 629[3]
ƕaþar got. 381[2]. 534[1]
ƕileiks got. II 643[4]
ƕis 'wessen' 555[4]. 615[5]
ƕō f. got. 617[1]

I engl. 602, 2; – am sitting II 270, 3
-ī- opt. germ. 793, 4
Iared got. 162[4]
Iairupulai got. 162[7]
Iasson got. 163[3]. 217[5]
īblār an. 436[5]
ich d. 600[5]
ídæges 'heute' ags. 588[3]
iddja got. 56, 3
Idumaia got. 162[5]
īfäpmə schweizd. 317[4]
iftumin daga got. II 465[1]
ihhā ahd. 606[2]. II 564, 4
ik got. 293[6]; nhd. dial. 17[5]
im 'bin' got. 814[1]
im praep. + artic. nhd. II 455[2]
imperfektiv (term.) nhd. II 252[5]
impi piano ahd. 343[7]
Imst ON d. 66[3]
imu ahd. 608, 1
in praepos. got. II 455[3], 7, ahd. II 455[1], 7; in c. acc. schweizd. II 486, 1; in's Meiers schweizd. II 120[5]
ina got. II 190[2]
inadri, innadri d. 519[2]
inbrünstig nhd. 436[2]
indurstec mhd. 436[2]
infektiv – konfektiv (term.) nhd. II 252[4.6]
-ingen suff. d. 509, 1
ingrimmig nhd. 436[2]
ingrüene mhd. 436[2]
innidari d. 519[2]
-ins acc. pl. got. 571[6]
inu got. II 535[5]
Iohannes got. 162[7]
irgendwas nhd. II 213[3]
irgendwer nhd. II 213[3.5]
irigen schweizd. II 205, 1
īrōt schweizd. 436[2]
is 'er' got. 613[3]. II 190[3]
-is gen. sg. got. 555[4]
-isch suff. d. 497[6]. 541, 6. II 9[6]
ißt nhd. II 71[8]
ist 3. sg. nhd. 20[6]. II 258[3]
-ists superl. suff. got. 537[3]
ita got. 609[5]. 613[3]
itan got. 805[5]
iþ got. II 564[1]
-iþa suff. got. 528[6]
iuhhir ahd. 512[1]
iup got. II 523, 12
iupa got. II 518[1]
-izan- suff. got. 537[1]
izwar got. II 200[4]
izwis got. 601[4]

ja nhd. 16[1]. II 620[3]. 628[4]
jā an. 313[5]
jah got.-urnord. II 567, 2
jährig d. 588[5]
jāmar ahd. 482[1]
Jasager d. 430, 6
Jasomirgott d. 454[6]

Jauche d. 330[6]
ja woher? nhd. II 579, 5
jeg bliver elsket dän. II 223[5]
jesan ahd. 330[5]. 752[5]
Jesses nhd. dial. II 62[4]
jetzt nhd. II 270[3]
jota got. 162, 3
Jugend nhd. 561[4]
jūhiza got. 536[5]. 537[1]
juk got. 292[5]. 330[5]. II 37[3]; juka pl. 581[3]
junda got. 528[6]
jungiro ahd. 537[1]
jus got. 601[2]
-jus nom. pl. got. 571[6]
jūwen jidd. 80[8]

k (für gr. χ) got. 204[7]
-k got. II 561[1]
kʻab (kχab, χäb) schweizd. 207[4]
Kajafa got. 162[6]
Kalb d. 172[4]
kämpfen (einen Kampf) d. II 78[4]
Kanapee d. 152[8]. 470[4]
Karren d. 282[6]
Karspüle [so] d. 16, 3
Käseschwert (Bed.) d. 37[1]
Kastanien [-nijen] d. 173[3]
keck d. 294, 1
kein: -en außer mich nhd. II 542[4]; -e Rose ohne Dornen II 623[4]
-ken demin. ndd. II 36[4]
kenning an. 38[1]
kiarr aisl. 285[1]
kijan got. 698, 2
Kileikiais got. 162[5]
kilpei got. 532[4]
Kind d. 172[3]
kinnus got. 293[6]
kint mhd. II 179, 2
kirre d. 294, 1
kiusa got. 347[4]
kχab s. kʻab
kleini ahd. 676[4]
klingen nhd. II 251, 1
kniu got. 358, 14
know: I – it all to be true engl. II 374[4]
Köder d. 294, 1
køkken norw. 372[7]
kommen nhd..: ich komme II 248[7]; kommst du? II 13[8]. 627[4]; kommst du morgen? II 627, 3; er kommt (fut.) II 265[6]; kommt er? II 627[5]
kona an. 343[3]
konfektiv (term.) II 281[8]
können nhd. II 304[2]. 339[4]; ich kann nicht kommen II 635[5]; du kannst gerne kommen nordd. II 414, 1; könntest du mir nicht helfen? II 343[7]; ich kann eintreten II 329[5]
Konstantinopel d. 446, 3
Kopte d. 160, 1
Koronis (term.) d. 401[4]
kostōn ahd. 705[4]
Kot d. 294, 1
krank d. 411[8]
Kreks got. 163[1]
Kriach ahd. 80[8]
kriec mhd. 174[5]; – rehtens 720, 10
kriegen nhd. II 240, 1
krumma an. 324[3]
kund ahd. 292[6]
Kunde d. 172[4]
-kunft nhd. 343[3]
kunst ahd. 292[6]
kursiv (term.) nhd. II 252[6]
kurzer Hand d. II 135[1]
kwāt mhd. 322[8]
Kyreinaius got. 162, 2
Kyropädie nhd. 446, 3

χäb s. kʻab
χáršpələ, χāšpələ schweizd. 16, 3
χō, χṓō schweizd. 15, 4
χristus got. 163[2]

lachend: mit -em Mund nhd. II 388[2]
lāchenen mhd. 18, 1
læččan ags. 698[2]
lagjan got. 717[5]
Laiwweis got. 162[6]
Landstrat niederd. 14[1]
lang d. 179, 5
lassen nhd. II 374[4]; laß mich in Ruhe! II 339, 2
latch engl. 698[2]
lauta ahd. 826[7]
Lazzarus got. 163[3]
lebendiger nhd. II 184, 2
leger mhd. 339[2]
leiƕan got. 309[2]. 346[8]
-lein demin. Schriftd. II 36[4]
lepri-eštər luzern. 18[1]
lesen (in, an) nhd. II 435[6,7]
Levkoje d. 174[6]
-li demin. oberd. II 36[4]
līdan ahd. 411[8]
ligan got. 717[5]
Lilie d. 171[3]
Lina d. 172[1]
Lionheart engl. 454[7]
līp mhd. 606[7]
lists got. 504[5]
liuhaþ got. 347[3]
llöfli engl. 15, 4
Lond = Land schweizd. 275[6]
lŏnə schweizd. 18, 1
losā mhd. II 601, 6
losbinden nhd. II 267[3]
lougazzen ahd. 347[3]
lungar ahd. 302[4]. 411[8]
lungun ahd. 488, 5
Lust d. 273[2]
lustōn got. ahd. 705[4]
lūtpriəšter luzern. 18[1]
Lystrys got. 162[6]

māen ahd. 682[6]
mag: s. mögen
magar ahd. 380[8]. 481[5]
magazogo ahd. 821[1]
magaþi- got. 464, 6
maho ahd. 381[1]
Makidonais got. 162, 3
Makidoneis got. 162[4]
maχə d. 17[5]
māl ahd. 14[5]
malan got. 722[2]
malen: er malt gut nhd. II 248[5]
man nhd. II 19, 2. 41[7]. 213[6]. 620[7], 2
mǎn schweizd. 679, 7. II 583, 2
manasēþs got. 14[5]
Mann nhd.: der gemeine – II 41[6]; drei – II 40, 2
mannisks got. 541, 6
Manno schweizd. II 63[1]
Marie: ’s – d. dial. II 38[1]
Martha: ’s – d. dial. II 38[1]
maþr enn gamle an. II 26, 3
mawi got. 473[2]. 559[6]; maujōs gen. 559[6]
Max d. 636[6]
mearh ags. 423, 8
Mecklenburg d. 584[2]
mehrere d. 539[5]
mei schweizd. 679, 7
mein d. 600[5]; meiner d. 600[5]
mein (= meine ich) schweizd. II 583, 2
meinen Tod, den ... ist d. II 641[5]
meins got. II 200[4]
Meister: einem – sein, werden nhd. II 183[4]
*meku aisl. 584[2]
mēl got. 14[5]
meltan ags. 310[6]
Menge nhd. II 233, 2
Mensch nhd. 541, 6
mēro ahd. 14[5]
mērs got. 355[5]
meþ aisl. II 481[3], 3; c. gen. 483, 1. 7
mid(i) as. II 481, 3
midjis got. II 481, 7
mih ahd. II 561[1]
mihhil ahd. 584[2]

mik got. 309[2]. 606, 1. II 555[2]. 561[1.3], 2
mikils got. 484[7]. 584[2]
miliþ got. 518[1]
mimz got. 282[8]. 481[3]
mīnen mhd. schweizd. 608[5]. II 205, 1
mīnigen nhd. 608[5]. II 205, 1
Minne nhd. 40[2]
Minneapolis engl. 61[3]
mirki as. 335[8]
mit d. II 485[6]
mit- nhd. II 422[7]
mitgehen nhd. II 267[4]
mit(i) ahd. II 481, 3
mitkommen nhd. II 267[4]
miþ got. II 481, 3. 483, 1. 484, 2
miþ- II 422[7]
miþniqam got. II 423, 1
mizdo f. got. 328[5]. II 32, 4
mjǫk 'sehr' aisl. 584[2]
*mōðár- germ. 381[8]
mögen nhd. II 320[4]; mögə schweizd. II 331, 1; er mag eintreten II 329[5]; das mag so bleiben II 329[5]
Mohn d. 381[1]
mojn (= Morgen) d. 16[2]
momentan (term.) mhd. II 252[6]
mon ags. 275[6]
Mord d. 277[3]. 362[4]
Mordiō nhd. II 60, 7
More (term.) 373[4]
Mr. Thingumbob engl. 612[3]
Müller nhd. II 615, 2; Müllers gen. II 9, 1
munaiþ got. 343[2]
munda- got. 343[2]
muns got. 495, 8
muot ahd. mhd. 174[5]. 473, 6
muoter mhd. 309[1]
müssen nhd. II 304[2]. 339[4]; ich muß dies tun II 373[6]

m̥'m̥̄ schweizd. 171, 1

nachdem nhd. II 659, 5
nachfolgen d. II 169, 2
nachschreiben nhd. II 267[3]
Naen (Ναιν) got. 162[5]
nāen ahd. 675[3]
Nagel d. 352[6]
nagl̥ schweizd. 342[1]
naguł schweizd. 342[1]
namnjan got. 256[7]. 724[5]
namo got. 523[1], 1
-nan verba got. II 237[2]
nap engl. 414[7]
nasjan got. 274[6]
nast d. dial. 396[3]
nd d. (für nt) 210[3.4]
nē got. II 591, 3
nehmen nhd.: den Handschuh – 37[2]; ein Weib – II 234[6]
Neikaudemus got. 162[5]
nein nhd. II 620[3]. 628[4]; nein! 15[2]
neinā ahd. mhd. II 564, 4. 601, 6
Neinsager d. 430, 6
nemmen d. 256[7]
nemmezen mhd. 734, 7
nennen d. 256[7]
nerren ahd. 274[6]
neun d. 589, 0
Neustadt d. 427, 3
nevertheless engl. II 582[7]
ni germ. got. 431[4]. II 591[1]: ni nunu ōgeiþ got. II 149,1; ni waíht þizei gesēƕun got. II 641[3]; ni aiw got. 347[8]; ni wāri ahd. 25[4]
nicht- compos. d. 432[3]
nie nhd. 347[8]. 416, 2
nih got. II 573, 4; nih – nih II 573[4]
nihein ahd. II 573, 4
nioro ahd. 297[7]
niun got. 591[2]
niuwōn ahd. 727, 4
N. N., Müller nhd. II 615, 2
noma ags. 275[6]
nór m. aisl. 578[1]
Norway engl. 291[2]
nosu ags. II 44, 5
nu got. ahd. mhd. II 571[1.3], 1; nū ahd. II 571[1]; nú aisl. ibid.
Null d. 587, 1
nun nhd. II 571, 1
núna aisl. 619[6]. II 571[1]
nur nhd. 25[4]. 416, 2
Nüstern nhd. II 52[1]
Nymfan got. 163, 1

ō got. II 60, 7
-ō neut. pl. got. 581[3]
ob nhd. II 687, 2
oba ahd. II 522, 6. 523[3]
obschon nhd. II 687, 2
of an. II 522, 6; ags. I 275[7]; engl. II 444[1]
ōg got. 696[4]
ohne nhd. II 535[5]; keine Rose – Dornen II 623[4]
oi interj. a.mhd. II 600, 5
ok an. 303, 3. 313[5]
ók aisl. 650[2]
ōl got. 340[1]
on ags. II 440[1]
-ōn verba germ. 717, 4
once engl. 226, 1
one engl. 226, 1. II 27[2.7]
-ōno gen. pl. ahd. 559[3]
Opər schweizd. 317[3]
ōᵖmə schweizd. 317[4]
*Ōpmər schweizd. 317[4]
öpper schweizd. II 212, 5
öppə 'etwa' schweizd. II 305, 3
-ōs nom. pl. got. 556[2]. 559[1]
-ōs acc. pl. got. 559[2]
Osmose d. 273[4]
ōst(a)ra ahd. 349[4]
Ostern nhd. II 43[7]
ovan ahd. 295[4]
Oxytonese (term.) d. 392[8]

Paar: ein – nhd. II 48,4
Parallele d. 265[4]
paraskaiwe got. 162[6]
Pawlus got. 162[6]
Pein d. 294[5]
pʻend (pfänd) schweizd. 207[4]. 222[3]
per: – Pfund nhd. II 435, 1
perfektiv (term.) nhd. II 252[5]
perks engl. 16, 1
perquisites engl. 16, 1
Personalausgang (term.) 657, 1
Personalendung (term.) 657,1
pfänd schweizd. 207[4]
Pfārer nhd. dial. 14[2]
Pferd nhd. 25[4]. II 522, 5
Pferfrīt mhd. 25[4]. II 522, 5
Pfingsten nhd. II 43[7]
Pfund nhd.: à – II 435, 1; per – II 435, 1; drei – II 40, 2
Philine d. 491[3]
Piccolomini: die – nhd. II 45[2]
pitch engl. 372[5]
Plusquamperfekt (term.) nhd. II 287[2]
Pole: der Pole d. II 41[7]
praizbytairein got. 163[3]
präparativ – konfektiv (term.) II 253[1]
Präposition (term.) nhd. II 419[1]. 420, 4
Professorchen nhd. II 36, 2
psalmon got. 162[4]
pst nhd. 171[5]. 276[7]. II 16[5]. 600, 5; pst! II 620[1]
Punkt nhd. 172[5]
punktuell (term.) nhd. II 252[5]: -e Wurzeln II 255, 1

qēns got. 343[3]. 582, 3
qiman got. 343[2]; qēmum daupjan 806, 1
quast mhd. 302[3]
Quecksilber d. 294, 1
queen engl. 343[3]

queran ahd. 732[4]
querdar ahd. 519[5]
Quickborn d. 294, 1

rabbei got. 162[7]
ragna an. 295[6]
Rahm nhd. 40[2]
rauþs got. 297[4]
read engl.: he reads II 250, 6
record engl. 342[5]
rēh ahd. 14[5]
reihhen ahd. 695, 2
reißen d. 225, 2
richten: wird gerichtet nhd. II 223[5]
Riese d. 352[4]
rimis got. II 491[6]
ringi ahd. 302[4]
rinnan got. 283[7]
riqis got. 295[6]. 411[6]
rīsen mhd. II 252[6]
roh d. 514, 6
røkr an. 295[6]
Rotkehlchen 454[7]
Rotto (Oberwallis) aus Rhodanus 412[3]. 530[3]
Rūder nhd. 16[1]
Ruhe! nhd. II 620[1]
Ruma got. 162[7]
Rumelien d. 78[6]
rumis got. II 102[3]
ruoder d. 16[1]
ruowa ahd. 411[7]
Russe: der – d. II 41[7]

s interj. nhd. 416[3]. II 600[2]
š interj. nhd. II 600[2]
sa got. 304[2]. 610[5]. II 20[3]
sä schweizd. II 16[6]
sabbato got. 162[6]
sädlə schweizd. 208[6]
saei got. II 645, 4
sagen nhd. 678[5]; sagen, wer du bist II 631[2]; sagt, daß ich gehen soll II 638[1]
säglə schweizd. 208[6]
saian got. 770, 1; saisō 770, 1. 775[6], 12
Sairokis got. 162[5]
saizlēp got. 647, 1
salbōda got. 752[3]
saljan got. 831[5]
salt n. got. 517[5]. II 37, 5
salut d. 39[2]
samaþ got. 629[3]
sambatō got. 231[7]
sambaztac ahd. 231[7]
samfeđr an. 437, 2
sampt d. 261[3]. 277[7]
samt und sonders nhd. II 704[4]
sannr an. 678[1]
sat: – faúr got. II 495[6]
sāt ahd. 14[5]
Sāt nhd. 13[8]
sauil got. 518[4]
Saurais (Syrais) got. 162, 3
save that engl. II 542[4]
sceran ahd. 334[3]
schade nhd. II 176[1]
Schaden nhd. 340[6]
schaefīn mhd. 470, 3
Schāf nhd. 13[7]
schäfis schweizd. 470, 3
-schaft nhd 528[5]. 529[2]
schämen: sich – II 133, 1
Schemel nhd. 373[1]
Schenkelpaar nhd. II 48, 4
Schepel Weiten nhd. 14[1]
schicken jem. in ndd. II 486, 1
Schirm nhd. 459[2]
Schlāf nhd. 13[7]
schlafen nhd. II 71[6]. 250[1]. 255[1]
schlagen nhd. II 71[2]. 250[1]; eine Wunde – II 78[5]; eine Münze – II 71[3]
Schlagintweit d. 634[2]
Schlitten d. 703[5]
schlucken nhd. 692[8]
schmauchen nhd. 311[5]
Schmied nhd. 311[4]
Schnee nhd. 103[7]
schneiden (Bed.) 39[4]
Schneider nhd. 459[2]; (= Gewand-) 40[7]
Schnur nhd. 103[7]. 481[3]
Schōf nhd. dial. 13[7]
schon nhd. II 660, 5
schön nhd. 805[1]
Schōpən schweizd. 404[2]
Schöps nhd. 334[4]
schreien (geschruwen) d. 20[8]
Schuhe: die – nhd. II 48, 4
Schweiß d. 226[5]
Schwerin d. 424[3]
schweschter alem. 17, 1
Schwieger d. 304[6]
schwimmen: er schwimmt gut nhd. II 248[5]
schwînis schweizd. 470, 3
scouwōn ahd. 334[4]
sëdal ahd. 208[6]
segir aisl. II 245[3]
sehen nhd. II 71[2]; siehst du die W.? sie ist... II 635[4]; sieh mal an! II 583, 2
seina- got. II 200[4]
selb: – ’tān, – (g’)hān schweizd. II 286, 0
selbdritt d. II 212, 1
selb selbo (der – –) ahd. II 197[4]
sellen d. 831[5]
Seppətonis schweizd. II 120[1]
sera aisl. 647, 1
seschter lothr.-lux. 17, 1
sētum got. 650[2]
-sēþs got. 14[5]
sēwes ‘Sees’ got. 14[5]
sex engl. II 28, 4
*sező germ. 647, 1
she-cat engl. II 31[4]
si ‘sie’ got. 608[2]. II 35[5]
sī d. 416[3]
sibakþanei got. 163[3]
Sibo ahd. 636[4]
sibun got. 304[1]
sich nhd.: – erinnern II 225[1]; – kennen II 199[1]
sieh (mal an)! nhd. II 583, 2
siggwan got. 297[7]. 460[2]
Sigibald ahd. 636[4], 4
sik got. II 561[1]; aisl. II 198[2]
sind 3. pl. got. 663[4]; nhd. 20[6]. 677[1]
sīnen vb. schweizd. II 205, 1
Singrün nhd. 433[4]
sīnigen vb. schweizd. II 205, 1
sinteins got. 433[4]. 588[1]
sinvluot ahd. 433[4]
sis ‘sibi’ got. 608, 1
sister engl. 17, 1
sitaiwa opt. praes. got. 666, 10
sitting: I am – engl. II 270, 3
siwen ags. 299[6]
skvaldra norw. 296[3]
slāf dir mhd. II 149, 1
slahan got. 246[1]
slakr an. 310[5]
slēan ags. 246[1]
slēpan got. II 250, 3
slide engl. 703[5]
slucko ahd. 310[5]
smelzan ahd. 310[6]
smero ahd. 351[8]
smerzan ahd. 311[4]
smīen mhd. 702[2]
smile engl. 702[2]
smoke engl. 311[5]
snaiws got. 297[7]. 310[7]. 424[4]
snuor ahd. 310[7]. 675[3]
snur(a) ahd. 310[7]. 350[2]. 380[8]. 457[5]
snutrs got. 310[7]
so ahd. II 683[3]; nhd. 16[1]. 225, 4. II 557, 1
sō got. 304[2]. 610[5]
sō d. 416[3]
sodann nhd. II 564, 6
søfa an. 717, 3
sōkjan got. 29[5]. 713[3]
sollen nhd. II 304[2]. 339[4]; soll gehen II 637[7]
Sommerfrische nhd. 40[2]
Sonne d. 518[4]
sōrēn ahd. 347[7]
Soseipatrus got. 162[5]
Sōt nhd. (dial.) 13[8]
sower d. 617[3]

sowie ich es merke d. II 666, 1
spaurds got. 702[1]
speien (gespuwen) d. 20[8]
Spieß (Bed.) d. 37[1]
sport engl. 702, 1
sprengen nhd. II 71[7]
sprikja norw. dial. 719[4]
springen d. 702[1]
spyrd ags. 702[1]
spyreidans got. 159[8]. 162[5]
ss germ. (aus dt, tt) 56[3]
ss ndd. md. (aus hs) 211[7]
st! nhd. 307[7.8]; s-t! nhd. 140[3]
Star d. 329[2]
stativ (term.) II 252[3], 4. 257[2]. 258[5]
staþs got. 340[5]
staurr an. 347[6]
Stearin d. 518[6]
Stecker d. 805[1]
steif d. 487[6]
steigan got. 297[5]. 346[8]
steigen nhd. II 250[1]. 267[6]
stīl schweizd. 17, 2
Stimme d. 524[3]
Stockholm schwed. 334[7]
stollo ahd. 283[8]
Strauß (Bed.) 37[2]
stress engl. 372[5]
Strom d. 68[6]
Sturm d. 503[6]
suāgur ahd. 356[2]
suchen nhd. II 249[6]. 250[1], 2. 253[2]
Sudeten nhd. II 52[1]
sum schweizd. 343[1]
sums got. 343[1]
sunder afries. 547, 1; mhd. II 537[3]
sundir as. II 537[3]
sunja got. 461, 1
sunjis got. 343[4]
suntar ahd. 614[3]. 631[1]. II 537[3]
sunus got. 480[4]; suniwē gen. pl. 571, 8
Sūrbruch schweizd. 17, 2
šurnal d. 157[7]
*swā germ. 225, 4
swa 'so' got. 617[3]
swe got. II 667[6]
swelli ahd. 322[3]
swīgen mhd. II 257[5]
swīnīn mhd. 470, 3
swizzit ahd. 713, 6
Syrais got. 162, 3

-ṫ 2. sg. pf. got. 662[3]
tácn ags. 269[2]
tadellős d. 380[2]
Tag d. 416[4], 2
tagr got. 309[2]. 339[8]
taihswa got. II 175[5]
taihsvō [so] got. 291[2]
taihun got. 73[1]
taχ d. 16[2]
tánc ags. 269[2]
Tat d. 172[5]. 416, 2
Teitus got. 162[5]
Telephon nhd. II 545, 2
Tempussystem (term.) nhd. II 256, 2
ten engl. 14[1]. 73[1]
tenar ahd. 518[5]
terminativ (term.) II 252[6]
Teupo langob. 636, 4
theo ahd. II 524[1]
Theophano d. 479[1]
Thingumbob engl. 612[3]
this here house engl. 611, 2
Thudichum d. 445[3]
timrjan got. 277[4]. 358, 10
tik tak nhd. 648[5]
Tivoli dän. 318, 2
Tmesis (term.) nhd. 425[1], 1. 644[5]. II 284[1–5], 2
to engl. II 372[4]
tō as. 624, 9
Tobeias got. 162[5]
toe engl. 14[1]
tooth engl. 14[1]
tor- an. 432[4]
töten nhd. II 71[2]
Tōtila got. 60[5]
tragen nhd. II 250, 2
Trauada got. 162[5.6]
treffen nhd. II 250, 2
trinken nhd.: er trinkt gut II 248[5]
triu got. 291[3]. 463, 6
trum ags. 494[4]
Trümmer nhd. II 52[1]
Tukeikus -ekus got. 162[5]
-tum suff. nhd. 528[5]. 529[2]
tun d. 416, 2
tunþuns got. 343[5]
tuz- got. 432[4]
twälf d. dial. 17, 1
twingen mhd. 296[1]
twis- got. II 449[1]
two engl. 225, 4
twölf d. 17, 1
twōs got. 589[2]
Tyrfingr nord. 635, 3

-þ 2. pl. got. 663[1]
þai got. 554[3]. 609[5]; þaim 609[5]; – uf witōda II 531[2]
þaiaufilus got. 163[2]
þak an. 292[2]
þamma got. 600[2]. 610[1]
þammei qiþiþ þiudan I. got. II 641[3]
þana got. 408[6]
þata n. got. 609[5]. 610[5]
þatei got. II 645, 4
þaursus got. 285[1]
þeins got. II 200[4]
þeira an. 609[5]
þiörr an. 347[6]
þis got. 610[5]
þiudisks got. 541, 6
þizai got. 610[2]; þizōs 610[2]
þō n. pl. got. 581[3]
þridja got. 595[7]
þrijē got. 589[5]
þrins got. 589[5]
þuk 'dich' got. 603, 1. II 561[1.3]
þw- germ. 296[1]

u ndl. 17, 1
-u acc. sg. got. 571[6]
über nhd. II 518[3]. 521[8]
übertreffen d. II 519[2]
ubilwaurdjan got. 726, 4
üb' immer d. 396[7]
ubir ahd. II 518[3]
ubiri adv. ahd. II 518[3]
ubuhwōpida got. II 522, 6
uch d. dial. 17, 1
üch rhein. 17, 1
uf got. II 522[6]; uf hrōt mein II 530[6]; schweizd. II 435[6]
uf- got. II 523[3]
ūf ahd. II 523[3]
ufaiþjai got. II 523, 8
ufar got. II 518[2.3]. 519, 1. 520[1]
ufargaggan got. II 518, 9
ufblēsada got. II 523, 8
ufe- ags. II 522, 6
Ufer d. 434[4]
ufhausjan got. II 523, 8
ūfhimil ahd. 435[7]
ufir aisl. II 518[3]
Ufitahari got. 163, 2
ufjō mis ist got. II 523, 8
ufmēljan got. II 525[2]
ufsliupan got. II 524[7]. 525[2]
ufstraujan got. II 525[2]
ufwaíra got. II 523, 8
-uh got. II 573[2]
umbi ahd. as. II 437[1]. 438[1]
ümmer d. dial. 275[7]
Umstand (Bed.) nhd. 39[5]
umwenden nhd. II 440[5]
un (aus n̥) germ. 56[4]. 341[7]
un- germ. 343[2]. II 591[2]
un- nhd. 56[5]
unagands got. 696[4]. II 385[8]
unca ags. 608[4]
uncer 'unser' ags. 608[4]
und 'bis' got. 630[1]; 'anstatt' got. II 443, 2
und d. II 575[4]. 576, 1; und dann II 634[4]; und aber schweizd. II 576, 4; und wer aschweizd. II 575, 3; und wie aschweizd. II 576, 1
unendlich d. 587, 1
under- mhd. 436[4]

understand engl. 675, 2
ungr an. 313[5]
unpersönlich (term.) nhd. II 244[3]
uns got. 600[5]. 601[3]. II 18[2]
-uns acc. pl. got. 571[6]
unsar got. II 200[4]
untarthio ahd. II 524[1]
unterirdisch d. 450[2]
unwissend nhd. II 385[8]
unwitands got. II 385[8]
uphéah ags. II 524[2]
upp an. II 523, 12
upp(e) ags. II 518[1]
ur germ. 341[7]. 342[4]
urbar nhd. 338[7]
us- got. II 267[2]
-us nom. sg. got. 571[6]
usqiman got. II 426[3]
uswalugjan got. 725, 6
ut, üt d. 17[5]
ūt got. II 517[4]. 591, 5
ūtər schweizd. 518[6]

vār an. 282[8]
Vater kommt nhd. II 200, 1
vēch mhd. 333[3]
ve(h)ement engl. 222[1]
ver- nhd. II 267[2]
verbleiben nhd. II 428[4]
verehren schweizd. 230[6]
vergëbene mhd. II 126[4]
vergessen: auf etwas – nhd. II 435[6]
Vergißmeinnicht II 6, 4
Verhältniswort nhd. II 420, 4
verjüngen nhd. 730[7]
verkligen schwed. II 589, 1
verrêren schweizd. 230[6]
verstehen (Bed.) d. 32[7]
Victoriden d. 509, 3
vielleicht nhd. 386[1]. II 304[2]
vilia aisl. II 330[2]
vitr an. 495, 3
vøkua an. 298[6]
voller nhd. 585, 3
von – wegen nhd. II 428[7]
vorr aisl. 286[2]
vut mhd. 322[7]

wachsen nhd. 706[7]. 707, 1
wāfenā mhd. II 60, 7. 63[1]. 601, 6
wahrnehmen nhd. II 258[2]; s. auch warnehmen
wai got. II 601[1]
waist got. 20[2]. 298[1]. 662[3]
wait got. 346[8]. 766[6]. II 263[5]
Walthari d. 223, 2
wan mhd. II 589, 1
Wand nhd. 42[3]
war nhd. II 258[3]
wara ahd. 721, 7
warm d. 297[8]. 494[4]
warnehmen d. 222[6]. 225[6]
was? nhd. II 213[3]
wăs nhd. 15[3]
wās? schweizd. 15[3]
was (pl. wārum) ahd. 218[5]
wāsələ schweizd. 735, 5
was gišt was hăšt schweizd. II 583, 2
wassen d. 211[7]
Wasser in d. Rhein II 156, 2
watō got. 519, 3
wau d. 313, 1
waurkeiþ got. 716, 2
waúrts got. 352[3]
waz du tuo mhd. II 344[5]
wazzar ahd. 519, 3
weary engl. 314[2]
wëban ahd. 350[3]
weben d. 305[1]
Webers: bei –, zu – d. II 120[5]
weder nhd. 534[1]
weh mir d. II 143[7]
wehen nhd. II 252, 4
Weihnachten nhd. 427, 3. II 43[7]
weihnai got. II 237[2]
weis got. 601[2]. II 18[2]
weiß nhd.: ich –, wer du bist II 631[2]; ich –, daß du kommst II 645[6]
weißt nhd. 21[1]
weitgehender nhd. II 184[4]
weitwod- got. 540[2]
welcher d. II 643[4]
wenn doch nhd. II 557, 1
weorpan wæteres ags. II 111, 2
wer? nhd. II 213[3]; wer ist es? II 628[3]; wer kommt? II 627[5]; wer von euch? II 115, 2
werben nhd. 302[2]
werden: ich -e gehen nhd. II 637[7]
werfen nhd. 314[4]. II 71[2]. 250, 2
Werk nhd. 223[5]. 309[2]. 339[2]
wetma ags. 833[7]
wh- engl. 227[2]
what engl. II 213[3]
wheel engl. 296[2]
which engl. 225, 4
whisky engl. 306[4]
who engl. 225, 4. 227[3]. II 213[3]
whole engl. 306[4]
widemo ahd. 338[3]
wie mhd. nhd. 227[2]. II 565[6], 6; – nâch ich ertr. was mhd. II 308, 1; – ich das sah nhd. II 663[1]
wīhen nehten: ze – – mhd. II 43[7]
wīl schweizd. II 102[3]
wiljau got. II 330[2]
willu ahd. II 330, 2
winden nhd. 42[3]
winistar ahd. 537[4]
Winter d. 172[1]
wirkiu as. 716, 2
wissen wie nhd. II 664[5,6]
wit got. 601[3]; wituþ 663[1]; witum 766[6]
wo schweizd. II 645[1]
wohin nhd.: – gehst du? II 627[5]. 628[3]
wohl nhd. II 304[2]
wōkrs got. 363[7]
Wolle d. 314[4]
wollen nhd. II 304[2]; willst du? II 631[1]; ich will nach Hause II 293, 1
wo-n-i schweizd. 289[1]
wōrig as. 314[2]
worms, worsm ags. 269[2]
worse engl. 539, 3
wraiqs got. 314[3]
wrimpen mnd. 314[3]
write engl. 225, 2
Wucher nhd. 363[7]. 706[7]
*Wulfila got. 485[3]
wulfs got. 352[2]; -fōs 58[3]. 79[7]
wulpa ahd. 570[6]
wünschen nhd. 707, 1
wuorag ahd. 314[2]
wurchit ahd. 716, 2
würdig bewundert zu werden nhd. II 241[6]
Wurm d. 495[3], 4
Wurzel d. 225, 2

yes engl. 606, 2
yfer aisl. II 518[3]
ylgr an. aisl. 381[6]. 570[6]
ymbe ags. II 437[7]
youth engl. 561[4]

-za 1. sg. got. 667[4], 5
Zähre d. 339[8]
Zange d. 364[1]. 770[3]
Zaum d. 492, 9
zeihhur ahd. 568[3]
zësawa ahd. 291[2]. II 175[5]
ze wāre mhd. II 569[4]
zīdelaere mhd. 277[3]
ziellos (term., = infektiv) d. II 253[1]
zoraht ahd. 502[3]
zu nhd. II 372[4]; – Hilfe! II 380[4]

zuerst nhd. II 179[6]
zufrieden nhd. II 176[1]
zuhtōn ahd. 705[4]
zum nhd. II 435[6]
zuo ahd. aschweizd. 624, 9. II 487, 7
zur nhd. 16[1]. II 27[4]
zur- ahd. 432[4]
zuschließen nhd. II 432[2]
zwälf d. 17, 1
zwē d. 24, 1
zwei d. 24[2], 1
Zwerg d. 320[1]
zwingen d. 296[1]. 320[1]
zwō nhd. 24[2], 1
zwölf 17, 1
zwotens nhd. 24, 1

6. HETHITISCH

-ā loc. sg. 572[5]
-ad pron. encl. 609[5]
adanza- II 241, 1
-aetsi 3. sg. 729, 5
Agniš II 30[2]
ah 739, 1
-ahantsi 3. pl. 729, 5
-ahi 3. sg. 729, 5
-ahmi 1. sg. 729, 5
-ahti 2. sg. 729, 5
-ahweni 1. pl. 729, 5
Aḫḫijavā 79[4.5]
-ai loc. sg. 572[5]
a(i)iš n. 520[4]
-āis gen. sg. 573, 2. 840[3]
-ā(i)si 661[4]
-āitsi 661[4]
Aj(a)valas 79[4]
Alaksandus 79[4.5]
-alu 1. sg. imper. 798, 1
-ami 1. sg. 729, 5
-āmi 1. sg. 730[2]
amug 'me' 604, 2
an 823[1]
-an acc. sg. 839[6]
-an gen. sg. u. pl. 556, 0. 839[7]
anas 422, 3
anda 625[5]
andan 547[5]. 625[5]
anis 613[2]
-anki 597, 9. 840[6]
annas 836[6]
ansas 601[3]
-ant- ptc. II 241[6]
-anta 3. pl. praes. 669[4]
-ants ptc. 566[5]
-antsi 3. pl. 729, 5
apad 609[5]
arnumi 696[3]
arsas (aršaš) 284[8]. 516[5]
arwa/e- 725, 8
as (aš) 613[4]. 840[7]
-as nom. sg. 839[6]
-as gen. sg. 839[5]
asants 678[1]
asantsi (ašanzi) 271[3]. 663, 6. 677[2]. 678, 0. 841[5]
-asi 2. sg. 729, 5
aššuš 433, 1
atas 422, 3. 562[2]
-ateni 2. pl. 729, 5
-ats (-az) abl. 624[4]. 630[2]. 839[5]
attas 836[6]

-aweni 1. pl. 729, 5

dahhi II 226[5]
dalugasti (so) 297[4]. 504, 6
da-ma-aš-zi 752, 6
dan indecl. 589[1]
dayugas 589[1]
-duma 670[5]

ed 'iss' 678, 0. 798, 10
e-eš-(ḫ)ar 517[3]
-er 3. pl. praet. 664[2]
es (e-eš) 678, 0
es imper. 799[6]
es verb. denom. 706, 2
esa 'sitzt' 660, 1
-eske/a- verba 707, 1. 712[1]
esmi (ešmi) 281[7]. 677[2]
ēsta (e-eš-ta) 2. 3. sg. 659[4]. 677, 5
estsi (ešzi) 'sitzt' 271[3]. 663, 6. 677[2]. 679[4]
eswan 808[7]

gimanza (gi-im-ma-an-za) 358, 5. 521[1]

ḫa-ar-aš-ni loc. 840[4]
ḫapatis 508, 6
harkis 447, 5
hasa hantsasa II 51, 4
hasdwer II 491, 4
ḫastāi 518[2]
Ḫatti 52[2]
Ḫattušaš 50[3], 2
Ḫepit 218, 1
-hi 1. sg. verba 667, 6. 768, 4
Ḫipit 218, 1
ḫu-u-wa-an-te-eš 680, 4

-i 3. sg. 662[3]
-ĭ partic. 840[8]
i-i-t 674[3]
-iskiya- Praesensbild. 708, 2
-iya- verb. denom. 730, 0
-iyami 1. sg. 729, 5
-iyantsi 3. pl. 729, 5
-iyasi 2. sg. 729, 5
-iyateni 2. pl. 729, 5
-iyaweni 1. pl. 729, 5
-iyetsi 3. sg. 729, 5

jugan 292[5]. 330[6]. 409[5]

kán II 476[3]
kate 548[4]
katta (kat-ta) II 474, 3. 4. 476, 4
kattan (kat-ta-an) II 474, 3. 4. 476[3]
katte II 474, 4
katteras II 183, 3
katti II 474, 4
ke II 567, 2
kē/ir 518[3]
kenu 463[4]
ki-eš-šar 569, 6. 840[2]
kitta 679[1]
kittari 679[1]
Kubaba 62[2]
kue 616, 1
kuenzi 3. sg. 52[2]. 297[6]
kuid 615[5]
kuin acc. sg. 615[5]
kuis (kuiš) 293[8]. 615[5]
kuiskuis 617[1]
kunanzi 3. pl. 52[2]. 822[4]
Kupapa 62[2]
kwit 609[5]

lāman 352[6]
lamniya- 724[5]
Lazpas 79[4]
lē II 591[1]
-lu 1. sg. imper. 798, 1

ma 'aber' 65[5]
-ma II 569, 3
mahhan II 569, 3
maḫlaš
man II 569, 3
-mant- suff. 528[4]
me-ik-ki neut. 584, 3
me-ik-ki-iš 584, 3
melit 518[1]
memesk- 710, 1
-meni 662, 9
mes (mi-iš) 608, 3
-mi 1. sg. verb. 659[3]
mi pron. 602[7]
mi-im-ma-i 841[7]
Mursilu 270[6]

-n Verbalausg. 659[3]
nas (na-aš) 840[7]
-nas encl. 601[3]

natta 431, 8. 591[1], 2
nekumanza 43[3]
nekuts (nekuz) 352[6]. 499, 5
*nekʷts 499, 5
nenk- 647, 7
newah- 727, 4
-nt- ptc. II 241, 1
-ntsi 3. pl. praes. 663, 1
nu II 571, 2
-nu- infix. verb. 691, 2

pa-ai- 696, 9
pa-aḫ-ḫa-war 520[2]
paḫḫur 52[2]
paisi 2. sg., -tsi 3. sg. 674[2]
pānza- II 241, 1
parā II 492, 2
pariyan II 492, 2
par(r)anda II 492, 2
pedan 409[5]. 458[5]
piran II 492, 2
-pit, -pe(t) II 572[8]

-s Verbalend. 659[3]
šakkar 519[3]
SAL-na-aš gen. sg. 840[4]
SAL-za 840[4]
san acc. pron. 610[5]
šar-ni-ik-zi 691, 1
šar-ni-in-kan-zi 691, 1
sas 'is' 610[5]. 611[1]
sastas 501, 1
-si Verbalend. 659[3]
si-ip-ta-mi-ya 590, 8
ši-pa-an-ti 841[7]
sipt- 590, 8
-sk- verba 707[1], 1
-ske/a- Verba 707, 1. 711[7]. 842[1]
-smas encl. 601[3]
spantantsi 3. pl. 684, 8
spanti 684, 3
spariyatsi 715, 11
*sr̥nektsi 691, 1
*sr̥nkantsi 691, 1
stamar 524[3]
sumes 2. pers. 601[3]

-t Verbalend. 659[3]
-t 2. sg. imper. 800, 4
-ta 2. sg. 662[3]. 762, 2
-ta 3. sg. 669[4], 4
tamais 614[2]
-tani 2. pl. 663[1]
tāru 463[4]
tas (ta-aš) 840[7]
-tati 2. sg. 762, 2
Tavag(a)lavas 79[4.5]
tegan 326[5]
-tel suff. 532[7]
-ten 2. pl. praet. 663[1]
-teni 2. pl. 663[1]
te-ri-ya-al-la 590, 8
ti pron. 602[7]
-ti 2. sg. 662[3]
-ti 3. sg. 667, 4
tri- 589[4]
Tru(v)isa 79[5]
-tsi suff. 504, 2
-tsi Verbalend. 659[3]
tsin(n)a- 697, 2
u-e-es (= wēs) 601[2]
ug 'ego' 293[6]. 604, 2
ú-i-iš-ki-iz-zi 707, 2
uk 293[6]
-un acc. sg. 839[6]
-us acc. pl. 839[8]
utne 512, 6; udne 838[7]
úwitar 519, 3

Vilusa 79[4.5]
walḫanesku 709, 6
-want- suff. 526[6], 8
was- 225[6]
wassiyanzi II 222, 1
-wasta 1. pl. 670, 4
watar (wa-a-tar) 52[1]. 350[3]. 519, 3. 838[8]
wek 'frage' 678, 0. 798, 10
wekmi 678[5]
-weni 662, 9
wēs (u-e-es) 601[2]
wesketsi 707, 2
wetenas gen. sg. (watar) 52[1]
wettei 515[5]

ya- 'machen' 714, 2

I-as 588[5]
I-edani 588[5]
III-ya-al-la 590, 8
VII-mi-ya 590, 8

7. ILLYRISCH, VENETISCH, MESSAPISCH

Acrabanus illyr. 67[1]
Apenestae illyr. 66[2]
Aquincum pannon. 67[2]
Argyruntum illyr. 67[1]
-aro- suff. 482[3]
-as nom. sg. messap. 555[2]. 576[1]
-as gen. sg. messap. 558[4]
Astii illyr.-lat. 67[6]
atavetes messap. 513, 3
Atavus illyr. 840[6]
Ateste illyr. 66[3]
Αὐδολέων (Αὐδω-) päon. 68[4]. 614[1]
Azali pannon. 66[4]

b messap. (aus bh) 67[3]
Bandusia illyr. 541, 4
-bas dat. pl. messap. 67[3]. 548[7]
Basta thrak.-illyr. 70[4]
βαυρία messap. 67[3]
Beusant- illyr. 526[4]
-bis instr. pl. messap. 551, 4
Bora illyr. 66[5]

Cleuas illyr. 580[4]

Damatura messap. 576, 8
Δαζιμος illyr. 840[6]
Δειπάτυρος illyr. 576, 8. II 615[2]
Dimallum illyr. 66[5]
Ditus illyr. 840[6]

eχo venet. 67, 1. 293[6]. 606, 1
Enena illyr. 840[6]
Ennius illyr. 840[6]
-es nom. sg. messap. 576[1]
est venet. 677[2], 2

g (aus gh) illyr. 67[3]
-gnus venet. 67, 1
gunakhai messap. 583, 4

hipades messap. 69[1]. 749, 2. II 523, 6
hipakaϑi messap. II 523, 6
Hister illyr. (?) 482[3]
Ὑδροῦς messap. 526, 8
Humiste illyr. 66[3]

-idio- illyr. 467, 1
*-idjos messap. 510, 4
-iko- suff. illyr. 497[5]
-imo- suff. 495[1]
in messap. II 454, 5
ἰν illyr. 69[6]

Logetibas messap. 505, 5
louzeroφos venet. 482[1]

(m)aχetlom venet. 533[4]
meχo 'mich' venet. 606, 1
-meno- suff. illyr. 525, 2
met- illyr. II 481[3], 4
Metaurus illyr. II 481, 4. 482, 2
Metubarbis illyr. II 481, 4

Nevetum illyr.-lat. 66[4]
-nt- suff. illyr. 526[4]

'Οργομεναί illyr. 67[3]
oroagenas messap. 67, 1
-os venet. 555[2]
Oseriates illyr. (?) 67[2]
ostiiakon venet. 497, 11

Pantia illyr. 840[6]
pido messap. 69[1]. 741[1]
Pravai illyr. 840[6]

-φος venet. 548[7]

Raecus illyr.-lat. 80[7]
-rn- illyr. 491[6]

Sestus illyr. 840[6]
sselboi-sselboi venet. II 197[4]
st (aus tt) illyr. 56, 2
-st- suff. illyr. 66[2]
(Syrakus) illyr. 66[5]

Tara illyr. 526[4]
Tergeste illyr. 66[3]
Tharandt illyr. 66[5]
Tiliaventus illyr. 526, 8
Trimallum illyr. 66[5]
Tritus illyr. 840[6]
tsi (aus ti) messap. 67[3]
-tsi enclit. messap. 67[3]
tsw (aus tw) messap. 67[3]

Uria messap. 218[6]

Varro illyr.-lat. 66[5]
vastei messap. 572, 2
vasteos gen. sg. messap. 573[1]
Veneti illyr. 226[3]
Ϝερζαν (gen. -αντος) illyr. 567[1]
Vesclevesis gen. sg. illyr. 67[1]. 513, 3
vhaχsϑo [so] venet. 67, 1. 749, 2
vhraterei dat. sg. venet. 67, 1

Zis messap. 577, 1
zonasto 3. sg. aor. venet. 67, 1. 208, 1. 345[4]. 669[4]. 739[2]. 749, 2. 750[2], 1. 752[2]. II 262, 1
zoto venet. 67, 1. 669[4]. 741[4]. II 262, 1

8. ITALISCH (AUCH ROMANISCH)

Lateinisch unbezeichnet

ă lat. = gr. ι 351[2]
-a voc. sg. umbr. 558[5]
-a nom. sg. alat. 558[4]
ab 339[8]. II 444[1]. 446[1]. 463[1]; s. ab urbe condita, abs, absque
ab- II 444, 9
abavus II 444[3]
abba sard. 294, 1
abdīco II 445[1]
abditus 434[7]
abdo II 445[1]
abeamus II 315[2]
abiisti II 249, 6
ablātīvus II 54[3]
abnormis 436[7]
abs 329[4]. II 461[5]. 481, 6
absisto II 445[1]
absque II 550, 3
ab urbe condita II 391[2]. 404[2.5]
ăc- 340[1]
Acaviser etr.-lat. 62[4]
acca 478[5]
accent frz. 372[5]
accentuation frz. 372[5]
accentus 373[5]
-accio italien. 456, 5
accubare II 267[4]
accūsātīvus II 54[4]; acc. Graecus II 84[3]
Acheropita 254[3]
Achillēs 576[1]
Achīvī 77[5]
aciēs 476[4]
Aciles 204[6]
action pure et simple (term.) frz. II 253[1]
acula 470[6]
acupedius 451[2]
adagio II 440[7]
adagium 678[5]
ad Apollinis II 120[5]
adaxint conj. 787[2]
addfc(e) 378[6]
adesse II 267[4]
adiectivum (nomen) II 174, 0. 613, 1
adipiscor II 465, 8
adire aliquem II 70[7]. 72[8]
adnomen 208[7]
ad quo alat. II 658[2]
advenat alat. 645[6]. 790, 1
adverbium II 413, 1
adversus adv. 620[3]
Aeacus 194, 3
Aeas 194, 3
aedēs 347[6]
aegrōtus 503[4]
aēnus 282[5]
aequum erat II 307[4]
aes n. II 34, 4
aestās 347[6]. 512[1]
aestimāre: magnī – II 125[3]
aestus 347[6]
aeteis gen. sg. osk. 274[6]. 321[4]. 347[5]
aeti- osk. 280[2]. 494[5]
Aeuporista 158[2]
Aevaristus 158[2]. 198[4]
aevom 223[6]. 347[8]
-af acc. pl. umbr. 558[4]. 559[2]
Afanacia 158[3]
Afenodorus 158[3]
affert 69[1]. 652, 5. II 233[1]
afficio 262[4]
afficit 69[1]. 652, 5. II 233[1]
agatho agaso 158[3]
age II 228[3]. 304[3]. 583[7]
agēa 183[8]
ager 339[7]
agere II 358[4]
agī 808, 7. II 358[4]
agitāre 705[4]
agli amici italien. II 140[4]
agmeon 210, 1. 769, 6
agna 327[6]
agnōmen 208[6]
agnus 295[4]. 332[4]. 489[1]. II 32[2]
agō 49[2]. 338[6]
agricola 451[5]
agro- 481[4]
Agustus 198[8]. 199[3]
aha umbr. 197, 1
Ahala 197, 1
Ahalas acc. pl. II 45, 3
ahesnes dat. pl. umbr. 282[5]
-ai dat. sg. alat. 558[4]
-ai nom. pl. alat. 558[4]. 559[1]
aiai II 600, 1
Āiāx 157[5]. 194, 3
aĭ caseĭ rumän. II 21, 10
Aiiax 157[5]. 194, 3
aime frz. 72[7]
aio 678[5]. II 440[7]
-aís dat. pl. osk. 559[5]
aiunt II 245[3]. 620[8]
à la vérité frz. II 569[4]
albēsco 723, 1
albus 495[6]
ale caseĭ rumän. II 21, 10
alere 285[6]
Alĕus 194[1]
Alexandrēa 157[6]
algor 512[1]
aliqui II 215[8]
aliquid II 215[1.2]

aliquis II 27[2]. 212, 5. 213[5]. 215[1]
aliso span. 69, 3
aliud 409[1]. 600[1]. 609[5]
alius 272[8]. 339[8]. 461[4]. 614[2]
Allemands frz. 78[4]
alligāre ex II 95[6]
allium 528[2]
almus 494[3]
alo 339[7]. 503[2]. 702[6]
alter 595[4]
altus 503[2]
alvos 267[3]
alvus II 32[2]
am II 438[1]
am- osk. umbr. II 437[1]
-am acc. sg. alat. 558[4]
Amadeus spätlat. 634[2]
amarem II 331, 2
amātus est 502[1]. II 223[5]
amāvī 752[3]
amb- II 436[8]. 437[2.3]
ambactus lat.-kelt. II 437[1]
amb(i)egnus II 437[4]
ambigo II 437[5]
ambiguus II 437[5]
ambō 339[8]. 557[1.2]. 589[4]. II 46[5]
ambos span. II 50, 1
amburvāre 306[2]
amem II 331, 1
amfimallus: camasus – 487[2]
amicitia II 606[7]
amico: agli amici italien. II 140[4]
amnistie frz. 174[6]
amp(h)ora 263[3]
Ampliatus 210[4]
Amŭcos 157[8]
amurca 363[1]
an II 558[2], 2. 3
an- II 437[1]. 440[1]
ana v.-lat. II 440[3]
anas 361[6]
anat- 474[2]
anceps II 437[4]
ancilla 460[6]. II 32[4]
ancora 392[7]
anculus II 32[4]
ancus 292[3]. 309[2]
andersistu umbr. 330[1]
ango 309[4]. 338[8]
anguilla 463[5]
anguis 296[4]. 302[4]
anhēlāre II 440[1]
animus 309[1]. 339[7]. 493[6]
anniculus 588[5]
annōna 164[2]
anser s. (h)anser
ante 339[8]. II 441[6], 4. 443, 4
antiae 461[4]
Antibes frz. II 442[4]
Anticatōnēs [so] II 442[4]
Antiocus 157[8]
antistit- 451[6]
antistō II 441[6]
-ânus suff. 395[4]
anxius 515[6]
aoristus tragicus II 282, 2
apă rumän. 294, 1
apehtre umbr. II 444[1]
aperio II 267[5]. 432[2]. 444[1]
aperite aliquis II 609[7]
Apollopisius 158[3]
appāreo 748[7]
appellare II 83[6]
[A]ππελλουνηι osk. 156[7]
appositio II 613, 1
appositum II 613, 1
aprīlis 62[5]
à propos frz. II 578[4]
apud 540[4]. II 465, 8. 494[1]; est – Platonem II 270[5]
aqua 294, 1. 426, 4. II 30[3]
Aquila 158[6]. 162[5]
arāre 362[2]. 683[3]
arātrum 291[2]. 532[2]
arbōs 514[2]
arceo 721[5]
arcessere II 362[4]; arcessere capitis II 131[7]
arcuballista 38, 1
āreo 703[1]. 724[4]
ařferture umbr. 531[1]
argenteus 468[1]. 490[6]
argentum 339[7]. II 34, 4
Argīvī 77[5]
arguo 339[7]
arismetica 158[3]
-arius 455, 2
Arna umbr. 60, 2
aro 309[1]
Arpīnātis 500[4]
arrha 16, 1
arrhabo 16, 1
arsfertur c. gen. umbr. II 132[8]
articulus II 14[4]
Artio gall.-lat. 49[5]
artus 506[6]
-ārum gen. pl. 218[5]. 558[4]. 559[3]
-ārum gen. pl. umbr. 218[5]
-ās gen. sg. alat. 558[4]
-ās nom. pl. osk. 559[1]
-ās acc. pl. alat. 558[4]. 559[2]
ascia 559[6]
Ascoli italien. 20[6]
aspect frz. II 252[2]; aspect (verbal) II 250[5]
aspectus II 252, 3
aspectus verbi II 250[5]
asper 152[5]
aspexī 787[1]
aspexo 787[1]
aspicio II 267[4]
-ass acc. pl. osk. 558[4]. 559[2]
assequī c. acc. 29[3]
a(s)sir 518[5]
associus II 509, 4
assus 703[1]
-asúm gen. pl. osk. 558[4]. 559[3]
Astii illyr.-lat. 67[6]
at II 559[5]
atat II 600, 1
atque: idem – II 161, 3
attat II 600, 1
attingere II 279[8]
attributum II 174, 0
-ātus 234[2]
au interj. II 600, 8
au- II 591, 5
audio 713, 6. II 274[4]
audītōrium 456[6]
audituri estis II 294[4-5]
aufero II 448[6]
aufugio II 448[6]
augeo 347[5]. 363[7]. 706[6]
augmentum 651, 1
aumône frz. 529[4]
auris 348[4]. 520[3]
aurōra 219[5]. 349[4]. 514[2]
*ausōsa 219[5]
auster 349[4]
aut lat. osk. II 560[1]
autem 347[5]. II 560[1]
auti 'aut' osk. 629[3]. II 560[1]
autre frz. 212[5]
aux amis frz. II 140[5]
auxiliō II 140[3]
ave (avo) 39[2]
avia 278[1]. 473[3.5]. 559[6]
avillus 332[4]
avis 273[1]. 349[3]. 356[1]. 460[7]
axamenta 678[5]
axo alat. II 310[5]
-azum gen. pl. osk. 218[5]. 558[4]. 559[3]

babae II 600, 1
baburrus 500[6]
bāca, băcca 238[6]
baculum 291[3]
baiser (le) frz. 809[6]
*baktlom 291[3]
balbus 291[3]
ballaena 158[1]
balnĕum 157[6]. 194[1]
barbarus spätlat. 39[2]
barbātus 503[4]
Barium 67[3]
bassim 157[6]. 217[5]
batturu sard. 294, 1
baubari 224, 5
Baucis 496[4]
Bellōna 479[4]. 491, 3
Berium en osk. II 120[5]
Bettonia (= V-) 207[7]
bi- 589[2]
bibere II 362[4]
bibliothecarius 158[3]
bibo 693[3]. II 226[2]

Bictorinus (= V-) 207[7]
bidēns 447[7]
*bihimus 358, 5. 450[6]
bijoutier frz. 289[1]
bini (= βινεῖ) 124[7]
bīnī 598[6]
bis 350[1]. 597[6]. II 449[1]
bis dēni 594[6]
blâm- frz. 416, 2. 418[6]
blâmable[so,nicht-age]359,1. 834[8]
blâmer 359, 1
blasphemāre 359, 1. 416, 2
-blo- suff. 533[1]
bōs 346[3]. 577[3]
-bos dat.-abl. pl. alat. 548[7]
bovis gen. sg. 577[3]
bovom gen. pl. alat. 577[3]
bracchium 538[4]
bravo italien. 39[2]
brevior 538, 6
brevis 463[1]
Brindisi italien. 20[6]
-bro- suff. 533[1]
Bruges alat. 158[1]
Brutos acc. pl. II 45, 3
būbō 461[2]
būcina 490[3]
bum umbr. 200[7]. 346[3]. 577[3]
Burrus 157[8]
-bus dat.-abl. pl. 546[6]. II 448[2]
buxus 157[8]

cadamitas alat. 493[6]
cadāver 540[4]
caduno italien. 599[1]. II 435[5]
caelitus II 55[7]
caelum: it clamor caelō II 140[3]
caesar 156[2]
Caesar occisus II 404[2]
café chantant frz. II 125, 1
cafetier frz. 289[1]
*caive II 567, 2
calāre 292[3]
calesco II 267[1]
cālīgō 292[3]. 465[4]. 496[4]
calix 351[8]
Calpurnius 213[2]
calx 157[8]. 260[2]
camasus amfimallus 487[2]
Cambuni montes 66[3]
Camillos acc. pl. II 45, 3
camur 481[3]
cancer 292[3]
candor 482[2]
*canens 'Hund' 343[5]
canere receptui II 139[5]
canēs 343[5]
canis 309[2]
canon (le) frz. II 42, 2
cantabat II 248[5]
cantando italien. II 410[8]
cantavit II 248[5]
capēdo 529[7]
caper 293[1]
capere: consilium – 40[1]
capio 713[2]; capior 756[4]; capiminī 756[4]
capreolus 484[7]
captam habet 811[6]. II 10[5]
captus sum 756[4]
car frz. II 636[6]
carbasus 157[8]
cardinalia (term.) 587, 1
cardo 587, 1
Carthāgo 530[2]
Castores II 51[4]
cāsus 416, 1. II 53[4]; – indefinitus 809[1]; – Latīnus (= ablat.) II 54[3]; – oblīquus II 53[8]; – patricus II 54[3]; – rēctus II 53[8]; – sextus (= abl.) II 54[3]
cata spätlat. II 440[3]
cata mane mane v.-lat. 599[1]. II 435[5]
caulae 483[3]
caulis 347[6]
causā II 421[2]
causativus II 54, 3
caveo 721[6]
cavos 314[4]
ce- demonstr. 613[2], 4
cē- II 567, 2
-ce II 554[1]
cebnust osk. 776[1]
cedo 613[1], 4. 776[1]. 798[5]
cēlāre 719[2]
celer 292[3]. 748[5]
cella 165[4]
cēnāticus 498[1]
*cenis 516[3]
censebo II 294[5]
centi- frz. 49[4]
centimanus 592[4]
centum 49[3]. 592[4]
centum hominum alat. 592[4]. II 176[2]
centumpeda 592[4]
centúrio 395[4]
cēpit 811[7]
Cererem acc. sg. 579[2]
Cerēs 579[2]
cerno 694[5]
cernuus 583[6]
cēterum II 578[2]
ceu, *cēve II 564[4]. 567, 2
chacun frz. II 435[5]
chanter frz.: chanta II 248[5]; -ait II 248[5]; en -tant II 410[8]
charta 500[7]
chez frz. II 494[1]
chi italien. 294[2]. 298[4]. II 29, 1. 212, 5
chiesa italien. 315[2]
chilo- frz. 49[4]
Chiteris 157[8]
chorāgus 189[4]
Chose frz. 612[3]
cimetière frz. 470[5]
cinis 516[3]. 724[4]
circiter II 512, 1
circonstance frz. 39[5]
circum II 421[3]
circum dea fudit II 425, 1
circumventus 343[2]
cis 613[4]
citrā 613[4]
clango 692[7]. 701[2]
clātrātus 202[1]
clātri, -a 158[1]
Claudii (uxor, servus) II 120[1]
clāvīcula 349[3]
clāvis 349[3]. 465[4]
clepere 333[1]
clepsi 754[7]
clh 204[7]
Clhoe 157[4]. 212[2]
clibanarius 39[6]
clibanus 39[7]
clīnāre 694[4]
clīno 309[2]
-clo- suff. 533[1]
cloāca 507[4]. 702[6]
cloutier frz. 289[1.2]
co- II 567, 2
coctus 299[5]
cogliere italien. II 431[6]
cognito II 401[2]
cognosceres II 244[7]
Cointo 158[1]
coire II 267[2]
collegium 161[2]
collis 292[3]
collus 285[5]
colo 295[1]. 780, 5. II 229[1]
colus II 32[2]
com umbr. II 474[3]
com- II 267[2]. 431, 1. 474[3]. 714[7]
comedo II 267[2]
comitium II 267[2]
comme frz. II 663[1]
commentus 343[2]
comminīscor 710[1]
comminus 620, 3
comoedia 157[5]
comono osk. 581[3]
comparativus (gradus) II 183, 4
compatrota 158[3]
complēre II 110[6]
complērī II 230[6]
compositio II 5, 3
con- II 267[2]. 488[1]
cōnārī 719[5], 12
concalui II 267[1–2]
concessio II 688, 1
concessivus II 688, 1
concubiā nocte II 20, 2. 180, 5
concurritur II 240[1]

concursus vocalium 399[3]
condicio II 682, 2
condiciones pacis II 682, 2
conditio 505[5]
condo II 267[6]; condidī 770[2]; ab urbe conditā II 391[2].404[2.5]
conficio 72[7]. II 267[2]. 488[1]; cónficit 355[3]. 391[8]
conflugēs 298[7]
coniug- 424[5]
coniunctivus II 302, 1
coniungo II 432[2]
consecutio temporum II 306[5]. 635, 4
consequor II 250[2]
consilium capere 40[1]
consul 39[4]; consulem creare II 181, 2
consultum II 175[2]
conticīsco 709[5]
contra II 474[3], 3
contractio 246[6]
contradictio in adiecto (term.) 37[7]
cōnūbium 470[3]
conventio 343[2]
coquō 295[7]. 298[5]
Córbio 395[4]
corcodīlus 267[5]
corcōtārius 267[5]
cord- 408[8]. 512, 3
Corinthō II 90, 1
Corinto 157[8]
cornīcem 583[2]
cornus 58[3]
cornūtus 503[4]
corpus 515[5]
cosa italien. II 29, 1. 212, 5
coss. II 47, 3
coudre frz. II 431[6]
coxi 754[7]
Coylia 158[2]
Cozmus 157[3]
cras II 113[3]
crātes 292[3]. 351[7]
creare II 83[6]; consulem – II 181, 2
crēdo 644, 4
Creisita 157[8]
crēscō 328[3]
Crhysippus 212[2]
crīmen 292[4]
*crinō 694[5]
Crisida 157[8]
crōcio 716[3]
crūdus 514, 6
cruor 292[2]. 514, 6
Crusipus 157[8]
cucire italien. II 431[6]
cūdere (nummos –) II 71[3]
cueillir frz. II 431[6]
culmus 493[6]
cum II 160[3]. 474[3], 1. 5. 567, 2; conjunctio II 298[2]
cūr 630[6]
curatiost (hanc rem) II 74[2]
curnaco umbr. 583[2]
curvos 259[1]
Cúrzola [so, nicht Corzu-] italien. 275[3]. 831[6]
custódia 395[4]

dā imper. 798[5]
Dafne 158[3]
dame (pl. dames) frz. 15, 2
dare (operam –) 40[1]
Darēus 15[6]. 157[6]. 193[8]
Darīus 157[6]. 194[1]
dās 20[3]
dat II 272[7]
datio 505[2]
datīvus II 54[3]
datō 3. sg. 801[3]
dator 531[1]
datrix 496, 5
datum iri 789[3]
datus 340[5]
dē (c. abl.) II 9[7]. 562, 1
dēbilis 291[3]. 535[7]
dec- 353[6]
decem 14[8]. 73[1]. 591[3]
decem mīlia 593[4]
decem primi 427[4]
decimus 504[1]. 595[7]
Decios acc. pl. II 45, 3
dēclīnātio 416, 1. II 53[6]
decuria 630[6]
decus 516[5]
deda italisch 193[3]
δεδετ osk. 156[6]
dedī 770[2]
defrutum 68[6]
dēgener 513, 3
deicō alat. 696[4]
deicum osk. 803[5]
deiuast osk. II 310[5]
deívino- osk. 350[1]
*deivos 14[8]; -oi 79[7]
de lá sorte frz. II 16[7]
Deli (gen.) II 11, 1
delicta maiorum II 409[2]
de' Medici italien. II 118[1]
dens II 33[5]
Denseletae 206[4]
dēnsus 307[5]. 463[1]
dḗnuo 386[5]. II 420[3]
deponentia II 224[3]
dequrier umbr. 218[5]
-dēs Wurzeln. 425[3]
desistere II 379[7]
dēstino 698[4]
déterminé frz. II 252, 7
deus 14[8]; deum gen. pl. 408[6]
deus portug. 20[6]
Deusdedit 634[2]
deux (les –, nous –) frz. II 50, 2
devincere II 110[4]
dexter 58[4]. 291[2]. 533[6]
dextrā II 175[5]
dī- II 448[7]
Di umbr. 576[6]
Dīāna 58[4]
diaus rätor. 20[6]
dicat quis(piam) II 214[7]
dicendus 508[6]
diceres II 244[7]
dicis 459[7]
dico tibi II 149, 3
dictio II 5, 3
dictitare 706[3]
dictum II 175, 3
dictus 810[4]
dicunt II 245[3]. 620[8]
didest osk. 686, 8
diem 102[1]. 200[7]. 346[3]. 576[6]
diēs 31[6]. 358, 7
Diespiter II 8[3]
differo II 450[1]
diffido II 450[1]
dignosco II 450[2]
dignus moveri II 241[6]
dimetior II 449[6]
Dionisius 157[8]
Dionūsius 157[8]
Dios span. 20[6]
Diovei 358, 7
dipthongus 157[6]. 211[1]
dirai frz. 418[2]
dirò italien. 418[2]
dis- II 448[7]. 591, 4
discerno II 450[1]
discindo II 449[6]
disco 710, 3
disiungo II 432[2]
dispertimini II 233[5]
dispicio II 450[2]
displiceo II 450[1]
disporter (se –) afrz. 702, 1
dissono II 450[1]
distinxi 754[7]
disto II 449[6]
dittongo italien. 211[1]
diūtinus 426[3]
diví 576[6]
dīvido 644[4]
dīvīnus 350[1]
Divodurum kelt.-lat. 638, 11
dixerat haec, cum II 298[2]
dixerit II 298[2]
dīxī 754[7]. 787[1]
dīxō 787[1]. 790[4]
do II 226[5]
-dō suff. 529[6], 3
doceo 353[6]. 710, 3. 717[4]
domī II 56[7]
domineddio italien. II 63[1]
domitor 340[5]
domus (f.) 291[1]. 338[6]. 358, 10. II 32, 4
domus est patris II 124[2]
don frz. 416, 2

donec II 658[2]
donne-le à qui viendra II 641[3]
dōnum 291[2]. 345[4]. 416, 2. 481[3]
drachuma 158[1]
duas 589[2]
dubitāre 735, 1
ducenti 593[3]
ducentum n. alat. 593[2.3]
dūcere II 83, 1
dūcō 29[5]. 647[4]
dui- 589[2]
duidēns 447[7]
dükr rätor. 239[8]
dulce ridentem II 77[4]
dulcis 327[2]
dum II 651[3]
Dumas (les –) frz. II 45[2]
duo 350[2]. 589[1]. II 46[5]
duodecim 445[7]. 594[1]
duplex 598, 8
duplus 599[4]
Durazzo italien. 311[8]
Durendal afrz. 635, 3
du reste frz. II 578[1]
dūrus 239[8]
du vin nfrz. II 89[7]
dzovine [so] italien. (venez.) 331[8]
džovine italien. 331[8]

-e voc. sg. lat. umbr. 554[6]. 555[1]
ē praep. II 461[4]
ea demum firma amicitia est II 606[7]
ebibo II 462[5]
ebur 488, 7
ec- praep. II 461[4]
ēcastor 652[5]. II 564, 4
écrirai frz. II 350[2]
écrirais frz. II 350[2]
edācēs (cūrae) 521[4]
edepol II 62[4]. 601[7]. 626[2]
edim (-īs, it), *ediem (-ēs, -ēt) alat. 794, 2
edīmus 1. pl. alat. 794, 2
ēdo II 462[4]
-ēdo suff. 529[8], 3
ee- praep. osk. II 461[4]
ef 161, 5
effero II 462[4]
efficio II 267[3]
effugio II 462[4]
effundo II 462[4]
ēgelidus II 462[3]
ēgī 787[2]
eglino italien. 551, 8
église frz. 231[1]. 315[2]
egmazum osk. 58[3]
ego 293[6]. 600[5]. 604[1], 2
egomet 606[2]
egregius: factum -um II 409[2]
ehe (eh-, e-) umbr. II 461[4]
eia II 600[4]
eiate II 602[1]
-eis gen. sg. osk. 572[1]
εισειδομ osk. 156[7]
-eius suff. 468, 1
elemporia 254[3]
elisio (term.) 402[8]; – inversa (term.) 403[7]
elleno italien. 551, 8
è lodato italien. II 223[5]
em (aus m̥) italisch 56[4]
em adv. 628[5]
emem 608, 1
emptus 277[7]
ēmungo 692[5]
ēmunxī 754[8]
-ēmus fut. 791[6]
en (aus n̥) alat. osk.-umbr. 56[4]. 341[7]. II 455[1], 3
en praep. lat. II 455[1], 3; postpos. osk. II 120[5]
ēn 'siehe da!' 612[1]. II 566[3]
en chantant frz. II 410[8]
endo 625[5]
endocentrique frz. 429, 2
-ēns ptc. 566[5]
-ēnus suff. 395[4]
eō; s. īre
epōdus 157[5]
Eppius gall.-lat. 301[8]
equa 460[4]. II 32[2]
equit- 561[6]
equus 172[5]. 227[5]. 301[7]. 306[1]. 460[4]
ēr 424[3]
eram 778[6]
Erectheus 157[6]. 211[1]
ergastulum 470[5]
ergo II 589[5]
erietu umbr. 495[5]
erīlis II 177[1]; – fīlius II 89[7]
eris 677[3]
erit 677[3]. 780[2]. 788, 0
ero 661[5]. 791[3]. II 310[5]
eru umbr. II 358[5]
ērūgere 699[7]; ērūgō [nicht rūgeo] 411[7]
ervum 58[3]
es 677[2]. 678, 0. 798, 10
es imper. 799[6]
es praep. II 461[4]
-ēs 2. sg. fut. 791[6]
-ēs (gen. -ēdis) 562[2]
-ēs nom. pl. 571[6]
escit alat. 338[1]. 652, 3. 708[3]
esme loc. umbr. 610[1]
esmei 'huic' umbr. 610[1]. 613[4]
ess alat. 659[3]
esse 806, 5. II 358[4]; honōri – II 140[3]
essem 797[2]
est 339[1]. 677[2]; est apud Platonem II 270[5]
ēst 766[2]. II 226[1]
est frz.: – aimé II 223[5]; il – des choses II 608[4]
estat afrz. 123[6]
este imper. 799[4]
Este italien. 66[3]
estō 801[3]
estōd alat. 328[3]. 409[2]
ēsuī II 140[2]
et 291[2]. II 421[3]. 564[1]. 567[2]. 574[2]
et umbr. II 564[1]
et frz. II 574[7]
-et 3. sg. fut. 791[6]
etanto osk. 613[1]
état frz. 217[2]
-ētis 2. pl. fut. 791[6]
et si quis morbo II 709[6]
euhoe II 600, 1
-eus suff. 468[1]
Euteces 158[2]
Eutici 158[2]
Eutugio 158[2]
Euvangelis 158[2]
evenio II 462[4]
éventuel (term.) frz. 790, 2
Evhelpisto 198, 2
Evklúi osk. 156[6]; – patereí II 615, 1
Evotenosio falisk. 555, 4
ex II 461[4.6]
excello 292[3]
excepté que frz. II 542[4]
excubare II 462[4]
exemplum 123, 2
exeo II 462[4]
exesto alat. II 462[4]
exhedra 157[4]
exī imper. 798[4]
exigo II 462[4]
eximaginifer 39[6]
eximius 466[2]
exorior II 462[4]
expedīre II 120[6]
expergīscor (*-progrī-) 709[4]
expers II 461[6]
expleo II 462[5]
expression frz. 39[5]
exsanguis II 461[6]
exsero II 462[4]
exsilio II 462[4]
exsisto II 462[4]
extendo II 462[6]
exteri II 183[1]
extraneus 335[6]
exuo 706[8]
Eytycheti 158[2]
ezum osk. 806, 5. II 358[4]

fabula docet II 285[8]. 286[1]
faciēs 302[1]
facilumed alat. 548[2]
facinus 513[1]
facio 58[2]. 741[6]; fácit 355[3]; fac me iniuriam fecisse II

307[4]; magnī facere II 125[3]; nē fēceris II 591[3]; s. faxō, fēcī
facteon gr.-lat. 124[7]. 810[7]
factum II 175[2], 3; – egregium II 409[2]
fāginus 490[6]
fāgus 58[3]. 346[5]. 457[6]. II 32[2]
familia pecuniaque II 51[4]
fār 836[6]
far: – l'amor italien. II 27[4]
farcio 696[3]. 713[2]. 715[2]
fātum II 175, 3
fax 302[1]
faxīmus 797[2]
faxō alat. 661[5]. 790[4]. II 266[4]. 310[5]
fēcī 775[5]; fēced alat. 14[8]. 297[3]. 345[3]. 741[6]
fēcero II 266[4]
Fedra 158[3]
feido alat. 346[8]
fēlāre 309[2]
fēlīx 483[2]
fēmina 346[2]. 525[1]. 559[6]
femur 517[3]
-fer 449, 3
feram 669, 8. 792[1.4], 6
ferculum 532[1]
ferens 525[6]
feret 661[7]
ferio 713[3]. II 258[5]
ferō 297[3]. 338[7]. 657[2]. 660[4]. 684[2]. II 230[4]. 258[1]
feror II 230[4]
ferrugo 496[4]
fert 657[2]
ferte 678[4]
ferunt 664[3]
feruntō 58[3]. 802[2], 1
ferus 302[1]. 424[3]. 552[6]
fhe:fhaked pränest. 647[1]
fidēlia 261[4]
fidēs alat. 346[8]
fīdō 261[4]
fierī 809[1]
Fileto 158[3]
filius: mī filī II 189[6] f.
fimum n. II 34, 4
fimus m. f. II 34, 4
findō II 92, 1
fingo 701[2]
fīnīre 727, 6
finis sard. 20[6]
finissez frz. 712[3]
fīnīvī 739[2]
Flaccus Claudii II 120[1]
flagellum 258[8]
flaminica 497[5]
flecto 704[2], 3
flīgo 685[4]
flōs 20[4]
fluo 298[7]
fodere 262[3]
foedus 497, 4
foidos alat. 346[8]
folium 323[1]. 351[8]
follis 164[2]
forēs 459[7]. 625, 1. II 44, 5
Formiae 68[6]. 297[8]
formīca 257[5]. 497[3]
formus 297[8]. 494[4]
fossa 164[2]. 262[3]
framea germ.-lat. 494[4]
frāgrāre 321[8]
fratello: mio – italien. II 200[5]
frāter 49[3]. 297[3]. 346[5]; frātrēs II 51[4], 5
frequenter 456[1]
frīgēdo 530[1]
frīgō 685[4]
frīgus 310[2]. 512[4]
frūgī: homo – II 176[1]
frūnīscor 695[6]
frustum 282[4]
-fs abl. osk. 548[7]
fuei 667, 6
fuēre 664[2]
fugacissimi Britannorum II 101, 1
fugio 714[6]. 771[5]
fui II 258[3]
fulcipedia 449, 3
fūmus 492, 3. II 43[3]; pl. -ī II 43[3]
fundī II 230[6]
fūr 424[3]. 451[5]
fūrāri 719, 5
furent- 525, 4
futír osk. 293[6]
futurum exactum (term.) II 287[2]
fuveit alat. 667, 6

Gabiis II 56[7]
Gaio: mihi nomen est – II 66[3]
gamba 157[8]
gargarizzare italien. 423[2]
gaudeo 703[4]
gaudium 470[3]
Gautier frz. 223, 2
gendre frz. 277[7]
genera 581[1]
generis 14[6]
genetīvus (term.) II 54[3]
geno alat. 358, 13; -it 640[5]; -unt 690[2]
genu 358, 14. 463[4]
genus 292[8]. 293[6]. 309[2]. 339[2]. 358, 13. 511[7]. 579[2]; generis 14[6]; genera 581[1]; – commune II 31[6]; – epicoenum II 32[1]: – subcommune, promiscuum II 32, 2; – verbi II 223, 0; medium – II 223[3]
gesistei alat. 662[3]
gestāre 705[4]
gignentia II 241[7]
gignere 309[2]
gigno 358, 13. 648[2]; -unt 690[2]
gingiva II 33[5]
-gintā numer. 592[1]
-gintī numer. 592[1]
gland- 343[7]
*glānd- 343[7]
glāns 295[5]
glaucūma 157[8]
glīs 462, 1
Gnaivōd alat. 409[2]. 548[2]
gnāte mī II 189[6]
Gnīdus 414[7]
gnōstī 762[4]
Gnōsus 414[7]
goerus 157[5]
Graecus 80[7]. 163[1]. 824[6]; -ī 78[5]. 80[7]
grānātuī II 140[2]
grātia 468[6]; -ā II 421[2]. 551, 2
gravis 299[5]. 342[4]. 463[1]
grec frz. 80[7]
greco italien. 78, 5. 80[7]
Grega (ancilla) 80[7]
grex 292[4]
griego span. 80[7]
grieu afrz. 80[7]
grūs 292[4]
gubernare 157[8]
guieu frz. 301[1]
gummi 157[8]
gurdus 342[2]
gustāre 347[4]. 348[4]. 705[4]
gustus 738, 4. 755[1]. 773[3]
*gvorāre 295[2]

Hādes 157[5]
Haevelpistus 158[2]
Halteclere frz. 635, 3
hamiotae 500[5]
Hannibāl, -ăl pun.-alat. 634[3]; -e duce II 384, 4
(h)anser 286[7]. 297[5]
hastā percussī II 54[5]
hau: – perbene II 571, 3
haud II 591, 5
haurio 347[5], 1. 686[4]
Hecataeus 221, 1
hecto- frz. (westeurop.) 49[4]. 593, 4
*heimrinos 490[5]
hēmīnās (acc.) 491[2]
henixa spätlat. 196, 1
Henrice m.-lat. II 63[1]
hercle 580, 4. II 601[6]. 626[2]
heri 325[6]
heriest umbr. 714[4]
heriiad osk. 342[3]
Herodotus 221, 1
hesternus 325[6]
hiāre 335[1]
hiatus 399[3]
hībernus 490[5]

hic: – fons, hoc principium est II 606[8]
hiems 297[5]. 522[3]. II 34[1]
Hilurii alat. 65[7]
hirundo 529, 4
hīsco 694[3]
hognos = ὄκνος 210, 1
Homerus 221, 1
homo 326[3]. 569[4]; – frūgī II 176[1]; – nequam II 602[5]; centum hominum alat. 592[4]. II 176[2]
honestus 503[4]
honor 20[4]; -ōri esse II 140[3]
honōs 20[4]. 514[2]
hordeum 352[4]
horreum 159[7]
*hortei loc. osk. 418[3]; s. húrtín
hortus 501[3]
*horzd- 352[4]
hospitium 124[4]. 413[6]
hospitum gen. pl. 561[6]
hostia 329[5]
hostis 329[5]
hu frz. 303[4]
hūc 549[6]
hulpe rumän. 227[3]
humer frz. 303[4]
humī 548[4]
humilis 326[3]. 343[3]. 483[7]
humus 326[3]. 408[6]. II 51[6]
húrtín loc. osk. 418[3]. II 55[7]
Hydaspes 305[4]
Hygīnus 15[3]
hypotēnūsa 157[6]. 193[8]

ī imper. 420[8]. 674, 6. 798[4]
-ī gen. sg. falisk. lat. 555, 4
-ī nom. pl. 556[2]
iaceo 713[6]
iacio 125[1]. 713[6]. 741[6], 8; s. iēcī
iamiam 421, 1. II 700[2]
īcī pf. II 258[5]
īcio 519[2]
-ico suff. italien. 497[6]
ictus 376, 1
-icus suff. 395[4]. 497[6]
id 609[5]. 613[3]
īdem II 211[3]; idem atque II 161, 3
idolum 392[7]
iēcī 741[5.6], 8. 9; iēcit 303[7]
iecur 303[5]. 342[8]. 517[3], 3
*iēqui 741, 8
ignarus II 174[7]
ignis II 30[2]
iisti II 249, 6
il a pris la ville frz. 811[6]
īlico II 420[3]
īlĭō [so] 392[5]. 835[8]
illui dat. v.-lat. II 190, 1
*illum istum ipsum, *illum met ipsimum roman. II 211, 1
im 'eum' alat. 608, 1. 613[3], 6. II 190[2]
-im acc. sg. 571[6]
immānis 495, 8
impedīre II 120[7]
imperativus (term.) II 302[6]
imperfectum (term.) II 249[1.2]
impersonaliter II 244[3]
impetrato ptc. absol. II 398[1]
implentur 671[4]
implicīscor 709[3]
impression frz. 39[5]
impūne 623, 2
īmus 674[2]
in 289[8]. II 68[3]. 454, 4. 455[1.3], 3
in- negat. partic. 343[1]. II 591[1]
incānus 436[5]
inclīnārī II 230[3]
inclinatio II 302[6]
inclutus 292[6]
inde 627[4]. 628[5], 7
indéterminé (term.) frz. II 252, 7
indicativus (term.) II 302[6]
indo II 457[4]
induo 706[8]
Indus 221, 1
inedia 469[2]
inermis 450[5]
-ineus suff. 491[1]
infinitivus (modus) [term.] 805, 1. II 302[6]
inflexibilia II 411[3], 1
inguen 295[5]. 486[7]
-īno- suff. italisch 350[1]
inquam 675[1]
-inquos 295[4]
insciens II 385[8]
insece 747[2]
insero II 457[4]
insideo II 457[4]
insidiae II 455, 4. 457[4]
instar II 551[6]
instīgō 292[5]. 334[5]. 714[6]
intensité (term.) frz. 372[5]
inter 631[1]. II 482[4]
interdiu nocte II 113[1]
interdiūs II 113[1]
interi 533[5]. II 183[1]
interiectio (term.) II 601, 3. 705, 1
interim 628[5]
interior 539[5]
intermittere II 482[4]
interpositio (term.) II 705, 1
interrex II 443[7]
intestīnus 629[1]
intrā II 455[2]
intus 630[1]. II 455[2]
-inus suff. 490[6]
inveterāscere 707[2]
invictus 501[5]
invidēre II 224[5]
invidiae esse II 224[5]
invītāre 302[3]
invītus 681, 3
io interj. II 600, 1
io italien. 242[5]. 604[1]
Iō 479[5]
iouxmenta 523[7]
Iove abl. 576[6]
ipse 266[8]. II 211[2]; et – II 209[5]
-ique suff. frz. 497[6]
īre: – ad aliquem II 70[7]. 72[8]; – publicā viā II 163, 0; – balneis spätlat. II 140[3]
is 588[3]. 599, 2. II 190[3]
-is nom. sg. 571[6]
-īs dat. pl. 559[5]
-īs acc. pl. 571[6]
Isfalangius spätlat. 205, 4
ísídúm osk. 156[7]
-ismus suff. westeurop. 736[3]
ispīritus v.-lat. 413[3]
isque II 209[5]
-isso 157[8]
-ist suff. westeurop. 736[3]
istārum 58[3]. 554[3]. 559[3]. 609[5]
iste II 203[5]. 208[5]. 573, 5
istrada: in – italien. 123[6]
istud 609[5]
istum acc. 408[6]
ita me di ament, ut... II 668[5]
itāre 705[5]
it clamor caelō II 140[3]
ithos = ἦθος 174[6]
itinera duo, quibus itineribus II 704[5]
ītō 801[3]
ītur II 240[1]
íú 'ich' osk. 604[1]
iubeo 303[6]; iubet virum ire II 373[3]; iubebo II 292, 1
iudice populo II 384, 4
iuga 581[4]
iūgera 330[5]. 512[1]
iūgis 303[6]
iūglāns 446[1]. II 692[5]
iugum 57[2]. 181[5]. 292[5]. 330[5]. 643[7]. 691[1]. II 37[3]
iungo 643[7]. 697[2]. II 230[6]; -it 691[1]; -or II 230[6]; -xī 754[7]
Iupater umbr. 576[5]. II 615[2]
Iūpiter 576[5]. II 63[1]. 615[2]
Iuppiter 58[3]. 421[4]. 560,7
iūs 330[6]. 333[8]
-ius 537, 1. 555[2]
iuvencus 293[2]. 497[1]
iuvenem 331, 8
iuventa 501, 2
iuxtā II 487, 7

jambe frz. 157[8]
janitrīcēs [so] 303[6]

jéi II 683, 2 s. Baltisch!
je vais dire frz. II 291[2]
*-jos n. kelt-lat. 537[1]
*-jōs m. f. kelt.-lat. 537[1]
jour frz. 172[3]
journal frz. 157[7]
jūbilo 313[5]

Kaisiosio falisk. 555, 4
[ki] frz. italien. 294[2]
kúíníks osk. 156[6]

lacrimāre 725, 7
lacte 294, 1
lactūca 462, 7
lacus 317[1]. 472[5]
laena 309[5]
laetus: -i pueri II 180[4]
laevir 347[5]. 568[3]
laevos 347[5]. 472[5]
laevus 314[5]
lagoena 491[5]
laguna 491[5]
lāna 283[8]. 314[4]. 363[2]
lancino 701, 2
la più della gente italien. II 178[5]
lapte rumän. 294, 1
lascīvus 503[3]
lasfe 158[3]
lateo 703[2]
latex 725[4]
latic- 496[5]
Lātōna 479[5]
latus 361[4]
laudābo 739[2]
Laudiceon 248[2]
lax 518[3]
le (fem. la) frz. II 20[2]
lebης 157[3]
lectulus 532[2]
légio 395[4]
lego 338[6]; -imus 309[2]; -ēs 2. sg. fut. 791[6]
le meilleur frz. II 185[4]
le même frz. II 211, 1
lendemain frz. 413[6]. II 98[6]
leo 552[6]
lequel frz. II 643[4]
leunga rätor. 296[3]
lēvi 694[5]
levipēs 449, 3
levis 463[2]
lēvis 348[1]
Lezbia 157[3]
liaison (term.) frz. 397[2]
libar italien. 263, 1
līber 411[7]
Liberius 161[4]
lībero- 482[1]
lībra 206[3]
licet c. inf. II 368, 1; licet (iam) esse II 367[3]; – mihi adesse II 374[5]
ligatos osk. 79[7]
limba sard. 294, 1
limbă rumän. 294, 1
limináque 388[7]
lingua 294, 1
linio 694[5]. 695[7]
lino 411[8]. 694[5]. 695[7]
linquō 298[5]. 309[2]. 417[1]. 701[2]
liquiritia neulat. 494, 3
-lis suff. 494[6]
littérature orale frz. II 275[3]. 286, 0
liturgus 157[5]
*līp̥rā italisch 206[3]
Livia 208[1]
loca pl. n. 581[5]
locī pl. 581[5]
locus 581[5]
lodato: è – italien. 551, 8
loisir (le) frz. 809[6]
longinquos 295[4]
longinquus 604, 1
loquax: multum – II 87[7]
losna pränest. 327[6]
lo stesso italien. II 211, 1
loup frz. 72[7]
lubet 503[3]
luctor II 224[3]
ludus 692[5]
lui frz. 200[2]. II 190, 1
lunedì italien. 20[6]
lupus 20[4]. 352[2]. 408[8]; – femina alat. II 31[4]; -ī nom. pl. 58[3]

m̥ neumexikan. span. 171, 1
ma italien. II 562, 5
māchina 158[1]
mactāre 471, 12
Maevianus 197[4]
magis 537[2]
magnī aestimāre II 125[3]; – facere II 125[3]; – est pretiī II 125[1]
magnus 584, 3
Maia 266[3]. 473[3]. 559[6]
maiestās 355[6]. 537[2]
maior 474[1]; delicta maiōrum II 409[2]
mais oui frz. II 578[4]
maius 355[6]
mālum 346[5]. II 30[4]
mālus II 30[4]
malva 58[3]. 498[5]
Μαμερτινουμ osk. 156[7]
ma mie frz. 396[4]
mānāre 719[3]
mane: cata – – v.-lat. 599[1]. II 535[5]
manus II 33, 4
marceo 363[1]
măre 58[4]
mariscus 541, 6
marmor 647[2]
Marspiter II 615, 1
martedì italien. 20[6]
massa 157[8]
māter 187[1]. 309[1]. 345[4]. 567[6]; -trem 567[6]; -trum 567[6]
mātertera 536[2]
mattĕa = ματτύη 183[8]
mattino italien. 265[4]
mattus 231[6]
matutinus 265[4]; Matutine pater II 62, 4
mē 309[3]
médecin-chirurgien frz. 439[4]
medesimo italien. II 211, 1
mediae (term.) 169[5]
Medici italien. II 118[1]
meditor II 229[3]
medium genus II 223[3]
medius 308[2]. 461[4]. II 481, 7
Meeílíkiieís osk. 156[6]
mefiaí osk. II 481, 7
Meher- 153[4]
mehercle II 626[2]
Meherdates 206[3]
mei gen. 600[5]. 609[1]
meilleur: le – frz. II 185[4]
meio II 226[3]
mel 518[2]. II 19[7]
Meliíssai osk. 156[6]
melior 364[2]. 536[4.6]. 537[1]
melōdia 157[5]
melum roman. 346[5]
membrum 282[8]
même frz. 217[2]. 282[5]; le – II 211,1
mementō 769[2]
meminentes 540[5]
meminero II 289[3]
meminī 769[2]. II 263[4]
-men neut. 524[2]
mens 515[6]
-ment adv. frz. 418[2]
mente 418[2]: sānā – 418[2]
-mente adv. italien. 418[2]
*meo seniōre 16[2]
mergus 218[5]
mesme afrz. 282[5]
mētior 505[1]. 702[6]. 727[4]. II 229[3]
Mettis kelt.-lat. > Metz 638, 11
metuere 727, 6
meus II 200[4]
mīca 311[4]
mī fīlī II 189[6] f.; gnāte mī II 189[6]
migro 412[1]
mihī 600[2]. 604[2]
mīlia: decem – 593[4]
mina 332[4]
mingo 411[8]. II 226[3]
-minī 2. pl. 671, 1
minor 538[3]
minuo 697[1]

minus II 598[7]
minxī 754[7]
mio fratello: il (un) – – italien. II 200[5]
mira sunt II 44, 1
misceo 707[4]
miscere aliquid aliquā rē II 160[3]
miser II 700[6]
misere miser sum II 700[6]
Mithrenes (pers.-lat.) 187, 1
Mithridates 157[4]
mittere aliquem Romam II 78[6]
modus II 302[6]; infinitivus – 805, 1
Moesi 67[6]
moglie italien. 245[4]. 830[2]
mōlēs 339[5]. 425[3]. 458[6]
molestus 339[5]
mōlīrī 720, 10
mola 351[8]
mollis 733[3]
moneo 339[2]. 353[6]. 717[4]
monsieur frz. 16[2]; M. Chose frz. 612[3]
mora 373[4]
morior 693[1]. II 224[3]; mori sub sudore II 527, 2
morphonologie (term.) frz. 263, 1
morti- 504, 2
mortuos 277[3]. 344[2]
mōs 20[4]
mu II 601[1]
mucor 516[5]
mugatu umbr. 683[2]
mūgīre II 601[1]
mulcta 277[4]
mulgeo 412[1]
múlier 830[2]; muliérem v.-lat. 245[4]
mulsi 754[7]
multā nocte II 113[2]
multum loquax II 87[7]
multus II 179, 1
mūlus 327[7]
Munātius 190[7]
murcidus 278[6]
murcus 278[6]
Murēna 158[1]
murmuro 351[8]
mūs 181[5]; gen. sg. mūris 424[2]. 571[3]
-mus 1. pl. 662[6]
musca 73[7]. 474[2]
muscerda 519[3]. 533[5]
myrias spätlat. 597[3]

nactus est II 280[3]
(nae) II 570, 3
Nāias [gespr. naiias] 194, 3
nam 612[2]
nārēs II 44, 5
natēs 362[2]
natine umbr. 465, 5
nātio 465, 5
Naucratem, quem . ., non erat II 641[5]
nausea 270[7]. 578[3]
nāvis II 34[1]; nāvem acc. sg. 578[1]
ne- verb. compos. 591[1]
-ne partic. II 627[4]
nē II 570, 3. 591[1.4], 3. 594, 4; nē feceris II 591[3]; nē sīveris II 315[6]
nē – nēve II 573[4]
ne – pas frz. II 598[6]
nebrundinēs lanuvin. 297[7]
nebula 297[3]. 483[4]
nec alat. II 573, 4
neclego II 561, 2
necto 704[2], 3
nefrōnēs pränest. 297[7]
neglego II 561, 2; neglēxī 754[7]
nego II 561, 2
negotium II 561, 2
neip osk.-umbr. II 573, 4
nemus 512[1]
n(e)oinom 16[2]
nepōtes 431, 3
nequam: homo – II 602[5]
neque – neque II 573[4]; nōn – neque II 573[4]
nē – quidem II 597[5]
ner- italisch 57[3]
Neretum illyr.-lat. 66[4]
nerf acc. pl. umbr. 568[4]
Nerō italisch (sabin.), lat. 57[3]. 277[2]. 412[1]
nerum gen. pl. osk. 568[4]
nerus dat. pl. umbr. 568[4]; nerf acc. 568[4]
nervos 267[3]
nescio 431[4]. II 591[1]. 593[5], 7
nesimei asa umbr. II 96[8]
nēve II 564[3]; nē – nēve II 573[4]
Neuville frz. 427, 3
ni osk. II 591, 3; ni hipid II 315[6]
Nicepor 204[6]
Nicolavos 158[2]
nīdor 321[5]. 516[5]
nihil II 598[6]
ni hipid osk. II 315[6]
niir osk. 277[2]. 568[4]
ninguit 297[7]. II 620[6]
nisi forte II 689[2]
Νιυμσδιηις osk. 156[7]
Niumsis osk. 277[8]
nix (gen. nivis) 297[7]; nivem 424[4]
-no- ptc. 57[4]
noctū 462, 7
noinom 16[2]
nōlo II 593[5]; nōlītis 804, 3; nōlī 804, 3. II 303, 6; nōlīte 804, 3. II 303, 6
nōmen 343[5]. 352[6]. 520[6]. 523[1]. 580[6]. II 66[3]; mihi – est Gaio II 66[3]; – viri boni II 66[5]
nōminātīvus (term.) II 54[3]
nōn alat. 16[2]. II 309, 3. 587[2]. 591[4]; non – neque II 573[4]; non te credas II 309, 3
nōnāgintā 592, 4
nonne? II 588[1]. 589, 1. 629[3]
nōnus 596, 3
nōs 601[3]
nōsco 292[6]. 707[3], 3; nōvi 641[3]
noster 533[1]. 608[4]. II 200[4]
nōtio 292[6]. 505[5]
novāre 727, 4
novem 314[4]. 591[2]; – mīlia 593[4]
noverca 482, 4
novero italien. 259[3]
nōvi 641[3]
Novieius 468, 1
novitās 528, 6
Novius 158[5]
novos 309[2]. II 571, 2
nox alat. 352[6]. II 33[4]. 112[7]; eā nocte II 112[7]; multā – II 113[2]; concubiā – II 20, 2. 180, 5; interdiu – II 113[1]
noxa 516[5]
nūdiūs (tertius) II 571[1]
nullus dubito II 179, 1; nulla dies sine linea II 623[4]
num? 619[6]. II 487[4]. 588[2]. 627[4]
numerus 259[3]; – pluralis II 40, 1; – singularis II 40, 1
nunc 619[6]. II 270[3]. 487[4]. 571[1]; – vero II 571[2]
nundinae 65[5]. 577, 4
nūper II 571[1.5]
nurus 240[2]. 350[2]. 457[6]
Nyissa 158[2]

ō interj. II 60, 7. 600, 1
-o nom. sg. osk. 558[4]
ob II 465[3]
obdo II 466[2]
oblīquus 299[7]
obscūrus 702[2]
obsequor II 160, 1. 466[2]; -ī c. dat. 29[3]
obsessus 56[3]. 502[2]
obtendo II 466[2]
ocar umbr. 339[5]
Ocriculum umbr. 339[5]
ocris 495[2]
octāvos 314[5]. 595[6]
octō 590[5]. 59 [6]
octōgintā 592[3]
octuāgintā 592, 4
oculus 298[5]. 339[5]

ōdēum 202[3]
odor 321[8]. 339[5]
odōs 512[4]
offendimentum 287[6]
offensa II 176[7]
offero II 466[2]
offrande frz. 164[2]
-oi nom. pl. alat. 554[6]. 556[2]
-ōi dat. sg. alat. 554[6]
oiei II 600, 6
Oinomavos 158[2]
oinos alat. 16[2]. 348[1]. 588[4]
Oinumana alat. 433[2]
-ois dat. pl. 554[6]
oleum 266[2]
olim II 274[2]
olīva 266[2]. 314[5]
-om acc. sg. 554[6]
-om neut. sg. 580[6]
-om gen. pl. osk. 556[3]
-OM gen. pl. alat. 556[3]
omnes per te deos oro II 427, 3
on frz. II 213[6]; on a dit II 45, 4
onustus 503, 4
operio II 267[6]. 432[2]. 465[1]. 466[2]
oportet II 465[1]. 620[6]
optāre 32[7]
Optarit = got. Ufitahari 163,2
optativus (term.) 302[6]. 1; – urbanitatis II 329[7]; – obliquus II 331[2]; – iterativus II 335[7]
optio 422[5]
or (aus r̥) italisch 341[7].342[1]
orare II 280[3]
oratio recta II 637[6]; pedestris – 112, 2; prōsa – 112, 2
orator iusta II 74[2]
orbus 226, 1. 490[1]
ordinalia (term.) 587, 1
ōrō 696, 5; omnes per te deos – II 427, 3
-ōrum gen. pl. 556[3]
os (gen. ossis) 518[2]
-os nom. sg. 554[6]
ōs (gen. ōris) 520[4]. 583[5]; ōra pl. 583[5]
-ōs nom. pl. osk. 556[2]
-ōs acc. pl. 554[6]
osculari II 233[4]
-osio gen. sg. falisk. 555, 4
ostreum II 36, 3
-ōsus suff. 526, 8
Otranto italien. 526, 8
où frz. 621[5]
oui: mais – frz. 578[4]
*-ous gen. sg. osk. 572[1]
ovis 339[7]. 462[4]; ovīs acc. pl. 222[6]
ωϜ diphth. osk. = ou 203[5]
-p osk.-umbr. 294[5]. II 573[2]
paam acc. sg. osk. 558[4]
pā̆c- 319[3]
pācem 333[2]
padres span. II 51[4]
paene concidi II 308, 1; – oblitus sum II 307[4]
paenula 268[5]. 484[5]
*palamā 343[7]
palleo 285[5]
palma 343[7]. 362[4]. II 33, 4
pando 695[3]
pango 333[2]. 697[3]; pepigī 647[7]
pānis 471[3]
Pansa 637[6]
papae II 600, 1
paraverēdus spätlat. (kelt.-lat.) 25[4]. II 522, 5
parentes II 45[1]
pārēre c. dat. 29[3]
parmi frz. II 481, 8
pars 361[2]
participium II 386[6]
particulae orationis II 553[8]
parumper II 571[5]
parvos 481[6]
pas negat. frz. II 598[6]
pastata osk. 336[2]
pater 291[1]. 340[5]. 567[6]; voc. sg. 408[8]; patrem 343[4]. 567[6]; patris causā II 435[3]; patres II 51[4], 5; patrum 567[6]
patēre 351[2]
patensíns osk. 351[2]
pathos frz. 174[6]
patrius 466[2]
pátru rumän. 294, 1
patruus 479[6]
paulīsper II 571[5]
pauper 347[6]
pausa 396[2]. 484[4]
pavio 325[4]. 713, 6
-pe osk.-umbr. II 573[2]
peccatur II 240[1]
pecto 704[2], 3
ped- II 499[2]
pedestris oratio 112[2]
pedit- 472[2]
pēdo 326[7]
peggio italien. 536[5]
pejjor 536[5]
pello 433, 5; pepulī 647[6]
pēluis 279[4]
pendēre (ab, de, ex) II 95[6]
penes 547[5]. II 494[1]; – aliquem esse II 467[4]
pēnētica 193[3]
*penque 590[4]
pe:para(i) falisk. 647[1]
*pequō 298[5]
per II 499[5]; 503, 1; – deos, dextram II 516[5]; – medium II 481, 8
per- 436[1]. II 449[2]
-per II 571[5], 3
perbene : hau – II 571, 3
percussī : hastā – II 54[5]
perdo II 267[6]
perdolīsco 709[4]
perfectum (term.) II 249[1.2]; – futurum II 249, 3
perficio II 267[3]
perfugere II 500[4]
perihodos 219[3]
perītus 474[4]
permagnus II 500, 4
persequor II 250[2]; -itur II 70[7]
Perseponas pälign. 156[6]
persōna II 244, 1
personne negat. frz. II 598[6]
persuādeo alicui II 72[3]; – – aliquid II 72[4]
pertemest osk. 787, 9
pertinentia m.-lat. II 117, 1
*pertinentivus casus II 117, 1
Perustae 193[4]
pervidere II 500[4]
pēs 419[5]
petere 358, 3; petit 291[2]. 640[5]
peu s'en faut frz. II 378[7–8]
pēxī 754[7]
*pezdō 326[7]
philosophatum est II 240[6]
phrenēticus 193[3]
Phronesium : mea – II 37[6]
pic- 319[3]. 474[3]
píd osk. 616[5]
-píd osk. II 569[1]
pignus 513[1]
Piladelpus 157[8]
pim acc. sg. osk. 616[3]
pincerna 194[2]
pingo 333[3]
pinguis 463[1]
pinsere 325[4]; -unt 692[4]
pinsio 692[4]
pīnus 506, 5
pirum II 30[4]
pirus II 30[4]
pis osk. 294[1]
pispis osk. 617[1]
pistor 325[4]
pitpit n. osk. 617[1]
più : la – della gente italien. II 178[5]
pix 350[1]
plango 692[8]
plantare: -āmus 729[7]; -ant 729[7]
platĕa 194[1]
plēnus II 110[6]
plērīque 513, 8. 732, 2
plēs 689[3]; plet 689[3]
plecto 704[2], 3; plēxī 754[7]
*plurima multitudinis II 178[5]

plus frz. II 184, 3
plusquamperfectum (term.) II 249[1.2]
pōclum 346[1]
pōculum 279[1]
poena 294[5]
Poenus 157[8]
poilu (le) frz. II 41[7]
point negat. frz. II 598[6]
Poitou frz. 20[6]
pol II 601[7]. 626[2]
-polis in ON 61[3]
polliceor II 492, 3
pollūbrum 533[2]
pomme de terre frz. 427[1]
Pomponius 214[6]
pondus 512[4]
pōne 615[2]
ponere aliquid in – II 155[7]
populus: voc. II 64[1]; iudice -o II 384, 4
por- II 492[1], 3. 493[2]
porrigo II 492, 3; porrigī II 230[3]
porrō II 505, 8
porrum 58[3]. 307[5]. 370[3]
portendo II 492, 3
poscō 707[3]. 771[4]. II 81, 4; poscimur II 82[1]; poposcī 707[5]. 771[4]
positivus (gradus) II 183, 4
positus II 444[2], 4
Posphorus 204[4]
post II 508[5]
posterus II 508[5]
postquam: – dixit, – dixerat II 298, 4
postumus 504[1]
πωτ osk. 156[7]
ποτερεμ osk. 156[7]
potis 271[1]. 291[1]. 339[7]
pōtus 346[1]
pouvoir frz. II 320[4]
prae II 492[2]
praehendo 297[5]; -ere 358, 12
praepositio (term.) II 420[6]
praesens II 248[1]; – de conatu II 258[7]. 259[2]; – historicum II 271[3], 3 f.; – pro futuro II 273[2]
praeter II 542[3]; – quod II 542[4]
praeteritum (term.) II 248[8] f.
praetor 531, 6
praeverbium II 419, 4
premo 418, 5
prendre: il a pris la ville frz. 811[6]
pretium II 443, 2. 508[4]; magnī est -ī II 125[1]
Prhonimus 212[2]
pri alat. 595[2]
prīmus 595[2]; in -is 125[1]
princesse frz. 475[5]
principessa italien. 475[5]
principium: hoc – est II 606[8]
prior 537, 6
pris, s. prendre
prīscus 537, 6. 542, 1
prŏ- 291[2]. II 267[7]. 505[3]
prō II 505[3]. 506[2]
proavus 435[6]
procedit II 621[3]
proconsul II 443[7]
prōd- II 505[3]
prodigium 678[5]
productio 246[6]
Profax 497[3]
profecto II 584[6]
proferre II 505[5]
proficiscitur c. gen. II 132[7]
profundus 435[4]
prognātus 31[6]. II 93[8]
Prognē (= -cnē) 210, 1
promellere 715, 14
promom umbr. 494[4]
pronepōs 435[6]
pronomen reciprocum II 198, 2
prope ab II 548, 1
propīn II 359[6]
propinquus 604, 1
propraetor II 443[7]
proprius spätlat. II 205, 2
proptervus 296[4]. 498, 5
propugnare II 506[1]
prōsa oratio 112, 2
proscribere II 505[6]
prostare II 505[6]
prosumo 138[4]
Protemus 157[8]
prout II 479[2]
provenire II 505[5]
providere II 506[1]
prúfatted osk. 752[3]
prúftú osk. 435[1]
prunum II 30[4]
prunus II 30[4]
-pte II 572[7]
pueri laeti II 180[4]
puf osk. 627[4]
pugnāre cum aliquo II 161[2]; pugnato ptc. abs. II 398[1]
pult- 501[3]
puncta diaereseos 149[2]
pūs 703[2]
pusme 'cui' umbr. 610[1]. 616[2]
putare II 83[6]; putares II 347[6]; puta II 583, 2
pūteo 350[2]; pūtēre 703[2]
pútereípíd osk. II 569[1]. 575[1]
Pyrrhus 157[4]

qua 302[3]
quadrā- 592, 2
quadrāgintā 361[2]. 592[2]
quadrans 158[6]. 599[4]
quadriduum II 40[2]
quadru- 352[2]. 590[2]
quae: – prima defensio est oblata suscepi II 641[8]
quam acc. sg. 558[4]
quaeso 787[3]
qualitas 40[3]
qualité frz. 40[3]
quam II 99[2] (c. nom. oder acc.). 565[6]. 567[1]; – plurimum II 666[6]
quamquam II 386, 3. 389, 2
quamvis II 386, 3
quarranta v.-lat. 592, 5
quasi II 667[3]; quasi XL minas ibid.
quater 597, 10
quattuor 294, 1. 295[5]. 319[8]. 351[2]. 587[4]. 590[1]
que II 562[2]; -que 294[5]. 388[3]. II 555[2]. 573[2]. 574[2]; -que – -que II 573[4]
que frz. II 636[2]; – je puisse 793[3–4]; – tu ailles II 319[4]
*quelō 295[1]
quem acc. sg. 615[5]. 616, 6
quī 294[2]. 302[3]. II 645, 4; quorum 55[7]; quos ego ... II 702[4]
quī instr. 551[3]
qui frz. 294[2]
quia 413[4]. 616[5]. II 638, 2
quia 'warum?' 616, 8
quiatus 158[6]
quibus 616[4]
quid 409[1]. 609[5]. 615[5]. 616[5]. II 29[6], 1. 35[2]. 569[1]; – venisti II 77[5]; – tibi vis II 149, 1; – mihi C. agit II 149, 1; – curatiost rem II 355, 1; – est exul? II 606, 1; – faciam (-at) II 318[5]; – vis faciam? II 318[5]; – ut proficerent? II 629[7]
quidam 612[3]
quīdam II 213[5]. 214[6]
quidquid 410[2]. 617[1]
quīn II 589, 1
quincuria 630[6]
quinquāgintā 592[2–3]
quinque 295[1]. 309[4]. 590[4]
quintus 596[1]
Quintus 158[2]
quippe 266[6]. II 572[6.7]
Quirinus 158[6]. 162, 2; -i II 51[4]
quis 55[7]. 293[8]. 294[5]. 388[3]. 615[5]. II 29[6], 1; – nostrum? 593[3]. – vestrum? II 115[4]
quisnam II 560[6]
quispiam II 214[7]. 572[7]
quisque II 214[7]. 573, 4
quisquis 617[1]. II 39[4]
quīvīs II 216[3]

quō 293[8]. 294[5]
quo/ā- 617[1]
quoad II 658[2]
quod 54[2]. 610[1]. II 645, 4; conj. spätlat. II 636[2]. 638,2
quominus II 598[7]
quor alat. 630[6]
Quorta pränest. 590[3]
quot 612[6]

rabd'a rätor. 325[7]
rabiēs 325[7]
racēmus 310[3]. II 30[5]
rādīx 225, 2. 352[3]
Raecus illyr.-lat. 80[7]
rapacida 509[7]
rapio 411[7]
rāpsōdus 202[3]
rarenter 456[1]
reciprocus 496[6]
reddo 686, 8. II 83[6]
rēgia (domus) II 89[7]
Rēgium 157[8]
rego 309[3]. 649[4]; rēxī 754[7]
relicuos 171[4]
reminīscor 710[1]. II 229[2]
rem(m) v.-lat. 410[8]
remulcum 157[8]
rēmus 493, 2
renuo II 440[5]
repites 586, 5
reus II 9, 1
revertor, -ī II 227[4]
rēx 68[4]; regis est II 124[2]
rhēda 157[4]
Rhēnus kelt.-lat. 157[4]
rhetor 157[4]
rhombus 314[3]
ridens: dulce -ntem II 77[4]
rien negat. frz. 20[6]. II 598[6]
roasă, dat. -e rumän. 20[6]
rōbus 512[6]
rogare II 82[2]; sententiam – II 82[2]
Roma 162[7]; Rōmā II 90, 1; Rōmae II 56[7]. 155[1]
Romanus II 41[6]
Romulidae 509, 3
ruber 297[4]. 309[3]. 411[7]
rubēscere 707[2]
rubor 512[7]
rubro- 481[5]
ructor II 229[1]
rufru umbr. 297[4]
rūga 411[7]
rūgeo 411[7]

-s Auslaut 20[4]
sācoma 158[1]
saepius II 184, 4
saevos 266[4]
Safínim osk. 199[4]
săgāx 29[5]. 720[3], 11
sāgīre 29[5]. 304[2]. 713[3]. 766[3]. 820[6]
sāgus 29[5]
sainement frz. 624[3]
sāl 304[2]. 339[8]. 424[4]. 517[5]
salio 304[2]. 323[1]. 653[2]. II 229[1]
Samnites 199[4]
sānā mente 624[3]
sandio span. 20[6]
sane II 569[4]
sanguis 338[1]
Santía osk. 156[6]
sapsa alat. 304[2]
sapt'a rätor. 325[7]
Sarra 153[2]
satur 304[2]. 516[5]. 755[3]
scabo 333[3]
scaevos 347[5]. 472[5]; -us 58[4]
Scaptensula 308[7]
scindo 692[5]. 714[6]; scidi 692[5]
Scipio: -ōnum sepulcra II 45[2]
-scō verba 707[1]
scrībo 644[2]; scriptam habes 812[8]
sē 600[2.6]. II 192[3]
se frz.: se lit II 224[1]; se trouve II 223[6]
secretum II 175[2]
sectāri 705[5]
secundus 508[6]. 595[4]
secus 303, 4
sēd 334[8]
sēdāre 719[2]
sedēre 653[1]. 719[2]
sēdēs 304[1]
sēdi 650[2]
sella 323[3]. 481[4]. 483[3]
*seluō II 431[6]
semel 304[1]. 358, 11. 408[6]. 433[2]
*semglo- 588[2]
sēmi- 304[1]. 358, 11. 599[3]
semicinctium 162, 2
semis 303, 4
sēmodius 262[5]
semper 275[5]. 343[1]. 433[2]. 588[1]
Sempronius 210[4]
semptima 257[6]
senex 56[6]. 303[1]. 339[4]. II 36[6]
senior: meo -ōre 16[2]
sent umbr. 663[4]. 677[1]
sententia: -am rogare II 82[2]
sentīna 533[4]
sentīre 271[4]
sepelio 684[5]
septem 303[8] 590[5]
septimus 595[6]
septuāgintā 592, 4
sequens II 241[6]
sequere indic. 668, 3
sequī c. acc. 29[3]
sequo alat. II 229, 1
sequor 295[6] 304[1]. 653[1]. 684[5]. II 160, 1. 224[3]. 229[1]. 250[2]; sequī c. acc. 29[3]; sequitur II 70[7]; sequere indic. 668, 3; sequo alat. II 229, 1; sequens ptc. II 241[6]
serēnus 329[4]
serescō 329[4]
sero 304[4]. 686, 8. 715[5]. 741[5], 9
serpo 324[6]. 653[1]; -it 304[1]. II 226[1]; serpsit 303, 4
serum 355[6]
servāre 681, 1
Servilia Claudii II 120[1]
sescentum alat. 593[2]
se trouve frz. II 223[6]
Setus 157[8]
sex 590[4.5]
sexe frz. II 28[6]
sextans 599[4]
sextārius 269[2]. 599[4]
Sfalancius spätlat. 205, 4. 334[3]
sfalangius 334[3]
sī II 683, 2. 687[6]; – in ius vocat alat. II 245[3]; si minus II 598[7]; si quis II 709[6]
si italien.: – parla tedesco II 223[6]
siat 308[1]
sibī 601[5]. 606[6]. II 192[3]
sīdo 330[1]. 690[2]
siem alat. 273[2]. 346[3]. 659[4]. 677[4]. 793[6]. 794, 2; siēs 659[4]. 677[4]; siēd 659[4]; siēt 677[4]; sient 663[5]. 677[4]; sīmus 346[3]. 677[4]. 793[6]; – ea mente II 315[2]
sif acc. pl. umbr. 571[2]
sífeí osk. 601[5]
Silvanius 161[6]
sim acc. sg. umbr. 570[5]
similis 483[7]; – ac (et, atque) II 568[2]
simma 215[2]
simtsire rumän. 271[4]
simul II 535[2]
simulatque II 535[2]
sine 620[1]. II 421[2]. 535[5], 4. -537[3]
singuli 275[5]. 588[2]
sinister 537[4]
sipus osk. 540[3]
sīquis 388[3]. II 709[6]
sīs (= sī vis) II 340[5]
Sisipus 157[8]
*sisō 686, 8
sissiat 308[1]
sistō 304[2]. 648[2]. 649[1], 1. 686, 8. II 234[1]; sistit 350[1]
sitanius 158[2]
sītis 2. pl. alat. (siem) 677[4]
sittacus 158[4]. 325[5]
sīve II 564[3]
sīveris: nē – II 315[6]
sōc 'sic' alat. 610[5]. II 577[4]

socius 298[4]
socrus 304[6]. 460[3]. II 30, 5
soeur frz. 20[6]
sōl 518[4]
solessa italien. 475[5]
sollos alat. 228[3], -us alat. 304[2]
sōlus II 211[4]
solvo II 431[6]; solvī II 230[6]
somnus 350[3]. 489[2]. 552, 4
sōna 157[8]
sont- 678[1]
sont frz. 20[6]: – morts et bien morts II 269[1]
sōpio (sōpīre) 717, 2. 3
sopor 724, 8
sorbeo 351[7]
sorbillare spätlat. II 222[3]
sorex 497[1]
soror 226[6]. 568[5]; – cum ... posuerunt II 609, 1
sorte frz.: de lá – II 16[7]
Soszomene 158[2]
sovos alat. 304[2]. 600[6]. 608[3]
spatiārus alat. 669[5]
spatium 302[8]. 498, 13
speciēs 476[4]
specio 268[2]. 705[2]. II 229[3]
-spicit II 258[4]
spissus 507[3]
spondeo 309[2]. 684, 8. 717[5]
sporta 159[8]
spre rumän. 594[3]
spuo (spuere) 325[7]. II 226[3]
ss (aus dt, tt) italisch 56[3]
stā imper. 798[5]
stāgnum 512[6]
statim 506[1]
statio 340[5]. 505[5]
Σταττιηις osk. 156[7]
status 340[5]. 502[5]
statūtus 739[2]
stella 57[3]
sterĭlis 474[2]
sterno 361[3]
sternuere 326[7]
stesso: lo – italien. II 211, 1
sto: stā imper. 798[5]; stetī 649, 1; stetimus 767[2]
strāmenta 520[7]
strātus 361[1]
struo 361[1]
stupila v.-lat. 268[6]
stuprum 334[5]
sturnus 483[6]
suad alat. II 667[6]
suādēre 224[4]. 226[5]
suāvis 463[1]
sub 304[7]. II 518, 5. 522[6]; 532[2]; c. abl. II 525, 3; – eā condicione II 527, 2; – lege esse II 531[2]; – potestate constitutus II 531[2]; – hasta vendere II 531[8]; c. acc.: – haec dicta II 532[3]; – galli cantum II 532, 2; – montem succedere II 531[3]; – tectum II 530[6]; – noctem II 532, 2; subdere – solum II 530[4]
subblandire II 222[4]
subdere II 525[2]; – sub solum II 530[4]
subditus 434[7]
subducere II 524[7]
subesse II 524[4]
subigere II 525[1]
subire II 523[3]
subiunctivus (term.) II 302[6], 1
subniger 436[4]
*subs II 522[6]
substituere II 525[2]
subūcula 706[8]
suburbānus 450[3]
succedere II 523[3]: sub montem – II 531[3]
Suculae 508[2]
sūdor 514[3]
suere 321[1]
sui gen. sg. 606[6]. 609[1]. II 192[3]
suīnus 491[3]
sulcum 303, 4
Sulla 157[7]
Sulpicius 204[6]
sum 304[2]. 814[1]. II 258[3]
summus (magistratus) 39[4]
sūmo II 522[6]
sunt 663[5]
suōpte II 572[7]
suovetaurilia 428, 4
συπ osk. II 522[6]
super 304[7]. 309[2]. II 518[2], 5. 519, 1
super umbr. II 518[2], 5
superbus 301[6]. II 518, 8
superescit 303, 4
superlativus (gradus) II 183,4
superne 612[2]
superscando II 518, 9
superus II 518[2]
suppum 303, 4
suppus 304, 2
suprā II 518[2]
surgo 262[4]
sūs 304[3]. 308[5]. 570[5]; suis gen. sg. 570[5]; suem 69[5]; suum gen. pl. 570[5]
suscipere II 525[2]
suspicio II 267[4]
susque II 522[6]
sustineo II 522[6]
sustuli II 431[6]
suus 226[4]. II 192[3]. 200[4], 2
svaí ‘si’ osk. II 683, 2
syllaba (term.) 235[7]
synhodus 157[4]. 219[3]
synnāvi di 158[2]
Syrus cum illo ... consusurrant II 609, 1
-tā- suff. 528[6]
Tabennensis 161[6]
tābēs 702[5]. 776[1]
tabula 635[6]
tadait osk. 581, 4
tagat 790, 1
Tagliamento italien. 526, 8
tago 748[6]
Taillefer frz. 445[3]
tālis 495[3]; -e quiddam esse animum II 606, 1
tango (tangere) 291[1]. 748[6]; tetigī 647[6], -it 748[6]
*tantae fortunarum II 178[5]
tantṓn(e) 378[6]
tantos de haberes aspan. II 178[5]
Tarentum 66[5]; -ī II 155[1]
tarpessīta 267[5]
-tāt(i)- suff. lat. osk. 528[6]
ταυρομ osk. 156[7]
taurus 347[6]
tē 600[5]
-te (demonstr.) II 573, 5
teatro 157[8]
Tecumēssa 158[1]
tefra umbr. 327[8]
tego 292[2]. 334[4]. 353[6.7]
tempus 124[8]
tendo 684[4]
Tenegaudia spätlat. 445[3]. 634, 1
teneo 684[4]; tenui 769[5]; tentus 343[4]
tenero- 486[7]
tēnesmus 193[3]
tenez frz. 355[3]
tenor 433[4]
tentus 343[4]
tenues (term.) 169[5]
tenus 433[4]. 514[1]
tepēre 327[8]
ter 597[6]
tereí osk. 549[5]
terenum sabin. 486[7]
tergus 512[1]
terminus 522[3]
tero 486[7]. 715[6]
terra: terrārum 58[3]
terruncius 597[6]
tertius 275[2]. 595[7], 5
Tesipho 325[5]
tetigī 647[6], -it 748[6]
tetinī alat. 769[5]
*tetudī alat. 43[2]
texere 326[2]; tēxī 754[7]
thesavrúm osk. 156[6]
Thraex 67[6]. 157[5]. 202[4]
Thrāx 157[5]. 202[3]
-tī 2. sg. pf. 662[3]
tibī 600[2]. 604[2]

tiens frz. 355[3]. II 16[6], 579[1]
tilia 325[4]
-tim adv. 626, 1. 627[3]
timeo II 675, 1
-timus 504[1]
tingo: tinxi 754[7]
tios span. II 51[4]
tisane 325[5]
Titoi gen. sg. falisk. 555, 4
Titoio gen. sg. falisk. 555, 4
titulus 278[8]
tiurrí osk. 183[4]
tmēsis (term.) II 425, 1
-tō imper. 801[5]; -to (st.-tor) II 228[3]
-to- ptc. 57[4]
-tōd imper. 801[1]
toga 292[2]. 334[4]. 353[6.7]
Tolomeus 158[4]
ton frz. 372[5]
Tondrus 157[8]
topper 609[5]. II 571[5]
torculus 483[5]
torqueo 295[6]. 299[7]
torreo 469, 8
totidem 320[5]. 461[4]. 612[6]
toute-puissante frz. II 179[8]
toutō osk. 156[7]
tovos 600[5]. 608[3]
τωϝτο osk. 156[7]
tragoedia 157[5]
tragoedus 202[4]
transcurro: -e 801, 1; -ito 801, 1
trecenta 589, 4
trecentī 589, 4. 593[3]
trecentum 593[3]
trēdecim 445[8]
tremo 418[7]
trepidus 418[7]. 720, 4
trēs 73[7]. 291[2]. 309[2]. 589[4]; – viri II 42, 3; tria 592[1]
trh 204[7]
Trhaso 157[4]
Trhepto 212[2]
tria 592[1]
trīcēsimus 596[2]
tricontis gall.-lat. 592[1]
Tricorii gall.-lat. 272[5]
triduum II 40[2]
triens 528[3]. 599[4]
trienta v.-lat. 592, 5
Trieste italien. 66[3]
trigintā 581[2]. 592[1]
tríibúm osk. 332[4]
trīnī 598[6]
triped- 438[1]
triste lupus stabulis II 605[8]
triumvir II 42, 3
-trīx suff. 473[2]
Trōas 194, 3. 202[3]
Trōia 157[5]. 194, 3
Troiia 157[5]
trūdo 702[4]
trutom ‘quartum’ osk. 337[5]. 590[2]
tū 600[5]
tud- 702[1]
tuli II 258[1]
Tullius 634, 6
-tum supin. II 358[4]. 365, 1
tundo 702[1]
tuplak umbr. 598, 8
-tur 3. sg. 667, 3
turma 503[6]
turrim 183[4]
Tursa voc. umbr. 558[5]
-tūrus 811[2]
tus 157[8]
-tus adv. 552, 2
tute 606[2]
tutudī 43[2]. 702[1]
tuus II 200[4]

-ú nom. sg. osk. 558[4]
über 518[6]
ubi 627[4]; – dixit II 298, 4; – quisque II 573, 4; – terrarum II 114[6]
-uf acc. pl. umbr. 556[2]
-úís dat. pl. osk. 559[5]
ulcus 511[7]
Ulixēs 209[1]. 318[4]. 576[1]
ulūcus 683[2]
ulula 423[3]
ululāre 305[1]. 683[3]
-ulus suff. II 222[4]
-um acc. sg. 571[6]
-um gen. pl. 256[3]
-úm gen. pl. osk. 556[3]
-um infin. osk.-umbr. 626[6]
umbōn- 483[6]
umerus 279[5]
un frz. II 27[2]
uncāre 683[2]
uncia 210[4]
unda 304[7]. 350[3]. 519, 3. 654[8]
unde 627[4]
undecim 594[2], 3
unguis 352[6]. II 33[5]
unguo 172[5]
ūnus 16[2]. 588[4.5]
úp osk. II 465[1]
upupa 423[2]
urbs: -em captam habet 811[6]
urceus 305[1]
ūrīna 481[3]
ūro 219[5]. 348[4]. 755[1]; ussi 755[1]; ustus 219[5]. 773[3]
urvus 306[2]
-us nom. sg. 555[2]. 571[6]
-ūs nom. pl. 571[6]
usque c. acc. II 533, 2. 550, 3
-úss acc. pl. osk. 556[2]
ussi 755[1]
ustus 219[5]. 773[3]
ut II 320[6]. 663[1]. 673, 1; – dixit II 298, 4; – ego opinor II 188[2]; – quid II 630[1]; – quisque II 573, 4
ūtārus alat. 669[5]
uter 305, 2. 348[1]
uterque 388[7]
uterus 305, 2
utinam II 320[6]. 557[2]
utpote II 573[1]
utrum n. 610, 0; utrum – an II 555[1]
ūva II 30[5]
ūvidus 298[6]. 305[1]

vaccinium 224[2]
Vadimonius: lacus – 208[5]. 224[2]. 522[5]
vae II 601[1]; – mihi II 143[7]
vāh II 601[1]
vais dire frz. 813[1]
Valerius 224[2]
valeur déterminée (term.) frz. 702, 5. 6
valeur ponctuelle (term.) frz. 690[7]
vallis 285[6]
vallus 285[5]
vannus 314[2]. 694[4]
vapor 302[2]
Varro illyr.-lat. 66[5]
-ve 388[3]. II 564[3]
vegeo 363[7]
veho 223[5]. 717[6]; -or 717[6]; vēxī 751[5]
veiro pequo umbr. II 51, 1
Velia 224[2]
velim II 330[1]
velle 701[6]
vellem II 330[1]. 347[7]
velum palati (term.) 172[4]
Veneralia 62[5]
Venerēs 579[2], 3
venio 309[5]. 707[3]. 714[5]. II 225[7]; veni vidi vici II 632[1]; venire auxiliō II 140[3]
ventitāre 706[3]
ventus 279[4]. 314[2]
vēnum 225[6]
Venus 579, 3; Venerēs 579[2], 3
vēr 282[8]. 518[4]
verbena 314[3]
verber 314[3]
verbum 223[7]. 684, 6. II 14[4]; -i transgressio II 697, 1
verēdus gall.-spätlat. II 522, 5
verērī 680[6]
veriloquium 41[5]
verité: à la – frz. II 569[4]
vermis 314[3]
vero: nunc – II 571[2]
ϝερσορει osk. 156[7]
verto 225[1]. 310[2]. 489[6]. 700, 3. II 230[4]; -or II 230[4]

vērum II 578[2]. 581[5]. 587[1]
Veseris ital. 218[6]
vesper 227[1]. 328[3]
Vesta 58[4]. 227[1], 1
vester 608[4]. II 200[4]
vestis 216[6]. 227[1]. 678[6]
vetus 223[5]
veux: je – frz. 355[3]
vēxī 751[5]
vī 570[7]
Vibieis en osk. II 120[5]
Vibo 833[1]
vicēs 629[5]
vīcēsimus 596[2]
vicia 692[5]
victrīc- 473[3]
vīcus 223[5]
videor II 224[3-4]
vidēre 226[7]. 291[3]. 758, 7. 778[4]; videres II 244[7]. 347[6]; vīdī 667, 6. 766[6]. II 232, 3. 263[8]; vīdistī 778, 8; vīdit 641[3]; vīderam 778[6]; vīdero alat. II 266[4]; vidē imper. 798[5]; videor II 224[3–4]; vīderīmus 778[6]
vīgintī 223[6]. 270[4]. 565[4]. 591[4]
Villeneuve frz. 427, 3
vīmen 506[4]
Vincemalus spätlat. 445[3]. 634[2]
vincio 692[5]; vinxi 692[5]
vinculum 692[5]
vinxi 692[5]
vir II 19[7]
virgineus spätlat. 467, 3
virgo (-ĭnis) 297[8]
Viriathus 183[1]
virtūs 507, 1
vīrus 314[3]. 350[1]
vīs 223[6]. 350[2]. 570[5.7]; vim 570[5.7]; vī 570[7]
vīs 'willst' 681, 3
viscum 267[1]
viscus 314[5]
vīso 787[3]
vītis 224[1]
vitrum 314[5]
vitus 506[4]
vīvo 722[7]; -it II 226[4]
vīvos 722[7]
vocātīvus (term.) II 54[3]
vocātur II 224[2]
volo II 258[5]. 330[2]; velle 701[6]; vīs 681, 3. II 258[5]; vult 701[6]; velim II 330[1]; vellem II 330[1]. 347[7]
volpēs 565, 2
volup 314[2]. 701[7]
volvō 690[3]. II 230[3]; -or II 230[3]
vōmer 314[2]
vōmis 297[7]
vomo [so] 222[6]
vorāre 295[2]. 360[5]
voulez-vous? frz. II 627[4]; voulons 355[3]
vōx 223[5]; vōcem 424[3]
*vrādīx 225, 2
vulpe rumän. 227[3]
Vulso 158[5]
vult 701[6]
vultur 482[6]

*welpi 701[7]

zabolus spätlat. 158[4]. 330[4]
zaconus spätlat. 158[4]. 330[4]
zaeta spätlat. 330[4]
zāmia 158[1]
zerax v.-lat. 158[4]
zio italien. 193[2]
zmyrna 157[3]
zōphorus 254[3]

9. KELTISCH

ā air. II 60, 7
ā interj. air. II 600, 1
acht air. 630, 3
adbond- air. 701[2]
aed air. 347[6]
ā firu ir. II 59, 3
aile air. 273[4]
Allobroges agall. 614[2]
am (aus m̥) kelt. 56[4]
am britann. II 437[1]
ambactus kelt.-lat. II 437[1]
Ambidravi agall. II 437[1]
an (aus n̥) kelt. 341[7]. 56[4]
an- negat. ir. II 591[2]
an- air. 343[1]
an- britann. II 591[2]
and 'dort' air. 613[5]. 628, 7
ar kelt. 594[3]
ara m.-ir. 349[4]
Arausio kelt. 349[4]
are- gall. II 492, 6
Aremorici gall. II 492, 6
'Αργεντόκοξος kelt. 837[2]
art m.-ir. 49[5]
Arti agall. 326[4]
Artio gall.-lat. 49[5]
asbeir air. II 462[4]
ass- praep. procl. air. II 461[4]
-assus kelt. 507[1]
*-ast kelt. 750, 1
athir 291[1]. 340[5]

ban- air. 296[2]
bein acc. sg. air. 583[1], 2
be[i]r air. 799[1]
bele kymr. 299[8]
ben air. 296[2]. 343[3]. 583[1]. II 35[6]
-bera air. 792[1]
berid air. 338[7]. II 223[5]
-bir 'fers' air. 661[3]
biru air. 297[3]
-βo agall. 548[7]
Βωκιος gall. 158[8]
bou air. 577[3]
breth(a)e air. II 223[5]
Brigit air. 473[3]
Brigti n- air. 473[3]

can n.-kymr. II 474[1]. 476, 4
cans acorn. II 474[1]
cant kymr. 56[4]. 58[5]; akymr. II 473[5]. 474, 1. 476, 4
canta agall. II 474, 1
cantalon agall. 409[4]
canton agall. 49[3]. 56[4]
carsat 3. pl. air. 664[2]. 750[2]
Cassivellauni gall. 159[1]
cata- agall. II 474[1]
cen 'diesseits' air. 615[2]
cēt air. 49[3]. II 474[1], 1
ceta- air. II 474[1]
chwech kymr. 226[5]. 590[5]
chwi 'vos' kymr. 601[3]
chwichwi air. 601[4]
cia ir. 294, 3
clār air. 346[5]
cloth air. 292[6]
cnaif kymr. 414[7]
cnā[i]m air. 361[6]
coich gen. air. 616, 1
com- agall. air. II 474[3]
con gen. sg. air. 568[5], 4. II 474, 1
crau kymr. 292[2]
crenaim air. 744[1]
cride air. 342[5]
cū air. 568[6]
cwthr kymr. 307[1]

dām f. air. 492[2]
damn- air. 693, 1
deddf f. kymr. 492, 12
δεδε agall. 662[3]
deidmea f. air. 492, 12
Dexsiva gall. 472[5]
Διοταρος (-τερος, -τηρος) kelt. 160[6]
Divodurum kelt.-lat. 638, 11
*doān- kelt. 647[6]

docer air. 683[1]
do-moiniur air. II 229[2]
driss air. 352[4]
du- air. 432[4]
duine air. 309[5]
-dwy gerundiv. kymr. 811[3]

ē- negat. ir. II 591[2]
Eburo- gall. 93[4]
eh praepos. kymr. II 461[4]
ειωρου agall. 159[1]. 714, 2
éithech air. 430, 3
eitne m.-ir. 58[5]
Elembiu agall. 495[5], 12
en kelt. (air. akymr. abret. corn.) 341[7]. II 455[1]
*ensedom kelt. II 455, 4
enuein akymr. 352[6]
Epenos (Επηνος) gall. 158[8]
Epona agall. 301[7]
Eppius gall. 301[8]
er air. II 503, 1
er- air. 436[1]
*erbos kelt. 495[5]
erchosmil air. II 500[4]
ess praep. air. II 461[4]
essedum agall. II 455, 4
éssi pl. air. 361, 1
ex- agall. II 461[4]
Exobnus agall. II 461[6]

ferg air. 363[1]
*fertu kelt. 507, 1
fiche air. 591[4]
fichet gen. air. 591[4]
fichim air. 93[4]
firu, fir' ir. II 59, 3
fiu air. 708[4]
fo- air. II 522[6]
for air. II 518, 4; for deis (sc. laim) air. II 175[5]
for- air. II 518, 4
-frīth air. 709, 2
froech air. 314[2]
froen kymr. 310[2]
-fuar air. 709, 2

gan nkymr. II 474[1]
gant bret. II 474[1]
garan kymr. 292[4]
gegoin 3. sg. air. 662[3]
gegon air. 297[6]. 662[3]
genni kymr. 700[7]
-ges conj. air. 753[3]; -gessan pl. air. 753[3]
gnāth air. 292[6]
go- kymr. 436[4]
guidim air. 297[6]
-guidiu air. 753[3]
guo- akymr. II 522[6]

had- kymr. 351[2]
haiarn kymr. 220[2]
hanter corn. bret. 614[3]
hen britann. 304[1]
híairn air. 220[2]

ĭ (: ī) Ablaut air. 713, 2
iach kymr. 303[7]
ibim air. 693[3]. II 226[2]
*ide kelt. 612, 1
ieuru agall. 159[1]. 714, 2
imb air. II 437[1]
in- air. 343[1]
in- negat. ir. II 591[2]
inber air. 449, 3
ind air. 628, 5
ingen air. II 455, 6
ini- air. II 455[1]
inigena air. (Ogam) II 455, 6
innocht air. 352[6]
ir air. II 503, 1
Isara agall. 482[3]

*-jos n. lat.-kelt. 537[1]
*-jōs m. f. lat. kelt. 537[1]

Κασσιταλος gall. 159[1]
*-kerat kelt. 683[1]

lacc air. 310[5]
laigiu air. 538[2]
lām air. 343[7]. 362[4]. II 33, 4
lautro agall. 532[5]
legasit agall. 752[3]
Lemovices gall. 93[4]
lenim air. 693[2]
less air. 538, 6
less- air. 787[1]
Letavia agall. 474, 1
*lēwink- kelt. 498[3]
līa air. 498[3]
ligid air. 787[3]
lilsit air. 787[3]
lingid air. 692[4]
lud- air. 358, 6
luid 'er ging' air. 347[2]. 704[1]
luig- air. 717[5]

maicc ir. 273[4]
maqi air. 273[4]
māthir air. 309[1]. 345[4]. 565[3]
meamna neuir. 208[7]
Međđillus gall. 159[1]
Mediomatrici gall. 638, 11
memm(a)e air. 522, 13
menme air. 208[7]
Μεϑ(ϑ)ιλλος gall. 159[1]
Mettis kelt.-lat. 638, 11
midiur air. II 229[3]
mīl air. 345[4]
mīr air. 481[3]
mnā gen. sg. air. 296[2]. 583[1]
mnāi air. 348[8]
mussu air. 606[2]
myrdd 'Myriade' kymr. 597[3]

nac m.-kymr. II 573, 3
nach- air. II 573, 3
nag corn. bret. II 573, 3
nech ir. II 591[1]
νεμητον gall. 158[8]
ni air. II 591, 3
nicria 'emat' air. 743[5]
nigid air. 714[6]
no gu^{i}d^{i}u air. 719[5]
no rannam air. 729[7]
Novio(dūnum) gall. 472[2]

ochtmoga m.-ir. 592, 4
ōen air. 348[1]. 588[4]
-oi nom. pl. agall. 556[2]
οου (= ou) gall. 203[5]

*pacausios air. 349[4]
paraveredus kelt.-lat. II 522[5]
peswar corn. 320[1]
pet m.-bret. 612, 4
petru- agall. 590[2]
Petrucorii agall. 93[4]. 272[5]. 352[2]
pinpetos agall. 596[1]
*plām air. 343[7]
prynu kymr. 295[4]. 744[1]
pwy kymr. 294[1]

ra- m.- u. n.-bret. II 267[7]
re- corn. II 267[7]
regaid air. 702, 6
renim air. 693[2]
reraig air. 649[4]
ress- air. 787[1]
Rhēnus lat.-kelt. 157[4]
ri kelt. 341[7]
ro- praef. abret. air. gall. 417, 1. 651, 2. II 267[7]. 505[3]
ro carad air. 811[7]
ro-fitir air. II 232, 3
ruad air. 297[4]
ry- a.-u. m.-kymr. II 267[7]

-s- praet. air. 752[3]
-s- aor. kelt. 753, 1
-s- fut. ir. 787[3], 4
said- air. 351[2]. 717, 3
-sa^{i}lcim air. 721, 3
-se partic. air. 610, 6
sechithir air. II 160, 1. 224[3]
secht n- air. 304[1]
sechtmogo air. 592, 4
sechur air. II 229[1]
sen air. 304[1]
Senognatus agall. 304[1]
sess- air. 787[1]
si air. 601[3]
siniu air. 536[4]
slucim air. 310[5]
-smen- kelt. 524[1]
Σμερτομάρα kelt. 311[5]

snigid air. 297[7]
snīm air. 310[7]
so 'dies' air. 610, 6
srebann air. 334[5]
srón air. 310[2]
ss (aus dt, tt) kelt. 56[3]
Suadugenus gall. 226[5]
suid- air. 717, 3
-sur air. 750[2]
svexos agall. 226[5]. 596, 3

t- praeter. ir. 762, 5
tailm air. 522, 6
tānaic air. 647[6]
tanow corn. 473[1]
tarvos agall. 267[3]. 555[2]
tech air. 334[4]. 512[1]
Teutalus agall. 485[3]
-the air. 669[5]; -t(h)e 2. sg. air. 762[3]
-the -d 2. pl. med. ir. 671, 1
-ther 2. sg. air. 762[3]
-thi gerundiv. air. 811[3]
tīagu air. II 226[1]
tig akymr. 292[2]
tin- air. 697, 2
tria air. (Ogam) 589[5]
tricontis gall.-lat. 592[1]
Tricorii agall. 272[5]
trigaranos gall. 292[4]
tu pron. air. 603[7]
tussu air. 603[7]. 606[2]
tynged kymr. 701[2]
-u nom. voc. pl. air. 556[2]
ulach m.-ir. 683[2]
uxello- gall. 484, 3. 631[5]
Uxellodūnum agall. 484, 3

Veliocaϑi gall. 159[1]
ver- agall. II 518[2]
Vercingetorix agall. II 518[2]
verēdus gall.-spätlat. II 522,5
Virotuti dat. gall. 507, 1
Vivisci agall. 541, 6
vo- agall. II 522[6]
*wiroi kelt. II 59, 3
*wrēto- kelt. 709, 2

y sawl 'so viel' m.-kymr. 612[5]

10. MAKEDONISCH

αβηρ 70[5]
ἀβρουτες 69[3]
ἄγχαρμος 69[5]
ἀδ- 69[6]
ἄδαλος 70[4]
ἄδδαι 69[6]
ἀδῆ 69[2]. 70[4]. 569[4]
ἀδραιά 70[4]
αἰδῶσσα 70[4]
ἄκρουνοι 69[4]
ἄλιζα 69, 3. 473, 5. 824[4]
ἀλίη 70[5]
-αρ 69_5
᾿Αράντισιν 837[4]
ἄσπιλος 69[5]
Αὐδοναῖος 614[1]

b (d, g) aus bh (dh, gh) 70[1] f. 297[1]
Βάλακρος 69[3]
Βάλας 68, 3
Βερενίκη 69[3]; s. auch griech.
Βίλιππος 69[3]

Γέτα 560, 6

δάνος 69[3]
δεδαλας 69[5]
δεκανός (?) 71[3]

ἐδέατρος 69[5]
Εὐδαλαγῖνες 69[5]

Ζειρήνη 189[7]

ἰν 69[6]. II 454, 5

κάναδοι 71[2]
κεβαλή 71[2]
κεβλ- 70[8]. 71[2]
κοῖος 71[3]
κόμβους 71[2–3]
κόρανος 69[5]
κύδαρ 71[1]

Λᾶγος 248[7]. 635[5]

Μάγας 69[3]

νιβα 70[8]

ὀϜαν 69[5]

Περδίκκας 637[1]

ρουβοτός 69[5]
-ρρ- 69[5]

σαυτορία 69[5]
Σέλευκος- 69[5]. II 448, 4

υετης 69[6]

-ωσα 69[5]

11. SLAWISCH

Nicht besonders bezeichnete Wörter usw. sind altkirchenslawisch (oder allgemein slawisch). χ zählt als ch, ь folgt auf i, ъ auf u.

-a nom. etc. du. 557[1]
ače II 567, 2
-aχъ loc. pl. 56, 3. 559[4]
adъ 164[7]
anatema 165[2]
anьgelъ 165[3]
ankjura 165[4]
Avъgustъ 165[1]
azъ 293[6]

bchła poln. 833[5]
bě 759, 1
bělъ 68, 3
berěmъ imper. 796[1]
berete 663[1]
berěte imper. 663[1]. 796[1]. II 303, 6
berǫ 297[3]. 338[7] [so]. 662[1]
berǫtъ aruss. 664[3]
bes prěsmene 523, 3. 839[1]
bezъ 432[3]
biila serb. 105[4]
bijela (grada) südserb. 105[4]
bīla (grada) inselserb. 105[4]
bilъ (jestъ) II 174, 1
*błχá poln. 329[1]
blъχa 329[1]
bo II 577[2]
bojǫ sę II 223[6]
Boris 636[4]
Borislav 636[5]
borjǫ 713[3]
brati 713[4]
brát'ja russ. II 39, 5
brěmę 523[5]
brit' russ. 68[6]
briti 68[6]
búdu pisát' russ. II 250[3]
byχъ II 258[3]
byl jsem čech. II 188, 5
bylъ (-la, -lo) russ. 483[2]. 811[7]
bystъ 755, 10
byti 806, 5
bzdětь russ. 326[7]

cě II 567, 2; – i II 567, 2; a – II 567, 2
cěna aruss. 294[5]
cěná russ. bulg. 380[8]
cěsarь 164[8]
cijèna serb. 380[8]

c'î serb. 25, 3

časlav 277[7]
čehati slowen. 304, 1
česati 329[5]
česo gen. sg. n. 555[4]. 615[5]; s. čьto
četverъ 589[6]
čichaty kleinruss. 304, 1
čitáyet russ. II 250, 6
čьto 'quid?' 611[4]. 615[5]. 213[3]

chacha russ. 303, 1
χiniksъ 165[1]
χodъ II 34[2]. 75[7]. 258[4]
-χъ 517[1]. 548[7]
χvrastije 323[7]

dadętь aruss. 664[2]
dajú russ. II 250[4]
dam russ. II 250[4]
darъ 345[4]. 481[3]
dati 345[4]
daviti 69[1]
Davydъ 165[1]
dědъ 193[3]
dělaχъ 752[2]
dělo 345[4]. 533, 5
desęt- m. 597[1]
desętь 595[7]
desiti 780, 6
desьnъ 291[2]
děverь [so] 266[2]
děvьca 346[2]
devteronomija 165[2]
dijakonъ 165[3]
dijavolъ 165[3]
dьn- 65[5]
dьne 577, 4
dlъgostь 297[4]. 504, 6
dlъgъ 297[4]
dolu II 140[2]
domovi II 140[2]
Drač serb. 311[8]
dragъma f. 206, 1
dromъ russ. 494[4]
dúpati slowen. 718, 3
dъšti 293[6]. 568[1]; -erь 568[1]; -ere 568[1]
dъva m. 589[1]; -ě 589[1]; dvoju 557[3]; dъvojь 589[3]

-e voc. sg. 555[1]
-ě nom. acc. du. 557[1.5]
ę (aus m̥, n̥) 56[4]
-ěχъ loc. pl. 556[3]
efьtimъ 165[1], 3
Eǵupьtъ 165[4]

enkenija 164[8]
étot russ. 613[1]
Evga 209[5]
Evъga 165[3]

finiksъ 165[2]

gasiti 295[3]
gora 295[5]. 461[3]
gostiχъ 739[2]. 752[3]
gòstīm serb. 718, 1
govorít' russ. II 250[4]
gradъ 838[5]
grci bosn. 80[8]
grebǫ 685[2]
Γρεκύ bulg.-gr. 80[8]
grьkъ 80[8]
Grk, grk, serb. 80[8]. 824[6]
gъnati 297[6]
gvozd aserb. 302[3]

harmata kleinruss. 306[3]
házej čech. II 251, 1
hiljada bulg. 597[3]
hod' čech. II 251, 1

ī balt.-slaw. (aus idg. *eje) 713, 5
i 'und, auch' II 683, 4
-i nom. pl. 556[2]
-ī- opt. balt.-slaw. 793, 4
-iči suff. 509, 1
ide 'wo' 612, 1
idǫ 492, 12. II 265[5]
igo 292[5]; iga pl. 581[3]
ijerei 164[8]
Ijudei 164[8]
Ilimi südserb. 78[5]
ilъ 350[1]. 495[4]
imeni 565[4]
ipostasь 165[1]
is II 461[5]. 463[1]
iskát' russ. II 250[4]
ispiti II 462[5]
iti II 258[4]
iunâci voc. serb. II 59, 3
izbiša serb. II 286, 2
iziti II 462[4]
iz(ъ) II 461[5]
iže 73[2]

-ьnъ suff. 490[6]

ja bulg. serbokr. II 567, 2; ja – ja bulg. serbokr. II 567, 2
ja byl russ. II 188, 4; já byl čech. II 189, 0
jara russ.-ksl. 303[5]
Jaromir 330[6]
jarъ 330[6]
javě 631[3]
jebǫ 722, 1
jędro 303[6]

jefratъ 165[1]
jelenь 284[2]. 486[4]. 495[5]
jelě živъ 434[3]
jelikъ 612[5]
jesmь 659[3]. II 258[3]
jestь aruss. 659[3]
jesvě 666, 10
jezero 67[2]
ježь 491, 2
jь II 190[2]
juχa 330[6]
junota 561[4]

-ka russ. II 568[5]
kalъ 295[4]
katapetazma 165[3]
k'ela 165[4]
k'esarь 164[8]. 165[3]. 210[1]
k'insъ 165[3]
klęti sę II 374[5]
-ko russ. II 568[5]
kǫdu 628, 7
kogo gen. 615[5]
kolěno 285[2]
kolikъ 612[5]
korablь 164, 2
Korčula [so] 275[3]
kosnǫti II 487, 7
kosōvo serb. 104, 1
kralovati čech. II 251, 1
kralъ 323[8]
krikъ 292[4]
krivъ 472[5]
krъvь 292[2]
(Kurčola: s. Korčula)
Kuropatkin russ. 637[1]
kъ II 140[2]. 568[6]
kъde 627[4]
kъn- II 568[6]
kъto 'quis?' 294[1]. 611[4]. 615[5]. 617, 4. II 213[3]

łazy poln. 460, 1
Levǵii 209[5]
Levьǵii 165[3]
Levьǵitъ 165[3]
lěvъ 347[5]
li II 589[5]
lijepa ti je serb. II 149[3]
liturgija 165[1]
lizǫ 297[5]

-ma 549[2]
Marъta 165[4]
Matatievъ 165[4]
mati 70[5]. 309[1]. 345[5]. 567[6]. 569[4]; materь 567[6]; matere nom. pl. 339[3]. 567[6]
Mattatovъ 165[4]
Matъtea 165[4]. 231[2]
Matъθanъ 165[4]
medvědь 450[5]
mene 601[1]
města II 102[3]

meždu 557[3]
mira 165[1]
-mь instr. pl. 551[2]
mьgla 483[3]
-mo- 525[1]
mǫdrьcь II 175[3]
mojь II 200[4]
monastyrь 165[1]
mozolь 833[8]
mrъtvъ 344[3]
muro (m'uro) 165[1]
mužь russ. II 19[7]
myro 165[1]

na acc. 600[6]. II 579, 2
nachodít' russ. II 250[4]
nadpisát' russ. II 267[3]
nadpísyvat' russ. II 267[3]
nádpiś f. russ. II 267[3]
nadъ 628, 3. II 440[1]
najtí russ. II 250[4]
naperjǫ 715[5]
napisál [so]: ja – russ. II 250[3]
napiší russ. II 250[3]
napišú: ja – russ. II 250[3]
nasъ gen. 601[3]
našь II 200[4]
nate II 579, 2
ne 431, 4. 8
ne- II 591[2]
*ne hočem slowen. II 593[5]
nè vidîm serb. 391[7]
nebo 297[3]. 399[2]. 512[1]
Němьci [so] 79, 0. 824[5]
nenaviděti II 593, 7
něsę 750[2]
nesete 663[1]
nešót russ. II 250, 6
nesǫ 292[7]. 664[3]
něste 750[2]
něstъ II 593, 3
nesъ 540[3]
niva 472[6]
niže II 561, 2
nočem slowen. II 593[5]
noga f. II 33, 3
nȍsiču serb. 392[2]
nósit russ. II 250, 6
nošti 565[4]
novakъ 293[2]. 496, 4
Novgorod russ. 427, 3
novgorodskij russ. 427, 3
novo, novoje II 19, 3
novogorodskij russ. 427, 3
novъ 309[2]
nravъ 323[7]
nyně II 571[1]

-o voc. sg. 558[5]
oba 589[4]
obrětъ 224, 2. 709, 2 (*obwr-)
obъ II 465[3]
oči 298[5]. 565[4]
óči serb. 381[1]
-ǫd- adv. 627, 3
oděnъ 489[3]. 810[4]
ognь 226, 1. II 30[2]
oje n. 516[5]. 752, 9
oje serb. 348[3]
oko 226, 1
onъ 613[1]
osa 226, 1
osmъ 595, 3
ostavío serb. 104, 1
ostrovъ 68[6]. 72[1]
ostъ 481[6]
osъ II 532, 4
otьcь 315[5]. 339[8]
otъ II 591, 5
otъdati braku II 140[3]
-ovati verba 728, 1
-ovъ gen. pl. 571, 8
ozd čech. apoln. 331[6]. 703[1]
ózero russ. 381[2]
ǫzъkъ 338[8]

pádat' russ. II 250[4]
padežъ russ. II 53[4]
paraskevġii 165[3]
paska 165[2]
past' russ. II 250[4]
Pavъlъ 165[1]
Paylъ 165[1]
pχła poln. 329[1]
pę 2. 3. sg. 750[1]
pere- russ. II 499[5]
pero 57[3]
pętь na desęte 594[3]
pialь 165[2]
pijǫ 686, 3
pinikъ 165[2]
pisál: ja – russ. II 250[3]
pišú: ja – russ. II 250[3]
pizma 524, 1
pьcьlъ 350[1]
pьsati 333[3]
pьstrъ 481[5]
plačǫ 'weine' 716[2]
plávat' russ. II 250, 6
Plьskovъ 280[7]
pljujǫ 325[7]
Plovdiv bulg. 68[6]
Πλσκᾶς 132, 1. 280[7]
plyt' russ. II 250, 6
po II 508[5]
po- russ. II 267[2]
pod II 532, 1
potirь 165[1]
pra- II 505[3], 4
prě- 436[1]. II 499[5]
prěblagъ II 500, 4
preci weißruss. II 508[4]
prěsmene 523, 3
prětorъ 164[8]
prezbyterъ 165[3]
pro- II 505[3]
procim kaschub. II 508[4]
prokъ 496[6]
propísyvaju russ. II 250[4]
propišú russ. II 250[4]
protivǫ II 508[4]
protivъ II 508[4]
przeciw poln. II 508[4]
psaltyrь 165[1]
pъsalъmъ 165[4]

Raχ'iilь 165[3]
ralo 532[2]
ravьvi 165[4]
rodъ 314[3]
rǫka II 33, 4
rъdrъ 297[4]. 481[5]

sabaχtani 165, 3
sę 606[6]
sedmь 278[3]. 304[1]. 333[3]
sedmъ 278[3]. 595[6]
sěděti 713[4]
seló russ. 381[2.3]
semu 68[4]. 613[1]
sěno 489[1]
sěždǫ 713[3]
*sętь 663[4], 5
sęžьnь 541, 5
sьde 'hier' 612, 1
skazát' russ. II 250[4]
skima 165[2]
skopiti 334[3]
skopьcь 334[3]
skvrěti 323[7]
sladъkъ 498[2]
slaviti 717, 3
Slověne 421[4]
Slověninъ 421[5]
slovo 292[6]. 512[1]; slovese gen. sg. 579[2]; slovesa 14[6]. 579[2]; slovesъ gen. pl. 579[2]
směchu II 140[2]
sněgъ 297[7]. 310[7]
snъχa 350[2]. 457[6]
sǫ- 433[5]
sǫlogъ II 32[3]
Solomunъ 164[6]. 185[2]
sǫtъ 663[4]
staχъ 752, 1
stádo n. (pl. stadá) russ. 581[5]
stanǫ 698[4]
stenjǫ 715[6]
stignǫti 297[5]
sut' russ. 663[5]
sutь aruss. 663[5]
sъ II 474, 3. 476, 4. 487, 7
-sъ aor. 750[6], 4
sъborъ 338[7]
sъměti 340[4]
sъmrъtь 504, 2
sъn- II 487, 7
sъnъ 304[3]. 350[3]. 489[2]
*sъpn- 350[3]
sъto 49[3]. 55[7]
svekry 304[6]

svojь II 200[4]
syny 565[4]

šьdъ II 258[4]

-ta suff. 528[6]
-ta 2. du. 667, 2
tajati 776[1]; tają 702[5]
Tat'ana russ. 318, 2
-te 2. pl. 663[1]
tebě 335[1]
tečetъ 723[1]
těχъ gen. pl. II 35[3]
-tel suff. 532[7]
telënokъ 526[4]
telęt- 526[4]
tesla 326[2]
tęti 693, 6
-ti infin. 504, 2. 805[5]. II 358[5]
tьma 593[6]
tьnǫ 693, 7
-to partic. 611[4]
toju du. 557[3]
tolikъ 612[5]
trepetъ 508, 8
tretьjь 589, 4. 596, 3
trьje 291[2] [so]. 313[2]
Trst 66[3]
tъ II 20[3]
-tъ supin. II 358[4]. 365, 1
tvojь II 200[4]

u 66[5]
u- II 448[6]
ubo II 589[5]
ucho 520[3]
-ujǫ 728, 1
ukrijenъ russ.-ksl. 744[1]
uméjet: on – pisát' russ. II 250[3]
úmer russ. II 257, 2
umirájet russ. II 257, 2
umirál russ. II 257, 2
umrě II 257, 2
umrjót russ. II 257, 2
uraziti 314[3]
us russ. II 532, 4
uši II 47[2]

-ъ gen. pl. 548[6]

va 'ihr 2' 601[3]
vašь II 200[4]
vědě 665, 3. 667, 6. 678[6]. 766[6]. II 232, 3. 263[5]
věděti 680, 6
věmь 665, 3
věno 227[1]. 282[8]
veresъ russ. 314[2]
vesna 282[8]. 424[4]. 518[4]
věsъ 751[5]
vezetъ 717[7]
vid: – glagóla russ. II 250[4]
viděti 778[4]
vidiši li sьjǫ ženǫ? II 628[7] f.
vidъ m. II 250, 8
vidъsaida 163, 1
vino novo(je) II 20, 0
vit- 163, 1
vitθagii 165[2]
viždǫ 331[5]
vlk čech. 171[4]
vlъkъ 352[2]; -u du. 557[2]
voda 350[3]. 519, 3
vȍdīm serb. 718, 1
vodka russ. 278[4]
vonja 226, 1
vosa čech. 226, 1
vozitъ 717[7]
vrьχъ 352[4]
vrъχъ 314[4]
vъtorъ 614[3]
vъz- II 517[4]
vъzъ II 517[4]
vymę 348[1]. 524[3]
vysokъ II 523[3]

-y acc. pl. 839[8]
-y instr. pl. 556[4]

začęti 271[1]
zelije 297[5]
zemlja 68[6]
Zemlja (Novaja) russ. 326[3]
-zi partic. (in pron.) bulg. kleinruss. serb. 577[3]
-zi kleinruss. II 561, 2
zima 297[5]
zlakъ 68[4]
zmija 466, 4
znamę 523[5]
znati 292[6]; zna 762[4]; znaχъ 756, 1
zolotaja kosa russ. 454[7]
zǫbъ [so] 71[3]. 293[1]. 309[2]. 824[4]
Zubatý čech. 309[2]
zvěrь 302[1]
zvьněti 720, 10

že II 562, 1
želěti 297[7]. II 365, 2. 491[5]
želǫdь 343[7]
želǫdъkъ 507[7]
žena: acc. ženǫ 746, 3
žeravь 292[4]
žrěbę 295[4]

12. THRAKISCH-PHRYGISCH

(Anordnung nach dem deutschen Alphabet)

αββερετ 3. sg. praes. j.-phryg. 68[7]. 297[3]. 652, 5. II 233[1·2]
αββερεται phryg. 667, 4. II 233[2]
αββερετορ phryg. II 233[2]
αββιρετορ phryg. 68[7]
αδδακετ j.-phryg. 69[1]. 652, 5. 741[6]. II 233[1·2]
αδδακεται phryg. II 233[2]
αδδακετορ phryg. 669[4]. II 233[2]
αεμνοζ gen. sg. phryg. 68[7]. 520[5]
am (aus m̥) phryg. 56[4]
-αν acc. phryg. 547[7]
αναρ j.-phryg. 568[4]
Αρεζαστις phryg. 434, 1
Αὐλοζένης thrak. 513, 3
αϝταζ aphryg. 152[6]
αϝτυν phryg. 68[7]. 614[1]

Βαστα thrak.-illyr. 70[4]
Βετεσπιος thrak. 68[3]. 614[1]
βονοκ phryg. 152[6]. 583[3]
βρατερει phryg. 68[7]
βρίλων thrak. 68[6]
Burvista thrak. 560, 6

-δακετ phryg. 741, 7
δακεται phryg. 667, 4
Daciscus thrak. 541, 6
Dausdava thrak. 68[6]
-dava thrak. ON 68[6]
Δενθηλητοι thrak. 206[4]
δεος (δεως) instr.-dat. pl. j.-phryg. 556, 5
-deva thrak. ON 68[6]
Διείνυσος thrak. 547[7]
διεσεμα thrak. 68[6]. 547[8]
-διζος thrak. ON 68[6]
Δραβησκος thrak. 541[6]

εδαες aphryg. 56[5]. 69[1]. 651[2]. 652, 5. 749, 2
ενεα thrak. 840[5]
*espos thrak. 68[3]
εσταες phryg. 69[1]
ετιτετικμενος phryg. 766, 9
εϝε pron. phryg. 68[7]. 602[7]
evisϑo thrak. (?) 56, 3

Γδανμαα phryg. 326[6]
γεγαριτμενος phryg. 766, 9
γεγρειμεναν phryg. 766, 9
Γέρμη thrak. phryg. 68[6]. 297[8]

ιαν : ιαν ιοι phryg. 614, 6
ιανατερα phryg. 303[6]
ιοι ‘ei’ j.-phryg. 613[4]. 614, 6
ιοσ ‘wer’ j.-phryg. 56[6]. 73[2.8]. 303[5]. 555[2]. 614[6]. II 639[7]; ιοσ κε phryg. II 573, 2; ιοσ νι 614[6]. II 573, 2. 639[7]
-isk- suff. thrak. 541[5]

Κακαθιβος thrak. 68[4]
Κακασβος thrak. 68[4]
κε phryg. 68[7]. II 573, 2
κνουμανει dat. pl. 520[6]
κοσ phryg. 615[5]

λαϝαλταει phryg. 68[7]. 560, 6

ματαρ aphryg. 567[6]
ματεραν acc. aphryg. 56[5]. 567[6]
ματερεζ gen. aphryg. 567[6]

nd (für nt) phryg. 210[3.4]
νησκο (?) thrak. 709, 9
νι phryg. 612[3]. 614[6]. II 573, 2. 639[7]

ονομαν phryg. 56[5]
Ορεσκιον thrak. 541[6]
-ως instr.-dat. pl. j.-phryg. 556, 5
οτυϝοι [so] aphryg. 68[4]. 840[6]; – ϝετει 595, 3
Ουτασπιος thrak. 68[3]. 614[1]

-para thrak. 68[6]
Pulpodeva thrak. 68[6]

‘Ρασκούπορις thrak. 310[3]

Σεμέλη thrak. 326[3]. 483[7]; s. ζεμελω

σεμου phryg. 613[1]
σεμουν phryg. 68[4]
st (aus tt) phryg. 56, 2

*Trausikes thrak. 824[2]
Τρίβαλλοι thrak. 589, 5
Τρίσπλαι thrak. 589, 5
τυτυται phryg. 69[1]. 765, 4. 766, 9

ϝανακτει phryg. 68[7]
ϝεν pron. phryg. 68[7]. 602[7]. 606, 4. 614[1]; – αϝτυν 68[7]

ζέλκια phryg. 68[4]
ζεμελω dat. pl. j.-phryg. 556, 5
ζεμελως instr.-dat. j.-phryg. 556, 5
ζευμαν phryg. 524[4]
ζυπ thrak. II 522, 7

13. TOCHARISCH

Tocharisch A und Tocharisch B sind als A bzw. B bezeichnet

-ā- conj. 792[1]
aitsi B 696, 9
ālak A 614[2]
ālu gen. pl. A 614[2]
ālyāk f. A 614[2]
-āmi verb. denom. 730, 1
āmpi m. A 589[4]
āmpuk f. A 589[4]
a(n)- (aus *n̥-) B 431[5]
ārki A 447, 5
Ārśi 49, 2. 821[7]

-č 2. pl. A 663[1]. 670[5]. 671, 1
-čär 2. pl. praes. med. A 671, 1
če-m A 609[5]
či acc. sg. P 601, 2
čkāčar [so] 293[6]
ču acc. sg. A 601, 2. 603[7]

-e 1. sg. A 669, 8
em- (aus *n̥-) A 431[5]
e(n)- (aus *n̥-) B 431[5]

-ī- opt. A 793, 4. 842[5]

känt A 49[3]
känte B 49[3]
kanwem A 463[4]
ke 616, 1
kon cas. obl. A 568[6]
ktsaitsəńńe B 697, 2
ku (cas. obl. kon) A 568[6]
kuč pron. A 615[5]
kukäl A 296, 1
kumsam A 707, 2
kupre ‘ob’ A 631[1]
kuprene ‘wenn’ A 631[1]
kus pron. A 615[5]

mā 56[6]. II 591[2], 6
mā- compos. II 591[2], 6
māk 584, 3
malto- A 596, 3
-māṃ ptc. II 241[6.7]
-man A 525[1]
mar(r) II 591, 6. 594, 4
-mäs A 662[6]
-mät 670[2]
mīsa B 481[3]

-nā- Verbalinfix 691, 2
nai B II 570, 2
näṣ m. A 604, 2
nmuk A 592, 1
no II 571, 2
-nt- ptc. II 241[6]
nu II 571, 2

-ñč 3. pl. praes. A 663, 1
ñi A 602[7]
ñuk ‘ich (Frau)’ A 604, 2

-oi- opt. B 793[6]. 842[5]
okar A 706[7]
okät A 590[5]
oksismān A 706[7]
okt B 590[5]
oktuk A 592, 1

p praef. A 798, 1. 804[4]
parna B II 492, 2
pärne A II 492, 2
pärwe-ṣṣe B 596, 3
pi 594[3]
pñāk A 592, 1
poke A 463[3]
pre A II 492, 2

-re 3. pl. A 664[2]

-s- verba A 707, 1
säksäk A 592, 1
säṃ f. A 588[2]
sas nom. m. A 588[2]
säs A 611[1]
-sk- verba A B 707[1], 1
skai B 707, 1
skē A 707, 1
-ske/o- verba 842[1]
soy(ä) [so] B 58[5]. 304[2]. 480[4]
suwaṃ B 304[3]
suwan 58[6]
suwo B 314[7]
swese 58[6]. 684[4]
swese B 304[3]

s′äṃ nom. A 583, 2
s′anweṃ A 463[5]
s′emäl A 499[5]
-s′ka suff. f. 541, 6
-s′ke suff. m. 541, 6
s′nač dat. sg. A 583[2]
s′naṣi adj. poss. A 583, 2
s′nu plur. A 583, 2
s′pāl A 483[6]
s′twarāk A 592, 1

-ṣ- verba B 707, 1
ṣa A 588[2]
ṣäptuk A 592, 1
ṣe nom. m. B 588[2]

ṣñaura B 481[3]
ṣoma- A 588[2]

-t 2. sg. 662[3]
tāpärk 'jetzt' A 631[1]
tarya f. B 589[4]
taryāk A 592, 1
-te 2. pers. 762, 2
tkan- 326[5]
tmāṃ A 593[6]
tñi gen. sg. A 601, 2

trai m. B 589[4]
tre A 589[4]
trĭ A 589[4]
trit A 596, 3
tsar 57[5], A 286[4]
-tsi infin. 504, 2. II 358[5]
tu 'du' A 601, 2. 603[7]
tuwe 'du' B 601, 2
twe 'du' B 601, 2

-u A 540[3]

was A 601[2]
wät A 596, 3
we f. A 589[1]
wiki A 591[4]
wŭ m. A 589[1]

ya- 'machen' 714, 2
yakwe 351[4]
yas A 601[2]
ysār A 517[3]

C. NICHTINDOGERMANISCHE SPRACHEN

1. ETRUSKISCH

Acaviser etr.-lat. 62[4]
aχle 154[1]
Aχuvizr 62[4]
aivas 153[8]
Aivas 223[8]
atre 154[1]
-c 65[5]
creice 80[7]
cursni 336[1]
epr𝛝ni 62[4]
hu𝛝 62[3.6]
*Kursne 336[1]
Lar, Laris 60, 2
lupuce 63[2]
-m 65[5]
nele 154[1]
netsvis 62[4]
pakste 153[8]
pele 154[1]
Pele 576[1]
pruma𝛝e 153[8]
puia 62[4]
pur𝛝ne 62[4]
ra𝛝 225, 2
Tinia 65[5]
tlamunus 153[8]
-𝛝i loc. 627, 4
-um 65[5]
Veientes 526[4]
velparum 153[8]
Vikare 829[6]
vil(a)e 153[8]
vilatas 153[8]
Vilatas 224[2]
vra𝛝 225, 2
ziumi𝛝e 154[1]. 208[3]

2. KLEINASIATISCHES (NAMEN usw.)

(auch kappadokische, karische, pisidische)

Αδα 60[5]
Ἄγρεις 472[3]
Ἁλικαρνασσός 60[6]
Αμμας 60[5]
-ανδα suff. ON 61[4]
Απιας 60[5]
Ασπενδος 60[6]
Αϑανασσος 60[6]
Βαβας 60[5]
Βας 60[5]
Γλοῦς kar. 562[3]
Δαδας 60[5]
Dugdam 259[4]
Isbarta (modern) 60, 2
Ισινδα pisid. 60[6]
Καδυανδα 60[6]
Καλυνδα 60[6]
koa 302[3]
Κυινδα 60[6]
Λαλλα 60[5]
Λαρανδα 60[6]
Λας 60[5]
Μα 60[5]
Μαλλός, Μαρλοτᾶν kilik. 323[4]
Μᾶνης 282[1]
Μάσνης 282[1]
Μομμων 60[5]
Μορμονδα 60[6]
Μουσβανδα 61[4]
Ναννα 60[5]
-nd- suff. in Namen 60[5–6]. 61[3]
Νοννος 60[5]
Οἰνόανδα 61[4]
Ουαουας 60[5]
Πανύασσις kar. 60[6]
Πάσνης 282[1]
Sagalassos 79[7]
Σαρδεις 60, 2
Sfarad 60, 2
Σοανδος kappad. 60[6]
-ss- suff. in Namen 60[5–6]
τάβα 60, 2
Ταττα 60[5]
Τελμησσος 60[6]
Τνυσσός kar. 327[5]
-ϝανδα suff. in ON 61[4]

3. LYDISCH

Artimuλ 463[6]
asvil 205[2]. 206, 3
bilis 62[5]
βρίγα, Βρίγες 65[1]. 67[8]
iśtubeλmlid 95[7]
-k 64[8]. 65[5]. II 573, 2
κανδαῦλα mäon. 65[1]. 69[1]
λάβρυς 495[2]
ni 64[8]
πάλμυς 30[3]. 495[4]
pis (pid) 64[8]
Trm̃mili 64[8]
Τύρσα 285[7]

4. LYKISCH

5. VORGRIECHISCH

(siehe auch das griechische Wortregister)

6. GEORGISCH

7. ELAMITISCH

8. MITANNI

9. SUMERISCH

10. BANTU

11. BARI-NEGER

12. HAMITISCH

gth (für gr. χϑ) demot. 211[1]
Ḥape ägypt. 155, 2
hαρα kopt. 161[1]
Ḥat-ḥốr ägypt. 155, 2
hε kopt. 160[4]
hηfτομάς kopt. 160[4]. 198[4]
hελος kopt. 161[1]
hελπις kopt. 161[1]
hενατον kopt. 161[1]
hῆτα kopt. 161[1]
hεϑνος kopt. 161[1]
hīb ägypt. 155, 2
hιδιωτης kopt. 161[1]. 220[4]
hικων kopt. 161[1]
hιπεf kopt. 160[4]. 198[3]. 575[6]
hιρηνη kopt. 161[1]
hoβελιcκoc kopt. 161[2]
hωιτε kopt. II 302, 1
hoλoκoτcε ägypt. 160, 5
hoπωρα kopt. 161[1]
hoπωc kopt. II 302, 1
h'pjtrs ägypt. 155[4]
hρητωρ kopt. 161[2]
Hrm' ägypt. 155[3]
Hrmjnjqw' ägypt. 155[3]
hrōntor ägypt. 155[3]
Hrwmʿ.t hierogl. ägypt. 155[3]
hυπακιcτα kopt. 161[1]
hυπωρα kopt. 161, 1
hυσος kopt. 161[1]
hυταλια kopt. 161[1]
i (für Nähe) berb. 610, 3
ιαυδα kopt. 161[4]
ỉr altägypt. II 683, 4
jwn(n)' ägypt. 80[4]
kam nilnub. 140, 4
κασια kopt. 156[5]. 160[5]. 210[1]
κερατcε ägypt. 160, 5
Kôm ägypt. 122[6]
Kopte 160, 1
κύρα berb. 823[5]
χοῖαχ ägypt. 585[2]
Ljsmqws ägypt. 155[4]. 183[7]
μαριhαμ kopt. 161, 2
μηπωc kopt. II 302, 1
ne ägypt. 836[7]
ουεειενιν kopt. 80[4]
παρhηcια kopt. 161[2]
παρhυμια kopt. 161[1]. 219[3]
προβαcτιον kopt. 160[5]
Prtsjtqw' ägypt. 155[2]
Ψεν-Τσεν ägypt. 636[1]
psjmjtsj ägypt. 155[2]
πϑ kopr. 160[7]
πϑενοπερον kopt. 160[7]
πϑονοc kopt. 161[1]
Pulasati ägypt. 276, 1
'qjwš, s. Aqajwaša
rms ägypt. 277[8]
cαιδιον kopt. 504[2]
cατεερε kopt. 155[4]
σινδυνοι kopt. 160[5]
šιλιαρχoc kopt. 160, 5
σινυρα kopt. 160[5]
cκηβυ kopt. 160[4]
σλαδος kopt. 160, 5
snjns ägypt. (demot.) 155[4]. 209[6]
σωλυ kopt. 160, 5
cπλαχνον kopt. 161[1]. 207[1]
srjtsj ägypt. 155[2]
srtjqs ägypt. 155[4]
srtjts ägypt. 155[4]
srtjws demot. 209[7]. 260[6]
cc kopt. 160[5]
cυνhoδoς kopt. 161[1]. 219[3]
cυποδιον kopt. (< gr. συμπ-) 160[5]. 208[3]. 270[7]
Šakalaša (š'k'lš') ägypt. 79[7]
Šardana (š'rd'n') ägypt. 79[7]
ϑαβμάζε kopt. 160[4]. 198[4]
ϑεβρωνια kopt. 160[6]
τhεcαυρος kopt. 160[6]
ϑι demot. 206[6]
ϑλοπονοc kopt. 160[6]
τκoλλυcε kopt. 161[2]. 827[7]
Τνεφαχϑος ägypt. 327[5]
τωπαδιον kopt. 160[5]
Tswgl ägypt. 155[3]
t-še-n- ägypt. 155[2]
Turuša (twrwš') ägypt. 79[7]
Tutmoses ägypt. 634, 1
wḥ'.t ägypt. 153[1]
wjnn ägypt. (demot.) 80[4]
Wnnfrw ägypt. 153[1]
ζειψαιος kopt. 160[5]. 208[3]

13. SEMITISCH

'abaršīja arab. 159[6]
'abge syr. 159[5,8]
'af äthiop. 161, 5
'aflatūn arab. 323[8]
'aftorō syr. 159[6]. 206[5]. 211[3]
afthoros syr. 206, 2
A-ga-ma-ta-nu babyl. 221, 1
'ah^{a}bā^{h} hebr. 39[7]
ʿajn semit. 140, 3. 142[7]
'aksenjō syr. 159[5]
'al hebr. II 590, 1
'aleph hebr. 140[2]
'alf semit. 140, 3. 142[7]
A-lik-sa-dar babyl. 154[2]
A-lik-sa-an-dar babyl. 154[2]
'anāg^{W}ənəsṭis äthiop. 161[7]
'andīdōrō syr. 159[6]
An-ti-'u-uk-su babyl. 154[2]
'antjākōs äthiop. 161[5]
Ardinis chald. 61[3]
'anq^{W}īrā äthiop. 161[7]
'anṣōkjā äthiop. 161[5]
Arwad phönik. 153[2]
'ašdōd [so] hebr. 153[2]. 458[1]
'asfūrēdā äthiop. 161[6]
'aspar späthebr. 152[5]
'¨šär ʿwo' hebr. II 645[1]

As-ta-ar-ta-ni-ik-ku babyl. 154[3]

-baʿal phönik. 458[3]
bāmā aram. 492[2]
barr südarab. 58, 3
ʿbd 'strt phönik. 638, 1
bēt semit. 140, 3
bêth hebr. 140[2]
b¨r- semit. 278[8]
b'gwn späthebr. 154[6]. 209[6]
bor südarab. 58, 3
būr südarab. 58, 3
burr klass. arab. 58, 3
bwš hebr. 39[7]

Χαμβδ ς arab. 831[6]

dālĕth hebr. 140[2]
delt semit. 140, 3
dijatiqi westsyr. 159[4]
Di-mit-ri babyl. 154[2]
djatēqē ostsyr. 159[4]

'egdiqōs syr. 159[6]
'esfogō syr. 159[6]
'eskēmā syr. 159[4]
'eskēmō syr. 159[6]
'espērō syr. 159[4]
'esprīdō syr. 159[8]
'esṭērō f. syr. 159[4]
estîrâ aram. 413[3]
esṭrangelô syr. 159[4]
'esṭraṭēgō syr. 159[4]
'ēth hebr. II 490[8]
'ewgen syr. 159[5]

'əndəqṭjōn äthiop. 161[5]

ft syr. 233[8]
ftyrizo syr. 206, 2

gaml semit. 140, 3
gazā syr. 154[7]
gəbcə äthiop. 161[5]
gəʿəz äthiop. 161, 4
Gərlāwōs äthiop. 161[6]. 231[2]
gilgal hebr. 423, 6
gîmel hebr. 140[2]
gōpher hebr. 61[6]
Gubla phönik. 153[2]
ǵurnûq arab. 292[4]

hāʿām ʿVolk!' hebr. II 62, 1
Hannibāl pun.-lat. 634[3]

Hāšim arab. 159[6]
hdjwṭ’ syr. 159[7]
’hdwn syr. 159[7]
he semit. 140[3]
hē semit. 140[5], 3. 143[4]
Ḥ^{e}ƀōṣō syr. 159[2]
hedjōṭō syr. 159[7]. 220[4]
hēgmōnō syr. 159[7]
helpīsē syr. 159[7]
hinnēh hebr. II 270, 3
hjgmwn syr. 159[7]
hjūle syr. 159[4]
hjwl’ syr. 159[4]
ħlpjs’ syr. 159[7]
hocte syr. 206, 2
ħrdop syr. 159[7]
ħrjsjs syr. 159[7]
ħrksjs’ syr. 159[7]
htjr syr. 159[4.7]
hūsōp̣ äthiop. 161[4]
hwqnwm‘ syr. 159[4]
ħwrjwn syr. 159[7]

ḫēt semit. 140, 3. 143[4]
ḫêth hebr. 140[2]
ḫondrūs syr. 159[6]

’ibn arab. 636[1]
’ījarūsalēm äthiop. 161[4]
’ījāsūs äthiop. 161[4]
-īm hebr., -īn aram. 276, 1
in-du]-ú babyl. 221, 1
ingenie syr. 159[6]
is-ta-tir-ra-nu babyl. 154[3]
ištu akkad. 630, 3
’ītjōp̣jā äthiop. 161, 4
I-tu-u-an-da-ar akkad. 153[2]

jāmanu akkad. 80[4]
jamnā(j)a akkad. 80[4]
jāwān hebr. 80[4]. 223[8]
jawṭā äthiop. 161[4]
jōd semit. 140, 3
jôdh hebr. 140[2]
Jōnāthān hebr. 634, 1
’jpwg’ syr. 159[8]

kad hebr. 152[6]
kaf semit. 140, 3. 143[3]
kaph hebr. 140[2]
Katpatuka akkad. 316[7]
Ki-ip-lu-un-nu babyl. 154[2]
kīrjāq äthiop. 161[4]
kīrōgrəljōs äthiop. 161[4]
klmws syr. 159[4]
k^{w}īrjāqō äthiop. 161[7]

lamd semit. 140, 2. 3. 277[6]
lāmedh hebr. 140[2]
lanṣ äthiop. 161[5]
lāwəntjōs äthiop. 161[7]
l^{e} hebr. II 239[4]
lesṭō syr. 159[4]
lədjā äthiop. 161[7]
ləgēwōn äthiop. 161[4]
ləkjā äthiop. 161[4]
lək^{w}ətənt äthiop. 162[1]
lībārjōs äthiop. 161[6]
lisṭ arab. 159[4]
līwārjōs äthiop. 161[4.6]
lm’n’ syr. 159[8]
lō hebr. II 590, 1
Lūd hebr. 182[5]
Luddu akkad. 182[5]

Ma-ak-ku-du-na-a-a babyl. 154[2]
mana akkad. 332[4]
marqjōn syr. 159[5]
mēm [so] semit. 140[4], 3
mērōn äthiop. 161[4]
mənakōs äthiop. 161[5]
M^{e}našše semit. 278[8]
mərqēlōs äthiop. 161[5]
mərqōrēwōs äthiop. 161[4]
məšṭir äthiop. 161[4]
Mī-k‘ā-’ēl hebr. 634[3]
min hebr. II 239[4]
mrlw aram. 323[4]
mūrā aram. 311[6]

Namphano pun. 638, 5
näfäš hebr. II 192, 1
nhš [so] semit. 142[2]
Ninua babyl. phönik. 153[2]. 228[3]
nōtāw(ə) äthiop. 161[4]
’nṭjhwprkws syr. 159[7]
nūn [so] semit. 140[4], 3

opazgō syr. 159[8]

p̣ag^{w}əmēn äthiop. 162[1]
pdwpṭj späthebr. 154[5]
pē semit. 140[3], 3
Pəlištīm hebr. 276, 1
Pi-la-a-gu-ra-as akkad. 153[2]
pilakku (-qqu) akkad. 293[2]. 463[4]
pjljpws syr. 159[6]
prgz’ späthebr. 154[6]
prrhsj’ syr. 159[7]
psnṭrjn späthebr. 154[6]. 213[6]
’pšjn’ syr. 159[5]
ptari chald. 325[5]
’ptnṭjn späthebr. 154[5]
’pwlmsjs syr. 159[7]

qajṭwn syr. 159[5]
qāṭal hebr. 354[1]
qēdrōs äthiop. 161[5]
qiddah hebr. 479[3]
Qobṭ arab. 160, 1
qōf semit. 140, 3. 143[3]
qôph hebr. 140[2]
qōp̣rōs äthiop. 161[4]
qōṭēl hebr. 354[1]
Qozmā syr. 159[6]
q^{w}asṭanṭīnōs äthiop. 161[7]
qwbjwsṭs späthebr. 154[6]
qwnkōjō syr. 159[6]

rēš semit. 140[4]
rhjṭr’ syr. 159[7]
rhwm’ syr. 159[7]
’rjsjs syr. 159[7]
rōš semit. 140[4], 3
Ruwâd phönik. 153[2]

saleḥōm äthiop. 161[6]
samekh semit. 140[5]. 143[5]
sanpērō äthiop. 161[5]
semk semit. 140, 3
səlfānjūs äthiop. 161[6]
səndōn äthiop. 161[4]
sfəng äthiop. 161[6]
sibbōlet (š-) hebr. 75, 2
Si-lu-ku babyl. 154[3]
sin semit. 141[1]
Σινα hebr. 154[5].
smōmō syr. 159[4]
snhdrjn späthebr. 154[6]
sōsīmə äthiop. 161[5]
’spljd’ syr. 159[8]
’sprjd’ syr. 159[8]
’strt phönik. 638, 1
swnhdws syr. 159[7]. 219[3]

š^{e}wā’ hebr. 171, 2
ši akkad. 549[1]
šibbōlet hebr. 75, 2
šin semit. 140, 3. 143[5]
šurṭa syr. 159[6]

ṣādē semit. 140, 3. 143[5]. 144, 1
ṣpīr äthiop. 161[6]

t emphatisch semit. 143[3]
ṭabērnəsəs äthiop. 161[6]
tanûr aram. 39[7]
tā’ōdərā äthiop. 161[6]
tâw hebr. 140[2]
taw semit. 140, 3
ṭēt semit. 140, 3
ṭēth semit. 143[3]
ṭêth hebr. 140[2]
tewdas syr. 159[5]
tēwōdōrā äthiop. 161[6]
ṭīmōtēwōs äthiop. 161[5]
’tr syr. 159[4]

Urfa syr. 829[4]
uš-ta-as-pa akkad. 153[5]

Vaštī hebr. 226[3]
wangēl äthiop. 161[4]
waw semit. 140, 3
wâw hebr. 140[2]
’wgr’ syr. 159[8]
’wqnwn‘ syr. 159[4]

wrhj syr. 829[4]
wsṭ spätheb r. 198[3]
'wtjmjws syr. 159[5]
'wtntjs syr. 159[6]
zaj semit. 140, 3
zajin hebr. 140, 4. 329[7]
zajit semit. 140, 4
zajnūn äthiop. 161[5]
Zāmāsp syr. 154[7]
zmōnō syr. 159[6]
zōmō äthiop. 161[5]

14. URAL-ALTAISCH

a. Finno-Ugrisch

fal magyar. 418, 2; a falak pl. 418, 2
Helsinga finn. 638, 11
Helsingfors, finn. Helsinki 638, 11
ja finn.-lapp. II 567, 2
ki grönländ. magyar. 615, 5. II 212, 5
király magyar. 323[8]
mi magyar. II 212, 5
ne magyar. II 590, 1
nem magyar. II 590, 1
sata finn. 49[4]
száz magyar. 49[4]
Tammerfors, finn. Tampere 638, 11
Tukkholman finn. 323[8]. 334[7]
skattel livisch 334[8]

b. Samojedisch

nom 827[5]
num 827[5]

c. Türkisch

at 354[2]
beg II 40, 3; begden abl. II 40, 3; begler pl. II 40, 3. 4
Bogházköi 50[3]
-den abl. 627, 4. II 99[2]
dilsız 78, 5
-dži suff. osman.-türk. 455, 2
effendi 260[6]
Istambol osman.-türk. 121[5]. 190[4]
jol osman.-türk. 418, 2; joldan abl. 418, 2; jollar pl. 418, 2
ki II 212, 5
kim osman.-türk. 615, 5
ne II 212, 5
peder 354[2]
Rûm 78[6]
tümän uigur. 593[6]

15. OSTASIATISCHES

ai annamit. II 212, 4
dare japan. II 212, 5
nani japan. II 212, 5
ne indones. 836[7]
pori korean. 58, 3
p' (t', k') chines. 49, 1
ta chines. II 13[7]

16. MEHRERE SPRACHEN

j > gr. i 313[3.4]
m 'ich' verschiedene Sprachen 600, 2

III

SACHREGISTER

A

Abbreviatur 16[2]
Abgrenzung d. Koine 118[3]
Abklatsch (Sprach-) 39[5–6]
Ablativ II 56[4]. 90[4]–101; freier – II 96[5]–98; – bei Subst., bei Nom. ag. II 95[6] f.; bei Adj. II 96[3–4]; Partitiv aus Ablat. II 89[7]; Ablat. bei Verb II 91[2]–95; Abl.-Gen. d. Person II 94[6]; ablat. comparationis II 98[4]–101; brachyl. – – II 99[4]; Ablat. als Adv. 622[4]
ablativisch: Infin. in ablativ. Funktion II 360[5] f.
Ablaut 147[1]. 324[1]. 344[6]. 346[3]. 347[1–4.8] f. 350[2.3]. 353[1]–364. 419[2–4]. 480[2]. 482[3]. 485, 6. 507[3]. 567, 1. 571[5]. 674[5]. 691[2.6]. 695[7]. 755[3]. 769[2]. 770[1.2]. 834[5.6]; Akzent deutend auf alten – 552[6]; gr. sekundärer – 363[8] f.; qualitativer – 354[4]. 423[6.7] f.; quantitativer – 354[4]. 552[5]; – zweisilb. Grundst. 359 [7.8] f.; – in d. Wz.-silbe 523[1]; – bei St. auf Verschlußl. usw. 562[6]; – in d. idg. Dekl. 552[2.3] [s. Dekl.-ablaut]; – im Verb 642[7] f.; Kontraktion nicht zum – gehörig 354[2.3]; s. auch Abtönung, Deklinationsablaut, Schwebeablaut
Ablautreihen 357[8] f.; leichte, schwere – 358[1]; langvokal. – 359[3]
Ablautstufe d. Sg. im Plusq. 776[5–6]; –en eines Paradigmas ohne syntakt. Bed. II 216[6]
Ablautsystem undeutlich im Gr. 73[3–4]
Ablautunterschiede in Tempora 673[3]
Ableitung: retrograde – von Suff. 456[1]; Abtönung in –en 552[5]; –en von Adv. II 548[1]; – aus ὄπισϑε(ν) II 540[7]
absolut: –er Gebr. von Verben II 71[7]; –er Infin. II 378[4] f.; –e Ptc.konstruktionen II 397[4] ff. 616[5–7] f.; –e Form (= Infin.) 805, 1
Absolutiv (Gerundium) 626[6]. II 410[5]; im Ngr. 811[4]
absolutus: acc. – II 87[3]. 401[4.7]. 402[1]. 621[3]; – – mit ὡς II 402[5] f.; dat. – II 401[3.4]; gen. – II 384[7]. 398[3]–401; – – u. ptc. coni. koord. II 406[1–2]; erweiternder – – II 406[5]; nom. – II 403 [5.6.8]. 705[6]; – – zweigliedrig II 403[3] f. 407[3]
Abstammung d. Gr. vom Idg. 48[4]–55; Gen. d. – II 124[4–7]
abstrahiert: Simplizia aus Komp. – 426[1], 1
abstrakt: Infin. mit Art. – II 369[2]
Abstraktum: fem. – personifiziert II 62[2]; s. Verbalabstraktum
Abstufung: s. Ablaut, Stammabstufung
Abtönung im Gr. 552[5]; – in Ableit. 552[5]; s. Ablaut
abundierend: d. –e Art. bei Infin. II 372[2–3]; abundierendes εἶναι II 379[5]
Abweichung: –en von d. Normalform 7[7]
Abwehr II 625[7]
Abwehrsätze mit μή II 672[2]. 674[5–6]
accusativus abs. II 87[3]. 401[4] f.; mit ὡς II 402[5] f.; acc. c. infin. im ngr. Pont. 809, 3; – c. infin. II 675[2]; – Graecus II 12[4]. 67[4]. 84[1.3], 1. 706[4]; acc. limitationis II 84[1]; s. Akkusativ
Achäisch 92[2.7.8] f. 98[2], 2; – als Bundesspr. 76[4]; – d. Sagendichtung 47[2–3]
Achäismen 281[3]
actio; s. nomen actionis
activa tantum II 225[4] f.
actum; s. nomen acti
Adaptation II 10[1], 1
additiv: –e Zus.rückungen 594[1–3]
adhortativus; s. coniunctivus
Adjektiv: Bild. u. Motion 542[4] f.; Adjektiva zweier End. 542[6.7] f.; – – – auf -ος -ον II 32[3] f.; – dreier End. 543 [2.3]; – frei kompon. 449[5.6]; Adj. syntaktisch II 17[4]. 18[3–4]. 173[1], 3 ff. 178[1]–185. 613, 1; – im engeren Sinn II 173[6]; – geht im NT zurück II 179[5]; Adj. für Adv. II 179[4–5]; patronymisch-poss. Adj. bei Homer 106[7]; pronomin. poss. Adj. 608[2] f.; Übergang vom Adj. zum Adv. II 178[6–7]; bestimmtes u. unbest. – II 19[7–8]; ständiges – II 182[7–8]; – in Wortfolge II 693[2]; attributives – II 26[4–6]. 181[5]. 182[6]; – in Theophr. II 181[5–6]; prädikatives – II 26[4–6]; Art bestimmte Adj.form II 26[3]; besondere neutr. Form d. Adj. II 34[3]; substantivierte Adjektiva 469[1]. II 18[4–5]. 174[4]–175; Apposition d. Adj. II 181[7]; – d. Zugehörigkeit II 176[8] f.; Berührungen d. Adj. mit Ptc., Subst. u. Adv. II 173[3]–180; Bed. u. Gebr. d. Adj. II 180[1]–182; – u. Gen. wechseln II 177[6–8]; verbalappositives – proleptisch II 181[2–3]; Adjektiva verbunden II 181[1]; Gradation d. Adj. fehlt in ngr. Dial. II 183, 6; Adjektiva mit περί τινος II 108[2]; Akk. bei Adj. II 86[5]; Akk. d. Beziehung c. adj., Dat. d. Beziehung c. adj. II 108[2]; s. Ablativ, Verbaladjektiv, verbalappositiv
Adjektivierung von Adverbien 461[4]. II 26[6–7]; – von Ptc. u. Verbaladj. 810[5]; – von Subst. II 18[4]. 176[1–8]
adjektivisch: das –e Genus jünger als das substantiv. II 36[2]; –es Neutr. als Prädikativ II 605[8]; –es Prädikativ II 182[2]; – – ans Subst. attrahiert II 606[4–5]; – – im Du. od. Pl. II 611[3–4]; –e Funktion d. Ptc. II 174[1–2]; –es Attribut II 613[2.3–4]
adnominal: –er Kasus II 117[2]; – – als Attribut II 619[2]; –er Partitiv II 115[1]–117; –er Pertinentiv II 117[5]–122; präpositionale Wendungen ohne Art. II 417[3]
adnomen 208[7]
adscriptum: ι – 203[1]

Adverb 587, 1. 617^{6}–633^{3}. II 14$^{4.5}$. 17^{5}. 68^{6}. 69^{6}. 70$^{1-2}$. 413, 1. 601, 3; Berührungen d. Adj. mit d. Adv. II 173^{3}–180; Pron. aus Adv. II 35^{4}, 2; Übergang vom Adj. zum Adv. II 178$^{6-7}$; Adj. aus Adverbien II 179$^{4-5}$; Präp. als Adverbia II 421^{5}–424; Präp. aus Adv. II 435$^{1-2}$; Adverbia nicht scharf getrennt von Präp. u. Partikeln 618$^{2-3}$; Adverbia im engeren Sinn II 412^{5} ff.; Herkunft von Adv. 618^{3}, 2; Reste abgekommener Kasusbild. als Adverbia 618$^{5-6}$; Adverbia aus Kasus 618^{4}. 620^{2}–626; – aus d. Akk. d. Satzapposition II 87^{1}; – adjektiviert 461^{4}. II 26$^{6-7}$; Ablativ als Adv. 622^{4}; Akk. als – 621$^{1-4}$. II 87$^{3-7}$; 'adverbialer' Akk. II 67^{6}–70. 84, 2; Akkusativadverbia II 87$^{3-7}$. 617^{8} f.; Dat. als Adv. 622$^{1-2}$; dativisch-lokativische Adverbia auf -ᾱι (-ηι) 550^{3}; Gen. als Adv. 621^{4} f.; Instr. als – 621^{4} f. 622^{4}; Nom. als Adv. 620$^{3-5}$; besondere Adverbialendungen 626^{1}–632; Adverbia syntakt. Komplexe 619^{3}; Adv. Rest eines Satzes II 414$^{3-7}$; Adverbia erstarrte Sätze II 16^{6}; erweiterte – auf -δην, -δόν, -δά 626$^{4-6}$; komponierte Adv. 632^{3} f. II 428$^{5-6}$; – – in Akk. 621^{3}; – – auf -(ε)ι 623$^{2-5}$; – – von Präp. + Kasus II 435^{1}; hypostasierte Adverbia mit κατά II 475, 0; Adv. mit d. Art. = Adj. II 178^{6}. 415^{5}f.; – als Prädikativ II 178^{7}; – für ein prädikatives Adj. II 414^{7} f.; freie Stellung d. Adv. II 424^{6}; Adv. prägnant II 414$^{2-3}$; Adv. für ein prädikatives Adj. II 414^{7} f.; – proleptisch II 415$^{4-5}$; Adv. mit artikellosem Subst. II 416^{2}; Adverbia substantiviert 461^{4}; – durch Ellipse zu Ausrufen geworden II 626^{2}; Präp. + Adv. II 427$^{1.6-7}$; relat. Adverbia final geworden II 672$^{3-4}$; Ableitungen von Adverbien II 548^{1}; s. adverbial, Akkusativ-, Orts-, Pronominal-, Satz-, Spiel-, Wurzel-, Zahladverb

adverbal: –er Pertinentiv II 122^{6}–128

adverbial: Präv. – II 425^{2}; Akk. d. Inhalts – II 78$^{2-3}$; –er Akk. II 67^{6}–70. 84, 2. 87$^{3-7}$

Adverbiale: Adverbia u. Adverbialia II 269^{8}; –le vorangestellt II 694$^{3-4}$; –lia als Subst. II 622^{2}; –lia nominalisiert II 416^{5} f.

Adverbialkasus 618$^{5-6}$; s. Adverb

Adverbialsätze II 646^{6}–688

adverbiell: –e Erstarrung von Nom. 620^{2}ff. II 67^{1}; –e Funktion d. Präp. 618, 1

adversativ-konzessiv: Ptc. – – empfunden II 389^{2} f.

Aeolicum: digamma – 106^{5}. 222^{5}

Affekt 15^{2}. 37^{2}; Wortsinn u. – 15^{4}; Unterdrückung d. Affekts 37^{2}; Affekt in Wortschatz u. Syntax 15, 4; Wichtigkeit d. Affekts f. den Wortschatz 37^{3}

affektisch: emphat.-affekt. Form, – – Kürzung 15^{2}; Ellipse affektisch II 88$^{1-2}$; affekt. Rede mit ὦ hell. II 61^{6}, 4; Indik. d. affekt. Frage II 307^{7} f.; affekt. Satzarten II 625^{4}–626; nicht – – II 626^{7}–627^{1}

affektlos: –e Spr. 37^{2}; –e Ellipse eines Ptc. II 88$^{2-3}$

Affinität 22^{1}

affirmativ: Konj. – II 310$^{6-7}$; –e Wirkung von Negationen II 598^{1}

Affix 417, 1

affiziert: –es Obj. II 71^{1} ff.; Akk. d. –en Obj. II 71^{1}–74

ägäisch: –e Sprachreste 62$^{3-6}$. 64^{7}; –e Lehnwörter im Agr. 39^{1}; Entlehnungen d. Gr. aus d. –en Sprachen 58^{4}; –es Substrat d. Gr. 59^{2}–65; –e Wörter 395^{4}; idg. Elemente im –en 65^{3}; Übereinstimmung d. Idg. u. Ägä. in Suffixen 65^{4}

ägäisch-kleinasiatisch 64^{7}; –er Sprachstamm 60^{4}; –e Sprachen 152$^{6-7}$

Agens: Partitiv als – II 102^{4}; unpers. Passiv ohne – II 239$^{5.6}$; – des Infin. II 369^{4}; – bei intr. Aktiv II 226^{6}; – beim Passiv II 237 $^{5.6}$, 2. 238$^{4-6}$. 239$^{4.5}$; s. nomen agentis

agensloser Gebr. d. Passivs II 239^{5}

Agglutination des Art. im Ngr. II 27^{5}

agglutinierende Sprachen 418^{3}

Äginetisch 94$^{3-4}$

Ägyptisch 151$^{4.5}$. 152^{8} f. 154^{8}; christl. – 151^{6}; s. Wortind. 335 f.

ägyptisch: –e Koine 126^{5}; –e Silbenschrift 141^{6}. 142, 1

Aischylos' Spr. 26^{2}

Akkadisch 126^{7}. 153^{2}; s. Wortind. 336–338

akkadische Keilschrift 141^{2}. 142^{3}

Akkusativ; s. die Kasussuffixe im Wortindex; II 54$^{1.4}$, 3. 56^{4}. 58^{4}. 67^{2}–89; Sachbezeichnung als Akk. II 79^{1}; – syntakt. für Dat. 132, 1; Ausdehnung d. Akk. auf Kosten d. Dat. II 88^{8}; absol. Gebr. d. Akk. II 87^{7}–88; – d. Neutra II 87$^{2-3}$; – bei Adj. II 86^{5}; – d. Satzapposition II 86^{6}–87; bloßer – ohne Bestimmung II 68^{4}; – mit Attribut II 68^{4}; – von Personen u. Sachen bei αἰσθάνεσθαι, ἀκούειν, κλύειν II 106^{8}; – beim Passiv II 241$^{1-2}$; – c. infin. II 359$^{4.5}$; – – verselbständigt durch Ellipse des Verbums II 380^{5}ff.; doppelter – II 78^{5}, 1–83; zweiter – II 79^{1}–83; – d. Beziehung II 84^{1}–86. 624^{5}; – – mit Adj. II 108^{2}; – d. Ergebnisses II 71^{3}. 79^{2}; – d. Obj. II 67^{4}. 70^{5}–83; – d. affizierten u. effizierten Obj. II 71^{1}–74; – d. inneren Obj. (= Inhalts) II 71^{3}. 74^{2}–78; – – in adv. Gebr. II 78$^{2-3}$; resultativer – II 74^{6}; Bereichs-Akk. II II 84^{2}, 1; – d. Raumes u. Weges II 69$^{4-7}$; – d. Raumes u. d. Zeit II 624^{5}; – d. Ausdehnung II 68^{8}–70; – d. Richtung II 58^{4}. 67^{4}; präpositionsloser – d. Richtung II 68$^{3.4}$; – d. Zieles II 67^{7}; – d. Richtung u. d. Zieles II 67^{7}–68; – d. Zeitdauer II 69^{7} f.; Anwendungen d. Akk. II 624^{5}; paronomastischer – II 624^{5};

Akk. d. Attributs II 624[5]; Akk. d. Apposition II 624[5]; bloßes Ptc. im – II 403[2]; nomina actionis c. acc. II 74[1]; Verbalnomina c. acc. II 73[7] f.; Gen. u. Akk. wechseln als Obj. II 106[1]; Gen. f. Akk. II 121[4–6]; Infin. c. acc. d. Prädikativs II 359[3.4]; unpers. Passiv c. acc. II 240[2]; Akk. c. infin. ngr. (Pont.) 809, 3; ngr. Akk. als Präp.kasus II 88[8]–89[1]; Akk. im Ngr. II 12[6]; ngr. – als Rektionskasus f. Präp. II 68[3]; Verhältnis d. ngr. Akk. zum agr. II 88[6]–89; ngr. Rückgang d. Akk. d. Beziehung II 88[7]; s. auch accusativus

Akkusativadverbia II 87[3–7]

Akkusativform als Nom. 564[1]

akkusativischer Infin. II 365[2] f.

Aktionsart 640, 2. II 246[7.8]ff. 252[1], 2. 3; Übertragung d. Erkenntnis d. – aufs Gr. durch Zenon 6, 1; s. Aspekt.

Aktiv: II 224[4.6]; Wechsel zw. – u. Med. II 229[4]–236; – intr. gebraucht II 230, 1; kaus. – neben intr. Med. II 233[8]; Aktiva zu alten Media getreten II 228[6–7]; Akt. u. Med. als Reciproca II 233[3–8]; Verwechslung von Akt. u. Med. II 234[3] f.; Akt. c. acc. od. dat. d. Reflexivpron. II 235[7] f.; akt. Verb II 225[5]–228; akt. Personalsuff. 657[6], 6; akt. sigmat. Aoriste 749[3]–756; –es Pf.system II 263[1]; –es Pf. 774[1]–776; –er Imper. in med. System II 224[7]. 225[6]. 228[2–4]; Erklärung d. ältesten akt. Infin. 808[6]–809[2]; –e u. med. Infin. erst gr. 805[7]; –e Infin. 806[2]–809; s. Perfektsystem, Personalendung, Personalsuffix, Verbalendung

Akut 375[4–6]. 376[3]. 382[1]; – st. Perispomene im Dor. 377[5]; Verwechslung von – u. Zirkumflex 393[8]. 394[3]

Akzent 371[2] f. 372[4.5]; idg. Erbe im gr. Akzent 380[4] ff.; – deutend auf alten Ablaut 552[6]; – im Homer 384[6] f.; Altes im dor. – 384[8]; Neuerungen im gr. – 377[1] ff.; att. – 528[7], 7; böot. – 384[5]; Akzent u. Quantität 371[2] ff.; – d. Gr. u. Quantität 373[2]; Quantität f. d. – entscheidend 373[2]; Quantität u. – im Spät- u. Ngr. 392[3] ff.; mechan. Regelung d. Akzents von Einsilblern 552[6]; Akzent als Mittel d. Wortbildung 420[2–7]; – d. Lehn- u. Fremdwörter 395[3–5]; – bei d. Einwortsätzen II 620[4]; – d. Vokat. II 60[1.2]; oppositiver– 380[1–4]; Zurückziehung d. Akzents 381[4]; unakzentuierte u. schwach akzentuierte Wörter II 692[2–4]; Akzent von Wortgruppen 386[1] ff.; Nachdruck d. Akzents II 186[4–5]. 187[6]; dial. Akzentbesonderheiten 382[5] ff.; Ausspr.-Akzent im Ngr. 393[4.5]; Anfangsakzent (von Formen) 390[3–4]; – bei d. Superl. 538[1]; Anfangsbetonung im Lat. 58[2]; Doppelakzent wegen Enklise 389[1]; Endakzent im Gen. u. Dat. 562[7]; Gegenakzent 378[8] f.; Hauptakzent in d. Kompos. 386[4]; Zus.-treffen von Hauptakzenten 386[3]ff.; Nebenakzente 390[8]; Silbenakzent 171[1–2]; Verbalakzent 389[7.8]–391. 718[2]; Wortakzent 171[2]; Wortgruppenakzent 386[1]ff.; s. Satzakzent, Akut, Gravis, Zirkumflex

Akzentausgleich 393[3.4]

Akzentdoppelheiten 381[8]

Akzentformen 375[4]

Akzentlehre; nationalgr. – 375[8]

Akzentqualitäten 393[3], 1

Akzentsitz; Verschiedenheit d. –es 228[6]

Akzentstelle 377[1]. 378[5] f. 380[6] f.; die gleiche – im Gr. u. Ai. 380[6] f.

Akzenttheorie 105[1–2]

Akzentuation (Akzentuierung) 371 ff.; – deutet auf alten Ablaut 552[6]; hom. – 384[6] f.; Unterschied d. hom. – aufgegeben II 60[2]; äol. – 106[4]; einheitl. – 394[1]; – in d. Schulausspr. 394[7.8] f.

Akzentunterschiede in Tempora 673[3]

Akzentverschiebung 383[2]; – im Dor. 384[1–5]; analoge –en 379[7] f.; willkürl. – 380[1–4]; – nach d. Wortende zu 381[3]; –en in Wortgruppen 386[1]

Akzentwechsel (durch d. Quantität d. Endsilbe bedingt) 375[8]; – dient d. Bed.-unterscheidung 420[2.3]; – b. Substantivierung 420[4]

Akzentzeichen 373[8]. 374[1]; – geschr. 393[2.3]

Albanisch 49[6]. 50[7], 5. 55[3]. 66[6]; s. Wortind. 282.

alexandrinisches Gr. 126[2]; –e Philologen u. Philologie 6[4]; –e Grammatiker 6[5]. 7[2]. 33[6] f.; –e Grammatik 43[5]

Alkman: Digamma in – 109[7]; σχῆμα Ἀλκμανικόν II 612[3]

Alphabet 139[5] ff.; altsemit. – 139[7]; altphönik.-altkanaanä. – 141[4–5]; arab. – 142[5]; aram. – 142[5]; ital. Alphabete 150[2–3]; kar. – 150[2.6]; gr. Mutteralphabet 139[6]. 141[3–4]; fremde Sprachen im gr. – 149[5] f.; Übertragung fremder Alphabete aufs Gr. 5[3]; Gr. in fremden Alphab. 149[5]; –e vom Gr. ausgegangen 142[4]; das gr. – 139[7] – 141; Einführung des gr. Alphabets 141[3–6]; südgr. –e 144[2] f.; ostgr. – 144[4]; westgr. – 144[5]; ion.-att. – 145[4] ff.; semit. – nach d. gr. 150[4.5]; – d. aphryg. Inschriften 141[4]

alphabetisch: das erste –e W.buch 33[8]; –e Lexika d. Kaiserz. 34[1]; –e Anordnung d. Thesaurus 32[5]

altaisch: idg.-ugrofinnisch-altaisch-sumerische Beziehungen 53[4]

Altertümlichkeiten: – d. Formenl. erhalten im Gr. 25[5], 4; – im Pf. 769[1] f.; – in d. hom. Spr. 101[8] f.; – in ngr. Dialekten 125[4–5]

Altes u. Junges gemischt 89[2]

alteuropäische Sprachen 152[7] f.

altgallische Inschriften 50[6]

altindogermanischer Typus d. Altgr. 3[5]; s. indogermanisch

altirisch: –e Ogaminschriften 50[6]; –e Handschriften 50[6]
Altkirchenslawisch 164[3] f.; s. Slawisch
Altpersisch 49[6]
Altpreußisch 49[7]
Amerias' maked. Glossen 33[7]
Ammonios 33[2]
Amtssprache 99[1–5]
Anakoluth II 66[7]. 88[3–5]. 133[2]. 617[1–2]. 703[7]. 704[6] f.
anakoluthisch: eines von 2 koord. Ptc. – II 406[6–7]
Analogie 13[3]. 19[7]–21; – bei d. Alexandrinern 7[1–2]; grammat. – d. Formenbild. 7[2]; Lautges. u. – 13[3]. 19[6]. 21, 2; falsche – 20[1]; lautl. – 21[1]; ausgleichende Wirkung d. – 21[2]; Ausbreitung eines Lautwandels durch – 18, 3; – in Kontraktionserscheinungen 251[8]. 252[1]; kons. Stämme in d. Analogie d. o-Stämme 20[3]; syntakt. – II 57[2]; s. Lautgesetz
Analogiebildungen 246[2]
analogisch: –e Übersteigerung 17[7]; -e Durchbrechung od. Aufhebung eines Lautwandels 16[6]; –e Nachahmung 21[1]; –e Wortbildungen 32[6]
Analyse: mikroskopische – von Individualspr. 26[1]; Sieversche Schallanalyse 26[3]
analytisch: –er Formenbau 3[6], 1; –er u. synthet. Teil d. Syntax II 6[2]. 17[6–8]. 18 ff.
Anaphe-dorisch 95[7]
anaphorisch: –er Art. II 25[1–2]; – Dual II 48[1–2]; das –e Pron. bezeichnet die mask. Personen d. Gruppe II 603[6]
Anaptyxe 267[6]. 278[1]; s. Entwicklung
Anastrophe 387[7] f. II 420[2]; – im Dor. 384[5]; – bei Tmesis II 425, 2; s. Präposition
Änderung d. Lautung 15[2]; willkürl. – im Wortschatz 24[1–2]; sprachl. – 36[6]; Namenänderung 635[6]; s. Wandel
Anfang; s. Satzanfang
Anfangsakzent; s. Akzent
Anfangsbetonung im Lat. 58[2]
Angleichung; s. Assimilation
anklingend; s. Wort
Anlaut im Wort u. Satz 410[8]–414; vokal. – 411[2.3]; Verschlußl. wechselt im Anl. mit σ + Verschlußl. 334[1]; Dehnung im – d. Pf. 650[2]. 765[3]; Freiheit d. Anl. im Gr. beschränkt 74[1]
anlautendes ϝ 228[8] f.; – *h* verschwunden im Ngr. u. in d. roman. Spr. 14[3]
annalisticum; s. praesens
Anomalie 7[1.2]. 20[1]; – auf lautl. Wege 20[7]
Anordnung: antistöchische – 196[1]; chronolog. – d. Belegstellen 30[5]; s. alphabetisch
Anrede II 620[2]. 625[4], 2; – u. Grußformeln 16[2]; Imper. d. – 609[6]; plur. – mit sg. Vokativ II 609[6]
Anredeform: nominale – II 59[7]; Lallwörter als –en f. Vater u. Mutter 568[7]
Anrufung; s. Götteranrufung
Anschauung: Kasus d. – 549[4]. II 55, 2; – – im Idg. 54[3]; – – im Gr. u. den Kentumspr. aufgegeben 55[8]. 56[1]; Anschauung d. Paarigkeit II 12[6]
Anschluß; s. relativisch
Anti-Attikistes 34[4]
ἀντίφρασις: κατ' ἀντίφρασιν 45[1], 1
antistöchisch: –e Anordnung d. Wörterbuches 196[1]
Antithese II 702[8]. 710[5]
Antwort: Nominals. als – II 631[6]; abgekürzte – II 631[6–7]; – auf Fragen II 628[3–5]. 629[4–5]; bejahende –, verneinende – II 629[4]; bestätigende Partikeln in d. – II 631[1]; – auf eine Frage durch einen Satz II 631[5–6]; Wiederaufnahme d. Frage durch eine indir. Frage II 631[7]
Antwortsätze II 627[2]–631
Äolisch 76[7]. 89[4]–91; d. Lat. aus d. Äol. 6, 1. 57[6] f.; Gesamt– 89[4] f. 98[2–3]; Äol. κατ' ἐξοχήν 89[4]; kleinas. – 90[1–4]. 101[2]; Auseinanderentwicklung d. 3 äol. Dialekte 90[1]; Beziehungen des Ark.-Kypr. zum Äol. 88[4]. 89[5]; – d. Sagendichtung 47[2–3]; äol. Neuformen bei Homer 107[1]; – Sprachelemente im Nordion. 86[5]; – Elemente im Peloponnes 98[2]; äol. Element in Kyrene 47[5]; –e Akzentuierung 106[4]; –e Barytonese 90[3]. 385[2–4]; Digamma im Altäol. 229[4]; Labialisierung d. Labiovel. im Äol. 370[6]; Psilose im Äol. 90[3]; Dual im Äol. verloren II 46[6] f.; s. Lesbisch
Äolismen in Homer 106[1] f. 564[4–5]; Erklärung d. hom. – 107[2]; – d. Chorpoesie 110[1]; – in Hesiod 108[4]; s. Hyperäolismen
Aorist 640[3]. 739[2]–764. 805, 1. II 249[1.3.4], 1. 4; aor. mixtus 788[3–4]; zentrale Stellung d. Aor. 816[6], 1; starker Aor. (aor. secundus) 739[8]; Änderung d. Präsensbild. durch d. Aor. 130[2]; Präs. u. Aor. zus.stehend 640[6–7]; späte Beziehungen d. Pf. zum sigmat. Aor. 750[6]; Beziehungen d. σ-Aor. zum Präs. 752[1]; quasi-themat. Bildung im sigmat. Aor. 642[3–4]; trans. sigmat. Aor. neben intr. Wz.aor. 755[6] f.; neuentstandene 'sigmat.' Aoriste 666[2]; Aor. u. Ipf. gleicher Form 739[6–7]; asigmat. Aor. auf –α 744[1]–746; athemat. asigmat. Aor. 740[2]–746; themat. asigmat. – 746[1]–749; α-Flexion in d. themat. Aoristen 753[6] f.; Beziehungen zw. sigmat. Aor. u. Pf. 750[6]; kurzvokal. Konj. d. Aor. mit κεν II 351[5–6]; akt. u. med. 'sigmat.' Aoriste 749[3]–756; Indik. d. Aor. II 280[5], 1–286. 344[7]; – – faktiv II 281[3–4]; – – = Indik. d. Pf. II 287[8] f.; Infin. Aor. II 297[2.3]; Götteranrufungen im Imper. Aor. II 341[4]; sigmat. Aor. 640[7]; – – d. verba liquida 753[4–5]; Aorist u. Präter. 640[5–6]; isolierte Aoriste 816[3]; pass. Bed. d. Aor. med. 102[2]. II 239[4]; ngr. Aor. II 298[4]; mediopass. Aoriste auf -(ϑ)ην im Ngr. st. medialer 764[4]; Passivformen f. Aor. 756[4];

Ptc. Aor. f. Fut. II 296[8] f.; gr. Verba ins Alb. u. Bulg. vom Aor. entlehnt 816, 1; Aor. faktiv II 261[5] f. 281[3–4]; metaptotischer – II 261[1], 1; Indik. Aor. konfektiv II 281[8]; Injunktiv Aor. II 310[2]; aor. tragicus II 282, 2; gnomischer Aor. II 285[2.5.7]. 286[1.2].713[6]; s. asigmatisch, thematisch, Wurzelaorist
Aoristausgänge: Ausgleich d. Pf.- u. Aoristausgänge 658[2–3]
Aoristbildungen im Ngr. 763[6] f.
Aoristpartizip mit εἰμί 812[6]
Aoristpräsens 683, 4. II 260[1]
Aoriststamm in d. Koine zugenommen II 262[6]
Aoristsystem II 257[2]. 299[5]–301; – konfektiv II 260[7]
Aphärese 401[2.3]. 402[6–8] f. 403[6]
ἀπὸ κοινοῦ II 10, 2
Apokope d. Präp. 69[5]. 106[5–6]. 239[6.7]. 259[8]. 407[4–7]; Zurücktreten d. – im Ion.-Att. 85[7]; apokopierte Formen d. Präp. 407[4–6]
Apollonios Dyskolos 7[7–8]. II 1[4], 1
Apollonios sophistes 34[3]
Aposiopese II 701[2]. 702[3–5]. 707, 1
Apostrophe II 62[2.3]. 703[2]; – d. Hörers im Ngr. II 62, 2
Appellativa aus vorgriech. Sprachen 61[5] f.; – gekürzt 18, 1. 2. 426, 2. 501[1]. 529, 1. 637, 1; kompon. – als Namen 637[6]
Apposition 613, 1. II 63[6]. 64[3]. 66[4]. 604[5]–605[5]. 613[3.5–8], 1–619; – im Nom. mit d. Art. II 26, 4; – d. Adj. II 181[7]; – ohne wiederholte Präp. II 433[6]; – d. Verbs II 181[7] f.; spez. Personenbegriff dem Allg.begriff untergeordnet II 614[5–8]; Voranstellung d. – II 615[3.5]; gemeinsame – II 605[4–5]; prädikative – II 618, 1; substantiv. – II 613[6]–618; Apposition im Gen. II 177[5]; genitiv. – auf ein poss. Pron. bezogen II 614[4]; Akk. d. – II 624[5]; Dual d. – II 48[2]; partitive – II 115[4]. 616[2.3]; distributive – II 616 [2–5]; Ptc. als prädikative – II 386[5]; – ohne wiederholte Präp. II 433[6]; – zum Subj. II 693[6]; s. Gruppen-, Satz-, Verbal-, Wortapposition
appositiv: Zahl-, Maß-, Wertangaben – II 616[1–2]; –e Gruppe aus parenthet. Satz II 615[7] f.; gen. –us II 121[7] f.
arabisches Alphabet 142[5]; –e Gramm. 8[5]; s. Wortind. 336–338
Aramäer 78, 4
Aramäisch 126[7]. 154[5]; christl. – 151[6]; –es Alphab. 142[5]; –er Einfluß im Art. II 20, 3; s. Wortind. 336–338
Archaisierung: falsche –ungen d. Prosa 114[3]
Archaismus 5[1]; – d. Attizismus 130[8]
Arethas 148[5]
Argivisch 94[3–4]
Arisch 49[6]. 56[1.2]; Übereinstimmung d. Gr. mit dem Ar. 56[7]; lexikal. Beziehungen d. Gr. zum Ar. 56[6]; arische Entsprechungen d. verbalen Rektionskomp. 444[6] f.; s. Wortind. 282
Aristarchos 6[6]. 7[2]
Aristeides rhetor 131[2], 1
Aristophanes 6, 3. 100, 1; Wortbed. bei – 6, 3
Aristophanes von Byzanz 6[5]. 7[2]. 33[7]. 374[1–3]
Aristoteles (Spr. nach –) 6[3]
Arkadisch 98[1]; hom. Wörter im –en 102[2]; –e Dualformen 88[3]
Arkadisch-kyprisch 76[6]. 88[1–8]. 98[1–3]; – – altertüml. 88[3–5]; Sonderzüge d. – – 88[2–8]; dial. Beziehungen zw. Ark.-Kypr. u. Ion.-Att. 98[2]; Beziehungen zum Äol. 88[4]. 89[5]; – zum Ion.-Att. 88[4]
Armenier: Ursitze d. – 68, 1; – von d.Phrygern ausgegangen 67[7]
Armenisch 49[6]. 50[7]. 55[3]. 151[6]. 163[3] f.; Zugehörigkeit d. Arm. 68[1]; Übereinstimmungen d. Gr. mit d. Arm. 57[1–6]; lexikal. Beziehungen d. Gr. zum Arm. 56[6]; Einfluß d. Gr. aufs Arm. 163[3] f.; Vereinfachung d. gr. Geminaten im Arm. 231[1]; thrak.-phryg.-arm. Gruppe 49[6]; s. Wortind. 297 f.
Art; s. Satzart, Wortart
Artikel: genetische Anordnung d. – im Lexikon 30[8]
Artikel II 14[4.5]. 15[1]. 17[5.7]; Ausdruck d. Determination im – II 24[6] f.; Hyperdetermination d. –s II 25[4–5]; poss. – II 22, 7. 25[2]; – vom Subst. durch Partikel getrennt II 27[1]; d. abundierende – bei Infin. II 372[2–3]; anaphor. – II 25[1–2]; distributiver – II 25[2]; – d. Regens II 26[1]; bestimmter – II 12[1]. 18[7]; nachstehender – – II 20, 1; unbest. – II 20[2–3]; Ansätze zum – II 20, 2; Nom. mit – vokativisch II 63[6]; Infin. mit – II 368[5] f. 370[2–6.8], 1 f.; Infin. ohne – II 366[1.5–6]. 368, 2; Adv. mit – II 178[6]. 415[5] f.; – in Homer II 22[3] f.; d. Art. unterdrückt II 618[4]; aram. Einfluß im – II 20, 3; s. Agglutination, bestimmt, und Wortind. unter den Artikelformen (ὁ, ἡ, τό etc.)
artikellos: Verwandtschaftsnamen – II 24[2]; Adv. mit –em Subst. II 416[2]
Artikellosigkeit II 23[5–6] f. 210 [2.3.6]. 212[1]; – in d. späteren Dichtung 108[3]; – in d. Verwandtschaftsnamen II 24[2]; – d. Prädikativs II 24[3]; – scheinbar II 24[4]; – wegen Kürze II 24[5–6]; – im Ngr. II 27[3–4]
Artikulation: andeutungsweise – 21[4]; Schwankung d. – 15[2]; Artikulationsarten im Gr. 73[6]; –sbasis 173[1]; Tendenz zur Verschiebung d. –sbasis nach vorn 232[3]; Verschiebung d. – u. Ursachen 22[3]; –sstellen d. Gr. 73[6]; – d. Idg. tw. im Gr. zus.gefallen 290[5]
Asianismus II 710[7]
asiatisch; s. kleinasiatisch, vorderasiatisch, ostasiatisch
asigmatischer Aorist 740[2]–746; – – auf -α 744[1]–746; – Wz.-aor. 739[7]–749; athem. –er Aor. 740[2]–746
Aspekt 640, 1. II 246[7]. 250[5]. 252[2], 3; – bis heute lebendig II 254[7]; – im Verb II 11[6];

Beziehungen d. Aspekts II 256[2]; Aspekt u. Tempus II 246[6]–301; Vollendung u. Nichtvollendung II 249[4.5]. 250[2]. 252[1.2]; Tempussysteme im Verhältnis zum Aspekt II 256[6] ff.; Unterschied zw. infektivem u. konfektivem – II 253[2]; konfektiver – II 252[2.4]. 253[1]. 255[2]. 257[2]; infektiver – II 252[2–4]. 255[1]. 257[2]; Umwertung d. Iterativa zu Infektiva II 253[3]; Aspektverhältnis periphrast. verdeutlicht II 255[3–4]; d. Aspektunterschied im Präs.- u. Aoristsystem vom Altertum bis heute lebendig II 262[5–6]; Verhältnis der Verbalkomp. zu Aspekt u. Tempus II 266[5] ff.; Aspekt f. Präs., Aor., Pf. II 294[8]; – im Ngr. aufs Fut. angewandt 815[6]
aspektlos: Imperat. – II 254[8]
Aspektwechsel in Verbalkompos. II 255[1]
asper; s. spiritus asper, Aspiration
aspirata 207[2]. 296[8] ff.; geminierte aspiratae 230[4]. 316[2]; – φ ϑ χ 204[2] ff.; – Aussprache 204[2.3]; Wechselformen d. – 204[3]; fremde Zeugnisse für gr. – 204[7]; Wiedergabe von φ ϑ χ durch p t c bei d. Italikern 204[5–6]; – – durch ind. pʿ tʿ kʿ 204[6]; ngr. Zeugnisse f. d. agr. – 204[8]. 205[1]; tsak. – 205[1]; Verwechslung von Aspiraten u. Tenues 204[5]; graph. Verwechslung von φ u. ϑ 205, 3; tenues aspiratae aus idg. mediae – 58[2]. 62[8]. 297[1]. 370[5]; Wechsel zw. tenuis u. aspirata 62[8]; mediae aspiratae 366[2]; illyr. – – 66[7]; tenuis aspir. f. maked. media aspir. 69[3]; Assimilation von tenuis od. media an aspirata 257[2]; s. Aspiration
Aspiration 206[1]; – von Liqu. u. Nas. 212[1]; – im Pf. akt. 771[7] f.; fälschliche – 221, 1; sekundäre – 234[7]; Schwanken in d. Bezeichnung d. – 222[2]; Unterbleiben d. – d. tenuis 221[7]; – d. anl. υ 183[3]. 304[7]. 305[3.4]; s. Interaspiration
aspiriertes Pf. 765[1]. 768[5]. 771[5]–772. II 71[5]
Assibilation 7[8]. 270[2]. 366[4]. 370[7]; – von τ, δ vor ε, ι 301[4]; – von *ti* zu *si* gr. lyk. etrusk. 7[8]
Assimilation 104[6]. 105[2]. 254[5] f.; Kontakt- u. Distanz– 254[6]; Fern– 254, 1; – von Kons. 256[5] f.; totale u. partielle – von Kons. 256[5]; – d. Nasals an folgenden Verschlußl. 214[3.4]; – von tenuis od. media an aspir. 257[2]; – des ausl. Kons. in apokopierten Formen 407[4–7]; – in d. Wortfuge 148[2]; – von Vokalen 255[3] f.; – – in Syntax II 8[6], 5; – d. Relativs II 640[7]f. – d. Bezugsworts an das Relativum II 641 [4–5]; s. Vokalassimilation
Assoziation; s. Formassociation
Assoziationspsychologie 12[3]
Asymmetrie: expressive – II 702[6–8]
Asyndese als Stilmittel II 632[7]
asyndetische Parataxe II 632[4.6] f.
Asyndeton II 701[2] f.; nachdrückl. – von Imper. II 633[3]; rhetor. u. nichtrhetor. – II 633[4]; s. Satzasyndeton, Wortasyndeton
athematische Flexion 642[4.5]; –e Verba 642[4–7]; –e Personalsuffixe 658[2]. 659[2–3]; redupliz. –e Wz.präs. 686[5]–689. 690[1–4]; unredupliz. – – 673[7]–683; themat. Umbild. athemat. Präs. 682[3] f.; –e redupliz. Typen d. Verbs 686[5]–689; athemat. Verba in themat. Flexion 691[4]; themat. u. athemat. Flexion d. Verbs 813[4] f.; Neubild. athemat. Präs. 814[1–2]; athemat. asigmat. Aorist 740[2] – 746
Athen: sprachl. Ausgleich in – 18[5]; sprachl. Unterschiede in – 18[4]; Aussprache in Athen um 400 v. Chr. 176[7–8]; s. Attisch
Äthiopisch 161[2] f.; Auflösung d. gr. Geminaten im – 231[2]; s. Wortind. 336-38
Atlas; s. Sprachatlas
ätolische Bundessprache 76[4]
Attiker: lexikal. Unterschiede zw. Böotern u. Attikern 30[7]
'Αττικὸν σχῆμα II 607[5]
Attisch 87[4] f. 101[2]; Besonderheiten d. Att. 129, 2; – als Normalgr. 75[7]; ion. Einfluß im Att. 86[2]; dor. Einflüsse auf Att. 86[1]; Att. konservativer als das Ion. 86[2]; d. Att. in Makedonien 70[3]. 76[3]; koinisiertes – 127[5]; att. Züge d. Koine 127[4]; Ion.-Att. 76[6]. 85[6] ff.; Unterschiede zw. Ion. u. Att. 86[1–3]; att.-ion. Gemeinspr. 129[4]; Mischungen im älteren Att. 88[1]; att. Dichter 101[1]; Spr. d. att. Tragödie 110[4] f.; att. Koine 88[7]. 127[5–8] f.; att. Grundcharakter d. Koine 127[1]; hom.-att. Wörter 40[4]; s. Deklination, Dual, Hyperattisches, Imperativ, Kontraktion, Kürze, Reduplikation, Vulgärattisch
Attizisierung: künstl. – 190[6]; s. Hyperattizisierung
Attizismus 130[6–8]; Archaismus d. – 130[8]; Höhepunkte d. – 133[5]; – drängt die Koine zurück 132[5]; Attizismen 130[7]; – in Homer 103[2]; – in Menandros 127[8]
attizistische Bewegung 40[2]; – Reaktion 130[4] f.; erhaltene Attizisten 34[4]
attractio inversa II 641[4]; – relativi II 640[7] f.; – temporis II 279[7]
Attraktion d. Prädikativs ans Adj. II 606[4–5]; – eines adj. Prädikativs ans Subj. II 606[4]; – eines substantiv. pronomin. Neutr. als Subj. ans substantiv. Prädikativ II 606[6]; – beim Relativ II 704[7]; – d. Verbs an d. Prädikativ II 608[5]
Attribut: genetiv. od. präpositionales – II 182[1]; Akk. mit – II 68[4]; Akk. d. –s II 624[5]; adjektiv. – II 613[2–4]; – – kongruiert mit d. Subst. II 604[6–8]; – – – mit d. 1. Glied II 605[1–2]; gemeinsames – bei mehrgliedriger Subst.gruppe II 604[5]–605[5]; adnominale Kasus als –e II 619[2]
attributiv: –e Adjektiva II 26[4–6]. 181[5]. 182[6]; – – in Theophr. II 181[5–6]
Attributivsätze (Relativsätze) II 639[6], 2–645

auctor; s. gen. auctoris
Aufforderung II 625[4]; 1. Sg. d. Konj. f. Selbstaufforderung 797, 5
Auflösung von Geminaten 233[6]. 289[3]; – d. gr. Geminaten im Aksl. u. Äthiop. 231[2]; dissimilator. Geminatenauflösung 231[7.8]
Augment 640[3]. 642[1–2]. 650[5]–656. 814[7]. 841[1]. II 254[1–2]. 269[8]; – untrennbar 644[5]; unsichtbares – 656[6]; verschlepptes – 656[5–6]; syllab. – 651[2]. 652[6]–654; – – vor *w* u. *sw*– 228[7]; temporales – 203[3]. 651[2]. 654[2–3.7]–655; Weglassung d. Augments 651[4–6]; temporales – aufgegeben 655[4]; – u. Pf.reduplik. gleich 656[7]; fakultatives – im Plusq. 776[3]; – bei Dekomposita 655[7] f.; Freiheit im – bei Homer 102[1]; – fest in Prosa 652[1–2]; – in d. späteren Dichtung 108[4]; – im M.- u. Ngr. 74[7]. 656[8]. 841[2]; – im Gr. Ar. Phryg. Arm. 56[5]; unsichere Zeugen f. – im Got. und Aksl. 56,3
augmentativer Plural II 43[4] f.
Augmentierung von ι und υ 655[1]; s. Doppelaugmentierung
augmentlos: Iterativprät. auf -σκον – 652[2]
Augmentlosigkeit: jüngere – 656[6]
Augmenttempora 788[4] II 275[2.4]
Ausbreitung d. idg. Sprachen 52[4]; – d. Lautwandels 18[2]; – eines Lautwandels durch Analogie 18, 3
Ausdehnung von Suff. in Bed.gruppen 455, 2
Ausdehnung: Akk. d. – II 68[8]–70
Ausdrängung von Kons. 276[7]
Ausdruck 39[5]; – d. Verwandtschafts- u. Eigentumsverhältnisses II 119[5]–127; s. auch Kraftausdruck
Ausdrucksbedürfnis Ursache sprachl. Veränderungen 22[1]
Ausdrucksmittel d. Gr. II 11–14
Ausdrucksverstärkung II 699[5–7] f.
Ausdrucksweise: polare – II 704[4]; kulturelle Einflüsse auf die Ausdrucksweise 21[7]
Ausfall d. Nasale im Ngr. 130[1]
Ausgang: Ausgänge im Gr. erhalten 72[7]; Flexionsausg. 417, 2; Infin.ausgänge d. Pf. akt. 805, 2; s. Deklinationsausgang, Verbalausgang u. im Wortindex
Ausgleich: sprachl. – in Athen 18[5]; s. Akzentausgleich
ausgleichende Wirkung d. Analogie 21[2]
Ausgleichsneigung d. Spr. 21[2]
Ausgleichung 121[2]; – d. Vokalquantität u. -qualität 129[7]; – d. Verbalendungen d. Ipf. u. Aor. im Ngr. 130[2]; formelle – (Systemzwang) 20[7]
Auslaut im Wort u. Satz 408[4]–410
auslautend: Wegfall von ausl. Kons. 74[1]; -er Kons. apokopierter Formen assimiliert 407[4–7]
Ausnahme von Lautgesetzen 14[6–7]. 16[5]. 20[5]; Erklärung von –en d. Lautwandels 15[3]; scheinbare –e von den Lautges. 17[1–2]; s. Lautgesetz, Lautwandel
Ausnahmslosigkeit d. Lautgesetze 16[5]. 18[6]. 19[2.6]
Ausruf II 626[1–6]; formelhafter – II 311[1–3]; – d. Verwunderung II 626[1]; Ausrufe von Personen II 65[8]; relat. Pron. als Ausruf II 626[2]; Adverbia zu Ausrufen durch Ellipse geworden II 626[2]; Ausruf mit Interrog.pron. II 626[3.5.6]; Infin. d. Ausrufs II 708[2]; Infin. als Ausruf II 379[7] f.
Aussagesätze: Potential in –en II 326[2]
Außerattisches 100[4]
außerindogermanisch: Syntax von –en Sprachen II 5[2]
außerpräsentisch: erweiterter Verbalst. in –en Formen 738[3–4]; –e Formen bei deverbativen u. denom. Verben 738[6] f.; –e Tempora 737[2]–739; –e Bild. mit -η- 675, 3. 713[6]. 738[4–6], 7. 756[3]–763
Aussprache d. Gr. 174–177; Normal- d. Gr. 174 ff.; Ausspr. Athens um 400[a] 176[7.8]; Nachahmung vorbildlicher – 17[6]; individuelles Schwanken d. – 21[4]; byz. – bei d. italien. Humanisten 8[4]; ngr. – d. Altgr. 174[1–3.5–7]. (Probe) 176[2.3]; etazist. (erasmische) – 174[7]. 175; henninische – 175[3]; itazist. (reuchlinische) – 174[5]; Schulausspr. d. Gr. 8[5]; deutsche – d. Gr. 177[1.2]; monophth. – von αι, οι 194[5]; ε offene – im Elischen 181[1.2]; ει – 176[7]; diphth. – von ει, ου 194[3]; ευ – 176[7]; η – 176[7]; η (überoffenes ä aus ᾱ) 185[3.8]. 186[2–4]. 189[5]; η – als offenes e 186[5]; die ion. – von η erhalten 121[3]; ηι – 176[8]; – von η(ι) als η 201[6]; υ = ιου böot. – 183[4]; οι [= ü] 176[7]. 195[5.7]; υ – 176[7]. 182[5]. 183[2.3.7]. 184[3]; Y – als ü̆ 181[5] ff.; doppelte – von υ 183[5]; ι, ε für υ 183[7]; lesb. *i* für *ü* d. Koine 184[3]; υ = *ui* 183[1]; υι 176[8]; – von ωι 176[8]; ς – 176[8]; velare Ausspr. von λ 212[5]; – d. Aspiraten (φ ϑ χ) 176[8]. 204[2.3]; spirant. – von φ ϑ χ 205[1–3]; – – von β, δ, γ 207[6]; moderne – d. Geminaten 231[5]; s. Laute (und Diphthonge) im Wortindex
Aussprache-Akzent im Ngr. 393[4.5]
Austausch von Lauten u. Formen 23[1]
Awestasprache 49[6]

B

Babylonisch 154[2]; s. Wortind. 336–338
Bahuvrīhi 428, 3. 429[3]. 454[3–5]; hypostasierte – mit τηλε- II 545[6–7]; nichthypostasierte – mit συν- II 488[4]
Bakchylides 101[1]
Balkanbarbarisch 153[6]
Balkansprachen 151[7]. 165[4–5]
Baltisch 49[7]. 50[7]. 55[2]; s. Wortind. 299–301

Baltisch-Slawisch 54[5]
Balto-slaw. Spracheinheit 822[8]
Bantu; s. Wortind. 335
Barbarensprachen 6, 1
barbarisch: –e Dialekte 77[2]; –e Wörter 38, 4
βαρεῖα 376[5]. 474[1]
Bari-Neger; s. Wortind. 335
barytone Wörter 375[7]. 387[2]
Barytonese 383[5], 1. 387[6]; äol. – 90[3]. 383[5.6]. 385[2–4]; lesb. – 383[8]
Base 359[7], 1
Baumnamen II 30[4]; fem. – II 33[4]; Baum- u. Früchtenamen II 30[4–5]
Bedarfslehnwörter im Gr. 39[2]
Bedeutung: veränderte – 29[3]; Fortsetzung d. – 30[1]; Aufkommen neuer –en 36[6]; Grundbed. 31[1]. II 9[1]. 54[6]; letzterreichbare Bed. nicht erhalten 42[8]. 43[1]; Konstruieren von Urbedeutungen 43[1]; nicht einheitliche Bed. verglichener Wörter 42[6]; Anordnung d. –en 31[4.7]; Bed. d. Adj. II 180[1] f.; – d. Komparationsformen II 183[1]–185; –en d. denom. Verba 730[6] ff.; kaus. Bed. II 222, 1; Vergangenheits- II 10[2]; Medialformen mit nur passiv. Bed. II 237[3]; frühbyz. Verba c. infin. in futur. Bed. 810[1]; formelle Bed. d. Präsensbild. 816[1]; Bed. d. Pf. 768[4–6]; resultative Bed. d. Pf. 768[6]; Bed. in Syntax II 8[3–5]; s. Lehnbedeutung, Situationsbedeutung, Wortbedeutung
Bedeutungsansatz: d. – ist nicht von d. Etymol. zu beeinflussen 30[2]
Bedeutungsentlehnung 39[4]
Bedeutungsentwicklung 38[3.6]. 43[1]; Gesetze d. – 38[6]; unerwartete – 43[1]
Bedeutungsgleichheit zw. Sprachen ohne Beziehungen 43[2]
Bedeutungskategorien 29[3]
Bedeutungslehnwort 39[3]
Bedeutungsumfang: Teil des -s bekannt 30[3]; Bestimmung d. –s 30[4–5]
Bedeutungsunterscheidung: Akzentwechsel dient d. – 420[2.3]
Bedeutungsunterschied: stärkere –e 31[7]; – zw. Mask. u. Fem. II 37[1]
Bedeutungsverschiebung 36[7]
Bedeutungswandel 36[6]
Befürchtungssätze II 332[2–3]. 674[3]–677; Potential in –en II 327[1.3]
Begehrungssätze; verselbständigte –e II 625[5]
Begriff: Mehrheitsbegriff II 39[4]; s. Personenbegriff, Zahlbegriff
begründende Sätze vorangehend II 696[3]
Behaghelsches Gesetz II 691[3]
Behandlung: sprachl. – 45[5]; – d. Einzelwortes 36[4]; gruppenweise – 38[3.5]
Beispielsätze, urgr. und urindog. 74[8]. 75[1]
bejahende Antwort II 629[4]
Belebt: – u. Unbelebt (Leblos) 600[1]. II 29[5] f.
Bereichs-Akk. II 84[2], 1
Berichtigungen u. Nachträge zu Bd. I: 819–842; zu Bd. II: II 713 f.; zu den Bänden I–III: III p. IX–XIV
Berufsbezeichnung II 614[5]
Besonderheiten: – d. Att. 129, 2; – d. Labiovel. 298[4] ff.; dial. Akzent – 382[5] ff.
bestimmt: –er Art. II 12[1]. 18[7]; nachstehender – – II 20, 1; –es Adj. II 19[7–8]; –e Adj.-form II 26[3]
Bestimmung: – d. Entwicklung d. Spr. 19[4]; Akk. ohne – II 68[4]; gemeinsame – einmal gesetzt II 604[6–7]; – – nach d. 1. od. vor dem 2. Glied II 604[7–8]; –en d. Satzes II 619[4]; Bestimmungsgruppen II 612[7–8] f.
Beteiligung: Dativ d. – II 140[7]–153
Beteuerung: Gen. nach – II 134[6–7]
Betonung: Dreisilbenges. in d. – 58[2]; musikal. Betonungsweise d. Gr. 72[6]; Verlust d. musikal. – 129[7]; – d. Gr. nach d. lat. Regel 175[3]; – d. Superl. 538[1]; s. Anfangsbetonung
Betrachtung; s. Sprachbetrachtung
beweglicher Endkons. 288[8]; –es –ν 81[5]
Bewegung: Verba d. – II 67[7] f. 112[4–6]; s. Lautbewegung
Bewußtsein; etymol. – 37[6]. 38[4]
Bezeichnung d. Paarigkeit II 47[2] f. 48, 4; s. Sachbezeichnung, Sippenbezeichnung, Dehnung
Beziehung: etymol. –en 31[4]; außeridg. –en 53[3]; –en d. Gr. zu d. idg. Sprachen 55[5]–58. 151[3] f.; lexikal. –en d. Gr. zum Ar. Phryg. Arm. 56[6]; gr.-ital. – 57[6] f.; –en d. Gr. zu den Balkanspr. 151[7]; –en zw. d. Kompos.gliedern 429[5]; späte – d. Pf. zum sigmat. Aor. 750[6]; enge – d. Syntax zur Stilistik II 6[3]; Akk. d. – II 84[1]–86. 108[2]. 624[5]; Dat. d. – mit Adj. II 108[2]; Gen. d. – (des Sachbegriffs) II 130[3]–133; Instr. d. – II 168[3–5]
Bezugswort: das – dem Relativum assimiliert II 641[4–5]
Bibelsprache 126[3–7], 2
Bibliographie I Seiten XXVI–XLVII, II Seiten XIX–XXIII u. 1 – 5; s. auch den Anfang jedes Kapitels, Zusätze, Fußnoten u. Nachträge
Bildung: verschiedene – 42[5]; – d. Adj. 542[4] f.; s. Analogiebildung, Determinativbildung, Iterativbildung, Konträrbildung, Parallelbildung, Perfektbildung, Präsensbildung, Reduplikationsbildung, Silbenbildung, Tempusbildung, Verbalbildung, Wortbildung
Bildungsweisen d. Plusq. 776[3]–778
Binnenhiat 240[1]–254; – im Idg. beseitigt 240[1]; – häufig im ältesten Gr. 240[2]; – bewahrt 241[2] ff.
Bithyner 67[6]
Βοιώτιον σχῆμα II 608[3]
Böoter: lexikal. Unterschiede zw. Böotern u. Attikern 30[7]

Böotisch 91[1-7]; dor. Einfluß im Böot. 90[2]; ττ dor. Ferment im Böot. 91[3]; Beziehungen d. Böot. zum Eubö. 91[4]; Verwendung d. Böot. durch andere 91[5]; böot. Akzent 384[5]
Böotismen bei Pindar 109[7]
Brachylogie II 422, 5. 702[2-3]. 707, 1
brachylogischer ablat. comparationis II 99[4]
Breviloquenz II 24[5-6]. 701[2]. 702[2-3]
Bruchzahlen 599[2]
Buchstabe: Funktion d. –en 6[3]; –en 139[7] f.; Reihenfolge d. – 140[1]; Zahlwert d. – 150[5.7]; kons. Zusatz- 144[2]; Buchstabenformen 139[7-8]; Buchstabenlehre 173[4]; Buchstabennamen 140[2] f.; – flexionslos 141[1]; s. gr. Wortind.
Bundessprache: ätolische, achäische – 76[4]
Buttmann: Beurteilung seiner Grammatik 9[2.4-5]
byzantinisch: –e Ausspr. bei d. italien. Humanisten 8[4]; –e Minuskelschrift 148[5]; byz.-ngr. Metrik 394[6]; s. mittelgriechisch

C

casus ablativus II 54[3]; – indefinitus 809[1]; – Latīnus II 54[3]; – oblīquī 6, 2. II 53[8]. 54[1]; – patricus II 54[3]; – praepositionalis II 12[6], 2; – rēctus II 53[8]. 54[1]; – sextus II 54[3]; s. Kasus
causativus II 54, 3
Charakterisierung; s. Doppelcharakterisierung
Chiasmus II 698[2-3]. 702[7]
Chinesisch: –e Überlieferung 4[4]; s. Wortind. 338
Chorlied: Spr. d. –es 110[3]
chorographisch: –er Gen. II 113[8]
Chorpoesie: Äolismen d. – 110[1] ff.
χρόνος (Kürze, Länge) 373[3.4]
Chrysippos 7[1-2]
Cicero 22[6]
commune: genus – II 28[3], 2. 30, 3. 31[6]
comparatio; ablat. comparationis II 98[4] – 101; brachyl. – – II 99[4]; gen. comparationis II 713[3]; comparatio compendiaria II 99, 1
comparativus II 183, 4
conatus; praesens de conatu II 258[7]. 259[2-5]
concessivus II 688, 1; imper. et opt. – II 625[8]
coniunctivus adhortativus II 315[2]. 318[4-8]. 625[5]; – deliberativus II 318[4]; – obl. II 319[1-3]. 334[5]
coniunctum: ptc. – II 368[1]
constructio ad sensum (κατὰ σύνεσιν) II 39, 4. 704[6]
constructus: status – im Semit. II 24, 6
contractus: verbum –um 658[2]; s. Kontrakta
contradictio in adiecto 37[7]
copulativum α 433[2], 2

D

Daktylosgesetz 379[2]
δατισμός II 234[7]
Dativ; 'Dative' als Adv. 622[1-2]; Dat. syntaktisch 546[3], 2; Akk. f. Dat. 132, 1; Dat. bei Präp. 89[1]; Dativ II 54[3.6]. 56[4]. 58[2.3]. 137[6]–173; Ausdehnung d. Akk. auf Kosten d. Dat. II 88[8]; Dat. d. Beziehung mit Adj. II 108[2]; Genit. f. echten Dat. II 121[6]; spätalt-, mittel- u. ngr. Dat. II 139[1]; ngr. – II 138[7]; Dat. u. Instr. zus.geflossen II 139[1]; d. echte Dat. aus Lokalkasus II 138[7], 2; echter Dat. II 139[2]–153; direktiv-finaler – II 139[5]–140; Dat. d. Beteiligung II 140[7]–153; doppelter – II 170[4-6]; Dative d. Personalpron. II 189[2]–190; Infin. mit τό als Dat. II 371[4] f.; Dat. bei Verbaladj. II 150[1-2]; – bei pass. Ptc. u. Verbalformen II 150[3-4]; – d. Relation II 151[5] f.; – d. zitierten Quelle II 151[8] f.; – bei Subst. II 153[3-8]; – verdeutlicht durch Präp. II 154[4]; dat. absol. II 401[3-4]; – commodi II 148[8]. 150[5] f.; – ethicus II 149[1-4]. 703[2.4]; – iudicantis II 151 f.; – sympatheticus II 147[4] f. 169[5]; Ersetzung d. Dat. im Ngr. 130[1]; Ersatz d. Dat. II 436[3]; – – im M.- u. Ngr. II 170[7] f.; Dat. durch Gen. od. Akk., tw. durch εἰς + Akk. ersetzt II 436[3]
dativischer Gen. im Ngr. II 137[1-2]; –e Ergänzungssätze II 645[4]
dativisch-lokativische Adv. auf –ᾱι (–ηι) 550[3]
Deckwörter: pythag. – f. Zahlen 587, 2; – im Gr. für 'Meer' 58[4]
Defektiva in Kasus II 52[1]
Defektivität: nominale – 584[5] f.; – d. Verbalflexion 8[2]
Dehnstufen 354[6]. 355[8] f. 356[5]
Dehnung 356[1.2]; metr. – 103[6]; – d. Vok. 103[8]. 104[1], 1; Bezeichnung d. Dehnung von Vok. 104[1]; – von ε u. ο 104[1]. 239[4]; – eines Vok. vor wegfallendem ϝ 228[2]; – im Anl. d. Pf. 650[2]. 765[3]; – im Nom. 563[1]. 578[7]; – von ρ 229[6]; kompositionelle – 397[8] f. 447[2], 1; rhythm. – 397[8] f.; emphat.-affekt. – 15[2]; s. Ersatzdehnung, Zerdehnung
Deixis 610[4-5], 4. II 207[5], 4. 208[5]

dekadisches Zahlensystem 586 ff. II 39^{2}

Deklination 416, 1. II 53^{6}; Ablaut in d. idg. – 552$^{2.3}$; – im Urgr. 72^{4}; nominale – 74^{4}; dial. Unterschiede in d. gr. – 81$^{5-7}$; – bis ins Ngr. erhalten 546^{1}; Gruppierung d. idg. – 552^{6}–553$^{1-2}$, 2; gr. Dekl.klassen 553^{2} ff.; die idg. Struktur d. Dekl.klassen im Gr. verwischt 553^{3}; die idg. Dekl.klassen im Gr. bewahrt 553^{4}; Zus.fall von einzelnen Formen 553^{4}; Unterschied d. Dekl.-klassen 553^{7}; o- u. ᾱ-Stämme 554^{2} ff.; o-Stämme 554^{5}–558; att. Deklination 554^{7}; α-Stämme 558^{2}–562; Stämme auf Verschlußl. 565^{5}–567; auf Liqu. u. Nas. 567^{3}–569; auf ῑ 570^{4}–571^{1}; auf ῡ 570$^{4-7}$. 571$^{1-3}$; auf ῐ 571^{4} f.; auf ῠ 571 f.; auf Diphthonge 574^{7}–578; vereinzelte diphth. Stämme 576^{5}–578^{5}; sigmat. Stämme 578^{6}–580; bloße Stammform als Nom. Akk. Plur. Neutr. 581^{4}, 5; Verhältnis d. geschlechtigen Pronomina u. d. Nomina 609^{4}; die ngr. Nominaldekl. 585^{6} f.; vokal. Deklinationen im Ngr. 586^{2}; Ansätze zur ngr. Dekl.weise 586$^{4-6}$; Zus.rücken d. 1. u. 3. Dekl. im Ngr. 130^{1}; s. Nominaldekl.

Deklinationsablaut nicht lebendig im Gr. 74^{2}; s. Ablaut

Deklinationsausgänge im Gr. bis heute erhalten 72^{7}; frühgr. – 545$^{5-8}$; – d. Stämme 545$^{5-8}$. 554^{6}. 558^{4}; s. Wortind.

Deklinationsklassen; wodurch bedingt 552^{6}; gr. – 553^{2}–585; die – mit idg. Kontraktionen 554^{2}–562; s. Deklination

Deklinationsmischung 582^{2} ff.

Deklinationstypus -εως im Att.-Ion. 554^{7}. 557^{6} f.

Deklinationswechsel 582^{2} ff.

Dekomposita 460^{5}. 531^{3}. II 428^{3}; Augment bei – 655^{7} f.

deliberativ; s. Fragesätze

deliberativus; s. coniunctivus

Demennamen auf -ίδαι 509, 1

Deminutiva II 36$^{3-7}$. 697^{2}, 1

demonstrativ: Relativ kann – verstanden werden II 603^{8} f.

Demonstrativa vorangehend II 693^{2}; – in Korrelation mit dem Relativum II 640^{8}

Demonstrativpronomina 304^{2}. 610^{3}–614^{2}. II 35$^{3.4}$. 207^{3}–212

δημοτικόν 634^{7}

δημώδης γλῶσσα 133^{3}

Denominativa 271$^{4-5}$. 505^{4}. 680, 3

denominative Verbalflexion 728^{3}–730; –e Verba 722^{3}, 3–737. 273, 1. 728^{3}–730. 771^{4}; Bedeutungen d. denom. Verba 730^{6} ff.

Dentale 179$^{4.5}$; die Labiovel. als Lab. u. Dentale in Gr. 5^{7}; Dent. + ρ bzw. λ 327^{2}; s. auch Wortindex

Dentalsuffixe 498^{6} ff.

deponentia II 224^{3}

Desiderativ 779^{5} ff.

deskriptive Auffassung in d. Sprachw. 11^{7}

Determination; Ausdruck d. – II 24^{6} f.; nominale – II 18$^{7.8}$. 19 ff.; Kasus d. inneren u. äußeren – II 55, 2

Determinativ 252^{6}. 419^{1}, 1; –e als stammbildende Elemente 643^{6}, 2; s. Wz.-determinativ

Determinativbildungen 673^{6}

Determinativkomposita 428^{6}. 453^{4}

deutsch; -e Kinderspr. 20, 1; s. Wortind. 301–311

Deverbativa 680, 3

deverbative Verba 717^{3}–722

diaeresis; s. Diärese, punctum

Dialekt; Frage d. Dialektforschung 25^{5}; liter. u. gespr. Dialekte 7^{7}; Vergleichung d. Dialekte u. von Stufen eines Dialektes 9^{1}; Urform von Dialekten (= Sprachen) 9^{1}; gegenseitige Beeinflussung von Dialekten unter sich 17^{7}; ausgeprägte Dialekteigentümlichkeiten werden abgelegt 22^{5}; neue Dialektbild. durch divergierende Tendenz 23^{5}; Dialekt- u. Schriftspr. 40^{1}; Sprachen als Dialekte einer gemeinsamen Urform 9^{1}; barbarische Dialekte 77^{2}; vorital. – 824^{1}; Gruppierung d. slaw. Dialekte 98, 4; sprachl. Mischungen 77^{2}; die gr. Dialekte 75^{2}–100; Quellen d. gr. – -e 75^{8}; Unterschiede zw. d. gr. Dialekten 81 f.; Übersicht d. gr. Dialekte 82^{6}–96; Gruppierung d. – – 96^{5} –98; die gr. Dialekte in d. Ägäis (Karte) 83$^{1-4}$; Teilung d. gr. Dialekte 76$^{6-7}$; Chorographisches u. Demographisches 84^{5} f.; η- u. ᾱ-Dialekte 97^{4}; dial. Beziehungen zw. Ark.-Kypr. u. Ion.-Att. 98^{2}; liter. gr. Dialekte 76^{3}. 101^{2}; Unterschiede d. gr. Dialekte 71^{5}, 2 ff., zw. d. gr. Dial. 81^{1} f.; – – – im Vokalismus 81$^{1-3}$; im Konsonantismus 81$^{3-5}$; in d. Dekl. 81$^{5-7}$; in d. Wortbild. 82^{1}; dial. Unterschiede in d. Konstruktion 86^{2}; Ersatzdehnung in Dialekten 287^{4}, in nichtäol. Dial. 322^{6}; einzeldial. Konj. 792^{2}–793; Dialektunterschiede in d. Präpositionen 82$^{4-5}$; Verdrängen d. alten Dialekte 129^{6}; Verschwinden d. – – 120^{1}; ngr. Dialekte 125$^{6-7}$; Anfänge – – 125^{3}; Gruppierung – – 125^{8} f.; Psilose in ngr. Dialekten 87^{4}; Unterbleiben d. Synizese – – 125^{4}; s. Hyperdialektismus, Mundart

Dialektforschung 25^{5}

Dialektgeographie; antike u. gr. – 76^{4}, 2

dialektisch; urgr. –e Differenz 71^{5}; –e Akzentbesonderheiten 382^{5} ff.; dial. Unterschiede in d. Konstruktion 86^{2}; dial. Beziehungen zw. Ark.-Kypr. u. Ion.-Att. 98^{2}; s. Dialekt

Dialog d. Komödie 111^{4} f.

Diärese in d. Poesie 241$^{1.2}$

Diathese 639$^{5-6}$. II 222^{4}, 4–242; formeller Unterschied d. –en II 223^{1}; med. – II 223^{3}; – u. verbum finitum II 241^{4} f.; –

im verb. infinitum durchgeführt II 242[2]; s. Aktiv, Medium, Passiv
dicere; verba dicendi II 295[4.5]; – – im Ipf. 277[7]
Dichter: att. – 101[1]; Etymol. d. Dichter 43[4]; dichter. Etymol. 5, 1
Dichtung; hom. Gedichte 101[3]; episch-didakt. Dichtung 108[4]; Mundart in – verwendet 23[3–4]; Artikellosigkeit in d. späteren – 108[3]; Augm. in d. späteren – 108[4]
didaktische Dichtung 108[4]; s. episch-didaktisch
Differenzierung (dial.) d. Koine 125[1] f.
Digamma 139[6]. 147[7]. 197[2]. 222[3]–230. 301[4] f.; Verbreitung d. – 223[3]; Schreibungen f. – 222[6.7]; Geltung u. Veränderung d. – 224[1] ff.; Nachwirkungen d. anl. – in d. Metrik 228[8] f.; urgr. – 72[3]; hom. – 8[7]. 229[4]; – altäol. altion. 229[4]; – Aeolicum 106[5]; – bei Alkman 109[7]; Ϝ = 6 hell. 223, 3; dissimilator. Schwund von Ϝ 225[6]; Übergang von Ϝ (= w) in *v* 224[6]; Ϝ- > h- 226[4]; s. Verlust u. Wortind. 110 f.
Diglossie 132[4] f.; – in d. Spätantike 132[4]
Diogenian 34[2]
Dionysios Thrax 7[5]. 173[4]. II 14[4]
Diphthong 157[6]. 191[5]–203. 211[1]. 368[6]. 369[7]; Vermehrung d. Zahl d. Diphthonge im Gr. 73[6]; Herkunft d. gr. – 338[6]–349; fallende Diphth. im Gr. 178[7]. 179[2]; – – aus d. Vereinigung von Vok. od. Vok. + fallend. Diphth. 246[5]; steigende – im Gr. 178[7]. 179[2]; – – aus zwei Vokalsilben 244[5]; Diphth. aus Vok. + ι, υ 246[8]. 247[7.8]; echte u. unechte Diphth. 191[7]; Zus.fall derselben 192[2]; echter Diphth. *ei* 146[8]. 147[1]. 192[4–5]; – – ει 191[7]. 192[2.7.8]. 193[1]; unechtes *ei* 147[3]; – ει 90[2]. 191[7]. 192[2]. 287[8]; Unterschied zw. echtem u. unechtem – ει 192[5]; echtes ου 191[7]. 192[2]; neuer Diphth. υι 73[7]. 233[5]. 273[2]; s. Kurzdiphthong, Langdiphthong
Diphthongierung 234[8]; s. Diphthong
direkt; s. Fragesatz, Rede
direktiv-final; –er Dat. II 139[5] f.
Direktivus II 70[8]
Disjunktivfrage II 628[2.6]. 629[1.3]
Dissimilation 254[5] f.; – von Vok. 257[7] f. 351[6]; – von Kons. 258[5] f.; Kontakt- u. Distanzdissimilation 254[6]; Fern– 254, 1; syllab. – 264[4]; dissimilator. Lautverlust von Vok. 259[5–8], von Kons. 259[8] ff.; s. Hauchdissimilation, Silbendissimilation, Silbenverlust
Dissimilationsprophylaxe; vokal. – 733[2]
dissimilatorisch: –er Lautverlust 259[5] ff.; –e Geminatenauflösung 231[7.8]; –e Lautveränderung 257[7] ff.; – – von Kons. 258[5] f.; –er Schwund des Ϝ 225[6]
distributiv: –er Art. II 25[2]; Sing. – 42[4–5]; Dual – II 48[1]; –e Apposition II 616[2.5]
Distributivverhältnis d. Numerals 598[6] f.
Distanz-Assimilation 254[6]; s. Fernassimilation
Distanz-Dissimilation 254[6]., s. Dissimilation
Distanzkomposita 427[4]
Distanzmetathese 267[8] f.; einseitige – 268[7]; reziproke – 268[1]
Doppelakzent; s. Akzent
Doppelaugmentierung 656[4]
Doppelcharakterisierung; formelle – einzelner Verbformen 816[1–2]
Doppelheit; Akzentdoppelheiten 381[8]
Doppelkonsonanten in d. klass. Orthographie 230[4]; s. Geminata
Doppelreduplikation im Pf. 650[3–4]
doppelseitig; Ptc. – II 14[6]. 16[8]
doppelt; –er Akk. II 78[5]–83; –er Dat. II 170[4–6]
Doppelung II 613[1]. 699[7] f. 704[5]; – iterat. od. intens. Geltung 646[4.7]
Doricum; fut. – 763[5]. 779[7]. 785[7]–786. 787[4]
Dorier 47[3]; Makedonen u. – 69[7]
Doris mitior et severior 147, 1
Dorisch 76[7]. 97, 3; – im engeren Sinn 93[1]–96; Übereinstimmungen d. Maked. zum Dor. 69[5]; nwgr.-dor. Schichten 76[7]. 91[7] ff.; dor. Wanderung 97[5–6]; siz.-dor. Gemeinsprache 94[7]; nichtdor. Einfluß 47[4]; dor. Einflüsse auf Att. u. Westion. 86[1]; ττ dor. Ferment im Böot. 91[3]; dor. Einfluß im Böot. Thess. 90[2]; – – in d. Koine 128[6–7]; dor. Lautung im Ngr. 121[4]; dor. Akzent 384[8]; Akut st. Zirkumflex im Dor. 377[5]. 384[2]; Akzentverschiebung im – 384[1–5]; Anastrophe – 384[5]; Anaphe-Dor. 95[7]; Melos-Dor. 95[5]; s. strengdorisch
dorisch-achäische Koine 88[7]. 90[5]
Dorisch-Nordwestgriechisch 97[5]
Dorismus Siziliens u. Unteritaliens 94[8] f.; der – Kleinasiens hat ion. Einflüsse 86[5]; s. Hyperdorismen
Dreimorengesetz 378[7]
Dreisilbengesetz in d. Betonung 58[2]. 378[5.7]. 386[4]
Dual 102[1]. 546[3.4]; – bei Homer 106[7]. 839[8]; ark. – 88[3]. 101[8]; Fehlen d. Duals in d. Koine 127[4]; Dualformen d. Nomens 557[1–6]. 839[8]; nominaler Dual 557[1–6]. 565, 5. 588 ff. II 40; Instr. u. – identisch 839[5]; – beim Verb eingebüßt im Ion. 667[1]; finno-ugr. Dual II 46[4]; – verloren in d. Einzelsprachen II 46[5]; – im Lit. Slow. Sorb. Slowinz. Wogul. II 46[5], 3. 4; – im Gr. II 40[2]. 46[2]–50; – nicht einheitlich II 40[6]; Zahlbegriff beim – II 40[6]; sg. poet. f. Dual od. Plur. II 42[3–4]; Pl. f. Dual d. Paarigkeit II 44[5]; – im El. Ark. Lak. Thess. Böot. Att. II 46[6]; – verloren im Äol. Ion. Koine II 46[6] f.; – b. Nomen u. Verb II 46[4] f.; verbale Duale (bis 386[a]) II 46, 5; Dual Subj. nach ἔστι, γίγνεται II 608[4]; – d. Verbs neben δύο mit Pl. II 609[2]; Umschreibung d. Duals II 48[1]; Dual distributiv II 48[1];

anaphor. – II 48[1–2]; – d. Apposition II 48[2]; – im Prädikativ II 48[3]; – im Att. 102[1]. II 49[3] f.; – mit plur. Adj. II 50[2]; duale tantum II 52[1]; ellipt. Dual II 50[5] f.; s. Dualformen im Wortindex

Dualisierung im Imper. 802[7]

Dubletten; s. Satzdubletten

duodezimal: Einfluß eines –en Systems 592, 4. 840[6]

durativ II 252[6]; durativ – determinativ II 253[1]

Durchbrechung d. Lautgesetze 14[5]; analog. Durchbrechung od. Aufhebung eines Lautwandels 16[6]

Dvandva; verbale Dvandvas ngr. 645[1]; s. kopulative Komposita

dynamisches Medium II 232[3]

E

e-Laute 281[4]; s. die Laute im Wortind. (ε 68 ff.; η 114 ff.)

ε Reduplikationsvok. 646[6]. 647[6] f.

echt; s. Diphthong, Einwortsätze, Kompositum, Präposition

effiziert; Akk. d. –en Obj. II 71[1]–74

Eigennamen; Pl. bei – II 45[2]

Eigentumsverhältnis durch Gen. ausgedrückt II 119[5]–127

εἶναι; s. Ellipse der Kopula

einfach; –e Vokale 180[5] ff.; –e Sätze II 710[6]; erweiterte –e Sätze II 622[3]

Einfachschreibung d. Gemination 230[4]. 231[4.5]

Einfluß; gegenseitige Beeinflussung von Dialekten unter sich 17[7]; kulturelle Einflüsse auf die Ausdrucksweise 21[7]; Einfluß d. hom. Sprache 108[2] f.; gr. – in Europa 4[3]. 152[1]; – d. Gr. aufs Arm. 163[3] f.; s. auch Dialekt, Dorisch, Ionisch

eingliedrige Sätze II 619[6]–622

Einheit d. Spr. 23[4]; – d. idg. Sprachen 54[7]

Einheit; flexiv. – d. Verba auf -άω -έω 686[1–2]

Einheit; Vielheit als – verstanden II 41[4]

einheitliche Sprechgruppen II 426[6]

Einheitsplural II 43, 1

Einheitsquantität 392[7]

Einräumung II 625[8]

Einschub; s. Lauteinschub

einsilbige Wz. 416, 3. 673[8]; –es εω 246[5]

Einsilbler; mechan. Regelung d. Akzents von –n 552[6]

Einwirkung von Vok. auf Kons., von Kons. auf Vok. u. Halbvok. 269[5] ff.

Einwortsätze II 619[6]–622; echte – II 620[2–3]; unechte – II 622[4]; sekundäre eingliedrige Sätze aus einer selbständ. Satzgestalt entstanden II 620[4]; Akzent bei d. Einwortsätzen II 620[4]; s. auch Mehrwortsätze

Elamitisch; s. oben 335

Elativ II 185[4], 2; Superl. in elativer Bed. II 185[4]

Elegie-Sprache 108[5] f.

Eleisch 77, 1. 92[2.6–7]; ε offene Ausspr. 181[1.2]; überoffenes η im El. 185[1]; Rhotazismus im El. 218[5.6]

elidiert; Schreibung eines –en Vok. 15[1]

elisio inversa 403[7]

Elision 395[8]. 397[7.8]. 398[4]. 401[4]. 402[8] f. 404[1]; Nichtbezeichnung d. – 148[2]; – nicht idg. 403[1]; Ausnahmen 403[1]; völlige Elision 403[3]; – am Versende sekundär 403[3.4]; – im Ngr. 404[1]; – von -αι u. -οι 403[4]; – von -α, -ε, -ο 403[2]

Ellipse II 88[1–3]. 174[5]. 185[1]. 707[4], 1 f.; – affektisch II 88[1–2]; – bei Zahlen mit ὡς II 667[2]; – eines Subst. 618[4]; – d. Subst. mit Ptc. II 409[3]; – d. Obj. II 708[1]; – eines spez. Sachbegriffs II 175[4–7]; Mehrwortsätze durch – entstanden II 622[4]. 624[7–8]; – d. Verbs II 380[5] ff. 710[2]; – einer Verbalform im Satz II 624[7–8]; – des verbum finitum II 663[2]; – eines regierenden Satzes II 663[2]; – eines Verbs mit ὡς II 667[3–5]; – d. Verbs des εἰ-Satzes II 669[6]; – d. Kopula II 624[3]. 681[1]; – d. Konj. II 674[2]; – eines Regens II 674[2–3]; – d. Haupts. II 689[1]; – eines Infin. II 708[1]; – d. Prädikats II 707[7] f.; affektlose – eines Ptc. II 88[2–3]

elliptischer Dual u. Pl. II 50[5] f.; –es οὐ und μή II 596[6] f.

Emphase u. Affekt 15[2]; – – im Wortschatz u. in d. Syntax 15, 4

emphatisch-affektische Form, – Kürzung, – Dehnung 15[2]

emphatischer Nom. II 66[7]

Enclitica 388[2.3], 1. 389[3.4]; s. Enklise

Endakzent; s. Akzent

Endkonsonant; bewegl. – 288[8]

Endsilbe; Quantität d. – 375[8]

Endstellung d. Vokat. II 60, 5; – d. Subj. II 694[4]

Endung: gr. – mit -νθ- 61[6]; Medialendungen 667[3]–672; Adjektiva zweier Endungen 542[6.7] f.; – – auf -ος -ον II 32[3] f.; – dreier Endungen 543[2.3]; Komp. zweier – II 38[4]; s. Personalendung, Verbalendung, Suffix

endungsloser Lokativ II 154[3]

energeticus: verba –a II 64[6]

Englisch; s. Wortindex 301–311

Enklise 388[1]–391. II 187[1]; – im Verb 390[3.4]; lesb. – 383[7]; ngr. – 391[7]; Doppelakzent wegen – 389[1]; s. Enclitica, enklitisch, Verbalenklise

enklitische Kasusformen d. Personalpron. II 186[7–8]; –e Wörter II 424[7]

Ennius 840[6]
Entfaltung; s. Vokalentfaltung
Entgleichung; s. Dissimilation
Entlabialisierung 370[7]
Entlehnung 38[6] f.; interne – 40[1]; – im unerklärten gr. Wortmaterial 42[1]; Entlehnung d. Gr. aus d. ägä. Sprachen 58[4]; –ung von gr. Appellativen aus vorgriech. Sprachen 61[5.7–8]; spätere Entlehnung 61[7]; s. Lehnbeziehungen
Entnasalierung 288[2]
Entsprechungen d. Idg. 12[5]; s. Lautentsprechung
Entstehung d. Laute 170[4]
Entwicklung; Bestimmung d. – d. Spr. 19[4]; lautl. – 19[5]; Sprachentwicklung 19[6]; lebendige – 10[4]; Entwicklung im Wortschatz 25[3]; – d. Gr. 232[2] ff.; – d. Kons. vom Urgr. zum Ngr. 203[7]; – d. Nebensätze II 636[2]; s. Lautentwicklung, Anaptyxe, Parallelentwicklung
Epaminondas 30[6]
Epanalepse; metr. – II 614[1]. 615, 4
Epenthese 272[5]. 273[3]. 366[8]. 367[1]
ἐφελκυστικόν; ν – 405[4] f. 677, 6. 836[1]
ἐφετικὰ ῥήματα 789[1]
epicoenum; genus – II 32[1], 2; epicoena II 37[5]
Epigramm-Sprache 108[5] f.
Epikuros 127[6]. 128[1–2]
episch; –e Spr. 101[5]–109; –e Elemente in Tragödie 110[7–8]; episch-didaktische Dichtung 108[4]; Epos; Ichstil des – II 188, 1
Epitheta, stehende II 181[4]; s. Adjektiv
Epitomatoren von Bedeutung f. d. Agr. 8[2]
erasmische Ausspr. 174[7] f.
Erasmus 174[7] f.
Ergänzungssätze (= Subst.sätze) II 645 [2.4] f.; genitiv., dativ. – II 645[4]
Ergebnis; Akk. d. –sses II 71[2]. 79[2]
Erklärung; – nicht in einer einzigen Theorie 21[4]; Spracherklärung 9[2]
Erleichterung von Kons.gruppen 276[6] ff. 398[7.8]
Erotianos 34[4]
Ersatz f. d. Gen. des Lat. II 9[7–8]; – des Dat. II 436[3]; – – im Mngr. II 170[7] f.; – d. Konjunktivs II 675[1]
Ersatzdehnung 146[4]. 187[2]. 280[7] ff. 288[2]; – von Vok. 280[7] ff.; – gegenseitige Quantitätsverschiebung 281[1.2]; Geminata im Lesb. Vorstufe d. – 282[5]; – in Dialekten 287[4]; – in nichtäol. – 322[6]; – von ᾰ zu ᾱ 370[8]
Ersatzmodi f. den Imper. 797, 5
Erscheinung: Gegenbeispiele f. eine – 24[6]; grammat. –en etikettiert 8[6]; Tragweite d. sprachl. –en 97[3–4]; syntakt. –en II 7[2]. 11[1]; s. Kontraktionserscheinung, Lauterscheinung
Ersetzung d. Dat. ngr. 130[1]; – von αι durch οι ark. 348[2]; – – durch -ει thess. 348[2]; – von α (ρα) durch ο (ρο) 440[2]
Erstarrung des Infin. mit Art. II 370[1]; – von Ptc. II 387[2]
Erstarrungserscheinungen bei Ptc. u. Verbaladj. 805[3–4]
Erststellung des Vokat. II 60[1.2], 5
erweiterte einfache Sätze II 622[3]
Erweiterung einer Präsensbildung 700[1–5]
Erweiterungsgruppen II 612[7–8]
erzählendes Fut. II 293[4–5]
Eskimosprachen 23, 3
etacismus 174, 2
etazistische Ausspr. 174[7] f.
ethicus; dat. – II 149[1–4]. 703[2.4]
Ethnikon 67[4]. 497[5]. 634[7]. II 614[5]; – artikellos II 618[4]; thess. Ethnika 66[2]; Ethnikon f. d. König II 42[1]; fremder Einfluß II 42, 1
Etikettierung grammat. Erscheinungen 8[6]
Etruskisch 50[4]. 151[4]. 153[7] f.; s. Wortind. 334
etymologica: figura – II 74[4], 3. 624[5]. 700[5.7]. 708[4]
Etymologicum genuinum 34[4]; – Gudianum 34[5]; – magnum 34[4]
Etymologie 29[1]. 41[5]–45; Gegenstand d. – 41[5–8]; Literatur zu den Fragen d. – 44[3]–44; Etymologien der Antike 31[5]; dichterische Etymol. 5, 1; philosophische – 6[2]. 43[4]; –en der Stoiker 7[4]. 43[5]; gelehrte, halbgelehrte – 38[4]; interne, externe Etymol. 30[2]. 42[3]; einzelsprachl. – 42[1–2]; sprachvergl. – 42[2–3]; interne gr. – auf neuer Grundlage 43[6–7]; antike u. moderne – 45[2]; – als Hilfsdisziplin d. Lautl. 25[6]; evidente – 42[4.6]; idg. – 42[3]; sprachvergl. Behandlung d. gr. – 43[7]; Wortforschung u. – 24[4]; Lautges. u. – 15, 1; falsche –en u. Lautges. 14[7–8]; falsche – durch Gleichsetzung von Interj., Onomatopöien 15, 1; s. Volksetymologie, Wortforschung
étymologie phonétique 19[1]
Etymologika 34[4–5]
etymologisch: –e Spielerei 5[1]; Anfänge lexikal.-etymol. Beobachtung 5[4]; gesicherte etymol. Beziehungen innerhalb des Gr. 31[4]; Gesch. d. etymol. Forschung 43[4]; ältere etymol. W.bücher 43[6]; gr. etymol. W.bücher 43[7–8]; etymol. Wortgruppen 38[3]; Lockerung d. etymol. Bewußtseins 37[6]. 38[4]
ευ zweisilbig 182, 1. 197[7]; s. oben 104
ηυ; s. oben 120
Euböisch: Beziehungen d. Böot. zum – 91[4]
Eukleides 147[5]
Euphemismus 37[3.8] f.; s. Tabu
euphemistische Vermeidung d. Subj. II 621[3]
εὐφωνία 7[3]
euphonische Konsonanten 288[8]; – Buchstaben 5, 3; –es -*n* idg. 404[2]
europäisch; s. alteuropäisch, westeuropäisch
Eustathios 8, 1. 148[5]

eventueller Fall in Kondizionalsätzen II 684[8] f.
exclamativum ὡς II 577[6]. 668[2–3]
exozentrische Komposita 429[3]
Experimentalphonetik 169[8]
expressiv: –e Nasalierung 692[7]; –es ρ 15, 5; –es praes. pro praeterito II 271[4] f.; inexpressives – – – II 272[4] f.; expressive Elemente II 699[2]–703; –e Knappheit II 701 f.; –e klangliche Fülle II 699[5]–700; –e Symmetrie u. Asymmetrie II 702[6–8]; –e Wort- u. Satzfolge II 703[5]

F

faktiv; Aor. – II 261[5] f.; Indik. d. Aor. – II 281[3–4]
fakultativ: –e Kons. 332[5]–335; –e Schlußkons. 404[5]; –es Augment im Plusq. 776[3]
Fall: eventueller – in Kondizionals. II 684[8] f.; s. Kasus
fallende Diphthonge 178[7]. 179[2]. 246[5]
Fallsetzung: Indik. d. – II 307[5–7]
Familiennamen; das westeurop. System d. – im Mgr. 638[3]
Fehlschreibung 202[4]
Feinheiten d. Spr. 21[4]; – durch Schreibung nicht wiedergegeben 15[1]
Femininum; genus fem. II 28[4]; Mask. u. Fem. II 30[6]–36; urspr. Feminina 561[4] f.; Maskulinisierung von Fem. 561[3] f.; grammat. Feminina II 34[2]; o-Stämme fem. im Gr. II 32[1] f.; Seenamen f. II 33[2]; Feminina als männl. Namen II 37[4]; weibl. Namen aus Neutra syntaktisch f. II 37[6]
Femininzeichen -ᾱ II 35[6]
Fernassimilation 254, 1
Ferndissimilation 254, 1
Fernmetathese 254, 1
Festnamen, neutr. pl. II 43[7]
Feststellung; Indik. Präs. in – II 270[6]
fientiv II 252[3]. 257[2]. 258[6]; fientives Ipf. II 276[3]
Figur; – ἐξ ἀποστάσεως II 633[4]; figura etymologica II 74[4], 3. 624[5]. 700[5.7]. 708[4]; Klangfiguren II 710[5]
final; relat. Adverbia final geworden II 672[3–4]
final-konsekutiver Infin. II 362[3] f.
Finalsätze II 332[1–2]. 671[7]–674; Ursprung d. – II 672[6]; zweigliedriger Finals. II 672[7]; Potential in Finalsätzen II 326[6] f.
finit; Kompos. mit –er Verbalform als Hinterglied 644[5]
finitum; verbum – (u. verbum infinitum) 639[4–5]; verbum – 804[6]–813. II 301[6]–354; verba finita als Prädikate II 607[2]
finnisch-ugrischer Dual II 46[4]
Finno-ugrisch; s. oben 338
flektierte u. unflektierte Wörter II 15[6] f.
Flexion; – Ausschnitt aus d. Wortbild. 13,1; Herkunft d. Flexionen d. Idg. II 9[6–7] f.; gr. Flexion 544–816; athemat. u. themat. Flexion 642[4–5]; themat. u. athemat. – d. Verbs 813[4] f.; themat. – bei Präsensbildungen mit Verschlußl. 702[3], 4; -α-Flexion im themat. Aor. 753[6] f.; s. Verbalflexion, Wortbildung
Flexionsausgang 417, 2
Flexionsform 418[1.4]; Erklärung d. Flexionsformen auf d. Lautl. beruhend 13, 1
flexionslos; Buchstabennamen – 141[1]; Kardinalzahlen – 437[5.6]; Substantiv – II 18[2]
Flexionslosigkeit; urspr. – d. geschlechtigen Pronomina 609, 2
Flexionsstamm 417[4.5]
Flexionszeichen 417[5]
Flußnamen 468[4]. 530[3]. 638[5]
Folge; s. Satzfolge, Subjekt-Prädikat-Folge, Wortfolge
Form; verschiedene Formen d. gleichen Wörter im Zus.hang 15[2]; emphat.-affekt. Form 15[2]; Wechsel von Formen (τὸνς:τὸς) 15[4]; Austausch von Lauten u. Formen 23[1]; sprachl. Form Ausdruck eines geistigen Gehalts 25[6]; Form d. Wortes 32[7]; hom. Formen 105[7] f.; äol. Neuformen bei Homer 107[1]; dial. Mischformen 190[4]; Wechselformen der Aspiraten 204[3]; apokopierte Formen der Präpositionen 407[4–7]; Form d. Hintergliedes in Kompos. 449[1], 1 ff.; Formen ohne Kasussuff. 547[4.5]; einzelne Formen zus.gefallen 553[4]; ungleichsilbige Formen des Nomens 563[1]; nominale Formen d. Verbs 640[1]; gleiche Form f. Aor. u. Ipf. 739[6–7]; Form der Pf.reduplikation 765[6]–767; absol. – 805, 1; syntakt. Form u. Bed. II 8[3–5]; med. Formen passiv gebraucht II 236[5]; s. Akzentformen, Buchstabenformen, Dualformen, Flexionsform, Formenbau, –bildung, –lehre, Grundform, Kasusform, Normalform, Wechselform, Wortform
Formans 417, 1
Formassociation 20[2]
Formel; Nominals. in Formeln II 623[5]
formelhafter Ausruf II 311[1–3]; Ipf. u. Aor. mit Modalpartikel formelhaft II 347[6–7]
formell; –er Unterschied bei Thuk. 6, 3; –e Ausgleichung 20[7]; –e Reste d. idg. Kasus im Gr. 549[4]; –e Bed. d. Präsensbildung 816[1]; –e Unterscheidung d. Redeteile II 672[3–4]
Formenbau; synthet. – 3[5–6], 1; analyt. – 3[6], 1; Lautl. als Grundlage f. d. Erforschung d. Formenbaus u. a. 13[2]; Unregelmäßigkeit Prinzip d. –s 20[7]

Formenbildung 7[2]; – im Gr. 74[1]; grammat. Analogie d. – 7[2]
Formenlehre; Voraussetzungen f. d. – 11[4] ff.; Syntax mit d. – eng zus.hängend 13, 1; erhaltene Altertümlichkeiten d. – 25[5], 4; s. Flexion
formule spéciale; s. Lautgesetz
Formwort 16[2]; Formwörter II 424[7] f.
Forschung; s. etymologisch, Wortforschung
Frage; – wohin? II 67[7]; Indik. d. affekt. – II 307[7] f.; Potential in direkten Fragen II 327[8] f.; – in indir. Fragen II 328[1–2]; – mit μή 625[7]; Antwort auf Fragen II 628[3–5]. 629[4–5]; Antwort auf eine – durch einen Satz II 631[5–6]; rhetor. – II 627[1]. 628[5]. 703[3.4]; Wiederaufnahme d. – durch eine indir. – II 631[7]; s. Frageform, Fragesatz, Scheinfragen
Frageform d. Satzes II 625[3]; Nebensätze in – II 629[7] f.
fragender Nebens. II 628[1]
Fragepartikel II 627[4–6]. 628[6]
Fragesatz II 627[3] ff.; abhängiger – II 332[4–7]. 630[4.5]. 687[6]; deliberativer – II 332[4–5]; Frages. mit Interrogativ II 627[6]; – ohne Interrogativ II 627[5]. 628[5] f.; direkter od. indir. – II 628[1]; indir. Fragesätze II 630[3] f.; opt. obl. in indir. Fragesätzen II 630[7]; mehrzielige Fragesätze II 628[2]. 630[2]; Frage- u. Antwortsätze II 627[2]–631; s. Disjunktivfrage, Satzanfang
Frageton II 627[3.5], 1. 629[1]
Frauennamen 634[6]; – Neutra II 37[5]
freie Wortstellung im Gr. 72[7]; Wortfolge frei II 11[6]; s. Ablativ
fremd; –e Wörter 5[2]; – Alphabete 5[3]; Fremdes im gr. Wortschatz 64[5]; fremde Sprachen in gr. Alphabet 149[5] f.; fremde Namen Fremder 637[6–7]; fremde Namen volksetymologisch behandelt 637[7] f.
Fremdwörter im Ngr. 130[4]
Früchtenamen II 30[4–5]
Fuge; s. Kompos.fuge, Silbenfuge, Wortfuge
Fühlungnahme; s. persönlich
Fülle; expressive klangliche – II 699[5] f.
Funktion d. Buchstaben 6[3]; – d. Laute 169[7]; adv. – d. Präp. 618, 1
funktionell; unsichere –e Auffassung der Längen 346[4–5]
funktionsarm 16[3]
funktionslos 16[3]
furtiver Vok. bei ορ, ρο 267[7]
futurisch; Fut. rein – II 292[1–5]; –es Präs. II 625[5]; Indik. Präs. – II 273[2–6]; Indik. d. Pf. – II 287[6–8]; kurzvokal. Konjunktive in –er Verwendung 780[2]; frühbyz. verba c. infin. in –er Bed. 810[1]
Futurum 641[1]. 779[5]–789. II 249[1], 1. 254[3.4]; fut. pro praeterito 151, 2; Neubild. d. Fut. im Ngr. 130[3]; präsent. u. aorist. – im Ngr. II 13[3]; sigmat. Fut. 749, 2. 781[1] –788; Erklärung d. sigmat. Fut. 787[1] –788; fut. Doricum 763[5]. 779[7]. 785[7] –786. 787[4]; opt. futuri 641[6]. II 337[1–5]; opt. obl. futuri 780[1], 1; redupliz. Futura auf -σε/ο- 783[2]–784; pass. Fut. 756[5]; Passivformen f. Fut. 756[4]; imperativ. Fut. 788[2]. II 290[6]. 291[5–7]; Konj. Aor. statt Fut. und Fut. st. konj. Aor. im Spätgr. 789[4]; frühbyz. Verba c. infin. in futur. Bed. 810[1]; Umschreibung d. einfachen Fut. durch ἔσομαι 813[1–2]; Aspekt aufs Fut. angewandt im Ngr. 815[6]; isolierte Futura 816[4]; Pf. u. Fut. sich näherstehend 816[6]; Indik. d. Fut. II 290[3] ff. 351, 4. 625[4]; Indik. Fut. im Hauptsatz II 309[5]; Indik. Fut. mit κεν (ἄν) II 351[4] f.; – – mit ἄν att. II 352[2–4]; Fut. rein futurisch II 292[1–5]; erzählendes Fut. II 293[4–5]; Infin. d. Fut. II 295[3–7]; Ptc. d. Fut. II 295[3.7] f.; Fut. voluntativ II 290[4]. 291[3–4]. 292[6] f.; infektives u. konfektives – II 264[7], 3; konfektives – II 266[3.4]; pass. Fut. auf -θήσομαι infektiv II 266[3]; Fut. prospektiv II 290[7]. 291[8] f.; fut. exactum 783[3] f. II 289[2] f.; – – prägnant gebraucht II 289[6] f.; Umschreibung des – – 812[5–6]; med. Fut. gr. Neubildung 787[4] f.; med. bzw. pass. Pf.-Fut. 783[4–6], 3.

G

Galenos 34[4]
Gallisch 158[7] f.; s. altgallisch u. Wortindex 327–329
Ganzes u. Teil II 81[3–6]. 704[4]; s. σχῆμα καθ' ὅλον καὶ μέρος
Gebärde II 13[8]
Gebärdensprache 11[6]
Gedankenführung; Einfluß d. – auf d. syntakt. Konstruktion II 703[5]–712; lockere – II 703[6]–706; straffe – II 706[8]–712
gedehnte Kons. 315[1] ff.; – – in d. Schrift 230[2.3]; s. Dehnung
Gegenakzent 378[8] f.; s. Akzent
Gegensinn 45[1], 1
gegenwärtige Irrealität II 348[3.6–8]
Geister; Sprache d. – 5, 2
Geistes- u. Kulturgeschichte 8[8]; Sprachw. – – 19[1]
gekürzt; Simplizia u. Komposita – 426[1], 2
gelehrte Etymologien 38[4]
Geltung; syntakt. – von Wörtern u. Wortformen II 5[6] f.
gemeinindogermanisch 48, 1
Gemeinsamkeit; syntakt. – im Typus II 8[3]

Gemeinsprache; gemäßigte – seit dem 3 Jh. n. Chr. 131[4]; att.-ion. – 129[4]; siz.-dor. – 94[7]
Geminata; –en 179[6]. 230[1]–232. 315; – geltend 281[4]; – von Kons. durch Zus.treffen 276[6]; – in Lall- u. onomatop. Wörtern 315[4.5]; – im Wortinl. u. in d. Kompos.fuge 414[4]; Wechsel zw. Geminata u. einfachem Kons. 103[7]; – im Lesb. Vorstufe d. Ersatzdehnung 282[5]; halblange – 283[2]; gr. –en im Got. Kopt. 231[2]; –in ngr. Dial. 125[4]. 230[7]; – u. gedehnte Kons. in d. Schrift 230[2.3]; Vereinfachung von – 230[4.5]. 338[2]; Vereinfachung bzw. Auflösung d. – 233[6]; – d. gr. Geminaten im Arm. Aksl. 231[1]; Auflösung d. gr. Geminaten im Aksl. u. Äthiop. 231[2]; Einfachschreibung d. – 230[4]. 231[4.5]; moderne Ausspr. d. – 231[5]; Schwanken in d. Bezeichnung von – 230[8]; – unbezeichnet 230[3]; – bei Suidas unberücksichtigt 231[3]; Metathese von – 268[3];
Geminatenauflösung 289[3]; dissimilator. – 231[7.8]
Gemination 315; selten bezeichnet 214[6]; nichtbezeichnet 148[2]; – in Wort- u. Silbenf. 231[5]; sekundäre – 316[5]; – – in d. Schrift 231[5]; spontane – in ngr. Dialekten 238[6]
geminiert; –e Aspiraten 230[4]. 316[2]; –e Tenuis f. –e Media und Tenuis + Media f. –e Media 231[5.6]
genealogische Sprachverwandtschaft 21[7]
genereller Sing. II 41[6] f.; –es Relativum II 643[2]
genetisch erklärende Weise in d. Spracherklärung 9[2]
genetivus II 54; – abs. II 384[7]. 398[3]–401; – – u. ptc. conj. koord. II 406[1–2]; erweiternder – – II 406[5]; – appositivus II 121[7] f.; – auctoris 96[5]. II 119[2]; – comparationis II 713[3]; – loci 29[3]; – partitivus 102[2]; – possessivus II 122[5] f.; – pretii 29[3]. II 94[6]. 122[5]. 125[1–2]; – qualitatis II 124[7–8]; – subiectivus II 121[1–2]; – temporis 29[3];
Genitiv; Stellung d. – s 4[5]; – d. Lat., Ersatz II 9[7–8]; – vokativ. gebraucht 547[3]; – als Adv. 621[4] f.; – syntaktisch 546[3], 2. II 54[1.3], 2. 56[4]. 58[2.3]. 89[1]–137; echter – II 89[3.5]. 94[6]; – d. Urhebers bei Ptc. II 6[5] (s. genetivus auctoris); – d. Person neben echtem Gen. II 94[6]; – bei Ortsadv. II 97[1]; partitiver – II 101[5]–117 (s. genetivus partitivus); – u. Akk. wechseln als Obj. II 106[1]; – bei Verben d. Bewegung II 112[4–6]; – d. Zeit II 112[6] f. (s. genetivus temporis); ‘chorographischer’ – II 113[8]; – bei Körperteilen II 118[3]; – zum Ausdruck d. Verwandtschafts- u. Eigentumsverhältnisses II 119[5]–127; – d. Zugehörigkeit II 120[7] – 122; – d. Zugehörigkeit zu einer Gruppe II 122[8] f.; objektiver – II 121[4]; – f. Akk. II 121[4–6]; – f. echten Dat. II 121[6]; – d. Abstammung II 124[4–7]; isolierter Gebr. d. – II 128[3]–135; – d. Beziehung II 130[3]–133; – d. Sachbetreffs II 130[3] – 133; – als Titel (thematischer-) II 131[7]; – d. substantiv. Infin. II 132[7]; – nach Interj. II 134[5–6]; – nach Beteuerung II 134[6–7]; mehrere –e im Syntagma II 135[3] f.; ngr. – II 136[2]–137; – pl. im Ngr. II 12[7]. 136[4]; dativ. – im Ngr. II 137[1–2]; – d. Ortes u. d. Zeit ngr. II 137[4–5]; poss. – II 148[1], 1 (s. gen. possessivus); – – d. Personalpron. II 205[6]–207; Apposition im – II 177[5]. 614[4]; Adj. u. – wechseln II 177[6–8]; – f. Stoffadj. II 178[1–2]; Infin. mit τό als – II 371[4] f.; Possessivpron. mit – II 177[5–6]; Präp. mit – im Ngr. 20[6]; s. die Genitivsuffixe im Wortindex
genitivisches Attribut II 182[1]; –er Infin. II 361[3–7]; –e Ergänzungssätze II 645[4]
Genitivkonstruktion erhalten II 6, 4
Genus II 28[4]; – commune II 28[3], 2. 30, 3. 31[6]; – epicoenum II 32[1], 2; – subcommune, promiscuum II 32, 2; das adj. – jünger als das substantiv. II 36[2]; – in Namenbild. II 37[3] f.; nominales – II 27[7–8] f.; – – im Ngr. 38[5]; Genusunterscheidung bei Pronomina II 35[2–5]; Inkongruenz in – II 38[5]; s. Geschlecht
Genus verbi II 217[2]–242; – – im weiteren Sinne 639, 2. II 217[6]; – – im engeren Sinne II 222[4]–242 (s. Diathese).
Genuslosigkeit im kappad. Ngr. II 38[6]
Genuswechsel II 37[1] f.; – seit hell. Zeit II 38[1]
Georgisch 151[6]; s. Wortind. 335
Gerätenamen mask. II 33[5]
Geräuschlaute 170[7]. 172[2.5]; – unsilbisch 171[2]
gerichtliche Verba II 80[4]
Germanen 52[6]
Germanisch 49[7]. 50[6]. 55[2]; Beziehungen d. Ital. u. – 54, 1; s. Wortindex 301–311
Gerundium II 410[5]
Gesamt-Äolisch 89[4] f. 98[2.3]
Gesamtgrammatik; s. Grammatik
Gesamtheit vertreten durch Sg. II 41[6]
Gesamtnamen d. Griechen 77[4]–80
Geschichte; Spr. Zeugnis d. Volksgesch. 3[3]; Voraussetzungen f. d. äußere Gesch. d. Spr. 11[4] ff.; Schluß von Spr. auf Gesch. 96[8]; äußere – d. Gr. 45[4]–137; – d. Mgr. 8[3]; – d. gr. Syntax I 1 ff.; s. Kulturgeschichte, Lautgeschichte, Sprachgeschichte
geschichtliche Sprachforschung 9[3]
geschichtlich-vergleich. Methode 9[1]; Mittel u. Verfahren d. – Sprachforschung 45[2–3]
Geschichtschreibung 101[1]
Geschlecht; philolog. Aufarbeitung d. gr. Materials f. das – 24, 2; grammat. – 30[1]; – – bei Aristophanes 6, 3; s. Genus
geschlechtige Pronomina 609[2], 2–617[2]; Verhältnis d. – – u. der Nomina 609[4]

geschlossen; ę –er Vok. 172[1]; altes η – 185[6–8]. 186[2]; –e Silbe st. offener 237[8]
geschriebene Sprache 23[5]
Gesetz; – d. Abneigung gegen aufeinanderf. drei kurzen Silben 239[3]; Behaghelsches – II 691[3]; Daktylosg. 379[2]; Dreimoreng. 378[7]; Dreisilbeng. 378[5,7]. 386[4]; Grassmanns Hauchdissimilationsg. 261[4]; Klammerg. 14[1]; Moreng. 389[3]; Properispomenierungsg. 377[3]; – gilt nicht 388[6]; Sprachg. 13[6]. 19[5]; Vernersches – 380[7]; semasiologische Gesetze 83,3; Wortfolgeg. II 555,1; Gesetz d. wachsenden Glieder II 691[3]; s. Bedeutungsentwicklung, Lautgesetz
gesprochene u. geschriebene Sprache 23[5]; Beeinflussung d. gespr. Spr. 23[4]; –e Dialekte 7[7]; –e Koine 118[6–7] f. 127[4]; ngr. –e Sprache 133[2]
Gestalt; ein und dasselbe Wort in verschiedenen Gestalten 15[4]; s. Lautgestalt
Glagolica 164[6], 1. 3
Glaukias 33[8]
Gleichheit; menschlich-psycholog. – 15, 1; s. Bedeutungsgleichheit
Gleichnis II 284[5] f.; Indik. Aor. d. –sse II 284[5] f.
Gleichsilbigkeit der o- u. ᾰ-St. 554[4–5]
Gleichzeitigkeit d. Präs.- u. Pf.-Systems 278[7] f.
Gleitlaut ϝ 207[7]; s. Übergangslaut
Glieder d. Kompos. 428[2]; s. Satzglied
Gliederung d. Syntax II 5 ff.; Ries' – – II 5, 4. 6, 1
Gliederwörter II 15[4]. 16[3]
Glosse 30[2]. 33[6]; Behandlung von –en 34[2]; puristische –en 33[8]. 34[1]; kypr. –en bei Hesych 88[8]; maked. –en des Amerias 33[7]
Glossensammlung d. sog. Kyrillos 34[3]
Glottogonisches 839[4]
gnomischer Aorist II 285[2,5,7]. 286[1,2]. 713[6]
Gotisch 151[6]. 162[1] f.; gr. Geminaten im Got. 231[2]; s. Wortindex 301–311
Götter; Sprache d. – u. Geister 5, 2
Götteranrufungen im Aor. imper. II 341[4]
Götternamen 62[2]. 635[2–3]; Fremdes in – 62[2]. 637[7], 5
Göttersprache 5, 2
Gradation des Adj.; deren Fehlen im Ngr. II 183, 6
gräko-italische Periode d. Gr. u. Lat. 13[1]; – Hypothese 57[7,8]. 58[1]
Grammatik; Begründung d. praktischen – 6[2]; Ausgangspunkt d. röm. – 7[3]; gr. – im 19. Jh. 8–11; die lat. – auf die gr. zurückgehend 8[5]; die arab. – u. a. durch die gr. angeregt 8[5]; Erstdruck einer gr. – 8[5]; vergl. – 12, 1; Methode d. alexandr. – 43[5]; idg. – 822[2,3]; makroskopisches Verfahren d. Gesamtgrammatiken 26[1]; s. Nationalgrammatik, Geistes- u. Kulturgeschichte
Grammatiker Alexandriens 6[5]. 7[2]; Haupttätigkeit d. alexandr. – 33[6–7]; s. Nationalgrammatiker, Junggrammatiker
γραμματική 498[2]; – εἰσαγωγή des Theodoros Gaza II 1[4]
grammatisches Register oben 3–338; –e Terminologie 6[3]; –es Geschlecht 30[1]; – – bei Aristophanes 6, 3; –er St. 9[5]; –e Konstruktion 247[4]; –e Kontraktion 251[1,2]. 402[5–7]; –e Kasus im Gr. 74[5]; logisch-grammat. Kasus II 55[3–4]; –e Feminina II 34[2]; –e Perseveration II 62[6], 6. 64[2]
Grassmannsches Hauchdissimilationsges. 261[4]
Gravis 374[6–7]. 375[5]
Gravissilbe 387[5]
Griechen; Gesamtnamen d. – 77[4]–80
Griechisch 49[7]. 50[6]. 55[3]; wissenschaftl. Beschäftigung mit d. gr. Spr. 4–11; geschichtl. Entwicklung, Rückblick 232[2] f.; frühe u. reiche Überlieferung d. Gr. 3[7] f.; gr. Überlieferung zeitlich d. chines. parallel 4[4]; Hauptüberl. d. Gr. 150[8]. 151[1]; Nebenüberl. – – 150[7] ff.; die älteste gr. Inschriften 141[4]; äußere Gesch. d. Gr. 45[4] ff.; Verwandtschaft d. Gr. bei den Alten unerkannt 6, 1; Abstammung u. genealog. Verwandtschaft d. Gr. 48[4]–55; alexandr. Gr. 126[2]; Gr. als Weltspr. (d. Hellenismus) 4[3]. 116[4] ff.; Gr. in Beziehungen zu anderen Spr. 58[6–7] ff. 151[3] ff.; Beziehungen d. Gr. zu den übrigen Balkanspr. 151[7]; – – zu roman. Sprachen 151[6]; – als Spr. d. urchristl. u. d. östl. Kirchen 4[3]; – als 2. Spr. d. Humanismus 4[3–4]; Abstammung d. Gr. vom Idg. 48[4]–55; das Gr. im Verhältnis zum Idg. 72[6] f.; altidg. Typus d. Gr. 3[5]. 46[8]; idg. Vorstufe d. Gr. 4[7] f.; das Gr. hat wichtige idg. Züge erhalten 72[6]; Veränderungen d. Gr. in bezug aufs Idg. 73[2]; Sonderstellung d. Gr. im Idg. 73[3]; das Gr. bewahrt die idg. Palatale als Verschlußlaute 55[7]; Beziehungen d. Gr. zu den übrigen idg. Spr. 55[5] ff. 151[1]; Gr. u. die übrigen Kentumspr. 55[8]; Übereinstimmung d. Gr. mit dem Ar. 56[7]; – – – mit dem Arm. 57; Einfluß d. Gr. aufs Arm. 163; Einfluß d. Illyrier u. Thraker aufs Gr. 47[1]; vereinzelte Beziehungen d. Gr. zum Kelt. Germ. Balt. Slaw. Toch. Heth. 58[5]; Ähnlichkeit zw. Gr. u. Lat. 6, 1; Ableitung d. röm. Spr. aus d. gr. durch Tyrannion 7[4]; Verwandtschaft d. Gr. u. Lat. 57[6] f.; gr.-ital. Beziehungen 57[6] f.; Differenzen d. Gr. u. Lat. 23[4–5]; starke – zw. Gr. u. Lat. 58[4]; gr.-lat. Sprachführer 34[1]; gr. Elemente im Aphryg. 152[6]; thrak.-phryg. Lehnwörter im Gr. 68[3]; Einwirkung d. kleinas. Sprachen 63[1]; Entlehnungen d. Gr. aus den ägä. Spr. 58[4]; Semitismen im Gr. 126[6]; Einfluß d. Gr. 4[3]. 152[1]; s. auch alexandrini-

sche Philologen, Alphabet, Ausgänge, Aussprache, Deklination, Dialekt, Flexion, fremd, Geschichte, Grammatik, Infixbildung, Judengriechisch, Koine, Komposition, Konsonantismus, Lautlehre, Lautschrift, Namen, Neubildung, Neugriechisch, Nomen, Präposition, Schrift, Silbe, Spiritus, Sprache, Sprachforschung, Sprachgebiet, Sprachgeschichte, Sprachwissenschaft, Syntax, Thesaurus, unteritalisch, Urgriechisch, Verb, Vokalismus, Weltsprache, Westgriechisch, Wortschatz, Zentralgriechisch
Grundbedeutung 31[1]. II 9[1]. 54[6]
Grundform 43[5]
Grundstufe 354[5]. 355[1.5]. 356[3.4]; – *ē ō ā* 359[3]; Ablaut zweisilb. –en 359[7.8] f.
Grundvokale 171[6.7]. 179[1]
Grundzahlen 587[4]
Gruppe; Hauptgruppen d. Idg. 49[6–7]. 50[1]; s. Kons.-Gruppen, Wortgruppe
Gruppenapposition II 615[1–2.6–7]–618. 706[4]; besondere Anwendungen d. – II 616[1]–618; Pause bei – II 615, 2
Gruppennamen im Pl. II 45[3]
Gruppierung d. gr. Dialekte 96[5]–98
Grußformeln 16[2]
gutturaler Nasal 141, 1
Gutturalfrage im Illyr. 67[1]

H

h; s. oben 113 f.
habituelle Wortfolge II 691[2.4]. 692[1], 1
'halb'; d. Wort f. – 599[3]
halblange Geminaten 283[2]
Halbvokale 312[4] f. 368[3.4]. 369[3]; Einwirkung von Kons. auf – 269[5] ff.
Hamitisch; s. Wortindex 335 f.
Haplolalie 264[3]
Haplologie 262[4]–265; d. Ausdruck – 264[3]; – in d. Kompos.fuge 447[4]; s. Silbendissimilation, Silbenverlust
Harpokration 34[4]
Hauchdissimilation 204[4]. 219[4]. 220[2]. 261[2] f. 649[1–2]; regressive – 261[2]; progressive – 262[2]; – von ῥ- φ (-ϑ, -χ) 212[3]
Hauchdissimilationsgesetz 261[4]
Hauchlaut im Urgr. 72[3]; – bei Homer 221[3.4]
Hauchverlust in kh, ph, th + s, th + j 370[5]; in τν < ϑν, ντ < νϑ 204[4]
Hauchversetzung 221[1]. 269[1]
Hauchzeichen; semit. – 143, 2
Häufigkeit; relative – d. einzelnen Laute 180[1–2]
Häufung von Negationen II 597[7] f.; – von Protasen II 687[1–2]
Hauptakzent 386[3]—388
Hauptsatz; Nebens. neben – II 304[7]. 619[6]; Ellipse d. –es II 689[1]; – statt Infin.-konstruktion d. indir. Rede II 705[3]; s. Wortfolge
Haupttempora II 306[4.5] f.
Hebräisch 154[4–5]; s. Wortindex 336–338
Hebraismus II 44[4]
Heimat; s. Urheimat
Hellenismus 4[3]. 118[5]
hellenistische Sprachtheorie 7[2]; – Quantität 393[1]
Henning, henninische Ausspr. 175[3]
Henning, Herkunft d. gr. Laute 290 ff.
Heraklit 6, 3
Herennius Philo 33[2]
Herodian(os) 7[8]. 8[1]. 34[4]. 43[6]. 374[2.3]
Herodot 33[7]
Heroennamen 635[1.2]
Hervorhebung eines Wortes II 556[6]
Hesiod 108[4–5], 3; Äolismen bei – 108[4]
Hesych 34[2]. 88[8]; Lexikon d. – 34[2]
Hetärennamen II 37[5]
Heteroklise 839[4]
heteroklitische Neutra 517[2] ff.
heterosyllabische Gruppen von Kons. 323[5]. 324[2–6]
Hethitisch 49[1]. 50[3.5]. 51[5] f.; – u. Toch. als Dialekteinheit 52[2]; Berührungen d. Toch. u. Heth. zum Italokelt. 54, 1; hethit. ON auf *-anda* u. *-sas* 61[4]; s. Wortindex 311 f.
Hiat 399[3] ff.; – im engeren Sinn 393[3]–406; Aufhebung der Hiats 229[2]; Hiat durch Schwund von h, ϝ 335[2]; Abneigung gegen Hiat 400[1]; Fehlen d. Abneigung gegen – 240[8]; Neigung zur Kontraktion bei Hiaten 252[2]; Hiat in d. Folge von ι od. υ + Vok. 240[5]; Hyphärese f. den Hiat 240[8]; s. Binnenhiat, Wortfugenhiat
hiatische Vokalverbindungen in idg. Spr. 240[4]
Hiatkonsonant 254[4]. 288[8]. 289[1.2]
Hiatprophylaxe 404[4]–406
hiatustilgendes –ς 404[6.7]. 405[2]
Hiatvermeidung 399[2.3]
Hiatvokale 240[4]
Hilfsvokale ε, ο 278[5–7]
Hilfszeichen in d. Schrift 148[7] f.
Hinterglied d. Kompos. 428[2]; Wz.wörter als –er in Kompos. 449[2.4]
Hippokrates 33[7]. 34[3]; Hippokrates-Lexikon 33[8]
historicum; praes. –um II 271[3] f.
Historiker; s. Geschichtschreibung
historische Schreibung 15[1]
historisch-genetische Auffassung d. Sprachwissensch. 14[7]
Hochsprache 23[2.4]; – als Idealforderung 23[4]; ngr. – 133[3] f.
Hochstufe; s. Schwachstufe
Homer 34[3]; Äolismen bei – 106[1] f. 564[4–5]; äol. Neuformen bei – 107[1]; Attizismen bei

–103^{2}; Spuren d. jüngeren Ionismus bei – 103^{1}; Hauchlaut (spiritus asper) bei – 221$^{3\cdot4}$; Digamma bei – 229^{4}; Akzent bei – 384^{6} f.; Kons.verdoppelung (λλ μμ νν) bei – 310^{8}. 311^{1}; Kürzen bei – 228^{4}; Kasus auf -φι bei – 106^{7}; Dualformen bei – 106^{7}. 839^{8}; Freiheit im Augm. bei – 102^{1}; Infin. auf -μεν(αι) bei – 106^{7}; Syntax bei – II 2^{7}; Art. bei – II 22^{3} f.; Parataxe überwiegend bei – II 634^{1}
Homererklärung 5
homerisch; –e u. episch-didaktische Dichtung 108^{4}; –e Gedichte 101^{3}; –e Spr. 100$^{6-7}$. 101^{5}–109. 825^{7}; Altertümlichkeiten d. hom. Spr. 101^{8} f.; Einfluß d. – – 108^{2}; Wortbildung u. Wortschatz in d. hom. Spr. 102^{2}; –e Wörter 40^{4}; hom.-att. Wörter 40^{4}; hom. Wörter im Ark.-Kypr. 102^{2}; Deutung hom. Wörter 5^{3}; hom. Formen (nicht ion. bzw. att.) 105$^{7-8}$; Modernisierung d. hom. Textes 102^{7} f.; –e Akzentuation 384^{6} f.; s. Homer
Homoioteleuton II 702^{8}
Homonym 15^{4}; viele –e 32^{7}
Hörer und Sprecher 21, 2. 37^{4}
Humanismus 4^{3}
Hyperäolismen 228^{5}
Hyperattisches 100^{4}. 572, 8. 708^{5}. 780^{5}
Hyperattizisierung 189^{7}. 190^{1}
Hyperbaton II 697^{2}, 1
hypercharakterisierende Negation II 597^{7} f. Infin. Fut. –end II 295^{5}
Hypercharakterisierung d. Verbs II 268$^{1\cdot4}$
Hyperdetermination d. Artikels II 25$^{4-5}$
Hyperdialektismus 189$^{7\cdot8}$; s. Hyperäolismen, Hyperattisches, Hyperdorismen
Hyperdorismen 185^{3}. 719, 6. 770, 8. 775^{1}
Hypereides 127^{6}. 128^{1}
Hyphärese 240^{8}. 252^{6}ff. 580^{2}, 3; – f. den Hiat 240^{8}; – in d. Kompos. 398^{5}
Hypokoristika; s. Deminutiva
Hypostase 430^{4}. 436^{6}. 453, 5
hypostasierte Komposita II 505$^{1-2}$; –e Nominalkomp. II 481$^{1-3}$; –e Komp. mit ἀγχι- II 548$^{6-7}$; mit ἀμφί II 439^{5}; mit ἀντί II 443$^{5-7}$, 6; mit ἀπό II 444$^{3-5}$. 448$^{4-6}$; mit ἄνω, κάτω II 537^{2}; mit διά II 454$^{5-6}$; mit ἐν II 460^{8}; mit ἐξ (ἐκ) II 461^{6} f. 464$^{5-7}$; –e Komp. auf -ιος mit ἐπί II 473$^{3-4}$; mit ὑπό II 532$^{5-7}$; – Nominalkomp. mit μετά II 487$^{1-3}$; mit παρά II 498$^{4-6}$; mit πρός II 517$^{1-4}$; mit σύν II 488^{3}; Bahuvrīhi mit τηλε- II 545$^{6-7}$; hypostasierte Adverbia mit κατά II 475, 0
hypotaktische Wortzeichen II 635$^{6\cdot7}$; –e Satzgebilde II 636^{7}–639; Personenverschiebung in hypotakt. Sätzen II 637^{6}, 4–638
Hypotaxe II 11^{5}. 634^{5}–689; – nach ihrem gedankl. Inhalt II 639^{4}–688; Wortzeichen d. – II 637$^{5-6}$
hypothetische Periode II 682–688
hysteron proteron II 632$^{2\cdot3}$. 698$^{3-4}$

I

ĭ- Klassenzeichen II 36^{1}
Ichstil d. Epos II 388, 1
idealistische Philologie 22, 1
Illyrier 65^{7}. 823^{6}; Einfluß d. Illyrier u. Thraker aufs Gr. 47^{1}
Illyrisch 65^{7}–67^{3}. 823^{8}. 824^{1}; – eine Satəmspr. 66^{6}; – nicht satəmsprachl. 67^{2}; satəmsprachl. Substrat d. Illyr. 67^{2}; – Labiovelare 66^{7}. 67^{2}; Gutturalfrage 67^{1}; Med. asp. im Illyr. 66^{7}; illyr. Namen 66^{1}; illyr. ON u. Völkernamen 66^{3}; -st- Suff. im Illyr. 66^{2}; Illyrisches im Gr. 65^{7}–67; illyr. Elemente in Griechenland 65^{7}, 2; a für au im Illyr.-Thrak. 70^{4}; s. Wortind. 312 f.
Imperativ 797^{5}–804. II 302^{6}. 303$^{2\cdot6}$. 304^{6}. 339^{1} ff. 625^{2}; –e auf -θητι 760, 6; –isches Fut. 788^{2}. II 290^{6}. 291$^{5-7}$; Ersatzmodi f. d. Imper. 797, 5; Stammform d. 2. sg. Imper. 798$^{1\cdot4-5}$ f.; Infinitive imperativisch 798^{2}; Imper. ohne Numerus-Unterschied 657ff. II 59^{7}; Pluralisierung 802$^{1-7}$; Dualisierung 802^{7}; Imper. im Ngr. 804$^{4-5}$; Infin. als Imper. im ngr. Pont. 809, 3; Imper. mit ὦ II 60, 7; Nom. neben Imper. II 63^{7}; Imper. Sg. statt Plur. II 40^{1}; akt. Imper. medialer Verba II 224^{7}. 225^{6}; – – im medialen System II 228$^{2-4}$; – aspektlos II 254^{8}; – konzessiv II 340^{6}; imper. concessivus II 625^{8}; Götteranrufungen im Aor. Imper. II 341^{4}; Einschränkung d. Imper. im Att. II 343$^{6-8}$; Imper. in Anrede II 609^{6}; Imperative formell nahe den Vokat. II 620^{3}; Asyndeton von Imperativen II 633^{3}
imperativisch: Infinitive – 798^{2}; –er u. modaler Gebr. d. Infin. verschwand im Spätaltgr. 809$^{6-7}$; –er Infin. II 380^{4} ff.; Subj. d. –en Infin. II 620^{6}
Imperativnamen 634$^{2-3}$
Imperfekt 640^{3}. 672^{6} ff. II 249$^{1\cdot2\cdot3}$. 275$^{2\cdot5\cdot6}$–280; gleiche Form f. Aor. u. Ipf. 739$^{6-7}$; Indik. Ipf. II 344^{7}; iterat. Ipf. II 276^{1}; fientives – II 276^{3}; statives – II 276^{3}; inchoatives – II 277$^{5-7}$; verba dicendi im Ipf. II 277^{7}; Ipf. mit Modalpartikel II 347$^{5-6}$; Ipf. u. Indik. Aor. mit Modalpartikel formelhaft II 347$^{6-7}$
imperfektiv II 252^{5}
Impersonalia d. Naturerscheinungen II 621$^{3-7}$; Subj. bei d. – II 621^{3} f.: Subjektwort bei – unterdrückt II 621$^{4-5}$
inchoativ: –e Verba 707^{2}; –es Ipf. II 277$^{5-7}$
indefinite Pronomina 615^{4}–617. II 212^{3} ff.

Indefinitum: Relativum mit – II 643^{1-2}
Indeklinabilien 585^{1-4}
Indetermination; nominale – II 19 ff.
Indikativ II 302^{6}. $303^{1.2.5.7}$. 307^{2}–309. 625^{2}. 626^{7}; – modal gebraucht II 344^{7} –354; irreale Bed. d. Indik. 641^{5}; – bei ὥστε II 679^{6} f.; –e mit Tempusbed. II 269^{6-7}; Indik. d. Präs. II 270^{1} ff.; – – in Feststellung II 270^{6}; – – futurisch II 273^{2-6}; – – mit Vergangenheitsbestimmung II 273^{8} f.; Indik. d. Fut. II 290^{3} ff. 351, 4. 625^{4}; – – im Haupts. II 309^{5}; – – mit κεν (ἄν) II 351^{4} f.; – – mit ἄν att.? II 352^{2-4}; Indik. Prät. mit Modalpartikel II $353^{1.5-7}$; – – ohne Partikel II 352^{6} f.; Ipf. u. Aor. Indik. II 344^{7}; Indik. d. Aor. II 280^{5},1 –286; – – faktiv II 281^{3-4}; Indik. Aor. d. Gleichnisse II 284^{5} f.; Indik. Aor. mit Modalpartikel II 347 $^{3-5}$; Indik. d. Pf. II 286^{6} ff.; – – futurisch II 287^{6-8}; Indik. d. Pf. = Indik. d. Aor. II 287^{8}f.; Indik. d. Fallsetzung II 307^{5-7}; – d. affekt. Frage II 307^{7} f.; Opt. st. – II 332^{5} f. 333^{2}
indirekt; –er Fragesatz II 628^{1}. 630^{3}–631; opt. obl. in indir. Fragesätzen II 630^{7}; Interrog. in d. indir. Frage II 644^{1}
Indisch 49^{6}. 50^{5}. 55^{3}. 155^{5-6} f.; –e Klassifikation d. Komp. 428^{1}; s. Wortindex 283–294.
individualisierender Pl. II 43^{6}
Individualsprache 22^{4}; mikroskop. Analyse von –en 26^{1}
Indogermanen 52^{5}f. 822^{4-6}; idg. Urvolk 52^{3}; die Indogermanen nach Kulturkreisen 52^{7-8}; Urheimat d. – 52^{3}. $53^{1-2.6}$
indogermanisch; –e Sprachw. 12^{1}. 50^{1}; vergl. Methode d. – – 12^{1}; –e Grammatik $822^{2.3}$; – Etymol. 42^{3}; – Wortforschung 42^{3}; unerklärtes Wortmaterial der idg. Spr. 42^{1}; idg. Wörter f. 'Zunge', 'Floh' 43^{3}; Idg. 48, 1; –e Ursprache 48^{4}; –er Sprachstamm 48^{6}; außeridg. Beziehungen 53^{3}; Idg. u. ugrofinn. Sprachen 52^{4}; idg.-ugrofinnisch-altaisch-sumerische Beziehungen 53^{4-5}; Ausbreitung der idg. Spr. 52^{4}; Hauptgruppen d. Idg. 49^{6-7}. 50^{1}; die idg. Spr. 151^{1}; Verwandtschaft d. idg. Spr. 9^{7-8}. 10^{1-2}; Verwandtschaftsverhältnisse d. idg. Spr. 53^{7}; Ostidg. 49^{7}; Westidg. 50^{1}; die idg. Sprachen nach d. Alter d. Überlieferung 50^{5-8}; Satem- u. Kentumspr. $54^{1-2.4}$; sichere – – 55^{2}; Einheit d. idg. Spr. 54^{7}; Lautsystem d. Idg. 365^{2} ff. 835^{1}; die idg. Palatale 54^{2}. 55^{7}; idg. k^{w}-Laute 54^{2}; Flexionen d. Idg. II 9^{6-7}f.; idg. Dekl. 552^{6}–553^{1-2}, 2; urspr. idg. Modi 645^{5-6}; idg. Jotpräsentien 712^{3}–737; altidg. Typus d. Agr. 3^{5}. 46^{8}; idg. Vorstufe d. Gr. 4^{7}f.; Urgr. u. Idg. 72^{6}; idg. Sprachen u. Gr. 55^{5} ff.; Gr. im Verhältnis zum Idg. 72^{6} f.; Gr. hat wichtige idg. Züge erhalten 72^{6}; Sonderstellung d. Gr. im Idg. 73^{3}; Veränderungen d. Gr. in bezug aufs Idg. 73^{2}; Lautsystem d. Idg. im Gr. 365^{2} ff.; idg. Struktur von Dekl.-klassen im Gr. 553^{3-4}; idg. Elemente im Ägä. 65^{3}; Übereinstimmung des Idg. u. Ägä. in Suffixen 65^{4}; Lehnbeziehungen d. Idg. 41^{7}; s. auch Ablaut, Akzent, Deklination, Griechisch, Hiat, Kasus (u. Kasussuffix), Komposita, Laute, Lydisch, Neugriechisch, Palatal, Perfekt, protoindogermanisch, Stämme, Verb, Verschlußlaute, Vokalismus, vorgriechisch, Wortforschung, sowie Wortind. 275- 281 (Indogermanisch), 282–334 (indogermanische Sprachen)
indogermanoid; nicht –e Sprachen 60^{2}
Indo-iranisch 54^{4}; s. Arisch u. Wortind. 282
Infektion des j 272^{4}
infektiv; –er Aspekt II 252^{2-4}. 253^{2}. 255^{1}. 257^{2}; nicht-infektiv II 261^{5}; –es Fut. II 264^{7}, 3; Passiv auf -θήσομαι infektiv 266^{3}; Umwertung der Iterat. zu Infekt. II 253^{3}
infektiv-konfektiv II $252^{4.6}$; Präs. – – II 259^{6}; konfektiv-infektiv II 252^{4}. 253^{1}
Infinitiv $805^{3.5-7}$,1–810. II 302^{6}. $355^{6.7}$. 356^{3}. 357^{7}–384. 625^{5}; Name des Infin. 801, 1; gr. – II 358^{5}; Tmesis bei Infin. II 426^{3-5}; Infin. d. Verba auf -μι 82^{1}; – auf -ναι 88^{5}; –e auf -μεναι (-ναι), -σαι, -σθαι 808 f. II 139^{6}; – auf -μεν(αι) im Homer 106^{7}; – auf -εν -ον kyren. 410^{8}; modaler Gebr. d. Infin. 639^{5}; substantiv. – 640^{2}; – nominal 805^{6}; – verbal II 369^{3}; akt. u. med. Infin. erst gr. 805^{7}; Infin.-ausgänge d. Pf. akt. in den Dial. auseinandergehend 805, 2; akt. Infinitive 806^{2}–809; indifferente Geltung aktiver Infin. 805^{7} f.; Erklärung d. ältesten akt. Infinitive 808^{6}–809^{2}; med. Infin. 809^{3-6}; pass. – II 369, 6; imper. u. modaler Gebr. d. Infin. verschwand im Spätaltgr. 809^{6-7}; Infin. in nachklass. Zeit II 383^{7} f.; frühbyz. Verba mit Infin. 810^{1}; Infin. im Ngr. 809^{6} f.; Verlust d. Infin. im Ngr. 130^{3}. 815^{5}. II 634^{5}; Reste von Infin. im Ngr. 809^{6}. II 13^{3}; Infin. lebendig im ngr. Pont. u. Unterital. 809^{7}; Infin. als Imper. im ngr. Pont. 809, 3; Infin. ohne Nachdruck II 189^{2}, 1; Infin. Präs. II $297^{2.3}$; – d. Fut. II 295^{3-7}; – – hypercharakterisierend II 295^{5}; Infin. Aor. II $297^{2.3}$; final-konsekutiver – II 362^{3} f.; imperativ. – II 380^{4} ff.; Subj. d. – – II 620^{6}; limitativer (absol.) – II 378^{4} f.; prädikativ kopulative Infinitive II 367^{2} f.; verstärkender Infin. II 360, 1; Infin. nach verba dicendi II 374^{6} f.; – nach verba dicendi et sentiendi II 375^{3}f.; Infin. in Kasusfunktion II 359^{7} –368; akkusativ. Infin. II 365^{2} f.; genitiv. – II 361^{3-7}; Genitiv d. substantiv. Infin. II 132^{7}; Infin. in ablativ. Funktion II 360^{5} f.; – in instr. Funktion II 360^{2-4};

lokativ. – II 359^{8} f. 360$^{1-2}$; nominativ. Infin. II 366^{2} f.; Infin. ohne Art. im Nominals. II 366$^{5-6}$; substantiv. Infin. ohne Art. II 368, 2; Infin. mit Art. II 368^{5} f.; – – abstrakt II 369^{2}; – – vorbereitet II 370^{8} f.; – – erstarrt II 370^{1}; – – negiert II 370^{1}; – mit τό II 370$^{2-6}$, 1; – – u. Präp. II 370$^{4-6}$; – – als Gen. u. Dat. II 371^{4} f.; Infin. mit τοῦ II 370^{6}; – mit τῷ II 370^{7}; Infin. mit Art. bei Präp. II 369^{1}; d. abundierende Art. bei – II 372$^{2-3}$; Infin. als Ausruf II 379^{7} f.; – d. Ausrufs II 708^{2}; Infin. st. Ptc. II 396$^{3.4}$; Infin. wechselt mit -τέον II 410^{4}; Infin. als Subst. im Ngr. II 13^{3}; Infin. bei οἷος u. ὅσος II 678$^{5-7}$; – bei πρίν II 654^{4}, 2 f.; – mit ὥστε II 678^{7} f.; Agens d. Infin. II 369^{4}; Infin. mit Akk. d. Prädikativs II 359$^{3.4}$; acc. c. infin. II 359$^{4.5}$. 380^{5} ff.; – – im ngr. Pont. 809, 3; Ellipse eines Infin. II 708^{1}; s. accusativus (c. infin.)
Infinitivkonstruktion; Haupts. st. – d. indir. Rede II 705^{3}; Nebens. an Stelle einer – II 705^{3}; –en in Xenoph. II 711$^{3-4}$
infinitum; verbum – 639$^{4-5}$. 804^{6}–813. II 355^{1}–411
Infix 417, 1. 691$^{1.2.6}$. 693^{1}. 695^{5}
Infixbildung im Gr. 74^{6}
Infixpräsens in idg. Spr. 692$^{1-2}$
Inflexibilia II 411^{3}, 1 ff.; sekundäre – II 411$^{6-7}$
Inhalt; Form u. – d. Wortes 32^{7}; Akk. d. Inhalts II 71^{3}. 74^{2}–78; Sätze nach dem Inhalt II 619^{5}; Sätze mit Rücksicht auf d. – II 625–631; Hypotaxe nach ihrem gedankl. – II 639^{4}–688; s. Akkusativ, Wortinhalt
Injunktiv 640^{3}. 645$^{2.3}$, 2. 799, 5. II 303^{3}. 339^{2}. 340^{4}; – d. Aor. II 310^{2}
Inkongruenz II 602^{6}; äußerliche – II 602^{5}; – im Numerus eines Ptc. II 603^{4}; – in Syntax II 602^{2}–610; – im Genus II 38^{5}
inner; –e Kürzung in Namen 636^{3}, 1; – – in ON 638^{4}; –e Reduplikation 646^{7}. 648$^{3-4}$; Akk. d. inneren Obj. II 71^{3}. 74^{2}–78
Inschrift; die älteste gr. – 141^{4}; Koine-Elemente in –en 120^{3}; phryg. –en 68, 2; thrak. – 68, 2; mysische – 68, 2; lyk. – 59$^{7.8}$; vorgr. – 59^{4}–60^{2}; – von Prasos 59^{5}
Inschriftensprache 35^{4}
Inselnamen fem. II 33^{3}
Instrumental u. Dual identisch 839^{4}; Instr. als Adv. 622^{4}; – mit Dat. zus.-geflossen II 139^{1}; Instr. II 44, 4. 56^{5}. 159^{4}–168; – im engern Sinne II 165^{1}–168; Instr. d. Werkzeugs II 165^{3} ff.; – d. Beziehung II 168$^{3-5}$; Infin. instrumentaler Funktion II 360$^{2-4}$
Intensität d. Laute 173^{1}
Intensitätsminderung d. Verschlußl. 237^{4}
intensives Medium II 232^{3}
Intensivreduplikation 103^{2}
intensivum; perfectum – II 263$^{1-2}$
Interaspiration 219^{4}; Unterbleiben d. – 221^{7}
Interesse; s. dativus commodi
Interjektion 15, 1. II 14^{6}. 16$^{4.5}$. 17^{6}. 412^{1}. 599^{6}–602. 620^{2}. 625^{5}. 705, 1; andere Wortarten als –en II 602^{1}; Gen. nach Interj. II 134$^{5-6}$; – parenthetisch II 601^{3}, 3; Verba von Interjektionen 716^{4}
interjektionell; Rufe an Tiere – II 61^{6}; –e Kurzsätze II 618$^{1-2}$
interpositio II 705, 1
interpretamenta 34^{1}
Interpunktion 148^{8} f.
Interrogativpronomen 615^{4}–617. II 212^{3}ff.; Ausruf mit – II 626$^{3.5.6}$
Interrogativum; Frages. mit – II 627^{6}; Frages. ohne – II 627^{5}. 628^{5}–629; – in d. indir. Frage II 644^{1}
intervokalisches -ς- schwindet 14^{6}; – -σ- erhalten 20^{4}; –er Schwund von Ϝ 188^{6}. 191^{5}; s. Wortindex
intransitiv; –es Verb II 71^{6}; Agens bei intr. Aktiv II 226^{6}; Aktiv intransitiv gebraucht II 230, 1; Pf. akt. – II 227^{6}; –es Pf. d. erreichten Zustandes II 263^{3}; –e Media II 230$^{2-6}$; –es Med. neben kaus. Aktiv II 233^{8}
inversa; elisio – 403^{7}; attractio – II 641^{4}
Ionisch 86^{3} f.; – d. Kykladen 86^{7} f.; kleinas. Ionisch 86^{4}. 101^{2}. 146^{1}; Ionisch in d. Prosa 114$^{6-8}$ f.; ion. Einfluß im Wortschatz d. Thuk., in d. Tragödie, bei Platon 115^{3}; Unterschiede zw. Ion. u. Att. 86$^{1-2}$; ion. Einfluß im Att. 86$^{2-3}$; Att. konservativer als das Ion. 86^{2}; ion. Einflüsse im kleinas. Dor. 86^{5}; dor. Einflüsse auf Westion. 86^{1}; Ionisch als Quelle d. Koine 128$^{3-6}$; ion. Schrift 147^{4}; s. Digamma, Dual, hyperionisch, Kürze, Nordionisch, Ostionisch, Westionisch
Ionisch-Attisch 76^{6}. 85^{6}–88; ion.- att. εω aus ᾱο ηο 85^{7}; Beziehungen d. Ark.-Kypr. zum Ion.-Att. 88^{4}; dial. Beziehungen zw. Ark-Kypr. u. Ion.-Att. 98^{2}; ion.-att. Einheitsalphabet (ion.-att. Alphabet) 145^{4}–148; s. Apokope, Attisch, Ionisch
Ionismus; jüngerer – in Homer 103^{1}; -ου 228^{4}
Iranisch 49^{6}. 50^{6}. 55^{3}. 56^{6}. 153$^{3-6}$. 154^{7}; s. Awestasprache, Arisch, Indo-Iranisch, Skythisch, sowie Wortind. 295–297
Irisch; s. altirisch u. Wortind. 327–329
irreal; –e Bed. d. Indik. 641^{5}; Ptc. irreal II 407^{5}; Irreal bei ὥστε II 680$^{2-5}$; irrealer Fall in Konditionalsätzen II 686^{2} f.
irrealis; modus – II 303^{7}
Irrealität formell im Agr. 815^{6}; gegenwärtige – II 348$^{3.6-8}$; vergangene – II 348$^{3-6}$; – im Ngr. II 349^{7} f.
isochrone Vokale 184^{4}; Vokale im Ngr. isochron 392^{8}; –e Quantität 394^{1}
Isoglossen 96^{6}. 97, 2
ἰσοσύλλαβα 553, 3
itacismus 174, 2

Italisch 49[7]. 50[6]. 55[3]; Beziehungen d. Ital. u. Germ. 54, 1; ital. Alphabete 150[2] f.; gr.-ital. Beziehungen (gräko-italische Hypothese) 13[1]. 57[6.7.8]. 58[1]; s. voritalisch u. Wortind. 313–327
Italokeltisch; Berührungen d. Toch. u. Heth. zum –en 54, 1
itazistische Ausspr. 174[7]
Iteration II 39[4]. 699[5–7] f.; – d. Vergangenheit II 350[3] f.; partielle – II 699[5]. 700[3–8]; totale – II 699[5.7] f. 704[5]
iterativ; –es Ipf. II 276[1]; –e Präterita mit ἄν in Nebensätzen II 351[2–3]; Iterativa 706[6]–712. II 305, 2. 350[4], 2. 351[1]; – zu Infektiva umgewertet II 253[3]
Iterativbildung mit –σκ- 58[6]. 706[6] ff.
iterativ-intensiv; intr. iterativ-intensive Perfekta II 264[1–3]
Iterativpräterita mit σκ 710[4]–712; – auf –σκον augmentlos 652[2]
iterativus; opt. – II 335[7.8] f.

J

Japanisch; s. Wortind. 338
Jotpräsentien; idg. u. urgr. – 712[3]–737; – zu primären Verben 713[2]–719
Judengriechisch 126[2]. 128, 1
jüdisch-christliche Wörter d. Koine 124[1]
Junggrammatiker 12[6]; Prinzip d. – 19[7]
junggrammatische Richtung 13[3.5]
Juxtapositionen 428[3]

K

Kaiserzeit; alphabet. Lexika d. –34[1]; Koine d. späteren – 129[6]
Kakophonie 289[5]
Kallimachos 33[7]
Kallinos 100[7]
kanaanäisch; altkanaanäisches Alphab. 141[4]
kanaanäisch-phönikische Schrift 139[8]
Kappadokisch; s. Kleinasiatisches, oben 334; Genuslosigkeit im kappad. Ngr. II 38[6]
Kardinalia 587, 1; s. Quantitativa
Kardinalzahlen flexionslos 437[5.6]
karisches Alphab. 150[2.6]
kasuelle Komposition 398[7]
Kasus 6, 2. II 53[4]; – d. Gr. 546[4.5]; grammat. – im Gr. 74[5]; – d. Anschauung 549[4]. II 55, 2; – – im Idg. 54[3]; – – im Gr. u. in den Kentumspr. aufgegeben 55[8]. 56[1]; formelle Reste d. idg. Kasus im Gr. 549[4]; Entstehung d. idg. – II 55[7–8]; starke, schwache – 552[3]; Kasus auf -φι bei Homer 106[7]; Adverbia aus – 618[4]. 620[2]–626; Kasus in gr. Syntax II 18[7]. 52[2] –173; Allgemeines II 53[3]–59; Kasus im Gr. II 56[6]; adnominaler – II 117[2]; –e Kasus als Attribute II 619[2]; logisch-grammat. – II 55[3.4]; lokalkonkrete – II 55[3]; Defektiva in – II 52[1]; siebenter – II 54[5]; – d. inneren u. äußeren Determination II 55, 2; suffixlose – II 56[3]; Schwächung der Kasus II 57[4]; prädikativer – II 62[5]; – d. grammat. Subj. II 64[4]; substantiv. Prädikativ kongruiert mit d. Subj. im – II 605[5–6]; casus passivus II 70[8]; Synkretismus in Kasus II 56[7]. 138[6]; Präp. als Begleitwort eines – II 426[7] f.; zwei gleiche Kasus verbunden II 617[2]; Kasus im Ngr. II 59[1–2]; ngr. Akk. als Präp.kasus II 88[8] f.; s adnominal, Adverbialkasus, casus, kaukasisch, Präpositionskasus, Rektionskasus, die einzelnen Kasussuffixe im Wortind. (Akk., Dat., Genit., Nominat., Vokat.)
Kasusbildung; Reste abgekommener –en als Adverbia 618[5–6]
Kasusform; lat. –en erhalten 20[6]; orthotonierte u. enklit. Kasusformen d. Personalpron. II 186[7–8]; Präp. von der Kasusform getrennt II 424[7]; –en mit einer Präp. od. Partikel fest verbunden 618[6] f.
Kasusfunktion; Infin. in – II 359[7]–368
Kasuskomposita 428[3]
Kasuskongruenz; sekundäre – zw. Relat. u. Bezugswort II 610[2]. 640 ff.
Kasuslehre II 53[4]; s. Kasus
Kasusmischung II 12[2], 1
Kasusreste im Gr. 74[4]
Kasussuffix 417[2]; Herkunft d. –e 546[6]; –e im Idg. 547[5–7]; – im Gr. 549[2.3]; Formen ohne – 547[4.5]; s. die Kasussuffixe im Wortind.
Kasussynkretismus II 56[7]; s. Synkretismus
Kasusverwechslung -ου Gen. (pap.) f. -ω(ι) 185[2]
Kategorien; syntakt. – im Ngr. II 12[4] f.; s. Bedeutungskategorien
καθαρεύουσα 133[6.8]
Kaukasisch 153[6]; –e Kasus II 55[4]
Kausalsätze II 661[3]–662
kausativ; –e Bed. II 222, 1; –es Aktiv II 233[8]; reflexiv-kaus. Medium II 232[1–2]; kaus. Passiv II 241[3]
Keilschrift 141[2]. 142[3]
Keltisch 49[7]. 50[6]. 55[3]; s. Italokeltisch u. Wortind. 327–329

Kennzeichen d. Mittel- u. Ngr. 129[6] f.; ἄν – des potent. Opt. II 57[6]
Kentumsprachen 54[1–4]. 55[2.8]. 822[7]
Kindersprache; deutsche – 20, 1
Kirche; Gr. als Spr. der urchristl. u. d. östl. – 4[3]
Kirchenslawisch; s. Altkirchenslawisch
Kirchensprachen 132[2–3]
Klammergesetz 14[1]
Klangfiguren II 710[5]
klanglich; expressive -e Fülle II 699[5] f.
Klangwirkung d. Laute 7[3]
Klasse; s. Deklinationsklassen
Klassenunterschiede; keine – im Lyk. 64[8]
Klassenzeichen *o ā i u* II 36[1]
Klassifikation; ind. – d. Komposita 428[1]
klassische Philologie und Sprachvergleichung 12[7]–13[1]
kleinasiatische Sprachen 50[4]. 51[5]; Einwirkung der – – 63[1]; –er Sprachstamm 60[4]; –e Namen 60[4] f.; –es Äolisch 90[1–4]. 101[2]; –es Ionisch 86[4]. 101[2]; s. Wortind. 334
Kleinasien; Lallnamen aus – 60[4]; Sprachgesch. Kleinasiens 63[4–7]
Kleisthenes 36[5]
Knappheit; expressive – II 701 f.
Koine 116[4]–130; Wesen u. Ursprung d. – 126[7] ff.; Grund d. – 128[6]; Abgrenzung d. – 118[3–6]; Vordringen d. – 120[4–5]; die gr. Koine als Spr. d. Alexanderreiches 70[3]; – als Weltspr. 135[1]; – d. späteren Kaiserz. 129[6]; gespr. – 118[6–7]. 119[1–7]. 127[4]; att. – 88[7]. 127[5.7–8] f.; ägypt. – 126[2.5]; att. Grundcharakter d. – 127[1]; att. Züge d. – 127[4]; Koine durch Attizismus zurückgedrängt 132[5]; Ionisch Quelle d. – 128[3]; dor. Einflüsse in d. – 128[6] f.; Einfluß nichtgr. Sprachen auf die – 121[6] f.; jüdisch-christliche Wörter d. – 124[1]; Koine-Elemente in Inschriften 120[3]; dial. Differenzierung d. – 125[2] f.; Unterschiede zw. – u. Ngr. 130; s. Dual, Präposition, koinisiert
Koineforschung; Probleme d. – 119[7]–126
koinisiertes Attisch 127[5]
kollektiv; –e Komposita im Idg. II 40[2]; –er Sg. II 41[5]; –er Pl. II 43[1–3]; pl. Kollektiva in -ᾱ/ə 581[5–6]. II 37[2]; – auf -ιᾱ 469[6.7], 8; kollekt. Numeralia 596[5]–597[5]; neutr. Plural kollektiv II 43[2]
Kollektivbildung; Plurale in idg. Spr. aus –en II 39[5]
Kollektivsuffix *-mnā* idg. 488[7]
Kolonisation; erste – d. Griechen 47[5]
Kombinationen von Verschlußlauten 179[4]; – von Spiranten 179[6]
Komitativ II 159[7]–165
Kommando; kurze militär. –s II 619[6]
Kommentare mit Syntax II 2[5–7]
Komödie; att. – 111[4] f.; Spr. d. – 111[4] f.
Komparation; Gen. comparationis II 713[3]; s. comparatio
Komparationsform; Bed. u. Gebr. d. –en II 183[1]–185
Komparativ 183, 4; Kontrastation von –en II 183[1–5]; Positiv st. -iv II 183, 6; Superl. ersetzt durch d. Komparativ II 185[4]; Umschreibung d. –s II 184[4], 3; Verstärkung d. – II 185[2]; ἀντί nach –en II 443[4]; der 2. – st. des Positivs II 185[5]
Kompilatoren von Bedeutung f. d. Agr. 8[2]
Komplex; Adverbia syntakt. Komplexe 619[3]
komponiert; Adjektiva frei – 449[5.6]; –e Adverbia im Akk. 621[3]; – – 632[3] f. II 428[5–6]; – – auf -(ε)ι 623[2–5]; – – von Präp. + Kasus II 435[1]
Komposita 5[1]. 24, 2; ind. Klassifikation d. – 428[1]; werdende – 426[5] f.; Wortgruppe als –um 426[5]. 427[1.2]; exozentrischer Typus von -a 435[3]; -a zweier Endungen II 38[4]; Simplicia u. Komp. 82[1–2]; – – semasiologisch 32[6]; Simplex aus Komp. abstrahiert 426[1], 1; – – – gekürzt 426[1], 2; mediale – zu akt. Simplicia II 233[3]; mutierte od. exozentrische – 429[3]. 435[3]; Vorder-, Hintergl. 428[2]; Beziehungen zw. den Gliedern 429[5]; Komposita mit finiter Verbalflexion als Hintergl. 644[5]; Rückbildungen 430[6], 7; Präp. als Vorderglieder in – 434[6]; s. Determinativ-, Distanzkomposita, Hinterglied, hypostasiert, Kasus-, Kontakt-, Kopulativkomposita, Namenkomposita, Nominal-, Präpositions-, Pseudo-, Rektions-, Satzglied-, Satz-, Satzteil-, Stamm-, Verbalkomposita
Komposition 418[4]. II 5, 3; Form d. Hintergl. 449[1], 1 ff.; Simplex als Hintergl. unverändert 449[4.5]; flektiertes Vordergl. 452[3]; kasuelle Kompos. 398[7]; verbale – 644[3] f.; verstärkende verbale – II 268[2–3]; – b. Nasalpräsentien 691, 5; – von Verbaladj. auf -τος 644[6]; Krasis, Hyphärese in – 398[5]
Kompositionsdehnung 397[8] f. 447[2], 1
Kompositionsform 437[7]
Kompositionsfuge 397[6]–399. 428[4]. 447[1] f.; unkontrahierb. Vokale in – 397[6.7]; kontrahierb. – – 397[7]; Geminaten in d. – 414[4]; Haplologie in d. – 447[4]; Zus.treffen von Kons. in d. – 398[6] f.
Kompositionssuffix 450[4]. 451[2–4]. 452[2]; – erweitert das Hintergl. eines Komp. 450[2.3]
Kompositionstypus auf -οψ 58[3]
Kompositionsvokal 428[5]. 438[1–7] f. 444[3], 7. 447[3]. 450[3–6]; Funktion des –s 447[2]; ᾱ – (für o) 438[5.6]
Kondizional; ngr. – 789[4–5]
Kondizionalsätze II 682–688; verkürzte – II 687[3] f.; realer Fall in –en II 684[2–7]; irrealer Fall in –en II 686[2] f.; potentialer Fall in –en II 685[3] f.
konfektive Präsentien II 259[1]; –es Fut. II 264[7], 3. 266[3.4]; Indik. Aor. konfektiv II 281[8]; Aoristsystem – II 260[7]; –er Aspekt II 252[2.4]. 253[1.2]. 255[2]. 257[2]

konfektiv-infektiv II 153^{1}. 252^{4}; Präs. – – II 259^{6}
Konfektivierung des Verbs durch Präv. II 268$^{3.4-6}$. 269$^{3-4}$
konfektiv-mansiv II 253^{1}
Kongruenz in der Syntax II 602^{2}–610; Besonderheiten d. – II 602^{7}–610; nominale – II 602^{4}; nominal-verbale – II 602^{4}; totale – II 602$^{6-7}$; partielle – II 602^{5}; – d. adj. Attributs mit dem Subst. II 604$^{6-8}$; – – mit dem 2. od. 1. Glied II 605$^{1-2}$; – d. Prädikativs II 605^{5}–607^{1}; – d. substantiv. Prädikativs mit dem Subj. im Kasus II 605$^{5-6}$; – d. gemeinsamen Prädikats mit d. Subj. II 610^{6} f.; – tw. od. vollständig entfallen II 603^{6}; – im Verbals. II 607^{1}–610; s. Inkongruenz, Kasuskongruenz
Konjugation 416, 1; – d. Urgr. 72^{4}; durchkonjugierte Paradigmen II 256^{5}; Konjugationsausgänge im Gr. bis heute erhalten 72^{7}; Unterschiede d. gr. Dialekte in d. Konjugation 81^{7}
Konjunktion II 14$^{4.6}$. 533^{4}. 556, 1; Präp. aus – II 435$^{1-2}$; – im Ngr. II 13^{5}
Konjunktiv 309^{3}. 790^{1}–793. II 302^{6}, 1. 305^{1}. 309^{3}–319. 625^{2}; kurzvokal. – 661^{4}. 790^{3}, 3–791; – – in futur. Verwendung 780^{2}; – – Aor. mit κεν II 351$^{5-6}$; langvokal. – 791^{4}–792; einzeldial. Konjunktive 792^{2}–793; 1. sg. des Konj. f. Selbstaufforderung 797, 5; Konj. mit u. ohne ἄν II 309^{6}; – mit ἄν (κε) II 642^{4}; – ein Injunktiv d. Aor.? II 310^{2}; coni. adhortativus II 625^{5}; prospektiver Konj. II 309$^{4.5}$. 310$^{4.5}$, 3. 626^{8}; – – mit ἄν, κε(ν) II 306^{1}; – – in Nebensätzen II 311^{6}; – – ohne u. mit Modalpartikel II 312^{3}; Konj. affirmativ u. negativ II 310$^{6-7}$; bloßer – beim Relativpron. II 312^{4}; voluntativer – II 309^{4}. 313^{7} f.; – – in d. 1. Person Sg. II 314$^{3-7}$; prohibitiver – II 314^{2}. 315$^{4-8}$; Konj. bei πρίν II 655^{2}; f.; Ersatz des Konj. II 675^{1}; Ellipse d. – II 674^{2}; Optativ st. – II 332$^{1-5}$. 333^{2}. 337^{8}; Opt. u. – II 310^{4}; Fut. st. – (Aor.) im Spätgr. 789^{4}; ngr. Konj. 793$^{3-4}$. II 13^{1}. 312^{2}. 319$^{4-6}$; – mit νά ngr. 804^{5}. II 13^{3}; – mit ἄς ngr. 804^{5}; s. Prospektiv
konkret; lokal-konkrete Kasus II 55^{3}; Konkreta auf -ίᾱ 469^{3}; – – – -ιᾰ́ 469$^{6.7}$, 8
Konsekutivsätze II 677^{4}–681; Opisthothese in –en II 678$^{3-4}$; Parataxe in –en II 678$^{3-4}$; Parenthese in – II 678$^{3-4}$
Konsonanten 169^{5}. 203^{6}–232; Zeichen von – 144^{3} f.; stimmh. – 170^{6}; stimml. – 170$^{6.7}$; Kons. (unsilb. Laute) 171^{2}; vokalisch fungierender Kons. 171^{3}; Herkunft der gr. Kons. 290^{3}–338; Entwicklung d. Kons. vom Urgr. zum Ngr. 203^{7}; Kons. assimiliert 256^{5} f.; Verteilung eines Kons. auf zwei Silben 237^{8} f.; Doppelschreibungen vor Kons. orthographisch 238^{6}; Dissimilation von Kons. 258^{5} f.; dissimilator. Verlust von Kons. 259^{8} ff.; Einwirkung von Kons. auf Vokale und Halbvok. 269^{5} ff. 274^{6} ff.; Einwirkung von Vokalen auf Kons. 269^{5} ff.; Einschub von Kons. zw. Kons. 277; Verdoppelung von Kons. bei Homer 310^{8}. 311^{1}; gedehnte Kons. 315^{1}–323; fakultative – 332^{5} ff. 333^{7} f.; Verlust von Kons. 335^{2}–338; Wegfall von ausl. Kons. im Gr. 74^{1}; Zus.treffen von Kons. 406^{8}–408; – – in d. Silbenf. 276^{6}; – – in d. Kompos.fuge 398^{6} f.; Ausdrängung von Kons. 276^{7}; ζ- 57^{2}; ϑ- 14^{8}; *h* 56^{6}. 62$^{7.8}$; *kw*-Kons. idg. 54^{2}; *pt*- erhalten 57^{2}; ngr. χ 14, 1; s. aspirata, Dental, Doppelkonsonaten, Endkonsonant, Geminaten, Geräuschlaut, Hiatuskonsonant, Labial, Länge, Lenis, Liquida, Nasal, Palatal, Schlußkonsonant, Spirant, tenuis aspirata, Velar, Verschlußlaut und die Konsonanten im Wortind.
Konsonantenauslaut -n 14^{4}
Konsonantengruppe (außer den Geminaten) 323^{5}–332; hetero- u. tautosyllabische –en 232^{5}. 324$^{2-8}$ f.; Erleichterung der –e 276^{6} ff. 398$^{7.8}$; Kons. + λ od. ρ 237^{6}; s. ζ, ξ, ψ im Wortindex
Konsonantensystem 143^{2}. 203^{6} ff.
Konsonantenverbindungen 368$^{4-6}$. 369$^{4-6}$
Konsonantenwandel ανσ > αισ 62^{8}
Konsonantenwechsel 72^{3} (π–τ). 332^{5} ff.; – im Wz.ausl. 332^{8} f.
Konsonantenzeichen für *s* 143^{5}; für χ ψ ξ 144^{3} f.; für ζ 145^{1}; H für *h* 145$^{5.7}$; – für Ϝ 147^{7}. 197^{2}; semit. – für *w* 143^{2}; – für μ 213^{8}; – Ϝ für *h* 147^{7}; komplementäre – (φ χ ψ ξ) 144^{7}; – für *k* 143^{2}; – ϙ 143^{2}; s. Wortind.
konsonantisch; –e Übergangslaute 277^{1} ff. 289^{3}; – fungierende Vokale 171^{3}; –es u (= w) = Ϝ 197^{2}; –e Stämme in die Analogie der o-Stämme übergegangen 20^{3}
Konsonantismus d. Urgr. 72^{3}; – d. Gr.. gegenüber dem idg. 73^{4} f.; – der gr. Dialekte 81^{3} ff.; Maked. im – kenntlich 81^{3}; wichtigste Veränderungen im – 204^{1}; Vokalismus besser erhalten im Gr. als d. – 290^{4}; s. Konsonant, Lauterscheinung
Konsoziation 30^{5}
Konstruieren von Urbedeutungen 43^{1}
Konstruktion d. nom. acc. pl. neut. mit sg. Verb 582$^{1-2}$; Einfluß d. Gedankenführung auf die syntakt. – II 703^{5}–712; brutaler Bruch der – II 705$^{2-5}$; prophylaktischer Bruch der – II 705$^{5-7}$; unpers. – II 714^{4}; ptc.lose –en II 395$^{2-4}$; s. Genitivkonstruktion, Infinitivkonstruktion, Partizipialkonstruktion, Satzkonstruktion
Konstruktionswechsel II 73$^{5-7}$
Kontakt-Assimilation 254^{6}
Kontakt-Dissimilation 254^{6}

Kontaktkomposita 427[4]
Kontamination; s. Wortkontamination
Kontinuität d. gr. Wortschatzes 40[3–5]
kontrahierbare Vokale in Kompos.fuge 397[7]
kontrahierte o-Stämme 554[7], 4
Kontrakta att. (ion.) 562[3]; -οῦς -οῦν 558[1]
Kontraktion 104[6]. 246[6]–252. 398[1]; – von Vok. 240[6.7]. 246[6]. 247[4–6]; – von ιι, υυ, αα, εε 248[5–8]; – von ᾰε > ion. att. ā 250[4.5]; – von εᾱ > η 247[1]; – von εᾰ > η 250[5.6]. 562[2]. 579, 4; – von εο in ευ 244[6]; – – – in ου 249[7]; – von εηι, ηει, ηηι zu ηι 249[3]. 349[1]; – von εο, εω, οᾰ zu ω 249[6–8]. 250[1]. 444[4]; – von εωι, ωει, ωηι, οωι, ωοι zu ωι 249[3]. 250[8]; – von ε in Kompos.fuge 397[7]; ιει > ῑ 193[2]. 194[1.2]; -αιεύς > -εύς 195[7]; Kontraktion im Ngr. 254[1.2]; grammat. – 247[4]. 251[1.2]. 402[5–7]; dial. Unterschiede in d. – 86[2]; – in Dekl.formen 553[3–4]; – in d. Wortfuge 401[3] f.; – alt im Att. 241[5]; – nicht zum Ablaut 354[2.3]; Neigung zur – bei Hiaten 252[2]; die Dekl.-formen mit idg. –en 554[2]–562; s. Verbalkontraktion
Kontraktionserscheinungen; Analogie in – 251[8]. 252[1]
kontraktionsfördernde und -hindernde Bedingungen 251[3–6]
Kontraktionsweise; spätere – 129[7]
Konträrbildung 38, 2. 456[2], 3
Konträrindex d. gr. Papyrusurkunden 44[2]
Kontrastation von Komparativen II 183[1.5]
kontrastierender Komparativ II 183[4]
Konzentration II 707[1]–710; – bei Thuk. II 710[6]; – in der Wortbild. 430[3]
konzessiv; –er Gebr. des Opt. II 321[2]; –er Kupitiv II 322[6–7]; Imper. konzessiv II 340[6]
Konzessivsätze II 688[3–7]
Koordination von Sätzen II 613[3]. 631[8]–634
Koordinationsgruppen II 613[2]–619
koordiniert; zwei Ptc. – II 405[8]
Koppa 139[6]. 140[2]. 149, 2
Koptisch 151[6]; gr. Geminaten im Kopt. 231[6]; s. Wortind. 335 f.
Kopula II 188[7]. 189[1]; – nicht gebraucht II 65[1]; Nominals. mit – II 623[1] f.; – nicht wiederholt bei zus.gezogenen Nominalsätzen II 610[5]; Ellipse d. – II 624[3]; verbum finitum umschrieben durch ptc. mit – II 624[6]
kopulativ; Prädikativ –er Infin. II 367[2] f.; –e Komposita 452[6] f.; verbale – – 645[1]; –e verba II 16[2]. 624[4]
Kopulativkomposita 428[5]. 452[6] f.
Korinthisch 94[5] f.
Koronis 401[6]
korrelative Pronominaladverbia 619, 2
k/pelle Sprache 172, 3
Kraftausdruck 37[2.4], 2
Kraftwort 37[2], 2
Krasis 395[8]. 401[3.6–8] f. 403[8] f. 505[5], 10; Regeln der – 402[2]; Krasis in Kompos. 398[5]; -ο(ι)ε > ου 195[4]
Krates 7[1.3]
Kretisch 96[2]; –e lineare Schrift 141[2]. 142[3]
kretisch-mykenische Schrift 138[4] f.
Kretschmers Regel 259[6]
Kreuzung; s. Wortkreuzung
ξ; s. oben 176 ff.
kulturelle Sprachverwandtschaft 21[7]
Kulturgeschichte zur Erklärung syntakt. Erscheinungen II 7[3]. 11[1]
Kulturkreise d. idg. Völker 52[7–8]; Sprachkreise als Entsprechung der – 4[5]
Kulturseite der Sprache 24[3.4]
Kulturwandel; Sprachwandel Seite des –s 23[7]
künstliche Attizisierung 190[6]
Kupitiv II 320[1.5] f. 334[6–7]. 345[3.4]; – f. Wunsch II 321[2–5]; – als Verwünschung II 321[6–7]; – als Willensäußerung II 322[3–6]; konzessiver – II 322[6–7]; – in Nebensätzen II 322[7–8]; kupitiver Opt. II 137[7]. 138[2]; s. Optativ im engeren Sinne
kursive Schrift 148[5]
Kurzdiphthonge 191[7]-200. 346[6]–348
Kürze als ein χρόνος gerechnet 373[3]; – aus älterer Länge 228[5]; drei u. mehr aufeinanderfolgende Kürzen im Att. 239[7]; Kürzen der Vokale 180[5] ff.; – im Ngr. 180[6]; Kürzen u. Längen (ῐ ῠ) 349[7]–352; Längen wechseln mit – 346[6]; Kürzen bei Homer 228[4]; Kürze bei ξένος usw. im Ion. normal 228[5]; s. Kurzmessung, Kürzung
Kürze; Artikellosigkeit wegen Kürze II 24[5–6]
Kurzmessung 237[6]
Kurznamen 468[4]. 636[2] f.; ngr. – 637[1–2]
Kurzparenthese II 424[7]. 637[4]
Kurzpause als Zeichen der Hypotaxe II 636[7]–637[4]
Kurzprosthese II 706[3]
Kurzsatz; interjektionelle Kurzsätze II 618[1–2]
Kürzung 15[2]; metr. – 104[2]; – – bei Geminaten u. Vokalen 104[2]; – langer Vokale 278[3–5]; Vokalkürzung 279[3] f.; Kürzung von Langvok. 400[2.3]; – von ηι zu ei 201, 2. 202[6]; – von ωι zu οι 202[7]; – eines Langdiphth. vor Kons. 279[6]; – ausl. Langvok. vor anl. Vokal 400[2.3]; – eines langen Vokals vor Vok. 244[2]; – – vor -ντ- 664[5]
Kürzung von Appellativen 18, 1. 2. 426, 2. 501[1]. 637, 1; 'innere' Kürzung in Namen 636[3], 1; – – in ON 638[4]; s. Wortkürzung
Kurzvokale 180[5]–184. 338[6]–345; Kürzen und Längen ῐ ῠ 349[7]–352
kurzvokalischer Konj. 661[4]. 790[3], 3–791; – – in futur. Verwendung 780[2]; – – Aor. mit κεν II 351[5–6]
Kykladen; Ionisch der – 86[7] f.
Kyprisch 88[2–8], 1; hom. Wörter im –en 102[2]; –es Syllabar 138[8]. 139[1.5]; –e

Schrift 139^{5} f.; – Silbenschrift 138$^{6-7}$. 139^{1}. 141^{2}; – Glossen bei Hesych 88^{8}; s. Arkadisch-Kyprisch, Neukyprisch

Kyrene; Äolisches in – 47^{5}

Kyrenisch 95^{5}; Infin. auf -εν -ον im Kyren 410^{8}

Kyrillica 164^{6}, 1

Kyrillos 34^{3}

L

Labiale 179^{3}; die Labiovelare als – u. Dentale 5^{7}

labialisiert; s. Geräuschlaute

Labialisierung der Labiovelare im Äol. 370^{6}

Labiovelare im Lat. 55^{7}; – im Gr. 55^{7}. 70^{8}; Besonderheiten 298^{4} ff.; illyr. – 66^{7}. 67^{2}; – im Maked. 70^{8}

Lakonisch 93^{5}; s. Rhotazismus

Lallen 5^{2}

Lallnamen aus Kleinasien 60^{4}

Lallwörter 422$^{2.3}$. 558^{6}. II 61^{7}; – als Anredeformen f. 'Vater' u. 'Mutter' 568^{7}; Geminaten in -n 315$^{4.5}$; Reduplikation in -n u. Onomatopöien 422^{2}

Ländernamen mask. II 33^{3}; – auf -ῑᾱ 461^{2}

lang; -e Vokale 342^{2} f.; – – gekürzt 278$^{3-5}$; – – vor dunkeln erhalten 241$^{6.7}$; mechan. Zerlegung eines langen Vokals 105^{2}; Kürzung von langen Vok. 244^{2}; – – vor -ντ- 664^{5}; Wz. auf langen Vok. 741^{1}, 1; s. halblang, Langdiphthong, Länge, Längung

Langdiphthong 200^{4}–203^{6}. 347$^{7.8}$. 348^{8} f.; sekundäre -e 349$^{5.6}$; – aus Vok. + Diphth. 246^{8}; – vor Kons. gekürzt 279^{6}; – (ηι -ωι ᾱι) kurz gemessen vor Vok. 400^{5}; Weglassung des -ι im Langdiphth. 201$^{1.2.7}$, 1. 202$^{2.3}$, 1; ηι 176^{8}; ηι aus ᾱι 200^{6}; ηι $>$ ei 201, 2. 202^{6}; ωι 176^{8}. 200$^{5-6}$; ᾱυ 203$^{2.6}$; ηυ 203$^{2.6}$; ηυ aus ᾱυ 200^{6}; ωυ 203$^{2.6}$; s. die Langdiphthonge im Wortindex

Längen 184^{3}–191. 345^{2} ff.; Länge als zwei χρόνοι gerechnet 373^{4}; unsichere funktionelle Auffassung der Längen 346$^{4.5}$; – wechseln mit Kürzen 346^{4}; Kürze aus älterer Länge 228^{5}; – d. silb. Nasale u. Liquiden 171, 1; Längen von Vok. aus Vereinigung von Vokalen oder von Vok. u. fallenden Diphth. 246^{5}; – von Vok. unbezeichnet 230^{3}; – im Ngr. 180^{8}

Längezeichen 149^{3}

Längung kurzer Silbe vor Vok. 228^{1}; metr. – in d. Prosa 228^{5}

Langvokal 184^{3}–191. 345^{2} f.; – aus Langvok. od. Diphth. + Geminata 239^{2}; – beseitigt 239^{1}; ausl. – vor anl. Vok. gekürzt 400$^{2.3}$; Wz. auf – 741^{1}, 1; ῑ 15^{3}. 193^{7}. 201^{5}; ẹ̄ (geschr. ει) vor α, ο 193^{8}; unechte ē u. ō-Laute 191$^{2.3}$

langvokalische Reihen im Ablaut 359^{3}; -er Konj. 791^{4} f.

Laryngal h 179^{6}; semit. – 143^{1}

Lateinisch 157^{1} f.; Ähnlichkeit zw. Gr. u. Lat. 6, 1; Differenzen zw. Gr. u. Lat. 23$^{4-5}$. 58^{4}; das Lat. aus dem Äol. 6, 1. 57$^{6-7}$; lat. Grammatik 8^{5}; s. Genitiv, Italisch, Kasusform, Labiovelar, Lehnwörter u. Wortind. 313–327

Latinismen; phraseologische – 40, 1

Laut; Austausch von Lauten u. Formen 23^{1}; unvollkommene Nachahmung von Lauten 17^{7}, 1; Wort u. Laut 416$^{2.3}$; Laut für sich 416^{3}; Funktion d. Laute 169^{7}; Entstehung d. Laute 170^{4}; Einteilung d. Laute 170^{4} ff.; – – nach Dionysios Thrax 173$^{4-8}$; silbischer – 170^{8}. 171^{1}; unsilb. – 170^{8}; stimmh. u. stimml. – 170$^{5-7}$; Qualität, Quantität, Intensität d. Laute 173^{1}; Laute d. Gr. 178–234; Herkunft d. gr. Laute 290–371; Übersicht der gr. Laute 369; relative Häufigkeit d. einzelnen – 180$^{1-3}$; Tendenz zur Verengung d. Laute 232$^{2.3}$; Laute d. Idg. im Gr. vertreten 368; gr. Laute in osk. Schrift 156^{6}; osk. Laute in gr. Schrift 156$^{6-7}$; s. Geräuschlaut, Gleitlaut, Klangwirkung, Konsonant, Lehnlaut, Schnalzlaut, Sonorlaut, Übergangslaut, Verschlußlaut, Vokal, Zitterlaut

Lautbewegung; Richtung d. – dieselbe 13^{4}

Lauteinschub 45^{2}; – von γ 125$^{4.5}$; 209$^{4.5}$

Lautentsprechung 42^{5}; -en d. Idg. von Pott beobachtet 12^{5}

Lautentwicklung 13^{6}. 37^{5}

Lauterscheinungen d. Gr. 234^{4}–289; allgem. – 234^{4} ff.; spontane – 16^{4}. 234^{6}; sprunghafte – 16^{5} (s. Assimilation, Dissimilation, Metathese); relative Chronologie d. gr. – 370^{1} f.

Lautersatz für υ 183^{7}

Lautgeschichte 14^{7}

Lautgesetz 13$^{3.4}$–19. 15, 1. 16, 4; Theorie des Lautges. 19^{3}; – als method. Forschungsprinzip 17^{1}; Lautgesetze mit Naturgesetzen unberechtigt verglichen 13$^{5-6}$; – nach Zeiten, Orten, Sprachen 13^{7}; – nicht zeitlos und nicht für alle Sprachen u. Mundarten 13^{6}; nicht verschiedene – f. Subst., Verba usw. 16, 1; Durchbrechung d. – 14$^{5-7}$; Leugnung des Lautges. 19^{2}; Erblichkeit der Lautges. 21^{5}; Lautges. u. Analogie 13^{3}. 19^{6}. 21, 2; Ausnahmen d. Lautges. 14$^{6-7}$. 16^{5}. 20^{5}; scheinbare Ausnahme 17$^{1-2}$; Ausnahmslosigkeit d. – 16^{5}. 18^{6}. 19$^{2-6}$; Lautges. u. Etymol. 15, 1; – u. falsche Etymologien 14^{7} f.

Lautgestalt 15[4]
Lautlehre 169[1]; – als Grundlage f. die Erforschung des Formenbaus u. a. 13[2]; Voraussetzungen f. Laut- u. Formenl. 11[4] ff.; Erklärung d. Flexionsformen auf d. Lautl. beruhend 13, 1; Etymol. als Hilfsdisziplin d. – 25[6]; Lautl. d. Griechen 173[4] f.; – d. Gr. 169–414
lautliche Entwicklung 19[5]; –e Analogie 21[1]; –e Veränderungen 21[3.4]; Erklärung d. – – 21[3–4]; Anomalie auf –em Wege 20[7]
Lautneigung 13[4]
Lautnorm historisches Kriterium 18, 3
Lautphysiologie 13[1]; s. Phonetik
Lautregeln als Grundlage f. Neckereien zw. den Angehörigen verschiedener Mundarten 13[8] f.
Lautschrift; gr. – 142[2.4]
Lautsymbolik 37[3]
Lautsystem; idg. – 365[2] ff. 835[1]; das idg. – und dessen Vertretung im Gr. 365[2]–371; alt- u. ngr. – 178[4]–180; – d. Lyd. u. Lyk. 65[1]; s. Konsonanten-, Vokalsystem, Laut. Lauterscheinungen
Lauttendenz 13[4]
Lautumstellung; s. Metathese
Lautung 15[2]; Änderung d. – 15[2]; dor. – im Ngr. 121[4]; s. Restlautung
Lautveränderung; dissimilator. – 257[7] ff.; – – von Kons. 258[5] f.
Lautverlust; dissimilator. – 259[5]–262
Lautwandel 13[4]. 43[5]; Bedingungen des –s 15[3]; regelmäßiger u. sporadischer – 12[5]; spontaner – 16, 4; analog. Durchbrechung od. Aufhebung eines Lautwandels 16[6]; Ausbreitung eines – 18[2]; – – durch Analogie 18, 3; Erklärung von Ausnahmen d. Lautwandels 15[3]; Ergebnis eines – kenntlich 21[3]; s. Nachahmung
Lautwechsel 45[2]; s. Wechsel
Lautwegfall 45[2]; s. Wegfall
lebende Sprache 36[2–3]
Lebensäußerung; Verba f. –en II 76[5]
leblos II 29[5] f.
Lehnbedeutung 39[4]
Lehnbeziehungen d. Idg. 41[7]
Lehngedanke 39, 6
Lehngut 39, 6; – einer Spr. 9[2]
Lehnlaut 39, 6
Lehnsuffix 39, 6; –e 455, 2
Lehnwörter 38[6]; Methode d. Untersuchung 38[6–7]; – d. Mittel- u. Ngr. 38[7] f.; – d. Gr. Bedarfslehnwörter 39[2]; das Gr. nicht mit Lehnwörtern durchsetzt 39, 1; Lehnwörter im Gr. u. Lat. aus dritter Spr. 58[3]; ägä., lat., oriental. – im Agr. 39[1]; thrak.-phryg. – im Gr. 68[3]; gr. Lehn- u. Fremdwörter in oriental. Sprachen 124[2.3]; Akzent d. Lehn- u. Fremdwörter 395[3–5]; s. Bedarfswörter, Bedeutungslehnwort
Lehre; s. Akzentlehre, Buchstabenlehre, Formenlehre, Kasuslehre, Lautlehre, Moduslehre, Satzlehre, Wortgruppenlehre
Lenis 170[7]
Lesbisch 90[1]; – u. Thess. 89[7]; Geminata im Lesb. 282[5]; lesb. Enklise 383[7]; s. Barytonese
Lettisch 49[7]
Lexicon Cantabrigiense 34[4]; – Vindobonense 34[3]
lexikalische Unterschiede zw. Böotern u. Attikern 30[7]; – Beziehungen des Gr. zum Ar. Phryg. Arm. 56[6]; -e Hilfsmittel d. Ngr. 35[7]
lexikalisch-etymologische Beobachtung 5[4]
Lexikographie 29[1]; gr. – 29[2]. 33[4] ff.; Aufgabe d. – 29[7] ff.; Anfänge d. nationalgr. – 33[5–6]; s. Anordnung, Bedeutung, Etymologie u. etymologisch, Glosse, Konsoziation, Lexikon, Onomastikon, Thesaurus, Wörterbuch, Wortform, Wortforschung
Lexikon 33, 1. 270[5]; Lexika 34[3]; alphabet. – d. Kaiserz. 34[1]; – d. Mgr. 35[7]; genet. Anordnung d. Artikel 30[8]; chronolog. Anordnung d. Belegstellen 30[5]; vollständige od. ausreichende Belege 31[5–7]; Verbreitung des Wortes 31[7]; Bedeutungsunterschiede 31[7]; Anordnung d. Bedeutungen 31[4.7]; gesicherte etymologische Beziehungen innerhalb d. Gr. 31[4]; s. Hesych, Suidas, Onomastikon, Thesaurus, Wörterbuch
Lexilogus (von Buttmann, Bechtel) 44[2]
Libysch 153[1]
licentia poetica 103[5]
Liddell-Scott 35[2]
Ligurisch 50[4]
limitatio; acc. limitationis 84[1]
limitativer Infin. II 378[4] ff.
Lineallinguistik 19[2]
linear II 252[5]; kret. –e Schrift 141[2]. 142[2]
linear-perfektiv II 253[1]
Linearschrift 138[5.6.8]. 139[3]
Linguist; keine –en unter Alexander 6, 1; Linguist u. Philologe 24[7]. 25[1.6]; s. Sprachforscher
Linguistik; s. Sprachwissenschaft, Lineallinguistik
Liquidaversetzung 268[8]
Liquiden 211[8]–213; – r, l, ῥ 179[3]; – u. Nasale 308[7] ff. 368[4]. 369[4]; silb. –171[4]; silbenbildende – 368[8]; muta cum liqu. 237[3–5]; Stämme auf Liqu. 553, 4. 567[3]–569; Suffixe mit – 480[5] ff.
Litauisch 49[1.7]; –er Schleif- u. Stoßton 382[1.2.4]; s. Wortindex 299–301
literarische Dialekte 7[7]. 101[2]; – gr. Dialekte 76[3]
Literatur; lebende Spr. u. – 36[2.3]; Umgangsspr. u. – am Ende des Altertums 131[5]; vulgärsprachl. – 132[7]. 133[1]; ngr. volkssprachl. – 133[1.4]; s. Bibliographie
Literaturprosa; vorhellenist. – 112[4]–116

Literatursprache 24[3]; vorhellenist. –en 100[5]–116
Litotes II 184, 4
littérature orale II 275[3]. 286, 0
lockere Gedankenführung II 703[6]–706
locus; gen. loci 29[3]
Logik; Syntax in den Fesseln d. – 12[3]; – in der Syntax II 7[2]; s. Sprachlogik
logisches Denken in d. Spr. II 7[2]
logisch-grammatische Kasus II 55[3.4]
lokaler Prosekutivus 163[2–5]; s. Lokalsätze
Lokalis; s. Lokativ im engern Sinne
Lokalkasus; echter Dat. aus – II 138[7], 2
lokal-konkrete Kasus II 55[3]
Lokalsätze II 647 f.
Lokativ 549[5]. II 56[4]. 154[1]–159; – im engern Sinne II 154[6]–158; endungsloser – II 154[3]; – verdeutlicht durch ἐν, μετά II 155[6.7]
lokativischer Infin. II 359[8]. 360[1–2]
Loslösung des Nebens. II 689[1–2]
Lukian 131[2]
Luwisch 65, 1
Lydisch 64[7–8]. 65[1]; s. Wortind. 334
Lykisch 50[4]. 62[8]. 64[7–8]. 65[1.2]. 152[6–7]; s. Wortind. 335
Lyrik; Sprache der – 109[5] f.
Lysias 37[6]

M

Magyarisch; s. Wortind. 338
maiestas; pl. maiestatis II 45[6]. 243[6.7] f.
Makedonen 69[6]. 154[2]. 162[4]; die – eins mit den Doriern 69[7]; Attisch bei den – 70[8]. 76[3]
Makedonisch 69[2]–71. 824[3–4]; – eine Kentumsprache 70[8]; Vokalentfaltung im –en 69[5]; Vertauschung von *o* u. *u* 69[5–6]; *a* aus *ai* vor Kons. 70[4]; *ai* im An- u. Inl. 70[4]; – im Konsonantismus kenntlich 81[3]; b d g für gr. ph th kh 69[3]. 70[1–2]; die Labiovelare im Maked. wie im Gr. 70[8]; Prothese im – 412[7]; der maked. Wortschatz ist gr. 69[4]; maked. Glossen 33[7]; Übereinstimmungen des Maked. mit dem Thess. 69[4–5]; – – mit dem Dor. 69[5]; maked. -ῆ = gr. -ήρ 70[4]; s. Wortind. 329
Maniatisch (Maniotisch) 94[1–2]
männlich; Feminina als –e Namen II 37[4]
mansiv; konfektiv-mansiv II 253[1]
Maskulinisierung von urspr. Feminina 561[3] f.
Maskulinum II 28[4]; Namen d. Flüsse, Winde, Monate – II 33[2]; – u. Femin. II 30[6]–36
Maßangaben appositiv II 616[1–2]
Material; Verlebendigung des toten Materials 9[2]; – d. vergl. idg. Sprachw. 12[4]; – d. Sprachvergleichung 24[6]; s. Namenmaterial, Sprachmaterial
Mauropus 34[5]. 820[6]
Media-Pf. 771[6]. 772[2.3.7]
mediae (β δ γ) 169[5]. 207[5] ff.; Wechsel zw. – u. tenues 62[8]. 332[8] f.; – zu tenues assimiliert 408[2]
mediae aspiratae 366[2]; – – zu tenues aspir. 58[2]. 62[8]. 297[1]. 370[5]; illyr. – – 66[7]
medial; –es Verb II 2; –e Verbalendungen 667–672; –e Formen passiv gebraucht II 236[5]; –es Fut. 787[4] f.; –e sigmat. Aoriste 749[3]–756; –e Aoriste passiv gebraucht II 239[4]; –es Pf. II 263[4]; aktiver Imper. med. Verba II 224[7]. 225[6]; –er Infin. 809[3–6]; med. Komposita zu akt. Simplizia II 233[3]
Medialendungen 667[3]–672
Medialformen mit nur passiver Bed. II 237[3]
mediopassives Pf. 639[6]; Verlust d. –en Pf. im Ngr. 779[3]; das –e Pf. im Ngr. verloren 779[3]
Medisch 153[3]
Medium II 223[2.3], 2. 224[4.6]; – im Ngr. erhalten II 235[3–6]; – im Präs. II 227[4–5]; Pf. medii II 237[4], 1; intr. Media entsprechend trans. Aktiven II 230[2–6]; trans. Media – – – II 230[7]–232; reflexiv – kaus. Med. II 232[1–2]; intens. (dynamisches) – II 232[3]; Verwechslung von Akt. u. Med. II 234[3] f.; Media u. Aktiva als Reciproca II 233[3–8]; indir. reflex. Medium II 236[3–4]; pass. Auffassung des Med. II 236[6]; Passiv durch das Med. ausgedrückt II 224[1]; media tantum II 228[4] ff. 232[4]. 233[4]; – – in pass. Funktion II 238[7]; trans. – – passiv gebraucht II 240[3]
Megarisch 95[3]
Mehrheitsbegriff II 39[4]
Mehrsprachigkeit 23[6]
Mehrwortsätze II 622[2]–624; – mit Subjekts- u. Prädikatswort II 622[5]–624; – ohne Subj.- od. Prädikatswort II 624[7–8]; – durch Ellipse entstanden II 622[4]; – ohne Subj.- od. Prädikatswort durch Ellipse der Verbalform entstanden II 624[7–8]
Melanchthon 8[6]
Melos dorisch 95[5]
Menandros 127[6]. 128[1]; Attizismen bei – 127[8]
Menschennamen 635[1–2]. 637[4]
Menschensprache 5, 2
menschlich; Verschiedenheit d. –en Spr. 5[7]
μέρος; s. σχῆμα καθ' ὅλον καὶ μέρος
Mesothese II 706[1.4]
Messapisch 66[7]. 824[1]; s. Wortind. 312 f.
Messenisch 94[2–3]
Messung; s. Kurzmessung

μεταχαρακτηρισμός 148[2]
metaptotischer Aorist II 261[1], 1
Metathese 45[2]. 289[3.4]; scheinbare – 267[8]; Distanzmetathese 267[8] f.; quantitative – 85[7]. 228[8]. 245[4] f.; reziproke – 266[5] f.; Qualität u. Quantität ändern sich bei – 246[5]; metr. Ausnutzung d. – 104[2]; – von Geminaten 268[3]; s. Fernmetathese, Vokalmetathese
Methode; vgl. – d. idg. Sprachw. 12[1]; – d. sprachwissenschaftl. Arbeit 9[2]; geschichtlich-vergleichende – 9[1]; sprachwissenschaftl. Rekonstruktionsmethode 25[2]
Methodologisches 11[4] ff. 24[2] ff. 26[4] f. 820[2–4]
Metrik; – geht frei mit d. Quantität um 392[4]; neue – 394[4.5]; byz.-ngr. – 394[6]; Quantität f. agr. – maßgebend 376[2]; Nachwirkung des anl. ϝ in d. – 228[8] f.
metrische Dehnung 103[6]; – Längung in d. Prosa 228[5]; – Kürzung 104[2]; – – bei Geminaten u. Vok. 104[2]; – Epanalepse II 614, 1. 615, 4; – Ausnutzung d. Metathese 104[2]; – – d. Vokalprothese 104[2]
Metronymika 635[1]; – auf -ίδης 509[3]
Minuskelschrift 148[5]
Mischformen; dial. – 190[4]
Mischung; sprachl. -en 77[2]; Mischung von Altem u. Jungem 89[2]; -en im ältern Att. 88[1]; – von Verben auf -άω u. -έω 729[1]; – von Präp. II 434[4]; – von direkter u. indir. Rede im Personengebr. II 638, 1; siehe Deklinationsmischung, Kasusmischung, Sprachmischung
Mitanni; s. Wortind. 335
Mittelgriechisch; Material f. d. Gesch. d. -en 8[3]; Lexika des – 35[7]; neues Wbuch d. – 35, 2; Lehnwörter des – 38[7] f.; Pf.bildungen im – 779[1–5]; Schwund d. akt. Pf. im – 779[2–3]; mgr. Syntax II 3[4]; s. byzantinisch, Mittel- u. neugriechisch, Dativ
Mittel- u. Neugriechisch; Kennzeichen d. – -en 129[6–7] f.; – -e Syntax II 7[6]
mixtus; aoristus – 788[3–4]
modal; -er Gebr. d. Infin. 639[5]; -er Gebr. d. Infin. verschwand im Spätagr. 809[6–7]; Indik. modal gebraucht II 344[7]–354
Modalpartikeln II 305[5] f.; Wiederholung einer Modalpartikel II 306[2], 1; – mit Potential II 324[2.3.6.8]; prospektiver Konj. ohne u. mit – II 312[3]; Ipf. u. Indik. Aor. mit – II 347[3–7]; Indik. Prät. mit – II 353[1]; – – ohne Partikel II 352[6] f.
Mode; sprachliche – 37[4]
Modernisierung d. hom. Textes 102[7] f.
Modus; Modi 416, 1. 640[2]. 789[6]–804; II 302[6] f.; urspr. idg. – 645[5–6]; Modi im engeren Sinne 641[3–6]. II 303[1]; Tempora u. Modi 672[6]–804; modus obl. 641[5–6]; – irrealis II 303[7]; die Verwendungen d. Modi berühren sich öfter II 625[2]; Negation mit – II 305[3–4]; s. Ersatzmodi
Moduslehre; Voraussetzungen II 305[2] ff.
Modusstamm 641[7]
Modussuffixe 789[6–7]
Modusverschiebung in Nebensätzen II 639[1–3]
Moiris 34[4]
momentan II 252[6]
Monatsnamen II 33[2]; – auf -ιών 82[2]
Monogenese der Sprachen 4[5]. 819[4]
Monophthongierung 191[6]. 234[7]; att. ᾱ für ᾱι 201[3]; αι (= ε, η) 195[2.6]; ει > ῑ 193[4.5]; οι 195[2.6]; -ᾱι -ηι -ωι > -ᾱ -η -ω 202[4.5]; att. ω für ωι 201[3]. 202[7]; υι > υ 199[4–6]; ου 197[1]
monophthongische Ausspr. von αι, οι 194[2.5.6]. 195[2.6]
Morengesetz mißachtet 389[3]
morphonologie 263, 1
Moschopulos 34[3]
Motion II 30[6]; – des Adj. 542[4] f.
mots accessoires; s. Formwörter
Mouillierung von λ 212[6]; – – ngr. 213[1]. 217[7]
multiplikative Zus.rückung 594[6]
Mundart 99[1] f.; Allgemeines 96[5] f.; – in Dichtung usw. verwendet 23[3–4]; Schriftspr. aus – 23[2–3]; s. Dialekt
Mundartstudien II 10[6]
Murmellaut μῦ II 599, 2. 601[1]
musikalische Betonungsweise d. Gr. 72[6]; Verlust d. -en Betonung 129[7]; – Formung des Satzes II 698[4–5]; -e Zerdehnung 197[4]
muta cum liqu. 237[3–5]
mutierte Komposita 429[3]
mysische Inschr. 68, 2
Mythologie; s. Wortmythologie

N

Nachahmung; unvollkommene – 17[7]; – maßgebend f. d. Lautwandel 18[3]; analogische – 21[1]
Nachbildung 39[6]
Nachdruck II 189[2]; stimmlicher, gedankl. – im Satz 16[1]; – d. Akzents II 186[4]; – bei den Personalpron. II 186[5]. 187[6]; Infin. ohne – II 189[2], 1
nachdrucksloses Element 16[3]
nachklassisch; Opt. in -er Zeit II 337[5] f.; Infin. – – II 383[7] f.
Nachstellung d. Vokat. II 60[1.2], 5; – von Präp. II 420[1]. 425[3.4]; – d. Obj. II 694[1–2]
Nachträge I 819–842. II 713 f.
Namen 248[2]. 412, 1. 421[6] ff. 441[4]. 448[7] f. 451[2]. 475[1.2]. 526[2]. 533[5]. 558, 1. 566[4].

567[1]. [7]568[4]. 572, 3. 580[2]. 633[4]–638; 636[5]. 637[7], 4; 'sprechende' – 509[6–7]. 635[5]; theophore – 637[7]; – der Flüsse, Winde, Monate mask. II 33[2]; – von Seen fem. II 33[2]; – abgeleitet von Namen von Göttern, Festen, Tagen 637[5]; kompon. Appellativa als – 637[6]; soziale Unterschiede der Namen 637[5], 3; fremde – mit ζζ att. 218[3]; fremde – Fremder 637[6–7]; – – volksetymologisch behandelt 42, 5. 637[7] f.; 'innere' Kürzung in Namen 636[3], 1; Verdrehung von Namen 635[6]; – nach Sexus II 37[4]; Feminina als männliche – II 37[4]; weibl. – aus Neutra syntaktisch f. II 37[6]; illyr. – 66[1]; kleinas. – 60[4] f.; s. Familien-, Fest-, Fluß-, Frauen-, Geräte-, Gesamt-, Götter-, Gruppen-, Hetären-, Imperativ-, Insel-, Kurz-, Länder-, Menschen-, Monats-, Orts-, Personen-, Quellen-, Satz-, Schiffs-, Spitz-, Städte-, Tier-, Verbalsatz-, Verwandtschafts-, Völker-, Vollnamen

Namenänderung 635[6]

Namenbildung; Genus in der – II 37[3] f.

Namenkomposita 635[5]

Namenmaterial 32[2]; s. Sprachmaterial

Namensuffixe 455 ff. 634[4–5], 3

Nasale 179[3]. 211[8] ff. 213[7]–216. 308[7] ff. 368[4]. 369[4]; gutturaler Nas. 141, 1; silbische –e 171[4]. 368[8]; –e aspiriert 212[1]; Nas. vor Verschlußl. bleibt 214[4]; – schwindet vor φ ϑ χ 216[2]; Ausfall des Nasals im Ngr. 130[1]; Assimilation des Nas. an folgenden Verschlußl. 214[3.4]; Nas. vor Verschlußl. unbezeichnet 139[2]. 214[1.2]; Suffixe mit Nas. 480[5] ff.; Stämme auf – 553, 4. 567[3]–569; Präs. mit – in d. Wz. 699[5] f.; Präsensbild. ohne – 700[1–5]

Nasalierung 288[2]; unorganische – 123[5]; expressive – 692[7]

Nasalpräsentien 690[4]–701[4]; Typen von – 690[7] f.; Kompos. bei – 691, 5

Nasalreduktion 214[6.7]

Nasalverlust vor Spirant u. vor ξ, ψ 335[4]

Nasalvokale 171[4.7]. 342, 3. 368[8]

Nationalgrammatik; gr. – 8[1]; Gesch. d. – – fehlt 10[5]

Nationalgrammatiker 8[7]

nationalgriechische Lexikographie 33[5–6]

Naturlaut βῆ 291[4]. II 599, 2

Naturseite d. Sprache 24[3–4]

Naturvorgänge; Verba f. – II 76[6]

Nebenakzent; s. Akzent

Nebensatz II 619[6]; Begriff d. –es II 636[6]; Einleitung von Nebensätzen II 646[7]; Kriterien f. Nebensätze II 635, 4; hervorhebende Voranstellung II 696[4]; Entwicklung II 636[2]; voll entwickelte – II 634[7–8]; – d. höheren Ordnung II 636[5]; Vorstufe wirklicher – II 635[1]; – aus Hauptsätzen II 304[7]; Verselbständigung von –en II 688[7] f.; – gleichwertig mit Satzgliedern II 639[5]; Loslösung des Nebens. II 689[1–2]; Nebens. mit ὅτι, πῶς, ἵνα II 384[2]; – mit νά im Ngr. II 634[5]; reiner Nominals. in Nebensätzen II 624[1–3]; fragender Nebens. II 628[1]; Nebensätze in Frageform II 629[7] f.; Nebens. an Stelle einer Infin.konstruktion II 705[3]; Nebensätze bei Xenoph. II 711[2]; prospektiver Konj. in Nebensätzen II 311[6]; Kupitiv in – II 322[7–8]; Modusverschiebung in – II 639[1–3]; s. Wortfolge

Nebentempora II 306[4]. 307[1]

necessitas; ptc. necessitatis II 149, 7

Neckerei; s. Lautregeln

Negation II 555[7]. 590[8]–599; Stellung d. – II 596[3–6]; prohibitive – II 594[2]; hypercharakterisierende – II 597[7] f.; affirmative Wirkung von –en II 598[1]; Häufung von –en II 597[7] f.; Folge von zus.gesetzten – verstärkend II 598[2]; Verstärkung von – II 598[6]; Wechsel von οὐ u. μή II 595[7]; οὐ u. μή als Wort– II 597[3]; ellipt. οὐ u. μή II 596[6] f.; Partikeln vor – II 596[3–4]; – mit Modi II 305[3–4]; Wunsch mit – II 625[7]; s. Wortnegation

Negationspleonasmus II 598[1], 1

negativ; Konjunktiv – II 310[6–7]

negiert; Infin. mit Art. – II 370[1]; οὐ nach negiertem Komparativ II 598[5]

Neigung; s. Ausgleichsneigung, Lautneigung

néogrammairiens; s. Junggrammatiker

neolinguistica 19[4]

Neubildungen im Gr. 58[4]; –ung athemat. Präsentien 814[1–2]

neuere Sprachen 20[2]

Neuerung; fremder Einfluß in syntakt. – II 12[4]

Neues Testament; Spr. des NT 126[3–5]; Synonyma d. NT 33[2]; syndetische Parataxe II 634[3], 1

Neufunde von Material 32[4]

Neugriechisch 3[6–7]. 84[3]. 118[4]. 119[2–3]; ngr. Schriftspr. 133[1]; ngr. gespr. Spr. 133[2]; ngr. volkssprachl. Literatur 133[1.4]; ngr. Volksspr. in d. Wissenschaft 133[5]; ngr. Umgangsspr. 4[2]; gebildetes – 133[6]; ngr. Sprachfrage 133[3]. 134[3–4]; Unterschiede zw. Koine u. Ngr. 130; keine Quantitätsunterschiede im Ngr. 178[7]; ngr. Dialekte 125[2–3] f.; Altertümlichkeiten in ngr. –en 125[4–5]; ngr. Wörter 40[4]; – – in unbezeugten agr. wurzelnd 32[3–4]; Lehnwörter d. Ngr. 38[7] f.; Fremdwörter im Ngr. 130[4]; ngr. Lautsystem 178[4] f.; ngr. Syntax II 3[5]. 7[6]; syntakt. Kategorien im Ngr. II 12[4] f.; s. auch Akzent, Artikel, Augment, Aussprache, Dativ, Deklination, Dialekt, dorisch, Elision, Enklise, Flexion, Futur, Geminaten, Genitiv, Gradation, Imperativ, Irrealität, Kasus, Kondizional, Konjunktion, Konjunktiv, Kontraktion, Lautung, Medium, Metrik, Mittel- u. Neugrie-

chisch, Nebensatz, Parataxe, Partizip, Pause, Perfekt, periphrastisch, Personalsuffixe, Präsens, Prohibitiv, Psilose, Reduplikation, redupliziert, Spätgriechisch, Spiranten, Suffix, Synizese, Verbalendung, Vokalschwund, Wörterbuch, Wortschatz
Neukyprisch 88$^{7-8}$, 1
neutraler Pl. bei Mask. 581$^{4-5}$
neutrische Bezeichnungen II 33^{4}; – Plurale kollektiv II 43^{2}
Neutrum II 29; genus – II 28^{4}; heteroklit. Neutra 517$^{2.6}$ ff.; Frauennamen Neutra II 37^{5}; Akk. der – II 87$^{2-3}$; – ohne Pluralform II 39^{3}; Nom. Akk. Pl. neutr. mit sg. Verb konstruiert 582$^{1-2}$; pronominale Neutra II 604$^{4-5}$; substantiviertes Neutr. als Prädikativ II 605^{7}; adjektiv. – als Prädikativ II 605^{8}
nichtaffektische Satzarten II 626^{7}–627^{1}
nichtgeschriebene Übergangslaute 277^{4}; – Sprachen 6, 1
nichtindogermanische Sprachen 4^{4}; s. Wortind. oben 334–338
Nicht-Vollendung II 249$^{4.5}$; 250^{2}. 252$^{1.2}$
Nomen II 11$^{3.6-7}$. 14^{4} f. 18 ff.; ungleichsilbige Formen des Nomens 563^{1}; sigmat. Bild. von Nomina 569$^{5-7}$, 8; nomina acti 422^{5}; – actionis 422^{5}; – – mit Akk. II 74^{1}; – agentis 422$^{4.5}$. 706^{3}. II 355$^{3.5}$. 356^{2}. 384^{6} f.; Numerus des Nomens II 355^{4}; Dual bei Nomen II 46^{4} f.; Präpositionalkonstruktionen von Nomina abhängend II 434^{6}; s. Numerus, postverbale, Schallnomen, Verbalnomen, Wurzelnomen
nominal; –e Defektivität 584^{5} f.; – Determination II 18$^{7.8}$. 19 ff.; – Indetermination II 19 ff.; -er Dual 557. 565, 5. 588 f. 599 ff. II 40; –es genus II 27$^{7-8}$–38; – – im Ngr. II 38^{5}; –e Kongruenz II 602^{4}; –er Numerus II 38^{6}–52; –es Prädikativ II 693^{5}; –e Ruf- u. Anredeform II 59^{7}; –e Stammbildungssuffixe 455^{4}, 1; –e Suppletion 582^{4}, 2–584. 816^{5}; –e Formen des Verbs 640^{1}; Infin. – 805^{6}
Nominalbildungen des Verbs 804^{6}, 5
Nominaldeklination 74^{4}. 544^{4} ff.; ngr. – 585^{6} f.
Nominalisierung von Adverbialien II 416^{5}f.
Nominalkasus; Präp. aus – II 435$^{1-2}$
Nominalkomposita 427$^{5.6}$, 4 f. 441^{1} ff. 455^{1}; Bed. d. – 452^{5} ff.; Form d. – 431^{2} ff.; gewisse – reine Nominalsätze II 624^{6}; – mit ἐξ II 461^{6} f.; – mit ἀγχι- II 548$^{1-2}$; – mit κάτω II 536^{7}; – mit ὀπισθο- II 540^{7}; s. hypostasierte Nominalkomposita
Nominalkomposition 425^{5} ff. II 11^{4}; Anschauung d. Paarigkeit II 12^{6}; Vorderg1. II 39^{6}
Nominalsatz II 65$^{1.2}$; reiner – II 623^{1} f.; reiner – in Sentenzen II 623^{4}; reiner – b. Adjektiven II 623^{6}; reiner – in Nebensätzen II 624$^{1-2}$; – – – in Koine u. Ngr. II 624$^{2-3}$; Nominals. als Antwort II 631^{6}; prosthet. – II 617, 2; Verbalapposition aus prosthet. – entstanden II 618, 1; Nominals. mit Kopula II 623^{1} f.; – in Formeln II 623^{5}; Kopula bei zus.gezogenen Nominalsätzen nicht wiederholt II 610^{5}; Infin. ohne Art. im Nominals. II 366$^{5-6}$; Nom. d. Personalpron. im – II 188$^{6.7}$; Nominalsätze mit mehreren Subj. II 611$^{5-8}$; s. Kopula
Nominalsatzkomposita 454$^{2-5}$, 1
Nominalsuffixe 455^{1} ff.; – nach Bed. 543^{4}f.
nominal-verbale Kongruenz II 602^{4}
Nominativ 547^{4}. II 54$^{2.3}$, 2. 56^{4}. 58^{7}. 64^{4} ff.; Sonderstellung d. Nom. Sg. im Gr. 56^{3}; Nom. als Vokat. 567^{5}, 2. II 26^{3}. 59^{3} ff. 63^{2} f.; – mit Art. vokativisch II 63^{6}; Akk.form als Nom. 564^{1}; – als Adv. 620$^{3-5}$; Vermischung von Nom. u. Akk. Pl. 563 f.; Apposition im Nom. mit d. Art. II 26, 4; Stammform als Nom. Sg. II 59^{6}; Nominative d. Pl. u. Du. als Vokative II 59^{7}, 3; Nom. d. Neutra als Vokat. II 60^{1}; Nom. neben Imper. II 63^{7}; – Kasus d. grammat. Subj. II 64^{4}; – nach regierendem Transitiv II 66^{2}; isoliert emphat. – II 66^{7}; – d. Personalpron. im Nominals. II 188$^{6.7}$; – eines Ptz. statt obl. Kasus II 705^{4}; s. nominativus
Nominativdehnung 563^{1}. 578^{7}
nominativischer Infin. II 366^{2} f.
nominativus; – absol. II 65$^{6.7}$. 403^{3} f. 407^{3}. 705^{6}; zweigliedriger – – II 403^{7} f.; – pendens II 65^{7}. 66$^{6-8}$
Nordionisch 86^{5}; äol. Sprachelemente im –en 86^{5}
Nordwestgriechisch 76^{7} . 97^{5}, 3; – im engeren Sinne 92$^{2-6}$; – Dorisch 91^{7} f.; nwgr. – dor. Schichten 76^{7}. 91^{7}–96
Norm; s. Lautnorm
Normalausspr. d. Gr. 174–177
Normalform 7^{7}
Normalgriechisch 75^{7}
Normalisierung d. Spr. 18^{1}
Normalstufe; s. Grundstufe
nota substantivi II 25^{3}
Numerale 586^{6}–599; das Wort f. 'halb' 599^{3}; kein idg. – für 1 II 40^{7}; Numeralia 1–4 588 ff. II 35^{2}; Einfluß eines duodezimalen Systems 592, 4. 840^{6}; Numerus durch Numerale gegeben II 41^{2}; pythag. Deckwörter f. Zahlen 587, 2; additive Zus.rückungen 594$^{1-3}$, subtraktive 594^{4}, multiplikative 594^{6}; s. Bruchzahlen, Distributivverhältnis, Kollektiva, Ordinalia, Quotientiva
Numerus 259^{3}; – nicht die älteste Kategorie II 18^{5}; – gemeinsam dem Nomen u. Verb II 17^{2}. 355^{4}; nominaler – II 38^{6}–52; – gegeben durch Numerale II 41^{2}; verbaler – II 242^{5}–244; Inkongruenz im – eines Ptz. II 603^{4}; Imper. ohne Numerus-Unterschied 657. 798 f. II 59^{7}; s. Dual, Plural, Singular

O

o-Laute 281^{4}; *o*-Stämme kontrahiert 554^{7}, 4; s. Wortindex
Objekt; Akk. d. Obj. II 67^{4}. 70^{5}–83; Akk. des inneren – II 71^{3}. 74^{2}–78; affiziertes u. effiziertes – II 71^{1} ff.; Gen. u. Akk. wechseln als – II 106^{1}; – ans Prädikat anschließend II 693^{7} f.; Nachstellung des Obj. II 694$^{1-2}$; Zwischenstellung d. – II 694 ^{2}; Voranstellung d. – II 694$^{2-3}$; Ellipse d. – II 708^{1}
objektiver Genitiv 121^{4}
Objektsresultativum II 263, 3
Objektssätze II 645^{3}
obliquus; cāsūs -ī 6^{2}; Nom. eines Ptz. statt cas. obl. II 705^{4}; modus – 641$^{5-6}$; reiner obl. 641^{6}. II 337^{1}, 1 (s. auch opt. futuri); conj. – II 319$^{1-3}$. 334^{5}; opt. – II 304^{8} f. 309^{6}. 312^{2}. 319^{1}. 320^{3}. 331^{2}–336. 333^{7} f. 335^{8}. 338$^{2.4}$. 639$^{1-3}$; – – des Finalsatzes II 323^{4}
oboedire; verba oboediendi II 95^{4}
offen; urgr. –e Vokale 72^{2}; offener e-Laut (*ǟ*) 145^{6}; ę offener Vok. 172^{1}; –e Ausspr. des ε im El. 181$^{1.2}$; η = offenes e 186^{5}; –e Silben im ältesten Gr. 237$^{2.3}$; –e Silbe st. geschlossener 237^{7}; überoffenes *ä* d. Züricher Mundart 22^{5}; -es η el. 185^{1}; η = überoffenes *ä* 185^{3} 186$^{2-4}$. 189$^{4.5}$
οι; s. oben 178
ωι; s. oben 269
okkasionelle Wortfolge II 691^{4}. 692^{1}, 1. 697^{1}
ὅλον; s. σχῆμα καθ' ὅλον καὶ μέρος
Onomastikon 32^{3}
onomatopoetisch; Geminaten in –en Wörtern 315$^{4.5}$
Onomatopöie 15, 1. 45^{1}; –en 422$^{2.3}$. 423$^{2-4}$. II 16^{4}. 17^{6}. 620^{2}; s. Reduplikation
Opisthothese II 637^{2}. 706^{2}; – in Konsekutivsätzen II 678$^{3-4}$
oppositiver Akzent 380$^{1-4}$
Optativ 793^{4}–797. II 302^{6}, 1. 310^{4}. 319^{6}–338. 625$^{2.4.6}$; – im eigentl. Sinn II 320$^{1.5}$ f.; – – mit Partikel II 305^{5}; – in nachklass. Zeit II 337^{5} f.; – außer Gebrauch 130$^{2-3}$. 797^{5}. II 303^{5}; – u. Konj. II 310^{4}; – im Austausch mit Konj. u. Indik. II 333^{2}; – st. Konj. II 332$^{1-5}$; – st. Indik. II 332^{5} f.; opt. futuri 641^{6}. 780^{1}, 1. II 294^{7}. 337$^{1-5}$; syntakt. Schwäche des Opt. II 337^{7}; opt. concessivus II 321^{2}. 625^{8}; – cupitivus II 137^{7}. 138^{2}; – iterativus II 335$^{7.8}$ f.; Opt. d. direkten Rede II 334^{7}; opt. obl. II 304^{8} f. 309^{6}. 312^{2}. 319^{1}. 320^{3}. 331^{2}–336. 333^{7} f. 335^{8}. 338$^{2.4}$. 639$^{1-3}$; – – futuri 780^{1}, 1; – – des Finals. II 323^{4}; – – im Austausch mit dem Konj. II 337^{8}; Opt. der oratio obl. II 332^{7}; opt. obl. in indir. Fragesätzen II 630^{7}; potentialer Opt. 641$^{4-5}$. II 306$^{1.2}$. 338$^{2.4}$; präskriptiver Opt. II 322^{4}; opt. urbanus 641^{5}; – urbanitatis II 329$^{7.8}$ f.; Relativpron. mit Opt. II 335$^{1-2}$; – b. πρίν II 334$^{3.6}$
oratio obliqua II 331$^{6.7}$. 333$^{3.7}$. 334^{4}; Opt. der – – II 332^{7}; oratio recta II 637^{6}
Ordinalia 587, 1. 594^{6}–596^{5}
orientalische Lehnwörter im Agr. 39^{1}; gr. Lehn- u. Fremdwörter in oriental. Sprachen 124$^{2.3}$; –e Sprachen 152^{7} f.
Orion von Theben 34^{4}. 43^{6}
ὁρμητικὰ ῥήματα 789^{1}
Oros 34$^{3.4}$
Ort; Gen. d. Ortes ngr. II 137$^{4-5}$
Orthographie von Persönlichkeiten in d. Pap. 26^{1}
Orthotonese II 187^{1}
orthotonierte Kasusformen d. Personalpron. II 186$^{7-8}$
Ortsadverb; Gen. bei –ien II 97^{1}
Ortsnamen 638$^{3-5}$, 11; – im Plur. 638^{5}; Windnamen aus – 638^{4}; – mit -nd-, -ss- 823^{4}; heth. ON auf -anda u. -sas 61^{4}; vorgr. ON 60 f. 638^{4}; illyr. ON 66^{3}; Kürzung in ON 638^{4}
Oskisch 156$^{6-7}$; gr. Laute in osk. Schrift, osk. Laute in gr. Schrift 156$^{6-7}$; s. Wortind. 313–327
Osmanisch-Türkisch; s. Türkisch
Ostasiatisches; s. Wortind. 338
ostgriechische Alphabete 144^{4}
Ostindogermanisch 49^{7}
Ostionisch 86$^{3-7}$
oxyton (Simplizia, Privativa) 514, 1; Oxytona 375^{7}
ου; s. oben 188
ωυ; s. oben 271
Oxytonese 375^{2}. 392^{8}

P

Paarigkeit; Bezeichnung d. – II 47^{2} f. 48, 4; – in d. späteren Spr. II 12$^{5-6}$; – herausgehoben bei ἄμφω II 49^{7} f.
Palatale 179^{4}; idg. – 54^{2}; – – im Gr. als Verschlußl. bewahrt 55^{7}
palatalisierte Geräuschlaute 172^{5}
Palatalisierung von κ 210^{1}
Pamphilos 34^{2}
Pamphylisch 88^{1}. 89$^{1-3}$
Pāṇini Sanskritgrammatik 7^{6}
Papyrusurkunden; Konträrindex d. gr. – 44^{2}
Parallelbildung 43^{1}
Parallele; scheinbare – 43^{4}

Parallelismus II 702[6–8]
παραπληρωματικοὶ σύνδεσμοι II 556, 2
parasitisches γ 125[4.5]. 209[4.5]
παρασύνθετα 428[1]
parataktische Vordersätze II 307[5]
Parataxe II 631[8]–634; – volkstüml. Element II 634[4], 5; – mit stilist. Wert II 633[7]; asyndetische – II 632[4.6] f.; syndetische – II 633[5–6]; – – im NT 634[3], 1; – in Konsekutivsätzen II 678[3–4]; – überwiegend bei Homer II 634[1]; – in d. ngr. Volksspr. II 634[4]; – mit καί im Ngr. II 13[5]
παράθεσις (von Adj.) 607, 1; (= appositio) 613, 1
Parentel 22[1]
Parenthese II 11[5]. 623, 5. 705[7], 1 f. 710[5]; – im engeren Sinn II 703[7]. 706[1]; – im weiteren Sinn II 632[3]; Stellungsmöglichkeiten d. – II 637[3]; Pause d. – II 637[2]; – in Konsekutivsätzen II 678[3–4]; – von οἶμαι II 554[6]. 555[5]. 583[4], 2. 584[3–4]; – von ὁρᾷς 554[6]; s. Kurzparenthese
parenthetisch; –e Sätzchen II 70[2]; appositive Gruppe aus –em Satz II 615[7] f.; –er Nachtrag II 605[3]. 611[2]
Paretymologie; s. Volksetymologie
Paronomasie 4[8]. 628[2]. II 74, 3. 85[8]. 116[3–5] 271[4]. 700[3–8]. 704[5]
paronomastische Partizipia II 388[5–8]; –er Akk. 624[5]
Paroxytonese altertüml. 514, 1
paroxytonierte Wörter 514, 1
Paroxytonierung; Proparoxytonierung statt – 385[5]
participium; s. Partizip
particulae orationis II 553[8]
partielle Assimilation von Kons. 256[5]; –e Reduplikation 646[5–6]. 647[6] f.; – Kongruenz II 602[5]; – Iteration II 699[5]. 700[3–8]
Partikeln II 553–590; ältere – II 557–577; jüngere – II 554[4]. 578–590; Adverbia nicht scharf getrennt von – 618[2–3]; bestätigende – in d. Antwort II 631[6]; Kasusformen mit einer Partikel fest verbunden 618[6] f.; – trennt den Art. vom Subst. II 27[1]; Partikeln vor Negation II 596[3–4]; Partikel dem Pron. vorausgehend II 692[3]; Opt. mit – II 305[5]; Rückgang des Partikelreichtums II 633[4]; Partikel unterstreicht Verknüpfung von Sätzen II 702[1]; s. Fragepartikel, Inflexibilia, Modalpartikel, Vokativpartikel
Partitiv II 101[5]–117; – vom Ablat. aus II 89[7]; – verdeutlicht durch Präp. II 116[7]; – als Agens II 102[4]; – bei Verben d. Wahrnehmung II 105[7]–110; – d. Ortes mit Lokaladv. II 114[3–6]; adnominaler – II 115[1]–117; Voranstellung d. Partitivs II 115[7] f.; gen. partitivus 102[2]. II 101[5]–117; partitive Apposition II 115[4]. 616[2.3]
Partizip 810[1–2]. 811[7–8]. II 14[4.6]. 355[6.7]. 356[3]. 385[1]–409. 482[5]; Bed. d. Ptc. II 386[4–5]; – d. Pf. -ώς wechselnd mit -μένος 768[3–4]; Erstarrung von -ien 805[3–4]. II 387[2]; Adjektivierung von – 810[5]; Ptc. d. Aor. mit εἰμί 812[6]; Ptc. mit Gen. d. Urhebers II 6[5]; – doppelseitig II 14[6]. 16[8]; affektlose Ellipse eines Ptc. II 88[2–3]; ptc.ia necessitatis II 149, 7; Dat. bei pass. Ptc. II 150[3–4]; Berührungen d. Adj. mit Ptc. II 173[3]–180; adjektiv. Funktion d. Ptc. II 174[1–2]; Ptc. präs. f. Ipf. II 297[4]; – – futurisch II 296[3.7–8]; Ptc. d. Fut. II 295[3.7] f.; – – voluntativ II 294[7]. 295[8] f.; Ptc. d. Aor. f. Fut. II 296[8] f.; ptc. coniunctum II 368[1]; Ptc. als prädikative Apposition II 386[5]; Ptc. prädikativ II 387[3]–392; paronomastische Ptc.ia II 388[5–8]; Ptc. adversativ-konzessiv empfunden II 389[2] f.; Infin. st. Ptc. II 396[3.4]; bloßes Ptc. im Akk. II 403[2]; Weglassung d. Ptc. ὤν II 404[6]; zwei Ptc.ia koord. II 405[8]; ptc. coniunctum u. gen. absol. koord. II 406[1–2]; ein Ptc. von einem anderen abhängig II 406[3]; eines von zwei koordinierten Ptc. anakoluthisch II 406[6–7]; Ptc. potential II 407[4]; – irreal II 407[5]; – als Prädikativ II 407[6] f.; prädikatives Ptc. in adjektiv. Geltung II 408[1–2]; formelle Substantivierung des Ptc. durch Gen. od. Adj. II 409[2]; Ellipse d. Subst. beim Ptc. II 409[3]; Tmesis bei Ptc. II 426[3–5]; Ptc. mit ὡς II 667[7] f.; – bei ὥστε II 680[5–6]; Ptc.ia in Xenoph. II 711[4–5]; Einschränkung d. Ptc. II 387[3]; – – im Ngr. 815[5]
Partizipialkonstruktion; absol. – II 397[4]ff. 616[5–7] f.
partiziplose Konstruktionen im Sinn von ὤν II 395[2–4]
Passiv II 223[4]; –es Verb II 236[4]–241; kausat. Passiv II 241[3]; –er Infin. II 369, 6; Ansätze zu selbständigem Passiv II 237[3] f.; pass. Bed. d. Aor. Med. 102[2]; Passivformen f. Aor. u. Fut. 756[4]; pass. Fut. 756[5]; Passiv durch das Med. ausgedrückt II 224[1]; Bild. des Pass. durch Periphrase II 223[4–6]; med. Formen passiv gebraucht II 236[5]; mediale Aoriste – – II 239[4]; pass. Auffassung des Med. II 236[6]; Medialformen mit nur pass. Bed. II 237[3]; media tantum in pass. Funktion II 238[7]; trans. media tantum passiv gebraucht II 240[3]; Agens b. Passiv II 237[5.6], 2. 238[4–6]. 239[4.5]; agensloser Gebr. des Pass. II 239[5]; unpers. Passiv (seit dem 5. Jh.) II 377[8] f.; – – mit Akk. II 240[2]; – – ohne Agens II 239[5–6]; Akk. b. Passiv II 241[1–2]; pass. Pf. transitiver Verba II 264[1]; das Pass. zurücktretend II 239[1–3]
passivus; Kasus – II 70[8]
Pathologie 7[7]
Patronymikon 634[6]; –a auf -δᾱ- 509[2] f.; – für Frauen gebraucht 509[3]. 634[7]

patronymisches Suff. 636[1]
patronymisch-possessives Adj. bei Homer 106[7]
Pause 173. 395[6] ff. II 10, 2. 13[7]; – fehlt im Ngr. II 10, 2; – bei Gruppenapposition II 615, 2; – d. Parenthese II 637[2]; s. Kurzpause
Peloponnes; Äolisches im – 98[2]
pendens; nom. – II 65[7]. 66[6-8]
Perfekt 641[2-3]. 764[6]–779. II 249[1], 1; das idg. – im Gr. 768[6]–771[5]; Altertümlichkeiten im Pf. 769[1] f.; Bed. des Pf.s 768[4-6]; Pf. Aktiv 662[3-5]. 774[1]–776; – – im Ngr. 659[1]; mediopass. – 639[6]; Pf. med. II 237[4], 1. 263[4]; Pf. u. Fut. sich näherstehend 816[6]; quasi-themat. Bild. im akt. Pf. 642[3-4]; sigmat. Aor. u. Pf. 750[6]; späte Beziehungen des Pf.s zum sigmat. Aor. 750[6]; Reduplikation im Pf. 765[3]; Form der Pf.-Reduplikation 765[6]–767; Reduplikation fehlt beim ererbten Pf. 766[6], 9 f.; k-Pf. 768[5]. 774[1]–776; aspiriertes Pf. 765[1]. 768[5]. 771[5.7]–772. II 71[5]; Media-Pf. 771[6]. 772[2.3.7]; resultative Bed. des Pf.s 768[6] (s. Resultativperfekt); Pf. akt. intr. II 227[6]; Präsensflexion des Pf. akt. im Siz. 767[5-6], 9; isolierte Pf.a 816[4]; agr. Pf. verschwunden im Ngr. II 216, 2; akt. Pf. verschwunden im Mittel- u. Ngr. 779[2-3]; Verlust d. Reduplik. d. Pf. im Ngr. 779[2]; Eliminierung des Pf.s 130[2]; Neubild. d. Pf.s im Ngr. 130[3]; Umschreibung d. Pf.s 779[4]. 812[2]–813[1]; – – akt. durch ἔχω 812[6]–813[1]; Verlust des mediopass. Pf. im Ngr. 779[3]; Präs. als Pf. II 258[6]; pf. intensivum II 263[1-2]; Pf. des erreichten Zustandes II 264[3-5]; intr. Pf. des erreichten Zustandes II 263[3]; pass. Pf. transitiver Verba älter als das akt. II 264[1]; intr. iterativ-intensive Pf.a II 264[1-3]; Indik. des Pf.s II 286[6] ff.; – – futurisch II 287[6-8]; Indik. d. Pf.s = Indik. d. Aor. II 287[8] f.; Ptc. d. Pf.s -ώς wechselnd mit -μένος 768[3-4]; emphat. od. rhetor. Pf. II 287[6-8]
Perfektbildungen 815[8] f.; – im Mittel- u. Ngr. 779[1-5]
Perfektfuturum 783[3] f. II 289[2] f.; med. bzw. pass. – 783[4-6], 3; Pf.-Fut. prägnant gebraucht II 289[6] f.; Umschreibung des Pf.-Fut. 812[5-6]
Perfektiv II 252[5]; linear-perfektiv II 253[1]
Perfektpräteritum; s. Plusquamperfekt
Perfektreduplikation u. Augm. gleich 656[7]; s. Reduplikation
Perfektsystem II 257[1-2]; akt. – II 263[1]; s. Perfekt
Periode (syntaktisch) II 710[3]–712; hypothetische – II 682–688; s. Sprachperioden
Periodenbau II 706[8]. 707[2]; s. Periode
Periphrase II 8[7]; Passiv durch – gebildet II 223[4-6]; – des Präs. u. Ipf. im Tsak. 813[3]
periphrastische Tempusbildungen 804[6]ff. 811[5]–813[4]; – Verdeutlichung des Aspektverhältnisses II 225[3-4]; – Formen von -μένος im Ngr. II 410[6]
Perispomene; s. Zirkumflex
περισσοσύλλαβα 553, 3
Perseveration; grammat. – II 62[6], 6. 64[2]
Persisch 49[6]. 153[3]
Person; Ausrufe von –en II 65[8]; grammat. – verschoben II 637[7]; Mischung von direkter u. indir. Rede im Personengebr. II 638, 1; s. Verbalperson u. gr. Wortind.
Personalausgang 657, 1
Personalendung des Verbs 657, 1–672; Definition 657, 1; Ursprung 658[6]; urgr. –en d. Verbs 657[4-5]; Ausgleich d. Pf.– u. Aoristausgänge 658[2-3]; Unterschied zw. primären u. sekundären Personalendungen II 222, 4
Personalpronomen 599[7], 2 ff. II 186[1]–207; substantiv. – 599[7] ff.; pl. II 39[6]; orthotonierte u. enklit. Kasusformen II 186[7-8]; Nachdruck des Akzents beim – II 186[5]. 187[6]; Nom. des -s im Nominals. II 188[6.7]; Ichstil des Epos II 188, 1; Dative der – II 189[2] f.; refl. – II 192[1]–199; – in refl. Funktion II 193[7] f.; poss. Gen. d. – II 205[6]–207.
Personalsuffixe 417[2]; primäre u. sekundäre – 658[1.4-5]; themat. u. athemat. – 658[2]. 659[2-3]; aktive – 657[6], 6; keine besonderen passiven – 657[6] f.
Personenbegriff durch ein Zugehörigkeits-Adj. od. einen attributiven Gen. gegeben II 603[2-3]; s. Apposition
Personenbezeichnung; Vokat. bei –en II 61[6.7] f.
personenlose Vorstufe des Verbs 445[2-4]. 645[3]. II 244[5]
Personennamen 634[5]–638; Simplizia 634[6]; Pl. von PN II 45[4]; Wörter, die keine PN bilden 635, 4; s. Frauennamen, Heroennamen, theophore Namen, Vollnamen
Personenverschiebung in hypotakt. Sätzen II 637[6], 4–638
Personifikation II 33[3]. 34[2]. 64[6]; – bei fem. Abstraktum II 62[2]
persönlich; Trans. mit –em Subj. II 64[7]; –e Fühlungnahme II 703[1-4]
Perspektive; sprachgeschichtl. – 24[7]
Pertinentiv II 117[2],1–128; adnominaler – II 117[5]–122; abverbaler – II 122[6]–128
φ; s. oben 256 ff.
Philitas 33[7]
Philologe; Linguist u. – 24[7]. 25[1.6]; sprachgeschichtl. Einstellung der –en 24[7]; Beobachtungen d. alexandr. –en 6[4]
Philologie; Arbeitsgebiet der – 24[3]; idealistische – 22, 1; alexandr. – 6; – u. Sprachwiss. 44[2]; Verhältnis d. Sprachw. zur – 24[2] ff.; Sprachw. u. klass. – 12[7] f. 28[4]
philologisch; Sprachvergleichung u. –e Arbeit 24[5-6]; –er Sprachforscher 25[1], 1

Philoponos 34[3]. 84[3]; Synonyma bei – 34[3]
Philosophie; – d. Spr. 5; Wesen des Wortes nach der – 5[6]; höchste Probleme d. Spr. bei der – 5[4–5]; Sprachphilosophie 6[2]; – der Alten 5, 1; –phische Etymol. 6[2]. 43[4]
Philoxenos 43[6]
Phonetik 13[1]; wissenschaftl. – 169[5–6]; praktische – 5[3]; Experimentalphonetik 169[8]; Satzphonetik 395[7]
phonétique; étymologie – 19[1]
phonetisch; –e Voraussetzungen 169[4]–173; –e Rückbildung 17[8]; –e Silbengrenze 235[5]
Phönikisch 153[2–3]; –e Buchstaben 141[3]; altphönikisches Alphabet 141[4]; s. Wortind. 336–338
Phonologie 819[8]; –gische Sprachbünde 21[8]
Photios 33, 1. 34[3]
phraseologische Latinismen 40, 1
Phryger 67[3.7]. 158[1]
Phrygisch 55[3]. 68[5]; – u. Thrak. Satəmsprachen 68[1]; thrak.-phryg.-arm. Gruppe 49[6]; lexikal. Beziehungen d. Gr. zum Phryg. 56[6]; phryg. Inschriften 68, 2; Alphabet d. Aphryg. 141[4]; gr. Elemente im Aphryg. 152[6]; s. Wortind. 332f.
Phrynichos (Attizist) 34[4]
Pindar 100[7]; Böotismen bei – 109[7]
Πινδαρικὸν σχῆμα II 608[3]
Plato 6[1]; Sprache nach – 6[2]; ion. Einfluß bei – 115[3]
πλεονασμός; s. Lauteinschub
Pleonasmus II 703[7.8] f.; Negationspleonasmus II 598[1], 1
Plural II 40, 1. 42[5]–46; neutraler – bei Mask. 581[4–5]; Pl. in idg. Spr. aus Kollektivbild. II 39[5]; Singulativ zu Pl. II 42, 3; kollekt. – II 43[1–3]; Sg. u. – ohne Unterschied II 43[3–4]; augmentativer – II 43[4] f.; individualisierender – II 43[6]; – der neutr. Pron. II 44[1–3]; Pl. f. Dual d. Paarigkeit II 44[5]; poet. Pl. II 44, 4; Pl. bei EN II 45[2]; – bei Gruppennamen II 45[3]; ON im – 638[5]; – von PN II 45[4]; – als unbest. Ausdruck f. Sg. II 45[5] f.; soziativer – II 45[6]; unbest. Pl. mask. f. eine weibl. Person II 46[1]; ellipt. Pl. II 50[5] f.; zus.gesetzte Reflexiva im Pl. II 198[5] f.; Subj. sg. mit pl. Verb II 242[8]; Pl. des Verbs bei δύο II 609[4]; ngr. Gen. pl. II 136[4]; Pl. von Personalpron. II 39[6]; Einheitspl. II 43, 1
Pluralform; Neutra ohne – II 39[3]
pluralia tantum 24, 2. II 52[1.2]
pluralis maiestatis II 45[6]. 243[6.7] f.; – poeticus II 44[3]
Pluralisierung im Imper. 802[1–7]
Pluralzeichen -ς 547[1]. II 40[4], 4
Plusquamperfekt 764[6]ff. 776[3]–779. II 249[1.2], 1. 288[3] f.; – prägnant II 228[6] f.; Ablautstufe des Sg. Plusq. 776[5–6]; Bildungsweisen des – 776[3]–778.
Poesie; Diärese in der – 241[1.2]
poeticus; licentia poetica 103[5]; pl. –us II 44[3], 4
poetisch; Sg. – f. Dual od. Pl. II 42[3–4]
polare Ausdrucksweise II 704[4]
Pollux (Jul.) 34[4]
Pontisch; s. Neugriechisch, Infinitiv
Pontosdialekte 87[3.4]
Position; γν u. γμ machen – 237[6]
Positiv II 183, 4; – statt Komparativ II 183, 6; der 2. Komparativ statt des Positivs II 185[5]
possessiv; –er Art. II 22, 7. 25[2]; –er Gen. II 122[5] f. 148[1], 2; – – d. Personalpron. II 205[6]–207
Possessivpronomen 608[2] f. II 200[1]–207; – substantiviert II 202[5.6]; – verstärkt durch αὐτοῦ II 205[1–4]; – mit Gen. II 177[5–6]
possessivus; gen. – II 122[5] f. 148[1], 1
Postposition II 12[1]. 417[4]ff. 420[6], 4
postverbalia; nomina – 421[5], 3
Potential 641[4–5]. II 324[1]–331; selbständiger – II 335[4–7]; – d. Vergangenheit II 346[8] f.; – – im Aor. II 328[5] f.; – bei ὥστε II 680[2–5]; Modalpartikel mit – II 324[2–3.6–8]; – mit ἄν f. Vermutung II 329[7]; – in Aussagesätzen II 326[2–5]; – in Befürchtungssätzen II 327[1–3]; – in Finals. II 326[6] f.; – in direkten Fragen II 327[8] f.; – in indir. Fragen II 328[1–2]; potent. Fall in Kondizionals. II 685[3] f.; Potent.-Opt. modus obl. 641[5–6]; potent. Opt. II 306[1–2]. 338[2.4]; Ptc. potential II 407[4]
Prädikat II 619[4]; verba finita als –e II 607[2]; gemeinsame –e einmal gesetzt II 610[5]; gemeinsames Prädikat kongruiert mit dem zunächststehenden Subj. II 610[6] f.; – – vor dem 1. Subj. II 610[6–8]; – – hinter dem 1. Subj. II 611[1]; – – hinter dem letzten Subj. II 611[1–2]; verbales – im Dual od. Pl. II 611[4–5]; vorschwebendes Prädikat II 620[4–5]; Objekte ans – anschließend II 693[7] f.; Ellipse eines Prädikats II 701[7] f.
Prädikativ; Artikellosigkeit des –s II 24[3]; Dual im – II 48[3]; Adv. als – II 178[7]; adjektiv. u. substantivisches – II 182[2]; Infin. mit Akk. d. –s II 359[3.4]; Ptc. als – II 407[6] f.; Kongruenz des –s II 605[5]–607[1]; substantiv. – kongruiert mit dem Subj. im Kasus II 605[5–6]; substantiviertes Neutr. als – II 605[7]; adjektiv. Neutr. als – II 605[8]; Neutr. pl. als – II 606[1–3]; adjektiv. – ans Subj. attrahiert II 606[4–5]; substantiv. – attrahiert ein substantiviertes pronom. Neutr. II 606[6]; gemeinsame Prädikative einmal gesetzt II 610[3]; substantiv. Prädikativ im Dual od. Pl. II 611[3.4]; Prädikativ im Nominals. II 622[5–6]; nominales – II 693[5]; prädikatives Adj. II 26[4–6]; –er Kasus II 62[5]; –er Vokat. II 62[6]; –er kopulativer Infin. II 367[2] f.; Ptc. als –e Ap-

position II 386^{5}; Ptc. prädikativ II 387^{3}–392; –es Ptc. in adj. Geltung II 408$^{1-2}$; –e Apposition II 618, 1; halb-prädikativ II 618, 1

Prädikatsverb im Pl. bei kollekt. Sg. II 608^{6} f.

Prädikatswort II 622^{5}; Mehrwortsätze mit – II 622^{5}–624, ohne – II 624$^{7-8}$

praepositionalis; casus – II 12^{6}, 2

praesens annalisticum od. tabulare II 272^{4} f.; – historicum II 271^{3}, 3 f.; – de conatu II 258^{7}. 259$^{2-5}$; – pro futuro II 273$^{2-6}$. 625^{5}; – pro perfecto II 258^{6}. 274^{3}f.; – pro praeterito II 271^{3} f.; expressives – – II 271^{4} f.

Präfix 417, 1. 431, 1; Präteritalpräfix 651, 1

Praisos; Inschriften von – 59^{5}

praktische Grammatik 6^{2}

Präposition II 12^{1}. 14$^{4.5}$. 417^{4} ff. 419^{1}. 420^{6}, 4; – im engeren Sinne II 432^{3} f.; echte –en II 421^{1}. 436^{8} ff.; unechte – II 97^{1}. 421^{1}. 533$^{1-8}$; dial. Unterschiede in den – 82$^{4-5}$. II 435^{7}; geschichtliche – – II 435^{7}; das Präp.system anders geworden in d. Koine II 435^{8}; alte Präpositionen in d. Koine ersetzt II 436^{1}; gr. – in anderen Spr. II 435$^{5-6}$; Apokope der – 239$^{6-7}$; apokopierte Formen der – 407$^{4-6}$; – aus Nominalkasus, Adverbien u. Konjunktionen II 435$^{1-2}$; Mischung von – II 434^{4}; Stellung der – II 424^{6}–428; freie Voran- u. Nachstellung d. – II 420^{1}; Voranstellung d. – II 424^{7} f.; Anastrophe d. – II 420^{2}; Nicht-Wiederholung d. – II 433^{4}; scheinbare Weglassung d. – II 433^{3}; Apposition ohne Präp. II 433^{6}; Trennung der – von der Verbal- oder Kasusform II 424^{7}; Kasusformen mit einer – fest verbunden 618^{6} f.; – als Begleitwort eines Kasus II 426^{7} f.; – Regens d. Kasus II 433$^{1-2}$; Dat. bei den –en 89^{1}; Dat. verdeutl. durch Präp. II 154^{4}; – mit Gen. im Ngr. 20^{6}; – verdeutl. den Partitiv II 116^{7}; – beim Kasus auf -φι 551^{1}; Infin. mit Art. bei –en II 369^{1}. 370$^{4-6}$; Präp. + Adv. II 427$^{1.6-7}$; adverbielle Funktion der Präp. 618, 1; Adverbia nicht scharf getrennt von –en 618$^{2-3}$; –en als Adverbia II 421^{5}–424; Übergänge zw. Präv. u. Präp. II 430$^{3-7}$; Präp. als Präv. II 419^{7}; –en als Vorderglieder in Komp. 434^{6}; Verba kompon. mit Präp. II 68^{5}; s. Apokope

präpositionale Verbindungen 625$^{2-5}$, 4; – – mit Kasus des Relat. II 652^{6}–653; –Wendungen ohne Art. adnominal II 417^{3}; –es Attribut II 182^{1}

Präpositionalkonstruktionen von Nomina abhängend II 434^{6}

Präpositionsgebrauch; abgekürzter – erstarrt 619^{1}

Präpositionskasus; ngr. Akk. als – II 88^{8} f.

Präpositionskomposita II 436^{6}

präpositionsloser Akk. d. Richtung II 68$^{3.4}$

Präsens 672^{6}–737. II 248^{8} f.; – u. Aor. zus.-stehend 640$^{6-7}$; neue redupliz. Präsentien im Agr. 650^{4}; themat. Umbild. athematischer – 682^{3} f.; Übergang athematischer Verba in themat. Flexion 691^{4}; Infixtypus d. Präs. in den idg. Spr. 692 $^{1-2}$; Präs. mit starkstufiger Wz. 697$^{1-3}$; – mit schwachstufiger Wz. 697^{3} f.; Erweiterung einer Präsensbild. 700 $^{1-5}$; Wz.erweiterungen mit *ē*/*ō* bzw. *ā* 675^{2}, 3; Nas. in der Wz. 699^{5} f.; neugebildete Präsentien auf -νω im Ngr. 701^{4}; – mit Verschlußl. 701^{5}–706; – mit σ 706^{6}–708; – mit σ, σκ 706^{6}–712; – mit σκ 708^{1}–710. 712$^{2-3}$; neugebildete – im Ngr. 764$^{3-4}$; Beziehung des σ-Aor. zum Präs. 752^{1}; Neubild. athemat. Präsentien 814$^{1-2}$; das Präs. bei primären Verba f. die übrigen Formen maßgebend 816^{7}; Verbalausgänge d. Präs. mit *-je/o-* 714^{3}–717; Med. im Präs. II 227$^{4-5}$; Indik. Präs. II 270^{1} ff. 297$^{2.3}$; – – in Feststellung II 270^{6}; – – mit Vergangenheitsbestimmung II 273^{8} f.; – – futurisch II 273$^{2-6}$. 625^{5}; Ptc. Präs. futurisch II 296$^{3.7-8}$; praesens pro praeterito II 271^{3}, 3 f.; expressives – – II 271^{4} f.; inexpressives – – II 272^{4} f.; Ptc. Präs. für Ipf. II 297^{4}; Präs. als Pf. II 258^{6}. 274^{3} f.; praesens de conatu II 258^{7}. 259$^{2-5}$; konfektives Präsens II 259$^{1.6}$; Präs. konfektiv-infektiv II 259^{6}; s. Aoristpräsens, Jotpräsentien, Nasalpräsentien, Wurzelpräsentien

präsensbildende Verschlußlaute 702^{2}–706; -s -ν- 737^{4}; – -να- 694^{2}. 737^{4}; – -νε- 737^{5}; – -νυ- 737^{5}

Präsensbildung; formelle Bed. d. – 816^{1}; – mit Nas. in d. Wz. 699^{5} f.; – ohne Nas. 700$^{1-5}$; Änderung d. – durch den Aor. 130^{2}

Präsensflexion des Pf. akt. im Siz. 767$^{5-6}$, 9

Präsenspartizip; Umschreibungen mit – 813$^{2-3}$

Präsensreduplikation in außerpräs. Formen 737^{4}

Präsensstamm 673^{1} ff.

Präsenssystem II 257^{2}. 262$^{5-6}$. 298$^{6.7}$ f.

präskriptiver Opt. II 322^{4}

Präteritalpräfix; s. Augment

Präteritum 645^{4}. 673^{4}. II 248^{8}–249^{2}; Aorist aus – 640$^{5-6}$; futurum pro –o 151, 2; Indik. Prät. mit κε (ἄν) II 353$^{5-7}$; iterative Präterita mit ἄν in Nebensätzen II 351$^{2-3}$

Präverb II 268^{1}. 419, 4. 422$^{5-7}$. 430^{7}–32; Bed. d. –s II 430^{7} ff.; – d. Richtung II 268^{2}; – d. Ruhelage II 268^{1}; Konfektivierung des Verbs durch Präv. II 268 $^{3-6}$. 269$^{3-4}$; Präp. als Präv. II 419^{7}; Übergänge zw. – u. Präp. II 430$^{3-7}$; Stellung eines –s II 425^{1}; mittelbare Voranstellung II 425$^{1.3}$; Nachstellung d. –s II 425$^{3.4}$; Präv. adverbial II 425^{2};

Präv. + Verbalform als einheitl. Sprechgruppen II 426[6]; s. Präposition
pretium; gen. pretii 29[3]. II 94[6]. 122[1–2.5]
Preußisch 49[7]
primäre Nominalsuffixe 456[3.4]; –e Verbalendungen 658[1.4], 1; –e Personalsuffixe 658[1.4–5]; –e Personalendungen II 222, 4
primitiv; –e Stilmittel 5[1]
Primitiv 640[3]. 645[2.3]. II 303[3]
privatives ἀ-, ἀν-; s. Wortindex
privatives n̥- idg. 431[4]. II 590[6], 1. 599[2]
Probleme der Spr. bei d. Philosophie 5[4–5]
proclitica 387[2]; s. Proklise
produktive Suffixe 456[4]
progressive Hauchdissimilation 262[2]
Prohibitiv II 339[1]. 343[2–6]; – im Ngr. 804[5]
prohibitive Negation II 594[2]; –er Konj. II 314[2]. 315[4–8]
Proklise 386[1]. 387[2.3]
proleptischer Gebr. d. verbalappositiven Adj. II 181[2–3]; Adv. –isch II 415[4–5]
Promiskuegebrauch II 57[4]
Pronomen 599[5]–617[5]. II 14[4]. 15[1]. 18[2]. 185 [6–7]–216; – aus Adverbien II 35, 2; Genus-Unterscheidung beim Pron. II 35[2]; – – sekundär II 35[4–5]; geschlechtige Pron. 609[2], 2–617[5]; ungeschlechtige – 599[7] f.; urspr. Flexionslosigkeit der geschlechtigen – 609, 2; Suppletion bei den Pron. 600[3], 2; indefinite Pron. II 212[3]ff.; interrog. – II 212[3]ff.; das anaphor. Pron. II 603[6]; pron. reciprocum II 198, 2; s. Demonstrativa, Demonstrativpronomen, Indefinita, Interrogativa, Personalpronomen, Possessivpronomen, Reflexivpronomen, Relativum
Pronominaladverbia 619, 2; korrelative – 619, 2
pronominale Neutra II 604[4–5]
Proparoxytonierung st. Paroxytonierung 385[5]
Properispomenierung 377[6]. 378[4]
Properispomenierungsgesetz 377[3]; – gilt nicht 388[6]
Proportionalia 597[5–6]. 598[2–5]
Proportionalität; s. Analogie
prophylaktischer Bruch d. Konstruktion II 705[5–7]
Prophylaxe 288[5]ff. II 705[5–7]; s. Dissimilationsprophylaxe, Hiatprophylaxe
Prosa 112, 2; sachliche Erläuterung der – 33[7]; falsche Archaisierungen der – 114[3]; metr. Längung in d. – 228[5]; Augm. fest in – 652[1–2]; Infin. mit Art. abstrakt in – II 369[2]; Ionisch in der – 114[6] f.; vorhellenist. Literaturprosa 112[4] ff.
Prosekutivus II 160[1]; – des Ortes u. der Zeit II 162[8]–164; lokaler – II 163[2–5]; temporaler – II 163[2.5–7]
προσῳδία 7[8]. 373[5–7]. II 509[5]
Prospektiv 641[4]; –es Fut. II 290[7]. 291[8] f.; –er Konj. II 309[4.5]. 310[4.5], 3. 626[8]; – – mit ἄν, κε(ν) II 306[1]; – – in Nebensätzen II 311[6]
Prosthese (syntaktisch) II 212, 1. 624[5–6]. 706[2.3]; rhetor. – 706[3]; s. Kurzprosthese
prosthetischer Nominals. II 617, 2
Prosthothese II 706[1.2]
Protase; Häufung von Protasen II 687[1–2]
proteron; s. hysteron proteron
Prothese von Vokalen 411[5]–413. 836[3.4]; – – vor ϝ 228[6]; – im Maked. 412[7]; s. Vokalprothese, Vokalvorschlag
prothetischer Vokal vor r̥- 309[3]
protoindogermanische Elemente d. Gr. 65[2–5]
Psellos 84, 1
Pseudokomposita 430, 7
Psilose 86[6]. 106[6]. 145[5]. 206[1]. 220[6.7]. 221[4] f. 234[7]; – analogisch 221[5]; – unsicher 221[4]; äol. – 90[3]; ion. – 86[6]. 87; Spuren d. – in ngr. Dialekten 87[4]
Ψυχάρης 133[3]
Psychologie 12[3]; – in Syntax II 7 [2]
puncta diaereseos 149[2]
puristische Glossen 33[8]. 34[1]
purum ᾱ att. 86[1]
pythagoreische Deckwörter f. Zahlen 587, 2

Q

Quadratschrift 148[4]
qualitas; gen. qualitatis II 124[7–8]
Qualität der Laute 173[1]; geschlossene u. offene – der Vok. 172[1]; Ausgleichung d. Vokalqualität 129[7]; – u. Quantität ändern sich bei Metathese 246[5]; s. Akzentqualität
qualitativer Wechsel ε: ο 642[8]; s. Ablaut
Quantität; Akzent u. – 371[2] ff. 373[2]; – – im Spätaltgr. u. Ngr. 392[3] f. 393[7]; Quantitätsbegriff II 39[2]; Vernachlässigung d. Quantität 123[6–7]; – der Laute 173[1]; Ausgleichung d. Vokalquantität 129[7]; neue Quantitätsunterschiede im Ngr. 178[7]; Quantität für den Akzent entscheidend 373[2]; Metrik geht frei mit der – um 392[4]; – für agr. Metrik 376[2]; hell. – 393[1]; isochrone – 394[1]; Akzentwechsel durch die – der Endsilbe bedingt 375[8]; s. Einheitsquantität
Quantitativa 587[4]–594
quantitativer Wechsel von Vokalen 643[1]; –e Metathese 85[7]. 228[8]. 245[4] f.; s. Ablaut
Quantitätsadverbia 587, 1
Quantitätsausgleich 393[2–4]
Quantitätsverschiebung 281[1.2]
quasi-thematische Bild. in akt. Pf. u. sigmat. Aor. 642[3–4]
Quelle; Dat. d. zitierten – II 151[8] f.
Quellen d. gr. Dialekte 75[8]
Quellennamen fem. II 33[2]
Quotientiva 597[5]–599[4]

R

r-Formen des Verbs 52^{1}. 55, 2. 657$^{2\cdot3}$. 667, 3. 756, 4. 841^{4}
r/*n*-Stämme idg. 52^{1}. 486$^{5\cdot6}$. 517^{2} ff. 582^{7}
Rätisch 50^{4}
Raum; Akk. des Raumes II 69$^{4-7}$. 624^{5}
Reaktion; attizist. – 130^{4} f.
realer Fall in Kondizionals. II 684$^{2-7}$
Reciproca; Aktiva u. Media als – II 233$^{3-8}$; s. reziprok
reciprocum; pronomen – II 198, 2
Rede 5^{5}; sakrale – 5^{1}; affekt. – mit ὦ hell. II 61^{6}, 4; direkte – II 637^{7}; Opt. der direkten – II 334^{7}; erlebte Rede II 638, 1
Redensarten verblos II 143$^{5-7}$
Redeteile 618, 1. II 14^{4}; formelle Unterscheidung der – 618, 1
Reduktion; s. Nasalreduktion
Reduktionsstufe 354^{6}. 359$^{1-3}$
Reduktionsvokal ι 694^{4}; – ī u. ῡ 350^{5}
Reduplikation 4^{8}. 420^{8}. 421$^{1\cdot2}$, 2. II 39^{4}. 699^{8}; att. – 647^{5}. 766$^{3-4}$; verbale – 646^{3}–650; totale – 646$^{4-5}$. 647$^{2-6}$; partielle – 646$^{5-6}$. 647^{6} f.; innere – 646^{7}. 648$^{3-4}$; – in Lallwörtern u. Onomatopöien 422^{2}; – in Tempusstämmen 642^{1}; – in außerpräs. Formen 737^{4}; – im Pf. 765$^{3\cdot6}$–767; – fehlt beim ererbten Pf. 766^{6}, 9 f.; Verlust der – des Pf.s im Ngr. 779^{2}. 814^{6}; s. Doppelreduplikation, Intensivreduplikation
Reduplikationsbildungen 423$^{2-4}$
Reduplikationstypus 213^{7}
Reduplikationsvokal ε 423^{4}. 646^{6}. 647^{6} f.; – ι 423^{4}. 648. 686^{5}, 7; Verschiedenheit der –e 673^{4}
redupliziert; neue –e Präsentien im Agr. 650^{4}; athemat. –e Typen des Verbs 686^{5}–689; – – Wz.präsentien 686^{5} ff. 690$^{1-4}$; unredupliz. Wz.präsentien 673^{7}–683; redupliz. Futura auf – σε/ο- 783^{2}–784; Reste reduplizierter Verba im Ngr. 650^{4}
reflexives Personalpron. II 192^{1}–199; Personalpron. in refl. Funktion II 193^{7} f.; zus.gesetztes Refl. im Pl. II 198^{5} f.; s. Reflexivpronomen; indir. refl. Med. II 236$^{3-4}$; refl.-kaus. Medium II 232$^{1-2}$
Reflexivpronomen 606^{6}–608^{2}. II 192^{1}–199; – bei indir. refl. Med. II 236$^{3-4}$; Reflexivverhältnis durch das Akt. mit substantiv. Reflexivpron. umschrieben II 225^{1}
Regel; s. Lautregel, Kretschmers Regel
regelloser Umlaut nach Buttmann 9^{5}
Regens; Artikel des – II 26^{1}; Präp. – des Kasus II 433$^{1-2}$; Ellipse eines – II 674$^{2-3}$
regierende Sätze II 304^{6}. 636^{5}
regierter Satz II 636^{5}
regressive Hauchdissimilation 261^{2}
Reihenfolge der Buchstaben 140^{1}
Reimbildungen 456^{2}, 3
Reimwortbildungen 38, 2
reiner Nominals. II 623^{1} f.
Rekonstruktion; sprachl. – 25^{3}; Methode der sprachl. – 25, 2
Rekonstruktionsmethode; sprachwissenschaftl. – 25^{2}
Rektionskasus; ngr. Akk. als – f. Präp. II 68^{8}
Rektionskomposita 453^{3} f. 531$^{3-4}$; verbale – 441^{2}, 1. II 73^{2}
Relation; Dativ der – II 151^{5} f.
relative Adverbia final geworden II 672$^{3-4}$
relativischer Anschluß II 644$^{6-8}$
Relativsätze II 332$^{3-4}$. 639^{6}, 2–645; mehrzielige – II 644$^{5-6}$; Neutr. Pl. häufig in –en II 611^{8}
Relativum (Relativpronomen) 614^{6} f. II 212$^{2-3}$; generelles – II 643^{2}; – mit Opt. II 335$^{1-2}$; – als Ausruf II 626^{2}; Demonstrativa in Korrelation mit dem – II 640^{3}; – kann demonstrativ verstanden werden II 603^{8} f.; plur. – neben sing. Bezugswort II 604^{3}; – mit dem Indefin. II 643$^{1-2}$; Assimilation des –s II 640^{7} f.; Attraktion beim – II 640^{7} f. 704^{7}; präpositionale Verbindungen mit Kasus des –s II 652^{6} f.
repräsentativer Sg. II 41^{6} f.
Reste des Infin. im Ngr. 809^{6}; – redupliz. Verba im Ngr. 650^{4}; s. Kasusreste
Restitution von γ 215^{3}; – von ν 287$^{5\cdot6}$
Restlautung 17^{7}
Restwörter 17^{6}
resultativer Akk. II 74^{6}; –e Bed. d. Pf.s 768^{6}
Resultativperfektum 768^{5}. II 263$^{6\cdot7}$, 3. 264^{5}
Resultativum; s. Objektsresultativum
retrograde Ableit. von Suff. 456^{1}
Reuchlin 174^{7}, 1
reuchlinischeAusspr. 174^{7}
reziproke Vokalmetathese 266^{5} f.; s. Reciproca
Rhapsode 5^{3}
rhetorisch; –es (u. nicht–es) Asyndeton II 633^{4}; –e Frage II 627^{1}. 628^{5}. 703$^{3\cdot4}$; –e Prosthese II 706^{3}
Rhodisch 95^{8}
Rhotazismus 81^{5}; – im El. u. Spätlak. 218$^{5\cdot6}$
rhythmische Dehnung 397^{8} f.
Rhythmus; Funktion der Rhythmen 6^{3}
Richtung; Akk. der – II 58^{4}. 67^{4}. 68$^{3\cdot4}$; Präv. der – II 268^{2}; s. auch Schriftrichtung
romanische Sprachen 151^{6}; Beziehungen des Gr. zu den –en Spr. 151^{6}; s. Wortindex 313–327
römische Grammatik 7^{3}; Ableit. der –n Spr. aus dem Gr. 7^{4}
Rückbildung 421$^{4\cdot5}$; phonet. – 17^{8}; –en in der Kompos. 430^{6}, 7
Rückverwandlung 187^{8}. 188^{4}. 189^{6}
Rufe II 620^{2}; – an Tiere interjektionell II 61^{6}; s. Anrufung, Ausruf
Rufform; nominale – II 59^{7}
Ruhelage; Präv. der – II 268^{1}

S

-s- intervokal. 14[6]
σ- Aorist 752[1]
Sachbegriff; Ellipse eines -s II 175[4–7]
Sachbetreff; s. Beziehung
Sachbezeichnung als Akk. II 79[1]
Sache; Wort und – 5[5]. 23[6]. 25[6]. 36[7] f. II 7[2]
Sachwörterbuch 33[1]
Sagendichtung; Achäisch, Äolisch der – 47[2] f.
sakrale Rede 5[1]
Samojedisch; s. Wortind. 338
Sandhi und Pause 395[4]–414
Sanskrit 49[6]; – als älteste Spr. 12[1]
Satəmsprachen 54[1–4]. 55[2]. 822[7]; Phryg. u. Thrak. – 68[1]; Zischlaute in den – 54[3]
Satz; Definition 396[3]. II 619[3], 2; Bestimmungen des Satzes II 619[4]; regierter Satz II 636[5]; regierender – II 304[6]. 636[5]; Ellipse eines regierenden Satzes II 663[2]; Zus.ziehung von Sätzen II 610[3]–612. 707, 1. 708[4–5]; Anlaut im Wort u. Satz 410[8]–414; Ausl. im – – 408[4]–410; einfachere Sätze II 710[6]; musikal. Formung des Satzes II 698[4–5]; stimmlicher u. gedankl. Nachdruck im Satz 16[1]; echte Einwortsätze als Bestandteile eines normalen Satzes II 620[2]; eingliedrige Sätze II 619[6]–622; zweigliedrige – II 622[3–4]; erweiterte (bekleidete) einfache – II 622[3]; zweiwortige – II 622[2]; aneinandergereihte selbständige – II 635[3–4]; Sätze nach dem Inhalt II 619[5]. 625–631; die Frageform des Satzes II 625[3]; Adv. erstarrter Rest eines Satzes II 16[6]. 414[3–7]; Vokativ ein Satz II 60[3]; – Bestandteil des Satzes II 60[4]; Wortarten u. -formen im Satze II 6[1–2]; begründende Sätze vorangehend II 696[3]; Satz aus Verbalsubst. mit verbum finitum 811[8]; vorgrammat. Sätze II 619[5]; s. Abwehrsätze, Adverbial-, Attributiv–, Aussage–, Befürchtungs–, Begehrungs–, Beispiel–, Einwort–, Ergänzungs–, Final–, Frage–, Haupt–, Kausal–, Kondizional–, Konsekutiv–, Konzessiv–, Kurz–, Lokal–, Mehrwort–, Neben–, Nominal–, Objekts–, Relativ–, Subjekts–, Substantiv–, Temporal–, Verbal–, Vergleichssätze, Vokativsätze
Satzadverbia 619[1–2], 1. 747, 8. II 308[6]. 346[6.7]. 554[5]
Satzakzent 386[1.3] ff. 391[8]. II 13[7]. 556[7]; Unterschiede d. –s 357[7]
Satzanfang in d. Frage II 627[6]. 628[1]; Verb am – II 694[5–8]
Satzapposition II 617[3] f. 706[2.6]; Akk. der – II 86[6]–87; Adv. aus d. Akk. d. – II 87[1]
Satzart; affektive — II 625[4]–626; nichtaffektische – II 626[7] f.
Satz-Asyndeton II 633[3]
Satzbildung bei Xenoph. II 710[6]
Sätzchen; parenthet. – II 70[2]
Satzdubletten 396[8]
Satzfolge 696[2–8]; Wort- u. – II 689[3]–698; expressive – – II 703[4]
Satzgebilde; hypotakt. – II 636[7]–639
Satzglied den Satz eröffnend II 696[5–6]; Nebensätze gleichwertig mit Satzgliedern II 639[5]
Satzgliedkomposita 429[4]
Satzkomposita 429[4]. 454[1] f.; – mit *ā*- bzw. *ja*-St. 561[5]
Satzkonstruktion; Einbeziehung in die – II 66[3.5]
Satzlehre II 619[3]–698
Satznamen 634, 1
Satzphonetik 395[7]
satzphonetische Bedingungen 16[1]
Satzteile II 14[4]; Wortgruppen als – II 612[7]–619
Satzteilkomposita 452[5], 8 ff.
satzunbetonte Wörter 16[1]
Schallanalyse 26[3]
Schallnomina 726, 5
Schallverba 716[3–4]. 726[2], 5
Schallwörter 692[7–8]
Schattierungen in der Bed. 31[7]
Scheinfragen II 625[5]
σχῆμα 'Αλκμανικόν II 612[3]; – 'Αττικόν II 607[5]; – Βοιώτιον (Πινδαρικόν) II 608[3]; – καθ' ὅλον καὶ μέρος II 81[3–6]. 84[6.7]. 136[1–2]. 230[8]. 241[2]. 617[2] (s. Ganzes und Teil)
Scherz in der Spr. 18, 2; –e im Gr. 24[2]
Schibbolet 75[6], 2
Schichten; vordor. – 76[6]. 85[4]–91
Schichtung; s. Silbenschichtung
Schiffsnamen 635[2], 3
Schleifton 171[5]; lit. – 382[1.2.4]
Schlußkonsonant; fakultative –en 404[5]
Schnalzlaut 170[4]
Schnüffellaut ŏ, ŏ II 599, 2
Schreibung 15[1]. 148[2]. 198[2]; s. Doppelschreibung, Fehlschreibung, στοιχηδόν, Worttrennung
Schrift 26[1]. 137[5]–150; kursive – 148[5]; fremde Sprachen in gr. – 149[7]. 150; ion. – 147[4]; Geminaten u. gedehnte Kons. in der – 230[2.3]; sekundäre Gemination in d. – 231[5]; s. kanaanäisch-phönikisch, Keilschrift, kretisch-mykenisch, Lautschrift, Linear–, Minuskel–, Silben–, στοιχηδόν-Schrift, Quadratschrift, vorgriechisch
schriftlich zugängliche Sprachen 9[2]
Schriftrichtung 141[1–3]
Schriftsprache 40[1]. 99[1] f.; – aus Mundart 23[2–3]; ngr. – 133[1]
schriftsprachlicher Wortschatz 36[1]
Schulaussprache d. Gr. 8[5]; deutsche – – 177[1–2]; Akzentuierung in der – 394[7.8] f.
Schulsprachen; Syntax der – II 4[5]
Schwa idg. 340[2.7]. 341[2.4]. 351[1]. 359[3]. 361[6]. 365[8]. 558[5.6]. 560[2]. 580[7]. 581[1]

schwache Kasus 552^{3}

Schwachstufe 350$^{2.3.4}$. 352$^{5-8}$. 354^{5}. 356$^{6-8}$. 357$^{2-4}$. 538^{1}

schwachstufige Wz. 707^{4}; – – im Präs. 697^{3} f.

Schwächung von ε 841^{8}; – von Vokalen ngr. (nordgr.) 393^{6}

Schwachvokale 171^{7}, 2. 341$^{1.5-6}$

Schwebeablaut 359^{7}

Schwund von ϝ 188^{6}. 191^{5}. 335^{2}; intervokal. – von ϝ 188^{6}. 191^{5}; dissimilator. – von ϝ 225^{6}; – von *h* 335^{2}; – von anl. *h*- im Ngr. u. in den roman. Spr. 14^{3}; – von intervokal. *-s-* 14^{6}; – von σ 282$^{3.4}$. 307^{4}. 333^{7}; – von γ 209^{2}; – von -κ, -κτ 409$^{1.2}$; – von ν nach Langvok. 287^{6}; – des Nas. vor φ ϑ χ 216^{2}; – von ο in vokal. Dreiergruppe 252$^{7.8}$; – von -ι vor Vok. 399^{8}; – von *j* in Silbenanl. 236^{7}; – – im Inl. 366^{6}; – – intervokal. 73^{6}. 313^{2}. 712^{6}; – von υ in αυ, ευ > α, ε 198$^{7-8}$ f.; s. Vokalschwund

Schwundstufe 354^{6}. 357$^{5.6}$

scriptio continua, – plena 148^{2}

Sein; Sprechen u. – 5^{5}

sekundäre Nominalsuffixe 456$^{3.4}$; – Verbalendungen 658$^{1.4-5}$. II 222, 4; Sekundärsuffixe 460^{6} f.

Semasiologie 29^{2}. 40^{5}

semasiologisch; –e Gesetze 38, 3; –er Unterschied von Verbalbildungen 816; Simplex u. Kompositum semasiologisch 32^{6}

Semitisch 153$^{1-2}$. 154$^{2-6}$; status constructus im –en II 24, 6; altsemit. Alphab. 139^{7}; semit. Alphabete nach dem gr. 150$^{4.5}$; –er Laryngal 143^{1}; –es Hauchzeichen 143, 2; –e Silbenschrift 142^{1}, 1; –es Zeichen für *w* bzw. *ū* 143^{2}; s. Wortind. 336–338

Semitismen im Gr. 117^{6}. 126^{6}. 600^{7}. II 7$^{4-5}$

Sentenz II 285^{2}; reiner Nominals. in –en II 623^{4}

sentire; verba sentiendi II 295$^{4.5}$

Septuaginta-Spr. 126$^{2-5}$

Sexus II 28^{6}; Namen nach – II 37^{4}

Sieverssche Schallanalyse 26^{3}

sigmatische Bild. von Nomina 569$^{5-7}$, 8; –e Stämme 578^{6}–580; Beziehung des σ-Aorists zum Präs. 752^{1}; akt. u. med. –e Aoriste 749^{3}–756; –er Aor. u. Pf. 750^{6}; späte Beziehungen d. Pf.s zum sigmat. Aor. 750^{6}; sigmat. Aor. 640^{7}; neuentstandene –e Aoriste 666^{2}; –es Fut. 749, 2. 781^{1}–788; Erklärung der –en Futura 787^{1}–788

Silbe 235^{4}–239; Hauptgesichtspunkte 236^{4} ff.; Silbe die kleinste sprachl. Einheit 235^{4}; Funktion der – 6^{3}; offene – st. geschlossener 237^{7}; geschlossene – st. offener 237^{8}; offene –en im ältesten Gr. 237$^{2-3}$; Stärkeunterschiede der Silben 372^{2} f.; Tonhöhenunterschiede der – 372^{2}. 373^{1}; Abneigung gegen drei aufeinanderfolg. kurze – 239^{3}; Längung kurzer – vor Vokal 288^{1}; Gleichsilbigkeit der *o*- u. *ā*-Stämme 554$^{4-5}$; Verteilung eines Kons. auf zwei Silben 237^{8} f.; s. einsilbig, Gravissilbe, zweisilbig

Silbenakzent 171$^{1.2}$; s. Akzent

silbenbildende Liqu. u. Nas. 368^{8}

Silbenbildung 236^{1}

Silbendissimilation 121^{2}. 264^{4}

Silbenfuge 236^{4}; Gemination in – 231^{5}; Zus.treffen von Kons. in der – 276^{6}

Silbengrenze; phonet. – 235^{5}; Aufhebung d. – 244^{5}; Verschiebung d. – 237^{4}; Übergangsl. in d. – vor Vokal 236^{4}

Silbenschichtung 262^{7}. 264^{3}; s. Haplologie

Silbenschrift; ägypt. – 141^{6}; ägypt. u. semit. – 142, 1; kypr. - 138$^{6-7}$. 139^{1}. 141^{2}; semit. – 142^{1}

Silbenträger 171^{1}

Silbentrennung 235$^{5.6}$

Silbenüberschichtung 262^{7}

Silbenverlust 244^{5}; dissimilator. – 262^{4} ff.; s. Haplologie

Silbenversetzung 269$^{4.5}$

silbischer Laut 170^{8}. 171^{1}; –e Nasale (m̥ n̥) 171^{4}

Simonides 101^{1}. 108^{6}

Simplex u. Kompositum semasiologisch 32^{6}; Simplicia 82^{1}; – auf -ος II 32^{4}; – u. Komp. 82$^{1-2}$; – aus Komp. abstrahiert 426^{1}, 1; – aus Komp. gekürzt 426^{1}, 2; mediale Komp. zu akt. – II 233^{3}; PN – 634^{6}

Singular II 40, 1; Sonderbed. des – II 42, 3; kollekt. – II 41^{5}; genereller – II 41^{6} f.; repräsentativer – II 41^{6} f.; – drückt unbest. Vielheit aus II 41^{1}; – vertritt Gesamtheit II 41^{6}; – poetisch für Dual od. Pl. II 42$^{3-4}$; – distributiv II 42$^{4-5}$; – u. Pl. ohne Unterschied II 43$^{3-4}$; Pl. als unbest. Ausdruck f. – II 45^{5} f.; singularia tantum 24, 2. II 51$^{5-6}$

Singulativ zu Plur. II 42, 3

Sinn; s. Gegensinn

Sippenbezeichnung im Ngr. 510^{1}

Situationsbedeutung II 10^{1}

Sizilien; Dorismus Siziliens u. Unteritaliens 94^{8} f.

Sizilisch; Präs.flexion vom Pf. akt. im –en 767$^{5-6}$, 9

sizilisch-dor. Gemeinspr. 94^{7}

-σκ- Iterativbild. 58^{6}

Skythisch 153$^{6-7}$

Slawisch 49^{7}. 50^{7}. 55^{2}. 151^{6}.; Aksl. 164^{3} f.; Gruppierung d. – Dialekte 98, 4; Auflösung d. gr. Geminaten im Aksl. 231^{2}; Vereinfachung d. gr. Geminaten im Aksl. 231^{1}; slaw. ы aus idg. *ū* 181, 3; s. Wortind. 329–332

σολοικισμὸς 'Αλαβανδιακός II 595$^{7-8}$ f.

Sonant 171$^{1.2}$

Sonderbarkeiten; sprachl. – 26^{2}

Sonorlaut 170^{7}

Sophocles' Lexicon 35^{7}
soziale Unterschiede d. Namen 637^{5}, 3
soziativer Pl. II 45^{6}
soziologisch; die Spr. – bedingt 22^{4}; –e Sprachbetrachtung 22^{4}–24
Spaltung II 697^{3} f.
Spätgriechisch; Quantität u. Akzent im Spätaltgr. u. Ngr. 392^{3} ff.; Konj. Aor. st. Fut. im Spätgr. 789^{4}; spätgr. Syntax II 3^{2-4}
Spiel u. Scherz in d. Spr. 18, 2
Spieladverbia 627^{2}
Spiranten $179^{5.6}$. 216^{3}–222. 368^{2}. 369^{2}; – *s*, *h* 216^{3} ff.; Kombinationen von – 179^{6}; – im Ngr. st. Verschlußlaute 22^{3}
spirantische Ausspr. von β, γ, δ 207^{6}; – – von φ, ϑ, χ 205^{1-3}
Spirantisierung 234^{7}
spiritus asper 106^{6}. 143^{4}; – – bei Homer $221^{3.4}$; – – an Stelle von Ϝ- 226^{4}; – – im Att. 87^{4}. 220^{3}
Spitznamen 637^{3}
spontaner Lautwandel 16, 4; –e Lauterscheinung 16^{4}. 234^{6}; –e Gemination in ngr. Dialekten 238^{6}; –er Wechsel von ρ u. λ 213^{2}
sporadischer Lautwandel 12^{5}
Sprachatlas 17^{3-4}
Sprachbau; Typen d. –s 4^{5}, 2
Sprachbetrachtung 45^{5}; wissenschaftl. – 3^{2}; allgem. – durch die Stoiker 7^{4}; soziolog. – 22^{4}–24; s. Wortschatz
Sprachbund 21^{7}; phonolog. Sprachbünde 21^{8}
Sprache; Definition d. Spr. 45^{4}; – Zeugnis d. Volksgesch. 3^{3}; – der Götter u. Geister 5, 2; Verschiedenheit d. menschlichen – 5^{7}; Sprachen als Dialekte einer gemeinsamen Urform 9^{1}; schriftlich zugängliche –en 9^{2}; Voraussetzungen für die äußere Gesch. der – 11^{4} ff.; – vom sprechenden Menschen nicht zu trennen 11^{5-6}; Übergangsgebiet der – 17^{7}; Spiel u. Scherz in der – 18, 2; Bestimmung d. Entwicklung der – 19^{4}; neuere –en 20^{2}; Feinheiten der Spr. 21^{4}; die – soziolog. bedingt 22^{4}; Beeinflussung der gespr. – 23^{4}; divergierende Tendenzen der – 23^{5}; gespr. u. geschr. – 23^{5}; Seiten der Spr. 45^{5}; Naturseite der – 24^{3}; Kulturseite der – 24^{4}; Individualspr. 22^{4}; mikroskopische Analyse von Individualsprachen 26^{1}; Spr. als Ganzes 24^{4}. 26^{1}; lebende – u. Literatur 36^{2-3}; Erfassung der – eines Autors 26^{2}; affektlose – 37^{2}; Schluß von – auf Gesch. 96^{8}; Umgangs-, Amts- u. Schriftspr. 99^{1} f.; nicht-idg. Sprachen 4^{4}; nicht-indogermanoide – 60^{2}; idg. u. ugrofinn. – 52^{4}; kleinas. – 50^{4}. 51^{5}; oriental. – 152^{7} f.; k/pelle – 172, 3; nichtgr. – 6, 1; Probleme der – in der Philosophie 5^{4-5}; – nach Plato 6^{2}; – nach Aristoteles 6^{3}; – nach den Stoikern 7^{4}; – ἐνέργεια u. ἔργον 11^{6}; Ursprung der – 5^{6}. 11^{5}; Monogenese der –en 4^{5}. 819^{4}; Skt. als älteste – 12^{1}; Überblick über die wissenschaftl. Beschäftigung mit dem Gr. 4–11; äußere Gesch. des Gr. 45^{4}–137; die gr.–altidg. 46^{8}; Differenzen innerhalb d. gr. u. lat. – 23^{4-5}; Gr. als Weltspr. des Hellenismus 4^{3}. 116^{4} f.; Einfluß nichtgr. –en auf die Koine 121^{6} f.; Gr. als Spr. der Kirche 4^{3}; – des NT 126^{3-5}; – der LXX 126^{2-5}; Gr. als 2. Spr. des Humanismus 4^{3} f.; roman. –en 151^{6}; Beziehungen d. Gr. zu roman. –en 151^{6}; Gr. u. Balkansprachen 151^{7}; epische Spr. 101^{5} f. 109^{1} f.; hom. – 101^{5}–109. 825^{7}; – d. Elegie 108^{5} f.; – des Epigramms 108^{5} f.; – d. Lyrik 109^{5}; – des Chorliedes 110^{3}; – d. att. Tragödie 110^{4} – 111^{4}; – d. Komödie 111^{4} f.; s. Amtssprache, Balkansprachen, Barbarensprachen, Bibelspr., Gebärdenspr., Götterspr., Griechisch, Hochspr., Inschriftenspr., Kinderspr., Kirchensprachen, Literaturspr., Mehrsprachigkeit, Menschenspr., Veränderung, Zweisprachigkeit
Sprachenkreise der Erde 4^{4}; s. Sprachkreise
Sprachentwicklung 10^{4}. 19^{6}
Spracherklärung 9^{2}
Sprachfamilien der Erde 4^{4}
Sprachforscher und Philologe 24^{7}. $25^{1.6}$; philologischer – 25^{1}, 1
Sprachforschung; geschichtl. – 9^{3}; Mittel u. Verfahren d. geschichtl.-vergleichenden – 45^{2-3}; gr. – 3^{4}; Studium der Texte f. – 24^{5}; Wandel in der – 25^{6} f.
Sprachfrage; ngr. – 133^{3-5}. 134^{3}
Sprachführer; gr.-lat. – 34^{1}
Sprachgebiet; gr. – 83^{5-8}. 134^{4}–137; das gr. – nicht einheitlich 75^{3}; – – bis auf Alexander 47^{5}
Sprachgefühl ungleichmäßig II 10^{2-3}
Sprachgeographie 17^{2}. 28^{3}; moderne, praktische – 30^{6}
Sprachgeschichte; Stellung u. Bed. d. – 3^{1}–4^{6}; s. Geschichte
sprachgeschichtliche Perspektive 24^{7}; – Einstellung d. Philologen 24^{7}
Sprachgesetz 13^{6}. 19^{5}; s. Lautgesetz, Erscheinung
Sprachkarte; geographisch-ethnographische – 17^{2}
Sprachkenntnis; praktische – 3^{2}
Sprachkreise als Entsprechung d. Kulturkreise 4^{5}
sprachlich; –e Änderung 36^{6}; –e Behandlung 45^{5}; Tragweite der –en Erscheinungen 97^{3-4}; –e Form Ausdruck geistigen Gehaltes 25^{6}; –e Mode 37^{4}; –e Normalisierung 18^{1}; – Sonderbarkeiten 26^{2}; – Veränderungen 17^{5}. $22^{1.2}$; – Rekonstruktion 25^{3}, 2; –es Milieu eines Wortes 30^{5}; –e Vereinheitlichung $18^{1.4}$; sprachl. Unterschiede in Athen 18^{4}; –er Ausgleich in Athen 18^{5}

Sprachlogik 17[7]
Sprachmaterial; gr. – in anderen Spr. 31[1–2]; neues – 32[4]; s. Material
Sprachmischung 21[6]. 22[6]. 23[1]
Sprachperioden; ältere, jüngere, verfallende – 20[1–2]
Sprachphilosophie 6[2]; – der Alten 5, 1; – des 18. Jh. 12[4]
Sprachreste; s. ägäisch
Sprachstamm; –stämme d. Erde 4[4.6]; idg. Sprachstamm 48[6]; kleinas. – 60[4]
Sprachtausch 21[5–6]; – über Zweisprachigkeit 23[6]
Sprachtheoretisches u. Methodologisches 11[4] ff. 26[4] f. 820[2–4]
Sprachtheorie; Ausgangsort der – 22[4]; hell. – 7[2]
Sprachuntersuchung; Material der – 9[2]
sprachvergleichende Etymol. 42[2] f.; – Behandlung des Gr. 43[7]
Sprachvergleichung; Material der – 24[6]; – u. philolog. Arbeit 24[5–6]; Umwälzung d. jungen – 12[5–6]; klass. Philologie und – 12[7]–13[1]
Sprachverwandtschaft; genealog. u. kulturelle – 21[7]
Sprachwandel 27[8] f.; – Seite des Kulturwandels 23[7]
Sprachwissenschaft 28[5]; – Geistes- u. Kulturwissenschaft 19[1]; deskriptive u. historisch-genetische Auffassung 11[7]; moderne Sprachw. 19[3]; Philologie u. – 24[2] ff. 44[2]; klass. Philologie u. – 28[4]; vergl. – in ihren Anfängen 24[2]; Naturseite der Spr. als Arbeitsgebiet der – 24[3]; Material der vergl. idg. – 12[4]; Entdeckung der idg. – 12[1]; vergl. Methode d. idg. – 12[1]; idg. – 50[1]; gr.– als Seite der Wissenschaft vom Griechentum 3[4]; Förderung der gr. – im 19. Jh. 9[5–6]
Sprachwissenschaftler; s. Sprachforscher
sprachwissenschaftlich; Methode der –en Arbeit 9[2]; –e Rekonstruktionsmethode 25[2]
Sprechen u. Sein 5[5]
'sprechende' Namen 509[6.7]. 635[5]
Sprecher 21, 2. 37[4] f.; s. Hörer
Sprechgruppe; Präv. + Verbalform als einheitliche –en II 426[6]
Sprechtempo 235[3]. 240[8]
Sproßvokale 100[4]; Sproßvokal ι 278[2–4.6.7]
sprunghafte Lauterscheinung 16[5]
Städtenamen fem. II 33[3]; – im Vokat. II 62[1]
Stamm 9[5]. 417[2], 3. II 53[6]; grammat. – 9[5]; Definition 417[2], 3; Ablaut bei Stämmen auf Verschlußl. usw. 562[6]; Stämme in Dekl. 554[2]–580; *o*- u. *ā*-Stämme idg. 552[7]; *o*-Stämme in idg. Sprachen 58[3]. 555[2]; – – beseitigt II 38[1–2]; kontrah. *o*-Stämme 554[7], 4; konsonant. Stämme gehen in *o*-Stämme über 20[3]; Stämme auf Liqu. u. Nas. 553, 4; r/n-Stämme 52[1]; Stämme auf Diphth. 574[7]–578; Präs.stamm 673[1] ff.; s. Stämme im Wortind., Flexions–, Modus–, Tempus–, Verbal–, Wortstamm
Stammabstufung 419[3]
Stammbaum 53[7]
stammbildende Elemente 643[6], 2
Stammbildungssuffix 417[2]; nominale –e 455[4], 1
Stammesnamen d. Griechen 77[4]–80
Stammform als Vokat. Sg. od. Nom. II 59[6]; – als Vokat. 565[6]; – als Nom. Akk. Pl. Neutr. 581[4], 5; – der 2. sg. imper. 798[1.4–5] f.
Stammkomposita 428[3]
Standes- u. Berufsbezeichnung II 614[5]
ständiges Adj. II 182[7–8]; s. stehend
starke Umbildung 42[6]; – Verneinung II 317[4–6]; – Kasus 552[3]; –er Aor. (aor. secundus) 739[8]
Stärkeunterschiede der Silben 372[2]. 373[1]
Starkstufe 354[5.6]. 360[7.8]. 361[2]. 538[1]
starkstufige Wz. im Präs. 697[1–2]
stativ II 252[3], 4. 257[2]. 258[5]; statives Ipf. II 276[3]
status constructus im Semit. II 24, 6
stehende Epitheta II 181[4]
steigender Diphthong 178[7]. 179[2]; – – aus 2 Vokalsilben 244[5]
Stellung des Gen. 4[5]; – des Verbs im Satz II 694[5] f.; – des Subj. II 694[4]; – des Obj. II 694[1–3]; – der Präp. II 424[6]–428; – des Präv. II 425[1]; freie – des Adv. II 424[6]; Sonderstellung d. Gr. im Idg. 73[3]; Stellungsmöglichkeiten der Parenthese II 637[3]; s. Wortstellung
Stephanos von Byzanz 34[3]
Stephanus, Henricus 34[6]
Stil; Funktion des Stils 6[3]; Stil Ursache von sprachl. Veränderungen 22[1]
Stilistik II 6[3–6]. 11[7]. 698[5]–712; syntakt. – II 1 ff. 698[5]–712; niedere – II 698[7.8]; höhere – II 698[7.8]. 699[1]; Beziehungen der – zur Spr. II 6[3–6]; volkstüml. Elemente der – II 11[7]
Stilmittel; primitive – 5[1]; Asyndese als – II 632[7]; Wortfolge als – II 697 f.
stimmhafte Laute 170[5–7]; – Kons. 170[6]
stimmlose Laute 170[5–7]; – Kons. 170[6.7]; Lenis stimmlos 170[7]
Stimmton 170[5]
Stoffadjektiv; Gen. für – II 178[1–2]
στοιχηδόν-Schreibung 148[2]
Stoiker über Sprache 7[4]; Etymol. durch die – 7[4]. 43[5]
Stoßton; lit. – 382[1]
straffe Gedankenführung II 706[8]–712
Strattis 30[7]
strengdorisch ω < οε, οῃ 249[6]
Stufe; s. Ablaut-, Grund–, Reduktions–, Schwach–, Schwund–, Stark–, Vollstufe
Stützvokal ι interkons. 413[1]
subiunctivus II 302[6], 1
Subjekt II 64[7] f. 619[4]; Nom. Kasus d. grammat. Subj. II 64[4]; – Sg. mit pl.

Verb II 242^{8}; unbestimmt. – II 244^{5} f.; pl. od. dual. – nach ἔστι, γίγνεται II 608^{4}; gemeinsame Subjekte einmal gesetzt II 610^{3}; Nominalsätze mit mehreren Subj. II 611$^{5-8}$; Verbalsätze mit – – II 611^{8} f.; Endstellung des Subj. II 694^{4}; euphemist. Vermeidung des Subj. II 621^{3}; Adverbialia als Subj. II 622^{2}; Subj. des imperativ. Infin. II 620^{6}; Trans. mit persönl. – II 64^{7}; die 3. Person Sg. drückt ein allgem. persönl. – aus II 620^{7}; die 3. Plur. drückt eine Mehrzahl von Subjekten aus II 620^{7}; Subj. bei den Impersonalia II 621^{3} f.; Apposition zum – II 693^{6}
subiectivus; gen. – II 121$^{1-2}$
Subjekt-Prädikat-Folge II 693$^{5-6}$
Subjektssätze II 645^{1}
Subjektswort II 622$^{5-6}$; gewohnheitsmäßiges – verschwiegen II 621$^{1-3}$; verschwiegenes – ein Verbalabstrakt II 621^{2}; – unterdrückt bei Impersonalia d. Naturerscheinungen II 621$^{4-5}$; – regelmäßig bei den 3. Personen II 620^{7}; – nicht nötig II 620^{7}; Mehrwortsätze mit u. ohne – II 622^{5} – 624^{8}; Subjektswort nicht sichtbar od. unterdrückt II 620^{5} f.
Subordination von Sätzen II 634^{5}–689; – –sgruppen II 619^{2}
subscriptum ι 203^{1}
Substantiv II 17^{4}. 18$^{3-5}$; Ellipse eines –s 618^{4}; Infin. Substantiv im Ngr. II 13^{3}; Subst. flexionslos II 18^{2}; Einteilung von Subst. II 18^{3}; Berührungen des Adj. mit Subst. II 173^{3}–180; Adjektivierung von Subst. II 18^{4}. 176$^{1-8}$; Dat. bei Subst. II 153$^{3-8}$; nota substantivi II 25^{3}; s. Ablativ, Verbalsubstantiv
Substantivgruppe hat gemeinsames Attribut II 604^{5}–605^{5}
substantiviertes Prädikativ II 605$^{5-6}$; – – im Dual od. Pl. II 611^{3}; – Neutr. als Prädikativ II 605^{7}; –es Adj. 469^{1}
Substantivierung durch den Art. II 23^{2}; Akzentwechsel bei – 420^{4}; – von Adj. II 18$^{4-5}$. 174^{4}–175; – der Possessivpron. II 202$^{5-6}$; – von Adverbien 461^{4}; formelle – des Ptc. II 409^{2}
substantivisch; das adj. Genus jünger als das substantivische II 36^{2}; –es Prädikativ II 182^{2}; –es Reflexivpron. II 225^{1}; –e Personalpronomina 599^{7}. 600 ff.; – er Infin. 640^{2}; – – ohne Art. II 368, 2; –e Apposition II 613^{6}–618
Substantivsätze II 645^{2}–646
Substrat 21^{6}; vorgr. –e 58^{6}–71; ägä. – d. Gr. 59^{2}–65; satəmsprachl. – des Illyr. 67^{2}; s. ägäisch
Substrattheorie 21$^{4-5}$. 819^{7}
subtraktive Zus.rückungen 594^{4}
Süddorisch 93^{1}–96
südgriechische Alphabete 144^{2} f.
Suetonius Tranquillus 33^{7}
Suffix; produktives u. unproduktives – 456^{4}; zweisilb. – 456^{6}; nominale Stammbildungssuffixe 455^{4}, 1; Ausdehnung von Suffixen in Bed.gruppen 455, 2; retrograde Ableit. von Suffixen 456^{1}; Suffixe als Kompos.suffixe 452^{2}; Suffixe in Konträr- u. Reimbildungen 456^{2}, 3; – mit zwei Kons. 521^{2} ff.; – mit Liqu. od. Nas. 480^{5} ff.; patronymisches Suff. 636^{1}; Suffixe d. Verwandtschaftswörter 530$^{3\cdot 4}$; Übereinstimmung d. Idg. u. Ägä. in Suffixen 65^{4}; lat. Suffixe im Ngr. 124^{5}; s. Dentalsuffixe, Kasus–, Kompos.suffix, Lehn–, Modus–, Namen–, Nominal–, Personalsuffix, Velarsuffixe
suffixlose Kasus II 56^{3}
Suidas 34^{3}; Geminaten bei – unberücksichtigt 231^{3}
Sumerisch; idg.-ugrof.-altaisch-sumerische Beziehungen 53^{4}; s. Wortind. 335
Superlativ II 183, 4; Betonung des –s 538^{1}; Umschreibung des – II 184^{4}, 3; – ersetzt durch den Komparativ II 185^{4}; – bei ὡς II 666$^{5-6}$; – c. gen. II 116, 1; – in elativer Bed. II 185^{4}; Verstärkung des –s II 185^{2}
Suppletion 816$^{4-5}$. II 184, 1. 258^{5}; nominale – 582^{4}, 2 – 584. 816^{5}; verbale – 816$^{4-5}$; – in Pron. 600^{3}, 2
Suppletivverba II 257^{7} f.
Syllabar; kypr. – 138^{8}. 139$^{1\cdot 5}$
syllabische Dissimilation 264^{4} (s. Haplologie); –es Augm. 651^{2}. 652–654
Symbolik; s. Lautsymbolik, Zahlensymbolik
Symmetrie; expressive – II 702$^{6-8}$
sympatheticus; dat. – II 147^{4} f. 169^{5}
Synaloiphe (συναλοιφή) 395^{8}. 401^{4}
syndetische Parataxe II 633$^{5-6}$; – – im NT II 634^{3}, 1
συνεκφώνησις 244^{6}
Synesios von Kyrene 131^{4}
Synizese 244^{6}. 401^{3} f.; – zw. zwei Wörtern 400^{8} f.; – unterbleibt in ngr. Dialekten 125^{4}
συγκοπή 45^{2}; s. Lautwegfall
Synkretismus II 12^{2}, 1; – in Kasus II 56^{7}. 138^{6}; s. Kasussynkretismus
synkretistischer Gebr. des Gen. II 128^{3}–135
Synonyma II 704$^{2-3}$; – im Wörterbuch 32^{8}; – des NT 33^{2}; – bei Philoponos 34^{3}
Synonymenwörterbuch 33^{1}
Synonymik d. gr. Spr. 33^{2}
Syntagma; mehrere Genitive im – II 135^{3} f.
syntaktische Geltung von Wortformen II 5^{6} f.; –e Erscheinungen II 7$^{2-3}$. 11^{1}; –e Konstruktion II 703^{5}–712; – Parallelentwicklung II 8^{2}, 1; – Gemeinsamkeit im Typus II 8^{3}; – Ausdrucksmittel des Gr. II 11–14; – – aus idg. Vorzeit II 11; – Analogie II 57^{2}; – Neuerung II 12^{4}; – Stilistik II 1 ff. 698^{5}–712; – Schwäche des Opt. II 337^{7}; – Kategorien im Ngr. II 12^{4} f.; Gen. syntaktisch 546^{3}, 2

Syntax II 1 ff.; Begriff II 5^{3} ff.; Definition II 5^{4}; Methode u. Darstellung II 7^{4} ff.; Gliederung der – II 5 ff.; Ries' Gliederung der – II 5, 4. 6, 1; Form u. Bed. II 8$^{3-5}$; – mit der Formenl. eng zus.-hängend 13, 1. II 6^{3}; Emphase u. Affekt in d. – 15, 4; vergl. – II 3^{6} f.; – von außeridg. Sprachen II 5^{2}; – von idg. Sprachen II 4^{6} f.; gr. – II 1–17. 2, 2; Gesch. d. gr. – II 1 ff.; – bei Homer II 2^{7}; – der Schulsprachen II 4^{5}; spätgr. – II 3$^{2-4}$; mittel- u. ngr. – II 7^{6}; mgr. – II 3^{4}; ngr. – II 3^{5}; Nachwirkung der gr. Syntax in Unterital. 21^{6}; Kommentare mit Berücksichtigung der – II 2$^{5-7}$; analyt. u. synthet. Teil d. – II 6^{2}. 17$^{6-8}$; analyt. Teil II 18 ff.; Assimilation in der – II 8^{6}, 5; Kongruenz in der – II 602^{2}–610; Inkongruenz in der – II 602^{2}–610; Logik in der Syntax 12^{3}. II 7^{2}; Psychologie in der – II 7^{2}
συντελικὸς χρόνος II 249$^{2.4}$
synthetischer Teil der Syntax II 602–712; – Formenbau 3^{5}, 1; –e Verbalbildungen 672 ff.
Syrisch 151^{5}. 159^{2} ff.; s. Wortind. 336–338
System; s. Ablaut-, Konsonanten-, Laut-, Perfekt-, Präsens-, Tempus-, Zahlsystem
Systemzwang 20^{7}; s. Ausgleichung

T

Tabu 23^{7}. 37$^{3.8}$; s. Euphemismus
tantum; s. pluralia, singularia
tautosyllabische Gruppen von Kons. 323^{5}. 324$^{7.8}$ f.
Teil; Ganzes u. – II 81$^{3-6}$. 704^{4} (s. σχῆμα καθ' ὅλον καὶ μέρος); Redeteile II 14^{4}; formelle Unterscheidung der Redeteile 618, 1; s. Satzteil
τέλειος χρόνος II 249$^{2.4}$
Tempo; s. Sprechtempo
temporales Augm. 203^{3}. 651^{2}. 654$^{2-3.7}$ f.; – – aufgegeben 655^{4}; –er Prosekutivus II 163$^{2.5-7}$
Temporalis II 158^{3}–159
Temporalsätze II 648^{4}, 1–661
Tempus 640^{2}. II 248^{5} ff.; Tempora u. Modi 672^{6}–804; Aspekt u. Tempus II 246^{6}–301; Verbalkomp. zu Aspekt u. Tempus II 266^{5} ff.; außerpräs. Tempora 737^{2}–739; Tempus als grammat. Kategorie II 253^{6}, 5; nicht-indik. Formen u. – II 294^{6}–297; gen. temporis 29^{3}; attractio temporis II 279^{7}; Akzentunterschiede in den Tempora 673^{3}; s. unter Aorist, Futurum, Imperfekt, Perfekt, Plusquamperfekt, Präsens, Augment–, Haupt–, Nebentempora
Tempusbedeutung; Indikative mit – II 269$^{6-7}$
Tempusbildungen; periphrast. – 811^{5}–813^{4}
Tempusstamm 641^{7}. II 256, 2; Reduplikation in -stämmen 642^{1}; –stamm zum allgem. Verbalst. geworden 643^{6}
Tempussystem II 256, 2; –e im Verhältnis zum Aspekt II 256^{6} ff.; – u. relative Zeitstufe II 297^{8}–301
Tempuszeichen 641^{7}
Tendenz; divergierende –en d. Spr. 23^{5}; – – bilden neue Dialekte 23^{5}; Tendenz zur Verschiebung der Artikulationsbasis nach vorn 232^{3}; – zur Verengung der Laute 232$^{2.3}$; – zur Vereinheitlichung des Verbs 74^{2}; s. Lauttendenz
tenuis; Wechsel zw. tenuis u. media 62^{8}. 332^{8} f.; – – – u. aspir. 62^{8}; die Aspiration der tenuis unterbleibt 221^{7}; geminierte tenuis für geminierte media 231$^{5.6}$; tenuis + media für geminierte media 231$^{5.6}$; media zu tenuis assimiliert 408^{2}; tenuis od. media an apir. assimiliert 257^{2}
tenuis aspirata aus idg. med. aspir. 58^{2}. 62^{8}. 297^{1}. 370^{5}; – – für maked. med. 69^{3}
terminativ II 252^{6}
Terminologie; grammat. – 6^{3}
Terpandros 110^{2}
Testament; s. Neues Testament, Septuaginta
Texte; Studium der – f. Sprachforschung 24^{5}
Textobservationen 8^{6}
ϑ; s. oben 120 ff.
thematisch; –er Vokal ε, ο 642$^{3.8}$. 644^{2}. 683^{4}, 5. 841$^{1.6}$; –e Flexion 642$^{4-5}$; –e Verba 642$^{4-7}$; athemat. Verba in –er Flexion 691^{4}; themat. Flexion bei Präsensbildungen mit Verschlußl. 702^{3}, 4; (unredupliz.) themat. Wz.präsentien 683^{4}–686; themat. Personalsuffixe 658^{2}. 659$^{2-3}$; –er asigmat. Aor. 746^{1}–749; α-Flexion in den themat. Aoristen 753^{6} f.; –er Gen. II 131^{7}
Theodoros [von] Gaza II 1^{4}
Theognostos 34, 1
theophore Namen 635^{3}. 637^{7}
Theorie des Lautges. 19^{3}; s. Akzent–, Assimilations–, Sprach–, Substrat–, Wellentheorie
Theräisch 95^{5}
Thesaurus; der gr. – 29^{6}. 31^{8}. 34$^{6-7}$; untere Grenze des gr. – 31^{8}; alphabet. Anordnung im – 32^{5}
Thessalisch 90^{4} f.; Lesbisch u. – 89^{7}; Übereinstimmungen des Maked. mit dem –en 69$^{4-5}$; dor. Einfluß im – 90^{2}; –e Ethnika 66^{2}; EI thess. für αι 194^{4}
Thomas Magister 34^{3}
Thraker; Einfluß der Illyrier u. Thraker auf das Gr. 47^{1}

Thrakisch 55^{2}. 67^{5} f.; – Satəmspr. 68^{1}; –es im Gr. 67^{6}–69; thrak. Inschriften 68, 2; s. Wortind. 332 f.
thrakisch-phryg.-armen. Gruppe 49^{6}
thrakisch-phrygische Lehnwörter im Gr. 68^{3}
Thrax; s. Dionysios
Thukydides; formeller Unterschied bei – 6, 3; ion. Einfluß im Wortschatz des – 115^{3}; Konzentration bei – II 710^{6}
Tiefstufe; s. Schwachstufe
Tiernamen 635^{2}, 2
Timotheos 100, 1
Titel; Genitiv als – II 131^{7}
Tmesis 102^{2}. 425^{1}, 1. 427^{4}. 644^{5}. II 284$^{1-5}$, 2. 420^{5}. 422^{4}. 425^{1}, 1. 2. 635, 4; Anastrophe bei – II 425, 2; – bei Infin. u. Ptc. II 426$^{3-5}$
Tocharisch 50$^{1.7}$. 51$^{4-5}$. 52^{1}. 55^{3}. 822^{3}; Heth. u. Toch. als Dialekteinheit 52^{2}; Berührungen des Toch. u. Heth. mit dem Italokelt. 54, 1; toch. Bezeichnungen der Körperteile 43^{3}; s. Wortind. 333 f.
Ton; s. Schleifton, Stimmton
Tonbewegungen 375^{5}
Tonhöhenunterschied 375^{6}; –e der Silben 372^{2}. 373^{1}
Tonstelle verschoben 72^{7}
total; –e Assimilation von Kons. 256^{5}; – Kongruenz II 602$^{6-7}$; – Iteration II 699$^{5.7}$ f. 704^{5}; – Reduplik. 646$^{4-5}$. 647$^{2-6}$
tragicus; aoristus – II 282, 2
Tragödie; Spr. der att. Tragödie 110^{4} ff.; epische Elemente in der – 110^{7} f.; ion. Einfluß in der – 115^{3}
transitives Verb II 71$^{4-5}$; intr. Verb wird trans. II 71^{6}; trans. Verb wird intr. II 71^{7}; trans. sigmat. Aor. neben intr. Wz.-aoristen 755^{6} f.; trans. Media II 230^{7}–232; – – tantum passiv gebraucht II 240^{3}; trans. akt. Zubildungen zu den Media II 228^{1}; Transitiva mit persönl. Subj. II 64^{7}
Transkription von υ in fremden Spr. 183^{6}
Trema; s. Trennungspunkte
Trennung; s. Silbentrennung, Worttrennung
Trennung der Präp. von der Verbal- od. Kasusform II 424^{7}
Trennungspunkte 149^{2}
Tryphon 7^{7}
Tsakonisch 93$^{6-8}$ f.; Periphrase des Präs. u. Ipf. im Tsak. 813^{3}; tsak. Aspiraten 205^{1}
Türkisch; s. Wortind. 338, 5
Typen des Sprachbaus 4, 2
Tyrannion 7^{4}
Tyrtaios 100^{7}

U

Übereinstimmung des Gr. mit dem Ar. 56^{7}; s. Arisch
Übergang; s. Lautwandel, Wandel
Übergangsgebiete der Spr. 17^{7}
Übergangslaut 173^{3}, 3; – α 278$^{4.6.7}$; – ι 206, 3. 278$^{2-4.6.7}$. 312$^{6.7}$; – β 277^{1}; – δ 277^{1}; – ϝ 237^{5}. 314^{7}; – ј 236^{4}; – nicht geschr. 277^{4}; konsonant. –e 277^{1} ff. 289^{3}; – ј durch I geschr. 202$^{5.6}$; – in der Silbengrenze vor Vokal 236^{4}
Überlieferung des Gr. 3^{7} f. 150^{7}–165; die idg. Sprachen nach dem Alter der – 50^{5}; gr. – der chines. parallel 4^{4}; s. Nebenüberlieferung
überoffen; s. offen
Überschichtung; s. Silbenüberschichtung
Übersetzung 39^{6}
Übersicht über die gr. Dialekte 82^{6}–96
Übersteigerung; analogische – 17^{7}
ugrofinnisch; idg. u. – Sprachen 52^{4}; idg.-ugrofinn.-altaisch-sumerische Beziehungen 53^{4}
υι; s. oben 250
Umbildung 42^{5}; starke – 42^{6}
Umbrisch; s. Wortindex 313–327
Umfärbung von ε 212^{6}
Umgangssprache 99^{1} f. 131^{3}; – u. Literatur am Ende des Altertums 131^{5}; gebildete ngr. – 133^{6}; ngr. – Vertreter des Idg. 4^{2}
umgekehrte Schreibungen 198^{2}
Umlaut; regelloser – nach Buttmann 9^{5}
Umlautvokale 171^{6}. 179^{2}
Umschreibung des Duals II 48^{1}; – des Komparativs u. des Superlativs II 184^{4}, 3; – des verbum finitum durch Ptc. mit Kopula II 624^{6}; – mit Präsens-Ptc. 813$^{2-3}$; – des einfachen Fut. durch ἔσομαι 813$^{1-2}$; – des fut. exactum 812$^{5-6}$; – des Pf.s 779^{4}. 812^{2}–813^{1}; – des Pf.s akt. durch ἔχω 812^{6}–813^{1}; – mit ποιεῖσθαι II 78$^{3-4}$; Reflexivverhältnis durch – durch das Akt. mit subst. Reflexivpron. II 225^{1}
Umsetzung; fälschliche – eines Wortes in einen anderen Dial. 17, 2
Umstellung; s. Lautumstellung
unakzentuierte Wörter II 692$^{2-4}$
Unausgesprochenheit II 701^{1}
Unbelebt 600^{1}
unbestimmter Pl. mask. für eine weibl. Person II 46^{1}; –er Art. II 20$^{2-3}$, 2; –es Subj. II 244^{5} f.; –es Adj. II 19$^{7-8}$
Unebenheit; s. Anomalie
unecht; –e ē- u. ō-Laute 191$^{2.3}$; –e Diphthonge 191^{7}; –es ει 86^{8}. 90^{2}. 147^{3}. 191^{7}. 192$^{2.4.5.7.8}$. 193^{1}. 642, 2; –es ει = ι 193^{7}; –es ου, geschr. O 147^{2}. 191^{7}. 192$^{1.2.4}$; –e Präp. II 97^{1}. 421^{1}. 533^{1}–553; –e Einwortsätze II 622^{4}

unflektierte Wörter II 15[6.8] f.
ungleichsilbige Formen des Nomens 563[1]
ungriechische Wörter 5, 2
Univerbierung 445, 3. II 306[3]
unorganische Nasalierung 123[5]
unpersönlich II 244[3]; –es Passiv seit V[a] II 377[8] f.; – – mit Akk. II 240[2]; – – ohne Agens II 239[5–6]; –e Konstruktion II 714[4]
unredupliziert; s. redupliziert
Unregelmäßigkeit Prinzip des Formenbaus 20[7]
unsilbischer Laut 170[8]. 171[2]; –e Geräuschlaute 171[2]; *i, u* unsilbisch 171[3]; –es ε 244[6.7]; – ι 244[6.7]. 245[4.8]; – υ 244[6.7]
Unterdrückung des Art. II 618[4]
untergeordnete Sätze II 304[6]
Unteritalisch 825[3]; Nachwirkung der gr. Syntax im –en 21[6]; Infin. lebendig im ngr. – 809[7]
Unterschiede zw. den gr. Dialekten 71[5], 2. 75[5] f. 81[1–5]; – zw. Ion. u. Att. 86[1–2]; dial. – in der gr. Dekl. 81[6] ff.; Unterschied der Dekl.klassen 553[7]; –e zwischen den gr. Dialekten in d. Konjugation 81[7]; s. Ablautunterschiede
Untersuchung; s. Sprachuntersuchung
untrennbar; Augment – 644[5]
urbanitas; opt. urbanitatis 641[5]. II 329[7.8] f.
Urbedeutung 43[1]
Urform von Dialekten; Sprachen als Dialekte einer gemeinsamen – 9[1]
Urgriechisch 71[4]–75; – u. Idg. 72[6]; Stufe des –en 71[6–7]; urgr. dial. Differenzen 71[5]; urgr. offene Vokale 72[2]; urgr. η 189[5]; Konsonantismus im Urgr. 72[3]; Hauchlaut im Urgr. 72[3]; urgr. Ϝ 72[3]; Deklination u. Konjugation im Urgr. 72[4]; urgr. Personalendungen des Verbs 657[4–5]; –e Jotpräsentien 712[3]–737; Beispielsätze im Urgr. 74[8]. 75[1]; urgr. Altertümlichkeiten bei Homer 107[2]; s. Deklination, Digamma
Urheimat der Indogermanen 53[1–6]; Problem d. idg. – 52[3]
Urindogermanisch; s. Indogermanisch
Ursprache; idg. – 48[4]
Ursprung der Spr. 5[6]. 11[5]; – der Koine 126[7] ff.
Urvolk; idg. – 52[3]
Urwörter 43[5]

V

Variation II 8[7]
Vaternamen im Gen. artikellos II 618[4]
Vedisch 49[6]
Velare 179[4]
Velarsuffixe 496[3] ff.
Veneter 67[1]
Venetisch 67, 1. 824[1]; s. Wortindex 312 f.
Veränderungen; sprachl. – 17[5]. 22[1.2]; spärliche – einer Spr. 23[7]; lautl. – 21[3.4]; – des Gr. gegenüber dem Idg. 73[2]; wichtigste – von Kons. 204[1]; s. Lautveränderung
Verb; Tendenz zur Vereinheitlichung des Verbs 74[2]; bes. Erscheinungen des lyk. Verbs 65[1]; unregelm. Verba d. Air., Rätorom. 20[8]; *r*-Formen des Verbs im Ar., Italokelt., Phryg., Heth. 55, 2; gr. u. idg. Verb 639[3]–646; idg. Verb nominalen Ursprungs 646[1]; gr. Verba ins Alb. u. Bulg. entlehnt 816, 1; das gr. Verb 639–817. II 14[4.6]. 17[4–5]. 216[4]–411; Gruppierung der Verba 815[1–4]; praktische Einteilung der Verba 815[1], 1; durchkonjugierte Paradigmen II 256[5]; Nicht-Durchflektieren des Verbs 816[3]; Ablaut im – 642[7] f.; Enklise im – 390[3.4]; Aspekt im Verb II 11[6]; verbum finitum 639[4–5]. 804[6]–813. II 607[3.5]. 620[6]. 624[6]; Ellipse des Verbs II 663[2]; Modi 789[5]–804. II 301[6]–354; verbum infinitum 639[4–5]. 804[6]–813. II 241[4] f. 355[1]–411; Nominalbildungen des Verbs 804[6], 5; genus verbi 639, 2. II 217[2]–242; nicht-indik. Formen u. Tempus II 294[6]–297; Akt. II 225[5]–228; akt. Imper. medialer Verba II 224[7]. 225[6]; Medium II 228[4]–236[4]; Wechsel zw. Akt. u. Med. II 229[4]–236; Passiv II 236[4]–241; trans. – II 71[4–5]; – – wird intr. II 71[7]; intr. – II 71[6]; – – wird trans. II 71[6]; themat. u. athemat. Flexion 642[4–7]. 813[4] f.; große Verba auf -μι 686[5] ff.; flexiv. Einheit der verba auf -άω -έω 686[1–2]; – contracta 658[2]; inchoative – 707[2]; denominative – 722[3], 3 – 737. 771[4]; deverbative – 717[3]–722; Verba aus Interjektionen 716[4]; – kompon. mit Präp. II 68[5]; themat. Umbild. athemat. Präs. 682[3] f.; athemat. redupliz. Typen 686[5]–689; außerpräs. Formen bei deverbativen u. denominativen Verba 738[6] f.; sigmat. Aor. der verba liquida 753[4–5]; formelle Doppelcharakterisierung einzelner Formen 816[1–2]; verba dicendi II 295[4.5]. 374[6] f.; – – im Ipf. II 277[7]; – energetica II 64[6]; – oboediendi II 95[4]; – sentiendi II 295[4.5]. 375[3] f.; – der Bewegung II 67[7] f.; Gen. bei – – – II 112[4–6]; Partitiv bei – der Wahrnehmung II 105[7] f.–110; gerichtl. Verba II 80[4]; Verba f. Lebensäußerungen II 76[5]; – f. Naturvorgänge II 76[6]; Apposition des Verbs II 181[7] f.; absol. Gebr. von Verben II 71[7]; Hypercharakterisierung des Verbs II 268[1–4]; Verb unterdrückt im Satz II 65[4]; Ellipse eines Verbs mit ὡς II 667[3–6]; kopulative Verba II 624[4]; Verb am Satzanfang II 694[5–8]; Numerus

des Nomens u. Verbs II 355^4; Konstruktion des Nom. Akk. Pl. Neutr. mit sg. Verb 582^{1-2}; Subj. im Sg. mit pl. Verb II 242^8; Dual beim Verb II 46^4 f.; Dual des Verbs neben δύο mit Pl. II 609^2; Pl. des Verbs bei δύο II 609^4; personenlose Vorstufe des Verbs 445^{2-4}. 645^3. II 244^5; Prädikatsverb im Pl. bei kollekt. Subj. II 608^6 f.; das Verb ans Prädikativ attrahiert II 608^5; Gleichzeitigkeit des Präs.- u. Pf.systems II 298^7 f.; Vorvergangenheit des – II 299^{2-5}; frühbyz. Verba c. infin. 810^1; s. Ablativ, denominativ, deverbativ, Endung, Schallverba, Suppletivverb, Tempus, Wortind. (-μι, -ω, etc.)
verbal; –er Dual bis 386^a II 46, 5; –e Dvandvas 645^1; –e Kompos. 644^3 f.; verstärkende – – II 268^{2-3}; –er Numerus II 242^5–244; Sg. u. Pl. wechseln II 242^7 f.; 1. Pers. Pl. statt 1. u. 2. Pers. Sg. II 242^8. 243^2 f.; –es Prädikat im Dual od. Pl. II 611^{4-5}; –e Reduplik. 646^3 –650; –e Rektionskomp. 441^2, 1 f. II 73^2; –e Suppletion 816^{4-5}; Infin. verbal II 369^3; nominal-verbale Kongruenz II 602^4
Verbalabstrakt; verschwiegenes Subjektwort ein – II 621^2; –a 469^2, 1. II $355^{2.5}$. 356^2–357
Verbaladjektiv 501^5, 11 f. 810^3–811^4. II 174^1. 409^4 f.; Erstarrungserscheinungen bei – 805^{3-4}; –e adjektiviert 810^5; – auf -ιος 466^2; – auf -νο-, -το- 57^4. 644^6 (s. Wortind.); – auf -τός u. -ής mit κατά II 475^2; Dativ bei – II 150^{1-2}
Verbalakzent 389^{7-8}–391. 718^2
Verbalapposition II 368^1. 612^7. 618^7, 1 f.; – aus prosthet. Nominals. entstanden II 618, 1
verbalappositives Adj. II 178^8; – – proleptisch gebraucht II 181^{2-3}
Verbalaspekt; s. Aspekt
Verbalausgang 657, 4; – des Präs. mit *je/o-* 714^3–717; s. Wortind. S. 277
Verbalbildungen; synthet. – 672 ff.; alter semasiolog. Unterschied bei – 816^1
Verbalellipse II 710^2; s. Ellipse
Verbalendungen; primäre – 658^{1-4}, 1; sekundäre – $658^{1.4.5}$; aktive – 659^2–667; mediale – 667–672; Ausgleichung zwischen den – des Ipf. u. Aor. im Ngr. 130^2; s. die Endungen im Wortind.
Verbalenklise im vorgeschichtl. Gr. II 695^1; s. Enklise
Verbalflexion defektiv 8^2; μι-Flexion äol.-ark. 88^5; Verbalflexion 813^4ff.; denom. – 728^3–730; – mit Ptc. u. Infin. II 17^1
Verbalform; besondere –en für die relative Zeitstufe II 298^1; Dat. bei passiv. – II 150^{3-4}; Ellipse einer – im Satz II 624^{7-8}; Präp. von der – getrennt II 424^7; Präv. + Verbalform als einheitliche Sprechgruppen II 426^6
Verbalkomposita mit Präp. II 72^8; Aspektwechsel in – II 255^1; Verhältnis der – zu Aspekt u. Tempus II 266^5 ff.
Verbalkontraktion 728^5
Verbalnomina 805^{1-3}; – mit Akk. II 73^7 f.; Verbalnomen in verbaler Funktion 445^2
Verbalparadigmata; Aufbau der – 816^2 f.
Verbalpersonen II 244^1–246; 1. u. 2. Pers. wechseln II 246^{1-4}; die 3. Pers. Sg. unbest. II 245^{1-3}; die 3. Plur. II 245^{3-5}; 1. Pers. Pl. st. der 2. od. 3. Sg. II 246^{3-4}
Verbalsatz II 65^3; Kongruenz im – II 607^1–610; – mit mehreren Subj. II 611^8 f.; s. Relativsatz
Verbalsatznamen 634^2
Verbalstamm $641^{6.7}$. $643^{4.6}$; – als Flexionsstamm 643^5; abgeleitete -stämme 702^2; erweiterter – in außerpräs. Formen 738^{3-4}; – auf Vokal od. Diphth. 685^5
Verbalsubstantiv mit verbum finitum 811^8
Verbindung von zwei gleichen Kasus II 617^2; präpositionale –en 625^{2-5}, 4; – – mit Kasus des Relativs II 652^6–653; Kons.verbindungen 368^{4-6}. 369 $^{4-6}$; – von Adjektiven II 181^1
verblose Redensarten II 143^{5-7}; –er Nominals. II 623^1 f.
Verbot; s. Tabu, Wortverbot
verdoppelt; Vokativ – II 60^3
Verdoppelung von Konsonanten (λλ μμ νν) bei Homer 310^8. 311^1
Vereinfachung von Geminaten $230^{4.5}$. 233^6. 338^2; – der gr. Geminaten im Aksl. und Arm. 231^1
Vereinheitlichung: sprachl. – $18^{1.4}$; Tendenz zur – des Verbs 74^2
Verengung der Laute $232^{2.3}$
Verfahren; makroskopisches – d. Gesamtgrammatiken 26^1
vergangene Irrealität II 348^{3-6}
Vergangenheit; Bed. der – bei Inf. u. Ptc. II 10^2; Potential der – II 346^8 f.; – – im Aor. II 328^5 f.; Iteration der – II 350^3 f.; Indik. Präs. mit Vergangenheitsbestimmung II 273^8 f.
vergleichende Grammatik 12, 1; – Sprachwiss. in ihren Anfängen 24^2; – Methode der idg. Sprachen 12^1; –e Syntax II 3^6 f.
Vergleichssätze II 662^4–671
Vergleichung; s. Dialekt
Verhältniswort II 420, 4; s. Präposition
verkürzte Kondizionalsätze II 687^3 f.
Verlust von Konsonanten 335^2–338; – von ϝ 85^7. 226^3. 228^2. 233^2. 246^7. 260^8. 272^7. 283^6; – von ε 252^7; – des ι in εια ειο 194, 1; s. Hauchverlust, Silbenverlust
Vermeidung des Subj. II 621^3; s. Hiatvermeidung
Vermischung von Nom. u. Akk. Pl. 563 f.
Vermutung; Potential mit ἄν für – II 329^7
verneinende Antwort II 629^4
Verneinung; starke – II 317^{4-6}
Vernersches Gesetz 380^7

Verschiebung der Artikulationsbasis 22^{3}. 232^{3}; keine durchgehenden –en im gr. Konsonantismus 72^{8}; – d. Silbengrenze 237^{4}; – der grammat. Personen II 637^{7}; s. Akzentverschiebung, Bedeutungs–, Modus-, Quantitäts –

verschlepptes Augment 656$^{5-6}$

Verschlußlaut; –e im Idg. 290^{5} ff.; gr. – 204^{2}–211^{7}. 368$^{1.2}$. 369^{1}; idg. Palatale im Gr. als –e 55^{7}; Kombinationen von –en 179^{4}; –e erhalten 290^{4}; – aus Verschlußl. + *w* 301^{4} f.; – wechselt im Anl. mit σ + Verschlußl. 334^{1}; Spiranten im Ngr. statt –e 22^{3}; Intensitätsminderung des –s 237^{4}; – hinter ρ gefallen 408^{8}. 409^{3}; Stämme auf – 565^{1}–567; Präsentien mit – 701^{5}–706; präsensbildende – 702–706

Versende; Elision am – sekundär 403$^{3.4}$

Versetzung; s. Hauch-, Liquida-, Silbenversetzung

verstärkender Infin. II 360, 1; –e verbale Komp. II 268$^{2-3}$

verstärkte Formen des Personalpron. 606$^{2-6}$

Verstärkung des Komparativs u. Superl. II 185^{2}; – von Negat. II 598^{6}

Vertauschung von δ u. τ 207^{5}

Verwandtschaft der idg. Sprachen 9$^{7-8}$. 10$^{1.2}$; – des Gr. 6, 1; genealog. – d. Gr. 48^{4} ff.; – des Gr. u. Lat. 57^{6} f.; – gr. Wörter mit denjenigen anderer idg. Spr. 43^{7}; s. Wurzelverwandtschaft

Verwandtschaftsnamen auf -ρ 567^{5}–568; – artikellos II 24^{2}

Verwandtschaftsverhältnis II 119^{5}–127; – der idg. Sprachen 53^{7}

Verwandtschaftswort; Suffix 530$^{3.4}$

Verwechslung von η und ει, ῑ 186^{5}; – von ει u. ι 193$^{5.6}$; – von αι u. ε, von οι u. υ 195^{2}; – π: φ, τ: ϑ, κ: χ 204^{5}; graph. – von φ u. ϑ 205, 3; – von Akt. u. Med. II 234^{3} f.; s. Kasusverwechslung

Verwunderung; Ausruf der – II 626^{1}

Verwünschung; Kupit. als – II 321$^{6-7}$

Vielheit als Einheit verstanden II 41^{4}; Sg. drückt unbest. – aus II 41^{1}

Vokal; –e 169^{5}. 180^{5}–191. 368$^{6.7}$. 369$^{6-8}$; alte Dreiheit *a e o* 72^{8}; Herkunft der gr. –e 338^{4}–346; Zus.treffen von –en 397^{3}–406; – – in der Wortfuge 399^{3} ff.; einfache – 180^{5}; offene – im Urgr. 72^{2}; vordere, hintere – 171^{6}; Grundvokale des Alt- u. Ngr. 179^{1}; konsonantisch fungierende – 171^{3}; isochrone – 184^{4}; – im Ngr. isochron 392^{8}; lange – 345^{2}f.; mechanische Zerlegung eines langen Vok. 105^{2}; neue lange *e*- u. *o*- Vokale 146^{4}; lange – vor dunklen erhalten 241$^{6.7}$; – – vor Liqu. od. Nas. + Kons. beseitigt 239^{1}; Schreibung eines elid. Vokals 15^{1}; furtiver – bei ορ, ρο 267^{7}; quantitativer Wechsel von Vokalen 643^{1}; Kürzung langer Vokale 278$^{3-5}$. 400$^{2.3}$; Dehnung eines Vokals 103^{5}. 104, 1; Ersatzdehnung von –en 280^{7} ff.; Kontraktion von – 240$^{6.7}$. 246^{6}. 247$^{4-5}$; unkontrahierb. –e in Kompos.fuge 397$^{6.7}$; kontrahierb. – 397^{7}; Prothese von Vok. 57^{3}. 836$^{3.4}$; – – vor Ϝ 228^{6}; Einwirkung von Vokalen auf Konsonanten 269^{5} ff.; langer Vok. aus Langvok. od. Diphth. + Geminata 239^{2}; Diphth. aus Vok. + ι, υ 246^{8}. 247$^{7.8}$ Langdiphth. aus Vok. + Diphth. 246^{8}; dissimilator. Verlust von Vok. 859$^{5-8}$; Dissimilation von –en 257^{7} f.; Vokale assimiliert 255^{3} f.; α purum 190^{7}; α für ε im El. 181^{1}, 1; ᾱ el. 185^{4}; urgr. ᾱ erhalten 187^{1}; Unterschied zw. ᾱ u. η 187 $^{1.2}$; Schwanken zw. ᾱ u. η 190^{8}; ion. att. ᾱ st. η 190$^{4.5}$; ᾱ für urgr. η 185^{3}; hell. ᾱ aus urgr. η 190^{6}; att. ᾱ (hinter ρ, ι, ε, υ) 187^{6} f.; att. ᾱ (aus ᾰ + νσ) 187^{6}; ᾱ in Namen 190$^{3.4}$; zweisilb. Vokale (αι, ει, οι) 196$^{6.7}$; *e* geschlossen u. offen 172^{1}; themat. Vokal ε, ο 642^{8}; ẹ̄, geschr. ει 193^{6}. 195^{1}; thess. böot. ει = ion. η 185$^{6.7}$; η Ausspr. 176^{7}. 186$^{4-5}$; altes η geschlossen 185$^{6-8}$. 186^{2}; überoffenes η im El. 185^{1}; η aus ᾱ 185^{8}. 186$^{3.4}$; ion. η für ᾱ 187^{2}; ion. att. η für ᾱ 191^{1}; hyperion. η 190^{6}; η geschr. ει 185^{7}; η auf Pap. mit mit ει, ῐ̄ verwechselt 186^{5}; ion. η in ιη, ρη 189$^{1.2}$; -ηι u. -ωι [geschlossene *e*, *o*] 186, 2; η(ι) als η gespr. 201^{6}; ι adscriptum u. subscriptum 203^{1}; ῐ̄, geschrieben ει 193^{6}; ι als ει geschr. 195^{7}; ῑ, geschr. ει 184$^{5.6}$; ο geschr. υ 191, 1; Ο = Kontraktions-ου 192, 1; υ 176^{7}. 181^{4} ff. 182^{5}. 183^{5}; Ausspr. von υ als ü 181^{5} ff.; ω (= ọ̄) 192^{7}; s. die Vokale im Wortind., Grund–, Halb–, Hiat–, Kompos.–, Nasal–, Reduplikations–, Schwach–, Umlaut–, ə-Vokal

Vokalassimilation 205^{6}. 255$^{3.6.8}$. 256$^{1-3.6}$

Vokalentfaltung im Maked. 69^{5}; – in Kons.-gruppen 267^{6}

Vokalfolgen nicht gleich behandelt 241^{1}

vokalisch fungierende Konsonanten 171^{3}. –er Anl. 411$^{2.3}$; –e Dissimilationsprophylaxe 733^{2}; –e Deklinationen ngr. 586^{2}

Vokalisierung von ν 280^{7} ff.; – – lesb. 62^{8}. 280^{7} f. 284^{6}. 287$^{1.4}$

Vokalismus des Gr. 56^{1}; – besser erhalten als der Konsonantismus 290^{4}; – nicht wesentlich verändert 367^{5}; – des Gr. gegenüber dem Idg. 73^{3}; Unterschiede im – zw. den gr. Dialekten 81$^{1-3}$; s. Kürze, Länge

Vokalkontraktion 246^{5}–252; s. Kontraktion

Vokalkürzung 279^{3} f.

Vokalmetathese 265^{7} f.

Vokalprothese 57^{3}. 62^{7}. 411^{5}–413. 836$^{3.4}$; metr. Ausnutzung der – 104^{2}

Vokalqualität; Ausgleichung der – 129^{7}; geschlossene u. offene – 172^{1}

Vokalquantität; Ausgleichung der – 129^{7}

Vokalschwächung; s. Schwächung
Vokalschwund 280[4-7]; in ngr. Dialekten 280[6]. 393[6]
Vokalverbindungen; hiatische – in idg. Spr. 240[4]
Vokalvorschlag von i 123[5]; s. Vokalprothese
Vokalwandel; ᾱ > η 62[7]. 187[3.4]; sekundäres ᾱ > η 190[6]; η > el. α 185[1]; ε > el. α 198[6]; η > ι 201[6]; ιη εη > att. ιᾱ εᾱ 188[3.5]; ιεα, εεα > ιᾱ εᾱ 188[5]; fremdes *rā* > ion. ρη 187, 1; ο > υ 182[4]; ω > thess. ū 184[7]; ο, ω > mngr. ου 185[2]; ευ > kret. ου 194[4]; η(ι)οι > ηυ 196[3]; ü > i 184[1]. 195[7]. 196[1]; υοι > att. υει 196[2]; υι > υ 199[5-6]; s. Monophthongierung
Vokalwechsel; funktioneller – 353[1]–364; unerklärter – 364[6] f.
Vokalzeichen 142[3]; – für *e* 143[5]; – E für ĕ (ε) u. ẹ̄ (η) 146[1.7.8]; – – für ει 147[7]; – – für ῑ 151[1]; altatt. – EI, EY, OI 148[1]; att. EI = ẹ̄ 201[4.5]; – H für ā̄ und ē 145[7] f.; – für i 142[6]; – für o und ọ̄ 146[2]; OY [= ou] 147[1.2]; O [= ū] 147[2]; – O für ō aus Ersatzdehnung 146[7]; – O für ου 147[7]; altatt. O für o, ω und sekundäres ου 147[8]. 148[1]; – Ω für offenes ō 146[4.6-7]; O für OY in jüngerer Zeit 191, 1
Vokativ II 54[2]. 56[3.4]. 58[6]. 59[3] ff. 620[2]; – des Sg. 547[1]; Stellung des -s II 60[1.2], 5; Städtenamen im Vokat. II 62[1]; – bei Personenbezeichnungen II 61[6.7] f.; Akzent des -s II 60[1.2]; prädikativer – II 62[6]; – selbständig II 60[4]. 61[4]; – ein Satz II 60[3]; – Bestandteil des Satzes II 60[4]; – verdoppelt II 60[3]; Nom. als – 567[5], 2. II 59[3] ff. 63[2] ff.; – mit Artikel II 63[6]; Stammform als – 565[6]; – – Vokat. Sg. II 59[6]; Nominative der Neutra als Vokative II 60[1]; Nom. des Pl. u. Duals als Vokat. II 59[7], 3; Vokat. Sg. in pl. Anrede II 609[6]; Imper. formell nahe dem Vokativ II 620[3]; s. den Vokativ der Stämme im Wortind.
vokativisch; Nom. – 547[3]. II 59[3] ff.
Vokativpartikel II 60[5], 7
Vokativsätze; selbständige – II 618[6]
Völkernamen; illyr. – 66[3]; suff. -άν in – 487[4]
Volksetymologie 5, 1. 38[4], 1. 42[2.6], 5. 45[1]; – in fremden Namen 42, 5. 637[7] f.
Volkssprache; ngr. – in der Wissenschaft 133[5]
volkssprachliche ngr. Literatur 133[1]
volkstümliche Elemente der Syntax II 11[7]
Vollendung II 249[4.5]. 250[2]. 252[1.2]
Vollnamen (PN) 635[3]. 636[5-6]
Vollstufe 354[6]
voluntatives Fut. II 290[4]. 291[3-4]. 292[6] f.; – Ptc. fut. II 294[7]. 295[8] f.; –er Konj. II 309[4]. 313[7] f. 314[3-7]
Voranstellung des Obj. II 694[2-3]; – des Partitivs II 115[7] f.; – der Präp. II 424[7] f.; freie – der Präp. II 420[1]; mittelbare – des Präv. II 425[1.3]; hervorhebende – des Nebens. II 696[4]; – der Apposition II 615[3.5]
Voraussetzungen für die äußere Gesch. der Spr. 11[4] ff.
vorderasiatische Sprachen 154[2-8]; s. Iranisch, Semitisch
Vorderglied der Kompos. 428[3]; – in der Nominalkompos. II 39[6]; flektiertes – der Kompos. 452[3]; verbaler Stamm als regierendes – 441[1] ff.; Präpositionen als –er in Komposita 434[6]
Vordersätze; parataktische – II 307[5]
vordorische Schichten 76[6]. 85[4]–91
vorgrammatische Sätze II 619[5]
vorgriechische Schrift 141[5]; – Festlandschrift 139[4]; – Inschriften 59[6] f.; – Substrate 58[6.7]–71; – ON 60 f. 638[4]; Entlehnung von gr. Appellativen aus –en Sprachen 61[5] f.; s. Wortind. 335
vorhellenistische Literatursprachen 100[5] ff.; – Literaturprosa 112[4] ff.
vorindogermanische n-Suffixe 65[5]
voritalische Dialekte 824[1]
Vorschlag; s. Vokalvorschlag
Vorstufe; personenlose – des Verbs 445[2-4]. 645[3]. II 244[5]
Vorvergangenheit im Gr. 641[2]; – des Präs.- u. Pf.systems II 298[7] f.
Vulgärattisch 127[4]
vulgärsprachl. Literatur 132[7]. 133[1]

W

Wackernagels Gesetz s. Wortfolgegesetz
Wahrnehmung; Verba d. – II 105[7] f. – 110
Wandel in d. Sprachf. 25[6-7]; ευ > αυ 198[4-7]; *i* vor ρ > ngr. *e* 186, 3; s. Bedeutungs–, Kultur–, Laut–, Sprach–, Vokalwandel sowie im Wortind. (unter den einzelnen Lauten u. Diphthongen)
Wanderung; s. dorisch
Wechsel von οι mit ο vor Vok. att. 233[6]; – von ο mit ω od. Null 339[5]; – von ι mit υ 268[5]; – – mit αι 347[6]; – – mit ῑ 350[6]; – von ια mit ιε 243[7]; – von εο mit ᾰο 242[8]. 243[1]; – von αυ u. ευ kret. 198[6]; – von αυ mit υ 347[6.7]; – von -νᾰ- mit -νῠ- 693 4; – von σ mit h od. Null 217, 1. 306[5]; – von ξ- mit σκ-, σ- 239[6]; – von κ mit γ 829[1]; – von μ mit β, π 333[6]; – von π u. τ 293[8]. 302[8]; – von π u. β 207[5], 1. 293[8]; – zw. media u. tenuis 62[8]; – zw. tenuis u. aspir. 62[8]; – von π mit φ 829[1]; spontaner – von ρ u. λ 213[2]; regell. – von λ u. ρ bei Fremdsprachigen 259[5]; – von λ

mit δ 333[6]; – von θι mit σ 206, 3; – von Verben auf -έω und -άω 242[8]. 243[2]. 728[5] (s. Mischung); s. Aspekt-, Deklinations-, Genus-, Konsonanten-, Konstruktions-, Laut-, Vokalwechsel u. Wortind. (unter den einzelnen Lauten, Diphthongen u. Formen).
Wechselformen 19, 2
Weg; Akk. d. Weges II 69[4–7]
Wegfall von ausl. Kons. 74[1]; – von -δ 279[8]. 409[1.2]; – von -τ 279[8]. 408[5]. 409[1.2]. 657[5]. 658[1]. 659[3]; – von -κ, -κτ 409[1.2]; s. Lautwegfall
Weglassung; scheinbare – d. Präp. II 433[3]; – des Ptc. ὤν II 404[6]
weibliche Patronymika 509[3]; – Namen aus Neutra syntaktisch f. II 37[6]
Wellencentra 55[5]
Wellentheorie 53[8]
Weltsprache; Gr. als – 116[4] ff.; – d. Hellenismus 4[3]. 116[4]–130; Koine als – 135[1]
Wendung; präpositionale –en II 417[3]
werdende Komposita 426[5] f.
Werkzeug; Instr. d. –es II 165[3] ff.
Wert; s. Zahlwert
Wertangaben appositiv II 616[1–2]
westeuropäisch; s. Familiennamen
Westgriechisch 97,3; –e Alphabete 144[5]
Westindogermanisch 50[1]
Westionisch 87[1–2]
Willensäußerung; Kupit. als – II 322[3–6]
Windnamen aus ON 638[4]
Wort 5[2.5.6], 2. 15[4]. 16[1]. 29[7]. 30[5]. 31[6–7]. 32[7]. 33[6–7]. 36[4]. 37[5]. 38[3.5], 4. 39[3]. 43[5]. 49[4]; Wort u. Sache 5[5]. 23[6]. 25[6]. 36[7]. 37[1]. II 7[2]; Belege, Verbreitung, Bed.sunterschiede, Schattierungen, Anordnung der Bedeutungen 31 (s. Lexikon); ein und dasselbe – in verschiedenen Gestalten 15[4]; Lebenskraft des Wortes 39[3]; Ersetzung von Wörtern wegen Lautentwicklung 37[5]; sprachl. Milieu eines Wortes 30[5]; satzunbetonte Wörter 16[1]; Form u. Inhalt des Wortes 32[7]; Wesen d. – nach den Philosophen 5[6]; Wort φύσει, θέσει bzw. νόμῳ 5[6]; beseitigte vermeintliche Wörter 29[7]; Hauptfragen der Behandlung des Einzelwortes 36[4]; gruppenweise Behandlung von Wörtern 38[3.5]; einmal vorkommende Wörter 36[2]; Erklärung schwieriger – 33[6–7]; anklingende – 49[4]; abgeleitete – 43[5]; ausgewanderte – 39[3]; ungriech. – 5, 2; fremde – 5[2]; barbar. – 38, 4; Wort u. Laut 416[2.3]; paroxytonierte Wörter 514, 1; enklit. – II 424[7]; flektierte u. unflektierte – II 15[6–8] f.; Hervorhebung eines Wortes II 556[6]; Verwandtschaft gr. Wörter mit solchen anderer idg. Spr. 43[7]; idg. Wörter für ‘Zunge’ ‘Floh’ 43[3]; hom. Wörter 5[3]. 40[4]; hom.-att. – 40[4]; ngr. – 40[4]; – – in unbezeugten agr. wurzelnd 32[3–4]; Anl. im Wort u. Satz 410[8]–414; Ausl. im Wort u. Satz 408[4]–410; s. baryton, Form–, Fremd–, Glieder–, Kraftwort, Lall–, Lehnwörter, Rest–, Schall–, Subjekts–, Ur–, Wurzelwort
Wortakzent 171[2]
Wortanlaut 410[8] ff.
Wortapposition II 615[1–6]. 618[2–6]
Wortarten 16, 1. II 14–17; – als Interjektionen II 602[1]; – im Satz II 6[1–2]
Wortasyndeton II 633[3]
Wortauslaut 408[4] ff.
Wortbedeutung 29[3]; Funktion der – 6[3]; – bei Aristophanes 6, 3
Wortbildung; Flexion Ausschnitt aus der – 13, 1; analog. – 32[6]; Unterschiede zw. den gr. Dialekten in d. – 82[1]; – u. Flexion 415 ff.; Typen der – 421[2.3]; Konzentration in d. – 430[3]; – bei Homer 102[2]; Akzent als Mittel der – 420[2–7]; s. Reimwortbildung
Wortende; Verschiebung des Akzents nach dem – zu 381[3]
Wörterbuch; – für die Wortforschung 36[1]; was ein wissenschaftl. – angeben soll 29[6]; tatsächl. – 31[2]; vollständiges – der gr. Spr. 29[6]; Wortgleichungen Rückgrat des etymol. –s 42[4]; praktisches – 31[8]; antistöchische Anordnung des –s 34, 1; Vollständigkeit eines –s 36[2]; Einzelwörterbücher der gr. Spr. 35[3]; das erste alphabet. – 33[8]; gr.–lat. Wbücher der Humanistenzeit 34[5]; wissenschaftl. – 36[1]; ideales histor. – 40[3]; – des Ngr. u. seiner Dialekte 35[6]; gr. etymol. Wbücher 43[7–8]; s. γλῶσσα, λέξις, Sachwörterbuch, Synonymenwörterbuch
Wortfolge II 13[7]. 689[3] ff.; freie – idg. u. gr. II 11[6]; Unterschiede der – II 690[5]; habituelle – II 691[2.4]. 692[1], 1; okkasionelle – II 691[4]. 692[1], 1. 697[1]; expressive – II 703[5]; Adjektiva in d. – II 693[2]; – im Haupt- u. Nebens. II 693[4]–696; – in Nebensätzen II 695[6]; – als Stilmittel II 697 f.
Wortfolgegesetz II 89[5]. 555,1
Wortform 36[4]; Funktion der –en 6[3]; Aufkommen u. Verschwinden einer – 37[2]; Festsetzung der – 30[1]
Wortforschung 29[1]. 36[1]–41. 821[1–3]; idg. – 42[3]; gr. – 29[2]; Lexikographie u. – 29[2]; – u. Etymol. 24[4]; neue Mittel u. Verfahren der – – 45[3]; Wörterbuch Grundlage der – 36[1]
Wortfuge 399[1]–408; Zus.treffen von Vokalen in der – 399[3] ff.; Gemination in der – 231[5]; Assimilation in der – 148[2]
Wortfugenhiat 399[3]–406; – bewahrt 399[5] f.
Wortgeographie 17[3]
Wortgleichung 42[4]
Wortgrenze 413[4–7]
Wortgruppe; etymol. –en 38[3]; Akzentverschiebungen in d. – 386[1]; Wortgruppe als Kompositum 426[5]. 427[1.2]; Wortgruppen als Satzteile II 612[7]–619
Wortgruppenakzent 386[1] ff.
Wortgruppenlehre II 602[2] ff.

Wortinhalt 36[4]. 42[4]
Wortinlaut; Geminaten im – 414[4]
Wortkontamination 38[5]
Wortkreuzung 38[5]
Wortkürzung; willkürl. – 16, 1
Wortmaterial; unerklärtes – d. idg. Sprachen u. des Gr. 42[1]
Wortmythologie 5[1]
Wortnegation II 597[3]. 599[2–5]
Wortschatz 15, 4. 24[1–2]. 25[3]. 30[7]. 36[1]. 37[3]. 38[6]. 40[3–5]. 64[5]. 102[2]; das menschliche Leben im – 38[6]; Entwicklung im – 25[3]; schriftsprachl. – 36[1]; Kontinuität des gr. –es 40[3–5]; willkürl. Änderung im – 24[1–2]; Unterschied im – in der volkstüml. Sprachbetrachtung 30[7]; Emphase u. Affekt im – 15, 4; Wichtigkeit des Affekts für den – 37[3]; – bei Homer 102[2]; der maked. – griechisch 69[4]; Fremdes im gr. – 64[5]; s. Wort, Wörterbuch
Wortschöpfer 36[5], 1
Wortsinn u. Affekt 15[4]
Wortstamm 418[1.4]
Wortstellung; freie – im Gr. 72[7]
Worttrennung; Schreibung ohne – 148[2]; – in der Schrift 148[7.8]
Wortverbot 37[3]; s. Tabu
Wortzeichen der Hypotaxe II 635[6.7]. 637[5–6]
Wunsch II 625[6]; – mit Negat. II 625[7]; Kupitiv für – II 321[2–5]
Wurzel 359[7], 1. 416[4–5], 2. 417[5]; stark- u. schwachstufige Wz. im Präs. 697[1–3] f.; einsilb. – 416, 3; athemat. Formen aus einsilb. – 673[8]; zweisilb. – des Aor. 680[3]; starkstufige – 538[1]; schwachstufige – 538[1]. 707[4]; – auf langen Vok. 741[1], 1
Wurzeladverbia; nichtanalysierbare – 619[3–4]
Wurzelaorist; asigmat. – 739[7]–749; redupliz. themat. – 748[4] f.; intrans. – neben trans. sigmat. Aor. 755[6] f.
Wurzelbildung auf -ιᾰ 469[3]
Wurzeldeterminativ 419, 1. 673[5]; Kons. vor themat. Vokal urspr. – 684, 2
Wurzelerweiterungen im Präs. mit *ē/ō* bzw. *ā* 675[2], 3
Wurzelnomina 421[6] ff.; – im engeren Sinne 423[6.7], 9 ff.; – auf -ᾱ- flektiert als -αντ- 561, 6
Wurzelpräsentien; themat. – 683[4]–686; redupliz. athemat. – 686[5]–689. 690[1–4]; unredupliz. – – 673[7]–683
Wurzelsilbe; Ablaut in d. – 523[1]
Wurzelverwandtschaft; bloße – unsicher 42[5]
Wurzelwörter 420[8]. 558[4], 3; – als Hinterglieder in Komposita 449[2.4]; auf -ῑ- und -ῡ- 463[6]; – auf -ᾱ 558[2], 2; – auf -η 558[4], 3; – im Ngr. ersetzt 425[4]

X

Xenophon; Ptc. bei – II 711[4–5]; Satzbildung bei – II 710[6]; Nebensätze bei – II 711[2]; Infin.-Konstruktionen bei – II 711[3–4]

Z

Zahladverbia 597[5] f.
Zahlangaben appositiv II 616[1–2]
Zahlbegriff II 39[1]; – beim Dual II 40[6]
Zahlen; Ellipse bei – mit ὡς II 667[2]; pythagor. Deckwörter für – 587, 2; Kardinalzahlen flexionslos 437[5.6]; Bruchzahlen 599[2]; s. Numerale, Zahlwort
Zahlensymbolik 587[2]
Zahlsystem; dekadisches – 586 ff. II 39[2]
Zahlwert der Buchstaben 150[5.7]
Zahlwort (Numerale) 586[6]–599. 840[5]
Zahlzeichen 148[7] f. 587, 3
Zeichen von Konsonanten 144[3] f.; – H vieldeutig 145, 3 (s. Konsonantenzeichen, Vokalzeichen); ὁ – der nominalen Determination II 57[6]; Kurzpause – d. Hypotaxe II 636[7] f.; s. Akzent-, Flexions–, Hauch–, Hilfs–, Klassen–, Konsonanten–, Länge–, Plural–, Tempus–, Vokal–, Zahlzeichen
Zeigeart; s. Deixis
Zeit; Gen. der – II 112[6] f.; – – – ngr. II 137[4–5]; Akk. der – II 624[5]
Zeitdauer; Akk. der – II 69[7] f.
Zeitstufe; Tempussysteme u. relative – II 297[8]–301; besondere Verbalformen für die relative – II 298[1]
Zenodotos 6[5]. 33[7]
Zenon 6, 1
Zentralgriechisch 98[2]
Zerdehnung 103[6]. 104[5–6]. 728, 3. 730[4]; fälschliche – 105[1–4]; musikal. – 197[4]; αει u. αιει aus αι zerdehnt 195[5]
Zeugma II 710[1–2]
Ziel; Akk. des Zieles II 67[7] f.
ziellos II 253[1]; s. infektiv
Zirkumflektierung im Dor. 384[2]
Zirkumflex 373[8]. 375[4–6]. 376[3]. 377[2] f. 382[1.2.4]; Verwechslung von Akut u. – 393[8]. 394[3]
Zischlaute in den Satəmspr. 54[3]
Zitterlaut 170[8]
Zonaras' Lexikon 34[4]

Zugehörigkeit; Gen. der – II 120[7]–122; – – zu einer Gruppe II 122[8] f.; Adj. der – II 176[8] f.
Zurufe II 620[2]
Zusammenfallen von αι mit ε, η, von οι mit υ 195[6]
zusammengesetzte Reflexiva im Pl. II 198[5] f.
Zusammenrückung (additive, multiplikative, subtraktive) 594[1–6]; –en in Nominalkomp. mit σύν II 488[3]
Zusammentreffen von Vokalen 397[6] ff.; – von Konsonanten ergibt Geminaten 276[6]
Zusammenziehung von Sätzen II 610[3]–612. 707, 1. 708[4–5]
Zustand; Pf. des erreichten Zustandes II 263[3]. 264[3–5]
zweigliedrig; nom. absol. – II 403[3] f. 407[3]; –e Sätze II 622[3–4]
Zweiheit; zufällige – durch δύω bezeichnet II 48[4]
zweisilbige Vokale 182, 1. 196[6.7]. 197[7]; – Wz. des Aor. 680[3]; – Suffixe 456[6]
Zweisprachigkeit 23[6]; Sprachtausch erfolgt über – 23[6]
zweiwortige Sätze II 622[2]
Zwischenstellung des Obj. II 694[2]